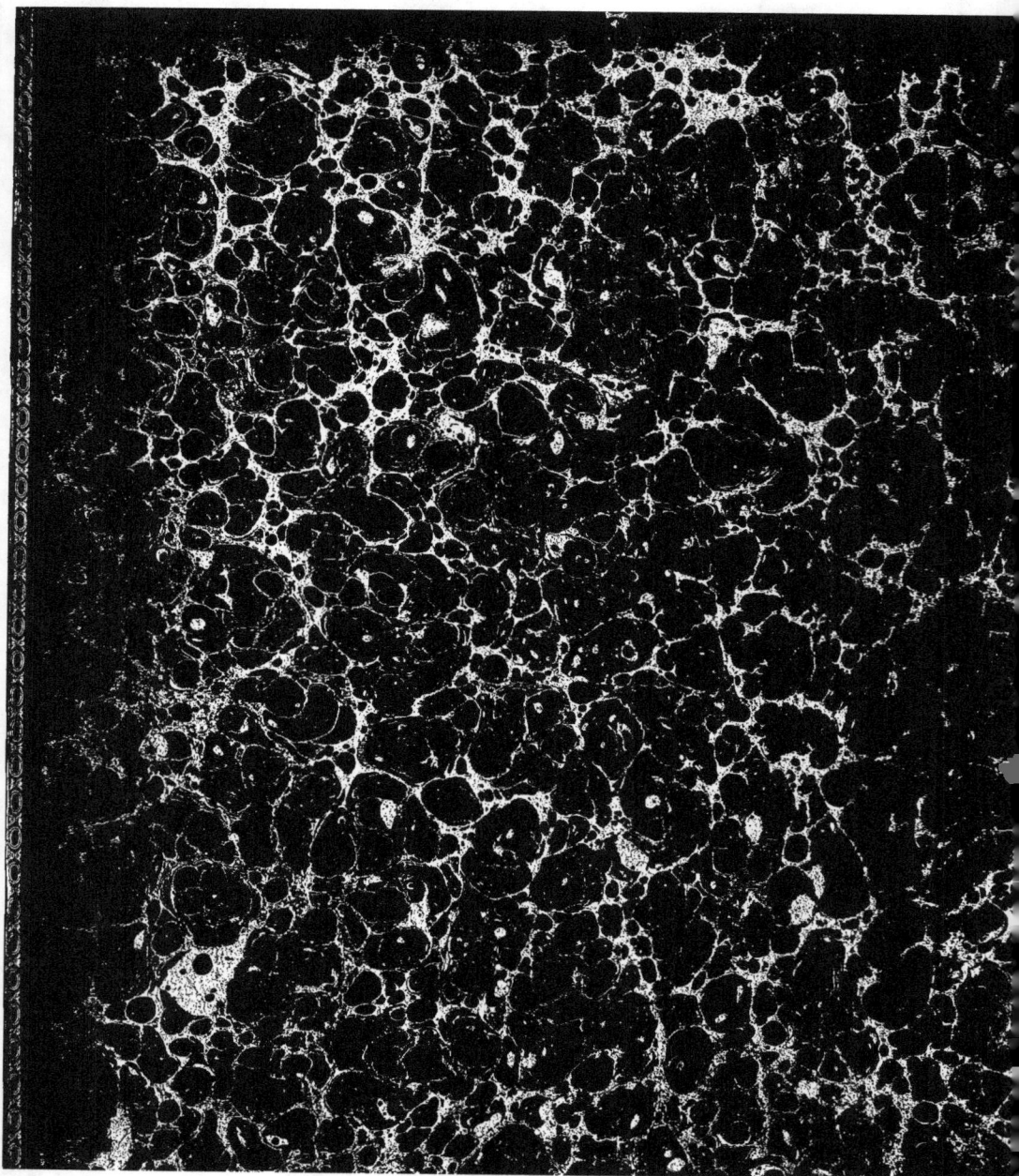

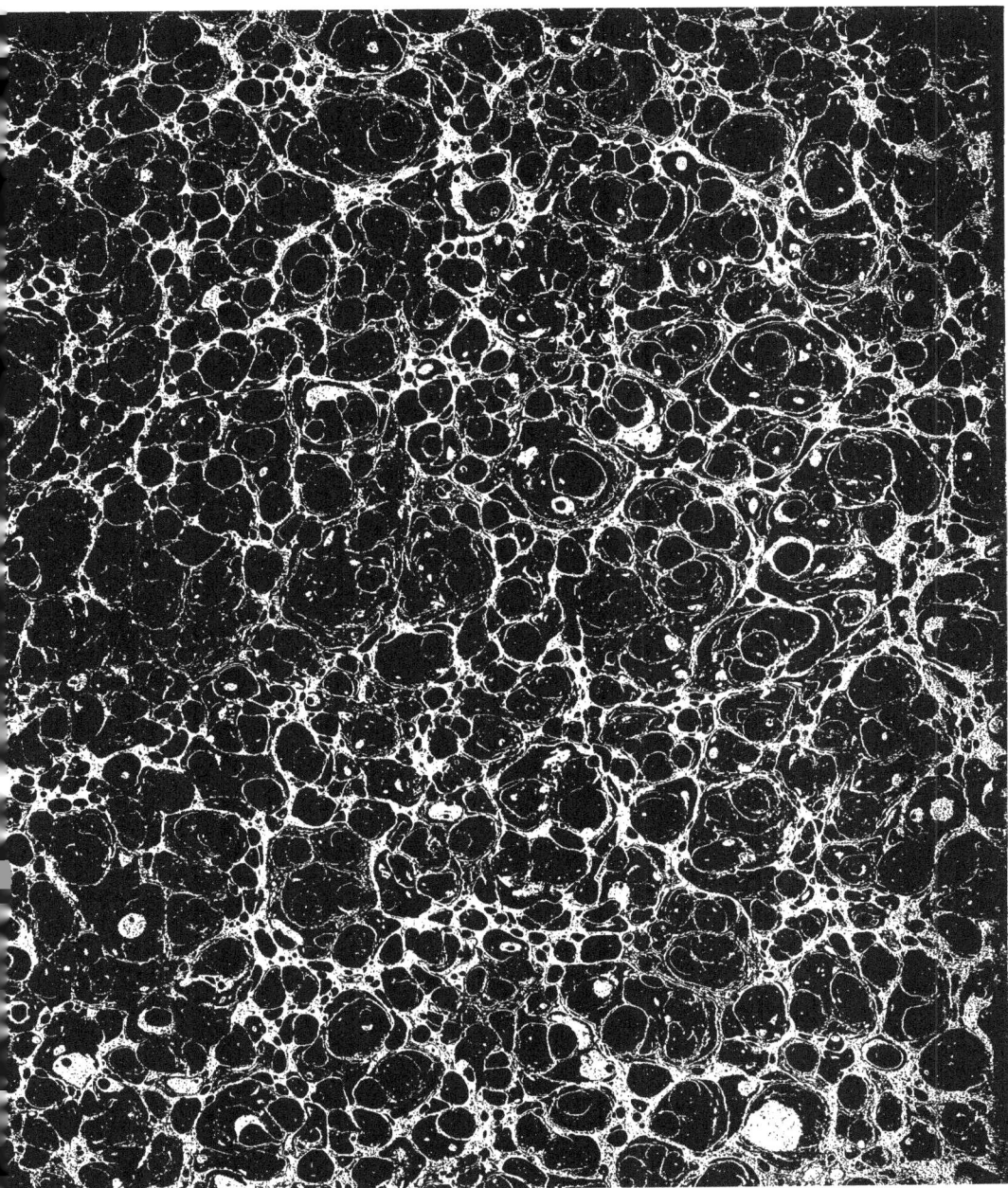

18002

LES LOIS

DE

LA PROCÉDURE

CIVILE.

DE L'IMPRIMERIE DE COUSIN-DANELLE, A RENNES.

———————

Se trouve,

A PARIS, { CHEZ WARÉE ONCLE, LIBRAIRE, COUR DE LA SAINTE CHAPELLE, N°. 13.
CHEZ BÉCHET AINÉ, LIBRAIRE, QUAI DES AUGUSTINS, N°. 57.

LES LOIS

DE

LA PROCÉDURE

CIVILE,

OUVRAGE DANS LEQUEL L'AUTEUR A REFONDU SON ANALYSE RAISONNÉE,
SON TRAITÉ, ET SES QUESTIONS SUR LA PROCÉDURE,

PAR G. L. J. CARRÉ,

PROFESSEUR EN LA FACULTÉ DE DROIT DE RENNES.

Jura docent alii, nos quâ ratione modoque
Quœ sibi debentur rite quis obtineat.

(G. Grotius, Isagoge ad Praxin foji
batav. ; auctor ad lectorem.)

TOME SECOND.

A RENNES,

CHEZ DUCHESNE, LIBRAIRE, RUE ROYALE, N°. 2.

M. DCCC. XXIV.

LES LOIS

DE

LA PROCÉDURE

CIVILE.

SUITE DE LA **PREMIÈRE PARTIE.**

Procédure devant les Tribunaux.

SUITE DU **LIVRE II.**

Des Tribunaux inférieurs.

QUATRIÈME DIVISION.

De la Procédure relative à l'anéantissement de l'instance par péremption et désistement.

APRÈS avoir établi les règles suivant lesquelles la demande doit être formée et la cause instruite et jugée, ainsi que tous les incidens qui peuvent retarder ou interrompre le cours de l'instance, sans cependant l'éteindre, le Code de procédure traite des moyens de terminer le procès sans discussion ni débats relatifs au fond.

Ces moyens sont la péremption et le désistement de l'instance, tous deux fondés sur cette maxime de droit, qu'il est permis à chacun de renoncer à ce qui ne concerne que son propre intérêt (1); mais dont l'un ne dérive que d'une présomption légale de cette renonciation, tandis que l'autre en est une déclaration formelle.

Cette présomption acquise, cette déclaration donnée et acceptée, l'instance est réputée n'avoir jamais existé, et conséquemment le tribunal n'a plus à prononcer sur la demande, dont il se trouve dessaisi. C'est ainsi, comme nous venons de le dire d'après le tribun Faure (2), que le procès se termine sans discussion ni débats concernant le fond, le tribunal ne pouvant plus avoir à s'occuper que des seules contestations qui s'élèveraient sur la question de savoir si la péremption est véritablement acquise, ou si le désistement est valablement donné ou accepté.

Mais comme cet abandon présumé ou formel ne se rapporte qu'à l'instance, c'est-à-dire à l'exercice de l'action et à tous les actes qui en ont été la suite, il n'éteint en aucun cas l'action elle-même, qu'on peut conséquemment exercer de nouveau, et aussi long-tems que la prescription du droit n'est pas acquise — (*Art. infrà* 401, 403, *suprà* n°. 68; *mais voy. l'exception portée article* 469).

TITRE XXII.

De la Péremption. (3)

La péremption (4) d'instance est l'anéantissement de l'instance par la discontinuation des poursuites pendant le tems réglé par la loi. (15, 397).

Par le mot instance (5), on entend la procédure qui *s'instruit*, ou *l'instruction* qui se fait pour parvenir au jugement. *L'instance* comprend donc les divers actes de la procédure respective des parties (6); et par conséquent, depuis et compris l'exploit introductif, jusqu'au dernier acte de procédure qui en est la suite, tout est réputé non avenu, dès qu'une demande en péremption a été formée à l'expiration du laps de tems déterminé par la loi

Il suit de là que la péremption court à partir de l'ajournement, et non plus comme autrefois, en plusieurs ressorts, à partir de la contestation en cause, formée suivant l'art. 13, tit. 14 de l'ordonnance de 1667. Il s'ensuit encore que l'on ne connait plus la surannation des actes isolés de la procédure par un an, ainsi qu'on l'admettait en Bretagne. — (*Voy. Principes de Duparc, tom.* 6, *pag.* 285).

La présomption que le demandeur, particulièrement intéressé à obtenir jugement, a abandonné la demande qu'il a si long-tems négligé de poursuivre, et, d'un autre côté, la nécessité de mettre un terme aux procès, sont les motifs qui ont fait introduire la péremption.

---

(1) *Unicuique licet juri in favorem suum introducto renuntiare.* (Loi 41, ff de minor.)
(2) Rapport du tribun Faure, édit. de Didot, pag. 118.
(3) Voy. *suprà*, sur l'art. 15, n.ᵒˢ 58 et suiv., et *infrà*, sur l'art. 469.
(4) De *perimere, peremptum*, éteindre, anéantir.
(5) *De stare in judicio*, agir en justice.
(6) Traité des actions, pag. 275.

Il y aurait peu d'utilité pratique à rechercher s'il est vrai qu'elle prend sa source dans la loi *properandum*, au Code *de judiciis*, et à quelle époque elle a été admise dans le droit français ; on peut voir à ce sujet les remarques d'Hevin, à la fin du premier volume des arrêts de Frain, pag. 111, et le § 1ᵉʳ. du traité *ex professo* de Menelet. Il suffira de savoir qu'il en était question dans les ordonnances de Villers-Cotterets, de 1539 ; de Roussillon, de 1563 ; et sur-tout de Louis xɪɪɪ, de 1629. C'étaient les seules lois générales que nous eussions avant la publication du Code de procédure sur cette matière, qui, d'ailleurs, était régie par des principes de jurisprudence locale.

Suivant le Code, la demande en péremption est une demande principale absolument distincte de l'instance qu'elle tend à faire déclarer anéantie ; en sorte « qu'on ne peut agiter sur cette demande aucune question relative à la » contestation qui était l'objet de cette instance, et que la seule chose à juger » est, d'une part, le fait unique de la discontinuation des poursuites pendant » le tems déterminé par la loi ; de l'autre, si, en conséquence de ce fait, la » péremption demandée doit être déclarée acquise. » (1) — (*Voy. art.* 397 *et sur l'art.* 469).

Elle court contre toute espèce de personnes indistinctement, même contre l'État (398).

Introduite en faveur du défendeur seulement, elle n'est acquise qu'autant qu'il en a formé la demande expresse ; aussi tout acte valable suffit pour la couvrir (399).

Cette demande est formée par acte d'avoué à avoué, à moins que l'avoué ne soit décédé, interdit ou suspendu (400).

Elle n'a pour objet que d'anéantir l'*instance* ; et, par conséquent, si elle est admise, on est libre d'intenter de nouveau l'action ; mais alors on ne peut opposer aucun des actes de la procédure éteinte, ni s'en prévaloir.

Enfin, la péremption résultant de la présomption que le demandeur originaire, qui a négligé de poursuivre, s'est désisté, les frais de l'instance périe restent à sa charge (401).

Telles sont les règles simples au moyen desquelles notre nouveau Code a dissipé toutes les incertitudes qui existaient autrefois en matière de péremption, fixé la jurisprudence et favorisé ce moyen légal de terminer les procès.

ARTICLE 397.

Toute instance, encore qu'il n'y ait pas eu constitution d'avoué, sera éteinte par discontinuation de poursuites pendant trois ans.

Ce délai sera augmenté de six mois, dans tous les cas où il y aura lieu à demande en reprise d'instance, ou constitution de nouvel avoué. (2)

Arrêt de réglem. du Parlem. de Paris, 28 mars 1692. — C. de P., art. 15, 156, 342 et suiv., 1029.

CCCXXV. L'ᴀʀᴛ. 397, en disposant, en termes généraux, que toute instance

(1) Arrêt de Rennes, 2.ᵉ chamb., 16 juin 1818.
(2) JURISPRUDENCE.
1.º La péremption ne court pas au profit de la partie qui, dans un procès par écrit, retire

sera éteinte par discontinuation de poursuites, a ramené la péremption aux principes du droit commun. Dans certains ressorts, et par exemple en Bretagne, elle ne s'appliquait, comme nous l'avons dit pag. 2, qu'aux seules instances liées par la contestation en cause, qui avait lieu, suivant l'art. 13 du tit. 14 de l'ordonnance, par le premier réglement, appointement ou jugement rendu après les défenses fournies. Les procédures antérieures s'éteignaient par la *surannation*, qui était acquise au bout d'un an depuis la dernière pièce de procédure. — (*Voy. Duparc-Poullain, tom.* 6, *pag.* 285, *n.*^{os} 99 *et* 100).

Ailleurs, il n'était pas nécessaire, pour former l'instance, qu'il y eût contestation en cause ; il suffisait que la demande eût été formée judiciairement, et qu'elle eût été signifiée à partie. Telle est la décision d'un arrêt de la Cour de cassation, du 23 germinal an 11, cité au nouveau Répertoire, v°. *interruption de poursuites.*

C'est dans ce dernier sens que le Code de procédure emploie constamment le mot *instance.* Nulle part il ne parle de la contestation en cause, et l'art. 397 suppose l'existence de l'instance à partir de l'exploit introductif, *encore bien qu'il n'y eût pas constitution d'avoué* (1).

1410. *Lorsque la demande en péremption est formée avant l'expiration des trois années, et que, dans l'intervalle de cette demande aux plaidoiries, aucun acte valable n'a été signifié, peut-on déclarer la péremption acquise, en ajoutant au tems écoulé jusqu'à l'époque de la demande, celui qui a couru depuis jusqu'aux plaidoiries ?*

Nous ne le pensons pas, par la raison que le droit de demander la péremption n'est ouvert qu'à l'expiration du laps de tems déterminé par le Code ; or, une demande prématurée doit être rejetée, et les choses sont rétablies dans l'état où elles étaient avant qu'elle eût été formée. Il importe peu que le laps de tems qui se serait écoulé jusqu'aux plaidoiries eût complété celui que la loi prescrit ; la demande en péremption doit être jugée suivant l'état où était l'instance lorsqu'elle a été notifiée ; car, en ce moment, elle ne présente pas à décider s'il y aura trois ans d'écoulés au moment des plaidoiries, mais s'ils l'étaient au jour de sa notification : le défendeur à la péremption peut donc l'écarter par exception.

_____

sa production des mains du juge-rapporteur avant qu'il ait fait son rapport ; elle est alors réputée la cause de l'interruption des poursuites, et par conséquent, non recevable à s'en prévaloir. — (*Cassat.*, 7 *mars* 1820, *Sirey, tom.* 20, *pag.* 349).

2.° La péremption de la citation en reprise d'instance ; en d'autres termes, un laps de trois années, sans poursuites sur cette citation, entraîne la péremption de l'instance principale. — (*Nîmes*, 16 *août* 1819, *Sirey, tom.* 20, *pag.* 263).

3.° De simples tentatives, afin de terminer le procès à l'amiable, faites dans l'intervalle par la partie qui veut ensuite opposer la péremption, en ont interrompu le cours. — (*Florence*, 28 *juin* 1812 ; *Journ. des avoués, tom.* 7, *pag.* 110 ; *argum. de l'art.* 2248 *du Code civil, et suprà, n.*° 65).

(1) Mais il faut observer que cet article n'entend parler de la constitution d'avoué que par rapport au défendeur ; car, d'après l'art. 61, la demande étant nulle, faute à celui qui l'a formée d'avoir constitué avoué, la péremption devient inutile ; il suffit d'opposer la nullité de l'exploit. — (*Voy. Delaporte, tom.* 1, *pag.* 368, *et Comm. inséré aux Ann. du not., tom.* 2, *pag.* 474).

S'il en était autrement, il s'ensuivrait que le tribunal ferait droit à un acte qui devait être considéré comme non avenu lorsqu'il a été fait, et qu'il pro-noncerait une péremption qui n'aurait pas été demandée dans la forme prescrite par la loi. En effet, la péremption n'étant acquise qu'à l'expiration de trois ans, conclure en plaidant à ce qu'elle soit prononcée, quoique non acquise à l'époque où elle a été demandée, c'est la même chose que si une nouvelle demande en était formée à l'audience, sans que l'on eût préalablement notifié la requête exigée par l'art. 400.

Il faut donc absolument, dans l'espèce de la question posée, que la partie qui a *prématurément* présenté sa requête, la renouvelle dès que le tems requis par la loi a été complété.

1411. *La péremption a-t-elle lieu devant les tribunaux de commerce ?*

La négative a été jugée par arrêt de la Cour de Rouen, du 16 juillet 1817 (*Sirey, tom.* 17, *pag.* 416), attendu que l'art. 452 du Code de commerce veut que la procédure devant ces tribunaux soit suivie telle qu'elle a été réglée par le tit. 25 du Code de procédure, qui ne contient aucune disposition suivant laquelle la péremption dût être admise ; d'où suit que l'art. 397 ne s'applique que dans les tribunaux de première instance.

On peut ajouter que si le législateur avait entendu admettre la péremption d'instance dans les jurisdictions commerciales, il s'en fût expliqué, comme il l'a fait pour les justices de paix, dans l'art. 15 du Code de procédure, ou qu'il eût déclaré l'art. 397 applicable dans ces jurisdictions, comme il l'a fait à l'égard des art. 156, 158 et 159, par l'art. 643 du Code de commerce.

1412. *La péremption s'acquiert-elle contre une instance soumise à des arbitres ?*

Oui, répondait Lange, pag. 502, parce que les arbitres sont obligés de juger suivant l'ordonnance. Fondés sur l'art. 1009 du Code, qui dispose que les parties et les arbitres suivront, dans la procédure, les délais et les formes établis pour les tribunaux, si les parties n'en sont autrement convenues, les auteurs du Praticien, tom. 2, pag. 410, pensent aussi que les instances arbitrales sont sujettes à péremption. Mais nous observerons que cette question n'en fait pas une ; car l'art. 1007 porte que le compromis n'ayant pas fixé de délai, la mission des arbitres ne dure que trois mois, du jour de sa date ; si, au contraire, il en a fixé un, leur mission cesse à l'expiration de ce délai : voilà la péremption des instances arbitrales établie par des dispositions particulières : on n'a donc point à appliquer à ces instances la péremption prononcée par l'art. 397.

1413. *La prescription de l'action emporte-t-elle la péremption de l'instance ?*

Non, puisque l'art. 397 dit, en termes généraux, que *toute* instance est périmée par discontinuation de procédure pendant trois ans. Or, il est de principe que la demande formée en justice conserve l'action, suivant cette maxime du droit romain, *omnes actiones quæ..... tempore pereunt, semel inclusæ judicio, salvæ permanent.* — (*Voy.* loi 139, *ff de regulis juris*).

Ainsi, bien qu'une action puisse être prescrite à l'expiration d'un laps de tems moindre que celui requis pour la péremption, l'instance ne sera néanmoins périmée qu'au bout de trois ans. — (*Voy. Pigeau, tom.* 1, *pag.* 445).

D'un autre côté, lorsqu'une action n'est prescriptible qu'au bout d'un laps de tems qui s'étend au-delà des trois années requises pour la péremption, l'instance sera éteinte par discontinuation de poursuites, à la différence de ce qui se pratiquait en Bretagne et en Normandie, où la péremption de l'instance n'avait lieu, après la contestation en cause, qu'autant qu'elle concourait avec la prescription. — (*Voy. nouv. Rép.*, *au mot* péremption, § 1, *pag.* 207; *Duparc-Poullain*, tom. 9, *pag.* 291 et 292, *et la dissertation d'Hévin sur la péremption*, *à la fin du premier volume des arrêts de Frain*).

La Cour d'appel de Rennes a vainement demandé, dans ses observations sur le projet, que ce principe de jurisprudence locale, qui avait l'avantage de prévenir plusieurs instances dans le cours du délai fixé pour la prescription, fût consacré par le Code; il est évident que les art. 397 et 401 l'ont abrogé. — (*Cassat.*, 22 *janv.* 1816, *Sirey*, tom. 16, *pag.* 118).

1414. *Y a-t-il des cas où la péremption puisse être acquise à l'expiration d'un terme moindre que celui fixé par l'art.* 397?

Oui; par exemple, les instances en justice de paix sont périmées après quatre mois, à partir d'un interlocutoire. (*Voy. nos quest. sur l'art.* 15, *pag.* 27). Le commandement qui précède une saisie immobilière est périmé par trois mois (*voy. art.* 674); celui qui précède un emprisonnement l'est par l'espace d'une année (*voy. art.* 784); enfin, les poursuites qui suivent une contrainte d'enregistrement le sont par le même laps de tems. — (*Voy. loi du 22 frim. an 7, art.* 61).

C'est ici le lieu de remarquer que la péremption de six mois, prononcée contre les jugemens par défaut faute de constitution d'avoué, à raison de l'inexécution de ces jugemens dans ce délai, n'emporte point la péremption de l'instance; du moins telle a été la décision de la Cour d'appel de Nîmes (*voy. arrêt du 5 juill.* 1809, *Jurisp. des Cours souv.*, tom. 4, *pag.* 522), fondée sur ce qu'en déclarant qu'à défaut d'exécution dans les six mois de leur obtention, les jugemens dont il s'agit sont réputés non avenus, l'art. 156 ne prononce rien sur les instances qui leur ont servi de base : de là résulte que si l'instance est encore entretenue, et la demande introductive non périmée, rien ne s'oppose à ce qu'un nouveau jugement soit obtenu, par suite de cette demande, avant l'échéance du délai de la péremption fixé par l'art. 397.

Cette décision peut sembler conforme aux principes, attendu que la péremption, ou plutôt la prescription du jugement après les six mois, résulte d'une disposition d'exception qui doit être restreinte à l'acte qu'elle a pour objet, et ne peut avoir l'effet de périmer l'instance sur laquelle cet acte est intervenu, par un laps de tems moindre que celui prescrit par l'art. 397. — (*Voy. Delaporte*, tom 1, *pag.* 368).

On peut cependant élever quelques doutes, à raison de ce que l'art. 156 a pour motif de prévenir l'abus du défaut de remise de la copie de l'assignation. — (*Voy. Exposé des motifs, par le conseiller d'état Treilhard, édit. de F. Didot, pag.* 33).

Or, ce serait rendre le remède à cet abus sans effet, que d'autoriser la partie qui a à s'imputer la faute de n'avoir pas fait exécuter un premier jugement, à en obtenir un second, sans assigner de nouveau sa partie adverse.

Mais si l'on admet, par ce motif, que la péremption du premier jugement entraîne celle de l'instance qui l'a précédé, il faudrait admettre aussi, ce qui nous paraît trop dur pour être entré dans l'esprit du législateur, qu'un arrêt par défaut, rendu sur appel, étant périmé, entraînât également la péremption de l'instance, en sorte que le jugement, que cet arrêt aurait peut-être réformé, se trouverait avoir l'autorité de la chose jugée. (*Voy. art.* 469). Comment concilierait-on une telle décision avec ce qui se pratique, après un arrêt de cassation qui, en annulant une décision d'appel, conserve à l'acte d'appel qui a introduit l'instance tous ses effets, en ce sens que la déchéance n'a pas lieu, et que l'instance s'introduit devant une autre Cour?

Ces considérations nous portent à croire que l'on doit adopter ici une opinion qui tient le milieu entre la décision de la Cour de Nîmes ci-dessus rapportée, et l'opinion de ceux qui pensent que la péremption d'un jugement par défaut entraîne celle de l'instance qu'il aurait terminée. Nous pensons, en conséquence, que la première assignation conserve ses effets, en ce sens, par exemple, qu'elle aurait interrompu une prescription, qu'elle aurait donné lieu à des actes probatoires, par exemple, à une enquête, etc., mais sous la condition d'assigner la partie à domicile, pour voir rendre le second jugement.

1415. *Le tems de la péremption doit-il être compté* de momento ad momentum ?

Lange, dans son Praticien, chap. 24, pag. 494, résout affirmativement cette question, en disant que le jour du terme *à quo*, qui est celui de la cessation de la dernière procédure, doit être compris dans le terme. Cet auteur, ainsi que le remarque M. Berriat Saint-Prix, ne donne aucune bonne raison en faveur de cette opinion, contre laquelle on peut opposer le principe *dies termini à quo non computatur in termino*, et que nous ne croyons pas devoir adopter, parce que la péremption est une espèce de prescription ; or, l'art. 2060 du Code civil veut que la prescription se compte par jour, et non *de momento ad momentum.*

1416. *Peut-on opposer la péremption, s'il s'est écoulé trois ans depuis que l'affaire est en état* ?

Pour la négative de cette question, on pourrait argumenter de ces termes de l'art. 397, *toute instance...... sera éteinte par discontinuation de poursuites,* et faire ce raisonnement : *L'affaire étant en état,* il n'y a plus de poursuites à faire : il n'y a donc point de discontinuation de poursuites à imputer au demandeur, et conséquemment de péremption à opposer. En effet, le retard de la décision ne peut être imputé qu'aux juges. — (*Voy. Prat. franç., tom.* 2, *pag.* 408, *et les Questions de Lepage, pag.* 262).

Nous croyons néanmoins que cette opinion n'est pas celle qu'il convient de suivre, attendu que les art. 505, 506 et 507 autorisent la prise à partie pour déni de justice, lorsque les juges négligent de juger les affaires en état, après les réquisitions qui leur ont été faites à requête des parties. Or, n'est-ce pas, de la part du demandeur, discontinuer des poursuites, que de ne pas user des moyens que la loi lui donne pour obtenir jugement ? — (*Voy. Lange, chap.* 24, *pag.* 497, *et Pothier, chap.* 4, *sect.* 4, § 2).

1417. *La solution donnée sur la question précédente s'applique-t-elle au cas de négligence d'un commissaire à procéder à une opération ordonnée, ou d'un rapporteur à rapporter un procès?*

Lange, *ubi suprà*, pag. 495, maintient l'affirmative, par les mêmes motifs que nous venons de déduire. Il paraît que M. Berriat Saint-Prix partage cette opinion (*voy. pag.* 355, *not.* 8, *n°.* 3); mais M. Lepage et les auteurs du Praticien (*ubi suprà*), sont d'une opinion contraire. Nous nous en tenons au sentiment de Lange, quoiqu'il ait été rejeté, relativement au rapporteur, par un arrêt de la Cour de Rennes, de mai 1813, puisqu'en cette circonstance, le demandeur doit s'imputer la faute de n'avoir pas constitué le rapporteur en demeure de mettre l'affaire en état.

1418. *Mais le décès d'un commissaire ou d'un rapporteur interrompt-il le cours de la péremption?*

Les anciens auteurs tenaient l'affirmative; mais nous croyons que cette opinion ne saurait prévaloir aujourd'hui, non seulement par ce que le Code garde le silence à ce sujet, mais encore parce que le demandeur a à s'imputer la faute de n'avoir pas fait remplacer le juge-commissaire ou le rapporteur, conformément à l'art. 110, qui s'applique dans les cas de décès de l'un et de l'autre, ainsi que nous l'avons dit sur la quest. 984°. pag. 633.

Telle est aussi, du moins quant au rapporteur, l'opinion de M. Delaporte, tom. 1, pag. 369, de M. Lepage dans ses Questions, pag. 262, *in fine*, et enfin de M. Demiau Crouzilhac, pag. 290 et 291, et Menelet, Traité des péremptions, pag. 4.

1419. *Une transaction ou un compromis intervenu sous le cours de l'instance, mais qui n'aurait pas été exécuté, interrompt-il le cours de la péremption?*

Lange, *ubi suprà*, pag. 496 et 497, et Pothier, 1re. part., chap. 4, se prononcent pour l'affirmative, et leur opinion est adoptée par M. Pigeau, tom. 1, pag. 447, attendu qu'il serait injuste de prononcer la péremption contre une partie qui n'a discontinué ses poursuites que sur la foi d'une transaction ou d'un compromis, sur l'exécution desquels elle a dû compter.

Mais les auteurs du Praticien, tom. 2, pag. 411, observent que de tels actes étant étrangers à la procédure ne peuvent s'y appliquer, ni empêcher la péremption. C'est, disent-ils, à la partie intéressée à mettre à couvert ses droits par des mesures conservatoires, et à éviter le piège dans lequel son adversaire a voulu la jeter. Ce dernier avis, dit M. Berriat Saint-Prix, pag. 335, not. 8, est plus conforme au sens littéral du Code, et le premier à l'équité.

Il ne nous paraît pas certain que les dispositions du Code s'opposent à ce que l'on admette l'opinion de M. Pigeau; tout ce qu'on peut dire, c'est qu'il garde le silence; mais ne devra-t-on pas plutôt considérer une transaction ou un compromis comme un désistement de l'instance introduite, et si la transaction n'est pas exécutée, ne devient-elle pas le principe d'une instance nouvelle, en exécution de cet acte? Le compromis n'a-t-il pas remis les parties au même état où elles étaient avant l'instance, et ne faut-il pas la renouveler, comme on le ferait si un désistement avait été accepté?—(*Voy.* art. 403).

Telle est notre opinion, que nous ne croyons pas susceptible de distinction ou de modification relativement à la transaction, puisque l'art. 2044 du Code civil la définit un contrat par lequel les parties *terminent une contestation née*, ou préviennent une contestation à naître; mais nous convenons, au sujet du compromis, que la décision dépend des circonstances, et que celle que nous venons de donner en général est sujette à exception, si, par exemple, les parties n'ayant pas exprimé qu'elles entendent se désister de l'instance pour dessaisir le tribunal, le compromis se trouvait sans effet, en conformité de l'art. 1004, etc. (1)

1420. *Des cas fortuits, qui ont mis le demandeur dans l'impossibilité d'agir, interrompent-ils le cours de la péremption ?*

Il y a des faits qu'aucune prudence humaine ne saurait empêcher; on les appelle *cas fortuits ;* ils comprennent la force majeure et l'autorité de la loi. La justice et les lois veulent que nul ne réponde *des cas fortuits.* Nous croyons donc qu'ils interrompent la péremption. Ainsi nous dirons, avec Lange et Rodier, et d'après les arrêts cités par le premier, pag. 496, que tous événemens qui n'ont pas permis au demandeur de couvrir la péremption en ont interrompu le cours; que l'on ne peut former la demande en péremption lorsque, par un accident de force majeure, le demandeur aurait perdu ses pièces; par exemple, par suite d'incendie survenu dans la maison de l'avoué ou de l'avocat qui en était chargé (2).

1421. *La péremption peut-elle courir contre une instance dont la poursuite est suspendue, soit par une demande incidente, soit par tout autre incident qui devrait être vidé préalablement au jugement du fond, soit enfin par des jugemens préparatoires, interlocutoires et provisoires ?*

M. Demiau Crouzilhac estime que l'incident doit être considéré comme une instance particulière qui suspend l'instance principale, en sorte que le délai pour la péremption de celle-ci ne reprendrait son cours qu'autant que l'incident serait lui-même périmé.

---

(1) Cette opinion présente quelques doutes concernant le compromis, si l'on n'admet pas, comme nous, que le compromis dessaisisse le juge, et que conséquemment il faille, à moins que les parties ne s'en soient autrement expliquées, revenir devant lui par action absolument nouvelle. Mais, dans ce cas, ne pourrait-on pas du moins penser, comme Menelet, pag. 91, qu'il conserve l'instance ; mais que, du jour de son expiration, l'affaire retombant en la juridiction où elle était pendante quand les parties compromirent, elle s'y périme par une cessation de poursuites de trois années ?

Nous ajouterons, avec le même auteur, qu'il n'est pas nécessaire, pour que le compromis fasse obstacle à la péremption, qu'il soit suivi de procédures; mais si l'instance compromissoire, ce qui ne peut guère arriver, durait plus de trois ans, sans que les parties eussent procédé devant les arbitres, la péremption nous semblerait acquise devant le tribunal de première instance.

(2) Mais d'après la jurisprudence, la suspension momentanée du cours de la justice, causée, par exemple, par une occupation militaire, n'opère interruption qu'autant qu'il est prouvé d'ailleurs qu'il en est résulté, pour les parties et leurs avoués, impuissance absolue de faire aucun acte de procédure. — (*Paris,* 25 *avril* 1815 *; Cassat.,* 29 *juin* 1818, *Sirey, tom.* 16, *pag.* 368, *et tom.* 18, *pag.* 358).

Nota. L'arrêt du 29 juin 1818, dit M. Berriat Saint-Prix, pag. 355, not. 8, n.º 2, est sujet à des objections sérieuses, en ce qu'il prononce qu'une invasion qui interromprait les communications entre l'avoué et son client, n'arrêteraient pas la péremption, si la ville où postule l'avoué n'était pas envahie, attendu que celui-ci peut agir (notifier un acte, par exemple), pour couvrir la péremption. L'avoué est, il est vrai, le maître de la cause, quant à l'instruction; mais il ne s'ensuit pas de là qu'il doive continuer l'instruction, quand son client a témoigné, expressément ou tacitement, vouloir la suspendre; il doit, au contraire, attendre un nouvel avis de ce dernier pour la continuer, et par là même empêcher la péremption : donc, si une force majeure a empêché le client de transmettre cet avis avant la fin du délai où la loi lui permettait de couvrir la péremption, c'est le priver d'une faculté légale que de déclarer la péremption alors accomplie : nous ne pouvons qu'adhérer à ces justes observations.

Telle était aussi l'opinion de Lange, pag. 499 ; mais M. Pigeau, pag. 447, remarque avec raison que les demandes incidentes ne forment point des instances séparées qui soient susceptibles d'une péremption particulière, une instance se composant tout à la fois et de la demande principale et des demandes incidentes qui y sont jointes.

Il suit de là que les incidens tombent sous le coup de la péremption de l'instance durant laquelle ils ont été formés.

Par arrêt du 6 mai 1813 (*voy. Sirey, tom.* 14*, pag.* 89), la Cour de Rouen a prononcé de la même manière relativement aux jugemens préparatoires et interlocutoires ; elle a déclaré que ces jugemens ne constituent point des instances spéciales, mais qu'ils font partie de l'instruction ou des erremens de la cause dans laquelle ils sont intervenus, et qu'enfin cette doctrine est celle qui a été adoptée par l'art. 397 du Code de procédure civile, puisque, dans son premier paragraphe, il est conçu en termes généraux qui excluent toute exception qu'on voudrait introduire hors des deux cas exprimés au second paragraphe du même article.

Ainsi nous conclurons que toute procédure par incident, comme tout jugement préparatoire ou interlocutoire, tombe dans la péremption acquise par trois ans de discontinuation de procédures (1).

Mais nous n'appliquerons pas cette solution aux jugemens provisoires, attendu, comme le dit Duparc-Poullain, tom. 6, pag. 295, qu'ils ne peuvent tomber en péremption, parce qu'ils ne sont point jugemens d'instruction, et qu'ils ne se prescrivent que par trente ans (2).

1422. *L'opposition à un arrêt ou jugement par défaut est-elle le principe d'une nouvelle instance susceptible de péremption ?*

En d'autres termes, *peut-on déclarer périmée l'instance particulière sur l'opposition, sans étendre la péremption à l'instance principale ?*

Par arrêt du 23 octobre 1810 (*voy. Denevers,* 1810*, pag.* 510), la Cour de cassation a prononcé que si, par application de l'art. 15 de l'ordonnance de 1563, semblable à l'art. 397 du Code de procédure, l'opposition est introduite par une instance séparée de celle sur laquelle est intervenu le jugement attaqué, elle en est néanmoins la suite immédiate, et se rattache à tous les actes antérieurs pour n'en former qu'*une seule et même instance.* Or, aux termes de la loi, la péremption doit s'appliquer, si elle est acquise, à tous les actes de l'instance, sans qu'il soit permis aux juges de la restreindre à certains actes particuliers : donc on ne peut déclarer la péremption acquise sur l'opposition, sans l'étendre à l'instance principale.

On sent que la conséquence directe de cette décision fournit le plus fort argu-

_____

(1) Cette doctrine a d'ailleurs été consacrée par un arrêt de la Cour de cassation, du 14 décembre 1813 (*voy. Sirey, tom.* 14*, pag.* 137), en ce qu'il décide que les jugemens préparatoires ne sont point un obstacle à ce que l'instance soit éteinte par discontinuation de poursuites, et qu'ils sont eux-mêmes annulés ou éteints, comme les autres actes de la procédure périmée.

(2) Voy. les raisons qui seront données sur l'art. 401, en examinant la question de savoir si ces jugemens peuvent être invoqués dans une seconde instance introduite après péremption d'une première.

ment en faveur de la solution de la question précédente, conformément à l'opinion de M. Pigeau ; ou, pour mieux dire, cet arrêt la justifie complètement, puisqu'il y aurait encore moins de raisons pour dire qu'un incident survenu dans le cours d'une instance en formerait une distincte et séparée, qu'il n'y en aurait pour faire admettre qu'une opposition serait introductive d'une instance de cette nature.

1423. *Pour qu'il y ait lieu à l'addition du délai de six mois, conformément à la seconde disposition de l'art. 397, faut-il que les événemens qui amèneraient une reprise d'instance ou une constitution de nouvel avoué, soient survenus pendant le premier délai de trois ans ?*

En examinant cette question, n°. 1501 de notre *Analyse*, etc., nous avions cité un arrêt de la Cour de cassation du 5 janvier 1808, lequel a décidé que toutes les fois que la péremption d'instance n'a pas été demandée, elle doit être censée couverte par tout événement donnant lieu à reprise d'instance, de manière que l'on dût toujours accorder aux héritiers ou ayant-cause le délai de six mois, à compter du jour du décès. Ainsi se trouverait résolue, pour la négative, la question que nous venons de poser.

Mais nous n'avions pas dissimulé que M. Merlin, en citant lui-même cet arrêt, émet une opinion absolument opposée ; opinion que la Cour de Trèves a rejetée par arrêt du 17 juin 1812. — (*Sirey, tom. 13, pag. 194*).

Nous croyons que cette dernière doctrine est celle qu'il convient d'adopter, attendu, entre autres motifs, qu'en n'accordant l'augmentation du délai qu'autant que l'événement serait arrivé dans les trois années, ce serait implicitement admettre que la péremption s'opère de plein droit, tandis que le contraire résulte clairement de l'art. 399.

Cette décision se rapproche d'ailleurs des principes de l'ancienne jurisprudence, suivant laquelle le décès de l'une des parties, arrivé avant l'expiration des trois années, suspendait la péremption, à laquelle l'instance n'était plus sujette avant d'avoir été reprise. — (*Cassat., 27 germ. an 13, Sirey, tom. 5, pag. 363, et Menelet, pag. 169*).

Ainsi donc le décès d'une partie ou de l'avoué, arrivé après les trois ans d'interruption, forme un obstacle à la demande, jusqu'à ce qu'il se soit écoulé un délai de six mois.

1424. *Résulterait-il de l'arrêt du 5 janvier 1808, que l'on ne pût former une demande en reprise d'instance ou en constitution de nouvel avoué, après le délai de trois ans et demi donné par l'art. 397 ?*

Cette question se décide par la solution qui serait donnée sur celle de savoir si la reprise d'instance ou la constitution de nouvel avoué est sujette à la prescription de trente ans, comme toute autre action. Or, on a pensé qu'il résultait de l'art. 397 que ces deux demandes étaient sujettes à la péremption comme l'action elle-même, et qu'ainsi l'on ne devait plus appliquer les anciens principes qui autorisaient l'une et l'autre pendant trente ans.

Mais nous observerons que ces demandes ne pourraient être rejetées qu'autant que la péremption de l'instance eût été demandée après le délai de trois ans et demi, fixé par l'art. 397 ; qu'ainsi, toutes les fois que cette demande n'a pas été formée, on peut reprendre l'instance ou constituer un nouvel avoué, pendant les trente années que l'art. 2262 du Code civil fixe pour la prescription des actions en général. — (*Voy. les Quest. de Lepage, pag.* 228 *et* 229).

Nous disons *en général,* parce que la prescription de trente ans est la plus ordinaire; mais lorsque la loi a limité le délai de la prescription à un moindre laps de tems, par exemple, dans le cas de l'art. 1304 du Code civil, relatif aux demandes en nullité et rescision, comme le délai pour reprendre l'instance ne doit pas être plus long que le délai pour introduire l'action, on ne pourrait reprendre l'instance après dix ans. — (*Arg., Cassat.,* 24 *vendémiaire an* 12, *Sirey, tom.* 12, 2ᵉ. *part., pag.* 64).

1425. *Le délai supplémentaire accordé par l'art.* 397, *dans le cas où il y a lieu à demande en reprise d'instance, est-il commun aux deux parties?*

En d'autres termes, *le demandeur peut-il invoquer ce délai, lorsque c'était au défendeur à reprendre l'instance?*

Par un arrêt de la Cour de cassation, section des requêtes, du 12 juillet 1810 (*Sirey, tom.* 10, *pag.* 368), il a été décidé que si l'art. 397 dispose que, dans le cas où il y aura lieu à reprise d'instance, le délai de trois ans sera augmenté de six mois, il était néanmoins évident que cette prorogation n'a été établie que dans l'intérêt de la partie ayant droit à cette reprise; qu'en conséquence, une partie ne pouvait prétendre que la péremption n'était pas acquise contre elle, sous prétexte que, son adversaire *étant décédé,* le délai aurait été prorogé aux termes de l'art. 397, et que ce décès *ne lui ayant pas été notifié,* elle pouvait *toujours agir valablement* jusqu'à cette notification. — (*Voy. art.* 844, *et l'arrêt de la Cour de Paris, du* 17 avril 1809, *Sirey, tom.* 10, *pag.* 70).

Deux arrêts semblables ont été rendus, l'un par la Cour de Trèves, le 17 juin 1813, l'autre par celle de Paris, le 1.ᵉʳ juillet 1812 Mais la Cour de cassation, section civile, à décidé le 2 avril 1823 (*Sirey, tom.* 23, *pag.* 197), que l'art. 397 ne limitait la prorogation à aucune des parties, puisqu'il est conçu d'une manière générale et absolue, qui les comprend toutes et la leur rend commune; ce qui est de toute justice, est-il dit encore dans les considérans, puisque, s'il est conforme à la raison et à l'équité d'accorder cette prorogation aux héritiers de la partie décédée, pour leur donner le tems de délibérer, il ne l'est pas moins de l'accorder aux adversaires de cette partie, pour leur laisser le tems de connaître les héritiers et de les appeler en reprise d'instance; qu'enfin, on ne pourrait juger autrement sans introduire dans la loi une distinction et une restriction que sa lettre et son esprit repoussent également (1).

C'est toujours par suite des même principes qu'il a été décidé,

1°. Par la Cour de Riom (17 *mai* 1810, *Sirey, tom.* 11, *pag.* 314), que le décès de l'une des parties, arrivé sous l'empire du Code de procédure, n'in-

_____

(1) On ne trouvera pas que cet arrêt soit en opposition avec celui du 12 juillet 1810, si l'on fait attention que celui-ci a été rendu dans une espèce où les adversaires de la partie décédée n'avaient aucun intérêt à la reprise d'instance, puisqu'ils pouvaient valablement continuer les poursuites, d'après l'art. 362, le décès ne leur ayant pas été notifié, tandis que, dans l'espèce de l'arrêt de 1823, l'affaire n'était pas en état.

terrompt la péremption que pour six mois, encore que l'instance ait été introduite avant la publication du Code ;

2°. Par la Cour de Bruxelles (14 *avril* 1810 , *Sirey, tom.* 14, *pag.* 349), que si le décès est arrivé avant cette époque, on ne doit point comprendre dans le délai fixé par le Code, le tems qui s'est écoulé depuis le décès jusqu'à la publication.

Remarquons au surplus que le concours de deux événemens qui donneraient lieu isolément à une augmentation de six mois, aux termes de l'art. 397, n'autorise pas une double prorogation du même délai.

Ainsi, lorsque dans une instance il se rencontre tout à la fois décès de la partie ou de l'avoué, il ne peut y avoir lieu qu'à une seule prorogation de délai. — (*Cassat.*, 19 *août* 1816 , *Sirey, tom.* 17, *pag.* 47.)

1426. *La péremption d'une instance qui a pour objet une question d'état, pourrait-elle être prononcée ?*

Menelet, dans son Traité des péremptions, pag. 53, maintient la négative, parce que, dit-il, la destinée des affaires de cette importance ne doit pas dépendre de la négligence d'un plaideur. En effet, les consentemens erronés d'une personne ne nuiraient point à son état ; à plus forte raison , une cessation de poursuites ne pourrait-elle lui nuire.

Cette question ne faisait aucune difficulté en Bretagne, par suite de la nécessité du concours de la péremption et de la prescription ; l'action étant de nature à ne pouvoir être prescrite, il était bien certain qu'il ne pouvait pas y avoir de péremption. — (*Voy. Duparc-Poullain, tom.* 6, *pag.* 293, *n.*° 115).

Les actions concernant l'état des personnes sont aujourd'hui imprescriptibles, comme elles l'étaient autrefois, comme elles le seront toujours ; mais l'art. 397 du Code de procédure ne fait aucune distinction, par rapport à la nature de l'action qui fait la matière de l'instance … *Toute instance, dit-il, se périme par discontinuation de poursuites pendant trois ans :* il paraît donc que le législateur a compris les instances sur des actions d'état ; et nous ne voyons pas que le principe de *l'imprescriptibilité* de ces actions s'y oppose, puisque l'art. 401 veut que la péremption n'éteigne pas l'action.

Au surplus, les anciens auteurs n'étaient pas unanimes sur la question que nous examinons. Menelet cite Ausannet comme professant une doctrine contraire, et Duparc , en disant que la péremption n'avait point lieu contre les questions d'état, s'appuie sur les principes de notre jurisprudence bretonne, qui , dit-il, préviennent *toutes les difficultés sur la péremption en matière d'état des personnes.* Il est donc vrai que l'opinion de Menelet n'était pas généralement adoptée, et le Code a levé toute incertitude au moyen des expressions générales qu'il emploie.

1427. *La péremption est-elle de sa nature indivisible, lors même que l'objet du procès est susceptible de division, et quelles seraient les conséquences de cette indivisibilité?*

On doit tenir pour certain, en principe général, que la péremption est toujours indivisible. Ainsi, quand plusieurs parties ayant le même intérêt figurent dans une instance , il suffit que la péremption n'eût pu courir contre l'une d'elles, pour qu'elle n'ait pu s'acquérir contre les autres. (*Voy. Menelet, pag.* 157). Et par suite de conséquences, les fins de non-recevoir contre une demande en péremption, acquises à l'un des défendeurs à cette demande, profitent à tous les autres. — (*Cassat., 8 juin* 1813, *Sirey, tom.* 13, *pag.* 458). (1).

Les plaidoiries rapportées sur cet arrêt, présentent tous les développemens que l'on peut désirer pour appuyer ces décisions ; mais on n'y résout pas d'une manière positive la question de savoir si, lorsqu'il existe plusieurs défendeurs parmi lesquels un seul demande la péremption, il y a lieu à scinder l'instance, pour la déclarer périmée contre lui seul, ou si la demande emporte extinction de l'instance, à l'égard de ceux qui n'ont pas formé la même demande. Il nous semble évident qu'une fois le principe d'indivisibilité établi, il s'ensuit, comme conséquence nécessaire, que dès qu'un litisconsort s'oppose à la demande en péremption, comme l'instance subsisterait à son égard, elle doit subsister pour tous (2).

QUESTIONS TRANSITOIRES SUR L'ART. 397.

1428. *La demande en péremption d'une instance, introduite avant la publication du Code de procédure civile, doit-elle être instruite et jugée suivant les dispositions de ce Code ou les règles de l'ancienne jurisprudence?*

C'est un principe désormais certain, par l'application fréquente qu'en ont faite les Cours souveraines, que la demande en péremption d'instance *est une nouvelle procédure à la suite d'une précédente, et tout à fait indépendante de la cause principale.* — (*Voy.* arrêts de Cassat., *des 5 janvier* 1808, 12 *juillet* 1810, 15 *juillet* 1818, *Sirey, tom.* 8, *pag.* 119, *tom.* 10, *pag.* 368, *et tom.* 19, *pag.* 25).

La conséquence immédiate de ce principe, que la demande en péremption est nécessairement *nouvelle* et *principale,* c'est qu'elle doit être régie par la législation sous l'empire de laquelle elle est formée, et aujourd'hui, par conséquent, d'après les dispositions du Code de procédure, comme cela résulte de l'art. 1041 de ce Code. — (*Rennes, 16 janvier* 1818).

Ainsi la péremption doit être déclarée acquise dans l'espèce de notre question, nonobstant la jurisprudence des provinces où, comme en Bretagne, la péremption n'était admise que lorsqu'elle concourait avec la prescription, et où la distribution des causes prorogeait de trente ans le délai de l'une et de l'autre.

Vainement le défendeur à la péremption essaierait-il de tirer avantage de cette jurisprudence, pour soutenir que l'on ne peut appliquer les dispositions du Code, attendu qu'il établit sur ce point un droit nouveau.

---

(1) Par une autre conséquence des mêmes principes, la Cour de Riom a jugé, le 30 janvier 1815 (*Sirey, tom.* 17, 2.ᵉ *part., pag.* 352), que la demande en péremption d'une instance d'appel, introduite sous l'ancienne législation, en événement qu'une opposition simultanément formée contre le même jugement ne fût pas recevable, n'était pas admissible elle-même. En effet, la péremption, dans cette espèce, n'eût pas éteint l'instance, qui eût continué de subsister devant les premiers juges, au moyen de l'opposition.

Mais il est à remarquer que cette décision n'a rien d'important sous l'empire du Code, qui n'accorde la faculté d'appeler qu'après l'expiration des délais pour l'opposition. — (*Voy. infrà, art.* 443).

(2) Par suite du même principe, la demande en péremption doit être rejetée, lorsqu'elle n'est pas dirigée contre toutes les branches de la contestation. Elle est sans effet, même à l'égard du chef du litige contre qui elle a été dirigée : peu importe que l'objet du litige soit divisible. — (*Limoges,* 21 *fév.* 1821, *Sirey, tom.* 21, *pag.* 165).

. La réponse à cette objection, qui se reproduit souvent, se trouve établie sans réplique dans le principe ci-dessus énoncé, que la demande en péremption est *principale*, et qu'étant formée sous l'empire du Code, elle ne peut être jugée que d'après ses dispositions, sans avoir égard aux usages formellement abrogés, nous le répétons, par l'art. 1041.

Ajoutons qu'en décidant ainsi, on ne porte pas plus atteinte à un droit acquis sous l'ancienne législation, que n'en a porté l'art. 2281 du Code civil, aux termes duquel le laps de trente ans fait acquérir les prescriptions pour lesquelles les lois antérieures exigeaient un laps de tems plus considérable. — (*Voy. infrà sur l'art.* 399).

1429. *Mais ne pourrait-on pas opposer la péremption par exception, si l'action ayant été introduite avant la publication du Code, la prescription s'était accomplie avant cette publication ?*

Oui, sans doute, parce qu'en ce cas il y a un droit acquis sous l'empire de la législation antérieure, droit auquel les lois postérieures ne peuvent porter atteinte. Aussi, la solution de la question précédente n'est-elle donnée que pour le cas où le tems requis pour la péremption s'étant écoulé avant la publication du Code, on prétendrait qu'il suffirait que la prescription se fût accomplie sous son empire, pour qu'il fût permis de l'opposer, malgré les actes valables qui auraient été faits.

1430. *Mais pourrait-on, pour compléter le laps de tems exigé pour la péremption, ajouter à celui qui se serait écoulé avant la publication du Code, le tems passé depuis sans poursuites ?*

La Cour de cassation a décidé, le 2 avril 1823, que cela ne pouvait avoir lieu qu'autant que le tems antérieur au Code aurait eu un cours utile pour la péremption, d'après les anciens principes; qu'autrement, la péremption ne pouvait être acquise que par le laps de trois ans, écoulé sans poursuites, depuis la promulgation du Code de procédure. — (*Sirey, tom.* 23, *pag.* 197).

1431. *Résulte-t-il de ce que la péremption est régie par le Code de procédure, quoique l'instance ait été introduite avant sa publication, que les anciennes saisies réelles y soient sujettes, dans les lieux où elles ne tombaient point en péremption?*

Suivant l'art. 91 de l'ordonnance de 1629, qui rappèle la disposition de l'art. 15 de celle de Roussillon, toutes instances et criées se périmaient par la discontinuation de poursuites pendant trois ans, nonobstant l'établissement de commissaires.

Il en était autrement dans le ressort de Paris, suivant un arrêté du 28 mars 1782; les saisies ne tombaient point en péremption, lorsqu'il y avait eu établissement de commissaires et baux faits en conséquence. — (*Voy. Menelet, pag.* 61).

Il en eût été de même en Bretagne, si l'on s'arrêtait à ce qu'exprime Duparc dans ses Principes, tom. 6, pag. 294, n°. 118. Mais cet auteur, dans son Précis des actes de notoriété, pag. 168, confesse que la certification des bannies ne durait que trois ans, s'il n'y avait pas eu de baux judiciaires, et convenait que *la péremption avait lieu en saisie réelle, lorsqu'elle concourait avec la prescription.*

C'était aussi la seule modification que le Parlement eût apportée à l'enregistrement de l'ordonnance de 1629; ce qui résultait d'un acte de notoriété du 25 mars 1693, rapporté par Devolant, pag. 192, avec la remarque de l'annotateur, qu'il fallait le concours de la prescription.

Ainsi, nous serions porté à croire qu'il n'est pas exact de soutenir qu'en Bretagne les saisies réelles ne tombaient point en péremption, lorsqu'il y avait établissement de commissaires et baux faits en conséquence, quoique le contraire ait été jugé par arrêt de la Cour de Rennes, du 10 mars 1818.

Si notre opinion est fondée, il en résulte que s'il s'est écoulé, depuis le Code de procédure, trois ans sans poursuites sur une ancienne instance de saisie réelle, la péremption, d'après les principes exposés au précédent numéro, peut s'acquérir en Bretagne, puisque la prescription n'est plus à considérer depuis la publication de ce Code. De même aussi elle peut s'acquérir dans les ressorts où elle n'était pas admise, puisque la loi nouvelle a changé la jurisprudence, et que le laps de tems qu'elle a fixé s'est écoulé sous son empire ; ce qui écarte le reproche de rétroactivité.

Il est vrai que, d'après le décret du 11 janvier 1811, relatif aux saisies faites avant la loi du 11 brumaire an 7, on pourrait regarder comme surabondante la discussion dans laquelle nous venons d'entrer, attendu que ce décret porte,

Art. 1.er, Que, dans les six mois qui suivront sa publication, les poursuivans seront tenus de les mettre à fin, et de faire procéder à l'adjudication des biens saisis devant les tribunaux de la situation desdits biens.

Art. 7, Qu'à défaut par les poursuivans d'avoir fait procéder dans ce délai à l'adjudication définitive, l'administration des domaines y fera procéder dans les six mois suivans.

Mais il ne suit pas de ces dispositions que, si les poursuivans ou l'administration des domaines ne s'y sont pas conformés, l'instance de saisie doive être périmée de droit.

D'ailleurs, comme l'a jugé la Cour de Rennes, par l'arrêt du 10 mars précité, ce décret de 1811 *n'a eu pour objet que de donner aux saisissans les moyens de reprendre et de terminer leurs poursuites, en mettant fin à cette partie de la gestion des domaines, sans préjudicier aux droits respectifs des parties intéressées*

Il peut donc arriver que la question que nous venons d'examiner se présente encore à l'examen des tribunaux.

ARTICLE 398.

La péremption court contre l'Etat, les établissemens publics, et toutes personnes, même mineures, sauf leur recours contre les administrateurs et tuteurs (1).

Ordonn., tit. 27, art. 5. — C. C., art. 2278.

CCCXXVI. Autrefois, la péremption ne courait point contre toutes personnes indistinctement. On exceptait, par exemple, les causes de l'Etat, par la raison

---

(1) JURISPRUDENCE.

1.° La péremption pourrait être opposée à une commune qui aurait esté en jugement sans

que les biens étaient inaliénables; mais le Code civil ayant, dans l'art. 2227, établi que l'on pouvait *prescrire* contre l'État, on a considéré qu'il convenait, pour être conséquent, de décider ainsi, relativement à la péremption. Au reste, comme les établissemens publics et toutes personnes morales sont, comme ceux qui ne peuvent agir en justice, pourvues d'administrateurs, les dispositions de l'article qui précède n'ont rien d'injuste, puisqu'elles ont contre ces administrateurs, dont la négligence aurait occasionné la péremption, un recours en indemnité du préjudice qu'elles auraient souffert.

1432. *La péremption d'instance peut-elle courir contre les militaires en activité de service ?*

La loi du 6 brumaire an 5, art. 2, déclare qu'aucune péremption d'instance ne peut être opposée aux militaires et employés aux armées qu'après la publication de la paix générale. Mais cette paix a été proclamée par le traité d'Amiens, disent les auteurs du Praticien français, tom. 2, pag. 407, et le Code de procédure, loin de répéter cette disposition, porte que la péremption court contre toutes personnes, même contre les mineurs, contre l'État, contre les établissemens publics; d'où ces auteurs concluent que les militaires ne peuvent être exceptés.

Cette opinion a été constamment rejetée par la Cour de cassation, qui a continué, jusqu'aux traités de 1814, de faire l'application de la loi de brumaire an 5, et nous estimons qu'encore bien qu'il n'intervînt pas de loi nouvelle, cette application aurait lieu en faveur de tout militaire ou employé qui, durant le cours d'un procès, eût fait partie d'une armée belligérante.

1433. *La péremption court-elle contre le mineur qui ne serait pas pourvu de tuteur?*

Non, répond M. Pigeau, tom. 1, pag. 446, parce que l'art. 398 ne soumet

---

être munie de l'autorisation de l'administration supérieure. — (*Paris*, 17 *janv.* 1809, *Sirey, tom.* 9, *supp.*, *pag.* 267).

2.° Elle peut l'être, même dans le cas où la commune eût été obligée de rester dans l'inaction pour obtenir l'autorisation. — (*Nîmes*, 31 *août* 1812, *Journ. des avoués, tom.* 7, *pag.* 176).

3.° La péremption se couvre par des actes valables, même dans les instances en matière d'enregistrement. — (*Cassat.*, 18 *avril* 1821, *Sirey, tom.* 22, *pag.* 31).

4.° Elle se couvre par une communication de titres requise et reçue par la partie, qui forme ensuite sa demande en péremption (*Rennes*, 13 *août* 1813), et par une sommation de communiquer faite par le demandeur principal. — (*Rennes*, 3 *et* 9 *avril même année*).

5.° L'assignation en reprise d'instance couvre la péremption, et, par conséquent, la partie à laquelle elle a été donnée ne peut faire résulter la péremption de la discontinuation des poursuites pendant plus de trois ans, avant cette assignation. C'est une conséquence directe de ce que la péremption ne peut être opposée par exception. — (*Paris*, 6 *mai* 1813, *Journ. des avoués, tom.* 7, *pag.* 356).

6.° Le pourvoi en cassation n'établit pas une instance proprement dite, tant que la section civile n'a pas été saisie, et, par conséquent, il n'est pas interruptif du délai pour la péremption. — (*Cassat.*, 13 *nov.* 1815, *Sirey, tom.* 16, *pag.* 192).

7.° La péremption étant couverte par un acte valable fait avant la demande, cette demande doit être écartée d'office, encore bien que les parties ne proposent pas l'exception tirée de cette circonstance. — (*Cassat.*, 26 *oct.* 1812, *Sirey, tom.* 13, *pag.* 132.

le mineur à la péremption que sous la condition d'un recours contre le tuteur ; or, on ne peut diviser les deux parties de la disposition de cet article.

Ce qui doit déterminer à adopter cette opinion , c'est qu'elle est conforme à ce qui se pratiquait autrefois. — (*Voy. Lange*, pag. 494 ; *le nouv. Répert.* , tom. 9 , pag. 210, et *sur-tout Menelet* , pag. 98.)

ARTICLE 399.

La péremption n'aura pas lieu de droit ; elle se couvrira par des actes valables , faits par l'une ou l'autre des parties avant la demande en péremption.

CCCXXVII. D'APRÈS cet article , la péremption doit être demandée (1) , et le juge ne peut la suppléer d'office. C'est une différence à remarquer , entre la péremption acquise dans la justice de paix (*voy. art.* 15) , et celle qui s'acquiert dans les autres jurisdictions. C'est encore une différence entre elle et la prescription qui a lieu de plein droit, et qui , conséquemment , est opposée par exception. Il n'y avait pas , avant la publication du Code , de jurisprudence fixe sur cette matière ; en Bretagne , par exemple , la péremption , comme nous l'avons dit , avait lieu de plein droit , par son concours avec la prescription , et nulle part il n'existait de règles précises sur les moyens de l'interrompre, et sur l'effet d'un acte nul. C'est principalement par l'article qui précède que le nouveau Code a dissipé toute incertitude à cet égard.

1434. *Dans le cas où la péremption a été acquise de plein droit, sous l'empire des anciennes lois , peut-elle , sous le Code actuel , être opposée par exception ?*

L'art. 15 de l'ordonnance de 1553 établissait le principe posé par l'art. 399 , que la péremption n'avait pas lieu de plein droit , et , en conséquence , la Cour de cassation a plusieurs fois décidé , comme nous venons de le faire au numéro précédent , que la péremption devait être demandée. — (*Voy. un autre arrêt du 26 octobre* 1812 , *Sirey, tom.* 13 , *pag.* 132).

Mais , dans plusieurs ressorts , la jurisprudence était contraire , et , d'un autre côté , la Cour de cassation a plusieurs fois décidé que , dans ceux où la prescription de l'action était la suite de la péremption de l'instance , celle-ci s'acquérait de plein droit. — (*Voy. arrêts de cassat.*, 11 et 12 *thermidor an* 13 , *Sirey, tom.* 13 , *pag.* 132).

Supposons donc que , dans ces ressorts , le demandeur au principal fasse au-

___

(1) *Doit être demandée.* Mais elle est irrévocablement acquise au moment même de la demande , si le délai prescrit par la loi s'est écoulé entre cette demande et le dernier acte de procédure. A Genève , elle a lieu de plein droit. « Nous n'exigeons point , disent les » auteurs de cette loi , un nouveau procès entraînant instruction et plaidoirie, susceptible » d'opposition et d'appel , pour obtenir que le premier soit déclaré éteint. — La disposition » du Code français (*art.* 399) , qui en impose la nécessité, a paru ôter tout le bienfait de » la péremption. Elle n'est qu'une transaction du législateur avec les praticiens. — L'aban- » don d'un procès est acheté au prix de l'autre ». Nous ne saurions contester la justesse de cette critique.

jourd'hui un acte utile de procédure; le défendeur pourra-t-il, nonobstant l'art. 399, opposer par exception la péremption acquise avant la publication du Code?

Cette question a été jugée pour l'affirmative par un arrêt de la Cour de cassation, du 25 novembre 1813 (*Sirey, tom.* 14, *pag.* 88), attendu que la partie qui opposerait la péremption acquise long-tems avant la publication du Code, n'avait pas renoncé au droit qui lui était acquis antérieurement à la législation nouvelle, et dans un tems où le sens de l'art. 15 de l'ordonnance de Roussillon était fixé dans chaque Parlement par sa jurisprudence.

Il en serait de même en Bretagne, d'après l'acte de notoriété rapporté par Duparc-Poullain (*tom.* 3 *de son Journal, pag.* 764), et par lequel il est déclaré constant que *tout est anéanti* par le concours de la péremption et de la prescription; qu'on n'a jamais connu les actions afin de faire *déclarer l'instance périmée*, et qu'on se contente d'*opposer la péremption*, lorsqu'on est appelé en reprise d'instance (1).

Donc on peut aujourd'hui, nonobstant la disposition contraire de l'art. 399, opposer par exception une péremption acquise sous l'empire d'une jurisprudence qui autorisait à en former la demande par cette voie, et, par conséquent, ainsi que la Cour de cassation l'a décidé par l'arrêt précité, les actes que ferait la partie contre laquelle la péremption pourrait être opposée, ne sauraient faire un obstacle à l'exception de l'autre; en d'autres termes, cette exception ne pourrait être couverte que par la partie intéressée à l'opposer.

1435. *Dans les cas ci-dessus, les juges pourraient-ils suppléer l'exception, si le défendeur au principal négligeait de s'en prévaloir?*

. Sous l'empire de la jurisprudence ancienne, jamais la péremption n'a pu se suppléer par le juge, comme elle ne peut jamais être suppléée sous le Code; il fallait qu'elle eût été proposée par la partie, et les procédures revivaient dès qu'elle procédait volontairement sans alléguer la péremption. (*Duparc-Poullain, Principes de droit, tom.* 6, *pag.* 288). D'où suit évidemment qu'en aucun cas, les juges ne peuvent la suppléer d'office (2).

1436. *Peut-on considérer comme actes valables dont l'effet, aux termes de l'article 399, serait de couvrir la péremption, un acte quelconque qui pourrait à la vérité se rattacher à l'instance, mais qui ne serait pas fait dans cette instance?*

---

(1) Ma's il faut pour cela que la prescription ait été accomplie sous l'empire de l'ancienne jurisprudence. Si, par exemple, trois ans s'étaient écoulés avant la publication du Code, mais que la prescription du fond du droit ne se fût accomplie que sous l'empire de ce Code, le défendeur à l'action ne serait pas recevable à prétendre que la demande en reprise ne l'empêche pas de proposer la péremption, puisqu'elle n'eût pas été acquise sous le régime de l'ancienne jurisprudence, qui ne la réputait telle que par le concours des deux laps de tems exigés, l'un pour la péremption, l'autre pour la prescription.

(2) Au contraire, si la partie contre laquelle la péremption est mal à propos opposée par exception, néglige de la repousser par la fin de non-recevoir résultant de ce qu'elle ne peut être demandée que par action, le juge pourrait d'office rejeter l'exception, parce que l'acte en reprise d'instance qui a précédé, et dont la régularité n'est pas contestée, s'oppose suffisamment à l'admission de la péremption. C'est ce qui résulte de l'arrêt cité, pag. 17, à la note 7.°

Il faut convenir que ces termes, *actes valables*, employés dans l'art. 399, sont extrêmement vagues ; aussi leur signification a-t-elle été l'objet d'une foule de controverses, et en est-on venu jusqu'à décider que des actes frustratoires couvraient la péremption. (*Voy. la quest. suiv.*) Mais aucun auteur n'a supposé que des actes étrangers à l'instance pussent opérer cet effet : loin de là, M. Berriat Saint-Prix, pag. 357, dit qu'on ne peut entendre par *acte valable*, qu'un acte qui n'est pas susceptible d'être annulé, et qu'ainsi tous ceux dont la loi ne prononce pas la nullité, ou qui ne sont point *étrangers à la nature de la procédure*, doivent couvrir la péremption.

Lange et Rodier disent la même chose sur le tit. 27 de l'ordonnance, en parlant des *actes étrangers à la cause*.

Mais des actes *étrangers à la nature de la procédure*, suivant M. Berriat, ou *à la cause*, suivant ces deux anciens commentateurs, sont évidemment des actes étrangers à l'instance, qui pourrait devenir l'objet d'une demande en péremption.

En effet, la péremption est l'extinction de l'instance par discontinuation de poursuites, mais elle doit être demandée. Les actes qui peuvent couvrir, c'est-à-dire empêcher cette demande, doivent donc être de même nature que ceux qui auraient empêché la péremption de s'acquérir, et par conséquent ils doivent avoir le caractère d'actes de poursuites, ou, en d'autres termes, d'actes tendant à l'instruction et au jugement de la cause. Tous actes faits hors de l'instance, à d'autres fins que le jugement à intervenir, et pour tout autre objet, ne sont d'aucune considération dans cette instance.

Peu importe que ces actes étrangers aient quelque trait plus ou moins direct à la chose en litige; dès qu'ils n'ont aucun rapport à l'instruction qu'elle comporte, ils ne sauraient couvrir la péremption, puisqu'ils n'opèrent pas une continuation de poursuites, et laissent au contraire l'instance dans l'état de discontinuation qui donne lieu à la péremption.

Il résulte de ces observations que les actes dont parle l'art. 399 ne peuvent être que des actes de procédure faits dans l'instance sujette à péremption, et devant le tribunal qui en est saisi (1).

1437. *Qu'entend-on par ces mots,* ACTES VALABLES?

On entend les actes ordonnés ou permis par la loi, et que l'une des parties a signifiés à l'autre (*voy. l'arrêt du 5 janvier 1808, cité sur la 1423e. quest.*); mais il est des actes ordonnés ou permis, qui peuvent être nuls par défaut de forme : ces actes ne couvrent point la péremption, dit M Pigeau, pag. 448.

Cette opinion nous paraît d'autant mieux fondée, qu'elle se trouve en har-

---

(1) C'est par suite de ces principes que la Cour de Turin, par arrêt du 5 avril 1811 (*Sirey, tom. 14, pag.* 347), a jugé que la péremption d'une instance d'appel n'est pas interrompue par des actes qui lui sont étrangers, et notamment par un commandement afin d'exécution d'un jugement attaqué, quoique ce commandement eût été suivi d'opposition.

La Cour de Rennes, par l'arrêt déjà cité du 16 juin 1818, a jugé, par le même motif, que l'on ne pouvait opposer, comme actes valables ayant l'effet d'interrompre la péremption, une pétition présentée à l'administration, et une citation donnée en justice de paix, en exécution du jugement attaqué.

monie avec la disposition de l'art. 2247 du Code civil. D'ailleurs, peut-on dire que des actes nuls soient des actes valables? (1)

1438. *Des actes de procédure qui ne seraient pas frappés de nullité, mais qui ne seraient pas permis par la loi, comme les dupliques en matière ordinaire, les écritures en matière sommaire, couvriraient-ils la péremption?*

De tels actes ne sont réprouvés par la loi que relativement à la taxe ; elle ne les annule point, et, par cela seul, elle en maintient *la validité.* Au reste, comme l'observe M. Pigeau, tom. 1, pag. 448, la partie adverse peut tirer avantage de ce qu'ils contiennent : ces actes étant ainsi valables en eux-mêmes, ont donc l'effet d'interrompre et de couvrir la péremption. — (*Voy.* Berriat Saint-Prix, *pag.* 356, *not.* 12).

Mais, selon plusieurs auteurs, des actes qui seraient absolument étrangers à la cause, ou qui ne seraient que des répétitions d'un même acte déjà signifié, ne sembleraient pas devoir produire le même effet, parce qu'ils ne peuvent être d'aucune considération dans la cause, à la différence de ceux dont nous venons de parler. — (*Voy.* Lange, *pag.* 500; *Rodier, sur le tit.* 14 *de l'ordonn., in fine, et le Traité de Menelet, pag.* 141).

1439. *La péremption serait-elle couverte par des actes de procédure faits devant un juge incompétent?*

Par arrêt du 20 brumaire an 13, la Cour de cassation, section des requêtes, a résolu d'une manière affirmative cette question, qui pouvait être susceptible de controverse avant la publication du Code civil, dont l'art. 2246 dispose que la citation donnée, même devant un juge incompétent, interrompt la prescription.

Cette question s'est présentée dans une espèce où le demandeur en péremption avait poursuivi la même demande devant deux tribunaux différens. — (*Voy.* Jurisp. des Cours souv., tom. 4, pag. 506, *et Sirey, tom.* 5, *pag.* 365).

Mais la solution n'est exacte qu'en ce sens, que si l'instance était pendante devant un juge incompétent, l'incompétence ne serait pas une raison pour que l'on déclarât l'instance périmée, sans considération des actes qui seraient de nature à la couvrir. Ainsi le tribunal la jugerait couverte par ces actes faits devant lui, sauf ensuite à prononcer sur l'exception d'incompétence. — (*Voy.* nos quest. sur l'art. 469).

Nous remarquerons, en outre, que nous avons vainement cherché quelle

___

(1) Mais, d'après les observations qui seront bientôt faites sur *l'enrôlement* de la cause, nous ne voudrions admettre la condition de la signification, qu'autant que l'acte par lequel on prétendrait avoir couvert la péremption serait de nature à être signifié, ou que la loi en prescrivît la signification.

Ce n'est qu'au moyen de cette restriction que l'on peut suivre la décision d'un arrêt de Paris, du 22 juin 1813 (*Sirey, tom.* 14, *pag.* 346), portant qu'un jugement par défaut non signifié n'interrompt pas la péremption. En effet, un jugement par défaut ne pouvant produire aucun effet, s'il n'est signifié, doit être, par rapport au défaillant, considéré comme non avenu, s'il ne l'est pas. Mais en adoptant cette décision, nous croyons qu'il ne faut pas en conclure, comme les considérans semblent le supposer, qu'il faille *en tous les cas*, pour qu'un acte ait l'effet de couvrir la péremption, qu'il ait été connu de la partie adverse par la voie de la notification.

était l'espèce dans laquelle cet arrêt a été rendu : tous les arrêtistes qui le rapportent se sont bornés à énoncer que la demande avait été portée en deux tribunaux différens par le demandeur en péremption. Mais, quoi qu'il en soit, nous ne pensons pas que cet arrêt puisse détruire ce que nous avons dit ci-dessus, pag. 19, not. 2, non seulement parce qu'il est difficile de concevoir qu'un demandeur en péremption, qui est nécessairement défendeur au principal, ait pu porter des demandes en deux tribunaux, mais sur-tout parce que la décision a été rendue avant la publication du Code de procédure, qui, d'après les termes de l'art. 399, ne permet pas de douter que cet article ne concerne que des actes faits dans *l'instance* et devant le tribunal qui en est saisi.

1440. *L'inscription de la cause au rôle couvrirait-elle la péremption?*

L'importance de ce point de procédure, décidé pour la négative, par arrêt de la Cour de Toulouse, du 5 février 1810 *(voy. Jurisp. des Cours souver., tom. 4, pag. 527)*, pour l'affirmative, par celle de Rennes, nous engage à entrer ici dans tous les développemens que son examen comporte.

Il est à remarquer, avant tout, que sous l'empire de l'ancienne jurisprudence, Menelet, pag. 135 et 136, affirme que *tous les auteurs de Paris tenaient qu'une cause mise au rôle ne se périmait plus.* Il les cite ensuite, et n'admet la péremption que dans le seul cas où la cause au rôle n'étant pas appelée, et le rôle venant à changer, on ne l'y ferait pas remettre. «C'est, ajoute-t-il, une diligence du fait du procureur; mais s'il néglige cette ressource trois ans de suite, comment le dispensera-t-on de la péremption?»

L'art. 91 de l'ordonnance de 1629, en admettant la suspension du cours de la péremption, à l'égard des causes mises au rôle, la limitait à la durée du rôle, et ne la faisait commencer que dans le cas où la partie ne portait pas les qualités au président pour faire rétablir la cause.

Menelet rapporte un arrêt de 1629, qui décide de la sorte; et tel était aussi l'usage du Parlement de Bretagne, comme l'atteste Hévin dans ses remarques sur la péremption, à la fin du premier volume des arrêts de Frain, pag. 30.

A la vérité, ces autorités et plusieurs autres que cite Menelet, ne suffisent point pour décider notre question sous l'empire du Code de procédure; mais elles peuvent du moins concourir à déterminer son interprétation dans le sens qu'elles indiquent : *Priores leges ad posteriores trahuntur.*

Revenant aux dispositions du Code, il n'est pas douteux que la question ne peut se rattacher qu'à l'art. 399, ainsi conçu :

«La péremption n'aura pas lieu de droit; elle se couvrira *par des actes valables* faits par l'une ou l'autre des parties avant la péremption.» Or, qu'est-ce que la loi entend ici par *actes valables*? *L'enrôlement* doit-il être réputé acte de cette nature? C'est la double question que nous devons examiner, pour en venir à la solution de celle que nous discutons.

Nous avons dit *suprà*, n°. 1437, et d'après un arrêt du 5 janvier 1808, que les actes valables sont tous ceux que la loi ordonne ou permet, et que l'une des parties a *signifiés* à l'autre. Tel est aussi le sentiment de M. Pigeau, tom. 1, pag. 448. Mais comme cet auteur et tous les autres qui ont été d'avis que l'acte eût été signifié, nous n'avons appuyé cette condition d'aucune décision judiciaire.

On peut donc, dans le silence de la loi, à laquelle il est constant, en matière de procédure, qu'on ne peut rien suppléer, détacher de ce qui constitue un acte valable, cette condition de signification, qui évidemment ne concourt à la validité d'un acte qu'autant que la loi exige, pour sa régularité, qu'il soit signifié, ou que, par sa nature, il soit nécessairement sujet à signification.

« Exiger cette signification, ce serait ajouter à la loi, lui substituer une autorité doctrinale, mettre la volonté de l'homme à la place de celle du législateur ; ce serait enfin admettre une extension vraiment intolérable, sur-tout en matière de péremption, qui, pour la défaveur, peut être assimilée aux dispositions pénales, qui doivent être restreintes plutôt qu'étendues. »

Ainsi l'on pourra considérer comme acte *valable*, tout acte qui a un effet utile à l'une ou l'autre partie, indépendamment de la signification, qui n'est pas prescrite, ou qu'il ne comporte pas.

En d'autres termes, on peut concevoir des actes *valables*, quoique non signifiés, et ces actes sont tous ceux qui sont prescrits ou autorisés, mais qui ne sont pas susceptibles de signification, ou pour la validité desquels la loi ne l'exige pas.

Parmi ces actes se place évidemment la mise au rôle, formalité impérieusement exigée, rigoureusement nécessaire, *diligence du procureur*, dit Rodier ; *acte*, en un mot, qui plus que tout autre annonce l'intention de faire juger, puisque, sans lui, le jugement ne pourrait être rendu.

C'est un *acte*, car l'art. 399 ne fait aucune distinction, et, par conséquent, emploie le terme dans sa signification la plus générale, qui exprime tout fait quelconque, toute manière d'agir qui a ou qui peut avoir lieu par écrit ou sans écrit. (*Voy. Répert., au mot* acte.) Aussi ne pourrait-on définir l'enrôlement de la cause autrement que l'ACTE *tendant à* POURSUIVRE *l'audience dans l'ordre établi par le rôle.*

« L'enrôlement est donc sans contredit une poursuite, dans le sens de l'ar-
» ticle 397, et il constitue un acte *valable* dans le sens de l'art. 399, puisqu'il
» est le seul moyen légalement établi pour obtenir audience et jugement.

» Il n'est pas de sa nature d'être *signifié* : ni la loi ni le tarif n'autorisent
» sa signification ; et il n'en est pas moins un acte *valable*, puisqu'il est indis-
» pensablement nécessaire.

» On ne peut pas dire aussi que l'enrôlement de la cause, tel qu'il se pratique,
» n'est point un acte de procédure ; car qu'est-ce qu'un *acte de procédure* dans
» sa véritable acception ? C'est un acte attributif d'un droit à l'avoué ou d'un
» droit au greffier, ou de droits à l'un ou l'autre. Or, tel est l'acte d'enrôlement ;
» ce n'est pas une simple quittance du greffier, puisque la quittance est pré-
» cédée de l'enrôlement, certifiée par lui, avec émargement du numéro du rôle
» général et du numéro du rôle particulier de la chambre à laquelle la cause a
» été distribuée ; cet acte atteste une double opération, *enrôlement* et *distribution.*

» Au reste, il est de la dernière évidence qu'une cause ne peut être *enrôlée*
» et distribuée que sur les qualités fournies par l'avoué poursuivant : l'acte d'en-
» rôlement est donc tout à la fois une *poursuite* de l'avoué et un acte du greffe,
» dont la signature du greffier est la garantie légale. » (1)

_____

(1) La discussion dans laquelle nous entrons se composant d'une consultation par nous rédigée sur la question, et des motifs de l'arrêt de la Cour de Rennes, du 2 mars 1818, nous avons indiqué par des guillemets tout ce qui est extrait de cet arrêt.

A ces moyens de droit, une foule de considérations de la plus haute importance viennent se réunir, pour démontrer de plus en plus qu'il n'a pu entrer dans la pensée du législateur d'exclure la mise au rôle du nombre des actes valables par lesquels se couvre la péremption.

Supposons, en effet, que le défendeur principal n'ait pas constitué d'avoué; en cette circonstance l'avoué du demandeur ne peut *qu'attendre* que le tour de rôle arrive; s'il pressait et sollicitait pour faire appeler la cause, ce ne pourrait être que par un acte à partie, et d'ailleurs il n'est pas à supposer qu'il doive provoquer une faveur qui serait une violation manifeste de la loi, puisqu'elle veut que toutes les causes viennent à leur tour de numéro, à moins de motifs d'urgence qui font exception à la règle générale. — (*Voy. la loi du 26 août* 1790, *art.* 28).

Il y a plus : on ne voit pas qu'il soit légalement possible de faire, depuis la mise au rôle, un acte qui puisse couvrir la péremption, à moins qu'on ne suppose, ce qui serait évidemment déraisonnable, que la loi ait entendu obliger un avoué à créer des sortes d'actes insignifians et frustratoires, pour se mettre à l'abri de la péremption.

Admettrait-on, ce que Rodier, sur l'art. 25, tit. 14 de l'ordonnance, condamne expressément, la possibilité de faire des significations d'actes déjà signifiés, ou de nouvelles demandes en communication, ce qui peut-être serait plus tolérable, du moins est-il difficile de croire que la loi ait entendu obliger un avoué à ces procédures surabondantes, qui, loin d'avoir réellement le but qu'elles supposent, en ont évidemment un tout opposé, puisqu'elles ne sont faites que par la crainte de la péremption.

Si, au contraire, il est enfin reconnu, comme l'a décidé la Cour de Rennes, qu'avant l'expiration du tour de rôle la péremption n'est point à redouter, par la raison que c'est une prescription qui ne peut courir contre celui qui ne peut agir valablement, il n'y aurait plus d'excuses pour ces actes illusoires, qui ne servent qu'à grossir les frais de procédure.

Mais l'abus et l'injustice sont plus grands encore quand il n'y a pas d'avoué en cause, puisqu'en supposant que l'enrôlement ne dût pas couvrir la péremption, il faudrait faire signifier dispendieusement, à personne ou à domicile, ces actes, qui n'auraient aucune utilité réelle pour l'instruction, et que le juge ne pourrait passer en taxe.

On oppose qu'il en doit être de la mise au rôle, par rapport à la péremption, comme de l'inscription hypothécaire, qui n'interrompt pas la prescription.

Mais nous ne voyons, entre ces deux actes, aucun rapport duquel puisse résulter une objection solide contre la doctrine que nous soutenons.

1°. Le créancier qui s'inscrit fait un acte conservatoire qui ne suppose pas nécessairement l'intention d'exiger le remboursement; 2°. il ne place pas le créancier dans la nécessité d'attendre une époque à laquelle il pourra agir; rien ne l'empêche de le faire quand il lui plaît. — L'acte d'enrôlement, au contraire, prouve le désir et l'intention formelle de faire juger; et la cause une fois enrôlée, la partie n'est obligée à rien pour hâter le jugement; elle doit attendre son tour.

Nous remarquerons enfin que la péremption n'est qu'un désistement présumé, comme nous l'avons dit dans les préliminaires du présent titre, pag. 2, et c'est sous ce rapport qu'on en explique dans la doctrine la nature et les effets. Or, peut-on dire qu'il y ait présomption de désistement contre celui qui n'est tenu de requérir l'inscription d'une cause au rôle, qu'autant qu'il veut être jugé?

Concluons avec la Cour de Rennes que, « si des auteurs graves, si des arrêts » des Cours souveraines établissent un principe contraire à cette doctrine, s'ils » ont pensé et jugé qu'une signification d'acte soit nécessaire pour interrom- » pre la péremption d'instance, la négative étant une conséquence directe du » silence de la loi, cette conséquence est sans contredit, pour le magistrat qui ne » voit que la loi, préférable au risque évident d'ajouter à son texte et d'exiger au- » delà de ce qu'elle a prescrit; qu'au reste, à la règle de droit *lex non omisit* » *incautè, sed quia dictum noluit*, vient se joindre l'ancienne jurisprudence du » Parlement de Bretagne, attestée par tous les auteurs bretons, suivant laquelle » l'enrôlement de la cause était un obstacle légal à la péremption d'instance; » qu'il ne faut point recourir au Code civil, qui ne l'a point traité, et qui n'a » réglé que les prescriptions, et que la confusion des divers ordres de lois con- » duit nécessairement à l'erreur, et devient la source la plus féconde des mau- » vais jugemens, ainsi que l'a si savamment établi l'auteur de l'Esprit des » lois. »

1441. *Un avenir auquel on n'a donné aucune suite peut-il couvrir la péremption?*

Nous supposons un avenir ou sommation d'audience pour plaider; la cause n'est point appelée; l'avoué du défendeur ne se présente point, ainsi que celui du demandeur. Le premier forme sa demande en péremption. On oppose l'avenir; il répond qu'il n'est d'aucune considération; que le demandeur l'a lui-même regardé comme non avenu, puisqu'il n'a donné aucune suite, et qu'en conséquence l'instance doit être prise dans l'état où elle était avant cet acte. Nous estimons que ces moyens ne sont pas fondés. L'avenir est un acte valable, et cela suffit pour qu'il ait interrompu le cours de la péremption. Vainement oppose-t-on que le demandeur n'y a pas donné de suite; il n'en a pas moins, par cet acte, annoncé qu'il n'entendait pas renoncer à sa de- mande, et par là, il a détruit la présomption légale d'abandon ou de désis- tement, sur laquelle la péremption est fondée. Le défendeur pouvait d'ailleurs, sur l'avenir qui était signifié, se présenter et demander défaut, et s'il ne l'a pas fait, il ne peut argumenter de ce que l'avenir est resté sans suite, puis- qu'il dépendait de lui de lui faire produire un effet.

1442. *Des actes faits au nom du défendeur, et qui seraient de nature à cou- vrir la péremption, pourraient-ils être désavoués par lui?*

Presque tous les anciens auteurs décident affirmativement cette question (*voy., entre autres, Lange, chap. 24, pag.* 501), attendu que les actes dont il s'agit priveraient le défendeur du droit que lui aurait procuré la péremption; mais nous observerons que l'art. 352, qui précise les cas où il y a désaveu, ne comprend point celui-ci, et qu'aucune disposition de la loi n'exige de pouvoir spécial pour faire des actes qui auraient l'effet de couvrir la péremp- tion. Nous croyons, en conséquence, que l'avis de Lange ne peut être adopté, et tel est aussi le sentiment de M. Berriat Saint-Prix, pag. 357, not. 15, et de M. Demiau Crouzilhac, pag. 291.

Si néanmoins un avoué avait reçu des ordres de demander la péremption, et qu'au lieu de les exécuter, il fît des actes qui la couvrissent, nous pensons bien que l'on aurait contre lui une action en dommages-intérêts. C'est que la péremption peut procurer un grand avantage à une partie, en ce sens qu'elle fait cesser l'interruption de la prescription, d'après l'art. 2247 du Code civil.

1443. *Les changemens survenus dans l'organisation judiciaire, et notamment l'institution des arbitres forcés, ont-ils empêché la péremption de courir tant qu'il n'y a pas eu reprise d'instance devant le tribunal actuellement existant?*

L'autorité judiciaire est toujours subsistante, comme la puissance souveraine dont elle émane, et si l'organisation des tribunaux qui en sont dépositaires éprouve quelques changemens, le pouvoir n'en reste pas moins toujours saisi de la contestation qui lui a été une fois déférée, et qui conséquemment est dévolue de plein droit à tel tribunal qui succède à tel autre, dans le degré de juridiction qui appartenait à celui-ci.

Il serait évidemment contraire à ces principes qu'il fût nécessaire, pour attribuer au nouveau tribunal compétence afin de juger, que l'on eût formé devant lui demande en reprise d'instance : il suffit donc que la partie la plus diligente donne *avenir* à l'autre, pour procéder de suite devant le tribunal actuel, suivant les derniers erremens de la procédure devant le premier tribunal, sans qu'il soit besoin de jugement préalable; d'ailleurs, la reprise d'instance n'a lieu dans notre pratique qu'au cas de changement d'état ou de décès des parties.

Deux fois la législation intermédiaire a rendu un solennel hommage à ces principes (*voy. décret du 12 oct. 1790, sanctionné le 19, et loi du 27 vent. an 8, art. 31*), et la Cour de cassation les a consacrés par arrêts des 25 nivôse an 8 et 21 messidor an 13. — (*Sirey, tom. 5, pag. 564*). (1)

ARTICLE 400.

Elle sera demandée par requête d'avoué à avoué, à moins

____

(1) Quoi qu'il en soit, tout en reconnaissant que les changemens successifs opérés dans l'organisation judiciaire n'ont point empêché le cours de la péremption, on a prétendu, devant la Cour de Rennes, que l'institution de l'arbitrage forcé, par la loi du 24 juin 1793, y avait mis un obstacle, attendu que la loi du 9 ventôse au 4 porte que les causes pendantes devant les tribunaux supprimés seront *portées* devant les tribunaux auxquels elles appartiennent; mais la Cour de Rennes, par l'arrêt déjà cité, du 16 juin 1818, a rejeté ce moyen, dans une affaire que l'on prétendait avoir un bien communal pour objet, et qui comme telle devait aussi, aux termes des lois des 10 juin et 2 octobre 1793, être jugée par arbitrage. La Cour s'est bornée à considérer « que les changemens de tribunaux n'ont point empêché la péremption des instances dont ils étaient saisis, attendu qu'elles ont été *portées* de droit devant les tribunaux qui leur ont succédé ».

Il eût été difficile, en effet, de trouver de bonnes raisons pour ne pas appliquer à l'instruction temporaire et tyrannique de l'arbitrage forcé de 1793, ce que la Cour suprême avait formellement décidé à l'égard des tribunaux supprimés dans le cours de la révolution.

que l'avoué ne soit décédé, ou interdit, ou suspendu, depuis le moment qu'elle a été acquise (1).

T., 75. — C. de P., art. 342 et suiv.

CCCXXVIII. LE défendeur, ou l'intervenant qui ferait cause commune avec lui, doit, conformément à cet article, former la demande en péremption par requête d'avoué à avoué, quoiqu'avant la publication du Code on soutînt que le ministère de l'avoué cessait dès lors que l'on maintenait que l'instance était périmée; mais l'on a pensé que la péremption n'était pas prouvée, par cela seul qu'on la demandait, et que tant qu'il n'était pas intervenu de jugement, l'on devait regarder le pouvoir des avoués comme existant encore. Mais il peut, par l'une des causes mentionnées dans notre article, avoir cessé, dans la personne de l'avoué, soit du demandeur, qui aurait à défendre à la demande en péremption, soit du défendeur, qui aurait à former cette demande. Dans le premier cas, elle doit être formée par exploit à personne ou à domicile; dans le second, elle serait formée par requête d'avoué contenant, de la part du demandeur, constitution d'un avoué pour occuper sur cette demande. — (*Voy. Hautefeuille, pag.* 210 *et* 211; *Quest. de Lepage, pag.* 260 *et* 261, *et Demiau Crouzilhac, pag.* 291).

1444. *Dans une demande en péremption d'instance, suffit-il d'assigner l'avoué; ne faut-il pas, au contraire, assigner la partie elle-même?*

Autrement, *l'art.* 400, *en exigeant une requête d'avoué à avoué, exprime-t-il autre chose, si ce n'est que la partie sera assignée au domicile de l'avoué?*

On a soutenu, pour l'affirmative, que la demande en péremption est une action nouvelle, dont la fin est de détruire une action déjà existante, et à laquelle la partie doit répondre; mais, par arrêt du 8 avril 1809, la Cour de

---

(1) JURISPRUDENCE.

1.° L'huissier doit se conformer, dans la signification de la requête, aux dispositions de l'art. 61, en ce qu'elles exigent que l'exploit contienne les noms, demeure et immatricule de l'huissier. — (*Rennes,* 10 *juin* 1816).
NOTA. Cette décision est fondée sur ce que la demande en péremption est une demande principale et nouvelle, et que si la loi en autorise la signification par une requête d'avoué à avoué, elle ne dispense pas l'huissier qui la fait de s'immatriculer de la même manière qu'il est tenu de le faire dans tous les exploits d'ajournement. -- (*Voy. infra, sur l'art.* 763).
2.° Quand le désistement d'un appel a été signifié et accepté, il emporte de plein droit consentement que les choses soient remises, de part et d'autre, au même état qu'elles étaient avant l'appel. — (*Rennes,* 28 *janv.* 1813, *Journ., tom.* 4, *pag.* 32).
3.° Le droit de se désister d'une demande n'est pas restreint au cas où la demande est irrégulière en la forme, ou portée devant un juge incompétent, ou prématurément. Le demandeur peut, *en tout état de cause,* se désister de sa demande. Si le défendeur refuse d'accepter, le tribunal doit donner acte du désistement et se dessaisir de la cause.
Ainsi une partie peut, au moyen d'un désistement, empêcher les juges de juger, au moment où elle verrait que leur conviction est formée contre elle.
Ne faut-il pas distinguer le désistement qui est une renonciation à l'action, et le désistement qui est une simple renonciation à la procédure? — (*Angers,* 8 *déc.* 1818, *Sirey, tom.* 20, *pag.* 166).
4.° La demande en péremption d'instance ne peut être formée après le décès de l'une

Paris (*Sirey, tom.* 12, *pag.* 298), a rejeté ces moyens, attendu que la demande en péremption n'est point une instance nouvelle, mais un moyen de faire cesser l'instance. Cette Cour a décidé conséquemment qu'il suffisait que la demande fût formée d'avoué à avoué, et elle a fait ainsi une juste application de l'art. 400, qui, en exigeant une requête d'avoué à avoué, exclut évidemment l'assignation à partie.

1445. *De quel avoué l'art. 400 entend-il parler ?*

Il entend parler de l'avoué du demandeur.

Ainsi, l'article exprime que, si l'avoué de la partie contre laquelle on demande la péremption est décédé, ou interdit, ou suspendu, depuis qu'elle est acquise, cette demande doit être formée par exploit signifié à personne ou domicile, avec assignation à comparaître devant le tribunal où la poursuite a été faite, pour voir prononcer la péremption de l'instance.

1446. *Si la péremption d'instance a été demandée, mais autrement que de la manière prescrite par l'art. 400, peut-elle être couverte par des actes postérieurs, conformément à l'art. 399 ?*

Si l'on s'arrêtait à la disposition de l'art. 399, on croirait que la péremption ne pourrait être couverte que par des actes valables, *antérieurs* à la demande en péremption. Mais, comme l'observe M. Coffinières (*voy. Journ. des avoués,* 1811, *n°.* 3, *pag.* 154), il ne faut pas isoler cet article de celui qui le suit immédiatement. Si, dit-il, le législateur détermine la forme dans laquelle la demande en péremption doit être introduite, cette demande n'est pas réputée exister, tant que les parties se sont pourvues par une autre voie, ou *dans une autre forme.*

Or, l'art. 400 veut que la demande en péremption, contre la partie qui a un avoué en cause, soit formée par requête signifiée à cet avoué : si donc elle a été formée de toute autre manière, le défendeur à la péremption est encore en délai utile pour la couvrir.

Cette solution paraîtrait résulter implicitement des motifs d'un arrêt de la Cour de Paris, du 11 février 1811, rapporté au Journal des avoués, *ubi suprà;* et c'est celle que nous croyons devoir adopter, non seulement parce que les art. 399 et 400 ne semblent supposer l'existence de la demande en péremption qu'autant qu'elle a été signifiée dans la forme prescrite, mais sur-tout

___

des parties, par une requête signifiée à l'avoué qui occupait pour elle, car le mandat de cet avoué a pris fin par le décès.

Dans ce cas, les conclusions prises à l'audience par les représentans de la partie décédée, et tendantes à la reprise de l'instance, couvrent la péremption elle-même, et font revivre l'instance. — (*Nîmes,* 26 *avril* 1813, *Sirey, tom.* 16, *pag.* 122).

NOTA. On voit que cette dernière proposition s'identifie avec celle posée au précédent numéro, en ce qu'elle présuppose que la péremption est couverte toutes les fois que la demande n'aura pas été régulièrement formée.

5.° Il n'est pas nécessaire que le défendeur à la péremption soit assigné lui-même au domicile de son avoué. — (*Paris,* 8 *avril* 1809, *Sirey, tom.* 12, *pag.* 298).

6.° Au reste, les demandes en péremption, quoique réputées demandes nouvelles et principales, ne sont pas assujéties au préliminaire de la conciliation. — (*Poitiers,* 14 *août* 1806, *Sirey, tom.* 6, *pag.* 214).

parce que l'avoué, qui est le maître du procès, n'ayant pas eu connaissance de cette demande, si elle a été signifiée à la partie, et non à lui-même, a nécessairement couvert la péremption, en faisant, avant d'avoir acquis cette connaissance, un acte valable de son ministère : c'est au demandeur en péremption à s'imputer la faute de n'avoir pas suivi la loi. — (*Rennes, 3 avril 1813*).

1447. *Lorsqu'il existe un acte signifié par la partie contre laquelle la péremption d'instance est demandée, le jour même où la requête est signifiée, les juges saisis de l'instance peuvent-ils la déclarer périmée, en accordant la priorité à la requête en péremption, quoique l'acte dont excipe l'autre partie indique l'heure précise de sa signification ?*

La Cour d'appel de Montpellier, à laquelle cette action avait été soumise, déclara, par arrêt du 6 juin 1810, que la péremption était acquise, attendu que *toutes les circonstances de la cause* prouvaient que la requête avait été signifiée à l'avoué du défendeur en péremption avant l'acte par lequel celui-ci avait entendu la couvrir.

La Cour de cassation, par arrêt du 6 août 1811 (*Sirey, tom. 14, pag. 217*), a rejeté le pourvoi, attendu, lit-on dans les considérans, que la Cour de Montpellier n'avait jugé qu'un point de fait, d'où il ne pouvait résulter aucune ouverture de cassation.

M. Coffinières, en rapportant cet arrêt dans son Journal des avoués (1811, n°. 10), fait plusieurs observations, d'après lesquelles il conclut que l'acte signifié pour couvrir la péremption devait prévaloir, parce qu'il indiquait l'heure de sa signification, et que, conséquemment, on ne pouvait, sans s'inscrire en faux, le réputer postérieur à la requête en péremption, tandis que rien ne constatait d'une manière légale qu'elle existât auparavant. Nous répondons qu'en cette espèce, l'inscription de faux n'est pas nécessaire ; car rien ne constate aussi que la demande en péremption n'ait pas été faite avant l'acte signifié pour la couvrir. La question de priorité dépend donc essentiellement des faits, et c'est pourquoi la Cour de cassation a décidé qu'elle est abandonnée à la prudence et à l'équité des magistrats.

Au surplus, cet arrêt avertit les avoués de faire constater, soit dans la requête, soit dans les actes qui couvriraient la péremption, l'heure à laquelle ils auraient été signifiés ; c'est le moyen de prévenir toute contestation semblable (1).

(1) Au moyen de cette précaution, on éviterait, par exemple, une décision semblable à celle que la Cour de Rennes a prononcée par arrêts des 26 janvier 1813 et 19 janvier 1814, en rejetant une demande en péremption, attendu que les actes qui auraient été faits pour la couvrir étant du même jour que cette demande, c'était au demandeur à justifier de l'antériorité ; ce qu'il lui était d'ailleurs interdit de faire par témoins.

L'arrêt du 10 juin 1816, déjà cité pag. 27 à la note 1°., a prononcé de la même manière, et nous croyons ces deux décisions bien fondées, lorsque la preuve de l'antériorité de la demande ne sort pas clairement des faits contenus dans la cause. En effet, lorsqu'aucun des actes faits le même jour ne fait connaître l'heure de la signification, et que les circonstances ne peuvent suppléer à ce défaut, il est difficile d'assigner une antériorité de date à l'un plutôt qu'à l'autre. Or, d'un côté, c'est toujours au demandeur à prouver ce qu'il allègue, et de

ARTICLE 401.

La péremption n'éteint pas l'action; elle emporte seulement
extinction de la procédure, sans qu'on puisse, dans aucun cas,
opposer aucun des actes de la procédure éteinte, ni s'en prévaloir.

En cas de péremption, le demandeur principal est condamné
à tous les frais de la procédure périmée.

C. de P., art. 130, 469, 543 et suiv.

CCCXXIX. La péremption n'éteint pas l'action, c'est-à-dire qu'elle n'est
point un obstacle à l'exercice ultérieur de l'action par une demande nouvelle,
aussi long-tems du moins que la prescription du droit n'est pas acquise. La
raison de cette disposition est que la prescription n'est admise que comme
une peine infligée au demandeur, qui reste insouciant sur ses intérêts pendant trois années; mais, ajoute-t-il, elle serait trop sévère, pour ne pas dire
injuste, si ses effets allaient jusqu'à anticiper les délais des prescriptions, qui
ne peuvent s'acquérir que par un plus long laps de tems, et à délier le défendeur, sans cause suffisante, d'une obligation légitimement contractée (1).

L'article ci-dessus pose en principe que les actes de l'instance périmée ne
pourront être reproduits dans la nouvelle instance, par le motif, dit le rapporteur de la loi au Corps législatif, que celui qui a laissé acquérir la péremption ne doit pas être admis à sauver les débris d'une procédure que la loi ré-
prouvait, en conservant le droit d'opposer les preuves qu'elle renfermait. Mais
nous devons rappeler, à cet égard, que plusieurs Cours, et notamment celle
de Rennes, avaient fortement réclamé que l'on fit une exception à l'égard des
dépositions de témoins entendus dans l'instance périmée et décidée avant la
nouvelle demande, lorsqu'elles auraient été consignées dans un procès-verbal.
Nous croyons que le législateur genevois a sagement consacré et cette exception et celle qu'il a faite à l'égard des aveux, des déclarations et sermens des
parties consignés dans les registres du tribunal. — (*Voy.*, *sur cette dernière
exception*, *le n°. 1111, et la not. 1ʳᵉ., pag.* 33).

Enfin, notre article met à la charge du demandeur principal tous les frais
de la procédure périmée. Il en interdit conséquemment la compensation; ce

---

l'autre, une demande qui, comme celle de la péremption, est une fin de non-recevoir rigoureuse et défavorable contre la poursuite de l'action principale, ne saurait être admise
dans le doute.

(1) Ajoutons, avec les auteurs de la loi de Genève, que l'instance suspendue, la péremption acquise, ne préjugent rien sur le droit réclamé par le demandeur : — Elles peuvent être
dues de sa part à la difficulté d'obtenir des documens, à leur perte momentanée, à une
absence prolongée, etc. — Qu'il ne puisse reprendre à son gré une instance qu'il a abandonnée; qu'il cesse de pouvoir invoquer les actes qui la composent; que la prescription
reprenne son cours, ces effets de la péremption se justifieront aisément; mais si le demandeur a retrouvé les documens qui lui manquaient, si l'obstacle qui l'empêchait d'agir est
levé, où serait la justice de lui refuser la faculté de diriger une nouvelle instance?........

qui est une exception à l'art. 131, entièrement de droit nouveau, puisqu'autrefois, lorsque l'instance était périmée, chaque partie payait ses frais. (1)

1448. *Si la péremption n'éteint pas l'action, peut-elle néanmoins contribuer à l'éteindre, en sorte qu'une nouvelle demande ne puisse être formée?*

Nous avons déjà dit, sur la 1413e. quest., que la péremption peut contribuer à éteindre l'action, lorsque le tems de la prescription est expiré pendant le cours de l'instance périmée; c'est ce qui résulte formellement de la disposition de l'art. 2247 du Code civil. Il est donc certain que, si la prescription de l'action a été acquise pendant la durée de l'instance périmée, on ne peut plus en introduire une nouvelle. — (*Voy. Pothier, chap.* 3, § 5 ; *Delaporte, tom.* 1, *pag.* 371; *Pigeau, tom.* 1, *pag.* 452).

1449. *N'est-il pas un cas où la péremption éteint l'action même?*

Oui ; c'est lorsqu'elle frappe sur l'instance d'appel. — (*Voy. art.* 469).

1449 (bis). *Faut-il que la demande que l'on peut former après la péremption soit précédée d'un nouveau préliminaire de conciliation?*

Non, puisque le préliminaire de conciliation ne tombe pas en péremption, d'après la disposition de l'art. 397. qui ne soumet à la péremption que l'instance seule ; or, ce préliminaire n'en fait pas partie. — (*Voy. Pigeau, ubi supra, et la* 250e. *quest., pag.* 82).

1450. *La péremption a-t-elle l'effet de faire perdre au demandeur les intérêts que la demande faisait courir?*

Oui, et selon M. Pigeau, tom. 1, pag. 451, il perdrait même les intérêts qui auraient couru depuis l'essai en conciliation qui aurait précédé sa demande; car l'art. 57 ne les fait courir que sous la condition que la demande soit formée dans le mois; or, la demande formée étant éteinte, c'est comme s'il n'y en avait pas eu. — (*Voy. Pothier, ubi supra*).

1451. *La disposition de l'art.* 401, *d'après laquelle l'on ne peut, dans aucun cas, opposer aucun des actes de la procédure éteinte, ni s'en prévaloir, s'étend-elle jusqu'aux jugemens qui auraient été rendus durant l'instance?*

Avant la publication du Code de procédure, il était généralement admis que la péremption supprimait les actes de l'instance, seulement comme procédure, et non comme preuves, *probata remanent*. Ainsi les enquêtes, les rapports d'experts, les aveux, en un mot, tous les actes probatoires qui avaient eu lieu pendant le cours de l'instance, ne laissaient pas de subsister, et les parties pouvaient s'en servir sur la nouvelle demande qui aurait été formée ultérieurement. — (*Voy. Pothier, ubi supra*).

Vainement, comme nous l'avons dit au commentaire de cet article, plusieurs Cours d'appel ont-elles demandé, dans leurs observation sur le projet, que ces

_____

(1) Il paraîtrait plus conforme à l'équité d'en revenir aux anciens principes, en mettant à la charge de chaque partie les frais faits par elle dans l'instance périmée, ainsi que le dispose l'art. 277 de la loi genevoise. En effet, le défendeur n'est-il pas lui-même en faute de n'avoir pas hâté la fin du procès, en obtenant congé de la demande?

actes subsistassent; on a considéré qu'il était contre les principes de leur donner effet, puisque, à raison de la péremption, ils devaient être réputés comme non avenus; et « si on pouvait en argumenter dans une nouvelle instance, dit » M. Pigeau, tom. 1, pag. 452, l'autre partie pourrait les combattre : donc le » premier procès subsisterait encore; ce qui est contre la nature de la péremp- » tion »; raison qui ne nous paraît pas décisive; car il n'y a rien d'essentiel dans la péremption : c'est une peine que le législateur peut modifier en tous les effets qui lui paraîtraient injustes.

Quoi qu'il en soit, une prohibition aussi absolue que celle de l'art. 401, nous oblige à décider pour l'affirmative, quant aux jugemens préparatoires et interlocutoires, la question que nous nous sommes proposée. En effet, s'il n'est aucun acte probatoire qui puisse survivre à l'instance périmée, à plus forte raison en est-il de même des jugemens qui auraient ordonné ces actes; autrement, la première instance viendrait, à raison de l'exécution de ces jugemens, produire des effets dans la seconde; ce qui serait également opposé à la nature de la péremption.

Cette opinion se trouve d'ailleurs en harmonie avec celle que l'on professait autrefois; savoir : que la péremption détruisait les jugemens d'instruction, ainsi que l'affirment tous les auteurs, et entre autres Pothier, chap. 4, § 5.

Si Lange, pag. 500, dit qu'un jugement qui ordonne une preuve doit sub-sister parce qu'il donne atteinte au fond, si l'art. 452 qualifie interlocutoires les jugemens qui ordonnent une preuve qui préjuge le fond, nous ne croyons pas que l'on puisse en argumenter contre l'opinion que nous venons d'émettre, puisqu'elle est une conséquence nécessaire de la disposition de l'art. 401, qui n'avait pas lieu à l'époque où Lange écrivait.

Mais, d'un autre côté, ces mêmes auteurs attestent que la péremption ne détruit pas une sentence de condamnation, encore bien qu'elle ne fût que provisionnelle. — (*Voy. Pothier, ubi suprà; Lange, pag. 500; Menelet, pag. 70; Duparc, pag. 119*).

Il en est de même, dit Duparc, des sentences par défaut. D'autres distin-guaient et admettaient qu'elles tombaient en péremption, si l'opposition avait été reçue par jugement, ou si, la sentence n'ayant pas été levée, les parties avaient procédé comme si elle n'eût pas été rendue. — (*Voy. Bornier, sur l'art. 11 du tit. 35, et Pothier, ubi suprà*).

Ce que nous avons dit sur la quest. 1422e. prouve que les jugemens par défaut sont anéantis par la péremption, l'instance sur l'opposition ne pou-vant être séparée de l'instance principale, qui est nécessairement périmée, parce que l'autre est éteinte; à plus forte raison, le jugement par défaut qui n'a pas été signifié doit-il être considéré comme non avenu. On dira qu'il termine l'instance; mais nous répondons qu'il est ignoré du défendeur, s'il ne lui est pas signifié, et qu'en conséquence, celui-ci étant autorisé à demander la péremption qu'aucun acte connu de lui n'a pu couvrir, rend sans effet, si sa demande est accueillie, tout acte ou jugement qui tient à cette instance. — (*Voy. quest. 1457e, pag. 20*).

Quant aux jugemens *provisoires*, la question présente plus de difficulté.

Ces jugemens ont été rendus contradictoirement; ils portent une condam-nation *définitive* que les juges qui l'ont rendue ne peuvent réformer, qui ne peut l'être que par appel (*voy. art. 551*), qui est exécutoire avec ou sans caution, conformément à l'art. 135 : il y a donc de fortes raisons pour les séparer de l'instance principale, et les faire survivre à la péremption de celle-ci. Nous pensons en conséquence que l'on ne peut remettre en question, sous la nouvelle instance, la chose jugée par un jugement provisionnel (1).

TITRE XXIII.

Du Désistement.

Nous avons dit *suprà*, pag. 2, que la péremption n'était autre chose qu'un désistement présumé de la part du demandeur, mais que cette présomption se bornait à l'abandon de l'instance. Il en est de même du désistement formel dont la forme et les effets sont réglés par le présent titre. — (*Voy. art.* 402 *et* 403).

Le désistement n'est donc qu'un acte par lequel le demandeur renonce à poursuivre sur la demande qu'il a formée ; et c'est pourquoi M. Berriat Saint-Prix, pag. 367, le définit l'action de renoncer à une procédure *commencée* (2).

Il est à remarquer que l'*acquiescement* du défendeur, autrement son adhésion aux prétentions du demandeur, produit les mêmes effets que le désistement ou abandon de l'action, en ce qu'il éteint l'instance, qui ne peut être renouvelée. — (*Voy.* Pigeau, *tom.* 1, *pag.* 458 *et* 459).

Sous ce rapport, il est sujet à l'application des mêmes principes ; mais il n'a pas besoin d'être accepté comme le désistement, attendu que le consentement du demandeur est censé donné par l'émission ou la production des actes ou jugemens auxquels l'acquiescement a rapport. — (*Berriat Saint-Prix, pag.* 364, *Quest. de droit, au mot* effets publics, *et nouv. Répert., aux mots* contrat judiciaire *et* acquiescement).

Il en est de même de l'acquiescement à un acte ou à une série d'actes de procédure, ou à un jugement ; acquiescement dont l'effet est d'opérer une fin de non-recevoir contre toute attaque dont ces actes seraient l'objet, puisqu'il contient à leur égard une adhésion qui forme contrat judiciaire (3).

ARTICLE 402.

Le désistement peut être fait et accepté par de simples actes,

---

(1) Nous voudrions admettre au moins, comme *extrajudiciaires*, les aveux, déclarations et sermens consignés en jugement. Il nous paraît du moins qu'il serait injuste, lorsqu'un aveu extrajudiciaire, donné par écrit, fait preuve contre celui qui l'a fait, qu'on ne pût invoquer un aveu, une déclaration, à plus forte raison un serment, constatés en justice, par cela seul que l'instance eût été périmée. Nous considérons l'acte qui en est décerné par le tribunal, comme un jugement définitif acquis à la partie, et nous appliquons à ce cas la solution ci-dessus, relativement aux jugemens provisoires.

(2) Voy. la définition de l'action dans notre introduction générale.

(3) Voy., au livre de l'appel, ce que nous disons du contrat judiciaire, en parlant de l'appel des *jugemens d'expédient*. (Art. 445).

signés des parties ou de leurs mandataires, et *signifiés d'avoué
à avoué* (1).

T., 71. — C. C., art. 1987 et suiv. — C. de P., art. 352 et suiv., 424.

CCCXXX. Par la disposition ci-dessus, la loi écarte du désistement toutes
formalités superflues, et de simples actes d'avoués suffisent pour le former, bien
entendu lorsqu'il est donné après constitution d'avoué de la part du défendeur;
car, s'il l'était antérieurement, il faudrait bien qu'il fût notifié par exploit à
partie.

1452. *La faculté de donner un désistement n'appartient-elle qu'aux parties qui
ont la libre disposition de leurs droits, ou qui n'agissent pas pour autrui?*

L'affirmative de cette question résulte, dit M. Berriat Saint-Prix, pag. 367,
§ 1, des effets que produit le désistement, et que nous ferons connaître sous
plusieurs des questions suivantes. Elle serait, d'ailleurs, fondée sur deux arrêts
de la Cour de cassation, l'un du 15 juillet 1807, rapporté au Répertoire, verbo
dot, § 2, n°. 7, tom. 4, pag. 164, l'autre, du 14 février 1810, rapporté par
Sirey, tom. 10, pag. 189, qui ont décidé qu'une femme autorisée à ester en
jugement, soit par son mari, soit par justice, avait besoin d'une semblable
autorisation pour se désister de l'instance, et par arrêt du 4 mars 1806 (*Sirey,
tom. 6, pag.* 546), que le désistement fait par un mineur donne essentiellement
lieu à restitution, lorsque ses adversaires ne prouvent pas qu'il n'a point été
lésé par suite de ce désistement.

Mais M. Pigeau, tom. 1, pag. 454, dit que « tout demandeur peut se désister
de sa demande, soit qu'il ait agi pour lui-même, soit qu'en qualité d'administrateur, il ait agi pour autrui, parce qu'il n'abandonne pas l'action, qui continue
d'appartenir à l'administré. Il ne le pourrait cependant pas, si le désistement
entraînait indirectement la perte de l'action, comme dans le cas où l'action
qu'on pouvait exercer au moment de la demande, se trouve prescrite au moment
du désistement ».

---

(1) JURISPRUDENCE.

1.º Lorsqu'un jugement par défaut est attaqué d'abord par la voie *d'appel*, et qu'ensuite
l'appel est converti en *opposition* avec désistement de l'appel, ce désistement a tout son
effet, bien qu'il ne soit pas accepté. Ainsi, la Cour d'appel n'est plus saisie de l'appel, et
le tribunal de première instance peut statuer sur le mérite de l'opposition. — (*Cassat.,*
21 *déc.* 1819, *Sirey, tom.* 20, *pag.* 170).

2.º Le désistement de demande, fait par le demandeur, n'est pas tellement subordonné à
l'acceptation du défendeur, que le refus d'accepter rende sans effet le désistement.

Le refus du défendeur a seulement l'effet de soumettre au tribunal la question de savoir
s'il doit rester saisi malgré le désistement.—(*Cassat.,* 12 *déc.* 1820, *Sirey, tom.* 21, *pag.* 137).

3.º On ne peut, après avoir assigné devant un tribunal civil où il est intervenu un jugement interlocutoire; se désister de la demande, et assigner devant un tribunal de commerce, encore même qu'il s'agisse d'une affaire commerciale, la juridiction des juges civils
ayant été prorogée par la contestation en cause. — (*Trèves,* 3 *août* 1809, *Sirey, tom.* 7,
2.º *part., pag.* 921).

4.º En matière de commerce, le désistement peut être fait et accepté par un simple exploit
extrajudiciaire, quoique non signé par la partie ou par un fondé de pouvoir. — (*Paris,*
25 *mars* 1813, *Sirey, tom.* 16, *pag.* 86.)

Nota. Mais on sent que cette forme n'est pas la plus sûre, puisqu'elle laisse à craindre les suites d'un
désaveu de l'huissier.

Les auteurs du Praticien, tom. 2, pag. 415, ceux du Commentaire inséré aux Annales du notariat, tom. 2, pag. 481 ; enfin, M. Demiau Crouzilhac, pag. 293, maintiennent, au contraire, qu'un tuteur, un administrateur ou autre personne qui soutient une instance pour l'intérêt d'un tiers, ne peut pas toujours, et sur-tout s'il s'agit d'une action immobilière, se désister de cette instance.

Nous nous rangeons à cette opinion, par la considération du préjudice que le mineur ou l'administré pourrait souffrir d'un désistement qui l'assujettit à des frais, et qui peut lui faire perdre les avantages d'actes de procédure qui pourraient lui être favorables (1).

1453. *Si toute personne jouissant de ses droits peut se désister d'une instance dans laquelle elle est personnellement intéressée, n'est-il pas néanmoins un cas dans lequel un tiers pourrait s'opposer à ce désistement?*

Un arrêt de la Cour de Paris, du 8 août 1809, nous fournit un exemple d'un cas où une partie a été jugée fondée à s'opposer au désistement d'une autre. Il était question de statuer sur un appel principal et sur un appel incident ; la partie qui avait interjeté le premier s'en était désistée, afin de faire tomber l'appel incident de son adversaire ; celui-ci s'opposait au désistement, et l'arrêt que nous venons de citer a accueilli cette opposition, et prononcé conséquemment, malgré le désistement, tant sur l'appel principal que sur l'appel incident.

Il suit de cet arrêt que si toute personne jouissant de ses droits peut se désister d'une instance qu'elle a introduite, ce principe est sujet à une exception dans le cas où cette instance est, pour la partie adverse, l'origine d'un droit qu'il lui est avantageux de conserver.

C'est par suite de ce principe que la Cour de Paris, par arrêt du 24 février 1808, et celle de Rennes, par arrêt du 19 janvier 1814, ont prononcé qu'un créancier avait pu demander la nullité d'un désistement consenti par son débiteur en fraude de ses droits. — (*Voy. Jurispr. des Cours souv., tom. 5, pag. 255*).

1454. *Lorsqu'il y a plusieurs parties en cause, l'une d'elles peut-elle se désister sans le concours des autres, et si elle le peut, son désistement peut-il préjudicier à ses colitigans?*

On ne saurait douter qu'une partie ne pût être empêchée de se désister, parce qu'elle se trouverait en cause avec d'autres parties qui persisteraient à poursuivre l'instance ; mais il est à remarquer qu'en ce cas, son désistement ne peut nuire à celles-ci. Par exemple, dans une demande immobilière formée collectivement, mais qui est divisible dans son résultat, si une ou plusieurs parties se désistent, ce désistement n'empêchera pas que ceux qui sont restés en cause ne profitent de la portion qui sera jugée leur appartenir dans la chose litigieuse. Ainsi, trois héritiers poursuivent leur débiteur commun afin de paiement d'une

---

(1) Au reste, c'est à la partie adverse à n'accepter le désistement qu'autant que le tuteur ou l'administrateur est autorisé à le donner dans la même forme qu'il était autorisé à interjeter la demande. — (*Rennes*, 1.ᵉʳ *juin* 1823; *Bruxelles*, 23 *novembre* 1806, *Sirey, tom.* 7, *addit., pag.* 1242).

Si d'ailleurs l'on pensait, comme M Pigeau, que le désistement donné sans cette autorisation fût valable, du moins l'on conviendra que ceux qui agissent ainsi pour un tiers sont responsables envers lui du préjudice qu'il pourrait souffrir : c'est donc à eux à se faire eux-mêmes autoriser à cet effet. Ces observations tendent à prévenir toute difficulté sur la question qui nous occupe.

somme d'argent; l'un peut se désister valablement sans la participation des autres, qui pourront poursuivre l'instance à l'effet d'obtenir la portion qu'ils se prétendent fondés à réclamer. C'est l'esprit de l'art. 1217 du Code civil, dit M. Hautefeuille, pag. 211, en citant un arrêt de la Cour d'Orléans, du 16 janvier 1811.

Si, au contraire, la chose est indivisible; si, par exemple, plusieurs héritiers ayant formé conjointement une demande pour réclamer, sur un héritage voisin, une servitude de vue, de passage, l'un d'eux se désiste, alors, disent les auteurs du Commentaire inséré aux Annales du notariat, tom. 2, pag. 483, il est évident que ce désistement ne pourra diminuer en rien les droits des autres héritiers, et que, s'ils gagnent leur cause, ils jouiront de la totalité du droit de vue ou du passage.

Les auteurs du Praticien, tom. 2, pag. 418, supposent trois héritiers qui revendiquent un objet mobilier non susceptible de division. Le désistement de l'un, disent-ils, ne peut préjudicier à la réclamation des autres; mais le débiteur poursuivi, s'il succombe, demeure subrogé aux droits de celui des demandeurs qui s'est désisté : c'est, en effet, ce qui résulte de l'art. 1224 du Code civil, et nous adoptons entièrement l'opinion de ces auteurs.

1455. *Peut-on se désister d'un acte de procédure isolé, sans se désister de l'instance?*

Oui, sans doute, et c'est ce qui se pratique tous les jours de la part des avoués qui auraient à prévenir des condamnations ou des frais en réparant des actes défectueux; mais de pareils désistemens ne sont point assujétis aux règles et aux formalités de ceux qui portent sur l'instance entière; ils se font, soit dans l'acte qu'on substitue à celui que l'on veut supprimer, soit dans un dénoncé libellé, etc...... On sent qu'en ces circonstances, l'avoué n'a besoin ni de la signature de la partie, ni de son pouvoir spécial, puisqu'il ne s'agit que de réparer des vices de forme; celui qu'il a reçu pour conduire l'instance lui suffit. (*Voy. Demiau Crouzilhac, pag.* 293). Ce ne serait que dans le cas où ce désistement partiel contiendrait des actes de la nature de ceux mentionnés en l'art. 352, que l'avoué aurait besoin d'un pouvoir spécial, afin d'éviter l'action en désaveu. On sent aussi que le désistement d'un acte isolé n'empêcherait pas la partie adverse de s'en prévaloir, s'il contenait des aveux ou consentemens, etc., ou de tirer telles inductions qu'elle jugerait convenable de ce désistement. Mais ici tout dépend des circonstances (1).

Ces observations avertissent que les questions qui vont être examinées ne se rapportent qu'au désistement de l'instance entière, seul objet du titre qui nous occupe.

---

(1) L'avoué ne nous semble avoir besoin de pouvoir spécial qu'autant que l'acte serait de nature à établir, en faveur de la partie, la reconnaissance expresse d'un droit.

Il en serait de même d'un chef de conclusions dont l'avoué se désisterait dans le cours de l'instance, ainsi qu'il arrive tous les jours. Nous estimons néanmoins qu'il y aurait lieu à désaveu, suivant les circonstances, si ce chef de conclusions était essentiel et compris dans l'exploit d'ajournement; c'est ce qui semble résulter d'ailleurs d'un arrêt de la Cour de Bruxelles, du 29 juin 1808 (*Sirey, tom.* 16, *pag.* 9), en ce qu'il décide que le désaveu ne serait pas recevable, si le désistement ayant été donné à l'audience en présence de la partie, celle-ci ne s'y fût pas opposée : d'où suit qu'il le serait en toute autre circonstance.

1456. *Le désistement doit-il, à peine de nullité, être signé des parties ou de leurs mandataires spéciaux ?*

Nous remarquerons d'abord que le Code ne dit point que le mandataire sera muni d'un pouvoir spécial ; mais il paraît, dit M. Berriat Saint-Prix, pag. 367, not. 6, qu'à raison de l'importance de l'acte, telle a été l'intention du législateur ; c'est aussi ce que supposent tous les auteurs.

Il est bien certain que l'avoué muni d'un semblable pouvoir peut signer le désistement, sous la double qualité de mandataire et d'avoué ; mais s'il ne le signe que sous la dernière, et en vertu du pouvoir général qui lui est donné pour diriger la procédure, nous croirions que la nullité du désistement pourrait être prononcée, par le motif que la loi ayant exigé que le désistement fût signifié par la partie ou par son mandataire, a nécessairement parlé d'un mandataire *ad hoc* ; autrement, elle eût déclaré qu'à défaut de signature de la partie, celle de l'avoué suffirait, ou plutôt elle n'aurait pas exigé la première.

Nous concluons de là que le désistement qui n'est pas signé par la partie, ou par son mandataire fondé de pouvoir spécial, est nul, parce que cette signature est une condition essentielle de la validité de l'acte. Telle est aussi l'opinion de M. Pigeau, tom. 1, pag. 454, et de M. Berriat Saint-Prix, *ubi suprà*, not. 7. (*Voy. quest.* 1350°.) Mais M. Hautefeuille, pag. 212, paraît d'un sentiment contraire.

Il y aurait également nullité si l'avoué, pour suppléer au défaut de signature, avait mentionné dans l'acte des causes qui empêcheraient la partie de signer ; il n'a aucune qualité pour suppléer au défaut de cette signature ; en un mot, elle est indispensable, si elle n'est suppléée par celle d'un mandataire spécial. — (*Voy. Quest. de Lepage, pag.* 264) (1).

1457. *Faut-il que le désistement soit signé, tant sur l'original que sur la copie ?*

La signature, dit M. Pigeau, *ubi suprà*, doit être apposée principalement sur la copie signifiée à l'adversaire, laquelle forme, en ses mains, la preuve du désistement ; mais s'il est à propos, ajoute-t-il, que l'avoué fasse également signer l'original, cette dernière signature n'est pas rigoureusement nécessaire. En effet, il n'y a que la copie qui tienne lieu de titre à la partie à laquelle le désistement est signifié : elle doit donc être revêtue de la formalité exigée pour la validité de cet acte.

Il est donc indispensable que la copie soit signée (*Berriat Saint-Prix, ubi suprà*), et, si elle ne l'était pas, on ne pourrait dire que la signature sur l'original fût suffisante. C'est ce qui a été jugé par arrêt de la Cour de Bruxelles, du 25 mai 1810. (*Voy. Journ. des avoués, tom. 2, pag.* 235). Il en est, d'ailleurs, une raison décisive ; c'est que si l'original seul était signé, on pourrait, en le supprimant, ôter à l'adversaire le moyen de prouver que le désistement lui a été valablement proposé.

Mais on sent que cet inconvénient n'est plus à craindre si la copie réfère la signature apposée sur l'original ; aussi pensons-nous qu'en cette circons-

---

(1) Mais on pourrait, par un acte subséquent, réparer l'omission de la signature. — (*Aix,* 3 mars 1807, *Sirey, tom.* 14, *pag.* 438).

tance, on ne pourrait arguer le désistement de nullité, sans que la partie intéressée s'inscrivît en faux.

1458. *Le désistement et l'acceptation peuvent-ils être faits de toute autre manière que celle indiquée par l'art. 402?*

L'affirmative paraît résulter de ce que l'article est conçu en termes facultatifs; *le désistement, comme l'acceptation*, PEUT, *etc.*, et non *doit, etc.* : il peut donc être fait de différentes manières ; par exemple, à l'audience, en présence du juge, qui en peut décerner acte ; mais il faut que le demandeur et le défendeur se trouvent à l'audience en personne ou par des mandataires : alors leur présence est constatée par le juge, et sans qu'il soit besoin de signatures. Le contrat judiciaire est formé, parce qu'aucune loi n'exigeant que les parties ou leurs fondés de pouvoir signent leurs dires ni les arrangemens qu'ils font à l'audience, l'intervention du tribunal qui atteste et consacre ces arrangemens, supplée éminemment les signatures (1).

1459. *Quand le désistement a été fait par acte d'avoué à avoué, le défendeur qui l'accepte peut-il, au lieu de signifier son acceptation de la même manière, demander qu'il lui soit décerné acte à l'audience?*

Deux arrêts de la Cour de Bruxelles, l'un du 20 avril 1809 (*Sirey, tom.* 12, *pag.* 338), l'autre du 25 mai 1810 (*Sirey, tom.* 14, *pag.* 330), un arrêt de la Cour de Rennes du 31 janvier 1811 (*voy. Journ. de cette Cour, tom.* 2, *pag.* 41), ont résolu cette question pour l'affirmative, en se fondant, 1°. sur les termes facultatifs de l'art. 402 ; 2°. sur ce qu'il peut être de l'intérêt de celui à qui le désistement est fait d'en obtenir un dont la minute repose dans un dépôt public, etc. — (*Voy. un autre arrêt semblable, rendu par la Cour de Pau, le 22 avril* 1809, *Biblioth. du barr.*, 2ᵉ *part.*, 1810, *pag.* 282).

Mais M. Hautefeuille, pag. 212, est d'un avis contraire à celui que ces arrêts ont consacré. Ce serait, selon lui, faire des frais frustratoires, que de plaider ou d'obtenir un jugement dans l'espèce de la question que nous venons de poser, soit qu'il s'agît du désistement d'une demande, soit qu'il s'agît du désistement d'un appel. M. Coffinières paraît adopter cette dernière opinion. — (*Voy. Journ. des avoués, tom.* 2, *pag.* 235 *et* 236).

Il est, à notre avis, une raison tranchante pour faire prévaloir la décision des arrêts que nous venons de citer ; c'est, en effet, que si la partie ne pouvait à l'audience obtenir acte de l'acceptation de son désistement, qui ne serait donnée que par un simple acte d'avoué à avoué, la copie pourrait se perdre, et avec elle la preuve du désistement. — (*Voy. la quest.* 1467).

1460. *Pour que le défendeur soit obligé d'accepter un désistement, faut-il que ce désistement soit pur et simple?*

M. Thomines, pag. 173, suppose l'affirmative sur cette question, en disant

---

(1) Telle est la solution qui nous paraît dériver d'un arrêt de la Cour de cassation, du 3 octobre 1808 (*voy Denevers*, 1808, *pag.* 482), et qu'un arrêt, du 12 mai 1813 (*Sirey, tom.* 14, *pag.* 277), donne en termes formels, en prononçant que le désistement d'une saisie immobilière est valable, quoiqu'il n'ait été fait qu'à la barre, et en l'absence du saisi, si toutefois celui-ci a été légalement appelé. — (*Voy. sur l'art.* 725).

que les avoués ne doivent ni signifier un désistement, ni accepter un désistement *conditionnel* à eux signifié, sans l'aveu formel et par écrit de leurs cliens.

M. Hautefeuille (*ubi suprà*), observe aussi que, pour la validité d'un désistement, il faut qu'il soit entier et sans restriction. Il suppose qu'un appelant ou un demandeur en cause principale, sur l'appel ou sur la demande duquel il aurait été exercé une demande en garantie, n'offrirait de payer les dépens qu'en ce qui le concerne seulement, sauf au demandeur en garantie à faire valoir ses droits contre son garant. Alors, dit-il, ce désistement serait nul, parce qu'il n'est pas entier et nécessite un jugement ou arrêt, et parce que, d'ailleurs, le désistement de l'action principale ou de l'appel entraîne l'obligation de payer les frais de l'action récarsoire, qui n'est que l'accessoire de l'action ou de l'appel principal. C'est aussi ce qui a été jugé par trois arrêts de la Cour d'Orléans, des 29 avril-1807, 13 janvier et 9 mars 1808. (1)

1461. *Si un désistement conditionnel a été accepté par l'avoué sans pouvoir spécial, y a-t-il lieu contre lui à l'action en désaveu?*

Non, puisqu'aux termes de la loi, le désistement non signé de la partie, ou de son fondé de pouvoir spécial, est nul de plein droit.

1462. *Mais si la partie ne sait signer, suffira-t-il que l'avoué le mentionne?*

Non, sans doute, car à la différence des autres officiers ministériels, auxquels la loi donne le droit de constater ce que les parties leur déclarent, dans les actes de leur ministère, l'avoué n'est que le mandataire de la partie, et ce n'est qu'en cette qualité qu'il peut donner ou recevoir les actes de désistement ou d'acceptation : or, la loi exigeant, quant au désistement, que le mandat soit spécial, lorsque la partie ne le signe pas, il est nécessaire alors que le mandat soit donné par acte authentique.

1463. *Dans le cas d'un désistement conditionnel, et lorsque les conditions proposées par le demandeur ne sont point acceptées par son adversaire, y aurait-il lieu à statuer sur des conclusions par lesquelles celui-ci demanderait acte du désistement?*

La seconde chambre de la Cour de Rennes a jugé négativement, par un arrêt du 17 juillet 1809, que nous avons cité au tom. 2 de son Journal, pag. 43, aux notes ; c'est que le désistement ne peut être séparé des conditions sous lesquelles il est donné, et que si, comme nous l'avons dit sur la quest. 1460, le défendeur ne peut être tenu d'accepter un désistement conditionnel, il est juste aussi qu'il ne puisse opposer ce désistement au demandeur, s'il n'admet pas les conditions sous lesquelles celui-ci l'a donné. — (*Voy.*, sur l'art. 471, *diverses questions relatives au désistement d'un appel*).

---

(1) Nous ajouterons à ces arrêts celui par lequel la Cour de Paris a jugé, le 24 août 1810 (*Sirey, tom.* 14, *pag.* 438), qu'il résultait des termes mêmes de la loi, que tout désistement doit être pur et simple, et que, conséquemment, on ne pouvait forcer une partie adverse à en accepter un qui serait donné sous condition. Et, en effet, si cette question n'est pas expressément résolue par le Code, sa solution dérive nécessairement de ce que l'art. 403 suppose que le désistement peut être accepté ou rejeté : or, s'il n'est que conditionnel, c'est évidemment un motif pour que la partie à laquelle il est signifié soit fondée à ne pas l'accepter.

1464. *Quand le désistement est conçu en termes injurieux pour le défendeur, peut-il être admis en justice ?*

Nous venons de dire que le défendeur est autorisé à ne pas accepter un désistement conditionnel ; mais si ce désistement est conçu en termes injurieux pour lui, il n'a plus à se plaindre si, par suite de la suppression de ces termes, prononcée par les juges, l'acte ne présente plus que le seul désistement. Alors le défaut d'acceptation, fondé sur les termes dont il s'agit, n'est plus un obstacle à ce qu'il soit admis par la justice, et c'est aussi ce qu'a décidé la Cour de Paris, par arrêt du 8 août 1809. — (*Voy. Jurispr. des Cours souv.*, tom. 3, pag. 265).

ARTICLE 403.

Le désistement, lorsqu'il aura été accepté, emportera de plein droit consentement que les choses soient remises de part et d'autre au même état qu'elles étaient avant la demande.

Il emportera également soumission de payer les frais, au paiement desquels la partie qui se sera désistée sera contrainte, sur simple ordonnance du président mise au bas de la taxe, parties présentes ou appelées par actes d'avoué à avoué.

Cette ordonnance, si elle émane d'un tribunal de première instance, sera exécutée nonobstant opposition ou appel ; elle sera exécutée nonobstant opposition, si elle émane d'une Cour royale (1).

T., 70, 76. — C. de P., art. 130, 543 et suiv.

CCCXXXI. Il peut arriver que le désistement ne soit que conditionnel ; qu'il ne comprenne pas les accessoires de la procédure comme des saisies-arrêts ou oppositions ; qu'enfin les parties aient besoin de s'expliquer. Celle à laquelle on la signifie doit donc avoir la faculté d'examiner si les conditions lui conviennent, si l'acte est conçu dans des termes qui lui suffisent.

C'est pourquoi le désistement n'opère ses effets que par une acceptation qui ne présente aucune disparité avec l'offre et qui forme le contrat entre parties.

Alors, suivant l'art. 403, il emporte, *de plein droit, consentement à ce que les choses soient remises au même état qu'elles étaient avant la demande* : d'où suit qu'il ne suppose, comme nous l'avons dit, que l'abandon de l'exercice

------

(1) JURISPRUDENCE.

1.° Lorsque des poursuites ont été dirigées au nom d'un tiers en matière d'état, si le tiers désavoue les poursuites, il est lié par son désaveu ; par conséquent, il est censé s'être désisté de ces poursuites, et ne peut ultérieurement les reprendre. — (*Paris, 3 juil.* 1812, *Sirey*, tom. 14, pag. 42).

2.° Le débiteur qui a obtenu l'homologation d'un concordat d'atermoiement contre ses créanciers, est censé se désister du bénéfice du jugement, si, postérieurement et pendant l'instance d'appel, il forme une demande en cession de biens. — (*Paris, 22 janv.* 1808, *Sirey*, tom. 8, pag. 57).

actuel de l'action, sauf à la renouveler ensuite, si elle n'est pas prescrite. En effet, le demandeur, avant l'exploit introductif de l'instance, *avait l'action :* il la conserve donc après le désistement de cette instance, qui remet les choses dans *l'état où elles étaient avant l'exploit.* — (*Voy.* Pigeau, tom. 1, pag. 453; *Prat.,* tom. 2, pag. 416; *arrêt de Paris, du 18 mars 1811, au Comment. des Ann. du not.,* tom. 2, pag. 484) (1).

1465. *Comment se fait l'acceptation du désistement?*

Elle se fait comme le désistement lui-même. — (*Voy.* Pigeau, tom. 1, pag. 456; *le tarif,* art. 71, *et nos précédentes questions*).

1466. *Peut-on, jusqu'à l'acceptation, rétracter un désistement?*

Oui, car le contrat judiciaire n'est formé que par l'acceptation, puisque, jusque là, il n'y a de propositions que de la part de celui qui se désiste. Il en est ici comme des offres, dont on peut se départir aussi long-tems qu'elles n'ont pas été acceptées. — (*Voy.* Pigeau, pag. 456; *arrêts de la Cour de cassation, du 4 juillet 1810, et de la Cour de Lyon, du 14 décembre de la même année, Journ. des avoués,* tom. 3, pag. 226).

1467. *Ces mots de l'art. 403,* LE DÉSISTEMENT EMPORTERA DE PLEIN DROIT CONSENTEMENT, *etc., ne se trouvent-ils pas en opposition avec la solution donnée sur la quest. 1459°.?*

---

(1) Cependant, si l'on mentionnait expressément, dans l'acte de désistement, l'abandon de l'action elle-même, ou si cet abandon résultait des termes dans lesquels il serait conçu, il n'est pas douteux qu'il en naîtrait une fin de non-recevoir contre une nouvelle demande. (*Voy. Dénisart, au mot* désistement, n.° 2). En effet, si les dispositions du Code de procédure restreignent en général l'effet du désistement à l'extinction de la procédure, elles ne s'opposent pas à ce qu'il s'étende à l'action elle-même, si telle a été l'intention des parties.

C'est donc toujours d'après cette intention qu'il faut déterminer la nature et l'objet du désistement. Par exemple, la Cour de cassation, par arrêt du 21 germinal an 10 (*Sirey,* tom. 14, pag. 191), a décidé que la déclaration du demandeur portant qu'ayant examiné les titres qui lui étaient opposés, il se désiste *des fins et conclusions* de sa demande, emportait le désistement de l'action. Nous croirions que, suivant les circonstances, l'on pourrait aujourd'hui prononcer de la même manière, parce qu'ici le désistement semble, d'après les expressions dans lesquelles il était conçu, porter sur le fond du droit. C'est aux avoués à prendre garde aux termes qu'ils emploient dans les actes de désistement, afin de ne pas donner à la partie adverse un prétexte de supposer une renonciation à l'action même qui était l'objet de l'instance.

Nous devons dire que la Cour de Paris, par arrêt du 22 juillet 1813 (*Sirey,* tom. 14, pag. 354), a déclaré que le désistement pur et simple, sans aucune réserve, emporte l'anéantissement de l'action, de telle sorte qu'on ne peut la reproduire. Nous croyons, par les raisons ci-dessus exposées, que cette décision est absolument contraire au système du Code, comme la supposition faite par M. Lepage, dans son Traité et Style de procédure, 4.° édit., pag. 111, que celui qui s'est désisté purement et simplement a renoncé à son action même, et que le désistement ne porte sur la procédure seulement qu'autant qu'il contient réserve de l'action. Aussi a-t-il été jugé, par la Cour de cassation, que l'acte de désistement par la direction de l'enregistrement, portant qu'elle se désiste de la demande formée contre........, par la contrainte de.........., n'emporte point *renonciation à l'action*, mais seulement à la contrainte. Ce qui confirme la solution de notre quest. 1464. — (*Cassat.,* 16 mai 1821, *Sirey,* tom. 22, pag. 6 .

Nous ne le pensons pas; car ces mots supposent seulement qu'il n'est pas *nécessaire* que l'acceptation du désistement soit suivie d'un jugement qui donne acte de l'un et de l'autre; ils ne sont pas absolument exclusifs d'un semblable jugement.

1468. *Le désistement accepté opère-t-il le même effet que la péremption?*

Par une conséquence de la disposition de l'art. 403, qui veut que les parties soient remises en même et pareil état qu'elles étaient avant la demande, les auteurs du Praticien, tom. 2, pag. 416, estiment qu'un désistement accepté opère le même effet que la péremption.

Ainsi, disent-ils, on ne peut faire usage d'aucun des actes de la procédure anéantie, pas même pour interrompre la prescription. Dans l'une et l'autre hypothèses, il faut appliquer l'art. 2247 du Code civil, qui porte que, si le demandeur se désiste de sa demande, s'il laisse périmer l'instance, l'interruption de la prescription est regardée comme non avenue.

M. Pigeau, tom. 1, pag. 458, sans s'expliquer sur les actes de l'instance, dit aussi qu'un des effets du désistement consiste en ce que l'interruption de prescription, opérée par exploit de demande, est regardée comme non avenue, d'après l'art. 2247 du Code civil.

Nous sommes de l'avis des auteurs du Praticien, par le motif que la péremption n'est autre chose qu'un désistement présumé par la loi. Or, par quels motifs le désistement formel ne produirait-il pas les mêmes effets que le désistement présumé? L'instance est éteinte dans un cas comme dans l'autre, et la conséquence nécessaire, ainsi que nous l'avons dit sur la 1451ᵉ. quest., n'est-elle pas qu'aucun des actes qui la composent ne continue de subsister? Nous donnerons donc au désistement tous les effets que nous avons assignés à la péremption dans nos quest. 1450ᵉ. et suivantes. Tel est aussi le sentiment de M. Berriat Saint-Prix, pag. 368, n°. 3.

1469. *Lorsque l'ordonnance qui liquide les frais par suite d'un désistement émane d'une Cour d'appel, est-elle susceptible d'opposition, encore bien qu'elle soit contradictoire?*

On ne saurait contester que si l'ordonnance dont il s'agit en l'art. 403, est rendue contradictoirement, elle est sujette à l'appel. Mais, dit M. Pigeau, tom. 1, pag. 458, si elle est rendue par le président d'une Cour d'appel, elle n'est pas susceptible d'appel, mais d'opposition, quand même elle aurait été rendue contradictoirement, parce que le président a jugé seul. C'est le tribunal entier qui juge du mérite de cette opposition.

Il nous paraît aussi que tel est le sens de l'article, qui, ne pouvant en ce cas admettre l'appel de l'ordonnance du président, a voulu du moins laisser à la partie le seul genre de pourvoi compatible avec les attributions de la Cour (1).

_____

(1) Mais M. Demiau Crouzilhac, pag. 294, dit, au contraire, que si l'ordonnance est rendue contradictoirement par le président d'une Cour d'appel, la décision est *souveraine;* selon lui, il n'y aurait plus de remède.

CINQUIÈME DIVISION.

De la Procédure sommaire ou abrégée.

Certaines contestations exigent, à raison de la nature ou de la modicité de leur objet, une procédure plus rapide que celle dont le Code établit, dans les titres précédens, les règles et les formalités.

Telles sont celles dont la connaissance appartient aux justices de paix. — (*Voy. tom.* 1, *pag.* 6).

Celles que la loi répute matières sommaires. — (*Voy. infrà, tit.* 24).

Celles enfin qui sont de la compétence des tribunaux de commerce. — (*Tit.* 25). (1)

C'est parce que la procédure prescrite par le Code pour l'instruction de ces affaires, ne présente qu'un *abrégé* de celle que l'on doit suivre dans les autres, qu'on l'appèle procédure *sommaire* ou *abrégée* (2).

Elle diffère particulièrement de la procédure ordinaire, en ce que la plupart des affaires qui y sont sujettes sont dispensées du préliminaire de conciliation, et qu'il ne s'y fait aucune espèce d'instruction écrite.—(*Voy. les préliminaires des titres suivans*).

TITRE XXIV.

Des matières sommaires. (3)

On appèle particulièrement *matières sommaires*, les affaires autres que les *causes commerciales*, qui exigent une instruction simple et rapide, soit, comme à l'égard de ces dernières, parce que les parties éprouveraient préjudice des délais et des lenteurs de la procédure ordinaire ; soit parce que la contestation ne présente qu'un intérêt peu considérable, dont la valeur pourrait être absorbée par les frais ; soit, enfin, parce qu'elle est d'autant plus simple et plus facile à juger, qu'il ne s'élève aucun débat sur le titre.

Après avoir déterminé quelles sont les causes qui doivent être regardées comme matières sommaires, le Code prescrit la forme suivant laquelle ces matières doivent être instruites et jugées ; et, à cet égard, ses dispositions présentent autant d'exceptions aux règles de la procédure ordinaire.

Ainsi, 1°. pour les causes ordinaires, l'instruction principale consiste dans les écrits que les deux parties ont la faculté de se signifier réciproquement.

---

(1) Voy. aussi, au 2.ᵉ vol., le titre des *référés*, qui prescrit une procédure véritablement *sommaire*.

(2) Du latin *summarium*, sommaire, abrégé succinct.

(3) Voy. ordonnance de 1667, tit. 7, et *suprà*, n.ᵒˢ 409, 673, 733, 965, 982, 998; *infrà*, sur 463. Voyez aussi les arrêts cités aux quest. 1473 et 1476.

(*Voy. art.* 77 *et* 80). Mais cette faculté est interdite dans la procédure en matière sommaire, qui n'admet aucun écrit entre la citation et les plaidoiries (405).

2°. De même, si les interventions et les demandes incidentes sont ordinairement proposées par actes ou requêtes d'avoué à avoué, auxquels le défendeur
peut répondre de la même manière (*voy. art.* 337 *et* 339), les causes sommaires, au contraire, n'admettent point cette instruction; et si les demandes
incidentes y sont formées par requête d'avoué à avoué, cette requête ne doit
contenir que des conclusions motivées avec sommation d'audience, et le défendeur n'est point autorisé à signifier une réponse (406).

3°. Enfin, en matière ordinaire, les faits dont on demande à faire preuve
doivent être signifiés trois jours avant l'audience, pour être reconnus ou contestés; et quand le tribunal admet la preuve, il nomme, pour procéder à l'enquête, un commissaire qui doit rédiger procès-verbal des dépositions. (*Voy.
art.* 252, 255, 269). Mais, dans les causes sommaires, les faits de preuve sont
articulés à l'audience, sans avoir été préalablement signifiés; le tribunal, en
rendant l'appointement à informer, ne nomme point de commissaire, et l'enquête se fait à l'audience; elle n'est même que purement verbale, lorsque
l'affaire est de nature à être jugée en dernier ressort. (407—412).

Au surplus, la loi indique celles des formalités prescrites pour les enquêtes
ordinaires, qui doivent nécessairement être observées pour les enquêtes sommaires. (413) (1).

ARTICLE 404.

Seront réputés matières sommaires et instruits comme tels;
Les appels des juges de paix; (2)
Les demandes *pures personnelles* (3), à quelque somme qu'elles
puissent monter, quand il y a titre, pourvu qu'il ne soit pas con-
testé;
Les demandes formées sans titre, lorsqu'elles n'excèdent pas
1,000ᶠ;
Les demandes provisoires ou qui requièrent *célérité;*
Les demandes en paiement de loyers, fermages et arrérages de
rentes. (4)

T., 67. — Ordonn., tit. 17.

CCCXXXII. L'ORDONNANCE de 1667, tit. 27, art. 3, 4 et 5, était entrée dans

---

(1) Nous remarquerons, avec M. Thomines, pag. 177, que les exceptions que le législateur fait ici aux règles générales, confirment ces règles pour les cas non exceptés, et que,
par conséquent, celles-ci doivent être strictement observées, toutes les fois du moins qu'elles
ne sont pas incompatibles avec l'objet et le but de la procédure sommaire.

(2) *Appel,* voy. art. 16, 31; célérité, loyers, fermages, art. 491, 125, 72; expédition des
affaires célères, art. 12, 24.

(3) Voy, commentaire sur l'art. 2, pag. 6.

(4) JURISPRUDENCE.

1.° Une demande en paiement de frais de garde peut être considérée par les juges comme

le plus grand détail sur la classification de ces matières. Néanmoins, après une longue nomenclature, elle se bornait à dire généralement que tout ce qui *requérait célérité, et où il pouvait y avoir du péril dans la demeure, serait aussi réputé* MATIÈRE SOMMAIRE.

L'art. 404 du Code est encore plus concis. Après avoir énuméré un petit nombre d'objets seulement, il se borne à ajouter : *Les demandes provisoires ou qui requièrent célérité.* Le législateur a considéré qu'il était impossible de préciser tous les cas, et que, d'un autre côté, les juges ne peuvent se méprendre sur ceux qui requièrent célérité. — (*Locré, tom.* 2, *pag.* 77; *rapp. du tribun Perrin, et infrà n°.* 1472). (1)

1470. *En quel cas un titre est-il réputé contesté?*

Selon M. Demiau Crouzilhac, pag. 286, la contestation du titre qui, aux termes de l'art. 404, fait que la cause cesserait d'être sommaire, ne s'entendrait point, soit de ce qu'un acte authentique serait argué de faux, soit de ce qu'un acte privé serait méconnu ou dénié, soit même de ce qui ne concernerait que l'explication des clauses, le mode d'exécution d'une obligation ou d'un contrat ; elle ne s'entendrait que de ce qui appartiendrait à son essence ; par exemple, des exceptions de dol, de fraude, de circonvention, à la faveur desquelles on prétendrait ne rien devoir ; de la fausse cause, de la simulation, et en général de toutes les actions rescisoires ou rédhibitoires, de toutes les exceptions de nullité qui se dirigeraient ou contre la substance de l'acte, ou contre l'obligation qu'il contiendrait.

Ces sortes d'exceptions, ajoute M. Demiau, qui sont véritablement la contestation du titre, nécessitant évidemment une instruction plus étendue, soit par rapport aux faits, soit sous le rapport du droit, ne pouvaient être mises dans la classe des affaires sommaires.

Nous lisons, dans la Bibliothèque du barreau, 1re. part., tom. 3, pag. 24 et 25, qu'il faut distinguer entre la contestation qui s'élève sur le titre et celle qui s'établit sur le fond de la demande, dont le titre n'est que l'instrument. « Ainsi, par exemple, vous m'assignez en paiement d'une obligation de 2,000', que vous prétendez vous avoir été souscrite par moi ; je conteste votre titre, c'est-à-dire

---

sommaire et requérant célérité; la chambre des vacations peut y statuer, sans que, pour ce motif, il y ait lieu à cassation. — (*Cassat.,* 28 *mai* 1816, *Sirey, tom.* 7, *pag.* 70).

2.° Il en est de même d'une affaire pure personnelle, quand le titre n'est pas contesté. — (*Rennes,* 20 *nov.* 1812).

3.° Les demandes en provision pour nourriture et alimens sont réputées matières sommaires. Ainsi, tous jugemens rendus sur pareilles demandes sont exécutoires de plein droit, nonobstant appel. — (*Bruxelles,* 12 *flor. an* 12, *Sirey, tom.* 17, *pag.* 777).

4.° On ne doit pas taxer, comme en matière sommaire, les dépens adjugés en appel d'un jugement rendu sur les contestations élevées dans une distribution par contribution, lorsque ces contestations se rattachent, par leur nature, à une instance principale ordinaire. — (*Paris,* 1.er *avril* 1811, *Sirey, tom.* 14, *pag.* 352).

5.° En matière de commerce, les appels pour incompétence sont réputés causes sommaires. — (*Cassat.,* 9 *fév.* 1813, *Sirey, tom.* 14, *pag.* 197).

(1) Tel est le motif des développemens que nous avons donnés sur cet art. 404, aux 1344.e et 1351.e quest. de notre Analyse. — (*Voy. infrà, n.°* 1476, *et sur l'art.* 806, *au titre* référés.

j'offre de prouver que votre contrat est le résultat du faux, de la violence, du dol; j'offre, enfin, de prouver que votre droit n'a jamais existé, et que ce n'est qu'à l'aide d'un délit que vous avez acquis un titre, et en même tems la faculté de diriger une action contre moi; je n'oppose pas une exception directement à votre demande; je fais d'abord le procès directement à votre titre, et si j'écarte par là votre demande, elle cessera évidemment d'être sommaire, lorsque, d'ailleurs, s'élevant à une somme supérieure à 1,000ᶠ, elle ne pourra rentrer dans la classe de celles rapportées au n°. 3 de l'art. 404.

« Mais si, au lieu de combattre votre titre, j'oppose là prescription, des quittances, des compensations, alors je l'admets tacitement, j'en reconnais la légitimité; mais je vous oppose des exceptions qui tendent à anéantir l'objet de votre action : or, cette contestation, que j'oppose à votre action, n'empêche pas que la demande soit sommaire; elle est pure personnelle; il existe un titre non contesté, les conditions de la loi sont remplies ».

On voit que, suivant M. Demiau Crouzilhac, une inscription de faux, une dénégation d'écritures ou de signatures, n'empêchent pas l'affaire d'être sommaire; mais que toutes autres exceptions la placent dans cette classe. Au contraire, d'après le passage ci-dessus rapporté de la Bibliothèque du barreau, le faux, la dénégation d'écriture, opéreraient cet effet.

Nous ne ferons aucune exception relativement à l'allégation du faux ou à la méconnaissance ou dénégation d'écriture. Un titre est contesté ou quant à son existence, s'il est argué de faux ou dénié, ou quant à sa validité, lorsqu'on lui oppose le dol, la fraude, la fausse cause, une nullité, etc. Dans tous ces cas, nous pensons que l'affaire cesse d'être sommaire, parce que l'art. 404 ne fait aucune distinction et n'exclut aucune cause de contestation : or, c'est bien contester un titre que de l'arguer de faux ou de le dénier. Nous adoptons, en conséquence, l'opinion de M. Maïlhier, auteur du passage ci-dessus rapporté. La différence qu'il établit entre la contestation de la demande et celle du titre, nous paraît expliquer de la manière la plus satisfaisante le sens de l'art. 404.

1471. *Les demandes réelles ou mixtes sont-elles réputées sommaires, lorsqu'elles n'excèdent pas 1,000ᶠ ?*

Le § 3 de l'art. 404 porte, en termes généraux, que les demandes formées sans titre seront réputées matières sommaires, lorsqu'elles n'excèderont pas 1,000ᶠ. Il ne distingue point, comme le § 2, entre les matières pures personnelles et les autres; et de là les auteurs du Praticien, tom. 2, pag. 424, concluent que sa disposition s'applique tant aux demandes purement personnelles qu'aux demandes réelles.

M. Demiau Crouzilhac, pag. 296, dit, au contraire, que, suivant le § 3, une demande formée sans titre est réputée sommaire, si elle n'excède pas 1,000ᶠ, *mais par action purement personnelle seulement.*

Ainsi, dans cette opinion, l'on dirait que les deux paragraphes que nous venons de citer ne se rapportent qu'aux demandes purement personnelles; savoir : le premier, en ce qu'il dispose que ces demandes, à quelques sommes qu'elles puissent monter, seront réputées sommaires quand il y aura titre non contesté; le second, en ce qu'il exprimerait que ces mêmes demandes seront réputées telles, lorsqu'elles seront formées sans titre, si elles n'excèdent pas d'ailleurs la valeur de 1,000ᶠ : d'où suivrait qu'en aucun cas, une matière réelle ou mixte ne pourrait être déclarée matière sommaire.

Cette opinion nous semble justifiée, soit par les dispositions des art. 1, 2, 3, 4 et 5 du tit. 17 de l'ordonnance, qui indiquaient avec plus de détail que ne l'a fait l'art 404 du Code, les affaires qui seraient réputées sommaires, soit par les explications données sur ces articles, par les différens commentateurs. Ni dans l'ordonnance, ni dans aucun des commentaires, on ne trouve, en effet, une demande réelle ou mixte indiquée au nombre des affaires sommaires; ce qui prouve, au contraire, que les demandes de cette espèce ne l'étaient pas, c'est que Jousse les exclut formellement dans sa note 1ʳᵉ. sur l'art. 1ᵉʳ. du titre précité de l'ordonnance.

Or, il est à présumer que le législateur n'a pas entendu faire une innovation telle que celle que supposent les auteurs du Praticien, et il ne suffirait pas, pour l'admettre, de la faible induction que l'on pourrait tirer de ce que le § 3 de l'art. 404 ne répète point les mots *purement personnelles,* et n'exprime aucune distinction.

1472. *Quelles sont les demandes provisoires et qui requièrent célérité?*

Le législateur n'assigne point les caractères de ces espèces de demandes; mais il paraît résulter des expressions du tribun Perrin, dans son rapport sur le présent titre (*voy. édit. de F. Didot, pag.* 121), qu'il a entendu s'en rapporter à ce sujet à la prudence du juge. Si le Code, comme nous l'avons déjà dit (*voy. le comm. de l'article),* laisse exister quelques incertitudes sur ce qu'il appèle les demandes provisoires ou qui requièrent célérité, c'est qu'il est impossible de prévoir tous les cas; c'est que *d'ailleurs les juges ne peuvent se méprendre* sur ce qui exige la prompte intervention de la justice.

Aussi la Cour de cassation, par arrêt du 27 juin 1810 (*Sirey, tom.* 10, *pag.* 348), a-t-elle déclaré qu'une Cour d'appel avait pu envisager comme requérant célérité, et, par suite, ranger dans la classe des affaires sommaires une demande en résiliation de bail, et recevoir à l'audience les dépositions des témoins entendus sur cette demande. Il résulte bien de cet arrêt que la question de provision ou de célérité est abandonnée aux lumières et à la prudence des juges.

Au reste, on peut dire, en général, que les demandes célères sont les mêmes dont connaissent les chambres des vacations, en vertu de l'art. 44 du décret du 30 mars 1808 : telles sont les affaires qui concernent des objets périssables et des prescriptions à interrompre, les nominations et excuses de tutelles, les alimens, les référés urgens, les saisies, revendications, etc. — (*Voy. nos quest. sur le titre des référés; le nouv. Répert., au mot* vacations; *Jousse, introduction au tit.* 17 *de l'ordon., et sur les art.* 1, 2, 3, 4 *et* 5 *de ce même titre; Sirey, tom.* 8, *DD., pag.* 192, *et enfin notre comm. sur l'art.* 134, *pag.* 321).

1473. *La loi désigne-t-elle spécialement comme matières sommaires certaines affaires qui ne sont pas mentionnées dans l'art.* 404?

Oui, et telles sont les causes suivantes, où la loi, par les expressions dont elle se sert, annonce qu'elles sont entièrement assimilées, quant à la procédure, à celles que l'art. 404 désigne :

1°. Les remises de rapports et les récusations d'experts (*art.* 320 *et* 311, *et l'arrêt de la Cour de Paris, du 25 mai 1808, cité sur la 733.ᵉ question, pag. 449);*

2°. Les réceptions de cautions (*art. 521 et 832*);

3°. Les revendications de meubles saisis (*art. 608*);

4°. Les appels de jugemens de distribution de deniers et ceux des ordonnances sur référés *(art. 669 et 809);*

5°. Les demandes en élargissement et en compulsoire (*art. 805 et 847*);

6°. Les nominations de tuteurs (*Code civil, art. 449*);

7°. Les difficultés relatives aux partages et aux cahiers de charges des licitations qui ont lieu sur ces demandes (*Code civil, art. 823; Code de proc., art. 973*),

8°. Les oppositions aux liquidations des dépens (*décret du 16 février 1807, art. 6);*

9°. Les contestations sur les collocations des créanciers dans l'ordre (*art. 761*).

(*Voy. les quest. sur les articles que nous venons de citer*).

10°. Les destitutions de tuteurs (*Code civil, art. 449*).

1474. *Les appels pour incompétence et les demandes en validité de saisie-arrêt sont-ils réputés matière sommaire?*

Nous avons résolu négativement cette question, quant aux déclinatoires pour incompétence (*voy. pag. 449*), en citant un arrêt de la Cour de Paris, du 25 mai 1808. C'est le même arrêt qui décide aussi que les demandes en validité de saisie-arrêt ne peuvent être réputées matières sommaires, attendu qu'elles ne sont point mentionnées dans l'art. 404, et que, d'un autre côté, aucun article du Code ne s'explique, à leur égard, dans des termes semblables à ceux qui sont employés dans les articles cités sur la précédente question. (1)

---

(1) La Cour de Rennes, par arrêt du 2 octobre 1813, a jugé de la même manière, dans une espèce où il s'agissait de décider si un tiers saisi était créancier ou débiteur; elle a déclaré que cette contestation n'étant pas célère, était encore moins sommaire.

Quoi qu'il en soit, en certains tribunaux, l'on persiste à penser le contraire, au moyen d'une distinction que nous ne jugeons pas fondée.

La demande primitive, dit-on, l'action première est-elle ordinaire, celle en validité de saisie-arrêt l'est aussi; l'action qui donne lieu à la saisie est-elle, au contraire, sommaire (ce qui se présente le plus fréquemment), celle en validité l'est également; en un mot, l'instance en validité n'est que l'accessoire de la demande qui y a donné lieu; elle n'en est que l'exécution. Ainsi, pour obtenir paiement d'une somme au-dessous de 1,000 fr., aux fins d'un titre non contesté (matière évidemment sommaire), on établit une saisie-arrêt; dans ce cas, la demande en validité est sommaire. Au contraire, pour obtenir paiement d'une somme excédant 1,000 fr. due aux fins d'un titre que l'on conteste (matière ordinaire), une saisie-arrêt a été établie; le débiteur est débouté de ses exceptions, le titre est jugé valide, la saisie-arrêt est déclarée valable; alors cette dernière instance, réputée l'accessoire de l'autre, est ordinaire.

Cette distinction peut être spécieuse; mais, d'abord, il ne peut être permis au juge de distinguer là où la loi ne distingue pas. Dès lors que la matière est ordinaire, toute distinction pour la faire changer de nature ne saurait être admise sans enfreindre la loi. Or, il nous semble que le tarif, en accordant des vacations dans son art. 90, placé sous la rubrique des affaires ordinaires, annonce assez qu'il regarde l'affaire comme ordinaire: elle doit l'être, d'ailleurs encore, en raison de la complication de la procédure. La demande en validité doit, dit-on, suivre le sort de l'action principale. Il m'est dû mille écus aux fins d'un titre hypothécaire non contesté; je poursuis la saisie immobilière. Cette instance, dans le système que nous combattons, serait ordinaire; mais quelles seraient les raisons pour

1475. *Doit-on réputer matières sommaires les causes que la loi désigne seulement comme devant être* JUGÉES SOMMAIREMENT, *sans exprimer qu'elles seront instruites* SOMMAIREMENT *ou* SANS PROCÉDURE, *etc., en un mot, comme le disent les articles cités sur la quest.* 1473e ?

Non, et comme l'observent M. Demiau Crouzilhac, pag. 297, et M. Berriat Saint-Prix, pag. 376, il faut bien distinguer ces causes de celles mentionnées en l'art. 404, ou aux articles cités sur la quest. 1473e. Celles-ci sont et instruites et jugées sommairement ; celles-là doivent être jugées sommairement, c'est-à-dire avec célérité, sur plaidoiries, et sans qu'on puisse ordonner une instruction par écrit ; quant à l'instruction, elle doit être faite suivant les règles ordinaires ou suivant les règles spéciales indiquées par la loi ; par exemple, quand elle limite le nombre des rôles d'une requête, etc. —(*Voy. tarif, art.* 75).

Ce qui prouve la justesse de cette remarque, que nous avons déjà eu occasion d'appliquer sur plusieurs questions, et notamment sur la 733e., c'est que le tarif passe en taxe des actes écrits dans plusieurs causes, dont le Code veut que la décision soit rendue *sommairement.* Si on eût voulu les assimiler pour l'instruction aux matières sommaires, on n'eût point autorisé de tels actes, puisque, dans ces matières, on n'admet aucune écriture.—(*Voy. Pigeau, tom.* 1, *pag.* 141).

1476. *Quelles sont les causes qui doivent être jugées sommairement, ainsi qu'il est dit dans la question précédente?*

Ce sont,

1°. Les déclinatoires (*art.* 168 *et* 172, *et le tarif, art.* 75) ;

2°. Les reproches de témoins (*art.* 287, *et le tarif, art.* 71) ;

3°. Les oppositions aux garanties, restitutions de pièces, reprises d'instance (*art.* 180, 192, 348, *et le tarif, art.* 95) ;

4°. Les incidens sur la poursuite de la saisie immobilière, tant en première instance qu'en appel (*art.* 718, *et le tarif, art.* 117, 119, 122 *et* 125) ;

5°. Les subrogations à des poursuites d'ordre (*art.* 779) ;

6°. Les demandes en nullité d'emprisonnement (*art.* 794 *et* 795) ;

7°. Les demandes en délivrance d'expéditions d'actes (*art.* 839 *et* 840) ;

8°. Les oppositions des parens aux délibérations du conseil de famille. — (*Code de procéd.*, *art.* 883 *et* 884) ;

9°. Les appels sur les contestations des collocations des créanciers dans l'ordre (*art.* 765). — (*Voy. nos quest. sur les articles précités*).

La partie qui n'a pas maintenu en première instance qu'une affaire n'était point sommaire, ne peut se faire grief en cause d'appel de ce qu'elle ait été jugée comme matière ordinaire.

---

lesquelles une instance de *pure exécution* dût être réputée de même nature que l'action sur laquelle la condamnation est intervenue ?

Au reste ces questions, relatives à la nature des demandes en validité et en main-levée de saisie-arrêt, sont traitées par M. Mauguin (*voy. Biblioth. du barr.*, 1re. *part., tom.* 3, *pag.* 17), avec tous les développemens que l'on peut désirer.

Suivant cet auteur, *ibidem*, les demandes en paiement de sommes et en reddition de compte, fondées sur titre non contesté, doivent être considérées indistinctement comme matières sommaires.

ARTICLE 405.

Les matières sommaires seront jugées à l'audience, après les délais de la citation échus, sur un simple acte (1), sans autres procédures ni formalités.

Ordonn., tit. 17, art. 7. — C. de P., art. 82.

CCCXXXIII. D'APRÈS cet article on peut, à l'expiration des délais de l'ajournement, juger la cause, et s'il y a un avoué constitué, on n'aura point les délais de quinzaine accordés pour les affaires non sommaires par les art. 77 et 78. La différence résulte de ce que, dans celles-ci, l'on permet aux parties d'exposer les faits et les moyens par écrit, ce qui n'a pas lieu pour les affaires sommaires.

1477. *Les matières sommaires sont-elles dispensées du préliminaire de conciliation?*

L'affirmative est indubitable, à l'égard des demandes qui requièrent célérité, des demandes en élargissement, de celles en main-levée de saisie ou opposition, et en paiement de loyers et fermages; l'art. 49, §§ 2 et 5, les dispense formellement de l'essai en conciliation.

Il est également certain que les appels de justices de paix sont dispensés de cet essai comme tous autres appels, non seulement parce que la tentative de conciliation ne doit pas précéder la demande (*voy. art.* 48), mais encore parce que les affaires dont les juges de paix connaissent n'y sont pas assujetties. — (*Berriat Saint-Prix, pag.* 374, *not.* 8).

Mais les auteurs du Praticien, tom. 2, pag. 427, estiment que toutes les autres demandes sommaires restent soumises à ce préliminaire, attendu que l'art. 48 y assujettit toutes demandes principales, et que celles dont nous parlons ne sont pas formellement exceptées.

Nous n'entendons point combattre cette opinion; mais nous observerons que la plupart des matières provisoires peuvent rentrer dans la classe générale des matières célères, ainsi que nous l'avons dit tom. 1ᵉʳ, pag. 321, not. 1; que, d'un autre côté, la question de savoir si une demande doit être réputée célère, est, comme nous l'avons dit encore sur la quest. 1472ᵉ., abandonnée à la prudence du juge; et qu'ainsi il arrivera plus rarement qu'on ne le penserait, que le préliminaire de conciliation soit jugé indispensable, pour qu'une demande en matière sommaire soit reçue en justice.

1478. *Doit-on conclure de la disposition de l'art.* 405 *que l'on ne puisse signifier, en matière sommaire, des conclusions motivées?*

Nous ne le pensons pas, parce que, suivant la remarque de M. Demian Crouzilhac, pag. 297, les parties peuvent avoir un grand intérêt à consigner leurs conclusions ou leurs moyens principaux dans un acte de procédure, soit pour changer ou modifier des conclusions précédemment prises (*voy. art.* 33

---

(1) *Simple acte*, c'est-à-dire un *avenir*, si le défendeur a constitué avoué. — (*Voy.*, pour les incidens et les interventions, *l'art.* 406).

du décret du 30 mars 1808), soit pour s'assurer qu'on y aura égard en jugeant, soit enfin pour se ménager un moyen de justifier, en cas d'appel, l'erreur ou le mal jugé.

Nous remarquerons seulement que de telles conclusions ne passeront point en taxe, et ne pourront, sous aucun prétexte, retarder la marche de la procédure, à moins que la partie à laquelle elles seraient signifiées ne le demandât elle-même dans son intérêt, lorsqu'elles exigeraient une réponse de sa part.

ARTICLE 406.

Les demandes incidentes et les interventions seront formées par requête d'avoué, qui ne pourra contenir que des conclusions motivées (1).

T., 4, 16, 21. — Ordonn. de 1667, tit. 21, art. 24. — C. de P., art. 327, 339.

CCCXXXIV. La loi veut par cet article que la partie qui forme une demande incidente ou une intervention se borne à en énoncer l'objet et les motifs, sans entrer dans les développemens des moyens qu'elle entend proposer pour la justifier (1).

1479. *Peut-on répondre, par des conclusions motivées, aux requêtes dont il s'agit en l'art. 406 ?*

Le défendeur sur l'incident doit répondre dans les trois jours qui suivent la signification, dit M. Demiau, pag. 297.

M. Pigeau, tom. 1, pag. 391 et 397, dit, au contraire, qu'on ne peut répondre par écrit, puisqu'on n'en aurait pas le droit pour la demande principale, d'après l'art. 405 : la réponse ne peut donc être donnée que par la plaidoirie, conclut M. Hautefeuille, pag. 214.

Il est vrai que l'art. 75 du tarif taxe une requête en réponse à celle dont nous parlons; mais cet article ne se rapporte évidemment qu'aux matières ordinaires; ainsi l'on doit s'en tenir, dans notre opinion, à celle de MM. Pigeau et Hautefeuille, mais en observant, comme nous l'avons fait sur la 1478e. quest., que la réponse n'est interdite qu'en ce sens qu'elle ne passe point en taxe et qu'elle ne peut retarder la procédure.

---

(1) JURISPRUDENCE.

La demande en nullité d'une saisie immobilière est, de sa nature, une opposition incidente, qui peut être formée par acte d'avoué à avoué. — (*Turin*, 6 déc. 1809, *Sirey*, tom. 10, *pag.* 240).

(1) Mais il faut observer, relativement à la requête d'intervention, qu'elle doit contenir en tête constitution d'avoué de la part de l'intervenant, puisque l'intervention présente nécessairement une nouvelle demande de la part de celui qui la forme. — (*Arg. de l'arrêt de la Cour de Colmar, du 22 fév.* 1809, *cité sur les quest.* 1272.e *et* 1273.e, *pag.* 799 *et* 800).

Il faut remarquer encore que la requête par laquelle les demandes incidentes ou les interventions sont formées doit contenir, afin d'éviter les frais d'un avenir particulier, une sommation de comparaître à l'audience à jour fixe. — (*Voy. Hautefeuille, pag.* 214 *et* 215).

ARTICLE 407.

S'il y a lieu à enquête, le jugement qui l'ordonnera contiendra les faits, sans qu'il soit besoin de les articuler préalablement, et fixera *les jour et heure* (1) où les témoins seront
entendus à l'audience (2).

Ordonn. de 1667, tit. 22 (*des enquêtes*), art. 1.er. — Ordonn. de François 1.er, de l'an 1535,
chap. 12, art. 5. — C. de P., art. 34 et suiv., 432.

CCCXXXV. La loi, en dispensant les parties, par cet article, d'articuler les
faits dont elles demanderaient à faire preuve, entend qu'il ne sera point nécessaire de les contester par un acte signifié préalablement; mais il est sensible qu'il n'en faut pas moins qu'ils soient indiqués aux juges, pour reconnaître s'ils sont pertinens et admissibles, et ordonner ou rejeter la preuve:
ils devront donc être articulés à l'audience, lors des plaidoiries, et consignés
dans l'acte ordinaire qui contient les conclusions.

1480. *Si, nonobstant la disposition de l'art. 407, une partie articulait par acte*
des faits qu'elle entendrait faire admettre en preuve, la partie adverse serait-elle
obligée à les contester également par acte, dans les délais et sous les peines portées
en l'art. 252?

C'est l'opinion de M. Demiau Crouzilhac, pag. 298. Il la fonde sur ce que
le législateur, en disant qu'on n'a pas besoin d'articuler préalablement les
faits, n'a entendu dire autre chose, si ce n'est qu'on n'est pas obligé de le
faire; ce qui n'est qu'une disposition facultative et non pas prohibitive.
Mais si la partie demanderesse en preuve a la faculté de ne pas signifier
un acte d'articulement, pourquoi l'autre partie n'aurait-elle pas, en retour,
la faculté de ne pas répondre à cet acte, qui lui serait signifié? Pourquoi la
première aurait-elle le pouvoir d'imposer à son adversaire cette obligation de
répondre, sous les peines sévères portées en l'art. 252, tandis que celui-ci ne
pourrait exiger d'elle qu'elle lui signifiât un tel acte?......

M. Demiau présente son opinion comme favorable au défendeur en preuve;
car, dit-il, comment son avoué pourra-t-il, à l'audience, convenir des faits
ou les contester, s'il n'en a été prévenu d'avance, et s'il n'en a conféré avec
sa partie, qui, si elle en eût été instruite, n'aurait peut-être pas souffert
l'interlocutoire?

Nous répondons que c'est à la partie à s'imputer la faute de n'avoir pas
instruit son avoué des faits relatifs à la cause dont elle devait présumer que
l'on pourrait demander la preuve; que, d'ailleurs, l'avoué peut obtenir un
renvoi; que si l'interlocutoire est rendu, elle a le tems nécessaire pour convenir
des faits et prévenir l'exécution de ce jugement; qu'au surplus, la loi rejète

---

(1) *Jour et heure.* Dans les affaires ordinaires, ils sont fixés par le juge-commissaire.

(2) JURISPRUDENCE.

On ne doit point entendre à l'audience, et sommairement, les témoins appelés pour
constater l'absence. — (*Colmar*, 16 *therm.* an 12, *Jurispr. du Code civ.*, tom. 3, *pag.* 226).

l'acte d'articulement, parce qu'elle a voulu que la procédure fût rapide, et qu'on n'a point à examiner quel est l'intérêt des parties relativement à cet acte, pour décider la question que nous venons de poser : on ne peut suppléer une procédure que la loi n'établit pas.

1481. *Si le jugement n'intervient pas de suite, et qu'un nouveau juge soit appelé, peut-on prononcer sur les notes ?*

On le peut en matière criminelle, parce que la loi a tranché la difficulté ; mais, en matière civile, il faudrait recommencer l'audition des témoins, alors même qu'il en eût été dressé des notes exactes, signées par les juges et le greffier. En effet, la loi veut que les juges prononcent d'après les dépositions orales.

ARTICLE 408.

Les témoins seront assignés au moins un jour avant celui de l'audition (1).

T., 76. — Ordonn., tit. 17, art. 8. — C. de P., art. 260, 413.

1482. *La disposition de l'art. 408 est-elle prescrite à peine de nullité ?*

L'article ne s'explique point à ce sujet, comme l'a fait l'art. 260 ; mais nous pensons que le législateur a entendu prescrire, à peine de nullité, l'observation de l'article dont il s'agit ; autrement, l'enquête pourrait n'avoir pas lieu au jour fixé par le jugement : or, elle ne peut être faite un autre jour qu'autant que le tribunal aurait accordé une prorogation. — (*Voy. Prat., tom. 2, pag. 408*).

Il faut remarquer en outre que le jour est franc ; en sorte que les témoins doivent être assignés la surveille de l'audition, au plus tard, et non pas la veille seulement. Les assigner la veille, ce ne serait pas le faire un jour avant leur audition, comme l'exige l'art. 408. — (*Voy. Delaporte, tom. 1, pag. 376, et le Comm. inséré aux Ann. du not., tom. 2, pag. 489*).

Il est évident aussi que si les témoins sont domiciliés à une distance de plus de trois myriamètres, il faudra suivre les dispositions de l'art. 260, et leur accorder l'augmentation de délai que cet article détermine. — (*Voy. Pigeau, tom. 1, pag. 285 et 286*).

ARTICLE 409.

Si l'une des parties demande prorogation, l'incident sera jugé sur-le-champ.

C. de P., art. 279 et suiv.

CCCXXXVI. Nous remarquerons que l'art. 8 du tit. 17 de l'ordonnance dé-

---

(1) JURISPRUDENCE.

En matière sommaire, le défendeur qui a laissé écouler le délai déterminé pour la confection de l'enquête, peut encore, à l'audience fixée pour l'audition des témoins du demandeur, demander une prorogation de délai pour faire la contre-enquête. — (*Bruxelles, 16 janv. 1813, Sirey, tom. 15, pag. 240*).

fendait aux juges d'accorder une prorogation en matière sommaire; mais l'expérience a prouvé qu'elle pouvait être nécessaire. Ainsi, l'art. 409 autorise la demande en prorogation de la part de l'une ou de l'autre des parties, c'est-à-dire tant pour l'enquête directe que pour l'enquête contraire, qui doit avoir lieu le même jour que la première.

1483. *A quelle époque la demande en prorogation doit-elle être formée?*

C'est évidemment au jour indiqué par le jugement que la demande en prorogation doit être formée; elle serait rejetée, si elle était faite postérieurement, puisqu'elle n'est recevable, en matière ordinaire, d'après l'art. 269, que lorsqu'elle est formée dans le délai fixé pour la confection de l'enquête; ce qui suppose que l'enquête a été commencée. (1) — (*Voy. Delaporte, tom.* 1, *pag.* 276; *Demiau Crouzilhac, pag.* 299).

ARTICLE 410.

Lorsque le jugement ne sera pas susceptible d'appel, il ne sera point dressé procès-verbal de l'enquête; il sera seulement fait mention, dans le jugement, des noms des témoins, et du résultat de leurs dépositions (2).

C. de P., art. 39, 40, 262 et suiv., 269, 432.

CCCXXXVII. L'ORATEUR du Gouvernement disait, sur cet article, que les enquêtes, en matière sommaire, devaient se faire avec la même simplicité que celles à faire devant les juges de paix, en sorte qu'il faut ajouter à l'art. 409 les dispositions de l'art. 40.

1484. *Doit-on faire mention du résultat de chaque déposition? Ne peut-on pas plutôt se borner à mentionner le résultat de toutes celles qui composent l'enquête?*

C'est notre opinion, fondée sur les motifs de la solution de la quest. 171e, pag. 78.

ARTICLE 411.

Si le jugement est susceptible d'appel, il sera dressé procès-verbal, qui contiendra les sermens des témoins, leur déclaration, s'ils sont parens, alliés, serviteurs ou domestiques des

_____

(1) Il en est de même, lorsque cette demande a pour objet une contre-enquête, ainsi que nous l'avons dit *suprà*, pag. 53, not. 1.re

(2) JURISPRUDENCE.

L'énonciation du nom des témoins dans le jugement, exigée par l'art. 410, n'est point une formalité substantielle dont l'inobservation entraînerait la nullité du jugement. — (*Cassat.*, 18 *avril* 1810, *Sirey, tom.* 10, *pag.* 243).

parties, les reproches qui auraient été formés contre eux, et le résultat de leurs dépositions (1).

C. de P., art. 36, 37, 39, 262, 269 et suiv.

CCCXXXVIII. Dans le cas de l'article précédent, l'enquête a été faite en présence des mêmes juges qui prononceront; mais dans celui de l'art. 411, comme les juges qui devront prononcer sur l'appel n'auront pas entendu les dépositions des témoins, il faut bien que l'on dresse procès-verbal de l'enquête.

1485. *Peut-on dire, pour le cas où le jugement est susceptible d'appel, que le procès-verbal ne doit contenir que le résultat des dépositions considérées en masse, de même que nous l'avons dit en notre quest. 171°, relativement aux jugemens rendus en premier ressort ?*

L'art. 410 porte que, dans les cas où le jugement ne sera pas susceptible d'appel, *il sera seulement fait mention des noms des témoins et du résultat de leurs dépositions.* De ces expressions, nous avons cru pouvoir conclure qu'il suffirait que le jugement en dernier ressort contînt le résultat des diverses dépositions considérées dans leur ensemble, d'autant plus que le jugement étant souverain, il ne semble pas très-important que le résultat de chaque déposition soit écrit séparément.

Mais, dans le cas de l'art. 410, il nous semble qu'il est nécessaire d'insérer au procès-verbal le résultat de chaque déposition, c'est-à-dire l'indication du fait dont le témoin dépose, et des circonstances avec lesquelles il le présente, sans qu'il soit besoin d'écrire mot à mot la déclaration du témoin, comme dans les enquêtes ordinaires.

Les raisons décisives, en faveur de cette opinion, sont que le juge d'appel doit être mis à portée d'examiner si la loi a été appliquée ainsi que l'exigeaient les faits dont les témoins auraient déposé; qu'il convient d'éviter une nouvelle enquête; qu'enfin l'art. 39 exige, pour les justices de paix, que la déclaration de chaque témoin soit insérée dans le procès-verbal, lorsque le jugement est sujet à l'appel : or, il n'est pas présumable que, pour les affaires plus importantes dont connaissent les tribunaux, le législateur ait entendu prendre moins de précautions.

Nous sentons bien que les art. 410 et 411 se servant des mêmes expressions, *résultat des dépositions,* on peut trouver une sorte de contradiction entre cette solution et celle de la quest. 1484°.; mais les raisons que nous venons de donner nous semblent devoir l'emporter sur celles qu'on pourrait tirer du sens grammatical des termes des deux articles. Tel est aussi le sentiment de M. Pigeau, tom. 1, pag. 287, et l'usage l'a consacré.

---

(1) JURISPRUDENCE.

Le procès-verbal dont il s'agit dans l'art. 411 est nécessaire, à peine de nullité (*Rennes,* 4 août 1815), et obligatoire pour les tribunaux de commerce comme pour les autres. — (*Même Cour,* 27 sept. 1817).

ARTICLE 412.

Si les témoins sont éloignés ou empêchés, le tribunal pourra commettre le tribunal où le juge de paix de leur résidence. Dans ce cas, l'enquête sera rédigée par écrit; il en sera dressé procès-verbal.

C. de P., art. 266, 1035.

CCCXXXIX. L'ART. 412 est applicable également au cas où le jugement est susceptible d'appel et à celui où il ne l'est pas. Les raisons qui ont fait exiger le procès-verbal sont les mêmes que celles de l'article précédent; mais ce procès-verbal est plus détaillé : on ne doit pas se contenter de rédiger le résultat des dépositions; il faut les énoncer en entier, et suivre les mêmes règles que pour les enquêtes ordinaires, notamment celles des art. 257 et 258.

1486. *Lorsqu'un tribunal est commis par un autre pour recevoir l'enquête, doit-il y procéder à l'audience, ou commettre un de ses membres pour recevoir les dépositions des témoins?*

Si l'art. 407 porte qu'en matière sommaire les témoins seront entendus à l'audience, c'est pour mettre chacun des juges à portée de prononcer sur-le-champ d'après les dépositions des témoins. Mais ce motif ne subsiste plus, dès qu'un tribunal étranger est chargé de la confection de l'enquête; nous pensons, en conséquence, que ce tribunal doit commettre, à cet effet, un de ses membres, qui y procède comme si l'affaire n'était pas sommaire. Tel est, d'ailleurs, l'esprit de la disposition de l'art. 412, qui veut que l'enquête soit rédigée par écrit : d'où suit que l'on doit ici se conformer aux dispositions du titre des enquêtes ordinaires. — (*Voy. Quest. de Lepage, pag. 269 et 270; Pigeau, tom. 1, pag. 286*).

ARTICLE 413.

Seront observées en la confection des enquêtes sommaires, les dispositions du tit. 12, *des enquêtes,* relatives aux formalités ci-après :

La copie aux témoins, du dispositif du jugement par lequel ils sont appelés;

Copie à la partie, des noms des témoins;

L'amende et les peines contre les témoins défaillans;

La prohibition d'entendre les conjoints des parties, les parens et alliés en ligne directe;

Les reproches par la partie présente, la manière de les juger, les interpellations aux témoins, la taxe;

Le nombre des témoins dont les voyages passent en taxe;

La faculté d'entendre les individus âgés de moins de quinze
ans révolus. (1)

Ordonn., tit. 17, art. 13. — C. de P., art. 260, 287.

TITRE XXV.

De la Procédure devant les tribunaux de commerce. (2)

« LES affaires de commerce, dit Montesquieu, *sont très-peu susceptibles de*
» *formalités ;* ce sont des actions de chaque jour, que d'autres de même nature
» doivent suivre chaque jour : il faut donc qu'elles puissent être décidées cha-
» que jour.... »

---

(1) JURISPRUDENCE.

1.° L'art. 257 ci-dessus, qui, pour faire courir les délais de l'enquête en matière ordinaire, exige une signification du jugement, ne s'applique point en matières sommaires : à
leur égard, les délais courent à partir du jugement, même indépendamment de toute signification.
On ne peut obtenir de prorogation du délai fixé pour faire une enquête, si la prorogation n'est demandée avant l'expiration du délai. Or, le délai expire au jour fixé pour l'audition des témoins. — (*Paris*, 10 *juin* 1812, *Sirey*, *tom.* 13, *pag.* 18, et *Turin*, 18 *nov.*
1807, *Sirey*, *tom.* 7, *suppl.*, *pag.* 715 ; *voy. suprà*, *pag.* 53, *not.* 1.ʳᵉ, et *n.*ᵒˢ 1483 et 1484.
2.° Des dispositions combinées des art. 413 et 432, il résulte que la signification à la
partie des noms des témoins doit être faite, sous peine de nullité, dans les matières sommaires aussi bien que dans les matières ordinaires, d'après les formes et dans les délais
prescrits par l'art. 261.
Mais si la signification n'a pas été faite trois jours avant l'audition, le juge ne peut plus
admettre à l'audience fixée la demande en prorogation du délai, pour paralyser le droit
acquis à la partie par cette signification tardive. — (*Trèves*, 6 *juin* 1812, *Jurispr. du
Code civil*, *tom.* 20, *pag.* 311).
3.° Dans les enquêtes en matière sommaire, notamment dans celles ordonnées par les
tribunaux de commerce, la fixation du délai, pour commencer et parachever l'enquête, est
entièrement abandonnée à l'arbitrage du juge. Les dispositions du Code sur le délai des
enquêtes en matière ordinaire ne sont pas applicables. — (*Cassat.*, 9 *mars* 18 9, *Sirey*,
tom. 19, *pag.* 301).
(2) *Voy.* édit de 1553; ordonnance de 1667, tit. 16, et de 1673, pour le commerce de
terre; de 1681, pour le commerce de mer, et Code de commerce, liv. 4; et en outre, les
diverses questions concernant les tribunaux de commerce, qui ne se rapportent directement
à aucun article du présent titre, *suprà*, n.ᵒˢ 1365 et 1411 ; *infrà*, les titres de l'appel,
de la tierce opposition, de la requête civile, des redditions de compte, de la contrainte
par corps, des référés, de l'autorisation de la femme mariée, de la séparation de biens, de
la cession de biens, et enfin de l'arbitrage.
On remarquera que les dispositions du tit. 25 exigent nécessairement que nous examinions
une foule de questions de compétence. Ainsi, quoique nous ayons traité de l'organisation
et de la compétence des tribunaux dans un ouvrage séparé, nous avons dû conserver dans
celui-ci, en ce qui concerne ceux de commerce, toutes les questions qui étaient résolues
dans notre Analyse et dans notre Traité et Questions ; les autres se trouveront au tit. 4,
liv. 2, de notre nouvel ouvrage, intitulé *des Lois d'organisation et de compétence en ma-*
tière civile, liv. 3, tit. 4, chap. 2.

C'est dans cette pensée que le législateur a tracé, pour les tribunaux de commerce, une procédure essentiellement sommaire, dont le but est d'accélérer l'instruction par des formalités aussi simples que l'objet des contestations auxquelles elles s'appliquent, et aussi rapides que l'exigent des actions qui se renouvellent et se succèdent d'un instant à l'autre, et dont souvent l'effet serait nul si la marche en était retardée.

Concilier une prompte décision avec les délais suffisans pour la comparution des parties et l'instruction de la cause, voilà donc tout ce qu'exigeait l'intérêt du commerce, et c'est aussi le principe fondamental de toutes les dispositions du tit. 25. Il est heureux, disait à ce sujet le tribun Perrin, que les conventions du commerce, presque toutes circonscrites dans des règles simples, faciles à connaître, et qui toutes supposent la bonne foi qui doit en être la base, offrent pour leur examen une facilité qui vienne concorder avec le besoin, presque toujours vivement senti, d'une prompte décision.

La procédure devant les tribunaux de commerce se compose en partie des règles prescrites pour les matières sommaires (*art.* 432), en partie de règles qui lui sont propres.

C'est une procédure spéciale, et, par conséquent, on doit lui appliquer ce que nous avons dit relativement à la procédure également spéciale des justices de paix, *suprà,* pag. 3, et à celle des matières sommaires, pag. 43.

Mais il est à remarquer que les dispositions du présent titre ne sont pas les seules que l'on ait à suivre concernant les formes de procéder dans les affaires commerciales; ces dispositions n'établissent que la procédure ordinaire, qui a pour objet l'introduction de la demande, l'instruction et le jugement; tandis que le Code de commerce contient, *pour certains cas,* des règles particulières qui constituent autant de procédures extraordinaires.

Ces procédures particulières concernent,

1°. La tenue des livres (*Code de comm.*, *art.* 11 à 17 *inclusivement*).

2°. La manière de constater et de rendre publiques les sociétés de commerce (*art.* 59 *et suiv.*), et la séparation de biens (*art.* 65 à 70; *voy.* *infrà,* 2°. *vol.,* le tit. 8 du 1ᵉʳ. *liv.,* 2ᵉ. *part. du Code*).

3°. La réception des objets transportés par un voiturier (*art.* 106 à 108).

4°. Les protêts de lettres de change et billets à ordre (*art.* 168, 173 à 176, et art. 187).

5°. La saisie et la vente des navires (197 à 215 *inclus,* et au 2°. *vol.* nos quest. sur les art. 442 et 620).

6°. Certaines obligations à remplir par les capitaines de navires, soit lorsqu'ils abandonnent le vaisseau pendant le voyage (242 *et suiv.*), soit lorsqu'il y a lieu à jet ou à contribution (411 *et suiv.*)

7°. Enfin, le mode de constater, d'instruire et de juger les faillites et banqueroutes (*voy. le liv.* 3 *du Code de comm. en entier,* et nos quest. sur le tit. 12, liv. 1ᵉʳ. *de la* 2ᵉ. *part. du Code de procéd.,* du bénéfice de cession).

Nous n'avons à considérer ici que les dispositions de ce dernier Code sur la procédure ordinaire (1).

_____

(1) Voy., sur tous ces objets, le Cours de droit commercial de M. Pardessus, et le Traité de la procédure et des formalités des tribunaux de commerce, par M. Boucher; et, sur ce qui concerne la saisie et vente des navires, les obligations des marins, etc., le Cours de droit commercial maritime de notre savant compatriote M. Boulay-Paty.

Elles ont particulièrement pour objet,
1°. La demande ; 2°. la comparution ; 3°. les exceptions ; 4°. les incidens ;
5°. les voies d'instruction ; 6°. le jugement en général ; 7°. le défaut ; 8°. l'exécution provisoire.

Du reste, il importe de remarquer, sur l'ensemble de ce titre, 1°. que les règles et les formalités qu'il établit régissent même les Cours d'appel jugeant les matières commerciales; elle sont spéciales pour ces matières dans les deux degrés de jurisdiction (*Nîmes, 9 août 1819, Sirey, tom.* 20, *pag.* 262); 2°. que ce même titre se réfère au droit commercial, pour toutes les dispositions qu'il ne modifie pas, et qui se concilient avec l'institution des tribunaux de commerce. — (*Locré, tom.* 2, *pag.* 170).

ARTICLE 414.

La procédure devant les tribunaux de commerce se fait sans le ministère d'avoués.

Ordonn. de 1667, tit. 12, art. 2; de 1673, même titre, art. 11. — C. de C., art. 627, 642 et suiv.

CCCXL. Si la procédure devant les tribunaux de commerce se fait sans ministère d'avoués, néanmoins, il résulte de la discussion au Conseil d'état, tant sur le Code de commerce (*voy. Esprit du Code de comm., tom.* 9, *pag.* 118 *et suiv.*), que sur le Code de procédure (*Esprit du Code de proc., tom.* 2, *pag.* 102 *et* 107), que les tribunaux de commerce ont encore la faculté de s'attacher des agréés, c'est-à-dire des gens de loi qu'ils approuvent pour plaider habituellement devant eux. Mais, à la différence des avoués, ces agens n'ont aucun caractère public, et leur ministère n'est point forcé (1).

1487. *Doit-on constituer avoué dans un tribunal de première instance remplissant les fonctions de tribunal de commerce?*

M. Lepage, dans ses Questions, pag. 277, M. Coffinières, au Journal des avoués, tom. 3, pag. 119, maintiennent formellement l'affirmative. L'un d'eux va même jusqu'à dire que l'opinion contraire ne peut être soutenue.

Quoi qu'il en soit, nous avons déjà combattu cette opinion dans le Journal des arrêts de la Cour de Rennes, pag. 122, aux notes, et voici ce que nous observions à ce sujet, et ce que nous persistons à considérer comme certain :

Le tribunal civil se constitue en tribunal de commerce, toutes les fois qu'il est saisi d'une affaire commerciale; l'affaire s'instruit et se juge devant lui de même qu'elle eût été instruite et jugée devant un tribunal de commerce ordinaire. Ainsi, les parties doivent comparaître en personne ou par le ministère, non pas d'un avoué, mais d'un fondé de procuration spéciale, qui, à la vérité, peut être un avoué, mais qui, dans ce cas, n'agit que comme tout autre mandataire. — (*Voy. Code de procéd., art.* 421).

(1) Nous examinerons, sur l'art. 421, s'ils ont besoin de pouvoir spécial, et s'ils peuvent lier les parties par les aveux ou consentemens qu'ils donneraient.

Loin que le Code de commerce contrarie cette opinion, il la justifie pleinement, puisqu'après avoir dit, dans l'art. 640, que là où il n'y aurait pas de tribunal de commerce, les juges du tribunal civil en exerceront les fonctions, et connaîtront des matières qui sont attribuées au premier, le législateur prend soin d'ajouter, dans l'article suivant, que *l'instruction aura lieu dans la même forme que devant les tribunaux de commerce.*

Or, quelle est cette forme? Le même Code dispose (*art.* 642), que c'est celle qui était déjà réglée par le tit. 25 du Code de procédure civile. Mais ce titre commence par un article rappelé, d'ailleurs, dans l'art. 627 du Code de commerce, et qui est ainsi conçu : *La procédure devant les tribunaux de commerce se fait sans le ministère d'avoués.*

Qu'importe que l'art. 648 porte que les appels s'instruiront et se jugeront, en matière commerciale, comme ils se jugent et s'instruisent en matière ordinaire? On n'a rien à conclure de cette disposition, puisque les appels des jugemens rendus par les tribunaux de commerce proprement dits se jugent de la même manière, et cependant ces tribunaux n'admettent point le ministère des avoués.

Au reste, nous nous en tenons au rapprochement que nous venons de faire de divers articles du Code de commerce; il suffit, dans notre opinion, pour écarter la décision des deux auteurs que nous venons de citer (1).

1488. *De ce que le ministère des avoués n'est pas admis dans les affaires commerciales, et qu'elles sont d'ailleurs sommaires de leur nature* (voy. suprà, pag. 561), *s'ensuit-il que l'on ne puisse ordonner, dans ces affaires, ni instruction par écrit ni délibéré?*

On ne peut ordonner l'instruction par écrit, dit M. Locré, tom. 2, pag. 101 et 102; mais il n'en est pas de même du délibéré autorisé par les art. 93 et 94.

Cependant nous avons dit *suprà*, n°. 448, que les affaires sommaires ne pouvaient être mises en délibéré sur rapport, d'après l'art. 405, qui veut qu'elles soient *jugées à l'audience* après les délais de la citation échus, sans autres procédures ni formalités. Mais on remarquera que les matières *sommaires* sont tellement simples par leur objet, qu'il serait difficile de prévoir des cas où un rapport serait nécessaire, tandis que les affaires commerciales peuvent souvent présenter une complication de faits qui rende cette instruction indispensable. Au reste, le tit. 25 ne renferme aucune disposition dont on puisse induire,

_____

(1) Nous ajouterons que cette décision a été implicitement proscrite par un arrêt de la Cour de Rennes, du 3 mai 1810 (*voy. Journ. de cette Cour, tom.* 1, *pag.* 121), qui décide que les délais accordés par les tribunaux de commerce courent du jour de la prononciation de leurs jugemens, par le motif que le législateur, *n'ayant point établi d'avoués dans les tribunaux de commerce,* a fait clairement connaître qu'on ne peut exiger devant ces tribunaux l'observation des formalités ordinaires de procéder; qu'ainsi les premiers juges, *remplissant* les fonctions de juges de commerce (*c'était un tribunal civil*), avaient pu déclarer que le délai accordé par un jugement préparatoire avait couru du jour de la prononciation aux parties. Or, il n'eût évidemment couru que du jour de la signification à avoué, dans le cas d'une instance civile ordinaire : la Cour de Rennes a donc reconnu que le ministère des avoués n'est pas admis dans les tribunaux de première instance, lorsqu'ils remplacent les tribunaux de commerce. — (*Voy. quest.* 1007.ᵉ, *pag.* 648).

comme nous l'avons fait de celle de l'art. 405, que le délibéré sur le bureau soit interdit.

ARTICLE 415.

Toute demande doit y être formée par exploit d'ajournement, suivant les formalités ci-dessus prescrites au titre *des ajournemens.*

T., 29. — C. de P., art. 61, 68, 69, § 6, 7 et 8; *suprà*, n.° 209; pag. 131, not. 8.°; pag. 134, not. 2.° et 3.°; pag. 195, not. 1.° et 2.°

CCCXLI. Cette disposition n'offre d'autres remarques à faire, sur son ensemble, si ce n'est qu'il faut extraire, des formalités prescrites par l'art. 61, celle qui exige la constitution d'avoué, et que l'action s'introduit, sans essai de conciliation, même dans les cas où les tribunaux civils remplissent les fonctions de tribunaux de commerce.

1489. *Quelles sont les règles à suivre dans le cas où le défendeur demeure hors du continent français?*

Ces règles sont celles que prescrivent les art. 73 et 74; car on ne peut douter, dit M. Locré, tom. 2, pag. 115, que ces articles ne s'appliquent aussi aux affaires de commerce. Il ne faut pas d'ailleurs perdre de vue cette règle générale, que nous avons rappelée pag. 44, not. 1, et pag. 58, que, dans une procédure d'exception, comme celle des tribunaux de commerce, la loi est réputée avoir renvoyé au droit commun, toutes les fois qu'elle n'y a pas dérogé d'une manière formelle, et que les règles générales sont d'ailleurs *compatibles avec la nature et l'objet de la procédure spéciale.*

1490. *Mais résultera-t-il de cette solution que l'exploit d'ajournement ou d'appel ne puisse être valablement signifié à un étranger, dans la personne ou au domicile, en France de son mandataire spécial?*

Par argument de l'art. 69, § 9, et suivant le texte des art. 73 et 74, l'exploit doit être remis au domicile du procureur général, et emporte l'augmentation de délai déterminée par ces articles; mais la Cour royale de Rennes, par arrêt du 13 mars 1818, 2°. chamb., a considéré qu'en matière de commerce particulièrement, un négociant est, en vertu d'une simple lettre, représenté par son correspondant, pour tout ce qui est relatif à l'objet des réclamations qu'il peut être fondé à exercer; que, dans l'intérêt même des étrangers, des formes établies pour les citoyens d'un même état ne doivent pas être étendues à ceux d'une autre nation, dont le domicile peut être incertain et fixé à de grandes distances, qui exigeraient, pour la consommation d'affaires toujours célères, des délais incompatibles avec la nature de ces affaires. Ainsi, cette Cour a décidé qu'un acte d'appel avait été valablement notifié à un étranger, au domicile du mandataire qui l'avait représenté en première instance, et aux délais que comportait ce domicile. Nous croyons qu'en effet la célérité qu'exige l'expédition des affaires de commerce justifie cette décision, qui cependant nous semblerait sujette à des difficultés sérieuses, s'il s'agissait d'affaires ordinaires. — (*Voy. suprà*, n°. 371).

ARTICLE 416.

Le délai sera au moins d'un jour.

CCCXLII. On voit, par cet article, que la loi ne détermine point le délai de l'assignation , en matières commerciales ; elle a considéré que ce délai dépendait des circonstances et de la nature des affaires plus ou moins urgentes, et requérait célérité. Il peut donc être plus long qu'un jour , mais il ne peut être plus court.

1491. *Comment se calcule le délai, dans le cas où l'assignation est donnée à domicile élu ?*

Il se calcule d'après la distance du lieu où siège le tribunal et celle de ce domicile, comme nous l'avons dit, n°. 326; mais, observe M. Pardessus, tom. 5, pag. 51, cette faveur ne serait accordée au défendeur que s'il s'agissait de conventions commerciales ordinaires, et non de lettres de change ou autres effets négociables, et le motif de différence est sensible : dans le premier cas, la convention intervient entre deux personnes qui se connaissent et qui n'ignorent pas, malgré l'élection de domicile qu'elles ont faite, leur résidence réelle ; dans le second cas , les tiers porteurs ignorent le plus souvent ce domicile ; ils ne connaissent pour ainsi dire que le lieu indiqué.

1492. *Le délai d'un jour est-il franc ?*

C'est l'opinion de tous les auteurs, à la seule exception de M. Legras, dans ses notes sur la forme de procéder des tribunaux de commerce, pag. 17. Nous croyons aussi que le jour est franc, parce que les dispositions de l'art. 1033 sont générales (1).

ARTICLE 417.

Dans les cas qui requerront célérité, le président du tribunal pourra permettre d'assigner , même de jour à jour et d'heure à heure, et de saisir les effets mobiliers : il pourra, suivant l'exigence des cas, assujétir le demandeur à donner caution , ou à justifier de solvabilité suffisante. Ses ordonnances seront exécutoires nonobstant opposition ou appel (2).

Ordonn. de 1667, tit. 14, art. 14.

CCCXLIII. Autrefois l'on pouvait, sans permission du juge, assigner la veille

---

(1) Au reste, les art. 417 et 418 préviennent tout inconvénient, en permettant qu'on assigne d'heure à heure, de jour à jour, avec ou sans ordonnance du président, suivant les circonstances et la nature des affaires. En tous les cas, l'on doit augmenter le délai à raison des distances, conformément à l'art. 1033, et sauf la distinction établie sur la quest. 1494.e — (*Voy. Delaporte, pag. 383 ; le Comm. inséré aux Ann. du not., tom. 2, pag. 498 ; Hautefeuille, pag. 229*).

(2) JURISPRUDENCE.

Les ordonnances dont parle l'art. 417 ne peuvent être attaquées par appel, lorsqu'elles

pour le lendemain, et presque toujours on faisait de cette faculté un abus qui donnait lieu à des remises de la cause, lorsque le défendeur prouvait qu'il n'y avait pas urgence, ou qu'on ne lui accordait pas le tems nécessaire pour préparer et fournir ses moyens. Le législateur a sagement concilié les intérêts des deux parties, en laissant au président du tribunal la liberté d'abréger le délai général fixé par l'article qui précède. On lui présente, à cet effet, ou au juge qui le remplace, une requête, qu'il expédie, d'une ordonnance exécutoire par provision. C'est de la même manière qu'on doit se pourvoir pour obtenir la permission de saisir, afin de conserver pendant le litige le gage des condamnations que l'on entend poursuivre, et qui, sans cette précaution, pourrait trop souvent échapper au demandeur.

1493. *Peut-on, sans la permission du président, assigner de jour à jour ou d'heure à heure, sauf à prouver l'urgence en plaidant?*

M. Legras semble décider affirmativement cette question, pag. 19. Il se fonde sur ce que l'art. 418 dérogerait à l'art. 417, relativement aux matières urgentes et provisoires.

M. Demiau Crouzilhac, pag. 304, distingue; il admet l'opinion de M. Legras pour les cas provisoires où il s'agirait d'ordonner une précaution, une mesure conservatoire; mais il la rejète pour les cas qui, bien qu'urgens, ne seraient pas *provisoires*, et exigeraient une condamnation définitive.

Nous pensons, contre le sentiment de ces auteurs, que l'art. 418 ne fait d'exception à l'art. 417 qu'à l'égard des *affaires maritimes, urgentes et provisoires*, et qu'en conséquence, dans tous autres cas, on doit se conformer rigoureusement à ce dernier article. C'est ce que nous tâcherons de prouver sur l'art. 418. Nous avons seulement à observer ici que les exemples qu'apporte M. Demiau Crouzilhac, du cas où l'on pourrait, dans son opinion, assigner sans permission, sont ceux où il s'agirait d'ordonner une vérification à faire de suite de certaines marchandises avariées, d'un ballot ou d'une caisse enfoncée, d'une marchandise changée ou non recevable. Mais ces cas ont été prévus par l'art. 106 du Code de commerce, qui ordonne que l'état des choses sera vérifié et constaté par des experts nommés par le président, ou, à son défaut, par un juge de paix, et par ordonnance au pied d'une requête. Or, cette requête n'a pas besoin d'être signifiée; il n'est pas exigé que l'ordonnance soit contradictoire : il n'y a donc lieu à aucune application de l'art. 418, qui, conséquemment, ne dérogerait pas, pour ces mêmes cas, à l'art. 417, en supposant qu'il fît exception pour des affaires autres que les affaires *maritimes urgentes et provisoires*.

1494. *Lorsque l'assignation est donnée à bref délai, dans les cas prévus par l'art. 417, doit-on néanmoins accorder l'augmentation à raison des distances?*

Nous pensons, avec M. Lepage, pag. 276, que l'augmentation ne doit être accordée que dans le cas où l'assignation serait donnée au domicile de la partie, et non dans celui où elle serait remise à sa personne trouvée sur les

_____

sont par défaut : en ce cas, la voie d'opposition est la seule ouverte. — (*Bruxelles*, 17 *mars* 1812, *Sirey, tom.* 14, *pag.* 369).

lieux. C'est pour ce cas particulier qu'a été portée la disposition de l'art. 417, qui serait illusoire si l'opinion de M. Lepage était rejetée.

Au surplus, cette opinion de M. Lepage est conforme à ce que dit Rogues dans sa Jurisprudence consulaire, tom. 1, pag. 44, n°. 4. (1)

1495. *Le président peut-il autoriser une saisie-arrêt ?*

L'art. 417 ne semblerait parler que de la saisie des meubles existans aux possessions d'un débiteur qu'il s'agit d'assigner à bref délai devant le tribunal de commerce ; mais nous croyons que cette disposition doit être étendue à la saisie-arrêt, d'après l'esprit de la loi, qui est d'assurer les droits du créancier ; aussi voyons-nous que la Cour de Turin, par arrêt du 17 janvier 1810, a décidé que, lorsqu'il s'agit d'une créance commerciale, les tribunaux de commerce, seuls compétens pour juger de la légitimité de la créance, le sont aussi pour autoriser le créancier, qui n'a point de titre exécutoire, à faire saisir-arrêter les sommes dues à son débiteur. (2)

1496. *Quand le président du tribunal de commerce, ou le tribunal lui-même, a autorisé une saisie-arrêt, la demande en validité ou en main-levée peut-elle être jugée par ce tribunal?*

Jousse nous paraît résoudre affirmativement cette question dans son addition au titre de la compétence des juges-consuls. (*Tit.* 12 *de l'ordonn. de* 1673). Il dit « qu'à l'égard des contestations qui peuvent naître entre le saisissant et le débiteur saisi, à l'occasion des saisies faites en vertu des sentences consulaires, les juges-consuls peuvent en connaître, soit que la saisie ait été faite sur le débiteur même, soit qu'elle ait été faite entre les mains *d'un tiers*. »

Il nous paraît incontestable que la demande en validité ou en main-levée se trouve comprise parmi les contestations dont parle Jousse.

D'un autre côté, l'on trouve au Journal du palais, 2ᵉ. semestre an 11, n°. 161, pag 252, un arrêt de la Cour de Paris, qui décide qu'un tribunal de commerce peut statuer sur une demande en main-levée d'opposition accessoire à une cause de sa compétence, et agitée entre parties commerçantes.

Mais M. Merlin considère cette jurisprudence comme abrogée par les art. 442 et 553 (3). — (*Voy. nouv. Répert., verbo* consuls des marchands, *tom.* 5, *pag.* 24).

1497. *Ces mots de l'art. 417,* JUSTIFIER DE SOLVABILITÉ SUFFISANTE, *expriment-ils que la partie qui est autorisée à saisir doive* TOUJOURS *administrer des preuves de sa solvabilité?*

---

(1) Tel est aussi l'avis de M. Pardessus, Cours de droit commercial, tom. 5, pag. 52. Il n'admet l'augmentation qu'autant que l'assignation n'aurait pas été donnée à la personne du défendeur, ou qu'il eût été trouvé dans un autre lieu que celui où siège le tribunal.

(2) Il est vrai que, dans l'espèce de cet arrêt, la saisie avait été ordonnée par le tribunal entier, et non par le président seul ; mais, par cette décision, la Cour de Turin n'a fait autre chose que de déclarer que le tribunal de commerce devait être considéré, dans l'espèce, comme substitué au juge indiqué en l'art. 559 du Code de procédure civile. Or, nous ferons connaître, sur cet article, que ce juge est le président du tribunal civil.

(3) Aussi la Cour de Rennes a-t-elle décidé, par arrêt du 14 décembre 1810 (*voy. Journ., tom.* 1, *pag.* 505), que le tribunal de commerce n'est pas compétent pour con-

A ne s'attacher rigoureusement qu'aux termes de l'article, on serait porté à croire que le saisissant doit fournir des preuves de sa solvabilité, soit en donnant un dénombrement de ses biens, soit en produisant l'inventaire qu'il aurait fait en exécution de l'art. 9 du Code de commerce; mais il nous semble que les expressions qui font l'objet de notre question doivent être interprétées par ce qui se pratiquait avant la publication du Code de procédure : on n'exigeait d'autre preuve de la solvabilité d'un négociant que la notoriété de son crédit. — (*Voy. Bornier, sur l'art. 3 du tit. 28 de l'ordon. de 1667, et Emérigon, Traité des assurances, tom. 2, pag. 346*).

La solvabilité doit donc être considérée comme étant suffisamment *justifiée*, du moment qu'il sera reconnu que le saisissant a toujours fait honneur à ses affaires, qu'il n'a point eu de protêt, et que son papier se négocie au cours de la place et sans difficulté. — (*Voy. Boucher, pag. 28*).

1498. *L'art. 617 n'indiquant que le président du tribunal de commerce, à l'effet d'ordonner la permission d'abréger le délai de l'assignation ou de saisir, ce magistrat pourrait-il, en cas d'empêchement, être remplacé par tout autre juge?*

Nous estimons qu'on doit considérer, comme de règle générale, que le plus ancien juge, suivant l'ordre du tableau, remplace le président empêché, et que cette règle doit être observée dans les tribunaux de commerce comme elle l'est dans tous les autres. — (*Voy. d'ailleurs les art. 807 et 811 du Code de procéd., et Boucher, pag. 73*)

ARTICLE 418.

Dans les affaires maritimes où il existe des parties non domiciliées, et dans celles où il s'agit d'agrès, victuailles, équipages et radoubs de vaisseaux prêts à mettre à la voile, et autres matières urgentes et provisoires, l'assignation de jour à jour ou d'heure à heure pourra être donnée sans ordonnance, et le défaut pourra être jugé sur-le-champ.

T., 29. — Ordonn. de 1681, liv. 1.er, tit. 2, art. 2.

CCCXLIV. La disposition de l'article ci-dessus est tirée de l'art. 2, liv. 1er, tit. 2, de l'ordonnance de la marine, et présente une modification de l'article précédent, fondée sur ce que ces affaires maritimes sont de leur nature urgentes et provisoires. Ainsi, pour ces matières, l'assignation de jour à jour ou d'heure à heure, peut être donnée sans autorisation du juge, *même les jours de fête* (*Valin, art. 3 de la Jurisd. de la marine, pag. 593*), et le défaut prononcé sans aucune remise pour en adjuger le profit.

1499. *Qu'entend-on par ces mots, AGRÈS, VICTUAILLES, ÉQUIPAGES et RADOUBS, employés dans l'art. 418?*

naître d'une demande en validité de saisie-arrêt. (*Voy. Demiau Crouzilhac, pag. 318*). Telle est aussi l'opinion de M. Pardessus, tom. 5, pag. 22 et 23.

Le mot *agrès* se dit des cordages, poulies, et autres manœuvres d'un vaisseau. On entend par *victuailles* les vivres, les provisions de bouche nécessaires à la consommation de ceux qui montent le vaisseau ; par *équipages* les approvisionnemens nécessaires pour *l'équiper,* pour l'armer ; les *radoubs* sont les travaux faits pour en réparer la carcasse et la charpente, en y employant des ais, des plaques de plomb, des étoupes, du brai, et tout ce qui peut arrêter les voies d'eau.

1500. *Ces mots du même art.* 418, ET AUTRES MATIÈRES URGENTES ET PROVISOIRES, *s'appliquent-ils aux affaires du commerce de terre, ou seulement aux affaires maritimes ?*

On a vu, sur la quest. 1493ᵉ., que M. Legras estime que ces mots s'appliquent à toutes affaires commerciales indistinctement ; que M. Demiau Crouzilhac est du même avis, pour certains cas qu'il détaille ; qu'enfin, ces deux auteurs considèrent que l'art. 418 modifie, sous ce rapport, la disposition de l'art. 417, qui veut que l'on ne puisse, en général, abréger les délais qu'avec permission du président ; et telle est l'opinion de M. Pardessus, puisqu'après avoir rapporté, tom. 5, pag. 53, le texte de l'art. 418, il s'exprime ainsi : « Il » en est de même lorsqu'une affaire, quoique non maritime, est urgente, et » nécessite une décision dont le retard serait nuisible. Le défendeur peut ensuite » contester cette urgence et faire remettre la cause, s'il comparaît, ou » soutenir la nullité du défaut, s'il n'a pas comparu ; et alors le tribunal ap- » précie les motifs du demandeur. »

Nous croyons, au contraire, que l'art. 418 ne présente une exception à l'art. 417 que pour le cas d'affaires maritimes ; c'est ce qui nous semble résulter du passage suivant du rapport du tribun Perrin. Il s'exprime ainsi, après avoir rappelé le sommaire de l'art. 417 : « L'assignation de jour à jour, ou d'heure à heure, est encore plus facilitée *dans les affaires maritimes, qui sont urgentes et provisoires.* » Ainsi, cet orateur n'applique qu'aux affaires maritimes seulement la qualification dont il s'agit. Si l'on devait décider autrement, il ne faudrait pas dire que l'art. 418 a modifié l'art. 417 ; il faudrait admettre quelque chose de plus, c'est qu'il aurait entièrement rendu celui-ci non susceptible d'exécution ; car, quelle serait la différence qu'il y aurait entre les matières célères du commerce de terre ou de mer, pour lesquelles on aurait besoin de permission, et les matières *urgentes,* pour lesquelles on n'en aurait pas besoin ? On ne peut admettre qu'un article de la loi ait entendu rendre sans effet l'article qui le précède immédiatement. (1)

Nous nous bornons à ces courtes réflexions, mais en observant que nous pourrions les appuyer de l'opinion de plusieurs auteurs — (*Voy.,* entre

_____

(1) Les affaires maritimes urgentes, dont notre article ne parle qu'en général, et sans les spécifier, seraient, par exemple, les demandes en exécution des chartes-parties, soit de la part du capitaine, soit contre lui ; celles en paiement d'avaries causées par abordage ou autrement ; celles où il s'agit de visite et estimation d'experts ; celles en paiement de gages et salaires et de fret ; celles tendant à signatures du connaissement, à chargement ou délivrance de marchandises, etc. ; en un mot, toutes celles qui exigent célérité, et pour lesquelles il y aurait péril dans la demeure. — (*Voy. Valin,* notes sur *l'article de l'ordonn. cité au commentaire*).

autres, Valin, Comment. sur l'ordonn. de la marine, liv. 1, tit. 2, art. 2 ; Prat. tom. 2, pag. 450; Thomines, pag. 181; Hautefeuille, pa g. 230 ; et la quest. 1493°, suprà, pag. 63).

1501. *La disposition de l'art. 418 peut-elle recevoir son application, si le vaisseau n'était pas prêt à mettre à la voile?*

L'affirmative pourrait être appuyée de l'opinion de Valin, mais le texte de l'art. 418 nous paraît ne dispenser de l'autorisation, que dans le cas où le vaisseau est prêt à partir.

1502. *Que doit faire le tribunal s'il ne reconnaît pas l'urgence?*

Si l'objet ne paraît pas urgent, le tribunal, lorsque la partie se présente, peut, sur sa demande, renvoyer à statuer à l'expiration des délais légaux (*voy. Pardessus, ubi suprà*) ; si, au contraire, la partie ne se présente pas, il ne peut donner défaut, et nous pensons même qu'il doit, en cette circonstance particulière, ordonner une nouvelle assignation.

Article 419.

Toutes assignations données à bord à la personne assignée, seront valables.

Ordonn. de 1667, tit. 12, art. 17. — Ordonn. de la marine, liv. 1.er, tit. 11, art. 1.er

CCCXLV. L'ordonnance de la marine portait : « Tous exploits donnés aux » *maîtres et mariniers dans le vaisseau, pendant le voyage*, seront valables comme » s'ils étaient faits à domicile ; » et par conséquent la disposition était restreinte à ces personnes, et au tems pendant lequel le bâtiment était en voyage; tandis que l'art. 419 comprend dans la généralité de ses termes, toutes sortes de personnes qui se trouvent à bord, et ne suppose point, pour la validité de l'assignation, que le vaisseau soit en voyage ; bien entendu, toutefois, que celui auquel elle est adressée y soit attaché comme employé, passager ou autrement.

1503. *L'art. 419 ne peut-il recevoir son application que lorsque l'assignation a pour objet une affaire de la nature de celles indiquées par l'art. 418?*

M. Delaporte, tom. 1, pag. 386, et les auteurs du Commentaire inséré aux Annales du notariat, tom. 2, pag. 499 et 500, tiennent l'affirmative de cette question. L'art. 419, disent-ils, ne doit être regardé que comme une suite de celui qui le précède, et se réfère aux matières dont il s'agit en ce précédent article : ainsi, l'on ne pourrait donner, à bord d'un vaisseau, une assignation à un particulier qui serait sur ce vaisseau, que lorsqu'il s'agirait d'affaires maritimes.

M. Hautefeuille, pag. 230, limite également à ces affaires l'application de l'art. 419. *Dans la même espèce*, dit-il (et l'auteur vient de parler des affaires maritimes) *l'assignation*, au lieu d'être donnée à domicile, peut être donnée à bord, à la personne assignée. Tel paraît être aussi le sentiment de M. Thomines, d'après la manière dont il s'exprime pag. 181, n°. 79.

Ne pourrait-on pas objecter que si le législateur eût entendu rattacher l'article 419 à l'espèce de l'art. 418, il ne se fût point servi de ces mots, *toutes assignations*, qui paraissent exprimer qu'il a voulu comprendre toutes espèces d'assignations, quels que fussent la nature et l'objet de la demande? qu'en se servant, au contraire, de termes aussi généraux, il a voulu écarter la restriction que maintiennent les auteurs que nous venons de citer? qu'autrement, et pour lier les deux articles, il eût dit, *en ces cas, l'assignation sera donnée?* qu'enfin, cet article a été fait pour prévenir les difficultés que l'on aurait souvent à connaître le domicile actuel ou d'origine d'un marin, qui, quelquefois, loge et couche dans le vaisseau, et n'a aucun établissement à terre? Or, ce motif ne s'applique-t-il pas à tous les cas?

Quoi qu'il en soit, et malgré les différences qui se trouvent entre les termes de l'art. 1ᵉʳ. du tit. 11, liv. 1ᵉʳ., de l'ordonnance de la marine, et ceux de l'art. 418, nous croyons qu'il est prudent de suivre le sentiment des auteurs que nous avons cités; ils ont pour eux celui de Valin; et l'autorité de ce savant commentateur, réunie à leur opinion, nous paraît forcer les suffrages.

1504. *Pour que l'assignation donnée à bord soit valable, faut-il qu'elle soit remise à la personne?*

Nous avons résolu cette question pour l'affirmative, pag. 181, not. 2, en nous attachant à ces termes de l'article, *toutes assignations données à bord,* A LA PERSONNE ASSIGNÉE. M. Delaporte la résout de la même manière, tom. 1, pag. 386; mais les auteurs du Commentaire inséré aux Annales du notariat, tom. 2, pag. 498, font, contre cette solution, une objection vraiment sérieuse; c'est celle-ci: Tout exploit donné, en parlant à la personne même de l'individu assigné, est toujours valablement signifié. Il importe donc peu, pour la validité de l'assignation, que celle qui s'adresse à un marin lui soit notifiée à bord ou dans tout autre lieu: donc la disposition de l'art. 419 serait inutile, si elle exprimait qu'il faut que cette signification soit faite à la personne; donc elle a entendu disposer que l'assignation donnée à bord sera valable, comme si elle avait été donnée au domicile, et encore bien que la copie eût été remise au capitaine ou à un autre officier du bâtiment.

Cette raison a pour appui celle de Valin, *ubi suprà*; et, comme nous venons de le dire, c'est une autorité vraiment imposante; il s'exprime ainsi: « A la vérité, il est plus court, et par là même plus ordinaire, de délivrer l'exploit *parlant à la personne;* mais enfin cela n'empêche pas que *le délaissement puisse en être fait valablement dans le navire.* » — (*Voy.* aussi *Rogues,* tom. 1, pag. 142).

Quoi qu'il en soit, nous croyons que le texte du Code rejette cette opinion, et qu'il est prudent de se conformer à celle que nous avons émise.

1505. *Faut-il, pour que l'assignation soit valable à bord, que la personne soit sur le point de partir?*

On pourrait le croire, d'après les expressions de M. Pardessus, tom. 5, pag. 49. « Si, dit-il, la personne qu'il s'agit d'assigner est sur le point de partir » dans un navire prêt à faire voile, ce qui est facile à prouver par le rôle d'équi-» page, l'assignation donnée à bord est aussi valable que si elle était donnée » à domicile. »

Nous croyons que la généralité des termes de l'article s'oppose à cette distinction (*voy. le comment. de l'article*), que l'on doit d'autant moins admettre, que la disposition a aussi pour objet, comme nous l'avons remarqué sur la quest. 1503ᵉ., d'éviter les difficultés résultant de l'ignorance où l'on peut se trouver souvent sur le domicile du marin.

1506. *L'art. 419 s'applique-t-il aux voituriers par terre et par eau?*

« Les motifs de cet article, dit encore M. Pardessus, *ubi suprà*, pourraient
» s'étendre aux voituriers par terre et par eau; et ainsi une assignation serait
» valablement donnée, suivant cet auteur, au bateau ou à l'auberge dans la-
» quelle loge le voiturier. » Il ne serait pas prudent, selon nous, de s'en rapporter absolument à cette opinion, attendu qu'il s'agit ici d'une exception aux règles générales, et que l'identité des motifs n'est pas une raison suffisante pour étendre une exception d'un cas à un autre que la loi n'a pas excepté.

ARTICLE 420.

Le demandeur pourra assigner, à son choix,
Devant le tribunal du domicile du défendeur;
Devant celui de l'arrondissement duquel la promesse a été faite et la marchandise livrée;
Devant celui de l'arrondissement duquel le paiement devait être effectué (1).

Ordonn. de 1673, tit. 12, art. 17, et *suprà*, pag. 134, not. 5.°; quest. 268; pag. 137, not. 2.°; pag. 480, not. 1.°

CCCXLVI. D'APRÈS cet article, qui reproduit presque littéralement les dispo-

---

(1) JURISPRUDENCE.

1.° Le commissionnaire qui est resté étranger à la vente des marchandises, et qui s'est chargé seulement de les expédier à l'acheteur, ne peut être assigné devant le tribunal du lieu de la livraison de ces marchandises. — (*Montpellier, 22 janv. 1811, Sirey, tom. 14, pag. 364*).

2.° Lorsque le propriétaire change le lieu de la destination primitive de ses marchandises, le voiturier peut réclamer le paiement du transport devant le tribunal du lieu où il a été obligé de les décharger; et ce, par application de la dernière disposition de l'art. 420, attendu que, dans l'espèce, le lieu du paiement de la voiture était devenu celui où la marchandise avait été laissée. — (*Trèves, 26 fév. 1810, Sirey, tom. 10, pag. 223*).

3.° Lorsqu'une maison de commerce a donné à un commis-voyageur commission de lui faire adresser des marchandises par la maison pour laquelle il voyage, la vente est réputée faite au lieu où la commission est donnée, et par conséquent, on peut assigner devant le tribunal de ce lieu. — (*Cassat., 14 juin 1813, Sirey, tom. 13, pag. 353*).

4.° L'art. 651 du Code de commerce, portant que l'acheteur doit payer au lieu et dans le tems où doit se faire la délivrance, s'entend des ventes faites au comptant : ainsi, le prix des ventes à terme est payable au domicile du débiteur, suivant l'art. 1247, et, par suite, la demande doit être portée devant les juges de ce domicile. — (*Même arrêt*).

5.° Lorsque le porteur d'une lettre de change non échue demande au tireur un cautionnement provisoire, et l'assigne à cette fin devant le tribunal de son domicile, si le tireur conteste la propriété du porteur, et qu'ainsi l'instruction soit engagée sur ce point devant

sitions de l'art. 17 du tit. 12 de l'ordonnance de 1673, le domicile n'est pas
seul attributif de la jurisdiction, ainsi qu'il l'est dans les matières personnelles
ordinaires. Le défendeur peut encore être cité devant le tribunal du lieu où
la promesse a été faite et la marchandise livrée, ou devant celui du lieu où
le paiement doit être effectué; dispositions conformes, la première, à la loi *si
longiùs ultim.*, *ff de judiciis*, la seconde, aux lois 19, § 4, *ibidem*, et 1re, Code
de eo quod certo loco. Elles ont pour but de favoriser le commerce, par l'avantage qu'offre au demandeur la faculté de choisir celui des trois tribunaux désignés qui, selon l'ordre ordinaire des négociations commerciales, lui semblé
devoir lui épargner, autant que possible, les inconvéniens qui résulteraient de
l'obligation de poursuivre exclusivement son action devant le tribunal du domicile du défendeur. Celui-ci, d'un autre côté, n'a point à se plaindre de cette
faveur, dont il profite, à son tour, dans les mêmes circonstances, et d'ailleurs,
il s'est soumis d'avance à la jurisdiction des tribunaux auxquels la loi attribue
la concurrence, en passant les transactions commerciales dont elle dérive.

1507. *Pour que le défendeur puisse être assigné devant un autre juge que celui
de son domicile, faut-il nécessairement le concours des deux circonstances mentionnées dans la seconde disposition de l'art. 420?*

Sous l'empire de l'ordonnance de 1673, il s'était élevé des difficultés sur la
question que nous venons de poser; mais le dernier état de la jurisprudence
était fixé pour l'affirmative. (*Voy. Jousse, sur l'art.* 12). Or, comme l'ordonnance, l'art. 420 exige le concours des deux circonstances du lieu où la promesse a été faite, et de celui où la marchandise a été livrée : il y a donc même
décision à rendre, et c'est d'ailleurs ce que la Cour d'appel d'Angers avait jugé
par un arrêt du 3 janvier 1810 (*Sirey, tom.* 14, *pag.* 199), et ce que la Cour
de cassation a consacré par celui du 20 janvier 1818. — (*Voy. Sirey, tom.* 18,
pag. 211).

Il résulte ainsi de l'art. 420, 1°. qu'il n'est point de marché passé dans une
foire qui ne puisse être soumis au juge du lieu; 2°. qu'il en est de même de
tous les actes de commerce, sans distinction, qui ont été faits dans un *lieu*,
soit avec la délivrance de la marchandise dans ce lieu, soit avec l'obligation
d'y faire un paiement. — (*Voy. nouv. Répert., au mot* étranger, § 2).

Mais cela ne s'applique point au lieu de la négociation d'une lettre de change.
— (*Voy. arrêt de la Cour de cassat., du* 17 oct. 1808, *cité sur notre quest.* 772,
pag. 481; *Sirey, tom.* 9, *pag.* 28, *et Jousse, sur l'art.* 17 *du tit.* 12 *de l'ordon.*)

1508. *La faculté accordée, en matière de commerce, d'assigner un débiteur au
lieu où le paiement a dû être fait, peut-elle être étendue aux matières civiles?*

Non, sans doute (*voy. pag.* 137, *not.* 2°.); et même l'art. 420, spécial
pour les affaires de commerce, doit être strictement limité aux contestations
relatives à des marchandises. Par exemple, dit M. Pardessus, tom. 5, pag. 29,

---

le tribunal du domicile du tireur, ce tribunal est le seul compétent pour statuer ultérieurement sur l'action en paiement de la lettre après qu'elle est échue; en ce cas, la litispendance fait perdre au porteur le droit d'assigner le tireur en paiement au lieu où la lettre
de change est stipulée payable. — (*Cassat.,* 19 *mars* 1812, *Sirey, tom.* 12, *pag.* 247).

on ne doit pas conclure de ses dispositions que le commerçant qui serait en compte courant avec un autre, fût fondé à l'assigner devant le tribunal de son propre domicile, sous prétexte que c'est là qu'il a fourni les valeurs qui l'établissent créancier. Quand des commerçans sont en compte courant, à moins de conventions ou de circonstances particulières, le paiement du solde doit être fait, comme celui de toute autre espèce de créance, au domicile du débiteur, et, par conséquent, c'est au tribunal de ce domicile que toutes les actions doivent être portées.

1509. *Lorsqu'un négociant est convenu qu'il recevra des traites en paiement de la marchandise qu'il a vendue, le tribunal du lieu où la remise de ces traites a été effectuée peut-il connaître des difficultés qui s'élèvent à raison du contrat, lors même que les effets sont payables dans un autre tribunal?*

La Cour d'appel de Trèves s'est prononcée pour l'affirmative, par arrêt du 14 mars 1810 (*Sirey, tom. 12, pag.* 377). Elle a considéré qu'il n'en est pas des paiemens qui se font en effets négociables, comme de ceux qui sont stipulés en argent; que ces effets le remplacent; qu'ils peuvent être négociés et employés à faire d'autres paiemens aussitôt après leur création; qu'encore qu'ils soient payables en un autre lieu, la marchandise en paiement de laquelle ils sont donnés, n'en est pas moins censée payée par la remise même des effets; qu'ainsi, le lieu où se fait cette remise est le véritable lieu du paiement : d'où suit, d'après la dernière disposition de l'art. 420, que le tribunal de ce lieu est compétent pour connaître des difficultés nées du contrat passé entre parties.

Mais ici nous devons placer un arrêt de la Cour de cassation, du 29 janvier 1811 (*voy. Denevers, 1811, pag.* 89), qui nous paraît en opposition avec celui que nous venons de rapporter. Cet arrêt a décidé qu'une demande dont l'objet se rattache à l'exécution d'une vente de marchandises, peut être formée devant les juges du lieu où les lettres de change données ou acceptées en paiement étaient payables, alors même qu'elles avaient été remises ou acceptées dans un autre lieu.

On opposait, dans l'espèce, des motifs analogues à ceux qui servent de base à l'arrêt précité de la Cour de Turin; savoir : que par les acceptations, le contrat de vente était consommé; que toutes les obligations qui résultaient de ce contrat étaient éteintes. Si, disaient les vendeurs, nous restions encore créanciers de l'acheteur après les acceptations des lettres, ce n'était point comme *vendeurs*, mais seulement comme porteurs de ces acceptations; en sorte qu'à défaut de paiement à l'échéance des traites, l'action que nous aurions pu exercer pour nous faire payer n'aurait pas procédé du contrat de vente, mais du contrat de change : il y avait donc novation parfaite; la première obligation n'existait plus; elle était éteinte, ou, si l'on veut, *payée*, par le fait même de l'acceptation.

Nonobstant ces raisons, la Cour de cassation a considéré que les engagemens contractés par les acheteurs devaient être soldés en lettres de change, et que l'art. 420 veut qu'en matière de commerce, le demandeur puisse assigner devant le tribunal dans l'arrondissement duquel le paiement devait être effectué; par conséquent, elle a déclaré que le prix des marchandises stipulé en lettres de change, ou en acceptation de ces lettres, était réputé payable dans le lieu où elles devaient être acquittées, quelque fût celui où elles auraient été tirées ou acceptées.

1510. *Lorsque celui sur qui une lettre de change est tirée refuse de l'accepter, peut-il être assigné devant le juge du lieu où elle était payable? S'il prétend n'en devoir le montant qu'en partie et fait des offres réelles au tireur, peut-il assigner celui-ci, en validité de ces offres, devant les juges du lieu où la lettre de change était payable?*

Le tiré qui n'a pas accepté, dit M. Pardessus, ne peut être traduit devant un autre tribunal que celui de son domicile, quand même il serait débiteur du tireur, à moins que la nature de sa dette n'y donnât lieu, en vertu d'une des dispositions de l'art. 420 du Code de procédure. Au contraire, si ce tiré se trouvait dans le cas de la question que nous venons de poser, il pourrait faire juger la validité de ses offres par le tribunal du lieu où cette lettre est indiquée payable; car, ajoute l'estimable auteur que nous venons de citer, le tireur aurait par là reconnu et avoué que le lieu du paiement de sa créance est celui-là même; et ce serait le cas d'appliquer la dernière disposition de l'art. 420.

Nous n'avons rien à ajouter à cette double décision, si ce n'est qu'elle se trouve consacrée, 1°. par un arrêt de la Cour d'appel d'Angers, du 3 janvier 1810; 2°. par un arrêt de la Cour de cassation, du 12 février 1811. — (*Sirey,* tom. 14, pag. 199, et tom. 11, pag. 265).

Mais si une traite acceptée était protestée faute de paiement, on sent que le débiteur ne pourrait décliner la juridiction du tribunal où ce paiement devait être fait, puisqu'il serait intervenu contrat entre les parties par l'acceptation qui aurait eu lieu; autrement, l'art. 420 resterait sans application dans la plupart des cas pour lesquels il a été porté. C'est déjà beaucoup que l'on soit forcé d'admettre que cet article ne puisse être invoqué lorsqu'il y a défaut d'acceptation. — (*Voy. arrêt de la Cour de Pau, du 6 janvier 1809, Biblioth. du barr. 2ᵉ. part., tom. 2, 1809, pag. 364; Denevers, tom. 1, contenant les arrêts antérieurs à l'an 12, pag. 310).*

1511. *En matière commerciale, l'assignation peut-elle être donnée au domicile de la personne chez qui le paiement doit être effectué?*

La Cour de cassation a décidé cette question pour l'affirmative, par arrêt du 4 février 1808; mais comme cet arrêt a été rendu dans un procès né sous l'empire de l'ordonnance de 1673, l'arrêtiste demande si la décision devrait être la même aujourd'hui, et il se prononce pour la négative, en se fondant sur les art. 68 et 415 du Code, et sur-tout sur ce que l'art. 17 du tit. 12 de l'ordonnance renfermait des expressions qui pouvaient autoriser une interprétation que l'art. 420 paraîtrait écarter, puisqu'il n'a pas répété les mêmes expressions. M. Denevers convient néanmoins que de fortes considérations pourraient justifier l'opinion qu'il combat. — (*Voy. ses observations sur l'arrêt précité*, 1808, *pag.* 59).

M. Sirey examine la même question (1808, **DD.**, *pag.* 142), et maintient qu'elle doit être résolue pour l'affirmative. Outre l'arrêt de la Cour de cassation ci-dessus indiqué, et qu'il rapporte, pag. 153, il cite deux arrêts de la Cour de Paris, des 26 février et 1ᵉʳ. mars 1808, et en rapporte, dans son Recueil de 1809 (**DD.**, *pag.* 22), un troisième, du 26 novembre 1808.

Cette question a été traitée avec assez de développemens pour que nous nous bornions à émettre notre opinion, sans entrer en aucun détail. L'intérêt du commerce, le rapprochement que l'on peut faire de l'art. 420 avec la dernière disposition de l'art. 59 du Code de procédure, et celle de l'art. 111 du Code civil, l'ancienne jurisprudence, qui nous paraît, malgré la différence des expressions de l'ordonnance et du Code, devoir expliquer celui-ci, toutes ces considérations, en un mot, nous portent à admettre l'opinion consacrée par les arrêts que rapporte M. Sirey. M. Pardessus laisse entrevoir que c'est aussi celle qu'il adopte. — (*Voy.* en outre *Boucher*, pag. 76).

1512. *Mais l'assignation étant donnée au domicile élu ou indiqué* DANS UN EFFET DE COMMERCE, *le délai de la comparution doit-il être calculé d'après la distance de ce domicile?*

Nous avons adopté en thèse générale l'affirmative de cette question, n°. 1491, et nous l'appliquons au cas particulier dont il s'agit en celle-ci, 1°. parce que le domicile élu dans un effet de commerce constitue, relativement à cet effet, un véritable domicile commercial, *auquel peuvent être données toutes les assignations, et dans les mêmes délais* qu'au domicile réel du souscripteur; 2°. parce que le porteur ne peut connaître d'autre domicile que celui qui lui est indiqué pour le paiement. — (*Voy.* les derniers arrêts cités sur la précédente quest., et le *Traité de la procéd. des trib. de comm.*, par *Boucher*, pag. 76) (1).

1513. *En matière de commerce, le demandeur peut-il, s'il y a plusieurs défendeurs demeurant dans des arrondissemens différens, assigner, comme en matière ordinaire, devant le tribunal du domicile de l'un d'eux, sans qu'il soit obligé de préférer, soit le tribunal du lieu où la promesse a été faite et la marchandise livrée, soit celui du lieu où le paiement devait être effectué?*

Nous pensons, comme M. Lepage, dans ses Questions, pag. 274, qu'on doit répondre affirmativement, parce que l'art. 59 décide d'une manière générale, et que l'art. 420 ne fait aucune exception. Si celui-ci donne, en matière de commerce, le droit d'assigner devant le tribunal du domicile du défendeur, c'est assez indiquer qu'on doit se régler comme en matière ordinaire. Au surplus, nous appuyons cette réponse de l'arrêt de la Cour de Rennes, du 29 mars 1809, cité pag. 130, à la note.

---

(1) Pour l'opinion contraire, qui est celle de M. Denevers, 1808, pag. 59, on peut voir les observations de M. Sirey et les arrêts qu'il rapporte au Recueil de 1808, pag. 142.

ARTICLE 421.

Les parties seront tenues de comparaître en personne, ou par le ministère d'un fondé de procuration spéciale. (1)

Ordonn. de 1667, tit. 16, art. 1 et 2. — Ordonn. de Charles ix, de l'an 1563, art. 5. — Art. 5 de celle rendue à Saint-Maur, en 1566. — Ordonn. de 1673, tit. 12, art. 12. — C. de C., art. 627.

CCCXLVII. Cet article est la conséquence des dispositions de l'art. 414, que l'on retrouve en termes exprès, dans l'art. 627 du Code de commerce. Mais, comme le remarque M. Demiau Crouzilhac, pag. 305, il faut considérer qu'il ne s'agit ici, par rapport à la faculté de comparaître par un mandataire, que d'une simple assignation, et non du cas où le tribunal aurait ordonné la comparution personnelle de la partie, en conformité de l'art. 428 (2).

1514. *Peut-on se faire représenter, dans les tribunaux de commerce, par les personnes désignées en l'art. 86?*

Si l'on peut se faire représenter dans un tribunal par toute personne capable de recevoir un mandat, on doit excepter néanmoins celles à qui l'art. 86 refuse le droit de défendre les parties; car devant les tribunaux de commerce, le pouvoir de représenter la partie contient celui de la défendre. — (*Locré, Esprit du Code de com.*, tom. 7, pag. 125 et 138; *du Code de proc.*, tom. 2, pag. 107, et notre *Traité des lois d'organisation et de compétence*, quest. 38, pag. 66).

1515. *En quelle forme le pouvoir doit-il être donné, et* PARTICULIÈREMENT *peut-il l'être par lettre missive?*

L'art. 627 du Code de commerce porte que nul ne pourra plaider pour une partie, devant les tribunaux de commerce, si la partie présente à l'audience ne l'autorise, ou s'il n'est muni d'un pouvoir spécial ; ce pouvoir, qui peut, ajoute l'article, être donné au bas de l'original ou de la copie de l'assignation, sera exhibé au greffier avant l'appel de la cause, et par lui visé sans frais. On

---

(1) JURISPRUDENCE.

Un tribunal de commerce peut admettre à plaider un individu qui se présente devant lui, quoique n'ayant pas été assigné, et il peut prononcer des condamnations contre lui, s'il a défendu au fond, sans excepter du défaut d'assignation légale. — (*Rennes*, 11 *juil.* 1810).

(2) « Autrefois, ajoute l'auteur, on permettait aux parties d'envoyer un mémoire pour » leur défense, sans comparaître ni faire comparaître personne pour elles ; mais on était » revenu de cet abus, à moins que le mémoire ne fût remis par un parent, un ami ou un » autre mandataire spécial chargé de représenter la partie qui était dans l'impuissance de » se rendre. Peut-on le permettre aujourd'hui ? Je ne le pense pas : les dispositions de » l'art. 414 semblent s'y opposer formellement ; cependant il peut se rencontrer telle cir- » constance qui permettra de s'en écarter : c'est aux juges d'en décider ». Nous pensons que lorsque le porteur du mémoire l'est également d'un pouvoir spécial qui le charge de comparaître pour servir ce mémoire au tribunal, il n'y a aucun motif pour en interdire la lecture; mais la remise aux juges pourrait et devrait même être refusée, attendu que la loi veut que les parties soient entendues contradictoirement à l'audience par elles-mêmes ou par leur fondé de pouvoir.

peut conclure de là que le pouvoir peut être donné sous seing privé, puisque l'article ne distingue point. Mais M. Locré, Esprit du Code de commerce, tom. 7, pag. 126, et du Code de procédure, tom. 2, pag. 132, remarque qu'on avait proposé d'ajouter : *Même par une lettre missive ;* addition qui n'a pas été faite. Il ne faut pas, à notre avis, en conclure que ce pouvoir ne puisse être donné de la sorte : dès qu'il peut l'être sous seing privé, peut importe la forme.

1516. *Les personnes connues sous le nom d'*AGRÉES *sont-elles exceptées de l'obligation d'être munies d'un pouvoir spécial des parties qu'elles représentent ?*

Il est d'usage, dit M. Pardessus, Cours de droit commercial, tom. 5, pag. 10, 2.ᵉ édit., dans les tribunaux où les affaires sont nombreuses, d'avoir des agrées (c'est-à-dire des gens de loi approuvés par le tribunal pour plaider habituellement devant lui), qui représentent les parties sans pouvoir spécial ; de manière que le jugement, après une continuation prononcée sur leur plaidoirie, soit réputé contradictoire. Mais cette tolérance, ajoute l'auteur, n'irait pas jusqu'au point de considérer comme capable d'obliger une partie, le consentement prêté par un individu ainsi porteur de pièces, mais qui n'aurait pas pouvoir spécial.

M. Legras, pag. 27, dit formellement, et sans distinction, que l'on ne doit pas induire des termes de l'art. 421, que les agrées près les tribunaux de commerce soient tenus de justifier de procuration spéciale. Selon lui, un agrée, qui a reçu du tribunal le pouvoir de postuler, devient, par cela seul, garant des fautes qu'il pourrait commettre : il ne se présente jamais sans être porteur de l'exploit de demande ou de la copie ; ce qui, dans tous les tems, a tenu lieu de pouvoir près des tribunaux.

Quoi qu'il en soit, nous persistons à croire, ainsi que nous l'avons annoncé sur la quest. 1296ᵉ., pag. 823, que l'on ne doit plus admettre d'agrées dans les tribunaux de commerce, *à moins qu'ils ne soient munis d'un pouvoir spécial.* (*Voy. supra*, le comment. de l'art. 414). L'art. 421 ne fait aucune exception à l'obligation qu'il impose aux parties de donner un tel pouvoir à leurs mandataires, et l'art. 427 du Code de commerce rend cette obligation plus impérieuse encore, en disposant que NUL *ne pourra plaider pour une partie, devant les tribunaux de commerce, si celle-ci, présente à l'audience, ne l'autorise, ou s'il n'est muni d'un pouvoir spécial, qui doit être exhibé au greffier avant l'appel de la cause, et par lui visé.*

Cette disposition prouve combien le législateur a eu fortement l'intention de prévenir toutes les difficultés, tous les inconvéniens qui peuvent naître de l'entremise d'un individu qui ne représenterait pas un pouvoir spécial.

Il n'en est donc pas des habitués ou agrées près les tribunaux de commerce, comme des avoués, et, ainsi que le dit M. Thomines, pag. 182, la remise de l'exploit en leurs mains ne peut suffire pour leur donner le droit de défendre. — (*Voy. supra, les quest.* 1296ᵉ. *et* 1487ᵉ.; *Demiau Crouzilhac*, pag. 305 ; *Berriat Saint-Prix*, pag. 339, *not.* 8, *et sur l'institution des agrées*, *Boucher*, pag. 12, 19 *et* 61 à 63.)

Au reste, si, malgré ces observations, on persistait à croire que les agrées ont été maintenus, il faudrait du moins admettre l'opinion de M. Pardessus, que nous trouvons confirmée par un arrêt de la Cour de Rouen, du 1ᵉʳ. mars 1811. — (*Sirey, tom.* 11, *pag* 233).

ARTICLE 422.

Si les parties comparaissent, et qu'à la première audience il n'intervienne pas jugement définitif, les parties non domiciliées dans le lieu où siège le tribunal, seront tenues d'y faire l'élection d'un domicile.

L'élection de domicile doit être mentionnée sur le plumitif de l'audience ; à défaut de cette élection, toute signification, même celle du jugement définitif, sera faite valablement au greffe du tribunal. (1)

Voy. *suprà*, n.° 425. — C. de P., art. 440.

CCCXLVIII. LA cause doit, en général, être jugée à la première audience ; mais, comme un grand nombre de motifs peuvent s'y opposer, la loi, par l'obligation qu'elle impose aux parties d'élire domicile, a pris une précaution nécessaire, pour que l'on n'ait pas à craindre que la distance des lieux retarde le jugement de la cause (2).

1517. *L'élection de domicile, faite conformément à l'art. 422, est-elle exigée pour d'autres cas que ceux mentionnés en cet article, et peut-elle avoir effet relativement à des tiers ?*

Cette élection de domicile ne nous paraît prescrite que pour le cas seulement où, à la première audience, il n'intervient pas un jugement définitif, et ses effets, qui consistent en ce que toutes significations, même celle du jugement définitif, soient faites au domicile élu, ou au greffe, s'il n'y a pas eu d'élection, nous semblent devoir être limités aux parties engagées dans l'instance.

Nous fondons cette opinion, 1°. sur un arrêt de la Cour de Turin, du 9 avril 1811, qui décide que si le jugement définitif intervient à la première audience, il n'y a pas lieu d'appliquer l'art. 422 ; dans ce cas, le jugement doit être signifié, non au greffe, mais au domicile de la partie contre laquelle il a été rendu ; 2.° sur un arrêt de la Cour de Bruxelles, du 9 mai 1810, qui a jugé qu'un tiers qui veut intervenir dans l'instance doit signifier sa demande en intervention au domicile réel des parties, et non au domicile

---

(1) JURISPRUDENCE.

L'élection de domicile cesse du moment où la contestation est terminée par un jugement définitif ; elle ne peut, en conséquence, autoriser l'autre partie à faire signifier son acte d'appel au domicile élu. — (*Cassat.*, 2 mars 1814, *Sirey*, tom. 14, *pag.* 119).

(2) Pour assurer l'exécution de cette disposition, il convient qu'avant de lever l'audience, le président fasse appeler toutes les causes dont les assignations sont échues à ce jour, et qui n'auraient pu recevoir jugement ; qu'il en prononce le renvoi à la prochaine audience, en enjoignant aux parties de faire l'élection de domicile exigée par la loi. Mais comme elle ne pourrait, dit M. Demiau Crouzilhac, pag. 306, être faite si la partie ne se présentait pas elle-même, il faut qu'elle ait l'attention de la faire dans le pouvoir qu'elle donne à son mandataire.

élu, en conformité du même art. 422. — (*Voy. Comment. inséré aux Ann. du not.*, tom. 2, *pag.* 506, *et Denevers*, 1810, *supp.*, *pag.* 119.)

M. Pardessus, tom. 5, pag. 54, estime que les dispositions de cet article doivent être exécutées, même dans le cas où, par un renvoi légalement prononcé, des incidens seraient portés devant un tribunal civil. (*Voy. art.* 426 *et* 427). Nous sommes de cet avis, et nous ne croyons pas en cela suppléer une exception à la disposition de l'art. 422, puisque toutes les fois qu'un incident est renvoyé du tribunal de commerce au tribunal civil, *il n'intervient point de jugement définitif* dans le premier de ces tribunaux; circonstance dans laquelle l'art. 422 prescrit l'élection de domicile.

ARTICLE 423.

Les étrangers demandeurs ne peuvent être obligés, en matière de commerce, à fournir une caution de payer les frais et dommages et intérêts auxquels ils pourront être condamnés, même lorsque la demande est portée devant un tribunal civil, dans les lieux où il n'y a pas de tribunal de commerce.

C. C., art. 16, et *suprà*, n.° 701.

CCCXLIX. Cet article répète et explique la disposition de l'art. 16 du Code civil, et répare une omission faite dans l'art. 166 du Code de procédure, qui ne distingue point. Cette exception est fondée sur le danger de restreindre les relations commerciales à l'intérieur du royaume, si les étrangers étaient exposés à des entraves pour le recouvrement de leurs fonds ou de leurs marchandises.

ARTICLE 424.

Si le tribunal est incompétent à raison de la matière, il renverra les parties, encore que le déclinatoire n'ait pas été proposé.

Le déclinatoire pour toute autre cause ne pourra être proposé que préalablement à toute autre défense. (1)

Ordonn. de 1667, tit. 5, art. 5. — C. de P, art. 168, 169, 442, et *suprà*, n.ºs 724, 772, 774.

CCCL. Le motif pour lequel l'art. 424 impose aux juges l'obligation de renvoyer les parties, encore bien que le déclinatoire pour incompétence à raison de la matière n'ait pas été proposé, est fondé sur ce que cette incompétence

---

(1) JURISPRUDENCE.

1.° On n'est plus recevable à décliner la jurisdiction d'un tribunal pour cause d'incompétence, *ratione personnæ*, après avoir formé une demande en inscription de faux; cette demande qui, à la vérité, ne peut être jugée par le tribunal (427), n'en est pas moins une défense au fond. — (*Paris*, 28 *fév.* 1812, *Sirey, tom.* 14, *pag.* 360).

2.° La même exception d'incompétence peut être proposée sur l'opposition au jugement

· tient au droit public, auquel ni les parties, ni les juges, ne peuvent déroger. (*Voy. notre Traité des lois d'organisation et de compétence, liv. 2, tit. 5*). Mais il est à remarquer, au surplus, qu'il s'agit uniquement, dans cet article, des déclinatoires fondés sur l'incompétence du tribunal, soit à raison de la matière, soit à raison de la personne, et non pas des renvois pour cause de litispendance, connexité, ou de parenté ou alliance : d'où suit que l'on doit, sur ces derniers, se conformer aux règles générales.

1518. *Quelles sont les exceptions d'incompétence qui peuvent être couvertes par la procédure volontaire, en sorte que l'on ne puisse interjeter appel, comme d'incompétence, du jugement qui serait intervenu?*

Puisque l'art. 424 dispose que si le tribunal est incompétent, à raison de la matière, il renverra les parties, encore que le déclinatoire n'ait pas été proposé, il est hors de doute que l'on ne couvre point, en ce cas, les exceptions d'incompétence, et qu'elles peuvent être opposées en tout état de cause C'est, d'ailleurs, un principe général que l'on peut invoquer en toute jurisdiction, et dont la Cour de Colmar, par arrêt du 17 juin 1809 (*Sirey, tom.14, pag. 370*), a fait l'application à une cause mal à propos portée devant des juges de commerce, dans l'espèce où un jardinier pépiniériste était assigné pour fait de vente des arbres provenant de sa pépinière.

Mais la seconde disposition de l'art. 424, portant que le déclinatoire pour *toute autre cause* que l'incompétence à raison de la matière, ne peut être proposé que préalablement à toute autre défense, il s'ensuit que l'on peut couvrir non seulement l'exception résultant de l'incompétence, fondée sur ce qu'une partie n'aurait pas son domicile dans l'arrondissement du tribunal devant lequel elle serait assignée, mais encore celle qui résulterait de ce qu'une partie, à raison de sa qualité, demanderait son renvoi à l'occasion d'une affaire qui serait, par sa nature, placée dans les attributions de la jurisdiction commerciale.

Ainsi, d'après l'art. 636 du Code de commerce, lorsqu'une lettre de change n'est réputée que simple promesse, aux termes de l'art. 112 du même Code, ou lorsque les billets à ordre ne portent que des signatures d'individus non négocians, etc., le tribunal de commerce est tenu de renvoyer au tribunal civil, s'il en est requis par le défendeur. Ici la demande en renvoi sera couverte par le silence du défendeur, qui deviendra non recevable à interjeter appel comme d'incompétence. — (*Voy. arrêt de la Cour de Rouen, du 20 avril 1809; Demiau, pag. 306; Boucher, pag. 78, et Delaporte, Comment. du Code de comm., pag. 424*). (1)

_____

(*Bruxelles*, 23 *décembre* 1809, *Sirey, tom*. 10, *pag*. 261); bien entendu si l'opposition n'est fondée que sur l'incompétence. — (*Voy. suprà, n.° 712*).

3.° Mais la même Cour de Bruxelles, par arrêt du 31 juillet 1809 (*Sirey, tom. 7, suppl., pag*. 973), a décidé que l'individu non négociant, signataire ou endosseur d'un billet à ordre, qui s'est laissé condamner par défaut au tribunal de commerce, ne peut, en Cour d'appel, proposer la même exception. L'arrétiste laisse ignorer l'espèce dans laquelle a été rendue cette décision, qui se trouve opposée à ce que nous avons établi n.° 712.

(1) Nous examinerons, sur les art. 433, 444 et 445, plusieurs questions relatives aux appels des jugemens rendus sur la compétence des tribunaux de commerce, leur solution dérivant particulièrement de l'application de ces articles.

1519. *Mais suit-il de cette proposition que la partie qui, après avoir opposé une semblable exception susceptible d'être couverte, plaiderait* SUBSIDIAIREMENT *au fond, se rendrait non recevable à appeler de la décision qui l'aurait rejetée?*

Nous ne balancerions pas, d'après l'art. 172, à résoudre négativement cette question, s'il s'agissait d'une matière ordinaire. (*Voy. suprà, n°*. 733 *et suiv.*). En effet, rien, dans ces matières. n'oblige le défendeur de plaider au fond, puisque le tribunal n'ayant pas la faculté d'en connaître avant d'avoir, par un premier jugement, prononcé sur la compétence, ne pourrait le lui enjoindre.

Ainsi, dans ce cas, joindre sans nécessité la plaidoirie des moyens du fond à celle du déclinatoire, c'est compromettre le succès de l'appel qu'on interjeterait ensuite du jugement qui aurait écarté l'exception; il est naturel de conclure de la plaidoirie au principal, que le défendeur a couvert l'incompétence.

Mais la faculté que l'art. 425 accorde aux juges de commerce, de joindre la demande de renvoi au fond, nous semble autoriser suffisamment le défendeur à plaider *à toutes fins*, sans préjudice de ses droits. — (*Voy. Cass.*, 1ᵉʳ. *prair. an* 10, *Sirey, tom.* 2, *pag.* 321.)

En effet, il est intéressé, à raison de cette faculté, à plaider subsidiairement au fond, car il est possible que le tribunal rejète l'exception, et reconnaisse néanmoins, en prononçant sur le fond, que la demande n'est pas fondée, et en déboute le demandeur; au lieu que si le défendeur gardait le silence sur le fond, le tribunal, sur son refus de plaider, pourrait, après avoir rejeté l'exception, le condamner par défaut; condamnation qu'il lui importe d'éviter, puisque le jugement est exécutoire par provision, nonobstant l'appel.

La défense au fond est donc toujours une précaution sage, puisque, si le déclinatoire n'est pas accueilli, on peut espérer au moins de ne pas succomber au principal, et d'éviter une condamnation qui serait la suite nécessaire du défaut de défense au fond. Au surplus, un arrêt de Rennes, du 27 septembre 1817, chambre des vacations, a formellement consacré cette opinion, que l'on pourrait en outre appuyer d'un autre arrêt du 12 août 1810, par lequel la même Cour a décidé qu'en matière de commerce, la plaidoirie au fond, *sous toutes protestations et réserves*, après rejet du déclinatoire, ne rend point l'appel non recevable, attendu que l'art. 425 laisse toujours le droit d'attaquer les dispositions relatives à la compétence. — (*Voy. aussi arrêt de Montpellier, du* 22 *janv.* 1811, *Sirey, tom.* 14, *pag.* 364.

1520. *Si la ville où le défendeur est domicilié n'a point de tribunal de commerce, et qu'il y en ait un dans une autre ville du même arrondissement, cette partie peut-elle demander son renvoi au tribunal de commerce voisin?*

L'art. 616 du Code de commerce donne bien au tribunal de commerce tout l'arrondissement du tribunal civil; mais l'art. 640 donnant aux tribunaux civils le pouvoir de juger commercialement, on pourrait croire qu'ayant été saisis, ils ont droit de retenir la connaissance de l'affaire. Cependant, nous croyons, avec M. Jourdain, dans son Code de compétence. tom. 2, pag. 406, n°. 978, que le pouvoir de juger commercialement n'est attribué qu'aux tribunaux civils qui n'ont pas de tribunaux de commerce dans leur arrondissement : ainsi, dans cette circonstance, le renvoi nous paraît devoir être ordonné.

ARTICLE 425.

Le même jugement pourra, en rejetant le déclinatoire, statuer sur le fond, mais par deux dispositions distinctes, l'une sur la compétence, l'autre sur le fond; les dispositions sur la compétence pourront toujours être attaquées par la voie de l'appel.

Ordonn. de 1667, tit. 12, art. 10 et 16; de 1673, tit. 12, art. 13 et 14; suprà, comment. de l'art. 170, pag. 443; les n.ºs 722, 724, 1321, et les précédens sur les art. 172 et 424; infrà sur l'art. 454.

CCCLI. CETTE disposition concourt, avec celle de l'article précédent, à prévenir l'abus qui existait autrefois dans le pouvoir qu'avaient les juges de commerce de prononcer sur les déclinatoires, à charge seulement d'en faire mention dans le jugement : d'où l'opinion que l'appel, sur la compétence, n'était pas autorisé, lorsque le capital, qui était l'objet de la demande, permettait aux tribunaux de commerce de prononcer sur la compétence. Si l'article 425 autorise à statuer par le même jugement sur les exceptions d'incompétence, en imposant l'obligation de deux dispositions distinctes, l'une sur l'exception, l'autre sur le fond, et en autorisant formellement l'appel de la première, il lève toute incertitude et donne aux plaideurs la garantie que les Cours et le ministère public placé près d'elles, exerceront leur surveillance sur cette partie importante de l'administration de la justice. — (Rapp. au Corps législ.)

Cet article ne fait aucune exception pour les jugemens rendus dans les affaires où le tribunal aurait à juger au fond en dernier ressort; ainsi l'appel est recevable dans tous les cas. — (Locré, Esprit du Code de procéd., tom. 2, pag. 141; infrà, art. 454).

Il est également ouvert sans distinction, soit entre le cas où le tribunal s'est déclaré compétent, et celui où il s'est déclaré incompétent, fût-ce en prononçant le renvoi d'office, soit entre celui où il s'agit d'incompétence à raison de la matière, en raison du ressort, lorsque, dans ce dernier cas, le défendeur n'a pas renoncé au déclinatoire.

Enfin, il est recevable avant comme après le jugement du fond, pourvu que le délai ne soit pas expiré. — (Ibid., pag. 143).

1521. Lorsqu'il y a eu prorogation de jurisdiction, c'est-à-dire, consentement exprès ou tacite des parties à être jugées par le tribunal de commerce que l'une d'elles prétendrait ensuite incompétent, ce consentement opérerait-il une fin de non-recevoir contre l'appel?

Oui, sans contredit, s'il s'agissait d'une incompétence à raison du domicile; mais dans le cas où le consentement a été donné à l'effet de proroger la jurisdiction à raison de la matière, il n'en peut résulter une fin de non-recevoir contre l'appel, fût-il interjeté par le demandeur qui lui-même aurait saisi le tribunal de commerce. — (Voy. suprà, comment. de l'art. 170, et n°. 722; arrêt de Bruxelles, du 28 mai 1808, Sirey, tom. 9, pag. 53; et Locré, ubi suprà, pag. 141 et 142. *Voy. en outre Sirey, tom.* 8 *, pag.* 532 *, où se trouve un arrêt qui prononce de la même manière relativement à la compétence des juges de paix*).

1522. *En serait-il de même si la demande avait été portée devant un tribunal civil, au lieu de l'être devant un tribunal de commerce?*

La négative a été jugée par la même Cour de Bruxelles le 28 novembre 1808 (*Sirey, tom.* 9 *, pag.* 24) *,* attendu que les juges ordinaires sont investis , même sous la loi de 1790, de la plénitude de la jurisdiction civile ; d'où résulte que les parties ont pu, sans s'adresser au juge d'attribution, s'il en existait, s'adresser au juge ordinaire pour faire vider leur différent. Cette décision nous paraît conforme à la saine théorie développée par M. Henrion de Pansey, dans son Traité de l'autorité judiciaire dans les gouvernemens monarchiques, pag. 178 et 183, et pag. 186 et suiv.; mais lui-même convient, pag. 181 et 188, qu'il a de fortes raisons pour ne pas appliquer ces principes à notre organisation actuelle; et, en effet, on peut citer, contre la décision de la Cour de Bruxelles, l'arrêté du 5 fructidor an 9, rapporté au nouveau Répertoire, v°. *incompétence,* n°. 2 , par lequel est décidé qu'une affaire administrative sur laquelle les parties avaient plaidé volontairement depuis plusieurs années, devait être renvoyée au conseil de préfecture, parce que les incompétences prononcées à raison de la matière, et puisées dans l'ordre public, ne se couvrent pas. On ne saurait se dispenser de convenir que ce principe de décision admis, on doit résoudre pour l'affirmative la question que nous venons de poser, car il s'applique à tous les cas d'incompétence *en raison de la matière.*

ARTICLE 426.

Les veuves et héritiers des justiciables du tribunal de commerce y seront assignés en reprise, ou par action nouvelle ; sauf, si les qualités sont contestées, à les renvoyer aux tribunaux ordinaires pour y être réglés, et ensuite être jugés sur le fond au tribunal de commerce (1).

Ordonn. de 1673, tit. 12, art. 16. — C. de P., art. 342 et suiv.

CCCLII. La qualité de femme commune en biens, dans la personne de la veuve, celle d'héritiers, dans les personnes de ceux qui viennent à la succession, les admettent aux bénéfices, et par conséquent les obligent à sup-

---

(1) JURISPRUDENCE.

1.° La question de savoir si un débiteur était majeur ou mineur à l'époque de ses engagemens, est essentiellement hors de la jurisdiction commerciale. — (*Bruxelles ,* 10 *juil.* 1807, *Sirey, tom.* 8 *, pag.* 77).

2.° Les héritiers non commerçans sont justiciables du tribunal de commerce, pour les dettes *commerciales* de celui dont ils ont appréhendé la succession, lorsqu'il s'agit, non d'exécuter des condamnations précédemment obtenues contre leur auteur, mais de faire déclarer l'existence des dettes. — (*Cassat.,* 25 *prair. an* 10 ; 20 *frim. an* 13 ; 1.er *sept.* 1806, *Sirey, tom.* 3, *pag.* 339 ; *tom.* 5, *pag.* 152 ; *tom.* 6, 2.e *part., pag.* 743).

3.° Un tribunal de commerce est incompétent pour statuer sur l'exception proposée par

porter les charges, soit de la communauté, soit de la succession. Il est donc juste qu'ils soient placés, à l'égard de celui qui aurait quelques actions à former contre le défunt, dans le même état où ce dernier se trouvait à l'époque de son décès, et qu'ils soient assujettis à la jurisdiction exceptionnelle à, laquelle il était sujet, à raison de sa profession de commerçant, ou des actes de commerce qu'il eût faits. Mais aussi, lorsque les qualités de la veuve ou des héritiers sont contestées, cette jurisdiction cesse, dès lors et nécessairement, d'être compétente pour statuer sur l'action, la question préjudicielle à décider, relativement à ces qualités, n'étant point matière de commerce et appartenant naturellement à la jurisdiction ordinaire.

1523. *Qu'est-ce que l'on doit entendre par ces mots,* ACTION NOUVELLE?

La Cour de Limoges observait, sur le projet, que l'art. 16 du tit. 12 de l'ordonnance de 1673 contenait aussi ces mots, *action nouvelle,* et que les auteurs, ainsi que les tribunaux, étaient divisés sur le sens qui leur appartient.

Mais nous n'avons pas besoin de nous étendre pour prouver que ces mots, *action nouvelle,* doivent être entendus, en ce sens que l'on peut assigner au tribunal de commerce, *de plano,* c'est-à-dire *par action principale,* les veuve et héritiers de celui qui, pour raison de l'objet de la demande, eût pu y être assigné; il n'est pas même nécessaire, quoi qu'en ait dit Jousse, sur l'article précité de l'ordonnance, qu'ils continuent le commerce. Le Code, en ne distinguant pas, a tranché toutes les difficultés qui ont pu s'élever autrefois sur ce point.

Mais il importe de remarquer, avec ce commentateur, que dans les cas où la veuve ou les héritiers viendraient à être condamnés, le jugement ne serait exécutoire que sur leurs biens, et non contre leur personne, la contrainte par corps étant purement personnelle. Nous sommes dispensé de citer des autorités en faveur de cette solution : c'est celle de tous les auteurs qui se sont occupés de la question.

Ainsi, pour appliquer la disposition de l'art. 426, il n'est pas nécessaire qu'il ait déjà existé une instance avec le défunt. — (*Paris, 16 mars 1812, Sirey, tom.* 14, 2ᵉ. *part., pag.* 105).

1524. *Devant quel tribunal assignera-t-on par action nouvelle?*

Il faut se conformer dans ce cas à l'art. 420. — (*Delvincourt, Instit. au droit comm., tom.* 2, *pag* 105).

1525. *Quelles peuvent être les qualités des parties qui soient susceptibles de contestation, dans l'espèce de l'art.* 426?

Il suffit, pour résoudre cette question, de rappeler les termes de la seconde disposition de l'art. 16 du tit. 12 de l'ordonnance de 1673 : « ..... Et en ce cas, disait cet article, que la qualité ou de *commune,* ou *d'héritier pur et simple,*

---

le défendeur, tendant à établir qu'il n'est point héritier du négociant débiteur du demandeur. — (*Cassat., 23 mess. an* 9, *Sirey, tom.* 1, *supp., pag.* 672).

4.º Un tribunal de commerce n'est pas compétent pour ordonner, contre les héritiers d'un négociant, l'exécution d'un jugement rendu contre le négociant lui-même. — (*Cassat., 3 brum. an* 12, *Sirey, tom.* 4, 2.ᵉ *part., pag.* 28; *voy. infrà, art.* 442).

ou *par bénéfice d'inventaire*, soit contestée, les parties seront renvoyées pardevant les juges ordinaires pour les régler. » Nous ajouterons à ces qualités
celle de légataire universel, ou à titre universel. — (*Voy. ce même art.* 16 ;
Demiau Crouzilhac, *pag.* 307 , *et Boucher*, *pag.* 80).

1526. *Lorsque l'une des qualités ci-dessus indiquées est contestée, le renvoi aux
juges ordinaires doit-il être prononcé, quoiqu'il ne soit pas demandé par les parties ?*

La Cour de Nîmes a prononcé sur cette question d'une manière affirmative,
par arrêt du 6 mai 1809 (*voy. Sirey, tom.* 9, *DD.*, *pag.* 209), attendu que
l'incompétence dérive ici de la matière ; mais il faut remarquer que la Cour
de cassation , en décidant aussi, le 13 juin 1808 (*voy. Denevers*, 1808, *supplément*, *pag.* 112), que les tribunaux de commerce ne peuvent connaître de
l'état des personnes contesté incidemment ou par voie d'exception, a néanmoins considéré, pour casser un arrêt qui avait rejeté la demande en renvoi,
*que dans tout le cours du procès la partie intéressée avait décliné la jurisdiction
du tribunal de commerce.*
Nous pensons que l'on ne peut rien induire de là contre la décision de la
Cour de Nîmes ; l'arrêt du 13 juin 1808 ne renferme que surabondamment
le considérant que nous venons de rapporter, et il suffit de prendre lecture
de ceux qui le précèdent, pour se convaincre que la Cour de cassation n'a
point entendu décider négativement la question que nous avons posée. (1)

ARTICLE 427.

Si une pièce produite est méconnue, déniée ou arguée de
faux, et que la partie persiste à s'en servir, le tribunal renverra devant les juges qui doivent en connaître, et il sera
sursis au jugement de la demande principale.
Néanmoins, si la pièce n'est relative qu'à un des chefs de
la demande, il pourra être passé outre au jugement des autres
chefs.
Déclar. du 15 mai 1703. — C. de P., art. 14, 214 et suiv., 218, 442.

CCCLIII. L'ARTICLE ci-dessus repose sur les mêmes motifs que l'art. 14, et est
fondé sur ce que les tribunaux de commerce sont juges d'exception, et ne
peuvent conséquemment connaître des incidens, qui ne sont pas *matière commerciale*. — (*Voy. le comment. de l'art.* 14, *tom.* 1, *pag.* 25).

1527. *Un tribunal de commerce, légalement saisi d'une demande, peut-il sta-*

(1) Mais , comme le remarque M. Locré, Esprit du Code de commerce, tom. 8, pag. 180,
les juges de commerce peuvent prononcer sur la question de savoir si un particulier traduit devant eux est ou n'est pas commerçant ; et la raison en est que cette question appartient au droit commercial, et que les tribunaux de commerce sont les premiers juges
de leur compétence.

tuer sur une exception autre que les vérifications d'écriture, etc., si cette exception était, par son objet, hors de la compétence de ce tribunal?

Il faut toujours se rappeler le principe que la compétence des tribunaux de commerce ne peut être étendue à des questions autres que celles qui leur sont expressément attribuées par la loi. De ce principe, résulte que ces tribunaux ne peuvent indistinctement prononcer sur toutes les exceptions qui peuvent être proposées devant eux, et qu'il est une foule de cas dans lesquels ils doivent en renvoyer le jugement aux tribunaux ordinaires, et surseoir à statuer sur le principal jusqu'à ce que ce jugement soit intervenu. Ce principe est posé dans un arrêt de la Cour de cassation, du 28 mai 1811, rapporté par M. Denevers, 1811, pag. 293. On sent que nous ne pouvons entrer dans le détail des différentes exceptions qui seraient sujettes à son application; mais nous pensons qu'en général il faut que l'exception présente à juger une question de droit non commercial, dont la solution, donnée en faveur de la partie qui l'oppose, rendrait le tribunal de commerce incompétent pour juger le fond (1).

1528. *La simple dénégation d'un écrit, ou l'allégation du faux, assujétirait-elle le tribunal de commerce, d'une manière absolue, à renvoyer devant les tribunaux civils?*

On pourrait conclure de ce que la plupart des auteurs ont dit, sur l'art. 427, que le tribunal de commerce serait tenu de renvoyer les parties devant les tribunaux civils et même sans en être requis, dès que l'une d'elles persiste à se servir d'une pièce que la partie adverse a déclaré méconnaître, dénier ou arguer de faux.

Cependant, dit M. Demiau Crouzilhac, pag. 308, la dénégation d'un écrit ou la déclaration qu'on ne le reconnaît pas, n'assujétit point les tribunaux de commerce, d'une manière absolue, à renvoyer les parties à se pourvoir.

Ils peuvent, nonobstant cette contestation, admettre à la preuve de la remise du titre, faite par celui qui dénie l'avoir souscrit, et, par suite de cette preuve, prononcer la condamnation, d'après le fait seul de la remise. C'est ce qui a été jugé par un arrêt de la Cour de cassation, du 18 août 1806, rapporté au recueil de Sirey, tom. 6, pag. 388.

Nous ajouterons que, par arrêt du 9 août 1809 (*Denevers, tom. 9, supp., pag. 132*), la Cour de Paris a jugé qu'un tribunal de commerce pouvait passer

---

(1) Parmi les exceptions que les juges de commerce doivent, par ce motif, renvoyer devant les tribunaux ordinaires, nous citerons particulièrement toutes celles qui tendent à faire décider qu'il y a eu délit ou crime. M. Locré fait aussi cette remarque que contient l'art. 427, et il ajoute qu'il en serait de même, si l'une des parties prétendait que des témoins ont été subornés; que l'autre a fait un faux serment; qu'un témoin a fait une fausse déposition; que la pièce qu'on fait valoir contre elle, quoique véritable, lui a été volée ou extorquée. Dans toutes ces circonstances, en effet, l'exception présente à prononcer sur des délits et des crimes, et ce jugement n'appartenant qu'à la justice criminelle, le renvoi est nécessaire, ainsi que le sursis, si l'exception présente une question indispensable à résoudre pour statuer sur le principal. Mais il en serait autrement, comme l'observe M. Pardessus, tom. 5, pag. 63, n.° 1373, dans le cas où une partie prétendrait qu'une signature lui a été arrachée par la violence ou surprise par le dol : le tribunal serait compétent pour juger ces exceptions.

outre à la condamnation en paiement d'effets commerciaux, nonobstant la dénégation du défendeur et sa déclaration même d'entendre s'inscrire en faux. Dans l'espèce, le défendeur avait fait au demandeur la sommation de déclarer s'il entendait se servir d'une lettre de change, lui signifiant que dans le cas de l'affirmative, il s'inscrirait en faux contre cette pièce, et en poursuivrait la nullité devant les tribunaux compétens. Nonobstant cette déclaration, le tribunal de commerce condamna, attendu que l'exception du défendeur ne tendait évidemment qu'à éluder le paiement de la lettre de change, ou au moins à le différer.....Appel de la part du défendeur, qui rendit plainte en faux principal; devant la Cour, il invoqua l'art. 427, et retraça les inconvéniens qui pouvaient naître de sa violation. L'intimé soutint que la simple dénégation d'une pièce ne suffisait pas pour suspendre la juridiction du tribunal saisi; qu'il fallait une inscription de faux déjà formée. Il ajouta que, dans l'espèce, l'inscription de faux serait sans effet, puisque la Cour spéciale de la Seine s'était déclarée incompétente. La Cour d'appel, adoptant les motifs des premiers juges, mit l'appel au néant, contre les conclusions du ministère public.

La décision portée au premier arrêt que nous venons de citer nous semble à l'abri de toute controverse, parce qu'il est dans l'esprit de l'art. 427 que les tribunaux de commerce prononcent sur le fond, toutes les fois qu'il existe des circonstances ou des preuves qui rendraient l'exception sans objet. Or, la remise d'un effet commercial, effectuée au porteur par le défendeur qui dénie cet effet, est une circonstance suffisante pour écarter la dénégation. Mais nous ne croyons pas que le second arrêt, celui de la Cour de Paris, puisse servir à fixer la jurisprudence, en ce sens, qu'il faille une inscription de faux déjà formée, pour que le tribunal de commerce soit tenu de prononcer le renvoi.

On voit d'ailleurs, par l'analyse que nous avons faite de l'espèce, que le tribunal de commerce, et par suite la Cour, n'ont jugé qu'en pur point de fait. Ce sont donc les circonstances seules qui pourraient déterminer le refus d'un renvoi; mais il en faut de bien fortes; il en faut de telles qu'il soit de toute évidence que l'incident de faux n'ait été élevé qu'afin d'éluder ou de retarder le paiement.

Supposons, par exemple, que l'on allègue vaguement le faux, sans exprimer de quel fait il résulterait, et qu'il serait certain, d'après les circonstances de la cause, que cette allégation de faux n'aurait été hasardée qu'afin de soustraire au tribunal de commerce, une exception fondée sur des faits qui ne pourraient constituer un faux; alors, sans doute, le tribunal serait autorisé à prononcer sur cette exception, ainsi qu'il a été décidé par arrêt de la Cour d'Orléans, du 10 février 1809, rapporté en la Jurisprudence sur la procédure, tom. 3, pag. 441 (1).

_____

(1) Au reste, notre opinion est surabondamment prouvée par l'arrêt de la Cour de cassation, du 19 mars 1817, rendu dans l'affaire Reignier contre Michel, lequel décide que si les tribunaux de commerce sont tenus, par l'art. 427, de renvoyer devant les juges civils pour la vérification de l'écriture et de la signature, lorsque le sort de la contestation tient à cette vérification, il n'en est pas de même lorsqu'indépendamment, et abstraction faite de toute vérification, l'instruction démontre le vice essentiel et la nullité des traités. Il suffit donc, pour que leur jugement soit valablement rendu au fond, qu'il ne soit fondé sur aucun motif qui s'applique à la contestation d'écriture ou au faux; mais, comme nous l'avons

1529. *Lorsque les tribunaux civils sont saisis, comme juges de commerce, d'une affaire sur laquelle intervient une dénégation de pièces ou une allégation de faux, doivent-ils ordonner le sursis, conformément à l'art. 427 ?*

Ce serait aux tribunaux ordinaires eux-mêmes que le tribunal de commerce renverrait l'incident : donc ces tribunaux peuvent de suite, et sans ordonner un sursis, prononcer sur cet incident, lorsqu'ils remplacent les juges de commerce. Voilà ce qu'on peut dire pour la négative de la question que nous venons de poser.

Mais si l'on considère (*voy. quest.* 1487ᵉ.), que les tribunaux civils tiennent la place des tribunaux de commerce, et doivent instruire et juger suivant les règles qui régissent spécialement ceux-ci; que, d'ailleurs, d'après l'art. 420, une partie peut devenir justiciable d'un tribunal civil, remplaçant un tribunal de commerce, tandis qu'elle n'aurait pu être jugée que par un autre tribunal civil, si la matière n'avait pas été commerciale, on reconnaîtra sans doute que l'art. 427 doit recevoir son application dans l'espèce de notre question. (*Voy. Pardessus, tom.* 5, *pag.* 63). Il en serait ici comme du juge de paix, qui ne peut, sur une citation en conciliation, prononcer *comme juge,* s'il reconnaît que l'affaire devait lui être soumise en cette dernière qualité; il en serait encore comme d'un tribunal correctionnel, qui ne peut statuer sur une question qu'il jugerait devoir rentrer dans la jurisdiction qu'il exerce, comme tribunal civil, et *vice versâ.*

Il en serait de même des contestations sur la qualité des personnes, dans le cas de l'art. 426. — (*Voy. Prat., tom.* 2, *pag.* 466). (1).

ARTICLE 428.

Le tribunal pourra, dans tous les cas, ordonner, même d'office, que les parties seront entendues en personne à l'audience ou dans la chambre, et, s'il y a empêchement légitime, commettre un des juges ou même un juge de paix pour les entendre, lequel dressera procès-verbal de leurs déclarations.

Ordonn. de 1667, tit. 16, art. 4. — C. de P., art. 119, 324 et suiv., 330.

CCCLIV. Les motifs de l'art. 428 sont les mêmes que ceux que nous avons donnés à l'art. 119 (*voy. suprà, pag.* 273); mais la faculté d'ordonner la comparution personnelle des parties devait être particulièrement accordée aux tribunaux de commerce, puisqu'il est dans le vœu de la loi, suffisamment manifesté par les art. 414 et 421, que les parties s'expliquent par elles-mêmes dans ces tribunaux, et que, d'ailleurs, le plus grand nombre des affaires qui

---

dit sur la question précédente, d'après M. Pardessus, sur des moyens de dol et de fraude. — (*Voy. Sirey, tom.* 17, *pag.* 169).

(1) Mais si l'exception était opposée sous l'appel, il nous paraît certain que la Cour jugerait l'incident, parce qu'elle a la plénitude de la jurisdiction. — (*Voy. Comm. inséré aux Ann. du not., tom.* 2, *pag.* 512).

y sont portées gisent en faits sur lesquels les juges peuvent avoir plus souvent besoin de recevoir des explications de la bouche des parties elles-mêmes.

1530. *Comment doit-on entendre, dans cet article, les mots* EMPÊCHEMENT LÉGI-
TIME?

La loi n'a point entendu restreindre l'empêchement légitime au cas où la
partie serait empêchée par maladie ou autrement, et exclure celui où elle serait
éloignée. Ces termes de l'article, par leur généralité, constituent le juge arbitre
des causes d'empêchement, et dès lors, ils le laissent maître d'avoir égard à
l'éloignement aussi bien qu'à la maladie. — (*Locré, Esprit du Code de comm.,*
tom. 7, pag. 116 *et* 117*, et du Code de procéd., tom. 2, pag.* 153).

1531. *Le défaut de comparution en personne de l'une des parties devant un tri-*
bunal de commerce, emporte-t-il, lorsque cette comparution a été ordonnée par
jugement, L'AVÉRATION *des faits allégués par l'autre partie?*

La Cour de cassation, section civile, a jugé l'affirmative de cette question,
par arrêt du 15 février 1812, rapporté par Sirey, tom. 12, pag. 241, attendu
que, si l'art. 428 du Code de procédure ne porte pas en termes exprès l'affirmative de cette question, elle en est du moins une conséquence nécessaire,
qui, d'ailleurs, se trouve écrite dans l'art. 330 du même Code.

Ainsi, la comparution ordonnée conformément à l'art. 428 produit à peu
près le même effet, dans les tribunaux de commerce, que l'interrogatoire sur
faits et articles; mais la comparution peut être ordonnée d'office, tandis que
l'interrogatoire ne peut l'être que sur la demande d'une partie. — (*Voy. Quest.*
de Lepage, pag. 283*; Pardessus, tom. 5, pag.* 66).

1532. *Le jugement du tribunal de commerce qui ordonne la comparution d'une*
partie à l'audience, est-il préparatoire ou interlocutoire?

Nous avons dit, sur la quest. 501ᵉ., pag. 273, qu'un tel jugement, rendu
par un tribunal civil, d'après l'art. 119, était préparatoire. Nous remarquerons
que la même solution convient à celui qui rendrait un tribunal de commerce,
aux termes de l'art. 428. C'est ce qui a été jugé par arrêt de la Cour de Colmar, du 6 décembre 1809, rapporté par M. Denevers, 1809, supplément,
pag. 118.

On ne pourrait donc appeler de ce jugement, qu'après le jugement définitif
et conjointement. — (*Art.* 451).

ARTICLE 429.

S'il y a lieu à renvoyer les parties devant des arbitres, pour
examen de comptes, pièces et registres, il sera nommé un ou
trois arbitres pour entendre les parties, et concilier, si faire se
peut, sinon donner leur avis.

S'il y a lieu à visite ou estimation d'ouvrages ou marchandises,
il sera nommé un ou trois experts.

Les arbitres et les experts seront nommés d'office par le tribunal, à moins que les parties n'en conviennent à l'audience (1).

T., 29. — Ordonn. de 1667, tit. 16, art. 3, et *suprà*, le titre des rapports d'experts, pag. 430. — C. de C., art. 52 et suiv.

CCCLV. PAR cet article, le Code a consacré et généralisé un usage autrefois suivi à Paris, et qui, par ses salutaires effets, a réalisé l'attente du législateur. L'utilité de cette espèce de tribunal de famille, dont il autorise la formation, se fait mieux sentir, disait le rapporteur de la loi, qu'elle ne peut s'expliquer; et, s'il n'en résulte pas toujours une heureuse conciliation, du moins l'avis des arbitres a-t-il l'avantage de réduire les débats à leurs véritables termes, et d'en faciliter la décision pour ceux à qui seuls la loi l'a confiée.

1533. *La faculté d'ordonner un renvoi devant arbitres ou devant experts, dans les cas prévus par l'art. 429, est-elle particulière aux tribunaux de commerce?*

Suivant M. Lepage, dans ses Questions, pag. 283, les tribunaux ordinaires pourraient user de la même faculté, même dans les affaires ordinaires; mais M. Merlin, au mot *arbitrage*, tom. 1, pag. 306, dit le contraire. Cette question a été agitée, en 1810, devant la Cour de Rennes; mais il ne fut pas nécessaire de la résoudre.

Nous observions à son sujet, dans le Journal de cette Cour, tom. 1, pag. 486, qu'autrefois l'usage était conforme à l'opinion de M. Lepage (*voy. Pigeau, Traité de la procédure du Châtelet, tom. 1, pag. 247*), et que cet usage pouvait présenter des avantages; mais que le Code ne l'ayant pas consacré, il se trouve abrogé non seulement par le silence du législateur, mais encore par la disposition de l'art. 1041, etc. Aussi remarquions-nous que M. Pigeau, qui, dans son nouveau Traité, a conservé tout ce que le premier pouvait contenir d'applicable sous l'empire du Code actuel, a supprimé ce qu'il y avait dit, relativement aux renvois dont il s'agit. — (*Riom, 27 juill. 1809; Biblioth. du barr., 1810, 2°. part., tom. 5, pag. 429*).

1534. *Peut-il y avoir lieu à d'autres expertises que celles mentionnées dans la seconde disposition de l'art. 429?*

Il n'est pas impossible, dit M. Pardessus, tom. 5, pag. 64, qu'il y ait lieu à une sorte d'expertise que l'immense étendue des relations commerciales peut nécessiter. Par exemple, un effet de commerce se trouvant revêtu d'endossemens en une langue, et quelquefois même en caractères étrangers, il peut être nécessaire d'en ordonner la traduction. Une opération de ce genre n'a rien de commun avec la vérification d'écritures et de signatures, dont le renvoi doit être ordonné, conformément à l'art. 427, et par conséquent le tribunal de commerce peut en connaître.

1535. *Quelles sont les formalités à suivre pour les arbitrages et les expertises dont il s'agit en l'art. 429?*

---

(1) JURISPRUDENCE.

Le jugement de renvoi devant arbitres n'est que préparatoire et d'instruction. — (*Rennes,* 12 *juil.* 1811).

Les arbitres dont il est parlé en l'art. 429 sont très-improprement qualifiés par ce titre, puisqu'ils ne sont chargés que d'entendre les parties, les concilier, si faire se peut, sinon donner leur avis. On ne doit donc les considérer que comme des experts, et en conséquence nous estimons que l'on doit appliquer, relativement à eux et aux experts nommés conformément à l'article précité, les règles tracées aux art. 302 et suivans. Il n'y a de différence qu'en ce que les parties sont tenues de nommer sur-le-champ, et à l'audience même, ces *arbitres* ou ces *rapporteurs-experts*, s'il leur plaît d'en choisir — (*voy. Comment. inséré aux Ann. du not., tom.* 2, *pag.* 514, *et Pardessus, tom.* 5, *pag.* 64 *et* 65). (1)

Il suit de là, 1.º que ce ne sont point les art. 304, 305 et 306 qui règlent le mode de nomination dans les tribunaux de commerce, et qu'il n'y a ni signification, ni délai, ni nomination au greffe. — (*Locré, Esprit du Code de procéd., tom.* 2, *pag.* 168.)

2.º Que les tribunaux de commerce ne sont pas obligés de prendre le consentement des parties, pour ordonner que l'expertise sera faite par un expert unique. — (*Locré, ibid., pag.* 165.)

La nomination d'office ayant lieu toutes les fois que les parties ne *conviennent pas,* c'est-à-dire ne s'accordent pas à l'audience même, sur le choix de tous les experts, il en résulte que le tribunal doit nommer d'office :

1.º Lorsque ni l'une ni l'autre partie ne comparaissent ; 2.º lorsque, toutes comparaissant, l'une et l'autre ou une seule refuse l'expert produit par son adversaire (*Locré, ibid., pag.* 165) ; 3.º lorsque l'une des parties fait défaut.

Dans ces deux derniers cas, le tribunal ne nomme pas seulement pour la partie qui fait défaut ou qui refuse ; il nomme pour toutes les deux, attendu que, par le fait, il est impossible que les parties conviennent de leurs experts ou de leurs arbitres. — (*Rouen,* 10 *sept.* 1813, *Sirey, tom.* 15, *pag.* 118 ; *Locré, ibid., pag.* 169 *et* 170)

Au reste, la partie qui se fait représenter par un fondé de pouvoir, peut très-bien donner à son mandataire l'autorisation de convenir d'experts, s'il y a lieu. — (*Locré, ibid.*)

Il est en outre à observer que la nomination d'office doit toujours être faite par le jugement qui ordonne l'expertise, conformément à l'art. 305. — (*Locré, ibid.*)

1536. *Mais les arbitres doivent-ils prêter serment comme les experts ?*

M. Pardessus, Cours de droit commercial pag. 65, et M. Locré, Esprit du Code de procédure, tom. 2, pag. 160 et 161, estiment que les arbitres ne sont pas, comme les experts, assujétis au serment, et cette différence résulte, en effet, de celle qui existe entre leurs fonctions respectives. A la vérité, les arbitres ont cela de commun avec les experts, que les uns et les autres n'émettent

---

(1) Mais il est entendu que les parties peuvent demander acte au tribunal de la déclaration qu'elles feraient en commun de dispenser les arbitres ou experts de certaines formalités qui entraîneraient ou des lenteurs ou des frais. (*Voy. Demiau Crouzilhac, pag.* 310). C'est toujours en vertu d'une sommation que les parties sont appelées devant eux. — (*Voy. tarif, art.* 29).

qu'une simple opinion. Mais l'opinion des arbitres repose, ou sur des raisonnemens dont il est possible aux juges d'apprécier la force, ou sur des pièces qui sont sous les yeux du tribunal. Celle des experts, au contraire, est fondée sur des faits qu'ils *attestent*, et que les juges ne sont pas à portée de vérifier ; circonstance qui, jusqu'à un certain point, donne au rapport le caractère d'un témoignage dont la fidélité doit être garantie par la religion du serment (1).

1537. *La règle d'après laquelle le tribunal doit nommer les arbitres d'office, lorsque les parties ne s'accordent pas, reçoit-elle son application au cas d'arbitrage forcé en matière de société commerciale ?*

Deux arrêts de la Cour de cassation, des 5 juin 1815 et 9 avril 1816 (*Sirey tom.* 15, *pag.* 384, *et tom.* 17, *pag.* 135), ont consacré la négative, par le motif que l'art. 429 ne dispose que pour des arbitres *examinateurs*, et non pour des arbitres *juges*. Ainsi, lorsque, parmi des associés, les uns nomment leurs arbitres, tandis que les autres déclarent ne vouloir pas en nommer, le tribunal n'a point à en nommer trois : la nomination faite par l'une des parties doit avoir son effet. — (*Voy. Code de comm.*, art. 55).

ARTICLE 430.

La récusation ne pourra être proposée que dans les trois jours de la nomination. (2)

C. de P., art. 308 et suiv.

CCCLVI. Il s'agit ici de la récusation, tant des arbitres que des experts qui seraient nommés d'office, conformément à l'article précédent. Une partie, comme nous l'avons dit au commentaire de l'art. 308, ne peut en effet être admise à récuser un arbitre ou un expert, sur le choix duquel elle serait tombée d'accord avec son adversaire; mais il ne faut pas perdre de vue ce que nous avons dit sur l'art. 309, et notamment au commentaire de cet article, pour le cas où le jugement qui nomme des experts a été rendu par défaut. Alors le délai fixé par l'art. 430 ne courrait que du jour de la signification du jugement, comme celui que détermine l'art. 309.

---

(1) Les arbitres ne peuvent concourir à la délibération du tribunal, et il y aurait nullité du jugement s'ils avaient été appelés, ne fût-ce que pour être présens au délibéré, et non pour donner leur avis. — (*Rennes*, 8 *sept.* 1815).

(2) JURISPRUDENCE.

1.° La récusation est non recevable, si elle n'est proposée dans les trois jours de la nomination, ou plus généralement, le délai fixé par l'art. 430 est fatal. — (*Rennes*, 4 *fév.* 1818).

2.° On peut, par la nomination d'un arbitre volontaire, faire cesser l'effet de celle d'un arbitre d'office qui ne serait pas encore entré en fonctions; car la nomination d'un arbitre d'office n'est pas absolue; elle n'est que comminatoire. — (*Paris*, 14 *fév.* 1809, *Denevers*, 1609, *pag.* 276).

NOTA. On sent que l'on doit décider ainsi, relativement aux experts. — (*Voy. la quest.* 1045.°, *pag.* 596, *et suprà*, 1809).

1538. *Contre quels experts, pour quelle cause, dans quelle forme la récusa-tion peut-elle être proposée et doit-elle être jugée, et quels seraient les effets du jugement qui la rejeterait ou l'admettrait?*

Cette question dérive de ce que l'art. 430 se borne à fixer le délai dans lequel la récusation sera exercée; mais M. Locré (*Esp. du Code de procéd.*, tom. 2, pag. 171, et du *Code de comm.*, tom. 9, pag. 430), estime que l'ar-ticle se réfère aux art. 309, 310, 311, 312, 313 et 314, dont il est néces-saire d'en rapprocher les dispositions, en indiquant celles qui conviennent aux tribunaux de commerce, et celles qui ne peuvent pas être adaptées à cette institution. Mais aucune ne nous semble incompatible avec elle, si ce n'est que les actes qui, dans les tribunaux ordinaires, seraient signifiés d'avoué à avoué, doivent l'être par exploit au domicile élu, conformément à l'art. 322. — (*Ainsi, voy. suprà les questions résolues sur ces articles.*)

Du reste, toutes les autres dispositions du Code, au titre des expertises, art. 316, 317, 318, 319, 320, 322 et 323, s'appliquent également aux ma-tières de commerce. — (*Locré, Esp. du Code de comm.*, tom. 9, pag. 437—456, et suprà nos questions sur les art. 316—323).

ARTICLE 431.

Le rapport des arbitres et experts sera déposé au greffe du tribunal.

Ordonn. de 1667, tit. 16, art. 3. — C. de P., art. 319. — C. de C., art. 61.

CCCLVII. Il est évident, d'après cette disposition, que l'on doit se con-former, concernant le rapport des arbitres et des experts, aux dispositions de l'art. 319 ci-dessus, et qu'ainsi, après le dépôt de ce rapport au greffe, la partie la plus diligente en lève une expédition, qu'elle signifie à l'autre, avec sommation de comparaître à la prochaine audience pour plaider et avoir juge-ment.

1539. *Peut-on se dispenser d'expédier et signifier le rapport?*

Il est, dit M. Demiau Crouzilhac, pag. 311, des tribunaux où l'on ne fait ni expédier ni signifier le rapport; mais on dénonce seulement qu'il est déposé, afin que la partie aille en prendre lecture, si bon lui semble, et on la somme de se trouver à la prochaine audience, pour en entendre la lecture et voir pro-céder au jugement définitif. La loi, ajoute-t-il, ne prescrivant aucune forma-lité, chacun peut suivre le mode qui lui paraît le plus convenable; celui qui présente le plus d'économie doit toujours être préféré. Sans doute, mais il faut qu'il y ait sur ce point accord des deux parties. Une lecture prise au greffe, ou entendue à l'audience, ne serait pas toujours suffisante pour mettre la par-tie en état de discuter un rapport d'arbitres ou d'experts; elle a besoin de le méditer, et pour cela il convient qu'elle l'ait constamment sous les yeux: nous croyons donc l'obligation de signifier rigoureuse, si la partie adverse n'obtempère pas à la sommation de prendre communication au greffe.

ARTICLE 432.

Si le tribunal ordonne la preuve par témoins, il y sera procédé dans les formes ci-dessus prescrites pour les enquêtes sommaires. Néanmoins, dans les causes sujettes à appel, les dépositions seront rédigées par écrit par le greffier, et signées par le témoin; en cas de refus, mention en sera faite (1).

C. de P., art. 407 à 413 inclusivement, 782. — C. C., art. 1341. — C. de C., art. 509.

CCCLVIII. TOUTES les enquêtes, en matière de commerce, doivent être faites sommairement. Cette instruction abrégée tient à la nature de ces matières. (*Voy. ci-dessus, pag.* 57 *et* 58). Aussi, la loi prescrit-elle de suivre les formalités établies pour les enquêtes sommaires, en matière ordinaire, à cette seule différence près que, dans les causes où le tribunal ne peut statuer en dernier ressort, il faut, outre les formalités qui doivent précéder et accompagner la déposition du témoin, 1°. que cette déposition soit rédigée par écrit par le greffier; 2°. qu'il en soit donné lecture au témoin, qui peut y faire tels changemens ou additions qu'il juge convenable; 3°. qu'il reçoive ensuite lecture du tout, et qu'on lui demande s'il y persiste; 4°. que le témoin signe sa déposition, et s'il ne peut, ne sait ou ne veut signer, qu'il en soit fait mention.

1540. *Les enquêtes doivent-elles être faites rigoureusement, suivant les formalités prescrites pour les affaires sommaires?*

L'action de la justice devant être, en matière commerciale, aussi prompte qu'il est possible, nous pensons qu'il est permis d'écarter toute formalité qui peut être remplacée par des moyens plus simples, également propres à atteindre le même but; mais il faut pour cela que les parties y donnent leur consentement. — (*Voy. Boucher, pag.* 81 *et* 82, *et Demiau Crouzilhac, pag.* 311). (2)

ARTICLE 433.

Seront observées, dans la rédaction et l'expédition des juge-

---

(1) JURISPRUDENCE.

1.° Un tribunal de commerce qui admet une preuve, doit ordonner qu'elle sera faite à son audience; il ne peut commettre un de ses membres pour la recevoir. Des faits articulés en preuve ne doivent pas être rejetés, par cela seul qu'ils sont personnels à celui qui les propose. Il suffit, pour qu'ils soient admis, que leur conformité avec d'autres faits puisse concourir à établir également la vraisemblance de tous. — (*Bordeaux,* 19 *août* 1811, *Sirey, tom.* 12, *pag.* 65).

2.° L'art. 279 ne s'applique pas aux matières de commerce; les juges peuvent toujours proroger les délais; aucune loi ne leur défend de rouvrir les enquêtes. — (*Bruxelles,* 6 *mai* 1813, *Sirey, tom.* 14, *pag.* 181).

(2). Les parties peuvent consentir à ce qu'une enquête ordonnée par un tribunal de commerce soit faite dans une forme encore plus simple que celle que la loi prescrit. — (*Rennes,* 30 *août* 1817).

mens, les formes prescrites dans les art. 141 et 146, pour les tribunaux de première instance.

Voy. suprà sur ces articles, et les art. 515 et suiv.

CCCLIX. LA seule observation à faire sur cet article, c'est que les jugemens sont rédigés par les juges, sur l'assignation remise au greffier, et sans que les parties ou leurs mandataires soient tenus de déposer des qualités, puisqu'il n'y a pas d'avoués.

1541. *Les greffiers des tribunaux de commerce, comme ceux des tribunaux civils, doivent-ils porter tous les jugemens sur la feuille d'audience?*

Oui, d'après une décision du ministre de la justice, du 31 octobre 1809. — (*Sirey, tom. 10, pag. 12*).

ARTICLE 434.

Si le demandeur ne se présente pas, le tribunal donnera défaut, et renverra le défendeur de la demande.

Si le défendeur ne comparaît pas, il sera donné défaut, et les conclusions du demandeur seront adjugées, si elles se trouvent justes et bien vérifiées (1).

Ordonn. de 1667, tit. 14, art. 4, et tit. 16, art. 5. — C. de P., art. 149, 153, 154.

CCCLX. LE commentaire de cet article est le même que celui que nous avons donné de l'art. 150. — (*Voy. tom. 1, pag.* 363).

1542. *Les tribunaux de commerce peuvent-ils, avant de donner défaut, ordonner un réassigné?*

M. Legras, pag. 126, pense que l'on doit encore suivre, du moins à Paris, l'arrêt du Conseil, du 24 décembre 1668, qui ordonnait la réassignation de la partie défaillante; mais nous répondons, avec M. Merlin (*voy nouv. Répert., au mot consuls, pag.* 21), que cet arrêt est abrogé par l'art. 1041. Tel est aussi l'avis de M. Demiau Crouzilhac, pag. 312, et de M. Pardessus, tom. 5, pag. 79. « Quelques tribunaux, dit-il, sont dans l'usage d'ordonner la réassi-
» gnation du défendeur non comparant; *mais il n'y a pas nécessité*, et si une telle
» réassignation était nulle, la validité de l'assignation principale suffirait pour
» que le défaut fût régulièrement obtenu »; c'est-à-dire que, sur la comparu-

---

(1) JURISPRUDENCE.

La disposition de l'art. 434 peut servir à expliquer celle de l'art. 150, en ce sens que dans les tribunaux civils, comme dans les tribunaux de commerce, le défendeur doit être renvoyé de la demande, si le demandeur ne se présente pas. La Cour a considéré qu'aux termes de l'art. 4, tit. 14, de l'ordonnance de 1667, lorsque le demandeur refuse de plaider, le défendeur doit être renvoyé de la demande; qu'il n'a rien été changé à cette règle par le Code de procédure, *et qu'elle est même répétée dans l'art.* 434. — (*Cassat.,* 7 *fév.* 1811, *Sirey, tom.* 11, *pag.* 213).

tion du défendeur, à l'effet d'opposer la nullité de la réassignation, le demandeur pourrait prendre défaut, en vertu de l'assignation primitive, le défendeur refusant de plaider sur celle-ci. Le tribunal, en déclarant le réassigné
nul, ne pourrait en ordonner un second; mais plusieurs auteurs exceptent le
cas de l'art. 153; d'autres, et *particulièrement* M. Demiau Crouzilhac, insistent
contre cette opinion, et nous avons adopté leur sentiment, dans notre Analyse, quest. 1402e. Nous nous fondions, 1°. sur ce que le Code de procédure,
en traçant, pour les tribunaux de commerce, une procédure spéciale, n'a
point ordonné l'application de l'art. 153 dans ces tribunaux, et 2°. sur ce que
le Code de commerce, en déclarant, par l'art. 643, que les art. 156, 158 et
159 du premier, relatifs aux jugemens par défaut, rendus par les tribunaux
inférieurs, seront applicables aux mêmes jugemens rendus par les tribunaux
de commerce, ne prescrit point l'exécution de l'art. 153. — (*Voy. au surplus
les quest. 86e. et 93e.*)

    Mais la jurisprudence a rejeté cette doctrine, ainsi que nous l'avons dit sur
l'art. 153, not. 1, tom. 1, pag. 369. (1)

ARTICLE 435.

    Aucun jugement par défaut ne pourra être signifié que par
un huissier commis à cet effet par le tribunal. La signification
contiendra, à peine de nullité, élection de domicile dans la
commune où elle se fait, si le demandeur n'y est domicilié.

    Le jugement sera exécutoire un jour après la signification et
jusqu'à l'opposition. (2)

        T., 29. — Arrêt du Conseil, du 24 déc. 1668. — C. de P., art. 155, 156.

    CCCLXI. Le même motif qui a servi de base à la disposition semblable de
l'art. 156, a dicté celle que contient l'art. 435; et ce motif, ainsi que nous
l'avons dit tom. 1, pag. 381, c'est de s'assurer d'une signification réelle, dont la
présomption est établie par le choix du tribunal, qui ne peut être soupçonné
d'avoir confié la commission à un huissier dont il ne connaîtrait pas l'exacti-

---

(1) Il est à remarquer que M. Merlin, *ubi suprà*, dit qu'il paraît même que l'on ne
pourrait plus aujourd'hui rabattre le défaut à la première audience, ainsi qu'il se pratiquait
autrefois. Nous avons soumis à nos lecteurs, sur la quest. 621e, pag. 367, quelques observations en faveur de l'opinion contraire, que nous appuyons d'un arrêt de la Cour de cassation, du 4 février 1808, rapporté par Sirey, tom. 8, pag. 153.

        (2) JURISPRUDENCE.

    1.° L'art. 435 du Code de procédure n'est pas abrogé par l'art. 643 du Code de commerce.
— (*Bruxelles*, 15 mai 1811, *Sirey, tom.* 14, *pag.* 383).

    2.° L'huissier commis par un tribunal de commerce pour signifier un jugement par défaut,
peut, lorsqu'il y a lieu à contrainte par corps, exécuter le jugement sans nouvelle commission du tribunal de première instance. — (*Rouen*, 20 juil. 1814, *Sirey, tom.* 15, *pag.* 14).

    3.° La signification d'un jugement par défaut d'un tribunal de commerce prononçant la
contrainte par corps, doit être faite, à peine de nullité, par l'huissier commis par le même
jugement. — (*Nancy*, 23 juil. 1813, *Sirey, tom* 16, *pag.* 167).

tude et la probité (1). Quant à l'obligation d'élire domicile dans la signification du jugement, elle est fondée sur la nécessité de fournir au défaillant les
moyens de prévenir l'exécution, soit par une offre réelle, faite à domicile,
soit par la voie d'opposition ; disposition d'autant plus juste, que, suivant les
termes de l'article, les jugemens dont il s'agit sont exécutoires le *surlendemain* (2) de la signification, s'il n'y a offre ou opposition.

1543. *Un jugement par défaut, portant condamnation au paiement d'un effet
de commerce, peut-il être signifié au domicile élu dans ce billet pour le paiement ?*

Il a été jugé par la Cour de Colmar, le 20 mars 1810 (*voy. Biblioth. du barr.,
2°. part., tom. 5, pag.* 270), que la signification devait être faite au domicile
réel du débiteur. Cela, lit-on dans les considérans de l'arrêt, résulte évidemment de l'art. 435, qui porte qu'aucun jugement par défaut ne pourra être
signifié que par un huissier commis, et que le jugement sera exécuté un jour
après cette signification. Or, il est évident que, dans l'intention du législateur, une pareille signification ne saurait avoir lieu qu'au domicile réel de la
partie poursuivie, et non au domicile élu, qui souvent se trouve à une grande
distance du domicile réel. La raison, ajoute-t-on, en est sensible : c'est afin
que le défaillant ait une connaissance certaine du jugement qui le condamne
par défaut, et qu'il soit averti qu'un jour après, l'exécution pourra avoir lieu.
Par ces motifs, la Cour de Colmar ayant déclaré nulle la signification faite
au domicile élu, a rejeté la fin de non-recevoir résultant de ce qu'une opposition avait été formée hors du délai prescrit par la loi.

1544. *Si le défaillant habitait la ville où siège le tribunal de commerce, et que
le demandeur, domicilié dans une autre ville, eût déjà fait élection de domicile
dans la première, en exécution de l'art.* 422, *serait-il obligé de réitérer une élection dans la signification du jugement ?*

Nous croyons, avec M. Delaporte, tom. 1, pag. 599, que l'élection de domicile à faire dans la signification est absolument indépendante de celle qui
aurait été faite sur le plumitif, en conformité de l'art. 422, parce que la disposition de l'art. 435 est absolue, et ne contient aucune exception ni modi-

---

(1) Il est à remarquer, quoique notre article ne s'en explique pas, ainsi que l'a fait
l'art. 156, que les tribunaux de commerce peuvent, comme les juges ordinaires, déléguer
le choix de l'huissier à un tribunal voisin, s'il fallait signifier le jugement dans un lieu
éloigné. Ils y sont d'ailleurs autorisés par l'art. 1035, qui accorde à tous les tribunaux indistinctement la faculté de commettre pour faire des significations ou des actes d'instruction. — (*Voy. Demiau Crouzilhac, pag.* 313).

(2) M. Legras, pag. 128, et M. Boucher, pag. 85, disent, au contraire, que les jugemens par défaut peuvent être exécutés un jour après la signification, c'est-à-dire le quatrième jour après cette signification, attendu que, suivant l'art. 1033, le jour de la signification et celui de l'échéance ne doivent pas être comptés.

On remarquera sans doute que l'art. 1033 n'est pas applicable, puisque l'art. 435 porte
lui-même la franchise du délai. En effet, en disposant que le jugement par défaut est exécutoire *un jour après* la signification, il exprime évidemment, comme nous l'avons dit ci-
dessus, que ce jugement peut être exécuté le surlendemain, c'est-à-dire qu'il ne faut compter
ni le jour de la signification, ni le lendemain, mais bien le troisième. Telle est aussi l'opinion des auteurs du Commentaire inséré aux Annales du notariat, tom. 2, pag. 519, de
M. Demiau Crouzilhac, pag. 313, et de M. Hautefeuille, pag. 242.

fication. — (*Voy. aussi le Comment. inséré aux Ann. du not., tom. 2, pag.* 518 *et* 519).

ARTICLE 436.

L'opposition ne sera plus recevable après la huitaine du jour de la signification (1).

T., 29. — Ordonn. de 1667, tit. 16, art. 5 et 6, et tit. 35, art. 3. — Ordonn. de 1673, tit. 12 et 21. — C. de P., art. 157 et suiv., et tom. 1, pag. 396, not. 3.º

CCCLXII. Il existe, entre cet article, qui déclare l'opposition non recevable après la huitaine du jour de la signification, et l'art. 438, qui l'autorise jusqu'au moment de l'exécution, une contradiction formelle, que le législateur a fait disparaître, en ordonnant, par l'art. 643 du Code de commerce, que les art. 156, 158 et 159 de celui de procédure seraient applicables aux jugemens par défaut en matière de commerce; de manière que, sans rapporter formellement l'art. 436, le législateur l'a rendu non susceptible d'exécution, quant à sa disposition prohibitive de la faculté de former opposition après la huitaine de la signification du jugement, ainsi qu'il sera plus amplement expliqué au commentaire de l'art. 438.

ARTICLE 437.

L'opposition contiendra les moyens de l'opposant, et assignation dans le délai de la loi; elle sera signifiée au domicile élu.

T., 29. — C. de P., art. 20, 161 et 435.

CCCLXIII. Les raisons de la disposition par laquelle l'art. 437 exige que toute opposition soit motivée, sont les mêmes que celles qui ont dicté celle de l'article 161. (*Voy. le comment. et les quest. sur cet article*). La loi veut ici que l'opposition contienne assignation dans le délai de la loi, c'est-à-dire à un jour au moins, conformément à l'art. 416, et qu'elle soit signifiée au domicile élu dans l'exploit de notification du jugement par défaut, aux termes de l'art. 435.

---

(1) JURISPRUDENCE.

1.º Celui qui discute en première instance les moyens d'opposition de son adversaire, sans demander qu'il soit déclaré non recevable, attendu l'expiration du délai, ne peut prétendre souffrir grief, s'il ne relève pas en appel cette fin de non-recevoir. — (*Rennes*, 8 *fév.* 1813).

2.º L'appel d'incompétence contre un jugement par défaut émané d'un tribunal de commerce, n'est pas recevable lorsqu'on s'est pourvu en opposition contre ce jugement. — (*Paris*, 27 *mars* 1813, Journ. des avoués, tom. 7, pag. 352).

3.º Le délai d'opposition au jugement par défaut, qui déclare un commerçant en état de faillite, ne peut courir après l'affiche, qu'autant qu'il y a eu une signification régulièrement faite. L'art. 459 du Code de commerce, qui n'ouvre au failli la voie de l'opposition que pendant la huitaine qui suit l'affiche du jugement, doit être combiné avec l'art. 642, et entendu en ce sens que l'affiche a dû être précédée d'une signification. — (*Riom*, 4 *juil.* 1809, *Sirey*, tom. 14, pag. 185).

1545. *Des poursuites exercées au mépris d'une opposition notifiée, mais irrégulière, sont-elles valides ?*

Nous distinguerons, avec M. Demiau Crouzilhac, pag. 315, entre le cas où l'irrégularité proviendrait de ce qu'on n'eût pas donné assignation, ou de ce qu'on ne l'eût pas donnée à domicile, et celui où elle résulterait, soit du défaut de motifs, soit de ce que l'on n'eût pas assigné dans le délai. Au premier cas, les poursuites nous semblent devoir être maintenues, parce que l'opposition est de nul effet, si elle n'est pas accompagnée ou suivie d'assignation. Au second cas, nous croirions, comme M. Demiau, qu'il n'appartient point au poursuivant de se rendre juge des vices qu'il croit remarquer dans l'acte, et qu'il doit arrêter ses poursuites, sauf à lui à se pourvoir pour faire prononcer la nullité.

ARTICLE 438.

L'opposition faite à l'instant de l'exécution, par déclaration sur le procès-verbal de l'huissier, arrêtera l'exécution, à la charge, par l'opposant, de la réitérer dans les trois jours, par exploit contenant assignation; passé lequel délai elle sera censée non avenue (1).

C. de P., art. 156, 158, 159, 162.

CCCLXIV. Nous avons vu, au commentaire de l'art. 436, qu'il existait entre cet article et celui qui précède, une opposition que le Code de commerce a fait cesser, en déclarant les art. 156, 158 et 159 du Code de procédure applicables aux jugemens par défaut, rendus en matière commerciale. Cependant, avant la publication du Code de commerce, on essayait de concilier les deux articles, en décidant, comme le faisait observer M. Legras, pag. 131, qu'il fallait absolument exécuter le jugement pendant la huitaine de la signification; mais c'était admettre un tempérament qui ne pouvait être justifié que par la nécessité d'interpréter deux dispositions contradictoires, de manière que chacune d'elles pût produire un effet. Or, cette interprétation était évidemment contraire à chacun des deux articles pris isolément, et aux vues du législateur, manifestées par l'art. 158, pour les affaires ordinaires, et qu'aucun motif raisonnable ne devait porter à considérer comme ne devant pas être les mêmes relativement aux matières commerciales. Aussi, le législateur, sentant qu'une telle contradiction ne pouvait exister, a-t-il ramené à l'uniformité, par l'article 643 du Code de commerce, la faculté de se pourvoir, par opposition,

---

(1) JURISPRUDENCE.

Si, lors d'un itératif commandement pour procéder à une saisie-exécution, la partie déclare à l'huissier qu'elle s'oppose à l'exécution, et que celui-ci se retire sans avoir rien saisi, cette partie est recevable à former opposition jusqu'à l'exécution; mais si la partie laisse passer, sans réitérer son opposition, les trois jours que l'art. 438 lui accorde, l'huissier peut, après cet intervalle, saisir-exécuter, nonobstant toute opposition nouvelle. — (*Rennes*, 10 janv. 1816).

contre tout jugement par défaut rendu, soit en matière civile, soit en matière commerciale. — (*Voy. la quest. suiv.*)

1546. *Les art.* 156, 158 *et* 159 *sont-ils applicables à tous les jugemens par défaut rendus en matière commerciale?*

M. Boucher, dans son Manuel des négocians, pag. 698, dit que ces articles ne peuvent être exécutés à la lettre, puisqu'il faut mention de la constitution d'avoué : ainsi, ajoute-t-il, au lieu de lire le mot *avoué*, il faut lire comme s'il y avait *fondé de pouvoir*.

Il résulterait de cette explication que toutes les fois qu'un fondé de pouvoir aurait été constitué, il n'y aurait pas lieu à l'application des articles dont nous venons de parler, et que conséquemment le jugement par défaut devrait, en ce cas, être mis à exécution dans la huitaine.

M. Delaporte, dans son Commentaire sur le Code de commerce, tom. 2, pag. 430 et 431, va plus loin : il estime que les art. 156, 158 et 159, ne recevraient pas d'application dans le cas où la partie s'étant présentée se laisserait ensuite juger par défaut, faute de plaider.

Aucun des commentateurs du Code de procédure n'a fait ces distinctions : loin de là, M. Demiau Crouzilhac, pag. 314, dit formellement que tous les jugemens par défaut qui sont rendus par les tribunaux de commerce, se trouvent compris dans les dispositions des art. 156, 158 et 159, attendu qu'il n'y a pas d'avoués dans ces tribunaux.

Telle est aussi notre opinion, que nous fondons, 1°. sur l'art. 643 du Code de commerce, qui n'a point distingué; 2°. sur ce qu'aucune disposition du Code de procédure n'a attaché à la représentation des parties par des mandataires des effets autres que ceux que produit la comparution personnelle de celles-ci : d'où suit qu'il considère le mandataire comme la partie elle-même, et que, par suite de conséquences, les art. 156, 158 et 159 n'étant relatifs qu'aux jugemens par défaut rendus contre partie, doivent être appliqués dans le cas où un mandataire a été constitué comme dans celui où la partie se présenterait elle-même. On sent d'ailleurs que la différence qui existe entre l'avoué, officier ministériel, dont la constitution est exigée par la loi, et le mandataire, qui n'a aucun caractère légal, ne permet pas, à moins d'une disposition formelle, d'appliquer au second ce qui concerne le premier. Nous devons dire cependant que l'opinion contraire a pour elle un arrêt de la Cour de Turin, du 14 août 1809. (1)

_____

(1) Nous ferons même remarquer qu'outre cet arrêt, nous avons sous les yeux une consultation dans laquelle on maintient que le jugement par défaut, rendu après constitution d'un agréé, n'est point sujet à l'application des articles précités, attendu qu'il doit être réputé jugement faute de plaider. Dans l'espèce, un agréé s'était présenté à une première audience, et n'avait pas comparu lors de la plaidoirie de la cause. Nous estimons qu'en cette circonstance même, où la partie choisit un agréé pour mandataire, les articles ci-dessus sont applicables, et nous nous fondons sur ce qu'un agréé, ainsi que nous croyons l'avoir prouvé *suprà*, n.° 1516, n'a aucun caractère légal et public, et ne peut conséquemment être assimilé à un avoué. Il en est donc ici comme du cas où la partie aurait chargé toute autre personne de la représenter; le jugement rendu sur défant de cette personne serait évidemment sujet à l'application des art. 156, 158 et 159; car il serait en effet con-

ARTICLE 439.

Les tribunaux de commerce pourront ordonner l'exécution provisoire de leurs jugemens, nonobstant l'appel, et sans caution, lorsqu'il y aura titre non attaqué ou condamnation précédente, dont il n'y aura pas d'appel : dans les autres cas, l'exécution provisoire n'aura lieu qu'à la charge de donner caution ou de justifier de solvabilité suffisante. (1)

T., 29. — Loi du 16 août 1790, tit. 12, art. 4. — C. de P., art. 135 et suiv.; 449, 459

CCCLXV. Cet article est une conséquence de cette vérité, que le négociant ne peut presque jamais offrir de meilleure preuve de sa solvabilité, que la renommée dont il jouit parmi ceux avec lesquels il exerce sa profession ; qu'en exiger davantage, ce serait souvent porter une injuste atteinte à ce précieux patrimoine, qui est le prix de sa fidélité et de sa bonne foi. (*Rapp. au Corps législ.*) Aussi pensons-nous, comme M. Demiau Crouzilhac, pag. 317, qu'il ne dépend pas du tribunal d'ordonner que le jugement ne sera exécutoire que sous caution, et que la partie a toujours pour option ou de fournir caution ou de justifier de solvabilité.

---

tradictoire que la partie qui eût institué un mandataire, fût autrement traitée qu'elle ne doit l'être lorsqu'elle ne croit pas devoir se faire représenter.

Au surplus, la distinction admise par rapport aux tribunaux ordinaires, entre les jugemens faute de comparaître et les défauts faute de plaider, n'étant uniquement fondée que sur l'obligation où sont les parties de constituer avoué dans ces tribunaux, ne peut s'appliquer à ceux de commerce, où la procédure se fait sans ministère d'avoué.

(1) JURISPRUDENCE.

1.° L'art. 439 n'autorisant à prononcer l'exécution provisoire et sans caution que lorsqu'il y a titre *non contesté*, n'est pas applicable quand des billets sont attaqués comme étant le résultat d'opérations usuraires. — (*Rennes*, 30 *juin* 1817).

NOTA. On remarquera, d'après l'arrêt de cassation rapporté *suprà*, n.° 2175. que cette décision de la Cour de Rennes ne peut plus être invoquée qu'en ce sens que la caution doit être fournie, et non en ce sens que l'exécution provisoire ne puisse avoir lieu.

2.° La caution n'est pas autorisée pour les jugemens par défaut. — (*Turin*, 1.ᵉʳ *fév.* et 14 *sept.* 1813, *Sirey*, tom. 14, pag. 140).

NOTA. Ces arrêts sont motivés sur ce que l'art. 653 du Code de commerce n'a point déclaré applicable aux jugemens des tribunaux de commerce la disposition de l'art. 155, et s'est borné à prescrire l'exécution des art. 156, 158 et 159 ; mais nous ne pensons pas que ce soit une raison suffisante pour suivre cette décision, attendu, comme nous l'avons dit, n.° 78, relativement aux justices de paix, que l'opposition est toujours suspensive, s'il n'y a exception formelle. Or, d'un côté, la loi n'a rien excepté dans l'art. 439, et de l'autre, si l'art. 643 du Code de commerce a ordonné l'application des art. 156, 158 et 159, c'est pour lever les difficultés qui s'étaient élevées sur celle des art. 436 et 438, aux jugemens commerciaux.

3.° Les jugemens qui ne font que rejeter un déclinatoire et ne prononcent aucune condamnation, sont exécutoires nonobstant appel, et sans caution. — (*Rouen*, 3 *juil.* 1807, *Sirey*, tom. 7, pag. 1260).

4.° Le principe d'après lequel ces jugemens sont exécutoires par provision, ne s'applique pas au cas de nomination d'arbitres entre associés ; ceux-ci ne pourraient, en conséquence,

1547. *Les jugemens des tribunaux de commerce sont-ils de plein droit exécutoires par provision?*

L'affirmative de cette question était sans difficulté sous l'empire de la loi du
24 août 1790, dont l'art. 4 du tit. 12 portait que « tous les jugemens des tribunaux de commerce seraient exécutoires par provision, nonobstant l'appel, à
quelque somme ou valeur que les condamnations pussent monter. »

Mais l'art. 439 est autrement rédigé ; il porte que les tribunaux de commerce
pourront ordonner l'exécution provisoire de leurs jugemens, nonobstant l'appel
et sans caution, lorsqu'il y aura titre non attaqué, etc. ; que dans les autres
cas, l'exécution provisoire n'aura lieu qu'à la charge de donner caution.

De cette différence de rédaction, les auteurs du Praticien, tom. 2, pag. 484,
ont tiré la conséquence que le Code de procédure permettant seulement aux
tribunaux de commerce d'ordonner l'exécution provisoire de leurs jugemens,
ne les rendait point exécutoires de plein droit.

Deux arrêts de la Cour de Liège du 29 juin 1807 (*Sirey, tom.* 7, *pag.* 326),
l'autre de Bruxelles, du 9 décembre 1807 (*Sirey, tom.* 14, *pag.* 154), ont prononcé conformément à cette opinion ; le premier, d'une manière implicite, en
décidant qu'un tribunal de commerce ne pouvait, pas plus qu'un tribunal
ordinaire, ordonner, par un second jugement, l'exécution provisoire qu'il
n'avait pas prononcée ; le second, d'une manière formelle.

Mais deux autres arrêts, l'un de la Cour de Rouen, du 3 novembre 1807
(*Sirey, tom.* 7, *pag.* 1260), l'autre de la Cour de Nîmes, du 31 août 1809
(*Sirey, tom.* 10, *DD., pag.* 234), ont prononcé le contraire, sur le motif que les
jugemens des tribunaux de commerce sont, par leur nature même, exécutoires par provision, nonobstant appel, en donnant caution, et que leur exécution provisoire n'a besoin d'être ordonnée que lorsqu'elle doit avoir lieu sans
caution.

Telle est l'opinion que professait M. Pardessus, dans sa Jurisprudence commerciale, pag. 627. La disposition de l'art. 439. disait-il, nous semble assez impérative pour qu'on doive décider que l'exécution provisoire *avec caution* a lieu
quand même le tribunal ne l'aurait pas ordonnée. Cependant, ajoute-t-il, s'il
y a titre non attaqué ou condamnation précédente, l'exécution peut être ordonnée sans caution, pourvu que ce soit par le même jugement, et non par
un postérieur. — (*Voy.* aussi *Cours de droit comm., tom.* 5, *pag.* 83).

Cette opinion a prévalu devant la Cour de cassation, qui, par arrêt du 2 avril
1817 (*Sirey, tom.* 17, *pag.* 280), explique comme suit l'art. 439 : « L'exécution
» provisoire nonobstant appel, *à la charge de la caution*, est de plein droit, tant
» pour les jugemens des tribunaux de commerce, que pour ceux des arbitres
» forcés qui les remplacent entre associés négocians ; l'art. 439, en les auto-
» risant à ordonner, lorsqu'il y a titre non attaqué ou contestation précédente
» dont il n'y ait pas d'appel, l'exécution provisoire, *même sans caution*, n'ayant
» pas entendu que, hors ces cas et avec caution, il fût besoin qu'ils ordonnas-
» sent l'exécution provisoire. »

procéder régulièrement à l'arbitrage, nonobstant l'appel du jugement qui les aurait nommés,
et la raison en est qu'il ne leur appartient point de statuer sur la validité de leurs pouvoirs;
ce qu'ils feraient au moins indirectement, s'ils passaient outre au jugement. — (*Paris,*
25 *mars* 1813, *Sirey, tom.* 16, *pag.* 86).

Il suit de cette décision que le silence du jugement sur l'exécution provisoire, dans les cas autres que ceux où il y a titre non attaqué ou condamnation précédente, établit une présomption légale que la caution doit être fournie, et qu'il suffit pour exécuter que la partie la fournisse. (1)

1548. *Quand un jugement qui a ordonné l'exécution provisoire dans une affaire où le titre n'a pas été contesté, n'exprime pas qu'elle aura lieu sans caution, cette omission vaut-elle dispense?*

La Cour de Rennes a jugé cette question pour l'affirmative, par arrêt du 29 janvier 1808, rendu par la première chambre, attendu que tout jugement déclaré exécutoire par provision, et qui ne charge pas le créancier de cautionner, établit nécessairement une provision *sans caution.*

1549. *Un tribunal de commerce qui ordonne l'exécution provisoire de son jugement, quoiqu'il y ait titre attaqué, peut-il dispenser le demandeur de justifier de sa solvabilité, sous prétexte qu'elle est notoire?*

Nous avons donné, sur l'art. 417, quest. 1497e., les raisons qui nous portent à croire que, dans l'espèce de cet article, on peut décider qu'un négociant justifie suffisamment de sa solvabilité par un crédit notoire. Mais la Cour de Pau, par arrêt du 4 juillet 1807, a décidé le contraire, dans l'espèce de l'art. 439, attendu que l'attestation de cette solvabilité, donnée par le tribunal, ne remplit pas le vœu de la loi sur le bail de caution, et qu'il répugne que des juges, en remplissant leurs fonctions, s'établissent pour ainsi dire des certificateurs.

Les auteurs du Commentaire inséré aux Annales du notariat, tom. 2, pag. 526, disent, au contraire, que si la partie au profit de laquelle le jugement est rendu, est connue pour jouir d'une solvabilité bien établie, cela suffit pour que le vœu de la loi soit rempli, sur-tout si la somme n'est pas considérable. Cette opinion est conforme à l'ancienne jurisprudence, ainsi que nous l'avons dit sur l'art. 417; mais l'espèce de cet article est bien différente de celle de l'art. 439. La saisie, permise en vertu du premier, ne conduit à une exécution qu'autant que le jugement est rendu; ce n'est jusque là qu'une mesure purement conservatoire: dans le cas du second, on peut procéder à la vente. Cette différence peut prouver le bien jugé de l'arrêt que nous venons de citer, sans détruire la solution que nous avons donnée sur l'art. 417.... Aussi pensons-nous que toutes les fois que la solvabilité d'une partie n'est pas reconnue par son adversaire, le tribunal doit ordonner qu'elle en justifie, par représentation de l'inventaire que tout commerçant doit dresser chaque année, conformément à l'art. 9 du Code de commerce.

ARTICLE 440.

La caution sera présentée par acte signifié au domicile de l'appelant, s'il demeure dans le lieu où siège le tribunal, sinon au domicile par lui élu en exécution de l'art. 422, avec som-

---

(1) En ce sens, il y a lieu à l'application de l'art. 439, dans l'espèce d'une lettre de change dont le signataire se serait constamment reconnu débiteur. — (*Rennes, 2 avril* 1807).

mation à jour et heure fixes' de se présenter au greffe, pour prendre communication, sans déplacement, des titres de la caution, s'il est ordonné qu'elle en fournira, et à l'audience, pour voir prononcer sur l'admission, en cas de contestation. (1)

T., 29. — Ordonn. de 1667, tit. 28, art. 2 et 3. — C. de P., art. 518. — C. C., art. 2011, 2018, 2040.

1550. *Le cautionnement doit-il être fourni en immeubles?*

Cela n'est pas rigoureusement exigé en matière de commerce, d'après la disposition de l'art. 2019 du Code civil, qui autorise à estimer la solvabilité de la caution eu égard à ses facultés mobilières.

ARTICLE 441.

Si l'appelant ne comparaît pas, ou ne conteste point la caution, elle fera sa soumission au greffe; s'il conteste, il sera statué au jour indiqué par la sommation : dans tous les cas, le jugement sera exécutoire nonobstant opposition ou appel.

T., 29. — Ordonn. de 1667, tit. 28, art. 2, 3 et 4; *suprà*, n.° 1547. — C. de P., art. 519 et suiv.

ARTICLE 442.

Les tribunaux de commerce ne connaîtront point de l'exécution de leurs jugemens. (2)

Avis du Conseil d'état, du 17 mai 1809. — C de P., art. 427, 472, 553.

CCCLXVI. LA loi applique ici, aux tribunaux de commerce, le principe gé-

---

(1) JURISPRUDENCE.

L'emprisonnement fait en vertu d'un jugement qui ordonne l'exécution provisoire, à la charge de donner caution, est nul, encore qu'il y ait eu caution fournie, si la sommation prescrite par l'art. 440, pour prendre communication des titres de la caution, n'a pas eu lieu. — (*Paris*, 20 oct. 1813, *Sirey*, tom. 14, pag. 129).

(2) JURISPRUDENCE.

1.° Il ne peut connaître de la validité d'offres réelles, et consignation faite en vertu de son jugement. — (*Paris*, 21 août 1810, *Sirey*, tom. 14, pag. 239).

NOTA. Voy. *suprà*, n.° 1496, ce que nous avons dit sur la validité des saisies-arrêts.

2.° Lorsque la contestation qui s'élève sur l'exécution d'un jugement de ce tribunal, dérive, non de l'obscurité des termes dans lesquels il est conçu, mais de l'appréciation du fait par lequel on prétend l'avoir exécuté, c'est au tribunal civil qu'il appartient d'en connaître. — (*Florence*, 28 janv. 1811, *Sirey*, tom. 14, pag. 363).

3.° Un tribunal ordinaire ne pourrait, comme juge d'exécution d'un jugement du tribunal de commerce, prononcer la contrainte par corps que ce jugement n'aurait pas ac-

néral d'après lequel les juges d'attribution ne connaissent point de l'exécution de leurs jugemens (1), et, en posant cette limite à la compétence de ces tribunaux, elle les rappèle au but de leur institution, et fait disparaître tous les motifs de s'en écarter.

1551. *Le tribunal de commerce peut-il déclarer exécutoire, contre les héritiers d'un marchand, le jugement rendu contre ce dernier?*

Fondée sur ce principe que les tribunaux de commerce ne peuvent connaître de l'exécution de leurs jugemens, la Cour de cassation, par arrêt du 5 brumaire an 12, rapporté par les auteurs du Praticien, tom. 2, pag. 488 et suivantes, avait prononcé négativement sur la question que nous venons de poser. Mais nous observerons que l'art. 877 du Code civil rend cette décision sans objet, puisqu'il dispose que les titres exécutoires contre le défunt le sont pareillement contre l'héritier personnellement.

1552. *Est-ce aux tribunaux ordinaires et non aux tribunaux de commerce qu'il appartient de connaître des ventes des navires saisis, même en vertu du jugement de ces derniers?*

C'est aux tribunaux ordinaires. — (*Voy. avis du Conseil d'état, du 29 avril 1809, approuvé le 17 mai suivant*) (2).

---

cordée sur la demande de l'une des parties, attendu que s'il y avait lieu à la contrainte par corps sur la contestation qui eût été portée entre les parties au tribunal de commerce, ce tribunal ne l'ayant pas prononcée par le jugement, il n'y aurait à cet égard que la voie d'appel devant le tribunal supérieur. — (*Trèves, 24 mars 1809, Denevers, supp., pag. 143, et nos quest. sur l'art. 553*).

4.° Les tribunaux ordinaires ne pourraient pas surseoir à l'exécution des jugemens des tribunaux de commerce, l'art. 1244 du Code civil ne dérogeant pas sur ce point à l'art. 15 du tit. 12 de l'ordonnance de 1673, et s'il arrivait qu'ils prononçassent le sursis, le créancier pourrait, sans égard à leur jugement, continuer les poursuites de droit. — (*Colmar, 12 frim. an 14, Sirey, tom. 6, supp., pag. 523*).

Nota. Nous remarquerons que cette décision s'applique *à tous les cas*, nonobstant la distinction que nous avons faite *suprà*, n.° 522, attendu, relativement à ceux dans lesquels l'art. 1244 peut recevoir son application même aux matières commerciales, que l'art. 122 veut que le sursis soit prononcé par le jugement même qui statue sur la contestation : d'où suit qu'il n'appartenait qu'au tribunal de commerce d'accorder ce sursis en rendant son jugement.

5.° Au surplus, la disposition de l'art. 142 ne s'applique pas à l'exécution des jugemens préparatoires et interlocutoires, mais seulement à celle des jugemens définitifs. — (*Paris, 18 déc. 1812, Sirey, tom. 13, pag. 287*).

(1) Voyez notre Traité des lois d'organisation et de compétence, liv. 2, tit. 3, et liv. 3, tit. 4, chap. 2.

(2) Mais le tribunal de commerce qui a déclaré la faillite connaît du mérite des actes d'administration faits par les syndics provisoires. — (*Florence, 13 mars 1811, Sirey, tom. 14, pag. 363*).

NOTIONS PRÉLIMINAIRES

Sur les liv. 3 et 4, relatifs aux voies de se pourvoir contre les jugemens.

La loi garantit aux citoyens une justice égale et complète, et par conséquent elle devait leur réserver un recours efficace contre l'erreur ou l'injustice des décisions du magistrat.

Tel est, en général, l'objet des dispositions du Code concernant les différentes voies ouvertes pour attaquer les jugemens.

On les distingue en *voies ordinaires* et en *voies extraordinaires*. Les *voies ordinaires* sont l'*opposition* et l'*appel*, parce qu'elles peuvent être employées contre *tout jugement* et pour *toutes causes* de *nullité, erreur ou injustice*, pourvu toutefois, à l'égard de la première, qu'il ait été *rendu par défaut* (1), et à l'égard de la seconde, qu'il l'ait été ou qu'il ait dû l'être *en premier ressort* (2).

Les *voies extraordinaires* sont la *tierce opposition*, la *requête civile*, la *prise à partie* (3) et la *cassation*. (4) On les appelle *extraordinaires*, parce qu'elles ne sont ouvertes qu'en certaines circonstances expressément déterminées par la loi, et hors lesquelles le jugement ne pourrait être ni modifié ni détruit.

Il est de règle générale sur ces différentes espèces de recours,

1°. Qu'on ne peut en cumuler deux dans le même tems ; ainsi, par exemple, on ne peut se pourvoir simultanément par opposition, par appel ou par requête civile ;

2°. Que les voies extraordinaires n'étant ouvertes qu'à défaut des voies ordinaires, et celles-ci à défaut l'une de l'autre, on ne peut, quand on a la voie de la simple opposition qui est *ordinaire*, se servir de la tierce opposition, de la requête civile ou de la cassation ; de même que l'on ne peut, tant que la simple opposition est recevable, se pourvoir par la voie d'appel. — (*Cassat.*, 11 *frim. an* 11, *Sirey*, *tom.* 4, 2°. *part.*, *pag.* 23).

---

(1) Nous avons parlé de *l'opposition*, pag. 36, 360, 390 et suiv. du premier volume.

(2) Voy., sur les circonstances où il y a lieu à prononcer, soit en premier, soit en dernier ressort, notre Traité des lois d'organisation et de compétence, liv. 2, tit. 4, et liv. 3, tit. 5, chez M. Warrée oncle, libraire, au Palais de justice.

(3) Nous ferons remarquer *infrà*, dans les préliminaires du liv. 4, que la prise à partie n'est point, à proprement parler, une voie pour attaquer les jugemens, mais seulement une attaque indirecte dont l'effet est tout autre que la réformation du jugement attaqué.

(4) Le Code de procédure ne contenant aucune disposition sur la voie extraordinaire de la cassation, nous n'avons point à nous en occuper : on peut consulter les ouvrages de MM. Pigeau et Berriat Saint-Prix.

LIVRE III.

DES COURS ROYALES. (1)

TITRE UNIQUE.

De l'Appel et de l'Instruction sur l'Appel. (2)

UN tribunal ne peut détruire ni modifier la décision qu'il a rendue, quelqu'évidentes que fussent pour lui les nullités ou les erreurs qu'il aurait commises (3). Le recours au juge supérieur est donc le seul moyen légal que puissent employer les parties, pour faire annuler ou réformer les jugemens dont elles auraient à se plaindre.

Ce moyen est l'*appel*, que l'on définit le recours à un juge supérieur contre le jugement émané d'une juridiction inférieure.

Il a pour objet de faire annuler, réformer ou modifier ce jugement pour cause d'incompétence, d'irrégularités, d'omissions, d'erreurs ou injustices (4), ou, en termes de pratique, pour *nullités, torts et griefs* (5).

Il est ouvert contre *toute espèce* de jugemens que le juge n'aurait rendus, ou n'eût pu rendre qu'au premier degré de juridiction, encore bien qu'il l'eût qualifié en dernier ressort (*art.* 453). En cela, notre législation diffère de celle des Romains, qui n'admettait l'appel d'un interlocutoire qu'autant que le grief était irréparable en définitive. Il est à remarquer seulement que le pourvoi ne procède valablement contre les jugemens par défaut, qu'après

---

(1) Voy. la note pag. 108.
(2) Voy. lois des 24 août 1790, tit. 4 et 5; 3 brumaire an 2; 19 vendémiaire et 26 ventôse an 4; 27 ventôse an 8, art. 7 et 22, et les art. 377, et 391 à 396; *infrà*, les art. 666, 669, 723, 726, 730, 734, 736, 809, 881, 1010, 1023.
(3) Voy. notre Traité des lois d'organisation et de compétence, art. 15.
(4) De là cette définition d'Hermogénien : *Appellatio est iniquitatis sententiæ querela*, ff, liv. 4, tit. 4, loi 17.
(5) Les Romains reconnaissaient des nullités de droit, en sorte qu'un jugement qui en était vicié ne pouvait passer en force de chose jugée, et n'avait pas besoin d'être réformé par appel. Ces nullités n'ont été admises ni dans notre ancienne ni dans notre nouvelle jurisprudence. Un jugement visiblement nul doit être attaqué par la voie d'appel devant le juge supérieur. Ainsi, par exemple, si la feuille d'audience et l'expédition portent le nom d'un juge qui n'aurait pas concouru au jugement; si, enfin, il s'agit des cas de nullités radicales que nous avons fait connaître sur les art. 138 et 141, on ne pourrait se pourvoir devant les premiers juges pour réparer la nullité en répétant le jugement; il faudrait appeler en se fondant sur la nullité. Cette doctrine est certaine, elle est attestée par tous les auteurs, et fondée sur plusieurs arrêts de la Cour de cassation. — (*Voy.* Perrin, *Traité des nullités*, pag. 138; *Berriat Saint-Prix*, pag. 406, not. 11; *nouv. Répert.*, v.° appel, sect. 1, § 5, tom. 1, pag. 243, 3.° édit., et *infrà*, sur l'art. 443, la 1562.° *quest.*)

les délais de l'opposition (455), et contre les jugemens préparatoires, qu'après le jugement définitif (451).

Il est recevable en tous les cas, lorsqu'il s'agit d'incompétence (*art.* 454); mais, en tous les cas aussi, sauf quelques exceptions à l'égard des interlocutoires (*voy. sur l'art.* 451), il peut être écarté par les fins de non recevoir résultant de ce que le jugement aurait acquis l'autorité de la chose jugée, soit par l'expiration du délai, soit par acquiescement exprès ou tacite. — (*Voy. infrà, les questions traitées sur l'art.* 444).

Toute personne à qui le jugement porterait préjudice n'est pas indistinctement recevable à en interjeter appel, si elle n'a pas été aux qualités dans ce jugement, ou du moins si elle n'a pas droit d'intervenir en cause d'appel. — (*Voy. Quest. de droit, v°.* appel, *et infrà sur l'art.* 466, § 2). C'est, comme le remarque M. Berriat Saint-Prix, pag. 413, une modification que la règle des deux degrés de juridiction, et la disposition de l'art 464, ont apportée aux anciens principes, d'après lesquels il suffisait, pour interjeter appel d'un jugement, d'avoir intérêt de le faire corriger. — (*Nouv. Dénisart, v°.* appel, § 5).

On distingue deux sortes d'appel, *l'appel principal* et *l'appel incident* (1).

L'APPEL PRINCIPAL est celui qui est interjeté le premier par la partie qui a succombé en première instance, soit sur tous les points de la contestation, soit seulement sur quelques-uns; d'où suit que ce n'est point le nombre ou la valeur des dispositions attaquées qui caractérise un *appel principal,* c'est uniquement la priorité du pourvoi.

En un mot, il en est de cet appel comme d'une demande principale; c'est le premier appel formé contre un jugement, de même que la *demande principale* est la première réclamation faite en justice sur un objet quelconque. — (*Voy. supra, n°.* 206).

Par opposition à *l'appel principal,* on nomme *appel incident* celui qui, dans le cours de l'instance introduite par le jugement, est interjeté accessoirement par l'une des parties, soit d'un jugement qu'on lui oppose ou dont on veut tirer avantage contre elle, soit des dispositions qui lui seraient contraires dans le jugement dont son adversaire a déjà appelé, soit enfin des jugemens postérieurs à celui qui fait l'objet de l'appel principal.

Quand *l'intimé* (2) appèle incidemment du même jugement, parce que ses

---

(1) La suppression des juridictions ecclésiastiques, et la disposition de l'art. 461 (*voy. infrà, nos questions sur cet article*), ont rendu sans objet les distinctions que l'on faisait autrefois entre l'appel *comme d'abus,* et l'appel *ordinaire,* les appellations *verbales* et les appellations *écrites.*

L'APPEL COMME D'ABUS était le recours au Parlement contre l'abus que les jurisdictions ecclésiastiques, ou, en général, toute puissance ecclésiastique séculière ou régulière, avait fait de son pouvoir. Cette matière présentait une foule de questions singulièrement épineuses, dont les moindres occupent le tiers d'un volume dans les Principes de Duparc-Poullain, qui cependant ne forment qu'un ouvrage élémentaire. — (*Voy. notre Traité du Gouv. des paroisses, pag.* 119).

L'APPELLATION VERBALE était celle des jugemens rendus sur simples plaidoiries, et *l'appellation par écrit,* celle des jugemens rendus sur appointemens à écrire et produire. Cette dernière s'instruisait par écrit de plein droit, tandis qu'aujourd'hui, d'après l'art. 461, ce n'est que d'après les plaidoiries que le juge d'appel peut ordonner cette instruction.

(2) On nomme *appelant* celui qui forme l'appel principal, et *intimé* celui contre qui il est dirigé. Ces deux parties sont envisagées, en cause d'appel, sous les mêmes rapports que

conclusions devant le premier juge ne lui ont pas été adjugées en entier, son appel prend le nom d'appel *à minimâ*, parce qu'il conclut *à minimâ ad majorem summam* (1).

Quand l'appelant interjette lui-même, dans le cours de l'instance, appel de jugemens postérieurs, ce nouvel appel se nomme *appel en adhérant*, parce qu'il est joint, parce qu'il est *attaché* pour ainsi dire au pourvoi antérieurement formé. Il a lieu lorsqu'on appèle de ce qui a suivi le premier jugement, ou d'un second jugement qui tend à le confirmer ou à procurer son exécution.

De toutes ces espèces d'appels incidens, celui que formerait l'intimé contre le jugement attaqué, est le seul qui puisse être interjeté en tout état de cause; les autres seraient non recevable après l'expiration du délai. — (*Voy. infrà art.* 443*, et Quest. de droit, v*°. appel, § 9).

L'appel interjeté en tems utile a deux effets :

1°. Il suspend l'exécution du jugement attaqué, à moins qu'il ne soit exécutoire par provision. — (*Voy. supra art.* 135 *et* 439*, et infrà* 457—460).

2°. Il remet en question devant le juge supérieur la décision prononcée par le juge inférieur.

Sous le premier rapport, on dit qu'il est *suspensif*; sous le second, qu'il est *dévolutif*, parce que la contestation est *dévolue* ou déférée au tribunal d'appel, en sorte que s'il survient quelque chose à décider *provisoirement*, c'est à ce tribunal que la connaissance en appartient.

Mais le pouvoir dévolutif cesse dès que le juge d'appel a confirmé le jugement, et la jurisdiction est rendue au premier juge pour la suite et l'exécution de ce même jugement.

Si, au contraire, le jugement est réformé, le juge d'appel a la liberté ou de se réserver l'exécution, ou de l'attribuer à un autre tribunal que celui dont était émané le jugement. (472).

Mais toutes les fois que l'appel porte sur un interlocutoire, ou ne présente à juger que des questions de nullité ou de compétence, les juges d'appel peuvent, s'ils annulent ou s'ils réforment, statuer par le même jugement sur le fond qui serait en état. (473).

Ce droit d'*évocation* (2), que notre Code a rendu *facultatif*, tandis qu'il constituait, suivant la législation antérieure, une obligation pour le juge d'appel de prononcer sur le fond de l'affaire, resté indécis en première instance, prouve qu'en général l'effet d'un appel, uniquement fondé sur l'incompétence

---

le demandeur et le défendeur en première instance. Ce mot *intimé* dérive du latin *intimare, déclarer, dénoncer, faire connaître,* et s'applique à la partie défenderesse à l'appel, parce que ce pourvoi lui est *déclaré, dénoncé, notifié. L'intimé* qui appèle incidemment se qualifie *appelant incidemment,* et l'appelant principal prend alors la qualité d'*intimé incidemment.*

(1) Cette qualification, appel *à minimâ*, n'était guère en usage qu'en Bretagne; ailleurs, elle n'était employée que pour désigner l'appel interjeté par la partie publique dont les conclusions n'avaient pas été entièrement suivies; elle appelait alors *à minimâ ad majorem pœnam*; comme elle le fait aujourd'hui en matière de police. On sent que la dénomination donnée à cet appel convient parfaitement à l'appel incident interjeté en matière civile, par la partie qui n'a pas obtenu tout ce qu'elle prétendait.

(2) *Évocation d'evocare, faire venir, attirer;* c'est l'attribution à un juge d'une affaire dont la connaissance appartenait à un autre. Nos lois actuelles n'admettent d'évocation que dans le cas de renvoi pour sûreté publique ou suspicion légitime, et d'indication de juge, et dans celui de l'art. 473. — (*Voy. notre Traité des lois d'organ. et de compét.*, pag. 40 et suiv.)

ou la nullité, est de peu d'importance, si l'on n'est pas certain de justifier le bon droit au fond. En cette circonstance, l'appel ne produirait le plus souvent que la décharge de quelques dépens de première instance, puisque le juge supérieur, *faisant jugement nouveau*, prononcerait comme le premier juge.

Les moyens de forme ne doivent donc entrer en considération, quand il s'agit de conseiller un appel, que comme secondaires, et lorsqu'ils concourent d'ailleurs avec des moyens au fond.

On voit, par ce qui précède, 1°. que le jugement d'appel anéantit totalement celui qu'il infirme, et que la décision qu'il prononce devient la loi irrévocable des parties, sauf toutefois le recours en cassation, qui n'est point suspensif de l'exécution. — (*Loi du* 1.ᵉʳ *décemb.* 1790, *art.* 16).

2°. Que, dans le cas où le jugement est confirmé, il reprend toute sa force à l'égard des parties, sauf encore le même pourvoi contre la décision confirmative.

Telle est la doctrine du Code de procédure sur les appels. Il suffit d'en comparer les dispositions avec les règles de la jurisprudence antérieure, pour reconnaître l'importance des améliorations qu'il a faites en cette matière. L'ordonnance de 1667 n'avait point entièrement atteint le but que ses auteurs s'étaient proposé, de simplifier les anciennes formes ; elle présentait elle-même la plus embarrassante complication de celles qu'elle autorisait ; et, d'un autre côté, les réglemens et usages locaux admettaient des règles particulières, tantôt additionnelles, tantôt dérogatoires à ses dispositions.

La suppression de la différence dans la manière de procéder sur les appellations verbales et sur les appellations par écrit, sur les appels qualifiés d'incompétence et de déni de renvoi, celle des anticipations d'appel et des désertions d'appel, qui n'empêchaient pas un appel nouveau ; d'un autre côté, l'uniformité des délais de procédure, autrefois susceptibles d'autant de variations, pour ainsi dire, qu'il y avait de tribunaux différens, et celles de règles sur la péremption ; tels sont, entre plusieurs autres, les avantages que l'on doit au nouveau Code (1).

ARTICLE 443.

Le délai pour interjeter appel sera de trois mois ; il courra, pour les jugemens contradictoires, du jour de la signification à personne ou domicile ;

Pour les jugemens par défaut, du jour où l'opposition ne sera plus recevable.

L'intimé pourra néanmoins interjeter incidemment appel en

---

(1) Il est à remarquer que toutes les dispositions contenues au liv. 3 sont applicables, non seulement dans les Cours royales jugeant les appels des tribunaux civils ordinaires et de commerce, mais aussi dans les tribunaux de première instance, prononçant sur les appels des justices de paix. C'est la raison pour laquelle ce livre était intitulé dans la première édition, *des Tribunaux d'appel*, et non des *Cours*, comme il l'a été dans la nouvelle publiée en vertu de l'ordonnance du Roi. Ce changement de titre provient d'un défaut d'attention, puisqu'il n'était convenable qu'autant que les dispositions concernant l'appel eussent été exclusivement propres aux *Cours royales ;* ce qui n'est pas, d'après l'explication que nous venons de donner.

tout état de cause, quand même il aurait signifié le jugement sans protestation (1).

T., 176. — Loi du 24 août 1790, tit. 5, art. 14. — C. de C., art. 52, 645, 648. — C. de P., art. 16, 446, 894, 1033, 1035.

CCCLXVII. Deux excès étaient également à éviter dans la fixation des dé-

---

(1) JURISPRUDENCE.

1.º Le commandement fait en vertu d'un jugement dont la copie est en même tems délivrée à la partie condamnée, équipole à un exploit de signification de ce jugement, et fait courir le délai, soit de l'appel, soit de tout autre pourvoi. — (Cassat., 19 niv. an 12, Sirey, tom. 4, 2.ᵉ part., pag. 59).

Nota. En effet, le mot signifier n'est pas nécessaire; il suffit d'un acte légalement fait pour donner à la partie connaissance du jugement.

2.º Une signification faite à requête d'un individu qui serait frappé de mort civile, ne ferait pas courir le délai d'appel, parce qu'il est de principe qu'un individu frappé de mort civile est incapable d'exercer les actes qui ont leur fondement dans le droit civil, tels que les assignations, les demandes en justice et les significations. — (Cassat., 23 nov. 1808, Sirey, tom. 9, pag. 44).

3.º Lorsque l'appel est engagé sur une signification irrégulière, une signification valable, faite par l'intimé sans se désister de la première, ne produirait aucun effet. — (Trèves, 6 mai 1812, Journ. des avoués, tom. 7, pag. 360).

4.º La signification d'un jugement aux syndics ou directeurs d'une union de créanciers, ne fait pas courir le délai d'appel contre chacun des créanciers unis. Ce principe est consacré par un arrêt de cassation, du 11 thermidor an 12, cité par M. Merlin, ubi suprà, pag. 199, et rapporté, avec ses conclusions, dans ses Questions de droit, aux mots union de créanciers.

Nota. Cet arrêt décide en même tems que la signification dont il s'agit ne fait pas courir le délai contre les créanciers qui n'auraient pas accédé au contrat d'union, ou avec lesquels ce contrat n'aurait pas été homologué.

5.º La signification du jugement portant condamnation contre le mari et la femme séparée de biens, ne fait pas courir le délai d'appel contre celle-ci, si elle n'a été faite qu'au mari seulement, attendu que, pour faire courir le délai, il était nécessaire, dans la circonstance, que le jugement eût été signifié à la femme particulièrement, puisque ses intérêts n'étaient pas communs avec son mari, et que celui-ci n'en était pas l'administrateur. — (Paris, 13 juin 1807, Jurispr. des Cours souv., tom. 1, pag. 300).

Nota. Au reste, la règle générale est que la signification faite au mari fait courir le délai contre la femme, dans les affaires où il peut procéder seul pour elle, tandis qu'elle doit être faite à tous deux, s'ils doivent procéder conjointement.

Nous croyons, au reste, que la décision ci-dessus est justifiée par les arrêts cités tom. 1.ᵉʳ, pag. 177, à la note 13.º

6.º La connaissance que peut avoir une partie du jugement rendu contre elle, par toute autre voie qu'une signification régulière, ne fait point courir contre elle les délais pour se pourvoir. Ainsi, lorsqu'il n'y a point eu signification, la partie qui interjette appel, et qui par là annonce qu'elle connaît le jugement, est appel si cet appel est déclaré nul, à appeler de nouveau, encore bien que le délai de trois mois se soit écoulé, en comptant du jour du premier appel. — (Cassat., 15 avril 1819, Sirey, tom. 20, pag. 470).

7.º Les juges saisis d'un appel interjeté après le délai ne peuvent s'appuyer sur des moyens tirés du fond, pour déclarer l'appel recevable; par exemple, une Cour royale saisie d'un appel tardif ne peut le déclarer recevable, en se fondant sur l'irrégularité de la signification du jugement dont appel, résultant du défaut de qualité dans l'auteur de la signification, lorsque celui-ci a d'ailleurs procédé sous la qualité que lui attribue le jugement. — (Angers, 11 avril 1821, Sirey, tom. 22, pag. 175).

8.º Lorsqu'un jugement a été signifié à deux parties, avec injonction d'y satisfaire dans

lais d'appel , celui de la briéveté , et celui de la longueur. Le premier expose
à des surprises , des oublis , des injustices irréparables ; le deuxième prolonge

---

toutes ses dispositions , cette signification , préparatrice d'exécution , est un acquiescement ,
une renonciation à en interjeter appel principal ; il ne reste que la faculté d'appel incident ,
pour le cas où les parties à qui la notification a été faite interjettent appel principal.

L'appel incident n'est permis à la partie qui a provoqué l'exécution du jugement , que
selon la mesure et l'étendue de l'appel principal : si donc il n'y a d'appel principal que
de la part de l'une des parties qui ont été sommées d'exécuter, l'appel incident doit être
restreint au chef qui est relatif aux droits de la partie appelante ; il n'est pas recevable ,
quant au chef relatif à celle des deux parties qui n'est pas appelante. — (Cassat. , 27 juin
1820 , Sirey , tom. 21 , pag. 4).

9.° L'appel , quoique soumis à la loi du tems de son émission , en ce qui touche la forme ,
est soumis , en ce qui touche les délais , à la loi du tems où le jugement a été rendu. Ainsi ,
l'appel d'un jugement par défaut , rendu sous l'empire de la loi du 24 août 1790 (voy. le
commentaire de l'article), est recevable pendant dix ans , à compter de sa signification ; peu
importe que cette signification ait été faite , et que l'appel ait été interjeté depuis la publication du Code de procédure. — (Cassat. , 1.er mars 1820 , Sirey , tom. 20 , pag. 228).

10.° L'art. 645 du Code de commerce ayant fixé les règles qu'on doit suivre à l'égard des
appels des jugemens des tribunaux de commerce , et qui sont consignées dans cet article
seul , il s'ensuit que l'art. 443 du Code de procédure ne règle les appels qu'en matière civile , et n'est pas commun aux matières commerciales ; d'un autre côté , les art. 156 , 158
et 159 de ce dernier Code , ne disposent que pour les oppositions. Ainsi , aux termes du
dernier paragraphe de l'art. 645 du Code de commerce , l'appel des jugemens des tribunaux de commerce est recevable , tant que les parties sont encore dans le délai de l'opposition , à la différence de celui des jugemens rendus par les tribunaux civils ordinaires. —
(Cassat. , 14 fév. 1817 , Sirey , tom. 17 , pag. 272).

11.° Si les parties compromettent après un jugement rendu en premier ressort , les
délais de l'appel contre ce jugement ne courent point pendant la durée du compromis. —
(Riom , 4 août 1818 , Sirey , tom. 19 , pag. 38).

12.° Mais si , pendant ce même laps de tems , un des arbitres s'était déporté , et que son
déport n'eût pas été notifié à la partie qui eût obtenu gain de cause par le jugement sur lequel le compromis avait eu lieu , cette circonstance ne serait pas un motif pour décider
que le délai d'appel du jugement a été suspendu , et conséquemment, elle n'autoriserait pas
l'intimé à opposer une fin de non - recevoir contre l'appel interjeté dans les trois mois de
la signification du jugement , par la partie à laquelle il porterait grief. — (Cassat. , 24 déc.
1817, Sirey , tom. 18 , pag. 141).

13.° L'appel d'un jugement rendu sur tierce opposition est recevable dans le délai ordinaire de trois mois , encore bien que le jugement contre lequel la tierce opposition était
dirigée , eût prononcé sur une demande en distraction de biens saisis réellement , et que ,
par conséquent, l'appel de ce jugement ne pût être interjeté que dans le délai de quinzaine,
aux termes de l'art. 730. — (Nîmes , 24 août 1810 , Sirey , tom. 12 , pag. 29).

14.° Lorsque , sur une action personnelle principale , le défendeur a mis garant en cause,
et qu'il intervient jugement qui condamne ce défendeur , et qui décharge le garant , le demandeur originaire doit interjeter appel principal de cette dernière disposition , s'il a intérêt
à la faire réformer , et il ne lui suffirait pas , sur l'appel du défendeur originaire , d'interjeter
incidemment un appel contre lui , en ce qui touche cette disposition. — (Cassat. , 1.er août
1820 , Sirey , tom. 21 , pag. 301).

NOTA. En effet , le défaut d'appel principal de la part du demandeur originaire , contre le garant avec
lequel la cause a été contradictoire , constitue un acquiescement au jugement rendu contre ce dernier , et
l'autorité de la chose jugée forme une fin de non-recevoir en ce qui concerne la disposition qui décharge
le dernier.

15.° Lorsque , de deux parties litigantes , l'une interjette appel d'une disposition accessoire,
par exemple de celle qui compenserait les dépens , et que l'autre appèle ultérieurement de la
décision rendue sur le principal , c'est le dernier appel que l'on doit qualifier incident , parce

Indéfiniment l'incertitude des plaideurs; les procès n'ont plus de fin; ils se transmettent de génération en génération comme un héritage.

Presque toutes les législations sont tombées dans l'un ou dans l'autre cas de ces partis extrêmes. Au nombre de celles qui ont admis un terme trop bref, nous citerons le droit romain (1), qui n'accordait que dix jours, à partir de la prononciation; règle adoptée avec quelques modifications dans le Code prussien, et dans les Constitutions sardes.

Notre ancienne jurisprudence fournit un exemple de l'excès opposé. Avant l'ordonnance de 1667, le terme de l'appel était de trente ans; on appliquait au recours que la loi donne contre les jugemens, les principes reçus en matière de prescription (2). Cette loi le réduisit à dix ans, en faisant en même tems une exception en faveur de celui qui, ayant obtenu le jugement, au-

---

qu'il importe peu, pour qu'un appel soit ainsi qualifié, qu'il porte sur la disposition principale du jugement ou sur une disposition accessoire, celui qui interjette le premier appel d'une disposition quelconque étant réputé par la loi appelant principal. — (*Colmar,* 20 *fév.* 1820, *Sirey, tom.* 20, *pag.* 177).

NOTA. Cette décision, conforme à la définition que nous avons donnée de l'appel *principal*, pag. 106, est importante, en ce que l'on ne peut opposer à celui dont l'appel est qualifié incident, qu'il eût laissé passer le délai, ou qu'il n'eût pas signifié son acte d'appel à personne ou domicile.

16.º Lorsqu'un acte, un testament, par exemple, est attaqué pour deux ou plusieurs causes de nullité; que les premiers juges n'en admettent qu'une seule et déclarent les autres mal fondées, le demandeur, intimé sur l'appel, doit interjeter incidemment appel des dispositions qui ont rejeté celle-ci; autrement, il n'est pas recevable, eu cas que la Cour d'appel rejette la nullité admise par les premiers juges, à se plaindre de ce qu'il n'ait pas statué sur le mérite des nullités que le juge de première instance avait déclarées mal fondées. — (*Cassat.,* 18 *juin* 1816, *Sirey, tom.* 17, *pag.* 158).

17.º Si la partie condamnée par défaut, faute de constitution d'avoué, ne s'est pas rendue opposante, le délai d'appel ne court contre elle que du jour où l'exécution a été consommée. — (*Rennes,* 13 *juil.* 1809).

18.º On peut appeler d'un jugement, même après le jugement contradictoire qui aurait déclaré non recevable l'opposition formée contre le premier, et sans avoir besoin d'interjeter appel de l'autre. Les motifs de cette décision sont que le second jugement ne prononce que sur un point de procédure, et ne touche en aucune manière, ni par ses motifs, ni par son dispositif, au fond de la contestation — (*Cassat.,* 25 *juin* 1811, *Sirey, tom.* 11, *pag.* 241).

19.º On ne peut également opposer, comme fin de non-recevoir contre l'appel d'un premier jugement par défaut, que la partie n'eût pas appelé d'un second jugement également rendu par défaut. — (*Rennes,* 19 *nov.* 1813).

20.º L'appel incident n'est permis qu'à l'intimé, et relativement à un jugement dont il y ait appel principal. — (*Cassat.,* 26 *mai* 1814, *et* 18 *juil.* 1815, *Sirey, tom.* 14, *pag.* 258, *et tom.* 15, *pag.* 383).

21.º L'appel incident peut être formé par des conclusions verbales prises à l'audience, sans aucune signification préalable. — (*Bruxelles,* 24 *déc.* 1812, *Journ. des avoués, tom.* 7, *pag.* 361).

NOTA. Cette décision a été motivée sur ce que l'appel incident peut être interjeté en tout état de cause; ce qui exclut en effet la nécessité d'une signification préalable. Mais du moins il nous semble prudent de renouveler cet appel par acte d'avoué à avoué; car il est nécessaire qu'il existe dans la procédure un acte qui le constate. Aussi l'adhésion d'une partie à l'appel d'une autre ne suffit point pour que cet appel soit valablement interjeté; il faut un acte exprès. -- (*Rennes,* 4 *octobre* 1811).

(1) Novelle 23, chap. 1.
(2) Voy. la réfutation de ce système dans l'Exposé des motifs du titre de l'appel, par notre respectable et savant compatriote M. Bigot de Préameneu, édit. de F. Didot, pag. 128.

rait fait à son adversaire une sommation d'appeler. — (*Voy. tit.* 27 , *art.* 12 *et suiv.*).

L'Assemblée constituante, dans la loi du 24 août 1790, tit. 5 , art. 14, sut se garder de toute exagération , en accordant, pour l'appel des jugemens, un délai de trois mois, à compter de leur signification ; mais cette loi n'appliquait sa disposition qu'aux jugemens contradictoires, sans statuer à l'égard de ceux qui étaient rendus par défaut. Ainsi, l'ordonnance et les anciens réglemens sur le délai de l'appel des jugemens de cette dernière classe continuèrent d'être suivis.

Notre Code a fait cesser cette diversité de législation, en fixant le délai d'appel à trois mois pour tout jugement contradictoire ou par défaut ; disposition qui a mérité l'assentiment général qui fut donné à celle de la loi de 1790, en ce que ce laps de tems suffit pour délibérer si on doit interjeter appel, et pour s'y préparer, et n'est point assez long pour produire une incertitude fâcheuse (1).

Il est à remarquer que le délai d'appel pour les jugemens par défaut ne court que du jour où l'opposition n'est plus recevable. On a dû, dit M. Bigot de Préameneu, songer non seulement au tems nécessaire pour l'appel, mais encore prendre des précautions particulières, pour que la partie condamnée en eût connaissance ; or, ce double objet a été rempli par la seconde disposition de l'art. 443 , puisque, suivant une autre disposition du Code (*voy. art.* 157 *et* 158), l'opposition contre les jugemens par défaut est recevable pendant la huitaine, à compter de la signification à l'avoué qui aurait été constitué, et que, lorsqu'il n'y a point eu de constitution d'avoué, elle est recevable jusqu'à l'exécution du jugement (2).

_____

(1) Mais il y a des jugemens dont le délai d'appel est fixé au-dessous de trois mois ; savoir :
1.° *Trois jours* au moins avant la mise du cahier des charges au greffe, à l'égard du jugement en vertu duquel il a été procédé à la saisie immobilière (*art.* 726) ;
2.° *Cinq jours*, à dater du jugement sur les demandes en renvoi pour cause de parenté (*art.* 377) ;
3.° *Même délai*, à dater du jugement sur les demandes en récusation (*art.* 392) ;
4.° *Huit jours*, à dater de la prononciation du jugement qui a statué sur les demandes en nullité des procédures postérieures à l'adjudication préparatoire d'immeubles saisis (*art.* 736) ;
5.° *Dix jours* pour le jugement de distribution par contribution (*art.* 669) ;
6.° *Même délai* pour le jugement d'ordre (*art.* 763) ;
7.° *Quinze jours* pour le jugement en subrogation de poursuite et vente d'immeubles saisis (*art.* 723) ;
8.° *Même délai* pour le jugement rendu sur une demande en revendication d'immeubles saisis (*art.* 730), ou sur les demandes en nullité des procédures qui ont précédé l'adjudication préparatoire d'immeubles saisis (*art.* 734) ;
9.° *Même délai* pour l'ordonnance sur référé, dans les cas où l'appel est permis (*art.* 809) ;
10.° Enfin, *un mois* pour les jugemens d'adoption (*Code civil*, art. 357).
(2) La loi de Genève refuse l'appel aux défaillans, et adopte en cela la règle romaine, *contumax non appellat*. Cette règle, qui s'observait en France avant l'ordonnance de 1667, qui y fut adoptée pour les justices de paix par la loi du 26 octobre 1790, qui fut réclamée pour tous les tribunaux, dans les observations de la Cour de cassation, sur le projet du Code de procédure, et qui a néanmoins été rejetée, semble fondée en raison, « et nous y sommes » revenus, dit M. Belloc. (*Voy. Exposé des motifs de la loi de Genève, pag.* 206). En » effet, l'appel présuppose un tort causé par le premier juge ; comment le défaillant peut-il s'en

Après avoir fait cesser toute inquiétude sur ce que les parties condamnées pourraient, par l'infidélité des huissiers, ou même par d'autres accidens, n'avoir pas eu connaissance de la condamnation, il n'y avait plus aucune raison pour que le délai de trois mois ne courût pas à l'égard des jugemens par défaut, comme à l'égard de ceux rendus contradictoirement.

Si, comme nous l'avons dit, les délais de l'appel ont été limités pour que le sort de celui contre lequel on peut l'interjeter ne restât pas trop long-tems incertain, ces mêmes délais fixés contre l'appelant ne sont plus à considérer en sa faveur, lorsque, par l'appel, il a remis en question ce qui avait été jugé : dès lors le droit réciproque d'appel n'est pour l'intimé, pendant ce nouveau combat judiciaire, que celui d'une légitime défense.

Cette défense ne saurait lui être interdite, lors même qu'il aurait signifié le jugement sans protestation ; c'est l'appelant qui, par son propre fait, change la position et l'intérêt de son adversaire. Le plus souvent, les droit respectifs des parties ont été justement balancés par des condamnations réciproques. L'intimé qui a signifié le jugement sans protester, pouvait être disposé à respecter cette intention des premiers juges ; mais lorsque, par l'appel, on veut rompre cet équilibre, la justice demande que, pour le maintenir, l'intimé puisse employer le même moyen. Tels sont les motifs pour lesquels l'art. 443, par sa troisième disposition, autorise l'intimé à interjeter incidemment appel en tout état de cause, et que la signification qu'il aurait faite du jugement sans protestation ne puisse lui être opposée. C'est une juste application de la maxime pleine d'équité : *Nihil licere debet actori quod reo non liceat.* (*Loi* 45, *ff de reg. juris*).

1553. *Quel est, en général, relativement au délai de l'appel, l'effet de la signification du jugement ?*

En général, la signification d'un jugement n'a pour but que de le faire connaître d'une manière certaine à la partie condamnée, afin qu'elle ait à l'exécuter volontairement, et, par une suite nécessaire, d'autoriser la partie à la requête de laquelle cette signification est faite, à faire exécuter ce jugement par les voies de droit : la signification d'un jugement n'est donc au fond qu'un acte d'exécution étranger à l'appel.

Il résulte de ce principe, consacré par un arrêt de la Cour de cassation du 1er. août 1808, cité par M. Berriat Saint-Prix, pag. 415, not. 41 :

1°. Qu'on peut appeler d'un jugement, quoiqu'il n'ait pas été signifié. — (*Voy. arrêt de la Cour de cassat., du* 17 *mars* 1806, *Bull. offic. des arrêts de cette Cour,* 1806, *pag.* 97).

2°. Que la signification n'a d'autre influence, par rapport à l'appel, que d'en faire courir le délai (*voy. l'arrêt déjà cité, du* 1er. *août* 1808); mais de

---

» plaindre, dès qu'il lui a plu de se taire, de se refuser à l'éclairer ? Admettre l'appel des ju-
» gemens par défaut, c'est fournir à la partie défaillante, contre l'intention de la loi, le
» moyen d'éluder le premier degré de jurisdiction, de saisir la Cour d'appel d'une instruc-
» tion qui appartenait aux premiers juges, et de rendre sans effet la double garantie d'une
» discussion successive devant deux tribunaux différens ».

le faire courir contre la partie seulement à qui cette signification est faite, et non contre celle qui l'a requise (1).

1554. *L'art.* 1033 *s'applique-t-il au délai général fixé par l'art.* 443?

En conformité de plusieurs arrêts cités sur la quest. 1419e. de notre Analyse, nous avions décidé que l'art. 1033 s'appliquait au délai d'appel, et qu'en conséquence, le jour de la signification était le seul qui fût exclu du délai, celui de l'échéance y étant compris. Cette opinion, infiniment controversée, ainsi qu'on peut le voir au Code annoté de M. Sirey, a cessé de l'être depuis deux arrêts de la Cour de cassation, l'un du 22 juin 1813, l'autre du 15 juin 1814 (*voy. Sirey, tom.* 14, *pag.* 226 à 232), lesquels ont décidé, par application de l'art. 1033, que le jour de l'échéance n'était pas compris, attendu que l'appel est un acte qui doit être signifié à personne ou à domicile, et qu'aucune loi positive ne l'excepte de la loi générale.

Mais il ne faut pas conclure de là que ce délai admette l'augmentation accordée par le même article à raison des distances. La Cour de cassation, par arrêt du 8 août 1809 (*Sirey, tom.* 9, *pag.* 406), a décidé le contraire, par la raison que cet article n'impose la nécessité d'une addition de délai proportionnel aux distances, que dans le cas des *comparutions* sur les ajournemens et autres actes qui doivent être faits à personne ou à domicile.

Ainsi la franchise du délai général s'applique tant à la partie qui doit signifier un acte dans le délai déterminé par la loi, qu'à celle qui doit également obtempérer dans un délai à l'acte qui lui a été notifié; mais l'augmentation de ces délais, à raison des distances, n'étant évidemment accordée qu'en faveur de celui qui doit *comparaître,* ne peut s'appliquer au délai donné pour signifier un acte.

1555. *Doit-on compter le délai en ne donnant que trente jours à chaque mois, en sorte que l'appel ne serait pas valablement interjeté après le quatre-vingt-dixième jour qui suivrait la signification du jugement?*

On trouve au Journal des avoués, tom. 1, pag. 217, un arrêt de la Cour de Colmar, du 16 février 1810, aussi rapporté par M. Denevers, 1812, supplément, pag. 10, mais sous la date du 10 février, qui a résolu cette question pour l'affirmative. Cette Cour aura pensé sans doute que le législateur a entendu déterminer un délai fixe, tandis qu'au contraire le délai varierait de quatre-vingt-neuf à quatre-vingt-dix, quatre-vingt-onze ou quatre-vingt-douze jours, si l'on prenait les mois dans la longueur que le calendrier grégorien assigne à chacun d'eux. M. Coffinières, en rapportant cet arrêt, *ubi suprà,* et les auteurs du Commentaire inséré aux Annales du notariat, tom. 3, pag. 22, exposent les raisons d'après lesquelles ils estiment que cette décision ne peut être adoptée pour règle de jurisprudence. Nous pensons comme eux que l'article 443, par cela même qu'il calcule par mois le délai de l'appel, a entendu le composer du nombre de jours qui se trouvent former, suivant le calendrier,

_____

(1) Voy. arrêts de cassation, des 2 floréal an 7 et 4 prairial an 11; Praticien français, tom. 3, pag. 26; Bergognié, tom. 1, pag. 28, et tom. 2, pag. 37; de la Cour de Nîmes, du 13 juillet 1808, Jurisprudence sur la procédure, tom. 2, pag. 342; de la Cour de Paris, du 18 février 1812; le Commentaire des Annales du notariat, tom. 3, pag. 25.

les trois mois qui suivent la signification ; autrement le législateur eût exprimé, d'une manière positive, que le délai serait de *quatre - vingt - dix jours*, et n'eût pas, en le fixant à *trois mois*, donné lieu à des incertitudes qu'il lui était si facile d'éviter, si son intention n'avait pas été de calculer le délai ainsi que nous venons de le dire (1).

1556. *Le délai de trois mois court-il du jour de la signification du jugement à domicile élu ?*

Oui ; ainsi le délai court, 1°. du jour de la signification faite, conformément à l'art. 111 du Code civil, au domicile élu pour l'exécution de l'acte qui fait l'objet du jugement ; 2°. du jour de la signification faite, aux termes de l'art. 2156 du Code civil (*voy. aussi l'art.* 2148, § 1er.), au domicile élu dans l'inscription hypothécaire à laquelle il se rapporte.

Mais la signification faite au domicile élu, en conformité de l'art. 422, ne ferait pas courir le délai ; c'est ce qui résulte de ce que nous avons dit *suprà*, pag. 76, sur la quest. 1517e., et à la note de jurisprudence 1°. Il en serait de même de celle qui serait donnée au domicile élu chez l'avoué, conformément à l'art. 61, parce que cette élection, faite pour le procès, cesse dès qu'il est terminé par le jugement définitif.

Mais aussi, d'après l'art. 422, le délai courrait à dater de la signification faite au greffe, dans le cas que cet article détermine. — (*Voy. arrêt de la Cour de Riom, du 3 février 1809, Biblioth. du barr.,* 2e. part., tom. 2, pag. 272 ; *Pigeau, tom.* 1, *pag.* 562, *et Demiau Crouzilhac, pag.* 520.)

1557. *La signification nulle a-t-elle néanmoins l'effet de faire courir le délai ?*

Cette question a été jugée pour la négative, par arrêt de la Cour de cassation, du 5 août 1807, attendu qu'une signification nulle doit être considérée comme si elle n'avait jamais été faite. — (*Voy. Sirey, tom.* 7, *pag.* 128).

Il faut remarquer en outre, premièrement, que si l'acte de signification était en lui-même régulier, mais que la copie qu'il contiendrait du jugement fût tronquée et imparfaite ; par exemple, si elle ne contenait qu'un extrait de ce jugement, si les qualités y étaient omises, on devrait encore décider que la signification ne ferait point courir le délai (2).

Secondement, qu'il en serait ainsi dans le cas où la signification aurait été faite à requête d'un individu qui, se disant héritier de la partie, aurait obtenu le jugement, et ne justifierait pas de sa qualité, sur laquelle on pouvait élever des doutes. En effet, la loi, en faisant courir le délai du jour de la signification du jugement, présuppose qu'elle a été légalement faite par la partie même en faveur de qui ce jugement a été rendu, ou par son légitime représentant, *à un titre reconnu et incontestable* (3).

_____

(1) Au reste, cette opinion, développée dans les Observations de M. Denevers, sur l'arrêt de Colmar précité, a été consacrée par deux arrêts de la Cour de cassation, l'un du 27 décembre 1811, rendu par la section criminelle, l'autre du 12 mars 1816. — (*Voy. Sirey, tom.* 12, *pag.* 199, *et* 1816, *pag.* 331).

(2) Voy. arrêt de la Cour de Bruxelles, du 8 juillet 1808, cité par les auteurs du Commentaire inséré aux Annales du notariat, tom. 3, pag. 25, et un arrêt de la Cour de Turin, du 30 janv. 1811, Denevers, 1812, supplément, pag. 6.

(3) Par exemple, on ne saurait dire que la signification aurait été faite à requête d'une

1558. *La signification à personne ou domicile fait-elle courir le délai d'appel.*
quoiqu'elle n'ait pas été précédée de la signification à avoué?

M. Pigeau, tom. 1, pag. 252, induit de la disposition de l'art. 147 que la
signification à personne ou domicile doit avoir été précédée de la signification à avoué. Les auteurs du Praticien (*voy. Jurispr. sur la procéd.*, *tom.* 3,
pag. 199) soutiennent la même opinion. Voici ce qu'on peut dire en sa faveur : L'art. 443 porte que le délai pour interjeter appel court du jour de la
signification à personne ou domicile, et semble ne laisser aucun doute sur
l'affirmative de la question; mais il n'en est pas ainsi lorsqu'on rapproche cet
article de l'art. 147, qui dit que, s'il y a avoué en cause, le jugement ne
pourra être exécuté qu'après avoir été signifié à avoué; or quel est le motif
de cette dernière disposition? C'est que l'avoué étant *dominus litis*, doit connaître tous les actes qui concernent le procès, même ceux qui sont signifiés à la partie, afin de l'aider de ses conseils sur le parti qu'elle a à prendre
par suite de ces actes. Si donc on fait courir les délais par une signification
à partie qui n'aurait pas été préalablement faite à l'avoué, c'est aller contre
les motifs de l'art. 147, c'est contrevenir à sa disposition.

Nous répondons que si l'art. 147 exige que la signification du jugement
soit faite à avoué, et qu'il en soit fait mention dans celle qui est faite à partie,
c'est bien moins dans l'intention que la partie reçoive les conseils de son
avoué sur le parti qu'elle aurait à prendre relativement à l'appel, qu'afin de
mettre l'avoué à portée de faire, sur l'exécution de ce jugement, les actes
que la loi exige de cet officier ministériel, en l'obligeant, par l'art. 1038, à
occuper sur l'exécution des jugemens définitifs, lorsqu'elle a lieu dans l'année de la prononciation; qu'ainsi l'on doit décider, comme l'a fait la Cour
de Liège, par l'arrêt cité sur notre quest. 610ᵉ., tom. 1, pag. 354, que l'article 147 ne concerne que l'exécution des jugemens, et n'a aucun rapport
au cours des délais de l'appel (1).

1559. *Si plusieurs parties ont obtenu un jugement conjointement, et que l'une*
d'elles seulement en fasse faire la signification, cette signification profite-t-elle
aux autres, en faisant courir en leur faveur le délai d'appel?

La Cour de cassation, section civile, a prononcé négativement sur cette
question, le 17 prairial an 12, en déclarant que les parties qui n'avaient pas
fait signifier le jugement ne pouvaient se prévaloir des diligences faites par
celle qui l'avait obtenu conjointement avec elles.

---

partie ayant qualité à ce titre, si elle a eu lieu au nom d'un enfant naturel qui s'est borné
à se qualifier de fils et unique successeur de la personne qui a obtenu le jugement, sans
exprimer qu'il est fils naturel ou légitime, sans justifier qu'il n'est pas adultérin, ou que
les héritiers légitimes eussent répudié la succession. Il est certain qu'en ce cas, la partie à
laquelle le jugement aurait été signifié n'aurait pu reconnaître un légitime contradicteur dans
ce soi-disant héritier, et que le délai pour interjeter appel n'aurait pu courir contre elle,
du moins jusqu'à ce qu'il eût été justifié de la qualité d'héritier. — (*Voy.*, *pour la forme*
de la signification, *suprà*, n.º 612; *arrêt de la Cour de Nîmes*, *du* 29 *janv.* 1811, *Dene-*
vers, 1811, *suppl.*, *pag.* 9).

(1) Cette opinion est aussi celle de M. Berriat Saint-Prix. Le système adopté par la Cour

Il faut remarquer que cet arrêt, rapporté par M. Coffinières, dans la Jurisprudence des Cours souveraines sur la procédure, a été rendu par application de l'art. 14 du tit. 3 de la loi du 25 août 1790. Mais, comme l'observe cet arrêtiste, l'art. 443 du Code de procédure fixe également le délai d'appel *à trois mois du jour de la signification du jugement ;* d'où l'on peut conclure que la question ci-dessus posée serait résolue de la même manière (1).

1560. *Lorsqu'un jugement est rendu contre une compagnie, et qu'il n'est signifié qu'au gérant de cette compagnie, le délai d'appel courrait-il contre chacun des associés ?*

Les auteurs du Commentaire des Annales du notariat citent un arrêt de la Cour de Paris, du 25 mai 1809, rendu au profit du sieur *Lenormand* contre le sieur *Dewitt,* qui a décidé que la signification faite au gérant d'une compagnie contre laquelle le jugement était rendu, produisait le même effet que si elle était faite à chaque associé en particulier ; que par conséquent les trois mois d'appel couraient, contre chacun d'eux, à compter du jour de cette signification.

1561. *Le délai de l'appel court-il, relativement à un jugement qui ordonne un serment, du jour de la signification de ce jugement, ou seulement du jour de la prestation de ce serment?*

On pourrait dire que le délai ne court que du jour auquel le serment est prêté, parce que c'est à cette époque seulement que le jugement cesse d'être conditionnel, qu'il reçoit sa perfection, et que la partie condamnée a intérêt à se pourvoir, puisque, sans la prestation du serment, le jugement n'aurait produit aucun effet.

---

de Liège, dit-il, pag. 416, not. 42, paraît plus conforme, soit aux principes, soit à la loi, puisqu'elle ne parle point de la signification préalable à avoué.

Ainsi, nous persistons dans l'opinion que nous avons émise sur la quest. 610.ᵉ Mais nous ajouterons que M. Berriat Saint-Prix l'appuie d'un autre arrêt, qui est celui de la Cour de Riom, du 27 décembre 1800, rapporté dans la Jurisprudence sur la procédure, tom. 3, pag. 226. A ce sujet, nous observerons que cet arrêt n'a pas décidé la question, puisque, dans l'espèce, il était constant que la signification avait été faite à l'avoué ; il a seulement prononcé que celle qui avait eu lieu à personne ou à domicile faisait courir le délai, encore bien qu'elle ne contînt pas mention de la première. Nous ajouterons qu'il faut que la signification ait eu lieu à requête de la partie qui a obtenu le jugement, et non à la requête de l'avoué (*Bruxelles,* 14 janv. 1812, *Sirey, tom. 14, pag. 361*), et que, dans ce cas-là même, elle ne ferait pas courir le délai, si l'exploit ne contenait pas la mention expresse que le jugement a été signifié, et que la copie en a été laissée à la partie. — (*Cassat.,* 3 nov. 1818, *Sirey, tom. 19, pag. 129*).

(1) Il est à remarquer qu'un arrêt de la même Cour, du 28 décembre 1808, rapporté par M. Denevers, en son Journal pour 1809, et par M. Merlin, au nouveau Répertoire, v.° *signification,* tom. 12, pag. 120, consacre une exception, relativement à la signification d'un jugement d'ordre. Cet arrêt a décidé que cette signification, faite à requête du créancier poursuivant aux divers créanciers qui s'étaient présentés à l'ordre, fait courir le délai de l'appel pour et contre chacun d'eux respectivement, parce que le créancier poursuivant l'ordre est, exclusivement à tout autre, chargé de tous les actes nécessaires pour parvenir à la confection de l'ordre, etc. etc.

Mais la Cour de Bruxelles, par arrêt du 8 juillet 1807 (*suppl. pour 1808 et 1809, pag.* 539), a considéré que le jugement était parfait dès l'instant où il avait été rendu, et que l'obligation imposée à l'une des parties de prêter le serment ne fait qu'en suspendre l'exécution. Elle a conséquemment décidé que le délai d'appel courait du jour de la signification du jugement. Cette décision ne nous paraît pas susceptible de controverse, la prestation du serment n'étant que l'exécution du jugement qui l'a ordonnée.

1562. *Quand un jugement est nul en sa forme constitutive et intégrale, la signification fait-elle courir le délai d'appel?*

Pour la négative de cette question, on peut citer Pothier, Traité des obligations, part. 4, chap. 3, art. 2, n°. 869, en ce qu'il dit qu'un jugement nul, qui a été rendu contre la forme judiciaire, ne peut avoir *l'autorité de la chose jugée,* à moins que la nullité n'ait été couverte. Cette décision se fortifie, dirait-on, de la disposition de la loi 1re., § 2, liv. 49, tit. 6 du Digeste : *Item cùm contra sacras constitutiones judicatur, appellationis necessitas remittitur.* On conclurait de là qu'en principe un jugement nul ne peut acquérir l'autorité de la chose jugée, et que, par conséquent, il n'y a pas de délai fatal pour l'attaquer par voie d'appel.

Mais la Cour de Bruxelles, par arrêt du 7 janvier 1808, rapporté par M. Sirey, en son supplément pour 1808 et 1809, pag. 502, a décidé, au contraire, que la nullité d'un jugement ne pouvant être proposée que par la voie de l'appel, la partie à laquelle ce jugement est signifié doit se pourvoir dans le délai requis. Cette décision est certaine, et ne nous paraît pas absolument opposée à la doctrine de Pothier, attendu que la nullité se trouve couverte par le défaut de pourvoi dans le délai fixé par la loi : or, Pothier convient qu'un jugement nul peut acquérir l'autorité de la chose jugée, si la nullité est couverte.

Ce que nous disons ici s'applique nécessairement aux jugemens qui seraient nuls pour cause d'incompétence (*Cassat., 26 therm. an* 4)*;* et dans tous les cas on peut appeler d'un jugement nul, quelle que soit la modicité de l'objet sur lequel il a prononcé. (*Voy. Berriat Saint-Prix, pag.* 406, *not.* 11). En effet, un jugement nul ne peut subsister; et les premiers juges ne pouvant se réformer, il est rigoureusement nécessaire d'admettre le recours vers les juges supérieurs, s'il n'est pas susceptible d'opposition (1).

1563. *L'appel d'un jugement peut-il être déclaré non recevable après trente ans d'exécution, encore bien qu'il n'ait pas été signifié?*

Le 14 novembre 1809, la Cour de cassation a résolu cette question d'une manière affirmative, en jugeant que la Cour d'appel de Riom n'avait violé aucune loi dans un arrêt par lequel elle avait déclaré non recevable, après trente ans d'exécution, l'appel d'une sentence d'adjudication suivie de la dépossession effective des parties saisies. — (*Voy. Sirey, tom.* 10, *pag.* 187). (2)

_____

(1) Ce n'est qu'une conséquence de ce que nous avons établi pag. 105, not. 5, et l'on peut encore y ajouter un arrêt de Rennes, du 15 mars 1809, qui décide qu'une Cour d'appel n'a le droit de déclarer ses arrêts nuls ou de les réformer, qu'autant que les parties les ont entrepris par les voies que les lois leur tracent, et qu'ainsi elle ne peut faire droit à des conclusions prises à cet égard par le ministère public, dans l'intérêt de la loi.

(2) On opposait que la signification du jugement pouvant seule faire courir le délai d'appel,

1564. *La partie qui fait signifier un jugement dont elle se propose de relever appel, relativement à quelques chefs, doit-elle, dans l'acte de signification, se réserver la faculté d'appel?*

C'est demander, en d'autres termes, si celui qui signifie, *purement et simplement*, le jugement qu'il a obtenu, est censé y avoir acquiescé?

Nous avons déjà dit (*voy. quest.* 155e°.), que la signification du jugement est en soi un préalable de l'exécution; elle contient implicitement la déclaration que l'on entend poursuivre cette exécution, et par conséquent se conformer ou acquiescer au jugement. Ainsi, disent les auteurs du Praticien, tom. 3, pag. 25, une signification pure et simple rend celui au nom duquel elle est faite non recevable à attaquer la décision. — (*Voy. arrêt du Parlement de Paris, du* 13 *août* 1765, *rapporté par Dénisart, au mot* appel, *n°.* 52, *pag.* 138, *et Pothier,* 2°. *part., chap.* 3, *art* 3, § 1).

Le Code de procédure n'ayant rien statué sur ce point de jurisprudence, les auteurs que nous venons de citer estiment que l'on doit adopter la décision de l'arrêt du Parlement de Paris, conforme, d'ailleurs, à la doctrine des anciens auteurs.

Telle est aussi notre opinion, fondée sur ce que la troisième disposition de l'art. 443 porte que l'intimé pourra interjeter appel en tout état de cause, *quand même il aurait signifié le jugement sans protestation.* Or, cette disposition présuppose un principe général auquel elle fait exception, c'est-à-dire que, dans le cas où la partie qui a fait la signification du jugement n'a fait ni protestations ni réserves, elle se rend non recevable à se pourvoir par appel principal. C'est d'ailleurs ce qui a été jugé, 1°. par arrêt de la Cour de Trèves du 14 mars 1808 (*voy.* Jurisp. *sur la procéd., tom.* 2, *pag.* 350); 2°. par un arrêt de la Cour de Bruxelles, du 11 août 1808, puisqu'il a décidé que l'omission des *protestations ni réserves,* dans *la seule copie* de l'exploit de signification, opérait un acquiescement qui rendait l'appel non recevable. — (*Voy.* Jurisp. *des Cours souv., tom.* 1, *pag.* 353 ; *le nouv. Repert., au mot* appel, § 6, *et nos quest. sur la* 3°. *disposition de l'art.* 443).

---

et cette signification n'ayant pas eu lieu, les parties intéressées se trouvaient indéfiniment dans le délai pour se pourvoir.

Nous répondons, avec M. l'avocat général Daniels, dans son réquisitoire, « Qu'avant l'ordonnance de 1667, la faculté d'appeler durait trente ans, parce que l'action qui dérivait de la sentence pour l'exécuter ne se prescrivait que par ce laps de tems. On pensait que, par la raison des contraires, l'action donnée pour attaquer la sentence, par la voie d'appel, ne devait pas être circonscrite par un délai plus court. Ce délai a été restreint par l'ordonnance de 1667, mais seulement pour le cas où la sentence aurait été signifiée. Mais à défaut de signification, on a suivi, après comme avant l'ordonnance, les mêmes principes : c'est ce qu'atteste Jousse, sur l'art. 17 du tit. 27. Le terme de *trente ans,* dit-il, est *fatal,* et quand il est écoulé, on ne peut plus appeler : *l'appel est prescrit,* quand même il s'agirait d'une action hypothécaire ».

Si cette question se présentait un jour, on pourrait argumenter de l'abrogation prononcée par l'art. 1041 du Code de procédure, des lois, usages et réglemens antérieurs à sa publication ; ce serait alors dans nos lois actuelles qu'il faudrait chercher la solution de la question qui nous occupe. Or, nous pensons qu'elle serait jugée de la même manière, parce que l'art. 2262 du Code civil déclare prescrites par trente ans toutes les actions, tant réelles que personnelles.

1565. *L'appel interjeté en tems utile par l'une des parties profite-t-il à toutes celles qui, dans la même affaire, ont le même intérêt et peuvent faire valoir les mêmes moyens, en sorte qu'elles acquièrent, par l'effet de cet appel, la faculté d'appeler elles-mêmes, après l'expiration des délais ?*

Trois arrêts de la Cour de Turin, le premier du 5 prairial an 12, le second du 28 février 1810, et le troisième du 9 mars 1811, ont jugé affirmativement cette importante question. (*Voy.* Denevers, 1812, suppl., pag. 3, et la Jurisp. des Cours souv., tom. 1, pag. 99). Ces arrêts sont motivés sur ce qu'il est de principe que l'appellation interjetée par l'un des colitigans est censée commune et utile aux autres, pourvu qu'ils aient le même intérêt dans l'affaire, et que leurs moyens de défense soient communs avec l'appelant.

Cette question est néanmoins controversée, ainsi que nous l'avons dit, tom. 1, pag. 385. Des jurisconsultes maintiennent la négative, en se fondant sur la généralité des termes des art. 443 et 444, et sur ce que le principe dont argumentent les partisans de l'opinion contraire n'est écrit dans aucune loi. Mais la Cour de Turin, dit M. Denevers, s'est fondée, particulièrement dans son dernier arrêt, sur les lois 1re. et 2 au Code *si unus ex pluribus*, et 10, §§ 2 et 4, au ff de *appellationibus et relationibus*. On convient que l'on trouverait dans ces lois des raisons de décider comme l'a fait la Cour, si l'on pouvait les considérer comme ayant force obligatoire parmi nous.

En effet, puisqu'elles disposent que toutes les fois qu'il n'avait été rendu entre parties qu'un seul jugement, celles qui n'avaient pas appelé jouissaient des avantages de l'appel de leur consort, s'il y avait identité d'intérêt et de moyens ; puisqu'elles prononcent qu'en cette circonstance, *il n'était pas même nécessaire que la partie qui n'a pas appelé dans le délai fatal intervînt sur l'appel de son consort, pour demander que cet appel lui fût déclaré commun;* puisqu'elles décident enfin qu'il suffit que celui-ci ait obtenu la réformation du jugement, pour qu'elle devienne de plein droit commune à la partie qui n'a pas été appelée, on devrait conclure, *à fortiori,* que cette partie peut se présenter après le délai pour plaider sur l'appel.

Mais M. Merlin a démontré (*voy. nouv. Répert.,* au mot domaine public, § 5, *tom.* 3, *pag.* 843, *et dans ses Quest. de droit,* au mot nation, § 2, *tom.* 3, *pag.* 508), que les lois romaines que nous venons de rappeler n'étaient point en vigueur parmi nous avant la publication du Code de procédure. Il cite, à ce sujet, Godefroi, sur les mots de la loi 2, au Code *si unus ex pluribus,* Automne, dans la Conférence du droit français sur la loi 1re. du même titre, Bugnion, dans son Traité des lois abrogées, liv. 1er., chap. 128, et Papon, liv. 19, tit. 1er., n°. 11. Si ce jurisconsulte, dont les opinions sont d'autant plus certaines qu'il ne lui arrive jamais d'omettre la discussion des autorités qu'on pourrait lui opposer, cite lui-même plusieurs arrêts en faveur de la doctrine du droit romain, il prouve que cette jurisprudence était évidemment vicieuse.

De là les adversaires de l'opinion émise par la Cour de Turin concluent que cette opinion n'étant fondée que sur une induction de lois qui n'ont jamais dû recevoir d'application parmi nous, doit être rejetée sans difficulté. Ils argumentent en outre d'un arrêt de la Cour de cassation, du 21 brumaire an 7 (*voy. Jurispr. des Cours souv.,* tom. 1, pag. 206), qui décide formellement que l'appel interjeté par un héritier ne peut profiter à ses cohéritiers, à l'égard desquels le jugement réformé sur l'appel avait acquis l'autorité de la chose jugée.

Nous observerons, au sujet de cet arrêt, qu'on ne saurait en argumenter rigoureusement contre la jurisprudence de la Cour de Turin. En effet, il ne prononce point dans l'espèce où les cohéritiers contre lesquels le jugement attaqué par l'un d'eux eût acquis l'autorité de la chose jugée, en auraient eux-mêmes, à l'occasion du pourvoi formé en tems utile par leur consort, interjeté appel après le délai légal. Il statue, au contraire, dans l'espèce où ces mêmes cohéritiers s'appuyant de l'arrêt intervenu sur l'appel de ce dernier, auquel ils n'avaient pas été parties, renouvelaient en première instance les prétentions rejetées par le jugement réformé.

Or, ces deux espèces sont bien différentes. On a pu, en écartant, suivant la doctrine de M. Merlin, l'application des lois romaines précitées, prononcer, dans la dernière de ces espèces, que l'appel d'un colitigant ne profitait point à ceux qui n'avaient pas appelé, sans rien préjuger pour cela sur la question de savoir si l'appel interjeté par une partie relève de la déchéance les parties qui ont le même intérêt, et qui cependant n'ont point, de leur côté, formé le même pourvoi en tems utile.

Il importe peu, suivant nous, que l'arrêt qui vient d'être cité ne soit pas rendu dans l'espèce de la question que nous avons posée. Il suffit, pour la décider négativement, contre la jurisprudence de la Cour de Turin, de considérer que les art. 443 et 444 ne font aucune distinction; que nulle disposition du Code n'établit d'exception pour le cas qui nous occupe, soit au délai que le premier de ces articles détermine, soit à la déchéance que le second prononce. Il faut convenir, d'ailleurs, dès qu'il est certain que l'arrêt intervenu sur l'appel d'un colitigant ne peut profiter à ceux de ses consorts qui n'ont pas appelé, qu'il n'existe aucune raison qui puisse faire admettre que l'acte d'appel de ce colitigant relève ceux-ci d'une déchéance que la loi prononce. Il faudrait au moins que l'objet de la contestation fût absolument indivisible, parce qu'alors la nature des choses rendrait l'application de la règle générale impossible. Mais une partie qui n'a pas appelé dans le délai, peut avoir, relativement à une contestation dont l'objet est divisible, même intérêt et mêmes moyens de défenses que celle qui s'est pourvue en tems utile; et, en ce cas, d'après ce que nous venons de dire, le jugement acquiert contre elle la force de la chose jugée (1).

<hr/>

(1) A l'appui de cette opinion, dont la discussion développe les motifs de la solution que nous avons donnée sur la quest. 655, tom. 1, pag. 392, nous citerons un arrêt de la Cour de Limoges, du 20 février 1810 (voy. Journ. des avoués, tom. 1, pag. 270), qui a décidé que l'opposition formée en tems utile, par l'une des parties condamnées, ne profite point aux autres parties, si l'objet de la condamnation est divisible par sa nature.

Nous admettrions toutefois une exception, 1.° en faveur des personnes condamnées solidairement; exception consacrée par arrêt de la Cour de Colmar, du 4 mars 1817, à l'égard des cohéritiers. — (Jurispr. du Code civil, tom. 9, pag. 147).

2.° Lorsque l'appel a été interjeté par un des cohéritiers, tant pour lui que pour ses autres cohéritiers, qui, loin de le désavouer, interviendraient dans la cause. — (Angers, 22 mai 1817, Sirey, tom. 19, pag. 181).

1566. *La seconde disposition de l'art.* 443 *s'applique-t-elle à toute espèce de jugemens par défaut ?*

Il est évident qu'elle ne s'applique ni au jugement par défaut qui aurait rejeté l'opposition à un précédent, ni au jugement qui interviendrait après un réassigné, conformément à l'art. 153. L'art. 443 ne parle, en effet, que des jugemens qui sont susceptibles d'opposition, et ceux que nous venons de désigner équivalent à des jugemens contradictoires. Mais du reste, la disposition dont il s'agit s'applique à tous autres jugemens par défaut, soit qu'ils aient été rendus contre partie, soit qu'ils l'aient été contre avoué, de quelque tribunal qu'ils émanent (1)

1567. *De quel jour court le délai pour interjeter appel des jugemens par défaut ?*

Cette question est résolue par le texte même de l'art. 443 : aussi ne l'avons-nous posée qu'afin d'avertir qu'il est nécessaire de rapprocher de sa seconde disposition celle des art. 157, 158 et 159. — (*Voy. nos quest. sur ces articles*).

1568. *Lorsque le jugement rendu faute de constitution d'avoué a été exécuté, le condamné peut-il en interjeter appel, s'il n'a fait aucune protestation contre cette exécution?*

Il paraît contradictoire qu'on puisse appeler d'un jugement entièrement exécuté; cependant la loi le permet, dans le cas d'un jugement par défaut *faute de constitution d'avoué.* Autrement, il faudrait borner l'application de la seconde disposition de l'art. 443 aux jugemens faute de plaider, et ce serait faire une exception que la loi n'a pas faite; ce serait suppléer une distinction qu'elle n'a pas établie, et qu'on ne trouve dans aucun arrêt ni dans aucun auteur. L'exécution forcée du jugement ne peut donc être opposée comme fin de non-recevoir contre l'appel, et nous ne voyons pas qu'il soit besoin, pour l'éviter, que la partie ait fait sur les actes d'exécution la réserve d'interjeter appel; mais si elle avait volontairement participé à ces actes, si, de plein gré, elle avait donné des consentemens, demandé des délais, ou fait des offres ou des paiemens, etc., elle ne serait plus recevable dans son appel, non par le seul motif que le jugement aurait été exécuté contre elle, mais par la raison qu'elle y aurait acquiescé. — (*Voy. Demiau Crouzilhac, pag.* 321, *et les Quest. de Lepage, pag.* 298). (2).

---

(1) Voy. Hautefeuille, pag. 250; l'art. 645 du Code de commerce, et l'Exposé des motifs du titre de l'appel, par M. Bigot de Préameneu, édit. de Didot, pag. 131.

Il faut observer cependant que, d'après un arrêt de la Cour de Turin, du 23 août 1809 (*voy. Sirey, DD., tom.* 10., *pag.* 64), il a été décidé que l'appel d'un jugement portant *congé-défaut* contre le demandeur ne saisit aucunement les juges d'appel du fond de la contestation. De cette décision résulterait qu'il serait absolument inutile d'interjeter appel d'un jugement qui aurait adjugé un congé-défaut, et, par suite de conséquences, que l'art. 443 ne pourrait recevoir une utile application en matière de congé-défaut. Nous ferons connaître, sur l'art. 455, l'espèce dans laquelle cet arrêt a été rendu, et nous discuterons les motifs de la décision qu'il renferme.

(2) A la vérité nous avons dit, pag. 598, et not. 2, même page, que l'opposition n'était plus recevable après l'exécution, et qu'ainsi la partie condamnée doit faire sa déclaration

1569. *Un jugement rendu par défaut contre une partie qui avait constitué avoué doit-il, pour faire courir le délai de l'appel, être signifié, non pas seulement à cet avoué, mais à personne ou domicile?*

L'art. 443 fait courir le délai de trois mois pour interjeter appel des jugemens par défaut, du jour où l'opposition ne sera plus recevable; et l'art. 157 n'accorde que huit jours pour former opposition à un jugement par défaut rendu contre une partie ayant un avoué : donc la simple signification à avoué du jugement par défaut faisant courir le délai de l'opposition, et celui de l'appel courant à son tour du jour où l'opposition n'est plus recevable, il s'ensuit que le condamné par défaut faute de constitution d'avoué n'a pour appeler que trois mois huit jours, à partir de la signification à son avoué.

Cette opinion, qui est celle de plusieurs auteurs, avait été contredite par d'autres, et cette controverse donna lieu à la discussion contenue au n°. 1437 de notre Analyse. Mais la Cour de cassation a tranché toute difficulté, en déclarant positivement par deux arrêts, l'un du 5 août 1813, l'autre du 21 décembre 1814 (*voy. Sirey, tom.* 13, *pag.* 446, *et* 1815, *pag.* 328), que l'article 147 n'est ici d'aucune considération, et qu'il résulte des art. 157 et 443 combinés, que le délai d'appel court à partir de la signification du jugement à l'avoué, encore bien que cette signification n'ait pas été renouvelée à personne ou à domicile, selon le vœu de l'art. 147.

1570. *Si, de plusieurs parties ayant le même intérêt, l'une s'est pourvue par la voie de l'opposition dans le délai utile, et les autres par la voie de l'appel, les délais de l'opposition étant expirés à leur égard, y a-t-il lieu à renvoyer les appelans devant le tribunal saisi de l'opposition?*

M. Hautefeuille, pag. 250, cite un arrêt de la Cour d'Orléans, du 6 décembre 1809, qui a décidé que les parties qui se sont rendues appelantes doivent être renvoyées par la Cour à procéder sur l'opposition formée par leur co-intéressé, et qui leur devient commune. Mais nous croyons, d'après la solution donnée sur la quest. 1565.ᵉ, que cette décision ne peut être admise, qu'autant que les intérêts communs des parties se rapportent à un objet indivisible de sa nature. — (*Infrà sur l'art.* 444).

1571. *La partie qui a formé opposition peut-elle en abandonner la poursuite pour prendre la voie d'appel?*

La négative a été jugée par un arrêt de la Cour de Lyon, du 14 décembre 1810, rapporté au Journal des avoués, tom. 3, pag. 226. La décision de cet arrêt nous parait fondée sur ce passage de l'Exposé des motifs du titre de l'appel (*voy. édit. de F. Didot, pag.* 137) : «Le droit d'opposition est accordé par la loi comme le moyen qui doit être employé, et non pour qu'on ait le choix de prendre cette voie ou d'interjeter appel. Si le délai pour s'opposer

---

de s'opposer avant que le jugement soit exécuté. Comment, dira-t-on, concilier cette décision avec la précédente?

Nous répondons que la conciliation de ces deux solutions se trouve dans les termes des art. 158 et 443. Le premier dit que l'opposition sera recevable *jusqu'à l'exécution* : donc elle cessera de l'être après; le second porte que, pour les jugemens par défaut, le délai courra du jour où l'opposition ne sera plus recevable : donc l'appel est recevable après l'exécution.

est expiré, la loi présume que la partie condamnée n'a point été à portée ou à tems de fournir ses moyens d'opposition, et elle lui conserve encore la ressource de l'appel ». Il suit nécessairement de cette explication que la partie qui a formé son opposition ne se trouve plus dans le cas prévu par la loi, et qu'elle ne peut conséquemment s'en désister, pour prendre la voie d'appel. — (*Voy. suprà, la règle générale, pag.* 118).

1572. *L'appel incident de l'intimé doit-il être signifié par acte à personne ou domicile? Peut-il, au contraire, être formé par acte d'avoué à avoué?*

La Cour de Rennes, par arrêt du 3 février 1808, a jugé cette question pour l'affirmative. La Cour de cassation s'était déjà prononcée de la même manière par arrêt du 12 février 1806 (*voy. Jurisp. des Cours souv., tom.* 1, *pag.* 252); et sous l'empire du Code, le 26 octobre 1808, elle a résolu la question dans le même sens (*voy. Denevers,* 1808, *pag.* 517), puisqu'elle n'a pas admis un moyen tiré de ce qu'au mépris de l'art. 456, l'appel avait été simplement signifié d'avoué à avoué. Il serait inutile de rapporter les nombreux arrêts des Cours d'appel qui sont conformes à cette jurisprudence, désormais fixée d'une manière irrévocable.

Un arrêt de la Cour de Pau, du 1ᵉʳ. avril 1810, rapporté dans la Bibliothèque du barreau, 2ᵉ. part., pag. 323, a même décidé que l'appel incident était valablement interjeté par des conclusions prises à l'audience. Cette décision n'est en effet qu'une conséquence de la solution ci-dessus donnée.

1573. *Pour qu'un appel incident puisse être signifié par un acte d'avoué à avoué, et non à personne ou à domicile, faut-il nécessairement que cet appel se rapporte au jugement même à l'occasion duquel celui qui l'interjette est intimé?*

Il suffit, dans notre opinion, de rapprocher l'art. 443 des motifs du titre de l'appel développés par les orateurs du Gouvernement et du Tribunat, pour se convaincre qu'il en résulte clairement que l'exception posée dans la dernière disposition de cet article, c'est-à-dire la faculté d'appeler incidemment par acte d'avoué, ne se rapporte qu'à l'appel interjeté par l'intimé du jugement qui est l'objet de l'appel antérieur de sa partie adverse.

C'est aussi ce qui a été décidé par la Cour d'Aix, le 24 mai 1808 (*voy. Jurisp. sur la procéd., tom.* 3, *pag.* 165), et par celle de Rennes, le 2 juillet 1810 (*voy. Journ. des arrêts de cette Cour, tom.* 1, *pag* 281). Ces deux arrêts ont décidé que la règle générale posée dans l'art. 456, et qui exige la signification de l'appel à personne ou à domicile, doit être observée toutes les fois qu'un intimé appèle incidemment d'un jugement dont sa partie adverse ne s'est pas elle-même rendue appelante.

Par suite de ces principes, il a été jugé par la Cour de Rennes, le 3 février 1808 (*voy. Sirey, tom.* 8, *DD., pag.* 107), et le 24 février 1809, qu'un appel en adhérant est, comme l'appel principal, soumis aux dispositions de l'article 456. En effet, le privilége d'interjeter appel incidemment par acte d'avoué à avoué, n'appartenant qu'à l'intimé qui appèle lui-même du jugement dont sa partie adverse a interjeté appel avant lui, on ne peut considérer comme un appel incident qui puisse être signifié autrement qu'à personne ou à domicile, celui que l'appelant interjette lui-même d'un autre jugement, et qui est un second appel qu'il joint au premier.

Ainsi encore la Cour de Montpellier, par arrêt du 3o avril 1811 (*voy. Journ. des avoués, tom.* 4, *pag.* 174), a jugé que, lorsqu'un jugement a condamné solidairement le mari et la femme, le mari, après son intervention sur l'appel interjeté par cette dernière, ne peut se rendre incidemment appelant du même jugement par acte d'avoué à avoué. En effet, on ne peut dire qu'il existe ici un appel principal de l'adversaire auquel l'appel du mari se rattache.

Toutes ces décisions prouvent qu'il faut se conformer aux dispositions de l'art. 456, dans tous les cas où l'appel incident n'a pas pour objet le jugement même dont il a été antérieurement appelé par la partie adverse.

Il y a plus : par arrêt de la Cour de Rennes, du 10 novembre 1810, il a été décidé que l'exception portée en l'art. 443 n'était point applicable au cas où un jugement ayant été rendu contradictoirement entre trois parties, et la première ayant relevé appel contre la seconde, celle-ci interjetait à son tour appel contre la troisième, aux risques, périls et fortune de l'appelant principal.

Cette décision est remarquable, en ce qu'elle pose le principe que l'appel ne peut être interjeté par un intimé, soit par acte d'avoué, soit après le délai, qu'autant qu'il le dirige contre l'appelant principal qui l'a mis en cause. — (*Voy. Journ. des arrêts de la Cour de Rennes, tom.* 1, *pag.* 746) (1).

1574. *Lorsqu'un jugement contient plusieurs chefs, et qu'une partie interjette appel d'un de ces chefs seulement, l'intimé peut-il, par acte d'avoué et après le délai général fixé par l'art. 443, interjeter incidemment appel des autres chefs de ce même jugement?*

Cette importante question, objet d'une controverse qui nous oblige de la discuter à fond, a été résolue pour la négative par la Cour de Nimes, le 18 mai 1806, et par celle de Rennes, le 1er. août 1810. Mais cette dernière l'a décidée en un sens opposé, les 11 mars et 20 août 1817; et un excellent mémoire de M. Neufvilette, servi à la Cour suprême dans l'affaire Thomasset et Saquin, nous apprend que la Cour de Lyon a donné la même solution.

L'arrêt de Nimes, après avoir établi que chaque disposition d'un jugement, sur des chefs distincts, est regardée comme un jugement séparé, *tot capita, tot sententiæ*, en tire la conséquence que la voie d'appel principal, et dans les délais, est la seule qui appartienne à la partie condamnée par la disposition séparée, pour enlever à cette disposition l'autorité de la chose jugée. La raison en est que chacun est libre d'acquiescer, par son silence ou expressément, à la chose jugée, et qu'en ce cas, n'est point applicable le troisième alinéa de

_____

(1) De ce principe que l'intimé ne peut appeler en tout état de cause, et par acte d'avoué à avoué, que du jugement qui forme l'objet de l'appel principal, il s'ensuit que si l'appelant veut s'étayer d'un autre jugement, l'intimé ne peut appeler incidemment de ce dernier qu'autant qu'il se trouve dans le délai, et qu'il ne peut le faire par acte d'avoué à avoué. Ainsi, l'on ne suivrait pas une décision de la Cour de Nimes, du 7 janvier 1812 (*Sirey*, 1814, *pag.* 371), qui, en admettant que l'intimé serait non recevable après le délai, prononce néanmoins qu'il peut encore, en tems utile, former son appel par acte d'avoué à avoué. Il y a, suivant nous, une contradiction manifeste dans cette décision. Au surplus, nous avons rapporté ci-dessus assez d'exemples propres à faire connaître comment on doit appliquer la solution que nous avons donnée.

l'art. 443, qui autorise l'intimé à interjeter incidemment appel en tout état de cause. — (*Voy. Sirey, tom.* 9, *pag.* 119).

L'arrêt de Rennes fait une application plus rigoureuse encore du principe de la divisibilité des jugemens. Il décide qu'encore bien que l'appelant principal n'eût pas déclaré, dans son acte d'appel, se borner à attaquer un seul chef du jugement, mais eût au contraire interjeté purement et simplement appel de ce jugement, il suffisait qu'il n'eût à se plaindre que d'un seul chef, et qu'il ne critiquât pas en effet les autres, pour que l'intimé ne pût appeler incidemment, par acte d'avoué à avoué, de ces chefs, qui lui porteraient préjudice (1).

Les arrêts contraires de Rennes et de Lyon sont fondés sur ce que l'art. 443 n'établit aucune distinction, et n'admet point la divisibilité du jugement, et sur l'inconvénient que cette doctrine présenterait dans ses résultats, en ce que l'une des parties calculerait son tems, de manière qu'en interjetant l'appel principal à la veille, pour ainsi dire, de l'expiration du délai, elle pourrait ôter à la partie adverse le droit de réclamer contre les chefs dont celle-ci aurait à se plaindre, et par là, rendre nul le secours que la loi lui offre dans l'appel incident.

Nous convenons que l'art. 443 ne distingue point, et qu'aucun texte de

(1) Nous ferons deux remarques à l'occasion de cet arrêt :
La première, c'est que, dans la 1442.e quest. de notre Analyse, nous avions tiré du rejet du pourvoi qui fut formé contre lui en cassation, et que prononce un arrêt du 12 septembre 1811, que la Cour suprême avait consacré le principe de la divisibilité. Cet arrêt ne se trouve pas dans les recueils publiés jusqu'à ce jour; mais M. de Neufvillette, dans le mémoire cité ci-dessus, a fait remarquer qu'après la vérification par lui faite sur la minute, la Cour n'avait point positivement consacré le principe de divisibilité appliqué par les juges d'appel, le moyen de cassation ayant été rejeté comme illusoire, en ce que, nonobstant la fin de non-recevoir, la Cour de Rennes n'avait pas moins prononcé au fond sur le chef du jugement de première instance, qui était l'objet principal de l'appel. Mais, ajoute l'estimable jurisconsulte auquel nous devons le redressement de l'erreur qui nous était échappée, cet hommage à la vérité ne détruit pas le principe formellement admis par la même Cour de Rennes, et nettement consacré par d'autres arrêts, dont la conséquence naturelle et forcée laisse tout son empire à la règle générale sur la voie d'appel principal dans les délais, et à peine de déchéance.
Notre seconde remarque, c'est que M. Coffinières rapporte l'arrêt de Rennes, dans son Journal des avoués, tom. 3, pag. 345, et qu'en adoptant la décision de la Cour de Nîmes, par le motif que le premier appelant avait *expressément restreint* son appel au chef qui préjudiciait à ses droits, il fait contre celle de Rennes quelques observations, fondées sur ce que, dans l'espèce de cette dernière, l'appel portait au contraire sur l'ensemble du jugement. Nous ne crûmes pas utile de nous expliquer sur ces observations dans notre Analyse, parce que nous considérions la question comme décidée par l'arrêt qui avait rejeté le pourvoi. La remarque qui précède nous oblige à faire connaître notre sentiment, qui est conforme à l'arrêt de Rennes. En effet, si nous prouvons, et nous croyons y réussir, que la maxime *tot capita, tot sententiæ,* a toujours été reçue dans la jurisprudence, il en résultera qu'elle doit être appliquée, même au cas où l'appelant principal ne *déclare pas formellement qu'il limite son appel* à un chef du jugement. La raison en est sensible ; c'est qu'il serait absurde de supposer que l'appel qu'il interjette purement et simplement du jugement portât sur les chefs à l'égard desquels il a obtenu gain de cause : il est donc nécessairement présumé n'avoir appelé que des seuls chefs qui lui préjudicient, et cet appel ne peut relever de la déchéance l'intimé, seul intéressé à attaquer le jugement en ce qui les concerne.

notre Code ne pose le principe de la *divisibilité*, d'après lequel chaque décision, sur un chef distinct, serait considérée comme un jugement séparé; mais il en est ici comme d'une foule de maximes et de règles de jurisprudence, que le législateur n'a point consacrées en termes exprès, et qui n'en sont pas moins certaines, parce qu'elles ont eu constamment l'assentiment des magistrats et des jurisconsultes, et sont passés dans la doctrine.

Or, tel est le principe dont il s'agit. Il est formellement établi par les auteurs de la nouvelle Collection de Dénisart, au mot *acquiescement*, ainsi que nous le verrons ci-après, sur l'art. 444; il a été reconnu comme reçu *depuis long-tems* par les arrêts de Nîmes et de Rennes, et par celui de la Cour de cassation, du 26 prairial an 11. — (*Sirey*, tom. 4, pag. 310, et le *Bulletin officiel*.)

Dans l'espèce de ce dernier arrêt, le tribunal de Mont-Tonnerre avait eu à statuer sur quelques articles d'un compte, entre les héritiers Winter et Meister.

Il en avait adjugé deux et rejeté le troisième.

Les héritiers Winter signifient ce jugement à Meister, avec commandement de l'exécuter.

Chaque partie appèle du jugement.

Le tribunal civil du département déclare les héritiers Winter non recevables dans leur appel, sur l'unique motif qu'ayant acquiescé volontairement au jugement du tribunal de commerce, et l'ayant fait mettre à exécution, ce jugement avait acquis envers eux l'autorité de la chose jugée. Mais l'acquiescement des héritiers Winter portant sur des chefs du jugement totalement distincts et séparés de celui dont ils demandaient la réformation, il n'y avait pas lieu de leur opposer cet acquiescement, ni d'appliquer les lois qui donnent l'autorité de la chose jugée aux jugemens acquiescés.

En conséquence, l'arrêt de la Cour d'appel a été annulé pour fausse application de l'art. 5 du tit. 27 de l'ordonnance de 1667, qui attribue l'autorité de la chose jugée, soit à l'acquiescement formel, *soit au défaut d'appel interjeté dans le tems prescrit par la loi,* soit à l'appel déclaré péri : (1)

« Attendu qu'il est de maxime que, lorsqu'un jugement a statué sur plu-
» sieurs chefs de demande, indépendans les uns des autres, la disposition
» qui frappe sur chacun des chefs du procès est regardée comme un juge-
» ment séparé, duquel il est permis à chaque partie d'appeler, sans se priver
» du droit d'acquiescer aux autres dispositions, et même d'en poursuivre l'exé-
» cution provisoire, lorsque la matière en est susceptible ; que cette règle a
» toujours été regardée comme constante, et que l'ordonnance de 1539 ne
» s'est pas bornée à laisser à l'appelant d'un jugement qui contient plusieurs
» chefs, la faculté de limiter son appel à ceux qui lui portent un grief, et
» d'exécuter les autres dispositions; mais qu'elle lui en avait fait une obli-
» gation expresse par son art. 114, et l'avait soumis à déclarer le chef sur lequel
» portait son appel, et à souffrir l'exécution du surplus du jugement. »

C'est d'après le même principe de la divisibilité des jugemens, qu'on peut interjeter appel d'autres dispositions que celles qui étaient l'objet du premier

____

(1) Il y a également déchéance d'appel acquise après les délais, et présomption légale d'acquiescement, aux termes de l'art. 444 du Code de procédure civile.

appel principal, pourvu qu'on soit dans les délais ou qu'on n'ait pas acquiescé ; et qu'on peut également faire successivement deux pourvois en cassation contre le même jugement, considéré sous le rapport de deux chefs différens et distincts. — (*Voy. arrêt du 22 brumaire an* 13, *Sirey, an* 13, *pag.* 289).

C'est d'après le même principe de divisibilité des demandes, qu'on reconnaît s'il y a lieu à l'autorité de la chose jugée, savoir : *eædem personæ, eadem res, eadem causa petendi.* — (*Art.* 1331 *du Code civil*).

C'est enfin d'après les règles de la chose jugée qu'il est facile de reconnaître les chefs de demandes distincts et les différens jugemens séparés (1).

Le principe de la divisibilité nous paraissant démontré, et chaque disposition d'un jugement portée sur des chefs absolument distincts, formant par conséquent autant de jugemens particuliers et également distincts, il est de toute évidence qu'il ne peut résulter de ce que le juge ait prononcé sur ces chefs par un seul et même acte public, que l'on appèle *un seul et même jugement*, ne rend pas indivisible ce qui, par sa nature et essentiellement, est indivisible.

Il en est ici comme d'un seul contrat dans lequel les mêmes parties peuvent traiter et transiger sur plusieurs affaires indépendantes les unes des autres.

Il est donc vrai de dire qu'au fond, et sauf la forme de prononcer *immédiate*, les parties ont autant de jugemens proprement dits que de chefs distincts jugés, et qu'elles se trouvent dans la même position que si des jugemens avaient été rendus et expédiés séparément.

Or, comme le juge n'a eu ni l'intention ni le pouvoir, en statuant immédiatement sur chaque chef distinct des demandes et conclusions, en principal, suites ou accessoires, et en autorisant, par là, une seule expédition de ses prononcés, de rendre indivisible ce qui était divisible et jugé dans cet état de divisibilité, ni d'affranchir aucune des parties de l'accomplissement des règles générales sur l'exécution et l'autorité de ses décisions, ni d'étendre les cas d'exception, il faut bien que chaque partie agisse, pour ce qui regarde chaque jugement proprement dit, conformément à la règle générale, et n'invoque l'exception portée dans le même art. 443 du Code de procédure civile, que relativement à chacun des jugemens.

Je signifie à personne ou domicile le jugement qui en contient plusieurs.

Par là, je signifie réellement plusieurs jugemens ;

Par là, je mets ma partie adverse régulièrement en demeure d'exécuter ceux des jugemens qui ont adjugé tout ou partie de mes demandes en principal et accessoires.

---

(1) On opposerait vainement, soit un arrêt de la Cour de cassation, du 20 décembre 1815, qui décide (et dans l'espèce d'un seul jugement) « qu'aux termes de l'art. 443, § 3, la » faculté d'appeler incidemment, en tout état de cause, d'un jugement de première instance, » ne peut être couverte que par un acquiescement formel donné à ce jugement par l'in- » timé, *postérieurement à l'appel* émis par la partie condamnée » (*Sirey, tom.* 16, *pag.* 242), et pour l'acquiescement postérieur, un arrêt du 31 octobre 1809 (*Denevers* 1809, *pag.* 465), soit un autre arrêt, du 26 octobre 1808 (*même Recueil*, 1808, *pag.* 517 à 521, *et Sirey, tom.* 9, *pag.* 98). On peut voir, pour la réfutation des inductions que l'on chercherait à tirer de ces arrêts, la consultation de M. Sirey, insérée dans son Recueil pour 1820, 2ᵉ. part., pag. 328, et sur-tout pag. 330.

Ce sera, en quelque sorte, un jugement bien plus distinct des autres, que j'aurais ignifié à ma partie adverse, si ce jugement rejette une de ses demandes principales, indépendante des miennes.

Alors, la règle de conduite de chacune des parties n'est pas douteuse :

Celle qui a succombé plus ou moins complètement dans sa demande principale, distincte et particulière, doit interjeter appel *principal* dans les trois mois de la signification à personne ou domicile de ce jugement, à peine de déchéance. — (*Art: 443 et 444 du Code de procéd. civile*).

L'autre partie peut, le cas ou l'intérêt échéant, prendre de là occasion d'interjeter un appel *incident,* en tout état de cause, mais toujours nécessairement, pour les dispositions qui se rattachent à ce jugement.

Quant aux autres jugemens également signifiés, et qui me font griefs, c'est à moi d'interjeter aussi un appel principal dans les trois mois, à compter de la signification, à peine de déchéance; et comme je puis former cet appel principal avant aucune signification emportant mise en demeure d'exécuter ou d'acquiescer, l'intimé (mon adversaire) pourra à son tour interjeter, plus tôt ou en tout état de cause, incidemment appel du jugement, s'il y a lieu.

Quant à l'objection tirée de ce que l'une des parties pourrait, en interjetant son appel dans les derniers jours du délai, priver son adversaire de la faculté d'appeler incidemment, nous croyons qu'elle ne renferme qu'une argumentation frivole.

En effet, je signifie le jugement.

Par là, mon adversaire est mis en demeure de l'exécuter ou d'interjeter appel principal dans les délais.

Mais, par là, je ne me forclos pas du droit d'interjeter appel principal de l'autre jugement, qui me fait griefs.

Je ne puis donc interjeter mon appel principal, après le délai expiré de l'appel principal du jugement qui me donne gain de cause.

De ce que je fais mes diligences contre ma partie adverse, en ce qui la concerne, il n'en résulte pas que ma partie adverse soit dispensée d'en agir de même contre moi, aux mêmes fins de faire courir le délai de l'appel, quant au jugement qui rejette mes chefs de demande distincts.

Il serait ridicule d'admettre que celui qui veille pour sa propre conservation, fût tenu de veiller encore pour la conservation de son adversaire.

Il n'y a donc pas de tems frauduleusement calculé à m'imputer : ma partie adverse n'a à imputer qu'à elle-même sa négligence volontaire.

Sans doute la loi admet, par exception à la règle générale, l'appel *incident,* en tout état de cause.

Mais quelque générale que soit cette disposition, on n'y voit rien qui détruise le principe et les effets de la divisibilité des jugemens; car la loi, dans l'art. 443, suppose *un seul jugement,* dont l'appel principal ouvre la voie de l'appel *incident,* qui, bien évidemment, ne peut se rattacher qu'à l'appel principal, dont le jugement attaqué est l'objet. Il n'y a pas de matière incidente relativement à un autre jugement ni à un autre appel principal, qui n'existe pas.

Autrement, la règle générale, posée dans la première disposition de l'article 443, deviendrait illusoire; et ce serait l'exception ainsi entendue par la troisième disposition du même article, qui donnerait cet étrange résultat.

Par tous ces motifs, que nous avons en partie puisés dans le mémoire de M. Neufvilette, et auxquels il est indispensable de joindre ceux que M. Sirey développe dans la consultation insérée au tom. 20 de son Recueil, 2e. part., pag. 328, nous persistons dans l'opinion que nous avons émise en nos précédens ouvrages; et nous tenons pour certain que toutes les fois qu'un jugement contient divers chefs distincts et non connexes (1), et qu'il n'y a appel principal que relativement à l'un de ces chefs; que toutes les fois même que, dans la même hypothèse, il y a eu appel principal, sans interjeter purement et simplement appel d'un jugement qui, sur plusieurs chefs, aurait donné gain de cause à l'appelant, il faut en conclure, pour le premier cas, que l'appel incident, à l'égard des chefs non attaqués, est non recevable; pour le second, qu'il l'est également, puisque l'appel principal n'a pu porter sur des chefs jugés en faveur de l'appelant; qu'enfin, dans ces deux circonstances, l'intimé doit s'imputer de n'avoir pas, dans les trois mois de la signification du jugement par exploit à personne ou domicile, formé lui-même appel principal de ce jugement. (2).

1575. *L'intimé ne peut-il interjeter appel incidemment, qu'autant qu'il se trouve dans le délai de trois mois, à partir de la signification que l'appelant lui aurait faite?*

Les auteurs du Praticien français, tom. 3, pag. 31, résolvent affirmativement cette question. Mais il suffit de lire l'Exposé des motifs du titre de l'appel (*voy. édit. de F. Didot, pag.* 130 *et* 131), pour se convaincre que le législateur a eu l'intention de donner à l'intimé le droit d'appeler *en tout état de cause,* même après le délai de trois mois, à partir de la signification qui lui aurait été faite.

Ici encore nous sommes dispensé de rapporter tous les arrêts qui ont décidé de la sorte, et dont plusieurs sont cités sur les questions précédentes; nous nous bornerons à rappeler celui du 26 octobre 1808, déjà cité sur la précédente question, et qui adoptait une jurisprudence formée avant la publication du Code de procédure (*voy. nouv. Répert., au mot* appel, *tom.* 1, *pag.* 247), et que l'art. 443 a évidemment consacrée. Telle est aussi l'opinion de tous les auteurs. — (*Voy. entre autres Pigeau, pag.* 361).

1576. *L'intimé conserve-t-il la faculté d'appeler incidemment, lorsqu'il a commencé à exécuter le jugement qui est l'objet de l'appel principal?*

Aussi long-tems que la partie condamnée n'a pas manifesté l'intention d'appeler du jugement qui lui est signifié, celui à requête duquel cette signification a été faite a dû croire qu'elle acquiescerait au jugement, et il a été fondé à en poursuivre l'exécution. Mais dès que son adversaire interjette appel, qu'il remet ainsi en question tout ce qui a été jugé, qu'il change la position

---

(1) Nous disons *non connexes,* parce que l'appel relevé par l'intimé d'un chef non attaqué par l'appelant, mais connexe à un autre chef, ne doit pas être regardé comme principal. Le principe de *la divisibilité* ne s'entend en effet que dans ce sens, que tous les chefs sont absolument *distincts* et *séparés.* C'est ce que la Cour de Rennes a jugé par arrêt du 19 juin 1811, qui, comme on voit, consacre de rechef ce principe.

(2) Au surplus, on peut voir combien le passage de l'Exposé des motifs infus dans le commentaire de l'art. 443, peut prêter d'appui à la doctrine que nous soutenons.

et l'intérêt de son adversaire, la justice exige que celui-ci ait le droit d'appeler de quelques chefs qui lui seraient préjudiciables, et auxquels il n'aurait acquiescé que dans la confiance que l'autre partie eût elle-même acquiescé aux condamnations prononcées contre elle. On peut donc interjeter incidemment appel, nonobstant un commencement d'exécution du jugement : c'est ce qui nous paraît résulter clairement de l'Exposé des motifs du titre de l'appel (*voy. édit. de F. Didot, ubi suprà*), et telle est aussi l'opinion que soutient M. Lepage, dans ses Questions, pag. 303 et 304.

1577. *Mais si l'intimé conclut sans réserves à la confirmation du jugement dont est appel, peut-il ensuite en interjeter appel incident?*

Par son appel, la partie adverse de l'intimé constitue ce dernier en demeure d'appeler incidemment : des conclusions qui, de la part de celui-ci, tendent, purement et simplement, à la confirmation du jugement, établissent donc un acquiescement formel et absolu, qui le rend non recevable à appeler incidemment. Ici l'on distingue l'acquiescement donné avant l'appel du condamné, comme dans l'espèce de la précédente question, de l'acquiescement donné depuis. Il y a plus : c'est que les conclusions qui, sur le défaut de l'appelant, auraient été prises par l'intimé afin de confirmation du jugement, opéreraient cette fin de non-recevoir contre l'appel qu'il interjeterait sur l'opposition de l'appelant principal. Telle est la solution qui résulte de trois arrêts de la Cour de cassation, des 6 frimaire an 13, 31 octobre 1809, et 23 janvier 1810. — (*Voy. Denevers, an 13, suppl., pag. 97; 1809, pag. 460 et suiv., et 1810, pag. 79*). (1)

1578. *Une partie qui n'a pas été intimée sur l'appel d'un jugement dans lequel elle a figuré, peut-elle, si elle a intérêt à la confirmation de la disposition de ce jugement attaquée par l'appelant, intervenir et appeler elle-même* INCIDEMMENT, *et même après le délai de trois mois, d'une autre disposition du même jugement?*

L'arrêt de la Cour de cassation, du 26 octobre 1808, déjà cité sur la question 1572°., a prononcé affirmativement sur celle-ci, attendu que celui qui avait été partie au jugement appelé devait être intimé sur cet appel; qu'il se trouvait ainsi placé dans l'exception portée à la dernière disposition de l'article 443; que son appel était un appel incident qui n'était pas susceptible de l'application des autres dispositions du même article, et de celles des art. 444 et 456. — (*Voy. Denevers, 1808, pag. 519*).

1579. *Lorsqu'une partie interjette appel d'un jugement, et que la partie adverse reconnaît que ce jugement peut être réformé sur certains points dans l'intérêt de l'appelant, doit-elle en interjeter appel incidemment?*

_____

(1) Néanmoins, l'intimé ne se rendrait pas non recevable dans un appel *à minimâ*, en obtenant purement et simplement un arrêt par défaut contre l'appel principal. — (*Rennes, 26 juin 1810*).

Il n'y a point de contradiction entre cette décision et celle de l'arrêt de la Cour de cassation, du 23 janvier 1810, sur laquelle nous avons établi la proposition du numéro précédent, attendu qu'il existait entre cet arrêt et celui de Rennes, que nous rapportons ici, cette différence que, dans l'espèce du premier, l'appel *à minimâ* était interjeté sous le cours de l'opposition à l'arrêt par défaut.

Il est plus naturel qu'elle déclare, par acte signifié à sa partie adverse, qu'elle se désiste du bénéfice du jugement, relativement aux dispositions sur lesquelles elle a lieu de craindre qu'il soit réformé. Si l'appelant est satisfait de ce désistement, il en fait décerner acte par la Cour; si, au contraire, il continue ses poursuites, et que la Cour juge que cet abandon de l'intimé était suffisant, il sera condamné aux frais qui auront été faits postérieurement, parce qu'il en est ici comme d'offres réelles qui, n'ayant pas été acceptées, seraient néanmoins jugées suffisantes pour désintéresser celui auquel elles auraient été faites. — (*Voy. Demiau Crouzilhac, pag.* 321 *et* 322).

1580. *Si l'appel principal était jugé non recevable ou mal fondé, n'en serait-il pas moins fait droit sur l'appel incident?*

Nous pensons que, dans le premier cas, il n'y aurait pas lieu à statuer sur l'appel incident, parce que l'appel principal étant déclaré non recevable, par exemple pour n'avoir pas été interjeté dans le délai, serait considéré comme non avenu. Or, l'appel incident ne procédant qu'autant qu'il y a appel principal, nous paraît devoir, par conséquent, être lui-même envisagé comme non avenu; en un mot, comme le dit M. Hautefeuille, pag. 262, la fin de non-recevoir contre l'appel principal entraîne l'anéantissement de l'appel incident.

Mais, dit le même auteur, il pourrait arriver que l'appel principal fût jugé *mal fondé*, c'est-à-dire qu'il fût déclaré, au regard de l'appelant, qu'il a été *bien jugé, mal et sans griefs appelé :* cela n'empêcherait pas que l'on ne fît droit en l'appel incident, qui se trouverait fondé. Nous admettons aussi cette distinction; attendu que, dans ce second cas, l'appel principal n'a pas cessé d'exister, puisqu'au contraire il a été statué sur les griefs proposés par la partie qui l'avait interjeté(1).

1581. *L'appel d'un jugement autorise-t-il à réformer les dispositions de ce jugement qui ne seraient point attaquées?*

La négative est de règle générale, et cependant il paraît qu'elle a été l'objet d'un doute, puisqu'on a cru nécessaire de la confirmer par un avis du Conseil d'état, du 25 octobre 1806, approuvé le 12 novembre suivant. Cependant elle avait reçu une application formelle par arrêt de la Cour de cassation, du

---

(1) Cependant nous avons dit, n.° 1453, que le désistement de l'appel principal n'empêcherait pas de prononcer sur l'appel incident auquel il donnerait lieu, si l'intimé refusait d'accepter ce désistement, par le motif qu'il ne serait donné que pour faire tomber son appel, en annulant l'appel principal. Il n'y a aucune contradiction entre cette solution et ce que nous venons de dire, que l'appel principal, déclaré non recevable, fait tomber l'incident. La raison de cette différence, c'est que la faculté de former incidemment appel en tout état de cause, n'est accordée à l'intimé que par suite de la présomption qu'il n'eût pas appelé, si son adversaire n'avait pas appelé lui-même. Or, l'intimé faisant déclarer non recevable l'appel de ce dernier, se replace volontairement dans l'état où il était avant cet appel, et par conséquent, celui qu'il a incidemment formé doit être réputé non avenu comme celui-ci. Mais il doit en être autrement dans le cas du désistement, puisqu'il est l'effet de la volonté de l'appelant principal, duquel il ne peut dépendre de priver l'intimé du droit qu'il a acquis de faire prononcer sur son appel. En un mot, en opposant une fin de non-recevoir contre l'appel principal, l'intimé renonce à son appel incident; mais il ne peut être contraint à cette renonciation par un acte de sa partie adverse.

9 prairial an 8 (*voy. Sirey*, *tom.* 1, 2°. *part.*, *pag.* 245), portant que sur l'appel de quelques dispositions d'un jugement, celles qui ne sont pas attaquées ne peuvent être réformées au profit de la partie qui n'a pas interjeté appel.

ARTICLE 444.

Ces délais emporteront déchéance; ils courront contre toutes parties, sauf le recours contre qui de droit; mais ils ne courront contre le mineur non émancipé que du jour où le jugement aura été signifié tant au tuteur qu'au subrogé tuteur, encore que ce dernier n'ait pas été en cause (1).

Loi du 16 août 1790, tit. 5, art. 14. — C. C., art. 420, 450. — C. de P., art. 455, 448, 763, 1029.

CCCLXVIII. Les délais de l'appel fixés par l'article précédent, emportent déchéance, conformément à celui-ci; disposition qui se trouvait aussi dans la loi du 24 août 1790, et qu'il était d'autant plus important de répéter dans le nouveau Code, que son silence eût pu être regardé comme une dérogation.

L'ancienne législation avait admis plusieurs exceptions à la règle générale, sur le délai de dix ans pour l'appel. Ce délai était double lorsqu'il s'agissait des domaines de l'église, des hôpitaux, des collèges. Il ne commençait à courir contre les mineurs que du jour de la majorité. On avait considéré que les intérêts de l'Etat et des établissemens publics, ceux même des mineurs, ne sont que trop souvent compromis par négligence ou infidélité. Mais s'il est à leur égard des précautions nécessaires, les auteurs du nouveau Code ont jugé qu'il n'était point indispensable de leur sacrifier, par des délais trop longs, l'intérêt des citoyens qui ont à défendre des droits opposés. Le but est de s'assurer que la religion des juges soit éclairée sans que le cours de la justice soit arrêté, et ce but est facilement atteint par le nouveau moyen de sûreté que notre article adopte, sans prolonger le délai de l'appel. Le Code civil donne au mineur un tuteur et un subrogé tuteur. Ce dernier est chargé d'agir pour les intérêts du mineur, lorsqu'ils sont en opposition avec ceux du tuteur. Pour que la négligence, qui a souvent des effets irréparables, ne soit plus à craindre, on exige que tout jugement sujet à l'appel soit signifié tant au tuteur qu'au subrogé tuteur, lors même que ce dernier n'aurait pas été en cause; le subrogé tuteur n'est pas alors chargé de la défense du mineur pendant l'appel; mais il sera, comme le tuteur lui-même, responsable, s'il laissait passer le délai de trois mois depuis la signification qui lui aura été faite, sans avoir pris les mesures prescrites par la loi, pour savoir si l'appel doit être interjeté et sans l'avoir interjeté (*voy. Code civ.*, *art.* 420). Ceci s'applique à l'interdit, que l'art. 509 du Code civil assimile au mineur, pour sa personne et pour ses biens (2).

_____

(1) Sous l'empire de la loi du 24 août 1790, le délai courait contre les mineurs. — (*Angers*, 11 *avril* 1821, *Sirey*, *tom.* 22, *pag.* 175).

(2) Le Code a d'ailleurs adopté une mesure qui met de plus en plus l'Etat, les établis-

1582. *Quelles sont, outre celle qui résulterait de l'expiration du délai d'appel, les fins de non-recevoir que l'on peut opposer afin de faire déclarer la poursuite non recevable ?*

On peut, en général, opposer contre un appel toutes les fins de non-recevoir que l'on peut élever contre une demande formée en première instance (*voy. en conséquence suprà nos questions sur le titre des exceptions, et infrà celles que nous examinerons sur l'art.* 456)*; mais les plus importantes sont celles qui résulteraient de ce que le jugement aurait acquis *l'autorité de la chose jugée*, non seulement par l'expiration du délai, conformément à l'art. 444, mais encore par l'acquiescement tacite ou formel de la partie qui voudrait se rendre appelante, même incidemment.

1583. *Qu'est-ce que l'on entend par chose jugée? Dans quels cas et contre quelles personnes peut-on opposer l'autorité qui en résulte ?*

En droit, ce mot *chose jugée* a différentes acceptions ; il se prend tantôt pour ce qui résulte d'un jugement, tantôt pour le jugement même ; souvent aussi l'on s'en sert pour exprimer la jurisprudence qui résulte de l'uniformité de différentes décisions portées sur un même point de droit : c'est dans ce sens qu'on dit *invoquer l'autorité de la chose jugée*; c'est-à-dire justifier sa demande ou ses défenses sur des décisions rendues dans des espèces semblables (1). Mais ces expressions s'emploient particulièrement pour désigner la chose décidée par un jugement en dernier ressort ou devenu inattaquable par les voies ordinaires (2). C'est sous ce rapport, que l'autorité de la chose jugée opère une fin de non-recevoir non seulement contre l'appel du jugement, mais contre toute demande nouvelle qui serait formée contre les mêmes parties, pour le même objet et pour la même cause (3).

Il arrive rarement qu'une partie laisse acquérir contre elle l'autorité de la chose jugée par l'expiration du délai d'appel ; mais celle qui résulte de l'acquiescement est la fin de non-recevoir que l'on oppose le plus fréquemment en cause d'appel : il est donc nécessaire d'examiner en quelles circonstances on peut dire qu'il existe ou non acquiescement à un jugement en premier ressort. C'est l'objet de la question suivante.

1584. *En quelles circonstances un jugement est-il réputé avoir acquis ou non l'autorité de la chose jugée par acquiescement de la partie ?*

---

semens publics, les mineurs et les interdits, à l'abri des surprises qui seraient faites à la justice, en les admettant à se pourvoir par requête civile, lorsqu'ils n'auront point été défendus, ou lorsqu'ils ne l'auront pas été valablement. — (*Voy. nos quest. sur l'art.* 481).

(1) Voy., sur l'autorité que peuvent avoir les décisions judiciaires dans les affaires contentieuses autres que celles sur lesquelles elles sont intervenues entre les mêmes parties, la dissertation sur la jurisprudence des arrêts, en tête du Dictionnaire des arrêts modernes, par MM. Loyseau et Dupin.

(2) Nous disons par les voies ordinaires, c'est-à-dire par opposition ou appel, parce que les moyens extraordinaires n'ôtent pas au jugement, tant qu'il subsiste, *l'autorité de la chose jugée*, tandis que tout jugement qui peut être attaqué par la voie de l'opposition ou de l'appel, ne peut être dit passé en force de chose jugée. — (*Voy. Delvincourt, pag.* 394, *not.* 2).

(3) Voy. Code civil, art. 1350 et 1351, et Delvincourt, tom. 2, pag. 73 des Institutes, et pag. 394 des notes.

On nomme *acquiescement* l'adhésion ou consentement qu'une partie donne à un jugement ou à quelque autre acte que ce soit.

Acquiescer à un jugement, c'est donc en approuver les dispositions et se soumettre à les exécuter, ou du moins consentir qu'elles reçoivent leur exécution; c'est donc renoncer à l'appel qui aurait été ou qui pourrait être interjeté; c'est donner à ce jugement l'autorité de la chose jugée.

L'acquiescement est FORMEL OU TACITE.

Il est *formel*, lorsqu'il est donné par un acte contenant déclaration positive de la partie (1) ou de son fondé de pouvoir spécial. — (*Rodier, sur l'art.* 5 *du tit.* 27 *de l'ordonn.*)

Il est *tacite*, lorsqu'il résulte ou de son silence ou d'un fait de sa part qui ne permet pas de douter qu'elle a entendu consentir au jugement et vouloir l'exécuter (2). — (*Voy. nouv. Répert.; Dénisart, au mot* acquiescement; *Jousse, sur l'article précité de l'ordonn.; Berriat Saint-Prix, pag.* 360; *et cass.,* 20 *décembre* 1815, *Sirey, tom.* 16, *pag.* 242).

---

(1) Ainsi, souscrire une déclaration que l'on tient un jugement *pour signifié*, et que l'on promet de s'y conformer, c'est *acquiescer* et se rendre non recevable dans l'appel (*cassat.*, 16 *fév.* 1816, *Sirey, tom.* 16, *pag.* 158); et cet acquiescement peut être valablement donné même par une simple lettre missive. (*Cassat.*, 25 *prair. an* 6 *et* 20 *janv.* 1806, *au nouv. Répert.*, *v.°* viduité, *tom.* 13, *pag.* 372, *et* 384 *de la* 3.° *édit.; Jurispr. des Cours souv., tom.* 1, *pag.* 4). Mais si la lettre ne contient que des offres, il est nécessaire, pour que l'acquiescement produise ses effets, de prouver que la partie qui les a faites a reçu de l'autre une lettre contenant acceptation. — (*Rennes,* 3 *therm. an* 8).

(2) Par exemple, on pourrait opposer la fin de non-recevoir résultant de l'acquiescement tacite dans les cas suivans:

1.° Si la partie a demandé un délai, soit pour payer les dépens, soit pour exécuter la condamnation (*loi* 5, *Cod. de re judicatâ*); 2.° à plus forte raison, si elle a payé les dépens, sans réserve et sans protestation (*voy. suprà,* 664.° *quest.*); 3.° si elle fait quelque acte qui suppose évidemment reconnaissance de la dette qui est l'objet de la condamnation, comme si elle la comprend dans son bilan (*Paris,* 27 *frim. an* 12, *Sirey, tom.* 7, 2.° *part., pag.* 762 ; 4.° si elle assiste personnellement à l'enquête qui se fait contre elle (*suprà*, *n.°* 1562); 5.° si elle accepte des offres, ou si elle conteste une caution, puisqu'en cela elle exécute le jugement (*voy. infrà, liv.* 5, *tit.* 1 *et* 2); 6.° si, après un jugement qui a ordonné qu'il serait passé outre à une adjudication, nonobstant appel, la partie saisie en interjette appel, et néanmoins demande sursis au moment de l'adjudication. — (*Cassat.*, 16 *nov.* 1818, *Sirey, tom.* 20, *pag.* 377).

Tous les actes que nous venons de détailler étant en effet *négatifs* de l'intention d'appeler ou de poursuivre l'appel, opèrent *acquiescement tacite*, et par conséquent, fin de non-recevoir contre l'appel.

Mais laisser prêter un serment supplétoire, sans se pourvoir de suite ou sans s'y opposer (*cassat.*, 21 *therm. an* 8, *Sirey, tom.* 1, 2.° *part., pag.* 269); offrir les frais par forme de consignation pour prévenir ou arrêter des poursuites (*cassat.*, 2 *janv.* 1816, *Sirey, tom.* 16, *pag.* 358); n'exécuter le jugement que parce qu'il est exécutoire par provision, ce n'est pas acquiescer (*cassat.*, 12 *flor. an* 9, *brum. an* 11, *et* 2 *janv.* 1816, *Sirey, tom.* 16, 2.° *part., pag.* 322; 1803, *pag.* 54; 1816, *pag.* 358). Seulement, en ces cas, la prudence exige que l'on fasse des réserves et protestations d'appel. (*Comment. inséré aux Ann. du not., tom.* 3, *pag.* 12). Remarquons cependant qu'il y aurait acquiescement, même nonobstant les réserves, si, de part et d'autre, les titres et pièces avaient été remis lors du paiement du montant de la condamnation, parce que cette remise annoncerait que les parties seraient demeurées d'accord, que tout serait consommé entre elles. — (*Riom,* 12 *juin* 1817, *Sirey, tom.* 18, *pag.* 62).

En cette matière, la jurisprudence a consacré les règles suivantes :

1°. L'acquiescement ne peut résulter que du fait de la partie, et non de celui de son avoué. — (*Nouv. Répert.*, *ubi suprà.*) (1)

2°. Il n'est valable (*voy. suprà*, n°. 1452) qu'autant qu'il est donné par des personnes maîtresses de leurs droits (2), et qu'il n'est pas le résultat de la contrainte, du dol et de l'erreur (3).

3°. Si le jugement contient tout à la fois et des dispositions favorables et des dispositions contraires à une partie, elle peut poursuivre l'exécution des premières, sans que l'on puisse en tirer présomption d'acquiescement aux autres (4).

---

(1) Le paiement des dépens fait par l'avoué ne constituerait donc pas un acquiescement qui pût être opposé à la partie, si cet avoué ne justifiait pas d'un pouvoir spécial. — (*Voy. nouv. Répert.*, *ubi suprà*, *pag.* 53).

Il en serait de même du consentement donné par un avoué à la prestation d'un serment déféré d'office et de sa présence à une enquête. (*Rennes*, 2 avril 1810; *le comment. de l'art.* 122, et *les* n.ºs 520, 521 et 1562). Il a même été décidé, par arrêt de la Cour de Turin, du 20 mai 1809 (*Sirey*, *tom.* 10, *pag.* 258), que la signification du jugement faite *sans réserves*, entre avoués seulement, n'opérait pas *acquiescement*. Mais les auteurs des Annales du notariat, *ubi suprà*, *pag.* 15, citent un arrêt de Liége, du 26 janvier 1811, qui a décidé le contraire, et déclarent que telle est leur opinion, attendu que, dans certains cas, la signification d'avoué à avoué suffit pour faire courir les délais d'appel, comme dans celui de l'art. 763. Tel est aussi notre avis pour ce cas particulier, où la signification à avoué produit la même effet qu'une signification à personne ou domicile; mais nous croyons, comme M. Berriat Saint-Prix, *pag.* 321, not. 4, qu'il faut, en toute autre circonstance, s'en tenir à la règle certaine qu'un acquiescement à un jugement ne peut résulter d'un simple acte d'avoué à avoué.

(2) Par suite de cette règle, on ne peut opposer la fin de non-recevoir résultant de l'acquiescement aux femmes non autorisées (*cassat.*, 15 *juil.* 1807, *Jurispr. des Cours souv.*, *tom.* 1, *pag.* 34), et aux établissemens publics : les préposés de ces établissemens ne peuvent en effet les obliger par acquiescement, à moins qu'il ne fût prouvé qu'ils eussent agi en vertu de pouvoir formel. (*Cassat.*, 21 *germ. an* 12 *et* 23 *déc.* 1807; *Ann. du not.*, *tom.* 3, *pag.* 13, et *Jurispr. des Cours souv.*, *tom.* 1, *pag.* 23 *et suiv.*) Il n'est pas douteux que le ministère public ne peut acquiescer dans les affaires où il est partie principale. — (*Cassat.*, 16 *juin* 1809, *Denevers*, 1809, *suppl.*, *pag.* 161).

(3) On entend ici par *erreur*, celle qui dérive de ce que la partie aurait mal entendu le jugement (*nouv. Répert.*, *ubi suprà*, *pag.* 53, *et nouv. Dénisart*, v.° acquiescement, § 3), et non l'erreur de droit, qui ne vicie pas l'acquiescement — (*Bordeaux*, 15 *mess. an* 13, *Sirey*, *tom.* 7, 2.° *part.*, *pag.* 941).

C'est parce que l'acquiescement doit être libre, que nous avons dit *suprà*, pag. 135, not. 2, qu'il pouvait résulter de l'exécution d'un jugement exécutoire par provision.

(4) Cette règle, formellement consacrée par un arrêt de la Cour de Limoges, du 1.er juillet 1817 (*Sirey*, *tom.* 17, *pag.* 307), a été contredite de la même manière, par un autre arrêt de la Cour de Turin, du 3 novembre 1811. Nous n'en persistons pas moins à la considérer comme exacte, et fondée d'ailleurs sur le principe de la divisibilité des jugemens établi *suprà*, n.° 1574. C'est par suite de ce principe, expressément reconnu par la Cour de Paris, que cette Cour, par arrêt du 29 février 1811 (*Sirey*, *pag.* 416), avait jugé que l'exécution d'un jugement n'emportait acquiescement que pour les dispositions exécutées, même sans réserves; qu'ainsi, par exemple, la partie qui avait exécuté un jugement, en ce qu'il permettait un réglement par experts, n'en était pas moins recevable à demander la réformation du même jugement, parce qu'il avait omis de prononcer la contrainte par corps.

A cette décision vient se rattacher un arrêt de la Cour de Rennes, du 6 thermidor an 9, qui décide que des paiemens faits par une partie à valoir à une dette dont elle était condamnée à acquitter le montant, ne faisaient pas présumer acquiescement à la fixation faite

4°. L'on ne peut séparer l'acquiescement d'une partie des conditions qu'elle y a apposées (1).

5°. S'en rapporter à la prudence des juges, n'est point acquiescer d'avance au jugement qui interviendra, et renoncer par conséquent à la faculté d'en interjeter appel. — (*Cassat.*, 18 *germin. an* 11, *Sirey, tom.* 7, 2°. *part., pag.* 764, *et nouv. Répert., v°.* succession, § 2, *art.* 3, *et v°.* acquiescement, § 3; *Rennes,* 5 *août* 1808 (2).

6°. L'acquiescement d'une des parties au jugement n'empêche pas que les autres ne puissent en appeler. — (*Loi* 71, *ff de excep. rei judic., et* 63, *de re judicatâ; cassat.,* 13 *nivôse an* 10, *Jurisp. des Cours souv., tom.* 1, *pag.* 12).

7°. A plus forte raison ne peut-il lier les personnes qui n'auraient pas été parties au jugement, mais qui auraient intérêt à la décision qu'il eût prononcée (3).

8°. La fin de non-recevoir résultant de l'acquiescement ne peut être prouvée par témoins — (*Rennes,* 22 *therm. an* 8.)

9°. Elle peut être opposée en tout état de cause. — (*Voy. suprà, n°.* 752.)

___

par les premiers juges, attendu que la partie ne faisait qu'exécuter, jusqu'à concurrence de ce qu'elle prétendait devoir, la reconnaissance qu'elle avoit donnée d'être débitrice, mais n'annonçait pas par là consentir à payer le montant déterminé par le jugement, et susceptible d'être réduit en appel, par suite d'un juste précompte qui en eût démontré l'excès.

Au surplus, les auteurs du nouveau Dénisart, v.° *acquiescement,* § 2, pag. 2, s'expliquent de la manière la plus formelle sur la règle que nous tirons, par rapport à l'acquiescement, du principe de *la divisibilité* des jugemens.

« Toutes les fois, disent-ils, que les différens chefs d'un jugement ne forment qu'un tout » indivisible, comme lorsqu'une première disposition en entraîne à sa suite plusieurs autres » qui en sont les conséquences nécessaires, il suffit, pour être obligé d'exécuter le juge- » ment en entier, d'y avoir acquiescé en un seul point ; mais il arrive souvent que le même » jugement prononce sur plusieurs chefs absolument indépendans les uns des autres ; et » alors, quand on a acquiescé à une partie de ses dispositions, sans avoir donné aucun » acquiescement ni tacite, ni exprès, cela n'empêche pas qu'on ne soit recevable à se pour- » voir contre les autres ».

Enfin, la Cour de cassation avait consacré cette doctrine sous l'empire de l'ancienne législation, par arrêts des 17 frimaire an 11 et 9 nivôse an 12. — (*Voy. Jurispr. des Cours souv., tom.* 1, pag. 16 et 18).

(1) Ainsi l'exécution d'un jugement, faite dans un sens déterminé, n'exclut pas l'appel, lorsque l'autre partie veut lui donner un sens plus étendu. — (*Voy. Cochin, tom.* 5, pag. 758).

Ainsi encore, lorsqu'une partie a obtenu gain de cause au principal, mais que certains accessoires lui aient été refusés, par exemple des indemnités, des profits, si elle interjette appel et poursuit néanmoins l'exécution du jugement pour le principal qui lui est adjugé, il n'y aura pas, suivant nous, d'acquiescement aux chefs accessoires, si elle déclare, dans les actes d'exécution, agir sans préjudice de son appel.

(2) La Cour de cassation avait proposé, dans ses observations sur le projet de Code de procédure, de consacrer en loi cette règle de jurisprudence; elle formait le 101.° article du titre qu'elle proposait de placer en tête de ce Code, et qui était ainsi conçu :

« Quand on déclare s'en référer *à la justice du tribunal,* ou *à ce que le tribunal décidera,* » on n'acquiesce pas éventuellement au jugement qui sera prononcé ».

(3) Néanmoins, la personne qui exécuterait un semblable jugement, même avec réserves, n'empêcherait pas qu'elle ne se rendît non recevable à se pourvoir, par quelque voie que ce fût, parce qu'une exécution volontaire rend les réserves sans objet, aucuns motifs ne pouvant porter à faire, avec restriction, ce qu'on n'est obligé de faire en aucune manière. — (*Paris,* 10 *avril* 1810, *Journ. des avoués, tom.* 1, pag. 232, *et nouv. Dénisart, ubi suprà,* § 2, n.° 3).

10°. Elle ne peut l'être en aucun cas, s'il s'agit d'une question d'état, ou de toute autre matière tenant à l'ordre public. — (*Cassat.*, 18 août 1807, *Jurisp. des Cours souv.*, *tom.* 1., *pag.* 54).

11°. Enfin, l'erreur du juge sur la question de savoir si cette fin de non-recevoir est ou n'est pas fondée, est un moyen de cassation. — (*Cassat.*, 22 octobre 1811, *Sirey, tom.* 11, *pag.* 364).

Nous terminons en remarquant que cette même fin de non-recevoir a donné lieu, sur le caractère et les effets de l'acquiescement, à une foule de questions dont nous n'avons indiqué que les principales. On trouvera ces questions au nouveau Répertoire et aux Questions de droit, aux mots *acquiescement, cassation, chose jugée, requête civile.* — (*Voy.*, *en outre*, 1°. *sur l'art.* 451, *ce que nous dirons de l'acquiescement aux jugemens interlocutoires ;* 2°. *sur l'art.* 455, *l'examen de la question de savoir si les jugemens d'expédient sont sujets à l'appel.*)

1585. *Que signifient ces mots de l'art.* 444, CONTRE TOUTES PARTIES ?

Ils signifient que les délais fixés par l'art. 443 courent contre le mineur, la femme, l'interdit, les communes, les fabriques, les hospices et autres établissemens publics, de quelque nature qu'ils soient ; tandis qu'autrefois ces délais étaient plus considérables pour les corporations que pour les particuliers, et ne couraient, à l'égard des mineurs, qu'à partir de leur majorité. — (*Voy.* ordonn. de 1667, *tit.* 27, *art.* 16 et 17; *Jousse, sur ces articles; le nouv. Répert., aux mots* curateur, § 1, *et* appel, *sect.* 1, § 5, *et le Comment. du présent article.*)

1586. *L'art.* 444, *en conservant aux parties désignées dans la réponse à la question précédente un recours contre leurs administrateurs, entend-il que ces derniers seront jugés responsables, par cela seul qu'ils n'auront pas fait les diligences nécessaires pour interjeter l'appel?*

Nous pensons, avec les auteurs du Commentaire inséré aux Annales du notariat, tom. 3, pag. 47 et 68, que, pour exercer le recours dont il s'agit en l'art. 444, on doit commencer par faire décider par le tribunal que l'administrateur, en n'interjetant pas l'appel, aura porté préjudice aux intérêts qui lui étaient confiés. En effet, on doit reconnaître que s'il n'est pas évident que le jugement contenait un mal jugé, ou qu'il y eût contre l'administrateur des présomptions de dol ou de connivence, il serait difficile de le faire condamner, l'autorité du jugement rendu étant d'un grand poids en sa faveur. Néanmoins, cette remarque ne doit pas rendre les administrateurs insoucians sur les mesures à prendre, afin de justifier que s'ils n'ont pas interjeté l'appel pour leurs administrés, c'est avec raison et pour éviter des frais qui, en définitive, seraient probablement tombés à la charge de ceux-ci. — (*Voy. Pigeau, tom.* 1, *pag.* 562 et 569).

1587. *Si une partie s'était pourvue en opposition ou nullité d'un jugement dans les trois mois exigés pour l'appel, n'aurait-elle pas également encouru, malgré ce pourvoi, la déchéance prononcée par l'art.* 444?

Il ne dépend point d'une partie condamnée par jugement définitif, de prolonger le délai que la loi lui accorde pour en déclarer appel, en faisant des procédures nouvelles soit en opposition, soit en nullité de ce jugement : la partie qui agit ainsi encourrait donc incontestablement la déchéance, ainsi qu'il a été jugé par la Cour de Rennes, relativement à un jugement rendu en matière commerciale, par des arbitres forcés. — (*Arrêt du 31 juillet 1811, et infrà sur l'art. 1028.*)

1588. *La signification du jugement, faite tant au tuteur qu'au subrogé tuteur d'un mineur non émancipé, fait-elle courir le délai, quoique le jugement soit nul pour défaut d'assistance du tuteur dans la cause?*

L'affirmative de cette question résulte non seulement, par induction, d'un arrêt de la Cour de cassation, du 30 juin 1806 (*Sirey, tom. 6, pag. 346*, mais encore du texte même de la première disposition de l'art. 443, combinée avec celle de l'art. 444. — (*Voy. nos questions sur l'art. 481*).

1589. *Les délais d'appel d'un jugement qui n'aurait point été signifié au subrogé tuteur, courraient-ils à compter de l'époque où le mineur aurait atteint sa majorité?*

La Cour de Montpellier a jugé, le 3 janvier 1811 (*voy. Commentaire inséré aux Annales du notariat, tom. 3, pag. 51*), que le jugement rendu contre un mineur qui y a acquiescé depuis sa majorité, ne peut être attaqué par la voie d'appel. Cette décision paraîtrait préjuger pour l'affirmative la solution de la question que nous venons de poser. Et en effet, dirait-on, ainsi que les auteurs que nous venons de citer, la majorité donne à celui qui était mineur l'exercice plein et entier de tous ses droits; dès lors il doit veiller seul à ses propres intérêts, et, par conséquent, se pourvoir contre les jugemens rendus contre lui pendant sa minorité, et qui lui feraient griefs; s'il ne le fait pas, il ne peut imputer qu'à lui seul les suites de sa négligence.

Nous ne connaissons point l'espèce dans laquelle l'arrêt de la Cour de Montpellier a été rendu; mais nous sommes porté à croire qu'il s'agissait d'un acquiescement *formel* donné par le mineur devenu majeur, et non de l'acquiescement que la loi fait résulter de l'expiration du délai sans appel. C'est aussi ce qui paraît résulter de ce que les auteurs du Commentaire n'examinent la question qui nous occupe qu'après avoir cité cet arrêt; ce qu'ils n'auraient pas eu besoin de faire, puisqu'il l'aurait décidée lui-même.

Or, nous ne balancerions pas à admettre que le mineur qui, devenu majeur, donne un acquiescement formel à un jugement susceptible d'appel, se rend non recevable dans ce genre de pourvoi. Il connaît nécessairement ce jugement; puisqu'il consent à l'exécuter; mais autre chose est le cas où l'on opposerait, contre son appel, la déchéance portée en l'art. 444. Il est possible, il est même présumable que le jugement qui n'a été signifié qu'à son tuteur ne soit pas encore connu de lui dans les trois mois de sa majorité; que ses comptes ne lui aient pas été rendus; que la remise de ses papiers ne lui ait pas été faite : ne serait-il pas trop rigoureux, dès que cette possibilité ne peut être contestée, de faire courir le délai contre lui, et de le faire courir, en vertu d'une signification que la loi répute non avenue, parce qu'elle n'a pas été faite au subrogé tuteur? Si ces raisons ne sont pas suffisantes pour décider négativement notre question, nous croyons du moins devoir conseiller à la partie intéressée à l'exécution du jugement, de constituer le mineur en demeure d'appeler, par une signification nouvelle faite à l'époque de sa majorité. C'est, au reste, ce qui a été prescrit par l'art. 484, pour faire courir, à l'égard d'un mineur, le délai de la requête civile, et l'on sent que cette disposition fournit un argument en faveur de l'avis que nous venons d'émettre.

1590. QUID JURIS, *si le mineur ou l'interdit n'a ni tuteur, ni subrogé tuteur, ou n'a que l'un d'eux, ou si l'un ou l'autre est décédé ?*

La signification ne pouvant être faite, le délai ne court pas. C'est à la partie qui a obtenu le jugement à faire pourvoir le mineur ou l'interdit, afin de faire courir le délai en signifiant le jugement aux personnes qui seront appelées à ces fonctions. — (*Voy.* Pigeau, *ubi suprà, pag.* 564).

Dans le cas de décès, soit du tuteur, soit du subrogé tuteur, ou de l'un d'eux, la signification du jugement ne serait pas valablement faite à l'avoué qu'ils auraient constitué dans la cause, et le délai de l'appel ne courrait contre le nouveau tuteur ou subrogé tuteur, qu'à compter du jour de la notification qui lui serait faite. — (*Rennes,* 29 *août* 1814).

1591. *Est-il d'autres cas que celui de l'art.* 444 *, dans lesquels la signification du jugement doive être faite à d'autres personnes qu'à la partie condamnée ?*

Oui ; par exemple, le jugement rendu contre une personne pourvue d'un conseil judiciaire doit être signifié à ce conseil, si l'affaire était immobilière. Il en est de même pour le cas où le mari et la femme ont dû procéder conjointement. — (*Voy.* Pigeau, *ubi suprà*).

1592. *Quelles sont les obligations imposées au subrogé tuteur, par suite de la signification du jugement ?*

Il n'est pas douteux, ainsi que l'a décidé la Cour de Limoges, par arrêt du 30 avril 1810 (*voy.* Biblioth. *du barr.,* 2ᵉ. *part.,* 1810, *pag.* 283), que le subrogé tuteur ne peut interjeter appel du jugement qui lui est signifié. Ses fonctions sont limitées par les art. 420 et suivans du Code civil, et ne peuvent être étendues à des cas autres que ceux prévus par ces articles.

Mais on ne saurait admettre que le législateur ait entendu n'attacher aucun effet, de la part du subrogé tuteur, à la signification qu'il ordonne de lui faire. Or, M. le conseiller d'état Bigot de Préameneu s'est exprimé comme suit sur les motifs de la disposition dont il s'agit (*voy. édit de F. Didot, pag.* 133) : « Le subrogé tuteur n'est pas chargé de la défense du mineur pendant l'appel ; mais il sera, comme le tuteur lui-même, responsable, s'ils laissent passer le délai de trois mois depuis la signification qui leur a été faite, sans avoir pris les mesures prescrites par la loi pour savoir si l'appel doit être interjeté, et sans l'avoir interjeté. » C'est donc au subrogé tuteur à concourir avec le tuteur, afin d'assembler le conseil de famille, pour faire décider par lui s'il est utile d'appeler ; c'est au subrogé tuteur à veiller à ce que le tuteur interjette cet appel, etc., etc. (1)

1593. *L'intimé qui prétend que l'appelant a laissé écouler le délai d'appel, est-il tenu de représenter les exploits de signification du jugement ?*

C'est notre opinion, parce qu'il est demandeur en son exception : or, sous

_____

(1) Mais voyez, sur ces mesures, Pigeau, tom. 1, pag. 563; le Commentaire inséré aux Annales du notariat, tom. 3, pag. 50 et 51, et Delaporte, tom. 2, pag. 7.

ce rapport, c'est à lui que la preuve incombe. Aussi la Cour d'appel de Rennes a-t-elle décidé, par un arrêt de la 2.° chambre, du 13 décembre 1808, que c'est à l'intimé à représenter les exploits de signification, afin de mettre la Cour à portée de savoir si l'appelant est déchu de son pourvoi.

1594. *Peut-on, après les trois mois qui ont suivi la signification, appeler du jugement d'un tribunal de commerce qui a statué sur un déclinatoire à raison de la matière?*

La difficulté naît de ce que l'art. 425 porte que les dispositions d'un jugement commercial sur la compétence pourront *toujours* être attaquées par la voie de l'appel. Mais la Cour de cassation a levé tous les doutes à cet égard, en déclarant, dans les considérans d'un arrêt du 25 février 1812 (*voy.* Denevers, 1812, pag. 286), que ce mot *toujours* ne pouvait s'entendre d'une manière vague et illimitée, et comme dérogeant par avance aux règles précises sur les appels, au titre particulier qui les concerne. Il ne peut évidemment se rapporter qu'à la faculté d'appeler du premier jugement définitif sur la compétence, lors même que l'on aurait déjà appelé, purement et simplement, du second jugement sur le fond; il n'a été employé en l'art. 425 que pour faire remarquer principalement le changement survenu sur la matière des appels; ce qui se trouve expliqué aux art. 453 et 454 (*voy. nos questions sur ces articles*), en permettant d'appeler du jugement sur la compétence, lorsqu'il aurait été qualifié en dernier ressort.

Il suit évidemment de là que l'art. 425 ne fait aucune exception, soit à l'article 443, soit à l'art. 444 du Code de procédure : il faudrait, pour qu'il en fît une, une disposition expresse, dérogatoire, qu'on ne trouve nulle part dans le Code; d'ailleurs, l'art 645 du Code de commerce porte, sans distinction, que le délai pour interjeter appel de jugemens contradictoires, sera de trois mois du jour de la signification; disposition semblable à celle de l'art. 443.

1595. *La déchéance d'un appel tardif peut-elle être suppléée d'office, et opposée en tout état de cause?*

La Cour de Turin s'est prononcée pour l'affirmative, dans un arrêt du 6 juillet 1807. (*Voy.* Denevers, 1809, suppl., pag. 38). Elle donne pour motifs que la déchéance n'est substantiellement qu'une exception d'incompétence absolue des juges d'appel, non comprise et même spécifiquement réservée par l'article 175 du Code de procédure; que cette exception est conséquemment proposable en tout état de cause, comme fondée sur des principes d'ordre public, d'après lesquels il n'appartient aucunement aux parties de proroger, par leur fait, la juridiction au-delà des termes fixés par la loi.

Nous remarquerons que cet arrêt est absolument conforme à la doctrine professée par M. Merlin, dans ses Questions de droit, au mot *appel*, § 9. Du moins ce savant jurisconsulte maintenait (*voy. pag. 115 jusqu'à la fin, nouv. édit. de son Recueil*) que les juges devaient suppléer d'office l'exception péremptoire résultant de ce que le jugement appelé avait acquis l'autorité de la chose jugée, par suite de l'expiration du délai d'appel. Or, à plus forte raison, une semblable exception pourrait-elle être proposée en tout état de cause.

M. Merlin nous apprend, à la vérité, pag. 121, que ses conclusions ne furent pas suivies; mais il suffit de lire l'arrêt qu'il rapporte immédiatement, sous la date du 21 thermidor an 9, pour se convaincre que la Cour se détermina particulièrement par la considération de fait qu'il ne paraissait pas clairement prouvé qu'il y eût lieu, dans l'espèce, à la fin de non-recevoir dont il s'agit. Au reste, un arrêt postérieur, du 3 brumaire an 10, a confirmé les principes sur lesquels M. Merlin avait basé ses conclusions lors du premier arrêt, et il est à remarquer qu'on y trouve les motifs énoncés dans l'arrêt de la Cour de Turin ci-dessus rapporté.

Ainsi, nous ne faisons pas de doute sur l'affirmative de la question que nous avions à résoudre. On sent bien que nous ne saurions mieux faire que de renvoyer, pour le développement des raisons de décider ainsi, au réquisitoire de M. Merlin, sur l'arrêt du 21 thermidor. — (*Cassat.*, 3 *brum. an* 10, *Sirey, tom.* 7, *pag.* 783).

1596. *Mais ne doit-on pas admettre une exception pour le cas où il s'agirait d'examiner si l'objet de la contestation est indivisible, afin de décider, par exemple, si l'appel interjeté par un mineur après le délai, et cependant en tems utile, parce qu'il n'y aurait pas eu de signification du jugement au tuteur ou au subrogé tuteur, relèverait les majeurs de la déchéance ?*

La Cour de Rennes a prononcé l'affirmative de cette question par arrêt du 28 mai 1818, dans une espèce où il s'agissait du paiement d'une rente due par plusieurs co-obligés.

Il était en effet indispensable, pour juger s'il y avait lieu de déclarer des majeurs relevés de la déchéance par l'appel du mineur, d'examiner le fond, afin de s'assurer si la rente était véritablement indivisible, seul cas dans lequel l'appel du mineur pouvait profiter aux majeurs.

1597. *Dans l'espèce de cette question, y avait-il lieu au fond à déclarer les majeurs relevés de la déchéance par l'appel du mineur interjeté en tems utile ?*

Par son arrêt définitif du 25 juin 1818, la même Cour de Rennes a jugé l'affirmative, attendu qu'il s'agissait d'un objet indivisible, aux termes de l'article 1221, § 5, du Code civil.

Il répugnerait en effet à l'équité que les majeurs fussent déchus de l'appel, et par là même exposés à supporter seuls le poids des arrérages, tandis que les mineurs auraient conservé la faculté de s'en faire décharger par la réformation des jugemens qui les auraient condamnés. Si des Cours souveraines ont prononcé la déchéance en quelque cas, on doit croire, comme nous l'avons remarqué sur la 1565ᵉ. quest., qu'il en avait été dans l'espèce comme d'un arrêt de la Cour de cassation du 21 brumaire an 7. (*Sirey, tom.* 1., *pag.* 176). Au reste, on peut encore appuyer l'arrêt de Rennes de celui de la Cour de cassation, du 21 prairial an 13, qui a déclaré l'appel relevé en tems utile par une des parties, commun à celles qui n'étaient plus dans le délai d'appeler. (*Voy. Denevers, an* 13, *suppl.*, *pag.* 130.) C'est ainsi, sauf cette exception pour les cas de solidarité et d'indivisibilité, que l'on doit entendre un arrêt de cassation du 13 janvier 1817 (*Sirey, tom.* 17, *pag.* 152), lequel a décidé que le juge saisi d'un appel, après le délai, ne peut, si la fin de non-recevoir est opposée, s'appuyer sur des moyens tirés du fond, pour le déclarer recevable.

1598. *La fin de non-recevoir résultant de la déchéance prononcée par l'art. 444 doit-elle être accueillie, si l'appelant justifie que la notification de l'acte d'appel a été retardée par l'effet des troubles civils?*

L'affirmative a été jugée dans l'espèce où une lettre portant ordre de faire cette notification avait été retardée plusieurs jours à la poste par suite de ces troubles (*Rennes*, 26 *août* 1817.) Nous croyons, par les motifs exprimés sur la 99e. quest., que l'on pourrait étendre cette décision au retard causé par tout autre obstacle de force majeure.

ARTICLE 445.

Ceux qui demeurent hors de la France continentale, auront, pour interjeter appel, outre le délai de trois mois depuis la signification du jugement, le délai des ajournemens réglé par l'art. 73 ci-dessus.

Voy. art. 73, 485, 486.

CCCLXIX. IL est évident qu'une partie dont le domicile est tellement éloigné ne trouverait point, dans un délai de trois mois, un tems suffisant pour délibérer si elle appellera, et faire passer ensuite ses moyens d'appel et ses instructions : il était donc de toute justice d'augmenter en sa faveur le délai d'appel, et la loi ne pouvait mieux faire que de lui accorder le délai fixé pour répondre aux ajournemens.

1599. *Quels sont les départemens qui forment le territoire continental du royaume?*

La France continentale est le territoire divisé en départemens contigus les uns aux autres, et dont Paris est la capitale. Ainsi l'île de Corse et les colonies, quoique faisant partie du royaume, ne sont point de son territoire continental.

1600. *Les dispositions de l'art. 445 s'appliquent-elles seulement aux Français qui demeurent hors de la France continentale?*

Elles s'appliquent non seulement aux Français qui habiteraient dans les îles et colonies, et momentanément dans les pays soumis à un gouvernement autre que celui de la France, mais encore à tous les étrangers de naissance qui auraient des contestations devant les tribunaux français. — (*Voy. suprà*, n°. 373).

ARTICLE 446.

Ceux qui sont absens du territoire européen du royaume, pour service de terre ou de mer, ou employés dans les négociations extérieures pour le service de l'Etat, auront, pour interjeter appel, outre le délai de trois mois depuis la signification du jugement, le délai d'une année.

Ordonn. de 1667, tit. 27, art. 14. — Voy. art. 73, 485 et 486.

CCCLXX. LA même considération qui motive l'article précédent s'applique nécessairement à celui que le service de terre ou de mer retiendrait hors du territoire européen du royaume, ou qui serait employé dans des négociations extérieures pour le service de l'Etat. Une prorogation de délai doit évidemment lui être accordée, en proportion de son éloignement et des causes de son absence; mais d'un autre côté, la faveur due au service public n'est point un motif suffisant pour que celui dont la cause a été trouvée juste-, reste dans une longue incertitude. L'art. 446 concilie les deux intérêts : il donne aux absens pour le service public désigné par la loi, le tems ordinaire de trois mois, et en outre celui d'un an. C'est le délai accordé à ceux qui demeurent dans les pays les plus lointains. Il est sans doute encore à craindre que les personnes ainsi employées ne puissent être averties à tems de la signification qui fait courir ce délai; mais fût-il plus long, l'inconvénient ne serait pas entièrement prévenu, et on ne doit pas sacrifier le bien général, par la crainte d'un inconvénient très-rare. — (*Exposé des motifs*) (1).

1601. *A quelle époque faut-il que les personnes désignées dans l'art. 446 se trouvent absentes, pour qu'elles jouissent de la prorogation que cet article leur accorde?*

Il suffit que la partie ne soit point en France à l'instant où la signification du jugement a été faite à son domicile. Si donc elle rentrait sur le territoire français quelques jours seulement après cette signification, elle n'en jouirait pas moins de la prorogation du délai. (1)

ARTICLE 447.

Les délais de l'appel seront suspendus par la mort de la partie condamnée.

Ils ne reprendront leur cours qu'après la signification du jugement faite au domicile du défunt, avec les formalités prescrites en l'art. 61, et à compter de l'expiration des délais pour faire inventaire et délibérer, si le jugement a été signifié avant que ces derniers délais fussent expirés.

Cette signification pourra être faite aux héritiers collectivement, et sans désignation des noms et qualités (2).

T., 29. — Ordonn. de 1667, tit. 27, art. 15. — C. de P., art. 61 et 68. — C. C., art. 795. — *Suprà*, tom. 1, pag. 147, not. 2, et n.° 291.

CCCLXXI. Quoique les héritiers représentent le défunt, il n'en est pas

---

(1) L'ordonnance de 1667 n'entrait dans aucune des considérations qui ont motivé les deux articles précédens; elle voulait que les délais par elle prescrits fussent observés, *tant entre présens qu'absens.*

(2) JURISPRUDENCE.

Lorsqu'un jugement est signifié au nom de la partie qui l'a obtenu, le délai de l'appel ne court pas tant que l'héritier n'a pas justifié de sa qualité. — (*Nîmes*, 29 *janv.* 1811, *Sirey*, 1811, *pag.* 434).

moins nécessaire de leur signifier de nouveau un jugement dont ils peuvent n'avoir eu aucune connaissance personnelle, ou dont les papiers trouvés dans le domicile de ce défunt ne leur auraient découvert aucunes traces; ils ne doivent point être privés du délai que le Code civil leur donne pour délibérer s'ils accepteront ou s'ils répudieront la succession. Pendant ce délai, l'art. 476 suspend celui de l'appel. D'une autre part, il écarte, en faveur de l'appelant, une difficulté que lui faisait souvent éprouver l'ignorance des noms et des qualités des héritiers; le jugement peut leur être signifié collectivement et sans désignation individuelle. — (*Exposé des motifs*) (1).

1602. *La signification est-elle valable, par cela seul qu'elle a été faite au domicile du défunt? Ne faut-il pas qu'elle ait été faite suivant les formalités prescrites par l'art. 68?*

Ou, plus généralement, *est-ce bien à l'art. 61, n'est-ce pas plutôt à l'art. 68 que l'art. 447 a entendu renvoyer?*

Le Code ne s'étant point expliqué sur ce point, et l'art. 447 renvoyant, pour les formalités de la signification, à l'art. 61 seulement, on pourrait croire que l'art. 68 n'est pas rigoureusement applicable. Tel est l'avis des auteurs du Praticien. Après avoir rappelé que la Cour de Rennes avait proposé d'ajouter après les mots *au domicile du défunt*, ceux-ci, *s'il se trouve quelque personne dans la maison par lui occupée, et, s'il ne s'y trouve personne, au domicile du juge de paix du canton*, ces auteurs concluent du silence du Code sur cette observation, que la signification est valable, par cela seul qu'elle a été faite au domicile du défunt, soit qu'on y ait ou non rencontré quelqu'un.

Nous ne croyons pas prudent de suivre cette opinion. Il y a, dans l'art. 447 une erreur évidente, dit M. Berriat Saint-Prix, pag. 418, not. 52, en ce qu'il dispose que la signification sera faite au domicile du défunt avec les formalités prescrites par *l'art. 61* : c'est sans doute, ajoute-t-il, à *l'art. 68* qu'on a voulu renvoyer. Si cette erreur est véritablement aussi évidente que le dit M. Berriat Saint-Prix, on ne doutera pas que l'opinion des auteurs du Praticien doit être rejetée; or, c'est ce que nous nous proposons de prouver.

Nous dirons, premièrement, que le renvoi à l'art. 61 était inutile, parce qu'il n'y avait pas plus de raison pour le faire dans l'espèce prévue par l'article 447, qu'il n'y en aurait dans tous autres cas. Or, si le législateur, lorsqu'il a parlé, dans une foule d'articles, de significations de jugemens ou d'actes, n'a pas renvoyé à l'art. 61, c'est parce qu'il est de principe que tout exploit doit contenir les formalités que cet article prescrit, à l'exception de celles qui sont particulières à l'exploit d'ajournement.

Secondement, l'art. 443 du projet contenait une disposition à peu près semblable à l'art. 447 du Code, et ne portait aucun renvoi, soit à l'art. 61, soit à l'art. 68 : pour quoi la Cour de Rennes faisait les observations suivantes, que l'importance de la question nous engage à rapporter ici : « Pour faire

---

(1) L'ordonnance de 1667 avait aussi exigé la signification du jugement aux héritiers; mais elle leur avait de plus accordé pour l'appel un délai de six mois, qui ne commençait à courir que du jour de la sommation d'appeler, et cette sommation ne pouvait être faite qu'un an après l'expiration du délai pour faire inventaire et délibérer : c'était une suite du système abusif des longs délais pour l'appel.

courir les délais de l'appel contre les héritiers d'une partie condamnée, cet article autorise et prescrit de leur signifier le jugement au domicile du défunt; mais les héritiers éloignés auront, dans l'intervalle du délai qui leur est accordé pour délibérer, recueilli la succession. S'il ne reste personne dans la maison qu'occupait le défunt pour recevoir la copie de la signification, comment les héritiers éloignés seront-ils et pourront-ils être instruits à tems? Le délai pourrait courir contre eux, et ils pourraient courir le risque d'être déchus de la faculté d'appeler d'une condamnation peut-être injuste, sans qu'on pût les accuser de négligence ».

Pour remédier à ces inconvéniens, la Cour proposait l'addition dont nous avons parlé ci-dessus. Or, il nous paraît évident que c'est dans la même vue que l'on a ajouté, dans l'art. 447, le renvoi à un autre article du Code ; renvoi que l'art. 443 du projet ne contenait pas. Il est vrai qu'il porte sur l'art. 61, et non sur l'art. 68; mais il est certain qu'il n'y a que ce dernier article qui puisse, en quelque chose, prévenir les inconvéniens signalés par la Cour de Rennes, et non l'art. 61, qui ne prescrit que des formalités communes à tous les exploits, et qui doivent être observées, qui le sont aussi tous les jours, sans que le législateur s'en soit expliqué (1).

1603. *Que signifient les mots dans lesquels la dernière disposition de l'art.* 447 *est conçue ?*

En disant que la signification peut être faite aux héritiers collectivement et sans désignation de qualité, cette disposition fait, aux règles générales, une exception fondée sur ce qu'il est possible que les héritiers ne soient pas connus. Elle exprime que la signification peut être faite, par exemple, *aux héritiers de* TEL, *demeurant, lors de son décès, à . . . . . . en son domicile,* et cela à l'imitation de l'art. 2149 du Code civil, qui permet de prendre des inscriptions sous la simple désignation du défunt (*voy. Pigeau, tom.* 1, *pag.* 564), ou, comme l'a jugé la Cour de Bruxelles, par arrêt du 30 août 1810 (*Sirey, tom.* 14, *pag.* 378), *à l'un des héritiers, tant pour lui que pour ses cohéritiers* (2).

1604. *La signification faite à l'héritier fait-elle courir le délai contre un successeur particulier à l'objet du jugement, par exemple contre un légataire ?*

Oui, s'il n'est pas connu. — (*Voy. Pigeau, ubi suprà*).

1605. *Si quelqu'un, n'étant pas héritier, s'était mis en possession publique de la succession, la signification qui lui serait faite ferait-elle courir le délai contre le véritable héritier ?*

M. Pigeau, *ubi suprà*, résout affirmativement cette question, et son opinion est fondée sur un argument tiré de l'art. 1240 du Code civil.

---

(1) Au reste, nous trouverions, dans l'art. 61 lui-même, la preuve que l'art. 68 doit être appliqué pour la signification dont nous parlons. Et, en effet, cet art. 61 porte, au § 2, que l'exploit contiendra *mention de la personne à laquelle la copie sera laissée*. Il faut donc qu'elle soit, en tous les cas, laissée à quelqu'un, et c'est l'art. 68 qui nous dit à qui l'huissier devra la remettre, suivant les différentes circonstances que la loi détermine.

(2) Mais un acte d'appel ne serait pas valablement signifié à des héritiers *collectivement, au domicile du défunt*, si l'instance avait été introduite par les héritiers eux-mêmes, après le décès de leur auteur. — (*Cassat.,* 7 *mai* 1818, *Sirey, tom.* 19, *pag.* 123).

1606. *De ce que l'art. 447 permet de signifier le jugement aux héritiers collectivement et sans désignation des noms et qualités, pourvu que ce soit au domicile du défunt, il s'ensuit qu'il autorise la signification à la veuve commune et aux héritiers collectivement, en ne laissant qu'une seule copie pour ceux-ci et pour la veuve?*

Oui, lorsque la veuve est encore dans un état d'indivision avec eux. — (*Cass.*, 6 septembre 1814, tom. 15, pag. 97).

ARTICLE 448.

Dans le cas où le jugement aurait été rendu sur une pièce fausse, ou si la partie avait été condamnée faute de représenter une pièce décisive qui était retenue par son adversaire, les délais de l'appel ne courront que du jour où le faux aura été reconnu ou juridiquement constaté, ou que la pièce aura été recouvrée, pourvu que, dans ce dernier cas, il y ait preuve par écrit du jour où la pièce a été recouvrée, et non autrement.

CCCLXXII. LA dernière cause de prolongation du délai d'appel, établie par l'art. 448, est, pour nous servir des expressions du rapporteur de la loi au Corps législatif, une innovation bien heureuse en matière d'appel. On a sagement prévu l'événement possible d'un jugement qui eût été rendu sur une pièce fausse, et celui d'une condamnation qui n'eût pas eu lieu, si la partie eût pu représenter une pièce décisive, retenue par son adversaire. La partie condamnée aurait, dans ces cas, si le jugement était rendu en dernier ressort, la voie de la requête civile; mais, dit M. Bigot de Préameneu (*Exposé des motifs*), lorsque le jugement est susceptible d'appel, la partie qui a profité du faux ou retenu la pièce, s'est elle-même rendue non recevable à opposer que le délai d'appel soit expiré. Ce tems ne doit justement courir que du jour où le faux aura été, comme le dit notre article, soit reconnu, soit juridiquement constaté, ou du jour que la pièce aura été recouvrée; mais il exige que le jour où la pièce a été recouvrée soit constaté par écrit. Telle serait la preuve résultant d'un inventaire après décès. Il eût été contraire aux principes établis par le Code civil, sur la preuve testimoniale, de faire dépendre de simples témoignages l'autorité acquise à un jugement après le délai de l'appel.

1607. *En quel sens doit-on entendre ces mots de l'art. 448, les délais de l'appel ne courront que du jour où le faux aura été* RECONNU OU JURIDIQUEMENT CONSTATÉ?

L'art. 444 du projet portait d'autres expressions. *Les délais de l'appel*, disait-il, comme l'art. 12 du tit. 35 de l'ordonnance, *ne courront que du jour où le faux aura été découvert*. Nous ne doutons pas, observait la Cour de Turin, que, par la mention du jour où *le faux aura été découvert*, on n'ait entendu désigner *le jour où le faux aura été jugé ou reconnu*; ces expressions étant plus précises, elle proposait de les substituer aux premières.

C'est sur cette proposition qu'on a, dans l'art. 448 du Code, changé les termes du projet, afin de prévenir les difficultés auxquelles ils auraient pu donner lieu par leur généralité; mais il faut bien remarquer que l'on n'a point employé le mot *jugé*, indiqué par la Cour de Turin.

Ceci posé, nous croyons devoir observer que la loi, par cette expression, *reconnu*, a entendu exprimer que le délai courra lorsque le faux aura été *reconnu*, c'est-à-dire *avoué*, ou par la partie à qui le faux a été utile, soit qu'il ait été commis par elle, soit qu'il l'ait été par un autre, ou par l'auteur du faux. — (*Voy. Pigeau, tom.* 1, *pag.* 566).

Mais comment expliquer les mots *juridiquement constaté?* M. Pigeau, *ubi suprà*, M. Demiau Crouzilhac, pag. 323, les auteurs du Commentaire inséré aux Annales du notariat, tom. 3, pag. 58, estiment que le faux n'est réputé juridiquement constaté qu'autant qu'il est intervenu jugement qui l'a déclaré constant. M. Pigeau se fonde, à ce sujet, sur l'art. 480, § 9, qui, mettant le faux au rang des ouvertures de requête civile, dit *si l'on a jugé sur pièces déclarées fausses depuis le jugement.*

M. Berriat Saint-Prix, pag. 417, not. 47, combat cette opinion. «Le délai de l'appel, dit-il, ne courrait, suivant M. Pigeau, qu'à dater du jugement qui déclare l'acte faux, et non pas des actes, tels que l'inscription, le rapport d'experts, etc., qui constatent la découverte du faux. Mais, ajoute-t-il, cette interprétation nous paraît sujette à bien des difficultés. L'esprit de la législation moderne est de restreindre l'usage de l'appel à un délai très-court, dont on ne puisse excéder les limites. Elle ne fait exception à cette règle, dans les deux circonstances actuelles, que parce qu'elle présume que c'est l'ignorance du faux ou de l'existence de la pièce qui a empêché le condamné d'appeler, et, par conséquent, il semble, dès qu'il est prouvé que cette ignorance a cessé, que le délai d'appel doit courir, ainsi que le décidait l'art. 12 du tit. 35 de l'ordonnance, où l'on a puisé l'art. 448 du Code. Si le délai ne commençait à courir que du jugement sur le faux, il dépendrait du condamné de l'étendre beaucoup, puisqu'il lui suffirait de prolonger la procédure du faux incident ou du faux principal.»

On serait assez porté à croire que la solution de ces difficultés se trouverait dans le changement apporté, par l'art. 448, à la rédaction de l'art. 444 du projet, et dans la manière dont est conçu le § 9 de l'art. 480, dont M. Pigeau tire induction. En effet, dirait-on, l'article du projet renfermait ces termes de l'ordonnance, *du jour où le faux des pièces aurait été découvert.* Le législateur a changé ces expressions, sur les observations de la Cour de Turin; mais des deux mots qu'elle indiquait, il ne s'est servi que d'un seul (*reconnu*), et au lieu du mot *jugé*, il a employé ceux-ci, *juridiquement constaté*, tandis qu'en l'art. 480, qui était le 479ᵉ du projet, il a conservé les mots, *si l'on a jugé sur pièces reconnues* ou DÉCLARÉES *fausses.*

Il suivrait de là, conclurait-on, que l'on ne doit interpréter l'art. 448 ni par l'ordonnance, comme M. Berriat Saint-Prix, ni par l'art. 480, comme M. Pigeau, et que le législateur aurait, en conséquence, entendu que les mots dont il s'est servi fussent appliqués dans leur sens grammatical : d'où suit que l'on devrait admettre que le délai court du jour où le faux aurait été *constaté*, soit par experts, lorsqu'il en est susceptible, soit par enquête, etc., sans qu'il soit nécessaire qui l'eût été par jugement.

Entre autres raisons d'après lesquelles nous croirions devoir tenir pour certain que le législateur a entendu exiger que le faux fût constaté par jugement, nous nous bornerons à faire remarquer, 1°. que l'on ne saurait dire qu'il pût l'être par un procès-verbal d'experts ou par tout autre acte, puisqu'il peut arriver, nonobstant ces actes, que le tribunal juge que le faux n'existe pas; 2°. que si l'on pouvait appeler d'un jugement qui aurait été rendu sur des pièces dont la fausseté ne serait constatée que par des actes de ce genre, à l'époque même où ils auraient été dressés, il arriverait que la Cour serait obligée de surseoir à l'instruction de l'appel, jusqu'à ce que l'autorité saisie de la connaissance du faux l'eût déclaré constant. Il suit évidemment de là que l'appel n'est recevable qu'autant qu'un jugement civil ou criminel a *déclaré les pièces fausses,* ainsi qu'il est dit en l'art. 480. Ce n'est au reste qu'à cette époque qu'on peut dire que le faux est *juridiquement* constaté, puisque c'est alors seulement qu'il existe un acte émané de l'autorité du juge. (1)

1608. *Si la partie à laquelle le faux est imputé est décédée, comment fera-t-on constater juridiquement ce faux, afin d'appeler contre ses héritiers du jugement qui aurait été rendu sur les pièces prétendues fausses?*

Dans cette circonstance, où l'on ne peut poursuivre le faux en justice criminelle comme faux principal, on pourrait croire (*voy. M. Demiau Crouzilhac, pag.* 323) qu'il est permis d'interjeter appel, en donnant pour griefs la fausseté des pièces, et que, sur le maintien que la partie adverse ferait de leur véracité, l'on pourrait s'inscrire en faux incident. Cette manière de procéder est autorisée sans doute lorsque l'appelant se trouve dans les délais ordinaires de l'appel; mais lorsqu'il a laissé passer ces délais, et qu'il entend profiter de l'avantage de l'art. 448 pour interjeter son appel, il nous paraît certain qu'il ne peut agir de la sorte, puisque le faux n'étant pas encore constaté, il ne se trouve pas dans le cas prévu par cet article. Il faut donc, de toute nécessité, poursuivre le faux devant les juges de première instance, en demandant que la nullité des actes soit prononcée, et en déclarant entendre s'inscrire en faux contre eux, dans le cas où les parties intéressées en soutiendraient la validité. (*Voy. notre quest.* 864e., *tom.* 1, *pag.* 453). A ce moyen, et le faux étant déclaré constant par le juge, l'appel du jugement auquel les pièces annulées auraient servi de base, sera recevable, conformément à l'art. 448.

1609. *Mais ne pourrait-on pas aussi, même après les délais d'appel, se pourvoir par cette voie, et sur la fin de non-recevoir opposée par l'intimé, déclarer s'inscrire en faux, pour que la Cour, en cas qu'elle vînt à juger la pièce fausse, prononçât ensuite que l'appel est RECEVABLE, conformément à l'art. 448, le faux se trouvant alors juridiquement constaté (2)?*

Pour l'affirmative de cette question, on prétend que le sens de l'art. 448

(1) Telle fut en effet l'intention des auteurs du projet, comme nous l'avons fait remarquer dans notre Analyse. A la vérité, le ministre de la justice observa, lors de la discussion au Conseil d'état, qu'il ne pouvait être question du faux *déclaré par un jugement,* puisqu'il s'agissait du faux qui n'était pas encore découvert. Néanmoins, les mots *juridiquement constaté* furent insérés dans l'article, « d'après l'observation de la section du Tribunat, qu'il ne suffisait pas de dire que les délais de l'appel ne courraient que du jour » où le faux aurait été découvert, la découverte du faux *n'étant vraiment constatée que par* » *un jugement* ». — (*Esp. du Code de procéd.,* tom. 2, pag. 219).

(2) Cette question nous a été présentée par un de nos confrères de Lille, et a dû être soumise à la Cour royale de Douai. Nous ignorons si elle a été résolue.

n'est pas que l'appel ne puisse être *émis* avant que les pièces sur lesquelles
le jugement est intervenu ne soient reconnues ou juridiquement constatées
fausses; mais que l'appel ne peut être *reçu* qu'après que les pièces prétendues
fausses auraient été jugées telles. Or, le juge d'appel devant statuer sur le
mérite des moyens par lesquels une fin de non-recevoir est combattue, est
compétent pour ordonner l'instruction en faux nécessaire pour juger si cette
exception est fondée; et, en conséquence, si par suite de cette instruction, il
déclare la pièce fausse, le cas prévu par l'art. 448 se réalise, et il y a lieu à
déclarer l'appel recevable.

On appuie cette opinion d'un arrêt de la Cour d'Angers, du 21 janvier 1809,
(*Sirey, tom. 9, pag.* 304). Cet arrêt, rendu dans une espèce où l'appel avait
été interjeté avant la publication du Code de procédure, déclare que, sous
l'empire de la loi du 24 août 1790, qui, comme l'art. 443 de ce Code, limitait le délai de l'appel, avait laissé subsister les exceptions adoptées par
l'ancienne jurisprudence, et qui sont énoncées dans l'art. 448; et ensuite,
attendu, « 1°. qu'il s'agissait d'un jugement en premier ressort contre lequel
» la voie de requête civile était interdite ; 2°. qu'il était juste de vérifier les
» moyens de faux articulés par l'appelant, afin de faire triompher la justice,
» vérification qui ne pouvait avoir lieu *qu'en admettant l'appel* », la Cour déboute l'intimé de la fin de non-recevoir fondée sur l'expiration du délai. Mais
elle considère en même tems que l'intimé n'avait pu, sans déroger à la fin
de non-recevoir qu'il avait proposée contre l'appel, répondre à la sommation
qui lui avait été faite de déclarer s'il entendait se servir de la pièce arguée,
et elle lui accorde un délai pour répondre à cette sommation.

Nous croyons que la rigueur des principes et le texte de la loi ne permettent
pas de suivre cette marche. En effet, s'il est permis d'*émettre un appel*, sauf
l'examen de la question de savoir s'il est recevable, du moins le juge qui en
est saisi ne peut rien statuer directement ou indirectement à l'occasion de cet
appel, qu'après avoir préalablement prononcé sur cette question, si elle est
élevée par l'intimé. Or, un appel n'est pas *recevable*, aux termes de l'art. 444,
si le délai fixé par l'art. 443 est expiré, et si la fin de non-recevoir ne présente à juger que ce seul fait de l'expiration du délai. L'art. 448 dit à la vérité
que le délai général ne commence à courir que du jour où le faux aura été
juridiquement constaté ; mais cette prorogation ne peut être acquise qu'autant
que la partie prouve que la condition sous laquelle la loi l'accorde a été
remplie. L'appelant qui ne justifie pas du fait de son accomplissement, doit
donc être déclaré non recevable dans l'état. La raison tirée de ce que le juge
d'appel est obligé d'apprécier le mérite des moyens opposés à la fin de non-
recevoir, a bien quelque chose de spécieux, mais ne nous semble pas décisive; car le juge d'appel ne pouvant être saisi que par un appel *recevable*,
ne peut ordonner une instruction tendante à placer l'appelant dans un cas
d'exception où il devait se trouver déjà lorsqu'il a émis son appel. En un mot,
une question essentiellement *préjudicielle* à l'appel ne peut être soumise au
juge supérieur, puisqu'il ne pourrait être valablement saisi que par suite de
la décision de cette question. Nous concluons, en conséquence, que l'on doit
préférer la marche indiquée au numéro précédent.

1610. *Mais résultera-t-il de cette solution qu'un appel interjeté après les trois
mois doive être déclaré non recevable, quoique dans l'intervalle de sa signification*

au jour fixé pour l'audience, le faux eût été juridiquement constaté par l'autorité compétente ?

Non, sans doute, parce qu'au moment où le juge d'appel aurait à prononcer sur la fin de non-recevoir, la condition sous laquelle la prorogation s'acquiert se trouvant accomplie, l'appel est recevable. Au contraire, dans l'espèce de la précédente question, la condition n'étant pas accomplie et ne pouvant l'être, il serait contradictoire que le juge d'appel procédât à une instruction par suite d'un appel qui, nous le répétons, ne serait pas recevable dans l'état.

1611. *Lorsqu'il s'est écoulé trois mois du jour où le faux a été juridiquement constaté, peut-on opposer, contre le ministère public poursuivant l'appel d'un mariage déclaré nul, la fin de non-recevoir résultant de l'art. 448 ?*

La négative de cette question a été jugée par arrêt de la Cour de Pau, du 28 janvier 1809 (*Sirey, tom.* 9, *pag.* 241), attendu que l'art. 448 suppose une signification aux parties; or, le ministère public n'avait point été partie dans l'espèce; il ne lui avait point été fait de signification, et d'ailleurs il ne peut y avoir de déchéance dans une matière d'ordre public.

ARTICLE 449.

Aucun appel d'un jugement non exécutoire par provision ne pourra être interjeté dans la huitaine, à dater du jour du jugement; les appels interjetés dans ce délai seront déclarés non recevables, sauf à l'appelant à les réitérer, s'il est encore dans le délai (1).

Loi du 16 août 1790, tit. 5, art. 14.

CCCLXXIII. La loi du 24 août 1790, tit. 5, art. 14, avait sagement établi les deux dispositions dont se compose l'article ci-dessus; idée heureuse, dit M. Bigot de Preameneu, dont le résultat doit être de donner aux mouvemens qui d'abord agitent un plaideur condamné, le tems de se calmer, de se rap-

---

(1) JURISPRUDENCE.

1.° L'appel d'un jugement qui a prononcé main-levée d'une opposition à un mariage est recevable, quoique le mariage ait été contracté avant qu'il ait été signifié, si cette signification a eu lieu dans le délai fixé par l'art. 449. — (*Rennes,* 12 déc. 1814, *Journ., tom.* 4, *pag.* 334).

Dans ce cas, si l'appel est recevable, comme interjeté en délai utile, nonobstant la célébration du mariage, il est du moins non recevable, en ce sens qu'il devient sans objet, puisque le mariage a été célébré avant la signification de l'acte d'appel. — (*Même arrêt.*)

2.° Aucune disposition de la loi n'a fixé la date d'un jugement arbitral au jour de l'ordonnance qui l'a rendu exécutoire : cette ordonnance ne change donc rien à sa véritable date, qui est celle que les arbitres lui ont donnée; d'où suit que l'appel interjeté *dans la huitaine,* à partir de l'ordonnance, ne peut être déclaré non recevable, s'il se trouve hors de la huitaine de la date du jugement. — (*Arg. d'un arrêt de cassat., du* 14 vend. an 6, *rendu sous l'empire de la loi de* 1790. *Voy. Sirey, tom.* 7, 2.ᵉ *part., pag.* 287).

procher de sa partie adverse, d'accepter la médiation de parens, d'amis, de conseils, de se rendre enfin à la réflexion dont il a besoin pour décider avec sagesse s'il exécutera le jugement ou s'il l'attaquera.

Mais on sent qu'il était indispensable d'excepter les jugemens exécutoires par provision. Ces condamnations seraient le plus souvent sans effet, si l'exécution pouvait être retardée, et d'un autre côté, il peut être utile à la partie condamnée de faire, sur-le-champ, connaître son recours aux juges supérieurs, afin que son adversaire mette lui-même plus de réflexion en faisant des poursuites dont le résultat est encore incertain (1).

Mais la loi de 1790 déclarait déchu de l'appel celui qui en avait signifié la déclaration avant que le délai de huitaine, depuis le jugement, fût expiré ; rigueur excessive qu'une loi du 21 frimaire an 6 modéra, en déclarant que la déchéance prononcée dans ce cas ne s'appliquerait pas à un second appel relevé dans les trois mois du jour de la signification. C'est dans cet esprit que l'art. 449, en déclarant non recevable l'appel interjeté dans la huitaine, ajoute que l'appelant pourrait le réitérer, s'il était encore dans le délai.

1612. *Quels sont les jugemens dont on peut appeler avant la huitaine ?*

Il est peut-être superflu d'observer que l'art. 449 portant que l'on ne pourra, pendant la huitaine, à dater du jour du jugement, appeler de ceux qui ne sont pas exécutoires par provision, l'appel de tous ceux qui sont susceptibles d'exécution pendant cette huitaine est recevable, durant ce laps de tems; nous observerons seulement qu'il n'est pas nécessaire, comme M. Hautefeuille semble le dire, pag. 254, que la signification en ait été faite; on peut en appeler dès que le jugement est rendu, même sans le lever ni en attendre la signification. — (*Voy. Pigeau, tom. 2, pag.* 269).

Nous devons remarquer encore que, d'après l'art. 809, l'on peut, même avant le délai de huitaine, appeler d'une ordonnance sur référé.

Il en est de même, conformément à l'art. 645 du Code de commerce, d'un jugement rendu par un tribunal de commerce, encore bien qu'il ne fût pas exécutoire par provision, comme cela peut arriver, si l'on admet l'opinion que nous avons émise sur la quest. 1547ᵉ., tom. 2, pag. 100. Cet article porte, en effet, que l'appel de jugemens de ces tribunaux pourra être interjeté le jour même du jugement (2).

---

(1) La loi de procédure du canton de Genève a emprunté de notre Code cette disposition, qui, dit M. Belloc, Exposé des motifs, pag 210, « a prévenu bien des appels que » des plaideurs condamnés auraient interjetés dans un premier mouvement d'humeur, et » qu'une fois engagés dans la lutte, ils auraient suivis par amour-propre ».

(2) On a dit qu'il résultait bien de cet article que l'appel d'un jugement rendu par un tribunal de commerce pouvait être interjeté le jour même de ce jugement, mais que cette exception, établie par l'art. 449 du Code de procédure, était restreinte à ce jour-là, et ne pouvait être appliquée aux jours composant *la huitaine* dont il parle; qu'ainsi, la partie qui veut appeler doit laisser expirer cette huitaine dès qu'elle a laissé passer le jour du jugement.

Mais on reconnaîtra sans doute que l'appel pouvant être interjeté le jour même du jugement, peut l'être, à plus forte raison, dans les jours qui suivent, c'est-à-dire dans la huitaine formant le délai pendant lequel, suivant l'art. 449, aucun appel n'est recevable

1613. *Le jour du jugement est-il compté dans le délai de huitaine dont parle l'art.* 449 ?

Non, puisque la loi se sert de ces mots, *dans la huitaine, à dater du jour du jugement.*

Or, comme nous l'avons dit sur les quest. 90°. et 652°., tom. 1, pag. 38, et pag. 390, quand la loi dispose en ces termes, le dernier jour du délai est celui de son expiration; autrement, on se trouverait hors de ce délai. On ne peut opposer ce que nous avons dit *suprà*, n°. 1554, sur le délai général fixé par l'art. 443, puisque la disposition de cet article n'est pas conçue de la même manière. — (*Voy. Berriat Saint-Prix, pag.* 372, *not.* 59, *et pag.* 371, *not.* 51).

1614. *L'appel interjeté dans la huitaine du jour d'un jugement qui a prononcé la déchéance d'une preuve et ordonné de plaider au fond avant l'expiration de ce délai, est-il contraire à l'art.* 450, *et l'appel peut-il en être interjeté avant la huitaine ?*

D'après ce que nous avons dit *suprà* sur la quest. 738°., tom. 1, pag. 454 et 455, nous remarquerons qu'un semblable jugement est contraire à la disposition de l'art. 450, qui défend d'exécuter, avant la huitaine, les jugemens non exécutoires par provision. C'est en effet exécuter un jugement qui déclare une partie déchue de la faculté de faire une preuve, que de lui ordonner de plaider au fond et de rendre jugement sur ce point. Aux autorités que nous avons rapportées sur la question ci-dessus rappelée, et qui n'a rapport qu'aux déclinatoires, nous ajouterons deux arrêts de la Cour de Trèves, l'un du 8 janvier 1808 (*voy. Sirey, tom.* 8, *DD., pag.* 15), l'autre du 20 mars 1811. (*Voy. Biblioth. du barr.,* 2°. *part.,* 1811, *tom.* 7, *pag.* 180). Il est expressément déclaré, dans les considérans du premier, que le jugement qui, en prononçant la déchéance d'une preuve, ordonne de plaider au fond avant la huitaine, est en contravention avec l'art. 450; par le second, il est décidé qu'un jugement sur le fond de la contestation nécessitant une plaidoirie particulière, ne doit être rendu qu'après l'expiration de la huitaine à dater de celui qui avait prononcé sur des nullités d'enquête.

Mais la décision du premier de ces arrêts n'a été donnée qu'à l'occasion d'une autre question soumise à la Cour de Trèves, et qui était celle de savoir si l'on pouvait, avant la huitaine, appeler du jugement qui, en prononçant la déchéance d'une preuve, avait ordonné de plaider au fond dans ce délai même.

On disait, pour l'affirmative, qu'un tel jugement devait être rangé dans la classe de ceux qui sont *exécutoires par provision,* et dont il peut être interjeté appel dans la huitaine même du jour de la prononciation, par un argument *à contrario* tiré de l'art. 449 (*voy. quest.* 1612°.); que la partie ayant été, par ce jugement, déclarée déchue du bénéfice de la preuve, il ne lui restait que le moyen de l'appel pour en arrêter l'effet, puisqu'en plaidant au

en matière civile, si le jugement n'est pas exécutoire par provision : c'est aussi ce qui a été jugé par arrêt de la Cour de Paris, du 7 janvier 1812. — (*Voy. Denevers,* 1812, *suppl.*, pag. 62 *et* 63).

fond dans la huitaine, ainsi qu'il lui était ordonné, on lui aurait opposé l'acquiescement, et qu'en se laissant condamner par défaut, le jugement aurait sorti ses effets avant qu'elle eût pu se pourvoir par appel, si l'on prétendait qu'elle dût laisser expirer ce délai avant de former ce pourvoi.

Quoi qu'il en soit, la Cour de Trèves a considéré que si le jugement dont était appel était en contravention à l'art. 450, il n'était pas pour cela du nombre de ceux que la loi a entendu désigner par jugement emportant exécution provisoire; et, en conséquence, elle a déclaré l'appel non recevable, comme ayant été interjeté prématurément et non renouvelé, conformément à la faculté donnée par la seconde disposition de l'art. 449.

Nous croyons aussi que l'on ne pouvait placer le jugement dont était appel dans la classe des jugemens *exécutoires par provision*, aucune décision judiciaire ne pouvant être ainsi qualifiée qu'autant qu'elle est susceptible de l'exécution provisoire, à raison de la nature de la contestation. — (*Voy.* art. 17, 135, 439.)

D'ailleurs, comme l'a reconnu la Cour de Trèves, il ne serait pas exact de dire, et cette observation est importante pour les parties, que, dans le cas où il est ordonné de plaider au fond dans la huitaine, il n'y ait d'autre moyen que la voie de l'appel pour arrêter l'exécution. On peut se présenter pour exciper de la non expiration du délai, et si le juge passe outre, on peut se laisser condamner par défaut, sauf à se pourvoir par les voies de droit. — (*Voy.*, au surplus, la note de M. Sirey, sur l'arrêt précité ubi suprà, pag. 16.)

1615. *L'appel interjeté prématurément peut-il être réitéré par d'autres actes qu'un acte d'appel ?*

La Cour de cassation, par arrêt du 11 octobre 1809, rapporté dans la Bibliothèque du barreau, 1810, 2e. part., tom. 4, pag. 29, a décidé que la signification d'un écrit de griefs, dans lequel on conclut à l'infirmation d'un jugement dont l'appel avait été interjeté pendant la huitaine, ne pouvait être considérée comme ayant opéré le renouvellement d'appel exigé par l'art. 449. C'est qu'en effet, cet article exigeant que l'appel soit réitéré, exprime que l'acte d'appel signifié dans la huitaine est considéré comme non avenu : d'où suit qu'il faut, pour que l'appel soit recevable, qu'il existe un nouvel acte d'appel signifié après cette huitaine, et dans le délai de trois mois, à partir de la signification du jugement. Il en est ici comme d'un acte d'appel nul que l'on peut aussi réitérer, pourvu que l'on se trouve dans le délai (*voy. arrêt de la Cour de cassat., du 23 janv.* 1808, *aux Quest. de droit de M. Merlin, au mot* appel, 2e. *édit.* § 10), mais dont le renouvellement ne peut être effectué que par un nouvel acte contenant toutes les formalités exigées par la loi; en sorte qu'il y aurait nullité si l'on avait omis une seule d'entre elles, en se référant au premier acte nul, ou signifié prématurément. C'est, au reste, ce que nous expliquerons avec plus de développement sur l'art. 456.

ARTICLE 450.

L'exécution des jugemens non exécutoires par provision sera suspendue pendant ladite huitaine. (1)

Lois du 24 août 1790, tit. 5, art. 14, et du 24 mars 1806, art. 14, tit. 5; les quest. sur l'article précédent.

CCCLXXIV. CETTE disposition est la conséquence immédiate de l'article précédent, et par suite son commentaire se trouve infus dans celui que nous avons fait de ce dernier, pag. 151.

ARTICLE 451.

L'appel d'un jugement préparatoire ne pourra être interjeté qu'après le jugement définitif et conjointement avec l'appel de ce jugement, et le délai de l'appel ne courra que du jour de la signification du jugement définitif : cet appel sera recevable encore que le jugement préparatoire ait été exécuté sans réserve.

L'appel d'un jugement interlocutoire pourra être interjeté avant le jugement définitif : il en sera de même des jugemens qui auraient accordé une provision.

ARTICLE 452.

Sont réputés préparatoires les jugemens rendus pour l'instruction de la cause, et qui tendent à mettre le procès en état de recevoir jugement définitif.

Sont réputés interlocutoires les jugemens rendus lorsque le tribunal ordonne, avant dire droit, une preuve, une vérification, ou une instruction qui préjuge le fond. (2)

Loi du 3 brum. an 2, art. 6.

CCCLXXV. LA loi veille non seulement à ce qu'il n'y ait point d'appels irréfléchis, mais encore à ce qu'il n'y en ait pas de prématurés ou d'inutiles. Tels seraient les appels des jugemens qui ne font que régler la procédure. Ces

---

(1) JURISPRUDENCE.

L'art. 450 ne s'applique point aux jugemens préparatoires ou interlocutoires dont il est parlé dans les art. 451 et 452. — (Cassat., 8 mars 1816, Sirey, tom. 16, pag. 367).

(2) Nous réunissons ces deux articles, attendu qu'ils s'expliquent naturellement par le même commentaire, et que toutes les questions que nous aurons à examiner se rapportent ordinairement à l'un et à l'autre.

appels peuvent être fondés sur ce que les premiers juges auraient ordonné une procédure ou entièrement inutile, ou trop longue, ou même contraire à la marche indiquée par la loi ; mais si ces moyens d'appel ou d'autres semblables pouvaient, avant que le jugement définitif fût rendu, être portés devant le tribunal supérieur, on verrait autant d'appels que de jugemens d'instruction, et il en naîtrait un désordre qu'il serait impossible d'arrêter.

Il doit en être autrement, lorsque les premiers juges prononcent un interlocutoire qui préjuge le fond. La partie qui, dans ce cas, serait lésée par un jugement dont elle a les suites à redouter, ne doit point être obligée d'attendre le jugement définitif. Elle peut également se pourvoir contre les jugemens qui accordent une provision. — (*Exposé des motifs*).

Par ces distinctions, notre Code actuel a voulu prévenir une foule de difficultés auxquelles avait donné lieu la disposition de la loi du 3 brumaire, qui, en proscrivant tout appel d'un jugement *préparatoire,* et en obligeant les parties d'attendre le jugement définitif, semblait comprendre, sous cette dénomination, les décisions qui préjugent le fond et que nous appelons aujourd'hui *jugemens interlocutoires* ; décisions dont l'appel devait nécessairement être autorisé avant le jugement définitif, le préjugé qu'elles consacrent causant à la partie un véritable grief (1), puisqu'elles peuvent, quoiqu'elles n'aient d'autre objet apparent que d'éclairer la religion des juges, finir dans leurs résultats par les égarer, soit dans la fausse persuasion qu'ils se seraient liés eux-mêmes en la prononçant, soit par cette tendance naturelle de l'homme, à suivre une première impression, soit enfin par ce sentiment d'amour-propre qui, trop souvent, résiste à ce qu'il reconnaisse l'erreur dans laquelle il est tombé (2).

1616. *Que doit-on, suivant les circonstances, considérer pour attribuer à un jugement le caractère de jugement définitif, provisoire, préparatoire ou interlocutoire, afin d'y appliquer la disposition de l'art.* 451?

Cette question se rattache particulièrement à l'art. 452, qui définit les jugemens préparatoires et interlocutoires ; mais elle se rapporte aussi à l'art. 451, qui parle des jugemens définitifs et préparatoires, sans toutefois les définir. Nous devons l'examiner tout d'abord, attendu que les explications auxquelles

---

(1) Le droit romain ne permettait l'appel de ces jugemens, que nous appelons *interlocutoires,* que lorsqu'il en résultait quelque grief en définitive. Mais, dit M. Albisson, dans son rapport au Corps législatif, la question, s'il en résultait quelque grief, était souvent elle-même une nouvelle source de contestations, auxquelles l'admission absolue de l'appel mettra heureusement fin.

(2) Quoi qu'il en soit de ces motifs qui ont dicté la disposition de l'art. 451, le vague de la définition que l'art. 452 donne des jugemens préparatoires et interlocutoires a été la source des nombreuses contradictions que présente la jurisprudence, sur l'application du premier de ces articles aux diverses espèces où s'est offerte la question de savoir quand il y avait *préjugé* du fond. Aussi la loi de Genève a-t-elle écarté comme trop subtile notre distinction entre les jugemens *préparatoires* et *interlocutoires,* et maintenu la disposition introduite par la loi du 3 brumaire an 2, mais toutefois avec cette modification, que l'appel est reçu avant le jugement définitif de tout avant faire droit, qui ordonnerait une preuve ou instruction interdite par là loi ; par exemple, la preuve par témoins pour une chose excédant 150 fr., une vérification d'écriture d'un acte authentique sans inscription de faux, etc. On a senti qu'en ces circonstances il était nécessaire de prévenir, et l'influence de la procédure probatoire sur le fond et les frais d'une opération illégale.

elle fournit matière, sont de nature à faciliter l'intelligence des autres questions que nous aurons à traiter sur chacun de ces deux articles, et nous aideront à les résoudre.

Nous avons dit, pag. 261, not. 1re. 4°., que le jugement définitif est celui qui statue sur toute la cause et qui la termine; mais nous avons, en même tems, fait remarquer que certains jugemens qui ne terminent pas la contestation peuvent néanmoins être considérés comme définitifs, par rapport à leur objet, et que tels étaient, par exemple, ceux qui prononcent séparément sur un incident, une exception, une nullité, une fin de non-recevoir, etc. Dans ces circonstances, en effet, les contestations sur lesquelles le jugement prononce sont considérées comme formant autant de procès séparés, qu'il termine (1).

Quant aux jugemens provisoires, nous avons dit aussi, tom. 1, pag. 261, not. 1re. 3°., que ce sont ceux qui prononcent par provision et avant le jugement définitif, sur un point qui exige célérité, et ils ordonnent, comme nous l'avons dit encore pag. 321, ou la jouissance en totalité ou en partie de la chose contestée, ou des mesures pour en assurer la conservation. Ces jugemens, encore bien qu'ils ne préjugent pas absolument le fond de la cause, sont assimilés, par l'art. 451, aux jugemens interlocutoires, par le motif qu'ils peuvent souvent faire grief à une partie, en lui causant un préjudice qui pourrait être irréparable en définitive. — (*Voy. Berriat Saint-Prix, pag. 410, not. 21, et pag. 246, not. 8 et 9*).

Cela posé sur ce que l'on doit entendre par jugement définitif ou provisoire, nous avons à expliquer la distinction que fait l'art. 452, entre les jugemens qu'elle appèle les uns préparatoires, les autres interlocutoires.

Cette distinction, comme nous l'avons vu pag. 156, à la not. 2, a été rejetée, comme trop subtile, par la loi de procédure du canton de Genève. Et,

---

(1) On devra, par exemple, considérer comme définitif un jugement rendu sur une nullité, une exception ou fin de non-recevoir, sur une question de compétence, etc. etc. C'est ainsi que la Cour de cassation a décidé, 1.° par arrêt du 1.er mai 1811 (*voy. Denevers, 1811, pag.* 324), que l'on peut appeler d'un jugement qui a prononcé sur la validité d'une enquête, avant qu'il ait été statué définitivement sur le fond; 2.° par arrêt du 10 fructidor an 12 (*voy. Jurispr. des Cours souv., tom.* 4, *pag.* 242), que l'on peut également appeler avant le jugement définitif de celui qui a prononcé sur un déclinatoire.

D'autres arrêts nous offrent encore des exemples d'espèces, où l'on a considéré comme définitifs certains jugemens que l'on eût pu confondre avec des jugemens préparatoires ou interlocutoires. Nous citerons entre autres, 1.° la décision du 27 juin 1810, rapportée sur la quest. 1622.°, et par laquelle la Cour de cassation a déclaré que l'on ne devait regarder comme définitif le jugement qui accorde un délai pour instruire une demande en garantie, lorsque le demandeur principal s'y oppose; 2.° un arrêt de la Cour de Trèves, du 24 février 1810 (*voy. Jurispr. sur la procéd., tom.* 2, *pag.* 63), qui place dans la classe des jugemens définitifs celui qui accorde au débiteur un délai pour déposer ses livres et journaux, et un sauf-conduit pour se présenter en personne devant ses créanciers; 3.° un arrêt de la Cour de cassation, du 25 novembre 1818 (*Sirey, tom.* 19, *pag.* 201); il déclare que, lorsqu'un prétendant droit à une succession demande provisoirement l'autorisation d'assister à la levée des scellés, le jugement qui, après contestation, décide y avoir lieu à autorisation, est, non un simple jugement préparatoire, mais bien un jugement définitif sur un incident : d'où suit que l'appel de ce jugement est recevable avant le jugement définitif sur le fond.

en effet, on est forcé de convenir que, nonobstant les définitions que le législateur a pris soin de donner des deux espèces de jugemens dont il s'agit, elle est la source, comme tous les auteurs en conviennent, d'une foule de difficultés d'autant plus pénibles à résoudre, que la jurisprudence des Cours souveraines contient de nombreuses contrariétés dans l'application qu'elles ont faite ou refusé de faire de cette distinction, aux différentes espèces qui se sont présentées.

Nous essaierons d'éclaircir cette matière de manière à faire saisir et à déterminer, autant qu'il nous sera possible, les points de ressemblance ou de dissemblance qui peuvent exister entre les jugemens, soit *préparatoires*, soit *interlocutoires*. C'est en cela que gisent toutes les difficultés que nous voudrions pouvoir applanir.

Et d'abord, nous remarquerons que, si la doctrine du Code de procédure n'est pas encore fixée sur cette importante matière, c'est parce qu'on a cherché à l'établir d'après les différentes espèces jugées, tandis qu'on ne devait consulter que l'esprit et le texte de la loi.

Rappelons les termes de l'art. 452 :

« Sont réputés PRÉPARATOIRES les jugemens rendus pour l'instruction *de la cause*, et qui tendent *à mettre le procès en état* de recevoir jugement définitif.

» Seront réputés INTERLOCUTOIRES les jugemens rendus lorsque le tribunal ordonne, *avant dire droit*, une preuve, une vérification ou une instruction qui préjuge le fond. »

Ces définitions sont données par l'art. 452, pour faciliter l'application de l'art. 451 : « L'appel d'un jugement préparatoire ne pourra être interjeté qu'après le jugement définitif et conjointement avec l'appel de ce jugement.....
» L'appel d'un jugement interlocutoire pourra être interjeté avant le jugement définitif. »

Les orateurs du Gouvernement ont exposé les motifs pour lesquels ces deux articles ont été insérés dans le Code. Ils sont fondus dans le commentaire que nous en avons donné pag. 155; mais il est nécessaire d'en remettre ici le texte sous les yeux du lecteur.

« La loi, disait M. Bigot de Préameneu, veille non seulement à ce qu'il n'y ait point d'appels irréfléchis, mais encore à ce qu'il n'y en ait pas de prématurés ou d'inutiles.

» Tels seraient les appels des jugemens qui ne font que *régler la procédure*. Ces appels peuvent être fondés sur ce que les premiers juges auraient ordonné une procédure, ou entièrement inutile, ou trop longue, ou même contraire à la marche indiquée par la loi. Mais si ces moyens d'appel, ou d'autres semblables, pouvaient, avant que le jugement fût rendu, être portés devant le tribunal supérieur, on verrait autant d'appels que de jugemens d'instruction, et il en naîtrait un désordre qu'il serait impossible d'arrêter.

» Il en doit être autrement, lorsque les premiers juges prononcent un interlocutoire *qui préjuge le fond*. La partie qui, dans ce cas, se croit lésée par un jugement dont *elle a les suites à redouter*, ne doit point être obligée d'attendre le jugement définitif. »

Il suit de ces motifs des art. 451 et 452, que les jugemens dont la loi interdit l'appel avant le jugement définitif, et qu'elle qualifie *préparatoires*, sont ceux-là seuls qui ont pour objet *l'instruction à faire par les actes de procédure*, et que les interlocutoires, dont l'appel est autorisé, sont ceux qui ont pour objet une instruction à faire au moyen d'approfondissemens quelconques, tendant à *éclairer le juge* sur le fond du procès.

Cette distinction n'est pas nouvelle ; elle est faite par tous les commentateurs, et notamment par Rodier et par Duparc-Poullain.

Rodier, liv. 1re., pag. 427, s'exprime ainsi :

« Les jugemens préparatoires sont ceux qui ne tendent qu'à mettre le procès
» en état de recevoir jugement définitif. Les interlocutoires sont ceux qui,
» avant de vider ou de *définir* les différens des parties, ordonnent que, pour
» *plus grande connaissance de cause*, les parties ou l'une d'elles rapporteront
» certains actes ou constateront certains faits, *soit par des enquêtes, soit par*
» *une descente de juges ou des experts, qui feront certains rapports ou certaine*
» *estimation.* »

« Le jugement interlocutoire, dit Duparc, tom. 9, pag. 499, est celui qui
» ordonne *un approfondissement* que le juge croit nécessaire ou utile pour le
» mettre en état de faire définitivement droit entre les parties. »

La même distinction existait encore, même sous l'empire de la loi du 3 brumaire an 2. Elle ne défendit d'appeler, avant le jugement définitif, que des jugemens *préparatoires* (*voy. le comment., pag.* 155), et laissa conséquemment subsister la faculté que les parties avaient, sous l'empire de l'ordonnance, d'interjeter appel des jugemens interlocutoires avant la décision qui eût terminé le procès.

On en offre pour exemple l'arrêt du 24 octobre 1808, rapporté dans la Jurisprudence sur le Code de procédure, pag. 477 (1).

L'art. 451 exige, il est vrai, pour que le jugement soit réputé *interlocutoire*, à l'effet de *pouvoir en appeler avant le jugement définitif*, que les approfondissemens ordonnés *préjugent le fond ;* et ainsi toute la difficulté que peut présenter la question de savoir si l'appel d'un jugement est recevable, comme étant appel d'un jugement interlocutoire, consiste à bien déterminer le sens de ces mots, source, comme nous l'avons dit, de toutes les controverses que présentent les auteurs et la jurisprudence.

Remarquons d'abord que ces expressions ne sont employées que dans la vue d'interdire l'appel de tout jugement par lequel on ordonnerait un approfondissement, qui, *par sa nature*, ne préjugerait pas le fond. « Mais, dit Duparc-
» Poullain, tom. 9, pag. 493, n°. 7, les jugemens qui ordonnent une preuve,
» sont *toujours des préjugés* pour que la décision dépende de la preuve, plus
» ou moins concluante, ou du défaut de preuve. » Ainsi, par exemple, avoir ordonné que des experts arpenteraient différens terrains pour y trouver une pièce de terre revendiquée par une des parties, et dont la propriété est formellement contestée par l'autre, ce serait avoir préjugé la décision à rendre sur le fond, puisqu'il eût été inutile de chercher la situation, si le juge n'avait pas dans la pensée que la question de propriété peut être jugée en faveur du réclamant.

---

(1) Les premiers juges avaient ordonné une enquête ; appel avant le jugement définitif ; fin de non-recevoir fondée sur ce que la décision ne pouvait être attaquée par appel, avant le jugement définitif, parce qu'elle était préparatoire : la Cour rejette cette fin de non-recevoir.

Il est, au reste, une règle d'interprétation que l'on ne saurait contester :
c'est qu'il faut prendre les termes de la loi dans leur signification propre et
naturelle, telle qu'elle est fixée par l'usage constant, à moins qu'il n'y ait,
d'ailleurs, des conjectures suffisantes pour leur donner un sens particulier.

Or, le sens tout à la fois naturel et juridique de ce mot *préjuger* est ainsi
fixé par l'Académie : PRÉJUGER, *terme de Palais*, rendre un jugement INTERLO-
CUTOIRE, qui *tire* A CONSÉQUENCE *pour la décision d'une question qui se juge après*.

Cette explication donnée, il suffira sans doute de considérer qu'un tribunal
qui, soit sans statuer préalablement sur des exceptions essentiellement préjudicielles, soit, avant de faire droit au fond, si aucune exception de cette nature
n'était proposée, ordonnerait tout d'abord une enquête ou une expertise, aurait
rendu un jugement véritablement interlocutoire. En effet, ce jugement *tirerait
à conséquence* pour la décision des points à juger après son exécution, et qui
seraient, *ou les exceptions préjudicielles*, ou *les questions du fond*.

C'est tout ce qui resterait à juger, *après l'exécution de l'avant faire droit*.

Or, dans le premier cas, refuser de statuer préalablement sur une fin de
non-recevoir; s'occuper au contraire du fond, pour *ordonner* des apuremens
que *l'admission* de cette fin de non-recevoir doit rendre parfaitement inutiles,
puisqu'elle eût terminé toute contestation, c'est avoir évidemment *préjugé* que
cette fin de non-recevoir n'est d'aucune considération; que le fond peut être
décidé sans qu'il soit besoin de s'y arrêter, et au moyen des apuremens que
donneraient les experts.

Dans le second cas, c'est-à-dire lorsqu'aucune exception préjudicielle ou
fin de non-recevoir n'est opposée, tarder de faire droit sur l'appel jusqu'à
ce que les parties aient fourni telle preuve, fait procéder à telle instruction ou
vérification ordonnée par le juge, c'est encore préjuger le fond, sur-tout s'il s'est
élevé entre elles une *contestation sur l'admissibilité* ou *l'utilité* de cette preuve,
de cette instruction ou vérification. C'est encore préjuger le fond; car, le
juge, par cet *avant faire droit*, annonce évidemment qu'il se réserve de subordonner à son résultat la décision de l'affaire.

Ainsi, par exemple, une demande est formée avec articulement de faits,
que l'on offre *de prouver par témoins;* mais le défendeur s'oppose à ce que
cette preuve soit ordonnée, et il se fonde sur ce que la loi la prohibe (*Code
civil, art.* 1341): le jugement qui ordonne néanmoins la preuve *est interlocutoire.*

Ainsi encore, un vendeur intente l'action en rescision pour cause de lésion
de plus des sept douzièmes, et demande à en faire preuve par une *estimation d'experts;* mais la partie adverse lui oppose qu'il y a *prescription acquise*,
par l'expiration de plus de deux ans, écoulés depuis la vente (*Code civil,
art.* 1676), si le tribunal n'en ordonne par moins l'expertise, sa décision est
interlocutoire.

Il en est de même dans le cas où le défendeur oppose à la demande formée
contre lui, qu'elle repose uniquement sur un titre nul pour vices de formes,
ou qui se trouve sans force à son égard : l'expertise ou la descente sur les
lieux qui serait ordonnée, malgré ce genre de défense, donnerait nécessairement au jugement le caractère *d'interlocutoire*.

La raison en est bien facile à sentir. On conçoit, en effet, que la première chose à examiner, avant de recourir à ces voies d'instruction, est de

voir si la preuve testimoniale offerte se trouve *prohibée par la loi*; si la prescription est vraiment *acquise*; si le titre sur lequel repose la demande est réellement *nul* ou *sans force* à l'égard du défendeur; car, s'il en est ainsi, l'avant faire droit devient évidemment inutile, d'après la règle *frustrà probatur quod probatum non relevat*.

Lors donc qu'en pareil cas un juge ordonne la preuve testimoniale, l'expertise, la visite des lieux, etc., ce doit être nécessairement parce qu'il a pensé que les exceptions ou moyens de défense du défendeur n'ont pas de fondement; et, de deux choses l'une : ou il le décide ainsi, *en termes exprès*, et la disposition est *définitive*; ou il se borne à *le décider implicitement*, en ordonnant la mesure d'instruction, et, dans ce cas, le jugement est *interlocutoire*, c'est-à-dire *préjuge* le rejet des exceptions ou moyens de défense opposés contre la demande.

Mais supposons qu'un tribunal, d'après l'art. 452, par exemple, ait ordonné d'office la preuve de faits qui lui auraient paru concluans, ou qu'il eût ordonné, sur la demande d'une partie, une enquête sur des faits maintenus par elle et contestés par son adversaire, mais sans que celui-ci se soit opposé à ce que l'enquête fût ordonnée, on demandera si, dans ces deux cas, le jugement est interlocutoire?

On pourrait dire, pour l'affirmative, que ce jugement est interlocutoire par sa nature, parce qu'il préjuge le fond, en ce sens que le juge annonce qu'il se déterminera d'après la preuve qui sera fournie. Or, ajouterait-on, l'art. 452 ne fait aucune distinction; il donne la qualification d'*interlocutoire* à tous jugemens qui ordonnent une preuve qui préjuge le fond.

M. Pigeau, tom. 1, pag. 567, est d'un avis contraire. On a, dit-il, ordonné une enquête sans résistance d'aucune des parties : c'est un jugement préparatoire, puisque le tribunal, en décidant d'après le consentement des parties, n'a pas préjugé le fond. Et, en effet, nous ne croyons pas que l'on doive prendre ces mots de l'art. 452, *qui préjuge le fond*, dans une signification si étendue que le jugement pût être considéré comme interlocutoire, par cela même qu'il ordonnerait une preuve; autrement, la loi n'eût point employé ces termes; car tout jugement qui ordonnerait une preuve serait censé préjuger le fond, si l'on ne faisait aucune distinction entre celui qui serait rendu d'office, celui qui serait prononcé du consentement des parties, et celui, enfin, qui interviendrait après contestations entre elles sur l'admissibilité ou l'utilité de la preuve.

Il faut donc convenir que l'art. 452 a distingué, dans les jugemens qui ordonnent une preuve, une instruction, une vérification, ceux qui préjugent le fond et ceux qui ne le préjugent pas; il faut donc admettre que tout jugement qui ordonne une preuve, une instruction, une vérification, n'est pas interlocutoire. Or, on ne peut, parmi ces jugemens, considérer comme ne préjugeant pas le fond, que ceux qui sont rendus sur la demande d'une des parties, et nonobstant l'opposition de l'autre.

En effet, lorsqu'une partie pose des faits que l'autre conteste, que la première demande à les prouver par témoins, et que la seconde ne s'y oppose pas, le tribunal, en ordonnant l'enquête, ne préjuge rien contre l'une en faveur de l'autre; car toutes les deux se soumettent à ce que la décision définitive soit subordonnée aux résultats de l'enquête. Dans cette circonstance, on ne saurait dire que l'une d'elles souffre grief de l'avant faire droit, *volenti non fit injuria.* Or, l'appel de ce jugement préliminaire n'est ouvert, avant le jugement définitif, que par la considération qu'une partie pourrait être lésée par le premier. Voilà ce qui résulte évidemment des passages rapportés, au commentaire de l'article, de l'Exposé des motifs, par M. le conseiller d'état Bigot de Préameneu, et d'un arrêt de la Cour de Bruxelles, du 9 avril 1811. — (*Voy. Sirey, tom.* 14, *pag.* 379).

Nous maintenons donc, comme M. Pigeau, que le jugement qui ordonne une enquête ou toute autre preuve, n'est interlocutoire qu'autant que l'une des parties s'est opposée à ce qu'il fût rendu, en soutenant que cette preuve était inadmissible pour la décision du fond.

Supposons maintenant qu'un tribunal ordonne une preuve, une vérification, une instruction sur des faits, et qu'aucune des parties n'eût provoquée, le jugement, avions-nous dit dans notre Traité et Questions, n°. 2296, pourrait n'être pas considéré comme *véritablement interlocutoire,* attendu qu'il ne *préjuge rien,* puisque le tribunal ne le prononce que pour sa *propre instruction,* sans en être requis par une partie qui, en concluant à l'avant faire droit, eût laissé entrevoir les conséquences qu'elle prétendrait en tirer en faveur de sa cause. Nous croyons aujourd'hui devoir rétracter cette opinion.

En effet, comme nous l'avions dit dans notre Analyse, quest. 1481e., on ne peut pas dire, lorsque le tribunal prononce ainsi *d'office* un avant faire droit, que les deux parties soient d'accord sur l'admissibilité ou l'utilité de l'approfondissement qu'il ordonne, chose que l'une ou l'autre d'entre elles eût peut-être contestée, si la mesure avait été provoquée par sa partie adverse.

Qu'importe que l'une des parties ait donné lieu au *préjugé,* en concluant à l'avant faire droit ? Il ne résulte point du fait de semblables conclusions, mais uniquement et essentiellement du jugement interlocutoire, rendu dans une espèce que le juge pouvait et devait même décider de suite, sans qu'il fût besoin d'ordonner un approfondissement préalable.

Nous pensons donc qu'il y a jugement *interlocutoire,* et par conséquent susceptible d'être attaqué par voie d'appel, avant le jugement définitif, toutes les fois qu'un tribunal a prononcé, même d'office, un avant faire droit, lorsqu'il est démontré que l'approfondissement ordonné était inadmissible, ou inutile pour la décision de la cause (1).

---

(1) Au reste, comme le dit M. Berriat Saint-Prix, c'est un point sur lequel tous les jurisconsultes sont tombés d'accord, qu'un jugement est *interlocutoire* toutes les fois qu'il ordonne un approfondissement quelconque sur la nécessité ou l'utilité duquel il y a eu *contestation entre parties.*

Cependant nous devons dire que, par arrêt du 25 juin 1822, la Cour de Rennes a rejeté cette doctrine, en déclarant, sur l'appel d'un jugement rendu par le tribunal de Nantes, dans l'affaire des tenans des Moulines, que les premiers juges n'avaient rien préjugé, en ordonnant d'office une expertise à l'occasion d'une demande en revendication d'un terrain ; demande que les intimés repoussaient par une fin de non-recevoir, et prétendaient subsidiairement devoir être jugée au fond et en leur faveur, par la seule inspection des titres produits. Les considérans de cet arrêt portent que le tribunal n'avait rien *préjugé* dans le fait, parce qu'il n'avait entendu *apurer* les faits que dans l'intérêt de toutes les parties ; qu'il n'avait rien *préjugé* dans les moyens d'instruction, parce que *l'expertise* avait été ordonnée *d'office,* et n'avait été *requise* ni *contredite* par aucune des parties.

Ces préliminaires posés sur les jugemens interlocutoires, on saisira facilement la nuance qui les distingue des jugemens *préparatoires*, dont il n'est pas permis d'appeler avant le jugement définitif.

En effet, dès lors qu'on doit réputer *interlocutoire* tout jugement qui préjuge le fond, soit par l'instruction qu'il ordonne, soit par toute autre décision qu'il prononce, si enfin l'on doit, pour assigner ce caractère à un jugement, *quel que soit l'objet sur lequel il statue ou la mesure qu'il ordonne* (1), s'attacher à ce point unique, *préjuge-t-il le fond*, c'est-à-dire *manifeste-t-il à l'avance une*

Or, nous remarquerons que les intimés opposaient contre la revendication une fin de non-recevoir, fondée sur ce qu'une demande en revendication devait être rejetée, parce qu'elle n'était pas fondée sur des actes translatifs de la propriété de la pièce de terre revendiquée, mais bien sur des aveux qui, d'après tous les auteurs et une jurisprudence constante, ne sont pas des actes translatifs de propriété, et ne peuvent d'ailleurs être opposés à des tiers dont les auteurs n'avaient point figuré dans ces aveux.

Ils s'appuyaient de l'autorité de Pothier, Traité de la propriété, n.os 281, 307, 323; Traité de la possession, n.os 278 et 280; Traité des fiefs, 1.re part., chap. 4; de celle de notre savant Duparc-Poullain, tom. 2, pag. 210 de ses Principes, n.os 223 et 235; de la loi 32, ff *de rei vindicatione*, et de l'autorité de M. Merlin, nouveau Répertoire, au mot *revendication*, etc. etc. etc.

En un mot, dans notre opinion, et celle de huit de nos respectables confrères du barreau de Rennes, leur fin de non-recevoir était bien fondée: aussi la propriété du terrain revendiqué leur est-elle demeurée par l'effet d'une transaction.......

Subsidiairement, comme nous l'avons dit, les intimés maintenaient que leurs titres leur donnaient la propriété de la pièce de terre, objet de l'action formée contre eux.

Dans cet état de choses, le tribunal de Nantes ordonne une expertise, pour savoir où se trouve, au milieu d'une vaste étendue de terrain, la pièce revendiquée; quels sont et sa contenance et ses débornemens; mais il l'ordonne *d'office*, et la Cour de Rennes, par ce motif, déclare l'appel *non recevable*, parce que les parties n'ont ni demandé ni contredit cette vérification.

Nous pouvons nous tromper; mais nous persistons dans l'opinion que le jugement de Nantes était un véritable *interlocutoire*, quoiqu'il ordonnât l'expertise *d'office*, parce qu'il préjugeait *évidemment*, contre les intimés, et *la question préjudicielle* qui naissait de la fin de non-recevoir, et la question de savoir si les titres produits par eux ne leur attribuaient pas la propriété.

Qu'importait, en effet, *une expertise*, si, quels que fussent la situation, les débornemens et la contenance de la pièce de terre revendiquée, le demandeur n'avait ni titre ni qualité pour en réclamer la propriété?.....

Ordonner une vérification, c'était donc évidemment *préjuger* contre les fins de non-recevoir et contre les conclusions subsidiaires.

(1) A s'en tenir rigoureusement aux termes de cet article, on pourrait croire qu'on ne peut qualifier jugement *interlocutoire* que les décisions par lesquelles le tribunal ordonne une preuve, une vérification, une instruction qui préjuge le fond; en sorte qu'un jugement qui contiendrait une disposition qui préjugerait le fond ne pourrait être considéré comme interlocutoire, si, par cette disposition, le tribunal avait ordonné autre chose qu'une preuve, une vérification ou une instruction.

Il est évident que telle n'a pas été l'intention du législateur. Il nous paraît du moins démontré, par les termes de l'art. 451, que la définition donnée en l'art. 452 doit être considérée comme énonciative, et non pas comme limitative, et qu'on a voulu que toutes les fois qu'un jugement quelconque préjuge le fond, c'est-à-dire manifeste l'opinion du tribunal sur les droits prétendus par les parties, et qui seront la matière de la décision définitive, ce jugement préliminaire fût réputé *interlocutoire*, et, comme tel, susceptible d'appel avant cette décision. Cette opinion trouve un appui dans les passages ci-dessus rapportés du discours de l'orateur du Gouvernement.

opinion, de la part du tribunal, sur les droits prétendus par les parties, et qui seront la matière de la décision à intervenir en définitive (1), dès lors, on doit réputer préparatoire tout jugement qui n'établit aucun préjugé, et, par conséquent, tout jugement qui ne fait que régler la procédure, afin de préparer le procès à recevoir une décision définitive, et qui *ne préjuge rien sur le fond,* parce qu'il ne manifeste, en aucune manière, une opinion du tribunal sur l'objet, la matière, le fond du procès.

Ainsi, en général, l'on qualifie *préparatoire* tout jugement de simple instruction, ordonnant telle ou telle formalité que la loi prescrit ou permet; par exemple, ceux qui prononcent la continuation ou le renvoi de la cause d'une audience à une autre, la jonction de deux procès (2), un délibéré, une instruction par écrit (3), une communication de pièces, soit au ministère public, soit à l'une des parties, l'adversaire, en ce dernier cas, ne contestant pas d'ailleurs qu'il doive cette communication (4).

Telle est la doctrine que nous croyons devoir professer sur les jugemens d'avant faire droit, que le Code qualifie ou préparatoires ou interlocutoires, doctrine d'après laquelle nous déciderons les questions qui nous restent à examiner (5).

1617. *Lorsqu'un tribunal ordonne un apurement quelconque, mais en pre-*

---

(1) « En effet, les jugemens, dit M. Poncet, dans son Traité *ex professo* des jugemens, » sont *interlocutoires,* s'ils portent un préjudice actuel et irréparable en définitive, ou s'ils » entraînent, *par nécessité de conséquence,* la décision de la cause au fond, *ou si même,* » *n'allant pas jusque là, ils ne font que préjuger le fond, SANS LIER LES PARTIES ET* » *LES JUGES.* Sous ces différens points de vue, les jugemens sont principaux en raison du » tort réel, ou de L'INQUIÉTUDE qu'ils occasionnent, et conséquemment, ils sont attaquables » en eux-mêmes, *isolément* et *préjudiciellement* ». — (*Voyez tom.* 1, *n.*° 166, *pag.* 170).

(2) Voy. ci-après quest. 1621.ᵉ
(3) Voy. quest. 439.°, tom. 1, pag. 237.
(4) Voyez ci-après quest. 1623.ᵉ

(5) Nous terminerons par une observation générale, qui nous est suggérée par l'expérience; c'est que les Cours royales ont, en général, une grande tendance à rejeter les appels des jugemens attaqués devant elles *comme interlocutoires,* avant le jugement définitif. L'intimé ne manque jamais de chercher un moyen de se soustraire à l'appel, et il le trouve dans un sentiment naturel à un magistrat impartial, celui de ne rien omettre qui *puisse l'éclairer.* On peut d'autant plus facilement réussir en invoquant un sentiment aussi noble, que le magistrat est plus religieusement pénétré de ses devoirs : c'est ainsi qu'il peut être souvent porté à voir difficilement un *préjugé* dans un interlocutoire qui, en définitive, lui paraîtrait n'avoir rien d'*irréparable,* sur-tout d'après la maxime, *l'interlocutoire ne lie pas le juge* (*). Mais à côté du désir d'obtenir une instruction plus complète et plus approfondie, se trouve le danger de porter atteinte aux droits que les parties tiennent des dispositions de la loi même. Or, ce n'est pas en vain qu'elle a autorisé les appels des jugemens interlocutoires. Elle a considéré, comme le dit Duparc-Poullain, tom. 9, pag. 495, « que tout » jugement d'instruction qui est irrégulier, *et qui peut occasionner des frais inutiles,* cause » *un grief évident* à l'une ou à l'autre des parties, et quelquefois même aux deux, *et qu'il* » *était juste que l'appel d'un semblable jugement réussît* »; parce que, disent les auteurs de notre Code, « rien d'*inutile* ne doit être fait en jugement, et que l'esprit de toutes » les lois relatives à la procédure est de procurer *rapidité dans la marche et économie dans* » *les frais* ».

(*) Voy. ci-après, la question de savoir en quel sens l'on doit appliquer cette maxime.

nant soin d'énoncer que c'est sans NUIRE NI PRÉJUDICIER *aux* DROITS DES PARTIES *ni à l'état de l'instance, le jugement n'en est-il pas moins interlocutoire?*

Nous avions dit, sur la 2282ᵉ. quest. de notre Traité et Questions, qu'un semblable jugement ne pouvait être considéré comme interlocutoire, puisque le juge avait pris soin de déclarer qu'il *n'entendait en aucune manière préjuger le fond*; nous rétractons formellement cette opinion, que nous avions fondée sur un arrêt de la Cour de Rennes, du 14 novembre 1815, dont nous tirions une conséquence trop étendue.

Nous disons que le caractère d'interlocutoire est empreint au jugement, dans les cas même où le juge ordonne une vérification, quoiqu'il y ait à statuer sur une question préjudicielle, dont la solution rendrait cette vérification inutile, et qu'alors les expressions dont il s'est servi pour annoncer son intention, de n'entendre nuire ni préjudicier aux droits des parties, sont absolument indifférentes. C'est ce que l'arrêt du 14 novembre 1815 reconnaît lui-même, puisqu'on y lit que de semblables expressions « ne *sauraient rien* » *opérer*, si le jugement avait par ailleurs le caractère d'interlocutoire, et si » l'on pouvait inférer des autres dispositions, ou même des motifs de ce juge-» ment, l'intention des juges, de préjuger le fond en tout ou en partie», et l'on peut ajouter qu'il en doit être de même, lorsque la mesure d'instruction ordonnée préjuge nécessairement, *par sa nature*, le fond de la question.

En effet, s'il en était autrement, il n'est point de jugement, quoique préjugeant évidemment le fond, que l'on ne pût, au moyen de ces expressions, soustraire à l'appel, et un tel abus ne saurait être toléré.

D'ailleurs, il est à remarquer que l'objet des expressions *sans nuire ni préjudicier*, etc., employées dans le jugement d'avant faire droit, n'est pas d'établir que le juge n'a entendu rien *préjuger*, mais bien d'exprimer qu'il n'a point voulu *se lier* par l'interlocutoire. C'est ce qu'enseigne positivement Duparc-Poullain (1)

---

(1) M. Merlin disait, en parlant d'un arrêt par lequel la Cour de Bordeaux avait décidé qu'il dépendait du juge de *qualifier son jugement*:

« Est-ce bien sérieusement que la Cour d'appel s'est servie de ces expressions? Où » a-t-elle pris que les tribunaux de première instance ont un pouvoir discrétionnaire pour » rendre la qualité des jugemens qu'ils rendent, pour décider si ces jugemens sont » contradictoires ou par défaut (*préparatoires* ou *interlocutoires*)? En cette matière, comme » en toute autre, continue M. Merlin, les tribunaux n'ont et ne doivent avoir d'autre » boussole que la loi. S'ils s'écartent de la loi, s'ils qualifient de contradictoires des ju-» gemens qui n'ont été rendus que par défaut, le devoir des Cours d'appel est de les ré-» former, et les Cours d'appel qui manquent à ce devoir s'approprient, par cela seul, les » infractions à la loi qu'ils se sont permises ». (*)

La même doctrine est énergiquement professée par M. Berriat Saint-Prix, dans son Cours de procédure, 2.ᵉ édit., pag. 246. Après avoir dit que la différence à faire entre les jugemens préparatoires et les jugemens interlocutoires est fort embarrassante à saisir, il ajoute: « Les clauses *avant dire droit*, etc., par lesquelles les tribunaux caractérisent leurs juge-» mens de préparatoires, ne font point cesser l'embarras, parce qu'il ne doit pas dépendre

---

(*) Les conclusions prises pour la cassation de l'arrêt de la Cour de Bordeaux furent suivies, et la Cour suprême consacra l'opinion du procureur général, par arrêt du 6 décembre 1815. — (*Voy. addition aux Quest. de droit, tom. 6, au mot opposition, § 6, pag. 610*).

1618. *Le jugement qui ordonne la mise en cause d'un tiers est-il interlocutoire?*

Nous avons dit sur la quest. 142ᵉ., tom. 1, pag. 63, qu'un jugement qui accorde délai pour mettre un garant en cause, nous paraissait devoir être placé dans la classe des préparatoires. Mais nous observerons ici qu'il est des circonstances où un jugement qui ordonne la mise en cause d'un tiers peut être réputé interlocutoire, et c'est ce qui a lieu toutes les fois que cette mise en cause peut avoir quelque influence sur la décision du fond du procès.

Tel est le principe consacré par un arrêt de la section des requêtes de la Cour de cassation, du 1ᵉʳ. juillet 1809 (*Sirey, tom. 9, pag.* 304), et dont elle a fait l'application à un jugement qui, sur une demande de compte faite aux héritiers du curateur à une faillite, avait ordonné la mise en cause de créanciers, à l'effet de savoir d'eux s'ils avaient été désintéressés, comme ces héritiers le soutenaient pour repousser l'action.

C'est par application du même principe que la Cour de Grenoble, par arrêt du 22 juillet 1809, a réputé interlocutoire un jugement qui avait ordonné, sous le cours d'une demande en nullité d'un mariage, la mise en cause des enfans qui en étaient issus. Elle a considéré que cette mise en cause préjugeait la décision du tribunal sur le fond, en donnant à penser que le tribunal regardait déjà ces enfans comme nés d'un mariage légitime. — (*Voy. Comm. inséré aux Ann. du not., tom. 3, pag.* 68 *et* 69).

Enfin, la Cour de Bruxelles a aussi considéré comme interlocutoire un jugement qui ordonnait la mise en cause d'un tiers qui avait fait saisie-opposition entre les mains du signataire d'un effet de commerce, consenti à l'ordre de son débiteur, et dont celui-ci avait transmis la propriété à un autre par la voie de l'endossement. On a reçu l'appel de ce jugement, attendu qu'il préjugeait le fond, en ce qu'il supposait au saisissant des droits qu'il ne pouvait avoir au préjudice du porteur, puisque sa saisie ne pouvait empêcher le remboursement au porteur de l'effet, dont il était propriétaire par suite de l'endossement de celui au profit duquel cet effet avait été créé. — (*Voy.*

» d'un tribunal de donner à sa décision, par ces qualifications inexactes, un caractère que » peuvent démentir les résultats de cette décision ».

Enfin, cette remarque est pleinement justifiée par un arrêt de la Cour de cassation, du 24 octobre 1808, rapporté dans la Jurisprudence du Code de procédure, et par une décision de la Cour de Grenoble, du 22 juillet 1809, rapportée dans la Jurisprudence du Code civil (*).

Enfin on lit, dans l'arrêt de la Cour de Rennes, du 25 juin 1822, déjà cité pag. 162, à la note, « qu'il est formellement déclaré que la clause, *sans nuire ni préjudicier*, n'empê- » cherait pas le préjugé, si l'on pouvait le trouver dans l'ensemble du jugement, ou dans » quelques-unes de ses dispositions ». Aussi la Cour ne déclara-t-elle l'appel non recevable que par la considération que rien n'annonçait *le préjugé;* la clause devait avoir tout l'effet que les premiers juges avaient voulu lui attribuer.

(*) Le premier de ces arrêts considère, non pas seulement comme *interlocutoire*, mais même comme définitif, un jugement qui ordonne une enquête, et le déclare sujet à l'appel, avant le jugement définitif, nonobstant cette énonciation, *avant faire droit, toutes choses tenant au principal.*

Le second déclare que l'adverbe *préparatoirement* ne peut attribuer, au jugement qui avait ordonné une mise en cause, le caractère d'un jugement simplement préparatoire, par la raison que, *pour en connaître la nature, il faut plutôt consulter les vrais motifs qui l'ont dicté, et le but vers lequel il est dirigé, que les termes impropres employés dans sa rédaction.*

arrêt de la Cour de Bruxelles, du 10 mai 1810, Jurip. sur la procéd., tom. 2, pag. 208).

Enfin, il a été jugé par arrêt de la Cour d'Amiens, du 26 juillet 1822 (*Sirey, 1823, pag. 19*), qu'un jugement qui ordonne que des tiers seront entendus à l'audience sur l'objet de la contestation, n'est pas simplement préparatoire, qu'il doit être réputé *interlocutoire* dans le sens de l'art. 451, en ce que l'audition des tiers est nécessairement ordonnée par les juges, pour puiser dans leurs déclarations des motifs de détermination. Peu importe, est-il encore décidé par cet arrêt (ce qui vient à l'appui de ce que nous avons dit pag. 163), *que le jugement soit rendu avant faire droit et sans rien préjuger, et sauf à n'avoir à la déclaration des tiers que tel égard que de raison.*

D'un autre côté, nous pouvons citer des espèces où il a été décidé que la mise en cause de tierces personnes ne donnait pas au jugement qui l'ordonnait le caractère d'interlocutoire. Par exemple, la Cour de Montpellier a jugé, le 19 décembre 1810, que l'on devait réputer préparatoire un jugement qui, avant de faire droit, ordonnait la mise en cause d'un tiers, et qui cependant prononçait des condamnations contre les endosseurs d'une lettre de change, sans leur accorder de recours contre le tireur et porteur d'ordre, scindant ainsi l'action formée solidairement contre tous. (1)

1619. *Le jugement qui ordonne la comparution des parties, en vertu des dispositions des art.* 119 *et* 428, *est-il simplement préparatoire ?*

Nous avons dit, n°. 501 et 1532, tom. 1, pag. 273, tom. 2, pag. 87, qu'un tel jugement ne pouvait être considéré comme interlocutoire, attendu qu'il ne préjugeait rien sur le fond ; et cette proposition est vraie, si l'on ne considère que la nature du jugement, indépendamment des circonstances particulières d'après lesquelles on pourrait dire qu'il préjugerait le fond. Ainsi, bien que le jugement dont il s'agit soit de sa nature un jugement d'instruction, un simple préparatoire, il pourrait être considéré quelquefois comme étant interlocutoire. C'est ainsi, par exemple, que la Cour de Turin a déclaré interlocutoire un jugement qui ordonnait que la partie assignée en paiement d'un billet serait tenue de répondre, avant tout, si elle entendait le contester : elle a

_____

(1) On peut voir les détails de l'affaire au Journal des avoués, tom. 3, pag. 176. M. Coffinières place à la suite de l'arrêt plusieurs observations qui prouvent, selon nous, que le jugement renfermait des dispositions définitives et une disposition interlocutoire, et que, sous ces deux rapports, l'appel ne devait pas être déclaré non recevable. En effet, pour ne parler que de la disposition relative à la mise en cause, il est démontré qu'elle se liait à la décision à intervenir sur le fond, puisqu'elle n'avait été provoquée qu'afin de prouver que l'obligation avait une fausse cause.

Enfin, à l'arrêt de Montpellier ci-dessus cité, il faut ajouter celui par lequel la Cour de Bruxelles a décidé, le 12 septembre 1812 (*voy. Jurispr. du Code civ., tom. 20, pag. 414*), qu'un jugement qui, rendu sur la déclaration de l'appelant de s'inscrire en faux, ordonne la mise en cause du tireur, n'est point un interlocutoire dont on puisse appeler avant le jugement définitif, par le motif que cette mise en cause n'ayant pour objet que d'éclairer les faits, elle ne préjuge rien sur le fond.

Mais cette décision nous semble conforme à la doctrine développée n.° 1616, attendu qu'aucune contestation ne s'était élevée entre les parties relativement à cette mise en cause, et qu'en l'ordonnant, le tribunal ne préjugeait en aucune manière la question du fond.

fondé cette décision sur ce qu'il ne s'agissait pas d'un objet de simple instruction, mais bien d'une instruction qui avait trait au fond, et le préjugeait.
Il faut remarquer que la partie à laquelle on ordonnait de répondre soutenait
que son obligation était nulle, attendu que l'acte n'était pas conforme à la
loi; que cette nullité devait être prononcée par le tribunal, et que, conséquemment, il n'y avait pas lieu à la faire s'expliquer sur le fait de savoir si
elle entendait contester le billet, comme étant écrit par une autre main que
la sienne. Il est évident qu'en cette circonstance, le jugement d'instruction
préjugeait le fond, puisqu'il annonçait que les juges n'étaient pas dans l'intention d'admettre la nullité proposée, mais qu'ils entendaient se déterminer
d'après le fait de l'écriture.

Mais il pourrait arriver des cas où il y aurait plus de difficultés à déterminer les caractères du jugement : si, par exemple, un tribunal ordonnait
la comparution d'une partie, sans préciser les faits sur lesquels il se propose
de l'interroger, on ne pourrait, dans notre opinion, considérer le jugement
comme interlocutoire; car on ne saurait présumer l'influence que l'interrogatoire de la partie sera de nature à avoir sur le fond. Tel est le cas que nous
avons supposé dans nos quest. 501e. et 1532e. Mais en sera-t-il de même de
celui où le tribunal ordonnerait que la partie comparaîtra pour répondre sur
tel ou tel fait, et à telle ou telle question ? Nous estimerions qu'en ce cas
le jugement serait interlocutoire, parce que le tribunal énoncerait l'intention
de faire dépendre, plus ou moins directement, la décision du fond des réponses
qui lui seront données. C'est en ce sens, suivant nous, que l'on doit entendre
cette proposition générale, énoncée par M. Hautefeuille, pag. 255, et qu'il appuie
de deux arrêts de la Cour d'Orléans, des 27 mai 1808 et 1er. juin 1809 : « Un
jugement qui ordonnerait qu'une partie serait entendue à la barre, *sur des faits*
relatifs au fond de l'objet litigieux, serait interlocutoire, parce que les juges
sont censés préjuger le fond par le mérite des déclarations que fera la partie
qui doit être entendue. » C'est dans l'autre sens que la Cour de Colmar, par
l'arrêt cité sur la quest. 1532e., a déclaré préparatoire un jugement qui
ordonnait la comparution personnelle de toutes les parties en cause.

1620. *Le jugement qui ordonne un interrogatoire sur faits et articles, est-il
préparatoire ou interlocutoire?*

Un tel jugement nous paraît devoir être considéré comme interlocutoire;
et néanmoins nous avons dit, sur la quest. 1241e., que nous ne pensions pas
qu'on pût en appeler avant le jugement définitif (1). Ce n'est pas que nous
ne reconnaissions que cette décision est contraire à plusieurs arrêts que nous
avons eu soin de citer; mais, quoi qu'il en soit, nous tenons aux considérations qui nous l'ont dictée. — (*Voy. tom.* 1, *pag.* 650) (2).

---

(1) Au reste, la Cour de Rouen a en partie confirmé notre opinion, par arrêt du 27 mai
1817 (*Sirey, tom.* 17, *pag.* 235), en décidant que les jugemens ordonnant, soit un interrogatoire, soit une communication de pièces ne pouvaient être attaqués qu'après le jugement définitif; mais elle a prononcé de la sorte, en déclarant que ces jugemens étaient
préparatoires.

(2) Un jugement qui ordonnerait que des faits articulés seront avoués ou contestés dans
un délai que l'on aurait déterminé, ne serait que *préparatoire*, dès lors que ce jugement

1621. *Est-il des cas où un jugement de jonction puisse être considéré comme interlocutoire ?*

« Il est, dit M. Demiau Crouzilhac, pag. 325, des jugemens qui, quoique préparatoires, renferment expressément ou implicitement quelque décision sur l'action ou sur l'exception. Ainsi, par exemple, un jugement qui ordonnerait la jonction de deux instances et une instruction par écrit sur le tout, quant au fond, serait plus que préparatoire, quant à la jonction ordonnée, parce que la réunion de deux instances peut faire que l'une nuira à l'autre. Cette jonction, accompagnée d'une instruction par écrit sur toutes deux, peut, par le retard qui en résulte, être un préjudice à celle des instances qui, traitée séparément, eût été évacuée sur simple plaidoirie, et beaucoup plus tôt : ces circonstances sont des causes qui rendent l'appel légitime, souvent même nécessaire. »

Nous ne croyons pas que cette opinion doive être suivie ; car la distinction que la loi fait entre les jugemens préparatoires et interlocutoires étant fondée sur le préjugé du fond, on ne peut dire, dans les circonstances que M. Demiau Crouzilhac suppose, que le tribunal ait préjugé le fond en aucune manière. Si la jonction et l'instruction par écrit peuvent retarder la décision définitive, ce retard n'est pas une raison pour faire sortir le jugement qui les ordonne de la classe des préparatoires. D'ailleurs, il arriverait souvent que l'appel que l'on interjeterait de ce jugement éloignât cette décision beaucoup plus que la jonction et l'instruction par écrit ne l'auraient fait.

1622. *Est-il des cas où le jugement qui ordonnerait un sursis pourrait être considéré comme interlocutoire ?*

Un arrêt de la Cour de cassation, du 27 juin 1810 (*voy. Sirey, tom.* 10, *pag.* 380), nous offre l'exemple d'une espèce dans laquelle cette Cour a décidé qu'un tel jugement était non seulement interlocutoire, mais encore définitif. C'est qu'en accordant le sursis, ce jugement contenait une décision virtuellement rendue sur une contestation en point de droit et de procédure, qui était le seul objet des discussions des parties, puisqu'il avait prononcé que le porteur d'un billet à ordre était obligé d'attendre, avant de pouvoir contraindre son débiteur au paiement, que celui-ci eût instruit sa demande ou ses demandes en garantie. On sent qu'un jugement qui décide une semblable question n'est évidemment ni un jugement *préparatoire*, ni même un jugement *interlocutoire* ; c'est un jugement *définitif* et irréparable sur le point principal, ou pour mieux dire, sur l'unique point du litige.

1623. *Peut-il arriver qu'un jugement qui ordonne une communication de pièces doive être considéré comme interlocutoire ?*

Un tel jugement est préparatoire de sa nature, et cependant il peut ar-

n'ordonnerait pas la preuve de ces mêmes faits. — (*Paris, 19 déc. 1810, Sirey, tom.* 14, *pag.* 380).

Nota. En effet, un tel jugement ne préjugerait le fond qu'autant qu'il ordonnerait la preuve en cas de dénégation. Jusque là, le tribunal ne prend qu'une mesure *préparatoire*, pour se mettre en état d'ordonner cette preuve.

river qu'il devienne interlocutoire, s'il préjuge le fond. Par exemple, une partie soutient qu'une pièce, qui est entre les mains de son adversaire, doit fournir une preuve qui déterminera la décision du fond ; celui-ci maintient qu'il n'y a pas lieu à lui ordonner de présenter cette pièce, parce qu'il a opposé une fin de non-recevoir qui tend à écarter l'examen de la cause au fond ; néanmoins, le tribunal ordonne la communication de cette pièce. Il est évident que ce jugement aura tous les caractères d'un interlocutoire, non seulement parce qu'il suppose que le tribunal n'admettra pas la fin de non-recevoir, mais encore parce qu'il donne à présumer que le juge, en statuant sur le fond, se déterminera par la preuve que présenterait la pièce à communiquer : d'où suit qu'il suffirait, pour que le jugement qui ordonnerait la communication d'une pièce fût interlocutoire, que l'une des parties soutînt que la pièce est de nature à fournir une preuve en sa faveur, et que l'autre s'opposât à faire cette communication (1).

1624. *Doit-on considérer comme jugement préparatoire celui qui ordonnerait*

---

(1) Cependant, par arrêt du 12 décembre 1810, la Cour d'appel de Rennes a décidé, en pareille circonstance, que le jugement n'était que préparatoire. (*Voy. Journ. des arrêts de cette Cour, tom.* 1, *pag.* 499). Il s'agissait d'une demande formée par un homme de lettres, afin d'obtenir ce qu'il prétendait lui être dû sur le prix d'un grand nombre de livres qu'il avait vendus à sa partie adverse. Celle-ci présentait une quittance qu'elle prétendait définitive ; mais le demandeur maintenait qu'il n'avait pas été soldé, et il soutenait que la preuve de ce maintien résulterait d'un état des livres, écrit par lui, et sur lequel le prix de chacun était indiqué ; pièce qui se trouvait entre les mains du défendeur, qui se prétendait libéré. Jugement qui ordonne la communication ; appel ; fin de non-recevoir résultant de ce que le jugement n'était que préparatoire. Mais l'appelant disait : *J'ai acquitté le prix des livres qui m'ont été vendus ; cependant on m'ordonne de représenter une pièce qui, suivant mon adversaire, servira à fixer le montant de ce prix, de manière à fournir une preuve que je suis resté débiteur. Ce jugement est essentiellement interlocutoire ; car il préjuge le fond, en ce sens qu'on rejette implicitement les moyens sur lesquels j'appuie ma libération.*
Voici les motifs pour lesquels la Cour a cru devoir déclarer l'appel non recevable ; elle a considéré « que les premiers juges, en ordonnant, avant droit, à l'appelant, de représenter une pièce qu'il n'avait pas contesté devant eux avoir à sa disposition, n'avaient donné aucun motif dont on pût induire qu'ils eussent entendu préjuger le fond, et se lier irrévocablement par ce mode d'instruction ; que leur décision sur ce préliminaire avait conséquemment le caractère d'un jugement préparatoire, dont l'appel ne peut être interjeté qu'après le jugement définitif, et conjointement avec l'appel de ce jugement ; que d'ailleurs l'arrêt, en en déterminant ainsi la véritable acception, conserverait les droits de l'appelant, sans préjudicier aux moyens de défense de l'intimé ».
Cet arrêt ne nous paraît pas devoir être suivi comme ayant fixé, dans l'espèce, un point de jurisprudence, premièrement, parce que ce n'est point des motifs dans les considérans d'un jugement que dépend, selon nous, le caractère qu'il convient de lui assigner, mais bien des résultats qui dérivent de son dispositif ; secondement, parce qu'il importe peu que les juges aient ou non manifesté *l'intention de se lier irrévocablement*, puisqu'il est de principe consacré de la manière la plus formelle, par divers arrêts de la Cour de cassation, qu'un jugement purement interlocutoire, quoique préjugeant le fond, n'a aucunement l'effet de la chose jugée ; qu'il ne lie pas les juges, et qu'il est essentiellement réparable en définitif. — (*Voy. arrêts des 17 janv. et 12 avril 1810, Sirey, tom.* 10, *pag.* 135 *et* 274).
Il suffit donc, indépendamment des motifs donnés par le juge, que, d'après le dispositif du jugement, le fond soit préjugé en quelque chose, pour que l'on considère un jugement de la comme interlocutoire ; et telle devait être la décision à rendre dans l'espèce ci-dessus. — (*Voy. ci-dessus pag.* 162, *not.* 1ʳᵉ.)

que les parties remettraient leurs pièces à des avocats, pour, passé leur avis rapporté au tribunal, être statué ce qui sera vu appartenir ?

La Cour de Rennes a jugé cette question pour l'affirmative, par arrêt du 29 novembre 1810. Cet arrêt ne contient pas le motif pour lequel elle a considéré le jugement comme préparatoire. C'est sans doute parce qu'elle a pensé que la mesure ordinaire d'office n'avait eu pour objet que de mettre la cause en état de réunir jugement définitif, au moyen de l'examen qui serait fait par les avocats. Sans doute, la mesure ordonnée était essentiellement préparatoire, et ne préjugeait rien sur le fond.

Si nous ne nous sommes pas trompés dans la solution que nous avons donnée, *suprà*, nos. 449 et 1533, c'est-à-dire s'il est vrai que les tribunaux civils ne peuvent ordonner de semblables renvois de l'examen de la cause, il y aurait, dans notre opinion, des raisons très-fortes pour que l'appel en fût néanmoins recevable avant le jugement définitif, parce qu'il ne s'agit point ici d'une mesure autorisée par la loi, mais d'une décision qui présente pour ainsi dire une sorte de déni de justice momentané, et qui cause d'ailleurs à l'une des parties un grief actuel et réel, en ce qu'elle l'expose au préjugé, qui évidemment résulterait contre elle de l'avis à donner par les avocats. Nous croyons donc que la Cour de Rennes a pu mal juger, en déclarant non recevable l'appel d'un semblable jugement.

1625. *Un jugement qui ordonne qu'une quittance d'un remboursement sera produite au procès, est-il interlocutoire ?*

Oui, parce qu'un semblable jugement fixe le point de difficulté au rapport de cette pièce, et préjuge nécessairement le fond ; car cette mesure n'a pas dû être prise inutilement, et sous-entend que, faute à la partie de justifier de sa libération, elle sera condamnée à payer, etc. — (*Voy. arrêt de la Cour d'Orléans, du 2 juin 1808, Hautefeuille, pag. 253 (1).*

1626. *Le jugement qui ordonne qu'il sera rendu compte d'une société de commerce, dont l'existence serait contestée, et qui, à cet effet, renvoie les parties devant arbitres, est-il interlocutoire ?*

Oui, car le tribunal préjuge pour l'existence de la société, puisqu'il serait inutile d'ordonner la reddition du compte d'une société qui n'existerait pas (2). — (*Voy. arrêt de la Cour de cassat., du 28 août 1809, Sirey, tom. 9 pag. 454*).

1627. *Le jugement qui ordonne une expertise dans l'espèce de l'art. 969 du Code de procédure, est-il interlocutoire ?*

Il n'est que préparatoire, puisque cet article veut que le juge ne puisse ordonner une licitation qu'après expertise. Il faudrait, pour le jugement fût interlocutoire, qu'il y eût contestation sur la demande en partage. Au reste, quand la loi prescrit impérieusement une vérification, le tribunal ne fait que

---

(1) **Mais un jugement** qui ordonnerait purement et simplement l'apport de la minute d'une pièce, ne serait que préparatoire. — (*Paris, 19 déc. 1810, Sirey, tom. 14, pag. 380*).
(2) Il en est de même du jugement qui nomme un arbitre pour procéder à un compte, si la contestation tend à faire décider s'il y a lieu à un compte. — (*Paris, 25 nov. 1812, Journ. des avoués, tom. 7, pag. 97*).

mettre la cause en état, ce qui est le caractère essentiel du jugement préparatoire (1).

1628. *L'erreur du juge sur le caractère préparatoire ou interlocutoire d'un
jugement, est-elle un simple mal jugé qui ne puisse donner ouverture à cassation?*
La négative de cette question a été jugée par arrêt de la Cour de cassation,
du 28 août 1807. (*Voy. Denevers*, 1809, *pag.* 229). Si l'on décidait, en effet,
que l'erreur sur le caractère du jugement ne fût pas une ouverture à cassation,
on rendrait illusoires les dispositions des art. 451 et 452, puisque les juges
supérieurs pourraient admettre ou rejeter impunément l'appel d'un avant faire
droit, en le qualifiant arbitrairement ou de préparatoire, ou d'interlocutoire,
malgré les caractères tracés par la loi, à l'effet de les distinguer (2).

1629. *L'appel d'un jugement interlocutoire n'est-il recevable, après le jugement
définitif, qu'autant que la partie se trouve dans le délai de trois mois, à partir
de la signification, et n'a d'ailleurs ni consenti, ni concouru à son exécution?*

En d'autres termes, *lorsqu'on se pourvoit en appel contre le jugement définitif,
peut-on prendre la même voie contre le jugement interlocutoire, encore bien qu'il
se soit écoulé trois mois depuis la signification, et que l'on y ait acquiescé?*

Cette importante question est décidée négativement par les auteurs; savoir :
relativement au délai, par M. Pigeau, tom. 1, pag. 568, et par M. Berriat
Saint-Prix, pag. 410; relativement à l'acquiescement, par M. Lepage, dans ses
Questions, pag. 297, 298, et par M. Demiau Crouzilhac, pag. 325; enfin,
sous les deux rapports, par M. Hautefeuille, pag. 255 et 256.
Les motifs de ces auteurs sont, 1.° que l'art. 443, qui fixe le délai de l'appel,
ne fait aucune exception pour les jugemens interlocutoires; 2.° que tout appel
est non recevable lorsqu'on a acquiescé au jugement, en consentant ou en con-
courant à son exécution, et qu'une réserve de se porter appelant ne pourrait
même écarter la fin de non-recevoir, parce qu'il est contradictoire que l'on
puisse faire valoir des réserves incompatibles avec un acquiescement; 3.° que
l'on ne trouve d'exception à ces principes que dans la première disposition de
l'art. 451; mais que cette disposition ne se rapporte qu'aux jugemens préparatoires, et ne peut, conséquemment, être étendue aux interlocutoires, qui
sont l'objet d'une disposition particulière.
Cependant plusieurs arrêts (3) ont consacré une opinion diamétralement opposée. Ils ont pour motifs en résumé, que, par sa seconde disposition, l'art. 451

(1) Un arrêt de Rennes, du 14 novembre 1815, a formellement consacré cette opinion.
— (*Journ.*, tom. 4, *pag.* 466).
(2) Voy., ci-après la question de savoir si et à quelle époque les jugemens interlocutoires sont sujets au pourvoi en cassation.
(3) Voy. arrêts de la Cour de Trèves, du 1.ᵉʳ août 1810; de la Cour de Colmar, du
6 avril 1810; de celle de Nancy, du 28 juillet 1817 (*Sirey*, tom. 11, *pag.* 225; tom. 14,
pag. 380, et tom. 18, *pag.* 89); de la Cour de Rennes, des 28 décembre 1808 et 8 janvier
1812. Nous ajouterons un arrêt de la Cour de Paris, du 16 mai 1809, rendu en audience
solennelle, et cité par M. le procureur général Mourre, dans le plaidoyer dont nous aurons
bientôt occasion de parler. Nous engageons nos lecteurs à lire les considérans de l'arrêt
de Nancy.

laisse aux parties *la faculté* d'interjeter appel d'un jugement interlocutoire, aussitôt qu'il est rendu, et qu'il a toujours été de jurisprudence que, de même que l'interlocutoire ne lie pas le juge, la partie qui l'exécute ne se rend pas non recevable à s'en porter appelante (1) ;

Qu'au reste, ce principe n'a point été abrogé par le Code de procédure civile, qui n'offre même aucune disposition sur ce qui constitue l'acquiescement à un jugement ; d'où suit qu'on doit se guider par ce même principe ; qu'une jurisprudence constante avait consacré ;

Qu'enfin l'opposition établie par l'art. 451 du Code de procédure, entre l'appel du jugement préparatoire et celui du jugement interlocutoire, consiste précisément en ce point, que le premier est *interdit* jusqu'après le jugement définitif ; que le second, au contraire, est *autorisé* dès la signification de l'interlocutoire ; mais que de la circonstance qu'il est dès lors *autorisé*, on ne peut induire qu'il soit dès lors indispensable, sous peine de ne pouvoir être reçu après le jugement définitif ; qu'il dépend au contraire de la partie qui croirait y apercevoir quelques motifs de griefs, d'en subordonner la plainte à l'événement du fond, par lequel le grief peut être écarté, etc. etc.

Telle était l'opinion que nous avions soutenue dans notre Analyse raisonnée, n°. 1484. (2). Mais nous crûmes devoir l'abandonner dans notre Traité et

---

(1) Par la même raison, l'expiration du délai, lequel fait présumer l'acquiescement, n'opérerait pas, dans cette doctrine, une fin de non-recevoir contre l'appel interjeté.

(2) Nous croyons, attendu que la solution de la question nous semble encore sujette à controverse, devoir conserver ici ce que nous disions à son sujet, et nous le faisons avec d'autant plus de confiance que ces motifs seront mûrement examinés, que M. Berriat Saint-Prix, dont les hautes lumières nous rendent le suffrage si flatteur, a bien voulu s'exprimer ainsi, en citant notre opinion : « M. Carré, dans une dissertation, du reste très-bien faite, avait adopté une opinion différente (*Analyse, n.°* 1484); mais il en est revenu ». — (*Traité et Quest.*, pag. 1058) :

Rappelons avant tout, disions-nous, que sous l'empire de la législation antérieure à la révolution, et jusqu'à la publication de la loi du 3 brumaire an 2, l'on pouvait, d'après une déclaration du 14 mai 1717, appeler sans distinction des jugemens préparatoires et interlocutoires avant le jugement définitif.

Mais la loi du 3 brumaire an 2 abrogea cette jurisprudence, en disposant (*art.* 6) qu'on ne pourrait appeler d'aucun jugement préparatoire pendant le cours de l'instruction, et que les parties seraient obligées d'attendre le jugement définitif, sans qu'on pût cependant leur opposer ni leur silence, ni même les actes faits en exécution des jugemens de cette nature.

Cette disposition, ainsi que l'atteste M. Merlin, au nouveau Répertoire, v.° *interlocutoire*, tom. 6, pag. 427, « comprenait et les jugemens préparatoires proprement dits, et les jugemens interlocutoires, c'est-à-dire ceux que l'art. 452 définit sous ces deux dénominations. C'est ce qui résultait des art. 4 et 5 de la même loi du 3 brumaire, et c'est ainsi que la Cour de cassation le jugeait constamment.

» Mais, ajoute M. Merlin, l'art. 451 du Code de procédure, tout en maintenant, pour les jugemens préparatoires proprement dits, la disposition de la loi dont nous venons de parler, porte que l'appel d'un jugement interlocutoire pourra être interjeté avant le jugement définitif ».

Ceci posé, nous avons à chercher les motifs pour lesquels on a fait à la législation antérieure cette modification, que l'on ne trouvait point dans le projet. Il ne contenait, en effet (*art.* 447), que la première disposition de l'art. 451 du Code, c'est-à-dire qu'il reproduisait sans distinction ni modification celle de l'art. 6 de la loi de brumaire.

Ces motifs se trouvent dans le discours de M. le conseiller d'état Bigot de Préameneu,

Questions de procédure, n°. 2275, en considérant la question comme décidée

que nous ne pouvons trop rappeler : *La partie qui se croit lésée par un jugement interlo-*
cutoire dont elle a les suites à redouter, ne doit point être obligée d'attendre le jugement
définitif; elle pourra également se pourvoir contre les jugemens qui accordent une provision.
C'est par cette considération, sur laquelle plusieurs Cours avaient appelé l'attention du
Conseil d'état, que la seconde disposition de l'art. 451 a été ajoutée, et que l'on a défini,
dans l'art. 452, les jugemens préparatoires et les jugemens interlocutoires. — (*Voy. les*
observations de ces Cours, Prat. franç., tom. 3, pag. 70 et suiv.)

Il suffirait, selon nous, de remarquer que ces dispositions nouvelles n'ont été établies
qu'en faveur de la partie qui se croirait lésée par un avant faire droit qui préjuge le fond,
et dont elle voudrait prévenir les suites, pour décider que si l'on n'a pas voulu, comme
le dit l'orateur du Gouvernement, que cette partie fût *obligée* d'attendre le jugement définitif, l'on n'a pas entendu non plus qu'elle fût *obligée* de ne pas attendre ce jugement,
pour interjeter appel de l'interlocutoire.

Et, en effet, la faveur que l'on a accordée à celui qui aurait à craindre les résultats d'un
interlocutoire, se retournerait souvent contre la partie qui aurait raison de croire que l'exécution de cet interlocutoire, qui d'ailleurs *ne lie point irrévocablement le juge*, ne pourra
lui préjudicier en définitive. Pourquoi, dans cette confiance, ne serait-elle pas dispensée
d'interjeter appel? Pourquoi serait-elle déchue du droit d'appel après le jugement définitif,
si, contre son attente, les résultats lui deviennent préjudiciables? Nous n'en voyons aucune
raison de justice. Des faits de la fausseté desquels une partie se croirait convaincue, sont
maintenus par sa partie adverse; elle les conteste; elle soutient même que la preuve n'est
pas admissible, ou qu'elle est inutile : cependant l'enquête est ordonnée. Serait-il raisonnable de l'obliger, en ce cas, d'interjeter appel de l'interlocutoire avant le jugement définitif, et sous peine de déchéance? Ce serait sans nécessité retarder, contre son intérêt *actuel*,
la fin du procès; ce serait multiplier inutilement et les procédures et les frais.

En un mot, qu'est-ce que le législateur a voulu, par les deux dispositions de l'art. 451?
Il a voulu sans doute apporter un tempérament à l'ancienne législation, qui, en permettant l'appel avant le jugement définitif, même des jugemens préparatoires proprement
dits, multipliait sans nécessité les appels de décisions de simple instruction, et à la législation postérieure, qui, en défendant, sans aucune distinction, d'appeler de tous jugemens,
soit simplement *préparatoires*, soit *interlocutoires*, portait préjudice à l'intérêt *actuel* et
pressant qu'une partie aurait eu à prévenir, par un appel, des torts qu'elle a des motifs
de croire irréparables en définitive. Mais il ne suit pas de là qu'elle soit obligée à interjeter l'appel, si elle ne s'y trouve pas intéressée de la sorte. — (*Voy. encore Exposé des*
motifs).

Voilà, suivant nous, les considérations pour lesquelles le législateur s'est servi, dans la
seconde disposition de l'art. 451, de ces expressions, *l'appel d'un jugement interlocutoire*
POURRA *être interjeté avant le jugement définitif.* Il s'ensuit que cette disposition accorde
aux parties une faculté qu'elles peuvent exercer ou non, selon ce que leur intérêt *actuel*
leur dicte, et conséquemment, sans avoir rien à craindre, si elles n'en font pas usage,
d'être déchues du droit de joindre l'appel de l'interlocutoire à celui du jugement définitif,
soit parce qu'elles auraient laissé passer le délai fixé par l'art. 443, soit parce qu'elles auraient
consenti ou concouru à l'exécution de l'avant faire droit. C'est aussi ce qu'ont décidé, de
la manière la plus formelle, les deux arrêts que nous avons cités en commençant cette discussion.

Nous devons avertir que ces décisions ont été critiquées par les arrêtistes qui les rapportent, d'après les raisons que les commentateurs du Code ont données pour l'opinion
contraire. Mais, sans nous arrêter à discuter toutes les objections, nous observerons que
l'on ne saurait, du moins à notre connaissance, opposer un seul arrêt à ceux dont il s'agit,
pas même celui de la Cour de cassation, du 17 février 1807, cité par nous, sur la quest. 852.^e
(*voy. notre quest.* 976.e), et dont s'appuie M. Demiau Crouzilhac. En effet, cet arrêt a été
rendu dans une espèce antérieure à la mise en activité du Code. Peut-être nous opposera-
t-on que nous en avons fait nous-même l'application sur la question précitée, en disant que
l'on ne pouvait, sur l'appel du jugement définitif, soutenir qu'une enquête était inadmis-

dans le sens des auteurs que nous avions combattus, par un arrêt de la Cour suprême, du 29 novembre 1817. (1).

Il s'agit d'examiner aujourd'hui si nous devons maintenir cette dernière solution , ou revenir à la première, que nous avions abandonnée, il est vrai, mais par suite de l'autorité de l'arrêt précité, et non pas parce qu'il nous eût convaincu que nos motifs fussent erronés.

---

sible, parce que le jugement qui l'avait ordonnée avait acquis l'autorité de la chose jugée; mais on reconnaîtra, sans doute, que nous avons raisonné dans l'hypothèse que présentait l'espèce de cet arrêt, c'est-à-dire dans un cas où il n'existait pas d'appel de l'interlocutoire, même après le jugement définitif, et conjointement avec l'appel de ce jugement.

Au surplus, telle est la divergence des opinions sur la question que nous venons de résoudre, qu'il sera prudent, jusqu'à ce que la jurisprudence soit fixée par la Cour de cassation, soit de laisser défaut sur l'exécution d'un interlocutoire, afin de se réserver le droit d'en appeler avec le jugement définitif, soit d'en interjeter appel avant que ce jugement soit rendu, sans toutefois prendre part à l'exécution de l'interlocutoire, et, en tous les cas, sans laisser passer le délai fixé par l'art. 443. Mais c'est un conseil que nous ne donnons qu'à regret, puisqu'il tend à éloigner le terme d'un procès, à multiplier les contestations, et à augmenter les frais en plusieurs circonstances où la partie n'aurait encore aucun *intérêt* né à en interjeter un appel.

(1) Nous dîmes alors : Un arrêt de la Cour de cassation, du 25 novembre 1817 (*Sirey*, *tom.* 18, *pag.* 182), décide que, d'après le § 2 de l'art. 452, un jugement interlocutoire ne peut être attaqué par recours en cassation après l'expiration *des trois mois de sa notification à domicile.* Cette décision étant fondée sur l'art. 452, il s'ensuit évidemment qu'elle doit s'appliquer à l'appel, et que, par conséquent, la doctrine que nous avions établie est rejetée par la Cour suprême. On remarquera que nous ne dissimulions pas les objections dont elle était susceptible, et que nous conseillions, pour prévenir toute difficulté ultérieure, d'interjeter appel avant l'expiration du délai. Aujourd'hui, nous devons considérer comme obligation rigoureuse ce qui n'était, dans notre opinion, qu'une mesure de prudence. Quoi qu'il en soit, quelques jurisconsultes voudraient admettre une distinction, et pensent que le système consacré par la Cour de cassation ne doit être suivi que dans les cas semblables à celui où il a été rendu, c'est-à-dire lorsqu'il s'agit de ces espèces d'interlocutoires dont nous avons parlé à la quest. 1471.ᵉ de notre Analyse, tom. 2, pag. 39 (*voy. suprà*, n.° 1616), et qui préjugent la décision définitive, en statuant sur un point de la contestation, sans ordonner une preuve ou vérification. En ce cas, disent-ils, l'effet du jugement étant irréparable en définitive, il faut bien en appeler dans le délai, et l'on se rend non recevable, si on l'exécute; mais il n'en serait pas de même de l'interlocutoire, qui ne préjugerait le fond qu'en ordonnant une preuve, une instruction ou une vérification, parce que l'exécution d'un semblable jugement ne produit point d'effet irréparable, le juge pouvant statuer sans égard à l'instruction qu'il aurait ordonnée.

Il suffit de lire, disions-nous, l'arrêt de 1817, et l'exposé qui le précède, pour se convaincre qu'il repousse cette distinction, et déclare non recevable, par suite d'exécution ou de l'expiration du délai, l'appel de tout jugement interlocutoire, quel que soit son objet.

Enfin, nous ajoutions :

Il convient d'examiner si un second arrêt de la Cour de cassation, en date du 13 janvier 1818 (*Sirey, tom.* 18, *pag.* 204), ne serait pas en opposition avec les conséquences que nous venons de tirer de celui du 25 novembre 1817.

Cet arrêt décide qu'aux termes de l'art. 14 de la loi du 2 brumaire an 4, le recours en cassation contre les jugemens en dernier ressort, n'est ouvert qu'après le jugement définitif, et que l'art. 451 du Code de procédure, qui ne parle que de l'appel, n'a point dérogé à cet article.

La Cour déclare ensuite que, dans l'espèce soumise à sa décision, et où il s'agissait de la vérification par pièces d'un fait allégué par la partie, le jugement qui avait ordonné cette vérification n'était qu'un avant faire droit, *qui ne préjugeait rien ;* que la preuve ordonnée d'office, et pour apprécier les moyens invoqués par les deux parties, ne faisait à aucune

Nous remarquerons d'abord que, par arrêt du 21 juillet 1817, cité par M. Mourre, dans son plaidoyer sur celui du 27 janvier 1818 (*Sirey, tom.* 18, *pag.* 155), où il s'agissait de savoir si un jugement qui ordonne un compte, malgré que le défendeur soutînt n'en devoir aucun, la Cour de cassation avait décidé que le jugement était définitif, bien différent, disait-elle, de ceux dont l'art. 5 de la loi du 3 brumaire an 4 (1) défendait aux parties d'interjeter appel avant le jugement définitif, *ou dont, aux termes de l'art.* 451 *du Code de procédure, il leur est* LOISIBLE *de n'interjeter appel qu'après ce jugement.*

Sans contredit, d'après ces dernières expressions, la Cour de cassation était, comme le fait observer M. le procureur général, parfaitement d'accord avec les Cours royales (*voy. ci-dessus à la not.* 1re., *pag.* 174), sur le sens de cette expresssion, *pourra,* employée par l'art. 451, laquelle n'indique qu'une *simple faculté,* telle, ajoute le savant magistrat, que pour les jugemens vraiment interlocutoires, l'exécution ne peut engendrer une fin de non-recevoir.

Mais, comme nous l'avons vu not. 1re, pag. 175, l'arrêt du 25 novembre 1817 décide formellement que, d'après le § 2 du même art. 451, un jugement interlocutoire ne peut être attaqué en cassation, que dans les trois mois de sa notification. En conséquence, la Cour rejette le pourvoi formé après l'arrêt définitif. La contradiction entre ces deux arrêts est manifeste.

Il faut définitivement s'arrêter à l'un des deux systèmes, et dans ce conflit d'opinions et de décisions, qui rend l'application de l'art. 452 si embarras-

---

d'elles *un grief irréparable en définitive;* que ce jugement ne *lie pas non plus les juges,* et qu'en conséquence, il ne pouvait les empêcher de revenir aux moyens de droit sur lesquels ils pouvaient d'abord prononcer indépendamment de ce préliminaire.

En conséquence, l'arrêt rejette comme prématuré le pourvoi en cassation contre le jugement, attendu que l'art. 14 de la loi du 2 brumaire an 4 porte que le jugement préparatoire et d'instruction n'est ouvert qu'après le jugement définitif.

Cet arrêt ne nous semble point, disions-nous, en opposition avec celui du 25 novembre 1817, ainsi qu'on pourrait le croire au premier aperçu. En effet, il rejette bien l'application de l'art. 451 au pourvoi en cassation, parce qu'il existe une disposition expresse dans la loi de brumaire, relativement à ce pourvoi, lorsqu'il s'agit *d'interlocutoire;* mais il ne prononce point que l'art. 452 ne puisse pas, relativement à l'appel, servir pour déterminer quand on peut assigner à un jugement le caractère de jugement préparatoire ou d'instruction, comme l'a décidé l'arrêt de 1817.

Au fond, il se trouve d'accord avec ce dernier, en ce qu'il décide qu'un jugement qui ne contient aucune disposition définitive et qui ne *préjuge rien,* est un simple *préparatoire,* un simple jugement d'instruction qui n'est point un véritable interlocutoire, et dont, par conséquent, le pourvoi en cassation n'est recevable qu'après le jugement définitif, conformément à la loi de brumaire. C'est ce que décide également l'arrêt de 1817, en déclarant au contraire qu'un jugement qui décide définitivement sur un point de la contestation, et qui préjuge, n'est pas un simple préparatoire, et qu'en conséquence, le pourvoi est tardivement formé et non recevable, si l'on a laissé écouler le délai sans former le pourvoi en cassation, en attendant le jugement définitif.

(1) Au surplus, quelque opinion que l'on prenne, sur la question de savoir si ces deux arrêts sont conciliables ou non, il n'en sera pas moins vrai, quant à l'appel, que l'arrêt de 1817 fixe le sens de l'art. 451, en décidant qu'il faut appeler, dans le délai de trois mois, de tout jugement interlocutoire qui préjuge; et, par conséquent, nous répéterons ce que nous avons dit en terminant la 1474.e quest. de notre Analyse, et ce qu'observe aussi M. Sirey, dans une dissertation insérée dans son Recueil de 1814, pag. 383, qu'il est au moins très-prudent d'interjeter appel avant l'expiration du délai.

sante, nous croyons, après mûr examen, devoir adopter celui des deux qui nous semble le plus conforme au texte de la loi, à son esprit et à l'équité, sans nous embarrasser davantage de discuter les divers arrêts dont on peut argumenter dans un sens ou dans l'autre. Or, nous croyons trouver, dans le plaidoyer déjà cité de M. le procureur général près la Cour de cassation, sur l'arrêt du 27 janvier 1823, les motifs les plus imposans en faveur de la première opinion émise dans notre Analyse. (1)

Ainsi donc, résumant les raisons données ci-dessus, pag. 175, à la not. 1re., celles qui sont développées dans l'arrêt de Nancy (*voy. ci-dessus, pag.* 172), celles enfin que nous fournit le savant magistrat que nous venons de citer, nous résoudrons comme suit la question qui nous occupe :

Premièrement, l'appel de tout jugement interlocutoire, rendu *après contestation* entre parties, sur l'utilité ou l'admissibilité de la preuve, de la vérification, de l'instruction, en un mot, de la mesure qu'il ordonne, ne peut être reçu, soit après le délai de trois mois, à partir de la signification, soit après acquiescement tacite ou formel de la partie intéressée à en interjeter appel. La raison en est qu'il y a ici un jugement définitif sur la fin de non-recevoir, opposée contre la mesure provoquée, par un jugement qui lie irrévocablement les juges, et dont, par conséquent, il faut appeler avant le jugement définitif sur le fond, sous peine d'être déclaré non recevable par l'acquiescement résultant, soit de l'expiration du délai, soit de l'exécution volontaire. (2)

Deuxièmement, il en est de même, parce que leurs effets seraient irréparables en définitive, de tous les jugemens dont nous avons parlé sur la question 1616 ci-dessus, et qui, sans ordonner une preuve ou une instruction quelconque, préjugeraient la décision définitive, en statuant sur un point de la contestation (3).

Troisièmement, au contraire, toutes les fois qu'une preuve, une instruction,

(1) L'arrêt intervenu sur ce plaidoyer n'a point décidé la question, comme on le croirait par l'énoncé de l'arrétiste. Il a rejeté le pourvoi par d'autres motifs tirés du fond de la chose jugée, en exécution de l'interlocutoire. — (*Voy. le texte de cet arrêt, Sirey, ubi suprà, pag.* 159).

(2) Ainsi, par arrêt du 1er août 1820 (*Denevers,* 1820, *pag.* 369), la Cour de cassation a décidé qu'il y a violation de l'art. 1351 du Code civil, attendu que les parties avaient exécuté un interlocutoire ordonnant une enquête volontairement, sans réserves ni protestations, quoiqu'ils eussent la faculté d'en interjeter appel, sans attendre le jugement définitif. Elle a déclaré que cette exécution résultait formellement de ce qu'elles avaient assisté à l'audition des témoins, qui devaient déposer dans la contre-enquête : d'où il résultait un acquiescement exprès, qui donnait au jugement l'autorité de la chose jugée; en sorte que le juge d'appel, en rejetant la fin de non-recevoir opposée par l'intimé, et statuant sur un appel non recevable, dont il n'était pas valablement saisi, avait expressément violé l'art. 1351 du Code civil.

(3) Telle serait, par exemple, l'espèce suivante, dans laquelle a été rendu un arrêt de la Cour de cassation, du 11 janvier 1818, cité au Recueil de Denevers, suppl., pag. 157, not. 1: Avant de statuer définitivement, une Cour avait ordonné que l'une des parties prêterait un serment. C'était, comme le dit la Cour suprême dans ses considérans, avoir préjugé la question décidée ensuite par l'arrêt définitif, rendu après le serment prêté, sans réclamation. L'interlocutoire avait donc été acquiescé; il n'avait pas été attaqué; il ne l'était pas même au moment du pourvoi contre l'arrêt définitif : aussi, la Cour suprême rejeta-t-elle le pourvoi contre ce dernier, qui n'était que la conséquence du premier, qui avait préjugé de manière à causer un préjudice irréparable, puisque la Cour ne pouvait, en prononçant

une vérification, un approfondissement, une mesure quelconque est ordonnée, soit sur la demande d'une partie et sans contestation de son adversaire, soit d'office par le tribunal pour son instruction, la partie contre laquelle elle préjuge a la faculté d'appeler, soit avant, soit après le jugement définitif, et encore bien en ce dernier cas que l'interlocutoire eût été exécuté, ou que le délai de trois mois, à partir de la signification, fût expiré. La raison en est, à notre avis, que dans ces circonstances, le juge n'étant point lié par l'interlocutoire, et, par conséquent, la partie n'éprouvant point un préjudice irréparable en définitive, il est naturel, comme nous l'avons dit ci-dessus pag. 175 à la note, que l'appel soit purement facultatif; aussi la loi dit-elle qu'elle *pourra* appeler, et non pas qu'elle *sera tenue* d'appeler (1).

1630. *Quel est, d'après la discussion et la solution de la question ci-dessus, le sens dans lequel il y a lieu à appliquer aujourd'hui la maxime l'INTERLOCUTOIRE NE LIE PAS LE JUGE ?*

En général, on a toujours appliqué cette maxime en ce sens qu'un tribunal, après avoir ordonné la preuve d'un fait qu'il a pu croire pouvoir influer sur la décision de la cause, a la faculté, s'il reconnaît ensuite que ce fait est indifférent, de prononcer nonobstant cette preuve, et contre la partie même qui l'a faite (*voyez nouv. Répert, au mot* jugement), et il est à remarquer que le juge a cette faculté dans le cas même où il n'eût pas exprimé qu'il ordonne la preuve, sans nuire ni préjudicier aux droits des parties ni à l'état de l'instance. (*Voy. suprà, quest.* 1617). « En effet, dit Duparc-Poullain, Principes du » droit, tom. 9, pag. 494, tout juge qui ordonne un genre d'instruction est » toujours présumé s'être réservé la liberté de juger entre les parties suivant » l'équité, et conséquemment de conserver tous leurs droits jusqu'au jugement » définitif. Il n'y a souvent qu'une instruction parfaite qui puisse développer

---

définitivement, se réformer elle-même, et n'avoir pas égard à l'interlocutoire qui avait acquis l'autorité de la chose jugée.

Mais nous avons dit, pag. 135, à la note, que laisser *prêter un serment supplétoire, ce n'est pas acquiescer.* On remarquera qu'en cette note, nous parlons d'un serment ordonné après jugement définitif, déclaré exécutoire sous cette condition, et qu'il s'agit ici d'un serment ordonné avant le jugement définitif.

(4) L'étendue de la discussion à laquelle nous venons de nous livrer, et que nous résumons dans les trois propositions ci-dessus, prouve la difficulté de la matière; et nous convenons que, malgré nos efforts, il est très-possible qu'on nous reproche d'être resté obscur, lorsque nous travaillions pour être clair. Mais, quoi qu'il en soit, nous croirons avoir fait quelque chose d'utile, en mettant sous les yeux de nos lecteurs les raisons que l'on peut alléguer pour ou contre le système que nous avons adopté. C'est à la Cour régulatrice à saisir l'occasion de fixer l'incertitude où se trouvent les parties; incertitude qui place celle qui se trouverait intéressée à appeler du jugement dans cette pénible position, que si elle exécute le jugement ou laisse passer le délai sans former son appel, elle a à craindre qu'on ne lui oppose, après la décision définitive, la fin de non-recevoir, admise par l'arrêt du 25 novembre 1817, tandis, au contraire, que, si elle interjète appel avant d'exécuter et dans le délai, elle a à craindre que son appel soit déclaré non recevable, parce que le jugement ne serait pas véritablement interlocutoire. N'est-il pas juste, la loi laissant une si grande latitude à l'interprétation, d'admettre l'opinion qui, comme nous venons de le dire, nous semble résulter des expressions dont la loi s'est servie, et qui s'appuient, en outre, de ces termes de l'art. 31, *l'appel d'un interlocutoire est permis avant que le jugement définitif ait été rendu ?* Or, la permission suppose évidemment ici une règle générale à laquelle elle déroge par une exception de faveur, et cette règle, c'est celle de la faculté d'appeler après le jugement définitif.

» au juge le vrai point de décision ; et si on lui ôtait la liberté de s'écarter
» du préjugé qu'il a lui-même établi par un interlocutoire, lorsque l'instruc-
» tion était imparfaite, on le placerait dans la nécessité de commettre une in-
» justice, quelque pures qu'eussent été ses intentions lorsqu'il l'aurait rendu.

Nous ne doutons pas que la maxime ne doive continuer d'être appliquée
en ce sens, toutes les fois qu'il s'agit d'un interlocutoire qui n'a fait que préjuger le fond, en ordonnant la preuve, soit d'office, soit sur la demande de
l'une des parties, mais sans contestation de la part de l'adversaire. Si au contraire l'interlocutoire a été prononcé après contestation sur *l'utilité* et *l'admissibilité* de la preuve, le jugement qui l'a ordonnée est définitif sur les exceptions qui étaient opposées, et n'est *interlocutoire* qu'à raison qu'il est rendu
avant le jugement définitif et qu'il a pour objet d'en faciliter la décision. En
ce cas, le juge est lié par l'interlocutoire. Il ne peut le rétracter en déclarant le
contraire de ce qui avait été jugé par l'avant faire droit, savoir : que la preuve
était *admissible et utile* à la décision. Il devra donc, puisque le préjugé est
exprès (*voy. ci-dessus pag.* 161), prononcer d'après la preuve fournie, si ce jugement a acquis autorité de chose jugée, par acquiescement résultant d'exécution
volontaire ou de l'expiration sans appel dans le délai fixé par l'art. 443 (1).

Il en serait de même de tous jugemens qui n'ordonneraient pas une preuve,
une instruction, une vérification ; mais qui, avant jugement définitif, statue-
raient définitivement sur un point qui, quant à son objet particulier, préju-
gérait ce qui resterait à juger pour terminer entièrement le procès.

De là vient la nécessité d'appeler de ces sortes de jugemens avant l'arrêt
définitif, ainsi que nous l'avons dit pag. 177.

En tous autres cas, rien de définitif n'est prononcé par l'interlocutoire : le
juge, soit d'office, soit provoqué par une partie, sans contestation de la part
de l'autre, n'a fait qu'user du droit d'employer tout moyen légal d'éclairer sa
religion. Son préjugé n'est point formel et ne décide rien expressément. Il ne
sera donc pas lié par l'interlocutoire, et pourra, sur la demande de la partie
intéressée, déclarer inadmissible ou inutile la preuve qu'il a d'abord ordonnée,
ou n'y avoir aucun égard en statuant définitivement. De là la faculté qu'une
partie, d'après la solution de la précédente question, a d'interjeter appel, soit
avant, soit après le jugement : *avant* le jugement, si elle craint, en cas que
la preuve lui soit contraire, que les juges ne persistent dans le préjugé qu'ils

---

(1) Mais remarquons bien que, si la partie s'est rendue non recevable à prétendre, en ce
cas, que le juge ait eu tort d'ordonner une instruction préliminaire ; que si elle ne peut maintenir, en plaidant au fond, que le juge doit, par suite de la maxime *l'interlocutoire ne lie pas
le juge*, prononcer sans avoir égard à cette preuve, ce n'est qu'autant qu'il n'existerait pas,
par ailleurs, des moyens de décision auxquels le juge serait obligé de s'attacher de préférence.
Supposons, en effet, une contestation sur la propriété d'un terrain ou sur une servitude, et
qu'au défaut de titres, l'éclaircissement puisse dépendre d'un rapport d'experts et de la descente sur les lieux que le juge ordonne. Après exécution de l'interlocutoire, une partie produit un titre qu'elle prétend lui attribuer, soit la propriété, soit la servitude ; elle pourra
plaider que tous les approfondissemens donnés par les experts sont inutiles, parce que le
tribunal doit juger suivant le titre. (*Voy. Duparc* , *tom.* 9, *pag.* 495.)

C'est ainsi que la déchéance de l'appel, après le délai fixé par l'art. 443, ou l'exécution
volontaire, ne porte aucune atteinte à la maxime, et se concilie avec elle. — (*Voy. infrà*,
n.° 1617).

ont manifesté, ou si elle veut hâter la décision définitive que l'exécution de
l'interlocutoire recule ; *après ce même jugement*, si elle veut éviter les frais
et les lenteurs qui résulteraient d'un appel dont le succès pourrait d'ailleurs
lui sembler incertain, et courir, en conséquence, la chance d'une preuve qu'elle
espérerait pouvoir lui être favorable (1).

---

(1) Il ne serait pas juste, en effet, de se fonder sur la maxime *l'interlocutoire ne lie pas
le juge*, pour décider, dans cette hypothèse, que l'appelant serait sans griefs pour se pourvoir contre l'interlocutoire.

« De ce que le juge peut prononcer en définitive, sans avoir égard à l'instruction qu'il
avait ordonnée, l'on ne doit pas conclure, dit Duparc-Poullain, tom. 9, pag. 495, que
l'appel d'un jugement interlocutoire soit inutile et frustratoire. Tout jugement d'instruction qui est irrégulier, et qui peut occasionner des frais sans nécessité, cause un grief évident à l'une ou à l'autre des parties, même aux deux ».

C'est un reproche que l'on pourrait peut-être former, avec fondement, contre un arrêt de
la Cour de Rennes, du 23 janvier 1823, affaire Burgevin et le Noble.

Il s'agissait d'une servitude réclamée par le Noble sur un terrain appartenant à Burgevin.
Le premier produisait, à l'appui de sa réclamation, des aveux ; le second maintenait que
ces aveux ne pouvaient lui être opposés, parce qu'il n'y avait été partie ni par lui ni par
ses auteurs. Il citait les autorités invoquées par les teneurs de Moulines, dans l'affaire rapportée ci-dessus, pag. 163, à la note.

Par des conclusions additionnelles, le Noble avait maintenu que la servitude lui était
acquise par prescription, fondée sur des faits de possession dont il demandait à faire preuve.
Burgevin repoussait cette demande en preuve comme *inadmissible*, attendu que l'art. 393
de notre Coutume de Bretagne rejetait toute servitude de pacage et de passage sur un terrain déclos. — (*Voy. Princ. de Duparc*, tom. 3, pag. 296, n.° 8; *Cod. civil, art.* 691).

Néanmoins, le tribunal civil de Nantes, par jugement du 7 mars 1822, sans prononcer
sur le mérite des aveux, et *réservant tous les droits des parties*, en un mot, *sans nuire ni
préjudicier, etc.*, ordonne l'enquête, comme pouvant fournir des instructions nécessaires à
la décision de la cause. Appel de cet interlocutoire. L'intimé oppose une fin de non-recevoir, fondée sur ce que les premiers juges *n'ont rien préjugé*. La Cour de Rennes statue
en ces termes, et sans exprimer d'autres motifs : « Sans s'arrêter à la fin de non-recevoir,
» et adoptant les motifs des premiers juges, déclare l'appelant sans griefs ».

Ainsi, elle reconnaît que le jugement était interlocutoire, puisqu'elle statue sur l'appel.
Mais quels étaient les motifs des premiers juges, adoptés par la Cour ? Ils consistaient conséquemment en ce *que l'enquête sur la possession pouvait fournir des éclaircissemens utiles*.

Or, qu'importaient ces éclaircissemens, si, comme le soutenait Burgevin, la servitude
réclamée n'avait pu s'acquérir sans titres ? (*Cod. civ., art.* 691, *et Duparc, ubi suprà*). Évidemment, les aveux ne pouvant être opposés comme tels, la preuve testimoniale de la possession n'était pas admissible : l'appelant avait donc évidemment grief contre l'interlocutoire,
soit d'après le premier passage ci-dessus rapporté de Duparc, soit d'après cet autre passage
du même auteur, tom. 9, pag. 497 : « Aussitôt qu'un approfondissement ordonné devient
» inutile, il n'y a aucune rigueur de forme qui puisse donner lieu à l'exécuter, *l'esprit de
» toutes les lois étant d'exclure les instructions inutiles* »; soit enfin d'après les art. 451 et
452, dont les dispositions ont été rédigées dans cet esprit.

Sur quels motifs, dans l'état de la cause, la Cour a-t-elle donc pu maintenir l'interlocutoire, malgré l'évidence de ces principes ? Ce ne peut être qu'une considération fondée sur
la maxime, *l'interlocutoire ne lie pas le juge* : d'où elle a conclu que l'appelant était sans
grief, parce que *les premiers juges avaient réservé les droits des parties*. Or, nous croyons
avoir démontré, quest. 1616, 1617 et ci-dessus, que prononcer de la sorte, c'est contrevenir à l'esprit et au texte des dispositions des art. 451 et 452.

Cela posé, comment le juge d'appel devait-il faire droit dans l'espèce ? Il devait, si nous
ne sommes pas dans l'erreur, infirmer l'interlocutoire comme ordonnant une preuve inadmissible d'après notre ancienne législation municipale, ou le maintenir, en déclarant cette

1631. *Quelles sont les règles relatives aux jugemens* D'EXPÉDIENT, *et, particulièrement, peuvent-ils être entrepris par voie d'appel ou autres admises par la loi contre les jugemens en général?* (1)

Autrefois on appelait *jugement d'expédient* (2), celui qui intervenait conformément à l'avis d'un ancien avocat auquel on renvoyait la décision des affaires d'une légère importance. (*Ordonn. de* 1667, *tit.* 6, *art.* 4 *et* 5). Mais cette manière de terminer une contestation a cessé, comme le remarque M. Merlin, nouveau Répertoire, v.° *expédient*, avec les anciens tribunaux dont la suppression a été prononcée par la loi du 7 septembre 1790, et aucune disposition postérieure ne l'a rétablie.

On appelait aussi *jugement d'expédient* celui qui était prononcé du consentement des parties, qui, se rendant volontairement justice sur l'objet de leur différent, arrêtaient de concert le dispositif du jugement qui le devait terminer.

Le Code de procédure ne contient absolument rien concernant cette espèce particulière de jugement, qui n'en subsiste pas moins, par cela même qu'aucune disposition ne suppose que le législateur ait entendu le supprimer.

Voici les règles que la jurisprudence avait consacrées :

1.° Les parties ou leurs fondés de *pouvoir spécial* devaient signer l'accord passé entr'elles, autrement le juge ne pouvait lui donner le sceau de son autorité. (3).

2.° Jusqu'à cette homologation du juge, les parties pouvaient se désister, parce qu'il en est d'une convention judiciaire, comme de toutes celles qui se passent devant un officier public; elles n'obligent que du moment où l'acte a reçu sa perfection. (4)

---

législation inapplicable, et en cas d'infirmation, la Cour, conformément à l'art. 473, eût pu prononcer sur le fond, qui était en état, puisqu'il ne s'agissait plus que de statuer sur le mérite des titres, qui avait été l'objet d'une discussion complète entre les parties.

(1) Comme la question ci-dessus ne se rapporte directement à aucun article du Code, nous avons cru devoir la placer sous les art. 451 et 452, où il s'agit d'exceptions aux règles générales.

(2) D'*expedire*, expédier; c'est un arrangement fait pour l'*expédition* d'une affaire.

(3) Nous ne pensons pas qu'il soit nécessaire que l'arrangement soit souscrit d'avance par les parties, parce que le Code de procédure n'ayant rien statué à cet égard, on doit procéder suivant les règles générales, d'après lesquelles il suffit de conclusions signifiées et lues à l'audience. Ainsi, les avoués peuvent se borner à insérer, dans un acte de conclusions, les conditions de l'arrangement sur lesquelles intervient jugement à l'audience; mais la prudence leur commande de se munir d'un pouvoir spécial, afin de prévenir l'action en désaveu, conformément à l'art. 352 : tel est aussi l'usage.

(4) On pourrait maintenir que les art. 1318 du Code civil et 68 de la loi du 23 ventôse an 11, sur l'organisation du notariat, ont modifié cette règle pour le cas où il y aurait eu un accord signé d'avance par les parties, et revêtu, d'ailleurs, de toutes les formes exigées pour la validité des actes sous seing privé. Alors, en effet, d'après ces articles, il semble que l'acte étant parfait par la signature des parties, les oblige, et peut être opposé, soit comme acquiescement, soit comme désistement de sa part, à celle qui se refuse à passer l'expédient. Le tribunal aurait donc à prononcer, sinon en recevant l'expédient, du moins en prononçant sur la contestation par suite du débat judiciaire. Mais M. Pigeau, tom. 1, pag. 461 et 462, rejette cette opinion, en distinguant le cas prévu par les deux articles sur lesquels nous nous appuyons, de celui où l'accord n'est signé que dans l'intention de passer un expédient en justice.

« Le premier, dit-il, est celui où les parties ayant signé devant notaire, se retirent chez

5°. Pour parvenir à la réception de l'expédient, les procureurs lisaient verbalement à l'audience l'accord signé des parties, et qu'ils devaient avoir com-

---

» cet officier, persistant dans leur acte et dans la persuasion que le notaire le signera. S'il
» ne le fait pas, la loi, considérant que les parties ont cru et voulu être liées, et qu'elles
» ont pris leurs arrangemens en conséquence, décide que l'acte vaudra s'il est signé d'elles,
» à cause de l'opinion où elles ont été que l'acte était complet, et pour ne pas jeter le
» désordre dans leurs affaires, en renversant les arrangemens qu'elles ont pris d'après cette
» opinion. Mais, dans le deuxième cas, c'est-à-dire lorsque les parties ne se sont pas
» encore retirées de chez le notaire, et que cet officier n'a pas encore signé, les parties
» n'étant pas dans l'opinion que l'acte est parfait, étant au contraire dans la persuasion
» qu'il ne l'est pas, et n'ayant encore pris aucuns arrangemens en conséquence de l'exis-
» tence d'un lien qui n'est pas encore formé, il faut décider que chacunes d'elles peut en-
» core se dédire, et appliquant ces principes à l'*expédient*, on doit dire que tant que l'ex-
» pédient n'est pas encore adopté par le juge, chacune des parties peut le révoquer et
» s'opposer à la réception. »

Ainsi l'opinion de M. Pigeau, en faveur du maintien de l'ancienne règle, est fondée sur
ce que les parties n'entendant transiger que devant la justice, l'accord signé d'elles ou de
leurs avoués n'est pas une convention parfaite, tant que la justice n'y a pas apposé son
autorité : jusque là, selon lui, il n'est qu'un simple projet dont chaque partie peut se désister
contre le gré de l'autre.

Ainsi encore, aujourd'hui comme autrefois, l'on devrait considérer la transaction par
forme d'expédient comme révocable, jusqu'à la réception de l'expédient par le juge.

Nous répondons que cette opinion ne serait bien fondée qu'autant qu'il serait certain
que la signature du notaire serait absolument nécessaire pour former le lien. Or, les articles précédemment cités nous semblent exprimer le contraire, puisque tous les deux déclarent que l'acte nul par incompétence, incapacité ou défaut de signature du notaire, ou
par vice de forme, est valable comme acte sous seing privé, s'il est revêtu des signatures
de toutes les parties contractantes. Ils ne distinguent point sur le cas particulier supposé
par M. Pigeau, qu'elles se retirent avant que le notaire ait apposé la sienne, et disposent
par conséquent pour tous les cas. Donc c'est la signature des parties qui forme le lien
entre elles, et qui donne la perfection au contrat; celle du notaire n'est exigée que pour
lui donner le caractère d'authenticité, et non pour former la convention qui dérive uniquement de la volonté des parties, constatée par leur signature. — (*Voy. Toullier, tom. 8,
pag. 134 et 135*).

Mais, dira-t-on, *les parties contractaient dans l'intention d'avoir un acte authentique :
donc, si elles sont trompées dans leur attente, l'acte ne peut valoir comme acte sous seing
privé.*

Le texte de la loi répond suffisamment à cette objection, qui n'a de réalité qu'à l'égard
des actes qui doivent être passés devant notaires. Dans ce cas, en effet, nous pensons
comme M. Delvincourt, tom. 2, pag. 382, aux notes, que l'acte nul comme authentique
ne peut être utile que pour les actes qui peuvent être faits sous signature privée; que par
conséquent, si c'est un acte de *donation, d'hypothèque ou un contrat de mariage*, il sera
entièrement nul.

Insistera-t-on en disant : *L'expédient passé en justice est un jugement qui confère hypothèque ; l'accord n'a été rédigé qu'à cet effet : donc, tant que l'expédient n'est pas reçu,
l'accord signé des parties n'est qu'un projet ; donc, jusque là, il ne lie pas les parties et
ne peut leur être opposé?*

Nous remarquerons d'abord que cette nouvelle objection n'aurait quelque poids que pour
le cas où le droit d'hypothèque serait applicable à l'objet de la contestation. Mais dans ce
cas même, ce qui serait vrai relativement à un acte notarié, ne l'est pas par rapport à l'expédient. En effet, la partie qui se refuse à passer en justice l'expédient qu'elle a souscrit,
n'a point dans cet accord conféré l'hypothèque, comme elle l'eût fait dans l'acte qui devait être passé devant notaires : l'hypothèque résulterait du *jugement d'expédient*, et non
de l'*accord*, et par conséquent l'accord tient comme reconnaissance donnée dans un acte

muniqué au ministère public, s'il y était intéressé. — (*Ordonn. du 15 mars 1673 et d'octobre 1535*). (1)

4°. Le défaut de présence d'une des parties au jour fixé pour l'audience, n'était point un motif pour le rejeter, lorsqu'il avait été signé d'elle, et qu'il n'existait aucune preuve du désistement. (2)

5°. Le juge ne pouvait se refuser à le recevoir qu'autant qu'il s'apercevait qu'une des parties n'avait pas la capacité nécessaire pour souscrire cette espèce d'engagement, c'est-à-dire celle de transiger (*voy. nous Répert. v°. jugement,* § 1, *et supra, n°*. 1452 *et* 1584, 2°. *règle, pag.* 136), ou qu'il reconnaissait dans les conditions quelque chose de contraire à l'ordre public, aux mœurs ou aux intérêts d'un tiers. (3)

6°. Enfin, la partie qui, après avoir signé l'expédient, s'opposait à ce qu'il

---

privé sur les prétentions de son adversaire, puisqu'il n'y est pas question d'hypothèque. Ainsi l'accord subsiste, comme subsisterait, en *qualité d'acte privé,* tout acte qui, n'étant point constitutif d'hypothèque, serait nul comme acte authentique.

Si donc la partie se refuse à passer l'expédient convenu par cet acte, le tribunal, à la vérité, ne statuera pas par forme d'expédient; il aura à prononcer en contradictoire défense sur les prétentions respectives des parties; mais celle d'entre elles qui aura intérêt à se prévaloir des conventions qui devaient être l'objet de l'expédient projeté, pourra opposer ces conventions, soit comme acquiescement à sa demande, soit comme reconnaissance de la part de son adversaire, du peu de fondement des prétentions de ce dernier.

On ne peut objecter ici qu'un désistement doit être accepté pour lier les parties, parce que l'accord ayant été formé par l'une et l'autre, ce lien a été complètement formé.

Supposons maintenant que l'accord souscrit pour être passé *par expédient* contienne une constitution d'*hypothèque spéciale :* la solution sera la même. Dans ce cas, ce ne sera jamais la partie qui l'aura consentie qui se refusera à l'expédient auquel l'accord aura donné lieu; à moins que l'autre ne s'y oppose. Mais, dans cette dernière hypothèse, nous disons encore que l'on pourra opposer l'accord comme fin de non-recevoir, non pas en ce sens que l'on soit fondé à prétendre que le tribunal doive prononcer que la constitution aura son effet par suite de la convention (car elle est nulle, l'hypothèque ne pouvant résulter que d'un acte authentique), mais bien en ce sens que l'accord renferme un aveu écrit, une reconnaissance en faveur des prétentions de l'autre partie. Ici encore, le tribunal ne prononcera pas par forme d'*expédient,* mais il statuera comme dans la première espèce que nous avons posée, après contradictoire défense, et pourra prendre en considération tout ce que l'accord contiendra d'aveux et de reconnaissances de la partie qui n'aura pas persisté à passer l'expédient; en un mot, dans tous ces cas, il en sera comme des aveux et reconnaissances établis dans les conclusions des parties ou donnés en plaidant, et auxquels le juge doit avoir égard, sauf l'action en désaveu contre l'avoué.

Cette note paraîtra longue; mais la question exigeait un examen d'autant plus approfondi, qu'outre l'importance de son objet, nous avions contre notre opinion l'imposante autorité de M. Pigeau.

(1) D'après ce que nous avons dit sur la seconde règle, il suffit de lire les conclusions à l'audience.

(2) Puisqu'il suffit de simples conclusions d'avoués sans acte préalable signé des parties, il s'ensuit qu'il ne peut être passé d'expédient sur le défaut de l'une d'elles; mais si l'on avait signifié en son nom des conclusions contenant l'expédient, le tribunal, statuant sur la contestation, aurait égard à l'acquiescement qu'elles contiendraient, et prononcerait en conséquence un jugement par défaut.

(3) On doit suivre cette règle, car elle est conforme aux principes qui ne permettent pas aux juges d'admettre des prétentions contraires à l'ordre public et aux mœurs, et de porter préjudice à un tiers qui n'est pas en cause.

fût reçu par le juge, était condamnée aux dépens, s'il était trouvé juste en définitif. (1)

Ces règles de l'ancienne jurisprudence ne nous semblent devoir être suivies qu'avec les modifications résultant des observations faites sur chacune d'elles aux notes.

Il nous reste à examiner l'importante question de savoir si les jugemens rendus par expédient sont attaquables par les voies admises contre les autres jugemens.

Suivant M. Merlin, dans un réquisitoire inséré au nouveau Répertoire, vᵒ. *conventions matrimoniales*, 3ᵉ. édit., tom. 3, pag. 208, on n'aurait pas besoin de se pourvoir par ces voies contre les jugemens dont il s'agit; on pourrait les attaquer par les mêmes voies que l'on attaquerait la convention sur laquelle ils ont été rendus, c'est-à-dire par une simple demande en nullité.

La raison qu'en donne ce jurisconsulte, est que les jugemens d'expédient ne sauraient couvrir la nullité des conventions auxquelles ils se réfèrent, parce que n'étant eux-mêmes que des jugemens conventionnels, ils contractent tous les vices de ces conventions.

L'autorité de la justice, dit-il, d'après un plaidoyer du ministère public à l'audience du Parlement d'Aix, *l'autorité de la justice qu'on fait intervenir dans ces conventions, les rend coactives et exécutoires, mais n'en détruit pas l'origine; c'est ce que nous apprennent* Bellus en ses Conseils, et d'Argentré sur l'art. 265 de l'ancienne *Coutume de Bretagne*, chap. 3, nᵒ. 28.

Il cite ensuite un arrêt de la Cour de cassation, du 2 nivôse an 9, qui déclare que la Cour de Caen avait pu, sans contrevenir à l'autorité de la chose jugée, confirmer l'annulation d'un jugement d'expédient, quoiqu'il n'eût pas été attaqué par les voies légales. En effet, on lit dans les considérans de cet arrêt, que « ce jugement, rendu par un tribunal de commerce, n'avait fait » qu'ordonner l'exécution d'un acte de cautionnement convenu entre les par- » ties; que ce jugement, *purement de forme*, ne contenait point de disposi- » tion judiciaire; que l'exécution qu'il avait ordonnée avait été essentiellement » subordonnée à la validité de l'acte auquel elle se référait, et sur lequel il » n'avait point été contesté devant le tribunal ; que cet acte de cautionne- » ment ayant été attaqué devant les tribunaux ordinaires par le bénéfice de » la restitution , et ayant été annulé par ces tribunaux sur ces exceptions , » les jugemens d'annulation avaient porté sur une contestation qui n'avait pas » été agitée au tribunal de commerce, et que dès lors ces jugemens n'avaient » pu être en contradiction avec l'autorité de la chose jugée ».

D'un autre côté, M. Desessarts, auteur de l'article *expédient*, au nouveau Répertoire, dit généralement que les jugemens d'expédient ont la même autorité que les autres jugemens, et peuvent être attaqués par les mêmes voies.

Les éditeurs du nouveau Dénisart (*eod. vᵒ.*) émettent la même opinion, en observant toutefois que ces jugemens étant de véritables transactions, ne peu-

---

(1) Le paiement des dépens est ordinairement l'objet d'une des clauses de l'expédient; ce n'est que dans le cas où l'expédient ne pouvant être reçu, il y a lieu à rendre jugement, comme s'il n'en avait pas été question, qu'il peut arriver que le tribunal ait à prononcer une condamnation de dépens qui n'eût pas été convenue d'avance.

vent être attaqués qu'*autant qu'ils renfermeraient quelques-uns des vices capables de faire annuler une transaction* (1).

Enfin la Cour de Paris, par deux arrêts, l'un du 16 juin 1813, l'autre du 15 mars 1811 (*Sirey, tom.* 14, *pag.* 180 *et* 364), a consacré cette doctrine, que la Cour de Turin avait rejetée par arrêt du 13 février 1810 (*ibid.*, *pag.* 101), « attendu, 1°. que c'est un principe puisé dans les lois sur la procédure, que » tout jugement est susceptible d'appel, lorsqu'il n'est pas simplement prépa-» ratoire, et qu'il est rendu sur une contestation dont l'objet excède la somme » ou la valeur de 1,000f; 2°. qu'il est constant qu'un jugement, quoique pro-» noncé d'accord entre les parties plaidantes, n'en est pas moins un jugement, » et par là sujet à l'appel. »

Mais ce dernier arrêt a été cassé le 14 juillet 1813 (*Sirey, tom.* 14, *pag.* 224), par application des art. 1350, 1351 et 1352, du Code civil, attendu qu'en droit, des jugemens auxquels il a été acquiescé, ont obtenu l'autorité de la chose jugée, et ne peuvent légalement être attaqués par la voie de l'appel. Or, quand un jugement est rendu sur le consentement d'une partie, conformément à des conclusions signées d'elle et renouvelées à l'audience, il y a de sa part acquiescement à ce jugement.

L'on peut donc regarder commé certain, nonobstant l'avis des auteurs précédemment cités, que les jugemens d'expédient ne sont point, au moins en ce cas, sujets à être attaqués par voie d'appel; doctrine qui n'a d'ailleurs été contredite par aucun auteur.

Mais s'ensuivra-t-il que l'on ne puisse, en aucune manière, attaquer ces jugemens, même dans le cas où ils seraient le résultat du dol et de l'erreur dans les conventions qu'ils constatent? Ici se présente à examiner le système établi en faveur de l'action principale en nullité, par M. Merlin, et par l'arrêt de cassation qu'il cite.

Et d'abord nous ne croyons pas que ce système, qui d'ailleurs n'a pour appui dans la jurisprudence actuelle qu'un arrêt antérieur à la publication du Code de procédure, puisse être adopté sous son empire.

D'un autre côté, il serait difficile de prouver que l'on ait admis, dans l'ancienne jurisprudence, cette action en nullité, dont aucun auteur ne parle; de l'autre, le Code de procédure n'admet aucune différence entre les jugemens d'expédient et les autres; ces jugemens prononcent, statuent sur les contestations d'après le consentement des parties, et condamnent celle qui a acquiescé aux conclusions de l'autre : ils ne forment donc point, sous le rapport des moyens de les attaquer, une classe à part; et puisqu'il est bien certain qu'un tribunal ne peut, hors le cas de requête civile, soit réformer la décision qu'il a prononcée, soit celle qui a été rendue par un autre tribunal égal en degré de jurisdiction, on ne peut admettre que les parties puissent former l'action principale en nullité; elles ne peuvent que se pourvoir par les voies que les lois ont ouvertes contre les jugemens.

Si celle de l'appel est interdite, ce n'est pas parce qu'il s'agit, à propre-

_____

(1) Ils font, à la vérité, remarquer qu'au Parlement d'Aix, on n'admettait que la *requéte civile;* mais cette remarque n'a pour objet que de faire connaître une exception admise dans ce ressort, à la règle générale.

ment parler, d'un jugement d'expédient; c'est seulement parce que l'appel de tout jugement auquel on a acquiescé n'est pas recevable, et que la loi ne distingue point entre l'acquiescement donné avant ou après la prononciation.

Il n'en est pas ici comme des référés à la prudence du juge, dont nous avons parlé pag. 137, not. 2, de ce volume. En ce cas, la partie ignorant ce que le juge décidera, est présumée avoir entendu que sa décision lui sera favorable; tandis que, dans notre espèce, c'est elle-même qui a d'avance *acquiescé* au dispositif qu'elle a souscrit.

Ne perdons pas de vue cette observation que, si l'appel n'est pas recevable, ce n'est que par suite de la fin de non-recevoir résultant de l'acquiescement éventuel. Or, l'acquiescement, ainsi que nous l'avons dit *suprà*, pag. 136, cesse de produire son effet, lorsqu'il est le fruit de l'erreur, de la fraude ou de la violence : donc il doit être admis toutes les fois qu'il serait fondé sur cette cause, c'est-à-dire lorsque l'accord que le jugement à consacré est infecté de ces vices.

Par suite de cette discussion, la requête civile est également ouverte contre le jugement, si la matière n'était sujette qu'au dernier ressort, et si l'expédient portait préjudice à un tiers, celui-ci pourrait se pourvoir par tierce-opposition.

ARTICLE 453.

Seront sujets à l'appel les jugemens qualifiés en dernier ressort, lorsqu'ils auront été rendus par des juges qui ne pouvaient prononcer qu'en première instance.

Ne seront recevables les appels des jugemens rendus sur des matières dont la connaissance en dernier ressort appartient aux premiers juges, mais qu'ils auraient omis de qualifier ou qu'ils auraient qualifiés en premier ressort.

Voy., pour les jugemens d'arbitres, art. 1028.

CCCLXXVI. La compétence des juges est de droit public. Il ne leur est pas plus loisible de la restreindre que de l'étendre : d'où il suit qu'une fausse énonciation de premier ou de dernier ressort, dans un jugement, ne peut, ni le soustraire, ni le soumettre à l'appel. Cependant il y avait eu, avant la publication du Code, quelque variation dans la jurisprudence, sur le point de savoir si l'on devait se pourvoir à la Cour de cassation, ou si l'on pouvait interjeter appel, lorsqu'un jugement qualifié en dernier ressort avait été rendu par des juges qui ne pouvaient prononcer qu'en première instance, ou encore lorsqu'un jugement qualifié en premier ressort, ou n'étant point qualifié, avait pour objet une contestation sur laquelle le tribunal était compétent pour juger sans appel. Mais ces erreurs, dans la qualification du ressort, ne sauraient être considérées comme abus de pouvoir. Elles ne doivent pas être un obstacle au droit d'appeler, si le jugement a été mal à propos qualifié en dernier ressort; de même qu'elles ne doivent pas donner ce même droit, si le jugement qualifié en première instance ou non qualifié a été rendu par un tribunal dont le devoir était de juger en dernier ressort. Tels sont les motifs de notre art. 453, qui, par des dispositions précises, a fait cesser toutes les incertitudes existantes dans l'état antérieur de la jurisprudence.

1632. *Est-il des cas où le Code de procédure ait permis l'appel, quoique l'objet contesté fût dans le taux du dernier ressort?*

Oui; par exemple, lorsqu'il est statué sur le fond d'une instance périmée (*art.* 15); en matière de récusation (*art.* 391), lorsqu'il s'agit d'incompétence, si toutefois l'on admet l'opinion que nous émettons sur la quest. 1634°.

1633. *Mais peut-on étendre ces exceptions à d'autres cas, et particulièrement à celui où la contrainte par corps aurait été prononcée?*

La Cour d'appel de Rome a jugé que, dans ce dernier cas, le jugement n'était sujet qu'au recours en cassation (*voy. arrêt du 20 novemb.* 1809, *Denevers,* 1811, *suppl., pag.* 220), en décidant que l'appel d'un jugement du tribunal de commerce portant condamnation à une somme de 200', et qualifié en dernier ressort, était non recevable, quoiqu'il ne tombât que sur la contrainte par corps. Elle a considéré que cette contrainte n'était qu'un moyen d'exécution, un simple accessoire de la condamnation principale, et devait en suivre le sort, suivant la maxime, *accessorii idem est judicium quod principalis.* M. Denevers, *ubi suprà,* pag. 99, dit que la Cour suprême a préjugé, dans le même sens, la solution de cette question, par un arrêt du 5 novembre 1811 (*Sirey, tom.* 12, *pag.* 18), en cassant un jugement rendu en premier et dernier ressort, qui avait prononcé la contrainte par corps contre un simple particulier signataire d'un billet à ordre. En effet, le recours n'aurait pas été reçu, si le jugement avait été susceptible d'appel. Nous devons dire néanmoins que la Cour de Turin s'est prononcée dans un sens contraire, par arrêt du 3 décembre 1810 (*Sirey, tom.* 11, *pag.* 173), attendu que le jugement, relativement au chef de la contrainte, avait prononcé sur la liberté individuelle, et, par conséquent, sur un objet inappréciable. Telle est aussi notre opinion.

1634. *Le consentement de l'une des parties à être jugées en dernier ressort, quand la loi en refuse le pouvoir au tribunal, suffit-il pour qu'elles ne puissent appeler de ce jugement?*

Il n'est pas douteux que le consentement de l'une des parties seulement ne suffit pas pour conférer au tribunal le droit de prononcer en dernier ressort (*voy. arrêt de la Cour de cassat., du* 1er *niv. an* 10, *Journ. du Palais,* 1er *sem. an* 10, *pag.* 369). Mais ne semble-t-il pas résulter de cette décision, que le consentement de toutes les parties suffit pour autoriser un tribunal à les juger en premier et dernier ressort, dans une matière qui ne serait de sa compétence qu'en premier ressort seulement? C'est notre opinion, fondée, premièrement, sur l'art. 6 du tit. 4 de la loi du 24 août 1790, qui est relative à la compétence, et qui, par conséquent, ne peut être considérée comme abrogée par le silence du Code de procédure, qui, comme le disait M. le conseiller d'état Treilhard (*voy. édit. de Didot, pag.* 4), n'a pas eu pour objet de régler la compétence; secondement, sur l'art. 639, § 2, du Code de commerce. — (*Voy arrêt de la Cour de cassat., du 5 nov.* 1811; *Comment. des Ann. du not., tom.* 3, *pag.* 93; *arrêt de la Cour de Bruxelles, du 16 juillet de la même année; Denevers,* 1811, *suppl., pag.* 11, *et notre Traité d'organ. et de compét., liv.* 2, *tit.* 4.)

ARTICLE 454.

Lorsqu'il s'agira d'incompétence, l'appel sera recevable, encore que le jugement ait été qualifié en dernier ressort.

Voy. art. 16, 163, 376, 325 et 437.

CCCLXXVII. La disposition de cet article est encore une conséquence du principe énoncé au commentaire du précédent, que la compétence est de droit public : d'où suit que lorsqu'il s'agit du pouvoir du juge, l'appel doit être recevable, quelque qualification qui ait été donnée au jugement, puisqu'autrement, il dépendrait de lui de priver les parties de ce recours, en qualifiant son jugement en dernier ressort. C'est ainsi que, suivant l'art. 77 de la loi du 27 ventôse an 8, quoiqu'il n'y ait point ouverture à cassation contre les jugemens en dernier ressort des juges de paix, ils perdent cette exemption pour cause d'incompétence et d'excès de pouvoir : tout cela fondé sur l'universalité de l'adage, *non est major defectus quàm defectus potestatis.* — (*Rapp. au Corps législ., et notre Traité des lois d'organ. et de compét., liv. 3, tit. 3, section 1re.*)

1635. *L'appel est-il recevable en matière de compétence, lors même que la matière n'est disposée à recevoir au fond qu'un jugement en dernier ressort?*

Si l'on s'attachait rigoureusement aux termes de l'art. 454, on pourrait croire qu'il n'a pas entendu prononcer qu'en toute matière, l'appel pour raison d'incompétence soit recevable. Il paraît dire seulement que la *qualification* en dernier ressort n'empêche pas de recevoir l'appel des jugemens de compétence; et c'est ainsi que M. Pigeau a expliqué ce même article, tom. 1, pag. 133, 491 et 556. Cependant, si l'on compare ses dispositions avec celles de l'article qui précède, on reconnaîtra que le législateur a voulu que, lorsqu'il s'agit de compétence, l'appel fût recevable, quelle que fût la valeur de la contestation au fond.

En effet, l'art. 453 dispose généralement que la qualification en dernier ressort, donnée à un jugement, n'empêche pas qu'on ne puisse se pourvoir contre lui par appel, quand la valeur sur laquelle il est rendu excède la compétence pour prononcer souverainement. Il suit de là, comme le remarque M. Denevers, 1808, suppl., pag. 179, que l'art. 454 serait inutile et sans objet, s'il n'était pas entendu dans le sens que l'appel pour cause d'incompétence est recevable, quoique la valeur du procès au fond fût dans les limites du dernier ressort. (1)

---

(1) Nous nous bornerons à cette seule observation, en conseillant toutefois de lire, sur cette question, l'examen plus approfondi qu'en a fait M. Denevers. Au surplus, la solution que nous en donnons est conforme au sentiment de presque tous les auteurs, et à plusieurs arrêts, dont deux émanent de la Cour de cassation. — (*Voy. Delaporte, tom. 2, pag. 15; le Prat., tom. 3, pag. 95; Thomines, pag. 191; Hautefeuille, pag. 256; le discours du tribun Albisson, édit. de Didot, pag. 166; arrêts des Cours de Trèves, de Bruxelles, de*

1636. *La solution que nous venons de donner s'applique-t-elle aux jugemens rendus par les tribunaux de commerce et les justices de paix, comme à ceux rendus devant les tribunaux civils?*

La disposition de l'art. 425 contient elle-même, indépendamment de l'article 454, la solution affirmative de cette question, relativement aux tribunaux de commerce; et c'est en ce sens aussi que s'est prononcée la Cour de Liège, dans un arrêt du 22 avril 1809. — (*Sirey, tom.* 12, *pag.* 339).

Mais on avait douté qne l'on pût décider ainsi relativement aux jugemens rendus par les justices de paix, attendu, disait-on, que la disposition de l'article 454 ne s'appliquait qu'aux tribunaux civils, la forme de procéder étant réglée par un livre spécial, qui ne contient aucune disposition semblable à l'art. 454.

La Cour de cassation, par les deux arrêts cités sur la précédente question, a rejeté ce moyen, en déclarant que la disposition de l'art. 454 est générale; que se trouvant au titre unique de l'appel et de l'instruction sur l'appel, elle gouverne les appels des jugemens de justices de paix, comme ceux des tribunaux inférieurs, et qu'enfin elle n'est contrariée par aucune autre disposition des divers titres du liv. 1er., qui concernent l'instruction devant les justices de paix. — (*Voy. sur-tout l'arrêt de la Cour de cassat., du 22 avril* 1811, *Sirey, tom.* 11, *pag.* 162).

ARTICLE 455.

Les appels des jugemens susceptibles d'opposition ne seront point recevables pendant la durée du délai pour l'opposition (1).

C. de P., art. 20, 156 et suiv., 449, 809.

CCCLXXVIII. L'ORDONNANCE de 1667 n'accordait le droit de s'opposer, dans le délai de huitaine, aux jugemens par défaut, que dans le cas où la partie condamnée en dernier ressort n'avait plus la ressource de l'appel. Mais l'usage de la plupart des tribunaux de France avait étendu, même aux jugemens susceptibles d'appel, la faculté de s'y opposer. On avait justement pensé qu'il était plus utile aux deux parties d'instruire leur affaire devant les premiers juges, et de pouvoir ensuite prendre la voie de l'appel; mais le plus souvent, et avant même que le délai de l'opposition fût expiré, on interjetait appel, sous prétexte de sortir plus promptement d'affaire, ou de se soustraire à des préventions.

Colmar; enfin, *les arrêts de la Cour de cassation, des* 22 *avril* 1811, *Sirey, tom.* 11, *pag.* 162, *et* 24 *octobre* 1811, *Denevers,* 1811, *pag.* 509).

(1) JURISPRUDENCE.

Lorsqu'il a été rendu des jugemens par défaut contre lesquels il y a eu des oppositions dans le délai de la loi, il n'est pas nécessaire d'en relever appel en même tems que du jugement définitif, pour que l'appel de celui-ci soit admissible, attendu que l'opposition formée au jugement par défaut remet les parties au même et pareil état où elles étaient avant ce jugement, et que, par suite, les condamnations y énoncées sont comme non avenues; ce qui rendrait frustratoire l'appel qu'on en aurait relevé. — (*Rennes,* 31 *août* 1810).

Ce droit d'opposition est accordé par la loi comme le moyen qui doit être employé, et non pour qu'on ait le choix de prendre cette voie ou d'interjeter appel. Si le délai pour s'opposer est expiré, la loi présume que la partie condamnée n'a point été à portée, ou à tems, de fournir ses moyens d'opposition, et elle lui conserve encore la ressource de l'appel. — (*Exposé des motifs*).

1637. *La disposition de l'art.* 455 *s'applique-t-elle aux jugemens par défaut rendus par les tribunaux de commerce?*

On peut, disions-nous sur cette question, n°. 1492 de notre Analyse, appliquer ce que la Cour de cassation a décidé sur la 1491°., formant le n°. 1636, qui précède, et c'est en ce sens aussi qu'elle avait été décidée par divers arrêts des Cours souveraines; décision qui, d'ailleurs, nous paraissait une conséquence de ce que l'art. 645 du Code de commerce applique aux jugemens par défaut des tribunaux de commerce, les art. 156, 158 et 159 du Code de procédure.—(*Colmar,* 31 *déc.* 1808; *Sirey, tom.* 14, *pag.* 341; *Paris,* 18 *mai* 1809; *Limoges,* 15 *nov.* 1810; *Sirey, tom.* 14, *pag.* 388).

Mais par arrêt de la Cour de cassation, du 24 juin 1816 (*Sirey, tom.* 16, *pag.* 409), le contraire a été formellement décidé, attendu qu'aucune disposition des deux titres du Code de commerce, qui règlent la forme de procéder en jurisdiction commerciale, ne soumet les jugemens dont il s'agit à l'application de l'art. 455; et que l'art. 455 est au contraire formellement exclusif de cette application, puisqu'il décide que l'appel peut être interjeté le jour même du jugement.

1638. *Le jugement par défaut, rendu par un tribunal de commerce contre une partie qui n'a pas constitué d'agréé, est-il susceptible d'appel, s'il n'a pas été exécuté, le délai pour l'opposition courant jusqu'à l'exécution, conformément à l'art.* 158, *lorsqu'il n'y a pas eu d'avoué constitué?*

La Cour de Turin, par arrêt du 25 septembre 1811, déja cité sur notre quest. 1546°., *supra,* pag. 98, a décidé négativement cette question. On sent que nous sommes porté à donner la même solution, puisque nous avons dit, sur cette question, que la constitution ou la non constitution d'un mandataire ne devait être d'aucune considération, et que tout jugement par défaut, rendu par un tribunal de commerce, était censé l'être contre partie, à moins qu'il n'y eût comparation antérieure de celle-ci.

Mais la Cour de Turin a supposé, par son arrêt, qu'en cas de constitution de mandataire, le jugement par défaut doit recevoir l'application des règles concernant celui rendu contre avoué, et se trouve ainsi en opposition avec l'opinion que nous avons émise sur la question précitée. Nous n'en persistons pas moins dans cette opinion, en attendant que la Cour suprême ait fixé les doutes que l'arrêt de Turin peut faire naître.

1639. *Peut-on interjeter appel dans le délai de l'opposition, si l'on prétend que le jugement a été incompétemment rendu?*

Non, parce que la disposition l'art. 455 est générale; dès lors l'exception d'incompétence qu'on voudrait opposer n'est point une cause suffisante pour empêcher les premiers juges de connaître des moyens d'opposition qu'on voudrait faire valoir contre le jugement par défaut. En effet, les tribunaux inférieurs sont les premiers juges de leur compétence, comme de toutes les autres questions inhérentes au procès dont ils sont saisis. — (*Voy. arrêt de la Cour de Paris, du 16 novembre 1810, Comment. inséré aux Annales du notariat, tom. 3, pag. 105, et notre Traité des lois d'organ. et de compét., liv. 2, tit. 3).*

1640. *L'appel d'un jugement par défaut, interjeté dans le délai de l'opposition, est-il recevable, lorsque ce jugement a été rendu par suite d'un jugement contradictoire sur la compétence, ou sur toute autre exception ?*

Un arrêt de la Cour de Rouen, du 4 juillet 1808 (*voy. Sirey, tom. 15, pag. 11*), a résolu cette question pour l'affirmative, relativement à un jugement par défaut rendu par un tribunal de commerce.

Les motifs de cet arrêt sont que l'appel du jugement contradictoire, qui avait prononcé sur l'exception d'incompétence, aurait pu, aux termes de l'article 645 du Code de commerce, être interjeté le jour même de sa prononciation, et, à plus forte raison, dans les trois jours de la signification, ainsi qu'il était arrivé dans l'espèce ; que dès que la Cour pouvait valablement être saisie de la question sur la compétence, relativement au jugement contradictoire, elle pouvait également, et par suite, être saisie de la question du fond, qui avait été décidée par le jugement par défaut, puisque l'appel du premier jugement, en cas qu'il eût été déclaré fondé, eût rendu le dernier nul et sans effet ; que, par conséquent, il résultait de la circonstance que l'appel était régulier à l'égard du jugement contradictoire, qu'il devait être admis à l'égard du jugement par défaut.

Par un autre arrêt du 1er. fructidor an 11, rapporté dans la Jurisprudence des Cours souveraines, tom. 1, pag. 232, la même Cour avait décidé que l'appel d'un premier jugement emportant nécessairement et implicitement celui des jugemens subséquens, l'on pouvait, pendant la durée de l'opposition, se rendre appelant d'un jugement qui, après avoir rejeté contradictoirement une fin de non-recevoir, avait statué immédiatement sur le fond.

On pourrait opposer contre la décision de ces deux arrêts, dont le dernier n'a pas été rendu sous l'empire du Code, que l'art. 455 ne distingue point, et que l'appel n'étant pas la voie ordinaire pour obtenir la réformation des jugemens par défaut, on ne saurait admettre qu'elle pût être prise, tant que les délais de l'opposition ne sont pas écoulés; qu'ainsi l'on pourra bien appeler du jugement contradictoire; mais qu'à l'égard du jugement par défaut, l'on devra ou se pourvoir par opposition contre lui, ou laisser écouler le délai de ce pourvoi.

Cette objection n'est pas dénuée de quelque apparence de fondement, d'autant plus qu'il est toujours difficile de faire admettre une exception à une disposition générale, comme l'est celle de l'art. 455.

Mais on considérera sans doute que l'exception consacrée par les arrêts que nous venons de citer, dérive immédiatement de la nature des choses ; elle tient à un cas particulier, en ce qu'un tribunal ayant rejeté un déclinatoire, ou toute autre exception, et prononcé un jugement par défaut, la partie contre laquelle ce jugement est rendu ne pourrait pas y former opposition sans reconnaître la compétence qu'elle avait contestée, ou le défaut de fondement de la nullité qu'elle avait opposée. D'ailleurs, la nullité d'un jugement rendu par suite du rejet d'une exception quelconque, résulte nécessairement de l'arrêt d'appel qui prononcerait que cette exception était admissible. Et pourquoi supposerait-on, en ce cas, la nécessité d'une opposition à un jugement par défaut, qui, d'après la décision du juge supérieur, ne pourrait être considéré que comme non avenu? Ce serait multiplier inutilement la procédure et les frais. Nous croyons donc que la jurisprudence de la Cour de Rouen doit être suivie, et en cela, nous ne sommes point en opposition avec la solution que nous avons donnée sur la quest. 1614ᵉ (1).

1641. *Quand le jugement par défaut est déclaré exécutoire, nonobstant opposition, peut-on en appeler dans le délai de l'opposition?*

Cette question a été jugée affirmativement par la Cour de Paris, le 27 juin 1810 (*Sirey, tom.* 15, *pag.* 11), attendu qu'un jugement étant déclaré exécutoire, nonobstant opposition, l'appel en est forcé, puisqu'il est le seul moyen légal d'empêcher cette exécution. M. Coffinières, en rapportant cet arrêt dans son Journal des avoués, tom. 2, pag. 144, fait, en faveur de cette décision, plusieurs observations auxquelles nous renvoyons nos lecteurs.

1642. *La voie de l'appel est-elle ouverte en faveur du failli, contre les ordonnances du commissaire de la faillite, et contre les jugemens rendus sur son rapport, encore qu'ils puissent aussi être réformés par la voie d'opposition?*

Cela a été jugé par la Cour de Bruxelles, le 13 mars 1810 (*Sirey, tom.* 11, *pag.* 291), attendu que ces ordonnances et jugemens ne sont point rendus sur des assignations données au failli; qu'au contraire, ils sont rendus en son absence, et sans qu'il ait été mis à portée de proposer ses moyens de défense; que dès lors on ne peut appliquer à ce cas les dispositions de l'art. 455.

Par arrêt du 27 février 1811, la Cour de Rennes a jugé que l'art. 455 s'appliquait aux jugemens qui déclarent l'ouverture de la faillite, puisque l'art. 457 du Code de commerce les déclare susceptibles d'opposition, de la part du failli, dans les huit jours qui suivront celui de l'affiche. Cependant le même motif qui a porté la Cour de Bruxelles à établir, par l'arrêt ci-dessus, la proposition que nous venons de rappeler, existe à l'égard des jugemens qui déclarent l'ouverture de la faillite, car le failli n'y est pas appelé. — (*Esp. du Code de comm., par Locré, tom.* 5).

Nous estimons que l'on doit suivre la décision de la Cour de Bruxelles, par la considération que l'art. 455 ne mentionne aucunement les jugemens par défaut, mais s'exprime généralement à l'égard de *tous les jugemens susceptibles d'opposition :* il suppose donc des jugemens sujets à ce pourvoi, quoique la partie contre laquelle ils ont été rendus n'ait pas été citée, et par conséquent il est applicable aux jugemens dont il s'agit dans l'arrêt de Rennes, comme à ceux dont parle celui de Bruxelles.

1643. *L'art.* 455 *est-il applicable aux jugemens rendus en matière de droits réunis?*

(1) L'espèce de cette question est, en effet, absolument différente, puisqu'il s'y agit d'un appel d'un jugement contradictoire qui ordonne de plaider au fond, et du délai dans lequel on ne peut, en général, appeler de tout jugement définitif, tandis qu'ici nous parlons d'un jugement par défaut, et du délai particulier durant lequel on ne peut, indépendamment du premier, interjeter appel d'un jugement de cette dernière espèce.

La Cour de justice criminelle du département du Tarn a décidé cette question pour l'affirmative, en se fondant sur la dernière disposition de l'avis du Conseil d'état, du 18 février 1806, qui, en effet, déclare l'art. 455 applicable aux jugemens rendus en matière de police correctionnelle. Mais la Cour de cassation, par arrêt du 12 avril 1811 (*Sirey, tom. 11, pag.* 376), a déclaré que la Cour du Tarn avait fait une fausse application de cet article à une matière dont le seul Code est le décret du 1er. germinal an 13, qui ne défend pas d'interjeter appel d'un jugement par défaut dans le délai de huitaine, que les lois générales accordent pour y former opposition, etc.

1644. *Si un appel est mal à propos interjeté pendant le délai de l'opposition, y a-t-il déchéance ?*

Nous ne le pensons pas, et telle est aussi l'opinion de M. Hautefeuille, pag. 251. Il y a, pour décider ainsi, les mêmes raisons que celles qui ont déterminé le législateur à déclarer expressément, dans l'art. 449, que les appels de jugemens non exécutoires par provision, qui auraient été interjetés dans le délai de huitaine de leur prononciation, pourront être *réitérés dans le délai ordinaire.*

1645. *L'appel d'un jugement par défaut, auquel il a été formé opposition, est-il recevable, quoiqu'on n'appèle pas du jugement qui, par une fin de non-recevoir tirée de la forme, a débouté de l'opposition ?*

Cette question a été résolue pour l'affirmative, par un arrêt de la Cour de cassation, du 25 juin 1811 (*voy. Sirey, tom. 2, pag.* 241), attendu qu'il compétait au condamné deux moyens de se pourvoir contre le jugement par défaut, la voie de l'opposition, et successivement celle de l'appel; que son opposition ayant été déclarée non recevable par un jugement contradictoire, il avait eu le droit d'appeler du jugement par défaut, et n'avait pas eu besoin, pour rendre cet appel régulier et recevable, d'appeler en même tems du jugement qui avait rejeté son opposition, parce que ce dernier jugement prononçait taxativement sur un point de procédure; c'est-à-dire que l'opposition envers le jugement par défaut était recevable dans les circonstances où elle avait été formée. Or, ce jugement ne touchant en aucune manière, ni *par ses motifs*, ni *par son dispositif*, au fond de la contestation sur laquelle avait prononcé le premier jugement par défaut, et l'exécution n'ayant d'ailleurs été ordonnée ni expressément, ni implicitement par le dernier jugement, il n'y avait dès lors aucune nécessité d'en obtenir la réformation, pour rendre efficace l'appel interjeté contre le premier (1).

---

(1) On pourra croire que cet arrêt en contrarie un autre, du 21 avril 1807, qui a déclaré non recevable un recours en cassation, dirigé contre un arrêt par défaut confirmé sur l'opposition, et ce, sur le fondement que le réclamant n'eût pu retirer aucun avantage de la cassation de cet arrêt, celui qui l'avait fait confirmer sur l'opposition étant devenu insolvable.

L'on reconnaîtra que ces deux arrêts ne sont point en opposition, si l'on considère qu'ils ont été rendus dans le sens d'une juste distinction à faire entre le débouté d'opposition par confirmation sur le fond, et le débouté d'opposition par fin de non-recevoir. Mais, comme le remarque M. Denevers, si la fin de non-recevoir était tirée du fond; si elle emportait la confirmation du jugement par défaut; si, par exemple, elle était fondée sur un acquiescement à ce jugement, on ne pourrait appeler efficacement du jugement par défaut, si l'on n'appelait pas aussi du jugement qui aurait déclaré l'opposition non recevable

ARTICLE 456.

L'acte d'appel contiendra assignation dans les délais de la loi,
et sera *signifié à personne ou domicile*, à peine de nullité (1).

T. 29. — C. de P., art. 59 et suiv., 72, 133 et suiv., 443 et suiv., 584 726, 734, 1029,
1033. — C. C., art. 102 et suiv.

CCCLXXIX. Dans le droit ancien, la partie pouvait se borner à une simple
déclaration d'appel, et à ce moyen elle pouvait éluder quelque tems l'exécution du jugement. Mais, comme nous l'avons dit au commentaire de l'art. 443,

---

(1) JURISPRUDENCE.

1.° Tout appel devant être interjeté par acte exprès ou séparé, qui doit être signifié à personne ou à domicile, une déclaration d'appel insérée dans un commandement ne tiendrait
pas lieu de cet acte, lors même qu'elle contiendrait constitution d'avoué et assignation dans
le délai de la loi. — *Cassat.*, 5 avril 1813, *Sirey, tom.* 13, *pag.* 385).

2.° Mais un appel serait valablement interjeté par la déclaration de la partie devant notaire, qu'elle entend se rendre appelante, lorsque cette déclaration est ensuite signifiée par
un huissier, avec assignation *dans les délais de la loi pour voir infirmer le jugement.* —
(*Pau*, 16 août 1809, *Sirey, tom.* 14, *pag.* 390).

3.° L'appel interjeté sur un procès-verbal de saisie serait nul, s'il ne contenait pas assignation. — (*Rennes*, 6 janv. 1818).

Nota. On remarquera que cette décision suppose la validité de l'appel pour le cas où il eût contenu
assignation; ce qui est évidemment contraire à l'arrêt cité au n.° 1.°, de la présente note.

4.° Lorsque, dans un acte d'appel, l'appelant a déclaré interjeter appel de tel jugement,
ensemble de ceux y énoncés, et de tout ce qui a pu s'ensuivre, cette déclaration ne constitue pas un appel des jugemens *énoncés*, quoiqu'on le réitère ensuite par des conclusions signifiées devant la Cour. — (*Paris*, 11 mars 1813, *Sirey, tom.* 14, *pag.* 378).

5.° Si l'appelant n'a pas déclaré, dans son appel, se porter appelant du jugement du........
(*la date*), il a néanmoins suffisamment manifesté son intention, en rappelant la demande
introductive, et en déclarant qu'il se rend appelant de tous les jugemens rendus en tel tribunal, dans l'instance dont est cas. — (*Rennes*, 23 août 1814).

Nota. Il existe une contradiction entre cette décision et celle de la Cour de Paris, citée au numéro
précédent. Mais nous admettons la décision de la Cour de Rennes, comme étant fondée sur la maxime,
idem est esse certum per se, vel per relationem ad aliquid certum. Du reste, l'arrêt de Paris n'a pas moins
été bien rendu, en ce qu'il a rejeté l'appel par cet autre motif, que l'acte qui le déclarait ne contenait
point d'assignation.

6.° Depuis la promulgation du nouveau Code de procédure, *l'appel en adhérant* est,
comme l'appel principal, soumis aux dispositions de l'art. 456 du Code de procédure. Il
doit, à peine de nullité, être signifié à personne ou domicile. — (*Rennes*, 3 *fév.* 1808,
Sirey, tom. 8, *pag.* 107; *voy. suprà, pag.* 5).

7.° Un procureur fondé peut interjeter appel pour son commettant. (*Cassat.*, 22 *brum.*
an 12, *Sirey, tom.* 4, 2.° *part., pag.* 282). Et l'on ne contrevient pas à la maxime, *nul*
en France ne plaide par procureur, lorsque l'appel est ainsi personnellement interjeté par
le mandataire, *en sa qualité* et pour l'intérêt de son commettant. — (*Voy. n.°* 290, *tom.* 1,
pag. 149).

8.° Il est indifférent que l'on emploie, dans l'acte d'appel, le mot *appeler.* On peut y
suppléer par des termes équipolens. — (*Cassat.*, 2 *vent. an* 9, *Sirey, tom.* 1, 2.° *part.*,
pag. 295),

9.° L'acte n'est pas nul, si l'on y déclare relever appel d'un jugement rendu par un tribunal de première instance, tandis que les parties auraient été jugées par un tribunal de

elle était tenue de citer son adversaire dans trois mois, pour procéder sur cet appel; c'est ce qu'on appelait *relever* appel. Faute de remplir cette obligation, l'intimé pouvait lui-même citer l'appelant; c'est ce qu'on désignait par ce mot,

commerce; car la date du jugement et celle de sa signification étant insérées dans l'exploit, l'intimé ne peut se méprendre sur la nature et la qualité de ce jugement. — (*Rennes,* 3 *janv.* 1811).

10.° Mais il y aurait nullité de l'appel d'un jugement indiqué sous une date à laquelle il n'en aurait été rendu aucun entre les parties, la Cour ne pouvant être saisie de l'appel d'un jugement qui n'existe pas. — (*Rennes,* 2 *fév.* 1811).

Cependant, la Cour de Paris, par arrêt du 28 août 1813 (*Sirey, tom.* 14, *pag.* 261), a jugé que l'omission de la date du jugement n'entraînerait pas la nullité de l'appel.

NOTA. On pourrait remarquer cette différence entre l'espèce de cette décision et celle de la précédente, que l'omission de la date ne fait pas présumer la non existence du jugement, de même que la fausseté. Mais, quoi qu'il en soit, nous regardons le dernier arrêt de Rennes comme trop rigoureux, et nous penserions que l'acte d'appel devait être déclaré valable, par les motifs énoncés dans un autre arrêt de la même Cour, du 3 juin 1813. Il décide, en effet, que s'il n'est intervenu aucun jugement du tribunal dont est appel, autre que celui auquel on prétend que l'acte d'appel se rapporte, et qu'il soit constant, par le libelle et les conclusions de l'exploit, qu'il ne peut avoir que ce jugement pour objet, l'erreur dans l'énonciation de la date n'annule point l'exploit, puisqu'il est impossible de méconnaître l'identité du jugement.

11.° Mais si l'intimé a été assigné à un délai trop long, il n'est pas obligé d'en attendre l'échéance; il peut anticiper sur l'appel, en sommant l'appelant de comparaître dans les délais ordinaires. — (*Montpellier,* 2 *janv.* 1811, *Sirey, tom.* 14, *pag.* 21, *et supra, n.°s* 322 *et* 323).

12.° Il pourrait même, sans sommation préalable à l'appelant, se présenter à l'audience, et poursuivre contre lui un jugement ou arrêt de congé. — (*Turin,* 9 *janv.* 1811, *Sirey, tom.* 11, *pag.* 230).

La première de ces décisions ne nous paraît pas souffrir de difficulté (*voy. supra, n.°* 325); mais nous ne saurions admettre la seconde. Il serait injuste et frustratoire de juger par défaut une partie qui n'a pas été sommée d'audience, et d'autoriser l'autre à abuser d'une inexactitude pour s'en servir comme d'un piège, afin d'obtenir un arrêt sans discussion contradictoire. — (*Voy. au surplus supra, n.°s* 322, 323, 324).

13.° L'acte d'appel signifié à requête d'une partie décédée lors de la prononciation du jugement, est nul. — (*Voy.* les arrêts cités *n.°* 291, *tom.* 1, *pag.* 151).

14.° L'acte d'appel d'un jugement rendu au profit de plusieurs parties y dénommées est nul, s'il n'est pas notifié à chacune d'elles individuellement, avec assignation, mais seulement dans la personne d'une d'entre elles, et par un seul et même exploit. — (*Rennes,* 25 *mars* 1813).

Il ne suffit pas qu'elles eussent déclaré agir *uniment* et faire cause *commune.* Des cohéritiers même ayant un intérêt distinct et séparé, pour lequel chacun d'eux eût pris des conclusions séparées, doivent recevoir autant de copies qu'ils sont d'individus, et l'assignation par une seule copie serait nulle à l'égard de tous. — *Cassat.,* 14 *mars* 1821, *Sirey, tom.* 22, *pag.* 108).

15.° Mais les parties ne sont plus recevables à se prévaloir de cette nullité, si elles ont constitué un avoué en nom commun. — *Limoges,* 22 *déc.* 1812, *Sirey, tom.* 14, *pag.* 374).

16.° Des propriétaires de mines, plaidant collectivement, sont valablement représentés par celui d'entre eux qui est nominativement aux qualités de l'exploit d'appel. Il n'est pas besoin de les distinguer individuellement, en exprimant leurs noms, profession et domicile, sur-tout lorsque, dans tous les actes de la procédure en première instance, et dans le jugement même dont est appel, les qualités des appelans sont énoncées de la même manière que dans leur acte d'appel. — (*Rennes,* 5 *juin* 1813).

NOTA. De même la qualité d'armateur de navire dispense celui qui en justifie de nommer, dans l'acte d'appel, ses cointéressés dans l'armement, parce que tous les droits de propriété résident en sa personne. Ses cointéressés seraient les seuls qui pussent contredire l'appel qu'il interjette; et la maxime, *nul en France,* etc., n'est pas applicable à cet armateur. — (*Rennes,* 7 *mai* 1818. *Voy. n.°s* 289 *et* 290, *tom.* 1, *pag* 149).

anticiper, et après ces trois mois, il faisait déclarer l'appel *désert*, autrement abandonné. Enfin, l'appelant pouvait ensuite réitérer l'appel, en refondant les dépens de la désertion. Dans le droit intermédiaire, on jugea d'abord que la *désertion* était abolie. (*Voy. Berriat Saint-Prix, pag.* 420 *et* 421). Notre Code a abrogé jusqu'aux noms de ces formalités dispendieuses, sans avoir jamais été utiles; il veut que l'appel soit déclaré par un exploit, dans la forme ordinaire, et contenant, à peine de nullité, assignation de l'intimé dans les délais de la loi, pour voir dire droit sur l'appel. Cependant, dit l'orateur du Gouvernement, cet exploit n'est point un acte de simple procédure qu'il suffise de signifier à un avoué; c'est un nouveau combat judiciaire que l'appelant engage : la signification doit donc également, à peine de nullité, être faite à personne ou domicile.

17.° Quand l'intimé a lui-même fixé la qualité de l'appelant dans les actes de première instance, il n'est pas fondé à prétendre que l'exploit est nul par défaut d'expression de la profession de ce dernier, qui lui est parfaitement connue. — (*Rennes*, 24 *janv.* 1809).

18.° L'exploit d'appel, comme tout ajournement, doit contenir constitution d'avoué. (*Turin*, 14 *juin* 1807; *Pau*, 22 *juill.* 1809; *Lyon*, 29 *mai* 1816; *Amiens*, 10 *nov.* 1821; *Sirey*, *tom.* 7, 2.e *part.*, *pag.* 677; *tom.* 10, *pag.* 52; *tom.* 19, *pag.* 149, *et tom.* 22, *pag.* 246). Et, comme nous l'avons dit tom. 1, pag. 155, à la not. 5, l'élection de domicile chez un avoué ne supplée pas à ce défaut. C'est du moins ce que l'on considère comme certain, nonobstant un arrêt contraire de la Cour de Colmar, du 24 mars 1810. — (*Sirey*, *tom.* 12, *pag.* 378).

19.° Cette nullité est néanmoins couverte par la notification qui aurait été faite de la constitution de l'avoué de l'intimé, à celui chez lequel l'appelant aurait élu domicile. — (*Rennes*, 26 *avril* 1810).

20.° L'appelant qui, dans l'acte d'appel, aurait constitué pour avoué un avocat n'exerçant pas les fonctions d'avoué, ne peut ultérieurement réparer cette erreur par la constitution d'un avoué. — (*Cassat.*, 4 *sept.* 1809 *et* 5 *janv.* 1815, *Sirey*, *tom.* 9, *pag.* 421, *et tom.* 15, *pag.* 122, *et notre tom.* 1, *pag.* 154, *not.* 2, 1.°, *et* 155, *ibid.*, 3.°).

NOTA. Nous avons dit *suprà*, n.° 301, tom. 1, pag. 155, que celui qui a, par erreur, constitué un avoué qui eût cessé ses fonctions, peut reproduire son appel, en observant les formalités prescrites par la loi. Cette décision modifie celle de la Cour de Rennes, insérée au même numéro, not. 2.°, pag. 155, et une autre de la Cour de Riom, du 17 avril 1818 (*Sirey*, *tom.* 19, *pag.* 223), qui décident qu'en ce cas, l'exception de bonne foi n'est pas admissible et que l'exploit est nul, comme s'il n'y avait pas eu de constitution. C'est, au reste, à la Cour à déterminer si le renouvellement de l'acte d'appel n'a pas été fait dans un terme assez éloigné pour qu'on ne pût admettre l'exception de bonne foi.

21.° L'assignation donnée à un étranger devant une Cour d'appel doit l'être au domicile du procureur général, conformément à l'art. 69, n.° 9. — (*Voy.* arrêt de la Cour de Trèves, du 30 *janv.* 1811, *Denevers*, 1811, *suppl.*, *pag.* 216).
Mais la nullité résultant de ce qu'il l'eût été au procureur du Roi serait couverte par l'anticipation de l'intimé. — (*Trèves*, 12 *mars* 1813; *Jurisp.*, *Code civ.* *tom.* 20, *pag.* 434. *Voy. suprà*, sur l'art. 69, *tom.* 1, *pag.* 196, à la not. 6.°).

22.° La déclaration donnée en fait par une Cour royale qu'un acte d'appel n'a été signifié ni à personne ni à domicile, ne peut prévaloir devant la Cour de cassation, sur la représentation de l'original de l'exploit de signification, portant la preuve que cette signification a a été faite à personne trouvée à domicile. — (*Cassat.*, 30 *avril* 1820, *tom.* 21, *pag.* 30).
C'est l'application de la règle générale, d'après laquelle la décision des juges ordinaires sur un fait dont la preuve contraire résulte d'un acte authentique non argué de faux, ne peut être annulée par la Cour de cassation.

23.° La fin de non-recevoir, fondée sur ce qu'il n'est pas prouvé que l'appel a été notifié, soit à personne soit à domicile réel ou élu, est admissible, quoique la partie ait d'abord négligé de s'en prévaloir. — (*Rennes*, 5 *avril* 1814).
C'est, en effet, que le défaut de notification est essentiellement différent d'une simple nullité d'exploit, qui peut être couverte par le seul silence.

1646. *L'acte d'appel est-il assujetti à toutes les formalités d'un exploit d'ajournement?*

Il suffit de considérer que l'appel est une demande formée par exploit signifié à personne au domicile, et contenant nécessairement assignation, pour reconnaître que l'acte d'appel est soumis à toutes les formalités des ajournemens. C'est aussi ce que la Cour de cassation a eu plusieurs occasions d'exprimer, en appliquant à ces actes les dispositions des art. 61 et 68. Toutes les questions que nous avons traitées sur ces deux articles conviennent donc à l'art. 455, et nous n'avons, en conséquence, à examiner ici que celles qui lui sont particulières (1).

1647. *L'appel d'un jugement rendu avant la publication du Code de procédure, doit-il être interjeté aujourd'hui dans la forme prescrite par l'art. 456?*

Par arrêt du 4 mars 1812, la Cour de cassation a décidé (*voy. Denevers, 1812, pag.* 257) que ce n'est pas seulement du jour de la signification du jugement, mais bien du jour de sa prononciation, que le droit d'en interjeter appel est acquis; que, par conséquent, c'est la loi existante au moment de la prononciation qu'il faut consulter pour juger à partir de quelle époque a commencé à courir le délai de l'appel, parce que *si la forme de l'appel peut et doit* être soumise aux dispositions de la loi nouvellement survenue, il n'en est pas ainsi du délai pour relever appel, lequel reste toujours réglé par la loi ancienne; que c'est là une conséquence de ce double principe, et que la prescription, pour attaquer un jugement, se règle d'après la loi sous l'empire de laquelle le jugement a été rendu, et que les prescriptions commencées doivent être accomplies suivant l'ancien droit.

Il résulte clairement de cette décision que si la loi ancienne est la seule qu'il faille considérer comme régulatrice du droit et du délai de l'appel, à l'égard d'un jugement prononcé avant la publication du Code, c'est néanmoins ce Code qu'il faut suivre relativement à la forme de l'acte d'appel.

Il en est de même, à plus forte raison, de l'acte d'appel d'un jugement rendu après le Code, mais sur une instance antérieure à sa publication; et dans ce dernier cas même, c'est la loi actuelle qui régit et le droit et le délai, ainsi qu'il a été jugé, non seulement par l'arrêt précité, mais par un arrêt du 9 décembre 1811, qui a déclaré recevable, en vertu de l'art. 455, l'appel d'un jugement du 11 avril 1807, quoique ce jugement fût qualifié en dernier ressort, et que l'instance eût été commencée avant le 1er. janvier de la même année. — (*Voy. Denevers, ubi suprà, pag.* 261, *aux notes*).

1648. *L'acte d'appel doit-il contenir l'énonciation des griefs?*

Plusieurs jurisconsultes, se fondant sur ce que l'acte d'appel est assimilé à un ajournement, puisqu'il doit contenir assignation, avaient pensé qu'il devait présenter l'exposé des griefs, qui n'est autre chose que le libellé de la demande formée par cet acte : telle est l'opinion de M. Demiau Crouzilhac, pag. 327, contraire à celle de M. Pigeau, tom. 1, pag. 571. Cette dernière

(1) On excepte toutefois l'exposé des griefs ou moyens d'appel, comme nous le voyons n.° 1648.

opinion a été formellement consacrée par deux arrêts de la Cour de cassation, qui décident qu'en toute matière, soit ordinaire, soit sommaire, l'énonciation des griefs, dans l'acte d'appel, n'est point nécessaire. Parmi les raisons de décider ainsi, on doit remarquer sur-tout celle qui résulte de la suppression, dans l'art. 456 du Code, de l'obligation d'énoncer sommairement les griefs que l'on trouvait prescrite par l'art. 450 du projet. — (*Voy.* arrêts des 4 décembre 1806 et 1er mars 1810, *Sirey*, tom. 10, pag. 76 et 185).

1649. *L'acte d'appel est-il valable, s'il porte seulement assignation à comparaître* DANS LES DÉLAIS DE LA LOI, *sans préciser ces délais?*

Oui, d'après ce que nous avons dit sur les quest. 315e. et suiv. — (*Voy.* tom. 1er., pag. 161). (1)

1650. *Serait-il nul si l'assignation était donnée dans le délai de huitaine, sans addition de l'augmentation à raison des distances, l'intimé étant éloigné de plus de trois myriamètres de la ville où siège la Cour?*

Par arrêt du 17 décembre 1811 (*Sirey*, tom. 14, pag. 392), la Cour de Montpellier a jugé cette question pour l'affirmative. Nous pensons, d'après ce que nous avons dit sur l'art. 61, tom. 1, n°. 163, que cette omission ne doit pas entraîner la nullité, et qu'il en résulte seulement que l'appelant ne pourrait obtenir défaut avant l'expiration du délai, si toutefois il était possible de supposer que la cause pût être appelée avant ce terme. C'est, au reste, ce que la Cour de Rennes, 3e. chamb., a formellement décidé par arrêts des 13 et 26 juin 1812.

1651. *Un acte d'appel fait à la requête de toutes les parties qui ont figuré en première instance, mais qui n'est signé que par l'une d'elles, est-il nul à l'égard des autres?*

Il serait nul sans contredit, si la loi exigeait, pour sa validité, qu'il fût signé par chacun des appelans. Mais puisque la loi n'exige point leur signature, on ne peut induire de la circonstance de ce qu'un seul d'entre eux ait signé l'acte d'appel, que les autres parties, qui d'ailleurs ne désavouent pas cet acte, n'ont pas eu l'intention de se rendre elles-mêmes appelantes, ni que l'appel doive être considéré comme nul à leur égard, à cause du défaut de signature. C'est aussi ce qui a été jugé le 5 février 1810, par la Cour d'appel de Trèves. — (*Voy. Journ. des avoués*, tom. 2, pag. 346).

D'où l'on peut conclure qu'un acte d'appel peut désigner suffisamment les noms, professions et domicile des appelans, lorsqu'il est dit qu'il est fait à la requête de N et autres dénommés au jugement de première instance (2).

---

(1) Mais il ne l'est pas quand il est donné à comparaître à *l'échéance des jours qui suivront sa notification* (*Rennes*, 30 avril 1813); car ces expressions n'indiquent pas, même d'une manière indirecte, que l'assignation ait été donnée dans le délai de la loi.
(2) Il en est autrement, si l'appel n'a été interjeté qu'au nom de l'une d'elles (*Turin*, 6 juil. 1808, *Sirey*, tom. 12, pag. 374), à moins qu'il n'y ait solidarité. — (*Voy. suprà*, n.° 1565).
Par suite, l'acte d'appel signifié à plusieurs débiteurs solidaires, et qui est nul dans la forme, à l'égard de quelques-uns d'entre eux, mais régulier relativement aux autres, n'en

1652. *La signification de l'acte d'appel à un domicile élu équivaut-elle, en tous les cas, à la signification au domicile réel?*

On trouve, au tom. 2 de la 2.ᵉ part. de la Bibliothèque du barreau, pag. 367, une conférence des diverses décisions des Cours d'appel, sur cette importante question; mais d'après les deux arrêts de la Cour de cassation que nous allons faire connaître, nous sommes dispensé d'entrer dans de semblables détails, parce qu'ils ont fixé la jurisprudence sur les difficultés qu'ont fait naître ces mots de l'art. 456, *l'acte d'appel sera signifié à personne ou domicile, à peine de nullité.*

En effet, un de ces arrêts, rendu le 28 octobre 1811, par la section civile (*voy. Sirey, tom.* 12, *pag.* 16 *et suiv.*), déclare, premièrement, que, suivant l'art. 456, l'acte d'appel doit être signifié à personne ou domicile *réel*, à peine de nullité, et ne peut l'être, conséquemment, à un domicile élu, auquel aucune loi n'autoriserait cette signification ; secondement, que l'élection de domicile doit toujours être restreinte à son objet, et ne peut jamais être étendue hors de son cas : d'où suit que l'art. 584, qui permet de signifier l'acte d'appel au domicile élu dans un commandement afin de saisie-exécution, ne peut être étendu au cas d'une élection faite dans la signification du jugement attaqué. C'est aussi ce qui avait été jugé par les Cours d'appel de Paris, de Liège, de Rennes, etc.

A plus forte raison ne peut-on pas signifier valablement un appel au domicile de l'avoué qui a occupé en première instance ; car le domicile élu chez cet officier n'a d'effet que pour la procédure à suivre devant les premiers juges : telle est encore la décision de plusieurs arrêts.

L'autre arrêt dont nous avons à parler, est celui du 23 janvier 1810 (*voy. Sirey,* 1810, *pag.* 130), qui a décidé d'une manière formelle ce que le premier suppose ; savoir : que l'acte d'appel du jugement, à l'exécution duquel on procéderait par voie de saisie, est valablement signifié au domicile élu dans le commandement qui précède cette saisie.

Il est donc certain désormais que l'art. 584 forme exception à l'art. 456, et conséquemment que l'on ne doit point suivre les arrêts qui avaient décidé que la faculté laissée au débiteur de faire au domicile élu par le commandement toutes significations, même d'appel, n'était relative qu'aux poursuites de l'exécution ; qu'ainsi, l'appel du jugement signifié à ce domicile ne pouvait que suspendre l'exécution, et n'avait l'effet de saisir le tribunal d'appel qu'autant qu'il était renouvelé à personne ou à domicile, etc.

Mais nous avons dit, d'après l'arrêt du 28 octobre 1811, que l'art. 584 ne pouvait autoriser à signifier un acte d'appel à un domicile d'élection autre que celui indiqué dans un commandement afin de saisie ; en résulte-t-il rigoureusement qu'en aucun cas la signification ne puisse être faite à domicile élu? Nous ne le pensons pas. Et si, par exemple, une partie avait élu un domicile spécial pour l'appel ; si elle avait fait, dans l'acte sur lequel le jugement *appelable* aurait été rendu, une élection de domicile pour l'exécution de cet acte, nous penserions que l'appel pourrait être signifié à ce domicile élu. En

---

produit pas moins, à cause de la solidarité, son effet contre les premiers sans distinction. — (*Rennes,* 24 *juil.* 1810, *Sirey, tom.* 14, *pag.* 134).

cela, nous ne croirions pas nous trouver en opposition avec l'arrêt précité , parce que la signification serait faite, non en vertu de l'art, 584, qui, sans contredit, ne se rapporte point à ces deux cas, mais en vertu de la convention qui tient lieu de loi aux parties, ou de la disposition du Code civil, qui autorise à faire à un domicile élu pour l'exécution d'un acte, toutes significations qui tendent à cette exécution.

Ainsi encore, nous pensons, d'après les art. 2148, § 1ᵉʳ., et 2156 du Code civil, que l'acte d'appel peut être signifié au domicile élu par le créancier, dans l'inscription hypothécaire. Telle est aussi l'opinion des rédacteurs de la Bibliothèque du barreau, *ubi suprà*, pag. 370.

De cette discussion nous concluons que l'art. 456 établit en principe général que l'acte d'appel doit être signifié à personne ou domicile réel; mais que ce principe souffre exception toutes les fois que les parties ont exprimé dans un acte un consentement à ce que la signification en soit faite à un domicile élu, ou que la loi l'a permis, comme dans les articles précités du Code civil, et dans l'art. 584 du Code de procédure.

Nous devons néanmoins observer que, par arrêt du 26 février 1810, la Cour de Trèves a jugé que l'acte d'appel n'est pas valablement signifié au domicile élu pour l'exécution d'une convention, cette élection de domicile n'ayant d'effet que pour les poursuites de première instance, et finissant avec le jugement. Mais nous ne croyons pas que cette décision, qui établit une distinction que l'art. 111 du Code civil n'a pas faite, doive être suivie; elle avertit seulement que la prudence exige que l'on fasse, autant que possible, signifier l'acte d'appel au domicile réel. (1). — (*Voy., sur les art.* 584 *et* 927 , *d'autres questions relatives à la signification de l'acte d'appel au domicile élu*).

ARTICLE 457.

L'appel des jugemens définitifs ou interlocutoires sera suspensif, si le jugement ne prononce pas l'exécution provisoire dans le cas où elle est autorisée.

L'exécution des jugemens mal à propos qualifiés en dernier ressort ne pourra être suspendue qu'en vertu de défenses obtenues par l'appelant, à l'audience de la Cour royale, sur assignation à bref délai.

A l'égard des jugemens non qualifiés, ou qualifiés en premier ressort, et dans lesquels les juges étaient autorisés à prononcer

---

(1) En tous cas, l'appel n'est pas valablement signifié au domicile élu chez l'avoué qui a occupé en première instance. — (*Limoges,* 28 déc. 1812, *Sirey, tom.* 14, *pag.* 390; *Rennes,* 11 *nov.* 1814).

Mais, par arrêt du 9 janvier 1806 (*Sirey, tom.* 6, 2.ᵉ *part., pag.* 511), la Cour de Rouen a jugé que la signification à domicile élu, sans réserve en première instance, était valable, si, depuis le jugement, l'intimé paraissait persister dans la première élection.

Il est à remarquer que cet arrêt est antérieur à la mise en activité du Code. Nous ne croyons pas qu'on puisse aujourd'hui décider de la sorte.

en dernier ressort, l'exécution provisoire pourra en être ordonnée par la Cour royale, à l'audience et sur un simple acte. (1).

T. 148. — Voy. C. de P., art. 70, 123, 135, 376, 453; et *infrà*, art. 439, 443, 458.

CCCLXXX. AINSI que nous l'avons dit au préliminaire de ce titre, pag. 105, l'appel remet en question ce qui avait été décidé. Or, le droit de remettre une décision en question semble emporter celui d'empêcher qu'elle ne soit exécutée ; en sorte que l'effet *suspensif* de l'appel n'est qu'une conséquence de son effet *dévolatif*; mais d'une autre part, l'appel ne saurait empêcher qu'il n'y eût la plus forte présomption que les juges ne se sont point, par erreur ou autrement, écartés des règles. L'autorité de leur jugement ne cesse entièrement que dans le cas où il est infirmé. En vain celui qui l'a obtenu invoquerait-il cette autorité, si l'appelant pouvait, en suspendant l'exécution, rendre moins efficace, ou même inutile, la confirmation du jugement.

La conséquence de ces réflexions a été de régler, comme le fait notre art. 457, que l'appel est en général *suspensif*, mais qu'il n'est que *dévolutif*, dans le cas où, par le motif que l'on vient d'énoncer, l'exécution provisoire est prononcée. — (*Exposé des motifs*).

1653. *Quels sont les effets de la suspension d'exécution que produit l'appel? Et, par exemple, un jugement dont il a été interjeté appel, mais qui est confirmé, produit-il ses effets du jour de sa signification, ou seulement du jour de celle de l'arrêt confirmatif?*

Cette question est importante, parce qu'il peut arriver souvent qu'un jugement ordonne de faire certaines choses dans un délai. Alors on peut demander si la partie intéressée peut se prévaloir de cette expiration et profiter des avantages qui résulteraient pour elle de ce que la chose ordonnée n'aurait pas eu lieu.

M. Sirey rapporte, dans son recueil pour 1810, pag. 317, un arrêt de la Cour de cassation, du 12 juin 1810, où l'on trouve une décision de cette question ; décision dont les motifs peuvent s'appliquer à tous les cas, et de laquelle il résulte, en général, que le jugement qui a été frappé d'appel, et qui est ensuite confirmé, ne doit produire son effet que du jour de la signification, ou, suivant les circonstances, du jour de la prononciation de l'arrêt confirmatif.

1654. *Est-on obligé de demander, par requête, la permission d'assigner à bref délai, pour obtenir la suspension de l'exécution d'un jugement mal à propos qualifié en dernier ressort?*

---

(1) JURISPRUDENCE.

1.º Lorsque l'exécution des condamnations principales prononcées par un jugement est suspendue par l'appel, l'avoué de l'intimé qui a obtenu, en première instance, la distraction des dépens auxquels l'adversaire a été condamné, ne peut, à peine de dommages-intérêts, poursuivre l'exécution de cette condamnation accessoire. — (*Bourges*, 20 *avril* 1818, *Sirey, tom.* 19, *pag.* 191).

2.º L'appel est suspensif en matière d'expropriation, comme en matière ordinaire. — (*Bordeaux*, 25 *août* 1810, *Sirey, tom.* 11, *pag.* 185).

C'est l'opinion de M. Pigeau, tom. 1, pag. 574, fondée sur les dispositions de l'art. 72. On ne peut, dit-il, être dispensé de demander cette permission que quand la loi fixe elle-même un délai plus court que le délai ordinaire, comme dans les cas des art. 193 et 500. Nous partageons cette opinion, parce qu'il ne serait pas juste de laisser à l'arbitraire de la partie la fixation du délai, qu'elle pourrait, dans son intérêt, abréger de manière à mettre sa partie adverse dans l'impossibilité de comparaître.

1655. *Les actes faits au mépris des dispositions de l'art. 457 sont-ils nuls ?*

Oui, car dans le cas où la loi surseoit à des poursuites, c'est pour des motifs graves qui ne permettent pas de considérer ses dispositions comme simplement comminatoires. — (*Perrin, Traité des nullités, pag.* 225 *et* 226).

ARTICLE 458.

Si l'exécution provisoire n'a pas été prononcée dans les cas où elle est autorisée, l'intimé pourra, sur un simple acte, la faire ordonner à l'audience, avant le jugement de l'appel. (1)

T., 148. — C. de P., art. 136, 137, 449, 453.

1656. *Peut-on demander l'exécution provisoire en cause d'appel, lorsque cette demande n'a pas été faite en première instance ?*

Nous dirons, d'après la solution que nous avons donnée sur la quest. 581°., tom. 1, pag. 327, qu'il est inutile de demander l'exécution provisoire en cause d'appel, lorsqu'elle est prononcée par la loi, sans qu'elle prescrive que le juge l'ordonnera. Alors, en effet, elle a lieu de plein droit. Mais dans les cas où la loi, autorisant cette exécution, exige néanmoins que le juge l'ordonne, on ne pourra demander l'exécution provisoire en cause d'appel. C'est du moins ce qui a été jugé par un arrêt de la Cour de Bruxelles, du 14 décembre 1808 (*voy. Sirey, tom.* 9, *pag.* 55), qui décide que l'art. 439 laissant aux juges de commerce la faculté d'ordonner ou non l'exécution provisoire, il en résulte que ceux-ci ne peuvent prononcer à ce sujet que sur la demande des parties,

---

(1) JURISPRUDENCE.

1.° Il n'appartient point au juge de première instance d'ordonner la continuation des poursuites, sous le prétexte que l'appel interjeté ne serait plus recevable, attendu que l'appelant aurait acquiescé au jugement. Il n'appartient qu'aux juges supérieurs de la prononcer. — (*Cassat.*, 7 *janv.* 1818, *Bullet. offic.*, 1818, *pag.* 8).

2.° L'art. 458 n'a pas limité le pouvoir des Cours d'appel d'ordonner l'exécution provisoire d'un jugement appelé, lorsqu'elle n'a pas été ordonnée par les premiers juges. Il suffit, pour que ces Cours puissent l'ordonner, qu'elle soit autorisée par la loi. — (*Rennes*, 21 *déc.* 1809).

Il s'agissait, dans l'espèce, de l'exécution d'un jugement portant appointement à informer. La Cour a ordonné l'exécution provisoire, en prenant en considération que, dans l'espèce, la preuve pouvait dépérir d'un moment à l'autre, et que la confection de l'enquête ne pouvait nuire à aucune des parties, l'appel du jugement qui l'avait ordonnée existant toujours.

et que, conséquemment, cette exécution ne peut être accordée sous l'appel, si elle n'a pas été requise devant les premiers juges.

Cette décision se trouve d'accord avec la solution donnée sur les quest. 583e. et 1547e., tom. 1, pag. 255, et tom. 2, pag. 100.— (*Voy. sur-tout la dernière*).

1657. *La partie doit-elle être assignée dans l'espèce de l'art. 458 ?*

Non, puisque l'article porte que l'intimé pourra faire ordonner l'exécution sur un simple acte, c'est-à-dire par un acte d'avoué à avoué, et portant sommation de venir à l'audience, à l'effet d'entendre prononcer sur la demande.

1658. *Quelles sont les règles à suivre par les juges d'appel, sur la demande d'exécution provisoire ?*

Ils doivent se conformer aux dispositions de l'art. 135. — (*Voy. nos quest. sur cet article*).

ARTICLE 459.

Si l'exécution provisoire a été ordonnée hors des cas prévus par la loi, l'appelant pourra obtenir des défenses à l'audience, sur assignation à bref délai, sans qu'il puisse en être accordé sur requête non communiquée. (1)

T., 148. — C. de C., art. 439 et 467. — Ordonn. de 1667, tit. 27, art. 16. — C. de P., art. 135, 136 et 460.

1659. *Les juges pourraient-ils défendre d'exécuter, si la cause était en état sur le fond ?*

Nous ne le pensons pas, par le motif que l'on ne doit rien faire d'inutile en jugement; or, la cause étant en état sur le fond, il est évident que l'arrêt de défenses ne produit aucun effet utile. C'est aussi ce qui a été jugé en 1807, par un arrêt de la Cour d'Aix.— (*Voy. Jurisp. du Cod. civ., tom. 8, pag. 462*).

1660. *Les juges peuvent-ils joindre au fond la demande afin de défense ?*

En d'autres termes, *peuvent-ils se réserver de décider sur les défenses en même tems que sur la question de savoir si l'appel est bien ou mal fondé ?*

Cette forme de procéder serait évidemment contraire à la lettre et à l'esprit de la loi, qui a précisé les cas où les défenses doivent être accordées ou refusées, et qui veut, conséquemment, comme le remarque M. Pigeau, tom. 1, pag. 577, qu'il soit statué au moment où les défenses sont demandées, et sans réserver les dépens. Cette demande est en effet absolument distincte du fond, et doit être jugée préalablement.

1661. *Est-il nécessaire, pour proposer les exceptions contre la demande de sur-séance, que l'intimé constitue avoué ?*

Comme il n'y a pas, à proprement parler, de conclusions à prendre, et que d'autre part l'assignation est donnée à bref délai, il semble aux auteurs du Praticien, tom. 3, pag. 142, que l'intimé peut se défendre sans le ministère d'un avoué, quoiqu'il soit plus régulier de l'employer. Nous croyons, au contraire, comme M. Berriat Saint-Prix, pag. 426, qu'il est indispen-

(1) Voy. notre Traité des lois d'organisation et de compétence, pag. 29, à la note.

sable que la partie soit représentée par un avoué ; car on ne saurait dire que
le Code ait affranchi les assignations à bref délai de la constitution d'avoué,
ni qu'il ait, dans aucun cas, dispensé les parties de l'assistance de cet officier ministériel, exigée impérieusement par l'art. 85. C'est ce que prouveraient, d'ailleurs ; l'art. 76 du Code, et les art. 76, 81 et 148 du tarif.

1662. *Si l'intimé fait défaut, peut-il faire opposition à l'arrêt de défenses?*

Oui ; mais alors l'appelant peut demander que le sursis ait lieu provisoirement, et nonobstant opposition. (*Voy. Prat. franç., ubi suprà*). Il peut former
la même demande de sursis provisoire, lorsque l'intimé réclame et obtient la
remise à un autre jour. — (*Voy. Pigeau, tom.* 1 *, pag.* 577).

1663. *Pourrait-on accorder des défenses sar requête communiquée au ministère public?*

M. Commaille, tom. 2, pag. 15, en disant, avec l'art. 459, que l'on ne peut
accorder des défenses *sur requête non communiquée,* ajoute ces mots, *au ministère public.* On pourrait croire de là que des défenses pourraient être accordées
sur la simple communication de la requête au magistrat qui remplit ce ministère ; mais ce serait évidemment une erreur ; c'est d'une requête non communiquée *à partie* que l'art. 459 a entendu parler : la communication au ministère
public est de droit. — (*Voy. Demiau Crouzilhac, pag.* 329).

1664. *Peut-on, pour obtenir arrêt de défenses, se dispenser d'assigner à bref
délai, quand l'appel est relevé et que les délais sont expirés sans constitution
d'avoué? Ne peut-on pas, sans attendre le tour du rôle, présenter un placet pour
être fait droit sur la disposition qui accorde la provision?*

A quoi bon, dirait-on pour la négative, une assignation à bref délai, lorsque
les délais du premier exploit sont échus? On sent bien que si l'avoué des intimés tarde à se constituer, c'est pour donner à ses cliens le tems de faire
exécuter la provision.

On répond que l'art. 459 exige formellement l'assignation à bref délai, et
qu'il l'exige par une raison de justice évidente ; c'est que l'intimé ne peut être,
comme l'appelant, présumé prêt à défendre à toute demande qui serait dirigée
contre lui. Il faut donc qu'il soit averti de celle par laquelle on poursuit un
arrêt de défenses, et qu'il ait en outre un tems suffisant pour y répondre ;
ce qui ne serait pas, si cette demande pouvait être admise sur un simple
placet.

1665. *La requête à bref délai, expédiée par le président, arrêterait-elle l'exécution? Ou* PLUS PARTICULIÈREMENT, *le président peut-il expédier cette requête,
toutes choses demeurant* DANS L'ÉTAT, *de manière que cette énonciation suffise pour
arrêter l'exécution?*

On dit pour l'affirmative que si l'ordonnance du président n'était pas suspensive, il arriverait que le jugement exécuté sans caution présenterait un
préjudice irréparable en définitive ; que, dans le silence de la loi, l'équité
doit être la règle, et qu'elle veut en ce cas que la requête ait un effet suspensif ; que, par conséquent, le président peut ordonner que *les choses res-
teront en l'état ;* que ce n'est point contrarier l'art. 459, en ce qu'il exige un
arrêt de défenses, cet arrêt restant toujours nécessaire pour que l'on puisse

arrêter l'exécution jusqu'à l'arrêt définitif; qu'ainsi le président peut expédier la requête suivant ces conclusions, si toutefois on lui démontre que l'exécution a été ordonnée hors des cas prévus par la loi; que le préjudice qui en résulterait serait irréparable, soit pour cause d'insolvabilité de la partie à requête de laquelle se ferait l'exécution, soit autrement, et qu'enfin il n'y a pas urgence dans cette exécution.

Nous répondons, et ce sont les motifs pour lesquels les présidens de la Cour royale de Rennes se refusent constamment à expédier de la sorte les requêtes qu'on leur présente, que l'art. 459 accordant la faculté d'obtenir des défenses, il n'y a qu'un arrêt de défenses qui puisse arrêter l'exécution; que la requête n'est qu'un moyen, une formalité nécessaire pour obtenir cet arrêt; qu'aucune loi ne porte qu'une fois expédiée, cette requête sera suspensive, et qu'enfin ce n'est que par autorité de la Cour entière que l'exécution d'un jugement qui a pour lui la présomption du bien jugé, peut être arrêtée.

1666. *Peut-on accorder des défenses sur le motif que l'exécution provisoire n'aurait pas été demandée en première instance ?*

Nous avons dit *supra*, n°. 583, que l'exécution provisoire devait être demandée; mais il ne suit pas de là que le juge d'appel soit autorisé à accorder des défenses, lorsque cette exécution a été ordonnée nonobstant le défaut de demande. En effet, l'art. 459 n'accorde cette faculté que pour le cas où l'exécution aurait été ordonnée hors des circonstances prévues par la loi : il suffit donc, pour que les défenses soient refusées, que l'exécution ait été ordonnée dans une de ces circonstances, et alors il importe peu que la partie n'eût pas fait la demande devant les premiers juges.

ARTICLE 460.

En aucun autre cas, il ne pourra être accordé des défenses, ni être rendu aucun jugement tendant à arrêter directement ou indirectement l'exécution du jugement, à peine de nullité. (1)

C. C., art. 1319. — C. de C., art. 647. — C. de P., art. 478, 497.

CCCLXXXI. Il avait été formellement défendu, par l'ordonnance de 1667, aux Cours supérieures, et même aux Parlemens, d'enfreindre les règles qu'elle établissait concernant l'exécution des jugemens, mais bientôt on cessa de les respecter.

---

(1) JURISPRUDENCE.

Les tribunaux ne peuvent ni suspendre ni modifier l'exercice de la contrainte par corps, hors le cas prévu par la loi. Ainsi, ils ne peuvent accorder à un débiteur incarcéré son élargissement provisoire, même sous la surveillance d'un garde de commerce, et avec caution de se représenter lorsqu'il en sera requis. En vain on alléguerait que c'est pour faciliter au débiteur les moyens d'accélérer une liquidation qui doit lui fournir de quoi payer ses créanciers. — (*Paris, 6 fév.* 1819, *Sirey, tom.* 19, *pag.* 195).

Les premiers juges, sous le prétexte qu'ils étaient forts de leur conscience sur la bonté de leurs jugemens, étaient disposés à en ordonner l'exécution provisoire ; et les juges supérieurs se rendaient, dans l'exercice de leur autorité, trop faciles à *suspendre* l'effet des jugemens qui leur étaient soumis. Dans ce conflit et dans cette confusion de pouvoirs, chaque partie faisait des efforts ruineux pour obtenir l'exécution provisoire ou la suspension.

Nous sommes loin de ces tems où les magistrats des Cours souveraines, participant à l'autorité législative, croyaient aussi être revêtus d'un pouvoir illimité dans la distribution de la justice. Il suffira pour nos magistrats actuels, qui s'honorent d'être les plus scrupuleux observateurs des règles, de leur exposer celles que le bien public a dictées, pour que ces règles deviennent leur devoir le plus cher et le plus sacré.

Notre Code fait connaître, art. 17, 135, 439, 457 et 458, les cas ou l'exécution provisoire peut être, soit prononcée, soit suspendue. Il simplifie les formes de procéder devant les juges d'appel, relativement à cette exécution ; et s'ils la suspendent sans y être autorisés, l'art. 460 prononce la nullité de leurs jugemens. — (*Exposé des motifs*) (1).

1667. *Les juges d'appel peuvent-ils suspendre l'exécution du jugement, s'il était argué de faux?*

Cette question paraît résolue pour l'affirmative, par la seconde disposition de l'art. 1319 du Code civil.

1668. *Si, hors les cas mentionnés en l'art. 459, les juges d'appel ne peuvent accorder des défenses, peuvent-ils du moins accorder la permission de citer extraordinairement à jour et heures fixes, pour plaider sur l'appel?*

Oui, mais seulement dans le cas où le jugement émane d'un tribunal de commerce : c'est ce qui résulte de l'art. 647 du Code de commerce, qu'il convient de rapprocher de l'art. 460 de celui de procédure.

ARTICLE 461.

Tout appel, même d'un jugement rendu sur une instruction par écrit, sera porté à l'audience, sauf au tribunal à ordonner l'instruction par écrit, s'il y a lieu.

C. de P., art. 95 et suiv., 809.

CCCLXXXII. Il était d'usage, dans les anciens Parlemens, d'appointer à informer par écrit tous les appels des jugemens rendus sur semblable instruction. C'était l'un des abus que l'on reprochait le plus dans l'ancienne procédure, et que notre art. 461 a fait cesser, en disposant que, devant les juges d'appel, comme devant les premiers juges, toutes les affaires devront être portées à l'audience ; en sorte qu'il arrive souvent que, dans les cas où les premiers juges auraient prononcé sur une instruction par écrit, les juges d'appel trou-

(1) Voy. notre Traité des lois d'organisation et de compétence, pag. 29.

vent l'affaire, ou assez éclairée, ou réduite à des points assez simples pour être terminée à l'audience. Il n'est pas besoin d'insister pour démontrer l'avantage que cette innovation procure aux parties, en accélérant la décision souveraine et en économisant les frais.

1669. *Les juges d'appel pourraient-ils, sur de simples conclusions motivées, ordonner qu'une affaire instruite par écrit en première instance, le sera de la même manière en cause d'appel?*

Puisqu'une affaire, quoiqu'instruite par écrit ou jugée sur vu de bureau en première instance, ne doit être ainsi jugée en appel que dans les cas où elle ne serait pas susceptible de l'être d'après les simples plaidoiries des parties, il est indispensable que celles-ci exposent d'abord les faits et leurs moyens.

Il ne suffirait donc pas de demander, par de simples conclusions motivées, par exemple, sur ce que l'affaire présente plusieurs questions de fait dont la décision dépend de longues discussions, que cette affaire soit instruite par écrit, ou que les pièces soient déposées sur le bureau ; il faut plaider, afin de mettre le juge à portée d'en connaître la nécessité. — (*Voy. arrêt de la Cour de Rennes, du* 15 *juillet* 1808).

Il est à observer que si la Cour ordonne un vu de bureau ou l'instruction par écrit, on doit, en conformité de l'art. 470, suivre les formalités prescrites par les art. 93 et suiv. — (*Voy. nos quest. sur ces articles, tom.* 1, *pag.* 236).

ARTICLE 462.

Dans la huitaine de la constitution d'avoué par l'intimé, l'appelant fera signifier ses *griefs* contre le jugement. L'intimé répondra dans la huitaine suivante. L'audience sera poursuivie sans autre procédure.

C. de P., art. 85, 456, 1031.

CCCLXXXIII. Ici, la loi réduit les écritures qui peuvent précéder l'audience à celles qui ont été regardées comme indispensables ; elle défend toute autre procédure qui excéderait les deux écrits qu'elle autorise, et manifeste par là son intention que ces écritures soient réduites à ce qui est de nécessité absolue, en ne donnant que de très-brefs délais pour les fournir.

1670. *L'appelant est-il obligé de signifier un écrit de griefs, sous peine d'être déchu du droit de plaider ces griefs à l'audience?*

Non ; il en est des écrits de griefs et des réponses à ces écrits comme des écrits de défenses et de réponses ; ils sont purement facultatifs : et, en effet, l'art. 470 veut que les règles établies pour les tribunaux inférieurs soient observées dans les tribunaux d'appel. Or, dans ces tribunaux, il est libre aux parties de signifier, soit des défenses, soit des répliques. — (*Voy. nos questions sur les art.* 77, 79 *et* 80 ; *plusieurs d'entre elles peuvent recevoir leur application en appel*).

Il se présente à la vérité une objection contre cette opinion, c'est que l'écrit de griefs intéresse l'intimé, auquel il fait connaître les moyens qu'on entend lui opposer, et qu'il ne connaît d'aucune manière avant l'audience, puisqu'il est constant aujourd'hui, comme nous l'avons établi sur la quest. 1648ᵉ., que l'acte d'appel n'a pas besoin d'être libellé.

Nous répondons que les débats qui ont eu lieu en première instance ont suffisamment instruit l'intimé des griefs que l'appelant peut avoir à lui opposer. Au reste, tous les commentateurs du Code ont professé cette doctrine. — (*Voy. entre autres Pigeau, tom. 1, pag.* 583).

1671. *Pourrait-on, après les délais indiqués, signifier les écrits de griefs ou de réponses?*

Oui, sans doute, puisque le Code ne rappèle ni la forclusion ni la nullité que prononçait l'ordonnance, et qui déjà n'avaient plus lieu dans l'usage, ainsi que l'a remarqué M. Berriat Saint-Prix, pag. 423, not. 73. Mais il est du moins certain que les écrits dont il s'agit seraient rejetés quant à la taxe.

ARTICLE 463.

Les appels de jugemens rendus en matière sommaire seront portés à l'audience sur simple acte, et sans autre procédure. Il en sera de même de l'appel des autres jugemens, lorsque l'intimé n'aura pas comparu.

C. de P., art. 82, 404. — C. de C., art. 684.

CCCLXXXIV. CETTE disposition est une conséquence de celle de l'art. 405, qui veut que les matières sommaires soient jugées à l'audience, après les délais de la citation échus, sur un simple acte, sans autres procédures ni formalités. Les motifs de cet article (*voy. comment., tom. 2, pag.* 50) étaient, à plus forte raison, applicables aux instances d'appel. Ainsi, d'après l'art. 463, si l'appel n'a pour objet qu'une matière sommaire, il suffit que les griefs soient exposés à l'audience. C'est aussi la seule procédure que puissent admettre les tribunaux de première instance, lorsqu'il s'agit des appels des justices de paix, et les Cours d'appel, pour les jugemens des tribunaux de commerce, parce que ces appels sont essentiellement sommaires, par la disposition expresse de la loi. — (*Code de procéd., art.* 404; *Code de comm., art.* 684).

Il en est de même lorsque l'intimé n'a pas, sur l'appel, constitué d'avoué. Il suffit alors que les griefs soient exposés à l'audience; c'est qu'en effet toute écriture est inutile en ce cas.

1672. *Si l'intimé qui n'a pas comparu, c'est-à-dire qui n'a pas constitué avoué, formait opposition à l'arrêt par défaut rendu contre lui, y aurait-il lieu à fournir les écrits?*

M. Delaporte, tom. 2, pag. 22, fait ici une distinction entre les arrêts rendus faute de constitution d'avoué et les arrêts rendus faute de plaider; mais on ne doit considérer que la première hypothèse, d'après l'explication donnée sur la précédente question. Personne ne doutera, sans doute, qu'en cette hypothèse les deux écrits peuvent être fournis, puisque l'acte d'opposition contenant assignation avec constitution d'avoué, place les parties dans le même état où l'art. 462 les suppose.

ARTICLE 464.

Il ne sera formé, en cause d'appel, aucune nouvelle demande, à moins qu'il ne s'agisse de compensation, ou que la demande nouvelle ne soit la défense à l'action principale.

Pourront aussi les parties demander des intérêts, arrérages, loyers et autres accessoires échus depuis le jugement de première instance, et les dommages et intérêts pour le préjudice souffert depuis ledit jugement. (1)

Loi du 3 brum. an 2, art. 7. — C. de P., art. 736. — C. C., art. 547 et suiv., 1146 et suiv., 1289 et suiv., 1728, 1905, 2227. — Suprà, tom. 1, pag. 415, et 751ᵉ. quest.

CCCLXXXV. Aucune demande nouvelle, c'est-à-dire aucune demande qui n'aurait pas été comprise dans l'action introduite en première instance, ne peut être formée en cause d'appel, parce que ce serait franchir ce premier degré de

---

(1) JURISPRUDENCE.

1.° Lorsqu'après jugement de première instance, il intervient transaction entre les parties, et ensuite appel du jugement, la question de savoir si le montant des condamnations qui avaient été prononcées par ce jugement a été compris dans la transaction, n'appartient point aux juges d'appel; autrement, ce serait franchir un degré de jurisdiction, puisque les premiers juges n'en auraient point été saisis. — (Cassat., 16 fév. 1816, Sirey, tom. 16, pag. 159).

2.° On n'est pas recevable à demander sous l'appel que les parties qui ont partagé en vertu d'un jugement attaqué par cette voie, déguerpissent les héritages qui leur sont échus: c'est une demande nouvelle. — (Rennes, 13 fév. 1811).

3.° On ne peut également former, pour la première fois, sous l'appel, une demande en subrogation aux suites d'une saisie immobilière. — (Turin, 24 juil. 1810, Sirey, tom. 11, pag. 51, et infrà, art. 721 et 722).

4.° Mais on peut y demander la séparation des patrimoines, parce que c'est moins une demande nouvelle qu'un moyen nouveau. — (Liège, 10 fév. 1807, Sirey, tom. 7, 2.ᵉ part., pag. 697).

5.° Il en est de même de la demande en annulation d'un testament. — (Grenoble, 25 juil. 1810, Sirey, tom. 11, pag. 377).

6.° Si l'on peut, sous l'appel, former une demande de dommages-intérêts pour le préjudice souffert depuis la prononciation du jugement dont est appel, on ne peut porter une semblable demande pour cause de retards et entraves qui auraient eu lieu avant ce jugement. — (Rennes, 11 mai 1815, et 11 oct. 1817).

7.° Celui qui a demandé, en première instance, la restitution d'une somme d'argent, en se fondant sur ce que cette somme eût été payée sans cause valable, ne peut, en appel, expliquer que ce défaut de cause valable consiste en ce que le défendeur n'est pas enfant légitime, et demander à prouver son illégitimité. C'est là plutôt une demande nouvelle qu'une défense ou justification de la première demande. — (Cassat., 18 avril 1820, Sirey, tom. 22, pag. 224).

8.° Le père d'un enfant naturel qui, sur la demande d'une pension alimentaire dirigée contre lui par la mère, conteste, en première instance, sur la quotité de la pension seulement est non recevable, en cause d'appel, à prétendre qu'il n'est pas le père, et à contester l'état de l'enfant. — (Colmar, 11 mars 1819, Sirey, tom. 20, pag. 153).

9.° Un individu, partie en cause d'appel, ne peut y prendre aucune conclusion contre

jurisdiction, et violer la disposition de la loi du 1er. mai 1790 (1). Mais la loi fait exception pour les cas où il s'agit de compensation, et dans lesquels la demande nouvelle serait défense à l'action principale. Alors, en effet, il est question moins d'une demande que d'exceptions essentiellement différentes de l'action qu'elles ont pour objet de repousser. —'(*Voy.* 1673e. *et* 1677e. *quest.*)

La loi ne regarde point aussi comme demande nouvelle tout ce qui n'est que l'accessoire, et tels sont les intérêts, les arrérages et les loyers échus depuis le jugement de première instance, ou les dommages-intérêts pour le préjudice souffert depuis ce jugement. Ces demandes, qui sont encore essentiellement dépendantes de la contestation portée devant les juges d'appel, peuvent être jugées par eux, sans altérer le principe *tantùm devolutum, quantùm appellatum*, puisqu'en y statuant, ils n'empiètent en rien sur la jurisdiction des premiers juges, qui n'ont pu connaître d'aucun de ces objets, quoique tous relatifs aux demandes principales (2).

1673. *Qu'est-ce que l'on entend par demande nouvelle dans l'art.* 464, *et quels sont en général, et les conclusions que l'on peut prendre en cause d'appel, sans que l'on ait à craindre la fin de non-recevoir résultant de ce que l'article interdit toute demande nouvelle, et les exceptions que cette règle comporte?* Ou, plus généralement, *quel est le sens de l'art.* 464?

Du texte de l'art. 644, il résulte évidemment que toute action qui a pour but essentiel et immédiat de détruire la demande ou les prétentions de la partie adverse, est autorisée, en cause d'appel, quand même on n'en eût pas fait usage devant les premiers juges.

Telle est la règle générale que les auteurs déduisent de la disposition de l'art. 464. — (*Voy. Annales du not., Comm. sur le Code de procéd., tom.* 3, *pag.* 181.)

---

une autre partie qui, respectivement à lui, n'a subi aucune condamnation, et contre laquelle, d'ailleurs, cet individu n'avait pas conclu en première instance. — (*Rennes*, 13 *août* 1843).

10.º On ne peut procéder, en appel, qu'avec les qualités qu'on a prises devant les premiers juges. Ainsi, celui qui, en première instance, a été renvoyé d'une demande formée contre lui en son nom personnel, ne peut être condamné sous l'appel en qualité d'héritier. — (*Bruxelles*, 9 *mars* 1811, *Sirey, tom.* 11, *pag.* 321).

11.º Cependant il est permis à une partie qui a formé, en première instance, une demande, tant en son nom personnel qu'au nom d'un tiers, de restreindre cette demande dans son seul intérêt. — (*Cassat.*, 1.er *sept.* 1813, *Sirey, tom.* 14, *pag.* 67).

12.º On n'est pas recevable à proposer pour la première fois, en appel, des moyens de nullité contre une enquête qui n'a pas été attaquée en première instance. (*Colmar*, 20 *fév.* 1811, *Sirey, tom.* 14, *pag.* 305), ou contre un exploit dont la nullité n'eût pas été relevée en première instance. — (*Cassat.*, 6 *oct.* 1806, *Sirey, tom.* 6, *pag.* 460).

Ces décisions sont une conséquence naturelle et *à fortiori* de l'art. 173, en ce qu'il impose aux parties l'obligation de faire usage des moyens de nullité, avant toute défense ou exception.

(1) Voy. notre Traité des lois d'organisation et de compétence, art. 16.

(2) Ces dispositions de l'art. 464 sont conformes à ce qui était prescrit par les lois romaines : *Per hanc divinam sanctionem decernimus, ut licentia quidem pateat, in exercendis consultationibus, tàm appellatori quàm adversæ parti, novis etiam assertionibus utendi, vel exceptionibus quæ non ad novum capitulum pertinent, sed ex illis oriuntur, ex illis conjunctæ sunt, quæ apud anteriorem judicem nascuntur propositæ.....* — (*Ex lege* 4, *Code de temp. et reparat. appel.*)

Elle est fondée, premièrement, sur ce que l'appel est autorisé non seulement pour remédier aux erreurs ou omissions du juge, mais encore pour réparer celles des parties. — (*Berriat Saint-Prix*, pag. 104, *not.* 4, *pag.* 429, *not.* 98, *et suprà*, pag. 105).

Secondement, sur ce qu'une exception n'est point à proprement parler une demande, et que la défense dérivant du droit naturel, il doit être permis à une partie de l'exercer en tout tems et de la manière qu'elle le juge convenable.

Enfin, cette règle est constamment appliquée par la Cour de cassation, ainsi qu'on peut s'en assurer par les nombreux exemples que renferment les recueils de ses arrêts, et dont nous rappelons les principaux dans la note ci-dessous (1).

---

(1) D'après ces arrêts, il n'y a pas nouvelle demande,

1.° Lorsqu'un cohéritier demande en appel que le demandeur primitif soit tenu de prendre dans la succession des biens autres que ceux qu'il avait réclamés : ce n'est point une nouvelle demande, mais une exception à la demande primitive. — (23 *frim. an* 9, *Sirey, tom.* 1, 2.ᵉ *part.*, *pag.* 283 ; *Berriat Saint-Prix*, *pag.* 430, *not.* 101).

2.° Il en est de même lorsqu'un héritier légitime, qui a soutenu en première instance que le testament où on léguait l'usufruit d'un domaine était nul, produit, en appel, un arrêt dont il résulte que le domaine n'appartenait pas au testateur. — (5 *niv. an* 13, *nouv. Répert.*, *v.°* testament, sect. 3).

3.° Quand, après avoir demandé, en première instance, la rescision d'un contrat de vente pour cause de lésion, l'on conclut, en appel, à la nullité pour défaut de prix. — (*Cassat.*, 2 *juil.* 1806, *Sirey, tom.* 6, 1.ʳᵉ *part.*, *pag.* 353).

4.° Quand un créancier demande, en appel, *la nullité* de l'inscription d'un autre créancier placé avant lui par le jugement d'ordre de première instance. — (16 *oct.* 1808, *Sirey*, 1809, 1.ʳᵉ *part.*, *pag.* 98).

5.° Si, sur une demande en délaissement de biens, à cause de la nullité d'un premier testament, l'héritier produit, en appel, un second testament où il est aussi institué. — (23 *janv.* 1810, *Denevers*, *pag.* 59).

6.° Si, lorsque le premier juge a déclaré une rente hypothéquée aux créanciers de l'intimé, l'appelant propose *une nullité* contre l'inscription. — (6 *juin* 1810, *Denevers*, *pag.* 275).

7.° Quand le vendeur *à réméré*, qui avait fait, pour le rachat, des offres à la nullité desquelles l'acquéreur avait conclu en première instance, demande, sous l'appel, que la vente soit déclarée nulle pour simulation. — (18 *janv.* 1814, *Sirey*, *pag.* 161).

« Considérant, dit la Cour, que le défendeur, en excipant de la simulation de l'acte, » ne formait point une demande nouvelle, dans le sens de l'art. 464 du Code de procé- » dure, mais proposait uniquement cette exception comme moyen de défense à l'action » en délaissement contre lui exercée par le demandeur ».

8.° Lorsque la partie qui a demandé, en première instance, la nullité d'une surenchère sur aliénation volontaire, pour insuffisance de la caution, demande, en cause d'appel, que cette surenchère soit déclarée inadmissible à raison de la nature de la vente, ce n'est pas former *une nouvelle demande*, c'est proposer *un moyen nouveau*. — (*Bourges*, 26 *janv.* 1822, *Sirey, tom.* 22, *pag.* 236).

9.° Lorsqu'une demande est formée sous l'appel afin de détermination, à dire d'experts, du prix d'un bail verbal contesté, elle est exception à la demande principale.

10.° Lorsque la demande principale étant fondée sur la prétention d'une veuve d'être considérée comme renonçante, l'appelant offre de faire preuve qu'elle a diverti les effets de la communauté, et doit être déchue du bénéfice de la renonciation, ce n'est encore là qu'une défense à la demande principale. — (*Rennes*, 11 *août* 1817).

Les motifs de ce dernier arrêt sont particulièrement à remarquer.

Il suit clairement de ces décisions, qu'une demande ne peut être considérée comme véritablement nouvelle, et par conséquent non susceptible d'être formée en appel, qu'autant qu'elle ne peut se rattacher en aucune manière aux conclusions prises en première instance, et limitées à un objet bien clairement déterminé et exclusif de toute autre discussion.

C'est encore ce que prouvent formellement les arrêts qui ont rejeté, comme demandes nouvelles, des conclusions prises pour la première fois en cause d'appel (1). Tous sont motivés sur le défaut de liaison avec la demande primitive jugée en première instance (2).

1674. *Est-ce former une demande nouvelle* que de demander, *pour la première fois, en cause d'appel, et pour cause de dol et de fraude, l'annulation d'un acte qui sert de base aux condamnations prononcées en première instance?*

Cette question a été, à la Cour de Rennes, l'objet d'une discussion approfondie, dans une espèce où il s'agissait de l'appel d'un jugement qui avait déclaré valables des saisies-arrêts apposées en vertu d'un traité passé entre le saisissant et le saisi.

L'intimé opposait que la demande en annulation était une demande nouvelle. L'appelant prétendait, au contraire, qu'il se trouvait dans le cas des différentes espèces auxquelles la Cour suprême a fait l'application de l'exception posée par l'art. 464. — (*Voy.* la note, pag. 211, *et ci-dessous la* not. 2).

Comme cette question est de nature à se reproduire souvent, nous croyons d'autant plus utile de développer les moyens qui militaient en faveur de l'appelant, et que la Cour de Rennes a adoptés en rejetant la fin de non-recevoir,

---

(1) 1.° *Arrêt du* 22 *février* 1809. (*Voy. Sirey, tom.* 9, 1.ʳᵉ part., *pag.* 151). Cet arrêt décide qu'une demande en rescision d'une vente d'immeubles pour fait de lésion, et celle en délaissement des mêmes immeubles pour fait d'impignoration, étaient essentiellement différentes par les résultats que ces actions devaient avoir ; que la dernière ne pouvait être explicitement comprise dans la première, ni être regardée comme un moyen nouveau qui lui servit d'appui, mais qu'elle était elle-même une action principale et indépendante.....

2.° *Arrêt du* 22 *juillet* 1809. (*Voy. Sirey, tom.* 9, 1.ʳᵉ part., *pag.* 394). Un tribunal de commerce n'avait eu à prononcer que sur la nomination de deux arbitres, en remplacement de ceux qui avaient donné leur démission. Sur l'appel, la partie qui avait provoqué ce remplacement forme, pour la première fois, une demande en indemnité de 3,000 fr. La Cour de cassation déclare cette demande non recevable, parce qu'elle n'était ni objet de compensation, ni exception à l'action intentée en première instance. En effet, est-il ajouté dans les considérans, « il est difficile de concevoir comment la régularité ou la » nécessité d'une nomination d'arbitres, aurait pu dépendre de l'adjudication ou du refus » d'une indemnité, ou que l'une de ces demandes pût être considérée comme un moyen » de défense envers l'autre ».

Ces deux arrêts expliquent clairement ce qu'on doit entendre par demande nouvelle et principale : c'est évidemment celle qui diffère entièrement de la première, qui ne peut, en aucune manière, s'y rattacher ; qui forme, en un mot, des procès distincts et séparés, qui n'ont ensemble aucune connexité.

(2) Par suite de ces observations générales, nous allons examiner les diverses questions auxquelles, à notre connaissance, l'application de l'art. 464 a donné ou pu donner lieu, et qui ne se trouvent pas résolues par les propositions énoncées aux notes de la présente. Mais nous ne citerons que les arrêts rendus sous l'empire du Code de procédure. On pourra voir, au Code annoté de M. Sirey, ceux qui ont été rendus par application de la loi du 3 brumaire an 2, et dont on pourrait argumenter par analogie.

que, par arrêt du 14 janvier 1817, la même Cour avait jugé dans un sens contraire.

On a vu que l'action principale sur laquelle les premiers juges avaient eu à prononcer était une demande en validité de saisies-arrêts, apposées en vertu d'un traité intervenu entre parties, et dont ces saisies avaient l'exécution pour objet.

Mais une action en annulation de l'acte qui sert de base à des saisies, est incontestablement le premier et le plus sûr moyen que l'on puisse opposer contre la demande en validité de ces saisies : elle constitue véritablement une exception contre cette demande, qu'elle a pour but de rendre sans effet, et par conséquent elle peut être formée en cause d'appel, non seulement d'après le texte formel de l'art. 464, mais encore d'après les principes admis dans tous les tems. Toujours, en effet, il a été de règle que toute exception péremptoire à laquelle une partie n'a pas formellement renoncé, est proposable en tout état de cause, même sous l'appel. — (*Voy.* Duparc, tom. 9, pag. 85; *le Traité de procéd* ; M. *Thomines*, pag. 11, et suprà, n.ᵒˢ 751 et suiv.)

L'auteur du nouveau Répertoire, v.ᵒ *exception*, tom. 4, pag. 803, s'explique sur ce point de la manière la plus formelle.

« A l'égard des exceptions péremptoires, elles peuvent, dit-il, être proposées » en tout état de cause ; *elles peuvent même l'être sur l'appel, lorsqu'on les a* » *omises en première instance.* »

Et ce qu'il importe de remarquer dans l'espèce de notre question, c'est que l'auteur donne pour exemple de ces exceptions que les parties ne couvrent point par leur silence, précisément les demandes en nullité du titre sur lequel reposerait l'action, et les moyens de dol et de fraude. Il s'exprime ainsi, pag. 802 :

« Les exceptions sont tous les moyens que le défendeur peut opposer contre » le fond de la demande, soit parce que le demandeur est sans titres, ou que » son titre est nul, ou qu'il est le fruit de l'erreur, du dol, de la violence, etc. »

Telle était exactement l'espèce d'exception que les appelans opposaient en appel devant la Cour de Rennes. Il est évident qu'elle n'était pas une défense à l'action principale.

Cependant, pour appuyer la fin de non-recevoir résultant de ce que la demande en annulation eût été une nouvelle demande, on citait un arrêt de la Cour de cassation, du 5 novembre 1807 (*Sirey*, tom. 8, 1ʳᵉ. part., pag. 195), par lequel il a été décidé qu'on ne pouvait, sous l'appel, ajouter à une demande en nullité, une demande en rescision qui n'avait pas été formée devant les premiers juges.

On pouvait en citer un autre du 8 pluviôse an 13, rapporté par Denevers, an 13, pag. 273, lequel a décidé que l'on ne pouvait également ajouter, en cause d'appel, une demande en résiliation d'un bail à une demande en nullité.

Mais ces deux arrêts ne prouvaient rien en faveur de la fin de non-recevoir, et n'ont rien de contraire aux principes que nous venons d'établir.

En effet, dans l'espèce du premier, le demandeur, débouté en première instance d'une demande en nullité de partage, se pourvoit en appel, et joint à ses conclusions principales des conclusions subsidiaires, tendantes à ce que le partage qu'il attaquait fût rescindé pour cause de lésion.

La Cour, « attendu que l'action en rescision pour cause de lésion étant » une action principale, essentiellement distincte de l'action en nullité pour

» cause de dol, puisqu'au contraire elle en suppose la validité, elle aurait dû
» être proposée en première instance, ce que le demandeur n'avait pas fait, »
dit « qu'en se contentant de prononcer sur les conclusions prises en première
» instance, la Cour d'appel n'avait pu contrevenir à aucune loi. »

On voit que, dans cette espèce, la demande en rescision était véritablement
une nouvelle demande qui n'était défense à aucune action, puisque c'était la
partie demanderesse en première instance qui la formait en appel.

Il y avait donc lieu à l'application de la première partie de l'art. 464, et non
pas de la seconde partie, qui pose l'exception pour les demandes nouvelles qui
sont défenses à l'action.

De même, dans l'espèce de l'arrêt de l'an 13, c'était le demandeur en appel
qui ajoutait subsidiairement aux conclusions prises devant le premier juge,
afin de nullité d'un bail, une demande subsidiaire afin de résiliation.

La décision devait être la même que dans le premier cas.

Si, au contraire, sur une action formée en vertu des actes dont il s'agissait,
le défendeur eût opposé en première instance une demande en nullité, et subsidiairement en appel une demande en rescision de ces actes, cette dernière
eût été recevable sans difficulté, d'après la seconde partie de l'art. 464, puisqu'elle eût eu pour objet, comme l'autre, d'écarter l'action du demandeur.

Telle est aussi la jurisprudence de la Cour royale de Rennes.

On citera notamment un arrêt de la secondre chambre, du 18 juin 1814,
rendu dans l'espèce d'une transaction entre cohéritiers.

Le défendeur en avait demandé la nullité en première instance, d'après
des moyens qu'il abandonna en Cour d'appel.

Là, il se bornait à soutenir que la transaction devait être *annulée pour cause
de lésion. On opposait à cette exception l'art.* 464, en ce qu'il interdit toute demande nouvelle en cause d'appel.

Mais la Cour considéra que, si l'exception n'avait pas été proposée en première instance, c'était une simple erreur de la partie, qu'elle devait être admise
à relever en cause d'appel; elle ordonna, en conséquence, la preuve de la lésion, et fit ainsi une juste application de la seconde partie de l'art. 464.

De cette discussion, qui tend à justifier de plus en plus les observations
générales faites sur la précédente question, nous concluons que l'on peut, en
cause d'appel, demander l'annulation d'un titre qui servirait de base au jugement attaqué, et c'est aussi ce que la troisième chambre de la Cour d'appel
de Rennes a jugé dans les termes suivans, par arrêt du 9 août 1817 :

« Considérant que l'art. 464 permet de former en cause d'appel une demande
» nouvelle, lorsqu'elle peut servir de défense à l'action principale, et que cette
» faculté doit s'appliquer particulièrement à des moyens de fraude, encore
» bien que le défendeur n'en ait pas fait usage devant les premiers juges, at-
» tendu qu'ils tendent à écarter l'action dirigée contre lui, et que, par la
» nature même de ces moyens, on peut supposer qu'ils n'ont pas été décou-
» verts plus tôt ».

1675. *Des provisions non demandées en première instance peuvent-elles l'être en
cause d'appel?*

Par arrêt du 14 ventôse an 6, la Cour de cassation a décidé que l'on ne
pouvait, en cause d'appel, former une demande en provision qui n'avait pas

été proposée devant les premiers juges. La troisième chambre de la Cour de Rennes a aussi décidé, le 18 mars 1809, que l'intimé qui prenait des conclusions tendantes à obtenir une provision jusqu'à la reddition d'un compte qu'il prétendait lui être dû par l'appelant, était non recevable en cette demande, attendu qu'il ne l'avait pas formée devant les premiers juges.

Mais il faut remarquer que ces deux arrêts n'ont prononcé de la sorte que par le motif que la cause sur laquelle la demande en provision pouvait être fondée, existait *avant le jugement de première instance.* Nous croyons aussi qu'en semblable circonstance, une demande en provision ne peut être accueillie en cause d'appel, d'après la seconde disposition de l'art. 464, qui ne permet pas de demander, soit des intérêts, arrérages, loyers ou autres accessoires, qu'autant qu'ils sont échus depuis le jugement de première instance, soit des dommages-intérêts, qu'autant que le préjudice a été également souffert depuis ce jugement.

Mais on peut, *à contrario,* conclure de cette disposition que toute demande en provision, formée à raison de besoins qui ne seraient pas nés avant le jugement dont est appel, peut et doit être accueillie par les juges supérieurs; que, par suite de conséquences, ces mêmes juges peuvent aussi, sans réformer le jugement de première instance qui aurait accordé une provision trop faible, adjuger une provision supérieure, vu les circonstances survenues depuis l'instance d'appel. — (*Sirey, tom.* 6, *pag.* 563; *cassat.,* 14 *juill.* 1806 *et* 5 *juill.* 1809, *Denevers,* 1809, *pag.* 281; *et enfin le nouv. Répert., au mot* appel, *pag.* 250). (1)

1676. *Quand une demande nouvelle non recevable a été formée en cause d'appel, la nullité de cette demande est-elle couverte par la défense de l'intimé, qui, plaidant au fond, ne s'en prévaut pas?*

C'est notre opinion, fondée sur ce que cette nullité n'est prononcée que dans

---

(1) C'est à la Cour saisie de l'appel, et non pas aux juges de première instance, que l'on doit former de semblables demandes, attendu qu'elles sont incidentes à l'appel, et forment un accessoire survenu depuis le jugement de première instance. Telle a été la décision de la Cour de Rennes, dans l'espèce d'une demande en provision alimentaire ayant pour objet et la subsistance d'une femme qui avait obtenu la séparation de corps, et celle de sa famille. — (*Rennes,* 2 *mai* 1812).

Mais la femme séparée de corps et de biens ne pourrait, sous l'appel du jugement qui a prononcé la séparation, demander, pour la première fois, que les avantages qu'elle a faits à son mari soient déclarés comme non avenus. Cette demande, en application de l'art. 299 du Code civil, est une demande nouvelle, dont la cause remonte à une époque antérieure à l'appel, et qui conséquemment doit subir, comme toute demande principale, les deux degrés de juridiction. — (*Rennes,* avril 1810).

Si l'intimé prend, sous l'instance d'appel, des conclusions tendantes à obtenir une provision jusqu'à la reddition d'un compte qu'il prétend lui être dû par l'appelant, ses conclusions ne peuvent lui être adjugées lorsqu'elles n'ont pas été établies devant les premiers juges : il doit donc être renvoyé à se pourvoir comme il verra bon être. — (*Rennes,* 18 *mars* 1809).

Cet arrêt nous semble contraire à celui que nous venons de rapporter au numéro précédent, et nous estimons que l'on doit s'en tenir à ce dernier, parce que l'on ne peut dire que la cause de la demande en provision a pris exclusivement naissance avant l'instance d'appel, cette cause renaissant à chaque instant de retard que le compte éprouve.

l'intérêt de la partie contre laquelle la nouvelle demande est formée. C'est aussi ce qui résulte d'un arrêt de la Cour de cassation, du 14 juillet 1806. — (*Voy. Jurisp. du Code civ.*, 1806, pag. 335, *in fine*).

1677. *Si l'on peut, en certains cas, former en appel des demandes nouvelles, ne peut-on pas à plus forte raison y faire valoir des moyens nouveaux, et être admis à y prouver des faits que l'on n'aurait pas posés en première instance?*

C'est une conséquence nécessaire de l'art. 464, en ce qu'il admet les demandes nouvelles qui sont défenses à l'action principale; conséquence d'ailleurs conforme au principe *in appellationibus non deducta deduci, non probata probari possunt*, ainsi que nous l'avons dit quest. 1673.

Ainsi, dit Domat, supplément au Droit public, liv. 4, tit. 8, n°. 6, « on peut, » en cause d'appel, faire tout ce qui peut servir à éclairer le juge sur le prin- » cipal qui a été décidé en première instance. » La Cour de Rennes a fait l'application de ce principe en décidant, par arrêts des 11 et 19 août 1817, qu'on pouvait demander à prouver ce qu'on n'aurait point offert de prouver en première instance, si toutefois les faits ne constituent point une des demandes nouvelles que proscrit l'art. 464.

A la vérité la même Cour, par arrêt du 23 août 1811, a décidé le contraire, sur l'appel d'un jugement rendu par un tribunal de commerce, en se fondant sur le principe que *les appellations se jugent dans l'état*, et en considérant que ce serait contre le vœu de la loi, sur-tout en matière commerciale, que d'admettre, sous l'appel, les parties à la preuve de faits qu'elles n'auraient pas posés devant le premier juge.

Cet arrêt, qui se trouve en opposition avec les autorités citées ci-dessus, nous semble présenter tout à la fois une fausse application du principe qu'il rappelle, et qui ne s'entend en général qu'en ce sens, qu'on ne peut changer l'état de l'instance quant au fond à juger (*voy. infrà sur l'art.* 465), et une contravention à l'art. 464.

Nous remarquerons en outre que, puisqu'il est constant (*voy. suprà n.*^{os} 1673 *et suiv., et cass.,* 12 *frimaire an* 10, *Sirey. tom.* 2, *pag.* 101), que le juge d'appel peut statuer d'après des moyens nouveaux, et sur des exceptions que le défendeur originaire n'aurait pas proposées en première instance, il s'ensuit nécessairement que la partie doit être admise à la preuve de ces moyens et de ces exceptions. (1).

_____

(1) Nous ne dissimulons pas que l'on peut citer quelques arrêts de Cours d'appel, qui sembleraient contrarier notre opinion; mais il nous semble inutile de les discuter (*voy. Code de procéd. annoté, art.* 464), soit parce qu'ils sont rendus dans des espèces où il y avait eu, en première instance, renonciation expresse ou tacite aux exceptions qu'ils ont rejetées, soit parce que nous croyons en avoir suffisamment démontré le peu de fondement, en prouvant la règle générale à laquelle ils sont opposés, et qui d'ailleurs a été consacrée de la manière la plus formelle par un arrêt de la Cour de cassation, du 25 juillet 1817, en ce qu'il décide qu'en cause d'appel on peut alléguer un fait qui n'a point été présenté en première instance, lorsque ce fait constitue seulement un *moyen nouveau* à l'appui de la demande principale. — (*Sirey, tom.* 18, *pag.* 13).

ARTICLE 465.

Dans les cas prévus par l'article précédent, les nouvelles demandes et les exceptions du défendeur ne pourront être formées que par de simples actes de conclusions motivées.

Il en sera de même dans le cas où les parties voudraient changer ou modifier leurs conclusions.

Toute pièce d'écriture qui ne sera que la répétition des moyens ou exceptions déjà employés par écrit, soit en première instance, soit sur l'appel, ne passera point en taxe.

Si la même pièce contient à la fois et de nouveaux moyens ou exceptions, et la répétition des anciens, on n'allouera en taxe que la partie relative aux nouveaux moyens (1) ou exceptions (2).

C. de P., art. 1030 et 1031.

CCCLXXXVI. L'ESPRIT de toutes les dispositions de la loi, concernant l'instruction sur l'appel, est que cette instruction soit dans tous les points d'une grande simplicité. On a voulu faciliter aux parties l'emploi de tous leurs moyens d'attaque ou de défense, sans multiplier en pure perte les instructions et les procédures écrites. C'est dans cette vue que l'art. 465 a été rédigé. Ainsi, en autorisant les parties à changer ou modifier leurs conclusions, parce qu'elles ont le droit de réparer les omissions qu'elles eussent faites devant les premiers juges, la loi défend, soit que l'appel ait été porté à l'audience, soit qu'une instruction ait été ordonnée, de passer en taxe toutes les pièces d'écritures qui ne seraient que la répétition de celles qui eussent été déjà fournies en première instance ou en appel. Elle veut enfin qu'en tous les cas, même lorsqu'il s'agit des demandes nouvelles autorisées par l'art. 465, il ne soit fourni que de simples actes de conclusions motivées. « Il était impossible, disait M. Bigot de Préameneu, » qu'elle prît plus de précautions contre les écritures inutiles. Son observa-» tion dépend sans doute de la vigilance des magistrats ; mais on a pour ga-» rantie le devoir qui leur est imposé, et la crainte qu'ils auraient d'être regar-» dés comme fauteurs des abus. »

1678. *Peut-on répondre aux actes de conclusions qui contiennent les nouvelles demandes et les exceptions ?*

---

(1) Voy., sur cet article, notre Traité des lois d'organisation et de compétence, art. 14, pag. 36 et suiv.

(2) JURISPRUDENCE.

L'art. 465, en prescrivant que les nouvelles demandes et les corrections de conclusions ne pourront être formées que par de simples actes, n'entend point déclarer nulles des corrections qui n'auraient pas été faites par écrit, et qui seraient d'ailleurs constantes. — (*Cassat.*, 1.er sept. 1813, *déjà cité*, *Sirey, tom.* 14, *pag.* 67).

M. Pigeau, tom. 1, pag. 585, pense que ces demandes étant incidentes, on a droit de répondre par un simple acte à celui dans lequel elles sont proposées. Il se fonde sur les dispositions de l'art. 337 et sur celles de l'art. 470, qui porte que les règles établies pour les tribunaux inférieurs seront observées en appel.

1679 *En quel sens est-il permis de changer et modifier les conclusions ?*

Pour concilier avec le principe général que l'on ne peut former, en cause d'appel, des demandes nouvelles autres que celles qui sont autorisées par l'article 464, la disposition de l'art. 465, qui donne aux parties le droit de changer ou modifier leurs conclusions, nous tenons pour certain que ce dernier article doit être entendu en ce sens, qu'il ne permet ces modifications ou changemens qu'autant que les objets auxquels ils s'appliquent se trouvent toujours compris au nombre de ceux qui avaient été réclamés en première instance. En effet, s'il était permis, sans réserve, d'ajouter aux conclusions prises devant les premiers juges, il le serait aussi de former des demandes nouvelles, et les art. 464 et 465 se trouveraient en opposition. — (*Voy. Berriat Saint-Prix*, pag. 428, not. 93). (1)

ARTICLE 466.

Aucune intervention ne sera reçue, si ce n'est de la part de ceux qui auraient droit de former tierce opposition (2).

C. de P., art. 339, 340, 474, 475, 722. — C. C., art. 882, 1166 et suiv., 1447.

CCCLXXXVII. La disposition de l'art. 466 ne se trouvait textuellement établie dans aucune loi antérieure au Code, et elle était essentielle pour prévenir l'abus que la chicane, si féconde en ressources, avait introduit en faisant, pour

---

(1) Il est toujours permis de prendre des conclusions subsidiaires, c'est-à-dire des conclusions qui ne sont qu'une suite ou une modification en moins des conclusions principales. — (*Cassat.*, 22 mai 1822, *Sirey*, tom. 22, pag. 301).

(2) JURISPRUDENCE.

1°. La partie qui demande à intervenir dans une instance d'appel, peut et doit être reçue à le faire, quand elle soutient qu'elle n'a point été appelée en première instance. Cela résulte directement de l'art. 466, qui accorde ce droit à ceux qui pourraient former tierce opposition : or, l'art. 474 accorde cette voie à toute partie qui n'a pas été appelée au jugement. La circonstance que l'intervenant aurait été employé aux qualités du jugement ne saurait opérer une fin de non-recevoir, puisque ce serait se faire un moyen contre lui de la nullité et de la fraude même dont il se plaindrait, et parvenir, par l'effet d'une contravention aux règles de la procédure et au droit de légitime défense, à lui interdire une juste réclamation contre le jugement qui préjudicierait à ses droits. — (*Rennes*, 13 fév. 1818). Cet arrêt a été rendu dans l'espèce où une femme séparée avait été mise, conjointement avec son mari, aux qualités, tant en première instance qu'en appel. On opposait qu'elle ne pouvait être distraite de ces instances pour demander, par voie d'intervention, la nullité des procédures, sans avoir préalablement fait juger le désaveu de ceux qui avaient agi pour elle, et qui avaient notifié l'appel, tant de son mari qu'au sien propre. La Cour a considéré que le désaveu n'était nécessaire que lorsqu'il existait un mandat *exprès* ou

retarder le jugement ou accroître les émolumens, intervenir dans l'instance d'appel de nouvelles parties, ou en empruntant leur nom pour former d'officieuses interventions; ce qui entraînait des incidens et des délais à la faveur desquels on gagnait du tems. (*Voy. Demiau Crouzilhac*, pag. 331). Notre article prévient à jamais cet abus, en disposant qu'aucune intervention ne sera reçue, si ce n'est de la part de ceux qui, n'ayant point été appelés comme parties devant les premiers juges, auraient, par ce motif, le droit de former une tierce opposition au jugement qui aurait été rendu.

Cette disposition est fondée en principe; car, à cette exception près, l'appel ne doit avoir pour objet que la contestation jugée, et elle réunit le double

---

tacite, et qu'ainsi, lorsqu'il n'en existait ni de l'une ni de l'autre de ces espèces, les suites faites au nom de la partie réclamante étaient nulles. Et en effet, on ne pouvait ici considérer comme opérant mandat tacite la remise à l'avoué de première instance d'un exploit notifié au mari et à la femme conjointement, puisqu'ils devaient être assignés par acte séparé. (*Voy. suprà, tom.* 1, *pag.* 177, *à la not.* 13.°, *nota*). D'un autre côté, l'appel, pour être valablement interjeté au nom de la femme, devait être revêtu de son autorisation par signature ou par procuration particulière et spéciale. Telles ont été les raisons pour lesquelles la Cour l'admit à intervenir, en la distrayant de l'instance sous les qualités dans lesquelles on l'y faisait figurer.

3.° Les créanciers d'un failli qui n'ont point expressément acquiescé au concordat revêtu d'un nombre de signatures suffisant pour le faire homologuer, et contre lesquels l'homologation définitive n'a point été prononcée, peuvent se pourvoir, soit par intervention, soit par tierce opposition, contre les jugemens rendus avec les syndics. — (*Code de comm.*, art. 523, 524; cassat., 14 mars 1810, Sirey, tom. 10, pag. 219).

4.° Un créancier peut intervenir, sous l'appel, dans une instance d'ordre. — (*Rennes*, 29 août 1814).

5.° Le jugement intervenu sur l'opposition du créancier d'une faillite au premier jugement qui fixait l'ouverture, est attaquable par la voie d'appel, encore que le créancier ait fait vérifier sa créance depuis le second jugement. La vérification des créances ne rend les créanciers non recevables que dans l'opposition au premier jugement. — (*Cassat.*, 7 avril 1819, Sirey, tom. 19, pag. 432).

6.° Le créancier à qui un immeuble est affecté par antichrèse, est recevable à intervenir dans une instance en nullité de la vente faite postérieurement à l'antichrèse. — (*Cassat.*, 7 mars 1820, Sirey, tom. 20, pag. 290).

7.° Un créancier ne peut intervenir, en cause d'appel, dans un procès où son débiteur est partie, attendu qu'il ne serait pas reçu à former tierce opposition, et qu'il ne peut attaquer un jugement rendu contre son débiteur, qu'autant qu'il y aurait collusion entre ce dernier et la partie qui aurait obtenu gain de cause contre lui. — (*Rennes*, 21 juin 1817).

8.° Lorsqu'une instance a été introduite au nom d'un mineur par le subrogé tuteur, le tuteur peut intervenir en cause d'appel, soit qu'il ait des droits *connexes* à ceux du mineur, soit qu'il n'ait d'autre objet que de défendre les intérêts personnels du mineur. — (*Cassat.*, 27 mai 1818, Sirey, tom. 19, pag. 121).

9.° Quoique l'acquéreur soit l'ayant-cause du vendeur, il n'est représenté par ce dernier dans aucun des procès postérieurs à la vente, qui peuvent avoir pour résultat l'éviction de la chose vendue : il a donc le droit d'intervenir dans le procès, comme il peut former tierce opposition aux jugemens qui sont rendus sans l'avoir appelé.

Ainsi, l'acquéreur d'un immeuble dotal peut intervenir dans l'instance en séparation de biens formée contre le mari, et dont l'effet serait de donner à la femme le droit de révoquer l'aliénation de sa dot, comme il pourrait attaquer, par la voie de la tierce opposition, le jugement de séparation lors duquel il n'aurait pas été appelé. — (*Cassat.*, 28 janv. 1810, Sirey, tom. 11, pag. 28).

avantage d'éloigner de la cause toute personne qui n'y viendrait que pour en prolonger et compliquer la discussion, et d'épargner aux parties les longueurs et les frais que leur causerait un nouveau procès sur la tierce opposition (1).

1680. *Suffit-il, pour qu'une partie soit admise à intervenir en cause d'appel, qu'elle ait droit de former tierce opposition à l'arrêt d'appel, sans qu'il soit nécessaire qu'elle attaque le jugement de première instance?*

La Cour d'appel de Turin a jugé cette question pour l'affirmative, par un arrêt du 19 août 1807, rapporté par M. Sirey, tom. 9, 2ᵉ. part. pag. 118. Elle a considéré que l'art. 466 ne faisait aucune distinction entre la tierce opposition qui peut être formée contre le jugement de première instance, et celle qui pourrait avoir lieu contre l'arrêt à prononcer sur l'appel; d'où suit qu'il suffit d'avoir le droit de former opposition à cet arrêt, pour avoir celui d'être reçu intervenant en l'instance d'appel, sans qu'il soit nécessaire de réclamer contre le jugement des premiers juges.

Il suffit donc, pour qu'une partie puisse intervenir sur l'appel, qu'elle ait droit de former tierce opposition, soit au jugement de première instance, soit à l'arrêt d'appel.

1681. *Celui qui n'est pas créancier* ACTUEL DU MARI, *mais qui a contre lui des droits* ÉVENTUELS *auxquels la séparation de biens demandée sans fraude, par la femme, pourrait porter préjudice, a-t-il le droit d'intervenir, quoique le mari défende lui-même à cette demande?*

On pourrait dire, pour la négative, que l'art. 1447 du Code civil semble n'autoriser un tiers à intervenir dans une instance en séparation de biens, qu'autant qu'il est créancier actuel du mari; qu'aux termes du même article, c'est dans le cas seulement où la séparation serait provoquée *en fraude des droits des tiers intéressés,* que leur intervention pourrait être admise, et que cette fraude n'est pas présumable, quand le mari s'oppose lui-même à la séparation.

Mais la Cour de cassation, par arrêt du 28 juin 1808, section des requêtes (*voy.* Denevers, 1810, pag. 501), vu *la généralité* des termes des art. 466 et 474, a considéré qu'un créancier, même *éventuel,* a le droit de pouvoir un jour former une tierce opposition au jugement de séparation de biens de son débiteur, et, par une conséquence nécessaire, elle a jugé qu'il devait être reçu intervenant dans l'instance d'appel relative à cette séparation (2).

1682. *Peut-on, en cause d'appel, forcer d'intervenir la partie qui aurait droit de former tierce opposition?*

---

(1) Aux termes de la loi du 3 brumaire an 2, qui proscrivait les nouvelles demandes, on n'admettait l'intervention dans le droit intermédiaire qu'autant qu'elle avait pour objet d'adhérer aux conclusions des parties. — (*Cassat.,* 20 *therm.* an 13, Sirey, tom. 10, pag. 484).

(2) C'est ainsi encore que la même Cour a jugé, par arrêt du 27 mars 1822, que l'enfant du premier lit peut intervenir dans une instance introduite par sa mère remariée, et tendante à obtenir la réduction des avantages indirects faits par elle à son second époux, bien que le droit de l'enfant à la réduction soit éventuel et subordonné au décès de l'époux donateur. — (*Sirey, tom.* 22, *pag.* 342).

Cette question a été jugée pour l'affirmative par la Cour de cassation, le 20 brumaire an 13 et le 13 octobre 1807. (*Voy. Sirey*, 1808, *pag.* 304). « En effet, disait M. le procureur général Meilin, le droit qu'a d'intervenir en cause d'appel la partie qui pourrait attaquer, par voie de tierce opposition, le jugement à rendre, entraîne nécessairement, pour les parties principales, le droit de la forcer d'intervenir effectivement, lorsqu'elle ne le fait pas d'elle-même. L'un est absolument corrélatif à l'autre; et d'ailleurs quel tort fait-on à cette partie, en la mettant en cause d'appel? La prive-t-on d'un premier degré de jurisdiction? Non, assurément; car si, sur l'appel, elle n'était pas mise en cause, et qu'elle usât ensuite de son droit de former tierce opposition à l'arrêt, elle devrait porter sa tierce opposition devant la Cour d'appel, et elle ne pourrait la porter ailleurs : on ne fait donc, en la mettant en cause, que hâter le moment de sa comparution directe et immédiate devant la Cour d'appel. » — (*Voy. notre quest.* 1271.*, tom.* 1, *pag.* 798).

C'est ainsi que nous avions résolu cette question au n°. 1535 de notre Analyse.

Dans notre Traité et Questions, nous avons ajouté un troisième arrêt de la même Cour, en date du 18 août 1807 (*Sirey, tom.* 8, *pag.* 553), lequel consacre la même doctrine, en ce qu'il déclare que celui qui intervient devant une Cour d'appel ne peut invoquer en sa faveur la règle des deux degrés de jurisdiction, encore qu'il ne soit intervenu *qu'après sommation.* Il existe enfin un arrêt de la Cour de Florence, du 1er. février 1811 (*Sirey, tom.* 14, *pag.* 388), et un autre de la Cour de Colmar, du 9 novembre 1810 (*voy. Journ. des avoués, tom.* 3, *pag.* 298), qui décident de la même manière (1); et nous croyons, en conséquence, notre solution à l'abri de toute difficulté. Cependant on verra par la note ci-dessous les raisons pour lesquelles la Cour de Rennes a semblé rejeter cette doctrine (2).

---

(1) En rapportant cette dernière décision, M. Coffinières la justifie par l'une des raisons que nous avions données dans notre Analyse. « D'après l'art. 466, dit-il, l'intervention sur » l'appel peut être formée par ceux qui pourraient prendre la voie de la tierce opposition; » et il doit en être ainsi de la mise en cause, qui n'est qu'une intervention provoquée » par l'une des parties avec lesquelles l'instance est engagée. D'ailleurs, le tiers mis en » cause ne peut se plaindre de ce qu'on le prive d'un premier degré de jurisdiction, puis- » qu'en prenant spontanément la voie de la tierce opposition contre l'arrêt (la seule qui » lui soit ouverte), il devrait se pourvoir devant la Cour d'appel, aux termes de l'ar- » ticle 475 ».

(2) Quoique ces autorités et ces raisons eussent été invoquées devant la Cour de Rennes, elle a néanmoins rejeté la doctrine qu'elles tendent à établir, et a considéré, par arrêt de la 1.re chamb., du 27 juillet 1818, « que la règle des deux degrés de jurisdiction était un » principe général auquel on ne peut admettre d'autres exceptions que celles qui sont for- » mellement consacrées par la loi, laquelle, en quelque cas que ce soit, n'autorise des » *interventions forcées* ».

Il est à remarquer que la Cour, dans cet arrêt, reconnaît que quelques auteurs ont accrédité ce système d'intervention forcée, dont, ajoute-t-elle, le Code ne fournit aucun exemple; mais, dans l'espèce qui lui était soumise, elle déclare que ces auteurs *limitent cette singulière faculté* au cas où la personne qu'on veut forcer d'intervenir serait recevable à former tierce opposition au jugement; circonstance qui ne se présentait pas dans cette

1683. *Un tiers peut-il intervenir dans une instance de péremption?*

Sur cette question, nous rappellerons le principe posé *suprà*, n°. 1444, que la demande en péremption constitue une action principale et introductive d'une instance absolument distincte de celle qu'elle tend à faire juger éteinte. Or, comme d'après l'art. 466, ceux-là seuls peuvent intervenir qui auraient droit de se pourvoir par tierce opposition contre l'arrêt à rendre, il s'ensuit rigoureusement que l'intervention d'un tiers qui n'a point été partie dans l'instance périmée, ne peut être admise.

En effet, ce tiers ne pourrait former tierce opposition contre l'arrêt qui déclarerait l'instance périmée, parce que ce genre de pourvoi n'est ouvert qu'à la partie qui n'a pas été appelée au jugement, quoiqu'elle eût intérêt au procès. — (*Voy. nos quest. sur l'art.* 474).

Or, d'après la nature et les effets d'une demande en péremption, on ne peut concevoir que d'autres personnes que les parties en cause dans l'instance dont il s'agit de prononcer l'extinction, puissent être réputées intéressées dans cette demande, et la raison en est sensible : la cause ou le motif de la demande en péremption est un *fait*, celui de la discontinuation des poursuites de la part de l'appelant défendeur à cette demande ; mais ce fait n'est imputable qu'à ceux qui, au moment où la demande est formée, reçoivent cette qualité de défendeurs : donc, quiconque est étranger à ce même fait, ne pourrait se rendre tiers opposant au jugement qui admet la péremption, et par une conséquence nécessaire de l'art. 466, il ne peut intervenir dans l'instance qui a pour objet l'obtention de ce jugement (1).

espèce, par la raison que le jugement attaqué ne portait aucun préjudice à la partie que l'on intimait sous l'appel.

Sous ce dernier rapport seulement, nous croyons l'arrêt bien rendu ; mais nous persistons à penser que l'on peut forcer à intervenir sous l'appel toute partie qui serait bien fondée à se rendre tierce opposante.

(1) S'il en était autrement, on contreviendrait à tous les principes de la matière ; car l'intervention est la voie indiquée pour se rendre partie dans un procès, pour y avoir qualité, comme demandeur ou défendeur : intervenir, c'est donc prouver que l'on n'a pas encore cette qualité, que l'on n'est pas partie dans l'instance ; et puisqu'il faut nécessairement l'avoir été pour agir en demandant une péremption ou en défendant à cette demande, il impliquerait que l'intervention fût admise.

En second lieu, l'on ne peut valablement se pourvoir par tierce opposition qu'autant que l'on prouve souffrir un préjudice réel du jugement, et par conséquent, avoir un intérêt direct à la cause dans laquelle il a été rendu ; mais il est impossible qu'un jugement ou un arrêt qui déclare une péremption acquise porte préjudice aux droits d'un tiers qui ne serait pas partie dans l'instance à périmer, car le préjudice ne pourrait résulter que du prononcé même de l'arrêt ou du jugement qui jugerait quelque chose de relatif aux droits de ce tiers, et qui pourrait lui être opposé ; mais un jugement de péremption ne *juge* et ne *préjuge* rien, *même en appel*, contre les droits d'un individu qui n'a été partie ni dans l'instance périmée, ni dans l'instance de péremption. Si la conséquence directe et nécessaire de la loi est, suivant l'art. 469, de donner au jugement attaqué l'autorité de chose jugée, c'est, comme le dit M. Merlin, v.° *tierce opposition*, § 6, *res inter alios acta, quæ aliis præjudicare non potest* : maxime qui se trouve en toutes lettres dans l'art. 1351 du Code civil, et à laquelle, ajoute l'auteur, le Code de procédure n'a dérogé ni pu déroger. Le tiers peut donc toujours se pourvoir par action principale, pour obtenir, dans son intérêt,

1684. *Cette décision s'applique-t-elle même au cas où le tiers interviendrait dans l'instance principale, mais après la signification de la demande en péremption ?*

Oui, attendu qu'une fois la demande en péremption formée, on ne peut faire valablement aucun acte concernant l'instance que cette demande tend à faire déclarer éteinte. Cette instance reste donc arrêtée au point où elle était ; car si les parties elles-mêmes ne peuvent, aux termes de l'art. 399, signifier valablement aucun acte relatif à cette instance, à plus forte raison un tiers ne peut-il rien changer à l'état où elle se trouvait au moment de la demande. La raison s'en tire de ce que dit M. Pigeau, tom. 1, pag. 449, « que la pé- » remption est irrévocablement acquise à l'instant même de la demande ; que » le jugement à intervenir n'accorde pas de droit à celui en faveur duquel il » prononce ; qu'il ne fait, enfin, que déclarer que le droit lui était précédem- » ment acquis. »

Ainsi, dès que la demande est formée, la présomption légale est pour l'extinction de l'instance ; le jugement ne fait que convertir cette présomption en certitude : donc, sous aucun rapport, dans aucune hypothèse, l'intervention n'est recevable dans une instance de péremption.

ARTICLE 467.

S'il se forme plus de deux opinions, les juges plus faibles en nombre seront tenus de se réunir à l'une des deux opinions qui auront été émises par le plus grand nombre.

C. de P., art. 117 et 118. — Réglem. du 30 mars 1808, art. 35.

CCCLXXXVIII. L'APPEL se termine par un jugement, à moins qu'une longue inaction ait fait présumer le désistement duquel résulte la péremption. (*Voy. art. 469*). S'il y a jugement, la loi règle qu'il sera rendu à la majorité des voix, et elle prévoit la difficulté qui s'élèverait, s'il se formait plus de deux opinions. En ce cas, elle indique comment les juges doivent se réunir, pour qu'il n'y ait plus que deux opinions, entre lesquelles le plus grand nombre de voix prévale. Quelques anciennes ordonnances y avaient pourvu de la même manière. — (*Voy. au tom. 1, pag. 266, nos quest. sur l'art. 117.*)

1685. *La disposition de l'art. 117, qui veut que les juges plus faibles en nombre*

---

un jugement contraire aux effets qui résulteraient, contre les parties qui ont laissé périmer une instance, de l'arrêt qui l'a déclarée périmée.

Cet arrêt d'ailleurs ne peut statuer en aucune manière sur les droits d'autrui ; il déclare uniquement le fait de la discontinuation des poursuites, et prononce en conséquence la péremption que la loi en fait dépendre ; il ne statue pas même sur la nullité du jugement attaqué, qui n'acquiert force de chose jugée que par la volonté du législateur, et non par la décision du juge, et qui ne l'acquiert que contre les personnes qui étaient parties dans l'instance périmée.

Nous nous croyons donc bien fondé à conclure que ceux-là seuls peuvent intervenir dans l'instance de péremption, qui sont parties dans l'instance discontinuée, et c'est aussi ce que la Cour royale de Rennes a jugé par l'arrêt du 16 juin 1818, cité n.° 1436.

ne soient tenus de se réunir à l'une des deux opinions de la majorité qu'après un second tour d'opinions, est-elle applicable en cause d'appel?

On peut remarquer que les dispositions de l'art. 467 sont les mêmes que celles de l'art. 117, si ce n'est qu'elles ne prescrivent point la précaution que nous venons de rappeler; mais cette précaution n'en est pas moins dans leur esprit, et d'ailleurs l'art. 35 du décret du 30 mars 1808 la rend expressément commune aux juges d'appel.

ARTICLE 468.

En cas de partage dans une Cour royale, on appèlera, pour le vider, un au moins ou plusieurs des juges qui n'auront pas connu de l'affaire, et toujours en nombre impair, en suivant l'ordre du tableau; l'affaire sera de nouveau plaidée, ou de nouveau rapportée, s'il s'agit d'une instruction par écrit. (1)

C. de P., art. 118.

CCCLXXXIX. La loi devait encore prévoir, et elle l'a fait par les dispositions de l'art. 468, le cas où il y aurait partage entre les juges; elle veut qu'on appèle, pour le vider, un ou plusieurs juges n'ayant pas connu de l'affaire, et toujours en nombre impair et suivant l'ordre du tableau. Enfin, dans le cas où tous les juges auraient connu de l'affaire, trois anciens jurisconsultes sont appelés. Il est sensible qu'au moyen de cet ordre, tout arbitraire est anéanti, et qu'il ne peut arriver qu'il se forme un second partage.

1686. *Quels sont les avocats auxquels appartient le titre* D'ANCIENS JURISCONSULTES, *et qui, conséquemment, peuvent être appelés pour vider un partage?*

L'art. 468 du Code de procédure ne s'expliquant point sur cette question, nous croyons qu'elle doit être résolue d'après la disposition de l'art. 495, qui porte que la consultation exigée pour la requête civile sera signée par trois avocats exerçant depuis dix ans au moins, et d'après celle de l'art. 7 de l'ordonnance du 20 novembre 1822, qui paraît n'attribuer ce titre d'*anciens* qu'à ceux qui ont au moins ces dix années d'exercice.

_____

(1) JURISPRUDENCE.

1.º Un arrêt rendu sur partage est nul, si les conseillers appelés à vider le partage ne l'ont pas été *suivant l'ordre du tableau*, si, d'ailleurs, cet ordre a pu être suivi. A défaut d'énonciation, dans l'arrêt, des motifs d'empêchement des conseillers désignés par l'ordre du tableau, il n'y a point de présomption d'empêchement légitime. — (*Cassat.*, 4 juin 1822, *Sirey, tom.* 22, *pag.* 254).

2.º Une Cour royale constituée en audience solennelle doit nécessairement être composée d'un nombre de juges plus grand que celui des audiences ordinaires. Ainsi, une Cour qui juge ordinairement au nombre de sept juges, peut, en cette circonstance, ajouter quatre avocats comme suppléans. — (*Cassat.*, 8 déc. 1813, *Sirey, tom.* 14, *pag.* 121).

3.º Lorsqu'un juge qui a concouru au partage ne peut coopérer au jugement en définitive, on doit, pour vider le partage, appeler de nouveaux juges en nombre pair, afin qu'il ne puisse y avoir lieu à un nouveau partage. — (*Cassat*, 12 avril 1810, *Sirey, tom.* 10, *pag.* 234).

Il faut remarquer ici que l'art. 35 du décret précité interdit aux avocats qui n'auraient pas d'excuses ou d'empêchement, le refus de suppléer les juges et les officiers du ministère public dans les cas déterminés par la loi.

ARTICLE 469.

La péremption en cause d'appel aura l'effet de donner au jugement dont est appel la force de chose jugée (1).

C. de P., art. 397 et suiv., et 466.

CCCXC. LA péremption, comme nous l'avons dit au commentaire de l'article 467, peut terminer définitivement le litige, avant que les juges aient prononcé. Elle s'acquiert, en cause d'appel, dans les mêmes délais et suivant les mêmes formes que devant les premiers juges (voy. art. 397), sauf cette différence, qu'en première instance, la procédure est éteinte et non l'action, à moins qu'elle ne soit prescrite ou autrement anéantie, tandis que, s'il y a péremption sur l'appel du jugement, la partie condamnée étant présumée avoir renoncé à son pourvoi, ce jugement acquiert dès lors la force de la chose jugée. La raison en est qu'au moment où la péremption peut être acquise, les délais de l'appel sont expirés depuis long-tems.

1687. *La péremption d'instance sur l'appel est-elle couverte par un acte extrajudiciaire, qui a pour objet l'exécution du jugement du tribunal de première instance; par exemple, par un commandement ou par une opposition à ce commandement?*

On pourrait invoquer, pour l'affirmative, la disposition générale de l'art. 399. Mais on répondrait, avec M. Coffinières, que si le législateur attache à la signification d'un acte l'effet de couvrir la péremption, c'est parce qu'il suppose qu'au moyen de cet acte, les parties ont reconnu que l'instance subsistait encore. Or, loin qu'on puisse induire une telle reconnaissance des actes par lesquels l'intimé poursuivrait l'exécution du jugement, on doit en conclure, au contraire, qu'il agit comme si l'instance n'existait pas, et que, conséquemment, il conserve encore la faculté de la faire déclarer périmée. C'est pourquoi la Cour de Turin, par arrêt du 5 avril 1811 (voy. *Journ. des avoués, tom. 4, pag.* 292), a déclaré qu'un commandement et une opposition à cet acte ne pouvaient interrompre la péremption, attendu, lit-on dans les considérans, qu'ils ne sont point des actes faits pardevant la Cour, ni relatifs à l'appel.

---

(1) JURISPRUDENCE.

Comme dans les matières civiles, la péremption a lieu devant les Cours d'appel jugeant en matière commerciale. — (*Riom*, 16 juin 1818, *Sirey, tom.* 19, *pag.* 22).

NOTA. Cet arrêt ne détruit point la solution donnée *suprà*, quest. 1411.°, pag. 5, laquelle ne s'applique qu'aux affaires pendantes au premier degré de jurisdiction. L'art. 469 ne faisant aucune distinction, et posant une règle absolue pour les instances d'appel, et, d'un autre côté, l'art. 548 du Code de commerce renvoyant, pour ces instances, aux règles et procédures tracées par le liv. 3 du Code de procédure, il y a des raisons de décider, à leur égard, tout autrement que pour les affaires à juger en première instance.

1688. *La péremption de l'instance d'appel éteint-elle l'action, lorsqu'il s'agit d'une demande nouvelle formée dans le cours de cette instance ?*

Nous estimons que cette question doit être résolue pour la négative, attendu que l'art. 469 ne donne à la péremption que l'effet de donner au jugement appelé l'autorité de la chose jugée : il faut donc, attendu que les dispositions rigoureuses ne peuvent s'étendre d'un cas à un autre, en revenir à la règle générale de l'art. 401. Ainsi, lorsque la Cour a prononcé la péremption de l'instance d'appel, quant au jugement, et qu'elle se trouve par là dessaisie, tant du principal qui est terminé, que de l'accessoire qui est la demande nouvelle, laquelle reste à juger, on peut reporter cette demande en première instance devant le juge compétent.

1689. *L'appel qui a suspendu le cours de la prescription d'un jugement attaqué étant réputé non avenu par suite de la péremption, ne s'ensuit-il pas que la partie, loin d'avoir intérêt à demander la péremption, lorsque le laps de tems déterminé pour l'opérer se trouverait écoulé, se porterait préjudice en formant cette demande ?*

On a prétendu que, d'après l'art. 401, la péremption rendant absolument comme non avenus tous les actes de la procédure périmée, et par conséquent l'acte d'appel, tandis que, d'un autre côté, l'art. 2247 du Code civil porte qu'elle a le même effet relativement à l'interruption de la prescription opérée par l'assignation, il s'ensuivait que le demandeur en péremption allait contre ses propres intérêts, en formant sa demande en péremption.

Ce maintien n'est qu'une erreur ; et d'abord parce que l'art. 469, en donnant au jugement dont est appel l'autorité de la chose jugée, sans distinction ni exception, pour le cas où la prescription du jugement pourrait être acquise, il s'ensuit que cet article place l'appelant dans la même position que si le jugement attaqué avait été confirmé : d'où suit qu'il ne peut plus invoquer la prescription de ce jugement ;

2°. Parce que l'art. 401 n'a rapport qu'au cas qu'il prévoit, celui d'une nouvelle instance qui serait introduite après la péremption de la première ; hypothèse qui ne peut se présenter en cause d'appel, puisque la péremption donne au jugement l'autorité de la chose jugée : donc on ne peut argumenter de la disposition de cet article, pour soutenir que la péremption ayant annulé l'appel, l'interruption de la prescription qu'il avait opérée doit être réputée non avenue ;

3°. Parce que la disposition de l'art. 2247 du Code civil ne prononce évidemment que dans l'intérêt du défendeur, et contre le demandeur qui laisse périmer l'instance, et qu'elle punit de sa négligence à poursuivre, en déclarant que l'interruption de la prescription opérée en sa faveur par sa demande sera réputée non avenue ;

4°. Enfin, parce que, s'il en était autrement, il y aurait une contradiction évidente entre les art. 401 et 469 du Code de procédure, et l'art. 2247 du Code civil, en même tems que la péremption se trouverait par le fait interdite au défendeur, puisqu'elle lui serait préjudiciable.

Il suffira, sans doute, de ces simples observations, pour démontrer le vice du raisonnement sur lequel on essaierait d'appuyer la solution affirmative de la question que nous avons posée.

1690. *Mais y aurait-il lieu à faire droit dans la demande de péremption, s'il était démontré que le jugement ne peut exister, parce que la loi aurait anéanti, par exemple, toute instance et tout jugement sur la matière à laquelle se rapporterait celui qui aurait été attaqué par voie d'appel?*

La négative a été soutenue, devant la Cour de Rennes, dans l'espèce de l'arrêt du 16 juin 1818, cité *suprà*, n°. 1436, attendu que le jugement attaqué avait, prétendait-on, prononcé sur un terrain communal usurpé par la puissance féodale. Or, les lois de la révolution ayant déclaré éteintes toutes instances sur semblables contestations, il s'ensuivait, disait-on, que la demande en péremption était *frustratoire*, et ne pouvait être accueillie, puisque le jugement devant être réputé non avenu, il ne pouvait recevoir l'autorité de chose jugée résultant de la péremption.

Pour se convaincre du peu de fondement d'un semblable moyen, il suffit de rappeler ce que nous avons eu occasion de remarquer plusieurs fois, que la demande en péremption est essentiellement distincte de celle qui a introduit l'instance prétendue périmée, puisqu'il n'y a, comme l'a déclaré la Cour de cassation (*arrêt du 5 janvier 1818, Sirey, tom. 18, pag. 120, et supra, n°. 1428*), *nec eadem res, nec eadem causa petendi*.

Il suit de là, sans contredit, que l'on ne peut, dans l'instance de péremption, agiter aucune question relative à la contestation prétendue périmée; autrement, on confondrait deux objets et deux causes de demandes essentiellement distincts, indépendans et appartenant à deux instances différentes.

L'art. 1351 du Code civil vient d'ailleurs prêter une nouvelle force à ces observations, en ce qu'il dispose que l'autorité de la chose jugée n'a lieu qu'à l'égard de ce qui a fait l'objet du jugement; qu'il faut que la chose demandée soit la même, et que la demande soit formée pour la même cause. Il y a donc deux actions toutes les fois qu'il y a différence, soit entre l'objet, soit entre la cause d'une demande : or, c'est précisément ce qui a lieu en cas de péremption.

Le demandeur a-t-il qualité pour former la demande en péremption; autrement, était-il défendeur ou intimé dans le premier procès ? A-t-il valablement formé ou notifié sa demande ? Le laps de tems fixé par la loi s'est-il écoulé sans poursuites ? La péremption a-t-elle été couverte par des actes valables? Serait-elle prématurément formée? Voilà tout ce que l'on peut agiter dans cette nouvelle instance. Toute fin de non-recevoir qui ne se rapporte pas à l'un de ces objets, et qui tendrait à écarter la demande introductive du procès périmé, n'est pas recevable, quelque bien fondée qu'elle fût : les juges n'ont point à s'occuper des résultats.

Ainsi, en cause d'appel, on prétendrait vainement soutenir, par des moyens du fond, que le jugement attaqué ne pourrait être confirmé; qu'il est anéanti soit par prescription de l'action sur laquelle il statue, soit autrement; dans tous ces cas, le juge doit prononcer la péremption, et n'a point à s'inquiéter de ce que son effet est d'attribuer au jugement la force de la chose jugée; puisque ce n'est pas lui qui la prononce, mais la loi.

ARTICLE 470.

Les autres règles établies pour les tribunaux inférieurs seront observées dans les tribunaux d'appel.

T., 70. — C. de C., art. 648. — *Suprà*, art. 141.

1691. *Comment l'application de l'art. 470 doit-elle être faite?*

Elle doit être faite en ce sens que les règles propres aux tribunaux inférieurs doivent être suivies devant les tribunaux d'appel, à l'exception de celles auxquelles, soit le livre que nous expliquons, soit certains articles du Code de procédure (*voy., par exemple, l'art.* 368), ou du Code civil (*voy., par exemple, art.* 291, 292, 357 *et* 358), auraient expressément dérogé, ou de celles encore dont l'application résisterait aux principes de la matière. — (*Voy., par exemple, les art.* 391 *et suiv.*)

ARTICLE 471.

L'appelant qui succombera, sera condamné à une amende de 5^f, s'il s'agit du jugement d'un juge de paix, et de 10^f, sur l'appel d'un jugement de tribunal de première instance et de commerce.

T., 90. — C. de P., art. 374, 390, 479, 500, 513, 516, 1029.

CCCXCI. On a toujours regardé comme nécessaire de réprimer par des amendes les divers recours exercés contre les jugemens, lorsque ces recours sont dénués de moyens légitimes ; et, en effet, la partie qui se pourvoit accuse implicitement les premiers juges d'erreurs ou d'injustice. Si c'est à tort qu'elle attaque leur décision, il est juste qu'elle supporte la peine de la témérité de son pourvoi.

1692. *L'amende prescrite par l'art.* 471 *doit-elle être consignée avant le jugement ou l'arrêt à intervenir sur l'appel?*

Oui, d'après l'art. 90 du tarif; mais cet article paraît ne pas imposer cette obligation pour les matières sommaires. Cependant une décision du ministre des finances, du 12 septembre 1809 (*voy. Sirey, tom.* 10, 2e. *part., pag.* 12), prescrit la consignation en toute matière. C'est en ce sens aussi que la Cour de cassation s'était prononcée, par arrêt du 8 mai de la même année. — (*Voy. Sirey, tom.* 9, *pag.* 253).

On remarquera que nous nous bornons à dire que l'amende doit être consignée avant le jugement ou l'arrêt d'appel : il n'est donc pas nécessaire qu'elle le soit avant l'appel, ni que la quittance soit notifiée au moment même où il est interjeté, ainsi que les art. 494 et 495 l'exigent pour la requête civile. C'est aussi ce qu'a décidé M. le conseiller d'état directeur général de l'enregistrement. — (*Voy., sur cette question, les lettres des ministres de la justice et des finances, des 31 juillet 1808 et 12 septembre 1809, Denevers, 1809, supplément, pag. 200*).

1693. *L'amende est-elle due en cas de désistement?*

La première chambre de la Cour de Rennes a jugé, le 8 janvier 1810, que, dans le cas où le désistement a précédé les plaidoiries des griefs et moyens des parties, l'amende consignée devait être rendue.

Nous avons fait, sur cet arrêt (*voy. Journ. des arrêts de la Cour de Rennes, tom. 2, pag. 7*), les observations suivantes :

« On pourrait conclure que si le désistement n'avait été signifié que postérieurement à la plaidoirie de l'appelant, l'amende ne serait pas restituable, et nous sommes porté à croire que l'on déciderait ainsi. En effet, le désistement empêche que l'amende ne soit retenue, parce que l'art. 471 n'ordonnant la condamnation à cette amende que dans le cas où l'appelant *succomberait*, on ne peut dire qu'il ait *succombé*, lorsqu'il se désiste avant la plaidoirie. Jusque là il ne peut être considéré que comme renonçant à un moyen qu'il avait cru d'abord devoir employer pour la conservation de ses droits ; mais s'il plaide et se désiste ensuite, il *succombe*, puisqu'il a soutenu que son appel était bien fondé, puisqu'il a engagé une contestation qu'il reconnaît devoir abandonner. En ce cas, l'amende nous paraît acquise au fisc, comme peine du plaideur téméraire ».

Au surplus, nous observerons que, par arrêt du 14 décembre 1809, la deuxième chambre de la même Cour avait décidé, mais sans faire la distinction dont nous venons de parler, que le désistement emportait restitution de l'amende. C'est aussi ce que la Cour de Bruxelles avait jugé, par arrêt du 28 janvier 1808 (*voy. Sirey, tom. 8, DD, pag. 209*); mais nous tenons à la distinction que suppose l'arrêt de la Cour de Rennes, du 8 janvier 1810.

1694. *La partie qui ne* SUCCOMBE *pas tout à fait peut-elle obtenir restitution de l'amende?*

C'est notre opinion, fondée sur ce qu'il suffit que l'appelant ait obtenu gain de cause sur quelques chefs, pour qu'il ne subisse pas une peine attachée au défaut de fondement de l'appel. (*Voy. Berriat Saint-Prix, pag. 438, not. 121; Demiau Crouzilhac, pag. 333, et Pigeau, tom. 1, pag. 590*). On peut, d'ailleurs, appuyer cette opinion d'un argument de l'art. 248.

ARTICLE 472.

Si le jugement est confirmé, l'exécution appartiendra au tribunal dont est appel ; si le jugement est infirmé, l'exécution, entre les mêmes parties, appartiendra à la Cour royale qui aura prononcé, ou à un autre tribunal qu'elle aura indiqué par le même arrêt, sauf les cas de la demande en nullité d'emprisonnement, en expropriation forcée, et autres dans lesquelles la loi attribue jurisdiction (1).

CCCXCII. La procédure pour l'exécution des jugemens, après que, sur l'appel, ils ont été confirmés, exigeait des règles plus précises que celles qui étaient suivies avant la publication du Code de procédure. Dans une partie de la France, l'exécution restait au tribunal qui avait prononcé sur l'appel ; dans d'autres, le renvoi pour l'exécution se faisait aux premiers juges ; dans d'autres enfin, il dépendait de la volonté des juges d'appel de renvoyer ou de retenir.

_____

(1) JURISPRUDENCE.

1.° L'exécution d'un arrêt qui infirme un jugement pour vice de forme, appartient à la Cour, bien que l'arrêt ait statué sur le fond, comme l'avait fait le jugement infirmé. — (Cassat., 29 janv. 1818 , Sirey, tom. 19, pag. 33).

2.° Lorsque l'exécution d'un arrêt qui prononce une séparation de corps appartient à la Cour, c'est à elle que doit s'adresser la femme qui réclame une prorogation du délai fixé par l'art. 1463 du Code civil, pour accepter ou répudier la communauté. — (Ibidem).

3.° Les juges d'appel, en accueillant une demande originaire rejetée par les premiers juges, prononcent, par cela même, virtuellement, l'infirmation du jugement de première instance. Il n'est pas nécessaire que l'arrêt porte les expressions d'usage, met l'appellation et ce dont est appel au néant. — (Cassat., 18 juil. 1820, Sirey, tom. 21, pag. 97).

4.° Ils peuvent, sans infirmer préalablement le jugement du tribunal de première instance, ordonner, par exemple, une expertise ou une preuve testimoniale que ce jugement, en statuant sur le fond, eût déclarée non recevable. — (Cassat., 4 janv. 1820 , Sirey, tom. 20 , pag. 160).

5.° Ils peuvent liquider les dommages-intérêts accordés par un jugement dont elle a prononcé la confirmation, parce que c'est moins une exécution de ce jugement qu'une appendice ou un complément de l'arrêt. — (Rouen, 26 janv. 1814, Sirey, tom. 14, pag. 422).

6.° Lorsque le tribunal de première instance a rejeté une demande en partage de succession, la Cour qui infirme cette décision peut ordonner qu'il sera procédé, devant les premiers juges, à la liquidation de la succession. — (Cassat., 12 juin 1806, Sirey, tom. 7, 2.° part., pag. 974).

7.° Les juges d'appel ne peuvent, pour l'exécution d'un interlocutoire qu'ils ont rendu, renvoyer les parties en état de première instance ; car ce serait leur faire parcourir au-delà des deux degrés de jurisdiction établis par la loi. — (Cassat., 19 nov. 1808, Sirey, tom. 10, pag. 116).

8.° Quand il serait vrai que l'opposition à une saisie-exécution, faite en vertu d'un arrêt infirmatif, dût être portée devant la Cour, il est du moins certain que les parties ayant volontairement procédé devant le tribunal de première instance, ne peuvent, sous prétexte d'incompétence, attaquer le jugement rendu sur cette opposition par le même tribunal. Au reste, cette exception d'incompétence ne peut être suppléée d'office, parce qu'elle n'est pas radicale. — (Rennes, 15 avril 1816 ; voy. l'observ. gén. faite à la fin du numéro suivant).

9.° Un tribunal de première instance ne connaît point de l'exécution d'un arrêt de la Cour, lorsque ce tribunal statue sur une saisie faite en vertu de cet arrêt. — (Rennes, 9 mars 1813).

10.° Lorsqu'un arrêt a annulé le jugement en vertu duquel avait été prise une inscription hypothécaire, la demande en radiation formée par suite n'est pas réputée exécution de l'arrêt ; elle ne peut être portée de plano devant la Cour, d'après l'art. 472 du Code de procédure. Cette demande est une véritable action principale, dans laquelle on doit observer les deux degrés de jurisdiction. — (Paris, 23 mars 1817, Sirey, tom. 18, pag. 20).

L'art. 472 établit à cet égard un mode uniforme.

Si le jugement est confirmé, il n'y a pas de raison pour que la circonstance d'un appel rejeté dépouille le tribunal de première instance du droit qu'il aurait eu, sans cet appel, d'exécuter son jugement : *ce droit doit donc lui revenir aussi entier qu'il l'eût été s'il n'y avait pas eu d'appel.* (*Rapp. au Corps législ.*). Tel est aussi l'intérêt des parties, dont le domicile et les biens sont presque toujours plus voisins du lieu où siège ce tribunal.

Si le jugement est confirmé, la loi s'en rapporte à la sagesse des juges d'appel; ils peuvent retenir l'exécution ou indiquer, dans la crainte que les premiers juges, influencés par leur décision infirmée, apportassent quelque prévention dans les difficultés que présenterait l'exécution du jugement d'appel, un autre tribunal, qui doit être nécessairement celui dans lequel il serait plus facile et moins dispendieux d'exercer les poursuites.

Mais si, dans le cours de ces poursuites, il y a des demandes en nullité d'emprisonnement ou en expropriation forcée, la loi veut que, dans ces cas et dans les autres pour lesquels il y a une juridiction déterminée, soit par le Code de procédure, soit par le Code civil, soit par une loi spéciale, l'on se conforme à leurs dispositions. — (*Exposé des motifs.*)

1695. *Quand la Cour confirme un jugement émané d'un tribunal de commerce, doit-elle retenir l'exécution, ou renvoyer devant un tribunal civil?*

Les tribunaux de commerce ne connaissent point de l'exécution de leurs jugemens (*suprà, art.* 442); ainsi, quoique l'art. 472 déclare qu'elle appartient au tribunal dont est appel, la Cour ne peut renvoyer devant eux : d'où semblerait résulter qu'elle doit être attribuée au tribunal civil dans le ressort duquel se trouve le tribunal de commerce dont le jugement est confirmé.

Mais si l'on fait attention que l'art. 472, comme le dit l'orateur du Tribunat, ne renvoie l'exécution au premier juge que par respect pour le droit qu'il aurait eu sous l'appel d'exécuter son jugement; que ce droit n'appartient point au tribunal de commerce, et que, d'un autre côté, il est de l'intérêt des parties d'avoir pour juge de l'exécution celui qui connaît le fond de l'affaire, on sera sans doute porté à décider que la Cour doit, en cette circonstance particulière, retenir l'exécution du jugement qu'elle confirme. Telle est notre opinion sur cette question, susceptible de controverse, et qu'il serait d'autant plus désirable de voir décidée par arrêt, qu'à notre connaissance elle n'a été traitée par aucun auteur.

1696. *Lorsque le jugement d'un tribunal de commerce est infirmé, est-ce la Cour qui connaît de l'exécution de son arrêt?*

On peut dire, pour l'affirmative, que la disposition de l'art. 472 prononce d'une manière générale, et qu'il suffit, conséquemment, que le jugement déféré à la Cour soit infirmé, pour que l'exécution de son arrêt lui appartienne. Néanmoins, M. Lepage, dans ses Questions, pag. 317, observe que l'art. 472 prive les premiers juges du droit de connaître de l'exécution de l'arrêt qui a réformé leur décision, dans la crainte qu'ils ne favorisent la partie à laquelle ils avaient donné gain de cause. Or, dit-il, ce motif n'existe point, par rapport aux jugemens des tribunaux de commerce, dont l'exécution appartient aux tribunaux ordinaires (*voy. art.* 442 et 553 : donc il n'y a pas lieu d'appliquer à ces jugemens la décision de l'art. 462. Une Cour contreviendrait même à cet article, en conservant l'exécution de son arrêt, puisqu'il excepte du principe général qu'il établit, les cas dans lesquels la loi *attribue jurisdiction* ; or, l'art. 553 attribue jurisdiction aux tribunaux ordinaires pour l'exécution des jugemens des tribunaux de commerce : donc les Cours d'appel ne peuvent les priver de cette attribution.

Nous ne croyons pas que cette opinion doive être admise : elle tend à créer une exception que la loi n'établit point; et s'il est vrai qu'elle donne aux Cours le droit de connaître de l'exécution de leurs arrêts *infirmatifs* des jugemens des premiers juges, dans la crainte que ceux-ci n'y apportent de la partialité, il est également certain que ce droit dérive de la nature des choses, indépendamment de cette considération. En effet, les juges d'appel, après avoir infirmé la décision de première instance, statuent par jugement nouveau : il est donc naturel qu'ils connaissent de l'exécution de leur arrêt, par la raison sur-tout qu'eux seuls pouvant le mieux en connaître l'esprit, l'expliquer au besoin, y sont plus aptes que tous autres. L'objection tirée de ce que la loi attribue jurisdiction aux tribunaux de première instance pour connaître de l'exécution des jugemens de ceux de commerce, n'est pas sérieuse ; car il ne s'agit point, dans notre espèce, de l'exécution d'un jugement émané d'un tel tribunal, mais de l'exécution d'un arrêt qui a fait un jugement nouveau.

1697. *Si les juges d'appel confirment en certains chefs, et infirment en d'autres, à quel tribunal appartiendra l'exécution ?*

L'exécution d'un jugement est indivisible, et conséquemment elle ne peut appartenir qu'à un seul tribunal. Mais il y a un motif de préférence en faveur de celui qui a rendu le jugement sur lequel les juges d'appel ont statué, et ce motif dérive de ce que ce tribunal a déjà de plein droit l'exécution pour la partie confirmée, et que d'ailleurs ce n'est que par exception que l'art. 472 donne au juge d'appel l'exécution de la partie infirmée.

Au reste, on pourrait être fondé à penser, comme les auteurs du Praticien, tom. 3, pag. 215, que la Cour d'appel ne serait pas absolument incompétente, et que, par la même raison que l'exécution lui appartient pour la partie réformée, elle peut aussi connaître elle-même de l'exécution, ou user du droit de renvoi à tel tribunal qu'elle indiquerait (1)

1698. *Mais les juges d'appel peuvent-ils, dans les cas où ils infirment en entier le jugement de première instance, indiquer, pour l'exécution, le tribunal qui l'aurait rendu ?*

M. Pigeau, tom. 1, pag. 597, convient que les termes de l'art. 472 sont pour la négative. Cet article porte : « Si le jugement est confirmé, *l'exécution*

---

(1) Cette opinion a été consacrée par un arrêt de la Cour de Rennes, du 7 octobre 1815, en ce qu'il déclare que l'art. 472 n'ayant pas prévu le cas où la Cour infirme et confirme tout à la fois le même jugement, sous le rapport de ses diverses dispositions, rien n'empêche, et l'intérêt des parties le commande souvent, que la Cour retienne l'exécution de son arrêt, lorsque sur-tout il y a connexité entre la disposition confirmée et la disposition infirmée.

appartiendra au tribunal dont est appel ; s'il est infirmé, elle appartiendra à la Cour d'appel ou *à un autre tribunal* » *;* ce qui semble dire que si on renvoie à un autre tribunal, ce sera *à un autre* tribunal que celui dont est appel. Le même auteur insiste néanmoins pour démontrer que sous ces mots, *un autre tribunal,* est compris celui *dont est appel,* auquel il estime que la Cour peut renvoyer, si elle n'a pas lieu de craindre de prévention de sa part.

Nous nous en tenons aux termes de l'article, et nous croyons, en conséquence, qu'une Cour d'appel ne peut jamais accorder l'exécution de son arrêt au tribunal dont elle a infirmé le jugement. Nous nous fondons, premièrement, sur ce que l'on n'a pas eu d'égard, dans la rédaction de l'article 472, à la proposition que faisait la Cour de Rennes, d'énoncer que l'exécution pourrait être dévolue *même au tribunal qui aurait rendu le jugement infirmé ;* secondement, sur ce que le tribun Albisson, dans son rapport au Corps législatif (*voy. édit. de F. Didot, pag.* 169), dit expressément que les Cours d'appel pourront renvoyer l'exécution *à un tribunal autre que celui qui avait rendu le jugement réformé.*

1699. *Une Cour d'appel peut-elle prononcer sur la nullité d'un acte extrajudiciaire, dont l'effet est d'entraver l'exécution d'un arrêt* INFIRMATIF *d'un jugement de première instance, sans que cette nullité ait été demandée par action principale devant un tribunal de première instance?*

L'affirmative résulte de l'arrêt de la Cour de cassation, du 5 juillet 1807, en ce qu'il a décidé, entre autres points, que la demande en main-levée d'opposition à un divorce, autorisée par un arrêt *infirmatif,* peut être portée directement devant la Cour d'appel : or, cette demande était fondée sur la nullité de l'acte extrajudiciaire qui contenait cette opposition.

1700. *Une Cour qui, sur une demande en revendication de biens, a statué, par arrêt* INFIRMATIF, *sur les qualités des parties et sur leurs droits respectifs à la chose, peut-elle connaître de la demande en partage des biens qui ont fait l'objet du litige?*

La Cour de Liège, par arrêt du 27 juillet 1808, a prononcé qu'une telle demande n'avait pour objet que l'exécution de l'arrêt *infirmatif,* et qu'en conséquence elle avait été valablement intentée devant la Cour, conformément à l'art. 472. Nous sommes loin de croire que cette décision soit à l'abri de toute controverse, et, d'après les raisons que M. Sirey a recueillies en rendant compte des moyens des parties, nous serions porté, au contraire, à penser que la question devrait être autrement résolue. (1). — (*Voy. ces observ. au Recueil pour* 1809, 2°. *part., pag.* 65).

_____

(1) Ceci nous conduit à faire cette observation générale, qui, si elle est fondée, peut contribuer à fixer les opinions sur le sens et l'application de l'art. 472 ; c'est qu'il faut se garder de confondre, comme nous croyons que l'a fait la Cour d'appel de Liège, ce qui est, ou ce qui peut être à faire, pour qu'un jugement produise ses effets, avec les demandes qui pourraient, à la vérité, se rattacher à l'objet de ce jugement, qui pourraient même être fondées sur la décision qu'il renferme, mais qui, néanmoins, si elles n'étaient pas faites, ne l'empêcheraient pas de recevoir son exécution, c'est-à-dire de produire, relativement aux objets qui ont fait la matière des conclusions des parties, les effets qu'elles se sont proposé d'obtenir.

Par exemple, dans l'espèce du n.° 8 de la note précédente, une opposition à une saisie

ARTICLE 473.

Lorsqu'il y aura appel d'un jugement interlocutoire, si le jugement est infirmé, et que la matière soit disposée à recevoir une décision définitive, les Cours royales et autres tribunaux d'appel pourront statuer en même tems sur le fond définitivement, par un seul et même jugement.

Il en sera de même dans les cas où les Cours royales ou autres tribunaux d'appel infirmeraient, soit pour vices de forme, ou pour toute autre cause, des jugemens (1) définitifs (2).

Ordonn. de 1667, tit. 6, art. 2. — Loi du 24 août 1790, tit. 2, art. 15. — C. de P., art. 523.

CCCXCIII. Dans notre organisation judiciaire, on ne regarde plus la juridiction comme une sorte de patrimoine : rien ne s'opposait donc à ce que le droit de juger fût attribué ou modifié suivant l'intérêt des parties.

L'ordonnance de 1667 avait défendu à tous juges d'évoquer les procès pendans aux tribunaux inférieurs, sous prétexte d'appel ou de connexité, si ce n'était pour juger définitivement en l'audience et sur-le-champ par un seul et même jugement (3).

Alors l'appel était reçu de tous les actes d'instruction. Ainsi presque toutes les causes pouvaient être évoquées avant même qu'elles fussent instruites, et la disposition qui ordonnait de juger à l'audience et sur-le-champ, était sans cesse et impunément violée.

---

faite en vertu de l'arrêt confirmatif ne nous paraîtrait pas devoir être portée à la Cour, si elle n'était pas fondée sur des moyens tirés du jugement même que cet arrêt aurait confirmé. Cette opinion trouve d'ailleurs un appui dans l'arrêt cité au numéro qui suit immédiatement.

(1) Voy. notre Traité des lois d'organisation et de compétence, art. 16.

(2) JURISPRUDENCE.

1.º La règle portant que les juges saisis de l'appel d'un jugement interlocutoire ne peuvent statuer sur le fond qu'autant qu'il y a confirmation, sous condition de prononcer par un seul et même jugement, n'est pas rigoureusement applicable au cas où ces juges sont saisis, non par l'acte d'appel, mais bien par des conclusions respectivement prises, et tendantes à l'évocation. — (Cassat., 1.ᵉʳ juil. 1818, Sirey, tom. 19, pag. 258).

2.º Lorsqu'en première instance, il n'a été question que de savoir si un désaveu était régulier, les juges d'appel ne peuvent évoquer ou retenir la cause pour statuer sur les effets du désaveu, la matière n'étant pas, en ce cas, disposée à recevoir une décision définitive. — (Cassat., 1.ᵉʳ fév. 1820, Sirey, tom. 20, pag. 346).

3.º Ils peuvent, au contraire, statuer définitivement quand la matière y est disposée, quoique l'appel ne porte que sur un vice de forme ou autre moyen semblable. — (Rennes, 26 mai 1815).

Nota. Ces deux arrêts peuvent sembler en opposition ; mais cette apparente contradiction disparaît lorsque l'on considère qu'il s'agit, dans l'espèce de l'arrêt de Rennes, d'un vice de forme inhérent au jugement même, et dans celui de la Cour de cassation, d'un vice de forme qui tendait à faire annuler la procédure en désaveu.

(3) Voyez notre Traité des lois d'org. et de comp., liv. 3, tit. 5, chap. 2, sect. 1.ᵉ

Mais nous avons vu, art. 451, qu'il n'est plus *permis* d'appeler avant le jugement définitif, que des jugemens interlocutoires qui auraient préjugé le fond.

Dans le cas où l'interlocutoire serait infirmé, et où la matière serait disposée à recevoir un jugement définitif, les juges d'appel peuvent le prononcer. La loi s'en rapporte à leur sagesse pour décider si, dans ce-cas, il ne serait pas inutile, s'il ne serait pas même préjudiciable aux parties de leur faire encore parcourir deux degrés de jurisdiction.

Il en doit être ainsi, et à plus forte raison, lorsque des jugemens d'appel infirment des jugemens définitifs, soit pour vice de forme, soit pour toute autre cause, et que la matière est réellement disposée à recevoir une décision définitive, puisque, dans ce cas, les premiers juges ayant prononcé sur le fond, deux degrés de jurisdiction ont été remplis. (1). — (*Exposé des motifs*). (2).

1701. *Quel est le mode de prononcer sur les appels ?* (3).

Pour résoudre cette question, il faut considérer avant tout qu'en matière civile, un tribunal d'appel est tout à la fois juge de la forme et du fond; qu'il est chargé de maintenir les règles de l'ordre judiciaire en même tems que les règles du droit et de la justice; que sa mission consiste non seulement à redresser les irrégularités que les premiers juges ont pu commettre dans la forme de leurs actes, mais aussi à corriger les erreurs ou les omissions qui ont pu leur échapper sur le fond de l'affaire.

De là plusieurs conséquences que l'on trouve énoncées aux Questions de droit de M. Merlin (*nouv. édit.*, *tom.* 1, *pag.* 139, *v°.* appel , *n°.* 2), et dans l'ouvrage de M. Berriat Saint-Prix, pag. 435.

Premièrement, lorsque l'appel est nul ou non recevable , soit parce que l'acte d'appel n'est pas rédigé ou signifié conformément aux formalités prescrites par les art. 61, 68, 456, etc., soit parce qu'il a été signifié après les délais, soit enfin parce que le jugement a, pour toute autre cause, l'autorité de la chose jugée, alors les juges d'appel se bornent à prononcer la nullité ou le rejet de l'appel, parce qu'ils ne sont pas saisis de la cause : par suite, le jugement attaqué produit ses effets.

Secondement, si l'appel est mal fondé, soit parce que les juges supérieurs

---

(1) Voy. notre Traité des lois d'organisation et de compétence, art. 16.

(2) Dans les deux cas où les juges infirment, ou un interlocutoire, ou un jugement définitif, on voit qu'outre l'avantage pour les parties d'obtenir sur-le-champ, d'un tribunal supérieur, une décision définitive qui leur épargne un nouveau procès, sujet, comme le premier, à deux degrés de jurisdiction, elles auront déjà essuyé ces deux degrés, et la loi qui les garantit à tous les citoyens n'aura reçu aucune atteinte.

S'il est en effet évident, dans le second cas, que le fond de la cause a été déjà discuté devant le tribunal inférieur, cela doit paraître certain dans le premier; car l'interlocutoire ne peut avoir été ordonné ou avoir été contesté, que sous prétexte qu'il était inutile ou non recevable, et ni l'un ni l'autre ne peuvent avoir été soutenus que par le mérite du fond, et en alléguant qu'il ne pouvait ni ne devait y-être prononcé définitivement sans le secours d'un interlocutoire. — (*Rapp. au Corps législ.*)

(3) Nous posons cette question générale, parce qu'il nous semble nécessaire de la résoudre, afin de faciliter l'intelligence des questions que nous allons bientôt examiner sur l'exercice du droit que l'art. 473 du Code de procédure donne aux juges d'appel de statuer sur le fond, lorsqu'ils infirment un jugement dans les cas prévus par ce même article.

prononcent que le jugement est régulier en la forme, soit parce qu'ils décident qu'il a bien jugé au fond, ils le maintiennent ou confirment, et renvoient, pour son exécution, au tribunal qui l'a rendu.

Troisièmement, si, au contraire, aucune fin de non-recevoir n'a été opposée contre l'appel, ou si les fins de non-recevoir opposées ont été rejetées, les juges d'appel saisis de la cause prononcent sur le bien ou mal jugé, soit dans la forme, soit au fond (1).

1702. *Dans quel esprit l'art. 473 a-t-il été rédigé, et quels sont, en conséquence, les principes qui doivent diriger le juge d'appel dans l'exercice de la faculté qu'il lui donne de renvoyer ou de retenir le fond?* (2)

En proclamant comme principe fondamental de l'administration de la justice celui des deux degrés de jurisdiction, les lois de 1790 imposèrent aux juges d'appel, lorsqu'ils réformaient un jugement qui n'avait pas ou qui avait incompétemment prononcé sur le fond, l'obligation de renvoyer devant le premier juge.

D'un autre côté, toutes les fois qu'ils réformaient pour nullité, vice de forme ou fausse déclaration d'incompétence, les juges d'appel devaient retenir le fond sur lequel le premier juge avait statué, ou qu'il avait été mis en état de juger par les débats des parties; autrement, on eût violé et le principe des deux degrés, en en faisant parcourir plus de deux, et la règle suivant laquelle *les juges d'appel doivent faire ce que le premier juge aurait dû faire et n'a pas fait.* — (*Voy. supra, pag.* 107). (3)

Ainsi, le principe de jurisprudence admis dans la législation intermédiaire était celui-ci :

« 1°. Il y a lieu à renvoi toutes les fois que les juges de première instance n'ont pas *dû statuer sur le fond,* ou *n'ont pas été mis en état d'y statuer* ». (4)

---

(1) Ainsi, dit M. Merlin, un tribunal de première instance a-t-il observé les formes, mais mal jugé au fond? le tribunal d'appel infirme le jugement, et substitue d'autres dispositions à celles qu'il infirme.

Le tribunal de première instance a-t-il tout à la fois mal jugé au fond et violé les formes? le tribunal d'appel annule le jugement, et statue lui-même par un jugement nouveau.

Enfin, le tribunal de première instance a-t-il violé les formes et bien jugé au fond? le tribunal d'appel déclare le jugement nul; mais il en rend un semblable sur le fond.

Telle est la marche qui a toujours été prescrite aux tribunaux d'appel, et dont ils ne pourraient s'écarter sans manquer essentiellement à l'objet de leur institution.

(2) Les difficultés que présente continuellement l'application de l'art. 473, par les contradictions réelles ou apparentes que l'on trouve, soit entre les décisions antérieures ou postérieures à la publication du Code de procédure, soit entre ces dernières elles-mêmes, nous ont déterminé, pour plus de clarté et de brièveté, à fournir sur cet article une doctrine générale, au lieu de traiter isolément toutes les questions auxquelles il donne lieu. Mais ce n'est pas une raison de passer ces questions sous silence, et nous en donnons la solution en note, suivant qu'elles se rapportent aux différentes propositions que nous établissons au texte.

(3) On n'avait point, sous l'empire de cette législation, à examiner quand il y avait lieu à renvoyer ou à retenir par suite de réformation des interlocutoires, puisque la loi du 3 brumaire an 2 interdisait l'appel tant de ces jugemens que des jugemens simplement préparatoires, avant le jugement définitif.

(4) Ainsi, par arrêts des 12 prairial an 8, 6 vendémiaire an 8, 16 brumaire et 27 fructidor

2°. « Il y a lieu *à retenir*, toutes les fois que les parties ayant défendu sur
» le fond, les premiers juges *ont été mis en état de le juger* ». (1)

Ces préliminaires posés, nous avons à faire remarquer la différence qui existe
sur ce point entre les principes de la jurisprudence intermédiaire, et ceux que
l'on doit adopter en exécution de l'art. 473, et à déterminer le sens de cet
article d'après son esprit, son texte et les décisions des Cours souveraines.

Par sa première disposition, il permet au juge d'appel qui infirme un interlocutoire, c'est-à-dire un jugement qui, ne statuant pas sur le fond de la
contestation, ordonne seulement une mesure nécessaire pour parvenir à la

---

an 11, et 7 frimaire an 13, la Cour de cassation a décidé que le juge d'appel qui avait
déclaré nul et incompétemment rendu un jugement de première instance, ou qui avait
rejeté une fin de non-recevoir, n'avait pu statuer sur le fond, sans enfreindre le principe
des deux degrés, puisqu'on ne pouvait dire que le premier eût été rempli par l'examen et
la décision même d'un juge incompétent. — (*Sirey*, tom. 1, 2.ᵉ *part.*, pag. 378 ; tom. 5,
2.ᵉ *part.*, pag. 476 ; tom. 20, pag. 480, et *infrà*, n.° 2426).

Ainsi encore, par arrêt du 28 nivôse an 11, la même Cour a déclaré qu'un tribunal saisi
de l'appel d'un jugement portant renvoi pour cause de litispendance, ne pouvait également
prononcer sur le fond sans violer le même principe, puisque le tribunal n'avait pas été mis
en état d'y statuer.

(1) La Cour de cassation a décidé, en conséquence, qu'il y avait lieu à retenir le fond,
   1.° Lorsque le juge d'appel annulait pour vice de forme. — (24 *prair.* an 8 et 30 *frim.*
an 11, *Sirey*, tom. 1, 2.ᵉ *part.*, pag. 250, et tom. 3, *idem*, pag. 258).

   2.° Lorsqu'il annulait, parce que le jugement avait été rendu par un tribunal compétent,
mais illégalement composé. — (30 *vent.* an 11, *Sirey*, tom. 3, pag. 215, *aux notes*).

   3.° Lorsque le premier juge n'avait pas prononcé sur une demande en dommages-intérêts
et restitution de prix, attendu qu'elle se trouvait *comprise* dans celle qui avait été formée
par un acquéreur évincé, contre son garant, en indemnité de toutes les condamnations qui
interviendraient contre lui : d'où résultait que le premier juge avait été mis en état de juger
sur le tout. — (24 *flor.* an 11, *Sirey*, tom. 4, 2.ᵉ *part.*, pag. 695).

   4.° Lorsque le premier juge s'était arrêté à une exception dilatoire, au lieu de statuer
sur le fond. — (12 *pluv.* an 12, *Sirey*, tom. 4, 2.ᵉ *part.*, pag. 70).

   5.° Dans le cas d'un déni de justice résultant de ce que le premier juge s'était *mal à
propos* dessaisi d'une affaire disposée à recevoir une décision définitive. — (27 *août* 1806,
Sirey, tom. 6, 2.ᵉ *part.*, pag. 740).

   6.° Par suite du même principe, la Cour de Rennes, par arrêt de la deuxième chambre,
du 9 novembre 1806, avait déclaré retenir la connaissance du fond d'une demande de compte
rendu et débattu en première instance; mais on devrait aujourd'hui juger le contraire, d'après
l'art. 528.

   On pourrait citer quelques arrêts desquels il semblerait résulter qu'il eût suffi, pour que
le juge d'appel pût retenir le fond, que le premier juge eût été saisi de la demande, quoiqu'elle n'eût pas été débattue devant lui; par exemple, celui du 27 germinal an 11, qui
décide que le tribunal d'appel, qui infirmait un jugement de première instance qui avait
accueilli une demande en péremption, pouvait statuer en même tems sur le fond, *s'il le
trouvait en état d'être jugé*. Un autre, du 24 ventôse an 4, par lequel la Cour de cassation déclare que le juge d'appel, annulant une enquête, pouvait retenir le fond, et ordonner
qu'il en serait fait une nouvelle devant lui. (*Sirey*, tom. 4, pag. 214). Mais ces deux arrêts
ne sont point en contradiction avec le principe ci-dessus énoncé, attendu que, dans l'une
et l'autre espèce, on avait débattu sur le fond, et que, par conséquent, le premier juge
avait été mis en état de le juger; le second servirait seulement à prouver que, sous la
jurisprudence intermédiaire, le juge d'appel n'était pas rigoureusement obligé, comme il
l'est aujourd'hui, à prononcer de suite par un seul et même jugement.

   Au surplus, nous ne rappelons ces décisions qu'afin de fournir occasion d'en tirer, par
rapport à l'application de l'art. 473, les inductions que l'on croira convenables.

juger, de statuer en même tems sur le fond, définitivement *par un seul et même jugement,* si toutefois la *matière est disposée à recevoir une décision définitive.*

Par la seconde disposition, il autorise également, *et sous les mêmes conditions,* le juge d'appel à statuer sur le fond, quand il *infirme* un jugement définitif, soit *pour vices de forme,* soit *pour toute autre cause.*

Ainsi la loi actuelle convertit en simple faculté l'obligation que celle qui l'a précédée imposait rigoureusement au juge d'appel. Aujourd'hui, pour nous servir des expressions de l'orateur du Gouvernement, *la loi s'en rapporte* au CONTRAIRE *à la sagesse des juges, pour décider si, dans le cas où ils infirment, il ne serait pas inutile, s'il ne serait même pas préjudiciable aux parties de leur faire parcourir deux degrés de juridiction.*

Toutes les fois donc que le juge d'appel estime convenable soit de retenir, soit de renvoyer le fond, le pourvoi en cassation contre son jugement ne serait recevable que dans le premier cas, et alors seulement il eût violé l'une des conditions prescrites par l'article, soit en statuant *sur une matière qui n'eût pas été disposée à recevoir une décision définitive* (1), soit en rendant cette décision *par un jugement séparé de celui qui aurait infirmé.* (2)

---

(1) Ainsi, dans le cas où il s'agirait de l'infirmation d'un jugement interlocutoire, il faut, pour que le juge d'appel retienne valablement, que l'instruction ait été suffisamment faite sur le fond devant les premiers juges (*voy. arrêt de Rennes, du 22 juil.* 1814, *Journ., tom.* 4, *pag.* 289), ou que, s'il s'agissait d'un vice de forme, il ne fût pas question d'irrégularités dont l'effet serait de rendre nulle la procédure entière, et d'obliger à en faire une nouvelle.

Par la même raison, il est évident que si la cause se trouvait dans un état tel que le tribunal de première instance n'eût encore pu lui-même prononcer sur le fond, il est évident que le juge d'appel ne le pourrait pas davantage. Or, c'est ce qui arrive toutes les fois qu'il a été obligé d'ordonner quelque acte d'instruction ou de procédure, ou qu'il est démontré que le fond n'a reçu aucune instruction en première instance, ou enfin, qu'il a été déclaré que le premier juge avait été incompétemment saisi. Ce dernier cas, dans lequel l'instruction faite en première instance doit nécessairement être considérée comme non avenue, rentre en effet dans l'espèce des deux autres. — (*Voy. infrà, n.*^{os} 1704, 1705, 1706, *etc.*).

Mais aussi, de ce que la loi autorise le juge d'appel à retenir, lorsque la matière est disposée à recevoir une décision définitive, il s'ensuit qu'en infirmant un interlocutoire rendu après des plaidoiries sur le fond, il peut, sur la simple remise des dossiers respectifs, et encore que l'intimé se soit borné à soutenir l'appel non recevable dans la forme, statuer définitivement sur le fond. — (*Cassat.,* 8 *déc.* 1813, *Sirey, tom.* 14, *pag.* 121).

Il suffit encore qu'il ait été statué en première instance sur le fond du procès, même par défaut, pour que le juge d'appel qui infirme, à raison de vices de forme, le jugement définitif intervenu sur l'opposition au jugement par défaut, puisse juger en même tems sur le fond, si la cause lui paraît en état. — (*Caen,* 4 *mai* 1813, *Sirey, tom.* 13, *pag.* 400).

Nous croyons qu'il peut également, sur l'appel du jugement par défaut rendu contre le défendeur, statuer sur le fond qu'il jugerait en état, puisque le premier juge ne l'a rendu qu'après vérification des conclusions des parties (*voy. art.* 150); mais il en serait autrement, s'il s'agissait d'un jugement rendu sur congé par défaut, ainsi que l'a jugé la Cour de Turin, par arrêt du 23 août 1809 (*voy. Sirey, tom.* 10, *pag.* 64), à moins que les parties n'eussent plaidé au fond devant le juge d'appel. Si, en effet, elles s'étaient bornées à discuter les moyens de forme qui donneraient lieu à infirmer le jugement, on ne pourrait considérer la cause comme en état d'être décidée définitivement, puisqu'en première instance, les conclusions du demandeur défaillant auraient été rejetées *sans examen.*

(2) Il suit de cette seconde condition, qui n'était pas rigoureusement imposée au juge

Il peut donc arriver souvent, soit que le juge d'appel prononce sur le fond, quoique le premier juge ne l'ait pas décidé, soit même, l'art. 473 ne subordonnant le renvoi à aucune condition, qu'il ordonne le renvoi, quoique ce même juge ait déjà prononcé.

Ainsi, dans le premier cas, le principe des deux degrés se trouve au moins modifié dans son application, puisque, dans la rigueur, il ne serait *réellement rempli* que par une décision intervenue sur le fond.

Dans le second cas, il reçoit une véritable exception, puisqu'une cause est exposée à parcourir trois et même quatre degrés.

On a considéré, d'un côté, qu'il était de l'intérêt des parties d'obtenir sur-le-champ, du tribunal supérieur, une décision définitive qui leur épargne un nouveau procès; de l'autre, qu'il leur était également avantageux d'être ren-

---

d'appel par la jurisprudence antérieure (*voy. suprà, pag.* 236 *et* 237), que le juge d'appel ne pourrait commencer par réformer le jugement attaqué, et retenir le fond pour le décider ensuite : il est tenu de prononcer de suite, et sans aucun intervalle, sur l'un et l'autre objet, de manière que les décisions particulières à rendre sur chacune ne soient que des dispositions du même jugement. Il ne peut donc ordonner, sur le fond, aucune procédure; il ne peut prescrire aucune espèce d'acte; il ne pourrait pas même, en jugeant l'objet d'un interlocutoire, ou la question de nullité ou de forme qui se serait élevée sur un jugement définitif, remettre à un autre jour pour plaider sur le fond : c'est ce qui a été décidé de la manière la plus formelle, par arrêt de la Cour de cassation, du 12 novembre 1816, rapporté par Sirey, tom. 17, pag. 400.

Cependant la Cour de Rennes, par arrêt de la troisième chambre, du 17 avril 1812, s'était crue autorisée à retenir le fond dans une matière qui n'était pas en état, puisqu'elle ordonnait une enquête. Elle l'appuyait sur ce que « la Cour, en infirmant pour contra- » vention à la loi, était autorisée, *par l'art.* 472, à retenir la connaissance du fond, et » que *l'art.* 473 n'était applicable qu'en appel des jugemens *interlocutoires* ».

Nous répondons, 1.º que la seconde disposition de l'art. 473 exprime d'une manière formelle qu'il en sera, dans tous les cas où le tribunal d'appel infirme un jugement définitif, comme du cas où il infirme un jugement interlocutoire; qu'en conséquence, il est inexact de dire que l'art. 473 ne s'applique qu'en appel d'un jugement de cette espèce. Or, puisque la première disposition du même article veut que les juges d'appel ne retiennent le fond que lorsque la matière est *disposée à recevoir une décision définitive, et qu'ils statuent sur le fond et par un seul jugement*, la Cour ne pouvait retenir le fond, puisqu'elle reconnaissait *de suite*, en ordonnant une enquête, qu'il n'était pas en état : d'où suit que l'affaire restant à juger en définitive, par arrêt séparé de celui qui infirmait, la Cour a doublement contrevenu à l'art. 473.

2.º Que l'art. 472 n'est point celui qui donne aux juges d'appel le droit de retenir le fond; qu'il ne fait que supposer ce droit, en disposant, pour le cas où il est exercé, que l'exécution appartiendra ou au juge d'appel ou à un tribunal que ce juge indique. Mais l'exercice de ce droit est subordonné à la disposition de l'art. 473, qui, encore une fois, ne l'accorde que pour le cas où la matière est disposée à recevoir une décision définitive, et sous la condition de rendre cette décision par le même jugement qui infirme. Tel était aussi le sentiment de M. l'avocat général qui portait la parole dans la cause, et que la Cour de Rennes a suivi, en décidant, par arrêt du 7 juin 1816, qu'elle n'était pas autorisée à retenir la connaissance d'une affaire qu'elle ne pouvait pas juger définitivement. — (*Journ., tom.* 4, *pag.* 289).

Ainsi, par arrêt du 25 novembre 1818 (*Sirey, tom.* 19, *pag.* 201), la Cour suprême a décidé que les juges d'appel qui infirment sur un incident, ne peuvent évoquer le fond qu'*à la charge* de statuer par le même arrêt.

voyées vers le premier juge, quand le tribunal d'appel n'avait pas de documens nécessaires (1).

C'est d'après ces explications que nous allons examiner les questions suivantes :

1703. *Si une demande a été formée devant les premiers juges, mais que ceux-ci*
n'aient pu la juger, parce qu'ils ont été forcés de statuer sur une question préa-
lable qu'ils ne pouvaient joindre au principal, les juges d'appel peuvent-ils statuer
sur le fond?

Nous avions résolu cette question pour l'affirmative, dans notre Analyse,
quest. 1548, en disant qu'il suffisait que le fond eût été soumis au premier
tribunal par les conclusions de l'une des parties, pour que le juge d'appel pût
en retenir la connaissance. Pour prouver cette proposition, nous tâchions de
repousser les inductions contraires que l'on pouvait tirer d'un arrêt de la Cour
de cassation, du 9 octobre 1811, et nous remarquions qu'il n'avait accueilli
le pourvoi contre l'arrêt d'appel que par suite de la violation des deux conditions exigées pour autoriser la rétention du fond ; mais un nouvel examen de
ces motifs prouve que cette remarque n'était pas juste, puisque la Cour suprême commence par considérer que *la rétention était une véritable évocation et*
un déni formel du premier degré de jurisdiction, *en ce que le fond n'avait reçu,*
en première instance, ni développement ni instruction : d'où suivait que le juge
n'était pas autorisé à le juger. — (*Voy.* Berriat Saint-Prix, *pag.* 433, *not.* 112).

1704. *La Cour d'appel qui annule un jugement, soit parce qu'il est infecté d'un*
vice radical, soit parce que les premiers juges se seraient mal à propos déclarés
compétens ou incompétens, peut-elle statuer sur le fond?

On pourrait citer plusieurs arrêts de la Cour de cassation qui ont décidé
que, dans ce cas, les juges d'appel ne pouvaient statuer sur le fond ; mais ces
arrêts, que l'on trouve, soit aux Questions de droit de M. Merlin, soit en son
nouveau Répertoire, sont antérieurs à la mise en activité du Code de procédure, et n'ont pour base que les lois des 1er. mai, 24 août 1790 et 3 brumaire an 2 (2). Or, l'art. 473 a introduit une règle nouvelle par ces expressions
générales, *soit pour toute autre cause* (3).

Par une conséquence de cette règle, et nous fondant d'ailleurs sur un arrêt

_____

(1) Nous terminerons par cette réflexion générale : S'il est vrai que ce qui était pour
le magistrat souverain *une obligation rigoureuse*, sous l'empire de lois antérieures à la publication du Code de procédure, ne soit aujourd'hui pour lui qu'*une simple faculté*, il n'en
est pas moins dans l'intention du législateur que les juges d'appel *terminent*, toutes les fois
qu'il leur est possible, les causes qui sont en état de recevoir jugement. Leur zèle pour la
prompte administration de la justice ne permet pas de douter qu'ils ne remplissent exactement ce vœu de la loi, et c'est ainsi que, par arrêt du 28 août 1815, la Cour de Rennes,
en réformant un interlocutoire, n'a pas manqué de statuer sur le fond, attendu que les
titres produits établissaient suffisamment le droit de propriété, sans qu'il fût besoin de recourir
à d'autres instructions.

(2) Voy. ces arrêts au Recueil de M. Sirey, tom. 1, pag. 246 ; tom. 2, pag. 82 ; tom. 3,
pag. 378 ; tom. 5, pag. 476.

(3) Voy. les arrêts rapportés au même Recueil, tom. 8, pag. 559 ; tom. 9, pag. 95 ;
tom. 11, pag. 134.

de la Cour de cassation, du 23 janvier 1811, rapporté par Denevers, 1811, pag. 124, nous avions décidé, dans notre Analyse, quest. 1550, que le juge d'appel pouvait retenir le fond, même lorsqu'il infirmerait pour cause d'incompétence, quelle qu'elle fût. Nous combattions alors l'opinion de M. Berriat Saint-Prix (*voy. pag.* 434, *n°.* 113), à laquelle nous nous sommes rangé, numéro 2426 de notre Traité et Questions, par suite d'un arrêt de la Cour de cassation, du 30 novembre 1814 (*voy. Sirey, tom.* 15, *pag.* 246), qui consacrait les principes invoqués par notre savant ami; mais il est probable que le premier système que nous avons adopté aurait aujourd'hui la préférence, puisqu'il est formellement consacré par un dernier arrêt de la même Cour, du 24 août 1819, ainsi motivé:

« Attendu que, *dans tous les cas,* lorsque la matière est disposée à recevoir » une décision définitive, les juges d'appel peuvent statuer définitivement;

» Attendu que l'arrêt attaqué constate que le demandeur en cassation a » plaidé au principal, et que la cause a reçu de sa part toute l'instruction dont » elle était susceptible; qu'ainsi, l'incompétence même des premiers juges n'a » pu empêcher la Cour d'appel de statuer elle-même, lorsqu'elle n'excédait » pas les limites de sa compétence, *déterminée par l'action introductive d'ins-* » *tance.* » D'où il résulte qu'il a été fait une juste application de l'art. 473 du Code de procédure civile, lequel contient une exception aux autres lois invoquées. — (1er. *mai* 1790, *et autres par nous citées suprà*). (1)

1705. *Lorsque les juges d'appel annulent pour cause d'incompétence, peuvent-ils retenir le fond, si le tribunal qu'ils jugent compétent n'est pas dans leur ressort ?*

M. Denevers, 1809, pag. 17, à la note, se prononce pour la négative de cette question. « Si, dit-il, la Cour d'appel de Paris annulait un jugement du

_____

(1) Les raisons données par M. Berriat Saint-Prix, *ubi suprà*, en faveur du système contraire, n'en sont pas moins dignes d'être bien pesées. Il se fonde sur ce qu'un tribunal, incompétent à raison de la matière, ne peut juger une affaire, même du consentement des parties, et en conclut que les juges d'appel ne peuvent en retenir la connaissance, puisque cette rétention n'est autorisée que d'après le principe qu'ils sont institués pour faire ce que les premiers juges auraient dû ou pu faire eux-mêmes. D'ailleurs, ajoute-t-il, l'art. 473 n'emploie pas le mot *annulent*, mais le mot *infirment*, qui ne s'applique pas à l'anéantissement d'une décision pour cause d'incompétence, etc. etc.

Nous répondions, dans notre Analyse, tom. 2, pag. 88, que dans le cas où le tribunal de première instance s'est mal à propos déclaré incompétent, on pourrait dire aussi que le premier degré de jurisdiction n'a pas été également rempli, nul jugement sur le fond n'ayant été rendu, et cependant les juges d'appel, en infirmant dans ce cas, peuvent prononcer en même tems sur le fond, ainsi que l'a jugé un arrêt du 11 janvier 1809.

Pourquoi donc, ajoutions-nous avec M. Denevers, 1811, pag. 125, ne le pourraient-ils pas, dans le cas où ils annulent le jugement pour cause d'incompétence, *ratione materiæ?* Le premier degré de jurisdiction n'est-il pas, dans ce cas, réputé rempli par le jugement annulé? L'art. 473 ne distinguant point entre les causes d'annulation, ne s'applique-t-il pas à celle pour incompétence absolue, comme pour toute autre cause? Peut-on admettre une exception que cet article repousse par la généralité de ses expressions?

Quoi qu'il en soit, nous devons convenir franchement que ce n'est pas là répondre péremptoirement aux raisons de M. Berriat Saint-Prix, et nous professerions sa doctrine, si le dernier arrêt que nous venons de citer ne nous donnait pas à craindre qu'elle ne fût rejetée.

tribunal civil de Versailles, pour avoir statué sur une affaire dont la connaissance appartenait au tribunal civil de Melun, comme ces deux tribunaux ressortissent à la même Cour d'appel, cette Cour pourrait statuer en même tems
sur le fond ; mais si le tribunal compétent était celui de Montargis, comme
ce tribunal est placé dans le ressort de la Cour d'appel d'Orléans, nous pensons que celle de Paris ne pourrait retenir la connaissance du fond. »

Cette opinion nous paraît fondée sur ce que les Cours d'appel n'exercent
leur autorité que par *dévolution* de l'autorité des juges inférieurs qui sont soumis à leur censure. Leur pouvoir ne peut donc pas s'étendre sur des matières
dont la connaissance appartiendrait à des tribunaux ressortissant à d'autres
Cours. Or, de ce principe, dont le législateur a fait l'application dans l'art. 363,
ne résulte-t-il pas qu'une Cour d'appel ne peut, sans usurpation, soit du pouvoir des juges de première instance, qui ne sont pas sujets à sa jurisdiction,
soit, par suite, de celui de l'autre Cour à laquelle ces tribunaux ressortissent,
retenir, dans le cas proposé, la connaissance du fond d'une contestation qu'elle
déclarerait elle-même appartenir à des juges qui lui sont étrangers? (1)

1706. *Quand le juge d'appel annule ou* RÉFORME *un jugement de première ins-*
tance, peut-il procéder à une opération que ce jugement aurait rejetée, et réparer
une omission du premier juge?

D'après le principe qui impose au juge d'appel l'obligation *de faire ce que le*
premier juge aurait dû faire et n'a pas fait, M. Berriat résout cette question
pour l'affirmative, pag. 432, not. 111, et se fonde sur deux arrêts de la Cour
de cassation, l'un du 25 mai 1807, l'autre du 7 février 1809. (*Voy. nouv.*
Répert., v°. enquête, § 4, *et Jurisp. sur la procéd.,* tom. 3, pag. 244, *et infrà*
sur l'art. 998, *quest.* 2968 *de l'Analyse*). Ces arrêts décident en effet que le
juge d'appel peut, en RÉFORMANT, ordonner une enquête, nommer un curateur
à une hoirie vacante. Cette proposition exige une explication qui la concilie
avec les principes posés *suprà,* n°. 1702.

Nous avons dit que, d'après l'art. 473, le juge d'appel ne pouvait statuer
sur le fond lorsqu'il *infirme* un interlocutoire ou un jugement définitif, qu'autant que l'affaire est en état, et par un seul et même jugement. Or, ceci
paraît impliquer contradiction avec l'opinion de M. Berriat et les arrêts qu'il
cite. Mais il faut faire attention aux termes de l'art. 473, qui disposent pour

---

(1) La même chose a lieu si, en vertu de la disposition générale de l'art. 454, ils infirment un jugement de compétence intervenu par rapport à une affaire qui, au fond, ne
pouvait recevoir qu'une décision en dernier ressort. — (*Cassat.,* 22 *juin* 1812, *Sirey,*
tom. 12, *pag.* 368).

Il y a, dans cette espèce, d'autant plus de raison pour ne pas retenir le fond, que le
juge d'appel ne peut annuler qu'à raison de la compétence, et non pour toute autre cause,
comme pour *irrégularité,* etc., puisque l'art. 454 ne fait d'exception à la règle qui défend
l'appel de tous jugemens dans une affaire non sujette aux deux degrés, que par rapport à la
question d'incompétence. — (*Même arrêt*).

Idem lorsqu'ils infirment un jugement rendu sur un incident élevé dans le cours d'un
procès qui s'instruit par écrit, et que toutes les parties n'ont pas été intimées sur l'appel.
On ne peut, en effet, envisager la matière comme disposée à recevoir une décision définitive par un seul et même jugement; dans l'absence de trois parties ayant droit de prendre,
en première instance, une part active à la discussion, jusqu'au jugement définitif. — (*Rennes,*
20 *janv.* 1812).

le cas où le jugement de première instance est *infirmé,* c'est-à-dire *invalidé,* rendu *sans force, sans effet* pour un vice quelconque, soit de compétence, d'excès de pouvoir, et non pas pour celui où il est *réformé,* expression qui suppose la *validité* du jugement, mais un mal jugé pour défaut d'application ou fausse application de la loi, précipitation, erreur de fait ou injustice qui obligent le juge d'appel à faire nouveau jugement, soit en totalité, soit en partie.

L'art. 473 fournit lui-même la preuve de cette distinction entre le cas d'*infirmation* et celui de *réformation,* puisqu'il autorise le juge qui *infirme à statuer sur le fond.* Ces expressions seraient redondantes, si le mot *infirmer* exprimait la même chose que *réformer,* car ce dernier mot suppose nécessairement que le juge d'appel a déjà pris connaissance du fond, pour décider s'il y a lieu à *réformer,* tandis que le mot *infirmer* ne suppose qu'une décision résultant d'un examen de questions absolument distinctes et indépendantes du fond (1).

Cela posé, l'art. 473 n'ayant aucun rapport avec le cas de réformation, rien n'empêche, et la loi exige au contraire, que le juge d'appel qui, après avoir entendu les plaidoiries des parties, estime qu'il peut avoir lieu à réformer, si tel fait est prouvé, telle vérification faite, tel préliminaire rempli, ordonne par un interlocutoire une mesure de ce genre, afin de se conformer au principe qui veut qu'il fasse ce que le premier juge devait faire.

On ne peut dire qu'il y ait en cela violation du principe des deux degrés, puisque le premier a été rempli par le jugement qu'il s'agit de *réformer,* s'il y a lieu : l'on doit donc admettre l'opinion de M. Berriat (2).

(1) Nous convenons que le mot *infirmé* exprime, dans l'art. 472, et *l'infirmation,* telle que nous venons de la définir, et *la réformation;* en un mot, l'idée opposée à *la confirmation.* Mais il est évident qu'il ne peut être pris en ce double sens dans l'art. 473, par cette raison, qui nous semble décisive, que le législateur suppose que le juge d'appel n'a pas pris connaissance du fond.

(2) L'exécution du jugement que le tribunal d'appel rend en ce cas, ou dans celui où il est nécessaire d'instruire des demandes nouvelles autorisées par l'art. 464, peut être renvoyée au juge de première instance, comme délégué du juge d'appel, conformément à l'art. 1030; par exemple, on pourra décerner au juge de première instance commission rogatoire pour la confection d'une enquête; mais on ne lui renverra pas cette opération comme acte de jurisdiction propre, et pour prononcer ensuite; car on ferait par là parcourir aux parties au-delà des deux degrés de jurisdiction. — (*Cassat.,* 19 *nov.* 1808, *Sirey,* tom. 10, *pag.* 116).

LIVRE IV.

DES VOIES EXTRAORDINAIRES POUR ATTAQUER LES JUGEMENS (1).

TITRE I.ᵉʳ

De la tierce Opposition. (1)

« Un jugement ne doit faire loi qu'entre ceux qui ont été entendus ou ap-
» pelés ; il ne peut statuer que sur des conclusions prises par une partie contre
» l'autre ; si le jugement préjudicie à une personne qui n'ait point été appelée,
» elle doit être admise à s'adresser aux mêmes juges, afin qu'après l'avoir en-
» tendue, ils prononcent à son égard en connaissance de cause ». — (*Exposé
des motifs*).

De là l'origine de la *tierce opposition*, que l'on doit définir, d'après le texte
de l'art. 474, une voie extraordinaire ouverte contre tout jugement à une *tierce*
personne qui n'y a point été partie par elle-même, ou par ceux qu'elle représente, et aux droits de laquelle ce jugement préjudicie.

La tierce opposition est *principale* ou *incidente*.

Elle est *principale*, lorsqu'elle est formée par action *principale* et distincte de
toute autre, et en ce cas elle doit être portée devant le juge qui a rendu le
jugement attaqué. (475).

Elle est *incidente*, lorsqu'elle a lieu sous le cours d'une instance contre un jugement dont une des parties litigantes entend se prévaloir contre l'autre ; alors
elle est jugée comme tout autre incident par le tribunal saisi de la contestation
principale à l'occasion de laquelle elle est formée, si toutefois ce tribunal est
égal ou supérieur en degré de jurisdiction à celui dont émane le jugement attaqué ; dans le cas contraire, c'est-à-dire si le tribunal saisi du principal est inférieur, on suit la règle de compétence admise pour la tierce opposition principale, et elle est, en conséquence, portée devant le juge qui a rendu le jugement contre lequel elle est dirigée. (476).

Tels sont, en général, les effets de ce genre de pourvoi, que, s'il est incidemment formé, le tribunal a la faculté de surseoir ou non au jugement de
l'affaire principale (477) ; et qu'en tous les cas, l'opposition ne peut profiter ou
nuire à ceux qui auraient le même intérêt que l'opposant à empêcher que le jugement attaqué ne fût exécuté contre eux. (478.) (1)

---

(1) Voy. les notions préliminaires, *suprà*, pag. 104 de ce volume.
(2) Voy. *suprà*, sur les art. 339, 340, 341 et 466).
(3) Sur cette importante matière, les anciennes ordonnances ne contenaient que deux

ARTICLE 474 (1).

Une partie peut former tierce opposition à un jugement qui préjudicie à ses droits, et lors duquel ni elle, ni ceux qu'elle représente, n'ont été appelés. (2).

T., 75. — Ordonn. de 1667, art. 1 et 26. — C. C., art. 100, 1166, 1351. — C. de P., art. 466, 467, 873, 1022.

1707. *Existe-t-il des moyens judiciaires de prévenir une tierce opposition?*

Voyez ce que nous avons dit *suprà* n.° 1271, sur les demandes en déclaration de jugement commun.

1708. *Peut-on se pourvoir par tierce opposition contre toute espèce de jugemens?*

___

dispositions, l'une, qui est reproduite dans l'art. 479, relativement à l'amende contre le tiers opposant qui succombe; l'autre, concernant le droit d'exécuter, nonobstant toute opposition, les arrêts ou jugemens passés en force de chose jugée, et portant condamnation de délaisser un héritage. Notre Code actuel a donc presqu'entièrement créé la législation en cette matière.

(1) Les motifs de cet article sont suffisamment établis ci-dessus pag. 224.

(2) JURISPRUDENCE.

1.° Le curateur d'une succession vacante est réputé le représentant des créanciers de la succession, en ce sens qu'ils sont non recevables à contester la compétence du tribunal où le curateur a consenti de plaider. — (*Cassat.*, 13 *avril* 1820, *Sirey, tom.* 21, *pag.* 84).

2.° Le mandataire n'est pas admissible à former tierce opposition contre des jugemens et arrêts dans lesquels son mandant était aux qualités des parties, si toutefois le mandataire ne réclame qu'un droit du chef du mandant. — (*Cassat.*, 1.er *déc.* 1819, *Sirey, tom.* 20, *pag.* 123).

3.° Celui qui est représenté par un consignataire ne peut former tierce opposition au jugement qui condamne le consignataire en raison des marchandises lui consignées. — (*Rennes*, 25 *avril* 1814).

4.° L'administration de la marine peut former tierce opposition au jugement de la liquidation d'une course auquel elle n'a pas été appelée. — (*Rennes*, 5 *juin* 1817).

5.° Lorsqu'un créancier, après avoir formé une saisie-arrêt, a fait prononcer la validité de la saisie, et a fait rendre un jugement portant que le tiers saisi versera dans ses mains les sommes dont il est détenteur, d'autres créanciers, qui prétendraient droit à distribution par contribution comme ayant formé de nouvelles saisies, aux termes de l'art. 575, ne seraient pas recevables à former tierce opposition au jugement qui a ordonné le dessaisissement au profit du premier saisissant. — (*Cassat.*, 28 *fév.* 1822, *Sirey, tom.* 22, *pag.* 217; *voy. nos quest. sur l'art.* 575).

6.° En matière d'ordre, il n'est pas toujours vrai que ce qui est jugé entre les créanciers et *le vendeur* soit réputé jugé entre les créanciers et *l'acquéreur*, ou bien que l'acquéreur soit représenté par le vendeur vis-à-vis du créancier. Ainsi, l'adjudicataire d'un immeuble qui a payé le prix de la manière prescrite par le cahier des charges, est recevable à former tierce opposition à l'état de collocation qui l'oblige à payer de nouveau le prix aux créanciers du vendeur; il peut proposer tous les moyens propres à écarter de l'ordre les créanciers, et notamment discuter la validité de leurs inscriptions. — (*Cassat.*, 12 *déc.* 1821, *Sirey, tom.* 22, *pag.* 249).

7.° L'héritier qui s'abstient d'une succession à laquelle il est appelé, ne peut, s'il l'accepte ensuite, attaquer, par voie de tierce opposition, le jugement rendu contre celui qui,

Oui, parce que l'art. 474 ne fait aucune distinction ; aussi la voie extraordinaire dont il s'agit est-elle ouverte contre un jugement en premier ou en dernier ressort, rendu par un juge ordinaire ou d'attribution, c'est-à-dire, par un tribunal civil comme par un tribunal de commerce ou par un juge de paix (*voy. nouv. Répert.*, au mot tierce opposition, § 1, tom. 8, pag. 736; *l'arrêt de la Cour de cassation, du 23 juin 1806, ibid.*); mais non pas contre un procès-verbal de conciliation qui n'est point une décision judiciaire, mais un simple acte contenant des conventions privées étrangères à toutes autres personnes que celles qui les ont souscrites. — (*Paris*, 18 *juin* 1813, *Journ. des avoués, tom.* 7, *pag.* 240).

à son défaut, s'était emparé de la succession ; il a été valablement représenté par lui. — (*Metz*, 29 *mai* 1818, *Sirey, tom.* 19, *pag.* 110).

8.° Les créanciers d'un failli sont non recevables à former individuellement opposition au jugement qui annule le concordat ; ils ne peuvent agir que par le ministère des syndics ou d'un fondé de pouvoir qui représente la masse. — (*Paris*, 11 *mai* 1812, *Sirey, tom.* 14, *pag.* 147).

9.° Mais les créanciers hypothécaires ne sont pas représentés par les syndics, dans le sens de l'art. 474, lors des poursuites en distribution des biens du failli, et, par suite, ils sont recevables à former tierce opposition au jugement rendu contradictoirement avec les syndics. — (*Cassat.*, 25 *juil.* 1814, *Sirey, tom.* 15, *pag.* 33).

10.° Un jugement rendu contre le fisc, pendant qu'il possède, *à titre de déshérence,* une succession abandonnée, a l'effet de la chose jugée à l'égard de l'héritier qui, ultérieurement, se présente pour recueillir la succession ; en ce cas, l'héritier ne peut former tierce opposition, quand même il la fonderait sur un nouveau moyen que la régie aurait négligé de faire valoir. — (*Cassat.*, 5 *avril* 1815, *Sirey, tom.* 15, *pag.* 137).

11.° Un héritier ne peut, avant le partage, attaquer par tierce opposition un jugement rendu contre son cohéritier, et relatif seulement à un objet particulier de la succession, parce qu'il n'a qu'un intérêt purement éventuel à faire rapporter ce jugement, et que ses droits sont subordonnés au cas où l'héritage en litige tomberait dans son lot. — (*Riom*, 24 *nov.* 1808, *Biblioth. du barr.*, 2.ᵉ *part.*, 1810, *pag.* 329).

12.° Un cohéritier ne peut aussi former tierce opposition à un jugement rendu contre son consort *personnellement.* — (*Cassat.*, 12 *janv.* 1814, *Sirey, tom.* 14, *pag.* 246).

13.° Le donataire, en vertu d'un acte antérieur à l'interdiction du donateur, ne peut, si la donation est attaquée comme consentie par une personne en état de démence, former tierce opposition au jugement d'interdiction, attendu que, d'après l'ancienne législation, comme d'après le Code de procédure, il faut, pour être admis à former tierce opposition à un jugement dans lequel on n'a point été partie ni appelé, avoir eu à ce jugement un intérêt direct et réel. — (*Riom*, 9 *janv.* 1808, *Sirey, tom.* 13, *pag.* 308).

14.° Un tiers qui se prétend injurié dans des mémoires imprimés et signifiés dans un procès où il n'est point partie, ne peut intervenir dans ce procès, pour demander la suppression de ces mémoires et des dommages-intérêts, attendu que le jugement à intervenir ne peut porter préjudice aux droits et actions de ce tiers, relativement à la réparation pour le prétendu fait d'injures, qui est le seul objet de sa demande en intervention, et que dès lors il n'est pas, pour être reçu intervenant, dans les termes des art. 456 et 474. — (*Rouen*, 29 *nov.* 1808, *Denevers*, 1809, *suppl., pag.* 76).

Nota. On pourrait croire, d'après un arrêt de le Cour de Rennes, cité sur la quest. 433.ᵉ, tom. 1, pag. 231, que l'intervention de la part d'un tiers serait autorisée, puisque cet arrêt n'a rejeté la demande en réparation d'un témoin injurié que par le motif qu'elle n'avait été formée qu'après les conclusions du ministère public ; mais de ce que la Cour de Rennes n'a déclaré ce témoin non recevable qu'en alléguant ce motif, il ne faut pas conclure qu'elle ait eu l'intention de préjuger pour l'affirmative la question ci-dessus, que nous croyons bien résolue par l'arrêt de la Cour de Rouen, puisque le droit d'intervenir dans un procès suppose nécessairement, d'après l'art. 466, celui de se rendre opposant, aux termes de l'art. 474. — (*Voy. nos quest. sur l'art.* 466).

1709. *A quelles personnes et en quel cas la voie de la tierce opposition est-elle ouverte?*

Nous avons, avec tous les auteurs sans exception, et notamment avec M. Merlin, nouveau Répertoire, tom. 8, pag. 738, supposé, dans notre Analyse, quest. 1553, que ce *n'était pas assez pour être reçu à la tierce opposition qu'on n'eût pas été partie dans le jugement contre lequel on voudrait prendre cette voie*, QU'IL FALLAIT ENCORE QU'ON EUT DU L'ÊTRE.

Mais il est à remarquer que l'art. 464 du projet, dont les termes se trouvent en entier dans l'art. 474 du Code, était terminé par ceux-ci, qui ont été supprimés, *encore qu'ils eussent dû l'être.*

D'un autre côté, pour exclure du droit de former tierce opposition celui qu'on eût reconnu n'avoir pas dû être appelé, on ajoutait, dans l'art. 465 du projet, une disposition qui a été également supprimée, et d'après laquelle la partie qui n'avait pas *dû être appelée* à un jugement, n'eût pu *l'attaquer* qu'en prouvant la collusion, la fraude ou le dol.

Or, il est prouvé par la discussion au Conseil d'état (*voy. Locré, tom. 2, pag.* 285 *et suiv.*), que ces suppressions ne furent arrêtées qu'afin d'accorder au contraire le droit de former tierce opposition indistinctement à tous ceux qui, ayant *intérêt* et *qualité*, n'auraient pas été appelés au jugement : on peut sans doute conclure de ces observations, qu'on n'a point à considérer aujourd'hui si la partie qui se rend tierce opposante a pu ou dû être appelée au jugement, et qu'il suffit, pour qu'elle soit recevable, qu'elle prouve, aux termes de l'art. 474, qu'elle n'y ait pas été appelée, qu'elle avait qualité pour défendre à la demande, qu'enfin le jugement porte préjudice à ses droits.

Quoi qu'il en soit, en déclarant recevable la tierce opposition d'un tiers acquéreur aux jugemens et arrêts rendus avec son vendeur *depuis la vente*, et en vertu desquels il était assigné en déclaration d'hypothèque, la Cour de cassation a entièrement rejeté cette doctrine, puisqu'elle a fondé sa décision sur le motif suivant :

« Considérant que l'art. 474 ne fait que confirmer les anciens principes sur
» la tierce opposition, principes fondés sur la raison, fixés par la doctrine des
» auteurs, qui enseignent que, pour être admis à former tierce opposition à un
» jugement ou à un arrêt, ce n'est pas assez qu'on n'y ait pas été partie, *qu'il*
» *faut encore qu'on ait dû l'être*, parce que s'il suffisait d'avoir intérêt de dé-
» truire un jugement pour être recevable à l'attaquer par la voie de la tierce
» opposition, on ne serait jamais assuré de la stabilité d'un jugement obtenu
» de bonne foi. » — (*Arrêt de cassat., sect. civ., du* 21 *fév.* 1816, *Sirey, tom.* 16,
pag. 153). (1)

_____

(1) **Même décision de la Cour de cassation, du 19 août 1818. (*Sirey, tom.* 19, *pag.* 24).** L'acquéreur, d'après ce dernier arrêt, n'est pas représenté par son vendeur dans un procès sur l'objet vendu, lorsque le procès a été intenté postérieurement à la vente ; en conséquence, il peut former tierce opposition à la décision intervenue, et peu importe, d'ailleurs, qu'il ait eu connaissance de la contestation. Ce même arrêt décide que le procès est réputé postérieur à la vente, encore que la citation en conciliation ait eu lieu avant la vente, et que la vente n'ait été transcrite qu'après l'introduction de l'instance.
Idem de la Cour de Douai. (*Sirey, tom.* 21, *pag* 100). L'arrêt décide que le vendeur n'est le représentant de l'acquéreur que pour ce qui est antérieur à la vente. Dès qu'il y

Ces motifs sont précisément ceux que l'on faisait valoir lors de la discussion au Conseil d'état, pour le maintien des derniers termes de l'art. 464 et de la disposition de l'art. 465 du projet. Nous croyons que l'on doit s'en tenir à la décision de la Cour de cassation, nonobstant les retranchemens arrêtés par le Conseil d'état, attendu que les orateurs du Gouvernement et du Tribunat n'ont point expliqué la loi comme devant produire les conséquences résultant de ces retranchemens. D'où suit qu'il est probable que le législateur a entendu conserver sur la tierce opposition la doctrine tenue dans la jurisprudence (*voy. entre autres arrêt du 20 prair. an 10, Sirey, tom. 2, 2°. part., pag.* 295), unanimement attestée par les auteurs anciens, et professée de même par ceux qui ont écrit depuis la mise en activité du Code. Ainsi, la disposition de l'art. 465 du projet nous paraît devoir être envisagée au moins comme règle de jurisprudence, et par conséquent les jugemens, *lors desquels la partie n'a pas dû être appelée* (1), *ne peuvent être attaqués par elle qu'en prouvant la collusion, la fraude ou le dol* (2).

1710. *Comment s'applique le principe que l'on ne peut former tierce opposition contre un jugement où ceux qu'on représente ont été parties ?*

Ce principe s'entend et s'applique en ce sens, que l'on ne peut former tierce opposition au jugement rendu par suite d'une instance dans laquelle auraient été parties tous ceux auxquels on a succédé, soit à titre universel, soit à titre particulier; tous ceux encore dont on est *ayant-cause* à titre de cession, de subrogation, de vente, etc. — (*Voy. la quest. précédente; Rodier, sur le tit. 35 de l'ordonn., art.* 2, *et l'arrêt de la Cour de cassat., du 9 niv. an 4, Table de Bergognié, tom.* 1, *pag.* 472, v°. tierce opposition).

On admet néanmoins à la tierce opposition, 1°. l'héritier bénéficiaire, parce qu'il ne confond pas son patrimoine avec celui du défunt (*voy. arrêt de la Cour de cassat., du 1er. germ. an 11, nouv. Répert., v°. légataire,* § 7, *art.* 1); 2°. l'acquéreur, le cessionnaire, etc., comme nous l'avons vu sur la question précédente, qui sont devenus ayant-cause avant le procès où leur auteur a succombé, ou qui le sont devenus même pendant le procès, pourvu que ce soit avant le jugement (3).

---

a eu vente et dessaisissement, l'acquéreur a un droit : si donc une action en revendication de l'immeuble vendu est intentée, l'acquéreur détenteur doit y être appelé, et s'il en est autrement, tous jugemens rendus avec le vendeur sont susceptibles de tierce opposition.

(1) Dans les considérans d'un arrêt du 28 février 1822 (*Sirey, tom.* 22, *pag.* 220), la Cour de cassation énonce formellement le principe qu'en droit, la tierce opposition ne peut être formée que par ceux qui, lors du jugement attaqué par cette voie, *auraient dû y être appelés*, et auxquels, dans l'ancienne jurisprudence, on n'admettait d'exception que contre l'acquéreur; exception rejetée dans notre jurisprudence actuelle. — (*Voy. la not* 1, *suprà*).

(2) En admettant que la tierce opposition n'est ouverte qu'*à ceux qui ont dû être appelés*, on sentira combien ce principe prête de force à la solution donnée n.° 1683; car il est évident que celui qui intervient dans une instance de péremption n'est pas recevable, puisque ne devant *pas être appelé* en cette instance, il ne pourrait former tierce opposition à l'arrêt qui admettrait la péremption.

(3) Cette dernière proposition est fondée sur les lois 11, dernier §, et 29, § 1.er, au

1711. *Celui qu'un acquéreur a déclaré son command, en vertu de la réserve qu'il s'en était faite par le contrat d'acquisition, peut-il former tierce opposition au jugement qui, depuis et contradictoirement avec le vendeur seul, a déclaré le contrat d'acquisition frauduleux et nul ?*

Quand on admettrait, ce qui ne peut être d'après les arrêts cités sur la quest. 1709, qu'un acquéreur, ainsi que l'ont décidé d'anciens arrêts cités par M. Merlin, nouveau Répertoire, au mot *opposition tierce*, art. 4, ne serait pas recevable à attaquer, par tierce opposition, un jugement rendu avec son vendeur, postérieurement au contrat de vente, néanmoins, dit M. Merlin, *ubi suprà*, art. 4, il en serait autrement à l'égard du command qu'un acqué-reur a nommé en vertu de la réserve qu'il s'en était faite par le contrat de vente. Par l'effet de cette réserve, lorsqu'elle est mise à exécution en tems utile, l'acquéreur est censé n'avoir acheté que pour son command, et n'avoir agi que comme mandataire de celui-ci. Or, il est bien évident que le mandat pour acquérir ne renferme point le mandat pour plaider sur la validité de l'acquisition, et que le jugement rendu avec celui qui, simple mandataire pour acquérir, n'avait point de pouvoir pour plaider sur la validité de l'acquisition, ne peut, en aucune manière, lier le véritable acquéreur, qui, conséquemment, est recevable à former tierce opposition.

C'est effectivement ce qui a été jugé par un arrêt de la Cour de cassation, du 10 août 1807, que rapporte également M. Merlin, *ubi suprà*, et que l'on trouve aussi au Recueil de Sirey, tom. 8, pag. 281.

1712. *Le jugement rendu avec le curateur à une succession vacante, est-il sujet à tierce opposition de la part de l'héritier qui depuis a accepté cette succession ?*

Non, d'après deux arrêts du Parlement de Paris, des 28 mars 1702 et 5 avril 1751, dont la décision peut être appuyée aujourd'hui des derniers termes de l'art. 790 du Code civil. — (*Voy. nouv. Répert.*, *ubi suprà*, § 2, art. 1).

1713. *Un créancier est-il recevable à attaquer, par tierce opposition, un jugement rendu contre son débiteur?*

Non ; ce qui est jugé avec le débiteur est censé jugé avec les créanciers, qui conséquemment ne peuvent prendre, contre les jugemens rendus avec ce dernier, que les mêmes voies qui lui seraient ouvertes à lui-même (*voy. Cod. civ.*, art. 1166), à moins que le jugement ne fût attaqué comme étant l'effet d'une collusion frauduleuse entre le débiteur et la partie qui a obtenu gain

---

digeste *de exceptione rei judicatæ*, et résulte d'un arrêt de la Cour de cassation, du 8 mai 1810, (*Sirey*, tom. 10, pag. 265), qui a décidé que celui qui avait acquis un immeuble durant une instance concernant cet immeuble même, mais avant le jugement qui l'a terminée, n'avait pas été représenté par son vendeur, et que, conséquemment, ce jugement ne pouvait avoir contre lui l'autorité de la chose jugée.

A ces exemples, ajoutez,

1.° L'espèce de l'arrêt du 21 février 1816, cité au numéro précédent ;

2.° Un arrêt de la Cour de Colmar, du 11 mai 1811 (*Sirey*, 1811, *pag.* 457), qui déclare la tierce opposition ouverte au cessionnaire qui n'est pas intervenu dans un procès intenté à son cédant *depuis là cession*, par des tiers qui se prétendaient propriétaires de la créance cédée.

de cause contre lui. — (*Voy. cassat.*, 15 *fév.* 1808, *nouv. Répert.*, art. 2, et *Paris*, 20 *mars* 1810, *Journ. des avoués*, *tom.* 1, *pag.* 285 ; *voy. aussi Jousse*, *sur l'art.* 35 *de l'ordonn.*) (1)

1714. *Cette proposition s'étend-elle au cas où le créancier motiverait son pourvoi sur des exceptions qui lui seraient personnelles ?*

La solution donnée sur la précédente question est sans doute à l'abri de toute critique. Il est constant, d'après l'art. 1322 du Code civil, que les jugemens, aussi bien que les contrats, ont tout leur effet contre les héritiers, successeurs ou ayant-cause des parties. Par conséquent, les acquéreurs et les créanciers du condamné sont, en général, exclus du droit de former tierce-opposition.

Cependant, suivant la seconde disposition de l'art. 474, le créancier et l'acquéreur ne sont exclus de la tierce opposition qu'autant qu'ils sont censés avoir été représentés par leur vendeur ou leur débiteur, c'est-à-dire qu'autant qu'ils exercent des droits que le condamné avait lui-même, et qu'ils présentent à la justice des moyens qu'il aurait dû faire valoir : ils ne sont donc pas exclus du droit de tierce opposition sous le rapport de droits personnels que le condamné ne pouvait lui-même faire valoir. Ainsi des créanciers seraient admis à tierce opposition, par exemple, pour soutenir un droit de préférence résultant de leurs inscriptions hypothécaires; un acquéreur y serait admis si le jugement avait été rendu par fraude ou collusion avec le condamné (*voy. suprà*, n°. 1709) ; car on ne peut pas dire que le condamné représente en ce cas ses créanciers, puisqu'il avait eu en vue d'agir contre eux et de les dépouiller : d'ailleurs, la fraude ne doit profiter à personne. Cette doctrine, professée par M. Thomines, a été consacrée par arrêt de la Cour de Nîmes, du 14 avril 1812 (*Sirey, tom.* 13, *pag.* 216), et de celle d'Aix, du 4 juillet 1810 (*ibid.*, 1812, *pag.* 31), et elle résulte clairement d'un arrêt de la Cour de cassation du 16 juin 1814. — (*Ibid.*, *pag.* 337)

1715. *Mais la solution de la question précédente s'applique-t-elle sans distinction aux créanciers hypothécaires comme aux créanciers chirographaires ?*

D'après M. Merlin (*voy. ubi suprà, art.* 3), et un arrêt de la Cour de cassation, du 3 mai 1809 (*voy. Sirey, tom.* 10, 2ᵉ. *part., pag.* 301), nous croyons pouvoir établir sur cette question les propositions suivantes :

Premièrement, le jugement rendu par collusion entre le débiteur et un tiers, ne nuit pas au créancier à qui le débiteur avait précédemment donné en hypothèque le bien de la propriété, duquel ce jugement dépouille celui-ci : le créancier pourra donc y former tierce opposition. — (*Voy. nouv. Répert.*)

Secondement, mais lorsqu'un jugement aurait été obtenu sans fraude contre le débiteur, le créancier ne pourrait s'y rendre tiers opposant que dans le cas où son droit d'hypothèque aurait été altéré par ce jugement; par exemple, si

_____

(1) Mais il faut remarquer que les créanciers d'un mari contre lequel sa femme a obtenu un jugement de séparation de biens, peuvent former une tierce opposition à ce jugement, lorsqu'ils n'ont pas été légalement avertis des poursuites qui ont eu lieu pour le faire rendre (*voy. art.* 873); c'est qu'alors la loi présume que le jugement est l'effet d'une collusion entre le mari et la femme. — (*Turin, 3 mai* 1809, 2.ᵉ *part., pag.* 301, *et* 15 *avril* 1811).

l'on avait ordonné en son absence la réintégration d'une inscription précédemment rayée. — (*Voy. Turin, 3 mai 1809, Sirey, tom.* 10, 2ᵉ. *part., pag.* 301, *et Paris,* 15 *avril* 1811, *Sirey, tom.* 11, *pag.* 472).

Troisièmement, les créanciers hypothécaires peuvent se pourvoir par tierce opposition contre le jugement prononcé contre le débiteur, d'après des exceptions qui le rendaient non recevable, *quant à présent ou dans la forme qu'il agissait.* — (*Voy. nouv. Répert.*)

Quatrièmement, ils le peuvent, en conséquence, si le débiteur n'a succombé que faute de preuves que l'objet hypothéqué lui appartenait au moment du jugement; car alors le créancier a son action tout entière, pourvu qu'il justifie que cet objet appartenait à son débiteur dans le tems où l'hypothèque a été constituée. Tel est l'avis de Pothier, dans son Traité des obligations, part. 4, chap. 3, sect. 3, art. 5, n°. 36. — (*Voy. nouv. Répert.*) (1)

1716. *Les jugemens rendus avec les syndics d'une union de créanciers, sont-ils sujets à tierce opposition de la part des créanciers qui n'ont pas accédé au contrat d'union?*

La Cour de cassation a jugé l'affirmative, par arrêts des 14 mars et 5 avril 1810, par le motif que des créanciers ne sont pas représentés par des syndics, à la nomination desquels ils n'ont ni concouru ni adhéré depuis le jugement. — (*Voy. Sirey, tom.* 11, *pag.* 1, *et le Journ. des avoués, tom.* 1, *pag.* 238).

Mais il importe de remarquer que ces arrêts ont été rendus par application des dispositions de l'ordonnance de 1673, et que si la même décision peut être donnée aujourd'hui d'après celles de l'art. 474, ce ne serait du moins que dans l'hypothèse où le concordat n'aurait pas encore été homologué. En effet, les art. 523 et 524 du Code de commerce veulent que les créanciers non signataires subissent la loi du concordat, s'ils n'y ont pas formé opposition avant le jugement qui l'homologue. On peut donc maintenir qu'après l'homologation, tous les créanciers sont représentés par les syndics, et ne peuvent conséquemment former tierce opposition aux jugemens où ceux-ci ont été parties. — (*Cassat., 5 avril* 1810, *Sirey, tom.* 14, *pag.* 140).

1717. *La caution n'est-elle recevable à prendre la voie de la tierce opposition contre des jugemens rendus contre le débiteur cautionné, que lorsqu'elle propose des exceptions qui lui sont personnelles?*

Oui, parce que la caution, *même judiciaire*, en tant qu'elle emploie les exceptions réelles du débiteur principal déjà jugées contradictoirement avec lui,

---

(1) Nous avions dit, dans notre Analyse, quest. 2440.ᵉ, que les créanciers pourraient se pourvoir par tierce opposition, s'ils prétendaient qu'un jugement rendu à leur insu aurait mal à propos décidé que la propriété de leur débiteur était résolue en leur faveur, par l'accomplissement d'une condition, et nous avions ajouté que la Cour de cassation avait formellement décidé de la sorte, par arrêt du 12 fructidor an 9. En cela, nous n'avions fait que transcrire un passage du nouveau Répertoire, au mot *tierce opposition*, § 2, art. 3, pag. 745. Mais, en vérifiant cet arrêt, cité art. 2 du même ouvrage, pag. 740, nous avons remarqué qu'il était absolument contraire, et que nous avions répété nous-même l'erreur commise pag. 746, en ce que l'on a mis le mot *négative* au lieu d'*affirmative*.

Nous dirons donc, au contraire, que les créanciers hypothécaires n'ont pas droit de former tierce opposition dans le cas ci-dessus posé.

ne peut être considérée que comme son *ayant-cause*, puisque, par cela seul, elle se met à la place et veut se prévaloir du droit de celui-ci : d'où suit qu'elle doit également souffrir toutes les exceptions qui écarteraient ce droit, et par conséquent celles qui résultent de la chose jugée contre lui. — (*Cassat.*, 27 *nov.* 1811, *Sirey, tom.* 12, *pag.* 125).

1718. *Le coobligé solidaire de celui qui a été condamné par un jugement, peut-il se pourvoir par tierce opposition ?*

Non, parce que la chose jugée avec son codébiteur lui est commune, puisque leurs intérêts sont identiques. — (*Paris*, 20 *mars* 1809, *Sirey, tom.* 9, *DD.*, *pag.* 293).

1719. *Mais le tuteur d'un interdit est-il recevable à attaquer, par voie de tierce opposition, un jugement rendu avec ce dernier lui-même, avant que son interdiction eût été prononcée par la justice ?*

Un arrêt du 5 février 1767 a jugé négativement cette question. — (*Voy. nouv. Répert., ubi suprà, art.* 5). (1)

1720. *L'usufruitier d'un immeuble peut-il attaquer, par tierce opposition, un jugement qui a décidé, entre le propriétaire et un tiers, que cet immeuble n'a pas appartenu à celui duquel il tient son droit d'usufruit ?*

Un arrêt du Parlement de Paris, du 6 février 1778, a accordé ce droit à une veuve douairière, et par conséquent usufruitière. (*Voy. nouv. Répertoire, art.* 7). Mais il importe de remarquer que le droit réel que cette veuve avait sur l'immeuble lui était déféré par la loi seule; qu'elle ne le tenait pas des héritiers de son mari, et que, conséquemment, on ne pouvait dire qu'elle fût leur ayant-cause; qu'elle eût été représentée par eux lors du jugement qui avait prononcé que l'immeuble n'avait pas appartenu à son mari. L'arrêt que nous citons ne pourrait donc s'appliquer avec certitude que dans le cas d'un usufruit légal, et non dans celui d'un usufruit conventionnel, où l'on pourrait opposer à l'usufruitier qu'il n'était pas nécessaire de l'appeler lors d'un jugement qui n'avait que la propriété pour objet; que s'il avait des moyens particuliers à faire valoir, c'était à lui d'intervenir; que ne l'ayant pas fait, il est censé s'en être rapporté à ce que dirait le propriétaire; qu'il a ainsi consenti implicitement que ce qui serait jugé avec celui-ci le fût avec lui (2).

1721. *La tierce opposition est-elle admissible contre un jugement qui statue sur une question d'état ?*

On pourrait croire le contraire, en se fondant sur le principe que l'état est indivisible; et c'est aussi par ce motif que, par arrêt du 23 juillet 1806, la Cour de Poitiers avait rejeté la tierce opposition formée par un émigré am-

---

(1) *Idem* à l'égard du jugement qui, bien que ce tuteur n'eût pas été appelé, a déclaré l'interdit relevé de son interdiction. — (*Bull. offic. de la Cour de cassat.*, tom. 13, *pag.* 35).

(2) A plus forte raison, un fermier ne peut-il se rendre tiers opposant contre le jugement qui a condamné son bailleur sur une question de propriété. — (*Rennes*, 23 *déc.* 1812).

nistié à un jugement rendu pendant son émigration, et qui déclarait, contradictoirement avec son épouse, qu'un enfant était le fils de celle-ci. Mais cet arrêt a été cassé le 7 décembre 1808 (*voy. Bull. offic.*), par le motif que ni l'émigré ni sa famille n'avaient été appelés au jugement, ni en personne, ni par leurs représentans. La Cour a ainsi jugé que le mari n'était pas représenté de droit par son épouse. — (*Voy. Jurispr. sur la procéd.*, tom. 3, pag. 1—43). (1)

1722. *Pour écarter l'exception de chose jugée, tirée mal à propos d'un jugement dans lequel on n'a pas été partie, est-il absolument nécessaire de former tierce opposition à ce jugement?*

L'art. 474 dit bien qu'une partie PEUT *former tierce opposition*, etc.; mais il ne dit pas qu'elle soit tenue de prendre cette voie; il ne lui ôte pas la faculté de se borner à dire que le jugement qu'on lui oppose n'a pas été rendu avec elle; qu'il lui est étranger; que ce jugement est, à son égard, comme s'il n'existait point; que c'est, en un mot, *res inter alios acta*. — (*Voy. Code civil, art.* 1351).

Ainsi, la tierce opposition est purement facultative; et si nous avons dit, sur la quest. 1682e., que l'on peut forcer d'intervenir celui qui aurait droit de se rendre tiers opposant à un jugement à rendre, on ne peut en conclure qu'il ait besoin d'user de ce droit pour empêcher que le jugement ne produise ses effets contre lui; le droit de le contraindre à cette intervention n'est établi qu'en faveur de la partie intéressée à ce que le jugement qu'elle poursuit soit rendu contradictoirement avec lui. — (*Voy. nouv. Répert., ubi suprà*, § 6, pag. 762).

On peut donc l'attaquer pour cause de fraude, de collusion, etc., ou faire juger qu'il est *res inter alios acta* (2).

ARTICLE 475 (3):

La tierce opposition formée par action principale, sera portée au tribunal qui aura rendu le jugement attaqué.

---

(1) Ajoutez que les enfans nés d'un mariage légitime ont des droits de famille propres et personnels, qu'il ne faut pas confondre avec ceux qui peuvent leur appartenir du chef de leurs auteurs. Ainsi, la question de légitimité jugée au profit d'un enfant naturel contre son père, peut être remise en question sur la tierce opposition du fils légitime. — (*Cassat.*, 9 mai 1821, *Sirey, tom.* 21, *pag.* 100).

(2) Nous nous bornons aux questions qui nous ont paru les plus importantes sur le droit de former tierce opposition. On trouve d'autres espèces traitées par M. Pigeau, tom. 1, pag. 661 et 672 inclusivement, ou indiquées au Code annoté de M. Sirey. Il convient surtout de voir les annotations concernant les émigrés, desquelles il résulte, en général, qu'ils ont été, durant leur mort civile, représentés par l'Etat dans les causes qui les concernaient, et, par conséquent, ils ne peuvent former tierce opposition aux jugemens intervenus dans cet intervalle; mais qu'ils sont recevables à se pourvoir de la sorte contre ceux qui auraient été rendus avant la prévention d'émigration, ou depuis la cessation des effets de leur mort civile.

(3) A l'exemple de M. Locré, tom. 2, pag. 288, nous réunissons ces deux articles, parce qu'ils n'auraient pas dû être séparés, ou que si l'on voulait les maintenir divisés, on n'aurait

La tierce opposition incidente à une contestation dont un tribunal est saisi, sera formée par requête à ce tribunal, s'il est égal ou supérieur à celui qui a rendu le jugement.

ARTICLE 476.

S'il n'est égal ou supérieur, la tierce opposition incidente sera portée, par action principale, au tribunal qui aura rendu le jugement (1).

T., 75. — C. de P., art. 49, § 3, 337, 490.

CCCXIV. La loi établit ici cette première règle générale, que la tierce opposition doit être faite devant le tribunal qui a rendu le jugement.

Il peut sans doute, a dit, à cet égard, M. Bigot de Préameneu, en résulter que le tiers opposant soit obligé de plaider devant les juges dont autrement il n'eût point été justiciable; mais une tierce opposition ne peut être considérée que comme une intervention pour arrêter ou prévenir l'exécution d'un jugement. Or, nulle intervention ne peut se faire que devant le tribunal où la cause principale est portée.

En partant de ce principe, il restait un cas à prévoir, celui où, à l'occasion d'une contestation qui s'instruit devant un tribunal, l'une des parties se prévaudrait d'un jugement qu'un autre tribunal aurait rendu, et contre lequel son adversaire aurait le droit de former une tierce opposition.

Dans ce cas, les parties sont en présence devant le tribunal saisi de la contestation principale. Doit-on, comme on le faisait autrefois, les renvoyer devant le tribunal qui a prononcé le jugement attaqué par la tierce opposition ?

On ne saurait douter qu'il ne soit, en général, plus convenable à leurs intérêts de rester devant le tribunal même où elles se trouvent, et où, conséquemment, elles peuvent espérer un jugement plus prompt sur l'un et sur l'autre différent.

---

dû ne comprendre dans le premier que la disposition relative à la tierce opposition formée par demande principale, et rejeter dans le second tout ce qui regarde les tierces oppositions incidentes. On conçoit, d'après cette observation, que les questions concernant ces articles peuvent souvent se rapporter à tous les deux à la fois : il ne convenait donc pas de les diviser elles-mêmes.

(1) JURISPRUDENCE.

1.° La tierce opposition est recevable, quoique l'exploit ne contienne pas le mot *tierce*, mais seulement celui d'opposition. — (*Rennes*, 5 juin 1817).

2.° On peut former la tierce opposition par conclusions verbales prises sur le barreau, quand cette exception devient nécessaire, la forme de requête prescrite par l'art. 475 n'étant pas exigée à peine de nullité. — (*Colmar*, 9 août 1814, *Sirey*, tom. 15, pag. 132).

3.° La tierce opposition à des arrêts de l'ancien conseil du Roi, sur une question de propriété domaniale, doit être portée devant les tribunaux ordinaires. — (*Cassat.*, 12 août 1818, *Sirey*, 1819, pag. 19).

4.° Lorsqu'un tribunal est sans jurisdiction pour connaître de la tierce opposition, formée par une partie à une décision, produite par l'adversaire comme titre constitutif de ses droits, en ce cas, il doit absolument s'abstenir de statuer sur le fond de la contestation, et renvoyer d'office les parties devant qui de droit. — (*Ibid.*)

En prenant ce dernier parti, il fallait seulement éviter que la hiérarchie des tribunaux fût troublée. Un tribunal inférieur ne doit jamais être revêtu du pouvoir de prononcer sur un jugement rendu par un tribunal supérieur.

Il peut sans doute arriver que, dans le cas où les moyens du tiers opposant seraient précisément les mêmes que ceux qui auraient été rejetés par le jugement attaqué, ces moyens soient admis par un autre tribunal d'un pouvoir égal; mais c'est encore un de ces cas rares, et qui ne suffisent point pour écarter une mesure d'une utilité certaine et journalière.

Il faut, d'ailleurs, observer que, si le jugement sur la tierce opposition a été rendu par des juges de première instance, on a, pour éprouver la bonté de ce jugement, la voie de l'appel.

S'il a été rendu un jugement en dernier ressort, la variété d'opinions entre les tribunaux indépendans sur les mêmes questions, est un inconvénient général contre lequel il n'y a de remède que dans l'autorité de la Cour de cassation, lorsqu'il y a lieu de s'y pourvoir. — (*Exposé des motifs*).

1723. *Comment la tierce opposition est-elle formée lorsqu'elle est principale?*

Elle se forme par une assignation ordinaire, et l'on doit suivre à son égard les mêmes règles de procédure que sur toute autre action principale (1).

1724. *Mais est-elle sujette au préliminaire de conciliation?*

Les auteurs du Praticien, tom. 3, pag. 274, sont pour l'affirmative, attendu qu'aucune disposition du Code n'excepte du préliminaire dont il s'agit la tierce opposition formée par action principale. M. Pigeau, tom. 1, pag. 275, est d'un avis contraire; il se fonde sur ce que la tierce opposition est une espèce d'intervention. Or, l'art. 49 excepte l'intervention de la formalité de la conciliation.

On peut encore appuyer cette opinion de M. Pigeau du passage ci-dessus transcrit, pag. 254, du discours de M. Bigot de Préameneu, où il dit que la tierce opposition ne peut être considérée que comme *une intervention;* motif pour lequel elle ne peut se faire que devant le tribunal où la cause principale a été portée (2).

1725. *Est-il un délai passé lequel la tierce opposition ne soit plus recevable?*

L'art. 474 est à peu près conçu dans les mêmes termes que l'art. 2 du tit. 35 de l'ordonnance. Or, sous l'empire de cette loi, la Cour de cassation, par arrêt du 17 germinal an 4 (*voy. Table de Bergognié, tom. 1, pag. 468*), a décidé que cet article ne prescrivant aucun délai pour se pourvoir, les juges ne pouvaient suppléer à cet égard : ne doit-on pas décider la même chose sous l'empire du Code?

Nous pensons qu'en effet on ne peut, dans le silence du Code, assujétir à aucune prescription le droit de former tierce opposition; mais cette solution

---

(1) Car la forme de requête ne peut être employée que dans les instances incidentes. — (*Rennes, 2 sept. 1818*).

(2) Quoi qu'il en soit, on peut argumenter, en faveur de l'opinion des auteurs du Praticien, de la règle générale posée dans l'art. 48; et comme l'art. 49 n'y fait aucune exception relativement à la tierce opposition, il nous paraît du moins qu'il est prudent de soumettre à l'essai de conciliation la tierce opposition à former par action principale.

ne doit être entendue, selon nous, que sauf l'application des principes généraux posés au Code civil sur la prescription des actions.

Ainsi, comme le dit M. Berriat Saint-Prix, pag. 445, il paraît naturel de
n'assujétir le droit de former tierce opposition qu'à la prescription ordinaire
qui courrait du jour où le jugement aurait été connu de la partie, à moins
toutefois que pendant cet intervalle, celle en faveur de laquelle le jugement
aurait été rendu n'ait prescrit la chose réclamée. — (*Voy. Pigeau, tom.* 1,
pag. 673, *Prat.*, *tom.* 3, *pag.* 265, *et cassat.*, 11 *germ. an* 4, *Sirey*, 1815,
tom. 15, *pag.* 58).

1726. *Contre qui la tierce opposition se forme-t-elle ?*

Il faut distinguer deux cas : ou le condamné n'a pas exécuté le jugement,
ou il l'a entièrement exécuté. Dans le premier cas, on devra, si la tierce opposition est de nature à suspendre l'exécution, mettre le condamné en cause,
pour l'empêcher de satisfaire à cette exécution; dans le second, la tierce opposition sera formée uniquement contre la partie qui aura obtenu ce jugement.
— (*Voy. Pigeau, tom.* 1, *pag.* 674, *et tom.* 2, *pag.* 667, *n°*. 1 *et* 2).

1727. *La tierce opposition principale à un jugement confirmé ou infirmé sur
appel, doit-elle être portée devant la Cour ?*

Il résulte des art. 475 et 476 que si la tierce opposition est formée par action principale, elle doit être portée devant les juges de qui émane le jugement attaqué. — Cette règle a toujours été suivie. — Donc, s'il s'agit d'un
arrêt, il faut s'adresser à la Cour d'appel qui l'a rendu.

Mais faut-il distinguer entre les arrêts qui ont confirmé et ceux qui ont
infirmé ? La tierce opposition ne doit-elle être portée à la Cour d'appel que
lorsqu'en infirmant elle a prononcé elle-même la décision dont se plaint le
tiers opposant ? Doit-elle l'être au tribunal de première instance, lorsque les
juges d'appel ont confirmé purement et simplement ?

La Cour d'appel de Bruxelles, par arrêt du 9 avril 1808 (*Sirey, tom.* 9,
pag. 107), a décidé que la tierce opposition formée par action principale à un
jugement confirmé sur l'appel, ou à l'arrêt confirmatif, devait être portée, non
à la Cour d'appel qui a confirmé, mais au tribunal dont le jugement a été confirmé. Elle a ainsi appliqué la première partie de l'art. 475, en vertu de laquelle
l'opposition doit être soumise au juge qui a rendu le jugement attaqué. En effet,
en confirmant le jugement, et mettant par conséquent l'appel au néant, une
Cour ne fait autre chose qu'anéantir l'obstacle qui s'opposait à l'exécution du
jugement dont était appel, et il ne reste rien de tout le procès entre parties
que le jugement confirmé; d'où il suit bien que le jugement attaqué par tierce
opposition n'est pas l'arrêt de la Cour, mais le jugement appelé.

La raison en est que, dans le premier cas, le jugement subsiste, et c'est contre
lui que le pourvoi est dirigé; dans le second, il est détruit, et c'est conséquemment l'arrêt qu'on attaque.

1728. *En est-il de même lorsqu'on se pourvoit en déclaration d'arrêt commun ?*

Si la tierce opposition, lorsqu'elle est principale, doit toujours être portée
au tribunal qui a rendu le jugement attaqué, et lorsqu'elle est incidente au
même tribunal, s'il est supérieur à celui qui est saisi de l'instance principale,

c'est par la raison que la loi assujettit le tiers opposant aux mêmes règles de compétence qu'il eût dû suivre, s'il était intervenu dans l'instance terminée par le jugement qu'il attaque. Mais la demande en déclaration d'arrêt commun est une demande principale en exécution de cet arrêt; comme toute autre demande de ce genre, elle est sujette à l'essai de conciliation (*voy. suprà, n°*. 1271); elle doit subir les deux degrés de jurisdiction, et, par conséquent, il nous semble qu'elle doit être portée devant le tribunal de première instance qui a rendu le jugement confirmé par l'arrêt. En cela l'on ne porte nulle atteinte à l'autorité de la Cour, puisqu'il ne s'agit que de déclarer exécutoire un arrêt qui a confirmé un jugement dont, aux termes de l'art. 473, l'exécution appartient au tribunal qui l'a rendu, puisqu'on ne le rétracte pas, et qu'on ne fait qu'appliquer à un tiers ce qu'il a jugé.

La même chose doit encore avoir lieu quand l'arrêt n'a confirmé qu'en partie, d'après ce que nous avons dit n°. 1697.

1729. *Peut-il ou doit-il être statué, à la charge de l'appel, sur une tierce opposition à un jugement en dernier ressort?*

Cette question ne peut se présenter pour les tierces oppositions aux arrêts des Cours d'appel. Puisqu'elles ne peuvent, par le titre même de leur institution, juger qu'en dernier ressort, il est bien évident qu'elles ne peuvent pas statuer, à la charge de l'appel, sur une tierce opposition quelconque, c'est-à-dire principale ou incidente.

Mais la difficulté peut se présenter aux tribunaux civils d'arrondissement, qui sont à la fois juges d'appel, de justices de paix et juges de première instance. Par exemple, dit M. Merlin (*voy. Quest. de droit, au mot* opposition (tierce), § 2), deux parties plaident devant une justice de paix; il y intervient un jugement dont l'une d'elles se rend appelante; le tribunal d'arrondissement prononce sur cet appel et infirme le jugement qui en est l'objet; quelques tems après un tiers se présente, et forme opposition au jugement du tribunal d'arrondissement; comment ce tribunal statuera-t-il sur cette opposition?

La jugera-t-il à la charge de l'appel? Alors une affaire qui, par sa nature, ne peut arriver à la Cour d'appel, lui sera cependant soumise. — La jugera-t-il en dernier ressort? Dans ce cas le tiers opposant ne jouira pas des deux degrés de jurisdiction que la loi accorde à toutes les parties, dans les affaires qui ne sont pas sujettes à être jugées en premier et dernier ressort par les tribunaux d'arrondissement. — La renverra-t-il au juge de paix? Mais le juge de paix ne peut pas rétracter un jugement émané de son juge supérieur.

Ainsi, continue le même auteur, de quelque côté que l'on se tourne, on rencontre un principe qui s'oppose au parti que l'on voudrait embrasser : il faut cependant se fixer, et inconvénient pour inconvénient, on doit s'en tenir à l'opinion qui en offre le moins; c'est dire, en d'autres termes, que l'on doit regarder le tribunal d'arrondissement comme investi d'un pouvoir suffisant pour juger la tierce opposition en dernier ressort.

Ce qui lève à cet égard toute espèce de doute, c'est que la Cour de cassation a constamment jugé, sous le régime de la constitution de l'an 3, qui avait établi les tribunaux civils de département juges d'appel les uns des autres, qu'ils devaient prononcer en dernier ressort sur les tierces oppositions formées aux jugemens qu'ils avaient rendus en cause d'appel. — (*Voy. Quest. de droit, ubi suprà; nouv. Répert., v°.* tierce opposition, § 4, *et* 21 *brum. an* 5, *Table de Bergognié, tom.* 1, *pag.* 471).

1730. *Si on oppose, devant un tribunal de commerce, un jugement rendu en matière civile par un tribunal de première instance, le tribunal de commerce peut-il connattre de la tierce opposition au jugement de première instance?*

Nous ne le pensons pas. A la vérité, ces deux tribunaux sont bien égaux dans la hiérarchie judiciaire, en ce sens qu'ils ne connaissent qu'en première instance des affaires qui leur sont soumises ; mais ils ne le sont pas quant à la nature de la juridiction. Juges de simple attribution, les tribunaux de commerce ne peuvent dépasser les limites de leur compétence, hors desquelles ils cessent d'être juges : la tierce opposition doit donc être portée en ce cas, par action principale, devant le juge qui aura rendu le jugement. — (*Voy. Demiau-Crouzilhac, pag.* 337).

Mais si la tierce opposition avait pour objet un jugement rendu par un tribunal ordinaire en matière commerciale, il serait évident que le tribunal de commerce pourrait en connaître, parce que, sous ce rapport, les juges ordinaires sont mis à la place des juges de commerce. — (*Voy. Quest. de Lepage, pag.* 322 *et suiv.*).

ARTICLE 477.

Le tribunal devant lequel le jugement attaqué aura été produit pourra, suivant les circonstances, passer outre ou surseoir.

C. de P., art. 478, 491.

CCCXCV. L'instance dans laquelle le jugement aura été produit, devait-elle être suspendue ou non, jusqu'à ce qu'il eût été prononcé sur la tierce opposition? Le législateur a sagement considéré que les motifs de décision à cet égard sont tellement dépendans de la nature et des circonstances de la contestation principale, qu'il devait être entièrement laissé à la prudence des juges de passer outre ou de surseoir. — (*Exposé des motifs*).

1731. *Quels sont, en général, les cas dans lesquels le tribunal où le jugement attaqué par tierce opposition est produit, peut passer outre ou surseoir à la décision de la contestation principale?*

Les motifs de décision à cet égard sont tellement dépendans de la nature et des circonstances de la contestation principale, que la loi laisse entièrement à la prudence des juges de passer outre ou de surseoir; mais on peut dire, en général, que le tribunal doit ordonner le sursis, lorsqu'il lui paraît évident que le jugement opposé peut influer sur celui de l'instance principale, ou qu'il sera réformé sous l'instance incidente de la tierce opposition. Si, au contraire, les juges estiment que la tierce opposition est mal fondée ou qu'elle ne pourra avoir aucune influence sur la contestation principale, ils pourront passer outre au jugement de cette contestation, sous la réserve des droits des parties relatifs à la tierce opposition. — (*Voy. Pigeau, tom.* 1, *pag.* 677; *Prat., tom.* 3, *pag.* 278; *Hautefeuille, pag.* 183; *Berriat Saint-Prix, pag.* 395, *not.* 21).

Mais un tribunal inférieur ne peut surseoir à l'exécution d'un arrêt, encore bien qu'il ait été formé tierce opposition à cet arrêt. — (*Paris*, 7 *janv*. 1812, *Sirey*, tom. 12, *pag*. 148, *et Rennes*, 7 *sept*. 1808).

ARTICLE 478.

Les jugemens passés en force de chose jugée, portant condamnation à délaisser la possession d'un héritage, seront exécutés contre les parties condamnées, nonobstant la tierce opposition et sans y préjudicier.

Dans les autres cas, les juges pourront, suivant les circonstances, suspendre l'exécution du jugement.

Ordonn. de 1667, tit. 27, art. 11. — C. C., art. 1351. — C. de P., art. 497.

CCCXCVI. L'ARTICLE qui précède pose, quant à l'exécution du jugement attaqué par la tierce opposition incidente ou principale, cette autre règle générale, qu'une tierce opposition ne doit point être un obstacle à l'exécution contre les parties qui, après avoir été appelées, ont été condamnées par ce jugement.

Mais, d'une autre part, cette exécution du jugement contre les parties condamnées ne doit pas préjudicier aux droits du tiers opposant.

Ce sont des principes d'une justice évidente. Tel était l'esprit de l'ordonnance de 1667, et elle s'exécutait ainsi. Mais on s'était borné à y prévoir le cas où le jugement aurait condamné à délaisser la possession d'un héritage, et, dans ce cas, l'exécution était ordonnée, nonobstant l'opposition des tierces personnes, et sans préjudice à leurs droits.

On avait mis cette disposition, tant pour réprimer, d'une manière spéciale, l'abus des tierces oppositions provoquées par ceux qui étaient condamnés à délaisser des héritages, que pour écarter la difficulté qu'un tiers opposant aurait voulu fonder sur ce qu'il eût souffert préjudice par le seul fait du délaissement à son adversaire.

Cette disposition salutaire a été consacrée par l'art. 478, mais en exprimant de plus que, dans les autres cas, les juges pourront, suivant les circonstances, suspendre l'exécution. Tel serait le cas où le tiers opposant réclamerait la propriété d'un meuble dont la vente aurait été ordonnée par le jugement; tels seraient, en général, ceux où l'exécution serait préjudiciable au tiers opposant. — (*Exposé des motifs*).

1732. *Quels sont les cas dans lesquels l'exécution du jugement attaqué ne peut être suspendue, et ceux dans lesquels elle peut l'être par ordre des juges?*

Il faut distinguer, d'après l'art. 478, les jugemens passés en force de chose jugée, et portant condamnation à délaisser la possession d'un héritage, des jugemens qui prononcent d'autres condamnations.

A l'égard des premiers, le tribunal saisi de la tierce opposition ne peut en ordonner la suspension, d'après la première disposition de l'article, conforme, en ce point, à l'art. 11 du tit. 27 de l'ordonnance. Ils doivent donc être exécutés contre les parties condamnées, nonobstant la tierce opposition; et néanmoins sans préjudicier aux droits du tiers opposant.

Mais il est entendu qu'il faut pour cela la double circonstance que le jugement porte condamnation à délaisser la possession de l'héritage, et qu'il soit passé en force de chose jugée. Si, par exemple, cette dernière circonstance n'existait pas, il nous paraît évident que la tierce opposition produirait l'effet de permettre au tribunal devant lequel elle serait portée, de suspendre l'exécution du jugement attaqué, c'est-à-dire d'user de la faculté que lui donne la seconde disposition de l'article, à l'égard de tout jugement qui prononcerait d'autres condamnations que celles en délaissement d'immeubles. — (*Voy. Demiau Crouzilhac, pag. 338).*

Nous remarquerons maintenant qu'en général les cas où les juges peuvent, d'après cette seconde disposition de l'art. 478, suspendre l'exécution du jugement attaqué, sont ceux où l'on aurait à craindre que les effets de l'exécution ne fussent irréparables en définitive, comme il pourrait arriver, si, par exemple, le tiers opposant réclamait la propriété d'un meuble dont la vente aurait été ordonnée par le jugement attaqué. — (*Voy. nouv. Répert., au mot* opposition (tierce), § 3, *pag.* 76, n°. 3, *et Pigeau, ubi suprà*).

En tous les cas, nous pensons que le sursis à l'exécution ne peut être accordé que sur la demande de l'opposant, qui prouve que l'exécution peut lui nuire, et qu'elle ne serait pas réparable en définitive. — (*Voy. Demiau Crouzilhac, pag.* 339).

1733. *Quel est l'effet de la tierce opposition, par rapport à ceux qui ont été parties dans le jugement attaqué par voie de tierce opposition?*

Le jugement qui admet la tierce opposition ne doit, en général, rétracter le premier jugement qu'en ce qui concerne le droit et l'intérêt personnel de l'opposant. — (*Cassat.,* 23 *germ. an* 6, 15 *pluv. an* 9, *Table de Bergognié, tom.* 1, *pag.* 474, *et* 3 *juil.* 1810, *Denevers,* 1810, *pag.* 349).

Mais cette règle reçoit exception, lorsque l'objet de la première contestation est indivisible; par exemple, lorsqu'il s'agit de servitude, lorsqu'il y a impossibilité absolue d'exécuter et le premier et le second jugemens : alors, il faut bien que le premier soit rétracté à l'égard de toutes les parties. — (*Voy. les arrêts ci-dessus cités, et nouv. Répert., ubi suprà,* § 3).

C'est la seule exception que l'on puisse admettre à la règle générale que l'effet d'une tierce opposition jugée valable est de faire prononcer la rétractation du jugement attaqué par cette voie au profit de l'opposant seulement, et en ce qui ne concerne que son intérêt et son droit personnel. Si donc, comme on l'a vu quelquefois, et comme M. Demiau Crouzilhac, pag. 335, paraît insinuer qu'on le puisse faire, un tribunal préférait à la rigueur de cette règle la voix de l'équité, qui, suivant les expressions de M. Merlin, lui parlerait en faveur des parties condamnées injustement, il y aurait lieu de croire que la décision serait cassée, si les parties se pourvoyaient contre elle.

Aux autorités sur lesquelles nous avons fondé cette proposition, on doit ajouter les arrêts de la Cour de cassation, des 28 août 1811 et 12 janvier 1814. — (*Sirey, tom.* 11, *pag.* 352, *et* 1814, *pag.* 246).

Nous remarquerons que, suivant un acte de notoriété, du 18 juillet 1716, rapporté par Devolant, *in fine* (voy. aussi *Duparc-Poullain, tom.* 10 *de ses Princ.*), la partie condamnée contre laquelle il y avait tierce opposition pouvait, en Bretagne, présenter requête en déclaration d'arrêt commun, de sorte, disait Duparc, que si *l'arrêt opposé était rétracté sur l'opposition, il l'était également pour la partie condamnée.* Aujourd'hui, d'après ce que nous avons dit ci-dessus, il est certain que la tierce opposition ne profite en général qu'au tiers opposant, et qu'il n'y a d'exception que pour le cas où il est absolument impossible d'exécuter séparément et le jugement *opposé* et celui qui le rétracte.

Des jugemens de première instance étant attaqués par des tiers, soit par appel, soit par tierce opposition, une Cour royale ne peut les annuler comme frauduleux, sans recevoir l'appel ou la tierce opposition, et sans prononcer *préalablement* sur les fins de non-recevoir. — (*Cassat.,* 3o août 1808, *Sirey,* tom. 8, pag. 547).

ARTICLE 479.

La partie dont la tierce opposition sera rejetée, sera condamnée à une amende qui ne pourra être moindre de 5o^f, sans préjudice des dommages et intérêts de la partie, s'il y a lieu.

Ordonn., tit. 27, art. 10. — C. C., art. 114. — C. de P., art. 471, 1029.

CCCXCVII. L'ORDONNANCE de 1667 condamnait le tiers opposant débouté de son opposition, à une amende de 15o^f, s'il s'agissait d'un arrêt, et de 75^f, s'il s'agissait d'une sentence; le tout applicable, moitié au profit du domaine, et moitié envers la partie. L'art. 479 a rejeté ce partage, inadmissible en fait d'amende, et il l'a fixée à 5o^f au moins; mais il ajoute que ce sera sans préjudice des dommages et intérêts des parties, s'il y a lieu; seule manière de punir dignement un manque de respect à la sainteté des jugemens, et de pourvoir avec justice au dédommagement des parties lésées. — (*Rapp. au Corps législ.*)

1734. *La condamnation à l'amende peut-elle excéder la somme de 5o^f?*

Suivant les auteurs du Praticien français, tom. 3, pag 279, il résulterait de la rédaction de l'art. 479, que cet article n'aurait fixé que le *minimum* de l'amende, et donné au juge la faculté de la porter à tel taux qu'il jugerait convenable.

Plusieurs Cours d'appel avaient réclamé contre cette rédaction, et demandaient que l'amende fût invariablement fixée; cependant elle a été maintenue; et c'est particulièrement d'après cette circonstance, que les auteurs du Praticien estiment que l'amende peut être fixée par le juge à une somme excédant 5o^f.

M. Hautefeuille, pag. 286, pense le contraire, attendu, dit-il, que toutes les fois qu'il s'agit d'une peine, elle doit être restreinte dans ses justes limites. Or, dans l'espèce, la loi a dit que l'amende ne pourrait être moindre de 5o^f; mais elle n'a pas dit non plus qu'elle pourrait excéder cette somme.

Nous serions assez porté à adopter cette opinion; car s'il était permis de porter l'amende au-dessus de 5o^f, cet excédant serait arbitraire, et ne doit jamais exister d'arbitraire, si ce n'est entre un *minimum* et un *maximum* fixés par la loi. D'ailleurs, le tribun Albisson paraît avoir expliqué en ce sens l'article 479, puisqu'il dit, dans son rapport au Corps législatif (*voy. édit. de F. Didot, pag.* 172), que le Code a fixé *l'amende à* 50^f *au moins.*

Mais nous devons dire que M. Merlin, nouveau Répertoire, *ubi suprà,* § 5, pag. 761, paraîtrait professer l'opinion contraire. Aujourd'hui, dit-il, l'amende ne pourrait plus être exigée si elle n'était pas prononcée ; car *le taux n'en est plus déterminé par la loi ;* elle en a seulement fixé le *minimum* à 50^f.

Mais si l'amende ne peut être exigée, si le jugement ne la prononce pas, il n'en reste pas moins vrai que les juges sont obligés d'en prononcer la condamnation d'office ; car la loi prescrit impérativement cette condamnation, et l'art. 1029 dispose qu'aucune des peines prononcées par le Code ne peut être comminatoire.

1735. *L'amende et les dommages-intérêts ont-ils lieu, quelles que soient les causes du rejet de la tierce opposition?*

On doit les prononcer en tous les cas de rejet, soit par nullité, soit par fin de non-recevoir, soit par débouté au fond, parce que l'article s'exprime sans distinction, à la différence de l'art. 10 du tit. 27 de l'ordonnance de 1667, qui ne prononçait l'amende que contre celui qui était débouté. — (*Voy. Pigeau, tom.* 1, *pag.* 677 *et* 678).

TITRE II.

De la Requête civile.

S'IL est juste que les parties qui n'ont pas été appelées à un jugement qui leur porte préjudice, soient admises à s'opposer à ce jugement, il ne l'est pas moins, lorsqu'une décision, rendue *en dernier ressort,* ne repose pas sur les bases essentielles posées par la loi, que les parties ou leurs héritiers aient (1) la faculté de démontrer au juge l'erreur qu'il a commise, et d'obtenir de lui la rétractation de la décision et un jugement nouveau. — (*Exposé des motifs.*)

De là naît la voie extraordinaire de la *requête civile* (2). On peut la définir une demande tendante à faire rétracter en totalité ou en partie un jugement en dernier ressort ou un arrêt, soit contradictoire, soit par défaut, mais non susceptible d'opposition (480).

Cette demande opère contre la chose jugée une sorte de restitution, dont l'effet, lorsque la requête est admise, est de remettre les parties, par rapport

---

(1) Voy. les observations que nous avons faites *infrà,* art. 480, sur la question de savoir si elle est ouverte en faveur des *ayant-cause.*

(2) Le mot *requête civile* rappèle qu'en attaquant le jugement, on ne doit rien exprimer dans la requête qui soit offensant pour le magistrat qui l'a rendu. Suivant Loyseau, Traité des offices, pag. 91, n.º 66, on aurait dit *requête civile,* pour distinguer cette voie extraordinaire, fondée sur certains moyens particuliers qu'on pallie *civilement* et accortement, de la surprise de la partie, des simples requêtes ou plaintes qu'on faisait autrement contre les sentences des baillis et sénéchaux, et qui étaient plutôt accusations que procédures civiles. Cette observation ne cesse pas de subsister, quoique, suivant plusieurs auteurs, la qualification de la requête civile ne soit employée que pour exprimer que le pourvoi dont il s'agit n'a point lieu dans les affaires criminelles.

au jugement ou au chef de ugement entrepris, au même état où elles étaient avant qu'il eût été prononcé. (*Art.* 5o1.)

Mais comme rien n'est plus respectable que l'autorité de la chose jugée, on a dû prévenir l'abus que, sous les plus légers prétextes, les parties pourraient faire de la requête civile, en déterminant les cas dans lesquels elle peut être admise, en l'assujétissant à des formes spéciales, en déclarant qu'elle n'empêche point l'exécution du jugement attaqué ; enfin, en punissant d'une amende celui qui l'aurait témérairement formée. (492, 498 et 5oo.)

Il intervient sur la requête civile, c'est-à-dire sur l'acte contenant le pourvoi, deux sortes de jugemens : l'un sur le *rescindant,* que l'on plaide d'abord ; l'autre sur le *rescisoire,* que l'on plaide ensuite si la requête est *entérinée* (1).

ARTICLE 480.

Les jugemens contradictoires rendus en dernier ressort, par les tribunaux de première instance et d'appel, et les jugemens par défaut rendus aussi en dernier ressort, et qui ne sont plus susceptibles d'opposition, pourront être rétractés sur la requête de ceux qui y auront été parties ou dûment appelés, pour les causes ci-après :

1.º S'il y a eu dol personnel ;

2.º Si les formes prescrites à peine de nullité ont été violées, soit avant, soit lors des jugemens, pourvu que la nullité n'ait pas été couverte par les parties ;

3.º S'il a été prononcé sur choses non demandées ;

4.º S'il a été adjugé plus qu'il n'a été demandé ;

5.º S'il a été omis de prononcer sur l'un des chefs de demande ;

6.º S'il y a contrariété de jugement en dernier ressort, entre les mêmes parties et sur les mêmes moyens, dans les mêmes Cours ou tribunaux ;

---

(1) Il importe d'expliquer ces trois termes de pratique.

Rescindant signifie, en général, tout moyen qui sert à faire *rescinder*, autrement, *annuler* un acte. Appliqué à la requête civile, il exprime l'ensemble des moyens qui y donnent ouverture, d'après l'art. 480, et qui, s'ils sont jugés, font rétracter le jugement.

Plaider sur le rescindant, juger le rescindant, c'est donc plaider, c'est prononcer sur ces moyens.

S'ils s'ont admis, on dit que la requête civile est *entérinée,* c'est-à-dire qu'elle produit son effet en remettant les parties dans le même et *entier* état où elles étaient avant que le jugement rétracté, par suite de cette admission, eût été rendu. (5o1).

C'est alors que l'on plaide pour faire prononcer sur *le rescisoire,* c'est-à-dire sur *la contestation principale* que le jugement rétracté avait terminée.

Le rescisoire est jugé par les mêmes juges qui ont prononcé sur *le rescindant.* (5o2).

En cela, on est revenu aux anciens principes, qui avaient été abrogés en ce point par une loi du 18 février 1791.

7.º Si, dans un même jugement, il y a des dispositions contraires ;

8.º Si, dans les cas où la loi exige la communication au ministère public, cette communication n'a pas eu lieu, et que le jugement ait été rendu contre celui pour qui elle était ordonnée ;

9.º Si l'on a jugé sur pièces reconnues ou déclarées fausses depuis le jugement ;

10.º Si, depuis le jugement, il a été recouvré des pièces décisives, et qui avaient été retenues par le fait de la partie (1).

Ordonn., tit. 35, art. 13 et 34. — *Suprà*, n.º 77. — *Infrà*, sur les art. 1010, 1026 et 1027.

CCCXCVIII. Un jugement n'est que la déclaration de ce qui est vrai et juste sur les points contestés, déclaration donnée solennellement par les organes de la loi.

─────────────────────────────

(1) JURISPRUDENCE.

1.º En acquiesçant à certains chefs de jugemens, on peut se pourvoir par requête civile contre certains autres. — (1151, *et infrà sur* 482).

2.º Lorsque des jugemens, passés en force de chose jugée, ont été rendus à l'occasion des majorats ou dotations, la voie de requête civile est ouverte après le décès du titulaire, soit à l'intendant général, soit à l'appelé, et les moyens de requête sont ceux qu'indique l'art. 480. — (*Décret du 22 déc.* 1813, *Sirey, tom.* 13, *pag.* 228, *et C. C., art.* 896).

3.º La requête civile est ouverte dans les affaires de l'enregistrement comme dans toutes autres. — (*Voy.* 1747.º *quest., à la note*).

4.º On peut se pourvoir par requête civile contre un arrêt qui, négligeant de statuer sur une demande incidente, prononce néanmoins sur la demande principale, et rend ainsi l'autre sans effet. — (*Turin,* 1.ᵉʳ *jul.* 1812, *Sirey, tom.* 14, *pag.* 271).

5.º Il y a ouverture à requête civile contre un arrêt qui, en prononçant la nullité d'un emprisonnement, a omis de prononcer sur les dommages-intérêts réclamés; mais, dans ce cas, il n'y a pas lieu à rétractation du chef qui a déclaré l'emprisonnement nul. — (*Florence,* 25 *mai* 1809, *Sirey, tom.* 15, *pag.* 120).

6.º La contrariété entre deux arrêts émanés de la même Cour, qui est ordinairement un moyen de requête civile, devient un moyen de cassation, lorsque la partie a excipé du premier arrêt pour empêcher que le second ne fût rendu. — (*Cassat.,* 18 *déc.* 1815, *Sirey, tom.* 16, *pag.* 205).

7.º Lorsqu'un arrêt a été rétracté pour prétendue erreur de calcul, et qu'il paraît qu'en réalité, il y a décision contraire sur un point contesté, il est dans les attributions de la Cour de cassation d'examiner le mérite de la décision, et d'en prononcer la cassation pour contravention à la chose jugée. — (*Cassat.,* 8 *juin* 1814, *Sirey, tom.* 15, *pag.* 238).

8.º Le défaut de communication au ministère public fournit un moyen de requête civile à la femme mariée, même lorsqu'il ne s'agit pas de sa dot.

On ne peut pas déclarer la femme non recevable dans son pourvoi en requête civile, faute par elle d'avoir obtenu d'avance l'autorisation de son mari, si cette autorisation lui est accordé dans le cours de l'instance. — (*Florence,* 16 *août* 1810, *Sirey, tom.* 15, *pag.* 34).

9.º La formalité de l'intervention du ministère public dans une instance d'ordre, n'étant prescrite que dans l'intérêt de la masse des créanciers, le défaut d'accomplissement de cette formalité ne donne ouverture à requête civile qu'en faveur de cette masse.

Ainsi, le créancier majeur qui a agi seul en son nom, pour son propre compte, ne peut

Lorsque les juges se sont écartés *des formes de procéder* qui, prescrites *sous peine de nullité*, ont été regardées comme nécessaires, leur jugement n'a plus le caractère de solennité.

On n'y trouve point la déclaration de ce qui est vrai et juste, lorsqu'il a été obtenu par *dol personnel*, soit en retenant des pièces décisives, soit autrement, lorsqu'il a été rendu sur pièces fausses, lorsque des jugemens entre eux, ou, dans le même jugement, des dispositions se contredisent.

Enfin leur déclaration est défectueuse, lorsqu'elle ne comprend pas tout ce qui a été l'objet du différent, ou qu'elle a été au-delà.

Ce sont là les diverses causes de réclamation que l'on distingue au barreau par la forme dans laquelle on est admis à les faire valoir, et qui est indiquée par le nom de requête civile. (*Exposé des motifs*). Notre art. 480 les énumère toutes, et opère dans cette énumération d'heureux changemens de la législation antérieure (1).

---

se pourvoir par requête civile, en se fondant sur ce que le ministère public n'a pas été entendu. — (*Paris,* 9 *août* 1817, *Sirey, tom.* 17, *pag.* 410).

10.° Le recours contre les décisions contradictoires, rendues par le Conseil d'état du Roi, correspond à la requête civile des tribunaux, mais il n'est admis qu'en deux cas; savoir : 1.° si la décision a été rendue sur pièces fausses; 2.° si la partie a été condamnée faute de représenter une pièce décisive qui était retenue par son adversaire. — (*Réglem. du 22 juil.* 1806).

Ce recours n'est pas recevable, s'il est fondé sur des pièces nouvellement recouvrées qui n'ont pas été *retenues;* on ne peut aussi l'admettre, encore qu'il le fût sur une pièce fausse, visée dans l'arrêt, s'il est d'ailleurs appuyé sur d'autres pièces décisives. — (*Décret du* 11 *janv.* 1818, *Sirey, tom.* 18, *pag.* 307).

(1) Par exemple, l'ordonnance de 1667 voulait qu'il y eût ouverture à requête civile, si la procédure qu'elle prescrivait n'eût pas été suivie. Il faut convenir qu'un moyen si vaguement énoncé pouvait devenir très-dangereux avec une procédure aussi compliquée de formalités, dont plusieurs pouvaient ne pas paraître d'une grande importance. L'art. 480 prévoit cet inconvénient, en n'autorisant la requête civile, pour l'inobservation de quelques formes prescrites, que dans le cas où la loi a attaché la peine de nullité à la violation, et que cette violation a été commise, soit *avant*, soit lors du jugement, et, encore, pourvu que la nullité n'ait pas été couverte par les parties.

La même ordonnance plaçait parmi les cas d'ouverture celui où il eût été prononcé sur choses demandées *ou non contestées*. Mais comment pouvait-on concilier cette disposition sur les demandes *non contestées* avec l'effet que la loi donne aux aveux faits en jugement? Et les demandes faites en justice verbalement ou par écrit, et sur lesquelles le défendeur passe condamnation, le jugement qui les adjugeait pouvait-il être renversé, sous prétexte qu'elles n'eussent pas été contestées? Cette étrange locution, si susceptible d'équivoque et d'embarras pour les juges et les parties, ne se retrouve point dans notre article, qui admet bien, et avec justice, le moyen fondé sur ce qu'il a été prononcé sur choses non demandées (*ultrà petita*), mais qui retranche cette addition, tout au moins insignifiante, *ou non contestées*. (*)

Comme l'ordonnance, le même article donne un autre moyen de requête civile, *si on*

(*) Sur ce passage du rapport de M. Albisson, M. Berriat Saint-Prix, pag. 454, not. 3, remarque qu'il était vrai que, prise à la lettre, la disposition de l'ordonnance semblait faire un crime au juge de ce qui est précisément de son devoir, c'est-à-dire d'avoir prononcé sur une demande à laquelle on a adhéré. Mais, ajoute notre savant confrère, ce n'était point ainsi qu'on l'interprétait : on l'entendait en ce sens que le juge ne devait pas prononcer sur des choses qui n'avaient pas subi *la contestation en cause.* (*Voy. Rodier, art.* 34, § 3). Quoi qu'il en soit, dès qu'elle offrait quelque obscurité, on a bien fait de la supprimer.

1736. *Peut-on se pourvoir, par requête civile, contre les jugemens émanés d'une justice de paix, ou d'un tribunal de commerce ou d'arbitres, et contre les arrêts de la Cour de cassation?*

Nous avons dit, sur la quest. 77°., tom. 1, pag. 52, que l'on ne pouvait se pourvoir de la sorte contre un jugement rendu par un juge de paix, et nous pensons qu'il en est de même, soit d'un jugement d'un tribunal de commerce (*voy. Pigeau, tom. 1, pag.* 599), soit d'un arrêt de la Cour de cassation qui rejeterait un pourvoi (1).

Mais M. Merlin, dans un réquisitoire rapporté par M. Sirey, 1815, pag. 136, justifie cette exception relativement aux justices de paix et tribunaux de commerce, en disant que la requete civile n'est admise par l'art. 480 que contre les jugemens en dernier ressort des tribunaux de première instance et d'appel, et qu'elle ne l'est par aucun texte contre les jugemens en dernier ressort des juges de paix, non plus que des tribunaux de commerce. Or, ajoute-t-il, on sait que, par les mots tribunaux de première instance, le Code de procédure n'entend, à l'instar de la loi du 27 ventôse an 8, que les tribunaux civils d'arrondissement.

MM. Delvincourt, Institutions au droit commercial. tom. 2, pag. 184; Pardessus, tom. 4, pag. 80; Berriat Saint-Prix, pag. 398, not. 12; Pigeau, tom. 1, pag. 599, émettent la même opinion, et la fondent sur les mêmes motifs, auxquels on peut ajouter que toute requête civile étant communicable au ministère public (*art.* 498), le vœu de la loi ne pourrait être rempli dans

---

a jugé sur pièces fausses. Mais l'ordonnance ne disait pas comment leur fausseté devait être établie, ni à quelle époque elle devait l'avoir été; et il est aisé de sentir les conséquences de cette omission. Notre article la répare, en exigeant que les pièces aient été reconnues ou déclarées fausses depuis le jugement.

L'ordonnance voulait que l'on ne pût plaider que les ouvertures de requête civile et les réponses du défendeur, *sans entrer au moyen du fond.*

Mais comment plaider le moyen pris du recouvrement d'une pièce *décisive?* Comment établir, en plaidant, que l'Etat, les communes, les établissemens publics ou les mineurs, n'ont pas été *valablement* défendus? Comment défendre à ces moyens, sans entrer en connaissance du fond?..... Cette disposition, qu'il était impossible d'exécuter, au moins dans ces deux cas, a été retranchée : une loi dont l'exécution est quelquefois impossible, ne peut être une bonne loi.

Enfin, l'ordonnance donnait ouverture à la requête civile, lorsque dans des affaires qui intéressaient *l'Etat ou l'église, le public ou la police,* il n'y avait pas eu de communication au ministère public; et, d'après cette généralité d'expressions, cette voie était ouverte même à la partie dont la qualité n'exigeait pas la communication préalable aux gens du Roi.

L'art. 480 a fait cesser cet abus; il ouvre bien un moyen de requête civile, si, dans le cas où la loi exige la communication au ministère public, cette communication n'a pas eu lieu, mais seulement lorsque le jugement a été rendu contre celui pour qui elle était ordonnée.

On voit, par ces rapprochemens, que rien n'a été négligé de ce qui pouvait maintenir le respect dû à la chose jugée, et remplir le vœu de la justice pour la régularité des jugemens. — (*Rapp. au Corps législ.*)

(1) Voy. réglement de 1738, 1.ʳᵉ part., tom. 4, art. 4; les Questions de droit, au mot *requête civile,* § 3; un arrêt de la Cour de cassation, du 2 frimaire an 10, *ibidem,* et le nouveau Répertoire, au même mot, et au mot *cassation,* § 8.

Mais la requête civile est ouverte contre les sentences arbitrales, d'après l'art. 1026, sous les modifications indiquées en l'art. 1027. — (*Voy.* nos quest. sur cet article).

les affaires commerciales; mais les auteurs des Annales du notariat admettent au contraire cette voie, même contre les jugemens émanés des justices de paix. (*Comment. sur le Code de procéd.*, tom. 3, pag. 258). M. Boucher dit formellement qu'elle est ouverte contre les jugemens de commerce (*voy. Procéd. devant les tribunaux de commerce, pag.* 139); enfin, les auteurs du Praticien, tom. 3, pag. 292, expriment la même opinion, parce que, disent-ils, l'article 480 pose une règle générale et embrasse par conséquent, sous la dénomination générique de *jugemens de première instance*, ceux des tribunaux de commerce.

Enfin, M. Thomines, dans ses cahiers, professe la même doctrine, qu'il étend aussi aux jugemens rendus même par les juges de paix. Il s'exprime ainsi : « Un jugement obtenu par le dol d'une partie adverse, soit devant un » tribunal de commerce, soit devant un juge de paix, ne doit pas être irré- » fragable; nulle part le dol ne peut profiter à son auteur : et si l'on objecte » que les formes prescrites par le Code pour la requête civile ne peuvent être » observées en justice de paix et de commerce, nous répondrons qu'il suffira » d'observer celles qui sont praticables; que l'intention de la loi n'est pas de » réduire à l'impossible, et encore moins de laisser la fraude impunie. »

La Cour de Bruxelles, par arrêt du 23 janvier 1812, a décidé de la sorte à l'égard d'un jugement de tribunal de commerce; elle a considéré que les expressions de l'art. 480 comprenaient les tribunaux de commerce; que les lois spéciales qui limitaient leur compétence ne leur interdisaient point de connaître des requêtes civiles contre leurs jugemens, et que les formalités à suivre en ce cas étaient celles-là seulement qui étaient compatibles avec leur organisation; que c'est ainsi qu'on a entendu les §§ 3 et 6 de l'art. 83, pour la communication au ministère public, dans les déclinatoires sur incompétence et dans les affaires concernant les mineurs; que, par suite, les art. 492, 496 et 498 ne sont pas un obstacle contre l'admission de la requête civile devant les tribunaux de commerce.

On sent que ces motifs, qui sont précisément ceux que donnent les auteurs du Praticien et M. Thomines, conviennent également aux justices de paix.

Entre ces opinions diverses, dont nous laissons au lecteur le soin d'apprécier les motifs, nous lui devons la nôtre; mais nous la présentons avec d'autant plus de défiance, qu'elle est contraire à celle que nous avons exprimée *suprà*, quest. 77°. et 1718°., et au sentiment d'auteurs d'un grand nom. Mais ce qui nous détermine, c'est qu'autrefois la requête civile était admise contre les sentences des juges-consuls, et devant eux, comme l'attestent formellement Rodier sur l'art. 4, tit. 35 de l'ordonnance, et Duparc-Poullain, Principes du droit, tom. 9, pag. 957.

Or, on ne saurait, soit dans la discussion au Conseil d'état, soit dans les exposés des motifs et les rapports au Corps législatif, trouver la moindre trace d'une intention de changer à cet égard la jurisprudence antérieure. D'un autre côté, les mêmes motifs qui font admettre la requête civile contre les jugemens des tribunaux d'arrondissement militent pour tous les autres : quels que soient et la nature de l'affaire et le juge qui a statué à son égard, la fraude et certaines erreurs ne doivent profiter à personne; et sous l'empire du Code, les *proposi-*

tions d'erreur (1), déjà abrogées par l'ordonnance, tit. 35, art. 42, ne pouvant être admises, il est d'autant plus juste d'étendre l'usage de la requête civile à tous les jugemens, de quelque jurisdiction qu'ils émanent. — (*Journ. des avoués, tom.* 7, *pag.* 184). (2)

1737. *Peut-on se pourvoir, par requête civile, contre les jugemens préparatoires, provisoires et interlocutoires, de même qu'on peut se pourvoir par cette voie contre les jugemens définitifs ?*

Oui, mais en se conformant aux dispositions que l'art. 451 renferme, relativement à l'appel que l'on peut interjeter de ces jugemens. (*voy. Pigeau, tom.* 1, *pag.* 599). Autrefois on n'admettait la requête civile contre eux qu'autant qu'ils causaient un préjudice irréparable en définitive ; mais le Code ne s'étant point expliqué à ce sujet, il nous semble qu'il faut s'en tenir à la disposition générale de l'art. 480, et rejeter cette restriction (3).

1738. *La requête civile est-elle recevable, si un jugememt, d'abord sujet à l'appel, n'est plus susceptible de ce genre de pourvoi, parce que les délais sont expirés, ou parce que la partie a acquiescé ou a laissé périmer l'instance ?*

A la vérité, le jugement acquiert, en ces circonstances, la même autorité qu'un jugement en dernier ressort ; mais pour qu'il soit susceptible de requête civile, il faut qu'il tienne cette autorité de la nature même de la contestation sur laquelle il a prononcé ; et d'ailleurs il y a, dans les cas que nous venons d'indiquer, un acquiescement exprès ou présumé qui ôte à la partie le droit de se plaindre de la décision qu'il renferme. — (*Voy. Pigeau, ubi suprà, et Demiau Crouzilhac, pag.* 340).

1739. *La requête civile est-elle recevable, lorsque le jugement a été qualifié en premier ressort ?*

On ne doit point considérer la qualification du jugement, mais seulement la matière jugée. (*Arg. de l'art.* 453. *Voy. nos quest. sur cet article*). Ainsi, lorsqu'un jugement est qualifié en dernier ressort, tandis qu'il ne pouvait être rendu qu'en premier ressort, la voie de la requête civile est fermée ; on ne peut prendre que celle de l'appel. Si, au contraire, le jugement est qualifié en premier ressort, lorsque la matière était susceptible d'être jugée souverainement, il suffit que l'appel soit prohibé de droit, pour que la requête civile soit autorisée. — (*Voy. Demiau Crouzilhac, pag.* 340).

_____

(1) *Les propositions d'erreur* étaient une voie d'attaquer les arrêts, fondée sur la prétendue erreur de fait de la part des juges.

(2) Notre opinion a été consacrée par arrêt de la Cour de cassation, section civile, du 24 août 1819 (*Bullet. offic.*, 1819, *pag.* 226), attendu qu'aux termes des art. 480, n.º 9, et 490 du Code de procédure civile, la requête civile a lieu contre les jugemens rendus en dernier ressort par les tribunaux de première instance, et doit être portée au même tribunal qui a rendu le jugement attaqué ; que les tribunaux de commerce sont des tribunaux de première instance ; que conséquemment la requête civile a lieu contre les jugemens rendus en dernier ressort, et doit être jugée par le tribunal qui a rendu le jugement qui en est l'objet. Cet arrêt a cassé un jugement de Douai, du 15 décembre 1817.

(3) On l'admettrait même contre un jugement qui ne prononcerait que *quant à présent.* — (*Cassat.*, 10 *pluv. an* 12, *Sirey, an* 12, *pag.* 256 ; mais *voy. infrà*, § 10, ce que nous dirons sur les jugemens comminatoires).

1740. *Quelles sont les personnes qui peuvent, et contre lesquelles on peut se pourvoir par requête civile ?*

M. le conseiller d'état Bigot de Préameneu répond à cette question, dans l'Exposé des motifs. — (*Voy. édit. de F. Didot, pag.* 146).

Remarquons que les héritiers, les successeurs ou ayant-cause de la partie qui a été appelée au jugement, peuvent se pourvoir par requête civile, parce que cette voie est considérée comme une suite, comme un complément de la procédure sur laquelle est intervenu le jugement ainsi attaqué. Mais à l'égard des jugemens dans lesquels les demandeurs n'ont pas été parties, on ne peut envisager la requête civile sous ce rapport : ils ne peuvent donc se pourvoir de cette manière contre ces jugemens, et n'ont que la voie de la tierce opposition, qui, comme moins dispendieuse, était préférée, ainsi que l'observe M. le conseiller d'état Bigot de Préameneu, lorsque l'ordonnance de 1667, tit. 35, article 25, ouvrait à la fois aux plaideurs cette voie et celle de la requête civile. — (*Voy. Quest. de Lepage, pag.* 327).

De ce que la requête civile est admise de la part de ceux qui ont été parties dans le jugement, leurs successeurs ou ayant-cause, il résulte que l'on peut user de cette voie contre les personnes qui ont les mêmes qualités. Et d'ailleurs en dirigeant la requête contre les successeurs ou ayant-cause de la partie, on ne fait qu'agir en vertu du principe que l'on peut exercer contre eux les droits qu'on avait contre leur auteur. — (*Voy. Pigeau, ubi suprà, pag.* 402*, et l'arrêt de la Cour de cassat., du* 1er*. germ. an* 11*, Quest. de droit,* 2e*. édit., v°. requête civile,* § 7*, tom.* 4*, pag.* 451. (1)

1741. *Peut-on se pourvoir par requête civile, lorsque les voies d'appel, d'opposition et de cassation sont ouvertes ?*

C'est un principe général que l'on ne peut user à la fois de deux voies pour faire réformer ou rétracter un jugement, et qu'on ne doit employer celle que la loi indique en dernier lieu qu'après avoir épuisé toutes celles qu'elle désigne en premier ordre.

Ainsi, premièrement, quand on a la voie de l'opposition, on ne peut recourir ni à l'appel, ni à la tierce opposition, ni à la requête civile, ni à la cassation. (*Voy. arrêt de la Cour de Montpellier, rapporté dans la Jurisp. sur la procédure, tom.* 3*, pag.* 402*, sous la date du mois de février* 1809*, sans indication du jour*). De là suit qu'on ne peut se pourvoir par requête civile contre un jugement par défaut qu'autant que l'opposition n'est plus admissible.

---

(1) Cependant la section du Tribunat, sur la proposition de laquelle la première disposition de l'art. 480 fut adoptée, avait formellement établi que, si les héritiers pouvaient prendre la voie de la requête civile, parce qu'ils sont compris dans la dénomination de *parties*, suivant la maxime que les successeurs universels représentent le défunt, il en était autrement pour la requête civile, qui ne doit être formée que par ceux qui ont été *parties* dans le jugement ou dûment appelés. — (*Locré, tom.* 2*, pag.* 301).

Mais les orateurs du Gouvernement et du Corps législatif ayant, au contraire, expressément placé *les ayant-cause* au nombre des parties qui peuvent se pourvoir par la voie dont il s'agit, nous estimons que tout ayant-cause a ce droit, suivant le vœu du législateur qui a décrété la loi après ces explications ; c'est aussi ce que les auteurs ont enseigné dans tous les tems.

Secondement, quand on a la voie de la requête civile, on ne peut se pourvoir en cassation, en ce sens du moins que l'on fonderait ce pourvoi sur un moyen qui serait indiqué par la loi comme donnant ouverture à la requête civile. (*Voy. entre autres, les arrêts de la Cour de cassation, des 26 avril et 29 mars 1809, Jurisp. sur la procéd., tom. 3, pag. 106 et 283*). Si donc l'on use de la requête civile, on ne peut en même tems agir en cassation. — (*Voy. Berriat Saint-Prix, pag. 398 et 399, et Pigeau, tom. 1, pag. 599*).

Ces questions générales étant résolues, nous allons examiner celles que font naître les dispositions des dix paragraphes dans lesquels l'art. 480 détaille les différentes causes qui donnent ouverture à requête civile. Mais nous devons remarquer, avant tout, que cette voie ne peut être admise qu'autant que la partie qui l'emploie se fonde sur une de ces causes. C'est que la requête civile est une voie extraordinaire, et qu'on ne peut user de ces voies que dans les circonstances précises indiquées par la loi, sans s'exposer toujours à de fortes amendes, et souvent à des dommages-intérêts. — (*Voy. art.* 497, 493 *et* 516).

PREMIÈRE CAUSE DE REQUÊTE CIVILE (1).

1742. *Qu'est-ce que l'on entend par ce mot,* DOL PERSONNEL?

Le mot *dol* s'applique à toutes les fraudes et surprises qu'on met en usage pour tromper quelqu'un. Nous n'avons point ici à nous arrêter à la subtilité du droit romain, d'après laquelle Rodier, sur l'art. 34 du tit. 35 de l'ordonnance, distingue le dol en dol *personnel*, qui provient du fait de quelqu'un dans le dessein d'en tromper un autre, et en dol *réel*, qui n'est autre que la lésion ou le tort que l'on souffre. Le dol vient toujours de la mauvaise foi, et par conséquent toujours de la personne. Si la loi s'est servie de ces mots, *dol personnel*, ce n'est sans doute qu'afin d'indiquer, d'une manière plus sûre, qu'elle veut que le dol ne soit une ouverture à requête civile qu'autant qu'il provient du fait personnel de la partie en faveur de laquelle le jugement a été rendu, et non pas lorsqu'il a été pratiqué par un tiers, sans la participation de celle-ci.

Mais il est à remarquer que le dol de l'avocat, de l'avoué ou du mandataire, est considéré comme provenant de la partie elle-même. — (*Argument de l'art.* 1384 *du Code civil; voy. Pigeau, tom.* 1, *pag.* 602 *et* 603, *et un arrêt de la Cour de Bruxelles, du* 23 *juil.* 1810, *Sirey, tom.* 14, *pag.* 404).

Les auteurs conviennent (*voy. Rodier, ubi suprà, et Pothier, chap.* 3, *sect.* 3, § 2) que ce moyen est d'une très-grande étendue, et qu'il n'est pas possible de désigner en détail les cas où l'on peut en user.

L'arrêt de la Cour de Bruxelles que nous venons de citer, en offre un exemple dans l'espèce où le défenseur de l'une des parties avait allégué à l'audience un fait matériellement faux, en appuyant cette allégation de l'assertion également fausse qu'il tenait en main un acte justificatif de ce fait. La requête civile fut admise pour cause de dol contre le jugement *basé sur ce fait, que les juges avaient réputé constant.*

_____

(1) Voy. art. 480, § 1.ᵉʳ

On remarquera ces dernières expressions, desquelles il résulte, suivant un principe admis de tous les tems, qu'il faut, pour que la requête civile soit admise, que le dol ait influé sur le jugement. — (*Voy. Bornier, Rodier, Serpillon, sur l'art.* 34 *de l'ordonn.*).

Mais on a particulièrement agité la question de savoir si le serment reconnu faux ouvre une voie légime à la requête civile. L'auteur des Essais de jurisprudence appuie alternativement de raisons très-spécieuses la négative et l'affirmative de cette question. On voit cependant qu'il penche pour l'admission de la requête civile, et qu'il préfère l'inconvénient de la renaissance d'un procès à l'impunité du parjure. M. Pigeau admet cette opinion pour le cas où le defendeur est déchargé de la demande, moyennant un serment qui lui a été déféré d'*office;* depuis le parjure est prouvé; le demandeur, dit-il, pourra prendre la requête civile, pourvu que la preuve du parjure ne résulte pas d'une pièce gardée par le condamné.

Nous croyons cette opinion conforme à l'art. 1363 du Code civil, qui porte que lorsque le serment déféré ou référé a été fait, l'adversaire n'est point recevable à en prouver la fausseté; expressions générales qui supposent qu'il ne le peut, quand même il aurait des preuves convaincantes du parjure, parce qu'en déférant le serment, il a contracté l'engagement d'abandonner sa prétention, en cas qu'il fût prêté; il a renoncé à faire usage des preuves qu'il pourrait avoir, et de celles qu'il pourrait acquérir par la suite. On a voulu, d'ailleurs, prévenir les effets de la malignité de celui qui exposerait son adversaire à un parjure, étant certain de le prouver. Mais il n'en est pas ainsi à l'égard d'un serment déféré d'office, et conséquemment indépendant de la volonté de la partie (1).

Nous terminerons en observant que les juges doivent être attentifs à resserrer, dans un cadre aussi étroit que la justice puisse le permettre, les actes qui caractérisent le dol personnel; autrement, il n'y aurait presque pas d'affaires où l'on ne pût se pourvoir en requête civile, et alors la chose jugée perdrait toute son autorité.

SECOND MOYEN (2).

1743. *Y a-t-il lieu non seulement à requête civile, mais encore à cassation, pour violation des formes prescrites à peine de nullité?*

Si l'on décidait cette question pour l'affirmative, sans faire aucune distinction, on tomberait en contradiction avec la solution donnée sur la quest. 1741, où nous avons établi que la requête civile est exclusive de la cassation, en ce sens que lorsqu'on a un moyen de requête civile, on ne peut s'en servir pour la cassation, et l'on demanderait pourquoi le législateur a fait tout ensemble de

---

(1) Il y a dol personnel dans le sens de l'art. 486, et par conséquent ouverture à requête civile, lorsqu'une partie a obtenu un arrêt au moyen de la dénégation faite par elle de faits décisifs qu'elle savait vrais, et qu'elle niait par mauvaise foi, ainsi que cela résulte de ses propres écrits nouvellement découverts. — (*Colmar,* 18 *mai* 1820, *Sirey, tom.* 20, *pag.* 264).

(2) Voy. art. 480, § 2.

la contravention aux lois concernant les formes de la procédure, un moyen de cassation et de requête civile.

Mais la Cour de cassation, par un arrêt du 19 juillet 1809 (*Sirey, tom.* 14, *pag.* 160), a consacré une distinction qui concilie les principes et justifie la loi.

D'après cet arrêt, il n'y a lieu à requête civile, conformément au § 2 de l'article 480, qu'autant qu'il n'a pas été statué sur le moyen de nullité par les juges dont on veut attaquer la décision. Mais si, avant le jugement, un moyen de nullité a été proposé et qu'il y ait été statué, on ne peut supposer que le législateur ait entendu que ce moyen pourrait être reproduit comme ouverture de requête civile contre le jugement même qui l'a déjà rejeté : c'est donc dans ce cas, par voie de cassation, que ce jugement peut être attaqué pour n'avoir pas accueilli le moyen de nullité, si ce moyen était fondé. — (*Voy. Berriat Saint-Prix, pag.* 478, *not.* 23, *n°.* 2).

Du reste, il faut bien distinguer la violation des formes de la violation des lois qui régissent les droits des parties sous tous autres rapports. Par exemple, dit M. Berriat Saint-Prix, pag. 453, not. 21, la violation de la règle des deux degrés est un moyen de cassation, mais non pas une ouverture de requête civile. Il cite, à ce sujet, un arrêt de la Cour de cassation, du 10 brumaire an 14, que l'on trouve sous la date du 20, dans la Table de M. Bergognié, tom. 2, pag. 480.

1744. *La requête civile est-elle ouverte contre les jugemens arbitraux, pour la cause mentionnée en l'art.* 480, § 2 ?

Non, si les parties ont dispensé les arbitres de suivre les formes ordinaires, ainsi qu'elles y sont autorisées par l'art. 1027, § 1, combiné avec l'art. 1029.— (*Voy., sur l'exception portée au présent paragraphe, relativement aux nullités qui auraient été couvertes, nos quest. sur le titre des exceptions, tom.* 1, *pag.* 423 *et suiv.*)

TROISIÈME MOYEN (1).

1745. *Quels sont, en général, les cas où l'on pourrait dire que le juge eût prononcé sur choses non demandées ?*

Nous citerons, entre autres, les exemples suivans, qui pourront suffire pour faire saisir le principe :

Premièrement, si l'on adjuge le prix au lieu de la chose demandée ; secondement, la maintenue au lieu de la réintégrande, et réciproquement (*voy. Bornier et Rodier, sur l'art.* 54) ; troisièmement, des intérêts, quand on n'a demandé que le principal (*voy. Pigeau, tom.* 1, *pag.* 604) ; quatrièmement, si l'on condamnait, en son propre et privé nom, celui qui n'aurait été assigné qu'en qualité de tuteur, ou si l'on condamnait, comme héritier pur et simple, celui qui n'aurait procédé qu'en qualité d'héritier bénéficiaire. (*Voy. Jousse et Serpillon, sur l'art.* 54). En effet, dans ce dernier cas, ainsi que le remarque Pothier, chap. 3, sect. 3, § 2, la demande n'étant pas formée contre l'une de ces parties en privé nom, contre l'autre en qualité d'héritier bénéficiaire, le jugement rendu contre elles est rendu sur chose non demandée.

---

(1) Voy. art. 480, § 3.

D'après la disposition de l'art. 1027, § 3, il est évident que la cause mentionnée au § 3 de l'art. 480, ne donnerait pas lieu à requête civile contre un jugement arbitral.

QUATRIÈME MOYEN (1).

1746. *Quels sont, en général, les cas où l'on pourrait dire que le juge eût adjugé plus qu'il n'a été demandé?*

Ce moyen d'ouverture de requête civile, que donne l'art. 480, § 4, rentre dans celui qui vient de faire l'objet des questions précédentes; c'est l'*ultrà petita* des Romains, que la loi range parmi les causes de requête, parce qu'elle n'a donné compétence au magistrat qu'à l'égard du différent qui lui est soumis; en sorte que les conclusions des parties sont, suivant les expressions du célèbre avocat Patru, 10e. *plaidoyer*, les deux extrémités qui bornent le pouvoir du juge, et dont il ne peut légitimement franchir les limites. *Sententia debet esse conformis libello, et potestas judicis ultrà id, quod in judicium deductum est, nequaquàm potest excedere.* — (*Loi* 18, *ff de communi dividundo*).

Les expressions du paragraphe précité sont assez claires, pour qu'il soit inutile de répéter les nombreux exemples d'*ultrà petita* que l'on trouve dans les auteurs. Personne ne peut douter, entre autres cas, qu'accorder la propriété à une partie qui ne demande que l'usufruit; tous les dépens, lorsqu'on n'a pas appelé de la sentence qui n'en adjuge qu'une partie; des alimens pour plus de tems qu'on ne demandait; la contrainte par corps, lorsque la partie intéressée n'y a pas conclu, c'est excéder la demande, et fournir matière à requête civile. Mais il importe sur-tout de noter les cas où il n'y a pas lieu à requête civile pour cette cause.

A ce sujet, nous remarquerons qu'un jugement d'*avant faire droit*, rendu d'office, ne peut fournir ni le moyen d'*ultrà petita*, ni celui donné par le § suivant, lorsque ce jugement n'a pour objet que de procurer la vérité au moyen d'une preuve qu'il ordonne, ou de pourvoir à la sûreté de l'objet contentieux au moyen d'un dépôt, d'un séquestre, etc.

« Au contraire, dit M. Pigeau, tom. 1. pag. 605. si le jugement accorde à une des parties un avantage sur l'autre que celle-ci n'avait pas demandé; si par exemple, il lui accorde une provision, des alimens non demandés, il y a lieu à requête civile, parce que cette provision ou ces alimens sont un avantage particulier à celui qui les a obtenus, et ne tournent pas au profit de la cause et de la vérité, comme sont les jugemens d'instruction, de dépôt et de séquestre. »

Nous ne pouvons qu'admettre cette opinion, à laquelle, d'ailleurs, la pratique a toujours été conforme. Mais Serpillon, sur l'art. 34 du tit. 35 de l'ordonnance, dit que si une partie demande quelque chose définitivement, et que le tribunal, sans autre demande, lui adjuge une provision, on ne peut dire qu'il y a *ultrà petita*, puisqu'au contraire la demande, qui était définitive, a été restreinte au provisoire (2).

1747. *Ne peut-on se pourvoir que par requête civile, lorsque, par la dispo-*

(1) Voy. art. 480, § 4.
(2) Sous le rapport des jugemens qui accordent une provision, M. Pigeau paraît opposé à Serpillon.

sition même qui prononce ULTRA PETITA, *les juges ont violé la loi ou excédé leurs pouvoirs ?*

Par arrêt du 12 juin 1810, rapporté par M. Sirey, tom. 10, pag. 293, la Cour de cassation a décidé qu'une condamnation *ultrà petita* cesse d'être uniquement moyen de requête civile, et devient moyen de cassation, dans les cas où la loi s'opposait à la condamnation, encore bien qu'on y eût conclu (1).

CINQUIÈME MOYEN (2).

1748. *Lorsque le juge ne statue que sur un chef, et qu'il ajoute, soit* QU'IL MET LES PARTIES HORS DE CAUSE SUR LEURS AUTRES CONCLUSIONS, *soit* QU'IL N'Y A LIEU DE STATUER SUR LEURS AUTRES DEMANDES, *peut-on néanmoins se pourvoir par voie de requête civile, pour omission de prononcer sur ces mêmes chefs ?*

M. Pigeau, tom. 1, pag. 605, et les auteurs du Praticien, tom. 3, pag. 297, disent qu'en ce cas on ne peut prétendre qu'il y ait omission, et, par conséquent, ouverture à requête civile, puisque tous les chefs sont compris dans le jugement par cette disposition générale. Telle était aussi l'opinion de Rodier, sur l'art. 34 de l'ordonnance, § 5, et celle de Duparc-Poullain, tom. 10, pag. 959. Mais Serpillon, sur le même article, est d'un avis contraire, sans doute parce qu'il a pensé que l'on avait pu imaginer cette clause générale afin de sauver l'omission et d'éluder la loi. C'est ce motif qui paraît avoir déterminé M. Demiau Crouzilhac, pag. 342, à décider qu'une telle manière de prononcer une mise hors d'instance, sur plusieurs chefs à la fois qui ne seraient pas nommément exprimés, ne pourrait fermer la voie de la requête civile, qu'autant qu'on trouverait dans le point de droit du jugement des motifs qui se rapporteraient à chacun de ces chefs en particulier.

---

(1) Pour faire saisir cette décision, nous croyons devoir rappeler qu'il s'agissait, dans l'espèce, d'une condamnation à des intérêts moratoires prononcée contre la régie de l'enregistrement, sans que la partie qui avait obtenu gain de cause y eût conclu. Or, celle-ci soutenait devant la Cour que le pourvoi en cassation de la régie n'était pas recevable, parce qu'il y avait lieu à requête civile, conformément à l'art. 480, § 4. Mais M. l'avocat général Daniels, sur les conclusions duquel a été rendu l'arrêt précité, observa que la régie ne se plaignait pas d'un simple *ultrà petita*, mais de ce qu'elle avait été condamnée à des intérêts qu'aucune loi n'autorisait à prononcer en matière d'impôts indirects, c'est-à-dire de ce que la disposition qui la condamnait à des intérêts était contraire à la loi, ou présentait un excès de pouvoir. C'est par ces motifs que ce magistrat pensait qu'il y avait lieu à la cassation comme à la requête civile, lorsque, comme dans l'espèce, les juges, en prononçant sur choses non demandées, ont violé quelque loi ou excédé leur pouvoir.

Mais, en tous autres cas, pourrait-on dire que la requête civile est ouverte contre un jugement rendu en matière d'enregistrement, lorsque la loi du 22 frimaire an 7 (art. 65) dispose qu'en ces matières les jugemens seront sans appel, et ne pourront être attaqués que par la voie de cassation ? Cette question a été jugée pour l'affirmative, parce que la voie de la requête civile est ouverte contre toute espèce de jugemens. — (*Voy. arrêts de la Cour de cassat.*, des 3 frim. an 9, 5 brum. an 11, 30 août 1809 et 14 mai 1811, *Denevers*, 1810, pag. 324, et 1811, pag. 272 ; voy. aussi la note de cet arrêtiste, 1810, pag. 267 ; voy. en outre Sirey, tom. 1, 2.ᵉ part., pag. 877, et tom. 11, 2.ᵉ part., pag. 526).
(2) Voy. art. 480, § 5.

Mais si l'on considère, d'une part, que le *prononcé* du juge est indépendant de l'exposé de ses motifs, et qu'un tribunal, en déclarant, dans le dispositif du jugement, qu'il n'y a lieu de statuer sur des chefs de demande à l'égard desquels il ne donne aucune décision particulière, fait connaître qu'il s'en est occupe; si, d'un autre côté, l'on envisage que c'est faire au magistrat une injure gratuite, que de supposer qu'il n'énoncerait une mise hors de cause sur ces chefs qu'afin de soustraire son jugement à la requête civile, on reconnaîtra peut-être, avec nous, que l'opinion de Rodier, de Duparc-Poullain, de M. Pigeau et des auteurs du Praticien, doit être suivie.

Au reste, on sentira qu'afin de prévenir toutes contestations à ce sujet, les juges agiront prudemment en énonçant en détail, dans le dispositif du jugement, les différens chefs de demande sur lesquels ils croiraient devoir mettre les parties hors d'instance.

1749. *Le silence du jugement, sur les conclusions tendantes à être admis à une preuve, constitue-t-il une omission de prononcer?*

Non, dit Serpillon, *ubi suprà,* parce que ces conclusions sont un moyen et non une demande. Il cite, en faveur de cette décision, un arrêt du Parlement de Dijon, du 18 mai 1694.

Nous sommes de cet avis, attendu que l'art. 480 du Code, en tout semblable en ce point à l'art. 34 de l'ordonnance, n'ouvre la requête civile que dans le cas *où il a été omis de prononcer sur l'un des chefs de demande.* Or, ces mots, *chefs de demande,* nous paraissent exprimer uniquement les divers points ou objets des contestations des parties, et non pas les conclusions qu'elles prendraient afin de justifier les prétentions respectives relativement à ces chefs : c'est ce qu'exprime la maxime *sententia debet esse conformis* LIBELLO.

1750. *Si, en statuant définitivement sur quelques-uns des chefs, les juges ordonnaient un interlocutoire sur les autres, pourrait-on prétendre qu'il y eût omission?*

Non, parce qu'il est au pouvoir du juge de statuer, soit préparatoirement, soit définitivement; or, il peut être suffisamment instruit sur certains chefs, et ne l'être pas sur les autres : il peut donc statuer définitivement sur les premiers, et préparatoirement sur les seconds. — (*Voy. Pigeau, tom. 1, pag.* 605).

SIXIÈME MOYEN (1).

1751. *Pour qu'il y ait ouverture à requête civile, faut-il que toutes les conditions mentionnées au § 6 se trouvent réunies?*

On ne saurait, en lisant le texte de la loi, douter que toutes ces conditions doivent concourir ensemble aujourd'hui, comme elles le devaient sous l'empire de l'ordonnance. — (*Voy. Rodier, ubi suprà,* § 6).

1752 *Suffit-il, pour qu'il y ait lieu à la requête civile, que les jugemens contraires aient été rendus* ENTRE LES MÊMES PARTIES?

Quand la loi dit *entre les mêmes parties,* elle entend qu'elles aient agi *dans*

_____

(1) Voy. art. 480, § 6.

les mêmes qualités. Ainsi, par exemple, la requête civile ne serait pas recevable si, des deux jugemens contraires, l'un était rendu contre une personne sous la qualité de tuteur, ou à son profit en cette qualité, et l'autre contre elle personnellement ou à son bénéfice individuel. — (*Voy. Rodier, ubi suprà, et Pigeau, tom.* 1, *pag.* 606).

1753. *Que faut-il, pour que l'on puisse dire que les jugemens contraires ont été rendus* SUR LES MÊMES MOYENS ?

Presque tous les commentateurs ont expliqué ces termes, *les mêmes moyens,* en ce sens que les jugemens doivent avoir été rendus sur le même objet, sur les mêmes actes, les mêmes raisons, les mêmes exceptions, les mêmes épreuves: *idem jus, eademque causa petendi.* (*Voy. Pigeau et Rodier, ubi suprà*). Mais M. Berriat Saint-Prix, pag. 455, not. 28, remarque que Cochin explique mieux ces termes, en disant, dans sa troisième consultation, qu'il faut que les jugemens aient été rendus sur le même état de cause, c'est-à-dire que, depuis le premier d'entre eux, il ne soit rien survenu qui ait pu donner lieu à une décision contraire. Et en effet, comme l'observe M. Merlin, qui professe la même doctrine (*voy. Quest. de droit, au mot* contrariété, *tom.* 1, *pag.* 588), d'après Tolosan, si la contestation avait changé de face........, si l'on avait agité des questions nouvelles, il n'y aurait point de contrariété entre des dispositions qui seraient relatives à des demandes toutes différentes. — (*Voy. Prat. franç., tom.* 3, *pag.* 297—299).

1754. *Doit-on considérer comme étant émanés de tribunaux différens les jugemens rendus par deux sections d'un même tribunal, en sorte qu'en cette circonstance la voie de la requête civile ne fût pas ouverte?*

Le texte du Code, disent les auteurs du Praticien, tom. 3, pag. 300, permet la rétractation par requête civile, quand les deux arrêts émanent *d'une même Cour* ou *d'un même tribunal.* Cependant ils regardent deux sections d'un même tribunal comme deux tribunaux différens, et décident qu'en ce cas on doit se pourvoir en cassation, comme dans l'espèce prévue par l'art. 504.

Dans l'ancien régime, cette opinion était, à l'égard des arrêts émanés des Cours supérieures, par exemple d'un Parlement, celle de plusieurs auteurs (*voy. Ferrières et Dénisart, au mot* contrariété); mais Rodier, *ubi suprà,* et Duparc-Poullain, tom. 10, pag. 959, étaient d'un avis contraire. Tous les deux attestent avoir vu plus d'un exemple de requêtes civiles prises pour contrariété d'arrêts, l'un de la grand'chambre du Parlement, l'autre de celle des enquêtes.

Nous croyons, comme eux, que cette fiction, au moyen de laquelle on considérait les différentes chambres d'un Parlement comme ne composant qu'une même Cour, ne saurait tenir contre le texte précis de la loi; et il y en a, selon nous, une raison décisive; c'est que si quelque chose était de nature à autoriser l'opinion de Ferrières et de Dénisart, ce ne pouvait être que la différence des attributions données autrefois à chacune des Chambres d'une Cour souveraine; ce qui n'a plus lieu dans l'organisation actuelle. Au reste, ce n'est point par des *fictions* que l'on peut saisir le sens de la loi : elle dispose et ne feint point; et ici sa disposition formelle nous dit que la contrariété des jugemens entre deux sections ou chambres d'un même tribunal ou d'une même Cour, peut donner ouverture à requête civile. — (*Voy. nouv. Répert., au mot* requête civile, § 11).

1755. *Peut-on se pourvoir pour contrariété entre deux jugemens, après le délai fixé par la loi?*

On le pourrait, suivant Ferrières, *ubi suprà*, par la raison, dit-il, que la contrariété des jugemens ne se connaît que par l'usage qu'on en fait. Rodier réfute cette décision d'une manière victorieuse, et comme lui, nous dirions aujourd'hui qu'elle consacrerait une erreur, puisqu'elle tendrait à faire une distinction que l'art. 483 n'a point établie, et que d'ailleurs la contrariété dans les jugemens se connaît autant par leur disposition que par leur exécution.

1756. *Dans le cas où, sur un jugement rendu en dernier ressort, les juges rendraient, dans la cause, un autre jugement qui changerait les dispositions du premier, serait-ce une contrariété qui donnerait ouverture à requête civile?*

Non; mais seulement le dernier de ces jugemens serait sujet à cassation, comme ayant porté atteinte à l'autorité de la chose jugée, en changeant la disposition du premier jugement. — (*Voy.* arrêt de la *Cour de cassat.*, du 13 *germ. an* 6, *Table de Bergognié*, tom. 1, pag. 435.)

SEPTIÈME MOYEN (1).

1757. *Que faut-il, pour qu'il y ait, dans un même jugement, une contrariété qui donne lieu à la requête civile?*

Il y a contrariété dans les dispositions d'un même jugement, lorsqu'elles sont tellement inconciliables qu'elles ne peuvent être exécutées simultanément. Mais les motifs du jugement ne sont pas des dispositions : c'est donc la contrariété dans le dispositif, et non dans les motifs, qui donne ouverture à requête civile. — (*Cassat.*, 4 *germ. an* 13, *nouv. Répert.*, *au mot* contradiction (jugement), *tom.* 3, *pag.* 48).

HUITIÈME MOYEN (2).

1758. *Pourrait-on se pourvoir en cassation contre un jugement rendu sans communication au ministère public?*

Non, mais seulement par la voie de la requête civile. — (*Cassat.*, 26 *avril* 1808 et 22 mars 1809, *Sirey*, tom. 8, pag. 328, et 1809, pag. 203)

NEUVIÈME MOYEN (3).

1759. *Que faut-il pour que la requête civile soit recevable contre un jugement, attendu qu'il serait rendu sur pièces reconnues ou déclarées fausses depuis sa prononciation?*

Ces mots du § 9, *si l'on a jugé sur pièces reconnues ou déclarées fausses depuis*

---

(1) Voy. art. 480, § 7.
(2) Voy. art. 480, § 8.
(3) Voy. art. 480, § 9; nos quest. sur l'art. 448, et Pigeau, tom. 1, pag. 607 et 608.

le jugement, expriment, ainsi que l'avaient établi tous les commentateurs de l'ordonnance, sur l'art. 12 du tit. 34, qu'il ne suffit pas que l'on ait fait usage, sous le cours de l'instance, des pièces reconnues ou déclarées fausses, mais qu'il faut, outre la preuve du faux, fournir encore celle que ces pièces ont servi de base au jugement. Il se peut faire, en effet, que d'autres pièces produites prouvent le bien jugé.

Remarquons encore que ces mêmes termes, *si l'on a jugé sur pièces, etc.*, excluent toute idée que le législateur ait entendu parler du jugement même contre lequel la requête civile serait dirigée : c'est donc seulement le faux des pièces, et non celui du jugement lui-même, qui peut fournir ouverture à requête civile. — (*Cassat.*, 11 vent. an 11, *Sirey*, tom. 3, *pag.* 257).

1760. *Serait-on recevable à soutenir, devant la Cour suprême, que les pièces fausses, sur lesquelles la requête civile est fondée, sont sans influence au fond, et à faire résulter de cette circonstance un moyen de cassation contre un ARRÊT qui a admis la requête civile ?*

Non, parce que c'est au juge qui prononce sur la requête civile qu'il appartient de décider de quelle influence a pu être la pièce fausse sur le jugement attaqué. — (*Cassat.*, 22 pluv. an 9, *Sirey*, tom. 16, *pag.* 200).

DIXIÈME MOYEN (1).

1761. *Le concours de toutes les conditions mentionnées au § 10 est-il nécessaire pour qu'il y ait ouverture à requête civile ?*

Oui, le concours de toutes ces conditions est absolument nécessaire. — (*Voy.* Rodier, sur l'art. 34, § 11, et cassat., 17 pluv. an 12, *Table de Bergognié*, tom. 2, *pag.* 478).

1762. *Si la pièce retenue et recouvrée n'eût dû avoir aucune influence sur le fond, la requête civile serait-elle admise ?*

La négative résulte de ce que le § 10 exige que la pièce soit *décisive*. Il faut, dit M. Pigeau, que la pièce soit décisive ; et, pour savoir si elle l'est, on examinera le fond. S'il résulte de cet examen que la cause eût été perdue, quand même la partie eût produit plus tôt la pièce, on n'aura pas le droit de recourir à la requête civile. Telle est aussi l'explication que tous les auteurs ont donnée sur le paragraphe dont il s'agit, et c'est de la même manière que s'exprimaient les commentateurs de l'ordonnance de 1667, sur l'art. 34 du tit. 35.

On pourrait cependant conclure d'un arrêt du Parlement de Grenoble, du 14 juillet 1779, rapporté au nouveau Répertoire, vᵒ. *requête civile*, § 1, tom. 11, pag. 287, qu'encore bien que la pièce retenue et recouvrée doive en définitive faire rendre un jugement semblable au premier, quant à ses résultats, il n'en faut pas moins rétracter celui-ci. Il s'agissait, dans l'espèce de cet arrêt, d'un second testament découvert depuis le jugement. Ce testament, d'après les règles de droit, révoquait le testament antérieur ; mais il donnait le même résultat, parce qu'il instituait le même héritier.

---

(1) Voy. art. 480, § 10.

M. Merlin ne fait aucune remarque sur cet arrêt, qui, d'après les moyens des parties, nous paraît avoir statué de la sorte, 1°. parce que le jugement rendu sur le premier testament devait être rétracté comme ordonnant l'exécution de cet acte, que le second avait anéanti ; 2°. parce qu'il était inutile d'examiner au rescindant ce que contenait ce second testament, puisque d'un côté, la partie adverse n'avait point encore intenté l'action qui pouvait naître, et que, d'une autre part, l'ordonnance défendait de cumuler le rescindant avec le rescisoire.

De là, M. Berriat Saint-Prix, pag. 457, not. 34, établit, comme une règle générale, que, quoique la pièce retenue et recouvrée doive, en définitive, faire rendre un jugement semblable au premier, quant à ses résultats, il ne faut pas moins rétracter celui-ci. Ainsi donc, les mots *pièces décisives* ne paraîtraient se rapporter qu'au rescindant, et non au rescisoire, c'est-à-dire qu'il suffirait de fournir une pièce qui n'aurait pas été produite lors du jugement, mais qui y aurait trait, pour que l'on dût admettre la requête civile, encore bien que cette pièce ne pût, en définitive, avoir aucune influence sur le rescisoire, autrement sur le fond.

Nous sommes loin de penser que l'on doive tirer de l'arrêt que nous venons de rapporter une conséquence semblable, contre le principe que l'admission de la requête civile est subordonnée à la circonstance que la pièce soit de nature à influer essentiellement sur le fond, sauf à juger ensuite le mérite et les résultats de cette influence, en statuant sur le rescisoire. En effet, un second testament, qu'il soit ou non conforme au premier, est de nature à influer sur le premier jugement, et dès lors il doit être considéré comme pièce décisive, sauf à examiner au fond quelle doit être son influence. Mais sans nous arrêter à prouver cette proposition, il suffit de considérer que l'arrêt a été rendu sous l'empire de l'ordonnance, qui voulait, comme le dit le tribun Albisson (*voy. édit. de F. Didot, pag.* 175), qu'on ne pût plaider que les ouvertures de requête civile et les réponses du défendeur, *sans entrer au moyen du fond.* « Or, ajoute cet orateur, comment plaider le moyen pris du *recouvrement d'une pièce décisive?* Comment établir en plaidant que l'État, les communes, les établissemens publics ou les mineurs, n'ont pas été *valablement* défendus (*voy. art.* 481)? Comment défendre à ces moyens, sans entrer en connaissance du fond? Cette disposition, qu'il était impossible d'exécuter au moins dans ces deux cas, a été retranchée du nouveau projet du Code, parce qu'une loi dont l'exécution est quelquefois impossible, ne peut pas être une bonne loi. » On voit que cette explication tranche toute difficulté sur la question que nous avions à résoudre.

1763. *Peut-on fonder un moyen de requête civile sur des pièces que l'on prétendrait avoir été retenues par la partie adverse, si, lors du jugement, l'on a négligé des moyens possibles d'en obtenir la représentation?*

Rodier, sur l'art. 34, § 11, observe que si les pièces qu'on supposerait décisives étaient encore entre les mains de l'adversaire, on ne pourrait, même en le prouvant, forcer celui-ci à les remettre pour soutenir la requête civile contre lui, si ce n'est, ajoute-t-il, qu'on ne prouvât qu'il les eût enlevées ou frauduleusement soustraites, parce qu'en ce cas il y aurait *dol personnel* de sa part. Ce commentateur se fonde sur ce principe du droit romain, *intentionis vestræ proprias debetis adferre probationes, non ab adversariis adduci.* — (*Loi* 7, *Code de testibus, et loi* 22, *Code de fide instrumentorum. Voy. Prat. français,* tom. 3, pag. 303).

Nous croyons cette décision fondée, mais pour le cas seulement où il ne s'agirait pas de pièces qui seraient communes aux deux parties, et dont on a le droit d'exiger la séparation, ou, en cas de refus, de tirer ses inductions, en prouvant que la pièce est aux possessions de l'adversaire. — (*Voy.* question 788e., tom. 1, pag. 495).

Mais il faut observer que l'on ne pourrait fonder un moyen de requête civile sur des pièces qui se trouvaient entre les mains de la partie adverse à l'époque où le jugement attaqué aurait été rendu, s'il existait un moyen de se faire représenter ces pièces, et si l'on avait négligé de l'employer. C'est ce qui résulte d'un arrêt de la Cour de Paris, du 28 novembre 1810, qui a rejeté une requête civile fondée sur ce que des pièces prétendues décisives se trouvaient entre les mains de la partie adverse, *associé* de celle qui formait le pourvoi. La Cour, en cette circonstance, a considéré, 1°. qu'on ne pouvait envisager les pièces en question comme retenues par le fait de la partie adverse; que, par leur nature, elles étaient *communes* et appartenaient à toute la société, quoiqu'elles fussent habituellement entre les mains de la partie adverse et confiées à sa garde; 2°. qu'elles pouvaient être *réclamées* et consultées à chaque instant par tous les associés qui avaient droit et intérêt de se les faire représenter, et d'y faire les recherches les plus exactes; 3°. que rien ne justifiait dans la cause que le demandeur en requête civile eût, lors du procès sur lequel était intervenu le jugement attaqué par lui, demandé, mais en vain, une communication de ces mêmes pièces, ni qu'il eût fait, à cet égard, aucune tentative pour vaincre la résistance de son adversaire. — (*Voy. Journ. des avoués,* tom. 3, pag. 83). (1)

1764. *Si le défendeur à la requête civile, fondée sur pièces nouvellement recouvrées, prétend qu'elles sont fausses, faut-il, avant de prononcer sur l'admission de la requête civile, commencer par instruire et juger le faux?*

L'affirmative a été jugée par un arrêt du Parlement de Toulouse, du 12 juillet 1740, dont l'espèce est rapportée par Rodier, sur l'art. 34 du tit. 35, § 11; et nous pensons que l'on devrait se conformer à cette décision, d'après la maxime *frustrà probatur quod probatum non relevat.*

1765. *Peut-on se pourvoir, soit par requête civile, soit par action nouvelle,*

_____

(1) Nous ajouterons que, par arrêt du 28 floréal an 12 (*voy. Jurispr. des Cours souv.,* tom. 5, pag. 140), il avait été décidé que, dans le cas où les pièces sur lesquelles le pourvoi en requête civile était fondé n'avaient pas été retenues par le fait de la partie adverse, mais étaient au contraire consignées dans des registres publics, la requête civile n'était pas admissible, parce qu'il était au pouvoir du demandeur d'en prendre communication, sans que son adversaire pût s'y opposer.

Nous pouvons conclure de là que la requête civile n'est pas recevable, toutes les fois qu'avant le jugement, la partie qui veut user de cette voie a eu des moyens de se procurer la communication des pièces dont elle argumente, et qu'elle prétend avoir été retenues par son adversaire.

contre un jugement qui a été rendu faute à une partie d'avoir produit certaines pièces ?

En d'autres termes et plus généralement : *La jurisprudence qui, en Bretagne particulièrement, autorisait l'action en* lief de comminatoire, *c'est-à-dire une action que l'on pouvait former par demande principale et pendant trente ans, afin de faire rétracter un jugement rendu dans l'état, faute à la partie d'avoir fourni telle preuve ou telle pièce, est-elle abrogée par le Code de procédure civile?*

Nous nous sommes fortement prononcé pour l'abrogation de cette jurisprudence, tant dans notre Analyse, n°. 1613, que dans notre Traité et Questions de procédure, n°. 2516, et notre savant collègue M. Toullier, dans son 10°. volume, pag. 180, n°. 121, a complété la démonstration que nous avions essayé de faire à cet égard.

La Cour de Rennes qui, par un sentiment d'équité très-louable d'ailleurs, avait admis l'ancienne doctrine des comminatoires, même sous l'empire du Code, a enfin abandonné ce système, et par conséquent, nous sommes dispensé d'entrer dans tous les développemens que nos deux premiers ouvrages contenaient sur ce point.

Nous dirons donc, sans entrer dans aucune discussion, qu'en Bretagne, un arrêt du Parlement de la province, du 3 juillet 1740, rapporté au Journal de ce Parlement, tom. 3, chap. 50, pag. 250, avait décidé que le jugement qui ne déclare un individu héritier pur et simple que *faute d'avoir émis au procès les pièces* qui établissaient la qualité d'héritier bénéficiaire, ne pouvait être réformé sur la production de ces pièces dans l'instance d'appel, et que la sentence devait être confirmée, sauf à lever le *comminatoire* dans la juridiction où la sentence avait été rendue.

Par suite de ce premier arrêt, on considéra comme simplement comminatoire, et ne pouvant acquérir autorité de la chose jugée, qu'après trente ans, tout jugement ou arrêt qui prononçait *dans l'état, quant à présent, faute d'avoir fourni telle preuve ou telle pièce ;* expressions qui supposaient que si la preuve était faite, la pièce fournie ; en un mot, que si l'affaire avait été jugée dans d'autres circonstances, la décision eût été différente ; et en conséquence on admettait une action *en lief de comminatoire,* dont l'effet était d'obtenir jugement nouveau, en faisant la preuve ou produisant les pièces qui avaient manqué lors de la première décision.

Nous disions n'avoir rien trouvé dans les ouvrages des anciens auteurs, sur cette espèce d'action ; que Ferrières, dans son Dictionnaire de droit et de pratique, au mot comminatoire, se bornait à nous apprendre que lorsqu'un jugement prononçait que, dans un certain tems, une partie ferait telle chose, sinon qu'elle serait déchue de ses droits, cette déchéance n'était réputée que comminatoire, à moins que le juge n'eût ajouté : *En vertu du présent jugement, et sans qu'il soit besoin d'autres, la partie sera déchue, etc.;* ou bien qu'à l'échéance du délai on eût obtenu un jugement portant que, *faute à la partie d'avoir satisfait au précédent, elle demeurerait déchue.* Mais il ne s'agit point ici d'un jugement comminatoire dans l'acception de la jurisprudence bretonne ; il s'agit d'un jugement rendu sous condition, et qui avertit la partie de ce qu'elle doit faire pour en prévenir les effets; tandis, au contraire, que le jugement auquel on donnait, en Bretagne, la qualification de *comminatoire,* ne condamnait pas, sauf la condition de faire telle chose, mais, au contraire, faute à la partie d'avoir fait ce qui lui incombait.

Cela posé, ni l'ordonnance, ni aucun de ses commentateurs, ne font mention de cette action en lief de comminatoire, attendu que l'art. 1041 du Code de procédure abroge toutes lois, coutumes et *usages* relatifs à la procédure ; qu'enfin nulle disposition de ce Code ne parle de jugemens comminatoires. Nous avons maintenu qu'on ne pouvait en faire une classe à part, arbitrairement régie par des règles particulières.

Nous nous appuyions de l'autorité de M. Merlin (*nouv. Répert.*, *v°. requête civile*, § 1, pag. 288). « Lorsqu'un jugement, dit-il, a déclaré un autre nul, » *faute à la partie qui en soutenait la validité d'avoir prouvé l'accomplissement* » *d'une formalité dont il devait être suivi*, cette partie ne peut, en rapportant » la preuve de l'accomplissement de cette formalité, demander, par *action* » *nouvelle*, l'exécution du même acte. Elle doit, au contraire, être déclarée » non recevable tant qu'elle n'attaquera pas le jugement par requête civile, » sur le fondement que la preuve de l'accomplissement de la formalité ait été » détournée par *le fait de son adversaire* ».

En un mot, comme le Code de procédure n'admet d'autres voies pour se pourvoir contre les jugemens que celles dont il a établi les règles, c'est-à-dire l'appel, l'opposition simple et les voies extraordinaires de la tierce opposition et de la prise à partie, nous décidions que l'action en lief de comminatoire était proscrite.

Nous l'avons dit ; la Cour de Rennes a fini par adopter entièrement cette doctrine, qui était celle de l'illustre chancelier d'Aguesseau (*voy.* sa *lettre*, *tom.* 12, *pag.* 32, *édition de M. Pardessus*), et qui est celle de M. Toullier, et nous dirons que le sort des parties étant une fois fixé par une décision judiciaire, on doit en conclure qu'il ne reste d'autre ressource à celui qui a succombé, que celles des voies que la loi établit nommément. Nous dirons même que l'on ne pourrait se restituer par l'action en lief de comminatoire contre un jugement rendu avant la publication du Code de procédure, attendu qu'avant ce Code, comme le prouve la lettre de d'Aguesseau, la jurisprudence qui accordait cette action était en opposition formelle avec les principes du droit commun.

Ainsi, premièrement, on ne peut se pourvoir que par requête civile contre un jugement rendu faute d'avoir fourni telle pièce, et encore faut-il prouver que la pièce a été retenue.

Secondement, on ne peut, suivant les circonstances, se pourvoir que par cette voie et toute autre indiquée par la loi, lorsque le jugement a été rendu dans *l'état* ou *quant* à présent, à moins que ce jugement ne porte formellement que le juge *se réserve de statuer ce qui sera vu appartenir*, si *l'état de la cause est ultérieurement changé par la production d'une pièce, ou la justification d'un fait susceptible d'*AMENER UNE SOLUTION DIFFÉRENTE (1).

---

(1) C'est qu'alors le jugement prend le caractère de jugement *provisoire*, tandis qu'il est *définitif*, lorsque le juge n'y a pas inséré cette clause.

1766. *Peut-on intimer , dans l'instance de requête civile , une personne qui n'était point partie, et qui était sans intérêt dans le jugement attaqué ?*

L'usage de la requête civile est un moyen extraordinaire, que la loi présente à une partie, non pour introduire une demande ou une action nouvelle, mais pour obtenir, selon les circonstances, et pour les causes qu'elle indique, la rétractation de jugemens contradictoires rendus en dernier ressort, par les tribunaux de première instance et d'appel, et les jugemens par défaut, aussi rendus en dernier ressort, et non susceptibles d'opposition.

Cette définition est exacte; elle est la conséquence immédiate, nécessaire, indispensable de la réunion et de la combinaison des dispositions diverses qui composent le tit. 2, 1re. part., liv. 4 du Code de procédure civile. On ne saurait donc prétendre qu'une instance aux fins de requête civile puisse légalement se compliquer, comme toutes les autres , d'actions en garantie, en dommages-intérêts, recours, etc. etc.

En effet, en matière de requête civile, le juge n'a et ne peut avoir à prononcer qu'entre les parties qui ont figuré dans les arrêts et jugemens en dernier ressort, dont on demande la rétractation, les personnes *seules* qui ont figuré dans le jugement ou arrêt pouvant former cette demande , d'après l'art. 480 du Code.

Si d'ailleurs on prenait à la lettre l'art. 492, il faudrait décider que l'on ne serait même pas recevable à procéder par requête civile envers les ayant-cause de la partie au profit de laquelle l'arrêt a été rendu.

Mais l'opinion commune et même uniforme des commentateurs, est que l'on peut agir par la même voie contre les causes-ayant, et ce en vertu du principe que l'on peut exercer contre eux tous les droits que l'on avait vers leurs auteurs. — (*Voy. suprà , n°.* 1740).

Ajoutons , premièrement , que le juge, en matière de requête civile, n'a d'abord à prononcer que sur la question unique de savoir si les parties seront remises en même et pareil état qu'elles étaient antérieurement aux décisions attaquées. — (*Art.* 501).

Secondement, que les parties entre lesquelles le jugement rétracté est intervenu, ont à plaider de nouveau sur le fond de la contestation. — (*Art.* 502).

Donc un tiers mis en cause dans l'instance de requête civile, et qui n'a été partie dans aucun des arrêts dont le demandeur poursuit la rétractation, qui, d'ailleurs, n'est cause-ayant d'aucunes de celles qui y ont figuré, ne peut être valablement appelé dans l'instance dont il s'agit.

ARTICLE 481.

L'Etat, les communes, les établissemens publics et les mineurs, seront encore reçus à se pourvoir s'ils n'ont été défendus , ou s'ils ne l'ont été valablement.

Ordonn. de 1667, tit. 35, art. 35 et 36.

CCCXCIX. Le législateur accorde ici une faveur particulière à ceux qui ne pouvant agir par eux-mêmes , se trouvent, par la force de la loi, confiés aux soins d'autrui. Cette faveur est fondée sur la crainte que l'administrateur chargé de leurs intérêts, ne remplisse pas son mandat avec le zèle et l'exactitude qu'il mettrait à ses propres affaires, et ne les compromît, en négligeant leur défense.

1767. *En général, que doit-on entendre par ces mots*, s'ils n'ont été défendus, *ou* s'ils n'ont été valablement défendus ?

On ne saurait contester que l'art. 481, en reproduisant les dispositions de l'art. 35 du tit. 35 de l'ordonnance, ne donne une grande latitude pour le pourvoi en requête civile, sur-tout par ces expressions. *s'ils n'ont été valablement défendus* ; expressions dont on avait souvent abusé sous l'empire de cette ordonnance, et dont on pourrait abuser encore. Sans doute il eût été à désirer que le Code, ainsi que le demandaient les Cours d'Aix et de Limoges, eût précisé clairement les cas dans lesquels l'art. 481 serait applicable. On ne l'a pas fait, parce que l'on a trouvé difficile de donner des règles fixes à cet égard. Néanmoins, on peut en général se guider, dans l'application de l'article dont il s'agit, par une disposition qui avait été rédigée pour faire partie de l'ordonnance, et dans laquelle on avait cherché à désigner les cas où le pourvoi serait recevable.

De cette disposition, rapportée par M. le conseiller d'état Bigot de Préameneu (*voy. Exposé des motifs, édit. de F. Didot, pag.* 147 *et* 148), il résulte que les mineurs, les communes, les établissemens publics, sont réputés *n'avoir pas été défendus*, lorsqu'ils ont été jugés par défaut ou par forclusion ; qu'ils sont réputés *n'avoir pas été valablement défendus*, quand les principales défenses de fait et de droit ont été omises ; mais qu'il faut qu'il paraisse que l'omission de ces défenses ait donné lieu à ce qui a été jugé, ou qu'il aurait été jugé autrement, si les parties dont il s'agit avaient été défendues, ou si les défenses avaient été complètement fournies.

Ce projet d'article, dont nous venons d'indiquer les conséquences, ne fut point mis en entier dans l'ordonnance ; mais, comme le dit l'orateur du Gouvernement, il a toujours été regardé comme une explication utile pour guider les juges et prévenir les abus. (*Voy. Rodier et Jousse, sur l'art.* 35, 2e. *quest.*). C'est aussi d'après lui que M. Pigeau, tom. 1, pag. 509, a expliqué l'art. 481 du Code.

1768. *Mais l'art.* 481 *suppose-t-il que la requête civile soit la seule voie que l'État, un établissement public, un mineur, puissent prendre contre le jugement rendu contre eux, sans que leurs administrateurs légaux aient été appelés ?*

M. Pigeau avait résolu cette question pour l'affirmative, dans son premier ouvrage sur la procédure (*voy. tom.* 1, *pag.* 556) *;* mais, dans l'édition qu'il a publiée depuis la mise en activité du Code (*voy. tom.* 1, *pag.* 611), il dit qu'il ne faut pas prendre la voie de la requête civile, quand les mineurs, l'État, les communes et les établissemens publics n'ont pas été défendus par leur tuteur ou administrateur, ou quand le tuteur ou l'administrateur n'avait pas de pouvoir ; qu'il n'y a lieu qu'à la tierce opposition, parce qu'il faut avoir été *partie* pour prendre la voie de la requête civile, tandis que *le mineur et les personnes morales* dont nous parlons ne sont pas *valablement parties*, si elles ne sont assistées de leurs administrateurs. Il cite un arrêt du Parlement de Paris, du 17 janvier 1767, rapporté par Dénisart, au mot *tierce opposition*, n°. 13.

Nous devons dire que cette dernière opinion de M. Pigeau est opposée à celle de tous les commentateurs de l'ordonnance. Jousse et Rodier, sur l'article 35, disent que la requête civile est ouverte contre les jugemens rendus sans l'assistance du tuteur, ou avec l'assistance d'une personne qui n'aurait pas cette qualité. Duparc-Poullain, tom. 10, pag. 965, s'exprime plus formellement encore. « Un des plus forts moyens de minorité non valablement défendue, c'est, dit-il, lorsque le mineur a procédé sans l'autorité du tuteur ou du curateur. » On trouve la même proposition dans presque tous les ouvrages publiés depuis le Code. — (*Voy. Prat., tom. 3, pag. 310, et sur-tout le Traité de M. Demiau Crouzilhac, pag. 344 et 345*).

Mais M. Berriat Saint-Prix, pag. 458, not. 36, s'est particulièrement appliqué à combattre l'avis de M. Pigeau, relativement à la tierce opposition. Il s'appuie de l'autorité de plusieurs arrêts, et de l'opinion de M. Merlin, pour maintenir que le mineur n'ayant pas une incapacité absolue d'ester en justice, est partie au procès, quoiqu'il ait procédé sans l'assistance de son tuteur, et que conséquemment il n'a pas la voie de tierce opposition, mais seulement celle de la requête civile. — (*Voy. Quest. de droit, au mot* curateur, tom. 1, pag. 665; *le nouv. Répert., au même mot,* § 1, n°. 8, *et aux mots* requête civile, § 1, n°. 15, *et* tierce opposition, § 2, art. 5).

Il faut bien remarquer que les autorités citées par M. Berriat Saint-Prix ne prouvent autre chose, si ce n'est que des mineurs ont été reçus à se pourvoir par requête civile, pour cause de défaut de défense résultant de ce que leur tuteur n'avait pas été mis en cause; mais on n'a point formellement décidé que *la tierce opposition* fût non recevable. Nous croyons que les deux voies concourent : premièrement, *la tierce opposition,* parce qu'il nous paraît vrai de dire que le mineur n'a pas été *valablement partie,* si son tuteur n'a pas été appelé; or, c'est la même chose que s'il n'avait pas été appelé lui-même. D'ailleurs, la partie adverse n'a aucun intérêt à contester que cette voie soit ouverte; secondement, *la requête civile,* parce qu'il est également vrai de dire que le mineur n'a pas été *valablement défendu,* lorsque son tuteur n'a pas été appelé à faire valoir ses moyens : on aura donc en ce cas l'option. Ainsi qu'en plusieurs circonstances, une partie peut avoir à choisir entre deux voies différentes qui la conduisent au même but : l'essentiel, c'est que l'on ne prenne pas en même tems ces deux voies; elles *concourent,* mais elles ne peuvent être *cumulées.*

Nous remarquerons maintenant que si le tuteur a été appelé, on ne peut dire que le mineur n'ait pas été partie, et alors il n'y a lieu qu'à la requête civile pour les causes ci-dessus exprimées, c'est-à-dire lorsque le mineur n'a *pas été défendu;* par exemple, s'il avait été jugé par défaut ou forclusion, ou lorsqu'il ne l'a pas été *valablement,* comme il arriverait si le tuteur n'avait pas fait valoir tous ses moyens (1).

1769. *Si le mineur émancipé, qui aurait esté en justice sans l'assistance d'un curateur, était devenu majeur avant le jugement, pourrait-il l'attaquer par voie de requête civile, pour cause de minorité non défendue ou non valablement défendue?*

_____

(1) On sent que ce que nous disons ici du mineur s'applique nécessairement à l'Etat et aux établissemens publics, puisque l'art. 481 les comprend dans la généralité de sa disposition.

Rodier, *ubi suprà*, résout négativement cette question, par la raison que le mineur étant devenu majeur, a pu connaître et rectifier sa défense, et qu'il est censé l'avoir approuvée. Mais Catellan, liv. 9, chap. 3, établit sur cette difficulté la distinction suivante, conforme à l'esprit d'un arrêt qu'il rapporte : Il dit que si l'instruction faite pendant la minorité, étant incomplète et imparfaite, n'a été achevée par le mineur que depuis sa majorité, le moyen de requête civile ne doit pas être admis; au lieu qu'il le serait si, depuis sa majorité, il n'avait fourni aucunes écritures, ni fait aucun acte approbatif de cette instruction. Cette distinction, qu'admet aussi Duparc, tom. 10, pag. 966, est conforme à la justice, et, en conséquence, nous sommes porté à croire qu'on la suivrait aujourd'hui, dans le cas où l'affaire eût été *en état* au moment de la majorité de la partie.

1770. *Pour établir la valable défense d'un mineur, faut-il qu'il ait été pris des conclusions expresses sur le moyen de défense ?*

Il suffit que le moyen de défense ait été proposé, soit dans les écrits du procès, soit dans les plaidoiries. — (*Cassat.*, 8 niv. et 11 vent. an 11, *Sirey*, tom. 3, pag. 262; *Bull. offic.*, et *Table de Bergognié*, tom. 2, pag. 474 et suiv.)

1771. *L'omission de proposer un moyen de forme donnerait-elle ouverture à requête civile, pour cause de non valable défense?*

Il paraît, d'après un arrêt de la Cour de cassation, du 10 janvier 1810, et sur-tout d'après les conclusions de M. Merlin sur cet arrêt, que cette question doit être résolue négativement. Ainsi, pour qu'il y ait ouverture à requête civile, il semble nécessaire que les moyens de défenses omis aient trait au fond de la contestation.

1772. *Doit-on étendre aux interdits et aux femmes mariées la faveur de l'article 481?*

L'interdit se trouve évidemment compris dans cet article, puisqu'il est assimilé au mineur par l'art. 509 du Code civil; mais aucune disposition semblable n'existe en faveur de la femme mariée. Or, les priviléges ne sauraient être étendus au-delà de leurs limites : la femme mariée ne peut donc jouir de la faveur de l'art. 481, puisqu'il constitue un véritable privilége. Tel est aussi, mais par d'autres motifs, le sentiment des auteurs du Praticien, tom. 3, pag. 508 (1).

ARTICLE 482.

S'il n'y a ouverture que contre un chef de jugement, il sera seul rétracté, à moins que les autres n'en soient dépendans.

CCCC. L'ART. 482 veut que la requête civile puisse être valablement dirigée

(1) Dans les cas où la femme mariée peut se pourvoir par requête civile, son pourvoi est admissible, quoique formé sans l'autorisation du mari, si cette autorisation est accordée ultérieurement dans le cours de l'instance. — (*Florence*, 16 août 1810, Sirey, tom. 15, pag. 34).

contre un seul des chefs d'un arrêt ou jugement en dernier ressort qui en contient plusieurs.

Le *dicton*, un peu métaphysique, *causa judicati est individua*, avait paru s'y opposer, du moins dans l'opinion de quelques jurisconsultes, tandis que d'autres n'y voyaient point d'obstacles, d'après la maxime bien plus simple et dès lors moins susceptible de discussion, disait M. Albisson, dans son rapport au Corps législatif, *tot capita, tot sententiæ* (1).

Mais si la requête civile dirigée contre un seul chef venait à être entérinée, le jugement attaqué n'était-il rétracté que quant à ce chef, ou l'était-il dans son entier? Les deux maximes respectivement invoquées servaient encore l'une et l'autre opinion.

Notre article lève ces doutes, en statuant que, s'il n'y a ouverture que contre un chef du jugement, il sera seul rétracté, à moins que les autres n'en soient dépendans.

1773. *Quels sont, en général, les cas où les jugemens ne peuvent être rétractés, relativement à quelques chefs ou à un seul?*

M. le tribun Albisson, dans son rapport sur le présent titre (*voy. édit. de F. Didot, pag.* 174), donne pour exemple un arrêt d'ordre et de collocation entre des créanciers divisés d'intérêts, et dont les titres sont différens, un jugement sur reddition d'un compte composé de divers articles formant chacun une question séparée. Mais on peut dire, en général, qu'il y a lieu à rétracter un jugement pour un seul chef, ou pour quelques chefs seulement, toutes les fois qu'il s'agit de l'allocation de différentes créances.

ARTICLE 483.

La requête civile sera signifiée avec assignation, dans les trois mois, à l'égard des majeurs, du jour de la signification à personne ou domicile, du jugement attaqué.

T., 78. — Ordonn. de 1667, tit. 35, art. 5, 1.ᵉ part. — C. de P., art. 443, 492, 1033.

CCCCI. Les motifs de cet article sont les mêmes que ceux que nous avons exposés sur l'art. 443. — (*Voy. suprà, pag.* 109).

1774. *Le délai général, fixé par l'art.* 483, *court-il contre l'Etat et les établissemens publics?*

M. Merlin établit l'affirmative, dans ses Questions de droit, aux mots *requête civile*, § 1, 2°. édit. Il se fonde sur l'art. 2227 du Code civil, et sur ce que, pour interjeter appel ou pour recourir en cassation, l'Etat, les établissemens publics, les mineurs, etc., sont soumis aux mêmes délais que les particuliers majeurs (2).

_____

(1) Ceci prouve de plus en plus la doctrine que nous avons établie n.° 1574, à l'égard des appels, par application de cette même maxime.
(2) Il n'y a plus, comme sous l'ancienne législation, de cas où l'on puisse être relevé

1775. *La requête civile peut-elle être valablement formée par simple assigna-tion , et sans requête préalable?*

Les auteurs décident négativement cette question. Il faut, dit M. Berriat Saint-Prix , pag. 461, présenter la requête et la faire suivre d'assignation. (*Art.* 489, *conféré avec* 492 *et* 494 , *et tarif , art.* 78.) Il ajoute , not. 45 , que l'art. 483 semble exiger une simple assignation; mais qu'en le combi-nant avec les autres articles cités , on ne peut l'entendre que dans un sens différent, ainsi que le remarquent avec raison M. Pigeau , tom. 1, pag. 618, et M. Thomines , pag. 203.

Cependant, il existe sur cette question deux arrêts opposés de la Cour de cassation, rapportés par Sirey, tom. 16, pag. 441—445; l'un , de la section des requêtes , du 9 juin 1814, consacre l'opinion des auteurs que nous venons de citer ; l'autre , de la *section civile ,* du 3 juillet 1816, décide au contraire qu'aucune disposition du Code de procédure n'annonce que le législateur ait entendu prescrire , et *sur-tout à peine de nullité ,* une requête préalable à l'assi-gnation. Nous n'en pensons pas moins qu'il est prouvé , par les motifs énoncés au premier , qu'il est plus conforme au vœu de la loi de procéder par voie de requête avec assignation ; mais comme aucun article ne l'exige *à peine de nullité ,* nous ne pensons pas que l'on doive déclarer le pourvoi non rece-vable , s'il a été formé par assignation seulement.

ARTICLE 484.

Le délai de trois mois ne courra contre les mineurs que du jour de la signification du jugement, faite depuis leur majo-rité , à personne ou domicile.

Ordonn. de 1667, tit. 35 , art. 5, dernière disposition. — C. de P. , art. 178., 444.

CCCCII. Si , relativement à l'appel , le législateur a cru pouvoir sou-mettre les mineurs au même délai que les majeurs , en prenant la précau-tion d'ordonner (*voy. art.* 444) que le jugement sera signifié tant au tuteur qu'au subrogé tuteur , cette mesure ne pouvait s'appliquer à un jugement en dernier ressort, contre lequel il y a des moyens de requête civile. En vain le subrogé tuteur serait-il averti de ce jugement, lorsque ce n'est pas dans ses mains , mais dans celles du tuteur chargé de défendre le mineur, que sont les renseignemens et les pièces.

Il n'y a , pour le mineur ainsi condamné , de ressource assurée que dans le droit qui lui est donné de se pourvoir en requête civile, lorsqu'il sera devenu majeur.

Ce n'est pas même prolonger injustement l'incertitude de ceux qui plaident contre les mineurs , puisque, dans presque tous les cas où la requête civile est admissible, celui qui a obtenu le jugement ainsi attaqué ne saurait être

du laps du délai fixé pour la requête civile. — (*Voy. nouv. Répert. , au mot* requête civile , § 3, *pag.* 296, *aux notes*).

présumé avoir ignoré que la religion des juges n'a pas été éclairée, ou qu'elle a été surprise.

Cette considération, jointe à la crainte que le mineur n'ait eu aucune connaissance du jugement et des faits sur lesquels il peut établir son droit, a paru un motif suffisant pour imposer à l'adversaire l'obligation de signifier ce jugement au mineur devenu majeur, et c'est seulement, d'après l'art. 484, à compter de cette signification, que commence le délai dans lequel la requête civile devra être prononcée. — (*Exposé des motifs*).

1776. *A défaut de signification depuis la majorité, jusqu'où s'étendrait le délai ?*

Il s'étendrait jusqu'à trente ans, mais non pas au-delà. — (*Voy.* arrêt de *cassat.*, du 1er. *germ. an* 11; *Quest. de droit,* aux *mots* requête civile, § 7, et *nouv. Répert., ubi suprà*).

1777. *Le majeur profite-t-il du délai accordé au mineur, lorsqu'ils ont un intérêt commun et indivisible ?*

Rodier propose cette question, sur l'art. 5 du tit. 35, et décide pour l'affirmative, même dans le cas où il s'agit seulement d'une cause *individue,* c'est-à-dire d'une condamnation qui est commune au majeur et au mineur, quel qu'en soit l'objet.

Duparc-Poullain prétendait, au contraire, tom. 10, pag. 982, que l'ordonnance ne paraissait pas autoriser cette opinion. Dans le procès-verbal, nous voyons, disait-il, que l'objection fut faite par M. le premier président, pour le cas d'un intérêt commun et indivisible des majeurs avec les mineurs.

M. Pussort répondit « que cela *irait au fond,* et que les juges le jugeraient; qu'au surplus, cette question était renvoyée à décider avec celles des *solidités* et des *prescriptions,* pour savoir les cas auxquels on devrait diviser ou joindre, et que l'on pouvait dire cependant qu'il n'y avait que les matières réelles dans lesquelles on dût donner aux majeurs le privilége des mineurs. »

Cette réponse, ajoute Duparc, n'est pas claire, et marque l'embarras de M. Pussort. On peut cependant en tirer des conséquences intéressantes qu'il est utile de développer.

Premièrement, M. Pussort réduit aux matières réelles le droit qu'il paraît accorder aux majeurs de jouir du privilége des mineurs; et véritablement, pour un objet indivisible, tel qu'une servitude ou une autre charge réelle sur l'héritage indivis entre le majeur et le mineur, il n'est pas possible que l'arrêt soit rétracté pour l'un, et subsiste contre l'autre.

Secondement, M. Pussort fait dépendre la question de celles des *solidités* et des *prescriptions,* pour savoir les cas auxquels on devrait diviser ou joindre, et cela se rapporte à l'intérêt commun et indivisible dont M. le premier président parlait uniquement; ce qui paraît devoir opérer la même décision que pour la restitution du mineur, dont le majeur profite, dans le cas seulement où leur intérêt commun est indivisible.

Enfin, en répondant que *cela irait au fond, et que les juges le jugeraient,* il semble que M. Pussort ait eu l'intention de ne point admettre le majeur à se joindre au mineur dans la requête civile, même lorsque leur intérêt est indivisible, mais seulement à se joindre à lui dans l'instance du rescisoire; et véritablement, le droit ou la faculté de prendre la voie de la requête civile n'a aucun caractère d'indivisibilité, quoique le fond du procès soit indivisible.

De là résulterait que M. Pussort n'admettait en aucun cas, après le délai passé, le concours du majeur dans la requête civile prise par le mineur, et qu'il admettait sur le rescisoire la ressource que l'indivisibilité d'intérêt avec le mineur peut produire au majeur.

Au surplus, Duparc-Poullain ne donnait ces réflexions que comme des conjectures sur ce que le premier président avait entendu dire. Mais nous croyons qu'elles sont fondées, et l'on sentira que nous avons dû les soumettre à nos lecteurs, puisque le Code de procédure garde le silence sur la question, et que des auteurs (*voy., entre autres, Berriat Saint-Prix, pag.* 459, *not.* 39), reproduisent la décision de M. Pussort et celle de Rodier.

Si l'on doit suivre l'opinion de Duparc-Poullain, ce sera au majeur à intervenir dans l'instance sur le rescisoire, ainsi que le dit cet auteur, *ubi suprà,* pag. 985.

ARTICLE 485.

Lorsque le demandeur sera absent du territoire européen du Royaume, pour un service de terre ou de mer, employé dans les négociations extérieures pour le service de l'État, il aura, outre le délai ordinaire de trois mois depuis la signification du jugement, le délai d'une année ordinaire.

Ordonn., tit. 35, art. 7. — C. de P., art. 446.

ARTICLE 486.

Ceux qui demeurent hors de la France continentale, auront, outre le délai de trois mois depuis la signification du jugement, le délai des ajournemens réglé par l'art. 73 ci-dessus.

C. de P., art. 73 et 445.

ARTICLE 487.

Si la partie condamnée est décédée dans les délais ci-dessus fixés pour se pourvoir, ce qui en restera à courir ne commencera, contre la succession, que dans les délais et de la manière prescrite en l'art. 447 ci-dessus.

Ordonn., tit. 35, art. 8. — C. de P., art. 344 et 447.

ARTICLE 488.

Lorsque les ouvertures de requête civile seront le faux, le dol ou la découverte de pièces nouvelles, les délais ne courront qne du jour où, soit le faux, soit le dol, auront été reconnus, ou les pièces découvertes, pourvu que, dans ces deux derniers cas, il y ait preuve par écrit du jour, et non autrement.

Ordonn., tit. 35, art. 12. — C. de P., art. 448, 480, n.ᵉˢ 1, 9, 10. — C. C., art. 2057.

ARTICLE 489.

S'il y a contrariété de jugement, le délai courra du jour de la signification du dernier jugement.

C. de P., art. 480, n.° 6, 501, 504.

CCCCIII. LES dispositions des art. 485, 486, 487 ci-dessus, sont les mêmes que celles relatives au délai d'appel, tant pour le principe général que pour les cas d'exception qu'ils contiennent. Ce serait donc se livrer à des répétitions inutiles, que de chercher à les expliquer. (*Voy. les comment. des art.* 443 *à* 448 *inclus*). Il n'y avait rien, dit M. Bigot de Préameneu dans son Exposé des motifs, à ajouter à la sagesse de l'ancienne ordonnance sur le tems où les délais commenceraient à courir dans les cas de faux, de dol, de découverte de pièces nouvelles, de contrainte, de jugement. Mais, à l'égard de ce dernier cas, il est à observer (*voy. Demieu Crouzilhac, pag.* 346), que l'art. 501 disposant que la requête civile ne peut être dirigée que contre le second ou dernier jugement, qui se trouve en contradiction avec un précédent, le délai de la requête civile ne doit courir, comme le porte l'art. 489, que du jour où ce dernier jugement a été signifié à la partie, à personne ou à domicile (1).

ARTICLE 490.

La requête civile sera portée au même tribunal où le jugement attaqué aura été rendu. Il pourra y être statué par les mêmes juges.

Ordonn. de 1545, art. 7; de 1560, art. 38; de 1667, tit. 35, art. 20. — C. de P., art. 475, 493, 502, 1026.

(1) Remarquons aussi, avec le même auteur, que la requête civile n'est admissible qu'autant que les deux jugemens sont en dernier ressort; car, si le premier n'avait été rendu qu'à la charge de l'appel, il n'y aurait pas lieu à la contrariété, parce qu'on peut dire que le juge s'étant trompé la première fois, a réformé la jurisprudence, et comme ce premier jugement n'a acquis la force de chose jugée que par l'acquiescement de la partie contre laquelle il a été rendu, elle ne peut critiquer son ouvrage et donner comme une jurisprudence ce qui ne serait que le résultat de sa volonté. En effet, si elle eût appelé du jugement, il eût pu être réformé : elle a donc à s'imputer la faute de l'avoir maintenu tel.

ARTICLE 491.

Si une partie veut attaquer par la requête civile un jugement produit dans une cause pendante en un tribunal autre
que celui qui l'a rendu, elle se pourvoira devant le tribunal
qui a rendu le jugement attaqué ; et le tribunal saisi de la
cause dans laquelle il est produit pourra, suivant les circonstances, passer outre ou surseoir.

Ordonn., tit. 35, art. 25 et 26.

CCCCIV. La requête civile doit toujours être portée devant le tribunal où
le jugement attaqué a été rendu. Ainsi, lors même que l'occasion de se pourvoir par cette voie est parvenue dans une contestation qui s'instruit en un
autre tribunal, cette requête ne peut être présentée qu'au tribunal même qui
a rendu le jugement.

Dans ce dernier cas, l'ordonnance de 1667 avait fait, pour établir la compétence, plusieurs distinctions (1).

Dans les art. 490 et 491, on a suivi des idées plus justes et qui présentent
moins d'inconvéniens. La requête civile n'y est, dans tous les cas, considérée que comme une suite, un complément de la procédure sur laquelle est
intervenu le jugement ainsi attaqué : cette requête doit donc aussi, dans tous
les cas, être renvoyée au tribunal qui a rendu le jugement.

Il y avait une grande erreur à faire dépendre du consentement des parties,
soit la compétence du tribunal où le jugement était produit, soit le succès
de la procédure (2). On était, à l'égard de la compétence, tombé dans l'inconvénient qu'un tribunal inférieur se trouvait investi du pouvoir d'anéantir
le jugement d'une Cour souveraine.

Quant au sursis de la procédure, il peut, dans le cas dont il s'agit, être un
acte d'équité ou même de nécessité, qui doit, indépendamment de la volonté
des parties, être laissé à la prudence du juge.

A l'égard des jugemens dans lesquels les demandeurs en requête civile n'ont

_____

(1) S'il s'agissait d'un jugement interlocutoire ou d'un jugement dans lequel le demandeur en requête civile n'eût pas été partie, la connaissance en était attribuée au tribunal
où le jugement était produit.

La requête civile contre un jugement définitif, contradictoire ou par défaut entre les
mêmes parties, devait être portée devant le tribunal qui l'avait rendu, à moins que les parties
ne consentissent respectivement qu'il fût procédé sur cette requête devant le tribunal où
le jugement était produit, ou qu'il fût sursis au jugement.

Dans ce système, on avait considéré que quand les parties avaient reçu définitivement
la loi d'un tribunal, c'était à ce tribunal seul qu'il devait appartenir de la révoquer, à
moins que les parties ne consentissent à se soumettre au tribunal devant lequel elles se
trouvaient.

Ces dispositions furent dès lors regardées comme étant d'une exécution difficile ; elles
étaient tombées en désuétude ou diversement exécutées.

(2) Voy. la note ci-dessus.

pas été parties, on ne peut pas dire qu'elle ne soit que la suite ou le complément d'une procédure; elles ont une autre voie, celle de la tierce opposition, qui, comme moins dispendieuse, était préférée, lors même que l'ordonnance de 1667 offrait à la fois aux plaideurs cette voie et celle de la requête civile.

1778. *Si le tribunal qui a rendu le jugement attaqué ne subsistait plus, où porterait-on la requête civile ?*

Il faudrait s'adresser à la Cour de cassation, qui désignerait un autre tribunal. C'est ce qui a été décidé par un arrêt du Conseil, du 7 mai 1781, rapporté par M. Merlin, dans son nouveau Répertoire, au mot *requête civile*, § 1er., n°. 8, tom. 11, pag. 282. Cet arrêt est à remarquer, dans les circonstances actuelles, en ce qu'il justifie la solution donnée sur la quest. 269e., tom. 1, pag. 147, attendu que le tribunal qui avait rendu le jugement attaqué était celui de la ville de Pondichéri, prise par les Anglais. Or, il a été décidé qu'en semblable circonstance, les juges de Pondichéri avaient perdu jurisdiction sur les parties (1).

1779. *Quels sont, en général, les cas où le tribunal saisi de la cause principale peut passer outre ou surseoir au jugement de cette cause, lorsqu'il y a requête civile incidente ?*

C'est lorsque le jugement peut ou non influer sur celui du principal.

1780. *Peut-on se pourvoir incidemment, par requête civile, lorsque les délais fixés par les articles précédens sont expirés ?*

M. Pigeau, tom. 1, pag. 612 et 613, maintient l'affirmative, attendu qu'il y a parité de raison entre le cas de la requête civile et celui de l'appel, que l'art. 443 dit que l'on peut, en tout état de cause, interjeter incidemment.

ARTICLE 492.

La requête civile sera formée par assignation au domicile de l'avoué de la partie qui a obtenu le jugement attaqué; si elle est formée dans les six mois de la date du jugement, après ce délai, l'assignation sera donnée au domicile de la partie.

T., 75 et 78. — Ordonn. de Roussillon, art. 7; de 1667, tit. 35, art. 6. — C. de P., art. 344 et suiv., 483.

1781. *La requête civile doit-elle être présentée au juge avant d'être signifiée avec assignation à la partie ?*

L'art. 492 porte que la requête civile *sera formée par assignation*. Ainsi, dit M. Delaporte, tom. 2, pag. 60, il n'est pas nécessaire de donner préalable-

(1) La requête civile formée contre un jugement arbitral se porte au tribunal qui eût été compétent pour connaître de l'appel. — (*Voy. art.* 1026).

ment aux juges une requête. MM. Pigeau, tom. 1, pag. 618, Thomines, pag. 202, aux notes, Demiau Crouzilhac, pag. 348, Hautefeuille, pag. 293, sont d'un avis contraire : nous croyons aussi que c'est une erreur de croire qu'il suffirait d'une assignation pour introduire valablement la demande. En effet, la nécessité de présenter préalablement une requête paraît résulter, 1°. de l'art. 483, qui veut que la requête civile soit signifiée avec assignation, ce qui suppose une requête antérieurement présentée ; 2°. de l'art. 494, qui ajoute que la requête civile ne sera pas reçue si, *avant qu'elle ait été présentée*, la somme mentionnée en cet article n'a été consignée ; 3°. sur-tout de l'article 98 du tarif, qui alloue à l'avoué, et non à l'huissier, des droits pour la façon de la requête principale, y compris l'émolument pour prendre l'ordonnance. Du reste, on ne peut rien induire, contre cette opinion, de l'art. 492, qui n'a pour but que la signification de la requête civile, et non cette requête elle-même (1).

ARTICLE 493.

Si la requête civile est formée incidemment devant un tribunal compétent pour en connaître, elle le sera par requête d'avoué à avoué ; mais si elle est incidente à une contestation portée dans un autre tribunal que celui qui a rendu le jugement, elle sera formée par assignation devant les juges qui ont rendu le jugement.

T., 75 et 90. (2)

1782. *La loi autorise-t-elle une réponse à la requête civile incidente, formée par acte d'avoué à avoué, dans le cas prévu par l'art. 493 ?*

C'est ce que l'art. 75 du tarif décide expressément ; et M. Pigeau, pag. 623, en conclut que l'on peut également fournir réponse à la requête civile principale. Nous ne verrions, en effet, aucune raison pour soutenir le contraire. M. Pigeau ajoute que la réponse est autorisée, même dans le cas où l'affaire serait de nature à être jugée au fond comme matière sommaire, attendu que l'art. 75 du tarif ne fait aucune distinction. Cette décision nous paraît également juste ; car l'instance sur la requête civile étant absolument distincte du fond, il n'implique pas que l'on y procède comme en matière ordinaire. Au reste, cette opinion trouverait un appui dans l'arrêt de la Cour de cassation cité sur la question suivante.

1783. *Les plaidoiries sont-elles admises dans une instance liée avec la régie de l'enregistrement, sur un pourvoi par requête civile ?*

La Cour de cassation, par arrêt du 30 août 1809 (*voy. Sirey, tom. 9, pag. 426*),

---

(1) On pourrait observer ici que nous avons dit, à l'égard des requêtes d'intervention (*voy.* 1272.e *quest.*, *tom.* 1, *pag.* 650), le contraire de ce que nous venons d'établir par rapport à la requête civile. Mais on remarquera sans doute que l'on ne peut, dans les deux cas, appliquer les mêmes raisons de décider.

(2) Voy. le commentaire de l'art. 491.

a résolu cette question pour l'affirmative, attendu que l'art. 17 de la loi du 27 ventôse an 9, qui défend effectivement les plaidoiries dans les affaires que suit la régie, pour toutes les perceptions qui lui sont confiées, ne peut être étendu à l'action en requête civile, qui a ses formes particulières et spéciales, et qui, étant une voie extraordinaire, ne comporte pas le mode commun d'*instruction sommaire*, établi par la loi du 27 ventôse. — (*Voy. art.* 499).

ARTICLE 494.

La requête civile d'aucune partie autre que celle qui stipule les intérêts de l'Etat, ne sera reçue si, avant que cette requête ait été présentée, il n'a été consigné une somme de 300ᶠ pour amende, et 150ᶠ pour les dommages-intérêts de la partie, sans préjudice de plus amples dommages-intérêts, s'il y a lieu : la consignation sera de moitié, si le jugement est par défaut ou par forclusion, et du quart, s'il s'agit de jugemens rendus par les tribunaux de première instance.

T., 90. — Ordonn. de 1667, tit. 35, art. 16.

ARTICLE 495.

La quittance du receveur sera signifiée en tête de la demande, ainsi qu'une consultation de trois avocats exerçant depuis dix ans au moins près un des tribunaux du ressort de la Cour royale dans lequel le jugement a été rendu.

La consultation contiendra déclaration qu'ils sont d'avis de la requête civile, et elle en énoncera aussi les ouvertures; sinon la requête (1) ne sera pas reçue (2).

T., 140. — Ordonn. de 1667, tit. 35, art. 13 et 16.

CCCCV. Les deux articles ci-dessus maintiennent les précautions prises par nos anciennes lois, pour que, sous le titre de requête civile, on ne présente

---

(1) Depuis la loi du 10 août 1793 jusqu'au Code de procédure civile, une demande en requête civile n'était pas nulle, à défaut de consultation. — (*Cassat.*, 17 *pluv. an 3, Sirey*, tom. 20, pag. 475).

(2) JURISPRUDENCE.

1.º Lorsqu'une requête civile est dirigée contre un jugement de première instance contradictoire, l'amende à consigner n'est que du quart de la somme exigée au cas d'un jugement sur appel contradictoire, et il en est de même pour les dommages-intérêts. — (*Cassat.*, 17 *nov.* 1817, *Sirey*, tom. 18, pag. 147).

2.º Les avocats exerçant depuis dix ans près une Cour royale peuvent, tout aussi bien que les avocats exerçant depuis dix ans près un tribunal de première instance de cette Cour, signer la consultation à l'appui de la demande en requête civile. — (*Cassat.*, 17 *nov.* 1817, *Sirey*, tom. 18, pag. 147).

pas des moyens non recevables, ou que l'on mettrait en avant, sans être en état d'en faire la preuve. Les moyens sont donc rejetés comme n'étant pas légitimes, et sans autre examen, si cette légitimité n'est attestée par trois *anciens avocats* (*voy. ci-dessus n°.* 1686), et si le demandeur en requête civile n'a consigné les sommes déterminées par la loi à titre d'amende et de dommages-intérêts.

C'est ainsi que l'on a tâché de prévenir de téméraires agressions, suivant le vœu de l'illustre chancelier Bacon, qui, gémissant sur les causes de l'instabilité des jugemens, voulait aussi que l'attaque fût environnée de dangers; que la voie ouverte pour y conduire fût étroite et difficile (1).

1784. *Les indigens sont-ils tenus de consigner la somme exigée par l'art.* 494?

M. Pigeau, tom 1, pag. 618, dit que si la partie est pauvre, elle est dispensée de la consignation dont il s'agit, conformément à la loi du 1er. thermidor an 6, en représentant un certificat de l'administration municipale constatant son indigence. Mais depuis la publication de l'ouvrage de cet auteur, il a été décidé par avis du Conseil d'état, approuvé le 20 mars 1810, que la loi de thermidor était comprise dans l'abrogation prononcée par l'art. 1051 du Code de procédure, et que l'art. 494 ne faisant à la disposition qu'il renferme aucune exception pour les indigens, on ne peut aujourd'hui les dispenser de la consignation. On trouve en cela un retour à l'ancienne règle, consacrée par une longue suite d'édits et d'ordonnances, et dont la rigueur était fondée sur ce que la trop grande facilité des demandes en rétractation des jugemens ne tendait qu'à multiplier les procès et à les rendre interminables.

1785. *La régie de l'enregistrement est-elle dispensée de joindre à sa requête civile une consultation d'avocats?*

Non, parce que l'art. 495 impose dans sa généralité, à tout impétrant de requête civile, sans exception, l'obligation de signer cette consultation. — (*Voy. arrêt du 30 août 1809, Sirey, tom. 9, pag. 426, cité sur la quest.* 1783).

ARTICLE 496.

Si la requête civile est signifiée dans les six mois de la date du jugement, l'avoué de la partie qui a obtenu le jugement, sera constitué de droit sans nouveau pouvoir.

Ordonn. de 1667, tit. 35, art. 61, et *suprà*, art. 492.

ARTICLE 497.

La requête civile n'empêchera pas l'exécution du jugement attaqué; nulles défenses ne pourront être accordées : celui qui aura été condamné à délaisser un héritage, ne sera reçu à

(1) *Non facilis esto aut proclivis ad judicia rescindenda aditus..... Providendum est ut via, ad rescindenda judicia sit arcta, confragosa et tanquàm muricibus strata......* — (*Exemplum Tractatûs de justit, univers.*)

plaider sur la requête civile qu'en rapportant la preuve de l'exécution du jugement au principal.

Ordonn. de 1667, tit. 35, art. 18 et 19.

CCCCVI. Un des plus puissans moyens de prévenir des requêtes civiles qui seraient dictées par la chicane ou par les passions, se trouve sans contredit dans cette disposition, par laquelle l'article ci-dessus ordonne l'exécution du ugement attaqué par cette voie, veut que les défenses de l'exécuter ne puissent être accordées., et même, lorsqu'il s'agirait de délaissement d'un héritage, que le demandeur en requête civile ne soit reçu à plaider qu'en justifiant que ce délaissement est effectué.

1786. *La contrariété de jugemens ou d'arrêts met-elle obstacle à leur exécution?*

Oui, dit Rodier, sur l'art. 18 de l'ordonnance, quest. 1re., sur-tout si la contrariété est telle qu'on ne puisse exécuter l'un des jugemens sans contrevenir. à l'autre. Mais nous remarquerons avec Duparc-Poullain, tom. 10, pag. 976, que ce n'est pas la requête civile, mais la nature même de deux décisions contraires l'une à l'autre, qui peut opérer la suspension par l'impossibilité de les exécuter toutes les deux ; ainsi, tout en cela dépend de l'objet des dispositions qui se contrarient.

1787. *Si, en exécution d'un jugement ou arrêt attaqué par voie de requête civile, il y avait quelque interlocutoire à instruire ou à juger, la requête civile ferait-elle suspendre l'instruction ou du moins le jugement interlocutoire?*

Rodier, *ubi suprà*, décide pour l'affirmative, attendu, dit-il, qu'*on ne doit point risquer de faire quelque chose inutile.* Mais Duparc-Poullain, *ubi suprà*, répond que cette crainte ne peut être un motif solide pour priver une partie de la provision que la loi donne pour l'exécution d'un arrêt interlocutoire. L'expérience apprend, en effet, que le jugement des requêtes civiles exige beaucoup de tems. Celui qui a un arrêt en sa faveur, a pour son exécution le titre le plus formel, dans la disposition expresse de l'art. 497, qui ne distingue point entre le jugement interlocutoire et le jugement définitif.

1788. *S'il s'agissait de la remise d'un objet mobilier, et qu'il fût prouvé que le condamné eût cet objet à sa disposition, faudrait-il, pour qu'il fût admis à poursuivre sur la requête civile, qu'il justifiât avoir exécuté le jugement en faisant cette remise?*

Oui, suivant M. Pigeau, tom. 1, pag. 620., parce qu'il y a, dit-il, même raison que pour le délaissement d'immeubles. Mais en tous autres cas, comme il est possible de présumer que le condamné eût été dans l'impossibilité de satisfaire au jugement, l'audience ne pourrait lui être refusée. Nous ne croyons pas que l'on doive admettre cette distinction, qui étend l'application de la dernière disposition de l'art. 497 à un cas qu'elle ne comprend pas.

ARTICLE 498.

Toute requête civile sera communiquée au ministère public.

Ordonn. de 1566, art. 61. — Ordonn. de 1667, tit. 35, art. 27. — Quest. 1781.

CCCCVII. En mettant les requêtes civiles au nombre des procédures qui intéressent l'ordre public, et dans lesquelles les procureurs du Roi doivent être entendus, l'art. 498 prend une dernière précaution pour maintenir le cours de la justice et l'autorité des jugemens contre l'abus de ce genre de pourvois.

1789. *La requête civile doit-elle être communiquée au ministère public, même avant qu'elle soit signifiée avec assignation?*

C'est l'opinion de M. Hautefeuille, tom. 1, pag. 293, et nous pensons comme lui, par suite de ce que nous avons dit sur la quest. 1781ᵉ., d'après le texte même de l'art. 498 : l'on doit donc, avant d'assigner, remettre la requête au président, qui l'expédie d'un *soit communiqué* au ministère public, et qui, sur ses conclusions, rend ordonnance portant permission d'assigner. — (*Voy. Pigeau, tom. 1, pag.* 619).

ARTICLE 499.

Aucun moyen autre que les ouvertures de requête civile énoncées en la consultation, ne sera discuté à l'audience ni par écrit.

Ordonn. de 1667, tit. 35, art. 29, 31 et 37.

CCCCVIII. L'ORDONNANCE de 1667 avait autorisé le demandeur en requête civile à présenter, sous le titre *d'ampliation,* les nouveaux moyens qu'il découvrirait, sans même l'assujétir à une nouvelle consultation d'avocats. Dans cette loi, ainsi que dans les arrêts qui, en l'interprétant, avaient permis, suivant les circonstances, de cumuler les moyens du fond avec ceux de requête civile, il y avait contradiction en ce que, d'une part, l'autorité de la chose jugée ne pouvait être attaquée que dans certains délais et avec de grandes précautions; tandis que, d'autre part, on pouvait, même après le délai, et sans aucune forme, rendre encore contre ces jugemens.

C'était ouvrir après coup le champ le plus libre aux procédures énormes qui étaient presque toujours la suite des requêtes civiles. Notre article détruit cet abus, en disposant que les moyens énoncés dans la requête civile, sont les seuls qu'il soit permis de discuter à l'audience ou par écrit. — (*Exp. des motifs*).

1790. *Si l'on découvrait des ouvertures de requête civile autres que celles énoncées en la consultation, pourrait-on les proposer par un simple acte avec une seconde consultation?*

En vertu des art. 29 et 31 de l'ordonnance, le demandeur qui découvrait de nouveaux moyens de requête civile pouvait, comme nous venons de le dire, les proposer par une requête qu'on appelait *requête d'ampliation,* et qui pouvait être fournie même dans le cours de la plaidoirie. M. Pigeau, tom. 1, pag. 630, prétend que l'on peut encore aujourd'hui, mais par un simple acte et sans requête ni assignation, proposer des ouvertures nouvellement découvertes. Il en donne pour motifs que la proposition de ces nouveaux moyens est une demande incidente, puisqu'elle a pour objet *d'ajouter* à la demande principale, et d'exercer un droit découvert depuis cette demande. Mais il nous paraît résulter de l'Exposé des motifs, dans le passage qui forme le commentaire de l'article, qu'il n'a pas été dans l'intention du législateur d'accorder cette faculté, qui, en dernière analyse, opérerait les mêmes résultats que la requête d'ampliation, qui a été proscrite afin d'accélérer et de simplifier la procédure. — (*Voy. Berriat Saint-Prix, pag.* 461, *not.* 43).

ARTICLE 500.

Le jugement qui rejetera la requête civile, condamnera le demandeur à l'amende et aux dommages-intérêts ci-dessus fixés, sans préjudice de plus amples dommages-intérêts, s'il y a lieu (1).

Ordonnance de 1667, tit. 35, art. 39. — *Supra*, art. 494; *infrà*, art. 501.

1791. *L'amende consignée conformément à l'art. 494 doit-elle être restituée, si la partie qui aurait fait cette consignation dans l'intention de se pourvoir n'avait pas formé sa requête?*

Cette question a été résolue pour l'affirmative, par un arrêt de la Cour de cassation, du 12 octobre 1808, mais par application des dispositions de l'ordonnance. (*Denevers*, 1809, *supplém.*, *pag.* 22). On ne peut douter, selon nous, que pareille décision serait rendue sous l'empire de notre Code actuel (2).

ARTICLE 501.

Si la requête civile est admise, le jugement sera rétracté, et les parties seront remises au même état où elles étaient avant ce jugement; les sommes consignées seront rendues, et les objets des condamnations qui auront été perçus en vertu du jugement rétracté, seront restitués.

Lorsque la requête civile aura été entérinée pour raison de contrariété de jugemens, le jugement qui entérinera la requête civile, ordonnera que le premier jugement sera exécuté selon sa forme et teneur (3).

T., 90 et 92. — Ordonn., tit. 35, art. 33. — C. de P., art. 500.

CCCCIX. LES effets de la requête civile, lorsqu'elle est admise, sont de remettre les parties dans le même état où elles étaient avant le jugement ainsi attaqué. Les sommes consignées d'avance sont en conséquence rendues, et les objets de la condamnation qui auraient été perçus sont restitués.

On a vu (art. 480) que notre Code, comme l'ordonnance, ouvre la voie de la requête civile dans le cas de contrariété de jugemens en dernier ressort entre les mêmes parties, sur les mêmes moyens et dans les mêmes Cours ou tribunaux; mais elle ne disait ni lequel de deux jugemens contraires devait être conservé, ni si tous les deux devaient être anéantis; ce qui laissait subsister des difficultés que l'art. 501 a résolues par sa seconde disposition.

1792. *Le premier jugement étant rétracté, suffit-il, sur le rescisoire, d'assigner la partie par un simple acte d'avoué à avoué?*

---

(1) Voy. le commentaire sur les art. 494 et 497.
(2) Elle doit l'être également, lorsqu'avant qu'il ait été statué par le tribunal, le demandeur justifie d'une transaction intervenue sur la demande en requête civile. — (*Arrêté du Gouvern.*, *du 27 niv. an 10*).

(3) JURISPRUDENCE.
Lorsqu'un arrêt d'appel rejette une requête civile, et néanmoins ordonne la restitution

Oui, premièrement, parce que les avoués qui ont occupé dans les causes où il est intervenu des jugemens définitifs, sont tenus d'occuper sur l'exécution, pourvu que les poursuites aient lieu dans l'année de la prononciation; secondement, parce que le jugement qui entérine la requête civile remettant les parties au même état qu'auparavant, et devant les mêmes juges qui ont rendu la décision rescindée, il s'ensuit qu'elles procèdent par le ministère des avoués qui ont occupé sur le fond. — (*Voy.* arrêt de la Cour de Toulouse, du 29 nov. 1808, *Sirey, tom.* 15, *pag.* 26).

Ainsi, une assignation donnée à personne ou domicile serait frustratoire, à moins qu'il n'y eût révocation des avoués qui avaient précédemment occupé.

1793. *Si le jugement rétracté n'est que préparatoire ou interlocutoire, comment appliquera-t-on la première disposition de l'art.* 501, *relative au paiement des dépens?*

On l'appliquera en ordonnant la restitution des dépens faits depuis ce jugement inclusivement. Mais il ne sera statué sur les dépens antérieurs que par le jugement qui prononcera sur le rescisoire, puisqu'on ne peut dire qu'avant le jugement rétracté il ait été prononcé sur les dépens. — (*Voy.* Rodier, sur *l'art.* 33, *quest,* 3°.).

1794. *Lorsqu'il y a contrariété entre les dispositions d'un même jugement, doit-on ordonner que la première disposition sera exécutée, de même que dans le cas de contrariété entre deux jugemens, l'on ordonnerait l'exécution du premier jugement?*

« C'est ici, dit Rodier, sur l'art. 34, § 7, le cas de la loi 118, *de regulis juris : Ubi pugnantia inter se in testamento juberentur, neutrum ratum est.* La contrariété se trouvant dans un même jugement, il faut, ajoute-t-il, l'emporter par la requête civile, pour y substituer ensuite un autre jugement qui ne soit pas infecté de ce vice. Il ne conviendrait pas de laisser subsister ce qui serait dans la première disposition, et d'anéantir seulement celle qui serait postérieure, parce que toutes les deux se trouvent dans le même jugement, qui ne peut être conservé en une partie et rescindé en l'autre. »

On remarquera que la seconde disposition de l'art. 501 consacre cette opinion de Rodier, puisqu'elle ne se rapporte qu'à *la contrariété de jugement,*

ARTICLE 502,

Le fond de la contestation sur laquelle le jugement rétracté aura été rendu, sera porté au même tribunal qui aura statué sur la requête civile (1).

Ordonn., tit. 35, art. 22,

CCCCX. Nous avons remarqué, pag. 263, à la note, que cette disposition était un retour aux anciens principes auxquels la loi du 18 février 1791 avait

---

de l'amende consignée, la partie qui retire l'amende, en vertu de l'arrêt, se rend par cela seul non recevable à l'attaquer ensuite par voie de cassation : il y a acquiescement. — (*Cassat,* 13 *therm. an* 12, *Sirey, tom.* 4, *pag.* 173).

dérogé, en ordonnant que le rescisoire serait porté devant d'autres juges que ceux qui auraient prononcé sur le rescindant.

1795. *Si la Cour de cassation cassait un arrêt qui aurait rejeté une requête civile, serait-ce la Cour qui aurait rendu cet arrêt qui connaîtrait du rescisoire?*

L'art. 502 porte que le fond de la contestation, c'est-à-dire *le rescisoire*, sera porté au même tribunal qui aura statué sur la requête civile, c'est-à-dire sur le rescindant.

C'est pourquoi la Cour de cassation, par arrêt du 3 août 1809 (*Sirey, tom.* 14, *pag.* 129), a jugé que, dans le cas où un arrêt par lequel une Cour d'appel a rejeté une demande en admission de requête civile a été cassé, et la cause renvoyée devant une autre Cour qui admettrait la requête, c'est à cette dernière seule qu'appartient le droit de prononcer sur le rescisoire.

1796. *En ce cas de cassation pour contrariété d'arrêts ou de jugemens en dernier ressort, l'exécution du premier doit-elle être ordonnée par l'arrêt de cassation?*

On pourrait croire que cette question dût être décidée pour la négative, d'après un arrêt de la Cour de cassation, du 29 mars 1809. (*Voy. Denevers,* 1809, *suppl.*, *pag.* 64, *et le nouv. Répert.*, au mot réunion). Mais M. Merlin, dans ses Questions de droit, au mot *contrariété de jugemens*, § 2, tom. 1, pag. 590, dit que cet arrêt n'a ordonné le renvoi que parce qu'il était nécessaire de juger une question qui n'était pas du ressort de la Cour de cassation. Il maintient qu'en général cette Cour ne renvoie point et n'est point tenue de renvoyer, lorsque le fond est de telle nature qu'il est jugé par l'arrêt même qui casse le jugement attaqué.

Ainsi, lorsqu'il y a simplement contrariété de jugemens, la Cour ne pouvant, d'après l'essence même des choses, casser le second jugement sans juger le fond, elle ne peut pas le renvoyer.

C'est donc elle qui doit prononcer l'exécution du premier jugement.

M. Merlin fonde son opinion sur les art. 480, § 6, 501 et 504 du Code de procédure, combinés avec l'art. 6 du tit. 6 de la première partie du réglement de 1738.

ARTICLE 503.

Aucune partie ne pourra se pourvoir en requête civile, soit contre le jugement déjà attaqué par cette voie, soit contre le jugement qui l'aura rejetée, soit contre celui rendu sur le rescisoire, à peine de nullité et de dommages-intérêts, même contre l'avoué qui, ayant occupé sur la première demande, occuperait sur la seconde.

Ordonn. de 1569, art. 146; de 1667, tit. 35, art. 41.

CCCCXI. Il faut, disait M. Bigot de Préameneu (*Exposé des motifs*), qu'il y ait un terme aux procédures, et si ce motif fait rejeter les requêtes civiles les mieux fondées, lorsqu'elles n'ont pas été signifiées dans les formes et dans les

délais prescrits, à plus forte raison ne doit-on pas admettre une nouvelle demande en requête civile, soit contre le jugement qui l'aura déjà rejetée, soit
enfin contre le jugement rendu sur le rescisoire. Non seulement une pareille
procédure est nulle, mais l'avoué lui-même qui, ayant occupé sur la première
demande, occuperait sur la seconde, est responsable des dommages-intérêts.

1797. *Les mineurs peuvent-ils user une seconde fois de la requête civile, dans
les trois cas où l'art. 503 interdit en général ce second pourvoi ?*

Il faut remarquer que l'art. 41 de l'ordonnance de 1667 contenait une disposition semblable à celle de l'art. 503. Cependant plusieurs jurisconsultes
pensaient, malgré la généralité de cette disposition, qu'elle ne s'appliquait pas
au mineur qui, après le déboutement d'une première requête civile, découvrait
de nouveaux moyens de minorité non défendue ou non valablement défendue.
Les rédacteurs du projet de Code de procédure avaient voulu consacrer cette
opinion. (*Voy. ce projet, art.* 497). Duparc-Poullain, sous l'empire de l'ordonnance (*voy. tom.* 10, *pag.* 981), observait que la généralité de l'art. 41, qui
n'exceptait rien, et les vues du législateur tendant à terminer promptement les
procès, paraissaient devoir l'emporter sur la décision que nous venons de rappeler. Outre que cette remarque s'applique parfaitement à l'art. 503 du Code
actuel, on observera que le Conseil d'état a rejeté la disposition de l'art. 497
du projet, et l'on demeurera convaincu que l'art. 503 n'a entendu faire aucune
exception en faveur des mineurs. Ils sont évidemment compris sous ces expressions générales, *aucune partie*. — (*Voy.* Pigeau, *tom.* 1, *pag.* 634 *et* 637,
et le Prat., *tom.* 3, *pag.* 356).

1798. *Mais du moins si, depuis le rejet de la requête civile, on découvrait un
dol, un faux ou une rétention de pièces, ne pourrait-on pas se pourvoir une seconde fois par requête civile ?*

M. Pigeau soutient l'affirmative (*voy. ubi suprà, pag.* 637), en argumentant
par induction des dispositions des art. 338 et 382. Nous croyons que la généralité des termes de l'art. 503 repousse cette opinion, et nous nous fondons
sur le passage de l'Exposé des motifs, déjà rapporté au commentaire ci-
dessus : « Il faut qu'il y ait un terme aux procédures, et si ce motif *fait
» rejeter les requêtes civiles* LES MIEUX FONDÉES, lorsqu'elles n'auront pas été signi-
» fiées dans les formes et dans les délais prescrits, *à plus forte raison* ne doit-on
» pas admettre une nouvelle demande en requête civile, soit contre le juge-
» ment déjà attaqué par cette voie, soit enfin contre le jugement rendu sur le
» rescisoire. »

1799. *Celui contre qui la requête civile est admise peut-il prendre cette voie
contre le jugement, s'il y a ouverture ?*

M. Pigeau, *ubi suprà*, pense que l'art. 503 ne défend la voie de la requête
civile qu'à celui qui s'est déjà pourvu par cette voie, et qui a succombé.

M. Berriat Saint-Prix, pag. 452, not. 18, pense que les termes, *aucune
partie*, rendent cette décision douteuse. Mais nous observerons que ces termes
ne sauraient être isolés de l'ensemble de l'art. 503, qui nous paraît établir
clairement, par les dernières expressions qu'il renferme, que la requête civile
n'a été proscrite que dans le cas où elle est une deuxième demande. Or,
quand elle est formée par la partie contre laquelle une première requête a

été admise, elle est une première demande de la part de celle-ci. Telle est aussi l'opinion de M. Lepage, dans ses Questions, pag. 340; telle est celle que Rodier semble donner sur l'art. 41 de l'ordonnance, quest. 1ʳᵉ.

ARTICLE 504.

La contrariété de jugemens rendus en dernier ressort entre les mêmes parties et sur les mêmes moyens, en différens tribunaux, donne ouverture à cassation, et l'instance est formée et jugée conformément aux lois qui sont particulières à la Cour de cassation (1).

Suprà ; art. 480 et 501, seconde disposition.

TITRE III.

De la Prise à partie (2).

DANS l'ancienne pratique, les juges inférieurs étaient obligés de comparaître et d'assister dans toutes les causes d'appel pour soutenir leurs jugemens (3). On crut ensuite, et avec raison, qu'il était plus convenable d'attaquer le jugement que le juge, et de ne permettre d'intimer, pour justifier le bien jugé de la sentence, que la partie qui avait obtenu gain de cause (4). Mais en même tems on dut réserver aux plaideurs une ressource contre la prévarication du magistrat, et au magistrat une garantie contre la passion et le ressentiment du plaideur. De là l'origine *de la prise à partie,* et le motif général de toutes les dispositions qui la régissent (5).

La prise à partie est une action ouverte dans les cas prévus par la loi, soit contre un tribunal entier, soit contre un juge, en réparation du dommage qu'il aurait causé par abus de son ministère.

Elle ne constitue point, comme la requête civile et la tierce opposition, un pourvoi contre le jugement, *afin de le faire rétracter;* et si les dispositions qui la concernent se trouvent néanmoins placées dans le Code sous la rubrique

---

(1) JURISPRUDENCE.

Les jugemens rendus en cause d'appel, successivement par un ancien tribunal de district, et, depuis l'organisation faite par la loi du 27 ventôse an 8, par un tribunal d'appel remplaçant ce tribunal, sont censés émanés de la même Cour : en conséquence, s'il y a *contrariété* entre ces jugemens, il y a lieu à requête civile, et non à cassation. — (*Cassat.,* 21 mai 1816, *Sirey, tom.* 16, *pag.* 280).

(2) Voy. Code d'instruction criminelle, liv. 2, tit. 4, chap. 3.

(3) Voy. Rodier, sur le tit. 25 de l'ordonnance, art. 1; nouveau Répertoire, v.° *prise à partie;* Esprit des lois, liv. 28, chap. 27 et 28.

(4) De là la maxime *factum judicis, factum partis :* le fait du juge est le fait de la partie.

(5) Voy. notre Traité des lois d'organisation et de compétence, pag. 53 et 56.

générale *des voies extraordinaires pour attaquer les jugemens,* c'est uniquement par le motif qu'une action dirigée contre le juge, à raison de la décision qu'il a rendue, est une attaque indirecte contre cette décision elle-même.

En effet, pour réussir dans cette action, il faut prouver l'injustice qui vicie la décision et fonde la demande en indemnité.

Il suit de là que, nonobstant le succès de la prise à partie, le jugement à l'occasion duquel elle a été formée n'en produit pas moins tous ses effets; seulement, celle des parties à laquelle il causerait préjudice en obtient, à titre de dommages-intérêts, la réparation contre le juge (1).

Les anciennes ordonnances, et celle de 1667 elle-même, n'avaient rien de complet ni d'assez précis, soit sur les cas de prise à partie, soit sur la marche et les résultats de cette action. Le Code de procédure a perfectionné la législation sur tous ces points :

Premièrement, en indiquant les cas où il y a lieu à prise à partie.— (5o5). (2)

Secondement, en définissant le plus important, qui est celui du déni de justice, et en exigeant, pour que l'action soit ouverte pour cette cause, deux réquisitions préalables au juge. — (5o6, 5o7).

Troisièmement, en désignant les tribunaux qui doivent connaître de l'action, sous la condition toutefois d'une permission d'intimer le juge. — (5o9, 5io, 5ii).

Quatrièmement, en défendant, sous peine d'amende et injonction, toute expression injurieuse contre le juge. — (5i2).

Cinquièmement, en réglant les effets du rejet et de l'admission de la requête en prise à partie, et ceux du jugement. — (5i3, 5i4, 5i5 *et* 5i6).

ARTICLE 5o5.

Les juges peuvent être pris à partie dans les cas suivans :

1.º S'il y a dol, fraude ou concussion, qu'on prétendrait avoir été commis, soit dans le cours de l'instruction, soit lors des jugemens;

2.º Si la prise à partie est expressément prononcée par la loi;

3.º Si la loi déclare les juges responsables, à peine de dommages-intérêts;

4.º S'il y a déni de justice.

T., 29. — Ordonn. de 1498, art. 26; de 154o, art. 2; de 1579, art. 135, 143, 147 et 154; de 1667, tit. 25. — C. C., art. 4, 2o63. — C. de P., art. 49, n.º 3, 83.

CCCCXII. Si, dans le Code, on avait pu se décider par les sentimens de

---

(1) C'est par ce motif que la prise à partie ne donne jamais lieu à juger de nouveau le fond, si ce n'est, comme nous le dirons sur les cas où il y a lieu à prise à partie, lorsqu'elle est fondée sur un déni de justice qui a empêché d'y statuer.

(2) De ce que la loi a précisé les cas de prise à partie, il s'ensuit que cette action ne peut avoir lieu pour un *simple mal jugé.*

Nous reviendrons, ou reste, sur cette proposition, en examinant ci-après, n.º 18o5, si la faute grossière donne lieu à prise à partie, comme équivalant au dol.

respect qu'inspirent, en France, plus que dans toute autre partie de l'Europe, l'impartialité, l'exactitude et l'extrême délicatesse des magistrats, on n'y aurait pas même prévu, dit M. Bigot de Préameneu (*Exposé des motifs*), qu'il pût s'en trouver dans le cas d'être pris à partie. Mais ne suffit-il pas que des exemples, quelque rares qu'ils soient, puissent se présenter, pour que la magistrature entière doive être satisfaite qu'il y ait une loi sévère, sous l'égide de laquelle les parties lésées peuvent obtenir des dommages-intérêts, ou même, suivant les circonstances, faire prononcer des peines plus graves.

S'il faut que les parties aient l'assurance d'obtenir justice, même contre leurs propres juges, l'intérêt public exige aussi que les ministres de la justice ne soient pas dépouillés de toute dignité, comme ils le seraient, si les plaideurs, au gré de leur ressentiment et de leurs diverses passions, avaient le droit de les obliger de descendre de leur tribunal pour justifier de leur conduite. Ce droit nous replacerait au tems où, par un reste d'abus encore plus grand de l'ancien régime féodal, les juges étaient eux-mêmes responsables de leurs jugemens.

Entre les magistrats et les plaideurs, il n'est qu'une seule autorité qui puisse en même tems convenir à la dignité des uns et à la sécurité des autres : c'est l'autorité de la loi elle-même, qui, en spécifiant les cas dans lesquels un plaideur doit être admis à traduire en justice son propre juge, pose la barrière que le respect dû à la magistrature doit empêcher de franchir.

Les causes légitimes de prise à partie, énoncées dans l'article ci-dessus, sont le dol, la fraude ou la concussion, qu'on prétendrait avoir été commis, soit dans le cours de l'instruction, soit lors du jugement.

Les juges peuvent encore être poursuivis pour le paiement de dommages-intérêts, lorsque la loi les déclare responsables sous cette peine. Ces cas sont bornés à ceux où les juges sont inexcusables. Ils n'ont donc point, dans leurs fonctions, à craindre, comme un écueil, les rigueurs de la loi : elle prend une juste confiance dans le respect qu'elle leur inspire.

Un fait inexcusable, et qui a dû fixer l'attention du législateur, était le déni de justice. Les règles pour le caractériser et pour procéder, en ce cas, contre les juges, sont restées à peu près les mêmes que celles prescrites par l'ordonnance de 1667.

1800. *Les officiers du ministère public peuvent-ils être pris à partie? Peuvent-ils l'être sans qu'il soit nécessaire d'une autorisation préalable du Conseil d'état?*

Il n'était pas douteux autrefois, ainsi que l'attestent tous les auteurs, que les mêmes causes qui opèrent la prise à partie contre les juges peuvent la faire admettre contre les officiers du ministère public. Aujourd'hui, et encore bien que l'art. 505 du Code de procédure ne parle que des juges, on tient également pour certain que les mêmes officiers peuvent être pris à partie. Mais on a prétendu que l'action ne pouvait être formée contre eux qu'avec autorisation du Conseil d'état, conformément à l'art. 75 de la constitution du 22 frimaire an 8, attendu qu'ils réunissent à leur qualité de magistrats celle d'agens du Gouvernement. C'est ce que la Cour de cassation avait jugé, par arrêts des 30 frimaire an 12 et 25 frimaire an 14. Mais, dit M. Merlin (*voy. nouv. Répert., v°. prise à partie, § 3, tom. 9, pag. 694*), cette jurisprudence est implicitement abrogée par les art. 483 et 486 du Code d'instruction criminelle, en ce qu'ils établissent le même mode de poursuites contre les officiers du ministère public que contre les juges.

1801. *Peut-on prendre à partie les juges des Cours souveraines comme ceux des tribunaux inférieurs?*

Oui, puisque l'art. 5o5 ne fait aucune distinction. — (*Voy. nouv. Répert., ubi suprà*). (1)

1802. *Lorsque la prise à partie est fondée sur un jugement émané d'un tribunal entier, peut-elle être dirigée contre un des juges seulement, tel, par exemple, que le rapporteur?*

Non, sans doute, parce que, dans l'obscurité qui couvre le secret des opinions d'un tribunal, on ne peut pas se permettre au hasard, soit de supposer à un juge une opinion qui n'a peut-être pas été la sienne, soit de supposer que sa voix a forcé celle des autres. Le rapporteur ne pourrait être pris à partie que dans le cas d'un déni de justice, faute de mettre le procès en état de recevoir jugement, ou pour avoir soustrait des pièces à l'examen de ses collègues. — (*Voy. nouv. Répert., ubi suprà*).

1803. *La prise à partie peut-elle être exercée contre l'héritier du juge?*

Le principe général est que celui qui cause préjudice à autrui par un délit ou quasi-délit, oblige les siens comme il s'oblige lui-même à le réparer. (*Code d'inst. crim., art. 2; Code civ., art.* 1382). Serpillon, d'après Raviot, estime, dans son Commentaire sur l'ordonnance, pag. 477, que ce principe s'applique aux cas de la prise à partie; mais il cite un arrêt du Parlement de Dijon, qui avait jugé le contraire par application des lois romaines, qui ne rendaient point l'héritier responsable du délit de son auteur, à moins qu'il n'en eût profité, *nisi in quantùm factus est locupletior.* (*Voy. loi* 16, *ff de judiciis*). Enfin, ce commentateur paraît décider que la prise à partie ne peut valablement procéder contre l'héritier, qu'autant que la prise à partie a été intentée du vivant du juge.

Duparc-Poullain rappèle dans ses Principes de droit, tom. 10, pag. 925, un arrêt du Parlement de Rennes, rapporté au Journal de cette Cour, tom. 1, chap. 32, qui décide, au contraire, que l'héritier d'un juge est responsable du jugement et tenu aux dommages-intérêts, quoiqu'il n'y eût eu aucune action formée avant le décès du juge.

Cependant, on opposait précisément la loi 16, ff *de judiciis*, et le principe du droit romain, suivant lequel les quasi-délits étant personnels, l'action ne pouvait procéder contre les héritiers de ce juge.

Quand on admettrait que la question fût sujette à controverse, dans le tems où les lois romaines étaient obligatoires, dans le silence du droit commun ou coutumier, nous croyons qu'elle est sans difficulté aujourd'hui, puisque ces lois ne doivent être considérées que comme raison écrite (*voy. notre introduction générale*), et que le principe général que nous avons rappelé en commençant, est que l'héritier est responsable, à fins purement civiles, de *tous les faits de son auteur*.

---

(1) On peut également poursuivre par cette voie les arbitres en matière de société commerciale, puisqu'ils ont le caractère de juge.—(*Cassat.,* 7 *mai* 1817, *Sirey, tom.* 17, *pag.* 247).

1804. *Pourrait-on prendre le juge à partie, pour toutes autres causes que celles mentionnées aux quatre paragraphes de l'art. 505?*

Non : il n'y a de causes légitimes de prise à partie que celles énoncées dans cet article. — (*Voy. le comm. de cet article, et Pigeau, tom. 1, pag.* 680).

PREMIER CAS (1).

1805. *La faute grossière donne-t-elle lieu à la prise à partie comme pour cause de dol?*

Tout le monde connaît cet axiôme, tiré du droit romain, *lata culpa dolo æquiparatur;* mais nous observions, n°. 1652 de notre Analyse, que ce serait abuser de cet axiôme, que d'autoriser généralement une prise à partie sur le seul fondement d'une erreur grossière sur un point de fait ou de droit; erreur qui ne serait pas accompagnée de faits qui prouveraient qu'elle eût été volontaire et commise avec intention de nuire. « Le simple mal jugé au fond n'est » pas un moyen de prise à partie, disions-nous avec Duparc-Poullain, tom. 10, » pag. 906, si ce n'est lorsqu'il y a une loi formelle qui permet aux plaideurs » de prendre cette voie......»

M. Toullier, tom. 11, pag. 283, fait remarquer que cet auteur ajoute immédiatement après ces mots : « Ou que le jugement cause à la partie par la faute » grossière du juge, *lata culpa*, un préjudice irréparable; par exemple si, malgré » l'insistance de la partie, il a reçu une caution insolvable, ou s'il a donné » main-levée des effets saisis légitimement sur un débiteur, qui en a profité » pour les divertir et les dissiper. »

Notre savant collègue cite ensuite l'arrêt de la Cour de cassation, du 23 juillet 1806, que nous avions également rapporté, et qui décide que la prise à partie peut être dirigée contre un juge d'instruction, pour avoir décerné un mandat d'arrêt, à raison d'un fait qu'il n'avait pu regarder comme délit que par une erreur ou faute très-grave.

D'après les développemens dans lesquels est entré M. Toullier, sur la question qui nous occupe, nous modifierons la solution trop absolue que nous avions donée dans notre Analyse, en disant que l'erreur grossière n'est une cause de prise à partie, qu'autant qu'elle est accompagnée de faits qui prouveraient qu'elle a été volontaire, et commise avec intention de nuire. En conséquence, et maintenant le principe que le mal jugé ne donne point lieu à la prise à partie, nous y ferons une seule exception pour le cas où il est la suite d'une erreur tellement grossière, qu'on ne puisse supposer qu'un juge impartial y soit tombé autrement que par prévention.

Telle est aussi la doctrine de Duparc, que nous admettons par cette considération qui le détermine : « c'est qu'il faut que les circonstances soient extrême- » ment fortes, pour qu'un juge, toujours présumé attaché à ses devoirs, soit » détourné de ses fonctions et rendu partie dans une affaire qui ne devrait » pas l'intéresser. Les fautes qu'il commet dans ses fonctions sont facilement » présumées n'être que l'effet de la faiblesse humaine, et des surprises dans » lesquelles les parties peuvent souvent faire tomber les juges les plus attentifs. »

_____

(1) Voy. Code de procédure, art. 505, § 1.er

SECOND CAS (1).

1806. *Quels sont les cas où la prise à partie est expressément prononcée par la loi ?*

On ne saurait, dans les trois Codes qui régissent aujourd'hui les matières civiles, trouver une seule disposition qui ait prononcé la prise à partie ; en sorte que celle de l'art. 505, § 2, paraîtrait inutile, si le Code d'instruction criminelle n'avait établi plusieurs cas où cette action est ouverte. — (*Voy. ce Code, aax art.* 77, 112, 164, 271, 310 *et* 593).

TROISIÈME CAS (2).

1807. *Quels sont, en général, les cas où la loi prononce la responsabilité, sous peine de dommages-intérêts ?*

Ce sont les cas suivans : 1°. si un juge de paix laisse périmer une instance (*voy. Code de procéd., art.* 15) ; 2°. s'il faisait la levée du scellé avant l'expiration de trois jours depuis l'inhumation (*voy. art.* 928) ; 3°. si un juge prononçait la contrainte par corps hors les cas déterminés par la loi (*voy. Code civ., art.* 2063) ; 4°. s'il se rendait coupable d'attentat à la liberté civile (*voy. Code pén., art.* 114, 117 *et* 119) : en ce dernier cas, il y aurait lieu à prise à partie, si la personne lésée préférait la voie civile, ainsi que l'art. 117 lui en donne la faculté.

QUATRIÈME CAS (3).

1808. *La loi ouvrant la voie de prise à partie pour déni de justice, pourrait-on, pour la même cause, se pourvoir en appel ; et si on peut prendre cette dernière voie, comment le fond sera-t-il jugé ?*

En ouvrant la voie de la prise à partie en faveur de celui qui éprouve un déni de justice, la loi a évidemment exclu l'appel fondé sur la même cause. En effet, dit M. Merlin, nouveau Répertoire, v° *déni de justice*, de deux choses l'une : ou l'affaire dont il s'agit est de nature à être jugée en dernier ressort par le tribunal de première instance devant lequel elle est portée, ou elle est de nature à subir deux degrés de juridiction. — Au premier cas, il est clair qu'on ne peut pas la porter par appel au tribunal supérieur, et que celui-ci serait, *ratione materiæ*, incompétent pour en connaître. — Au second cas, le tribunal supérieur ne pourrait en connaître qu'après qu'elle aurait subi un premier degré de juridiction.

Quel sera donc, au cas de déni de justice, le moyen de faire juger le fond ? Le Code de procédure civile ne l'indique pas ; mais il est évident qu'on doit assimiler le cas où un tribunal de première instance refuse de juger, au cas

(1) Voy. art. 505, § 2.
(2) Voy. Code de procédure, art. 15, 505, § 3.
(3) Voy. Code civil, art. 4 ; Code de procédure, art. 185.

où il se trouve, par le défaut d'un nombre suffisant de magistrats, dans l'impuissance de remplir ses fonctions : il faut donc suivre, en ce dernier cas, la marche que nous avons indiquée tom. 1er., pag. 839, not. 4. (*Voy. aussi nouv. Répert.*, v°. Cour de cassat., n°. 3.) Néanmoins, il est à remarquer que le tribunal supérieur pourrait juger le fond, si le déni de justice résultait d'un jugement par lequel le tribunal de première instance se serait mal à propos dessaisi d'une affaire disposée à recevoir une décision définitive. C'est ce que prouve un arrêt du 6 thermidor an 11, rapporté par M. Merlin, v°. *déni de justice*, et ce que nous avons dit sur l'art. 473.

ARTICLE 506.

Il y a déni de justice, lorsque les juges refusent de répondre les requêtes ou négligent de juger les affaires en état et en tour d'être jugées. (1)

Ordonn. de 1667, tit. 25, art. 2. — C. C., art. 4. — C. de P., art. 185.

CCCCXIII. DANS cet article, la loi fait connaître en général les cas où il y a déni de justice, et déclare qu'il existe, lorsque les juges refusent de juger les affaires en état et en tour d'être jugées, comme le portait l'ordonnance de 1667, mais encore lorsque, refusant de répondre sur les requêtes que les parties doivent leur présenter, ils mettent obstacle à ce qu'elles puissent obtenir justice.

1809. *En quelles circonstances particulières y a-t-il déni de justice?*

Il y a déni de justice, 1°. d'après l'art. 4 du Code civil, quand le juge refuse de juger, sous prétexte du silence, de l'obscurité ou de l'insuffisance de la loi. Mais il faut observer, d'après l'arrêt de la Cour de cassation cité tom. 1er., pag. 18, à la note, que les juges, autres que ceux des justices de paix, peuvent refuser de juger, lorsque les parties prorogent leur jurisdiction ;

2°. Il y a déni de justice, d'après l'art. 506, en deux cas : le premier, lorsque les juges refusent de répondre les requêtes ; le second, lorsqu'ils négligent de juger les affaires qui sont tout à la fois en état et en tour d'être jugées. — (*Voy. Pigeau, tom.* 1, *pag.* 682.)

3°. Il y a déni de justice si le tribunal renvoie à faire droit sur une partie non contestée de la demande, jusqu'à ce que la partie litigieuse de cette demande soit en état d'être jugée. — (*Turin, 23 juin 1807, Sirey, tom.* 8, *pag.* 49). (2)

---

(1) Voy. ce cinquième cas de prise à partie, dans notre Traité des lois d'organisation et de compétence, art. 6, pag. 25.

(2) Une Cour d'appel qui, dans les motifs de son arrêt, considère comme nul un jugement de première instance soumis à sa censure, et qui, dans son dispositif, prononce comme si ce jugement n'existait pas, est censée, par cela seul, l'avoir annulé ; en conséquence, l'arrêt d'appel ne peut être réputé renfermer de ce chef un déni de justice. — (*Cassat.*, 5 avril 1810, *Sirey, tom.* 13, *pag.* 107).

ARTICLE 5o7.

Le déni de justice sera constaté par deux réquisitions faites aux juges en la personne des greffiers, et signifiées de trois en trois jours au moins, pour les juges de paix et de commerce, et de huitaine en huitaine au moins, pour les autres juges. Tout huissier requis sera tenu de faire ces réquisitions, à peine d'interdiction.

T., 29. — Ordonn. de 1667, tit. 25, art. 2, 3 et 4.

CCCCXIV. Les juges ne sauraient être présumés coupables, ni par les vaines clameurs d'une partie qui les accuserait de négligence, ni par des témoins qu'elle produirait; il faut que le déni de justice soit à la fois prouvé et caractérisé par deux réquisitions faites aux juges dans la personne du greffier. Si les parties sont en souffrance, elle n'est que très-peu prolongée par ces réquisitions, qui se font à des intervalles très-courts, et l'huissier qui refuserait de les signifier serait interdit.

Dans l'ancienne législation, les sommations de juger ne pouvaient être faites qu'aux juges dont la jurisdiction n'était pas en dernier ressort. On n'avait, à l'égard de ceux dont les jugemens étaient souverains, d'autre ressource que de porter ses plaintes au chancelier ou au Conseil du roi. On arrêtait ainsi le cours de la justice par égard pour la dignité des magistrats. Mais la dignité de la justice elle-même ne serait-elle pas dégradée, si, en considération de ses ministres, sa marche était variable ou chancelante? Ne doit-on pas encore observer que des juges souverains, ordinairement placés dans un plus grand tourbillon d'affaires, et moins rapprochés des plaideurs que les autres juges, sont plus exposés à laisser, contre leur intention, des plaidans en souffrance. Peut-être aussi avait-on peine à concilier l'idée de respect envers les magistrats, avec l'idée qu'emportait l'expression même de sommation. Un acte de réquisition ne peut blesser la dignité d'aucun juge. — (*Exposé des motifs, et notre Traité d'organ. et de compét., pag. 55, nᵒˢ. 31 et 32*).

1810. *La réquisition pourrait-elle être faite en la personne du greffier trouvé ailleurs qu'au greffe?*

Oui, puisque la loi n'exige pas qu'elle soit faite au greffe. Le greffier, d'après l'art. 1029, doit viser l'original, puisqu'il est personne publique. — (*Voy. Pigeau, tom. 1, pag. 684*).

ARTICLE 5o8.

Après les deux réquisitions, le juge pourra être pris à partie.

C. d'inst. crim., art. 479 et suiv., 483 et suiv.

CCCCXV. On voit, par l'art. 510, que les deux réquisitions ne suffisent pas pour former la demande en prise à partie; il faut de plus en avoir obtenu la permission préalable du tribunal devant lequel l'action doit être portée:

ces deux réquisitions ne sont donc un préliminaire de la prise à partie qu'en ce sens, qu'elles sont indispensablement prescrites pour pouvoir obtenir du tribunal supérieur la permission nécessaire pour intenter la demande (1).

ARTICLE 509.

La prise à partie contre les juges de paix, contre les tribunaux de commerce ou de première instance, ou contre quelqu'un de leurs membres; la prise à partie contre un conseiller à une Cour royale ou à une Cour d'assises, seront portées à la Cour royale du ressort.

La prise à partie contre les Cours d'assises, contre les Cours royales ou l'une de leurs chambres, sera portée à la Haute-Cour, conformément à l'art. 101 de l'acte du 8 mai 1804.

Déclar. du 20 avril. 1732, art. 4. — C. d'instr. crim., art. 483 et suiv.

CCCCXVI. UNE autre garantie donnée à la fois aux juges et aux parties, est dans le degré de supériorité des tribunaux chargés de prononcer sur les demandes en prise à partie.

Ces demandes étaient, avant la révolution, considérées comme tenant à la haute police, et les Parlemens étaient en possession d'exercer cette juridiction sur les juges de tous les tribunaux de leur ressort, sans qu'il y eût à cet égard aucune loi générale.

Le recours immédiat au tribunal supérieur a le double avantage d'écarter toute inquiétude de prévention, de partialité, de ménagement, et d'empêcher qu'un juge ne soit traîné d'un tribunal à l'autre. Ces motifs ont fait décider que les Cours royales prononceront sur les prises à partie contre les juges de paix, contre les tribunaux de commerce ou de première instance, ou contre quelqu'un de leurs membres, contre un juge d'une Cour d'appel ou d'une Cour criminelle.

Les Cours royales, les Cours criminelles, ou même l'une de leurs sections, qui, dans ses fonctions, représente la Cour entière, ne peuvent être prises à partie que devant la Cour de cassation, qui était compétente à cet égard, avant l'acte du 8 mai 1804, et en vertu de la loi du 24 août 1790, et qui a ressaisi ce pouvoir, l'institution de la Haute-Cour, *dite impériale*, n'ayant pas été maintenue par la Charte. Devant cette puissance suprême, l'autorité d'une Cour de justice ne pourra la dispenser de se justifier, et l'éclatante solennité du jugement sera également propre à venger un corps auguste mal à propos inculpé, ou la magistrature entière, en frappant les magistrats coupables.

1811. *Peut-on former une action contre un juge de paix à raison de ses fonctions dans une assemblée de famille?*

---

(1) L'art. 509 prouve qu'encore bien que l'art. 508 ne parle de ces réquisitions qu'à l'égard d'un juge, elles n'en sont pas moins prescrites pour le cas où la prise à partie serait dirigée, soit contre une partie du tribunal, soit contre un tribunal entier.

On ne le peut qu'au moyen de la prise à partie, puisqu'il ne fait partie de cette assemblée qu'en sa qualité de juge de paix. — (*Cassat.*, 29 *juillet* 1812, *Sirey*, *tom.* 13, *pag.* 32).

1812. *Est-il*, *nonobstant la disposition de l'art.* 509, *des cas où une action en prise à partie puisse être portée devant la Cour de cassation?*

Oui, et c'est lorsque cette action est incidente à une plainte en forfaiture. — (*Voy. nouv. Répert.*, *au mot* prise à partie, § 3, *tom.* 9, *pag.* 693).

ARTICLE 510.

Néanmoins aucun juge ne pourra être pris à partie, sans permission préalable du tribunal devant lequel la prise à partie sera portée.

Réglem. des 4 juin 1699, 17 mars 1700, et 18 août 1702, et le comment. de l'art. 508

CCCCXVII. CE serait en vain que l'on eût énoncé dans la loi les causes qui autorisent la prise à partie, s'il suffisait de les alléguer pour qu'un juge fût traduit en justice. Il est donc également indispensable que de pareilles allégations soient soumises d'abord à l'examen du tribunal devant lequel la demande sera intentée; il la rejetera, si, dénuée de vraisemblance, elle ne lui paraît avoir d'autre fondement que des passions ou des ressentimens contre la justice.

1813. *Avant d'obtenir la permission exigée par l'art.* 510, *faut-il citer en conciliation? Cette permission ne peut-elle être accordée qu'après communication au ministère public?*

L'essai de conciliation n'est pas nécessaire (*art.* 49, § 7); mais il en est autrement de la communication au ministère public (*art.* 83, § 5).

1814. *La permission de prendre à partie un juge qui ne serait pas désigné suffirait-elle?*

Non; on doit indiquer le magistrat contre lequel l'action sera dirigée. — (*Voy. Dénisart*, *au mot* prise à partie, *et Pigeau*, *tom.* 1, *pag.* 683).

ARTICLE 511.

Il sera présenté, à cet effet, une requête signée de la partie ou de son fondé de procuration authentique et spéciale, laquelle procuration sera annexée à la requête, ainsi que les pièces justificatives, s'il y en a, à peine de nullité.

Réglem. des 4 juin 1699 et 8 août 1702.

1815. *Lorsque la requête porte sur le dol, la fraude ou la concussion, la partie est-elle obligée d'en administrer les preuves avec sa requête?*

Elle n'y est évidemment obligée qu'autant qu'elle a des preuves écrites ; mais si elle ne peut prouver que par témoins, elle détaille les faits, et s'ils sont admissibles, la Cour ordonne enquête. — (*Voy. Pigeau, tom.* 1, *pag.* 683 et 684).

ARTICLE 512.

Il ne pourra être employé aucun terme injurieux contre les juges, à peine, contre la partie, de telle amende, et contre son avoué, de telle injonction ou suspension qu'il appartiendra.

C. de P., art. 377, 1036.

CCCCXVIII. « Les parties, disait le célèbre chancelier d'Aguesseau, dans un réquisitoire du 4 juin 1699, doivent garder un silence respectueux sur la conduite des ministres de la justice, jusqu'à ce que la justice elle-même ouvre la bouche à leur plainte. » Le caractère de juge doit donc être respecté dans la requête même qui a pour objet d'être autorisé à le poursuivre ; aussi l'article 512 défend-il, sous des peines graves contre la partie et même contre son avoué, d'y employer aucun terme injurieux.

ARTICLE 513.

Si la requête est rejetée, la partie sera condamnée à une amende qui ne pourra être moindre de 300f, sans préjudice des dommages-intérêts envers les parties, s'il y a lieu.

Ordonn. de 1540, art. 2. — C. C., art. 1146 et suiv. — C. de P., art. 516, 1029.

CCCCXIX. Il n'est pas besoin d'insister sur les motifs des peines pécuniaires que prononce l'art. 513 ; mais il convient d'observer que l'amende est de droit, puisqu'elle est acquise au fisc, et par conséquent elle doit être prononcée d'office.

Il en est autrement des dommages-intérêts : il faut qu'ils soient formellement demandés.

ARTICLE 514.

Si la requête est admise, elle sera signifiée dans trois jours au juge pris à partie, qui sera tenu de fournir ses défenses dans la huitaine.

Il s'abstiendra de la connaissance du différent ; il s'abstiendra même, jusqu'au jugement définitif de la prise à partie, de toutes causes que la partie, ou ses parens en ligne directe, ou son conjoint, pourront avoir dans son tribunal, à peine de nullité des jugemens.

T., 29 et 75. — Ordonn. de 1667, tit. 25, art. 5. — C. de P., art. 378.

CCCCXX. L'ordonnance de 1667 avait interdit au juge pris à partie la connaissance du différent qui avait donné occasion à cette attaque, à moins qu'il n'eût été follement intimé, et que l'une et l'autre partie ne consentissent qu'il demeurât juge.

On a peine à concevoir, dit M. Bigot de Préameneu, qu'un plaideur fasse descendre un juge de son tribunal pour l'inculper, et qu'en même tems il consente à l'avoir pour juge ; mais ce qui semble évident, c'est qu'un juge contre lequel une prise à partie a été admise, compromettrait et sa délicatesse et la dignité de la justice, si, même en supposant ce consentement, il connaissait du différent à l'occasion duquel il a été pris à partie. Il ne serait pas même convenable qu'avant qu'il eût été statué sur la prise à partie, il pût connaître des autres causes que son adversaire, les parens de cet adversaire en ligne directe, ou la personne qui lui serait unie par mariage, pourraient avoir dans le même tribunal.

C'est dans cet esprit que la disposition de l'ordonnance a été modifiée. Ainsi, sous tous les rapports, on a pris des précautions pour que la justice soit à l'abri des abus que pourraient commettre ses ministres, et des atteintes que voudrait porter à la dignité du juge l'animosité des plaideurs.

1816. *La signification de la requête prescrite par l'art.* 514 *doit-elle être faite au juge dans la personne du greffier, comme les réquisitions exigées par l'art.* 507 ?

L'art. 514 gardant le silence à cet égard, nous ne pensons pas que l'on puisse considérer comme non avenue la signification donnée à la personne ou au domicile du juge ; nous pensons même, comme M. Pigeau, tom. 1, pag. 687, aux notes, qu'elle doit être ainsi faite ; mais M. Lepage, dans ses Questions, pag. 348, dit qu'il convient de la remettre au greffier : si l'on avait eu ces égards pour le juge, nous ne le croirions pas fondé à arguer de nullité la signification faite en la personne du greffier.

1817. *Si la requête était signifiée après le délai de trois jours, la signification serait-elle réputée non avenue?*

Nous ne le pensons pas, par le motif que la loi ne prononce pas la déchéance. — (*Voy. Pigeau, tom.* 1, *pag.* 686 *et* 687).

1818. *Doit-on signifier avec la requête l'arrêt qui l'admet?*

Oui. — (*Voy. art.* 29 *du tarif*).

1819. *Celui qui prend le juge à partie peut-il répondre à l'écrit de défenses fourni par ce dernier ?*

Il y est autorisé par l'article précité du tarif.

1820. *Un juge pourrait-il, du consentement des parties, concourir au jugement d'un procès dans lequel serait intéressé celui qui l'aurait pris à partie?*

Non. — (*Voy. Exposé des motifs ci-dessus, au comment. de l'article*).

ARTICLE 515.

La prise à partie sera portée à l'audience sur un simple acte, et sera jugée par une autre section que celle qui l'aura admise. Si la Cour royale n'est composée que d'une section, le jugement de la prise à partie sera renvoyé à la Cour royale la plus voisine par la Cour de cassation.

C. de P., art. 83, § 5, 1687.

1821. *La section de la Cour royale désignée en cet article doit-elle prononcer en audience publique ?*

Puisque l'instance de prise à partie doit être jugée par une section de la Cour royale, autre que celle qui aura admis la requête, il est évident que cette dernière section doit délibérer, et rendre arrêt d'admission ; mais s'en-suit-il qu'elle doive prononcer en audience publique ? Nous ne le pensons pas, non seulement parce que l'art. 515 porte que la prise à partie sera portée à *l'audience* pour être *jugée*, ce qu'il n'a point prescrit à l'égard de l'admis-sion, mais encore parce qu'il ne convient pas de rendre publiquement une décision sur un point qui n'admet aucun débat, et qui souvent peut ne tendre qu'à inculper gratuitement un juge. Ainsi, nous croyons que la section de la Cour doit prononcer en chambre du conseil, comme le fait la Cour de cas-sation sur l'admission des requêtes.

1822. *La requête doit-elle être communiquée au ministère public ?*

D'après la disposition générale du § 5 de l'art. 83, non seulement le mi-nistère public doit porter la parole lors du jugement de la prise à partie, mais la requête doit lui être communiquée, et il doit donner ses conclusions sur l'admission ou le rejet. — (*Locré, tom. 2, pag. 352.*)

ARTICLE 516.

Si le demandeur est débouté, il sera condamné à une amende qui ne pourra être moindre de 300f, sans préjudice des dom-mages-intérêts envers les parties, s'il y a lieu (1).

C. de P., art. 513, 1029.

1823. *L'art. 516 prononce des peines contre le demandeur qui est débouté ; mais* QUID JURIS, *s'il est jugé fondé ?*

Si l'art. 516 garde le silence sur le cas où le demandeur réussit, c'est qu'en permettant la voie extraordinaire de la prise à partie, le législateur a suffisam-ment exprimé que le réclamant doit obtenir contre le juge les conclusions qu'il a prises.

_____

(1) Voy. le commentaire des art. 479, 494, 497, 500.

LIVRE V.

DE L'EXÉCUTION DES JUGEMENS.

Soit qu'un jugement puisse être attaqué par les voies ordinaires et extraordinaires qui sont l'objet des livres précédens, soit que l'on ait inutilement essayé de le faire réformer ou modifier en employant les unes ou les autres, il ne reste plus qu'à l'exécuter.

L'exécution d'un jugement est l'accomplissement volontaire ou forcé de ce qu'il ordonne ; elle est *volontaire*, lorsque le condamné offre de se conformer ou se conforme réellement aux dispositions du jugement, ou réclame le bénéfice de cession (1) ; elle est *forcée*, lorsqu'elle s'opère au moyen des poursuites et des contraintes exercées par la partie qui a obtenu gain de cause.

Le liv. 5 du Code de procédure établit les règles et les formalités de l'exécution en la considérant sous deux rapports :

1°. Comme exécution des dispositions par lesquelles un jugement ordonne quelque chose à faire, avant l'exécution définitive, sur les biens ou sur la personne du condamné ; c'est *l'exécution par suite d'instance*, matière des cinq premiers titres du livre ;

2°. Comme exécution définitive du jugement, sur les biens et en certains cas sur la personne du condamné ; c'est *l'exécution forcée proprement dite*, objet des tit. 6 et suiv.

L'exécution par suite d'instance s'opère par les réceptions de cautions, la liquidation des dommages-intérêts, des frais, des dépens et des fruits, et par les redditions de comptes, qui sont autant de préliminaires indispensables à remplir, suivant les circonstances, pour qu'un jugement puisse être complètement et définitivement exécuté. — (*Tit.* 1, 2, 3, 4 *et* 5.)

L'exécution définitive et forcée s'opère par les différentes saisies des biens-meubles, par celle des immeubles, et quelquefois par l'emprisonnement du débiteur.

Mais avant de tracer les règles particulières à chacun de ces modes d'exécution, le législateur a posé quelques principes généraux qui s'appliquent à toutes. — (*Tit.* 6.)

Celles de ces voies qui n'atteignent que le mobilier sont la *saisie-arrêt ou opposition* (tit. 7), la *saisie-exécution* (tit. 8), la *saisie-brandon* (tit. 9), et celle des *rentes constituées sur particuliers* (tit. 10).

---

(1) Ainsi, les offres de paiement et la réclamation du bénéfice de cession sont des moyens d'exécution ; mais on peut aussi les employer à d'autres fins ; par exemple, pour prévenir un procès, et c'est la raison pour laquelle le législateur en traite dans la seconde partie du Code, parmi les procédures diverses. — (*Voy. liv.* 1, *tit.* 1 *et* 12).

Leur effet étant la distribution des deniers arrêtés ou du prix des choses vendues, entre les créanciers du débiteur, la loi a complété les règles qui les concernent par les dispositions relatives au mode de cette distribution. — (*Tit.* 11).

La saisie immobilière ou réelle est la seule voie d'exécution qui atteigne les immeubles ; elle donne lieu à la distribution par ordre d'hypothèques. — (*Tit.* 12, 13 *et* 14).

Celle qui s'exerce sur la personne même du débiteur est l'emprisonnement ou l'exercice de la contrainte par corps. — (*Tit.* 15).

Toutes les dispositions que la loi contient à ce sujet n'ont pas uniquement pour objet l'exécution d'une décision judiciaire ; elles s'appliquent également à celle d'un acte notarié, par la raison qu'il a toute la force d'un jugement passé en force de chose jugée, et est exécutoire comme lui, suivant les dispositions des art. 1317 et 1319 du Code civil, 545 et 547 du Code de procédure, et 19 de la loi du 25 ventôse an 11, sur le notariat.

Dans le cours de l'exécution des jugemens et des actes, il peut s'élever des obstacles qu'il est urgent de faire cesser ; de là le pourvoi en référé, dont les règles, établies au tit. 16, complètent tout le système législatif de l'exécution des uns et des autres.

On voit par ces préliminaires, et ceux que nous avons placés en tête de chacun des livres et des titres qui précèdent, que le Code de procédure a réglé dans sa première partie tout ce qui compose la procédure judiciaire, définie dans notre introduction générale ; savoir, *la demande, l'instruction, le jugement, le pourvoi et l'exécution.*

PREMIÈRE DIVISION.

De l'Exécution par suite d'instance.

~~~~~~

TITRE I.ᵉʳ

Des Réceptions de Cautions.

On appèle caution celui qui accède à l'obligation d'un autre, en se soumettant, envers le créancier, à satisfaire à cette obligation si le débiteur n'y satisfait pas lui-même.

La caution est conventionnelle, légale ou judiciaire ; *conventionnelle,* quand les parties l'ont stipulée ; *légale,* quand la loi oblige de la fournir ; *judiciaire,* quand elle est donnée pour l'exécution d'un jugement. — (*Voy. Code civ., liv.* 3, *tit.* 14).

Le Code de procédure ne concerne que les cautions qui doivent être reçues en justice, soit en vertu de la loi, soit en vertu de jugement.

Il règle, en conséquence, la forme à suivre pour leur *réception,* c'est-à-dire pour l'admission, en cette qualité de *caution,* de la personne présentée par la partie obligée de fournir le cautionnement.

Toutes ses dispositions tendent à garantir que cette personne réunit les conditions exigées par la loi. — (*Voy. ci-après le commen. sur l'art.* 5¡8).

ARTICLE 5¡7.

Le jugement qui ordonnera de fournir caution, fixera le
délai dans lequel elle sera présentée, et celui dans lequel elle
sera acceptée ou contestée.

Ordonn. de ¡667, tit. 28, art. ¡. — C. C., art. 5, ¡5, ¡6, ¡20, 20¡, 626, 77¡, 807, ¡5¡8,
¡6¡3, 20¡7, 204¡; le tit. ¡4, liv. 3, et particulièrement le chap. 4. — C. de P., art. ¡7,
¡35, ¡55, 439, 542, 832, 992, ¡035. — C. d'instr. crim., art. 44, ¡¡7 et suiv.

CCCCXXI. Le Code civil énonce différens cas dans lesquels on est obligé
de donner caution. (*Voy. les art. ci-dessus cités*). Il en est d'autres qui ne pouvaient pas être prévus, et qui dépendent de circonstances que le juge apprécie
dans sa sagesse ; mais, dans tous les cas, le jugement qui ordonne de fournir
caution doit, d'après l'art. 5¡7, fixer le délai dans lequel on doit la présenter,
l'accepter ou la contester. La fixation de ces délais évite les procès qui nais-
saient autrefois du défaut d'une loi positive à cet égard.

¡824. *Si le juge ne fait qu'autoriser à exécuter un jugement, nonobstant appel,
à la charge de donner caution, doit-il prescrire un délai pour l'exécution de cette
obligation ?*

Quelque générale que paraisse la disposition de l'art. 5¡7, nous ne pensons
pas que la question que nous posons doive être décidée pour l'affirmative. Il
dépend, en effet, comme le dit M. Delaporte, tom. 2, pag. 95, de la partie
autorisée à exécuter un jugement, sous la condition de fournir caution, de
procéder ou non à cette exécution : il n'y a donc aucun motif pour l'obliger
à la donner dans un délai déterminé ; son intérêt seul suffira pour la faire se
hâter, puisqu'elle ne pourra exécuter le jugement qu'elle aura obtenu qu'après
avoir rempli la condition sous laquelle elle y est autorisée. L'article ne nous
semble donc applicable que dans les circonstances seulement où le juge *condamne* à fournir caution. — (*Voy. Thomines, pag.* 208).

Ainsi, nous n'avons pas besoin de nous arrêter à la question traitée affirmativement par M. Lepage, dans ses Questions, pag. 354, et qui est celle
de savoir si, dans le cas où l'exécution provisoire est ordonnée à la charge de
fournir caution, la partie qui l'a obtenue doit, pour procéder à l'exécution
avant que l'appel ait été interjeté, remplir l'obligation qui lui est imposée. Il
est bien évident que le délai ne courrait, en cette circonstance, que du jour où
l'exécution ne pourrait être que provisoire, parce qu'un acte d'appel aurait
été signifié. Mais ce cas ne doit pas se présenter, d'après les observations qui
précèdent.

¡825. *Quel est le délai fixé pour les réceptions de caution de la part d'un surenchérisseur, d'un héritier bénéficiaire, ou dans les affaires de commerce ?*

Voy. Code de procédure, art. 832, 992, et nos questions sur ces articles.

ARTICLE 518.

La caution sera présentée par exploit signifié à la partie, si elle n'a point d'avoué, et par acte d'avoué, si elle en a constitué, avec copie de l'acte de dépôt qui sera fait au greffe, des titres qui constatent la solvabilité de la caution, sauf le cas où la loi n'exige pas que la solvabilité soit établie par titres. (1)

T., 71 et 91. — Ordonn. de 1667, tit. 28, art. 2 et 3. — C. C., art. 2018. — C. de P., art. 440, 832, 993.

CCCCXXII. TROIS conditions, d'après le Code civil (*art.* 2018), sont nécessaires pour qu'une caution soit recevable; il faut, 1°. qu'elle ait la capacité de contracter; 2°. qu'elle ait un bien suffisant pour répondre de l'objet de l'obligation; 3°. enfin qu'elle soit domiciliée dans le ressort de la Cour royale où elle doit être reçue.

Les pièces propres à constater la capacité, la solvabilité et le domicile de la caution, doivent être déposées au greffe, pour que les parties intéressées puissent en prendre connaissance. Il est cependant des cas où le dépôt des titres justificatifs de la solvabilité n'est pas nécessaire; c'est lorsqu'il s'agit de matières de commerce ou d'affaires civiles d'un modique intérêt. (*Voy. Code civ.*, *art.* 2219 *et quest.* 1549). Dans ces deux cas, le Code civil veut que la solvabilité de la caution ne s'estime pas eu égard seulement à des propriétés foncières, mais bien à la confiance qu'elle peut inspirer à la justice, autant par sa moralité que par ses facultés mobilières.

1826. *L'acte ou l'exploit par lequel la caution est présentée doit-il contenir sommation de paraître à l'audience, pour voir prononcer sur l'admission en cas de contestation ?*

M. Berriat Saint-Prix, pag. 431, not. 8, dit que l'affirmative résulte de l'ensemble du titre que nous expliquons, et qu'elle est d'ailleurs expressément décidée pour les matières de commerce par l'art. 440. Nous ne croyons pas néanmoins que la sommation dont il s'agit soit indispensable en toute autre matière, puisque l'art. 520 porte que si la caution est contestée, l'audience sera poursuivie sur un simple acte. Telle est aussi l'opinion de M. Pigeau, tom. 2, pag. 295, puisqu'il n'a point inséré d'assignation dans la formule qu'il a donnée d'un exploit de présentation.

1827. *Pour fixer la valeur des immeubles offerts par la caution, doit-on suivre les bases d'évaluation posées dans l'art.* 2165 ?

Nous croyons qu'il y aurait en cela erreur évidente. On connaît la maxime

---

(1) JURISPRUDENCE.

La caution dont la solvabilité est contestée n'est pas recevable à intervenir dans l'instance, pour établir elle-même sa solvabilité; la partie qui a fourni la caution a seule qualité à cet effet. — (*Paris*, 15 *avril* 1820, *Sirey*, tom. 20, 2.e *part.*, pag. 201).

in toto jure, generi per speciem derogatur. Quand le législateur s'est occupé de la réduction des hypothèques non conventionnelles, s'il a, pour évaluer les immeubles, fixé un taux inférieur à celui auquel ces sortes de biens sont communément appréciés et vendus, il existe une sorte de compensation dans l'article même, puisque le montant des créances, comparé au prix des immeubles, est augmenté d'un tiers en sus, tandis que, dans le cas de la surenchère, c'est précisément la valeur du prix et des charges du contrat que doit égaler la valeur de l'immeuble offert pour la caution.

Aussi a-t-il été jugé que l'art. 2165 n'était point applicable, hors du cas particulier qu'il a pour objet de régler. — (*Voy. Sirey,* 2ᵉ. *part., tom.* 7, *pag.* 117).

1828. *Le simple acte par lequel la caution est acceptée est-il un acte d'avoué?*

Oui, quoique l'article dise que si la *partie* accepte la caution, *elle* le déclarera par un simple acte. C'est que toutes les fois que la loi emploie ce mot *partie,* il s'entend de l'avoué qui la représente, à moins qu'il ne soit dit que ce sera la partie même qui fera personnellement ce qui est exigé. — (*Voy. tarif,* art. 71).

ARTICLE 519.

La partie pourra prendre au greffe communication des titres; si elle accepte la caution, elle le déclarera par un simple acte : dans ce cas, ou si la partie ne conteste pas dans le délai, la caution fera au greffe sa soumission, qui sera exécutoire sans jugement, même pour la contrainte par corps, s'il y a lieu à contrainte.

T., 71 et 91. — Ordonn. de 1667, tit. 28, art. 3. — C. de P., art. 522.

CCCCXXIII. La loi doit toujours tendre à économiser les frais, et dans cette vue, elle devait laisser à la partie intéressée la faculté d'agréer spontanément une caution qu'elle juge suffisante; il lui suffit même de garder le silence, parce que l'expiration du délai pour contester établit naturellement une présomption de l'acceptation. La caution ainsi reçue, soit expressément, soit tacitement, fait sa soumission au greffe, et la rédaction en est faite par le greffier, *eu égard à la nature du cautionnement* (1), et cette soumission, d'après l'article ci-dessus, est exécutoire par elle-même, de plein droit, même pour la contrainte par corps *s'il y a lieu.* — (*Voy. la question suivante*).

1829. *Que signifient ces derniers mots de l'art.* 519, la soumission de la

_____

(1) C'est-à-dire que si la caution est formée pour l'exécution d'un jugement de condamnation, la soumission doit être *l'obligation de rembourser, le cas échéant, le montant des condamnations sur ses biens, et par corps ;* s'il s'agit d'un héritier bénéficiaire, l'obligation doit être de *représenter la valeur du mobilier compris dans l'inventaire, et la portion des immeubles qui ne serait pas déléguée aux créanciers hypothécaires, etc.* ; s'il s'agit, enfin, d'une caution conventionnelle, la soumission doit être limitée à l'exécution de l'acte, aux conclusions des parties.

caution sera exécutoire sans jugement, même pour la contrainte par corps, S'IL Y A LIEU?

Suivant M. Pigeau, tom. 1, pag. 511, et tom. 2, pag. 296, il n'y aurait lieu à la contrainte par corps contre la caution qu'autant qu'elle se serait soumise à cette contrainte, parce que, dit-il, l'art. 2060, § 5, du Code civil, exige cette soumission pour les deux cas qu'il exprime. Ce paragraphe est ainsi conçu : *Contre les cautions judiciaires et contre les cautions des contraignables par corps,* LORSQU'ELLES *se sont soumises à cette contrainte.* Or, dit M. Pigeau, le mot *elles* se référant grammaticalement autant aux cautions judiciaires qu'aux autres, il n'y a pas de motifs pour le restreindre à celles-ci. Telle est aussi l'opinion de M. Delvincourt, tom. 3, pag. 629. Il se fonde principalement sur ce que l'article 519 du Code de procédure suppose qu'il peut arriver qu'il n'y ait pas lieu à la contrainte par corps contre les cautions judiciaires.

D'autres pensent, au contraire, qu'il n'y a que les cautions des contraignables par corps qui ne puissent être sujettes à la même contrainte, si elles ne s'y sont pas soumises. Ils se fondent sur ce que M. de Malleville rappèle, tom. 4, pag. 145 et 146, que la première rédaction de l'article portait uniquement que la contrainte aurait lieu contre les cautions judiciaires, sans exiger de soumission, et que s'il est aujourd'hui question de cette soumission dans l'article, ce n'est que par suite de l'addition qu'on y a faite des cautions des contraignables par corps, et relativement à ces cautions seulement.

M. le tribun Goupil-Préfeln nous semble avoir entendu en ce sens l'article 2060, puisque, dans son rapport au Corps législatif (*voy. édit. de F. Didot, pag.* 31), il ne met point, comme M. Delvincourt, le cautionnement judiciaire au nombre des cas où la contrainte par corps peut être *stipulée,* mais n'y place que les cautions des contraignables par corps.

Ce qui nous porte à croire que c'est à cette dernière opinion que l'on doit se tenir, c'est qu'avant la publication du Code civil, il était constant que toute caution judiciaire était contraignable par corps, sans qu'il fût besoin de soumission de sa part. Or, il est peu vraisemblable que le législateur eût entendu faire l'innovation qu'admet M. Pigeau, puisqu'on ne trouve rien dans l'Exposé des motifs de la loi qui annonce ou explique son intention, et qu'on remarque, au contraire, dans le rapport au Corps législatif, des expressions dont on peut raisonnablement induire le contraire. D'ailleurs, l'art. 2040, qui veut que l'on ne puisse présenter en justice que des cautions susceptibles de contrainte, serait surabondant, si le législateur n'avait pas voulu que la contrainte eût lieu de plein droit.

On sent, en effet, qu'une soumission à la contrainte, faite par une personne qui ne serait pas dans la classe de celles contre lesquelles ce moyen d'exécution pourrait être exercé, serait considérée comme non avenue. Aussi M. Thomines, sans considérer l'art. 2060, ne s'est-il appuyé que sur l'art. 2040, pour décider, sans restriction, que toute caution judiciaire était contraignable par corps. L'art. 519 ne nous semble supposer d'autres cas où *il n'y ait pas lieu* à contrainte par corps, que ceux dans lesquels la caution serait ordonnée en exécution de la loi ou du contrat (1).

_____

(1) Mais il nous reste à observer que ce serait peut-être une erreur de croire que toute

1830. *Est-il nécessaire que celui à qui la caution est fournie l'accepte?*

Il suffit, d'après l'art. 519, que la caution présentée ne soit pas contestée, pour en induire une acceptation tacite de la part de celui à qui elle est offerte ; cependant il est inutile à celui-ci de déclarer formellement qu'il accepte la caution, puisque ce n'est qu'après cette acceptation qu'il peut poursuivre sa partie, si la caution présentée ne fait pas sa soumission.

ARTICLE 520.

Si la partie conteste la caution dans le délai fixé par le jugement, l'audience sera poursuivie sur un simple acte.

T., 71. — Ordonn., art. 3. — C. de P., art. 82, 994.

CCCCXXIV. LORSQUE la partie à laquelle la caution est offerte la conteste, ce qu'elle doit faire par un simple acte, conformément à l'art. 71 du tarif, il faut considérer si cet acte a été fait dans le délai fixé par le jugement; car, ainsi que nous l'avons dit sur l'article précédent, elle est censée agréée dès l'instant que le délai donné pour la contester est expiré, si toutefois la caution a fait sa soumission comme elle y est autorisée par l'art. 519. Dès lors, cette contestation tardive demeure sans effet, et la partie peut, au moyen de cette soumission, poursuivre l'exécution du jugement ou de l'acte pour lequel elle devait fournir caution. Si, au contraire, l'acte par lequel la caution a été contestée est fait dans le délai, ou bien avant que la soumission ait eu lieu, l'avoué de la partie qui doit fournir caution, somme l'avoué de l'adversaire

---

caution ordonnée par jugement soit, par cela même, sujette à la contrainte, en qualité de *caution judiciaire.*

Par exemple, un usufruitier ne fournit pas la caution à laquelle la loi l'assujettit; un débiteur ne fournit pas, sur la demande de la partie intéressée, celle à laquelle il s'est obligé ; le tribunal ordonne que cette caution sera présentée. On ne saurait dire ici qu'il y ait caution judiciaire, puisqu'elle n'est pas ordonnée pour l'exécution de condamnations prononcées par ce même jugement, mais pour l'exécution seulement de la loi du contrat. Elle ne cesse donc pas d'être légale ou conventionnelle, et comme telle, elle ne peut être sujette à la contrainte (*voy. Demiau Crouzilhac, pag.* 360), s'il ne résulte pas, soit de la nature de la dette cautionnée, soit du titre, soit de la loi, que cette contrainte dût avoir lieu. (*Voy. rapp. du tribun Favard, sur le présent titre, édit. de F. Didot, pag.* 229). On sent qu'en ce dernier cas, ce ne serait pas comme *caution judiciaire,* ce serait toujours comme caution conventionnelle ou légale que la personne serait ainsi contraignable.

Mais lorsqu'un jugement prononce des condamnations principales contre une partie, à la charge à celui qui les obtient de fournir caution; par exemple, comme le dit Pothier, Traité de la procédure, 4.ᵉ part., chap. 1, art. 4, et Traité des obligations, n.° 386, s'il arrive qu'une partie soit condamnée à payer une certaine somme, à la charge par celui qui la recevra de donner bonne et suffisante caution, de la rapporter en certains cas; si le jugement est déclaré provisoirement exécutoire, sous la même condition ; si le juge ordonne une caution, soit d'office, soit sur la demande d'une partie, dans quelques-uns de ces cas qui, suivant les expressions du tribun Favard (*voy. ubi suprà*), ne peuvent être prévus, et qui dépendent des circonstances qu'il apprécie dans sa sagesse; alors, la caution devant être fournie pour l'exécution du jugement, est véritablement judiciaire et contraignable par corps, parce que son obligation est contractée avec la justice elle-même.

de comparaître à l'audience pour voir rejeter l'opposition, déclarer suffisante la caution offerte, et ordonner, en conséquence, que sa soumission sera reçue.

ARTICLE 521.

Les réceptions de caution seront jugées sommairement, sans requête ni écritures; le jugement sera exécuté nonobstant appel.

Ordonn., art. 3. — C. de P., art. 135 et suiv., 404 et suiv.

ARTICLE 522.

Si la caution est admise, elle fera sa soumission, conformément à l'art. 519 ci-dessus.

T., 71 et 91. — C. C., art. 2040.

CCCCXXV. Aucune sorte de requête ni d'écritures n'étant autorisées, l'incident que produit la contestation de la caution est plaidé et jugé *sommairement* à l'audience, sur un simple acte, et sans tour de rôle. La caution est admise ou rejetée. Dans le premier cas, le jugement étant exécutoire nonobstant l'appel, elle fait sa soumission au greffe; dans le second, une autre doit être présentée suivant les mêmes formalités, ainsi qu'on le verra sur la question suivante.

1831. *Si la caution venait à changer de domicile ou à mourir, serait-on obligé d'en fournir une nouvelle?*

On peut, suivant M. Thomines, dans ses cahiers de dictée, dire pour l'affirmative que, par le changement de domicile de la caution, la discussion en deviendrait plus difficile; que, par le décès de la caution, celui-là à qui elle aurait été donnée cesserait d'avoir la contrainte par corps. Mais, ajoute notre respectable confrère, on peut dire pour la négative que celui qui était obligé à donner caution, et qui a d'abord satisfait, ne peut être condamné à en fournir une nouvelle pour de légers préjudices; que l'obligation de fournir une nouvelle caution n'est imposée par la loi que pour le cas d'insolvabilité; qu'enfin l'obligation de la caution passe à ses héritiers, et qu'il n'y a pas lieu d'en demander une nouvelle. Cette opinion nous paraît, ainsi qu'à M. Thomines, préférable à la première.

1832. *S'il arrive que la caution contestée soit rejetée, la partie est-elle recevable à en présenter une autre?*

M. Hautefeuille, pag. 303, estime qu'en cette circonstance, la partie obligée de fournir la caution doit être considérée comme si elle ne l'avait pas présentée dans le délai fixé par le jugement, et que conséquemment elle est non recevable à en offrir une autre; en sorte qu'elle serait déchue du bénéfice qui lui était accordé en fournissant un cautionnement. Mais on préférera sans doute l'opinion de M. Pigeau (*voy. tom. 2, pag. 298*), et des auteurs du Praticien, tom. 4, pag. 19, qui pensent que le tribunal peut permettre à la partie de présenter une autre caution, si le jugement qui avait ordonné le cautionnement ne porte pas que, faute à la partie de présenter une caution solvable dans le délai déterminé, elle perdra les avantages, accordés sous cette condition par ce même jugement. Et en effet, la loi n'ayant point prononcé la déchéance, le juge ne peut se rendre plus rigoureux qu'elle, en la considérant comme opérée de plein droit. Nous croyons qu'il en est des déchéances comme des nullités, que le juge ne peut suppléer d'après la dernière disposition de l'art. 1030 : il lui est seulement permis, afin de ne pas prolonger à l'infini les contestations sur les réceptions de caution, et de hâter l'exécution des jugemens, de n'accorder la permission de présenter une nouvelle caution que sous la condition de la fournir dans un délai qu'il fixe, sous peine de déchéance (1).

TITRE II.

De la Liquidation des dommages-intérêts (2).

SUIVANT le principe d'équité consigné dans les dispositions générales des art. 1382 et suivans du Code civil, chacun est responsable du préjudice qu'il cause à autrui, ou par son propre fait, ou par celui de ses employés, ou à l'occasion des choses qui lui appartiennent.

Les dommages-intérêts sont l'indemnité ou dédommagement qui est due par suite de cette responsabilité à la personne à laquelle on a causé le préjudice ; ils s'appliquent non seulement à la perte qu'elle aurait soufferte, mais encore à la privation du gain qu'elle aurait pu faire (3).

---

(1) Nous ferions cependant une exception dans l'espèce prévue par l'art. 807 du Code civil, d'après lequel un héritier bénéficiaire ne peut être admis à fournir une seconde caution ; c'est que la dernière disposition de cet article veut que, faute à cet héritier d'avoir fourni la caution ordonnée, les meubles soient vendus, ainsi que la portion des immeubles non déléguée aux créanciers hypothécaires.

À l'égard des cas où la caution acceptée deviendrait insolvable, on sait que l'art. 2020 du Code civil porte qu'il en est donné une autre.

C'est ici le lieu d'observer, avec Pothier, *ubi suprà*, que le tribunal pourrait, s'il avait quelques doutes sur la solvabilité suffisante de la caution, admettre qu'elle sera *renforcée* par un certificateur qui fait sa soumission avec la caution. On doutait autrefois (*voy. Lange, liv.* 4, *chap.* 34) que le certificateur pût discuter le principal débiteur et la caution; mais l'art. 2043 du Code civil a levé toute incertitude à cet égard, en prononçant négativement sur cette difficulté.

Ici l'on pourrait demander si une partie condamnée à fournir caution peut diviser le cautionnement entre deux personnes, c'est-à-dire fournir deux cautions, dont chacune ne s'obligerait que pour moitié? Nous ne le pensons pas, par le motif qu'il résulte de l'ensemble du titre que nous expliquons, que le législateur a toujours supposé une caution unique, et parce que d'ailleurs il serait contre l'intérêt de celui en faveur duquel le cautionnement serait fourni, d'avoir affaire avec deux personnes.

(2) Voy. Code civil, liv. 3, tit. 3, chap. 3, sect. 4; en outre, les art. 1382 et suiv., et *suprà*, sur l'art. 128.

(3) Le mot *dommage*, employé seul, signifie l'indemnité due pour un préjudice déjà souffert, et le mot *intérêt*, celle de la perte d'un gain dont on est privé par le fait d'autrui. Ces deux termes *dommages-intérêts* réunis, sont une expression collective, qui comprend l'une et l'autre indemnité : *Quantùm nobis habest, quantùmque lucrari potuimus.* — (*Loi* 13, *ff rem ratam haberi*).

On entend en général par *liquidation*, du latin *liquet, il est clair, il est manifeste*, la

Suivant l'art. 128, le juge doit, *autant qu'il est possible*, liquider les dommages-intérêts, c'est-à-dire déterminer le montant de la somme à laquelle il les évalue, par le jugement même qui condamne à les payer : c'est donc uniquement dans le cas où les juges n'ayant pu faire de suite cette liquidation, ont, en conformité du même article, ordonné que *les dommages-intérêts seront fournis par état* (*voy. tom.* 1, *pag.* 301, *à la note*), qu'il y a lieu à procéder conformément aux dispositions du présent titre.

ARTICLE 523.

Lorsque l'arrêt ou le jugement n'aura pas fixé les dommages-intérêts, la déclaration en sera signifiée à l'avoué du défendeur, s'il en a été constitué ; et les pièces seront communiquées sur récépissé de l'avoué, ou par la voie du greffe.

T., 91 et 141. — Ordonn. de 1667, tit. 32, art. 1. — C. C., art. 1146 et suiv. — C. de P., art. 97, 98, 126, 128, 551.

1833. *Comment et à qui la déclaration des dommages-intérêts est-elle signifiée, lorsque la partie contre laquelle elle est fournie n'a pas d'avoué en cause?*

Elle est signifiée par exploit à personne ou domicile. — (*Voy. Quest. de Le-page*, *pag.* 357, *et Berriat Saint-Prix*, *pag.* 495, *not.* 9).

1834. *L'avoué du défendeur peut-il indéfiniment occuper, sans nouveau pouvoir, sur l'instance de liquidation?*

L'art. 4 du tit. 2 de l'ordonnance disposait comme l'art. 523 ; et, d'après les observations de M. Pussort, lors des conférences, quelques praticiens pensaient que cette constitution tacite était indéfinie. (*Voy. procès-verbal*, *tit.* 29, *art.* 2). Rodier, sur l'article précité de l'ordonnance, disait au contraire que, dans l'usage, la charge de procureur, même pour l'exécution des jugemens, finissait après trois ans. Aujourd'hui, l'art. 1038 portant que les avoués sont tenus d'occuper sans nouveau pouvoir, pourvu que l'exécution ait lieu dans l'année de la prononciation des jugemens, nous croyons, comme Rodier, *ubi suprà*, sous l'empire de l'ordonnance, qu'il deviendrait nécessaire, à l'expiration de ce laps de tems, d'assigner la partie en constitution de nouvel avoué. — (*Voy. Berriat Saint-Prix*, *pag.* 495, *not.* 5.)

ARTICLE 524.

Le défendeur sera tenu, dans les délais fixés par les art. 97 et 98, et sous les peines y portées, de remettre lesdites pièces ; et, huitaine après l'expiration desdits délais, de faire ses offres au demandeur (1), de la somme qu'il avisera pour les dom-

fixation de certaines choses à une valeur ou à une quotité qui n'étaient pas encore déterminées.

(1) *Offres*, c'est-à-dire de la somme à laquelle il évalue les dommages.

mages-intérêts ; sinon, la cause sera portée sur un simple acte à l'audience, et il sera condamné à payer le montant de la déclaration, si elle est trouvée juste et bien vérifiée.

T., 71 et 142. — Ordonn. de 1667, tit. 32, art. 1, 2.ᵉ part. — C. C., art. 1257 et suiv. — C. de P., art. 126, 812.

1835. *Quel est le délai dans lequel les pièces communiquées doivent être remises ?*

L'article dit qu'elles doivent l'être dans les délais fixés par les art. 97 et 98, et on lit, dans l'ouvrage de M. Pigeau, tom. 1, pag. 307, que ce délai est de quinzaine.

MM. Demiau Crouzilhac, pag. 363, et Hautefeuille, pag. 304, disent au contraire qu'il n'est que de vingt-quatre heures, d'après les termes de l'article 97. Il faut remarquer que l'art. 524 exige que la communication soit rétablie avant la signification des offres, tandis que l'art. 97 n'exige le rétablissement des pièces, pour l'instruction par écrit, qu'après la signification des réponses du défendeur. Or, le délai de vingt-quatre heures n'est fixé que pour ce dernier cas : c'est donc le délai de quinzaine qui est donné pour les liquidations de dommages-intérêts, ainsi que l'a dit M. Pigeau.

En un mot, nous pensons que le défendeur a quinze jours pour prendre communication des pièces justificatives de la déclaration, parce que le défendeur, dans une instance instruite par écrit, a le même délai pour prendre communication de la production.

1836. *Quelles sont les peines qu'encourrait le défendeur qui ne remettrait pas les pièces communiquées ?*

M. Lepage, dans ses Questions, pag. 357, remarque, à ce sujet, qu'il s'est glissé dans l'art. 524 une faute d'impression, en ce qu'il porte que le défendeur sera tenu, dans le délai fixé par les art. 97 et 98, et *sous les peines y portées*, de remettre les pièces, etc. « Il est évident, dit-il, qu'au lieu de citer l'art. 98, qui n'est point applicable à la procédure dont il s'agit, les législateurs ont voulu parler de l'art. 107 : c'est là que sont prononcées les peines contre les avoués qui ne rétablissent pas les productions prises en communication. On doit donc lire ce texte comme s'il était ainsi conçu : *Le défendeur sera tenu, dans le délai fixé par l'art.* 97, *et sous les peines portées en l'art.* 107, *etc.* »

Il est vrai que l'on ne trouve aucune peine portée, soit dans l'art. 97, soit dans l'art. 98, si ce n'est dans le dernier, où il est dit que si le demandeur ne produit pas dans le délai donné, il sera procédé au jugement sur la production du défendeur ; mais cet article n'est point applicable dans le cas de la liquidation de dommages, puisque l'art. 524 contient lui-même une disposition du même genre. Néanmoins, nous ne pensons pas qu'il faille nécessairement substituer à l'art. 98 l'art. 107 : on aurait à craindre de contrarier les intentions du législateur. Il vaudrait mieux, suivant nous, appliquer, pour contraindre à la remise de la communication, l'art. 191, qui renferme une disposition générale, plutôt que cet art. 107, qui se rapporte au cas particulier de l'instruction par écrit.

1837. *Le défendeur a-t-il le droit de critiquer la déclaration du demandeur?*

Oui, l'art. 142 du tarif donne au défendeur le droit *d'apostiller*, c'est-à-dire de critiquer cette déclaration, puisqu'il accorde à l'avoué du défendeur un honoraire pour chaque apostille : si donc le défendeur a des moyens pour faire rejeter ou modifier un ou plusieurs articles, il les met sommairement en marge de chacun d'eux, et c'est d'après ce contredit qu'il fait des offres de telle ou telle somme, à laquelle il évalue lui-même les dommages-intérêts.

1838. *Comment se font les offres du défendeur?*

Elles se font par acte d'avoué à avoué, conformément à l'art. 71 du tarif.

1839. *Les offres doivent-elles être faites à deniers découverts? Si elles ne sont pas acceptées, peut-on en consigner le montant?*

La loi n'exige point que les offres soient réalisées ou faites à deniers découverts : elles sont donc purement *labiales;* et comme elles sont faites par acte d'avoué, et que celui du défendeur n'a pas caractère pour recevoir, s'il n'a pouvoir spécial à cet effet, nous ne croyons pas qu'il soit permis d'en consigner le montant avant de les avoir renouvelées par exploit à partie. — (*Voy.* Hautefeuille, pag. 304; *Delaporte, tom.* 2, pag. 105; *Pigeau, tom.* 1, pag. 307, et l'art. 352).

1840. *Lorsque le défendeur acquiesce à la déclaration, faut-il qu'il soit rendu un jugement d'accord ou d'expédient?*

L'art. 2 du tit. 32 de l'ordonnance portait qu'en cas d'acceptation de la déclaration par le défendeur, il serait passé appointement de condamnation, qui serait reçu à l'audience. Le Code n'a point répété cette disposition, et les articles 524 et 525 ne supposent, au contraire, que les parties ne viennent à l'audience que dans le cas où le défendeur n'a point fait d'offres dans le délai, ou lorsqu'il conteste la déclaration. M. Delaporte, *ubi suprà,* estime qu'il faut encore aujourd'hui suivre la règle prescrite par l'ordonnance, attendu, dit-il, que le consentement ne donne pas seul au demandeur le droit d'exécuter. Mais M. Demiau Crouzilhac dit qu'il ne reste au demandeur qu'à sommer le défendeur de payer dans les vingt-quatre heures, en lui protestant qu'à défaut de paiement il s'adressera au président, pour qu'il soit délivré exécutoire à due concurrence. Nous pensons, comme M. Delaporte, que le demandeur a le droit d'appeler le défendeur à l'audience, pour obtenir un jugement qui, sur le consentement des parties, décerne acte d'acquiescement du défendeur et le condamne au paiement. Ce jugement est ce qu'on appèle, en Bretagne, un jugement *d'expédient;* ailleurs, un jugement *convenu* ou *d'accord.* La raison qui nous fait nous ranger à ce dernier avis, c'est qu'il est conforme aux règles ordinaires de la procédure, tandis que celui de M. Demiau Crouzilhac établit un délai arbitraire, et suppose au président une attribution que la loi ne lui a pas conférée. — (*Voy. la quest.* 1459°.)

ARTICLE 525.

Si les offres contestées sont jugées suffisantes, le demandeur sera condamné aux dépens, du jour des offres (1).

Ordonn. de 1667, tit. 32, art. 3. — C. C., art. 1260. — C. de P., art. 130.

1841. *Comment le tribunal doit-il agir, s'il ne peut par lui-même évaluer exactement les dommages-intérêts, d'après les contestations des parties ?*

Tous les auteurs qui ont examiné cette question estiment que le juge doit nommer des experts ou ordonner une enquête, suivant les circonstances. (*Voy. Pigeau, tom. 2, pag. 308; le Prat., tom. 4, pag. 25, et Berriat Saint-Prix, pag. 495, not. 9*). Vainement on objecterait contre cette décision que plusieurs Cours d'appel avaient proposé d'insérer dans le Code une disposition à ce sujet, et que l'on n'a point eu d'égard à ces observations. On sentira qu'il était inutile de faire un article pour ordonner au juge de faire une chose indispensable. Il résulte donc seulement de ce que la loi ne lui prescrit pas d'ordonner un rapport d'experts ou une enquête, qu'elle lui a laissé le droit de fixer les dommages-intérêts, *lorsqu'il croit pouvoir statuer sur ce point sans recourir à une voie d'instruction;* mais on ne peut dire qu'il ne puisse employer une telle voie, toutes les fois qu'il le croit nécessaire, puisqu'il est de principe qu'il a toujours la faculté de chercher des éclaircissemens dans les moyens que la loi lui offre en général pour parvenir à ce but.

1842. *Quand un tribunal a liquidé les dommages-intérêts à une somme fixe, mais en ajoutant :* SI MIEUX N'AIMENT LES PARTIES A DIRE D'EXPERTS *dans un délai fixé, ce tribunal peut-il, lorsque les parties sont convenues d'experts, et que ceux-ci ont procédé, ordonner une nouvelle expertise, conformément à l'art. 322 ?*

On dit pour la négative, 1°. que le tribunal n'ayant point ordonné l'expertise pour sa propre instruction, puisqu'il a lui-même liquidé les dommages, ne peut, sans réformer sur ce point, ordonner une nouvelle expertise dont l'objet ne pourrait être que de prononcer par suite une condamnation différente de la première ; que, par conséquent, il ne peut, en ce cas, user de la faculté que lui donne l'art. 322 ; 2°. que l'option qu'il a donnée aux parties, soit de se conformer à sa liquidation, soit de la faire déterminer par des experts, les oblige à suivre l'avis des experts auxquels elles ont préféré se soumettre, au lieu de s'en tenir au réglement du tribunal.

Nous répondons, 1°. que le jugement qui déclare une partie sujette aux dommages-intérêts de l'autre, présente, pour en déterminer la valeur, deux dispositions facultatives essentiellement distinctes; l'une par laquelle le tribu-

---

(1) JURISPRUDENCE.

Les juges, en ordonnant une restitution de fruits, ne peuvent fixer le montant de cette restitution, cumulativement avec d'autres condamnations de dommages-intérêts; il faut, quant aux fruits, que leur liquidation soit précédée d'un compte rendu en justice, dans les formes prescrites par le Code. — (*Cassat.*, 20 déc. 1819, *Sirey, tom.* 20, *pag.* 187).

nal, dans la vue de mettre un terme aux débats, apprécie à forfait, et avant apurement sur ce point, le préjudice souffert; l'autre par laquelle il laisse aux parties l'option d'une liquidation approfondie par la voie de l'expertise; 2°. que la première de ces dispositions, offerte aux parties comme un moyen de transaction, ne peut et ne doit avoir d'effet qu'étant au moins accompagnée de leur consentement tacite, puisque ce n'est qu'à défaut de consommation de l'option, dans le délai déterminé, que la fixation provisoire doit devenir définitive; 3°. que cette disposition, privée du consentement qui doit la vivifier, devient caduque, et doit être considérée comme non avenue, du moment où les parties, usant de la faculté qui leur était donnée, prennent pour règle la seconde disposition, qui fait nécessairement tomber la première; 4°. enfin, que l'on peut conclure de ces observations que le jugement devient un simple interlocutoire, ordonnant un apurement préalable (1).

1843. *Lorsqu'un jugement adjuge des dommages-intérêts à donner par état, et qu'il ne prononce pas la contrainte par corps dans un cas où elle est autorisée, cette contrainte peut-elle être ordonnée par le jugement qui liquide les dommages-intérêts ?*

On se rappèle que l'art. 126 dispose que la contrainte par corps peut être ordonnée pour dommages-intérêts, lorsqu'ils excèdent 300'. Nous avons dit, sur la quest. 532, tom. 1, pag. 294, que dans tous les cas où cette contrainte peut être prononcée, elle doit l'être par le même jugement qui statue sur la contestation; or, ce jugement n'est pas celui qui termine la liquidation des dommages-intérêts, et qui n'est qu'une exécution du premier : donc, par une conséquence nécessaire, nous devons résoudre négativement la question que nous venons de poser.

Mais on pourrait objecter, dans le cas particulier dont il s'agit ici, que la contrainte ne devant être prononcée qu'autant que les dommages-intérêts sont au-dessus de 300', on ne le peut faire en statuant sur le principal, puisqu'on ne sait pas alors à quelle somme monteront les dommages-intérêts. Nous répondons qu'en ce cas le juge prononcera la contrainte, sous la condition qu'ils s'élèveront au taux fixé par la loi. (2)

---

(1) Telle est notre opinion sur cette question, qui peut se présenter souvent, et que le tribunal de commerce de Saint-Malo a résolue dans ce sens. Nous convenons qu'elle a, au premier aperçu, quelque chose de bizarre, en ce qu'elle admettrait la possibilité d'un interlocutoire sur un point qui semble déjà définitivement jugé; mais cette contradiction, qui n'est qu'apparente, disparaît, quand on remarque que les deux dispositions étant alternatives et au choix des parties, celle à laquelle elles se sont tenues doit subsister, avec tous ses effets, comme si l'autre n'avait pas existé.

(2) M. Lepage est, comme nous, d'avis que la contrainte ne peut être prononcée que par le jugement qui statue sur le principal; mais il se décide par d'autres motifs, qui, au reste, ne feraient que fortifier ceux que nous venons de déduire. = (*Voy. les Quest. de cet auteur, pag.* 358).

TITRE III.

De la Liquidation des Fruits.

Les fruits sont les revenus d'une terre, d'une maison, d'une rente; le Code civil (*art.* 547 *et suiv.*) explique en quoi ils consistent; et celui de procédure, à la différence de l'ordonnance de 1667, qui avait établi pour leur liquidation des formalités particulières, se borne à déclarer (*art.* 526) qu'elle sera faite suivant les règles et les formalités des redditions de compte en justice.

En effet, la liquidation des fruits ne présente qu'un compte à régler, puis-qu'elle se fait en balançant la recette ou la *perception* avec la *dépense*, c'est-à-dire avec les frais des travaux, labours et semences, qui doivent être déduits du produit perçu; du reste, l'art. 129 a fixé les bases d'après lesquelles on doit estimer la valeur des fruits à liquider; et en disposant que cette estimation se fera d'après les mercuriales, il a épargné aux parties les frais et les longueurs des expertises et des enquêtes.

ARTICLE 526,

Celui qui sera condamné à restituer des fruits, en rendra compte dans la forme ci-après; et il sera procédé comme sur les autres comptes rendus en justice.

C. de P., art. 529, 633 et 640. — C. C., art. 547 et suiv.

1844. *Quelles sont les bases d'après lesquelles se fait l'évaluation des fruits?*
Elle se fait d'après les bases posées en l'art. 129. — (*Voy.* la quest. 545, tom. 1, pag. 301).

TITRE IV,

Des Redditions de Comptes.

Toute personne qui a géré les biens ou les affaires d'autrui est assujettie à rendre compte.
Rendre compte, c'est présenter à celui pour qui l'on a géré un état détaillé de ce qu'on a reçu et dépensé pour lui.
Dans la balance de ces deux parties d'un compte, la somme qui excède la dépense forme ce qu'on appèle le *reliquat* ou *débet*, autrement ce que le *comptable* ou *rendant compte* doit à l'*oyant* (1), c'est-à-dire à celui auquel le compte

(1) OYANT, du vieux français *ouïr*, dérivé d'*audire*, entendre : *l'oyant* est celui qui *entend* le compte afin de le débattre.

est rendu ; celle, au contraire, qui excède la recette, forme l'*avance* du *rendant,* et, par conséquent, une créance à son profit contre l'*oyant.*

La fixation de ce résultat est le but de toutes les dispositions du présent titre.

Elles doivent être observées quel que soit l'objet du compte, et le titre en vertu duquel il est rendu *judiciairement ;* il n'y a d'exception qu'à l'égard de ceux mentionnés ci-dessous, note 1ʳᵉ.

Ainsi, quoique ces dispositions fassent partie d'un livre qui traite de l'*exécution des jugemens,* elles n'en sont pas moins applicables aux redditions de compte poursuivies par *action principale,* comme à celles qui sont ordonnées par jugement, et qui conséquemment ont lieu par suite d'instance. Du reste, les dispositions principales de ce titre ont été prises dans l'ordonnance de 1667 ; mais on trouve dans les détails des améliorations importantes, quelques points de compétence éclaircis et fixés, une plus grande simplicité dans les formes, et plus de rapidité dans la marche de la liquidation. (1)

ARTICLE 527.

Les comptables commis par justice seront poursuivis devant les juges qui les auront commis ; les tuteurs, devant les juges du lieu où la tutelle a été déférée ; tous autres comptables, devant les juges de leur domicile (2).

Ordonn. de 1667, tit. 29, art. 2. — C. de P., art. 472, 907 et 995.

CCCCXXVI. L'ORDONNANCE ne parlait que de deux espèces de comptables. Le comptable nommé par justice pouvait être poursuivi en reddition de compte devant le juge qui l'avait commis ; tous les autres devaient être traduits devant le juge de leur domicile. L'art. 527 distingue trois espèces de comptables :

(1) Nous remarquerons en outre, sur l'ensemble de ce titre,

Premièrement, qu'il y a des règles particulières concernant les comptables de deniers publics (*voy. la loi du* 16 *sept.* 1807) ; les copartageans, relativement aux comptes qu'ils peuvent se devoir. — (*Voy. Code civ.*, art. 828 *et* 1872 ; *Code de procéd.*, *art.* 976).

Secondement, que la Cour de Rennes, par arrêts des 9 mars 1810 et 23 août 1817, a formellement jugé que les dispositions de ce titre n'étaient pas applicables en matière commerciale, et nous trouvons en effet deux raisons de décider ainsi : d'abord, l'impossibilité d'appliquer les dispositions du titre dans des tribunaux où le ministère des avoués est interdit ; ensuite, le vœu du législateur, qui veut que la forme de procéder dans les matières commerciales soit simple et s'élève aux moindres frais possibles.

Troisièmement enfin, aux tribunaux seuls appartient le droit de décider les contestations qui s'élèvent entre le tuteur et le subrogé tuteur, relativement aux comptes de tutelle. En conséquence, une délibération de conseil de famille qui statue sur de semblables débats, est nulle et ne peut être homologuée. — (*Turin, 5 mai* 1810, *Sirey, tom.* 11, 2.ᵉ *part., pag.* 37 *et* 38).

(2) JURISPRUDENCE.

Le jugement qui ordonne une reddition de compte, comprenant nécessairement la condamnation de payer le reliquat du compte, s'il s'en trouve après la liquidation et l'apurement, l'hypothèque judiciaire doit en résulter comme de tout autre jugement de condamnation. — (*Cassat., 21 août* 1810, *Sirey, tom.* 11, *pag.* 29).

1°. ceux commis par justice; 2°. les tuteurs; 3°. les comptables qui ne sont ni tuteurs ni commis par justice, et il décide formellement que les premiers seront poursuivis devant les juges qui les auront commis; les seconds, devant le juge du lieu où la tutelle leur a été déférée, et tous autres, devant le tribunal de leur domicile, parce que l'action à leur égard est purement personnelle.

1845. *Si un comptable était assigné devant le tribunal de son domicile, quoiqu'il eût été commis par un autre, serait-il fondé à opposer un déclinatoire?*

M. Delaporte résout cette question pour la négative, tom. 2, pag. 108, attendu, 1°. que le comptable ne peut avoir d'intérêt à décliner le juge de son domicile; 2°. que la disposition de la loi semble avoir été portée en faveur du demandeur, qui, conséquemment, est libre d'en faire usage ou d'en abandonner le bénéfice.

Nous ne saurions admettre cette opinion, l'art. 527 étant impératif, et les mots *seront poursuivis* ayant été substitués aux mots *pourront être poursuivis,* qu'on lisait dans l'art. 522. Or, ce changement a été fait sur la proposition de la Cour de Rennes, et précisément afin de prévenir les discussions et les demandes en renvoi qui avaient eu lieu sous l'empire de l'ordonnance, dont l'art. 2 du tit. 29 était conçu de la même manière. (*Voy. Prat., tom. 4, pag.* 31). Au surplus, notre opinion résulte formellement des explications données par l'orateur du Gouvernement et le rapporteur du Tribunat. — (*Voy. édit. de F. Didot, pag.* 186 *et* 230).

La raison d'après laquelle le législateur a fait, en l'art. 527, une exception à la règle générale, dérive de ce que le tribunal qui a confié la gestion est plus capable que tout autre de décider si le gérant s'est fidèlement acquitté de son mandat. Il est d'ailleurs assez naturel que tout comptable rende compte personnellement à ses commettans. Mais, hors les cas d'exception indiqués dans l'article, tous autres comptables doivent être assignés devant les juges de leur domicile. — (*Voy. Exposé des motif, ubi suprà*).

Telle est aussi la doctrine professée par M. Thomines, dans ses cahiers de dictée.

1846. *Si le comptable a été commis par des juges d'appel, doit-il rendre compte devant eux?*

Cela résulte, dit M. Jourdain, Code de compétence, tom. 3, pag. 191, numéro 114, du principe posé dans l'art. 527. Ainsi, l'on n'est point tenu, quand le comptable a été commis sous l'appel, d'observer les deux degrés de jurisdiction.

1847. *Peut-on placer un héritier bénéficiaire parmi les comptables commis par justice?*

Nous ne le pensons pas, par cette raison qu'en donne M. Thomines, dans ses cahiers, que ce comptable est un véritable héritier institué par sa seule volonté, et qui a seulement le privilége de ne payer les dettes que jusqu'à concurrence de la valeur des biens qu'il a recueillis : aussi, n'est-il pas contraignable par corps.

1848. *La demande en reddition de compte est-elle assujettie au préliminaire de conciliation?*

Oui, comme toute autre demande principale, à moins qu'elle ne se trouve dans les cas d'exception mentionnés en l'art. 49.

1849. *Cette demande est-elle ordinaire ou sommaire?*

Elle est sommaire, si elle est pure personnelle et fondée en titre non contesté (*art. 404*); elle est ordinaire en toute autre circonstance. — (*Voy. Pigeau, tom. 2, pag. 368*).

1850. *Si le compte dû à plusieurs personnes est demandé par deux d'entre elles ou par un plus grand nombre, à qui la poursuite appartient-elle?*

Nous pensons, avec M. Pigeau, *ubi suprà*, que l'on doit, par induction de l'art. 967, décider que la poursuite appartient à celui qui a fait viser le premier l'original de son exploit par le greffier du tribunal, qui a soin de dater ce visa du jour et de l'heure.

ARTICLE 528.

En cas d'appel d'un jugement qui aurait rejeté une demande en reddition de compte, l'arrêt infirmatif renverra, pour la reddition et le jugement du compte, au tribunal où la demande avait été formée, ou à tout autre tribunal de première instance que l'arrêt indiquera.

Si le compte a été rendu et jugé en première instance, l'exécution de l'arrêt infirmatif appartiendra à la Cour qui l'aura rendu, ou à un autre tribunal qu'elle aura indiqué par le même arrêt.

C. de P., art. 472 et suiv.

CCCCXXVII. L'ART. 528 décide une autre question de compétence controversée sous l'empire de l'ancienne législation.

On a vu par l'art. 472 qu'un jugement dont est appel étant infirmé, l'exécution entre les mêmes parties appartient, sauf quelques exceptions, au juge d'appel qui a prononcé; mais en appliquant ce principe aux jugemens rendus sur les poursuites de comptes, le législateur devait établir une distinction entre le jugement qui aurait prononcé sur un compte ordonné et rendu, et le jugement qui eût rejeté la demande en reddition de compte.

Au premier cas, les motifs qui ont dicté l'art. 472 devaient conduire à décider que l'exécution appartiendrait, soit à la Cour d'appel, soit au tribunal que cette Cour indiquerait par l'arrêt infirmatif.

Pour le second cas, il faut reconnaître d'abord que l'on ne peut pas supposer aux premiers juges la même répugnance et la même prévention, et en supposant ensuite qu'il s'élevât, sous ce rapport, contre les juges inférieurs, de justes soupçons qui ne permissent pas de leur renvoyer l'exécution du jugement qui ordonnerait la reddition du compte, au moins ne faut-il pas alors que ces motifs puissent conduire à priver les parties intéressées des deux degrés de juridiction que la loi leur accorde; et par conséquent la Cour d'appel ne peut, en ce cas, que renvoyer à un autre tribunal de première instance, mais ne peut retenir l'exécution.

1851. *Comment doivent être entendues ces expressions de la seconde disposition de l'art.* 528, L'EXÉCUTION DE L'ARRÊT INFIRMATIF APPARTIENDRA A LA COUR QUI L'AURA RENDU ?

La première disposition de l'art. 528 fait une exception à la règle générale posée en l'art. 472, en ce que toutes les fois que la Cour d'appel infirme un jugement qui a rejeté une demande en reddition de compte, *comme nul, non recevable* ou *mal fondé* (voy. Pigeau, tom. 2, pag. 368), cette Cour ne peut que renvoyer l'apurement du compte, soit au tribunal qui a rendu le jugement, soit à tout autre qu'elle indique ; en sorte qu'elle ne peut retenir l'exécution.

Mais, d'un autre côté, la seconde disposition du même art. 528 maintient la règle générale qui autorise les Cours à retenir l'exécution, lorsque le compte ayant été rendu et jugé en première instance, elles infirment le jugement ; mais il serait possible que la Cour déclarât nul le compte ainsi rendu et jugé, et qu'elle ordonnât d'en rendre un autre. Alors naîtrait la question de savoir si l'exécution de son arrêt infirmatif lui appartiendrait.

Sur cette question, M. Delaporte, tom. 2, pag. 109, estime que la Cour ne pourrait pas ordonner que le compte fût rendu pardevant elle, et qu'il faudrait alors renvoyer, soit aux mêmes juges, soit à un autre tribunal. La raison qu'il en donne, c'est que ce nouveau compte forme, comme le premier, une instance principale, qui doit éprouver deux degrés de juridiction ; il ne faudrait donc, selon cet auteur, appliquer la seconde disposition de l'art. 528 qu'au cas où le compte serait réformé.

Nous croyons que la généralité des termes de l'article suffit pour repousser cette distinction ; mais il est en outre, à l'appui de cette opinion, une raison également décisive, et qui se tire de l'esprit dans lequel ont été conçues les deux dispositions de l'art. 528.

En effet, si la première disposition de l'article a été portée, comme le dit M. le conseiller d'état Réal (voy. *le commentaire de l'article*), afin de ne pas priver les parties des deux degrés de juridiction, ce motif n'existe plus dans l'espèce de la seconde, où le premier degré a été épuisé. — (*Voy. Pigeau, tom. 2, pag.* 379).

ARTICLE 529.

Les oyans qui auront le même intérêt, nommeront un seul avoué. Faute de s'accorder sur le choix, le plus ancien occupera, et néanmoins chacun des oyans pourra en constituer un ; mais les frais occasionnés par cette constitution particulière, et faits tant activement que passivement, seront supportés par l'oyant.

Ordonn. de 1667, tit. 29, art. 2. — C. de P., art. 75 et suiv., 130, 536.

ARTICLE 530.

Tout jugement portant condamnation de rendre compte

fixera le délai dans lequel le compte sera rendu, et commettra un juge (1).

Ordonn. de 1667, tit. 29, art. 5.

CCCCXXVIII. Si le compte doit être rendu à plusieurs parties, la procédure serait nécessairement beaucoup plus longue et plus dispendieuse, soit à raison des délais des communications, soit à raison de la multiplicité des actes que chacune d'elles pourrait faire ou exiger, soit à raison des contestations différentes qui pourraient en résulter. Le législateur, en conservant toutes les sages dispositions de l'ordonnance, qui tendaient à simplifier les opérations du compte et à diminuer les frais, ajoute aux précautions prises par les rédacteurs de cette ancienne loi quelques dispositions nouvelles; c'est ainsi que l'art. 529 veut que lorsque les oyans ont le même intérêt, ils s'accordent sur le choix d'un seul avoué pour tous, de manière qu'il n'y ait qu'une seule communication et une seule copie du compte, alors même qu'elles n'eussent pas voulu s'accorder sur le choix de l'avoué, et que chacune d'elles en eût constitué. Alors, en effet, la signification et la communication se font au plus ancien de ces avoués. C'est ainsi encore que l'art. 530 veut que l'on fixe le délai dans lequel le compte sera rendu.

1852. *Quand peut-on dire que les oyans ont le même intérêt ?*

C'est lorsque la recette et la dépense sont communes pour les oyans, et qu'aucun d'eux n'a pour son compte ni recette ni dépense particulière à débattre.

1853. *De quel jour court le délai fixé pour rendre compte ?*

La Cour de Rennes, par arrêt du 9 mars 1810, 3e. chambre (*voy. Jour. des arrêts de cette Cour, tom.* 1, *pag.* 38), a décidé, dans l'espèce de l'art. 530, que le délai courait du jour de la signification, attendu qu'il est de principe général que lorsqu'un jugement, soit contradictoire, soit par défaut, porte qu'une partie fera telle chose *dans un certain délai,* ce délai ne court que de la signification du jugement.

Nous avons fait l'application du même principe sur notre quest. 1007e.; mais M. Denevers rapporte au Journal des audiences, pour l'année 1812, pag. 371, un arrêt de la Cour de cassation, section civile, du 1er. avril 1812,

---

(1) JURISPRUDENCE.

1.° En matière de reddition de compte, il n'y a que les juges du tribunal qui puissent être nommés commissaires. L'art. 530 du Code de procédure ne permet pas de commettre un simple particulier. — (*Rouen*, 16 *janv.* 1819, *Sirey, tom.* 19, *pag.* 192).

2.° Le juge qui condamne à rendre compte peut déterminer en même tems la somme jusqu'à concurrence de laquelle le rendant y sera contraint, s'il laisse passer le délai fixé sans se présenter et affirmer. — (*Bruxelles*, 24 *juin* 1812, *Denevers, tom.* 13, *pag.* 76).

3° Quoiqu'un tribunal ne puisse changer, modifier, ni interpréter sa décision, s'il s'était glissé dans le jugement omission de fixer le délai de la reddition d'un compte et de commettre un juge-commissaire pour la présentation, l'affirmation et les débats, les premiers juges pourraient réparer ces erreurs et omissions, sans qu'on fût obligé de recourir à l'appel. — (*Rennes*, 29 *janv.* 1813).

qui paraît décider, en point de droit, que les art. 122 et 123 du Code de procédure s'appliquent généralement à tous les cas où les tribunaux *peuvent accorder* des délais pour l'exécution de leurs jugemens.

On pourrait conclure de là que, dans le cas où un jugement contradictoire accorde un délai, pour faire ce qu'il ordonne, ce délai commence, d'après l'art. 122, à courir du jour même où ce jugement a été rendu. Ainsi, la solution que nous avons donnée sur la quest. 1007ᵉ. serait erronée, et l'on pourrait penser qu'il en serait de même de la décision rendue par la Cour de Rennes, sur celle que nous avons posée ci-dessus.

Mais nous ne croyons pas que l'on doive tirer une semblable conséquence de l'arrêt que nous venons de citer. S'il décide que les art. 122 et 123 ne s'appliquent pas seulement, comme on l'a cru jusqu'alors, et comme le disait le tribun Faure, au cas où les juges accordent des délais pour le paiement (*voy. édit. de F. Didot, pag.* 69), mais encore à tous autres où ils sont *autorisés* à accorder des délais pour l'exécution de leurs jugemens, il ne va pas jusqu'à prononcer que l'art. 123 doive recevoir son application dans ceux où la loi *prescrit* de fixer des délais. Or, l'art. 530 ne se borne pas à autoriser les juges à déterminer un délai, il leur en fait une obligation.

Donc, à la disposition de l'art. 147, qui veut que, s'il y a avoué en cause, le jugement ne soit exécuté *qu'après avoir été signifié à avoué,* l'art. 123 ne fait qu'une exception pour les cas seuls où les juges sont *autorisés* à accorder des délais; donc, en tous les cas où ils en fixent, en vertu d'une disposition impérative de la loi, on se retrouve placé sous l'application de cette disposition de l'art. 147, et de la règle générale dont nous avons parlé.

Par suite de conséquences, nous persistons à maintenir la solution que nous avons donnée sur la quest. 1007ᵉ. ci-dessus rappelée, et nous nous croyons fondé à adopter l'arrêt de la Cour de Rennes, en ce qu'il prononce que le délai fixé par le jugement qui ordonne de rendre compte ne court qu'à partir de la signification. (1)

1854. *L'art. 530 s'étend-il à un compte rendu volontairement, c'est-à-dire sans qu'il ait été ordonné par jugement? Ou, plus particulièrement, le comptable peut-il se borner à dénoncer l'audience au demandeur, en lui signifiant des conclusions tendantes à le faire reconnaître lui-même reliquataire, et condamner de payer le reliquat, en sorte que l'instance serait jugée sur plaidoirie, après communication des pièces, sans nomination préalable de commissaire, sans affirmation judiciaire, etc. ?*

Nous estimons que cette question doit être résolue négativement, et que ce serait une erreur de conclure de la disposition de l'art. 530, qu'il n'y a lieu à

------

(1) A cette solution, d'après laquelle tout délai fixé par un jugement et pour son exécution ne courrait qu'à partir de la signification, nous ferons exception, à l'égard de ceux des tribunaux de commerce, attendu que le ministère des avoués y étant interdit, on ne peut exiger l'observation des formalités ordinaires sur la manière de procéder. Ainsi, l'on ne pourrait faire un reproche de précipitation à un tribunal qui, dans ce cas, déclarerait que le délai eût couru du jour de la prononciation du jugement. C'est ce que la Cour de Rennes a décidé par l'arrêt du 9 mars 1810, déjà cité, et par un second du 3 mai de la même année.

la procédure prescrite par le tit. 4, liv. 5, 1re. part. du Code, que lorsqu'il est ordonné par jugement qu'une partie rendra compte. Cet article n'est relatif qu'au cas où le défendeur refuse de rendre le compte qui lui est demandé, et alors c'est par le même jugement qui le condamne que le tribunal doit fixer un délai et nommer un juge.

Cet article n'est donc fait que pour un cas particulier; ce cas n'existant pas, il ne doit être d'aucune considération; et, dans cette circonstance, c'est au rendant qui rend volontairement son compte, à assigner l'oyant pour voir fixer le délai dans lequel le compte sera présenté, et nommer un juge-commissaire. Tel est aussi le sentiment de M. Lepage, nouveau Style de la procédure, 4e. édit., pag. 407. Cette fixation de délai, cette nomination du juge-commissaire une fois faites, on doit se conformer aux dispositions du Code de procédure, conformément à l'avis de tous les auteurs qui ont supposé l'hypothèse d'un compte rendu volontairement, c'est-à-dire sans qu'il soit besoin du jugement dont il s'agit dans l'art. 530. Et, en effet, le législateur a entendu établir pour les redditions de comptes une procédure spéciale applicable aux deux cas d'une reddition, soit volontaire, soit forcée. Nous croyons, en conséquence, que, s'il arrivait de suivre une autre marche, l'oyant pourrait, en tout état de cause, arguer la procédure de nullité : la raison en est qu'il n'est point permis aux juges de substituer les formalités ordinaires aux formalités prescrites pour certaines matières spéciales. — (*Voy. notre introduction*).

1855. *L'oyant qui n'a point provoqué la nomination du juge-commissaire, qui n'y a pas même conclu par son assignation, ne s'est-il pas interdit la faculté d'invoquer l'accomplissement des formalités particulières du Code, en sorte que le rendant puisse exiger qu'il soit prononcé suivant la forme ordinaire prescrite pour tout autre cas?*

Nous ne pensons pas que le rendant compte ait cette faculté. Les lois de la procédure étant de droit public, ainsi que nous l'avons dit dans notre introduction générale, une partie est toujours fondée à réclamer que l'instruction se fasse suivant les règles et les formalités qu'elles prescrivent sur chaque matière, sauf à supporter les frais des actes qu'elle aurait faits, ou que, par sa manière de procéder, elle aurait obligé sa partie adverse de faire, en contraventions aux règles établies.

Article 531.

Si le préambule du compte, en y comprenant la mention de l'acte ou du jugement qui aura commis le rendant, et du jugement qui aura ordonné le compte, excède six rôles, l'excédant ne passera point en taxe.

T., 75. — Ordonn. de 1667, tit. 29, art. 5.

1856. *Le jugement qui ordonne le compte doit-il être transcrit en entier dans le préambule, ainsi que le jugement ou les actes qui auraient commis le rendant?*

Non, sans doute, puisque l'article exige seulement qu'on en fasse mention. Cette disposition est due aux observations des Cours de Rennes et de Grenoble; elle est contraire à celle de l'art. 6 du tit. 29 de l'ordonnance, en ce qu'elle exigeait un extrait du jugement portant condamnation à rendre compte, et elle prévient les frais inutiles auxquels ce même article pouvait donner lieu, en ce qu'il autorisait la transcription des actes portant la commission du rendant.

1857. *De quoi se compose le préambule du compte?*

D'un exposé général et succinct des faits qui ont donné lieu à la gestion du comptable.

ARTICLE 532.

Le rendant n'emploiera pour dépenses communes que les frais de voyage, s'il y a lieu, les vacations de l'avoué qui aura mis en ordre les pièces du compte, les grosses et copies, les frais de présentation et affirmation.

T., 92. — Ordonn. de 1667, tit. 29, art. 18, 2.ᵉ part.

1858. *Les dépenses indiquées dans l'art. 532 sont-elles supportées en commun?*

Le Code qualifiant ces dépenses *dépenses communes*, les personnes peu versées dans la pratique judiciaire pourraient croire qu'elles doivent être supportées par les deux parties. Mais c'est un principe certain, que tout compte se rend aux frais de celui à qui il est dû. Ainsi, cette qualification, *dépenses communes*, n'a été donnée aux dépenses mentionnées en l'art. 532, que par la raison qu'elles ont été faites pour les deux parties, relativement au compte, c'est-à-dire, ainsi que l'exprime Rodier sur l'art. 28 de l'ordonnance, quest. 1ʳᵉ., tant pour satisfaire l'oyant que pour décharger le rendant. — (*Voy. Comment. des Ann. du not., tom. 3, pag. 397*).

1859. *Le rendant a-t-il le droit de former reprise pour les frais de la dresse ou reddition du compte, indépendamment des sommes allouées par les art. 62 et 75 du tarif, pour la mise en ordre des pièces, et pour les grosses et copies?*

Il faut remarquer que l'art. 526 du projet était conçu dans les mêmes termes que l'art. 532. Cependant les Cours de Rennes, de Grenoble et de Rouen avaient demandé que la *façon* du compte fût employée pour dépenses communes; car, disait cette dernière, il est nombre de personnes qui peuvent fournir les élémens fort exacts d'un compte, et être forcées d'employer un tiers plus exercé pour sa rédaction.

De ce qu'aucun changement n'a été fait à l'article du projet, les auteurs du Praticien, tom. 4, pag. 39, concluent que l'on ne peut comprendre les frais de rédaction du compte parmi les dépenses communes. M. Berriat Saint-Prix, pag. 500, not. 8, critique cette décision; mais nous croyons qu'il faut la suivre, parce que le tarif n'ayant accordé aucun droit particulier pour la façon du compte, ce droit se trouve compris dans celui qu'il a fixé pour la grosse en l'art. 75.

1860. *En est-il de même des frais du jugement qui a ordonné le compte?*

C'est notre opinion, fondée sur ce que le Code ne reproduit point, dans l'art. 532, les dispositions de l'ordonnance qui mettaient ces frais à la charge

des oyans; ce qui nous semble fondé sur la raison que le comptable est toujours présumé débiteur, tant qu'il n'a pas présenté son compte, et a d'ailleurs
à s'imputer la faute de donner lieu à une assignation en reddition. Mais on
sent qu'il doit en être autrement, lorsque c'est, au contraire, le comptable
qui poursuit à l'effet d'être autorisé à rendre compte. Tel est encore le sentiment des auteurs des Annales du notariat. — (*Voy. suprà, n°. 1858*).

ARTICLE 533.

Le compte contiendra les recette et dépense effectives; il sera
terminé par la récapitulation de la balance desdites recette et
dépense, sauf à faire un chapitre particulier des objets à recouvrer.

Ordonn. de 1667, tit. 29, art. 7, 1.re part.

1861. *En quelle forme le compte est-il rédigé?*

En forme de grosse, où l'on distingue les recettes et dépenses de diverses
années ou natures (*voy. Bornier et Rodier, sur l'art. 7, tit. 29 de l'ordonn.,
quest. 1re.*); mais il faut observer que l'art. 75 du tarif veut qu'il ne soit dressé
qu'une seule grosse. — (*Voy., pour la forme du compte, la formule donnée par
M. Pigeau, tom. 2, pag. 370*).

1862. *Le compte doit-il être suivi d'un inventaire des pièces?*

La loi ne l'exige pas; elle se contente de prescrire que les pièces seront
cotées et paraphées. (*Voy. art. 536, et Delaporte, tom. 2, pag. 115*). Mais
M. Demiau Crouzilhac, pag. 369. conseille, avec raison, aux avoués, de coter
et parapher les pièces, et d'en faire un inventaire avant même de commencer
la rédaction du compte. Cette manière d'opérer facilite, à la vérité, cette rédaction, et sert en outre à la communication qui peut avoir lieu d'après l'article 536; mais, nous le répétons, la loi n'impose aux avoués aucune obligation de joindre un inventaire au compte.

1863. *L'oyant peut-il refuser de débattre le compte dans la forme où il a été
rendu, et produire un nouveau compte pour servir à ses débats?*

Il est de principe que la forme ou la texture d'un compte appartient à celui
qui le rend; que c'est son ouvrage, et qu'il est le maître de le composer à son
gré, pourvu qu'il l'établisse sur les bases constitutives d'un compte; que l'oyant
ne peut, pour les débats, présenter un compte nouveau; qu'il est obligé de
s'astreindre à suivre l'ordre et la méthode adoptés par le rendant. Ces maximes
ont pour but d'éviter la confusion que des règles contraires ne manqueraient
pas d'entraîner, et de conduire plus promptement à un résultat clair et certain.
Les droits de l'oyant ne peuvent en souffrir, puisqu'il conserve, par la voie du
débat, tous les moyens nécessaires pour rectifier les erreurs dont il peut avoir
à se plaindre, suppléer, retrancher; en un mot, recharger la recette autant
qu'il croit l'avoir à faire, et rejeter de la dépense tout ce qu'il prétend n'y devoir
pas entrer : l'essentiel est qu'il suive toujours l'ordre établi dans les comptes.
Mais, encore une fois, il ne peut dresser un nouveau compte, ainsi qu'il a
été formellement décidé par un arrêt de la Cour de Rennes, du 16 juillet 1817.

ARTICLE 534.

Le rendant présentera et affirmera son compte en personne ou par procureur spécial, dans le délai fixé, et au jour indiqué par le juge-commissaire, les oyans présens ou appelés à personne ou domicile, s'ils n'ont avoué, et par acte d'avoué, s'ils en ont constitué.

Le délai passé, le rendant y sera contraint par saisie et vente de ses biens jusqu'à concurrence d'une somme que le tribunal arbitrera; il pourra même y être contraint par corps, si le tribunal l'estime convenable.

T., 29, 70, 92. — Ordonn. de 1667, tit. 29, art. 8. — C. de P., art. 126, 551, 572. |

CCCCXXIX. L'ORDONNANCE de 1667 portait aussi la disposition coercitive contenue dans l'art. 534; mais elle n'autorisait pas le tribunal à fixer une somme pour servir de base à l'expropriation. Mais l'art. 2213 du Code civil rendait cette autorisation nécessaire, puisqu'il veut que la vente forcée des immeubles ne puisse être poursuivie que pour une dette certaine et liquide. D'ailleurs, on trouve dans cette disposition le double avantage; 1°. de forcer le comptable à rendre son compte; 2°. d'empêcher cependant que tous ses biens ne soient vendus, par cela seul qu'il est en demeure de rendre compte, tandis qu'il est possible qu'en définitive, il prouve qu'il ne doit rien ou même qu'il est créancier.

Un délai de quinze jours était fixé par l'ordonnance de 1667, pour la communication des pièces, et ce délai s'appliquait à tous les cas; il pouvait être trop long dans les uns, trop court dans les autres. Notre article, sans fixer un délai, a donc laissé à la sagesse du juge la liberté de le déterminer suivant les circonstances, sur l'importance et le nombre des pièces à communiquer.

1864. *Par qui, dans quelle forme et dans quel délai l'ordonnance du juge-commissaire doit-elle être demandée?*

Cette ordonnance est demandée non sur le procès-verbal du juge, mais par requête non grossoyée, présentée par le rendant dans le délai fixé par le jugement qui ordonne de rendre compte. — (*Voy.* art. 530, et tarif, art. 76).

1865. *Si le rendant laissait passer le délai fixé par le jugement sans présenter le compte, qu'est-ce que l'oyant aurait à faire?*

En ce cas, c'est l'oyant qui aurait à obtenir lui-même l'ordonnance, et à la signifier au rendant, en la forme indiquée par l'art. 534. — (*Voy. Pigeau,* tom. 2, pag. 373, *et Demiau Crouzilhac, pag.* 369).

1866. *Le tribunal pourrait-il proroger le délai fixé pour rendre compte?*

L'art. 8 du tit. 29 de l'ordonnance le défendait; mais, dans l'usage, on n'étendait point cette prohibition à des circonstances majeures, telles que maladie survenue, absence forcée pour service public et autres, dans lesquelles le rendant prouvait être dans l'impossibilité de fournir son compte dans le délai : du moins on admettait, sans difficulté, que dans ces cas, les juges pouvaient différer, pour un tems, d'ordonner les contraintes de la nature de celles indiquées dans la seconde disposition de l'art. 534. — (*Voy. Rodier, sur l'art. 8, quest. 3°.*)

Le Code ne contenant point la prohibition de l'ordonnance, nous estimons que le tribunal aurait le droit d'accorder une prorogation (*voy. Prat., tom. 4, pag.* 45, *et Delaporte, tom.* 2, *pag.* 119); mais seulement dans des circonstances semblables à celles dont nous venons de parler.

1867. *L'affirmation du compte doit-elle être faite sous serment?*

L'art. 8 de l'ordonnance portait, comme notre art. 534, que le rendant *présenterait et affirmerait son compte.* Rodier et Serpillon disent formellement que cette affirmation devait être faite sous serment; formalité nécessaire, d'après l'article cité, disait Duparc-Poullain, tom. 10, pag. 752, car l'affirmation est toujours un serment faux ou téméraire. C'est, ajoutait ce sage jurisconsulte, un vieux reste de l'usage gothique, si justement abrogé, par lequel, dans le cours des procédures, les parties étaient obligées d'outrer différens sermens. On avilissait ainsi le caractère redoutable du serment, et l'on familiarisait les plaideurs avec le parjure.

C'est dans le même sens que s'exprimait aussi la Cour de Dijon, sur l'art. 528 du projet, auquel néanmoins on n'a fait aucun changement.

Nous sommes convaincu que l'affirmation du compte ne doit pas être faite sous serment; et aux raisons générales que nous avons exposées sur un autre cas (*voy. quest.* 566°., *tom.* 1, *pag.* 318), nous ajouterons, comme décisive dans celui-ci, que l'art. 121 veut que le serment soit fait à l'audience par la partie *en personne*, et non pas, conséquemment, par un fondé de pouvoir. (*Voy. quest.* 512°., *tom.* 1, *pag.* 280). Or, si l'affirmation dont il s'agit ici était faite sous serment, ce serment ne serait pas fait à l'audience; il pourrait être prêté par un fondé de pouvoir, et il y aurait ainsi, dans la loi, une différence qu'aucun motif particulier ne pourrait raisonnablement fonder. L'affirmation ne doit donc consister que dans une simple déclaration passée par le comptable ou par son porteur de procuration spéciale, que les articles du compte sont sincères et véritables.

1868. *La somme qu'arbitre le tribunal, conformément à la seconde disposition de l'art.* 534, *n'est-elle qu'une provision?*

Oui, sans doute, puisque la loi ne donne à cette somme ni la qualité d'amende, ni celle de dommages-intérêts : elle est conséquemment imputable en définitive sur le reliquat du rendant. — (*Voy. Delaporte, tom.* 2, *pag.* 119).

1869. *Ces expressions,* SI LE TRIBUNAL L'ESTIME CONVENABLE, *l'autorisent-elles à décerner la contrainte par corps, quel que soit l'objet du compte?*

En d'autres termes, *la contrainte ne doit-elle être prononcée que quand le refus est fait à l'occasion d'un compte qui, de sa nature, est sujet à cette voie d'exécution?*

M. Lepage, dans ses Questions, pag. 365, pense que le tribunal ne peut prononcer la contrainte par corps que dans les cas où le rendant y est sujet, à raison de l'objet du compte. Pourquoi, dit-il entre autres choses, celui qui refuse de rendre compte serait-il obligé plus rigoureusement qu'il ne le serait

si, après l'avoir rendu, il refusait d'en payer le reliquat, etc.? Nous répondons que le juge est autorisé, par l'art. 534, à prononcer la contrainte contre
le comptable qui refuse de rendre compte, comme une peine indépendante
de la nature et de l'objet du compte; que c'est pour cela que le législateur
n'a point conservé dans le Code ces termes de l'art. 8 de l'ordonnance, *le
délai passé, les rendans compte seront contraints...., même par emprisonnement,
SI LA MATIÈRE Y EST DISPOSÉE.*

Ces termes avaient été interprétés différemment par les commentateurs. Les
uns, Jousse, par exemple, prétendaient qu'ils signifiaient que la contrainte
par corps ne pouvait être prononcée qu'autant qu'elle pouvait être exercée
contre le comptable, à raison de son sexe et de sa qualité; les autres, comme
Rodier, Bornier et Serpillon, n'admettaient pas cette interprétation; ils pensaient que les termes de l'ordonnance ne s'entendaient que du cas d'une désobéissance tellement manifeste, que l'on pouvait présumer que le comptable
eût résisté à toutes autres voies coercitives, ou eût pris la fuite pour se soustraire à l'obligation de rendre compte.

C'est pour faire cesser cette divergence d'opinions que le Code à substitué
aux expressions obscures de l'ordonnance celles ci-dessus rappelées, *si le juge
l'estime convenable.* Elles font connaître que le législateur n'a point entendu
limiter la faculté qu'il donne au tribunal de prononcer la contrainte, au seul
cas où cette voie d'exécution serait prononcée par la loi, à raison de l'objet du
compte, mais qu'il a entendu l'étendre à tous les autres.

Aussi, nul autre commentateur n'a émis une opinion semblable à celle de
M. Lepage; tous, au contraire, nous paraissent partager la nôtre. Nous citerons particulièrement les auteurs du Praticien, tom. 4, pag. 44, qui se sont
expliqués à ce sujet de la manière la plus positive. Si, disent-ils, la mesure
de la saisie paraît trop faible; si la morosité ou le retard du comptable devient préjudiciable à l'oyant compte; si la désobéissance est manifeste; si,
enfin, il était à craindre qu'il s'évadât, la loi accorde au juge le droit de prononcer la contrainte par corps contre le récalcitrant.

Nous tenons à cette opinion, calquée sur celle des commentateurs de l'ordonnance, et fondée sur ce que la contrainte n'est véritablement ici qu'une
peine infligée contre le comptable récalcitrant, indépendamment de l'objet du
compte qu'il doit rendre.

1870. *Les peines mentionnées en l'art. 534 doivent-elles êtres prononcées par
le jugement qui ordonne de rendre compte? Ne faut-il pas, au contraire, obtenir
un second jugement?*

Selon MM. Demiau Crouzilhac, pag. 369, et Hautefeuille, pag. 311, lorsque
le rendant ne s'est pas présenté, on doit lever le procès-verbal par lequel le
juge-commissaire a donné défaut contre lui, et le signifier à son avoué ou à
personne ou domicile, s'il n'a pas constitué d'avoué, et sommer d'audience,
pour entendre prononcer les peines dont il s'agit. Mais, d'après M. Pigeau,
tom. 2, pag. 369 et 373, le tribunal pourrait prononcer *éventuellement* les
peines dans le jugement même qui ordonne le compte, et l'oyant exercerait
valablement la saisie ou la contrainte en vertu de ce jugement, lorsque l'événement qui y donne lieu serait arrivé et constaté.

On sentira, sans doute, qu'en exprimant ainsi, dans le jugement même
qui ordonne le compte, la condamnation de le rendre dans le délai fixé, à

peine d'y être contraint par les voies indiquées, et sans qu'il fût besoin de jugement nouveau, on abrège les procédures, et l'on prévient les frais (1).

ARTICLE 535.

Le compte présenté et affirmé, si la recette excède la dé-pense, l'oyant pourra requérir du juge-commissaire exécutoire de cet excédant, sans approbation du compte.

T., 92. — Ordonn. de 1667, tit. 20, art. 7.

1871. *Ne peut-on demander l'exécutoire de l'excédant du compte qu'au moment de sa présentation?*

L'art. 92 du tarif suppose qu'on peut le demander non seulement au mo-ment de la présentation, mais postérieurement, puisqu'après avoir accordé une vacation à l'avoué pour cette présentation, il lui en accorde une autre pour requérir cet exécutoire.

1872. *L'exécutoire délivré par le juge-commissaire confère-t-il hypothèque?*

Oui, parce qu'il a le caractère de jugement ou d'*acte judiciaire*, auxquels la seconde disposition de l'art. 2117 du Code civil attribue l'effet de conférer l'hypothèque judiciaire. — (*Voy.* suprà, sur l'art. 527, pag. 331, *not.* 2).

1873. *Peut-on former opposition à l'exécutoire?*

L'affirmative de cette question résulte de ce que cet exécutoire est délivré contre une partie défaillante. Telle est aussi l'opinion de quelques commen-tateurs de l'ordonnance, sur l'art. 7 du tit. 29, qui contenait une disposition semblable à celle de l'art. 535. — (*Voy. Bornier sur cet article.*)

Mais nous observerons que l'opposition serait le plus souvent inutile; car, pour l'ordinaire, quels moyens pourrait présenter, pour faire rétracter l'exé-cutoire, un rendant compte qui s'est reconnu débiteur? Aussi, dit Rodier, le comptable ne saurait avoir de prétexte pour retenir le reliquat, ni pour *former opposition* à cet exécutoire, *à moins qu'il ne s'aperçût de quelque erreur facile à vérifier.*

Voilà sans doute le seul cas dans lequel il puisse y avoir lieu à opposi-tion. Il est vrai que M. Demiau Crouzilhac, pag. 370, dit que l'on tolère que les tuteurs et les régisseurs se servent pour eux-mêmes, et dans des cir-

---

(1) Tel est aussi le sentiment de M. Lepage, dans ses Questions, pag. 364 et 365. Mais cet auteur observe, et avec raison, qu'il est des cas où la décence et la morale publique s'opposent à ce que l'on prononce d'avance les peines dont il s'agit. Par exemple, dit-il, lorsqu'un fils demande compte à son père, on ne peut trop reculer le moment de lui faire des menaces de ce genre. (*Voy. Serpillon, sur les art.* 8 *et* 20 *du tit.* 29 *de l'ordonn.*) Nous croyons plus conforme à la marche naturelle de la procédure de prononcer les peines par un second jugement. Pourquoi présumer que le comptable se refusera à remplir l'obli-gation qui lui est imposée? Mais, au reste, si l'on prenait le premier parti, nous ne pen-serions pas que le comptable fût fondé à se plaindre et à demander, pour cette raison, la réformation du jugement.

constances critiques, des revenus de leurs administrés, et que, par cette raison, l'on ferait peut-être droit, à leur égard, à une opposition qui aurait un
sursis pour objet. Mais nous ne pensons pas que ce fût là un motif suffisant
pour accorder ce sursis, lorsque la partie intéressée s'y opposerait d'une manière formelle.

1874. *L'exécutoire est-il susceptible d'appel ?*

La négative a été jugée par arrêt de la Cour de Turin, du 1ᵉʳ. juin 1812
(*voy. Jurisp. du Code civ.*, tom. 19, *pag.* 227), attendu qu'en thèse générale ce
n'est que contre les jugemens des tribunaux que la voie d'appel est ouverte ;
que la loi a spécialement prévu les cas dans lesquels l'appel d'un jugement ou
d'une ordonnance rendue par un seul juge est autorisé, et qu'enfin l'on ne
trouve nulle part, dans le Code de procédure, qu'une ordonnance de la nature
de celle rendue en l'espèce par un juge commis par le tribunal, soit du nombre
de celles dont il est permis d'interjeter appel à la Cour.

En rapportant cet arrêt dans son Journal des avoués, tom. 7, pag. 105,
M. Coffinières observe que l'appel n'est pas recevable, puisque le juge-commissaire ne fait autre chose que de donner à l'oyant un titre pour réclamer ce
que le comptable reconnaît lui devoir, et qu'en conséquence son ordonnance
ne peut avoir aucun des caractères d'un jugement, puisqu'à cet égard il n'y
a rien de litigieux entre parties.

Telle est, selon nous, la véritable raison de décider, et non celle que présente l'arrêt ; car nous ne croyons pas qu'il soit nécessaire, pour qu'on puisse
appeler de l'ordonnance d'un juge-commissaire, que la loi ait positivement
autorisé l'appel (1).

ARTICLE 536.

Après la présentation et affirmation, le compte sera signifié à
l'avoué de l'oyant; les pièces justificatives seront cotées et paraphées par l'avoué du rendant; si elles sont communiquées sur
un récépissé, elles seront rétablies dans le délai qui sera fixé
par le juge-commissaire, sous les peines portées par l'art. 107.

Si les oyans ont constitué avoués différens, la copie et la
communication ci-dessus seront données à l'avoué plus ancien
seulement, s'ils ont le même intérêt, et à chaque avoué, s'ils
ont des intérêts différens.

S'il y a des créanciers intervenans, ils n'auront tous ensemble
qu'une seule communication, tant du compte que des pièces

(1) Ainsi, dans la supposition que le rendant compte eût de justes motifs pour s'opposer
à ce que l'exécutoire fût décerné, par exemple, s'il avait à faire compensation entre l'excédant dont il serait débiteur, et une créance qu'il porterait sur l'oyant, et qu'en cette
circonstance il déclarât, dans le compte même, entendre retenir cet excédant pour cette
cause, nous serions porté à croire qu'il pourrait interjeter appel, puisque le juge-commissaire aurait statué sur un point litigieux. — (*Voy. quest.* 827.ᵉ, *tom.* 1, *pag.* 520).

justificatives, par les mains du plus ancien des avoués qu'ils auront constitués.

T., 92. — Ordonn. de 1667, tit. 29, art. 9, 10, 11 et 12. — C. de P., art. 107, 339, 529.

CCCCXXX. L'ordonnance fixait pour tous les cas, à quinzaine, le délai dans lequel les pièces communiquées à l'oyant devaient être rendues dans l'article ci-dessus. Le législateur, déterminé par les mêmes motifs que ceux exposés au commentaire de l'art. 534, laisse le juge-commissaire arbitre du délai, et l'autorise à le fixer suivant le nombre, le volume et l'importance des pièces (1).

1875. *Si l'oyant n'a pas constitué d'avoué, le compte n'en doit-il pas moins être signifié ?*

Plusieurs fois nous avons eu occasion de rappeler qu'à défaut de constitution d'avoué, les significations doivent être faites à personne ou à domicile; c'est encore ici le cas d'appliquer cette règle générale. Mais, alors, nous ne croyons pas que l'on pût, comme le disait Rodier, sur l'art. 9 de l'ordonnance, communiquer à l'oyant en personne les pièces justificatives du compte; il ne pourrait que les voir au greffe sans déplacement. — (*Voy. Demiau Crouzilhac, pag. 371, et Berriat Saint-Prix, pag. 502, not. 15*).

1876. *Si plusieurs des oyans ou intervenans, bien qu'ayant des intérêts communs, avaient constitué des avoués différens (voy. art. 529), chaque avoué pourrait-il exiger une copie du compte ?*

L'art. 536 s'y oppose, mais en ce sens seulement que cette copie dût être fournie aux frais communs de tous les oyans. Nous pensons du moins, comme M. Demiau Crouzilhac, *ubi suprà*, que chaque avoué, dans le cas proposé, pourrait, en le demandant par acte, exiger une copie, sous ses offres d'en supporter séparément les frais.

1877. *Est-ce au juge-commissaire qu'il appartient de prononcer les peines sous lesquelles il ordonne que les pièces seront rétablies au greffe dans le délai qu'il a fixé ?*

Le juge-commissaire doit se borner à fixer le délai, c'est la seule attribution que la loi lui donne : si donc les pièces ne sont pas rétablies dans ce délai, le rendant doit, à notre avis, poursuivre l'audience, conformément à l'art. 107. M. Pigeau, tom. 2, pag. 376, dit qu'en ce cas le rendant doit requérir l'application de ces peines sur le procès-verbal du juge, et celui-ci ordonner qu'il en fera rapport à l'audience, comme dans l'espèce de l'art. 107. N'est-il pas plus conséquent de suivre la marche indiquée par cet article lui-même ?

Au reste, nous ne croirions pas qu'une partie fût fondée à se plaindre que le jugement eût été poursuivi de l'une ou de l'autre manière.

---

(1) Sur les motifs des seconde et troisième dispositions de cet art. 536, voy. notre commentaire sur l'art. 529, pag. 335.

ARTICLE 537.

Les quittances de fournisseurs, ouvriers, maîtres de pension, et autres de même nature, produites comme pièces justificatives du compte, sont dispensées de l'enregistrement.

Loi du 22 frim. an 7, art. 23 et 47.

CCCCXXXI. Le Code, dans l'article qui précède, décide un point de fiscalité qui, depuis la loi du 22 frimaire an 7, avait donné lieu à des difficultés. Les receveurs d'enregistrement prétendaient que les comptables étaient obligés de faire timbrer et enregistrer les pièces justificatives de leur compte; ils se fondaient sur les art. 23 et 47 de cette loi, lesquels défendent aux juges et aux arbitres de statuer sur des actes non enregistrés, à peine d'être personnellement responsables des droits. Si un pareil système avait été adopté, il eût empêché souvent le rendant compte, par défaut de moyens, de produire les pièces justificatives de sa dépense et de sa recette, ou s'il eût fait ces avances, ces frais fussent devenus très-onéreux pour l'oyant, qui souvent se fût trouvé intéressé à ne pas demander au comptable le compte de sa gestion. Alors ce dernier eût pu impunément abuser de cette position de l'oyant, sans avoir à craindre la surveillance de la justice.

Telles sont les considérations pour lesquelles le législateur a, contre l'intérêt du fisc et pour celui des citoyens, proclamé la dispense contenue dans l'art. 537.

1878. *Les pièces dispensées de la formalité de l'enregistrement le sont-elles de celle du timbre?*

Nous ne le pensons pas, par le motif que la loi ne prononce pas de dispense pour cette dernière formalité. Telle est aussi l'opinion de M. Delaporte, tom. 2, pag. 123. On pourrait bien, de la dispense du timbre, induire celle de l'enregistrement, mais non pas *vice versâ*, les frais d'enregistrement étant plus considérables que ceux du timbre. D'ailleurs, on ne doit admettre d'exception aux dispositions des lois relatives à l'intérêt du fisc, qu'autant que ces exceptions sont prononcées par les lois elles-mêmes.

1879. *Les comptes rendus à l'amiable devant notaires sont-ils dispensés de l'enregistrement, comme les comptes rendus en justice?*

Oui, d'après une décision des ministres de la justice et des finances, du 22 septembre 1807. — (*Voy. Sirey,* 1807, 2ᵉ. part., pag. 295).

ARTICLE 538.

Aux jour et heure indiqués par le commissaire, les parties se présenteront devant lui pour fournir débats, soutenemens et réponses sur son procès-verbal : si les parties ne se présentent pas, l'affaire sera portée à l'audience sur un simple acte.

T., 92. — Ordonn. de 1667, tit. 29, art. 13.

CCCCXXXII. L'ART. 538 est remarquable par la simplicité de procédure et la rapidité de marche qu'il établit pour l'apurement du compte.

Aux délais multipliés de huitaines successives, que, sous l'empire de l'ordonnance, on accordait pour tous les cas, délais trop prolongés pour la majorité des comptes ordinaires, trop rapprochés pour quelques autres comptes; à la place des *appointemens pris au greffe* et des longues écritures connues sous la dénomination de *débats* et *soutenemens*, le Code substitue une procédure simple, rapide et toute paternelle. On a pensé avec raison que le juge-commissaire, qui commande le respect autant par sa probité que par ses lumières, pourrait d'abord être une espèce de conciliateur entre les parties; qu'il les porterait, par de sages réflexions, à se rapprocher ou du moins à convenir de leurs faits, de manière que le tribunal puisse voir d'un coup d'œil les questions qui lui sont soumises. Il entend donc les parties aux jour et heure qu'il indique pour leur comparution devant lui, et ainsi plus de citation ni de sommation inutiles. Les débats et soutenemens qui ne seraient pas fondés en raison, sont facilement écartés dans la conférence. Lorsqu'il y a doute ou difficulté, les débats et soutenemens sont insérés avec précision, sans prolixité, dans un procès-verbal, dont le juge n'a aucun intérêt à augmenter le volume.

1880. *L'art.* 538 *ne doit-il recevoir son application qu'autant que le rendant et l'oyant ne se présentent pas devant le juge-commissaire, ou qu'ils ne se présentent pas en personne?*

A s'en tenir rigoureusement aux termes de l'article, *si les parties*, on pourrait croire, sur le premier point de cette question, qu'il n'y a lieu à porter l'affaire à l'audience qu'autant que toutes les personnes qui sont en cause ne comparaîtraient pas. Ce serait une erreur : la disposition de l'article, ainsi que le remarque M. Berriat Saint-Prix, pag. 503, not. 22, doit s'entendre aussi du cas où une seule des parties ne se présente pas, puisqu'il n'exige pas qu'attendu le défaut des deux parties, la procédure soit recommencée.

On pourrait croire aussi, par la même raison que la loi se sert de ces mots, *si les parties*, qu'elles doivent se présenter *en personne* devant le juge-commissaire ; mais ce serait encore une erreur, puisqu'il est certain qu'en termes de pratique, les mots *les parties* indiquent les avoués qui les représentent, si la loi n'a pas expressément exigé la comparution personnelle. — (*Voy. Delaporte, tom.* 2, *pag.* 126).

1881. *Le juge-commissaire est-il autorisé à faire la rédaction des débats, soutenemens et réponses? Son ministère se borne-t-il, au contraire, à les faire écrire tels qu'ils sont présentés, soit de vive voix, soit par écrit?*

Nous signalerons ici un abus trop généralement toléré : c'est celui que commettraient les avoués, en présentant par écrit, au juge-commissaire, de longs débats sur chaque article discuté d'un compte; débats qu'il croirait devoir insérer en entier dans son procès-verbal. Loin que cette obligation lui soit imposée, il est de son devoir rigoureux d'apporter dans la rédaction, qui n'appartient qu'à lui seul, tout le laconisme, toute la précision qui peuvent se concilier avec la nécessité de ne rien omettre d'essentiel.

Au reste, la preuve que le législateur a effectivement rendu le juge-commissaire maître de la rédaction, et qu'il est dans son vœu qu'elle soit faite aussi succinctement qu'il est possible, se trouve dans les passages de l'Exposé des motifs de la loi, et du rapport fait au Corps législatif; passages dont nous avons formé le commentaire de l'art. 538. Ce serait donc, de la part d'un juge-commissaire, méconnaître la volonté du législateur, préjudicier aux intérêts des parties, et, conséquemment, manquer à l'un de ses devoirs les plus sacrés, que de se montrer complaisant en faveur d'officiers ministériels qui entendraient surcharger de détails inutiles la rédaction du procès-verbal.

Ainsi l'on ne doit point, dans notre opinion, suivre un autre usage, dont parle M. Demiau Crouzilhac, pag. 372, et d'après lequel les avoués des parties prépareraient leur dires par écrit, qu'ils remettraient d'avance au greffier, pour être inscrits au procès-verbal. Il est évident qu'un tel usage est contraire à la loi, puisque le juge-commissaire cesserait d'être maître de la rédaction, et qu'il ne serait pas même présent pour la surveiller.

1882. *Quand le rendant fait défaut, le juge-commissaire doit-il faire écrire les débats de l'oyant sur le procès-verbal, ou se borner à renvoyer à l'audience pour y faire son rapport ?*

Il est bien certain que si l'oyant ne comparaît pas, le juge-commissaire n'a pas autre chose à consigner sur le procès-verbal que son ordonnance portant renvoi à l'audience. Mais on a pensé qu'il en était autrement du cas où ce serait le rendant lui-même qui laisserait défaut; qu'alors le juge-commissaire ne pourrait se dispenser de recevoir et de consigner les contredits de l'oyant, afin de mettre le tribunal à portée de statuer avec une entière connaissance de cause.

M. Lepage, dans ses Questions, pag. 367 et 368, estime que le procès-verbal des débats n'est ouvert que pour constater ce qui est dit de part et d'autre, afin que les parties puissent s'accorder, s'il est possible, et que ce but ne pouvant être atteint lorsque l'une d'elles fait défaut, fût-ce l'oyant compte, il n'y a pas lieu à insérer les dires de celle qui se présente; qu'enfin le juge-commissaire doit se borner à constater le défaut, et que c'est, en ce cas, à la partie la plus diligente à dénoncer l'audience à son adversaire.

En un mot, dit cet auteur, dès qu'il n'y a pas discussion sur le compte, il n'y a pas lieu à en dresser le procès-verbal.

Telle est aussi notre opinion ; mais on pourrait opposer que l'art. 538 ne prescrit que l'affaire sera portée à l'audience qu'autant que les parties (et non pas l'une d'elles seulement) ne se présentent pas.

Nous avons répondu d'avance à cette objection, en disant, sur la question 1880e., que les expressions de l'art. 538 doivent aussi s'entendre du cas où une seule des parties fait défaut.

1883. *Le rendant aurait-il, après les réponses de l'oyant aux soutenemens d'un compte, le droit de répliquer à ces réponses ?*

Aucune disposition de la loi ne lui accorde ce droit, et l'art. 538 le lui refuse, au contraire, de la manière la plus formelle, en n'admettant d'autres dires sur le procès-verbal du juge-commissaire que les débats, les soutenemens et les réponses.

Les débats sont fournis par l'oyant, soit contre la recette, soit contre la dépense, soit contre le chapitre des objets à recouvrer.

Les soutenemens sont fournis par le rendant pour *soutenir* son compte, s'il n'adhère pas aux débats.

Enfin, les réponses sont données par l'oyant, s'il persiste dans es débats et n'acquiesce pas aux soutenemens.

Ces dits et contredits à insérer sur le procès-verbal du juge-commissaire remplacent les trois écrits que l'on pouvait signifier, en matière de compte, avant la publication du Code de procédure. On n'admettait point de réponses aux contredits de l'oyant sur les soutenemens du comptable.

S'il ne suffisait pas du texte de l'art. 536 pour prouver que le rendant ne peut répliquer aux réponses de l'oyant, on citerait l'art. 92 du tarif, qui ne taxe d'autres vacations que celles qu'occasionnent les *débats, soutenemens* et *réponses.*

Mais, en outre du texte de la loi et du tarif, la raison dit que l'on ne pouvait admettre sans injustice le rendant à répliquer aux réponses de l'oyant, car autrement il serait admis à s'expliquer trois fois sur l'objet du compte : premièrement, dans le compte lui-même ; secondement, dans les soutenemens ; troisièmement, dans la réplique aux réponses que l'oyant aurait faites aux soutenemens.

L'oyant, au contraire, n'aurait à s'expliquer que deux fois : la première, dans les débats ; la seconde, dans ses réponses aux soutenemens.

C'est pour établir l'égalité que la loi n'a autorisé que deux dires de part et d'autre, comme l'ordonnance n'avait admis, pour chaque partie, que deux écrits.

ARTICLE 539.

Si les parties ne s'accordent pas, le commissaire ordonnera qu'il en sera par lui fait rapport à l'audience, au jour qu'il indiquera; elles seront tenues de s'y trouver sans aucune sommation.

C. de P., art. 94, 280, 542 et 977, *in fine.*

1884. *Lorsque les parties s'accordent, faut-il obtenir un jugement qui homologue les conventions arrêtées entre elles ?*

Si les parties s'accordent, dit M. Berriat Saint-Prix, pag. 503, tout est terminé *sans qu'il soit besoin de jugement.* Il remarque ensuite, not. 20, que cela résulte des principes du droit, attendu que si les parties sont majeures, elles sont libres de transiger, et que s'il s'agit d'un compte de tutelle, elles le peuvent dix jours après qu'on a remis au mineur, devenu majeur, le compte et les pièces justificatives. (*Voy. Code civ.,* art. 472 et 2045). Or, il est difficile que ce délai ne se soit pas écoulé avant la clôture des débats ...

M. Demiau Crouzilhac, pag. 372, estime que si les parties s'accordent, elles prennent à l'audience un jugement par forme d'expédient, ou font homologuer leurs accords pour qu'ils reçoivent leur exécution.

Il n'y a aucune opposition entre ces deux opinions. Sans doute, comme le dit M. Berriat Saint-Prix, il n'est pas besoin de jugement, lorsque les parties s'accordent, ou, ce qui est la même chose, elles ne sont pas obligées d'en obtenir un. Il suit de là, selon nous, qu'elles ont le choix entre la transaction dont parle cet auteur, et le jugement *d'expédient* ou *d'homologation* qu'indique M. Demiau Crouzilhac, et qui n'est, au reste, qu'une transaction passée devant le tribunal et constatée par lui.

Mais, à notre connaissance, on a soutenu qu'il suffisait, sans transaction ou jugement, que le procès-verbal du juge-commissaire eût constaté l'accord des parties, pour que le compte fût exécutoire pour le *reliquat*. On se fondait sur ce passage du nouveau Répertoire, au mot *compte*, tom. 2, pag. 675 : *Le compte rendu en justice est exécutoire pour le reliquat, sans qu'il soit nécessaire d'attendre un jugement sur cet objet.*

Il suffit de remarquer qu'en citant, immédiatement à la suite de ce passage, l'art. 535, M. Merlin n'a entendu dire autre chose que ce que cet article exprime lui-même; c'est-à-dire que le juge-commissaire, lors de la présentation du compte, et avant son apurement, décerne exécutoire pour l'excédant de la recette; mais qu'il n'a pas eu l'intention d'exprimer que le compte fût exécutoire pour le reliquat, sans ordonnance de ce juge, encore moins sans jugement. Nous dirons plus, avec M. Pigeau, tom. 2, pag. 378; c'est que le juge-commissaire n'est pas même compétent pour décerner exécutoire pour le reliquat, en cas d'accord des parties, ainsi qu'il l'est pour l'excédant, dans l'espèce de l'art. 535. Autre chose est cet excédant, autre chose est le reliquat : il faut donc, comme nous l'avons dit ci-dessus, ou que les parties transigent, ou que l'oyant obtienne un jugement qui condamne le rendant au paiement, et qui donne au premier le droit de prendre inscription.

1885. *Quand le juge-commissaire, sur les contestations des parties, ordonne qu'il en sera par lui fait rapport à l'audience, doit-on lever le procès-verbal pour le servir au tribunal, et peut-on le signifier ?*

Il est des tribunaux où l'on tolère et où l'on passe en taxe le lief du procès-verbal, *et même sa signification.*

Nous pensons que le procès-verbal doit être *levé*. En effet, le tribunal ne peut prononcer sur le rapport du commissaire, sans avoir le procès-verbal sous les yeux. Or, ce procès-verbal ne peut être déplacé du greffe; car, bien loin que le greffier soit obligé d'en communiquer la minute hors du greffe, les ordonnances et réglemens anciens le lui défendent, par des dispositions générales qui se rapportent à toutes les minutes indistinctement. C'est ce qu'on peut vérifier dans le Traité de l'administration de la justice, par Jousse, tom. 1, titre des greffiers. Il faudrait donc, s'il n'était pas permis de lever le procès-verbal, que les juges descendissent au greffe, pour en prendre communication; mais il est certain que c'est à la partie poursuivante à leur fournir tous les documens nécessaires pour le jugement: donc le procès-verbal doit être levé pour être servi au juge-commissaire, qui le présente au tribunal à l'appui de son rapport.

Néanmoins, nous ne pensons pas que l'on puisse signifier ce même procès-verbal. Pour se convaincre que ce serait agir contre l'esprit de la loi, il suffit de se rappeler les motifs exposés au commentaire de l'article.

C'est pour économiser les frais de procédure, que notre Code a supprimé les écrits de débats et soutenemens autorisés par l'art. 13 du tit. 29 de l'ordonnance, et qu'il a rétabli les procès-verbaux d'examen de compte, qui existaient avant cette ordonnance. Or, ne serait-ce pas donner lieu aux frais qu'entraînaient les significations de ces écrits, que de permettre celle du procès-verbal? Comment, d'ailleurs, concilierait-on l'obligation de ces significations avec la disposition de l'art. 539, d'après laquelle les parties doivent, au jour fixé par le juge-commissaire, comparaître à l'audience *sans sommation ?*

Aussi la Cour d'appel de Nancy, dans ses observations sur le projet, disait-elle qu'on ne voyait, dans aucun cas, la nécessité de signifier le procès-verbal, dont on pouvait, au reste, prendre communication au greffe. (*Voy. Prat.*, tom. 4, *pag.* 53). M. Delaporte, tom. 2, pag. 125, dit également que, d'après les dispositions des art. 538 et 539, on ne doit donner aucune copie du procès-verbal, même aux parties qui auraient fait défaut.

ARTICLE 540.

Le jugement qui interviendra sur l'instance du compte, contiendra le calcul de la recette et des dépenses, et fixera le reliquat précis, s'il y en a aucun.

Ordonn. de 1667, tit. 29, art. 20.

CCCCXXXIII. L'ART. 540 du Code est conçu dans les mêmes termes que l'article 20 de l'ordonnance, en ce qu'il dispose que le juge fixera *le reliquat précis*, s'il y en a aucun. Or, par ce mot *reliquat*, on entend le reste de compte ou *débet* dont le rendant se trouve débiteur. Mais il ne faut pas conclure de là que le tribunal doive se borner à fixer le reliquat du rendant ; il doit aussi fixer la somme dont celui-ci se trouverait créancier, puisqu'il peut arriver, dans une instance de compte, qu'il se prétende créancier, et que ses prétentions à cet égard soient reconnues fondées (1).

1886. *Un jugement rendu en matière de compte doit-il être envisagé comme faisant un seul et même acte avec le procès-verbal de débats?*

Oui, d'après un arrêt de la Cour de Rennes, du 27 décembre 1809. En conséquence, cette Cour a décidé que si l'on trouvait, dans le procès-verbal, les qualités et conclusions des parties, les points de fait et de droit sur lesquels le tribunal aurait déclaré statuer, le vœu de la loi serait exactement rempli.

ARTICLE 541.

Il ne sera procédé à la révision d'aucun compte, sauf aux parties, s'il y a erreurs, omissions, faux ou doubles emplois, à en former leurs demandes devant les mêmes juges (2).

Ordonn. de 1667, tit. 29, art. 21. — C. C., art. 2058.

CCCCXXXIV. LES demandes en révision de compte, ces demandes ruineuses,

---

(1) C'est aussi ce que Rodier, sur l'art. 20 du tit. 29 de l'ordonnance, quest. 2.°, exprimait en ces termes : *Si le comptable a plus dépensé que reçu, on le déclare créancier de la somme qui excède la recette; c'est ce qu'on appelle* LE DÉBET, *que l'on condamne l'oyant compte à payer.* M. Berriat Saint-Prix, pag. 504, not. 24, observe, avec raison, que ce mot *débet* n'est pas le terme propre, il vaudrait mieux dire *l'avance* du comptable.

(2) JURISPRUDENCE.
1.° Quand un compte a été régulièrement rendu, reçu et approuvé, on ne peut procéder

plus inextricables souvent que ne l'étaient les comptes mêmes, sont expressément abolies par l'art. 541; ainsi, le compte une fois jugé, les parties n'ont plus que le droit réciproque de se pourvoir devant les mêmes juges, pour faire réparer les erreurs, omissions, faux ou doubles emplois, qui auraient été commis, tandis, autrefois, que la révision exigeait une procédure semblable à la première (1).

1887. *La prohibition de l'action en révision de compte exclut-elle, en tous les cas, l'appel, afin de rectifier les erreurs, omissions, faux ou doubles emplois?*

L'art. 21 de l'ordonnance proscrivait, comme l'art. 541, les révisions de compte; mais il donnait aux parties le choix de former des demandes en rectification d'erreurs, omissions, faux ou doubles emplois, devant les juges qui avaient statué sur le compte, ou d'interjeter appel de sa clôture, pour plaider les griefs à l'audience.

Le Code a supprimé cette dernière disposition; en sorte qu'en général, l'on

---

par nouveau compte, mais seulement par voie de demande en rectification d'erreurs, omissions, faux et doubles emplois.

2.° Ainsi, les juges ne sont pas autorisés à considérer un premier compte comme non avenu, et à ordonner qu'il en sera rendu un nouveau, et ces principes sont applicables aux comptes extrajudiciaires, tout aussi bien qu'aux comptes rendus en justice. — (*Cassat.*, 17 *avril* 1810 *et* 10 *sept.* 1812, *Sirey, tom.* 11, *pag.* 119, *et tom.* 13, *pag.* 254; *Rennes,* 8 *juin* 1811).

3.° L'appelant d'un incident sur expropriation forcée ne peut demander à relever des erreurs ou doubles emplois, dans un compte de commerce qu'il prétend être le principe de la créance du poursuivant. — (*Rennes,* 12 *janv.* 1814).

4.° D'après la maxime *qui veut la fin veut les moyens,* la loi, en accordant aux comptables la faculté de redresser les erreurs, omissions, etc., qui auraient pu échapper dans un premier jugement, les autorise incontestablement à faire valoir toutes les pièces et les moyens propres à les manifester, même les pièces qui auraient été produites en premier jugement. — (*Rennes,* 19 *janv.* 1816).

5.° L'action en redressement des erreurs ou omissions qui se sont glissées dans une sentence d'arbitres, en matière de commerce, doit être portée, non devant le tribunal de commerce, mais devant l'arbitre qui a rendu cette sentence. — (*Cassat.,* 28 *mars* 1815, *Sirey, tom.* 15, *pag.* 154).

6.° Une demande formée sous l'appel, et qui a pour objet de relever des omissions, faux ou doubles emplois, précédemment débattus devant des arbitres, ne doit pas être considérée comme demande nouvelle, et renvoyée comme telle devant les premiers juges.

7.° Il en est ainsi de celle qui serait formée en cause d'appel, à l'occasion d'un précompte que la Cour aurait renvoyé devant notaire. Cette circonstance du renvoi devant notaire ne dessaisit point, en effet, la Cour de la connaissance du compte, et par conséquent, elle doit connaître de l'incident qui constitue une partie intégrante de l'ensemble de la comptabilité dont elle est saisie. — (*Rennes,* 25 *fév.* 1817).

8.° On peut, par un second jugement, rectifier une omission commise dans le premier jugement qui a réglé le compte, et dans ce cas, les mêmes avoués qui ont occupé sur ce premier jugement doivent occuper sur le second, s'il est provoqué dans l'année; ce qu'il est permis de faire par un simple acte. — (*Rennes,* 26 *juil.* 1816).

9.° Si l'oyant est défaillant, il n'y a pas lieu à débattre le compte, mais le rapport en est fait à l'audience, et le tribunal prononce le jugement du compte.

(1) Pour être admis à cette action, on sent qu'il est nécessaire d'indiquer les erreurs, omissions, etc., puisque la contestation ne doit rouler taxativement que sur les article qui les renferment.

tient pour constant que l'appel est interdit en tous les cas. Mais M. Pigeau, tom. 2, pag. 384, dit que la demande en rectification ou réformation d'erreurs, etc., ne peut plus être portée devant les mêmes juges, si les erreurs, omissions, faux ou doubles emplois, ayant été relevés lors du compte, le juge avait statué, à leur égard, par le jugement rendu sur le compte. Alors, dit cet auteur, on ne pourrait se pourvoir que par les voies ouvertes contre ce jugement, si l'on était dans le tems et les cas requis.

Telle est aussi notre opinion, fondée sur la règle qui interdit aux juges la réformation de leurs propres jugemens. A la vérité, M. Merlin (*voy. nouv. Répert., au mot* jugement, § 3, *n°.* 5, *tom.* 6, *pag.* 561), dit que quelque générale que soit cette règle, l'art. 541 y fait exception.

Oui, sans doute, l'art. 541 fait exception à la règle dont il s'agit; mais c'est en ce sens seulement qu'elle ne permet pas au juge, dessaisi d'une affaire par le jugement qu'il a rendu, d'en connaître de nouveau, et non pas en ce sens que, dans le cas où il a prononcé sur des erreurs qui ont été relevées devant lui, l'on puisse encore lui soumettre de nouveau ce qu'il a jugé. Ce n'est pas là, selon nous, ce que M. Merlin a dit ou entendu dire. Nous croyons, en conséquence, que l'art. 541 ne s'applique que dans le cas où les erreurs, omissions, etc., n'ont pas été relevés devant les premiers juges.

ARTICLE 542.

Si l'oyant est défaillant, le commissaire fera son rapport au jour indiqué, les articles seront alloués, s'ils sont justifiés; le rendant, s'il est reliquataire, gardera les fonds, sans intérêts; et s'il ne s'agit point d'un compte de tutelle, le comptable donnera caution, si mieux il n'aime consigner.

Ordonn. de 1667, tit. 29, art. 23. — C. C., art. 474, 1257 et suiv. — C. de P., art. 126 517, 539, 816.

1888. *Le tuteur est-il compris dans la disposition qui autorise le rendant reliquataire à garder les fonds sans intérêts?*

Cette question naît de la disposition de l'art. 474 du Code civil, qui porte que la somme à laquelle s'élèvera le reliquat dû par le tuteur portera intérêt, sans demande, à compter de la clôture du compte. Au contraire, d'après l'article 542 du Code de procédure, lorsque l'oyant est défaillant, le rendant, s'il est reliquataire, garde les fonds sans intérêts.

Pour concilier ces deux articles, on peut dire que le premier a été porté pour le cas où le compte du tuteur a été entendu par la partie intéressée, et le reliquat régulièrement déterminé. Or, alors, point de motifs pour dispenser le tuteur du paiement des intérêts, s'il ne fait pas de suite celui du reliquat; mais l'art. 542 du Code de procédure est fait pour le cas où l'oyant fait défaut. En cette circonstance, le retard du comptable ne saurait être imputé à sa propre négligence : il ne serait donc pas juste de le charger des intérêts; et comme cette raison milite, à l'égard du tuteur, comme à l'égard de tout autre rendant, la disposition de l'article dont il s'agit doit lui être appliquée.

Telle est notre opinion, conforme à celle de M. Lepage (*voy. ses Questions*, *pag.* 307) ; mais M. Pigeau, tom. 2, pag. 379, et M. Delvincourt, tom. 1, pag. 501, paraissent être d'un sentiment contraire, puisqu'ils rappèlent l'art. 474 du Code civil, sans ajouter aucune observation.

TITRE V.

De la Liquidation des dépens et frais (1).

A parler exactement, les *dépens* ne sont autre chose que les dépenses du procès lui-même, et les *frais* sont les déboursés qui n'ont été faits qu'accessoirement ; mais on comprend les uns et les autres sous le mot *dépens*, lorsqu'il s'agit de les liquider contre la partie qui a été condamnée à les supporter.

Cette liquidation nécessite deux opérations. La première consiste à examiner si les pièces de la procédure sont autorisées par la loi, et si d'ailleurs elles n'ont pas été déclarées nulles ; car, en ces deux cas, le juge ne pourrait les taxer. La seconde a pour objet d'attribuer à chaque pièce la somme à laquelle elle doit être taxée d'après les réglemens.

En matière sommaire, la liquidation est toujours faite par le jugement (543) ; mais dans les autres affaires elle l'est par l'un des juges qui ont concouru à sa prononciation, et suivant le mode déterminé par les réglemens d'administration publique. — (544. *Voy. sur l'art.* 1041).

ARTICLE 543.

La liquidation des dépens et frais sera faite, en matière sommaire, par le jugement qui les adjugera (2).

Ordonn. de 1667, tit. 31, art. 33.

ARTICLE 544.

La manière de procéder à la liquidation des dépens et frais dans les autres matières, sera déterminée par un ou plusieurs réglemens d'administration publique, qui seront exécutoires le même jour que le présent Code, et qui, après trois ans au plus tard, seront présentés en forme de loi au Corps législatif, avec les changemens dont ils auront paru susceptibles.

CCCCXXXV. La simplicité de l'instruction organisée pour les causes som-

---

(1) Voy. *suprà*, art. 130 et 131.

(2) JURISPRUDENCE.

1.ᵉ Un arrêt en matière de taxe de dépens peut être attaqué par la voie de la cassation,

maires (*voy. pag.* 43 *et suiv.*) permettait que le jugement qui, dans ces matières, condamne aux dépens, en contînt la liquidation, et l'on en trouve l'obligation imposée dans l'art. 543.

Mais si cette règle avait été appliquée à toutes les contestations, on ne peut se dissimuler que, sur-tout pour les tribunaux des grandes villes, c'eût été retarder considérablement la levée et l'exécution du jugement, dans lequel la disposition relative aux dépens est presque toujours la moins importante, et dont l'exécution prompte intéresse le moins la partie qui a obtenu l'adjudication de ses conclusions.

Mais que cette liquidation de dépens soit ou non contenue dans le jugement, la loi doit indiquer les formes qui doivent y conduire les officiers chargés d'en préparer les élémens, les juges qui la fixeront. Les dépens doivent-ils être taxés par le juge, ou, comme l'avait décidé l'art. 33 de la loi du 27 mars 1791, pouvait-on en confier la liquidation aux chambres des avoués, en ne laissant aux juges que le pouvoir de rendre cette liquidation exécutoire?

Déterminerait-on par un tarif le coût de chaque acte, de chaque rôle d'écriture, de chaque vacation? N'eût-il pas été possible de distribuer en plusieurs classes peu nombreuses la totalité des affaires qui se portent devant les tribunaux, pour fixer ensuite une somme qui serait allouée dans chaque classe et suivant l'importance de l'affaire?

Ces questions furent agitées lors de l'examen du projet du Code de procédure (1). Mais on crut dangereux d'improviser sur une matière aussi importante une théorie nouvelle, dont l'exécution eût été problématique, et la prudence conseilla une mesure conciliatrice tendant à produire une loi approchant, autant que possible, de la perfection que l'on désirait. C'est pourquoi

---

attendu qu'il est dans les attributions de la Cour suprême de réprimer toutes les atteintes portées à la loi; que l'exercice de cette attribution ne peut cesser que dans le cas d'une exception expresse et formelle, et qu'une semblable exception ne se trouve pas dans le décret du 16 février — (*Cassat.*, 12 *mai* 1812, *Sirey, tom.* 13, *pag.* 37).

2.° Lorsque la partie qui succombe interjette appel de la taxe des dépens, il est nécessaire, pour que l'appel soit recevable, que, dans les trois jours, les articles contestés soient croisés, fallût-il les croiser tous, l'appel embrassant la totalité de la taxe.

3.° Le commissaire taxateur ne peut autoriser la partie qui a gagné à employer en frais et mise d'exécution de ses créances les dépens qui lui ont été adjugés, si l'arrêt qui condamne aux dépens ne renferme point cette faculté. — (*Paris*, 11 *fruct. an* 13, *Sirey, tom.* 7, *pag.* 895).

4.° La taxe ou exécutoire des dépens est susceptible d'opposition, non seulement par la partie condamnée, mais encore par la partie au profit de qui les dépens sont accordés. — (*Ajaccio*, 12 *sept.* 1811, *Sirey, tom.* 14, *pag.* 22).

5.° Lorsqu'un jugement condamne une partie aux frais et avances de son avoué, ce jugement est toujours réputé rendu sauf la taxe : il cesse donc d'être exécutoire aussitôt que la taxe est demandée, et dès lors il ne peut légitimer des poursuites en expropriation forcée.

Si, dans ces circonstances, un tribunal de première instance décide le contraire et ordonne la continuation des poursuites, son jugement est susceptible d'appel, même après la quinzaine de la signification à avoué. Ici ne s'appliquent point les art. 734 et 736 du Code de procédure civile. — (*Paris*, 23 *mai* 1808, *Sirey, tom.* 8, *pag.* 267).

(1) Voy. la discussion de ces questions dans l'Exposé des motifs, par M. Réal, et dans le rapport au Corps législatif, par M. Favard, édit. de F. Didot, pag. 190—193 et 232—236.

le titre de la liquidation des dépens et frais ne règle rien à cet égard, et se borne à annoncer, dans l'art. 544, que la manière d'y procéder sera provisoirement déterminée par un ou plusieurs réglemens d'administration publique, qui, après quatre ans au plus tard, seraient présentés au Corps législatif, avec les changemens dont ils auraient paru susceptibles.

Ce réglement est contenu dans le décret du 16 février 1807 (1). Mais on regrette que le sage parti que le législateur avait pris d'attendre de l'expérience des lumières nécessaires pour réunir, dans une loi, les dispositions les plus propres à concilier l'intérêt des justiciables, celui des avoués et celui des tribunaux, soit resté sans effet depuis quinze années.

1889. *N'est-ce que dans les matières sommaires que le jugement doit contenir la liquidation des dépens et frais?*

Non; cette liquidation doit encore être faite par le jugement même, lorsqu'il prononce sur certaines contestations élevées en matière d'ordre.—(*Voy. art.* 761 et 766).

1890. *Est-il nécessaire, à peine de nullité du jugement, qu'en matière sommaire la taxe des dépens soit prononcée à l'audience?*

L'art. 543 veut qu'en matière sommaire la liquidation des dépens et frais soit faite par le jugement qui les adjuge. A cet effet, l'avoué qui a obtenu condamnation doit, conformément à l'art. 1er. du décret du 16 février 1807, remettre, au greffier tenant la plume à l'audience, l'état des dépens adjugés, pour la liquidation en être insérée dans le dispositif du jugement.

On avait conclu de ces dispositions que la taxe des dépens devait être prononcée à l'audience même où le jugement avait été rendu. Mais, par arrêt du 2 mai 1810, la Cour de cassation, section des requêtes, a décidé non seulement que cette prononciation n'était pas exigée, mais qu'il n'était pas même nécessaire qu'elle fût contenue dans une expédition délivrée sur-le-champ, et qu'il suffisait qu'elle fût énoncée dans la minute. — (*Voy. Sirey, tom.* 10, *pag.* 242).

1891. *Le délai de l'opposition à l'exécutoire ou au jugement au chef de la liquidation, est-il le même, tant en matière sommaire qu'en matière ordinaire?*

L'art. 6 du décret porte que l'exécutoire ou le jugement au chef de la liquidation est susceptible d'opposition, et prescrit de la former dans les trois jours de la signification à avoué, avec citation. On a prétendu que le décret distinguant les dépens en matière sommaire des dépens en matière ordinaire, et ne parlant des premiers que dans l'art. 1er., qui ne prescrit rien touchant le délai de l'opposition, ce délai, pour les matières sommaires, restait soumis aux règles générales; qu'en un mot, l'art. 6 du décret ne s'appliquait qu'aux matières ordinaires. Cette prétention a été rejetée, par arrêt de la Cour de cassation, du 28 mars 1810, section des requêtes (*voy. Sirey, tom.* 10, *pag.* 240); ainsi, l'on doit tenir pour certain que le délai fixé par l'article que nous venons de citer est commun à toute opposition à une taxe de dépens.

(1) Ce réglement est une des principales matières qui seront traitées dans le Cours pratique que nous avons annoncé en notre introduction générale.

1892. *L'opposition formée contre la taxe opérerait-elle une fin de non-recevoir contre l'appel que l'on interjeterait du jugement, relativement au fond?*

Nous avions décidé cette question pour l'affirmative, n° 1730 de notre Analyse, pour le cas où l'opposant n'eût pas déclaré se réserver la voie de l'appel. En effet, disions-nous, de ce qu'il se plaindrait seulement de la taxe des dépens, on pourrait tirer la conséquence qu'il approuve tacitement les condamnations prononcées au principal. — (*Voy. Pigeau, tom. 2, pag. 311 et 312*).

Mais le contraire a été jugé par arrêt de la Cour de Paris, du 10 juin 1812 (*voy. Jurisp. du Code civ., tom. 19, pag. 265*), attendu que l'opposition à la taxe contenue dans un jugement ne renferme pas d'acquiescement, puisqu'elle n'est pas volontaire, le réglement du 16 février 1807 portant, art. 6, qu'elle doit être formée dans les trois jours, à peine de déchéance. Nous croyons que l'on doit s'arrêter à cette dernière décision.

SECONDE DIVISION.

De l'Exécution forcée sur les biens ou sur la personne du débiteur.

LES titres dont se compose la seconde des divisions que nous avons faites du troisième livre du Code en sont la partie la plus importante. Elle est le complément et la sanction de toutes les lois civiles. Vainement, en effet, eût-on établi les lois qui fixent les droits et les devoirs des citoyens, institué l'autorité chargée d'en faire l'application aux espèces qui se présentent, et prescrit le mode de procéder pour obtenir cette application, si le législateur n'avait ensuite réglé la manière d'exécuter les jugemens et les actes authentiques qui en tiennent lieu, d'après la convention des parties. Il faut que celui qui a obtenu un jugement favorable, ou envers lequel un engagement a été pris dans la forme la plus solennelle, ou a été déclaré obligatoire par le magistrat, ait des moyens assurés de contraindre celui qui a été condamné ou qui s'est obligé, à satisfaire à ses obligations.

L'exécution forcée des jugemens et des actes se fait sur les biens ou sur la personne du débiteur, par les moyens déjà indiqués ci-dessus, pag. 316, et dont l'exercice est réglé par les dispositions *générales* ou particulières, contenues aux titres suivans.

TITRE VI.

Règles générales sur l'exécution forcée des jugemens et actes.

C'EST dans ce titre qu'on voit quels sont les jugemens qui doivent être exécutés en France, quelle forme ils doivent avoir pour obtenir la force de la chose jugée, quels sont les actes qui ont eux-mêmes la force des jugemens, et quels moyens la loi donne à l'autorité judiciaire pour faire respecter ses décisions.

C'est ici que le législateur a eu besoin de toute sa sagesse pour tempérer la rigueur nécessaire de ses dispositions par la plus exacte justice. Il fallait protéger l'exécution des jugemens et des actes authentiques, autant dans l'intérêt de celui contre lequel elle est poursuivie, que dans l'intérêt même du poursuivant, c'est-à-dire que toute mesure arbitraire et vexatoire ne peut être employée pour l'exécution d'un jugement ou d'un acte exécutoire : aussi, la loi n'a-t-elle rien négligé pour remplir ce double objet. Partout on voit des marques d'une sollicitude paternelle pour le débiteur malheureux, exposé à des actes de rigueur que la loi permet au créancier, mais dont il abusait autrefois, et dont le législateur n'a pas voulu qu'il pût abuser désormais.

ARTICLE 545.

Nul jugement ni acte ne pourront être mis à exécution, s'ils ne portent le même intitulé que les lois, et ne sont terminés par un mandement aux officiers de justice, ainsi qu'il est dit art. 146 (1).

Loi du 29 sept. 1791, sect. 2, tit. 1, art. 13 et 14. — C. C., art. 2213. — Ordonn. du Roi, du 30 août 1815.

CCCCXXXVI. C'est dans les mains du souverain qu'est remise la force publique ; c'est au nom du souverain que, dans les jugemens, les tribunaux ont appliqué la loi ; ce n'est qu'en son nom que les officiers ministériels commis par lui, dépositaires délégués d'une partie de cette force publique, doivent être sommés de l'exercer.

Cette base fondamentale de toute exécution forcée trouve son principe dans

---

(1) JURISPRUDENCE.

1.° L'ordonnance exécutoire d'un juge ne peut être mise à exécution, si elle n'est pas intitulée et terminée ainsi qu'il est dit en l'art. 146, attendu que, sous ce mot *acte*, l'art. 545 ne comprend pas seulement *les actes notariés*, mais tous actes susceptibles d'exécution parée.

Les actes constatant les ventes publiques de meubles, faites par les notaires, ne sont pas susceptibles d'exécution parée, s'ils ne sont signés de l'acheteur et du vendeur, comme du notaire et des témoins. — (*Bruxelles*, 22 *mars* 1810, *Sirey*, *tom*. 10, *pag*. 333).

NOTA. On peut demander, d'après cette décision, *comment il faudrait se pourvoir pour obtenir paiement des acquéreurs de meubles vendus publiquement, et qui n'auraient pas payé le prix de leurs acquisitions?*

Comme aucune disposition de la loi ne s'explique à cet égard, on en pourrait conclure qu'il faut se pourvoir dans les formes ordinaires. Cependant, on ne peut se dissimuler que l'on expose ainsi un tuteur, par exemple, à avoir autant de procès que d'adjudicataires, souvent pour des sommes de peu d'importance, qui seraient consommées en frais. Un usage s'est donc établi d'obtenir du président une ordonnance d'*exequatur* sur laquelle on saisit. Cette marche est sans doute très-raisonnable ; mais comme aucun fonctionnaire ne peut s'attribuer une compétence que la loi ne lui accorde pas ; comme, d'un autre côté, la loi ne précise point les cas où de semblables ordonnances seraient autorisées, nous ne saurions affirmer que, sur l'opposition de la partie, l'ordonnance fût maintenue : en tous cas, ainsi que nous le dirons *infrà*, sur l'art. 625, les officiers publics étant responsables du prix de vente, ce serait, croyons-nous, au nom du notaire ou commissaire-priseur que l'ordonnance devrait être rendue.

2.° Les jugemens ne peuvent être exécutés sur la minute ; il n'y a que les ordonnances sur référé qui puissent être exécutées de la sorte : encore n'est-ce que dans le cas d'absolue nécessité, ainsi qu'il est dit en l'art. 811. — (*Paris*, 27 *juin* 1810, *Sirey*, *tom*. 15, *pag*. 11).

les art. 14 et 57 de la Charte constitutionnelle, desquels résulte, comme une conséquence nécessaire, la disposition de l'art. 146 du Code de procédure, qui veut que les jugemens soient intitulés et terminés au nom du Roi, conformément à l'art. 57 de la loi fondamentale (1); disposition qui reçoit une nouvelle application dans l'art. 545 ci-dessus (2).

1893. *L'exécution d'un acte ou jugement d'une date antérieure à la publication du Code civil, peut-elle avoir lieu aujourd'hui, s'ils ne sont revêtus de la formule royale?*

D'après les dispositions des art. 2213 du premier de ces Codes, et 545 du second, nul acte ou jugement n'a pu être mis à exécution sans être revêtu de la formule exécutoire; mais, jusqu'à l'ordonnance du 30 août 1815, peu importait que cette formule fût ou non celle du tems où l'expédition avait été délivrée. — (*Avis du Conseil d'état, du 2 frim. an 13.*)

Il avait même été décidé par arrêts de la Cour de cassation, des 21 brumaire an 11 et 8 août 1808, que, dans l'intervalle du décret du 22 septembre 1792 à la loi du 25 ventôse an 11, on pouvait exécuter un acte sans formule.

Aujourd'hui, la formule royale est indispensable, à peine de nullité, suivant l'art. 1 de l'ordonnance que nous venons de citer. L'art. 5 a seulement autorisé la continuation des procédures commencées en vertu de grosses portant une formule ancienne.

1894. *Les actes notariés et les jugemens sont-ils les seuls qui ne puissent être mis à exécution qu'en vertu de la formule exécutoire?*

Les arrêtés et actes administratifs qui constatent des contraventions ou prononcent des condamnations emportant l'exécution parée, comme les actes notariés et les jugemens (*voy. avis du Conseil d'état, des 16 therm. an 12, 29 oct. 1811 et 24 mars 1812*), nous semblent, d'après les termes généraux de l'article, *nul acte,* devoir être revêtus de la formule exécutoire.

Cependant, si l'on s'arrêtait à une décision du ministre de la justice, rapportée par Sirey, tom. 9, 2°. part., pag. 314, et suivie dans l'usage, les huissiers pourraient mettre à exécution ces mêmes actes, nonobstant le défaut de

_____

(1) Voy. tom. 1, pag. 348 et suiv., et notre Traité des lois d'organisation et de compétence, pag. 3 et suiv.

(2) Ce que la loi est au genre, dit M. Meyer, Esprit, Origine et Progrès des Institutions judiciaires, liv. 8, chap. 30, tom. 5, pag. 521 et 522, le jugement l'est à l'espèce...... Le pouvoir législatif comme le pouvoir judiciaire émanent directement de la souveraineté; rien, par conséquent, de plus juste que d'attacher aux jugemens et aux actes authentiques la même force obligatoire qu'aux lois, avec cette différence que l'effet de la loi est général; celui de la sentence ou de la convention ne s'étend pas au-delà des parties qui y sont désignées. Soit que le jugement ou l'acte soient précédés, intitulés et suivis de la même formule qui sert aux promulgations de la loi (ainsi qu'il est formellement établi par les art. 146 et 545 ci-dessus cités), soit que cette formalité soit sous-entendue, toujours c'est au nom du souverain qu'ils doivent être exécutés; c'est l'autorité suprême qui doit y veiller, et tous les fonctionnaires, sans distinction d'ordre ou de rang, tous les citoyens même, sont obligés d'y tenir la main. Ils ne peuvent examiner ici la validité de la convention, ni la justice de la sentence qui leur est représentée, pas plus qu'ils n'ont la faculté de rechercher si une loi est utile. Le souverain a parlé par l'organe du magistrat ou du fonctionnaire public, et le devoir des autres fonctionnaires et des sujets est dans l'obéissance.

formule; mais nous remarquerons que, s'il a pu exister quelques doutes sur l'opinion contraire que nous venons d'émettre, ils sont levés par l'art. 1 de l'ordonnance du 3o août, qui évidemment comprend, dans sa disposition, tous actes, arrêts ou jugemens, quels qu'ils soient. Tel est aussi le sentiment des auteurs des Annales du notariat. — (*Voy. Comment. sur le Code de procéd.*, tom. 3, pag. 46o).

Nous ne pourrions indiquer qu'un seul acte qui puisse être exécuté sans formule : ce sont les contraintes décernées en matière d'enregistrement. Elles n'y sont pas soumises, parce qu'elles n'émanent que de simples officiers et non pas des fonctionnaires publics, dans le sens légal du mot, et qu'elles ne forment d'ailleurs que des actes préalables de poursuites dont on peut toujours arrêter les effets, en se pourvoyant par opposition devant les tribunaux.

1895. *Un jugement signifié à avoué peut-il être exécuté avant de l'avoir été à partie ?*

Non. — (*Voy.* art. 147, et notre quest. 609°., tom. 1, pag. 353).

1896. *Que faut-il faire avant d'exécuter personnellement, contre des héritiers, un titre qui était exécutoire contre leur auteur ?*

Il faut leur signifier ce titre dans le délai fixé par l'art. 877 du Code civil; et indépendamment de la circonstance qu'une saisie, par exemple, eût été faite en vertu d'un titre non revêtu de la formule royale, cette saisie doit être déclarée nulle; si elle est faite contre des héritiers auxquels ce même titre n'eût pas été notifié aux termes de l'article précité. — (*Rennes, 5 juill.* 1817) (1).

1897. *Quand l'exécution des jugemens et actes notariés peut-elle être arrêtée ?*

L'exécution d'un jugement par défaut peut toujours l'être par l'opposition, tant qu'elle est recevable. (*Art.* 158 *et* 165). Quant à celle des jugemens contradictoires et de ceux qui, rendus par défaut, ne sont plus sujets à l'opposition, elle ne peut l'être que par un appel, s'ils ne sont pas exécutoires par provision (*voy.* art. 135, 435, 439); enfin, quant à celle des actes notariés, l'art. 1519 du Code civil, d'accord avec l'art. 19 de la loi du 25 ventôse an 4, veut qu'en cas de plainte en *faux principal*, l'exécution soit suspendue par la mise en accusation, et se borne à autoriser les tribunaux, en cas *d'inscription en faux incident*, à prononcer la suspension, suivant les circonstances. Nous estimons, au reste, qu'il dépend de même des tribunaux de prononcer cette suspension, lorsque l'acte est attaqué par des moyens de fraude, de dol, de simulation, ou, en un mot, de nullités qui auraient une grande apparence de fondement. — (*Voy. supra sur l'art.* 124).

Il reste à remarquer que si le serment décisoire peut être déféré contre et outre le contenu d'un acte notarié, cette délation n'en suspendrait point l'exécution de plein droit. — (*Voy.* arrêts de Colmar, 18 *avril;* de Grenoble, 11 *juill.*

(1) Mais les titres pour dettes mobilières, exécutoires contre le mari ou la femme, avant le mariage, le sont de plein droit contre la communauté (*Bruxelles,* 25 *juin* 1807, *Sirey,* tom. 7, pag. 345), et le cessionnaire d'un titre exécutoire n'est pas tenu, pour le mettre à exécution, de s'y faire autoriser par justice. — (*Nîmes,* 2 *juil.* 1808, *Sirey,* tom. 9, pag. 61).

1806, *et sur-tout celui de Turin, du* 10 *nivôse an* 14 *, Sirey, tom.* 6 *,* 2ᵉ *. part., pag.* 900 *et* 988*;* 1807*, pag.* 47*, et* 1806*, pag.* 87 *).*

1898. *Le porteur d'un titre exécutoire peut-il obtenir jugement de condamnation au paiement des sommes qui lui seraient dues en vertu de ce titre?*

On dit, pour la négative, qu'au moyen d'un titre de cette nature, le créancier peut agir par voie d'exécution sur les biens, et que, par conséquent, il n'est pas besoin qu'il obtienne un jugement de condamnation qui ne lui donnerait qu'un droit qu'il a déjà ; d'où suit que les poursuites judiciaires qu'il ferait, à cet égard, seraient tout à la fois et vexatoires et frustratoires.

Nous répondons que nulle disposition n'interdit l'action du créancier pour le cas dont il s'agit, et qu'il a d'ailleurs un intérêt évident à former, 1°. parce que cette action peut seule lui faire obtenir les intérêts, qui ne courent que depuis la demande en justice. Ainsi Dénisart, vᵒ. *intérêts,* et M. Pigeau, dans sa procédure civile du Châtelet, tom. 1, pag. 43, not. 6, comme dans son nouveau Traité, tom. 1, pag. 66, estiment que le créancier a droit d'obtenir jugement; 2°. parce que l'art. 1153 du Code civil l'y autorise formellement par la généralité de ses termes, qui ne distinguent point relativement à la forme de l'obligation ; 3°. parce qu'aujourd'hui qu'il n'y a plus d'hypothèque sans stipulation formelle, le créancier ne peut acquérir cette sûreté qu'au moyen d'un jugement.

Si, dans ces circonstances, l'action était interdite au créancier, il se trouverait, avec un titre exécutoire, dans une position moins favorable que le porteur d'une simple obligation privée; ce qu'on ne peut admettre. Ce ne serait donc que dans le seul cas où l'acte procurerait au créancier tous les avantages qu'il pourrait obtenir d'un jugement, qu'il serait permis aux tribunaux de rejeter la demande, suivant la maxime, *l'intérêt est la mesure des actions.* Dans le cas contraire, le débiteur a à s'imputer la faute de s'être exposé, en ne satisfaisant pas à ses engagemens, aux frais que l'action peut occasionner.

Concluons que si le créancier, en vertu d'un titre exécutoire, a le droit de passer à l'exécution des meubles ou à la saisie des immeubles de son débiteur, il ne s'ensuit nullement que la faculté d'agir en justice, pour obtenir une condamnation aux intérêts du retard et une hypothèque légale, lui soit enlevée (1). Or, quand on a plusieurs moyens de se pourvoir, on peut choisir celui qui paraît offrir le plus d'avantages. — (*Voy. d'Argentré, sur l'art.* 122 *de l'ancienne Coutume de Bretagne, et notre introduction*).

ARTICLE 546.

Les jugemens rendus par les tribunaux étrangers, et les actes reçus par les officiers étrangers, ne seront susceptibles d'exé-

---

(1) A l'appui de cette observation, voy. les art. 58 et 69 de l'ordonn. de François 1.ᵉʳ, du mois d'août 1539, dans Néron, tom. 1, pag. 201, et la paraphrase de Bourdin, sur l'art. 69 *ibidem.*

cution en France, que de la manière et dans les cas prévus par les art. 2123 et 2128 du Code civil (1).

C. C., art. 2123 et 2128. — Ordonn. de 1629, dite *Code Michaud*, art. 121. — tom. 1, pag. 436, à la note 3.°, 4.°, et pag. 446, à la note 2.°

CCCCXXXVII. Un des principaux attributs de la souveraineté est, comme nous l'avons dit au commentaire de l'article précédent, de rendre exécutoires les jugemens des tribunaux et les actes des autres fonctionnaires établis par la loi. Si donc les officiers ministériels du royaume, si les membres de la grande famille qui le composent ne doivent obéir qu'au nom du Roi, il faut en conclure que les jugemens rendus par les tribunaux étrangers, et les actes reçus par des officiers étrangers, ne sont pas susceptibles d'exécution en France, à moins qu'ils n'aient été déclarés exécutoires par un tribunal français. Ce principe se trouvait implicitement énoncé dans plusieurs articles du Code civil, et notamment dans les art. 2123 et 2128, et l'article ci-dessus le déclare formellement, mais avec une exception pour le cas où il existerait des dispositions contraires dans les lois politiques ou dans les traités (2); alors les jugemens ou actes seraient exécutoires de plein droit; exception, disait M. Favart, dans son rapport au Corps législatif, qui n'est pas contraire au principe, puisque le souverain, qui défend la force exécutoire, dans ses états, à des actes non émanés de l'autorité de ses juges et officiers, peut la permettre, et que d'ailleurs dans le cas de la permission, il y a réciprocité.

1899. *Comment s'exécute l'obligation imposée par l'art. 546 de faire déclarer exécutoires les jugemens rendus en pays étranger?*

Ou plus particulièrement, *cette obligation consiste-t-elle seulement à rendre une simple ordonnance d'*EXEQUATUR *ou* PAREATIS? *Son accomplissement ne s'étend-*

---

(1) JURISPRUDENCE.

1.° Le droit de faire raviser ne peut aussi s'exercer, lorsque le jugement a été rendu du consentement de toutes les parties. — (*Paris*, 14 juil. 1809, *Sirey*, tom. 12, pag. 359).

2.° Il en est encore de même, lorsque les jugemens étrangers ne sont que la conséquence nécessaire ou l'exécution de décisions souveraines rendues en France contre un Français. — (*Cassat.*, 30 juil. 1810, *Sirey*, tom. 11, pag. 91).

3.° En tous autres cas, le jugement rendu à l'étranger ne peut, avant d'avoir été rendu exécutoire, avoir en France autorité de chose jugée. — (*Voy. Bullet. offic. de cassat.*, tom. 11, pag. 67).

NOTA. Ainsi, 1.° il n'opère point l'exception résultant de cette autorité contre la nouvelle action que le Français voudrait intenter en France, encore bien que ce Français eût été demandeur en pays étranger, que la matière fût commerciale, et que le tribunal étranger eût été saisi par renvoi du ministre de France. — (*Cassat.*, 26 vent. an 12, *Sirey*, tom. 12, pag. 267).

2.° Le jugement qui, dans l'étranger, admet un négociant au bénéfice de cession, n'est point obligatoire pour les créanciers de France, encore que lui-même soit Français d'origine. — (*Bruxelles*, 8 mai 1810, *Sirey*, tom. 7, 2.° part., pag. 973).

3.° Celui qui accorde un sursis à une maison de commerce n'empêche pas de pratiquer en France des saisies-arrêts au préjudice de cette maison. — (*Bordeaux*, 5 fév. 1813, *Sirey*, tom. 15, pag. 111).

4.° Le jugement rendu sur la question de savoir si des marchandises confisquées comme de bonne prise, appartenant au Français ou à l'étranger, n'empêche pas la revendication en France de ces marchandises. — (*Cassat.*, 19 oct. 1809, *Sirey*, tom. 10, pag. 113).

(2) Tel est le traité passé entre la France et la Suisse, le 4 vendémiaire an 12 (*Bullet. des lois*, n.° 3261). L'art. 24 exige seulement que les jugemens soient *légalisés*. — (*Voy. les observations faites sur ce traité par M. Toulier*, tom. 10, pag. 146, n.° 89.)

il pas, au contraire, à réviser *le jugement étranger, ou,* en d'autres termes, *à rendre jugement nouveau*?

Quant aux actes dressés en pays étrangers devant des officiers publics, il n'est pas douteux qu'ils font foi de leur contenu s'ils sont revêtus des formes prescrites dans les lieux où ils ont été passés. C'est l'application de la maxime *locus regit actum;* mais ils ne peuvent être exécutés forcément qu'après apposition de la formule royale, puisqu'aucune exécution ne peut, comme nous l'avons dit, être faite qu'au nom du souverain, en vertu d'un mandement exprès ou tacite (*voy. le comment. sur l'art.* 545, *pag.* 358 *et* 359, *et Rodier, ubi suprà, tom.* 5, *pag.* 523); formule dont l'apposition ne suffirait pas cependant, d'après l'art. 2128 du Code civil, pour valider une inscription hypothécaire prise en vertu du contrat. Il nous semble que la formule doit être apposée par le président du tribunal dans l'arrondissement duquel le contrat doit être exécuté (1).

Il n'en est pas de même quant aux jugemens; ils doivent être *déclarés* exécutoires par un tribunal français. Or, disions-nous dans notre Analyse, question 1737, d'après les autorités les plus respectables, et par argumentation de ce que la Cour suprême avait décidé sous l'empire de l'ordonnance de 1629, vulgairement connue sous le titre de *Code Michaud,* « Si le jugement a été » rendu hors de France contre un sujet du Roi en faveur d'un étranger, le » premier aura la faculté de *débattre* de nouveau, devant le tribunal français, » l'action jugée à l'étranger, et il le pourra encore bien qu'il eût introduit lui-» même cette action ou qu'il eût été condamné sur une demande réconven-» tionnelle de son adversaire ». Au contraire, l'étranger contre qui on veut exécuter, en France, un jugement rendu en pays étranger, ne peut demander la révision, ni s'opposer à ce que le tribunal français rende un simple *pareatis,* c'est-à-dire une simple ordonnance d'exécution.

Nonobstant un arrêt de la Cour de Paris, du 27 août 1816 (*Sirey, tom.* 16, *pag.* 369), qui venait de juger le contraire, en décidant qu'il y avait lieu à révision dans le second cas comme dans le premier, nous avions persisté dans notre opinion, n°. 2693 de notre Traité et Questions; mais l'arrêt précité de la Cour de Paris ayant été, après mûre délibération, confirmé par la Cour suprême, le 19 avril 1819, on doit regarder la jurisprudence comme irrévocablement fixée, et en conséquence admettre que tous les jugemens rendus en pays étranger, sans exception (2), ne peuvent avoir d'exécution en France

_____

(1) Si tout acte d'exécution fait en France par un étranger, en vertu d'un acte passé hors France, et non rendu exécutoire par un tribunal français, est de nul effet (*Rouen,* 11 *janv.* 1817, *Sirey, tom.* 17, *pag.* 89), il en est autrement des mêmes actes faits en pays étranger, en vertu d'un jugement rendu par un tribunal françois ou d'un titre passé en France, comme l'a décidé un arrêt de la Cour de cassation, du 14 février 1810, cité par M. Delvincourt, tom. 1, pag. 301 et 302, en déclarant qu'une saisie-arrêt faite dans l'étranger avait pu empêcher en France la compensation.

(2) Cette jurisprudence se rapproche, sans cependant y être conforme, de la doctrine que professe le savant auteur du Traité des Institutions judiciaires, M. Meyer. « Il est, » dit-il, plus d'un pays dans lequel les jugemens rendus hors du territoire ne sont obli-« gatoires qu'envers les étrangers, et où les citoyens ont le droit de débattre de nouveau leurs » droits devant les juges de leur pays, nonobstant la sentence obtenue. Cette jalousie de

qu'après avoir été rendus exécutoires en connaissance de cause, par un tribunal français, devant lequel il faut de nouveau déduire et débattre les raisons sur lesquelles l'action est fondée; en sorte qu'il est vrai de dire que ce tribunal remplit, en quelque sorte, les fonctions d'un juge d'appel (1).

1900. *S'il s'agit d'une sentence arbitrale, le Français condamné a-t-il droit de débattre la matière jugée, ainsi qu'il le peut lorsqu'il s'agit de faire déclarer un jugement exécutoire?*

La Cour de Paris, par arrêt du 16 décembre 1809 (*voy. Denevers*, 1810, *suppl.*, *pag.* 35), a décidé qu'une telle sentence appartenant au droit des gens, comme n'étant que la conséquence et le résultat d'une convention primitive et libre des parties, pouvait être exécutée en France, pourvu *seulement* qu'elle y fût déclarée exécutoire par un tribunal français.

1901. *Les tribunaux français peuvent-il déclarer exécutoire un acte fait en France par un étranger qui a conservé son domicile dans les états du prince dont il est le sujet?*

Tout acte fait en France par un étranger est régi par la loi française, suivant la maxime *locus regit actum* : ainsi nul motif pour faire déclarer exécutoire un acte fait dans le royaume par un étranger, comme il le faudrait si cet acte avait été passé hors France; mais si l'acte dont il s'agit avait besoin, d'après la loi de France, d'être rendu exécutoire, même lorsqu'il serait fait par un Français, comme serait un testament olographe, le tribunal français ne pourrait le déclarer tel lorsqu'il émanerait d'un étranger, parce que la succession du testateur s'étant ouverte dans le lieu de son domicile, hors France, son testament ne pourrait être réglé, quant à son exécution, que par les lois de son pays; or, les tribunaux français ne peuvent, en aucune manière, s'immiscer dans les opérations d'une succession ouverte en pays étranger, et par suite, dans l'exécution d'un testament fait en France par un étranger qui n'y a pas acquis domicile. — (*Paris*, 22 *juill.* 1815, *Sirey, tom.* 16, *pag.* 298).

» pouvoir mal entendue est au-dessous de l'état actuel de la civilisation européenne, et ce serait » un objet digne de l'attention d'un congrès général de fixer invariablement les règles de la » compétence entre les divers pays, ainsi que d'assurer par-tout l'effet d'un jugement léga- » lement et compétemment rendu. Mais une pareille mesure n'empêcherait pas la nécessité » d'une ordonnance d'exécution, ou de joindre d'une manière quelconque au jugement étran- » ger le mandement dont il a besoin pour devenir exécutoire ».

On voit que notre jurisprudence actuelle diffère de l'opinion de l'estimable publiciste, en ce qu'il n'admettrait point un nouveau débat, mais qu'elle s'en éloigne moins que l'ancienne, en ne faisant point de distinction à cet égard entre le jugement obtenu hors France contre un Français par un étranger, ou contre un étranger en faveur d'un Français.

(1) Voy., pour les développemens donnés à cette solution par M. Toullier, tom. 10, pag. 125—140, et remarquez qu'il admet comme ayant force probante en France tous les actes d'instruction, comme tous actes extrajudiciaires réguliers, suivant les lois du pays. C'est aussi notre opinion, à l'exception des jugemens pour lesquels la loi fait exception. On doit, en effet, appliquer dans toute son étendue la maxime *locus regit actum*, à moins toutefois que l'acte n'eût un objet ou ne contînt une clause que nos lois prohiberaient d'une manière formelle.

Article 547.

Les jugemens rendus et les actes passés en France seront exécutoires dans tout le Royaume, sans *visa* ni *pareatis*, encore que l'exécution ait lieu hors du ressort du tribunal par lequel les jugemens ont été rendus, ou dans le territoire duquel les actes ont été passés.

Ordonn. de 1667, tit. 27, art. 6. — Lois du 29 sept. 1791, tit. 2, sect. 2, art. 15, et du 25 vent. an 11, art. 19 et 28.

CCCCXXXVIII. D'après l'art. 6 du tit. 27 de l'ordonnance de 1667, les arrêts des Cours souveraines, et, à plus forte raison, les sentences des tribunaux inférieurs, ne pouvaient être mis à exécution dans tout le royaume à moins d'un *pareatis* du grand sceau, et, à son défaut, à moins d'un *pareatis* en la chancellerie du Parlement dans le ressort duquel il devait s'exécuter, ou de la permission du juge des lieux. C'était déja un abus, un inconvénient grave qui n'était racheté par aucun avantage; mais la jalousie des Cours souveraines ajoutait à cet abus ; et, malgré la *disposition* formelle de l'ordonnance, l'exécution même de décrets en matière criminelle était souvent empêchée, retardée, et quelquefois refusée.

Dans l'ordre des choses actuel, cette jalousie de pouvoirs et de jurisdiction est anéantie; toutes les prétentions particulières se taisent devant la volonté de l'unique et souverain dépositaire de la force publique, et d'après l'art. 547, tous les jugemens rendus et tous les actes passés en France, sont exécutoires dans tout le royaume sans *visa* ni *pareatis*. (*Exposé des motifs*). La société se trouve ainsi débarrassée des lenteurs et des obstacles qui gênaient, en pure perte, la marche des affaires, au moment où elles touchent à leur fin.

1902. *Suffit-il, pour qu'un acte notarié puisse être mis à exécution, qu'il soit revêtu de la formule exécutoire?*

Lorsque l'exécution doit avoir lieu hors du département dans lequel réside le notaire qui a délivré la grosse de cet acte, il faut, en ce cas, qu'elle soit légalisée par le tribunal de l'arrondissement dans lequel ce notaire a sa résidence. Telle était la disposition de la loi du 29 septembre 1791, tit. 2, sect. 2, art. 15. Telle est celle de l'art. 28 de la loi du 25 ventôse an 11, dont la Cour de Colmar, par arrêt du 26 mars 1808 (*Sirey, tom. 14, pag. 44*), a fait l'application, en déclarant nul un jugement qui avait ordonné l'exécution d'un contrat qui n'avait pas été légalisé (1).

Cependant, par arrêt du 10 juillet 1817, la Cour de cassation a décidé le contraire, par le motif que la formalité de la légalisation n'est pas exigée *à peine de nullité*. (*Sirey, tom. 18, pag. 384.*) M. Toullier, tom. 8, pag. 115, n°. 59, pense

---

(1) Il est à remarquer que cet arrêt a été rendu dans une espèce où la partie qui se prévalait de ce défaut de légalisation avait elle-même figuré dans l'acte notarié, et ne contestait ni la réalité ni la sincérité de l'obligation.

aussi que le défaut de légalisation ne doit point opérer la nullité de l'exécution, et nous nous rangeons d'autant plus volontiers à cette opinion, que par arrêt du 22 octobre 1812, rapporté au Bulletin officiel de la Cour de cassation, 1812, pag. 449, cette Cour a décidé en thèse générale que la légalisation d'un acte n'est pas *constitutive de son authenticité*, et n'en est que la *preuve*.

1903. *Mais si l'exécution n'est pas nulle, le tribunal ne doit-il pas du moins la suspendre jusqu'à ce que la formalité de la légalisation soit remplie?*

C'est l'avis bien prononcé de M. Toullier. « Le tribunal, dit-il, devrait sus- » pendre et ordonner avant faire droit, et toutes choses demeurant en état, » que le saisissant rapportât un acte légalisé, faute de quoi la saisie serait re- » jetée. » Nous ne voyons pas que l'arrêt ci-dessus rapporté s'oppose à ce que l'on admette ce tempérament, parce que, dans l'espèce, la partie n'avait conclu qu'à la nullité, sans demander subsidiairement la suspension des poursuites; mais nous distinguerons entre le cas où la partie qui demanderait le sursis aurait figuré dans l'acte, et n'en contesterait ni la réalité, ni la sincérité, et celui où il s'agirait d'exécuter contre un tiers, par exemple, dans l'espèce de l'art. 2158 du Code civil. Dans le premier cas, nous pensons qu'il ne serait pas juste d'accorder un sursis à une personne qui ne peut raisonnablement contester la signature du notaire; dans le second, au contraire, le tiers, qui n'est pas obligé de la connaître, doit obtenir la suspension jusqu'à ce qu'il lui soit *certifié* par la légalisation que l'acte est véritablement l'ouvrage d'un notaire compétent; autrement la disposition de l'art. 28 de la loi du 25 ventôse deviendrait absolument inutile.

1904. *Y aurait-il nullité de l'exécution faite sur une grosse qui ne serait pas revêtue du sceau du notaire, ainsi que le prescrit l'art. 27 de la loi du 25 ventôse?*

Non, parce que cet article ne prononce encore aucune peine contre l'omission de cette formalité. — (*Voy. Toullier, ubi suprà*).

ARTICLE 548.

Les jugemens qui prononceront une main-levée, une radiation d'inscription hypothécaire, un paiement ou quelque autre chose à faire par un tiers ou à sa charge, ne seront exécutoires par les tiers ou contre eux, même après les délais de l'opposition ou de l'appel, que sur le certificat de l'avoué de la partie poursuivante, contenant la date de la signification du jugement faite au domicile de la partie condamnée, et sur l'attestation du greffier constatant qu'il n'existe contre le jugement ni opposition ni appel.

T., 90. — Ordonn. de 1667, tit. 35, art. 5. — C. de P., art. 163, 164, 550.

ARTICLE 549.

A cet effet, l'avoué de l'appelant fera mention de l'appel, dans la forme et sur le registre prescrits par l'art. 163.

C. de P., art. 90 et 163.

ARTICLE 550.

Sur le certificat qu'il n'existe aucune opposition ni appel sur ce registre, les séquestres, conservateurs et tous autres, seront tenus de satisfaire au jugement (1).

Suprà, art. 548.

CCCCXXXIX. La loi présente ici une heureuse innovation, par l'établissement du registre qui se tient au greffe de chaque tribunal, pour l'inscription des oppositions et des appels. Elle offre aux tiers qui doivent exécuter des jugemens un moyen régulier et légal de reconnaître s'ils peuvent avec sécurité effectuer cette exécution.

Autrefois, et lorsque les délais pour l'appel et l'opposition étaient si vaguement prolongés, un procureur, et depuis un avoué, n'ayant à cet égard aucun caractère légal, concourait cependant à l'exécution par un certificat constatant *qu'il n'était parvenu à sa connaissance aucune opposition ou aucun appel.* Ce certificat pouvait être donné par l'erreur; il pouvait être donné par la mauvaise foi; et, dans tous les cas, il laissait souvent le tiers obligé d'exécuter le jugement dans une grave inquiétude.

Dans notre Code actuel, cette partie de l'exécution, organisée avec simplicité, offre au tiers, comme à l'avoué, une garantie contre l'erreur ou la mauvaise foi. Nous avons vu, tom. 1, pag. 418, que l'art. 163 ordonne qu'il soit tenu au greffe un registre sur lequel l'avoué de l'opposant fait mention sommaire de l'opposition; et, d'après l'art. 164, aucun jugement par défaut ne peut être exécuté, à l'égard d'un tiers, que sur le certificat du greffier constatant qu'il n'y a aucune opposition portée sur le registre. Cette théorie reçoit, par l'art. 548, la même application pour l'appel. En vérifiant le registre d'inscription dont il ordonne la tenue, chacun peut y apprendre si le jugement qu'il veut exécuter ou faire exécuter a été ou non attaqué. Il ne pourra plus y avoir d'incertitude sur un point de fait dont la connaissance pouvait autrefois être dérobée au tiers, par la malversation de l'officier ministériel.

---

(1) JURISPRUDENCE.

Les jugemens qui ordonnent le remboursement d'une consignation judiciaire, doivent être rendus avec les parties qui peuvent y avoir intérêt; ceux qui ne l'auraient été que sur simple requête n'obligent point les préposés de la caisse d'amortissement à les exécuter, et il faut, d'ailleurs, que toutes les formalités prescrites par l'art. 548 soient observées. — (*Circul. du ministre de la justice, du* 1.er *sept.* 1812).

1905. *Qu'est-ce que l'on entend par tiers, dans l'art. 518?*

On entend toutes les personnes autres que celles qui sont intéressées dans l'instance sur laquelle le jugement aurait été rendu, et qui, cependant, à raison de leur qualité ou de leurs fonctions, sont tenues de concourir à son exécution.

1906. *Est-il nécessaire, dans le cas de l'art. 548, d'attendre l'expiration du délai de l'appel, pour mettre à exécution un jugement contradictoire non encore passé en force de chose jugée?*

L'art. 548 porte que les jugemens qui prononcent une main-levée, une radiation d'inscription hypothécaire, un paiement ou *quelque autre chose à faire par un tiers* ou à sa charge, ne sont exécutoires par les tiers ou contre eux, *même après les délais de l'opposition ou de l'appel*, que sur le certificat de l'avoué de la partie poursuivante, contenant la date de la signification du jugement, faite au domicile de la partie condamnée, et sur l'attestation du greffier, constatant qu'il n'existe contre le jugement ni opposition ni appel.

C'est sur ces mots, *même après les délais de l'opposition ou de l'appel*, que s'est élevée la question que nous avons à examiner, et sur la solution de laquelle les jurisconsultes sont partagés.

Suivant les auteurs du Praticien, tom. 4, pag. 76, il semblerait que le jugement, pour être exécutoire à l'égard d'un tiers, devrait avoir acquis l'autorité de la chose jugée contre la partie; que ce serait une conséquence nécessaire de ce que la loi exige un certificat délivré par l'avoué.

On trouve dans la Bibliothèque du barreau, 1ʳᵉ. part., tom. 3, pag. 29, la même question traitée par M. Mailher, et ce jurisconsulte la résout comme les auteurs du Praticien.

Enfin, M. Hautefeuille, pag. 314, maintient que tant que les délais pour se pourvoir contre le jugement ne sont pas expirés, le tiers ne peut être contraint à l'exécution, parce que l'exécution est suspendue, ou plutôt parce que le jugement n'est pas encore exécutoire; en sorte que ce n'est qu'après l'expiration de ces délais, et sur la signification des deux actes dont parle l'art. 548, que l'exécution devient forcée. Sans cela, ajoute cet auteur, tout ce que le tiers aurait fait serait frappé de nullité, si le jugement par lui exécuté prématurément venait à être réformé en définitif.

MM. Pigeau, tom. 2, pag. 400, Demiau Crouzilhac, pag. 377, Coffinières (*voy. Journ. des avoués, tom. 3, pag. 253*), estiment au contraire que ces mots, *même après les délais de l'opposition ou de l'appel*, prouvent que les jugemens sont exécutoires, même avant que les délais de l'opposition ou de l'appel soient expirés. Nous ne répéterons point les autres raisons sur lesquelles MM. Pigeau et Coffinières établissent leur opinion. Ce qui nous détermine à l'adopter, c'est qu'elle est conforme à la disposition de l'art. 5 du tit. 27 de l'ordonnance, et que M. Pigeau, l'un des rédacteurs du Code de procédure, certifie que c'est dans le sens de cet article que l'on a entendu rédiger l'article 458.

Nous ne devons pas dissimuler, néanmoins, qu'il existe un arrêt de la Cour de Paris, du 14 mai 1808, contraire à l'opinion de M. Pigeau (*voy. Sirey, tom. 8, suppl., pag. 227*); mais aussi M. Coffinières, dans la Jurisprudence des Cours souveraines, au mot *référé*, en rapporte un de la Cour de Turin, du 16 juillet 1809, qui parait avoir prononcé dans un autre sens. — (*Voy. Journ. des avoués, ubi suprà, pag. 256.*)

1907. *Un conservateur des hypothèques peut-il refuser la radiation de l'inscription, sous prétexte que le jugement n'aurait été notifié qu'au domicile élu et non au domicile réel?*

Par deux décisions des 21 juin et 5 juillet 1808, les ministres des finances et de la justice avaient résolu cette question pour l'affirmative, mais la jurisprudence de la Cour de Paris était contraire. (*Voy. arrêts des 26 août 1808 et 17 juillet 1813, Sirey, 1809, pag. 18, et 1814, pag. 107.*) Aujourd'hui toute incertitude est levée par suite de l'arrêt de la Cour de cassation du 29 août 1815 (*même recueil, 1815, pag. 330*), lequel décide que le mot domicile, dont se sert l'art. 548, doit s'entendre du *domicile réel.*

1908. *Est-ce l'avoué de l'appelant près la Cour royale qui doit faire la mention de l'appel, et sur quel registre doit-elle être faite?*

Plusieurs auteurs ont trouvé difficile la solution de cette question. Si, disent-ils, c'est l'avoué que l'appelant a eu en première instance qui doit faire la mention sur le registre de son tribunal, l'article ne sera pas susceptible d'exécution quand le jugement aura été rendu par défaut faute de constitution d'avoué; si c'est l'avoué constitué en appel qui doit faire la mention sur le registre de la Cour, le greffier de première instance, qui doit donner le certificat, n'aura pas connaissance de l'appel; si, pour prévenir cet inconvénient, l'avoué de la Cour doit faire la mention sur le registre de première instance, on tombe dans un autre inconvénient résultant de la distance.

Nous croyons que cette difficulté s'évanouit devant les considérations suivantes : 1°. il s'agit d'exécution; or, les avoués qui ont occupé en première instance sont tenus, d'après l'art. 1038, à occuper sur l'exécution qui a lieu dans l'année : donc, il est présumable que la loi a entendu désigner l'avoué de première instance; 2°. puisque c'est le greffier de première instance qui doit donner le certificat (*art. 163 et 648*), c'est sur son registre que la mention de l'appel doit être inscrite, comme le pense M. Thomines, pag. 217; et comme la loi exige que l'avoué lui-même fasse cette mention, ce qui obligerait l'avoué constitué en appel de déplacer pour remplir la formalité, ce que la loi n'a sûrement pas entendu, il faut bien admettre que c'est l'avoué de première instance qui doit l'exécuter. Au reste, quand l'exécution n'a lieu qu'après le délai fixé par l'art. 1028, ou quand le jugement a été rendu par défaut, c'est à la partie qui interjette son appel à charger un avoué de première instance de faire la mention dont il s'agit; autrement, elle aurait à s'imputer sa négligence, et ne pourrait se plaindre de l'exécution du jugement, suivant la maxime *qui damnum suâ culpâ sentit, sentire non intelligitur.* — (*Voy. Delaporte, tom. 2, pag. 139; Comment. des Ann. du not., tom. 3, pag. 509*).

1909. *Les personnes désignées dans l'art. 550 peuvent-elles, avant d'exécuter le jugement, exiger qu'on leur représente non seulement le certificat du greffier, mais encore celui de l'avoué, constatant, comme le veut l'art. 548, que le jugement a été signifié à la partie condamnée?*

Il paraît résulter du texte de l'art. 550 qu'il suffit que le certificat du greffier ait été présenté aux personnes que cet article désigne, pour qu'elles soient

tenues de satisfaire au jugement; mais en décidant ainsi, on ne peut s'empêcher de trouver une sorte d'opposition entre les art. 548 et 550. Pour lever
toute difficulté à ce sujet, M. Lepage, dans ses Questions, pag. 377, pense que
le greffier ne doit pas donner son certificat sans avoir entre les mains celui
de l'avoué, qui lui atteste que le jugement a été signifié à domicile. C'est en
effet le seul moyen qui se présente pour procurer simultanément l'exécution
des deux art. 548 et 550.

ARTICLE 551.

Il ne sera procédé à aucune saisie mobilière ou immobilière,
qu'en vertu d'un titre exécutoire, et pour choses liquides et
certaines. Si la dette exigible n'est pas d'une somme en argent,
il sera sursis, après la saisie, à toutes poursuites ultérieures,
jusqu'à ce que l'appréciation en ait été faite (1).

Ordonn. de 1667, tit. 33, art. 2. — C. C., art. 2213. — C. de P., 523, 526, 527, 543, 545, 559.

CCCCXL. CET article rappèle le principe consigné dans l'ordonnance de
1667, et consacré par le Code civil, art. 2213, qu'il ne peut être procédé à
aucune saisie mobilière ou immobilière, qu'en vertu d'un titre exécutoire, et
pour choses liquides et certaines. Mais il était juste d'ordonner que, si la dette
exigible n'est pas d'une somme en argent, il serait sursis, après la saisie, à
toutes poursuites ultérieures, jusqu'à ce que l'appréciation en eût été faite.
Cette disposition était nécessaire, 1°. pour l'exécution de l'art. 622, qui
veut, dans le cas où la valeur des effets mobiliers saisis excède le montant des
causes de la saisie et des oppositions, qu'il ne soit procédé qu'à la vente des
objets suffisans à fournir la somme nécessaire pour le paiement des créances
et frais; 2°. pour que la loi de procédure fût en harmonie avec l'art. 2213 du
Code civil, en ce qu'il porte, comme nous venons de le dire, que, si la dette
est en espèces non liquides, l'adjudication d'un immeuble saisi ne puisse être
faite qu'après la liquidation (1); 3°. enfin, pour l'exécution de l'art. 2212 du
même Code, qui autorise le juge à suspendre la poursuite en expropriation,
lorsque le débiteur justifie par baux authentiques que le revenu net et libre

---

(1) JURISPRUDENCE.

1.° Un jugement rendu sur arbitrage volontaire ne peut, sans qu'il y ait contravention
à l'art. 551, être mis à exécution, et servir de fondement à une saisie, s'il a été rendu
exécutoire par un tribunal de commerce, et non par un tribunal civil. — (Rennes, 13 déc.
1809, et infrà, sur les art. 1020 et 1021).
2.° L'exécutoire de dépens est, par lui-même, un titre susceptible d'exécution. La signification avec commandement peut en être faite, sans qu'il soit nécessaire que cette signification contienne la copie du jugement ou de l'arrêt par suite duquel l'exécutoire a été
ordonné. — (Cassat., 27 déc. 1820, Sirey, tom. 21, pag. 141).
3.° Lorsque l'appréciation en argent de la dette pour laquelle on poursuit une saisie
immobilière a été faite avant l'adjudication préparatoire, le saisi ne peut pas s'en plaindre.
— (Bordeaux, 8 fév. 1817, Sirey, tom. 17, pag. 201).
(1) Voy. ci-après la quest. 1913°.

de ses immeubles, pendant une année, suffit au paiement de la dette, et en offre la délégation au créancier.

1910. *Ne peut-on saisir-arrêter qu'en vertu de titre exécutoire?*
Il suffit pour la saisie-arrêt d'un titre privé. — (*Voy. ci-après, art.* 557).

1911. *Un jugement qai ne prononce point de condamnation principale susceptible de liquidation, mais qui condamne une partie aux frais de lief, peut-il servir de titre à une saisie-exécution en paiement de ces frais?*

On dit, pour l'affirmative, que lorsqu'un jugement contient, au principal, condamnation au paiement d'une somme liquide, on saisit en même tems pour les frais du lief et de la signification, comme pour le principal : or, quand il n'y a condamnation que pour les frais du lief, pourquoi ne saisirait-on pas?

Nous répondons que l'art. 551 veut que la somme soit liquide, et qu'elle ne l'est pas par la simple marque du greffier; qu'en conséquence, il faut obtenir exécutoire du juge contre cette partie, lorsque le jugement ne contient pas de condamnations principales liquides.

1912. *Un propriétaire, porteur de bail authentique, qui saisit un immeuble hypothéqué, pour sûreté de ses fermages, doit-il obtenir jugement qui détermine et liquide le montant des fermages dus?*

Nous ne le pensons pas, par la raison que le titre portant le prix annuel des fermages, la créance se trouve liquide et certaine par suite de l'évaluation donnée au fermage annuel.

1913. *Existe-t-il opposition entre l'art.* 551 *du Code de procédure et l'art.* 2213 *du Code civil?*

L'art. 2213 du Code civil contient, relativement à la vente forcée des immeubles, une disposition semblable à celle de l'art. 551 du Code de procédure, si ce n'est qu'il porte que si la dette est en espèces non liquides, la poursuite est valable, mais l'adjudication ne peut être faite qu'après la liquidation. Or, dit M. Delaporte, tom. 2, pag. 140, il y a en cela contradiction entre le Code civil et le Code de procédure, puisque celui-ci veut qu'il soit sursis, *après la saisie même,* à toutes poursuites. En effet, l'art. 2213 paraît supposer que toutes les poursuites de la saisie immobilière seront valables, non seulement lorsqu'elles auront été faites avant la saisie inclusivement, mais encore depuis et jusqu'à l'adjudication. Pour concilier ces deux dispositions, l'auteur estime que celle du Code de procédure ne s'applique qu'à la saisie-exécution ou mobilière, parce que la poursuite ne demande pas beaucoup de tems, mais par rapport à la saisie immobilière, attendu que cette saisie entraîne de plus longs délais, on peut faire toute la procédure jusqu'à l'adjudication.

Nous ne croyons pas, comme M. Delaporte, qu'il y ait entre les articles ci-dessus rapportés une telle contradiction qu'il faille restreindre à la saisie mobilière l'application de l'art. 551. En effet, l'art. 2213 est applicable à la vente des immeubles; pour vendre, il faut saisir; si la dette est certaine et liquide, nulle difficulté, on saisit et l'on vend; si elle n'est pas liquide, la saisie vaut; mais, d'après l'art. 551, il y aura sursis après la saisie à toutes poursuites ultérieures. Ces mots de l'art. 2213, *la poursuite est valable,* ne s'entendent donc que de la poursuite jusqu'à la saisie inclusivement ; l'art. 551 explique donc et limite l'art. 2213, sans être absolument en opposition avec lui, et, par ces motifs, nous croyons que la règle qu'il établit doit être appliquée, suivant son texte, tant à la saisie immobilière qu'à la saisie-exécution. — (*Voy. rapp. du trib. Favard*, édit. de *F. Didot*, pag. 237, et le *comment. de l'article*).

ARTICLE 552.

La contrainte par corps, pour objet susceptible de liquidation, ne pourra être exécutée qu'après que la liquidation aura été faite en argent.

C. de P., art. 126, 780, 798. — C. C., art. 2059.

CCCCXLI. L'ART. 798 donne au débiteur contraignable par corps le moyen d'éviter l'emprisonnement, ou d'obtenir son élargissement au moment même qu'il est emprisonné, en offrant la somme dont le paiement est l'objet de la contrainte. Or, il ne pourrait user de cette faculté, si la liquidation ne fixait pas au juste le montant de sa dette. Tels sont les motifs et le but de l'art. 552.

ARTICLE 553.

Les contestations élevées sur l'exécution des jugemens des tribunaux de commerce seront portées au tribunal de première instance du lieu où l'exécution se poursuivra (1).

C. de P., art. 442, 803, 472.

CCCCXLII. Nous avons vu, par l'art. 442, que les tribunaux de commerce ne connaissent point de leurs jugemens. L'art. 553 forme un complément de cette disposition, en attribuant jurisdiction à cet égard au tribunal civil du lieu où se poursuit l'exécution ; c'est là une des exceptions faites à la faculté que l'art. 472 donne aux Cours d'appel, en cas d'infirmation d'un jugement, d'indiquer le tribunal auquel appartiendra l'exécution de son arrêt, si elle ne veut pas se la réserver.

1914. *S'il s'élève des contestations sur l'exécution d'actes administratifs, y a-t-il lieu à suivre la règle de compétence posée pour celles des tribunaux de commerce par l'art. 553 ?*

C'est un principe incontestable que si les tribunaux sont incompétens pour

---

(1) JURISPRUDENCE.

Il y a exception à la règle posée par l'art. 553, en ce que le Code de commerce attribue au tribunal de commerce, par les art. 149 et suiv., la connaissance de l'exécution du jugement par lequel il déclare, en conformité de l'art. 441, l'ouverture d'une faillite ; mais cette exception à la règle générale doit être sévèrement circonscrite dans les limites que lui assigne le Code de commerce.

statuer sur le sens et l'effet des actes administratifs, il entre néanmoins dans leurs attributions de connaître de toutes les contestations auxquelles l'exécution de ces mêmes actes peut donner lieu, soit qu'il s'agisse de décrets, d'ordonnances, d'arrêtés de conseil de préfecture ou d'anciens arrêts du conseil, rendus en matière de propriété; aussi a-t-il été décidé par différens décrets que les conseils de préfecture ne pouvant connaître de l'exécution de leurs arrêtés, n'avaient pas le droit de déléguer, à cet effet, des autorités qui n'auraient pas la qualité de juges. Il y a donc évidemment lieu à l'application de l'art. 553, lorsqu'il s'agit de l'exécution des actes administratifs. — (*Voy.* les *décrets cités par M. Macarel, Elém. de jurispr. admin., tom.* 1, *pag.* 11, *n*°. 4; *pag.* 26, *n*°. 50) (1).

ARTICLE 554.

Si les difficultés élevées sur l'exécution des jugemens ou actes requièrent célérité, le tribunal du lieu y statuera provisoirement, et renverra la connaissance du fond au tribunal d'exécution.

C. de P., art. 49, 72, 404, 117, 472, 794, 805.

1915. *Peut-on, d'après l'art.* 454, *s'adresser à un juge de paix pour faire statuer sur un cas urgent* ?

C'est notre opinion, fondée sur ce que la loi se sert de l'expression générale *juge du lieu;* mais il faudrait que la difficulté exigeât une décision tellement urgente que le recours au tribunal civil pourrait, à raison du retard qui résulterait de la distance, causer un préjudice à la partie. Le remède à tout inconvénient nous semble d'ailleurs exister dans la disposition qui ne rend la décision que *provisoire,* et autorise à la soumettre à l'examen du tribunal d'exécution.

ARTICLE 555.

L'officier insulté dans l'exercice de ses fonctions dressera procès-verbal de rébellion, et il sera procédé suivant les règles établies par le Code d'instruction criminelle (2).

Ordonn. de 1670, tit. 10, art. 6. — C. de P., art. 209 et suiv. — C. d'inst., art. 353, 785.

1916. *L'officier chargé de l'exécution d'un jugement ou d'un acte peut-il requérir lui-même la force armée* ?

---

(1) Mais c'est à l'autorité administrative, et non aux tribunaux, qu'il appartiendrait de décider si un acte émané d'elle a reçu son exécution, dans le sens et selon le mode qu'elle aurait déterminé par cet acte même. — (*Cassat.,* 15 oct. 1807, *Sirey, tom.* 7, 2.° *part., pag.* 272).

(2) Si l'article suppose que la poursuite contre les délinquans se fera à requête du ministère public, c'est évidemment sans préjudice de celle de l'officier à fins civiles.

Oui, et sans qu'il ait besoin de recourir à l'autorité intermédiaire du magistrat ; il a ce droit comme porteur de l'acte revêtu du mandement que donne le Roi aux agens de la force publique. — (*Voy. l'art.* 785, *et les Quest. de Lepage, pag.* 377).

ARTICLE 556.

La remise de l'acte ou du jugement à l'huissier vaudra pouvoir pour toutes exécutions autres que la saisie immobilière et l'emprisonnement, pour lesquels il sera besoin d'un pouvoir spécial (1).

C. de P., art. 352, 673, 780.

1917. *La remise de l'acte à l'huissier lui vaut-elle pouvoir, si elle ne lui a pas été faite directement par la partie au nom de laquelle il agit ?*

Un arrêt de la Cour de cassation, du 31 janvier 1815, rapporté au Journal du palais, tom. 12, pag. 469, a décidé la négative ; mais il est à remarquer que l'huissier avait été désavoué par la partie au nom de laquelle il avait agi ; d'où nous concluons que, jusqu'à désaveu, celle contre laquelle l'exécution aurait lieu ne pourrait s'y opposer ou la faire annuler, sous prétexte que l'huissier n'aurait pas reçu les pièces directement et personnellement des mains du créancier ou de son fondé de pouvoir.

1918. *L'huissier qui procède à une saisie immobilière ou à un emprisonnement doit-il, à peine de nullité, être porteur d'un pouvoir spécial du saisissant ?*

En d'autres termes, *une saisie immobilière ou un emprisonnement est-il nul, si le poursuivant ne justifie pas que l'huissier qui y a procédé était porteur de la procuration spéciale ?*

« Ce n'est qu'en faveur du créancier, dit M. Pigeau, tom. 2, pag. 40, que le pouvoir spécial est exigé ; le débiteur n'a pas le droit d'en demander la re-

---

(1) JURISPRUDENCE.

1.º Le pouvoir spécial exigé par l'art. 556 peut être valablement donné par un mandataire général du saisissant, encore que ce mandataire n'ait pas reçu lui-même l'autorisation spéciale de donner ce pouvoir à l'huissier. Les motifs de cette décision, contenue dans un arrêt de la Cour de Paris, du 28 décembre 1820 (*Sirey, tom.* 21, *pag.* 111), sont qu'il dérive du pouvoir général reçu du saisissant par le mandataire, le droit de faire par ce mandataire tous les actes d'administration qui sont dans l'intérêt du mandant ; que ce dernier a intérêt que le mandant recouvre les sommes qui lui sont dues ; qu'un des moyens de recouvrement peut être d'employer la saisie immobilière, et que le mandataire a dès lors le droit de faire saisir immobilièrement, et par suite, de donner à l'huissier le pouvoir spécial requis à cet effet.

2.º La saisie immobilière faite à la requête de deux créanciers est valable, quoique le pouvoir spécial donné au nom de ces deux créanciers ne soit soussigné que par l'un d'eux. — (*Cassat.*, 10 *avril* 1818, *Sirey, tom.* 18, *pag.* 356).

3.º Le défaut de pouvoir spécial exigé pour apposer une saisie immobilière, se couvre par le paiement volontaire des causes et frais de cette saisie. — (*Rennes*, 6 *juin* 1814, *Sirey, tom.* 4, *pag.* 256).

présentation ; tout est bon contre lui, tant que le créancier ne désavoue pas. »
Telle était l'opinion généralement adoptée, d'après un grand nombre d'arrêts,
avant celui par lequel la Cour de cassation, section civile, a résolu négativement, le 6 janvier 1812, la question que nous venons de poser. — (*Sirey*,
tom. 12, *pag.* 54.)

Ainsi, les huissiers doivent être attentifs aujourd'hui à énoncer, dans les
actes de saisie immobilière ou d'emprisonnement, le pouvoir spécial dont ils
sont porteurs : il vaudrait mieux encore qu'ils en donnassent copie. Ce n'est pas
que nous pensions qu'il y eût nullité de ces actes, s'ils ne contenaient pas l'énonciation ou la copie dont nous parlons ; on pourrait sans doute les faire juger
valables, en justifiant que l'huissier était porteur du pouvoir, lorsqu'il y a
procédé (1).

1919. *Le pouvoir doit-il contenir le nom de l'huissier chargé de procéder à
l'exécution ?*

Il nous semble que le mot *spécial*, dans l'art. 556, ne porte que sur le fait
de la commission donnée à l'huissier, afin de saisir l'immeuble ou la personne
de tel débiteur désigné, et ne suppose point la nécessité de mentionner le nom
de l'huissier. La loi ne soumet d'ailleurs ce pouvoir à aucune forme ; elle exige
seulement que l'huissier en soit porteur. Ainsi, un pouvoir donné à tout huissier
suffit ; l'essentiel est que celui qui a procédé justifie qu'il était porteur d'un
semblable pouvoir. Par une conséquence de ces principes, le tribunal civil de
Rennes a jugé qu'une saisie était valable, quoique l'huissier ne fût porteur que
d'un pouvoir donné à un tiers, afin de charger tout huissier de saisir un immeuble, on a considéré avec raison que le mot *spécial*, dans l'art. 556, ne portait
que sur le fait de la commission donnée à l'huissier d'apposer la saisie sur
l'immeuble de tel débiteur désigné, et n'exprimait rien concernant la personne
de l'officier ministériel.

1920 *Pour arrêter un débiteur condamné par corps, les gardes du commerce
doivent-ils être munis d'un pouvoir spécial ?*

---

(1) Mais ce pouvoir spécial, dont l'huissier doit être porteur, n'est pas exigé pour le
commandement afin de saisie immobilière ; et, par conséquent, l'exécution ne serait pas
nulle, par cela seul que l'huissier n'exhiberait qu'un mandat spécial, ayant acquis date
certaine postérieurement au commandement, mais *antérieurement* à la saisie, tel qu'un
mandat sous seing privé enregistré le jour même de la saisie. — (*Cassat.*, 12 *mai* 1813,
Sirey, tom. 14, *pag.* 277, *et quest.* 1918.ᵉ)

Bien plus : il a été décidé, par arrêts de la Cour de cassation, des 24 janvier, 12 juillet,
10 août 1814, et 12 janvier 1820, rapportés par Sirey, tom. 14, pag. 124; tom. 15, pag. 29
et 3o, et tom. 20, pag. 199, que le pouvoir dont il s'agit n'a pas besoin, pour acquérir
une date certaine, d'être enregistré ou *copié* dans un des actes de la procédure, ou signifié
à la partie saisie, et qu'il suffit, pour que le vœu de la loi soit rempli, qu'il soit établi,
en fait, que le pouvoir existait au moment de la saisie ou de l'emprisonnement.

La jurisprudence est fixée sur ce point. — (*Voy. les arrêts de Colmar, de Rouen et de
Paris, rapportés par Sirey, tom.* 14, *pag.* 421; *tom.* 16, *pag.* 214; *tom.* 20, *pag.* 84,
et tom. 21, *pag.* 101).

Enfin, un arrêt de Nancy, du 22 juin 1813 (*Sirey, tom.* 16, *pag.* 95), a jugé que
l'huissier qui procède à un emprisonnement n'était pas tenu d'exhiber son pouvoir, attendu
que la loi ne lui en imposait pas l'obligation ; mais cette jurisprudence est formellement
proscrite par celle de la Cour de cassation, ainsi qu'il résulte de ce qui précède.

Cette question s'est présentée à la Cour de Paris, à l'occasion de l'arrêt du 5 août 1817, rapporté par Sirey, tom. 17, pag. 307; mais elle n'a pas été résolue. On disait pour la négative que l'institution des gardes du commerce ayant pour but unique l'exécution des contraintes par corps, en matière de commerce, la simple remise des pièces leur donnait pouvoir suffisant pour procéder à l'arrestation. Nous sommes loin de partager cette opinion, et en nous référant, d'ailleurs, aux moyens développés pag. 310 du recueil précité, nous nous bornerons aux remarques suivantes qui nous semblent décisives : 1.º le décret du 14 mars 1808, qui institue les gardes du commerce, n'a pour objet que de substituer aux huissiers des officiers spéciaux pour l'exécution des contraintes par corps, et non pas de tracer une forme de procéder particulière au cas où pour le cas où l'on est obligé de les employer; d'où suit que le Code de procédure doit être la règle de leur ministère ; 2.º la disposition de l'art. 556 est toute en faveur du débiteur, qui ne doit être poursuivi dans sa personne ou dans ses biens que par suite de la volonté bien positivement manifestée du créancier : or, il serait injuste que cette disposition cessât d'être applicable à Paris, uniquement parce qu'il y a des gardes du commerce en cette ville, tandis que les débiteurs des départemens pourraient l'invoquer, parce que l'exécution a continué d'y être confiée aux officiers ordinaires ; 3.º l'abrogation d'une loi favorable et de droit commun ne se présume point, et sur-tout d'après de simples raisonnemens d'induction.

1921. *Est-il nécessaire que le pouvoir spécial contienne celui de recevoir le paiement?*

Non, parce que l'objet de l'exécution étant de le procurer, l'huissier a nécessairement le droit de recevoir, et conséquemment de donner quittance. — (*Locré, tom. 2, pag.* 449). (1)

DISTINCTION PREMIÈRE.

Des voies d'exécution sur le mobilier, ou des diverses espèces de saisies mobilières.

~~~~~

TITRE VII.

De la Saisie-Arrêt ou Opposition.

LE premier mode d'exécution forcée sur les meubles est la *saisie-arrêt* ou

---

(1) Mais l'huissier chargé de poursuivre un débiteur n'a pouvoir de recevoir le paiement de la dette que dans le tems où il instrumente. Ainsi, le paiement est nul à l'égard du créancier, lorsqu'il a été fait à l'huissier, à une époque où les poursuites étaient suspendues par une opposition, et lorsque d'ailleurs le créancier avait constitué avoué, avec élection de domicile chez cet avoué. — (*Rennes, 25 janv.* 1820, *Sirey, tom.* 20, *pag.* 185).

opposition, par laquelle un créancier met sous la main de la justice les effets, actions et crédits mobiliers de son débiteur existant entre les mains d'un tiers.

Elle a pour objet d'empêcher que ce tiers ne se dessaisisse de la somme ou de la chose qu'il doit au préjudice du saisissant (1), qui lui-même ne peut en disposer au préjudice d'autres créanciers qui arrêteraient à leur tour.

Cette voie d'exécution était connue dans la France sous diverses dénominations ; en Flandre on l'appelait *clain,* en Bretagne *plegement,* ailleurs *banniment.* Ce mot *saisie-arrêt* et celui d'*opposition* avaient eux-mêmes une signification différente (2) ; mais aujourd'hui « que l'on se serve de l'un ou de l'autre, ou de » tous les deux, avec la particule conjonctive ou disjonctive, ce ne sera jamais » que le même acte qui sera toujours assujetti aux mêmes formalités et pro- » duira toujours les mêmes effets. Ainsi, par exemple, les effets que les art. 1247 » et 1298 du Code civil attribuent à la *saisie-arrêt* appartiendraient de droit à » l'acte que l'on qualifiait *opposition.* » — (*Locré, tom.* 22, *pag.* 450).

L'ordonnance de 1667 gardait le silence sur ce mode d'exécution des jugemens et actes ; il n'avait pour règle que des usages, des opinions incertaines et quelques arrêts de Cours souveraines. En Bretagne, toutes les formalités qu'il exigeait consistaient dans un exploit et une assignation en justice pour ordonner que le paiement fût fait au saisissant (3). C'est aussi la seule procédure qu'indiquât Rodier, si ce n'est qu'il exigeait commandement. — (*Instruction pour la poursuite des bannimens de deniers, à la suite du tit.* 33 *de l'ordonnance.*)

Le Code de procédure a établi d'autres formalités et prescrit d'autres actes, afin de conserver plus sûrement et de concilier tant les intérêts des personnes qui sont parties dans la saisie, que ceux des créanciers du saisi. Ses dispositions n'ont fait, au reste, que consacrer les règles que M. Pigeau avait établies dans sa Procédure civile du Châtelet, tom. 1, pag. 651 et suivantes.

En dernière analyse, l'effet de toute *saisie-arrêt* déclarée valable est, ou de faire payer au saisissant la somme dont le tiers saisi serait jugé débiteur envers le saisi, ou d'en opérer la distribution entre lui et les autres créanciers qui se seraient mis en mesure d'y prendre part, ou, s'il s'agit d'effets mobiliers, de les faire vendre, pour que le prix en soit également compté au saisissant, ou distribué comme nous venons de le dire. C'est ainsi que les actes et les jugemens sont définitivement exécutés au moyen de cette saisie.

(1) C'est pour cela qu'on l'appèle *saisie-arrêt* ou *opposition;* arrêt, parce qu'on *arrête* la somme ou la chose entre les mains de celui qui la doit ou qui la détient ; opposition, parce qu'on *s'oppose* à ce qu'il ne s'en dessaisisse avant que le juge ne l'ait ordonné.

(2) On appelait particulièrement *saisie-arrêt* la saisie opposée sur un objet spécifiquement désigné dans le procès-verbal, et on entendait par *opposition* la saisie qui frappait également sur tout ce qui se trouvait entre les mains du tiers saisi appartenant au débiteur du saisissant : d'où résultait que le tiers, dans le cas de simple *arrêt,* n'était tenu de garder jusqu'à jugement que les seuls objets désignés, tandis que, par suite de *l'opposition,* rien, au contraire, de ce qui appartenait au débiteur, entre les mains du tiers, ne pouvait en sortir que par ordre de justice. Ces mêmes effets ont lieu aujourd'hui, quelle que soit la qualification de l'acte d'exécution, soit *arrêt,* soit *opposition,* suivant que l'on déclare dans le procès-verbal vouloir saisir un objet déterminé, ou généralement tout ce que le tiers devrait au tiers saisi, ou tout ce qui serait sous sa détention appartenant au saisi.

(3) On appèle *saisissant* le créancier à requête duquel la saisie est faite ; *saisi,* le débiteur direct de ce créancier, et *tiers saisi,* la personne qui doit la somme ou qui retient la chose arrêtée.

ARTICLE 557.

Tout créancier peut, en vertu des titres authentiques ou privés, saisir-arrêter entre les mains d'un tiers les sommes et effets appartenant à son débiteur, ou s'opposer à leur remise.

T., 29. — C. C., art. 1317, 1322. — C. de P., art. 417, 545, 817, 568.

ARTICLE 558.

S'il n'y a pas de titre, le juge du domicile du débiteur, et même celui du domicile du tiers saisi, pourront, sur une requête, permettre la saisie-arrêt et opposition (1).

T., 20 et 77.

CCCCXLIII. Par les sages dispositions dont se composent les deux articles ci-dessus, le législateur assure à tout créancier porteur d'un titre, ou qui, sans avoir de titres, a des droits certains, un gage contre le débiteur qui chercherait à soustraire sa fortune, en même tems qu'il veille aux intérêts de celui-ci,

---

(1) JURISPRUDENCE.

1.º L'art. 149 du Code de commerce s'oppose à ce qu'on arrête par une saisie le paiement des lettres de change. — (*Rennes, 29 avril 1816*).

2.º Un créancier ne peut saisir-arrêter, sur son débiteur, des fonds qui ont été distribués à un autre créancier par une contribution régulière; car une fois le procès-verbal de contribution clos, la distribution des deniers, arrêtée entre tous les créanciers saisissans et opposans, et les mandemens délivrés, aucun autre créancier n'est recevable à former opposition sur les deniers déposés. — (*Paris, 1.er juin* 1809, *Journ. du palais, 2.º sem.* 1809, *pag.* 40).

3.º Un créancier hypothécaire ne peut faire une saisie-arrêt au préjudice du tiers détenteur des biens affectés à sa créance, parce que le Code civil, art. 2169 et suiv., détermine le mode d'action que le créancier hypothécaire et inscrit peut diriger contre le tiers détenteur, qui n'est pas personnellement obligé à la dette, et comment il doit l'exercer. — (*Paris, 23 déc.* 1808, *Sirey, tom.* 9, *DD., pag.* 50).

4.º L'héritier bénéficiaire n'est pas le représentant des créanciers de la succession. Ainsi, chacun de ces créanciers peut exercer personnellement des saisies-arrêts entre les mains des débiteurs de la succession, même après en avoir formé entre les mains de l'héritier bénéficiaire. — (*Cassat., 8 déc.* 1814, *Sirey, tom.* 15, *pag.* 153).

5.º Quoi qu'il en soit, le contraire a été jugé par la Cour royale de Paris, le 27 juin 1820 (*Sirey, tom.* 20, *pag.* 242), par le motif qu'une saisie-arrêt entraverait l'administration de l'héritier bénéficiaire, et que d'ailleurs les créanciers ont une garantie suffisante dans la caution qu'ils peuvent exiger de l'héritier.

Nota. La réponse à ce motif se trouve dans les considérans d'un arrêt de la Cour de Bordeaux, du 19 avril 1822, qui a suivi la jurisprudence de la Cour de cassation. (*Voy. Sirey, tom.* 22, *pag.* 197). C'est qu'en effet l'héritier bénéficiaire n'administre que dans l'objet indiqué par l'art. 808 du Code civil, de payer les créanciers à mesure qu'ils se présentent, et qu'il serait extraordinaire que l'héritier, qui ne peut refuser ce paiement, pût empêcher le créancier d'en saisir le montant aux mains d'un tiers.

6.º Les titres en vertu desquels on procède, doivent nécessairement porter condamnation ou obligation contre le débiteur saisi. — (*Bordeaux, 1.er juil.* 1813, *Sirey, tom.* 15, *pag.* 114).

7.º On peut saisir-arrêter en vertu d'un jugement par défaut, et la notification de la

en lui garantissant que ce gage ne sera donné au créancier que jusqu'à concurrence de la dette présumée.

1922. *Les saisies-arrêts ou oppositions formées entre les mains des receveurs ou administrateurs des caisses de deniers publics, admettent-elles les formalités prescrites par le présent titre ?*

Non ; le décret du 18 août 1807 (*voy. Bull. des lois, n°.* 2665), prescrit des formalités particulières à ces saisies. Il consacre de rechef le principe que l'abrogation prononcée par l'art. 1041 du Code de procédure ne s'étend point aux affaires qui intéressent le Gouvernement, et c'est par le motif qu'il a toujours été nécessaire de se régir, pour ces sortes d'affaires, par des lois spéciales que ce décret réunit, et rappèle à exécution les dispositions des lois des 19 février 1792, et 30 mai 1793.

Mais relativement aux saisies-arrêts et oppositions formées entre les mains des préposés de l'enregistrement et des domaines, il faut, outre les dispositions de ces deux lois, appliquer les règles posées dans le décret du 13 pluviôse an 13, qui lui-même a été modifié, quant au département de la Seine, par celui du 28 floréal de la même année. — (*Voy. ces lois et ces décrets au nouv. Répert., v°.* saisies-arrêts, § 5, *tom.* 11, *pag.* 618).

1923. *Peut-on, sous le prétexte qu'on est créancier de l'État, faire des saisies-arrêts entre les mains des débiteurs de l'État même?*

L'art. 9 du tit. 12 de la loi du 22 août 1791, sur les douanes, établit clairement la négative ; la même disposition se trouve dans l'art. 48 du décret du 1er. germinal an 13, concernant les droits réunis ; et un arrêt de la Cour de cassation, du 16 thermidor an 10, rapporté aux Questions de droit de M. Merlin, au mot *nation,* § 4, tom. 2, pag. 515, a jugé que ces dispositions étaient communes à tous les débiteurs de l'État.—(*Voy. Sirey, tom.* 2, *pag.* 361).

1924. *Les créanciers des communes peuvent-ils faire des saisies-arrêts entre les mains des débiteurs de celles-ci? Peuvent-ils former des oppositions sur les fonds des communes déposés dans la caisse d'amortissement?*

---

saisie au débiteur suffit pour faire réputer le jugement exécuté, et lui ouvrir la voie de l'appel. — (*Cassat.,* 30 *juin* 1812, *Sirey, tom.* 12, *pag.* 361, *et tom.* 1, *pag.* 399).

8.° Les droits incorporels d'un débiteur, et particulièrement ses bénéfices dans une entreprise de commerce, peuvent être saisis-arrêtés, attendu que la loi n'ayant prescrit aucun mode particulier pour saisir et mettre sous la main de la justice un effet de cette nature, la forme la plus naturelle est d'arrêter entre les mains des gérans ou administrateurs de l'entreprise tout ce qu'ils ont ou auront, doivent ou devront à la partie, à quelque titre que ce soit, et ensuite de se faire autoriser à vendre. Quant au mode de cette vente, c'est aux juges à le régler eux-mêmes dans leur sagesse, la loi n'en ayant déterminé aucun pour les meubles incorporels. — (*Paris,* 2 *mai* 1811, *Denevers,* 1811, *suppl., pag.* 150).

9.° Mais le créancier d'un associé, pour une cause étrangère à la société, n'a pas le droit d'arrêter ce qui est dû aux autres associés. — (*Cassat.,* 11 *mars* 1806, *Sirey, tom.* 7, 2.° *part., pag.* 124).

10.° Le président du tribunal de commerce et celui du tribunal civil peuvent indistinctement, à défaut de titre, permettre la saisie-arrêt dans les contestations qui sont de la compétence des tribunaux de commerce. — (*Turin,* 30 *mars* 1813, *Sirey, tom.* 14, *pag.* 436).

Nota. Cette décision a été fortement critiquée par les auteurs des Annales du notariat, tom. 14, pag. 14 et 15, à l'occasion d'un autre arrêt de la même Cour, du 17 janvier 1810 ; mais nous croyons devoir l'adopter par les raisons qui sont développées ci-dessous, n.° 1955, et qui s'appliquent aussi bien au juge de commerce qu'au juge de paix.

Ni l'un ni l'autre, suivant un avis du Conseil d'état, du 18 juillet 1807, approuvé le 12 août suivant. — (*Voy. nouv. Répert. , ubi suprà , pag.* 619).

1925. *Peut-on saisir-arrêter , sur soi comme sur une personne étrangère , les sommes que l'on doit à celui dont on est créancier ?*

L'affirmative a été jugée par arrêt de la Cour de Bruxelles, du 20 décembre 1810. (*Voy. Sirey, tom.* 11 *, pag.* 433). Les motifs de cette décision sont, 1°. que la saisie-arrêt étant un moyen conservatoire, qui met la créance arrêtée sous la main de la justice, il est indifférent dès lors que le saisissant soit en même tems le débiteur de cette créance arrêtée, ou qu'elle soit due par un tiers, puisque l'effet de la saisie est le même, celui d'empêcher le créancier d'en disposer au préjudice du saisissant; 2°. que si le saisissant était incapable de réunir à la fois la qualité de tiers saisi, sa condition serait moins avantageuse que celle d'un étranger; ce qui n'est point conforme à l'esprit du Code de procédure; 3°. que ce Code ne défend point au saisissant de former opposition en ses propres mains avec la permission du juge, et que lorsqu'il parle d'un saisissant et d'un tiers saisi, ses dispositions peuvent également être entendues, et s'expliquer sous le double rapport qui personnalise le même individu par les deux qualités distinctes de créancier et de débiteur envers la partie saisie (1).

Nous remarquerons que cet arrêt est conforme à l'opinion de M. Pigeau, tom. 2, pag. 73. Mais on peut voir, dans le recueil de M. Denevers, les moyens qui ont été développés pour le combattre, et que les juges de première instance avaient accueillis, en décidant qu'on ne pouvait faire, sous l'empire du Code actuel, une saisie de la nature de celle dont il s'agit, puisque non seulement ce Code n'en parle pas, mais qu'il prescrit, pour la validité de toute saisie-

---

(1) Nous conviendrons qu'autrefois l'usage autorisait cette saisie; mais l'art. 1041 a aboli tous les usages qui existaient avant la publication du Code.

Nous demanderons, au surplus, à quoi revient une saisie sur soi de la part de celui qui est tout à la fois créancier et débiteur? Ou la créance et la dette sont liquides, ou elles ne le sont pas : dans le premier cas il se fait compensation, par la seule force de la loi, entre la créance et la dette, jusqu'à concurrence, s'il n'y a point encore eu de saisie-arrêt ou d'opposition de la part d'un autre créancier du saisi; dans le second cas, si le tiers saisi est débiteur, et s'il n'est créancier que d'une somme non liquide, il faut qu'il se hâte de la faire liquider; si d'autres créanciers du saisi lui demandent déclaration de ce qu'il doit dans l'instance en validité, il fournira cette déclaration; mais il établira, en même tems, ou par un incident séparé, le fondement de sa créance. Le saisi et les autres créanciers l'avoueront ou la contesteront; s'ils l'avouent, tout sera terminé; si le saisi paie d'une main, de l'autre il prendra part à la distribution; si sa créance est contestée, le tribunal prononcera; si sa créance est privilégiée, il fera valoir son privilége; si elle est primée par privilége d'autres créanciers, il en souffrira, mais c'est inévitable. On ne saurait donc admettre qu'en mettant une saisie-arrêt sur soi, celui qui est tout à la fois débiteur et créancier, mais créancier d'une somme non liquide, et qui ne peut, par cette raison, se compenser de plein droit, puisse, par cette formalité, exclure les autres créanciers de venir réclamer la distribution de ce qu'il doit : à quoi peut donc servir aujourd'hui une saisie sur soi........?

M. Berriat Saint-Prix pense aussi, contre l'opinion de M. Pigeau et celle de M. Coffinières (*voy. Journ. des avoués, tom.* 3, *pag.* 283), que, dans l'état actuel de notre législation, il est douteux que la saisie sur soi soit autorisée (*voy. pag.* 523, *not.* 32), et nous persistons dans la solution ci-dessus donnée avec d'autant plus de confiance, qu'elle a été consacrée par arrêt de la Cour de Rouen, du 13 juillet 1816. — (*Sirey, tom.* 16, *pag.* 371).

arrêt, des formalités qui deviendraient bizarres et ridicules dans l'espèce d'une saisie sur soi.

1926. *En général, tout créancier à terme peut-il faire des saisies-arrêts au préjudice du débiteur qui n'offre aucune sûreté pour le paiement à l'échéance du terme?*

M. Sirey résout cette question pour l'affirmative dans une consultation imprimée en son recueil de 1817. (*Voy.* § 2 *de cette consultation, pag.* 83). Dans une autre consultation délibérée par M. Pigeau (*voy. même recueil, pag.* 85), ce savant professeur estime que, quelque fortes que soient les raisons données par M. Sirey, néanmoins elles peuvent souffrir difficulté. Au reste, nous croyons qu'aucun acte ne peut être exécuté si la dette n'est exigible, et elle n'est exigible qu'autant qu'elle est échue. Or, la saisie-arrêt étant une voie d'exécution, il s'ensuit qu'elle ne peut être valablement apposée avant l'échéance du terme, sans contrevenir, d'ailleurs, à l'art. 1186 du Code civil, d'après lequel ce qui est dû à terme ne peut être exigé avant le terme.

C'est, à notre avis, exiger le paiement que de saisir-arrêter. En effet, lorsque le débiteur ne peut plus toucher ce qui lui est dû à lui-même, lorsque le dessaisissement du montant de sa créance entre les mains du saisissant est ordonné, ce qui est la suite nécessaire de l'opposition, il est dans le même état que s'il avait effectué lui-même le paiement, et cela ne peut être, puisqu'on ne peut faire indirectement ce qu'on ne peut faire d'une manière directe (1).

1927. *Peut-on saisir-arrêter sur le fondement de droits contestés en justice?*

Nous ne le pensons pas, et tel est aussi l'avis des auteurs des Annales. (*Comment., tom.* 4, *pag.* 6). Il faut, disent-ils, une créance directe et personnelle contre le saisi; ainsi, par exemple, une demande en indemnité qui n'est pas jugée, ne peut autoriser des oppositions, et cela est fondé sur ce que tant que cette action n'a pas été accueillie par la justice, l'indemnité n'est qu'une *simple prétention,* qui à la vérité peut être consacrée par un jugement, mais qui peut également être rejetée. C'est ce qui a été décidé par un arrêt de la Cour de Paris, du 8 mai 1809, et l'on sent que les motifs que nous venons de présenter s'appliquent à tous droits contestés en justice (2).

_____

(1) Cependant le cessionnaire d'une créance qui a stipulé son recours en garantie contre le cédant, peut, en cas de non paiement, et avant d'avoir entièrement discuté le débiteur principal, faire, *à titre de mesure conservatoire,* et sauf à ne toucher qu'après la discussion du débiteur, une saisie-arrêt au préjudice du cédant. — (*Bordeaux,* 2 *juill.* 1813, *Sirey,* 1815, *pag.* 11).

Nous ne pensons pas qu'il y ait contradiction entre cette décision et celle que nous venons de donner ci-dessus, attendu que le résultat *nécessaire* de la saisie ne serait pas ici de faire payer le cessionnaire sur les fonds du cédant, celui-ci pouvant empêcher que la saisie ne produise cet effet contre lui, en indiquant au cessionnaire les moyens d'épuiser les facultés du débiteur cédé et d'en obtenir satisfaction. Au contraire, dans le cas de l'obligation à terme, le débiteur qui n'a point un semblable moyen de se soustraire aux effets de la saisie, se trouve évidemment payer par anticipation, puisque les fonds qui lui sont dus restent aux mains du tiers saisi, pour, à l'échéance du terme, n'en sortir qu'afin de passer en celles du saisissant : d'où suit qu'en autorisant une saisie-arrêt avant cette échéance, c'est véritablement la même chose que si l'on obligeait un débiteur à consigner le montant de sa dette avant cette époque.

(2) A plus forte raison peut-on, en vertu d'un jugement provisoire, former une saisie-arrêt, quoique le jugement soit entrepris par la voie d'appel. C'est ce qui a été décidé par

1928. *Peut-on saisir-arrêter en vertu d'un jugement attaqué par voie d'appel ?*

La Cour de Paris a prononcé, sur cette question, d'une manière affirmative (8 *juillet* 1808 , *Sirey*, tom. 8 , DD., *pag.* 254), en déclarant qu'un tel jugement formait un titre suffisant pour autoriser la partie qui l'avait obtenu à faire des actes conservatoires, tels que des oppositions ; mais en même tems elle a décidé que les actes ne devaient porter que sur les capitaux, et non sur les revenus.

1929. *Est-ce par voie de la saisie-arrêt, et non par voie de saisie-exécution, que les administrations publiques doivent assurer , sur le cautionnement des officiers ministériels , le paiement des amendes prononcées contre eux?*

La loi du 25 nivôse an 13 permettant de former *opposition* sur les cautionnemens, permet nécessairement de former aussi sur eux des *saisies-arrêts*. Ce droit d'exercer indistinctement ou l'une ou l'autre poursuite, qui est dans la nature des choses, serait, au besoin, consacré par les art. 557 et suivans du Code de procédure, qui admettent indifféremment ou la *saisie-arrêt* ou l'opposition, dans les cas où l'une ou l'autre voie serait ouverte, puisqu'elles dérivent de la même cause et opèrent le même effet.

Ce serait d'autant moins le cas de procéder par voie de *saisie-exécution ,* dans une affaire où il s'agit de diriger l'effet d'une contrainte décernée par la régie sur une somme déposée en mains tierces, que ce genre de poursuite ne peut s'exercer que contre le débiteur directement, et sur des objets dont il est personnellement en possession : on ne peut donc procéder légalement, dans cette circonstance, que par voie de saisie-arrêt ou opposition.

Tels sont les motifs pour lesquels la Cour de cassation, par arrêt du 11 juin 1811 (*Sirey*, tom. 11, *pag.* 248), a cassé un arrêt qui avait annulé une saisie-arrêt, sous le prétexte que l'on devait procéder par voie de saisie-exécution (1).

---

la Cour de Rennes, le 24 avril 1815, dans une espèce où il s'agissait d'un jugement rendu par un tribunal de commerce. La Cour a considéré, 1.° qu'il ne fallait pas confondre les dispositions de la loi relatives à la saisie-exécution, avec celles qui concernent la saisie-arrêt, qui, suivant l'art. 557, peut être mise entre les mains d'un tiers, aux fins d'un titre authentique ou privé, ou même sans titre ; 2.° que le jugement n'était point un titre sans force et sans valeur, et que malgré l'appel il restait titre authentique ; 3.° que d'après l'art. 2123 du Code civil, l'hypothèque judiciaire résulte non seulement des jugemens définitifs, mais encore des *provisoires et soumis à l'appel :* d'où suit, *à fortiori,* qu'on pouvait, en vertu d'un pareil titre, mettre entre les mains d'un tiers une simple saisie-arrêt.

Nous croyons cette décision bien rendue, attendu que la saisie-arrêt n'étant qu'une mesure conservatoire jusqu'au *dessaisissement du tiers saisi ,* elle ne peut être annulée ; mais nous ne pensons pas qu'un tribunal pût, en jugeant la validité de cette saisie, ordonner que le tiers saisi se dessaisirait entre les mains du saisissant avant l'arrêt confirmatif. Alors , en effet, la saisie-arrêt, *conservatoire* dans son principe, deviendrait une véritable *exécution ,* qui ne peut être consommée, si l'exécution provisoire n'a pas été ordonnée.

(1) La disposition de la loi du 25 nivôse doit d'autant mieux s'appliquer à la saisie arrêt que nous avons dit, pag. 377, note 2, que le Code de procédure, en qualifiant indifféremment de *saisie-arrêt* ou *d'opposition* la mesure dont il établit les règles au présent titre, a confondu ces deux voies, qui ne différaient, au reste, avant sa publication, qu'en ce que *l'opposition* frappait sur tout ce qui était entre les mains du tiers saisi, tandis que la saisie-arrêt ne portait que sur les objets qui étaient énoncés dans l'acte par lequel cette saisie était formée.

1930. *Est-ce le tribunal entier qui doit accorder la permission de saisir-arrêter, lorsqu'il n'y a pas de titre?*

C'est le président seul, ou le juge qui le remplacerait, en cas d'absence ou d'empêchement. On lui présente, à cet effet, conformément à l'art. 77 du tarif, une requête sur laquelle il donne l'ordonnance portant permission. — (*Ibid, art. 29. Voy. la quest.* 1495°., *tom.* 1, *pag.* 772).

1931. *Le président est-il tenu d'accorder la permission de saisir-arrêter?*

Non, sans doute, puisque l'art. 558 est conçu en termes facultatifs. Aussi M. le conseiller d'état Réal dit-il, dans l'Exposé des motifs (*voy. édit. de F. Didot, pag.* 197), que les créanciers qui n'ont point de titre ne peuvent saisir-arrêter qu'autant qu'ils ont des *droits certains et évidens.* C'est au président à juger si le créancier qui requiert la permission en a de semblables

1932. *Comment se pourvoir, s'il y a refus de sa part?*

Nous estimons qu'en cette circonstance, on ne peut faire autrement que de s'adresser au tribunal entier.

1933. *Un juge de paix peut-il autoriser la saisie?*

L'art. 558 ne paraît désigner que le juge du tribunal civil. Il semble à M. Thomines, dans ses cahiers de dictée, que, s'il ne s'agissait que d'une créance de 100° ou de salaires de domestiques, comme le juge de paix peut, dans ces cas, prononcer une condamnation définitive, il peut aussi autoriser la mesure conservatoire d'une saisie-arrêt. L'art. 6 permet d'en venir devant ce juge par cédule d'heure à heure, et dans les cas urgens, il pourrait prononcer provisoirement et autoriser une saisie-arrêt. L'art. 558 n'a point, en effet, pour but de déroger aux règles générales de compétence, quant à la matière. Or, quelle serait la raison pour laquelle tout tribunal ne pourrait pas autoriser une saisie-arrêt pour des causes soumises à sa compétence?

ARTICLE 559.

Tout exploit de saisie-arrêt ou opposition, fait en vertu d'un titre, contiendra l'énonciation du titre et de la somme pour laquelle elle est faite. Si l'exploit est fait en vertu de la permission du juge, l'ordonnance énoncera la somme pour laquelle la saisie-arrêt ou opposition est faite, et il sera donné copie de l'ordonnance en tête de l'exploit.

Si la créance pour laquelle on demande la permission de saisir-arrêter n'est pas liquide, l'évaluation provisoire en sera faite par le juge.

L'exploit contiendra aussi élection de domicile dans le lieu où demeure le tiers saisi, si le saisissant n'y demeure pas : le tout à peine de nullité (1).

T., 29. — Ordonn. de 1667, tit. 33, art. 1.

CCCCXLIV. A la différence des autres voies d'exécution, le créancier, pour former une saisie-arrêt, n'est point obligé de constituer son débiteur en demeure d'acquitter la dette. Il lui suffit que sa créance soit exigible, ou qu'il ait reçu du président la permission de saisir, et qu'il observe les formalités prescrites par l'article ci-dessus.

1934. *Quel est le juge qui doit fixer l'évaluation provisoire de la créance, lorsqu'elle n'est pas liquide?*

Nous pensons qu'elle doit être faite par le juge auquel est adressée la requête tendant à obtenir permission de saisir-arrêter. Mais il serait possible que l'on n'eût pas besoin de cette permission, parce que la créance non liquide serait fondée sur un titre. En ce cas, on s'adresserait, pour faire faire l'évaluation, au même juge que l'art. 558 indique, c'est-à-dire à celui du domicile du débiteur ou à celui du domicile du tiers saisi. — (*Voy. Quest. de Lepage, pag.* 382; *Delaporte, tom.* 2, *pag.* 143, *et Pigeau, tom.* 2, *pag.* 54).

1935. *Y aurait-il nullité d'une ordonnance qui n'énoncerait pas la somme pour laquelle la saisie est faite, si cette énonciation existait dans la requête?*

La Cour d'appel de Turin, par arrêt du 17 janvier 1810 (*voy. Sirey, tom.* 10, *DD., pag.* 273), a décidé que le vœu de l'art. 559 était suffisamment rempli par la mention de la somme dans la requête présentée, aux fins d'obtenir la permission de saisir, et signifiée conjointement avec l'ordonnance du juge.

1936. *Si l'acte en vertu duquel la saisie est faite contenait, de la part du saisissant, une élection de domicile pour l'exécution, celui-ci n'en serait-il pas moins obligé à faire l'élection prescrite par l'art.* 559?

Oui, puisque la loi ne distingue point. — (*Voy. Pigeau, tom.* 2, *pag.* 52).

1937. *Y aurait-il nullité d'une saisie où l'on aurait énoncé une somme fixe et d'autres créances indéterminées?*

Cette saisie serait valable pour la somme déterminée, et ne pourrait, à notre avis, être annulée pour le tout, suivant la maxime, *utile per inutile non vitiatur.*

1938. *L'exploit de saisie doit-il, à peine de nullité, contenir copie du titre en*

---

(1) JURISPRUDENCE.

1.° La saisie-arrêt ne peut être valablement signifiée au domicile d'un mandataire du tiers saisi, puisque, suivant les art. 68 et 70, tous exploits doivent être faits à personne ou domicile, à peine de nullité, et que les exploits de saisie-arrêt ne sont compris dans aucune des exceptions faites à ces règles générales. Il y aurait d'autant moins de prétexte pour les en affranchir, que, même à l'égard des personnes qui ne demeurent pas en France, ces exploits doivent être signifiés à personne ou domicile. — (*Paris,* 18 *juin* 1810, *Sirey, tom.* 14, *pag.* 420).

2.° Le saisi est recevable à exciper des nullités de l'opposition faite à son préjudice entre

vertu duquel la saisie est faite, ou de la requête sur laquelle serait intervenue la permission de saisir-arrêter?

Non, puisque l'art. 559 n'exige que la copie de l'ordonnance du juge. Or, les nullités étant de rigueur, ne peuvent être étendues d'un cas à un autre. — (*Voy. Pigeau, tom. 2, pag. 54, et Hautefeuille, pag. 318*).

1939. *Les formes de l'exploit de saisie sont-elles bornées à celles prescrites par l'art. 559?*

Non; cet exploit est assujetti à toutes celles qui sont prescrites pour ceux d'ajournement, par les art. 61 et suivans, et qui sont compatibles avec lui. — (*Arg. de l'art. 1 du décret du 18 août 1807; voy. Prat., tom. 4, pag. 99*).

ARTICLE 560.

La saisie-arrêt ou opposition entre les mains de personnes non demeurant en France sur le continent, ne pourra point être faite au domicile des procureurs du Roi; elle devra être signifiée à personne ou à domicile.

C. de P., art. 69, n.° 9, et art. 73.

CCCCXLV. Qᴜᴀɴᴅ une assignation s'adresse à une partie demeurant hors de France, elle peut être remise au domicile du procureur du Roi. Mais il y aurait eu un grave inconvénient à étendre cette disposition de l'art. 69, § 9, à une saisie-arrêt, puisque, du moment où elle existe, le tiers ne peut faire aucun paiement valable. Or, à une si grande distance du domicile du procureur du Roi au sien, ce tiers ignorant la saisie, n'eût pu que payer de bonne foi, et cependant ces paiemens devraient être déclarés nuls, L'art. 560 prévient cette contradiction, en exigeant que le tiers soit averti *personnellement* de l'apposition de la saisie entre ses mains.

1940. *Lorsque la saisie-arrêt est faite entre les mains de personnes qui demeurent en pays étranger, est-on dispensé des formes prescrites par l'art. 559?*

Nous ne le pensons pas, parce que ces formalités sont intrinsèques. Mais à l'égard des formalités extrinsèques, comme celles du timbre, de l'enregistrement, ou à l'égard de l'obligation de faire signifier l'exploit par un huissier, nous croirions que cet acte en serait dispensé, si ces formalités n'étaient pas exigées dans le pays où demeurerait le tiers saisi. — (*Voy. Questions de Lepage, pag. 384*)

ARTICLE 561.

La saisie-arrêt ou opposition formée entre les mains des re-

les mains d'un tiers; car la saisie-arrêt ne pouvant avoir de suite et d'effet qu'après avoir été jugée valable contre le saisi, il s'ensuit qu'il a incontestablement qualité et intérêt pour en relever les vices et en contester la validité. — (*Paris, 30 août 1811, Sirey, tom. 14, pag. 420*).

ceveurs, dépositaires ou administrateurs des caisses ou deniers publics, en cette qualité, ne sera point valable, si l'exploit n'est fait à la personne préposée pour le recevoir, et s'il n'est visé par elle sur l'original, ou, en cas de refus, par le procureur du Roi.

CCCCXLVI. L'ART. 561 indique une formalité particulière à l'égard des saisies-arrêts que l'on fait entre les mains des receveurs, dépositaires ou administrateurs des caisses et deniers publics; mais cette formalité n'est pas la seule à remplir : il faut se conformer aux dispositions du décret du 18 août 1807, que nous transcrivons ci-dessous à la note (1). On verra par ces dispositions que la forme des saisies-arrêts dont il s'agit y est complètement réglée; qu'elles contiennent elles-mêmes celles des art. 561 et 569 (*voy. art.* 5, 6); en sorte qu'en suivant littéralement ce décret, on aura satisfait également à ces mêmes articles.

---

(1) Art. 1.ᵉʳ « Indépendamment des formalités communes à tous les exploits, tout exploit de saisie-arrêt ou opposition entre les mains des receveurs, dépositaires ou administrateurs des caisses et deniers publics, en cette qualité, expliquera clairement les noms et les qualités de la partie saisie; il contiendra en outre la désignation de l'objet saisi. »

Art. 2. « L'exploit énoncera pareillement la somme pour laquelle la saisie-arrêt ou opposition est faite; et il sera fourni avec copie de l'exploit, auxdits receveurs, caissiers ou administrateurs, copie ou extrait en forme du titre du saisissant. »

Art. 3. « A défaut par le saisissant de remplir les formalités prescrites par les art. 1 et 2, ci-dessus, la saisie-arrêt ou opposition sera regardée comme non avenue. »

Art. 4. « La saisie-arrêt ou opposition n'aura d'effet que jusqu'à concurrence de la somme portée en l'exploit. »

Art. 5. « La saisie-arrêt ou opposition, formée entre les mains des receveurs, dépositaires ou administrateurs des caisses ou deniers publics, en cette qualité, ne sera point valable *si l'exploit n'est fait à la personne préposée pour le recevoir, et s'il n'est visé par elle, sur l'original, ou, en cas de refus, par le procureur du Roi près le tribunal de première instance de leur résidence,* lequel en donnera de suite avis aux chefs des administrations respectives. »

Art. 6. « Les receveurs, dépositaires ou administrateurs, seront tenus de délivrer, sur la demande du saisissant, un certificat qui tiendra lieu, en ce qui le concerne, de tous autres actes et formalités prescrites, à l'égard des tiers saisis, par le tit. 20, liv. 3 du Code de procédure civile.

» S'il n'est rien dû au saisi, le certificat l'énoncera.

» Si la somme due au saisi est liquide, le certificat en déclarera le montant.

» Si elle n'est pas liquide, le certificat l'exprimera. »

Art. 7. « Dans le cas où il serait survenu des saisies-arrêts ou oppositions sur la même partie, et pour le même objet, les receveurs, dépositaires ou administrateurs seront tenus, dans les certificats qui leur seront demandés, de faire mention desdites saisies-arrêts ou oppositions, et de désigner les noms et élections de domicile des saisissans, les causes desdites saisies-arrêts ou oppositions.

Art. 8. « S'il survient de nouvelles saisies-arrêts ou oppositions, depuis la délivrance d'un certificat, les receveurs, dépositaires ou administrateurs sont tenus, sur la demande qui leur en sera faite, d'en fournir un extrait, contenant pareillement les noms et élections de domicile des saisissans et les causes desdites saisies-arrêts ou oppositions. »

Art. 9. « Tout receveur, dépositaire ou administrateur de caisses ou deniers publics, entre les mains duquel il existera une saisie-arrêt ou opposition sur une partie prenante, ne pourra vider ses mains sans le consentement des parties, ou sans y être autorisé par justice. »

1941. *La saisie, dans le cas prévu par l'art.* 561, *serait-elle valablement signifiée au bureau du caissier, en parlant à un commis, qui viserait l'original?*

L'art. 561 du Code, et la disposition semblable de l'art. 5 du décret du 18 août 1807, ne sont pas clairement rédigés. C'est sans doute au bureau du receveur, dépositaire ou administrateur, que l'exploit de saisie-arrêt doit être signifié ; car c'est le bureau du fonctionnaire qui est son domicile de droit pour tous les actes qu'on doit lui signifier en sa qualité de receveur, dépositaire ou administrateur de deniers publics, soit qu'il ait son bureau au lieu de son habitation, soit qu'il l'ait dans une maison séparée de celle qu'il habite. Mais les articles précités disent que l'exploit de saisie-arrêt doit être fait à la personne préposée pour le recevoir. Cela signifie-t-il que l'exploit doit être signifié au receveur, etc., *en parlant à sa personne?* qu'il doit être visé par lui-même, ou que l'on constate son refus, pour faire viser de suite par le procureur du Roi? Ne suffit-il pas qu'il soit fait et signifié à son bureau, à l'heure de bureau, en parlant (s'il est absent) au commis ou préposé qui l'y représente, et en faisant viser l'exploit par ce commis, ou en constatant son refus ?

M. Delaporte, tom. 2, pag. 147, remarque que, dans les administrations, il y a un commis chargé de recevoir les oppositions et d'en tenir registre, et que c'est à ce commis, en son bureau, qu'elles doivent être signifiées.

M. Hautefeuille, pag. 318, dit que l'opposition doit être signifiée au receveur ou dépositaire lui-même, et lorsqu'elle est faite entre les mains d'administrateurs, au secrétaire de l'administration.

Nous observerons que si le législateur avait entendu que l'exploit fût donné à la personne même du receveur ou dépositaire, ou de l'un des membres d'une administration, il n'eût point employé ces mots, *à la personne préposée pour le recevoir;* mais ceux-ci, *au receveur, au dépositaire, ou à l'un des administrateurs.* Nous pensons, en conséquence, que l'exploit peut être valablement donné à un commis ou secrétaire trouvé au bureau, et être visé par lui, mais dans les cas seulement où il déclarerait avoir qualité pour le recevoir et le viser, en vertu de commission donnée par l'administration, le receveur ou le dépositaire, et qu'en cas de défaut de déclaration semblable, l'huissier doit s'adresser à l'administrateur, receveur ou dépositaire lui-même, ou, s'il est absent, remettre la copie au procureur du Roi.

ARTICLE 562.

L'huissier qui aura signé la saisie-arrêt ou opposition, sera tenu, s'il en est requis, de justifier de l'existence du saisissant à l'époque où le pouvoir de saisir a été donné, à peine d'interdiction, et des dommages et intérêts des parties.

C. de P., art. 556.

CCCCXLVII. DEUX abus, dont on pourrait citer des exemples, ont été réformés par l'art. 562, en ce qu'il oblige l'huissier à justifier, s'il en est requis, de l'existence des saisissans. Si le législateur n'avait pas prescrit cette obligation, il eût été possible au débiteur de mauvaise foi de retarder, au moyen d'oppositions mendiées, le paiement d'une dette légitime, comme il eût été possible à la méchanceté d'empêcher un créancier de recevoir son paiement, en arrêtant la somme aux mains de son débiteur, sous le nom de créanciers inconnus, ou qui n'existeraient pas. C'est aux huissiers à se tenir en garde contre de pareilles manœuvres, et quoique la loi ne les oblige à justifier de l'existence du saisissant, qu'autant qu'ils en sont requis, à prendre les moyens de se mettre à l'abri de tout soupçon de fraude (1).

1942. *Quelles précautions l'huissier qui ne connaît pas celui qui le charge de saisir, doit-il prendre pour pouvoir justifier de son existence ?*

Il peut prendre la précaution que l'art. 11 de la loi du 25 ventôse an 11 indique aux notaires, et se faire attester le nom, l'état et la demeure par deux citoyens français sachant signer, et ayant leur domicile dans l'arrondissement communal.

1943. *Si l'huissier est requis par un mandataire, lui suffira-t-il de justifier de l'existence de celui-ci ?*

A s'en tenir rigoureusement au texte de la loi, on pourrait croire que l'huissier devrait justifier en ce cas de l'existence, non du mandataire, mais de celui au profit duquel la saisie est faite, et qui est *le saisissant*. M. Delaporte, tom. 2, pag. 147, croit cependant que l'huissier n'est obligé de justifier que de l'existence du mandataire, mais en prenant la précaution d'exiger la présentation du mandat. Nous pensons aussi que ce mot *saisissant* ne doit s'entendre que du commettant de l'huissier. En effet, si le créancier au nom duquel la saisie est établie a employé *suites et diligences d'un procurateur* qui signe en marge de la saisie, il ne serait pas raisonnable d'obliger l'huissier à autre chose qu'à justifier de l'existence de son donneur d'ordre, qui a qualité pour représenter le créancier, et être *saisissant* en nom qualifié. Nous venons de dire que la disposition de l'art. 562 a été portée afin de prévenir des oppositions mendiées par la mauvaise foi, ou formées par la méchanceté, au nom de créanciers inconnus, et qui, quelquefois, n'existaient point : or, ce but est également rempli lorsqu'on justifie de l'existence du mandataire.

1944. *Résulte-t-il de l'art. 562 que l'huissier, pour faire une saisie-arrêt, ait besoin d'un pouvoir spécial ?*

Non, sans doute, puisque l'art. 556 n'exige un tel pouvoir que pour la saisie immobilière et l'emprisonnement : la remise des pièces suffit, et tient donc lieu de pouvoir à l'huissier pour procéder à une opposition, sauf à lui à justifier, de quelque manière que ce soit, de l'existence de son commettant, à l'époque où cette remise lui a été faite. Mais pour rendre cette preuve plus facile et plus sûre, on sentira que les huissiers agissent prudemment, en exigeant des pouvoirs par écrit signés du saisissant. Ils le font ordinairement en lui faisant apposer sa signature en marge de la saisie.

_____

(1) M. Demiau Crouzilhac leur conseille, en tous les cas, de se faire remettre à cet effet le titre en vertu duquel ils doivent agir, parce que, dit-il, pag. 383, ils y trouveront un garant non équivoque de l'existence d'une créance et de l'individu au nom duquel elle est réclamée; et alors, en effet, on ne peut guère s'arrêter à l'idée d'une supposition de personne ou de créance.

ARTICLE 563.

Dans la huitaine de la saisie-arrêt ou opposition ; outre un jour pour trois myriamètres de distance entre le domicile du tiers saisi et celui du saisissant, et un jour pour trois myriamètres de distance entre le domicile de ce dernier et celui du débiteur saisi, le saisissant sera tenu de dénoncer la saisie-arrêt ou opposition au débiteur saisi, et de l'assigner de validité (1).

T., 29.

CCCCXLVIII. Autrefois, des oppositions étaient formées, abandonnées ensuite ; et au moment où le saisi se présentait pour recevoir ses fonds, il était repoussé par une ou plusieurs oppositions existant depuis plusieurs années (2). Cet abus est réformé par la sage disposition de l'art. 563, qui veut que, dans la huitaine, l'opposition soit dénoncée, et que la demande en validité soit formée.

1945. *Le délai de huitaine, fixé par l'art. 562 pour les dénonciation et assignation en validité de la saisie, est-il franc ?*

Ou, en d'autres termes, *la disposition de l'art. 1033 s'applique-t-elle au délai fixé par l'art. 563 ?*

Cette question se résout pour la négative, par les raisons que nous avons données sur les quest. 90e. et 65e., tom. 1, pag. 38 et 390. — (*Turin, du 14 mai 1808, Sirey, tom. 9, DD., pag. 107*).

1946. *La saisie est-elle nulle, si elle n'a pas été dénoncée au débiteur saisi, et s'il n'a pas été assigné en validité dans le délai fixé par l'art. 563, en sorte qu'on ne puisse plus, après ce délai, faire la dénonciation avec assignation en validité ?*

Il faut rapprocher de la disposition de l'art. 563 celle de l'art. 565, qui porte

---

(1) JURISPRUDENCE.

1.° On peut, sous l'appel, proposer la nullité d'une saisie-arrêt fondée sur d'autres vices que ceux de la forme de l'exploit; par exemple, si elle a été faite sans titre ou sans permission du juge, la nullité constituant alors un moyen du fond dont on peut se prévaloir en tout état de cause. — (*Rennes, 29 avril 1816*).

2.° L'art. 17 de la loi du 25 ventôse an 9, qui dispense l'administration des domaines de recourir au ministère d'un avoué, dans les instances qu'elle a à suivre, s'applique au cas d'une instance en validité d'une saisie-arrêt formée par l'administration, accessoirement et par suite d'une contrainte. — (*Cassat., 7 janv. 1818, Sirey, tom. 18, pag. 199*).

(2) Ainsi, dans la plupart des ressorts, et notamment dans celui de Paris, la saisie-arrêt ou opposition n'était point mise au nombre des actes que l'ordonnance de 1629 frappait de péremption. Son effet durait trente ans, et, par conséquent, il a été décidé, par arrêt de la Cour de cassation, du 14 août 1820 (*Sirey, tom. 21, pag. 33*), que la publication du Code de procédure n'a rien changé à l'effet d'une opposition formée antérieurement, parce qu'autrement on lui donnerait un effet rétroactif.

que faute de demande en validité la saisie sera nulle. M. Delaporte, tom. 2, pag. 148 et 149, remarque que l'article ne dit pas *faute de demande en validité dans les délais prescrits,* et il en conclut que cette demande peut être valablement formée, tant que le tiers saisi n'a pas payé.

Nous ne sommes pas de cette opinion; et d'abord nous pensons, comme M. Pigeau, tom. 2, pag. 56, et les auteurs du Praticien, tom. 4, pag. 112, qu'encore bien que l'art. 565 ne dise pas expressément que la nullité de la saisie est attachée au défaut de demande en validité dans le délai déterminé par la loi, néanmoins cette nullité doit être prononcée, si cette demande n'est pas formée dans le délai dont il s'agit : c'est qu'il faut nécessairement qu'il y ait une époque certaine à laquelle l'art. 565 puisse et doive recevoir son application.

Il suit de là que, si la demande en validité n'est formée qu'après le délai déterminé par l'art. 563, la saisie doit être déclarée nulle, conformément à l'art. 565. Ce n'est pas que nous entendions que cette nullité ait lieu de *plein droit,* en sorte qu'il ne soit pas nécessaire de la faire prononcer pour que la saisie ne produise pas ses effets; nous voulons dire seulement que le juge doit prononcer que la saisie est nulle, dès qu'on excipe devant lui que la demande en validité n'a pas été faite dans le délai.

ARTICLE 564.

Dans un pareil délai, outre celui en raison des distances, à compter du jour de la demande en validité, cette demande sera dénoncée, à la requête du saisissant, au tiers saisi, qui ne sera tenu de faire aucune déclaration avant que cette dénonciation lui ait été faite.

T., 29. — *Suprà,* sur l'art. 342, n.° 1279. — *Infrà,* art. 565, 568, 573, 574 et 577.

CCCCXLIX. Dans l'ancienne jurisprudence, de longues contestations s'élevaient souvent entre le saisissant et le tiers saisi, avant que la partie saisie fût seulement instruite qu'une saisie existât, saisie souvent faite en vertu d'un titre privé dont un jugement prononçait ensuite l'inefficacité ou la nullité. La source de ces procédures illégales est tarie par la disposition de l'art. 564, et par celle de l'art. 568.

1947. *Si le tiers saisi habite hors de la France continentale, comment calculera-t-on les distances d'après lesquelles doivent être augmentés les délais dont il s'agit aux art. 563 et 564?*

Attendu la difficulté de déterminer les distances, les uns, dit M. Lepage, dans ses Questions, pag. 386, pensent qu'il faut faire indiquer un délai par le tribunal auquel la demande en validité est portée; mais cet auteur observe que ce n'est pas résoudre la difficulté, parce qu'on demanderait par qu'elles règles se déterminerait le tribunal pour la fixation de ce délai. Il lui semble plus raisonnable d'appliquer aux distances des pays situés hors du continent français, les délais prescrits par l'art. 73 pour les ajournemens. Il y a, dit-il, même raison de décider; car il faut au saisissant, pour faire signifier un exploit dans un pays étranger, le même tems qui a été jugé nécessaire pour que la partie assignée dans ce même pays pût comparaître devant un tribunal de France.

Nous ne voyons qu'une objection à faire contre cette opinion ; c'est que le législateur n'a point prononcé le renvoi à l'art. 73, comme il l'a fait, par exemple, en l'art. 445. Mais nous remarquerons que la dénonciation dont il s'agit en l'art. 564 est un exploit ; qu'en général, et à moins d'une exception formelle écrite dans la loi, on se conforme pour tout exploit aux règles portées au titre des ajournemens, et que les difficultés qu'il y aurait à calculer exactement les distances, et sur-tout celles de mer, permettent de penser que l'art. 564 n'est applicable qu'aux tiers saisis résidant en France, et qu'à l'égard des autres, on doit, pour l'augmentation du délai, se reporter à l'art. 73.

ARTICLE 565.

Faute de demande en validité, la saisie ou opposition sera nulle ; faute de dénonciation de cette demande au tiers saisi, les paiemens par lui faits jusqu'à la dénonciation seront valables.

CCCCXL. La disposition de l'art. 565 établit la sanction de celles des deux articles précédens ; le législateur, en prononçant la nullité de la saisie faute de demande en validité, et en déclarant valables les paiemens faits par le tiers saisi lorsqu'il n'y pas eu de dénonciation, a placé le créancier dans la nécessité de former cette demande et cette dénonciation, s'il ne veut pas perdre les effets de la saisie qu'il a apposée. On ne pouvait trouver un moyen plus sûr de prévenir les inconvéniens que nous avons signalés dans notre commentaire sur l'art. 562.

1948. *De ce que l'art. 565 porte que, faute de dénonciation de la demande en validité au tiers saisi, les paiemens par lui faits* JUSQU'A LA DÉNONCIATION *seront valables, s'ensuit-il que le tiers saisi puisse payer valablement pendant le délai accordé pour signifier cet acte ?*

Non, sans doute ; autrement il faudrait admettre que le législateur eût voulu rendre la saisie illusoire, toutes les fois que le tiers saisi voudrait bien payer les sommes arrêtées entre ses mains. Mais, au reste, le texte même des art. 564 et 565 suffit pour écarter cette supposition vraiment déraisonnable. En effet, la loi, après avoir indiqué, dans le premier de ces articles, le délai dans lequel la demande en validité doit être dénoncée, ajoute aussitôt dans le second que, faute *de dénonciation,* les paiemens seront valables. Or, il suit évidemment de là que si cette dénonciation est faite, ils seront considérés comme non avenus : on ne peut donc payer pendant le délai donné pour qu'elle ait lieu (*voy. Berriat Saint-Prix, pag.* 455, *not.* 19), sans courir le risque de payer une seconde fois ; mais ces paiemens seraient validés, si la dénonciation n'était pas faite, parce que l'art. 565 dispose en termes généraux et sans distinction que, faute de dénonciation, le saisi sera libéré. — (*Voy. Pigeau, tom.* 2, *pag.* 59).

1949. *La nullité a-t-elle lieu de plein droit, lorsqu'elle n'est pas suivie de demande en validité, en sorte qu'on puisse exiger le paiement du tiers saisi ?*

Cette question est très-controversée parmi les auteurs ; ceux des Annales du notariat supposent l'affirmative (*Comment.*, tom. 4, *pag.* 565); mais M. Demiau Crouzilhac, pag. 384, M. Delaporte, tom. 2, pag. 148 et 149, et sur-tout les auteurs du Praticien, tom. 4, pag. 112, maintiennent la négative.

Nous ne partageons pas cette opinion : « Si la demande en validité, dit M. Pi » geau, tom. 2, pag. 61, n'a point été formée dans le délai, la saisie étant » nulle, d'après l'art. 565, le saisi a conservé la disposition de sa créance ; » ainsi les paiemens faits par le tiers, et le transport fait depuis la saisie, *sont* » *valables.* »

De là suit nécessairement que le saisi peut user de tous ses droits pour obliger le tiers saisi à acquitter envers lui sa dette. Il serait bizarre, en effet, et on oserait dire absurde, lorsque la loi déclare que les paiemens faits par le débiteur seront valables, que ce débiteur, autorisé à payer, ne pût être contraint au paiement. Aussi les auteurs des Annales (*ubi suprà*) disent-ils que la saisie qui ne serait pas suivie de demande en validité étant radicalement nulle, ne peut produire *aucun effet ;* qu'en conséquence, celui sur qui elle frappe *peut user de tous ses droits contre le tiers saisi pour exiger le paiement de ce qu'il lui doit.*

Il n'y a donc pas de main-levée à demander au juge pour agir contre le tiers saisi, quand il n'y a pas eu de demande en validité. Admettre le contraire, ce serait offrir à un saisissant qui n'aurait aucun titre, aucun motif pour faire déclarer ses oppositions valides, un moyen de colluder avec un débiteur qui voudrait se soustraire à l'acquit de ses obligations, à l'effet d'empêcher un créancier légitime de contraindre ce débiteur à se libérer.

Au reste, cette doctrine a été consacrée par arrêt de la Cour de Rennes, 29 avril 1816, première chambre, qui, en outre, a déclaré que ces moyens pouvaient être opposés en appel, parce qu'il ne s'agit pas d'une simple nullité d'exploit, qui peut se couvrir par la procédure volontaire, mais d'une nullité qui constitue un moyen du fond, et dont on peut se prévaloir en tout état de cause (1).

1950. *Si la dénonciation de l'assignation en validité est faite au tiers saisi après le délai, paierait-il valablement?*

Il résulte sans doute de l'art. 565, non seulement que le tiers saisi peut payer, mais encore, ainsi que le prouve M. Pigeau, tom. 2, pag. 59, 60, 61 et 62, qu'il peut faire novation, recevoir remise de la dette, et compenser depuis la saisie, lorsque la demande en validité ne lui a pas été dénoncée dans le délai; mais si elle l'est après ce délai, il ne le peut plus, puisque l'art. 565 ne déclare valables que les *paiemens faits jusqu'à la dénonciation,* et non ceux qui seraient faits *depuis.*

1951. *Si la demande en validité n'a point été formée dans le délai, les paiemens faits par le tiers, et le transport fait depuis la saisie, sont-ils valables?*

Oui, puisque la saisie étant nulle, d'après la première disposition de l'article 565, le saisi conserve la disposition de la créance (2). — (*Voy.* Pigeau, *ubi suprà, pag.* 64, et la quest. 1948°).

---

(1) Nous avions dit, dans notre Analyse, que si la dénonciation de la demande en validité n'avait pas été faite au tiers saisi, le saisi n'était pas fondé à exiger que le premier lui payât la dette. D'après les motifs ci-dessus, on sent que nous rétractons ce maintien.

(2) Cette proposition se rattache à la solution donnée n.° 1949; mais nous remarquerons

1952. *Le tiers saisi peut-il être contraint de payer à son créancier saisi ce qu'il doit au-delà de la somme arrêtée entre ses mains?*

L'art. 1242 du Code civil est ainsi conçu : « Le paiement fait par le débiteur » à son créancier, au *préjudice* d'une saisie ou d'une opposition, n'est pas va- » lable à l'égard des créanciers saisissans ou opposans. Ceux-ci peuvent, selon » leur droit, contraindre à payer de nouveau, sauf, en ce cas seulement, son » recours contre le créancier. »

Il résulte clairement de cette disposition que, dès qu'il existe plusieurs sai- sies, le tiers saisi ne peut être obligé à payer aucune somme à son créancier débiteur saisi. Il en résulte encore, comme le dit M. Pigeau, tom. 2, pag. 60, « que le tiers saisi ne peut, du moment de la saisie, rien faire qui nuise au » droit du saisissant, si la saisie est valable : le tiers ne peut donc payer vala- » blement au saisi. » Cependant, l'auteur ajoute « que si la créance du saisis- » sant est moindre que la somme due par le tiers; si, par exemple, la pre- » mière est de 1,000^f et la seconde de 3,000^f, celui-ci peut, en gardant 1,000^f » pour le saisissant, payer les 2,000^f au saisi, et qu'il sera libéré envers le sai- » sissant, s'il ne survient pas d'autres saisies. »

Mais, dit encore M. Pigeau, *si, avant que le saisissant reçoive les* 1,000^f, *et* DONNE MAIN-LEVÉE, *il arrive d'autres saisies, le paiement n'aura aucun effet, ni vis-à-vis du premier saisissant, ni à l'égard du second.*

Il suit de là que le tiers saisi ne peut être obligé de payer son créancier, lors même que celui-ci lui offrirait caution de ce qui excède les causes de la ·saisie, puisqu'il peut survenir d'autres saisies qui annuleraient tout paiement, tant qu'il n'y aurait pas de main-levée de la première (1). — (*Voy. Turin,* 19 *juil.* 1806, *Sirey,* 1815, *pag.* 63; *infrà, sur l'art.* 567).

___

que l'art. 565 suppose défaut absolu de demande, et non pas demande tardive : si donc la demande n'est formée qu'après ce délai, sans que le tiers saisi ait fait aucun paiement, cette demande nous semble l'arrêter, au moins à dater de l'époque de la notification; car le tribunal pourrait, dans notre opinion, prononcer sur la validité. — (*Voy. n.°* 1950).

(1) Il serait trop long de transcrire ici les preuves que M. Pigeau, ainsi que M. Delvin- court, tom. 2, pag. 351, donne de cette opinion également admise par M. Toullier, tom. 7, pag. 57 et 58. — (*Voy. sur-tout la note de cette dernière pag.* 58, *particulière- ment aux cinq dernières lignes*).

La raison de décider ainsi est, comme le dit M. Delvincourt, que la somme restée entre les mains du tiers, pour le premier saisissant, doit être distribuée entre lui et les autres saisissans qui sont survenus. Or, comme il peut arriver qu'au moyen de cette distribution, le premier saisissant ne fût pas payé entièrement, et aurait recours contre le tiers saisi pour se faire restituer la différence qui se trouverait entre la somme qu'il touche réelle- ment et celle qu'il aurait touchée, s'il n'eût pas été fait de paiement au saisi, c'est un préjudice que le premier saisissant souffre par le fait du tiers saisi, et dont par conséquent celui-ci doit l'indemniser. Tel est, suivant les auteurs cités, le vœu de l'art. 1242 du Code civil : c'est aussi l'avis de M. Thomines, dans ses cahiers de dictée.

ARTICLE 566.

En aucun cas, il ne sera nécessaire de faire précéder la demande en validité par une citation en conciliation.

C. de P., art. 49, § 7, et 218.

CCCCLI. Ici, la formalité de la conciliation est supprimée, comme elle a dû l'être dans tous les cas où elle ne pourrait produire que des retards et des frais frustratoires ou inutiles.

ARTICLE 567.

La demande en validité et la demande en main-levée, formée par la partie saisie, seront portées devant le tribunal du domicile de la partie saisie (1).

C. de P., art. 59, 1.re disposit.

CCCCLII. La demande en validité doit être portée devant le tribunal du domicile de la partie saisie, encore que la saisie soit faite en vertu d'un jugement dont, d'après l'art. 472, l'exécution appartiendrait à un autre tribunal, parce qu'une saisie-arrêt est une instance nouvelle qui reçoit l'application de

---

(1) JURISPRUDENCE.

1.° Le privilége accordé à la régie de l'enregistrement, de ne plaider que devant le juge local, sur le mérite des contraintes par elle décernées, s'étend jusqu'aux saisies-arrêts, faux, actions sur la validité de ces saisies-arrêts ; c'est-à-dire que, nonobstant le droit commun établi par le Code de procédure, la régie, lorsqu'elle veut faire déclarer valable une saisie-arrêt par elle décernée à la suite d'une contrainte, est dispensée d'assigner devant les juges de la partie saisie. — (*Cassat*, 14 déc. 1819, *Sirey*, tom. 20, pag. 114).

NOTA. Réciproquement, l'art. 567 ne s'applique point en matière de saisie formée contre un receveur d'enregistrement. Ainsi, la demande en validité se porte devant le tribunal du bureau saisissant, et non devant celui du saisi, conformément à l'art. 64 de la loi du 22 frimaire an 7.

2.° La disposition de l'art. 567 est applicable même au cas d'un jugement ou ordonnance rendu par suite de l'attribution portée en l'art. 60 du Code de procédure. — (*Bull. de cassat.*, tom. 19, pag. 53).

3.° L'art. 567 n'est pas applicable en matière d'enregistrement ; la demande en validité se porte devant le tribunal dans le ressort duquel le bureau de la perception est situé. — (*Délibér. du conseil de la régie de l'enregist.*, 28 avril 1814, *Sirey*, tom. 14, 2.° part., pag. 265).

4.° Si le tribunal renvoie à une époque déterminée, pour statuer sur la validité d'une saisie-arrêt, il peut en même tems accorder main-levée provisoire de la saisie, en prenant les précautions nécessaires pour mettre les droits des intéressés à couvert. C'est qu'aucune loi ne défend aux juges, quand ils ne peuvent de suite statuer sur la validité d'une saisie-arrêt, d'en accorder la main-levée provisoire, si l'équité et l'intérêt commun des parties l'exigent ; tempéramens nécessaires pour que tous les droits des parties soient ménagés, en ordonnant, par exemple, que le saisi qui obtient cette main-levée ne recevra que comme dépositaire de justice, et en fournissant caution, etc. etc. — (*Toulouse*, 14 avril 1810, *Sirey*, tom. 15, pag. 173).

la règle, *actor sequitur forum rei*. La demande en main-levée, formée par la partie saisie, doit également, et dans tous les cas, être portée devant le tribunal de la partie saisie. Le véritable demandeur est ici celui qui a formé la saisie-arrêt, et le demandeur en main-levée n'est que le défendeur à cette saisie. — (*Exposé des motifs*). (1)

1953. *De ce que nous avons dit supra, pag. 379, à la note 10°., que le président du tribunal de commerce, et même un juge de paix, pouvaient accorder permission de saisir-arrêter, s'ensuit-il que ce juge et ceux des tribunaux de commerce puissent connaître de la demande en validité et des effets de la saisie?*

Non, parce que l'art. 567 attribue exclusivement jurisdiction à cet effet au tribunal civil (2).

1954. *Le débiteur saisi peut-il se pourvoir en référé, pour faire ordonner le paiement des sommes qui lui sont dûes, au préjudice d'une saisie-arrêt faite par son créancier?*

La négative a été jugée par arrêt de la Cour d'appel de Paris, du 30 mars 1810 (*voy. Journ. des avoués, tom. 1, pag. 181*), attendu qu'une demande en référé tendant à obtenir le paiement, nonobstant opposition, d'une somme saisie-arrêtée, est une procédure abusive qui ne peut plus être tolérée, depuis les sages précautions prises par le Code de procédure, pour empêcher l'abus des oppositions vexatoires et indiscrètes.

En effet, comme l'observe M. Coffinières, en rapportant cet arrêt, le débiteur, aux termes de l'art. 563, doit être assigné en validité de saisie-arrêt, dans la huitaine du jour où elle est faite; de sorte qu'il peut alors opposer tous ses moyens, et si le saisissant ne donne pas suite à son action, la partie saisie peut elle-même se pourvoir en main-levée devant le tribunal de son domicile, d'après l'art. 567. Ainsi, ce dernier article suffit seul pour motiver la solution négative de la question ci-dessus posée (3).

---

(1) Nous excepterions toutefois, avec M. Pigeau, tom. 2, pag. 56, le cas où il y aurait élection de domicile, conformément à l'art. 111 du Code civil.

(2) Nous déduisons cette solution générale des arrêts suivans :

1.° *De Bruxelles*, 28 *mai* 1807 : Il déclare que toute demande relative à la validité ou aux effets d'une saisie-arrêt doit être portée devant les tribunaux civils, encore que la saisie-arrêt ait eu pour objet d'assurer la spéculation d'un marchand contre un marchand, et que les relations du tiers saisi avec le saisi fussent commerciales. — (*Sirey, tom. 7, 2.° part., pag. 292*).

2.° *De Paris*, 31 *décembre* 1811, *et Turin*, 30 *mars* 1813 : Ils jugent qu'un tribunal de commerce ne peut connaître d'une demande en validité ou déclaration. — (*Ibid.*, 1812, pag. 65, *et* 1814, pag. 436).

3.° *De cassation*, 12 octobre 1814 : Il décide qu'un tribunal civil devant lequel une contestation sur demande en validité ou sur le mérite d'une déclaration a été régulièrement portée, peut retenir la connaissance de la contestation, quoique le déclarant soit commerçant, quoiqu'il demande son renvoi, et que le mérite de la déclaration soit contesté par son créancier aussi commerçant, et qu'enfin, les contestations roulent sur des opérations de commerce, etc. — (*Sirey, tom. 15, pag. 129*).

(3) Nous ajouterons que, par arrêt du 15 juillet 1809 (*voy. Sirey, 1810, DD., pag. 279*), la Cour de Turin a également décidé que la main-levée d'une saisie-arrêt ne peut être la

1955. *Un créancier peut-il, en offrant de donner caution suffisante au tiers saisi, obtenir la main-levée des saisies-arrêts faites à la requête de quelques autres créanciers?*

Non, d'après un arrêt de la Cour d'appel de Turin, du 19 juillet 1806, rapporté dans la Jurisprudence des Cours souveraines, tom. 5, pag. 205.

Nous remarquerons que non seulement cette décision est antérieure au Code de procédure, mais encore qu'elle est motivée sur les dispositions d'une législation particulière au pays. Mais, quoi qu'il en soit, nous pensons que si la question se reproduisait aujourd'hui, elle devrait être résolue de la même manière, d'après les principes consacrés par le Code actuel (1).

1956. *La demande en main-levée peut-elle être donnée au domicile élu dans l'exploit de saisie?*

Oui, quoique la loi ne le dise pas formellement; autrement, l'obligation imposée au saisissant d'élire domicile serait illusoire. Il est évident que le législateur ne l'a prescrite qu'afin de faciliter la partie saisie pour se pourvoir contre la saisie. — (*Voy. Hautefeuille, pag.* 320).

ARTICLE 568.

Le tiers saisi ne pourra être assigné en déclaration, s'il n'y a titre authentique, ou jugement qui ait déclaré la saisie-arrêt ou l'opposition valable (2).

CCCCLIII. AUTREFOIS, dès lors que la saisie était apposée, le saisissant pouvait, en la dénonçant au débiteur, assigner le tiers saisi pour faire sa déclaration. L'art. 568 fait une juste distinction : quand il y a titre *authentique*, la créance ne peut être révoquée en doute; mais quand il n'y a pas de titre, ou que le

---

matière d'un référé, et qu'on ne peut se pourvoir que devant le tribunal par action en main-levée, conformément à l'art. 567. Ce même arrêt décide en outre que le tiers saisi qui aurait payé en vertu d'une ordonnance sur référé, exécutoire par provision, serait valablement libéré, quoique l'ordonnance fût ensuite réformée sur l'appel.

(1) En effet, s'il peut être permis d'accorder main-levée d'une saisie-arrêt, lorsque le débiteur saisi offre au saisissant une caution solvable de la somme qu'il a arrêtée, d'un autre côté, la justice paraît s'opposer à ce que le tiers saisi, qui est étranger aux intérêts respectifs du saisissant et du saisi, puisse être astreint par celui-ci à lui payer la somme arrêtée entre ses mains, moyennant une caution : ce serait forcer ce tiers à prendre des engagemens envers le saisissant, et adopter un système tout à fait contraire à l'effet que la loi donne à la saisie-arrêt, et qui est d'inhiber le tiers de ne rien payer au tiers saisi, et le constituer séquestre de la somme qu'il lui doit, pour en tenir compte au saisissant.

Il faut remarquer, au reste, que la saisie-arrêt a lieu à requête et pour l'intérêt du saisissant; or, on ne saurait admettre que l'on pût porter atteinte aux droits de ce dernier, en ordonnant au tiers saisi de payer au débiteur saisi, avant que ce débiteur ait obtenu main-levée contradictoirement avec le saisissant. — (*Voy. supra, sur l'art.* 565, *n.°* 1952).

(2) Voy. le commentaire sur l'art. 564.

titre est sous signature privée, il faut un jugement pour que le saisisssant ne puisse pas, sans raison, s'immiscer dans les affaires d'autrui.

ARTICLE 569.

Les fonctionnaires publics dont il est parlé à l'art. 561, ne seront point assignés en déclaration; mais il délivreront un certificat constatant s'il est dû à la partie saisie, et énonçant la somme, si elle est liquide (1).

T., 91. — *Suprà*, art. 560.

1957. *Les notaires, les huissiers et autres fonctionnaires, peuvent-ils être assignés en déclaration des sommes qu'ils ont reçues ou touchées en leur qualité?*

On eût pu décider la négative, d'après les expressions générales de l'art. 592 du projet, qui portait que les *fonctionnaires* ne seraient point assignés en validité, mais qu'ils délivreraient seulement un certificat. Cette exception a été restreinte, sur les observations de la Cour de Dijon, aux fonctionnaires désignés en l'art. 561, et conséquemment les notaires, les huissiers, etc., peuvent, comme les simples particuliers, être assignés en déclaration.

1958. *Les fonctionnaires désignés en l'art. 561 ne pouvant être assignés en déclaration, que doit-on faire pour avoir le certificat qui en tient lieu?*

Il faut le requérir d'eux par une sommation d'avoué. — (*Voy. tarif, art. 91, et décret du 18 août 1807, art. 6 et 7*).

ARTICLE 570.

Le tiers saisi sera assigné, sans citation préalable, en conciliation, devant le tribunal qui doit connaître de la saisie, sauf à lui, si sa déclaration est contestée, à demander *son renvoi* (2) devant son juge (3).

T., 29 et 75. — C. de P., art. 567 et 568.

CCCCLIV. Le motif de l'art. 570 est facile à saisir : c'est que le tiers saisi

---

(1) Voy. le commentaire sur l'art. 561, et l'art. 6 du décret du 18 août 1807, à la not. 1, pag. 386.

(2) Cette demande se forme par une requête à laquelle on peut répondre. — (*Tarif, art. 75*).

(3) JURISPRUDENCE.

La faculté accordée au tiers saisi de demander son renvoi devant ses juges naturels, en cas de contestation de sa déclaration, n'a lieu qu'autant que la contestation porte sur la véracité des faits affirmés; elle ne s'étend pas au cas où la déclaration est attaquée comme nulle ou irrégulière : alors le tiers saisi est tenu de procéder devant le tribunal au greffe duquel il a fait sa déclaration. — (*Bordeaux, 23 mars 1813, Sirey, tom. 13, pag. 299.*)

n'est pas, à proprement parler, partie dans la cause; il n'est réellement qu'un témoin qui fait sa déclaration.

1959. *Le tiers saisi peut-il demander son renvoi devant ses juges naturels, quelle que soit la nature de la contestation à laquelle sa déclaration donne lieu?*

Oui, puisque la disposition de l'art. 570 est conçue en termes généraux : d'où suit qu'elle doit recevoir son application dans tous les cas de contestation, soit que le différent porte sur l'existence ou la quotité de la dette, soit qu'il concerne seulement le mode, le tems, le lieu, la forme du paiement, ou la personne à laquelle la somme doit être payée. — (*Voy.* arrêt de la Cour de Turin, du 30 août 1808, *Jurisp. sur la procéd.*, tom. 1, *pag.* 8 et 9).

1960. *La comparution du tiers saisi, à l'effet de donner sa déclaration, peut-elle lui être opposée comme une soumission au tribunal du domicile du saisi?*

Non, sans doute, puisque l'art. 570 ne l'autorise à demander son renvoi que lorsqu'il y a contestation sur la déclaration qu'il a fournie.

Mais aussi, dès que cette contestation est élevée, il doit se garder de donner aucune défense au fond, et demander aussitôt son renvoi; autrement, il ne serait plus recevable en cette demande, qui est une véritable exception déclinatoire, susceptible d'être couverte par les plaidoiries au fond, puisqu'elle est fondée sur une incompétence *ratione personæ*. — (*Voy. Prat.*, tom. 4, *pag.* 121, *Delaporte*, tom. 2, *pag.* 151, et nos quest. sur l'art. 169).

1961. *Le renvoi étant prononcé, a-t-il l'effet de transporter au tribunal du tiers saisi les suites de l'instance entre le saisissant et le saisi?*

Ce renvoi ne porte que sur la contestation de la déclaration, et, conséquemment, l'instance entre le saisissant et le saisi reste au tribunal où elle a été portée.

ARTICLE 571.

Le tiers saisi assigné fera sa déclaration (1), et l'affirmera au greffe, s'il est sur les lieux; sinon, devant le juge de paix de son domicile (2), sans qu'il soit besoin, dans ce cas, de réitérer l'affirmation au greffe.

C. de P., art. 638.

1962. *Dans quel délai le tiers saisi doit-il faire sa déclaration?*

L'art. 570 dit que le tiers saisi sera *assigné* en déclaration. Ainsi, l'exploit par lequel le saisissant lui demande cette déclaration est considéré comme introductif d'instance, et conséquemment le tiers saisi, qui est défendeur à cet exploit, doit y obéir dans les délais fixés au titre des ajournemens. — (*Voy. Quest. de Lepage*, pag. 388 et 389, et *Hautefeuille*, pag. 321).

─────────────

(1) Assisté d'un avoué. — (*Tarif, art.* 91).

(2) Le juge de paix, à la diligence du tiers saisi, adresse cette déclaration au greffe du tribunal.

Article 572.

La déclaration et l'affirmation pourront être faites par pro-curation spéciale.

C. de P., art. 638.

1963. *La procuration doit-elle être authentique?*

La loi ne le dit pas ; et en conséquence M. Delaporte, tom. 2, pag. 152, estime qu'une procuration sous signature privée serait suffisante. Cet auteur convient néanmoins que l'on est dans l'usage de faire dresser cet acte par des notaires. Nous croyons que cet usage est bien établi ; car le tiers saisi devant affirmer sa déclaration dans le mandat, il est nécessaire que cette affirmation soit donnée devant un officier public. Tel est aussi le sentiment de M. Pigeau, tom. 2, pag. 65.

1964. *L'affirmation doit-elle être faite sous serment?*

Il est clair que non, dit M. Berriat Saint-Prix, puisqu'elle peut être faite par procureur, et qu'il faut toujours prêter le serment en personne. Nous obser-vons que plusieurs Cours d'appel, et notamment celle de Nanci, dans leurs observations sur le projet de Code, supposaient que l'affirmation devait être assermentée. — (*Voy. Prat., tom. 4, pag.* 119 *et* 125).

Quoi qu'il en soit, nous partageons l'opinion de M. Berriat Saint-Prix, par les raisons que nous avons exposées sur la quest. 566.

Article 573.

La déclaration énoncera les causes et le montant de la dette; les paiemens à compte, si aucuns ont été faits ; l'acte ou les causes de libération, si le tiers saisi n'est plus débiteur, et, dans tous les cas, les saisies-arrêts ou oppositions formées entre ses mains.

T., 92. — C. de P., art. 578 et 638.

CCCCLV. Au moyen des énonciations que la déclaration affirmative du tiers saisi doit contenir, aux termes de l'article ci-dessus, le tribunal est mis à portée de statuer sur tous les objets de contestations que l'on peut présumer pouvoir s'élever entre le saisissant et le saisi ; mais ce qu'il importe particulièrement de remarquer sur cet article, c'est qu'avant la publication du Code de procédure, il arrivait souvent que le tiers saisi, intéressé lui-même à retarder le paiement de ce qu'il devait, ne dénonçait que l'une après l'autre les diverses oppositions qui existaient en ses mains, au jour de la saisie-arrêt, et par ces dénonciations successives il éternisait la procédure et décuplait les frais. Cet abus est réformé par l'obligation imposée au tiers saisi de faire connaître toutes les saisies-arrêts formées entre ses mains, et existant au moment où la déclaration est faite.

1965. *Qu'entend-on par* causes *de la dette?*

D'ordinaire on entend, par causes de la dette, son origine, ou ce qui lui a donné lieu; par exemple, si elle a été contractée pour prêt, pour loyers, etc.

Mais nous pensons que ce mot doit être pris ici dans une acception plus générale, et qu'il comprend en outre tout ce qui peut se rapporter à la dette, même pour la détruire ou la modifier. C'est en ce sens que M. Pigeau, tom. 2, pag. 66, nous paraît l'avoir entendu, lorsqu'il a dit : « Le tiers saisi peut opposer » toutes les exceptions qu'il pourrait opposer au saisi son créancier; par exemple, » que la dette est nulle ou sujette à rescision; qu'elle est ou à terme ou condi- » tionnelle; il doit toujours déclarer *ces causes*, avec réserve de faire prononcer » la nullité ou la rescision, etc., si elles sont contestées; et alors il pourra de- » mander son renvoi devant son juge, conformément à l'art. 570. »

1966. *Le tiers saisi doit-il toujours énoncer le montant de la dette?*

Il ne peut, et par conséquent il ne doit l'énoncer qu'autant que la dette est liquide; dans le cas contraire, il déclarera qu'elle ne l'est pas; il dira, par exemple, qu'il doit un compte dont le reliquat n'est pas fixé, ou des fournitures non réglées ni évaluées, etc. — (*Voy. Pigeau, ubi suprà*).

1967. *Quand le tiers saisi énonce qu'il a fait des paiemens à compte ou qu'il est libéré, est-il rigoureusement tenu de rapporter la preuve de ces paiemens ou de sa libération?*

Il en est facilement cru à sa déclaration affirmative d'avoir payé lors de la saisie, dit M. Delaporte, tom. 2, pag. 152, parce que, tant que cette saisie n'a pas encore été faite, il a été le maître de se libérer : c'est au saisissant à prouver que sa déclaration n'est pas sincère.

Nous ne croyons pas qu'il soit entré dans l'esprit du législateur que le saisissant soit ainsi obligé de croire le tiers saisi sur parole. Le tiers saisi devient comptable par l'effet de l'opposition mise entre ses mains; or, qu'est-ce qu'un compte sans pièces justificatives?...... L'art. 574 nous paraît, au reste, écarter l'opinion de M. Delaporte, puisqu'il exige que les pièces justificatives de la déclaration y soient annexées. Il résulte, en effet, de cette disposition, que la preuve des paiemens à compte ou de la libération est à la charge du tiers saisi; et telle est aussi l'opinion de M. Pigeau, tom. 2, pag. 66, puisqu'en parlant de l'énonciation que le tiers saisi doit faire des paiemens à compte, il prend soin d'ajouter qu'il doit également énoncer les *pièces* justificatives (1).

1968. *Le tiers saisi est-il tenu à une déclaration, lors même qu'il se croit libéré?*

L'art. 573 exigeant que le tiers saisi énonce, dans sa déclaration, l'acte ou les causes de sa libération, s'il n'est plus débiteur, suppose nécessairement la nécessité de la déclaration, même en ce cas (1).

---

(1) Cependant il faut remarquer qu'alors même qu'un tiers, entre les mains duquel on aurait saisi des sommes dont on le présumerait débiteur pour loyers, fermages ou arrérages de rente, présenterait des pièces justificatives de paiemens faits, même avant la saisie, il courrait néanmoins les risques d'être condamné à compter ces sommes, sauf son recours contre celui auquel il les aurait avancées, si les paiemens avaient été faits par anticipation : en ce cas, il y a présomption de fraude; mais on excepterait les paiemens qui auraient été faits suivant l'usage des lieux. — (*Voy. Pigeau, tom. 2, pag. 66*).

(2) On entend par causes de libération tout ce qui peut éteindre la dette; par exemple

ARTICLE 574.

Les pièces justificatives de la déclaration seront annexées à cette déclaration; le tout sera déposé au greffe, et l'acte de dépôt sera signifié par un seul acte contenant constitution d'avoué.

T., 70 et 92. — C. de P., art. 575, 576 et 638.

CCCCLVI. L'art. 574 prescrit le dépôt des pièces justificatives, afin de donner au saisissant la faculté de prendre communication de la déclaration et des pièces, et, à cet effet, on applique les dispositions des art. 189 et suivans.

ARTICLE 575.

S'il survient de nouvelles saisies-arrêts ou oppositions, le tiers saisi les dénoncera à l'avoué du premier saisissant, par extrait contenant les noms et élection de domicile des saisissans, et les causes des saisies-arrêts ou oppositions (1).

T., 70. — C. de P., art. 638.

1969. *Le tiers saisi est-il obligé de faire successivement sa déclaration sur chaque saisie qui intervient à la suite d'une première?*

De ce que l'art. 573 porte que le tiers saisi doit énoncer, dans la déclaration, les saisies-arrêts ou oppositions formées entre ses mains, il serait facile de conclure qu'il doit faire sur chaque saisie une déclaration particulière. Mais M. Pigeau observe, avec raison, tom. 2, pag. 70, que cet article ne doit s'entendre que du cas où il n'a pas encore été fait de déclaration sur les premières saisies; autrement, dit-il, le Code aurait exigé un acte inutile. De là suit que le tiers saisi doit se borner à signifier aux seconds saisissans l'acte de dépôt de la déclaration qu'il aurait déjà donnée, et des pièces justificatives de cette déclaration. — (*Voy.* aussi *Delaporte*, tom. 2, pag. 154).

1970. *S'il y a plusieurs saisissans ultérieurs, à qui doit être faite la communication de la déclaration fournie par le tiers saisi et des pièces justificatives?*

On doit se conformer, en ce cas, aux dispositions des art. 536 et 932.

---

le psiement justifié par quittances, la prescription acquise, la compensation opérée *avant* la saisie, et qui, conséquemment, rend inutile la saisie-arrêt postérieure. — (*Cassat.*, 14 *août* 1808, *Denevers*, 1809, *pag.* 343).

(1) JURISPRUDENCE.

La déclaration à laquelle le tiers saisi n'a pas annexé les pièces justificatives est insuffisante. Le délai dans lequel le tiers saisi doit déposer les pièces justificatives n'est que comminatoire. — (*Rennes*, 26 *nov.* 1814, *Journ.*, tom. 4, *pag.* 332).

1971. *Résulte-t-il de l'art.* 575 *qu'on ne puisse s'opposer au denier qu'en formant saisie-arrêt ?*

C'est notre opinion, fondée sur ce qu'il résulte de plusieurs articles du présent titre, que le Code abroge les anciennes instances en opposition au denier, sur ce que le saisissant toucherait de suite, après la déclaration, s'il était seul, et que le tarif ne taxe aucun acte d'opposition de la part de créanciers non saisissans : d'où suit que l'art. 579 ne suppose qu'il y a lieu à procéder à la distribution qu'autant qu'il y a de nouvelles saisies.

C'est ausi ce que la Cour de Rennes a jugé par arrêt du 29 janvier 1817, en déclarant que la saisie-arrêt ou opposition est la seule voie indiquée au créancier qui veut obtenir son paiement sur les fonds de son débiteur existans entre les mains d'un tiers; et que, par conséquent, lorsque plusieurs créanciers prétendent concurremment exercer un pareil droit, chacun d'eux doit former une saisie-arrêt, et ne peut prendre la voie de l'intervention, ce qui serait substituer une autre procédure à celle que la loi prescrit.

Ainsi donc, le jugement qui déclare une saisie valable, en ordonnant que le tiers-saisi se dessaisira entre les mains du saisissant de ce qu'il déclarera lui devoir, et de même le jugement qui, dans le cas où le tiers saisi n'aurait pas été assigné en déclaration, ordonne le dessaisissement après jugement antérieur qui a prononcé la validité, opèrent également le transport judiciaire de la créance que le débiteur eût pu faire volontairement. C'est aussi ce qu'expriment les auteurs des Annales du notariat, tom. 4, pag. 56, et M. Demiau Crouzilhac, sur l'art. 579; et nous étendons cette décision même au cas où des créanciers saisiraient après les jugemens dont nous venons de parler (1).

_____

(1) Cependant, comme cette opinion contrarie les idées reçues, particulièrement en Bretagne, où l'on admettait l'opposition que l'on appelait *entre la bourse et le denier,* c'est-à-dire avant la distribution jusqu'à ce qu'elle ait été effectuée, nous croyons nécessaire d'entrer dans tous les développemens qui peuvent concourir à justifier les propositions ci-dessus posées.

Et d'abord, nous remarquerons que l'art. 575 ne peut évidemment recevoir son application qu'à des saisies apposées durant l'instance introduite par une première saisie; c'est ce qui dérive et de l'obligation que cet article impose au tiers saisi de notifier ces nouvelles saisies à l'avoué du premier saisissant, et du rang que le même article occupe dans le Code, parmi les dispositions concernant cette instance.

Aussi M. Pigeau, tom. 2, pag. 73, 1.ʳᵉ édit., examinant ce qui est à juger lorsqu'il y a plusieurs saisissans, suppose-t-il instance entre eux et le premier, et jugement qui leur est commun. « Si, dit-il, le saisi a constitué avoué, on donne *avenir AUX SAISISSANS* » et au tiers saisi, s'il est en cause; l'on obtient ensuite jugement qui déclare *valables les* » *saisies,* si elles le sont, et qui ordonne, au cas que les deniers suffisent pour payer *tous* » *les saisissans,* qu'ils seront délivrés à ceux-ci jusqu'à concurrence de leurs dus; et s'ils » sont insuffisans, que la distribution s'en fera suivant la forme, etc. etc. »

Une conséquence nécessaire de ce que l'art. 575 ne peut s'appliquer que dans le cours de l'instance sur une première saisie, est qu'une fois le dessaisissement ordonné, un créancier ne peut désormais saisir valablement la somme que le tribunal a attribuée aux saisissans antérieurs.

Or, le jugement qui ordonne le dessaisissement est, soit celui qui juge la saisie valable et ordonne en même tems que le tiers saisi qui n'aurait pas encore été assigné en déclaration se dessaisira entre les mains des saisissans, soit celui qui, dans le cas où l'assignation n'eût pas eu lieu, ordonne le dessaisissement après la déclaration faite par le tiers saisi, sur la notification du jugement qui déclare la saisie valable.

1972. *La solution donnée sur la précédente question recevrait-elle son application à la saisie des fruits civils d'un immeuble ou des arrérages non échus d'une rente?*

Nous ne le pensons pas.

En effet, ces fruits, comme le remarque M. Pigeau, pag. 47, deviennent meubles à mesure qu'ils échoient; or, en fait de meubles, l'acquéreur ou cessionnaire est bien propriétaire avant la tradition, à l'égard du vendeur ou

---

En effet, ou le tiers saisi n'a pas été assigné, parce que le titre du saisissant était *authentique*, et alors, si la saisie est déclarée valable, le jugement ordonne en même tems le dessaisissement, au profit du saisissant, des deniers dont le tiers saisi se déclarera débiteur, ou ce dernier n'a pas été assigné, parce que le saisissant n'a pas de titre authentique, et, au second cas, le premier jugement se borne à juger la validité; il est signifié au tiers saisi, qui fait sa déclaration, et il intervient ensuite un second jugement qui ordonne le dessaisissement. — (*Voy. art.* 368, *et Pigeau, tom.* 2, *pag.* 50, 71 *et* 72).

Une fois ce dessaisissement ordonné, nous estimons que le jugement opère, dans l'intérêt du premier saisissant ou des saisissans antérieurs à la prononciation, un transport judiciaire de la créance, dont les effets sont les mêmes que ceux du transport conventionnel dont il est question dans l'art. 1690 du Code civil, et qui (*voy. Pigeau, tom.* 2, *pag.* 46) rend la somme transportée insaisissable dès que, sans fraude, il est signifié au débiteur ou accepté par lui. Autrement, il faudrait admettre qu'une décision judiciaire prononcée définitivement, sans réserves ni conditions, serait, quant à son exécution, subordonnée à une foule d'événemens qui n'ont été prévus ni par son dispositif ni par la loi.

Il est à considérer, d'ailleurs, que toutes les formalités que l'art. 1690 du Code civil exige pour que le débiteur, qui est ici le tiers saisi, ait connaissance du transport conventionnel, et soit tenu d'acquitter la créance au cessionnaire, se trouvent suppléées dans l'instance de saisie, soit par la dénonciation, avec assignation au tiers saisi, conformément à l'art. 563 du Code de procédure, soit, si cet acte n'a pas eu lieu, par la signification du jugement de validité; formalités qui remplacent la signification du transport, exigée par le Code. D'un autre côté, le jugement qui a déclaré la saisie valable, et en même tems ordonné le dessaisissement, ou celui qui statue sur ce dernier point, dans le cas où la validité eût été déclarée antérieurement, suppléent d'autorité de justice à l'acceptation qu'exige l'art. 1690.

Nous concluons de ces observations, que les propositions que nous avons établies en commençant sont bien fondées, et, par conséquent, nuls autres créanciers que ceux qui ont saisi après jugement intervenu sur la déclaration du tiers saisi, ne peuvent être admis à la distribution des deniers judiciairement transportés aux saisissans antérieurs, par une décision qui leur confère un droit acquis. M. Pigeau, dont l'autorité est d'un grand poids, n'a pas traité cette question d'une manière positive et directe; mais il nous semble supposer une solution conforme à celle que nous en donnons, lorsqu'il dit, au titre de la disposition, tom. 2, pag. 168 : « Si la distribution se faisait sur une saisie-arrêt de deniers, » le tiers saisi a dû, suivant l'art. 575, dénoncer à l'avoué du premier saisissant les saisies-» arrêts postérieures, *par extrait contenant les noms et élections de domicile des saisissans* » *et les causes des saisies-arrêts. LE JUGEMENT QUI INTERVIENT SUR LA SAISIE-ARRÊT* » *EST RENDU AVEC TOUS LES SAISISSANS; on le produit pour prouver quels sont ceux* » *qui ont droit à la distribution* ». Ce sont donc les seuls créanciers qui ont saisi avant le jugement qui, d'après M. Pigeau, ont droit à la distribution.

Cette opinion est d'ailleurs fondée sur le système qui a présidé à la rédaction du titre; on a voulu ramener à l'uniformité les principes d'une jurisprudence variée et contradictoire, suivant les localités, et prendre un milieu entre ces principes, par exemple, en n'accordant point de privilége au premier saisissant, comme le faisait l'art. 168 de la Coutume de Paris; mais aussi, en n'accordant point à tout créancier la faculté de s'opposer, comme on disait en Bretagne, *entre la bourse et le denier; autrement*, jusqu'à la distribution.

Quoi qu'il en soit, la Cour de Rennes a rejeté cette doctrine, d'après laquelle nous n'admettons point à la distribution des créanciers qui n'auraient pas saisi avant le juge-

cédant; mais à l'égard du tiers, il ne l'est qu'au moment de la tradition. — (*Code civ.*, art. 1141).

Si les fruits ne sont pas encore échus, ils ne sont pas en la possession du cessionnaire; la tradition n'est pas effectuée, car il ne peut y avoir tradition ni possession d'un objet qui n'existe pas.

Le créancier du cédant peut donc toujours, avant que les fruits soient échus et qu'ils passent en la possession du cessionnaire, les empêcher, par une saisie antérieure, de tomber entre les mains de ce dernier, sauf son recours contre le premier.

Ce que l'on dit ici du transport des fruits non échus, s'applique évidemment à une première saisie. Le premier saisissant ne peut les percevoir, malgré le jugement qui ordonne le dessaisissement à son profit, qu'autant que d'autres créanciers ne les auraient pas saisis avant qu'il les eût perçus en vertu de ce jugement.

Donc, nonobstant ce jugement, toute saisie apposée avant la perception frappe sur ces fruits et donne lieu à une distribution par contribution (1).

---

ment par lequel le dessaisissement a été ordonné; mais la Cour de cassation l'a formellement consacrée par arrêt du 28 février 1822. — (*Voy. Sirey*, tom. 22, pag. 217).

Cet arrêt décide en effet, 1.° que lorsqu'un créancier a fait saisir-arrêter les deniers de son débiteur; qu'il a fait déclarer la saisie valable, et qu'il y a jugement portant que le tiers saisi videra ses mains dans celles du saisissant; en ce cas, la somme saisie est dévolue au saisissant; elle n'est plus susceptible de saisie nouvelle et de distribution entre les divers saisissans. Les nouvelles saisies survenues dont parle l'art. 575 du Code de procédure civile, n'ont d'effet utile qu'autant qu'il n'y a pas, sur la première, jugement de validité portant attribution des sommes saisies;

2.° Que lorsqu'un créancier, après avoir formé une aisie-arrêt, a fait prononcer la validité de la saisie, et a fait rendre un jugement portant que le tiers saisi versera dans ses mains les sommes dont il est détenteur, et que, par suite, ce créancier, premier saisissant, prétend exclure de toute contribution d'autres créanciers ayant formé des *saisies nouvelles*, aux termes de l'art. 575 du Code de procédure civile, les créanciers auteurs de ces saisies nouvelles survenues ne sont pas recevables à former tierce opposition au jugement en vertu duquel on veut les exclure de toute contribution. — (*Art.* 474 *du Code de procéd.*)

(1) Il en est d'ailleurs une raison d'équité qui semble sans réplique : si le jugement qui ordonne en faveur d'un saisissant le paiement de loyers et fermages dus au saisi jusqu'à l'entier acquit de la créance, lui confèrait un droit exclusif sur les fermages à échoir, il arriverait que les créanciers qui auraient contracté avec lui, sous la garantie de la fortune qu'ils lui connaissent, seraient frustrés en totalité ou en partie de leurs dus, par un jugement dont ils ignorent l'existence, et qui équivaudrait en quelque sorte à une aliénation, si la créance du saisissant était considérable.

C'est par cette raison que, dans sa Procédure civile du Châtelet, tom. 1, M. Pigeau établissait, de la manière la plus formelle, qu'on ne peut déléguer et transporter parfaitement que les créances nées et non à naître, comme *loyers de maisons* et arrérages de rentes à échoir. « Tous transports et délégations, disait-il, qui en sont faits avant qu'elles soient » échues, ne peuvent préjudicier aux créanciers de ceux qui les font, lesquels peuvent, jus- » qu'à cette échéance, saisir les loyers et arrérages de la rente. Cela a été jugé par nombre » d'arrêts, et c'est l'opinion d'une multitude de jurisconsultes, fondée sur ce que, s'il en » était autrement, un débiteur pourrait frustrer ses créanciers de leurs paiemens, ou au » moins les reculer, en déléguant à un affidé des arrérages et loyers à échoir pendant un » long tems ».

Il est évident que le même inconvénient existerait si, au moyen d'une première saisie-arrêt, un créancier pouvait, à l'exclusion de tous autres, même postérieurs, acquérir un droit exclusif au paiement des arrérages à échoir d'une rente ou des prix annuels d'un bail.

ARTICLE 576.

Si la déclaration n'est pas contestée, il ne sera fait aucune autre procédure, ni de la part du tiers saisi, ni contre lui (1).

C. de P., art. 638.

1973. *De ce que l'art.* 576 *porte qu'il n'est fait aucune procédure de la part du tiers saisi, s'ensuit-il que celui-ci ne puisse rien faire à l'effet de se libérer avant la fin de l'instance de la saisie-arrêt ou de la distribution par contribution?*

Non; le tiers saisi qui a fait sa déclaration peut, lorsqu'elle n'est pas contestée, faire des offres au saisi, à la charge par celui-ci de rapporter main-levée, et il peut ensuite, si le saisi ne rapporte main-levée, faire prononcer la validité des offres et consigner. — (*Voy. Pigeau, ubi suprà, pag.* 71).

1974. *Un jugement de validité rendu sur défaut contre le saisi étant périmé par six mois, conformément à l'art.* 156, *le tiers saisi peut-il encore opposer la saisie au saisi qui lui demande paiement?*

Oui, parce que la saisie tient toujours; mais s'il s'est écoulé trois ans depuis la demande en validité, comme le jugement est non avenu, le saisissant est réputé n'avoir pas poursuivi son instance; on peut la faire déclarer périmée; et, d'après l'art. 401, la demande en validité se trouve elle-même comme non avenue.

ARTICLE 577.

Le tiers saisi, qui ne fera pas sa déclaration ou qui ne fera pas les justifications ordonnées par les articles ci-dessus, sera déclaré débiteur pur et simple des causes de la saisie (2).

1975. *Que signifient ces mots de l'art.* 577, *le tiers saisi, etc., sera déclaré débiteur pur et simple* DES CAUSES *de la saisie?*

Ils signifient que ce tiers, qui ne fera pas sa déclaration ou les justifications

---

(1) JURISPRUDENCE.

Le tiers saisi peut, en sa qualité, former incidemment une demande au débiteur saisi, pour se faire déclarer quitte envers lui, et en outre le faire condamner comme débiteur. — (*Rennes, nov.* 1813).

(2) JURISPRUDENCE.

1.° Le tiers saisi qui déclare au greffe ne rien devoir au saisi, et omet ensuite de signifier au saisissant l'acte de dépôt des pièces justificatives, ne doit pas, par cela seul, être déclaré débiteur pur et simple des causes de la saisie, si le saisissant ne peut ignorer le montant de ce qu'il devait : en ce cas, il n'y a lieu à condamner le tiers saisi qu'au paiement de la totalité de la dette par lui contractée envers le débiteur saisi. — (*Bordeaux,* 16 *juin* 1814, *Sirey, tom.* 15, *pag.* 53).

3.° La demande en déclaration formée contre un tiers saisi est indéterminée de sa nature,

ordonnées, sera déclaré débiteur de toutes les sommes pour lesquelles la saisie aurait été faite, encore bien que ces sommes fussent plus fortes que celles qu'il devrait réellement.

1976. *Le délai accordé au tiers saisi pour faire sa déclaration, est-il tellement de rigueur qu'une fois expiré l'on doive nécessairement le déclarer débiteur pur et simple, sans qu'il puisse se soustraire à cette condamnation, en remplissant postérieurement l'obligation que la loi exige de lui?*

Quelques jurisconsultes, se fondant sur les dispositions de l'art. 1029, qui porte qu'*aucune des nullités, amendes et déchéances prononcées dans le Code n'est comminatoire,* ont pensé que la peine portée en l'art. 577, était de rigueur, et un arrêt de la Cour de Paris, du 16 mai 1810 (*voy. Sirey, tom.* 12, *pag.* 332), avait admis cette opinion, en décidant que le tiers saisi, condamné comme débiteur pur et simple des causes de la saisie, pour n'avoir pas rapporté les pièces à l'appui de sa déclaration, n'avait pu faire utilement sur l'appel les justifications exigées par la loi.

Mais deux autres arrêts, rendus par la même Cour, l'un le 30 août 1810, l'autre le 12 mars 1811 (*voy. Denevers,* 1811, *suppl.*, *pag.* 72; *Sirey, tom.* 11, *pag.* 459), ont consacré des principes contraires.

En effet, le premier décide que le délai accordé au tiers saisi pour faire sa déclaration affirmative n'est que *comminatoire;* que le droit de contrainte donné au saisissant, à faute de cette déclaration, cesse dès l'instant où elle est signifiée, et que la seule peine à supporter par le tiers saisi est la condamnation à tous les dépens, frais et mise d'exécution, comme frais de contumace.

Le second, en décidant qu'un tiers saisi, qui s'était borné à déclarer que, loin d'être débiteur, il était au contraire créancier du saisi, avait fait, à la vérité, une déclaration insuffisante, mais qu'il pouvait, sur l'appel, la compléter en réparant ses omissions.

A ces deux arrêts, nous ajouterons celui par lequel la Cour de Turin a jugé, le 27 février 1808 (*voy. Sirey, tom.* 15, *pag.* 174), que le tiers saisi qui a été condamné par défaut comme débiteur pur et simple, peut faire sa déclaration dans le délai de l'opposition, et nous conclurons, de toutes ces décisions, que la peine prononcée par l'art. 577 n'est que *comminatoire,* comme l'étaient autrefois des peines de même nature que la jurisprudence avait établies. Vainement, dans notre opinion, persisterait-on à opposer la disposition de l'art. 1029. Nous répéterons ici, pour détruire cette objection, une raison que nous avons eu souvent occasion de produire, c'est que cet article prouve, au contraire, en faveur des décisions que nous venons de rapporter; car, en disposant que les déchéances prononcées dans le Code ne sont point comminatoires, il ne permet pas de supposer une déchéance qui n'y est pas exprimée : or, nul article ne porte que le tiers saisi qui aura laissé écouler le délai fixé sans donner sa déclaration ou sans faire les justifications exigées, sera *déchu* de la faculté de remplir ultérieurement l'une ou l'autre de ces obligations. Enfin, cette opinion a été consacrée par arrêt de la Cour de Rennes, du 26 novembre 1814.

---

et, par conséquent, ne peut être jugée *en dernier ressort* par un tribunal de première instance, même dans le cas où la créance du saisissant ne s'élève pas au-dessus de 1,000 fr. — (*Paris,* 7 *mai* 1817, *Sirey, tom.* 17, *pag.* 359).

ARTICLE 578.

Si la saisie-arrêt ou opposition est formée sur effets mobiliers, le tiers saisi sera tenu de joindre à sa déclaration un état détaillé desdits effets.

T., 70.

1977. *L'état des effets peut-il être donné dans la déclaration même ?*

Oui, sans doute, sur-tout si le détail n'est pas-long. — (*Voy. Pigeau,* tom. 2, pag. 67).

1978. *Comment les effets doivent-ils être désignés dans l'état dont il s'agit ?*

Cet état, dit M. Pigeau, *ubi suprà,* représente la saisie-exécution qu'on ferait de ces effets, s'ils étaient dans les mains du saisi. Ainsi, les effets doivent y être désignés comme ils le seraient dans le procès-verbal d'une saisie de cette espèce : l'on doit donc appliquer ici les art. 588 et 589.

ARTICLE 579.

Si la saisie-arrêt ou opposition est déclarée valable, il sera procédé à la vente et distribution du prix, ainsi qu'il sera dit au titre *de la distribution par contribution.*

C. de P., art. 612 et suiv., 656 et suiv.

1979. *Quelles sont les formalités à observer pour la vente de ces effets ?*

Ce sont celles prescrites au titre de la saisie-exécution ; mais il faut remarquer qu'il n'est pas nécessaire, pour parvenir à cette vente, de dresser un procès-verbal, puisque l'état exigé par l'art. 578 en tient lieu, ainsi que nous l'avons dit sur la précédente question. — (*Voy. Pigeau, tom. 2, pag.* 67 et 72).

1980. *Comment se distribue le prix de la vente des effets ou les sommes effectives qui ont été l'objet de la saisie ?*

Si le saisissant est le seul créancier qui réclame paiement, le tribunal ordonne, quand il a déclaré la saisie valable, que les sommes arrêtées lui seront remises par le tiers saisi, ou que celles provenant du prix de la vente des effets lui seront comptées ; mais s'il y a plusieurs créanciers, qui aient saisi avant ce jugement, ainsi que nous l'avons dit n°. 1970 et 1971, et que ce prix ou ces sommes ne suffisent pas pour les satisfaire entièrement, il devient nécessaire de les distribuer entre eux au marc le franc. C'est aussi ce que l'art. 579 porte expressément, par rapport au prix de la vente des effets, et il est incontestable qu'il doit en être ainsi, lorsqu'au lieu d'effets on a arrêté des deniers : dans l'un et dans l'autre cas, on applique les règles posées au titre de la distribution par contribution. — (*Voy. ci-après tit.* 11; *voy. aussi l'article* 9 *du décret du* 18 *août* 1807).

1981. *Le tiers saisi doit-il retenir les frais qu'il a été obligé de faire pour l'accomplissement des obligations que la loi lui impose ?*

Oui, sans doute ; il faut qu'on adjuge au tiers saisi les frais qu'il a été obligé de faire ; l'équité l'exige, et l'on pourrait d'ailleurs fonder cette décision sur l'art. 662 (*voy. Prat. franç.*, *tom. 4, pag.* 131); mais nous n'entendons pas parler ici des frais que le tiers saisi aurait faits à l'occasion de contestations élevées sur sa déclaration : il est évident qu'il ne peut les retenir, s'il succombe dans ce débat, et qu'il n'obtient reprise que de ceux qu'il serait obligé de faire, abstraction faite de toute contestation.—(*Voy. Quest. de Lepage,* pag. 389).

1982. *Quand le jugement en validité est-il exécutoire contre le tiers saisi ?*

Il n'est exécutoire que sous les conditions portées en l'art. 548. — (*Voy. Pigeau, tom.* 2, *pag.* 72).

1983. *Si, avant le paiement, mais après le jugement de validité, le débiteur saisi mbe en déconfiture, à qui le tiers devra-t-il payer ?*

M. Berriat Saint-Prix cite deux arrêts du Parlement de Grenoble, qui ont jugé que le paiement devait être fait au saisissant et non pas à la masse des créanciers, parce que ce jugement a produit une novation (1).

ARTICLE 580.

Les traitemens et pensions dus par l'Etat, ne pourront être saisis que pour la portion déterminée par les lois ou par arrêtés du Gouvernement (1).

1984. *L'art.* 580 *suppose-t-il que l'on puisse, en tous les cas, saisir une portion des traitemens et pensions dus par l'Etat ?*

L'art. 580, tel qu'il est conçu, paraît supposer que les pensions et traite-

---

(1) Cette décision vient encore à l'appui de ce que nous avons dit n.º 1970.

(2) JURISPRUDENCE.

1.º Les traitemens des fonctionnaires publics sont saisissables (jusqu'à l'entier acquittement des créances), savoir : pour un cinquième pour les sommes non excédant 1,000 fr., pour un quart sur les 5,000 fr. suivans, et pour un tiers sur la portion excédant 6,000 fr. — (*Loi du 21 vent. an* 9, *Sirey, tom.* 1, 2.ᵉ *part., pag.* 497).

2.º Les traitemens ecclésiastiques sont insaisissables dans leur totalité. — (*Arrêté des Consuls, du 18 nivôse an* 11, *Sirey, tom.* 3, 2.ᵉ *part., pag.* 57).

3.º Les actions ou intérêts, dans les compagnies de finance ou d'industrie, peuvent être saisis-arrêtés, tout aussi bien que les sommes et effets appartenant au débiteur. L'art. 557 ci-dessus, qui ne parle de la saisie-arrêt que relativement aux sommes et effets, n'est pas limitatif.

Les intérêts saisis-arrêtés ne doivent être vendus ni à l'audience des criées, ni par un commissaire-priseur, ni chez un notaire. La vente doit avoir lieu sur trois publications, en l'étude d'un notaire, sans l'intervention du commissaire-priseur. — (*Paris, 2 mai* 1811, *Sirey, tom.* 14, *pag.* 213).

4.º Les pensions dues par les caisses des diverses administrations de l'Etat à leurs em-

mens sont toujours et sans distinction saisissables pour une quotité quelconque. Mais, dit M. Merlin, supposer n'est pas disposer; il faut se reporter aux lois antérieures, pour se décider sur la saisissabilité ou l'insaisissabilité des pensions et traitemens dus par l'Etat.

Quant aux traitemens, la supposition de l'art. 580 est vraie, attendu, 1°. qu'un décret du 19 pluviôse an 3 réserve le cinquième des appointemens des militaires aux créanciers, sauf à eux à exercer leurs droits sur les autres biens du débiteur; 2°. que, d'après la loi du 21 ventôse an 9, les appointemens des préposés au recouvrement des droits du fisc, et généralement ceux de *tous les fonctionnaires publics et employés civils,* peuvent être saisis jusqu'à la concurrence du cinquième sur les premiers mille francs, et toutes les sommes au-dessous; du quart sur les cinq mille suivans, et du tiers sur la portion excédant six mille francs, à quelque somme qu'elle s'élève, et ce, jusqu'à l'entier acquittement des créances.

Telle est la portion pour laquelle on peut saisir les traitemens ou appointemens des fonctionnaires et employés publics.

Mais la supposition de l'art. 580, que l'on peut également saisir une portion des pensions dues par l'État, se trouve démentie par l'art. 12 de la déclaration du 7 janvier 1779, d'après lequel ces pensions ne peuvent pas plus être saisies qu'elles ne peuvent être cédées. On ne pourrait pas, en effet, citer une seule loi postérieure qui les ait déclarées saisissables jusqu'à certaine concurrence, car les lois des 19 pluviôse an 3, et 21 ventôse an 9, qui permettent, ainsi que nous venons de le dire, de saisir, jusqu'à une certaine concurrence, les appointemens des militaires et les traitemens des fonctionnaires civils, n'étendent pas cette faculté jusqu'aux pensions. — (*Voy nouv. Répert.,* au mot appointemens, *tom.* 1, *pag.* 270, *et au mot* pension, § 3, *tom.* 9, *pag.* 205). (1)

Article 581.

Seront insaisissables, 1.° les choses déclarées insaisissables par la loi; 2.° les provisions alimentaires adjugées par justice; 3.° les

---

ployés en retraite, doivent être considérées comme pensions dues par l'Etat. A ce titre, elles sont insaisissables, de même que les pensions directement payées par le trésor public, encore qu'elles ne soient pas établies par brevet. — (*Cassat.,* 28 août 1815, *Sirey, tom.* 16, *pag.* 216).

(1) Il y a même, à cet égard, des textes positifs concernant les soldes de retraite, traitemens de réforme, pensions des militaires et de la légion d'honneur. L'art. 3 de l'arrêté du Gouvernement, du 7 thermidor an 10, les déclare insaisissables, en disant que les créanciers d'un pensionnaire ne peuvent exercer qu'après son décès, et sur le décompte de sa pension, les poursuites et diligences nécessaires pour la conservation de leurs droits. Cet arrêté a été maintenu par un avis du Conseil d'état, du 23 janvier 1808, approuvé le 2 février suivant (*voy. Bull. des lois,* 4.° *série, tom.* 8, *pag.* 113), mais sous la restriction faite par un autre avis, du 22 décembre de la même année, approuvé le 11 janvier (*voy. ibid., pag.* 14), savoir : que le ministre peut ordonner une retenue du tiers au plus sur la pension ou solde de retraite de tout militaire qui ne remplirait pas, à l'égard de sa femme ou de ses enfans, les obligations qui lui sont imposées par les chap. 5 et 6 du tit. 5 du liv. 1.er du Code civil.

sommes et objets *disponibles* déclarés insaisissables par le testateur ou donateur; 4.° les sommes et pensions pour alimens, encore que le testament ou l'acte de donation ne les déclare pas
insaisissables.

C. de P., art. 582, 592, 1004. — C. C., art. 259, 268, 301, 1981.

ARTICLE 582.

Les provisions alimentaires ne pourront être saisies que pour
cause d'alimens; les objets mentionnés aux nᵒˢ. 3 et 4 du précédent article pourront être saisis par des créanciers postérieurs
à l'acte de donation, ou à l'ouverture du legs, et ce, en vertu
de la permission du juge, et pour la portion qu'il déterminera (1).

T., 77.

CCCCLVII. LE Code civil, dans l'art. 1981, avait bien énoncé quelques-uns
des objets qui sont insaisissables; mais c'était au Code de procédure à compléter, par des règles fixes et positives, le système d'après lequel serait établi
ce qu'en termes de pratique on appèle le *prohibé;* c'est-à-dire l'ensemble des
objets qui seraient déclarés insaisissables. De là, l'énumération que contient
l'art. 581, en ce qui concerne la saisie-arrêt, et les art. 592 et 593, en ce qui
concerne la saisie-exécution. Le n°. 3 de cet art. 581 contient, disait le rapporteur de la loi au Corps législatif, une disposition nouvelle, et qui paraît
d'abord nuisible aux créanciers du légataire ou donataire; mais elle se trouve
modifiée par l'art. 582, qui veut que les sommes et objets *disponibles,* déclarés
insaisissables par le donateur, puissent être saisis d'abord pour alimens, et
ensuite par tous créanciers *postérieurs* à la donation, pourvu qu'ils en aient la
permission du juge. Les créanciers antérieurs sont exclus, parce qu'à l'origine
de leur titre, ils n'y avaient aucun droit, et que le donateur a pu imposer à

---

(1) JURISPRUDENCE.

1.° Le don d'usufruit fait, même par contrat de mariage, *pour procurer au donataire les
moyens d'exister avec le plus d'aisance possible*, ne peut être considéré comme un don
d'alimens, ni comme établissant en faveur du donataire un droit purement personnel, tellement qu'en cas de faillite du donataire, les créanciers n'aient pas droit à un usufruit. —
(*Cassat.*, 17 nov. 1818, *Sirey*, tom. 19, pag. 260).

2.° Une pension léguée à titre de *pension viagère*, quoiqu'elle ne soit pas qualifiée *alimentaire*, serait néanmoins insaisissable, si les circonstances concouraient à faire croire que
la pension doit tenir lieu d'alimens. — (*Turin, 3 déc.* 1808).

NOTA. La raison de décider de la sorte, c'est que ni le Code civil, ni même le § 4 de l'art. 581 du Code
de procédure, ne déclarent dans quelle forme le testateur doit exprimer sa volonté, pour que la pension
viagère soit insaisissable, et n'imposent non plus aucune obligation de se servir des mots *pour cause d'alimens*, comme d'expressions sacramentelles, dont l'omission empêcherait d'envisager cette pension comme
vraiment alimentaire. — (*Voy. Jurisp. sur la procéd.*, tom. 5, pag. 424).

sa donation la condition qui lui a plu, sans que ces créanciers antérieurs puissent s'en plaindre (1).

1985. *Quelles sont les choses dont le § 1er. de l'art. 581 prohibe la saisie?*

Ce sont les choses déclarées insaisissables par la loi ; ainsi, par exemple, les pensions dont il est question dans l'article précédent, les objets mentionnés en l'art. 592 du Code de procédure, les traitemens des ecclésiastiques, suivant un arrêté du Gouvernement, du 18 nivôse an 11 (*voy. Bull. des lois, 3e. série, tom. 7, pag.* 349) ; enfin, les revenus des majorats, hors les cas où ils auraient été délégués pour des dettes privilégiées indiquées par l'art. 2101 du Code civil, et par les nos. 4 et 5 de l'art. 2103. Mais la délégation, pour cette dernière cause, n'est permise qu'autant que les réparations n'excéderaient pas celles qui sont à la charge des usufruitiers. Dans l'un ni dans l'autre cas, la délégation ne peut avoir lieu que jusqu'à concurrence de la moitié du revenu. — (*Voy. le décret du 1er. mars* 1808, *art.* 51 *et* 52, *Bull. des lois, 4e. série, tom.* 8, *pag.* 192).

1986. *Les provisions alimentaires, adjugées par justice, peuvent-elles être saisies pour cause d'*ALIMENS, *et quelles sont les choses qui sont comprises sous ce mot?*

Si l'art. 581, § 2, dispose en général que ces provisions sont insaisissables, l'art. 582 fait exception, en déclarant sans distinction que les provisions alimentaires peuvent être saisies pour cause d'*alimens*. Il est à remarquer qu'on entend par *alimens*, non seulement la nourriture, mais encore tout ce qui est nécessaire à la vie, comme *vêtement, logement*, même les visites et pansemens des médecins et chirurgiens, et les médicamens.

Telle est l'opinion de M. Pigeau, tom. 2, pag. 48, et des auteurs du Praticien, tom. 4, pag. 134, conforme aux observations de la Cour de Metz, sur l'art. 604 du projet de Code, et aux lois 43, 44 et 234, § 2, ff, liv. 50, tit. 16, *de verborum significatione*.

1987. *Les objets déclarés insaisissables par le donateur ou le testateur, continuent-ils de l'être entre les mains de l'héritier du donataire ou légataire?*

La Cour d'appel de Liège demandait, dans ses observations sur le projet, que le législateur s'expliquât sur cette question ; mais on n'a pas eu d'égard

---

(1) Il faut en outre faire attention que la loi ne parle que des sommes et objets *disponibles*, c'est-à-dire que l'affranchissement qu'elle prononce ne peut jamais porter sur la réserve légale déterminée par l'art. 913 du Code civil : il n'y a donc d'insaisissable que la portion disponible. Quant à la portion réservée par la loi, si elle est comprise dans la donation, les créanciers du donateur pourront la saisir, parce qu'elle ne lui vient pas de la disposition de l'homme, mais de celle de la loi.

Ainsi, deux conditions sont nécessaires pour que les sommes et objets donnés puissent être déclarés insaisissables par le donateur ; il faut, 1.° qu'ils soient disponibles ; 2.° que la donation soit faite à titre gratuit. Alors, il n'y a que les créanciers postérieurs à l'acte de donation qui puissent, en vertu de la permission du juge, et pour la portion qu'il aura fixée, faire saisir les objets compris dans la donation. — (*Rapp. de M. Favard au Corps législ., édit de F. Didot, pag.* 227).

à cette demande. Quoi qu'il en soit, nous pensons, avec les auteurs du Praticien, tom. 4, pag. 133, que la chose n'est insaisissable que pour celui en faveur de qui elle a été déclarée telle, et que, lorsqu'elle passe à ses héritiers, elle rentre dans la classe des choses ordinaires, à moins qu'il n'apparaisse de la volonté du donateur ou testateur, pour étendre le bienfait et la condition qui y était attachée jusqu'aux héritiers de celui qui a originairement recueilli.

1988. *Comment les créanciers postérieurs à l'acte de donation ou à l'ouverture du legs, forment-ils leur demande afin d'obtenir la permission de saisir-arrêter les objets mentionnés aux n°s. 3 et 4 de l'art. 581?*

Ils forment leur demande par requête, conformément à l'art. 77 du tarif.

1989. *Est-il un cas où les sommes et objets mentionnés aux n°s. 3 et 4 pourraient être saisis sans permission du juge?*

Oui, s'il s'agissait de les saisir pour cause d'alimens. A la vérité, la loi ne le dit pas d'une manière positive; elle ne s'explique, au contraire, qu'à l'égard des provisions alimentaires; mais cette solution résulte du passage suivant du rapport du tribun Favart (*voy. édit. de F. Didot, pag. 239*) : *L'article 582 veut que les sommes et objets disponibles, déclarés insaisissables par le donateur, puissent être saisis,* D'ABORD POUR ALIMENS, *et ensuite par tous créanciers postérieurs, pourvu qu'ils en aient la permission du juge.* M. Berriat Saint-Prix, pag. 516, not. 10, admet cette interprétation de l'art. 582, et comme lui, nous la croyons conforme aux principes du droit et de l'équité.

1990. *Quelles sont les règles que le juge doit suivre pour fixer la quotité qu'il permet de saisir?*

Si l'usage est, ainsi que l'atteste M. Delaporte, tom. 2, pag. 157, de permettre la saisie du quart, le juge n'en est pas moins libre de déterminer telle portion qu'il estime convenable, après avoir pesé les circonstances. Il doit, dit M. Pigeau, tom. 2, pag. 49, se guider d'après le plus ou le moins de bonne foi du débiteur, et favoriser les créanciers de bonne foi plus que ceux qui, par leurs prêts ou fournitures excessives, auraient facilité au débiteur les moyens de se ruiner.

TITRE VIII.

Des Saisies-Exécutions. (1)

LA saisie-*exécution* (2) est celle qu'un créancier fait apposer sur le mobilier

---

(1) Nous parlerons *infrà*, au titre de la saisie-gagerie, de l'exécution par voie *d'éjection de meubles*, parce qu'elle a lieu le plus souvent contre les locataires ou fermiers dont les baux sont résiliés pour défaut de paiement.

(2) Cette saisie est appelée *exécution*, parce qu'elle dépouille le débiteur de ses meubles, qui sont vendus de suite, et sans qu'il soit besoin de recourir à la justice.

corporel et *saisissable* (1) de son débiteur, à l'effet de le vendre, pour le prix être employé au paiement de la dette ou distribué entre le saisissant et les autres créanciers du saisi.

C'est au moyen de cette conversion des effets mobiliers d'un débiteur en deniers, que ses créanciers reçoivent, que se trouve exécuté l'acte ou le jugement, autrement le titre qui a donné lieu à la saisie.

Sur cette matière le Code reproduit en grande partie les dispositions du tit. 33 de l'ordonnance de 1667; mais il en remplit plusieurs lacunes, et consacre, par des dispositions expresses, des règles qu'il fallait chercher dans des déclarations antérieures ou postérieures à l'ordonnance, dans des arrêts de réglement, quelquefois même dans de simples actes de notoriété.

« Il faut, disait l'orateur du Gouvernement, sur l'ensemble de ces dispositions nouvelles, que les formalités qui doivent précéder la vente qui est le but de la saisie-exécution, soient assez rapides pour que le créancier puisse obtenir promptement son paiement; et cependant ces formalités doivent emporter des délais assez sagement calculés, pour que le débiteur de bonne foi, qui a des ressources, puisse, en les employant, rendre inutile et empêcher le moyen extrême et rigoureux de la vente.

» Si l'on est obligé de vendre, il faut que la vente soit publique; qu'elle soit connue, bien annoncée, pour que la concurrence des enchérisseurs donne aux effets qui seront mis en vente toute leur valeur.

« Il faut que les formalités qui doivent précéder la vente soient si simples, et engendrent si peu de frais, que la presque totalité du prix de cette vente soit employée à la libération du débiteur.

« Le système organisé dans le tit. 8 produit tous ces avantages. »

ARTICLE 583.

Toute saisie-exécution sera précédée d'un commandement à la personne ou au domicile du débiteur, fait au moins un jour avant la saisie, et contenant notification du titre, s'il n'a déjà été notifié (1).

T., 29. — C. de P., art. 551, 634, 819.

CCCCLVIII. Comme la saisie-exécution est véritablement un acte d'expropria-

---

(1) Nous disons *corporel*, parce que, d'un côté, la loi a établi, au tit. 10, des formalités particulières pour la saisie des *rentes*, et que, de l'autre, les actions du débiteur peuvent être exercées par le créancier, aux termes de l'art. 1166 du Code civil, sans acte préalable qui l'y autorise. Nous disons *saisissable*, parce qu'il est des effets mobiliers qui ne peuvent être saisis en aucune circonstance (*art.* 592), ou qui, du moins, ne peuvent l'être que dans certains cas expressément désignés, (*Art.* 593). Ce sont ces objets qui forment ce qu'en termes de pratique on nomme *le prohibé*. — (*Voy.* le *comment. des art.* 581 *et* 582).

(2) JURISPRUDENCE.

1.° La saisie des choses mobilières déposées en mains tierces, encore qu'il y ait eu déplacement et établissement de gardien, ne doit pas être rangée dans la classe des saisies-

tion, le législateur n'a pas permis qu'on y procédât avant que le débiteur eût été constitué en demeure d'acquitter la dette. Il veut en conséquence que toute saisie-exécution soit précédée d'un commandement dont le Code détermine, dans ses art. 583 et 584, les formalités, le contenu et les effets.

1991. *Si l'on avait omis, dans la copie du titre donnée par le commandement, celle de la formule exécutoire, y aurait-il nullité ?*

Nous avions, dans notre Analyse, quest. 2017, résolu cette question pour l'affirmative, relativement à la saisie immobilière ; mais on oppose, quant à la saisie-exécution, que l'art. 583 n'exige point, comme l'art. 673, qu'il soit donné copie *entière* du titre. Cette différence ne nous semble pas devoir en faire une concernant la question que nous venons de poser ; car si le législateur exige, dans l'art. 583, la copie du titre, c'est évidemment une copie entière. Mais, au reste, comme on ne peut procéder à la saisie-exécution, de même qu'à la saisie immobilière, sans titre exécutoire, il nous paraît s'ensuivre que l'omission de la formule dans le commandement emporte nullité, puisqu'on n'aurait pas justifié d'un titre emportant exécution parée

1992. *S'il s'agit de meubles communs à plusieurs débiteurs, par exemple, à des cohéritiers, faut-il commandement individuel à chacun ?*

Suivant M. Thomines, dans ses cahiers de dictée, il convient de faire un commandement individuel, parce que personne ne peut-être dépouillé de ce qui lui appartient, ou de la part qu'il a dans un objet commun, sans avoir été personnellement averti. Si cependant, ajoute-t-il, un mobilier commun se trouvait dans la possession d'un seul des débiteurs, la saisie faite sur lui sans commandement adressé aux autres serait valable, par la présomption que celui qui possède un meuble en est le propriétaire ; les autres pourraient seulement agir en suivant les formes prescrites par l'art. 608. Nous croyons que c'est le dernier parti qu'il faudrait préférer. — (*Voy. sur* 673.)

1993. *Mais quel sera le résultat de cette demande en distraction ?*

Ou les meubles qui se trouvent en la possession d'un des débiteurs auront été partagés entre ceux-ci, ou ils sont indivis ; dans le premier cas, on ne passera outre à la vente qu'à l'égard des meubles appartenant au débiteur à qui le commandement aura été fait, parce que la saisie sera déclarée nulle à l'égard des autres pour défaut de commandement ; dans le second cas, il faudra effectuer

---

exécutions, et n'est pas soumise aux mêmes formalités ; c'est une saisie-arrêt. — (*Colmar*, 13 *janv.* 1815, *Sirey, tom.* 15, *pag.* 174 ; *voy. suprà, pag.* 175).

2.° Une saisie-exécution faite sur copie de signification d'un arrêt, laquelle ne contient ni les points de fait, ni les motifs, est nulle, comme faite sur titre irrégulier, puisque l'art. 7 de la loi du 10 avril 1810 frappe de nullité les arrêts qui ne contiennent pas les motifs, et que la copie tient lieu d'original. — (*Rennes*, 29 *août* 1816).

3.° La copie du commandement ne doit pas énoncer le visa exigé par l'art. 673, parce que le délai de vingt-quatre heures accordé pour le visa ne court que du moment de la remise de la copie. — (*Rennes, chamb. des vac. de* 1816).

4.° Quoique l'administration des domaines jouisse du privilège de ne pas employer le ministère d'avoué, rien ne la dispense de se conformer à la loi générale dans l'exécution des jugemens et arrêts rendus à son profit : ainsi, une saisie-arrêt faite sans commandement est nulle. — (*Rennes*, 29 *août* 1816).

le partage, pour vendre ceux des meubles qui écherront au débiteur qui a reçu le commandement.

1994. *On peut donc saisir des meubles indivis avant que le partage en soit effectué ?*

Oui, à la différence de ce qui se pratique à l'égard de la saisie des immeubles ; mais les copropriétaires non débiteurs des saisissans peuvent s'opposer à la vente, en formant une demande en distraction, conformément à l'art. 608 ; demande qui exige nécessairement que le partage soit effectué, afin qu'il ne soit procédé qu'à la vente de la portion du débiteur saisi. — (*Locré, tom. 3, pag.* 3o.)

1995 *Peut-on procéder à la saisie le lendemain du jour auquel le commandement a été signifié ?*

M. Pigeau, tom. 1, pag. 114, dit qu'il suffit, pour la *saisie-exécution,* que le commandement soit fait la veille, parce que l'art. 583 dit un jour *avant la saisie,* tandis, au contraire, que, pour la saisie-brandon, l'art. 626 disant qu'il doit y avoir *un jour d'intervalle,* il faut qu'il soit fait au plus tôt la surveille.

M. Berriat Saint-Prix, pag. 526, not. 2, est d'une opinion contraire. Il s'exprime ainsi : « Lors même que le Code n'aurait employé, dans l'art. 583, que cette expression, *un jour avant la saisie,* on devrait adopter une décision toute différente de celle que donne M. Pigeau, parce qu'un acte n'a lieu *un jour avant* un autre acte que quand vingt-quatre heures se sont écoulées avant le jour où celui-ci est fait, et, par conséquent, le premier ne peut être fait au plus tôt que la surveille. A plus forte raison, ajoute-t-il, on ne doit pas balancer à le décider, d'après les termes *fait* au moins *un jour;* car il n'y aurait jamais plus d'un jour, si le commandement était notifié la veille ».

Même opinion de la part de MM. Delaporte, tom. 2, pag. 159, et Demiau Crouzilhac, pag. 3o4. Le commandement fait la veille est bien fait le jour *d'avant,* dit le premier, mais il ne l'est pas un jour *avant.* Il faut, dit le second, qu'il se soit écoulé un intervalle d'un *jour* au moins entre celui du commandement et celui auquel se fait l'exécution.

Nous convenons que l'opinion de ces auteurs a pour elle le sens grammatical de l'art. 583 ; mais nous remarquerons que l'art. 606 du projet était conçu dans les mêmes termes que notre article, à la seule différence qu'il portait ces mots, *fait au moins un jour* franc *avant la saisie.* Or, la suppression de ce mot *franc* n'a pas été faite sans dessein ; les Cours de Nanci, de Rouen et de Rennes l'avaient fortement réclamée dans leurs observations sur le projet, et il est présumable qu'elle n'a eu lieu que d'après ces réclamations. — (*Voy. les observations de ces Cours dans le Prat. franç., tom.* 4*, pag.* 151).

Nous croyons donc devoir adopter l'opinion de M. Pigeau ; et loin de croire, comme M. Delaporte, que l'art. 626, relatif à la saisie-brandon, puisse servir à interpréter l'art. 583 dans le sens que lui donnent les auteurs que nous combattons, nous disons, au contraire, que si le législateur avait entendu qu'il y eût, pour la saisie-exécution, *un jour d'intervalle,* comme pour la saisie-brandon, il l'eût exprimé dans les mêmes termes dont il se sert à l'égard de celle-ci. Au reste, on dirait vainement qu'il y a même raison pour donner même délai dans l'un et l'autre cas. Nous répondrons que la raison de cette différence d'intervalle que nous admettons est que le débiteur menacé pourrait soustraire ses meubles, tandis qu'il ne peut pas soustraire ses fruits pendans par racines.

1996. *Le délai qui doit s'écouler entre le commandement et la saisie est-il suscep-tible d'augmentation à raison des distances, conformément à l'art.* 1033?

Puisque nous n'admettons pas que le jour dont se compose le délai soit franc, l'on sent que nous ne pouvons, à plus forte raison, être d'avis d'accorder l'aug-mentation dont il s'agit. M. Lepage, dans ses Questions, pag. 395, 396 et 397, discute la question que nous venons de poser, et finit par la résoudre affirma-tivement, par la raison principale que le commandement est une sommation faite à personne ou à domicile. Nous supposerons que la solution donnée sur la précédente question soit fautive, et dans cette hypothèse nous ferons, contre le sentiment de M. Lepage, l'objection suivante : Le délai n'est fixé que rela-tivement au débiteur et dans son intérêt ; car dès que le créancier a fait le com-mandement, il est censé en mesure de saisir quand il lui plaît, et aucune dispo-sition ne l'oblige à saisir le lendemain du commandement, ou, si l'on veut, un jour *après*, en admettant l'opinion de M. Berriat Saint-Prix. Or, si le délai est fixé en faveur du débiteur, il n'y a pas de nécessité de lui accorder l'augmen-tation dont parlent les deux dernières dispositions de l'art. 1033, puisqu'il peut, si le domicile réel du créancier est éloigné, faire, au domicile élu par celui-ci dans sa commune, conformément à l'art. 584, telles significations et offres qu'il juge convenables : d'où suit qu'il n'a aucun intérêt à ce que le délai soit aug-menté à raison des distances.

1997. *Si le saisissant ne fait procéder à la saisie qu'après le délai fixé par l'art.* 585, *doit-il renouveler le commandement?*

Pour l'affirmative de cette question, l'on cite l'art. 674, qui veut, pour la saisie immobilière, que le créancier qui a laissé écouler plus de trois mois depuis le commandement, ne puisse procéder à la saisie qu'en réitérant cet acte.

On remarquera sans doute qu'il n'y a pas même raison de décider dans les deux cas : c'est ce que prouve M. Lepage, dans ses Questions, pag. 397 et 398. Mais sans entrer, à cet égard, dans des détails que le lecteur suppléera facile-ment, ne suffit-il pas que le législateur n'ait pas exigé, dans l'art. 585, que le commandement fût réitéré, pour qu'on ne puisse arguer de nullité la saisie qui l'aurait suivi, même après le délai dont parle cet article? et d'ailleurs cela ne résulte-t-il pas de ces mots, *au moins un jour*?

1998. *Un commandement de payer, sous peine d'y être contraint par les voies de droit, suffit-il à la validité de plusieurs espèces de saisies successivement exercées pour le même objet?*

La Cour de Turin, par arrêt du 7 août 1809 (*Sirey, tom.* 15, *pag.* 15), a résolu affirmativement cette question, dans une espèce où un créancier, après avoir saisi-brandonné les fruits appartenant à son débiteur, avait, attendu l'in-suffisance de cette saisie, exercé presqu'aussitôt une saisie-gagerie sur les objets garnissant la ferme.

On disait, pour soutenir la nullité de cette dernière saisie, que les art. 626 et 819, le premier relatif à la saisie-brandon, le second à la saisie-gagerie, exigent un commandement préalable, lorsque le créancier veut poursuivre l'exécution d'un jugement ou d'un acte par l'une de ces voies. Or, aucun article ne dispose qu'un seul commandement suffise, lorsque ces deux voies sont prises à la fois ou successivement. La même objection peut être faite dans une espèce où l'on entendrait employer aussi d'autres voies d'exécution, telles, par exemple, que la saisie-exécution, puisque l'art. 583 exige également un commandement préalable.

Mais la Cour de Turin a considéré que le but de la loi, en exigeant qu'un commandement au débiteur précède tout acte qui tend à le dépouiller de ses effets, est de le prévenir qu'il ait à se mettre en mesure afin d'éviter cette expropriation et les frais qu'elle entraîne; que ce commandement une fois fait, si le créancier ne laisse pas s'écouler, sans procéder à la saisie, un laps de tems tellement long que l'on puisse supposer désistement de sa part, alors le but de la loi est rempli, et rien n'empêche qu'en cas d'insuffisance de l'une des voies d'exécution, le créancier n'use immédiatement d'une autre, pourvu que ce soit toujours pour le même objet, et que le commandement préalable n'énonce point *spécifiquement* l'intention d'adopter un seul genre de saisie, mais bien celle de poursuivre le paiement par toutes les voies de justice (1).

Telle est aussi notre opinion, fondée sur ce que l'on ne doit pas multiplier sans nécessité les actes de procédure (2).

1999. *Si le débiteur n'avait pas de domicile, est-on dispensé de lui faire le commandement, et si on n'en est pas dispensé, dans quelle forme cet acte serait-il signifié?*

On n'est point dispensé de faire le commandement, dans le cas où l'on ignorerait quel est le domicile du débiteur, et alors ce commandement serait signifié dans la forme prescrite au n°. 8 de l'art. 69. — (*Voy. Prat. franç.*, tom. 4, pag. 150, aux notes) (3).

2000. *Quand le titre a été signifié, l'huissier doit-il au moins l'énoncer dans le commandement?*

Oui, afin de justifier de l'acte qui l'autorise à agir. — (*Voy. Pigeau*, tom. 2, pag. 77).

_____

(1) Nous citerons, à l'appui de cette opinion, l'arrêt de la Cour de cassation, du 27 mars 1821 (*Sirey*, tom. 21, pag. 327), lequel décide qu'un commandement *afin de saisie immobilière*, peut encore tenir lieu du commandement qui doit précéder une saisie-exécution, alors même que cette dernière saisie serait apposée plus de trois mois après le commandement. A plus forte raison sommes-nous fondé à maintenir qu'un commandement qui n'énonce point le mode d'exécution que l'on se propose d'employer, est valable pour tous ceux que la loi autorise.

(2) Mais comme les diverses voies d'exécution autorisées par la loi exigent, de la part du créancier, une élection de domicile dans le lieu où se fera l'exécution, s'il n'y demeure pas; comme cette élection de domicile doit être faite dans le commandement lui-même (*voy.* art. 584, 634, 821, 825 et 830), on sent qu'il deviendrait nécessaire, pour chaque exécution à faire en des lieux différens, d'énoncer chaque élection de domicile; autrement, il faudrait autant de commandemens que de modes d'exécution que l'on entendrait prendre. Nous ne croirions pas cependant que cette omission emportât nullité, d'après les solutions qui seront données ci-après.

(3) Ainsi, la Cour de Pau, par arrêt du 3 juillet 1807 (*voy. Biblioth. du barr.*, 2.ᵉ part., tom. 5, pag 38), a jugé que l'on n'était point dispensé du préalable dont il s'agit, lorsque le débiteur a changé son domicile sans le déclarer à la municipalité du lieu qu'il quitte et à celle du lieu où il s'établit.

Tom. II.   53

2001. *Pour procéder à la saisie-exécution, faut-il nécessairement que le titre soit exécutoire ?*

Oui : ce n'est que pour la saisie-arrêt qu'il suffit d'un titre privé ou d'une permission. — (*Voy.* art. 557).

2002. *Est-il des cas où une saisie-exécution peut avoir lieu sans titre exécutoire?*

Oui, et tels sont, par exemple, ceux où la régie des domaines et de l'enregistrement poursuit la rentrée des créances personnelles dues à l'État. Mais la loi n'a guère investi qu'elle seule du droit d'user de la voie de contrainte : d'où suit, en conséquence, que les administrations municipales et les commissions des hospices et de bienfaisance demeurent soumises au principe général qu'on ne peut commencer par la voie d'exécution, à moins d'être muni d'un titre exécutoire authentique et en bonne forme. — (*Voy.* Bruxelles, 26 mai 1810, *Sirey,* tom. 11, pag. 50.

2003. *Si l'on ne peut, en général, saisir-exécuter qu'en vertu de titre exécutoire, quelle ressource aurait le créancier en vertu de titre privé, pour empêcher son débiteur de soustraire ses meubles avant qu'il eût obtenu jugement ?*

Sous l'empire de l'ordonnance (*voy.* tit. 33, art. 2), on ne pouvait non plus saisir qu'en vertu d'un titre exécutoire pour une dette échue, certaine et liquide. Mais, suivant Duparc-Poullain, tom. 10, pag. 578, « cela n'excluait pas les saisies conservatoires pour une dette non liquide, quoique certaine, dans les cas où l'on avait de justes motifs de craindre que le débiteur ne détournât ou ne dissipât ses effets, et où l'on y était autorisé par ordonnance de justice. Dans la rigueur de la règle, il fallait pour cela que le débiteur eût commencé de vendre ses meubles ou de les détourner, ou qu'il fût en fuite ».

« On est dans l'usage à Rennes, et dans les autres villes de la province, ajoute Duparc, de faire descendre un commissaire de police, dans tous les cas d'une célérité nécessaire, lorsqu'un débiteur de mauvaise foi enlève ou cache ses effets, quoique ces matières soient du ressort de la justice ordinaire, et non pas de la police ; mais la nécessité de prévenir les effets de l'insolvabilité est un motif suffisant pour s'écarter de la rigueur de la forme, dans les cas mêmes où le créancier n'a point *de jugement ni d'acte qui emportent exécution parée.* » Cependant l'auteur conclut en disant que la forme la plus régulière et la plus ordinaire était que le créancier qui n'avait *point d'acte paré*, ou qui, en ayant un, se trouvait obligé de poursuivre les effets de son débiteur dans les endroits où ils auraient été transportés, obtenait une permission du juge du lieu, et alors un huissier, avec deux témoins, saisissait valablement les effets du débiteur, partout où il les trouvait.

Quelque juste qu'une semblable mesure nous paraisse, nous ne pensons pas qu'on puisse y recourir sous l'empire du Code actuel, puisqu'aucune disposition ne l'autorise, et que, d'un autre côté, l'art. 1041 abroge tous les usages antérieurs à la publication de ce Code. Ainsi, le créancier qui n'a pas de titre exécutoire, ou qui n'a aucun titre, même sous seing privé, n'a aucune ressource pour conserver son gage sur le mobilier de son débiteur. Si celui-ci ne doit pas pour cause d'opérations commerciales (*voy. art.* 417), ou s'il n'est pas débiteur forain (*voy. art.* 822), il ne reste donc au créancier ordinaire, conformément aux art. 557 et 558, que la saisie-arrêt, qu'il peut mettre entre les mains des tiers chez lesquels le débiteur aurait caché les effets qu'il aurait voulu soustraire à la saisie-exécution qu'il aurait à craindre pour l'avenir, ou, par suite de ce que nous dirons sur l'art. 819, la saisie - gagerie, si ce créancier agit comme propriétaire pour le recouvrement de loyers et fermages.

2004. *Une saisie faite en vertu d'un titre éteint, mais provisoirement, est-elle valable?*

La négative a été jugée par arrêt de la Cour de cassation, section des requêtes, du 12 août 1807 (*voy. Sirey, tom. 7, pag.* 433), dans l'espèce d'un jugement qui avait prononcé provisoirement une compensation. Il est déclaré, dans les considérans de cet arrêt, qu'il importe peu que cette compensation n'eût été admise que provisoirement, puisqu'il n'en était pas moins vrai de dire que la créance étant déclarée solute et acquittée, les saisies faites en vertu du titre éteint, quoique provisoirement, tombaient d'elles-mêmes, et ne pouvaient se soutenir.

Aʀᴛɪᴄʟᴇ 584.

Il contiendra élection de domicile jusqu'à la fin de la pour- suite, dans la commune où doit se faire l'exécution, si le créan- cier n'y demeure; et le débiteur pourra faire à ce domicile élu toute signification, même d'offres réelles et d'appel (1).

T., 29. — Jousse, sur l'art. 1 du tit. 33 de l'ordonn. de 1667. — C. C., art. 111, 124, 1258, n.º 6. — C. de P., art. 59, 456.

CCCCLIX. L'ᴏʀᴅᴏɴɴᴀɴᴄᴇ exigeait, comme l'article ci-dessus, que le com- mandement contînt élection de domicile ; disposition introduite en faveur de la partie saisie, afin qu'elle puisse plus facilement et plus promptement em- ployer les moyens qu'elle peut avoir, soit pour arrêter les suites en faisant des offres pour désintéresser le créancier, soit pour les suspendre, en appe- lant, s'il y a lieu, du jugement en vertu duquel on se propose de saisir, ou de tous autres jugemens qui seraient rendus dans le cours de l'exécution une fois entamée.

---

(1) JURISPRUDENCE.

1.º La demande en nullité d'une saisie-exécution ne doit pas être portée devant le tri- bunal dans le ressort duquel la saisie a été faite, lorsqu'elle a eu lieu en vertu de l'arrêt d'une Cour d'appel, jugeant comme tribunal de première instance. L'exécution des juge- mens appartient toujours aux juges qui les ont rendus, quand ils ne l'ont point été sur appel. — (*Paris*, 14 *avril* 1807, *Sirey, tom.* 15, *pag.* 174).

2.º Les dispositions de l'art. 584 ne peuvent s'étendre à tout autre cas que celui de la saisie-exécution, et notamment à celui de l'art. 417. — (*Rennes*, 14 *août* 1816).

3.º Avant, comme depuis le Code, la loi qui oblige le saisissant à élire domicile dans l'exploit de saisie-exécution, produit cet effet, que le saisi peut assigner à ce domicile dans toutes les contestations qui naissent de la poursuite. Les juges du lieu où se pratique la saisie sont compétens pour statuer sur les réclamations du saisi. Ce n'est point au juge du domicile du saisissant que se portent les contestations incidentes. — (*Paris*, 13 *pluv. an* 13, *Sirey, tom.* 7, *pag.* 1191).

4.º Le commandement tendant à saisie-exécution qui ne contiendrait point, de la part

2005. *Si l'on admettait qu'il y eût nullité du commandement dans lequel l'élec-tion de domicile a été omise, cette nullité serait-elle couverte par l'élection de do-micile faite dans l'exploit de saisie ?*

Par l'arrêt déjà cité à la note *jurisprudence*, 4°., la Cour de Colmar a décidé pour l'affirmative, attendu que le but de la loi se trouvait rempli, au moyen de l'élection faite dans l'exploit de saisie, puisque le débiteur avait pu former dès lors son opposition au domicile élu, sans être obligé d'assigner le saisis-sant hors de la commune où devait être faite la saisie, et à son domicile réel. Nous croyons cette décision bien rendue, d'après la maxime *nullité sans griefs n'opère* (1).

---

du créancier, élection de domicile dans la commune où se fait l'exécution, ne serait pas nul, attendu que l'art. 584 n'attachant point la nullité du commandement au défaut d'élec-tion de domicile, il y a lieu à l'application de l'art. 1030, qui porte qu'aucun exploit ou acte de procédure ne pourra être déclaré nul, si la nullité n'en est pas prononcée par la loi. — (*Colmar*, 4 *juill.* 1811; *Turin*, 1.ᵉʳ *fév.* 1810, *Sirey, tom.* 2, *pag.* 308; *tom.* 11, *pag.* 289).

NOTA. Nous remarquerons que la même Cour de Colmar, par arrêt du 18 brumaire an 12 (*voy. Jurisp. des Cours souv., tom.* 5, *pag.* 237), avait déclaré nulle une saisie-exécution dont le procès-verbal ne con-tenait élection de domicile que pour vingt-quatre heures. Elle considérait alors que l'élection de domicile, faite que pour laps de tems, avait plutôt pour objet d'éluder la loi que de s'y conformer; à plus forte raison eût-elle prononcé la nullité, si l'on avait absolument omis une élection de domicile. Encore bien que l'art. 584 exige la même formalité, ainsi que l'art. 1.ᵉʳ du tit. 35 de l'ordonnance, sous l'empire de la-quelle cette décision a été rendue, et cela, à la seule différence qu'elle doit être remplie aujourd'hui dans le commandement, nous observerons qu'il n'y aurait pas même raison de décider. En effet, l'art. 19 du même titre de l'ordonnance prononçait la peine de nullité pour l'inobservation des dispositions qui le pré-cédaient, tandis qu'aucune disposition du nouveau Code ne prononce une semblable peine, et que, d'un autre côté, l'art. 1030 défend de suppléer des nullités que ce Code ne prononcerait pas lui-même d'une manière formelle.

Nous croyons cette décision fondée; mais comme il est très-important, pour le saisi, que le saisissant fasse élection de domicile, c'est aux huissiers à se tenir en garde contre l'omission dont il s'agit, attendu que si la nullité du commandement n'était pas prononcée, le tribunal pourrait du moins, usant de la faculté que lui donne la seconde disposition de l'art. 1030, condamner l'officier ministériel qui aurait signifié l'exploit à l'amende et même à des dommages-intérêts, si toutefois il était démontré que l'omission eût porté préjudice au saisi.

5.° Les exploits signifiés à domicile élu doivent, comme ceux qui le sont à domicile réel, être adressés à chacune des parties par copie séparée, encore que l'exploit concerne des cohéritiers procédant ensemble au nom de l'auteur commun, et ayant élu même domicile. L'unité d'intérêt entre plusieurs ne fait exception que lorsqu'il s'agit d'assignation donnée à un corps moral. — (*Cassat.*, 15 *fév.* 1815, *Sirey, tom.* 15, *pag.* 204).

6.° La faculté accordée au débiteur, par l'art. 584 du Code de procédure civile, de faire des offres au domicile élu par le commandement préalable à la saisie-exécution, ne s'étend pas au cas où la convention des parties détermine un autre lieu pour le paiement. C'est à ce lieu que les offres doivent être faites, à peine de nullité; et c'est devant le tribunal du domicile de ce lieu que la demande en validité doit être portée. — (*Cassat.*, 28 *avril* 1814, *Sirey, tom.* 14, *pag.* 209).

7.° Un domicile élu pour l'exécution d'un contrat n'est pas élu pour l'exécution des jugemens rendus à l'occasion de ce contrat. — (*Cassat.*, 29 *août* 1815, *Sirey, tom.* 15, *pag.* 430).

8.° L'appel signifié au domicile élu par le commandement serait valable, encore bien qu'il n'y ait pas eu de saisie-exécution, parce que, si l'art. 456 dispose que l'acte d'appel doit être signifié à personne ou domicile, l'art. 584 contient exception à ce principe, dans le cas où il y a eu un commandement *afin de* saisie-exécution. — (*Rennes*, 23 *nov.* 1813).

(1) Ainsi, il est indifférent, pour la validité de l'appel dont il est parlé dans l'art. 584, que le domicile où il est signifié ait été élu par le poursuivant dans son premier comman-dement, ou dans tout autre acte de la poursuite. — (*Turin*, 30 *mars* 1808, *Sirey, tom.* 9, *pag.* 308).

Mais nous observerons que, dans l'espèce dont il s'agissait, le procureur général avait conclu à l'amende contre l'huissier, conformément à l'art. 1030, et que la Cour de Colmar ne crut pas devoir faire droit en ce réquisitoire, attendu que l'omission de l'élection de domicile avait été couverte. Il eût été bien rigoureux, en effet, de rendre l'huissier responsable d'une irrégularité qui n'avait préjudicié ni à l'une ni à l'autre des parties, et qui se trouvait en quelque sorte réparée par un acte postérieur.

2006. *Si, avant que l'exécution soit consommée, le saisissant qui habitait la commune où cette exécution se poursuit, transportait son domicile ailleurs, sans faire une élection en cette commune, serait-ce à son nouveau domicile que le saisi devrait faire les significations des actes relatifs à la saisie?*

Dans ce cas, l'ancien domicile du créancier, dans la commune dont il s'agit, tiendrait lieu du domicile qu'il eût dû élire dès le commencement des poursuites, s'il n'avait pas demeuré dans cette commune. Tel est, dit M. Pigeau, tom. 2, pag. 77, l'esprit de l'art. 584.

2007. *L'huissier, pour faire le commandement, doit-il être assisté de recors ou témoins?*

Non, puisque l'art. 585 n'exige cette assistance que pour la saisie seulement. — (*Voy.* d'ailleurs les art. 29 et 31 *du tarif, et Pigeau, ubi suprà*).

2008. *L'appel d'un jugement signifié* AVEC COMMANDEMENT DE S'Y CONFORMER, *peut-il être notifié au domicile élu par l'exploit de signification?*

Nous avons examiné, sur l'art. 456, quest. 1652, la question générale de savoir si, dans tous les cas, la signification de l'acte d'appel à un domicile élu équivaut à la signification au domicile réel, et, à cette occasion, nous avons résolu plusieurs questions accessoires, qui se rapportent aussi à l'art. 584. Nous avons dit, par exemple, que cet article, qui permet de signifier un acte d'appel au domicile élu dans un commandement afin de saisie-exécution, ne pouvait être étendu au cas d'une élection de domicile faite dans l'exploit de signification du jugement attaqué. Ici nous supposons que cet exploit contienne, outre l'élection de domicile, un commandement à la partie condamnée de se conformer au jugement, et nous demandons si, dans cette hypothèse, l'on pourra valablement notifier l'appel au domicile élu, attendu que l'élection serait faite dans un commandement?

La Cour de cassation, par arrêt du 21 août 1811, section civile (*voy. Denevers,* 1811, *pag.* 420), a résolu cette question pour la négative, attendu que le commandement *de se conformer à un jugement* n'est qu'une simple sommation d'obéissance, que l'on ne pourrait, sans erreur, confondre avec le commandement dont parlent les art. 583 et 584 du Code de procédure (1), et qui est l'acte par lequel commence l'exécution forcée d'un jugement.

_____

(1) A moins que cet exploit ne contienne commandement à fin de saisie, ainsi que l'a décidé la Cour de Rennes, par arrêt du 13 mars 1818. Elle a même été plus loin dans un autre arrêt du 6 juillet 1817, en admettant que l'acte de notification du jugement, portant sommation de payer dans les vingt-quatre heures à l'huissier porteur de pièces, devait être

2009. *Le saisissant serait-il valablement assigné par un tiers au domicile élu dans le commandement ?*

Par arrêt du 26 juin 1811, rapporté au Journal des avoués, tom. 4, pag. 19, la Cour de Paris a considéré que l'exception portée par l'art. 584 à la règle générale énoncée à l'art. 68, n'est établie qu'en faveur de la partie saisie, et, en conséquence, elle a déclaré nulle une assignation donnée au domicile élu par un tiers qui se prétendait propriétaire d'une partie des meubles saisis.

Mais M. Pigeau, tom. 1, pag. 101, aux notes, s'exprime ainsi : « Quoique l'art. 584 semble n'avoir prescrit l'élection de domicile, quand le saisissant ne demeure pas dans la commune, qu'en faveur du débiteur, en disant que le *débiteur* pourra faire à ce domicile élu toutes significations, néanmoins, elle profite à ses créanciers, parce que les raisons qui l'on fait établir leur sont applicables. »

A l'appui de cette opinion, on pourrait citer un arrêt de la Cour d'appel de Colmar, du 5 août 1809 (*voy. Journ. des avoués, tom.* 1, *pag.* 195), qui a décidé que l'élection de domicile, pour l'exécution d'un acte, profite aux tiers qui représentent l'une des parties. Cet arrêt a pour motifs la disposition de l'art. 1166 du Code civil, d'après lequel les créanciers peuvent exercer tous les droits et actions de leurs débiteurs.

Nous pensons aussi que les créanciers qui forment une action du chef de leur débiteur, ont le droit d'assigner au domicile élu pour l'exécution de l'acte auquel cette action se rapporte. Mais cette décision ne contrarie en rien celle que renferme l'arrêt du 26 juillet 1811, attendu que, dans l'espèce où il a été rendu, la partie qui assignait le saisissant exerçait une action qui lui appartenait de son chef. Or, nul motif pour qu'elle profitât de l'exception portée en l'art. 584, en faveur du saisi qu'elle ne représentait pas. Au contraire, si un créancier de celui-ci formait, dans son intérêt, une opposition à la saisie comme représentant son débiteur, qui ne l'aurait pas formée lui-même, nous pensons, avec M. Pigeau, que ce tiers pourrait profiter de l'exception dont il s'agit.

2010. *Pourrait-on signifier un acte d'appel ou des offres au domicile élu pour d'autres saisies que la saisie-exécution ?*

L'art. 456 du Code de procédure veut que l'appel soit signifié *à personne ou domicile,* à peine de nullité. L'art. 1258 du Code civil, §§ 1 et 6, exige que les offres soient faites au créancier ayant la capacité de recevoir, ou à celui qui a pouvoir de recevoir pour lui, et qu'elles le soient au lieu dont on est convenu pour le paiement, sinon à la personne du créancier ou *à son domicile,* ou enfin au domicile élu pour l'exécution de la convention. Mais l'art. 584 déroge à ces deux dispositions générales, en permettant de signifier l'appel et de faire les offres au domicile élu dans le commandement qui précède *la saisie-exécution.*

---

considéré comme un véritable *commandement,* dans le sens légal du mot, attendu que ce pouvoir de recevoir, donné à l'huissier, constituait un pouvoir suffisant pour l'exécution.

NOTA. Nous n'entendons point contester précisément cette décision ; mais nous croyons prudent, si l'on veut que l'exploit de notification du jugement tienne lieu du commandement nécessaire pour saisir, d'y mentionner que cette sommation de payer est faite sous peine de saisie ou de toute autre exécution par les voies de droit.

Cela posé, si l'on considère que l'art. 584 se trouve au titre de la saisie-exécution ; que la disposition qu'il renferme n'est répétée dans aucun des articles qui concernent les autres saisies ; que si le législateur avait entendu en étendre l'application à toutes ces saisies, il en eût fait une disposition générale qu'il eût portée au tit. 6, *des règles générales sur l'exécution forcée des jugemens;* si, enfin, l'on réfléchit qu'une exception ne peut être étendue au-delà des cas pour lesquels elle a été établie, ne sera-t-on pas bien fondé à résoudre pour la négative la question que nous avons posée ?

M. Pigeau, tom. 2, pag. 474, s'exprime en termes généraux qui donneraient lieu de supposer que les offres pourraient, suivant lui, être faites à tout domicile élu dans un commandement, puisqu'il ne limite point cette faculté au cas de la saisie-exécution. D'un autre côté (*voy. tom. 2, pag.* 149), il applique formellement, relativement à l'appel, l'exception posée dans l'art. 584 à la saisie des rentes, attendu, dit-il, que le domicile élu dans le commandement notifié pour cette saisie est, à son égard, ce qu'est pour les saisies-exécutions le domicile élu par le commandement; autrement, ajoute-t-il, si l'on exigeait que l'appel fût signifié à domicile, il y aurait des cas où le saisi ne pourrait appeler faute de tems ; par exemple, lorsqu'il serait à trop grande distance du domicile du saisissant. Enfin, ce que dit ici M. Pigeau, il l'applique à la saisie immobilière. — (*Voy. tom. 2, pag.* 240, § 2, *n°.* 11)

M. Berriat Saint-Prix, pag. 527, not. 2, ne s'exprime formellement qu'à l'égard des offres. Il estime qu'elles ne peuvent être faites au domicile élu dans le commandement pour toute autre saisie que la saisie-exécution. Quant à l'appel, l'auteur pense de la même manière, puisqu'il cite, pag. 504, not. 5, sans les contredire, plusieurs arrêts qui ont décidé que l'on ne pouvait signifier l'appel au domicile élu dans le commandement.

Comme cet estimable auteur, nous ne ferons aucune distinction entre les offres et l'appel, parce que nous n'apercevons aucun motif de décider d'une manière à l'égard des premières, et d'une autre manière à l'égard du second, lorsqu'il s'agit d'appliquer une disposition qui fait, pour les deux cas, exception à des règles générales.

Nous persistons ainsi dans l'opinion émise sur la 1857°. quest. de notre Analyse, où nous avions rejeté l'opinion de M. Pigeau, concernant l'appel ; et nous ajouterons cette raison particulière, que la disposition exceptionnelle de l'art. 584 était nécessitée par la rapidité de la marche des poursuites de la saisie-exécution, qui conduisent dans le plus bref délai à l'expropriation du débiteur ; ce qui n'a pas lieu dans les cas où le créancier prend une autre voie. Concluons au moins, si l'on ne partage pas entièrement notre avis, qu'il est très-prudent, dans cette dernière hypothèse, de signifier à personne ou domicile l'appel du jugement en vertu duquel on procéderait à toute espèce de saisie autre que la saisie-exécution (1).

_____

(1) Notre opinion se trouve appuyée, d'ailleurs, du premier considérant de l'arrêt de cassation, du 21 août 1811, déjà cité sur la quest. 2008.°, et qui est ainsi conçu : « Attendu » que l'art. 456 contient une disposition générale ; que si l'art. 584 dit, *au titre des saisies-* » *exécutions*, que l'appel pourra être signifié au domicile élu par le commandement qui » doit précéder *la saisie-exécution*, c'est une exception *qu'il crée dans un cas déter-* » *miné*, etc. » : d'où la Cour tire une conséquence qu'elle applique au cas où il s'agissait

ARTICLE 585.

L'huissier sera assisté de deux témoins, français, majeurs, non parens ni alliés des parties ou de l'huissier, jusqu'au degré de cousin issu de germain inclusivement, ni leurs domestiques; il énoncera sur le procès-verbal leurs noms, professions et demeures; les témoins signeront l'original et les copies. La partie poursuivante ne pourra être présente à la saisie.

T., 31. — Ordonn. de 1667, tit. 33, art. 4; tit. 11, art. 2; tit. 19, art. 9. — Ordonn. de 1566, art. 32. — C. C., art. 37 et 980.

2011. *Les témoins de l'huissier doivent-ils être* CITOYENS FRANÇAIS? *Un étranger, admis à fixer son domicile en France, peut-il être témoin dans une saisie?*

Nous répondrons négativement sur les deux parties de cette question.

En effet, la loi exige seulement que les témoins soient *français* : il suffit donc qu'ils soient majeurs, nés en France ou nés en pays étranger d'un français (*voy. Code civ., art.* 10), et jouissent des droits civils; ils n'ont pas besoin de réunir les qualités auxquelles la loi politique attache la qualité de CITOYEN.

Quant à un étranger qui aurait été admis à fixer son domicile en France, il y jouit bien des droits civils tant qu'il y réside (*voy. Code civ., art.* 13), mais il n'est pas pour cela FRANÇAIS, et conséquemment il ne peut être témoin, dans le cas de l'art. 585. — (*Voy. Pigeau, tom.* 2, *pag.* 91).

2012. *Faut-il absolument que les témoins de l'huissier sachent signer?*

Oui, sans contredit, puisque la loi exige leur signature. Ainsi, l'huissier ne saurait empêcher que la saisie ne fût irrégulière, en mentionnant que les témoins desquels il attesterait être accompagné ne savent ou ne peuvent signer.

2013. *Si le saisissant ne peut être présent à la saisie, peut-il du moins envoyer quelqu'un pour désigner les lieux et les personnes?*

La défense de l'art. 585, relativement à la présence du saisissant, a été puisée dans l'ordonnance de Moulins. L'art. 32 permettait au saisissant d'envoyer quelqu'un à sa place, mais sans suite et sans armes, pour désigner les personnes auxquelles l'huissier aurait à s'adresser, et les lieux où il aurait à saisir. Il paraît naturel, dit M. Berriat Saint-Prix, d'autoriser encore de semblables mesures, et avec de semblables restrictions. Comme l'article 585 a voulu que le saisissant ne pût être présent à la saisie qu'afin de prévenir les débats et peut-être les rixes qui s'élèveraient entre lui et le saisi, on peut sans doute ne pas apercevoir d'abord qu'il y ait un grand inconvénient à permettre que le saisissant soit représenté par un tiers; mais l'huissier n'est-il

---

d'un exploit de signification du jugement dont était appel, et que l'on voulait devoir tenir lieu du commandement. Or, dans l'espèce de notre question, l'opinion que nous émettons est une conséquence également déduite avec exactitude du même principe ici posé par la Cour suprême; savoir : que l'art. 584 est une exception qui ne peut être étendue.

pas le véritable représentant du créancier pour lequel il agit? Ne peut-on pas lui donner tous les renseignemens dont il a besoin, sans recourir à cette entremise d'une tierce personne, qui serait d'ordinaire un ami du saisissant, que le saisi pourrait voir avec humeur, et dont il y aurait souvent à craindre que la présence n'occasionnât les inconvéniens qu'on a voulu prévenir?

2014. *Les formalités prescrites par l'art.* 585 *doivent-elles être observées à peine de nullité?*

M. Berriat Saint-Prix, pag. 531, not. 21, dit que la Cour de Limoges a jugé la négative, en se fondant sur le principe de l'art. 1030; qu'en conséquence elle a décidé, en 1809, que l'omission des professions et demeures des témoins n'annule pas la saisie; mais en même tems elle a condamné l'huissier à une amende et aux frais de l'exécution et du procès auquel cet acte avait donné lieu.

En admettant ce système, ajoute l'estimable auteur que nous venons de citer, il faudrait aussi appliquer la règle d'après laquelle, lorsqu'il s'agit de formalités prescrites par la loi pour un acte qui ne prend son essence que par ces formalités mêmes, cet acte n'est toujours présumé exister légalement qu'autant que ces formalités ont été remplies.

Cette remarque nous conduit à observer que l'on doit, en effet, pour prononcer sur la validité ou l'invalidité d'un procès-verbal de saisie, distinguer entre les formalités substantielles et les formalités accidentelles. Ainsi, dans l'espèce de l'arrêt précité de la Cour de Limoges, nous dirions aussi qu'un procès-verbal de saisie-exécution ne serait pas nul, par cela seul qu'il ne contiendrait pas les professions et demeures des témoins; mais s'il ne contenait pas leurs noms, s'ils ne signaient pas, nous ne balancerions pas à nous prononcer pour la nullité, parce que ces formalités sont substantielles. Un acte de saisie qui ne serait pas fait avec l'assistance de deux témoins doit, en effet, être considéré comme non avenu, puisque, sans la présence, le concours et la signature de ces deux témoins, on ne saurait dire qu'il existe un procès-verbal de saisie.

2015. *L'huissier doit-il mentionner dans son procès-verbal l'heure à laquelle il y procède?*

L'art. 4 du tit. 33 de l'ordonnance exigeait cette mention, pour déterminer quel était le premier saisissant, dans le cas où il y aurait eu plus d'une saisie le même jour. (*Voy. Rodier, sur cet article, quest.* 2°.) Mais l'huissier n'y est plus obligé, dit M. Pigeau, tom. 2, pag. 90 : cependant cet auteur conseille de continuer de faire l'énonciation dont il s'agit. Nous croyons aussi que les huissiers feront bien de suivre ce conseil, non seulement parce qu'il est utile de fournir un moyen de déterminer, entre plusieurs saisies, celle qui aurait précédé les autres, mais encore parce que l'huissier est intéressé, ainsi que le remarque M. Demiau Crouzilhac, pag. 395, à fournir une preuve qu'il n'a pas procédé à une heure indue. — (*Voy.* art. 1037).

ARTICLE 586.

Les formalités des exploits seront observées dans les procès-

verbaux de saisie-exécution ; ils contiendront itératif commandement, si la saisie est faite en la demeure du saisi.

T., 31. — Ordonn. de 1667, tit. 33, art. 3. — C. de P., art. 61.

CCCCLX. La loi parle ici des formalités communes à tous les exploits, et
que nous avons indiquées, tom. 1, pag. 145, quest. 180 et 181, telles que la
date, l'immatricule, la désignation des parties, la remise ou *parlant à*, et non
pas celles qui sont particulières aux ajournemens (1).

2016. *Quand la saisie se fait hors de la demeure du saisi, doit-on lui faire l'ité-*
ratif commandement, s'il se trouve présent en l'endroit où seraient les meubles ?

Si nous n'allons pas jusqu'à dire, comme M. Delaporte, tom. 2, pag. 164,
qu'il soit *nécessaire*, en cette circonstance, de réitérer le commandement,
puisque la loi ne l'exige expressément que pour le cas seulement où la saisie a
lieu au domicile du débiteur, nous remarquerons néanmoins qu'elle n'a prescrit
cette obligation que parce qu'elle a supposé que celui-ci serait présent : il est
donc dans l'esprit de l'art. 586 que l'on fasse itératif commandement au débiteur, toutes les fois qu'il est procédé en parlant à sa personne, même hors de
sa demeure.

2017. *Quand la saisie se fait en la demeure du saisi, doit-on, s'il est absent, lui*
réitérer le commandement dans la personne de ceux qu'on y rencontre ?

M. Demiau Crouzilhac, pag. 395, dit que si l'on répond à l'huissier que le
saisi est absent, il déclare qu'il va saisir et saisit ; ce qui paraît supposer que cet
auteur ne pense pas que le commandement itératif soit nécessaire en cette circonstance. Mais comme l'art. 586 ne distingue point, pourquoi n'en serait-il pas
de l'itératif commandement qu'il prescrit comme le premier, que l'huissier
doit faire en vertu des dispositions de l'art. 583, et dont il ne peut se dispenser,
lorsque le saisi est absent, puisque cet article veut qu'il soit fait à la personne
ou *au domicile du débiteur* ? Au surplus, on ne saurait dire que ce commandement fût, dans le cas d'absence du saisi, une vaine formalité, puisqu'il pourrait
arriver que le débiteur eût laissé des fonds aux personnes qui se trouveraient en
sa demeure.

2018. *De ce que l'art. 586 exige que les formalités des exploits soient observées*
dans les procès-verbaux de saisie, s'ensuit-il qu'il y ait nullité de celui qui ne pré-
senterait pas celles exigées à peine de nullité par l'art. 61 ?

M. Thomines estime que l'omission de ces formalités emporte nullité ; mais
nous avons déjà dit que la loi n'ayant pas expressément prononcé la nullité en
cas d'omission des formalités particulières exigées par l'art. 585 pour le procès-
verbal de saisie, il nous semblait qu'il ne pouvait être déclaré nul qu'autant

---

(1) Telle serait, par exemple, dit M. Pigeau, tom. 2, pag. 90, la constitution d'avoué.
Néanmoins, lorsqu'il s'agit de l'exécution d'un jugement dans l'année de sa prononciation,
il est prudent de faire cette constitution (*voy. art.* 1028); et tel est l'usage. Ordinairement
on dit, dans le procès-verbal, que le saisissant *continue pour son avoué* celui par le ministère duquel il a obtenu le jugement dont l'exécution est l'objet de la saisie.

qu'il y aurait omission de formalités substantielles. Or, il serait contradictoire de supposer que le législateur se fût rendu plus sévère à l'égard des formalités communes à tous les exploits, qu'il ne l'est par rapport à celles qui sont propres au procès-verbal. Au surplus, si l'art. 61 a prescrit, sous peine de nullité, les formalités des exploits d'ajournemens, l'art. 586 prescrivant qu'elles seront observées dans les procès-verbaux de saisie-exécution, ne dit point que ce sera *sous peine de nullité* ; et cependant ce ne serait qu'en vertu d'une telle disposition que l'on pourrait déclarer nul un semblable procès-verbal (1).

2019. *A quoi expose l'omission des formalités qui ne seraient pas de nature à emporter nullité?*

Cette omission ne peut que motiver une opposition à la vente, et faire adjuger au saisi des dommages-intérêts.

Aʀᴛɪᴄʟᴇ 587.

Si les portes sont fermées, ou si l'ouverture en est refusée, l'huissier pourra établir gardien aux portes pour empêcher le divertissement. Il se retirera sur-le-champ, sans assignation, devant le juge de paix, ou, à son défaut, devant le commissaire de police ; et dans les communes où il n'y en a pas, devant le maire, et à son défaut devant l'adjoint, en présence desquels l'ouverture des portes, même celle de meubles fermans, sera faite, au fur et à mesure de la saisie. L'officier qui se transportera, ne dressera point de procès-verbal; mais il signera celui de l'huissier, lequel ne pourra dresser du tout qu'un seul et même procès-verbal (1).

T., 6, 31 et 32. — Ordonn., tit. 35, art. 5. — *Suprà*, art. 583.

CCCCLXI. Aᴜᴛʀᴇꜰᴏɪѕ l'huissier, après avoir constaté que les portes étaient fermées et avoir établi gardien, s'il l'estimait convenable, assignait le débiteur en référé, pour voir ordonner l'ouverture; procédure qui avait le double in-

---

(1) Nous ne pouvons trop répéter que nous ne parlons ici que des formalités acciden-telles, et non des formalités substantielles, dont l'omission emporte toujours nullité, encore bien que la loi ne l'ait pas prononcée. — (*Voy. notre quest.* 2014.°, et celles sur *l'art.* 1030).

(2) JURISPRUDENCE.

1.° Les officiers qui doivent suppléer le juge de paix, dans le cas de l'art. 587, peuvent agir sans qu'il soit certain que le juge soit empêché : le cas d'urgence est suffisant pour les autoriser à prêter leur ministère. — (*Cassat.*, 1.ᵉʳ avril 1813, *Sirey*, pag. 324).

2.° Une saisie-exécution ne peut être déclarée nulle, en ce que l'officier de police, appelé pour assister à l'ouverture des portes, serait parent du saisissant au degré de consin-ger-main. — (*Metz*, 20 nov. 1818, *Sirey*, tom. 19, pag. 270).

3.° L'art. 222 du Code pénal est applicable à un saisi qui outrage par paroles un adjoint de maire requis par un huissier de l'assister à une ouverture de portes.

On ne peut admettre l'excuse tirée de ce que le juge de paix n'a point été appelé avant l'adjoint, comme l'exige l'art. 587. — (*Cassat.*, 1.ᵉʳ avril 1813, *Sirey*, tom. 17, pag. 322).

convénient d'augmenter les frais et d'exposer au divertissement des meubles, malgré la vigilance du gardien, pendant le tems qui s'écoulait entre l'assignation et l'ordonnance d'ouverture. Autrefois encore, lorsque l'ouverture était ordonnée, elle se faisait en présence du juge, qui dressait un procès-verbal. Il est facile d'apprécier la sagesse de la disposition de l'art. 587, qui, par l'attribution qu'elle donne aux officiers qu'elle indique, accélère l'exécution et économise les frais, en voulant que tout ce qui concerne l'ouverture des portes ne fasse qu'un seul et même acte avec le procès-verbal de saisie.

2020. *Si les fonctionnaires désignés dans l'art. 587 refusaient leur assistance, l'huissier devrait-il surseoir à l'exécution, sauf, en faveur du saisissant, l'action en dommages-intérêts contre ces fonctionnaires?*

Les anciens commentateurs de l'ordonnance, sur l'art. 5 du tit. 33, pensaient qu'en cette circonstance l'huissier devait surseoir, puisqu'ils décidaient que le refus du juge vers lequel l'huissier devait se retirer, d'après cette article, le rendait responsable envers le saisissant du préjudice par lui souffert du retard, et qu'à cet effet celui-ci pouvait le prendre à partie après avoir constaté ce déni de justice par trois réquisitions réitérées. Duparc-Poullain, tom. 10, pag. 589, disait aussi que le refus injuste du juge le rendait responsable des dommages-intérêts, pourvu que ce refus eût été constaté par une seule sommation; il doutait même qu'il fût nécessaire de prendre la voie de la prise à partie.

M. Delaporte, tom. 2, pag. 567, estime que l'on peut prendre à partie le juge de paix ou le commissaire de police récalcitrant; mais nous observons que la voie de prise à partie ne serait tout au plus ouverte que contre le premier, et que l'on ne pourrait exercer contre l'autre, en sa qualité de fonctionnaire de l'ordre administratif, qu'une action ordinaire, après avoir obtenu l'autorisation du Conseil d'état.

Les auteurs du Praticien, tom. 4, pag. 161, n'admettent aucune action contre le juge de paix, le commissaire de police, etc., parce que, disent-ils, la loi n'a pas supposé que ces fonctionnaires se refusassent à l'accomplissement de leurs devoirs. Nous convenons qu'il arrivera bien rarement que la question que nous examinons se présente à résoudre; mais, quoi qu'il en soit, nous pensons que le silence du Code, sur le droit qu'aurait le saisissant de réclamer ses dommages-intérêts vers l'officier qui refuserait son assistance, n'est pas un motif suffisant pour que l'on décide que la loi n'a entendu ouvrir contre lui aucune espèce d'action. Toute personne qui porte préjudice à autrui lui doit réparation : voilà le principe sur lequel la prise à partie serait ouverte contre le juge de paix, conformément à l'art. 506 du Code de procédure, et l'action ordinaire contre l'officier de l'ordre administratif.

2021. *L'officier qui se transportera pour faire ouvrir les portes, doit-il rester avec l'huissier jusqu'à ce que celui-ci ait achevé la saisie?*

Oui sans doute, puisque l'ouverture des portes, même celle des meubles meublans, doit être faite en sa présence, au fur et à mesure de la saisie, et qu'il doit, de plus, en signer le procès-verbal.

ARTICLE 588.

Le procès-verbal contiendra la désignation détaillée des objets saisis : s'il y a des marchandises, elles seront pesées, mesurées ou jaugées, suivant leur nature.

T., 31. — Ordonn. de 1667, tit. 33, art. 6. — C. de P., art. 595 et 613.

2022. *Suffirait-il d'avoir pesé, mesuré ou jaugé les marchandises suivant leur nature ? Ne faut-il pas en outre que l'huissier les désigne par leur qualité ?*

Cette désignation des marchandises par leur qualité ne paraît pas rigoureusement exigée par la loi, attendu qu'elle ne s'exprime formellement que sur l'obligation de les peser, jauger ou mesurer ; mais si l'on fait attention qu'il serait possible de substituer des objets d'une qualité inférieure à celle de ceux qui auraient été saisis, on reconnaîtra qu'il est nécessaire, en plusieurs circonstances, de désigner les marchandises par leur qualité. C'est aussi ce que la Cour d'appel de Dijon remarquait dans ses observations sur le projet de Code, en demandant que la qualité des marchandises fût exactement spécifiée.

2023. *L'obligation de détailler les effets saisis autorise-t-elle l'huissier à fouiller le débiteur ou les personnes qui lui sont attachées ?*

Rien de plus odieux que ces actes. Une très-ancienne ordonnance, celle de 1485, les défendait expressément, et quoiqu'il ne paraisse pas que cette défense ait été renouvelée, nous serions porté à croire que l'huissier qui se permettrait de fouiller le débiteur se rendrait coupable de voie de fait. Un débiteur emprisonné pour dettes fut fouillé par un créancier qui en avait obtenu la permission du juge ; on trouva sur lui une somme assez considérable pour payer la dette ; le créancier se paie, et fait élargir le débiteur ; celui-ci ayant relevé appel de l'ordonnance qui avait accordé la permission de le fouiller, en obtint la réformation, et il fut fait défense au juge de récidiver. Il est vrai que le créancier dut son paiement à cet acte, qui, bien qu'illégal, avait néanmoins dévoilé la mauvaise foi du débiteur : aussi ne citons-nous cette anecdote que pour faire connaître que si le juge ne peut autoriser l'huissier à fouiller le débiteur, à plus forte raison l'huissier ne peut le faire de son autorité.

2024. *Que fait l'huissier qui ne trouve dans la maison aucun effet saisissable ?*

Il rapporte un procès-verbal de perquisition et de carence.

ARTICLE 589.

L'argenterie sera spécifiée par pièces et poinçons, et elle sera pesée.

T., 31.

2025. *Qu'entend-on par ces mots de l'art. 589,* SERA SPÉCIFIÉE PAR POINÇONS ?

On entend par ces mots, *sera spécifiée par poinçons,* que l'huissier énoncera dans son procès-verbal *le poinçon du titre.* On appèle ainsi l'une des empreintes apposées sur chaque pièce d'argenterie pour en déterminer *le titre,* c'est-à-dire le rapport de la quantité de métal pur ou de métal fin, à celle de l'alliage, et conséquemment la valeur.

La loi du 17 brumaire an 6 porte qu'il y a trois titres pour l'or et deux pour l'argent : chaque poinçon du titre porte pour empreinte un coq, avec l'un des chiffres arabes 1, 2, 3, indicatifs des premier, deuxième et troisième titres. Ainsi l'huissier spécifie par poinçon un objet d'or ou d'argent, lorsqu'il énonce pour l'or, qu'il est marqué au premier, second ou troisième titre, et pour l'argent, qu'il est au premier ou au second.

La loi précitée veut encore que les mêmes ouvrages d'or ou d'argent qui ne pourraient être frappés des poinçons ci-dessus désignés sans être endommagés, soient marqués d'un plus petit poinçon, portant, pour l'or, une tête de coq, et pour l'argent un faisan; enfin, un poinçon de vieux, destiné uniquement à marquer les ouvrages dits *de hasard*, représente une hache; celui pour les ouvrages venant de l'étranger contient les lettres E t.

C'est aux huissiers à distinguer ces différens poinçons, afin de bien remplir le but de la loi, qui est de prévenir la substitution d'une valeur inférieure à celle qui aura été saisie; mais si le poinçon était effacé par vétusté, l'huissier le constaterait, et en tous les cas s'il était embarrassé pour distinguer le poinçon, il appèlerait un orfèvre.

ARTICLE 59o.

S'il y a des deniers comptans, il sera fait mention du nombre et de la qualité des espèces. L'huissier les déposera au lieu établi pour les consignations, à moins que le saisissant et la partie saisie, ensemble les opposans, s'il y en a, ne conviennent d'un autre dépositaire.

T., 31 et 33. — Ordonn. du Roi, du 3 juill. 1816.

2026. *L'huissier peut-il saisir tous les deniers comptans qu'il trouverait ?*

L'affirmative paraît résulter des termes de l'art. 59o, qui ne fait aucune exception. Cependant M. Delaporte, tom. 2, pag. 169, estime que l'huissier pourrait laisser au saisi la somme qui serait nécessaire pour sa subsistance et celle de sa famille pendant un mois.

Il serait pénible d'avoir à combattre cette décision, dictée par l'humanité; mais heureusement elle a pour elle la loi même, puisque l'art. 592 déclare insaisissables les farines et menues denrées nécessaires à la consommation du saisi et de sa famille pendant un mois. C'est bien ici que, suivant la maxime *favores ampliandi*, on peut argumenter d'un cas à un autre, *quand il y a même raison de décider* (1).

2027. *Qu'arriverait-il, si l'huissier négligeait de désigner les espèces monnoyées par leur nombre et leur qualité ?*

Il arriverait, dit M. Pigeau, tom. 2, pag. 91, que le dépositaire serait tenu, dans le cas où les espèces seraient diminuées de valeur, de rendre toujours la

_____

(1) Au surplus, si l'huissier n'osait pas prendre sur son compte de laisser à la disposition du saisi la somme représentative des farines et menues denrées dont il manquerait, ce serait à lui à la réclamer du juge; mais se trouvera-t-il jamais, à moins qu'il ne fût prouvé qu'un débiteur eût soustrait son avoir à la saisie, un créancier assez impitoyable pour contester une semblable demande ?

même valeur au tems de la restitution du dépôt, et si elles étaient augmentées, de rendre suivant la valeur au tems du dépôt. Supposons, par exemple, que, depuis quelques années, il ait été saisi 100ᶠ, et que l'huissier ait mentionné que cette somme était composée de pièces de 3ˡ : le dépositaire n'aurait à compter, en ce cas, que le nombre de pièces de 3ˡ nécessaires pour composer cette somme, sans égard à la diminution que les pièces ont subie. Au contraire, si l'on s'était borné à mentionner une saisie de 100ᶠ, sans désigner le nombre et la quantité des espèces, le dépositaire devrait rendre cette somme entière, suivant la valeur actuelle des pièces qu'il compterait, c'est-à-dire en ajoutant à chacune de ces pièces ce qui manquerait pour faire la somme, à raison de la diminution qu'elles auraient subie. C'est qu'on peut supposer, dans ce dernier cas, que la somme eût été formée en pièces qui n'auraient éprouvé aucune diminution de valeur; par exemple, en monnaie décimale......

2028. *En quel lieu l'huissier doit-il déposer les deniers comptans qu'il saisit ?*

A Paris, il doit les déposer à la caisse d'amortissement; dans les départemens, chez les receveurs généraux des contributions, où cette caisse a établis pour ses préposés, conformément à l'art. 1ᵉʳ. de la loi du 28 nivôse an 13.

Mais l'officier instrumentaire en est dispensé, lorsque le saisissant, la partie saisie et les opposans, s'il y en a, ayant la capacité de transiger, conviennent d'un séquestre volontaire dans les trois jours du procès-verbal de saisie. C'est ainsi que l'ordonnance du 3 juillet 1816 explique l'art. 590.

Au reste, ce même dépôt n'est pas prescrit à peine de nullité, et cette peine ne peut se suppléer (*art.* 1030); d'ailleurs, les droits des parties sont à couvert par la responsabilité de l'huissier qui s'est emparé du numéraire trouvé aux possessions du saisi. — (*Rennes, 28 février* 1818.)

ARTICLE 591.

Si le saisi est absent, et qu'il y ait refus d'ouvrir aucune pièce ou meuble, l'huissier en requerra l'ouverture; et s'il se trouve des papiers, il requerra l'apposition des scellés par l'officier appelé pour l'ouverture.

C. de P., art. 587.

CCCCLXII. La nécessité de la mesure prescrite par l'art. 591 est évidente, pour le cas où elle est ordonnée; mais on sent qu'elle ne doit pas être appliquée, si le saisi est présent, car personne n'a le droit de prendre connaissance de ses papiers (1).

2029. *Comment l'huissier requiert-il l'ouverture des pièces et meubles?*

Il la requiert dans la forme prescrite par l'art. 587. — (*Voy. nos quest. sur cet article.*)

___

(1) Nous exceptons seulement le cas où le débiteur serait en état de faillite, parce qu'alors ses papiers doivent être conservés dans l'intérêt de ses créanciers

2030. *Si, parmi les papiers du saisi, l'on trouvait des billets obligatoires con-*
sentis à son profit, l'huissier pourrait-il les saisir?

On ne doit pas présumer que l'huissier puisse trouver de pareils billets, puisqu'il est dans l'intention de la loi qu'il ne fouille pas les papiers du saisi : c'est pour cela que la loi veut, lorsqu'il se trouve des papiers, et que le saisi n'est pas présent, que l'huissier fasse apposer les scellés sur ces papiers par les fonctionnaires qu'il aurait requis pour faire l'ouverture des pièces ou meubles. Au reste, si le hasard plaçait sous les yeux de l'huissier des billets de caisse, il ne pourrait les comprendre dans sa saisie, puisque l'art. 590 ne l'autorise à saisir que les deniers comptans.

2031. *S'il y a lieu à apposer les scellés sur les papiers du saisi, cette apposition* *n'est-elle constatée que par le procès-verbal de saisie, conformément à l'art.* 587?

Suivant M. Pigeau, tom. 2, pag. 83, aux notes, l'apposition ne doit pas être, comme l'ouverture des portes, pièces et meubles, constatée seulement par le procès-verbal de la saisie; il est, en effet, nécessaire que le fonctionnaire dresse séparément celui d'apposition, afin de se guider dans la levée qu'il aura à faire des scellés, dès que le saisi l'en requerra. Cette levée des scellés se fait sans description, mais aux frais du saisi, puisque c'est dans son intérêt qu'ils ont été apposés.

ARTICLE 592.

Ne pourront être saisis, 1.° les objets que la loi déclare immeubles par destination;

2.° Le coucher nécessaire des saisis, ceux de leurs enfans vivant avec eux; les habits dont les saisis sont vêtus et couverts;

3.° Les livres relatifs à la profession du saisi, jusqu'à la somme de 300^f, à son choix;

4.° Les machines et instrumens servant à l'enseignement, pratique ou exercice des sciences et arts, jusqu'à concurrence de la même somme, et au choix du saisi;

5.° Les équipemens des militaires, suivant l'ordonnance et le grade;

6.° Les outils des artisans, nécessaires à leurs occupations personnelles;

7.° Les farines et menues denrées nécessaires à la consommation du saisi et de sa famille pendant un mois;

8.° Enfin, une vache, ou trois brebis ou deux chèvres, au choix du saisi, avec les pailles, fourrages et grains nécessaires pour la litière et la nourriture desdits animaux pendant un mois.

Ordonn. de 1667, tit. 33, art. 14 et 16; — Observ. de Jousse sur ces deux articles. — C. C., art. 524, 525 et 2102.

ARTICLE 593.

Lesdits objets ne pourront être saisis pour aucune créance,

même celle de l'État, si ce n'est pour alimens fournis à la partie saisie, ou sommes dues aux fabricans ou vendeurs desdits objets, ou à celui qui aura prêté pour les acheter, fabriquer ou réparer; pour fermages et moissons des terres à la culture desquelles ils sont employés; loyers des manufactures, moulins, pressoirs, usines dont ils dépendent, et loyers des lieux servant à l'habitation personnelle du débiteur.

Les objets spécifiés sous le n.º 2 du précédent article, ne pourront être saisis pour aucune créance (1).

Ordonn. de 1667, tit. 33, art. 14 et 16. — C. C., art. 2102.

CCCCLXIII. Dᴀɴs les articles ci-dessus, la loi désigne avec détail les choses qui ne peuvent être comprises dans la saisie-exécution, ainsi qu'elle l'a fait dans l'art 581 (voy. le comment., pag. 410), à l'égard de celles qui ne peuvent être frappées de saisie-opposition. L'ordonnance avait aussi détaillé les objets qui forment ce qu'on appèle le prohibé, mais le Code actuel sort du cercle étroit dans lequel l'ancienne loi avait resserré ces favorables exceptions. L'article 592 comprend, par exemple, de nouveaux objets que la saisie-exécution ne peut atteindre.

Les motifs du législateur, lorsqu'il déclare ici qu'il est certains objets qui ne sont pas le gage du créancier, se puisent, pour nous servir des expressions de M. Favard (Rapp. au Corps législ.), dans l'humanité, qui a dicté les lois les plus saintes, et que les lois positives ne peuvent pas contrarier, si l'intérêt social ne l'ordonne pas impérieusement.

Les objets non saisissables sont d'abord ceux que le Code a déclarés immeubles par destination. — (Art. 524 et 525.)

Viennent ensuite des objets de première nécessité, que l'ordonnance de 1667 avait réservés au saisi; mais auxquels l'art. 592 ajoute, 1º. les livres relatifs à sa profession, jusqu'à concurrence de la somme de 300ᶠ; 2º. les machines et instrumens servant à l'enseignement, jusqu'à concurrence de la même somme; 3º. les outils des artisans nécessaires à leurs occupations personnelles; 4º. enfin, comme l'avait fait l'ordonnance de 1629, les équipemens des militaires.

L'art. 593 veut que les trois premiers objets deviennent saisissables, lorsque la saisie a pour cause des alimens fournis à la partie saisie, ou des sommes dues aux fabricans ou vendeurs de ces mêmes objets, ou à celui qui aurait prêté pour les acheter, fabriquer ou réparer. Alors, en effet, la créance prend une faveur qui ne permet pas d'exception pour la saisie : on a dû lui conserver toute sa latitude.

---

(1) JURISPRUDENCE.

Les syndics de créanciers d'un failli, en usant de la faculté qui leur est accordée par l'art. 529 du Code de commerce, ne peuvent, au préjudice du privilége du propriétaire de la maison qu'habite le failli, rendre à celui-ci d'autres meubles que ceux spécifiés par le n.º 2 de l'art. 592 du Code de procédure civile. — (Paris, 27 déc. 1813, Sirey, tom. 16, pag. 106).

Il n'en est pas de même pour les équipemens militaires. L'intérêt public veut que rien ne puisse autoriser à dépouiller un soldat des objets de son équipement. Défenseur des droits sacrés de l'État, le militaire doit toujours être prêt à marcher où l'honneur et le besoin de l'État l'appellent : il eût été impolitique qu'une cause quelconque pût le priver de ses armes (1).

QUESTIONS SUR L'ENSEMBLE DE L'ART. 592.

2032. *Le débiteur peut-il valablement renoncer à la faveur des diverses disposi-tions de l'art. 592?*

La maxime *unicuique licet juri in favorem suum introducto renuntiare*, ne nous paraît point autoriser la renonciation dont il s'agit. Le législateur, en déclarant insaisissables les objets détaillés en l'art. 592, n'a point entendu, suivant nous, établir une simple faveur de droit privé, mais prescrire une mesure fondée sur des motifs d'humanité et d'ordre public. Il est, dit M. le tribun Favard (*voy. le commentaire de l'article*), des objets qui ne sont pas le gage du créancier : ainsi le veut l'humanité, qui a dicté les lois les plus saintes, et que les lois positives ne peuvent contrarier, si l'intérêt social ne l'ordonne pas expressément. Ajoutons que l'intérêt social s'oppose à la renonciation du débiteur, puisqu'il importe à la société qu'aucun de ses membres ne se trouve réduit à un tel état de misère, qu'elle ait à craindre que cet état ne le porte à se livrer au vice, et peut-être au crime. Ici donc, nous argumenterions des art. 6 et 1133 du Code civil, pour soutenir qu'*en général* un débiteur ne peut valablement renoncer au *prohibé*, ni avant ni après la saisie, et que conséquemment l'huissier ne doit pas, d'après ce consentement, passer outre à la vente.

On pourra sans doute objecter que, parmi les choses qui constituent le *prohibé*, il en est qui n'y sont comprises que relativement, et qui peuvent être saisies pour certaines créances énumérées dans l'art. 593. Or, dirait-on, si le législateur n'a pas cru que l'intérêt public pût souffrir de la saisie de ces choses en certains cas, on ne saurait dire qu'il pût en souffrir en tous autres.

Nous répondons que, si quelques créances ont paru tellement favorables, que le législateur ait cru injuste de ne pas affecter à leur paiement certaines choses qu'il a cru ne pas devoir conserver pour gage de toutes autres créances, il n'a fait en cela qu'une exception pour des cas où l'intérêt public devait céder à l'intérêt privé. Mais on sait que l'on ne peut conclure des cas exceptés à ceux qui ne le sont pas, et conséquemment l'objection ci-dessus ne nous semble pas assez forte pour détruire l'opinion que nous avons émise. Au reste, si nous étions dans l'erreur à cet égard, relativement aux objets qui ne sont pas tout à

---

(1) Et si nos sentimens pour ceux de nos compatriotes qui ont soutenu, en tous les tems, l'honneur du nom français, ne nous induisent pas dans une erreur de droit, nous croirions qu'un ancien militaire, hors d'état de servir désormais son prince et sa patrie, doit conserver comme dépôt sacré entre ses mains les armes qu'il a employées à leur défense. Ce sont des insignes de gloire qu'il est juste qu'il conserve et qu'il transmette à ses enfans. Au reste, la loi ne distingue point entre le militaire en activité de service ou *en retraite*. Pourrait-on interdire au dernier de porter son honorable uniforme? et ses armes n'en font-elles pas essentiellement partie?......

fait excepté de la saisie, du moins ne contesterait-on pas que nous eussions dit vrai, par rapport à ceux qui, comme les habits et le coucher des saisis et de leurs enfans, ne sont saisissables pour aucune créance.

2033. *L'huissier doit-il détailler, dans son procès-verbal, les objets insaisissables qu'il a laissés au débiteur?*

Nous pensons, comme M. Demiau Crouzilhac, pag. 399, que la loi voulant que les objets mentionnés en l'art. 592 soient laissés au saisi, il ne suffit pas que l'huissier énonce vaguement qu'il n'a pas compris ces objets dans la saisie, mais qu'il doit, au contraire, les désigner en détail, afin que son procès-verbal prouve par lui-même qu'il a été satisfait à la volonté de la loi. A ce moyen, l'huissier n'a pas à craindre qu'un débiteur l'accuse de ne lui avoir pas laissé tous les objets insaisissables, et, de son côté, le débiteur trouve, dans l'obligation de détailler ces objets, la garantie qu'un huissier ne pourra jamais l'en priver, puisqu'il lui sera impossible de voiler, par des expressions vagues et génériques, la violation qu'il aurait faite des dispositions bienfaisantes de l'art. 592. M. Demiau Crouzilhac est tellement convaincu de la nécessité de détailler au procès-verbal les objets laissés au saisi, qu'il pense que les huissiers qui négligeraient de le faire peuvent être poursuivis conformément aux art. 1030 et 1031 du Code, et 102 du réglement du 3o mars 1808, pour n'avoir pas justifié d'une manière légale qu'ils ont satisfait à la prohibition de la loi.

2034. *La saisie qui comprend des objets déclarés insaisissables par la loi est-elle nulle?*

Les anciens commentateurs de l'ordonnance avaient décidé cette question pour la négative, et, sous l'empire de cette loi, la Cour de cassation, par arrêt du 1er. thermidor an 11, l'a résolue de la même manière. (*Voy. Sirey, tom. 3, pag.* 382). Les mêmes motifs dicteraient aujourd'hui la même décision. Ainsi, la circonstance que l'on n'aurait pas laissé à la partie saisie quelques-uns des objets insaisissables, ne peut donner lieu qu'à une action en dommages-intérêts (1).

QUESTIONS PARTICULIÈRES A CHAQUE DISPOSITION DE L'ART. 592.

2035. *Quelles sont les choses que la loi déclare immeubles par destination, et qui conséquemment ne peuvent être saisies?*

L'art. 524 du Code civil déclare immeubles par destination les objets que le *propriétaire* d'un fonds y a placés pour le service et l'exploitation de ce fonds; ces objets sont ensuite décrits dans ce même art. 524 et dans l'art. 525.

De ce que les immeubles par destination sont les objets que le *propriétaire* du fonds y a placés, il est naturel de conclure que ceux que le législateur a décrits aux articles que nous citons sont insaisissables, lorsqu'ils ont été placés par le fermier. Cependant, M. Pigeau, tom. 2, pag. 79, soutient que ceux-ci

---

(1) En tous cas, si l'on admettait, contre notre opinion, que la saisie fût nulle, le consentement du saisissant à la distraction des objets non saisissables validerait la saisie pour les autres objets. — (*Metz, 20 nov.* 1818, *Sirey, tom.* 19, *pag.* 70).

même sont insaisissables. Il se fonde, 1°. sur ce que l'ordonnance et d'autres lois anciennes (*voy. Bornier, sur l'art.* 16 *du tit.* 33, *quest.* 1ʳᵉ.), déclaraient tels plusieurs de ces objets, sans distinguer s'ils appartenaient au propriétaire ou au fermier; 2°. sur ce que le projet du Code (*art* 615), renouvelait ces dispositions, sans faire non plus aucune distinction; 3°. sur ce que, d'après M. le conseiller d'état Réal (*voy. Exposé des motifs, édit. de F. Didot, pag.* 203), le Code aurait voulu plutôt étendre que restreindre les dispositions du droit ancien sur les objets insaisissables.

« Ces motifs, dit M Berriat Saint-Prix, pag. 528, not. 10, sont fort puissans, et si la loi offrait quelqu'ambiguïté, ils devraient servir à l'interpréter; mais elle est si claire, qu'il n'est pas possible d'adopter le système de M. Pigeau, jusqu'à ce qu'elle s'en soit expliquée. D'ailleurs, ajoute M. Berriat, M. Pigeau convient lui-même que, quoique les effets scellés à plâtre, etc. (*tels que boiseries, glaces, etc.*), soient immeubles par destination (*voy. Code civ., article* 525), on peut cependant les saisir contre le locataire. Cette exception à son propre système, prouve qu'il n'est pas bien sûr que le législateur ait eu l'intention de le consacrer. En effet, pour justifier ce système, M. Pigeau est obligé de soutenir que, par les termes de la première disposition de l'art. 592 du Code de procédure, *on n'a pas voulu dire que ces objets ne seraient insaisissables que quand ils seraient immeubles par destination, mais seulement que tous ceux que le Code civil désigne comme susceptibles d'être immeubles par destination, seraient insaisissables.* Or, si cela était, il faudrait décider aussi que les effets scellés à plâtre, etc., par le locataire, sont insaisissables, comme les bestiaux, etc., du fermier. »

Nous ajouterons qu'il serait encore, au système adopté par M. Pigeau, une exception qui tend à démontrer de plus en plus combien est fondée l'opinion de M. Berriat Saint-Prix. En effet, si l'on admettait que les objets placés par le locataire ou le fermier sont insaisissables, on ne pourrait au moins les considérer comme tels relativement au propriétaire; car on ne pourrait appliquer ici le motif qui a porté à interdire la saisie-exécution des objets réputés immeubles par destination; savoir : qu'ils peuvent être saisis réellement avec le fonds dont ils sont les accessoires.

Mais cette remarque nous conduit à un raisonnement décisif en faveur de l'opinion de M. Berriat. Voici ce raisonnement : Il est certain que l'art. 592 n'a déclaré insaisissables les objets que la loi répute immeubles par destination, que par le motif qu'ils peuvent être saisis avec le fonds. Or, le fonds ne peut être saisi que sur le propriétaire : donc il n'y a que les objets placés par le propriétaire qui peuvent n'être pas susceptibles de saisie; donc les créanciers du locataire ou du fermier peuvent saisir-exécuter toutes les choses que leur débiteur aurait placées, et qui seraient réputées immeubles, si elles l'avaient été par le propriétaire (1).

_____

(1) C'est ce que prouverait surabondamment la disposition de l'art. 599 du Code civil, duquel il résulte que les choses placées par un locataire ou par un usufruitier ne font point partie de l'immeuble, *personne n'étant censé donner :* l'un ou l'autre est censé ne les avoir placées que pour en jouir pendant la durée du bail ou de l'usufruit, et il peut les enlever, en réparant les dégradations occasionnées par l'enlèvement.

De même aussi le créancier qui saisit des objets placés par un locataire doit réparer les

2036. *Le cheval et la charrette d'un brasseur, les machines, décorations, partitions de théâtre et autres effets mobiliers d'un théâtre, peuvent-ils être saisis?*

La Cour de Bruxelles, par arrêt du 21 juin 1807 (*Sirey, tom. 7, pag.* 1052), et rapporté au tom. 10 de la Jurisprudence du Code civil, pag. 189, a décidé l'affirmative, relativement au cheval et à la charrette du brasseur, attendu que l'art. 524 du Code civil n'était, dans aucune de ses parties, applicable à l'espèce, et que l'art. 528 range ces objets dans la classe des meubles, sauf le cas de l'art. 522, à l'égard des animaux que le propriétaire du fonds livre au fermier.

Quant aux machines, décorations et autres effets mobiliers d'un théâtre, on trouve aussi, dans la Jurisprudence du Code civil, tom. 6, pag. 365, une décision du ministre des finances, du 4 mars 1806, d'après laquelle ces effets ne peuvent être réputés immeubles par destination.

2037. *Quels sont les objets que l'art.* 592 *a entendu comprendre sous ces expressions générales,* LE COUCHER NÉCESSAIRE?

L'art. 14 du tit. 33 de l'ordonnance portait qu'il serait laissé *un lit aux personnes saisies.* Mais il s'était élevé de nombreuses difficultés sur l'étendue de ces expressions. Fallait-il laisser le lit avec tous ses accessoires? Pouvait-on saisir les objets qui ne sont que de commodité ou de luxe, tels que les rideaux, les housses, la courte-pointe, le ciel-de-lit, etc.? Pour éviter toute difficulté à ce sujet, le Code a employé le mot *coucher*, qui, ainsi que l'observent les auteurs du Praticien, tom. 4, pag. 169, signifie par lui-même les choses indispensables pour se livrer au repos, tels que le bois de lit, les couvertures, les draps, le traversin, un matelas ou un lit de plumes.

C'est en ce sens aussi que M. Pigeau entend la seconde disposition de l'art. 592; mais il accorde deux matelas, et ne parle point du lit de plumes. Il y a cependant d'ordinaire une grande différence entre le prix d'un matelas et celui d'un lit de plumes; il n'est pas indifférent pour le saisissant de laisser l'un ou l'autre. De ce que la loi ne réserve que le coucher *nécessaire* au saisi, on peut dire à la rigueur que l'on ne doit lui laisser qu'un matelas, et que s'il existe de plus un lit de plumes, ce dernier peut être saisi. Nous croyons cependant que les deux matelas doivent être laissés, et même le lit de plumes : on le décidait ainsi sous l'ordonnance (*voy. Jousse, sur l'art.* 14 *du tit.* 33), et, à plus forte raison,

---

dégradations qu'occasionnerait l'enlèvement. Il ne peut exercer ses droits au préjudice du tiers propriétaire, et d'ailleurs, la réparation est une charge de la chose qu'il saisit.

Enfin, ce que nous avons dit sur *la saisissabilité* des objets placés par le locataire ou fermier, admet nécessairement une exception dans les cas où il serait prouvé, *par actes authentiques ou par titres privés* ayant date certaine, ou même par la nature des choses, que les objets auraient été placés par le locataire, sous la condition expresse ou présumée qu'ils resteraient au propriétaire à fin de bail.

Ce serait une question digne d'examen, que celle de savoir si, par induction des dispositions de l'art. 555 du Code civil, le propriétaire pourrait empêcher la saisie d'objets placés par le locataire, en remboursant le prix de ces objets au saisissant, avec augmentation de la plus value, à dire d'experts. Nous serions porté à résoudre cette question pour l'affirmative, si nous n'y trouvions un obstacle dans l'avantage que peut procurer au saisissant la vente faite à la chaleur des enchères.

Mais c'est trop insister peut-être sur des questions de cette nature, qui tiennent beaucoup plus à l'interprétation du Code civil qu'à celle du Code de procédure.

le doit-on faire sous l'empire du Code, puisque l'orateur du Gouvernement nous apprend que le législateur a voulu sortir du cercle étroit dans lequel l'ordonnance avait resserré les objets insaisissables. — (*Voy. le comment. de l'article*).

2038. Doit-on laisser un coucher pour chacun des époux et des enfans?

Si le saisi a une femme et des enfans mâles et des filles demeurant chez lui, il faut, suivant Jousse, *ubi suprà*, non seulement laisser un lit pour le mari et la femme, mais encore un pour les enfans mâles et un autre pour les filles. C'est de même aussi que M. Demiau Crouzilhac, pag. 398, explique la seconde disposition de l'art. 592, et que nous l'entendons nous-même.

Mais nous croyons que le législateur a eu l'intention de laisser aux tribunaux à décider dans leur sagesse s'il n'est pas des circonstances où l'on doit laisser un lit pour chaque époux; par exemple si l'un d'eux est infirme. Nous croyons encore que l'on ne doit pas saisir le coucher de chaque enfant en bas âge, et nous désirerions, pour une foule de raisons, que, dans l'intérêt des mœurs, on conservât à chaque enfant, quel que fût son âge, le coucher particulier que le père de famille lui aurait destiné. Malheureusement la loi laisse ici beaucoup à l'interprétation; mais il est une vérité qui ne peut manquer de diriger les tribunaux, et de fixer la jurisprudence sur toutes les questions que l'art. 592 peut offrir; c'est que la morale et l'humanité sont au-dessus de toute loi positive, et que, dans tous les cas où il s'agit d'interpréter cette loi, on doit préférer la morale et l'humanité au créancier, dont l'intérêt privé doit céder à l'intérêt social...

2039. Peut-on saisir les habits dont le débiteur se serait revêtu sans nécessité?

Jousse, sur l'art. 14 de l'ordonnance, dit qu'on ne pourrait pas, sans ordonnance de justice, saisir le manteau dont le débiteur se trouverait couvert. Duparc-Poullain, tom. 10, pag. 595, ne croyait pas même qu'une ordonnance de justice pût autoriser cet excès de rigueur. Il s'appuyait sur ce qu'il est dit au procès-verbal de l'ordonnance, tit. 19, art. 34, que lors des conférences, M. le premier président observa qu'on ne dépouille pas un homme, et qu'on ferait le procès à un sergent qui exercerait cette rigueur. Cela est constant dans l'usage, ajoute Duparc-Poullain, et tout habillement que le débiteur porte sur lui est censé compris par la loi sous l'expression générale de l'*habit* dont il est revêtu et couvert. Tel est aussi le sens dans lequel nous croyons que l'on doit expliquer la disposition du Code actuel (1).

2040. Est-ce à l'huissier ou à la partie saisie qu'il appartient d'apprécier la valeur des livres ou des instrumens que cette dernière veut conserver?

La Cour de Rennes observait, sur l'art. 615 du projet, que si la partie saisie a le choix des livres ou des instrumens qu'elle veut conserver, elle ne doit point avoir la faculté d'en apprécier la valeur; que, d'un autre côté, cette faculté ne pouvait être laissée à l'huissier, et qu'en conséquence il devenait nécessaire que le Code autorisât l'huissier à appeler un expert.

Le Code ne s'étant point expliqué à ce sujet, nous croyons, avec les auteurs

---

(1) Il n'est pas besoin d'observer que ce que nous disons ici du débiteur s'applique *à fortiori*, aux habits dont la femme et les enfans sont couverts. — (*Voy. Jousse, ubi suprà*).

du Praticien, tom. 4, pag. 177, que la partie et l'huissier doivent s'entendre pour cette évaluation, et que s'ils ne s'accordent pas, l'on doit suivre la marche indiquée par la Cour de Rennes, et recourir à un expert, qui fera l'estimation.

2041 *Doit-on laisser cumulativement les livres et les instrumens, en sorte que ces objets restent au saisi, jusqu'à concurrence d'une somme de 600f ?*

Nous avons vu s'élever une contestation sur cette question, dont la solution affirmative ne nous paraît pas susceptible de difficulté. Et en effet, il est évident, dès que l'art. 592 contient, à l'égard de ces objets, deux dispositions absolument distinctes et séparées, que l'exécution de l'une, en faveur du saisi, ne peut empêcher l'exécution de l'autre.

2042. *Doit-on laisser aux ecclésiastiques, outre leurs livres, les vases et ornemens nécessaires au service divin?*

L'ordonnance, art. 35, ne se bornait pas à déclarer ces objets insaisissables, elle étendait encore plus loin sa prohibition. Le Code ne s'est point expliqué; mais ce serait, à notre avis, aller contre son esprit, que de ne pas laisser à un ecclésiastique tous les vases sacrés, et de plus, jusqu'à la concurrence déterminée par l'art. 592, les autres choses indispensables à l'exercice de son ministère. L'arrêté du 18 nivôse an 11, qui déclare les traitemens ecclésiastiques insaisissables dans leur totalité, prouverait que notre opinion est conforme aux intentions du Gouvernement.

2043. *L'équipement militaire est-il insaisissable pour toute espèce de créance ?*

La négative paraîtrait résulter de la seconde disposition de l'art. 592, qui ne déclare tout à fait insaisissables que le coucher et les habits; et autrefois, d'après l'art. 195 de l'ordonnance de 1629 (*voy. Bornier, sur l'art. 14 de celle de 1667*), l'équipement pouvait être saisi par celui qui l'avait vendu ; mais M. le tribun Favard est d'un avis contraire. Il est, dit-il, des créances tellement favorables qu'elles ne permettent pas de faire d'exception pour la saisie ; mais l'intérêt public veut que *rien ne puisse autoriser à dépouiller un soldat des objets de son équipement, etc.* Défenseur sacré des droits de l'État, le militaire, nous le répétons (*voy. pag. 434*), doit toujours être prêt à marcher où l'honneur et le besoin de l'État l'appèlent : il serait impolitique qu'une cause quelconque pût le priver de ses armes. Cette décision de M. Favart est conforme à la loi du 10 juillet 1791, tit. 3, art. 65, qu'on pourrait regarder comme spéciale en cette matière, ainsi que l'observe M. Berriat Saint-Prix, pag. 529, not. 13.

« Cet article est ainsi conçu : Les armes et chevaux d'ordonnance des militaires, leurs livres et instrumens de service, leur habillement et équipement d'ordonnance sont insaisissables ».

2044. *Peut-on saisir, chez un artisan, les outils qui servent à ses ouvriers ?*

Oui, puisque la loi ne déclare insaisissables que les outils nécessaires aux occupations personnelles, c'est-à-dire *individuelles* du débiteur.

2045. *Qu'entend-on par* MENUES DENRÉES ?

Ces termes se trouvent expliqués par des lettres-patentes du 12 juillet 1634, enregistrées au Parlement de Toulouse le 24 janvier suivant, d'après lesquelles on ne pouvait saisir les farines, pain, volailles, gibier, viande coupée et autres menues denrées servant à la nourriture des hommes. (*Voy. Jousse, sur l'art.* 16 *du tit.* 33 *de l'ordonnance*). Mais on voit que notre Code a restreint la prohibition à ce qui est nécessaire pour la subsistance du saisi et de sa famille pendant un mois : c'est donc à l'huissier à proportionner la quantité au nombre d'enfans et de personnes composant le ménage du saisi.

2046. *Les objets auxquels il aurait été fait des réparations peuvent-ils être saisis pour le prix de ces réparations?*

Quoique l'art. 593 ne se soit pas formellement expliqué à cet égard, on ne saurait élever le moindre doute sur l'affirmative de cette question, puisqu'il autorise à saisir pour le simple prêt de ce prix.

2047. *Qu'entend-on par les mots* FERMAGES ET MOISSONS?

La disposition de l'art. 593, où se trouvent ces mots, a été puisée littéralement dans l'art. 16 de l'ordonnance, sur lequel Rodier et Serpillon remarquaient que l'on entend par *fermages* le prix des fermes en argent, et par *moissons* le prix des fermes en grains. Mais nous pensons, avec M. Berriat Saint-Prix, que ce dernier mot désigne aussi les créances des ouvriers qui ont fait les récoltes, et pour lesquelles la loi leur donne un privilége spécial. (*Voy. Code civ., art.* 548 *et* 2102, § 1). Il nous semblerait même que le législateur n'a voulu exprimer que cela par le mot *moissons;* car il n'avait point besoin de ce terme pour comprendre les loyers à payer en nature, le mot *fermages* désignant à la fois et ces loyers et ceux qui se paient en argent.

ARTICLE 594.

En cas de saisie d'animaux et ustensiles servant à l'exploitation des terres, le juge de paix pourra, sur la demande du saisissant, le propriétaire et le saisi entendus ou appelés, établir un gérant à l'exploitation.

C. C., art. 1961, 2000. — C. de P., art. 598.

CCCCLXIV. L'ART. 594 veille à l'intérêt des tiers dans un objet essentiel. Il prévoit, comme on vient de le voir, le cas de saisie d'animaux et ustensiles servant à l'exploitation des terres. Les créanciers, le propriétaire lui-même, ont intérêt à ce qu'il soit établi un gérant pour l'exploitation. C'est le juge de paix qui doit l'établir; mais, comme le propriétaire a le plus grand intérêt à ce que cette exploitation ne soit pas confiée à un homme qui pourrait, par ignorance ou méchanceté, lui faire des torts irréparables, il doit être particulièrement consulté sur ce choix et entendu par le juge. Au reste, cette mesure n'est pas commandée par la loi; elle est seulement autorisée. C'est donc au juge de paix à examiner s'il est à craindre que le saisi ne divertisse les objets désignés dans l'article, ou ne néglige l'exploitation, et à n'user de la faculté dont il s'agit, qu'autant qu'il aurait quelques raisons de concevoir cette crainte.

2048. *Doit-on nommer un gérant pour les moulins, pressoirs et usines, lorsqu'on en saisit les ustensiles?*

C'est notre opinion, fondée sur ce qu'il y a même raison de décider dans le cas que nous supposons que dans celui que l'art. 594 a particulièrement prévu. Le législateur a voulu qu'une saisie ne pût arrêter par elle-même les travaux de l'agriculture. Ne doit-on pas croire qu'il a également entendu que le service des moulins, pressoirs et usines ne fût pas suspendu par la même cause? Telle est aussi l'opinion de M. Pigeau, tom. 2, pag. 92, et celle de M. Lepage, dans ses Questions, pag. 403 et 404.

2049. *Les dispositions du présent titre, relatives au gardien, sont-elles applicables au gérant?*

Oui, sans doute, car le gérant n'est autre chose qu'un gardien. — (*Ainsi, voy. les quest. que nous allons examiner sur les articles suivans*).

ARTICLE 595.

Le procès-verbal contiendra indication du jour de la vente.

C. de P., art. 601 et 613, 1034.

CCCCLXV. Cette disposition a pour motif d'économiser les frais d'une seconde signification pour indiquer le jour de la vente; mais il est à remarquer, d'après l'art. 613, qu'il doit y avoir huit jours entre la signification de la saisie et la vente.

2050. *L'omission du jour de la vente dans la saisie en opérerait-elle la nullité?*

Non, puisque l'art. 595 ne prononce pas cette nullité; mais, pour réparer l'omission, il serait nécessaire de faire au saisi une signification qui serait à la charge du saisissant. — (*Voy. Pigeau, tom. 2, pag. 92*).

ARTICLE 596.

Si la partie saisie offre un gardien solvable, et qui se charge volontairement et sur-le-champ, il sera établi par l'huissier (1).

T., 34. — C. de P., art. 598, 628.

2051. *L'huissier peut-il accepter une femme pour gardienne?*

La difficulté que présente cette question naît de ce que l'art. 2060 du Code civil, § 3, dispose que la contrainte par corps a lieu pour la représentation des choses déposées aux séquestres, commissaires et autres *gardiens*. Or, l'art. 2066 défend de prononcer cette contrainte contre les femmes et les filles, à moins qu'il ne s'agisse de stellionat : d'où l'on peut conclure que l'huissier ne peut

(1) JURISPRUDENCE.
Un gardien volontaire est responsable des objets qui lui sont confiés.
La responsabilité est limitée à la valeur de la créance pour le paiement de laquelle la saisie-exécution a été établie. — (*Rennes, 19 nov. 1813, Journ., tom. 4, pag. 160*).

constituer une femme pour gardienne d'effets saisis, puisqu'il priverait le saisissant de la garantie que lui offre la voie de la contrainte.

Cependant les auteurs du Praticien, tom. 4, pag. 181, sont d'un avis contraire, pour le cas où la femme aurait accepté volontairement la garde. Mais
nous ne saurions admettre cette opinion, qui se trouve en opposition formelle
avec l'art. 2063 du Code civil, puisqu'il défend toute soumission volontaire à
la contrainte, hors les cas déterminés par la loi.

M. Lepage, dans ses Questions, pag. 402 et 403, distingue le cas où l'huissier établit lui-même le gardien, de celui où le saisissant intervient et consent
expressément à ce que l'huissier établisse une femme pour gardienne. Dans le
premier cas, dit-il, l'huissier n'aurait pu choisir qu'un homme; mais dans le
second, il aurait pu instituer une femme, puisque le saisissant, dans l'intérêt
duquel la contrainte par corps est prononcée, aurait, par cela même, renoncé
à l'avantage de la contrainte.

Cette opinion nous paraît concilier parfaitement tous les intérêts, et lever la
difficulté née du silence du Code de procédure, sur la question que nous avions
à examiner, et des dispositions du Code civil, relativement à la contrainte
par corps.

ARTICLE 597.

Si le saisi ne présente gardien solvable et de la qualité requise,
il en sera établi un par l'huissier.

Ordonn. de 1667, tit. 19, art. 4.

2052. *Celui que l'huissier établirait gardien peut-il refuser cette commission ?*

Presque tous les jurisconsultes qui ont écrit avant la publication du Code
ont soutenu la négative de cette question. « *La fonction de séquestre, dit Rodier,
sur l'art. 6 du tit. 19 de l'ordonnance, est une fonction publique, et par conséquent forcée, malgré ce qu'en a dit Rebuffe, que Bornier réfute avec raison.* »

Bientôt après, ce commentateur assimile au séquestre le gardien que les
huissiers commettent lors des saisies, et que, dit-il, on appèle aussi séquestre.
Jousse, sur le même article, et Duparc-Poullain, tom. 9, pag. 163, s'expriment de la même manière; enfin, Pothier, chap. 2, art. 5, § 1, dit expressément que l'office de gardien est une espèce de fonction publique, et que c'est
par cette raison que si la personne que l'huissier veut établir refuse d'accepter,
l'huissier doit l'assigner devant le juge, qui la condamnera à se charger de la
garde, si elle n'a quelque cause d'excuses qui l'en exempte; excuses qui sont
ordinairement fondées ou sur la qualité des personnes, ou sur l'état, ou sur
l'âge et les infirmités.

Mais nous remarquerons que les commentateurs de l'ordonnance n'ont émis
cette opinion qu'en se fondant sur la disposition de l'art. 6, portant qu'après
sa nomination, le séquestre serait assigné pour faire serment devant le juge,
à quoi il pourrait être contraint par amende et par saisie des biens.

En cela, ces commentateurs avaient peut-être confondu deux commissions
qu'on devait soigneusement distinguer, celle donnée par un huissier pour la
garde des choses saisies, et celle donnée d'autorité du juge au régime d'une

chose litigieuse; en un mot, ils avaient confondu le gardien et le séquestre. (*Voy. Rodier, sur l'art.* 1 *du tit.* 19). C'est le séquestre seulement qui était obligé d'accepter la commission, s'il n'avait pas d'excuses légitimes; mais aucun texte de l'ordonnance ne déclarait que celle du gardien fût forcée (1); et nous pensons que, sous l'empire du Code, elle est entièrement volontaire.

ARTICLE 598.

Ne pourront être établis gardiens, le saisissant, son conjoint, ses parens et alliés jusqu'au degré de cousin issu de germain inclusivement, et ses domestiques; mais le saisi, son conjoint, ses parens, alliés et domestiques, pourront être établis gardiens, de leur consentement et de celui du saisissant (2).

Ordonn. de 1667, tit. 19, art. 13 et 14. — C. de P., art. 628, 821, 823, 830.

2053. *L'huissier peut-il établir pour gardien toute personne qui n'est pas exclue par l'art. 598 ?*

On tenait pour constant autrefois que l'huissier ne pouvait s'établir lui-même gardien sous sa propre responsabilité, et qu'il ne pouvait donner cette commission à un de ses parens, ni à un de ses domestiques. Quant à ses

---

(1) Au surplus, quand cette distinction ne serait pas fondée, quand on admettrait que, d'après l'art. 6, la fonction de gardien ne fût pas volontaire sous l'empire de l'ordonnance, nous ne verrions aucune raison de décider qu'elle fût forcée sous l'empire du Code, qui abroge toutes les lois antérieures, et qui ne contient aucun texte qui puisse obliger un citoyen à accepter la commission de gardien. Il y a plus : c'est qu'il nous semble aujourd'hui que la fonction de séquestre elle-même est volontaire, puisqu'elle n'eût été forcée qu'en vertu de dispositions qui n'ont pas été renouvelées par le Code, et qui, conséquemment, ainsi que l'observe M. Merlin, nouveau Répertoire, au mot *séquestre*, tom. 12, pag. 3, ne peuvent plus faire loi par elles-mêmes.

Nous devons dire que M. Lepage, dans ses Questions, pag. 401 et 402; M. Berriat Saint-Prix, pag. 534, note 35, émettent une opinion contraire, qu'ils fondent sur ce qu'il serait difficile de trouver un gardien *solvable*, si l'on était libre de refuser sans motifs cette commission. Mais nous répondons que la condition que le gardien soit solvable ne paraît rigoureusement exigée que pour le cas où c'est le saisi qui le présente (*art.* 596), et non pour celui où l'huissier l'établit lui-même. (*Art.* 597). Or, l'huissier trouvera toujours facilement un homme de confiance qui se chargera de la garde, moyennant le salaire fixé par l'art. 54 du tarif. C'est aussi ce qui se fait tous les jours, et aucune des parties ne peut s'en plaindre; le saisissant, parce que l'huissier est responsable envers lui du gardien qu'il commet; le saisi, parce qu'il est sans intérêt, la loi ne lui enlevant aucun moyen de veiller, comme auparavant, à la conservation des effets.

(2) JURISPRUDENCE.

1.º Une saisie-exécution ne peut être déclarée nulle, en ce que le gardien établi par l'huissier serait un des témoins qui l'ont assisté dans la saisie. — (*Metz*, 20 *nov.* 1818, *Sirey*, tom. 19, pag. 70).

2.º La femme non commune peut, sans l'autorisation de son mari, être constituée gardienne judiciaire des meubles saisis sur ce dernier; mais elle n'est pas contraignable par corps en cette qualité. — (*Paris*, 21 *prair. an* 13, *Sirey, an* 13, pag. 573).

recors ou témoins, Jousse, par suite de l'opinion qu'il avait que l'assistance des recors n'était point essentielle pour la validité de la saisie, pensait que l'huissier pouvait indiquer l'un d'eux pour gardien. Rodier, au contraire, tenait la négative. (*Voy. Jousse, Rodier et Serpillon, sur les art.* 13 *et* 14 *du tit.* 19 *de l'ordonn.*) Nous croyons que l'art. 598 n'excluant que le saisissant, son conjoint et ses parens, l'huissier peut désigner toutes autres personnes, ayant d'ailleurs les qualités requises. (*Voy. l'arrêt de Metz, cité pag.* 443, *à la not.* 2, 2°.) Mais on sent qu'il ne conviendrait pas qu'il se désignât lui-même.

2054. *Le consentement du saisissant et du gardien, exigé par l'art.* 598, *doit-il être donné par écrit?*

La Cour de Trèves, dans ses observations sur le projet, demandait que la loi en fît une obligation. Mais on n'a pas eu égard à cette demande, et nous pensons, en conséquence, qu'il suffit que le consentement soit énoncé dans le procès-verbal.

ARTICLE 599.

Le procès-verbal sera fait sans déplacer; il sera signé par le gardien en l'original et la copie : s'il ne sait pas signer, il en sera fait mention, et il lui sera laissé copie du procès-verbal.

Ordonn. de 1667, tit. 19, art. 8. — C. de P., art. 601 et suiv.

2055. *Qu'entend-on par ces mots de l'art.* 599, SANS DÉPLACER?

Les termes *sans déplacer* présentent un double sens; on peut croire, ou qu'ils signifient que l'huissier ne peut rédiger son procès-verbal que sur les *lieux*, au domicile du saisi, et *sans se déplacer*, ou qu'il ne peut, lors de son procès-verbal, *déplacer* les objets saisis. Laquelle de ces deux versions est la plus juste, demandent les auteurs du Praticien, tom. 4, pag. 184? Et ils répondent que c'est la dernière, et qu'ainsi, sous l'empire du Code, on ne peut déplacer les effets saisis, quoiqu'un usage contraire se fût établi sous l'empire de l'ordonnance.

Mais nous remarquerons avec M. Berriat Saint-Prix, pag. 532, not. 26, que rien, dans le texte, n'autorise une semblable interprétation; que les meilleurs auteurs attestent que les objets ont dû être et ont toujours été déplacés, toutes les fois que le gardien l'a requis; que la raison montre d'ailleurs que, sans un tel droit, personne ne voudrait se rendre responsable d'objets qu'on ne pourrait pas surveiller immédiatement, à moins de s'établir chez le saisi, et par conséquent de s'exposer à des altercations et à des dangers. — (*Voy. Duparc-Poullain, tom.* 10, *pag.* 591, *et Demiau Crouzilhac, pag.* 397) (1).

_____

(1) Ces observations prouvent à suffire que le mot *déplacer* ne peut être pris dans la seconde signification que lui donnent les auteurs du Praticien; mais bien dans la première, et qu'il exprime, en conséquence, que l'huissier doit rédiger son procès-verbal *uno contextu*, c'est-à-dire *sans divertir à d'autres actes, sur le lieu, et non ailleurs*, d'après des notes qu'il aurait prises. Mais il est évident que, si la saisie est trop considérable pour être achevée le même jour, il ne suivrait pas de l'explication que nous donnons, que l'huis-

2056. *Y aurait-il nullité d'une saisie si l'huissier, employant plusieurs vacations, ne signe pas à la fin de chacune?*

Nous ne le pensons pas, attendu que les interruptions que la saisie eût exigées n'empêchent pas que le procès-verbal ne fasse un seul et même acte, dont les parties sont régies par la signature apposée à la fin.

2057. *Y a-t-il nullité de la saisie si le gardien n'a pas signé le procès-verbal, ou n'a pas été du moins interpellé de le signer?*

La Cour de Colmar avait jugé cette question pour l'affirmative, par application de l'art. 8 du tit. 19 de l'ordonnance ; mais l'art. 599 ne porte point la peine de nullité comme celui de l'ordonnance : on pourrait donc douter que les tribunaux pussent la prononcer.

Nous estimons cependant qu'il y a nullité, parce que la signature tient à la substance de l'acte, en ce qu'elle est indispensable pour prouver qu'un gardien a été établi et a accepté la garde : le défaut de signature équivaut au défaut d'établissement du gardien.

2058. *Le procès-verbal doit-il être signé par le gardien, même dans le cas où il se charge volontairement des effets?*

Oui, puisque l'art. 599 ne fait aucune distinction.

Article 600.

Ceux qui, par voies de fait, empêcheraient l'établissement du gardien, ou qui enlèveraient et détourneraient des effets saisis, seront poursuivis, conformément au Code criminel (1).

Ordonn. de 1667, tit. 19, art. 17. — C. de P., art. 209 et suiv., 379 et suiv

2059. *L'huissier doit-il dresser un procès-verbal des obstacles apportés à la saisie?*

Oui, afin de constater le délit, car sans cela il deviendrait souvent difficile de le poursuivre. — (*Voy. Demiau Crouzilhac, pag.* 400).

Article 601.

Si la saisie est faite au domicile de la partie, copie lui sera

sier ne pût pas l'interrompre et remettre la vacation au lendemain, en prenant toutefois la précaution d'établir un gardien aux objets saisis.

(1) JURISPRUDENCE.

1.º Le saisissant a le droit de faire rétablir sous la saisie les objets qu'il justifie avoir été enlevés, dans quelques mains qu'ils soient passés, en faisant la réclamation dans le délai prescrit par l'art. 2279 du Code civil. — (*Rennes,* 11 *juill.* 1814).

2.º Les peines encourues par ceux qui enlèveraient ou détourneraient des effets saisis, sont celles du vol, comme si la soustraction avait été faite sur le propriétaire lui-même,

laissée sur-le-champ du procès-verbal, signée des personnes qui auront signé l'original; si la partie est absente, copie sera remise au maire ou adjoint, ou au magistrat qui, en cas de refus de portes, aura fait faire ouverture, et qui visera l'original (1).

T., 31. — Ordonn. de 1667, tit. 33, art. 7, et tit. 11, art. 4. — C. de P., art. 595 et 599.

2060. *Doit-on, dans tous les cas d'absence, remettre une copie du procès-verbal au maire ou au magistrat désigné par l'art. 601?*

M. Pigeau, tom. 2, pag. 93, dit que, d'après cet article, il y a deux cas d'absence; 1°. absence avec portes fermées, et alors il faut donner la copie au maire ou au magistrat; 2°. absence avec ouverture de portes; et, en ce cas, il faut la donner à un parent ou serviteur, conformément à l'art. 68 du Code.

Cette dernière mesure, dit M. Berriat, pag. 532, not. 29, peut être utile dans le deuxième cas; mais cet auteur pense néanmoins qu'elle ne dispense pas de la première : il se fonde sur ce que la loi n'a fait aucune distinction, et décide expressément *qu'en cas d'absence, copie sera remise au maire ou adjoint, ou au magistrat, etc.* La répétition de la particule *au* pour ce fonctionnaire, après l'avoir omise pour l'adjoint, semble même annoncer, ajoute M. Berriat, que ce n'est point parce qu'ils ont pu assister à l'ouverture des portes, mais à raison de leur qualité d'officiers municipaux, qu'on doit remettre la copie au maire ou adjoint : nous croyons cette opinion bien fondée. Nous pensons, en effet, que le législateur a voulu qu'en tous les cas d'absence, sans distinction d'ouverture ou de fermeture de portes, la copie fût remise au maire ou adjoint; mais qu'il permet, dans le cas particulier où il y aurait eu refus d'ouverture, de la remettre au magistrat qui aurait été appelé à défaut du maire ou de l'adjoint.

2061. *S'il y a plusieurs débiteurs saisis, doit-on donner à chacun d'eux copie du procès-verbal?*

Oui, ces débiteurs fussent-ils solidaires; car chacun d'eux doit savoir qu'il a été saisi, et quels effets ont été l'objet de cette exécution. — (*Voy.* Jousse et Rodier, sur l'art. 7 du tit. 33 de l'ordonnance, tom. 4, pag. 186).

ARTICLE 602.

Si la saisie est faite hors du domicile et en l'absence du saisi, copie lui sera notifiée dans le jour, outre un jour pour trois myriamètres; sinon les frais de garde et le délai pour la vente ne courront que du jour de la notification.

T., 29. — C. de P., art. 1033.

---

et non pas celles que prononce l'art. 255 du Code pénal. — (*Cassat.*, 29 *oct.* 1812, *Sirey,* tom. 13, *pag.* 190).

3.° Il est à remarquer que le saisi, son époux, ses père ou mère ou ses enfans, ne pourraient être condamnés à ces peines. — (*Même arrêt*).

(1) JURISPRUDENCE.

La copie du procès-verbal doit, sous peine de nullité, être remise sur-le-champ au saisi, conformément à l'art. 601. — (*Rennes,* 22 *sept.* 1810).

Article 603.

Le gardien ne peut se servir des choses saisies, les louer ou prêter, à peine de privation des frais de garde, et de dommages et intérêts, au paiement desquels il sera contraignable par corps (1).

Ordonn. de 1667, tit. 33, art. 9. — C. C., art. 1961 et 2060. — C. de P., art. 126.

2062. *Le saisissant et l'huissier sont-ils personnellement garans des malversations du gardien ?*

Nous ne le pensons pas, par la raison que l'art. 596 donne au saisi la faculté d'offrir un gardien solvable : d'où suit qu'il doit s'imputer la faute d'avoir mis l'huissier dans la nécessité d'en établir un de son choix.

2063. *Le gardien établi par le saisissant ne contracte-t-il qu'envers celui-ci l'obligation de conserver et de représenter les objets saisis, en sorte que, 1°. si le saisissant donne main-levée de la saisie, les créanciers du saisi opposans au denier de la vente, et qui n'auraient pas procédé au récolement de la saisie, ne puissent donner effet à cette saisie dans leur intérêt; 2°. que si des objets ont été distraits, et que l'on ait procédé à la vente de ceux qui restent, les opposans antérieurs ou postérieurs, ne puissent exiger, soit du saisissant, soit du gardien, que ces objets soient représentés pour être vendus, ou que le gardien leur tienne compte de la valeur ?*

Il résulte des différentes dispositions du Code, au titre de la saisie immobilière, que le saisissant ne met que dans son seul intérêt les effets sous la main de la justice, et que, par conséquent, le gardien ne contracte qu'envers lui seul l'obligation de conserver et de représenter les objets saisis.

Cette proposition se justifie par les dispositions des articles suivans :

L'art. 606, portant que la décharge est demandée contre le saisissant et le saisi, sans qu'il soit besoin d'appeler les opposans, qui ne peuvent qu'intervenir à leurs frais : d'où suit que leur opposition ne les rend pas parties dans la saisie ;

608, qui n'oblige de signifier qu'au saisissant et au saisi les oppositions à la vente, sans même assigner le gardien : d'où résulte la même conséquence ;

609, qui, n'autorisant que l'opposition au prix de la part des créanciers, prouve encore qu'ils ne sont pas parties à la saisie ;

610, qui le démontre plus fortement encore, puisqu'il leur interdit toute poursuite ;

612, qui n'admet l'opposant à poursuivre qu'autant qu'il a fait procéder au récolement, par une conséquence de l'art. 611, qui veut que tout créancier ait

---

(1) JURISPRUDENCE.

L'action qu'a le saisissant contre le gardien d'une saisie mobilière, pour le contraindre à représenter les meubles et objets saisis, ne se prescrit que par trente ans. — (*Nîmes*, 20 déc. 1820, *Sirey*, tom. 22, pag. 147).

récolé au premier saisi, pour avoir droit de sommer le saisissant de faire procéder à la vente.

De toutes ces dispositions, il est facile de conclure que si les opposans au prix ne se sont pas rendus parties à la saisie, en faisant récolement, leur opposition n'est d'aucune considération en ce qui la concerne ; qu'ainsi le gardien n'est obligé qu'envers le saisissant, et non envers eux. Aussi, dit M. Pigeau, tom. 2, pag. 100, n°. 4, 3°., en parlant de la forme de l'opposition, « il faut » qu'elle soit signifiée au saisissant par deux motifs ; le premier, afin qu'il n'ac- » corde pas des délais au saisi, ni *qu'il ne lui donne pas main-levée ; ce qu'il* » *peut faire jusqu'à cette opposition, parce que la saisie appartient à lui seul ;* le » second motif, afin qu'il appèle l'opposant à la distribution. »

S'il est vrai, comme on croit l'avoir prouvé, que la saisie appartienne au saisissant, et que, par une suite nécessaire, le gardien ne soit pas obligé envers lui, il s'ensuit que le saisissant peut dégager celui-ci de l'obligation de représenter *tous* les objets saisis lors de la vente, et que des opposans qui ne se font connaître qu'après la vente du surplus effectuée, ne peuvent exiger que le saisissant ou le gardien représentent les effets détournés, ou leur tiennent compte de leur valeur.

Le saisissant, en n'exigeant pas que le gardien représente ces objets ou tienne compte de leur valeur avant la vente, est réputé par là l'avoir déchargé, s'être contenté de ce que la vente du restant avait produit ; et, comme il est incontestable que la vente fait cesser les fonctions de gardien, il s'ensuit nécessairement que le saisissant, qui n'avait aucune réserve sur lui, n'a plus rien à prétendre.

Cela posé, il est bien certain que, s'il n'existe pas d'opposition, les créanciers qui ne se sont pas rendus parties dans la saisie n'ont rien à exiger, soit du saisissant, qui ne les connaît pas, soit du gardien, qui n'a affaire qu'avec le saisissant et le saisi ; mais supposons que quelques-uns de ces créanciers aient mis opposition avant la vente, opposition qui, comme on sait, ne porte que sur le prix de cette vente. M. Pigeau, tom. 2, pag. 100, dit bien que, par cette opposition, ils deviennent parties dans la saisie, et que le saisissant ne peut plus en disposer au préjudice de l'opposant. Par suite, on peut dire aussi que le gardien ne peut plus être déchargé par lui, puisque la saisie devient commune à ces opposans ; ainsi nul doute qu'ils ont le droit de faire représenter les objets qui se trouveraient en déficit au moment de la vente, ou d'en exiger la valeur du gardien, si le saisissant ne l'exigeait pas lui-même, tant dans son intérêt personnel, que dans l'intérêt commun de lui et des opposans.

De même, lorsque la saisie est annulée pour extinction de la dette, ou pour exceptions tirées de la non échéance du terme, du défaut de qualité, etc., on continuerait de poursuivre la saisie dans l'intérêt des opposans, parce qu'elle leur est commune (*voy. Rodier et Jousse, art. 12 de l'ordonnance, et Berriat, pag.* 536, *not.* 47) ; on la continuerait même, si la saisie était annulée pour vice de forme, d'après Pigeau, pag. 103, dont, sous ce rapport, M. Berriat combat le sentiment.

Mais supposons que les créanciers n'aient formé leur opposition qu'après la vente ; car ils le peuvent faire *avant, pendant ou depuis*. — (*Voy. Pigeau, pag.* 100).

Il semble résulter des principes ci-dessus que si, lorsque la saisie était propre au saisissant, c'est-à-dire lorsqu'il n'existait aucune opposition avant la vente qui termine la saisie, pour donner lieu à l'instance de distribution, le saisissant a pu abandonner toute réclamation vers le gardien; qu'il a fait cet abandon en procédant à la vente sans réserves, et que les opposans, qui n'ont acquis, par leur opposition, d'autre droit que celui de participer à la distribution du prix, ne peuvent rien reprocher au saisissant et au gardien; ils ont à s'imputer la faute de n'avoir pas formé leur opposition avant la vente; en un mot, ils n'auraient pas été fondés à critiquer une main-levée donnée par le saisi avant leur opposition; main-levée qui, de plein droit, déchargeait le gardien; ils n'auraient pas été fondés, avant opposition, à se plaindre de ce que l'on aurait, conformément à l'art. 621, vendu seulement ce qui eût été nécessaire pour acquitter la créance du saisissant : ils ne peuvent donc se plaindre de ce que celui-ci n'ait pas exigé la représentation des objets distraits; leur opposition ne porte que sur le prix de ce qui a été vendu, et non pas sur celui de ce qui aurait pu être vendu, si le saisissant avait exigé la représentation de ces objets.

Ainsi donc, leur opposition se bornant à un seul effet, ne peut avoir en leur faveur aucune influence rétroactive sur ce qui s'est passé avant la vente.

On sent que les créanciers ne peuvent pas opposer qu'il serait possible que le saisissant colludât avec le gardien ou le saisi, pour diminuer ainsi le nombre des objets saisis, et leur chance d'être payés sur le prix; il suffit que le saisissant et le gardien ne soient nullement liés envers eux, tant qu'ils n'ont pas formé opposition, pour qu'ils ne puissent argumenter d'une fraude qui ne pourrait exister qu'autant qu'ils eussent acquis des droits dans la saisie. Quelles que soient leurs objections, elles seront invinciblement repoussées, et par le principe qu'il n'y a, jusqu'à opposition, le saisi, le gardien et les opposans qui se seraient fait connaître avant la vente, par la maxime *jura vigilantibus subveniunt.*

ARTICLE 604.

Si les objets saisis ont produit quelques profits ou revenus (1), il est tenu d'en compter, même par corps.

Ordonn. de 1667, tit. 33, art. 10. — C. C., art. 1936, 1962 et 2060. — C. de P., art. 126.

CCCCLXVI. Les dispositions de cet article concernent les fruits naturels qui viennent spontanément sans le secours de l'homme, tels que le croît et le lait des animaux; mais l'obligation de rendre compte n'est pas la seule que la loi impose au gardien; l'art. 1862 du Code civil lui impose encore celle d'apporter à la conservation tous les soins d'un bon père de famille.

(1) Un édit de septembre 1674 permettait au saisi d'user du lait, et nous croyons que l'on n'a pas entendu le priver de cette faveur.

ARTICLE 605.

Il peut demander sa décharge, si la vente n'a pas été faite au jour indiqué par le procès-verbal, sans qu'elle ait été empêchée par quelque obstacle; et, en cas d'empêchement, la décharge peut être demandée deux mois après la saisie, sauf au saisissant à faire nommer un autre gardien.

T., 33. — Ordonn. de 1667, tit. 19, art. 20 et 22.

ARTICLE. 606.

La décharge sera demandée contre le saisissant et le saisi, par une assignation en référé devant le juge du lieu de la saisie. Si elle est accordée, il sera préalablement procédé au récolement des effets saisis, parties appelées.

T., 29 et 35. — Ordonn. de 1667, tit. 19, art. 20. — C. de P., art. 806 et suiv.

2064. *Comment procède-t-on au récolement, lorsque le gardien a obtenu sa décharge ?*

L'huissier, sans assistance de témoins, dresse un procès-verbal par lequel il constate qu'il a trouvé tous les objets détaillés dans la saisie, ou qu'il se trouve *en déficit* tels ou tels effets qu'il décrit. Il laisse copie de ce procès-verbal au gardien qui aura obtenu sa décharge, et au gardien qu'il établit en remplacement. Ce nouveau gardien reçoit en même tems copie de la saisie (*voy tarif, art.* 35), et enfin le saisissant et le saisi, qui ont été appelés au récolement, reçoivent aussi copie du procès-verbal qui le constate. C'est ce que décide M. Berriat Saint-Prix, pag. 535, not. 41, contre le sentiment de M. Pigeau, tom. 2, pag. 97, et telle est aussi notre opinion, fondée sur ce que le tarif, après avoir parlé de la copie à donner au gardien, détermine une taxe *pour chacune des copies ;* ce qui prouve qu'il ne se borne pas à ne prescrire que la première.

ARTICLE 607.

Il sera passé outre, nonobstant toutes réclamations de la part de la partie saisie, sur lesquelles il sera statué en référé.

C. de P., art. 806 et suiv.

2065. *Résulte-t-il de l'art.* 607 *que l'huissier doive toujours continuer la saisie, malgré l'opposition?*

L'article signifie seulement qu'il n'est pas nécessaire de faire juger l'opposition, si elle paraît frivole, avant de faire la saisie. Mais si le débiteur exhibait une créance non suspecte, ou une saisie-arrêt faite entre ses mains, ou une opposition au jugement en vertu duquel on prétendrait le saisir, il conviendrait de surseoir, ou l'huissier exposerait son requérant à des dommages-intérêts s'il passait outre.

2066. *La disposition de l'art.* 607 *ne s'applique-t-elle qu'au cas où le saisi réclamerait contre la demande en décharge du gardien ou contre le récolement?*

On pourrait le croire, d'après ce passage du Praticien, tom. 4, pag. 190 : « Si le saisi réclame *contre le récolement, contre la surveillance du gardien,* la vérification se continue, et il est statué sur sa réclamation en référé. » Nous lisons, au contraire, dans les autres ouvrages écrits sur le Code, que l'art. 607 est général, et s'applique à toute réclamation faite par le saisi durant le cours de la saisie. — (*Voy. Pigeau, tom.* 2, *pag.* 84 ; *Demiau Crouzilhac, pag.* 4o2, *et Hautefeuille, pag.* 333.)

Ces réclamations sont ordinairement fondées sur l'extinction de la dette, par paiement, prescription ou autrement, sur des exceptions tirées de la non échéance du terme, le défaut de qualité du créancier, les vices de forme de la saisie, etc.

Mais nous remarquerons que M. Delaporte, tom. 2, pag. 188, excepte le cas où la réclamation du saisi serait fondée sur une exception de paiement prouvée par écrit; par exemple par une quittance. Alors, dit-il, l'huissier ne peut passer outre, puisque la saisie n'a plus de cause. La généralité des termes dans lesquels l'art. 607 est conçu nous paraît s'opposer à ce que l'huissier s'arrête ici dans l'exécution de sa commission. Il ne peut s'établir ainsi juge du mérite de l'exception, qui, bien qu'elle paraisse prouvée par écrit, peut néanmoins être sujette à contestation : il faut donc, même en ce cas, assigner en référé. Il est cependant deux circonstances où la réclamation du saisi arrêterait l'huissier ; ce serait, 1°. celle où l'on procéderait d'après un jugement par défaut, rendu faute de comparaître, et auquel le saisi formerait opposition ; 2°. celle où le jugement n'étant pas exécutoire nonobstant appel, viendrait à être entrepris par cette voie ; mais ces deux cas d'exception sont fondés sur le texte même du Code. — (*Voy art.* 158, 159, 162, 457 *et suiv.*)

2067. *Lorsque la saisie est annulée pour d'autres causes que pour* ᴅᴇ́ꜰᴀᴜᴛ ᴅᴇ ꜰᴏʀᴍᴇ, *conserve-t-elle son effet à l'égard des opposans?*

M. Pigeau se prononce pour l'affirmative, par la raison que le Code (*art.* 796) maintient, en faveur des recommandataires, les incarcérations annulées pour vices de forme. M. Berriat Saint-Prix, pag. 536, not. 47, pense au contraire que, si le débiteur a fait annuler la saisie pour défaut de forme, elle est considérée comme non avenue à l'égard des opposans, et il combat le sentiment de M. Pigeau, en disant, 1°. qu'une exception à une règle générale (la règle *quod nullum est, nullum producit effectum*) ne peut être étendue d'un cas à un autre sans une disposition précise de la loi; 2°. que, dès que le législateur a jugé nécessaire de faire une exception positive dans une circonstance, on doit, par argument *à contrario sensu,* penser qu'il n'a pas voulu la faire dans les autres; 3°. que s'il maintient, en faveur des recommandataires, un emprisonnement nul, c'est que les recommandations doivent être faites avec les mêmes formes que les emprisonnemens, tandis que les oppositions ne sont pas assujetties à celles de la saisie.

Nous croyons devoir adopter cette opinion de M. Berriat-Prix, qui d'ailleurs est conforme à celle des commentateurs de l'ordonnance. Si la saisie est nulle par quelque défaut de forme, dit Rodier, les autres créanciers ne peuvent s'en prévaloir, parce qu'elle doit être considérée comme si elle n'avait pas eu lieu (1).

2068. *La demande en nullité de la saisie doit-elle être toujours formée par exploit à partie?*

Elle peut être formée par requête d'avoué à avoué, si elle est faite en vertu d'un jugement, si ce jugement a été rendu par le tribunal même qui peut connaître de son exécution, et si enfin cette exécution a lieu dans l'année de la prononciation du jugement. En tout autre cas, la demande dont il s'agit doit être formée par exploit. — (*Voy. l'art.* 1028; *Pigeau, tom.* 2*, pag.* 102 *et* 103*; Berriat Saint-Prix, ubi supra.*)

ARTICLE 608.

Celui qui se prétendra propriétaire des objets saisis ou de partie d'iceux, pourra s'opposer à la vente par exploit signifié au gardien, et dénoncé au saisissant et au saisi, contenant assignation libellée et *l'énonciation des preuves de propriété* (2), à peine de nullité. Il y sera statué par le tribunal du lieu de la saisie, comme en matière sommaire.

Le réclamant qui succombera, sera condamné, s'il y échet, aux dommages et intérêts du saisissant (3).

T., 29. — C. C., art. 549 et suiv., 2102, n.e 4. — C. de P., art. 474, 606, 727.

CCCCLXVII. Avant la publication du Code de procédure, ceux qui avaient des réclamations à faire, formaient opposition pour moyens à déduire *en tems et*

_____

(1) Mais si la nullité de la saisie avait été prononcée pour toute autre cause, par exemple, pour avoir été faite *pro non debito*, nous pensons, avec Rodier et Jousse, sur l'art. 12 du tit. 33, qu'elle ne laisserait pas d'avoir son effet en faveur des autres créanciers opposans, parce qu'une saisie est commune à tous les créanciers. Telle est aussi l'opinion de M. Berriat Saint-Prix, *ubi supra*, et celle des auteurs du Praticien, tom. 4, pag. 193.

(2) Cette énonciation des preuves de propriété est prescrite dans la dénonciation au saisi et au saisissant, et non dans l'exploit signifié au gardien. — (*Metz*, 19 *juin* 1819, *Sirey, tom.* 20, *pag.* 31).

(3) JURISPRUDENCE.

1.° Lorsque des meubles ont été saisis à la requête d'un percepteur, la revendication par un tiers des meubles saisis est une question de propriété de la compétence des tribunaux. — (*Décret du* 16 *sept.* 1816, *Sirey, tom.* 14, *pag.* 409).

2.° Celui qui se prétend propriétaire d'objets mobiliers saisis sur un tiers, et qui, dans son exploit d'opposition à la vente, énonce son titre de propriété, satisfait suffisamment au vœu de la loi, qui exige que l'exploit contienne les preuves de propriété. — (*Bordeaux*, 19 *juill.* 1816, *Sirey, tom.* 17, *pag.* 396).

3.° Sur l'opposition à la vente, le tribunal peut ordonner distraction d'objets revendi-

lieu ; i's empêchaient la saisie, attendaient qu'on les assignât en main-levée de leur opposition. C'était un moyen de fraude que le saisi ne manquait pas d'employer ; et, quand il avait été ordonné de passer outre après une opposition, souvent il en survenait une seconde. Cet abus, qui avait été signalé par M. Pigeau, dans son excellent Traité de la procédure du Châtelet, ne peut se reproduire d'après les dispositions de l'art. 608, qui, en conservant les droits des tiers dont il autorise les réclamations, établit une procédure simple et rapide pour les faire juger.

2069. *La personne qui se prétend propriétaire d'objets que l'on se propose de saisir, peut-elle s'opposer à la saisie ?*

Oui, suivant M. Lepage, dans ses Questions, pag. 406. Mais nous pensons autrement, par le motif que l'art. 608 n'accorde que l'opposition à la vente. Ainsi, dans le cas dont il s'agit, l'huissier doit passer outre à la saisie, sauf à celui qui se prétend propriétaire à former l'opposition dont parle l'article que nous citons.

2070. *Résulte-t-il que le propriétaire ne puisse revendiquer dès l'instant de la saisie ?*

Non, dit M. Thomines, dans ses cahiers de dictée ; il peut s'opposer, et traduire en référé, si on veut passer outre ; en ce cas l'huissier doit se borner à poser des gardiens et à obéir au référé, avant de continuer la saisie.

Les auteurs des Annales du notariat (*Comment. sur le Code de procédure,* tom. 4, *pag.* 109), pensent, au contraire, qu'une réclamation de cette espèce, faite à l'instant de la saisie, ne peut empêcher l'huissier de comprendre dans son procès-verbal les effets réclamés. La raison qui paraît militer en faveur de cette opinion, qui, avant tout, a pour elle le texte de la loi (609), c'est que le procès-verbal n'est, en cas de réclamation, qu'un acte purement conservatoire dont l'objet est de mettre sous la main de la justice tous les effets mobiliers qui se trouvent au domicile du saisi, et d'en confier la surveillance à un gardien dont la responsabilité conserve les droits du tiers ; en sorte que personne ne souffre préjudice de la saisie, la loi réservant toujours à ce tiers le droit de s'opposer à la vente.

2071. *Le gardien doit-il être assigné sur l'opposition du propriétaire ?*

Plusieurs auteurs ont été portés à résoudre affirmativement cette question ;

---

qués dans une saisie de meubles faite sur un fermier par le propriétaire de la ferme, à moins qu'il ne soit prouvé que le bailleur ait eu connaissance antérieure que les effets appartinssent à d'autres qu'au fermier. — (*Rennes,* 19 août 1817 ; *voy. art.* 819).

4.° La faculté accordée par cet article au propriétaire de s'opposer à la vente d'objets lui appartenant, qui auraient été compris dans une saisie, ne peut s'appliquer au propriétaire d'objets qui garnissent une maison, quand, aux termes de l'art. 2102 du Code civil, le propriétaire de cette maison poursuit contre son locataire la vente de tous ses meubles pour paiement de sa location. — (*Rennes,* 19 août 1817, *Journ.,* tom. 4, *pag.* 710).

5.° Quand il résulte des faits qu'une partie saisie dans ses meubles avait une habitation commune avec des personnes qui revendiquent les objets saisis, ces personnes sont tenues de prouver qu'elles sont réellement propriétaires des objets saisis. — (*Rennes,* 4 août 1815, *Journ.,* tom. 4, *pag.* 441).

par la rédaction vicieuse de l'art. 608. Mais le contraire résulte de l'art. 29 du tarif, qui porte que l'on ne doit assigner que le saisissant et le saisi : il faut donc lire l'art. 608 comme s'il y avait, après les mots *exploit signifié au gardien*, ceux-ci, *et par dénoncé, etc.*; en sorte que le mot *contenant* ne puisse se rapporter qu'au dénoncé; en d'autres termes, il faut considérer le mot *dénoncé* comme employé substantivement.—(*Voy.* Thomines, *pag.* 229, *et Pigeau, tom.* 2, *pag.* 98).

2072. *Mais sous le prétexte que le débiteur aurait son domicile chez un tiers, pourrait-on saisir les meubles d'un tiers, nonobstant sa déclaration qu'il est chef de maison et que tout le mobilier lui appartient, et, en ce cas, ne pourra-t-il se pourvoir que par la voie indiquée par l'art. 608?*

Nous croyons qu'en ce cas le tiers a la voie de nullité, car l'art. 608 suppose une saisie faite sur un saisi maître de la maison chez lequel un tiers aurait des meubles. Dans cette circonstance particulière, nous admettons l'opposition à la saisie et le pourvoi en référé; il y a plus : nous pensons avec les auteurs des Annales, *ubi suprà*, que le maître de maison serait autorisé à interdire l'entrée de ses appartemens à l'huissier; car il nous semble évident qu'on ne peut pénétrer dans la demeure d'un citoyen pour y exercer des actes d'exécution qui ne le concernent pas personnellement.

2073. *Que faut-il ajouter au dénoncé, à faire au gardien, de la demande en distraction?*

Il faut faire injonction de ne souffrir ni l'enlèvement ni la vente des objets réclamés, jusqu'à ce qu'il ait été statué sur la revendication.

2074. *Peut-on, sur la demande dont il s'agit, appeler les créanciers opposans?*

Non; mais ils peuvent, s'ils le jugent à propos, intervenir dans la cause à leurs frais, et sans retardement, parce qu'ils ont évidemment intérêt à ne pas laisser diminuer la quantité des objets saisis. — (*Voy.* Demiau Crouzilhac, *pag.* 403).

2075. *La femme qui se prétend propriétaire des meubles saisis sur son mari, est-elle autorisée à demander la nullité des poursuites?*

Non; la demande en nullité est spécialement réservée à la partie saisie; et d'ailleurs ce moyen est inutile, puisqu'il est remplacé par un autre moyen plus efficace et plus assuré, celui de l'opposition à la vente indiqué par l'art. 608 : c'est ce qui a été jugé par un arrêt de la Cour de Bruxelles, du 3 juillet 1809. —(*Sirey, tom.* 15, *pag.* 175).

ARTICLE 609.

Les créanciers du saisi, pour quelque cause que ce soit, même pour loyers, ne pourront former opposition que sur le prix de la vente : leurs oppositions en contiendront les causes; elles seront signifiées au saisissant et à l'huissier ou autre officier chargé de la vente, avec élection de domicile dans le lieu où la saisie est faite, si l'opposant n'y est pas domicilié : le

tout à peine de nullité des oppositions, et des dommages-intérêts contre l'huissier, s'il y a lieu.

T., 19. — C. de P., art. 71, 610, 615, 622. — C. C., art. 2102, n.° 1.

ARTICLE 610.

Le créancier opposant ne pourra faire aucune poursuite, si ce
n'est contre la partie saisie ; et, pour obtenir condamnation, il
n'en sera fait aucune contre lui, sauf à discuter les causes de
son opposition lors de la distribution de deniers.

CCCCLXVIII. Le législateur, dans cet article, s'est proposé pour but que la
vente du mobilier saisi fût, dans sa presque totalité, employée à la libération
du débiteur. C'est dans cette vue qu'il a simplifié la procédure et tari la source
des incidens, dont le résultat était, comme le disait l'orateur du Gouvernement,
de faire dévorer par des frais inutiles le produit de la dépouille du malheureux
débiteur.

Dans l'ancien système, tous les créanciers du saisi formaient des oppositions
à la vente. Le résultat de quelques-unes de ces oppositions était, dans certains
cas, de retarder la vente jusqu'à ce qu'un jugement rendu contre le créancier opposant eût ordonné qu'elle serait effectuée.

Le motif des autres était de faire appeler l'opposant par une sommation, pour
être présent à la vente. Depuis long-tems l'abus et l'inutilité de ces incidens et
de ces sommations était senti ; la réforme en est prononcée, 1°. par l'art. 609,
puisqu'il veut que les créanciers du saisi, pour quelque cause que ce soit, même
pour loyers, ne puissent former opposition que sur le prix de la vente ; 2°. par
l'art. 610, en ce qu'il prononce que l'opposant ne pourra faire aucune poursuite,
si ce n'est contre la partie saisie, et pour obtenir condamnation ; et qu'il ne sera
fait aucune poursuite contre l'opposant, sauf à discuter les causes de son opposition lors de la distribution de deniers ; 3°. et enfin par l'art. 615, qui établit
que les opposans ne seront point appelés à la vente.

2076. *Le propriétaire ou principal locataire est-il compris sous ces expressions*
de l'art. 609, LES CRÉANCIERS DU SAISI, *etc.* ?

M. Delaporte, tom. 2, pag. 191, veut accorder les dispositions de l'art. 609
avec celles du Code civil, qui porte que le locateur ayant un bail authentique,
ou dont la date est certaine, aura privilége pour tous les loyers échus ou à
échoir, et pour toutes les obligations résultant du bail, sauf aux créanciers à
relouer à leur profit. En conséquence, cet auteur dit qu'il paraît incontestable
que le locateur peut empêcher l'enlèvement et la vente des meubles qui sont
son gage, jusqu'à ce que les créanciers lui donnent caution ou sûreté suffisante pour tout ce qui lui est dû ou peut lui être dû.

M. Pigeau, tom. 2, pag. 99, maintient, au contraire, que le propriétaire ou
principal locataire étant compris dans ces mots de l'art. 609, *les créanciers, etc.*,
l'un ou l'autre ne peut s'opposer que sur le prix ; et en cela, dit-il, on ne nuit
à aucun. A la vérité, les frais de saisie et de vente passent avant lui ; mais aussi
ceux de distribution entre les créanciers ne passent qu'après lui (*art.* 662).

Telle est aussi l'opinion des auteurs du Praticien, tom. 4, pag. 196 et 197, et c'est la nôtre.

Ainsi le bailleur, créancier privilégié pour loyers et fermages sur le prix de meubles qui garnissent la maison louée ou la ferme (art. 2102), peut et doit seulement, si ces meubles sont saisis par un tiers, former opposition sur le prix de la vente, conformément à l'art. 609 du Code de procédure.

Après avoir formé son opposition, il doit, comme tout autre créancier opposant, se soumettre aux dispositions générales de l'art. 660 du Code de procédure, et à la première disposition de l'art. 661 ; il doit produire ses titres aux mains du juge commis, avec un acte contenant sa demande en collocation, sa constitution d'avoué et sa demande afin de privilége.

Dans cet état, il peut, suivant la seconde disposition de l'art. 661, se pourvoir en référé pour faire statuer sur son privilége préliminairement, et sans attendre la confection de l'état de distribution. S'il n'use pas de cette faculté, il faut qu'il attende que l'état de distribution soit fait, et il touchera, en vertu du mandement qui lui sera délivré, la somme pour laquelle il sera colloqué dans l'ordre de son privilége.

Si, après avoir formé son opposition, il s'arrête là, et ne se conforme pas aux art. 660 et 661, la forclusion a lieu de plein droit contre lui; l'état de distribution est fait sans l'y comprendre; et lorsque les autres créanciers opposans et compris dans l'état ont touché les deniers en vertu des mandemens délivrés par le greffier, il ne peut les obliger à rapporter, *suum receperunt;* il doit s'imputer sa négligence; il demeure *déchu* de tous ses droits sur le prix de la vente : *vigilantibus jura subveniunt* (1).

2077. *Pour former opposition sur le prix, est-il nécessaire que le créancier qui n'a pas de titres obtienne une permission sur requête?*

On a prétendu, et cette prétention a été accueillie, à notre connaissance, par plusieurs tribunaux, que dans ce cas, il faut se régler d'après l'art. 558 du Code de procédure. Il est vrai que M. Pigeau, tom. 2, pag. 101, dans la formule qu'il donne de l'opposition sur le prix des deniers, suppose que le créancier qui n'a pas de titres doit présenter requête; mais c'est le seul auteur qui ait pensé que cette formalité, dont l'art. 609 ne dit pas un mot, fût nécessaire. Il nous semble, au contraire, que les art. 29 et 77 du tarif ne permettent pas de suivre cette opinion, et d'ailleurs, l'art. 609 est dans une espèce toute différente de celle de l'art. 558. Ainsi, dans notre opinion, il suffit du ministère d'un huissier pour former l'opposition dont il s'agit, lors même qu'il n'y a pas de titres, sauf (comme dit l'art. 610) à discuter cette opposition.

ARTICLE 611.

L'huissier qui, se présentant pour saisir, trouverait une

---

(1) Ainsi, le privilége que la loi accorde au propriétaire sur les meubles de son locataire, pour ce qui lui sera dû en exécution du bail, ne lui donne pas la faculté de s'opposer à la vente des meubles, bien que cette vente puisse nuire à l'entretien du bail; il ne peut, en aucun cas, exercer son privilége que sur le prix des meubles. — (Cassat., 16 août 1814, *Sirey*, tom. 15, pag. 93).

saisie déjà faite, ne pourra saisir de nouveau ; mais il pourra procéder au récolement des meubles et effets sur le procès-verbal, que le gardien sera tenu de lui représenter ; il saisira les effets omis, et fera sommation au premier saisissant de vendre le tout dans la huitaine ; le procès-verbal de récolement vaudra opposition sur les deniers de la vente (1).

T., 36. — C. de P., art. 679.

CCCCLXIX. Sous l'ancienne jurisprudence on disait : « *Saisie sur saisie ne vaut.* » Quoique ce principe ne soit point rappelé en termes exprès dans notre Code actuel, il n'en continue pas moins de subsister, puisqu'on trouve une application directe dans l'art. 611. Mais il est à remarquer que dans le cas prévu par cet article, c'est-à-dire lorsque le créancier qui se présentait pour faire une seconde saisie rechargeait la première, la poursuite lui appartenait : ce qu'il faisait décider en référé ; usage qui a été sagement supprimé, comme ayant l'inconvénient d'entraîner des frais sans aucun but utile.

2078. *Quelles sont les formalités à suivre pour le récolement ?*

Si l'huissier ne trouve point à recharger la première saisie d'objets qui auraient été omis, il se borne à ouvrir son procès-verbal de la même manière qu'il ferait à l'égard d'un procès-verbal de saisie ; puis, à l'endroit où il aurait eu à décrire les objets saisis, il constate que tel individu lui a déclaré être constitué gardien à une précédente saisie, etc., et qu'en conséquence il a procédé au récolement, etc.

Si, au contraire, l'huissier saisit des effets omis, il en ajoute la description à la suite de la partie de son procès-verbal où il a constaté le récolement, et il le rédige, au surplus, dans la forme prescrite pour la saisie-exécution. — (*Voy. Pigeau, tom.* 2, *pag.* 88 *et* 89, *et Demiau Crouzilhac, pag.* 404).

2079. *Comment est faite au premier saisissant la sommation de vendre dans huitaine ?*

Elle doit être faite par le procès-verbal même, puisque l'art. 36 du tarif ne taxe que pour un seul procès-verbal contenant le récolement, la saisie des effets omis, et la sommation dont il s'agit.

2080. *A qui l'huissier doit-il donner copie du procès-verbal ?*

L'article précité passe en taxe deux copies, et en alloue une troisième, s'il y a lieu ; ce qui arrive lorsqu'il y a saisie d'effets omis ; car en ce cas le saisi doit avoir la première copie (*art.* 601), la seconde doit être donnée au gardien, art. 599 ; enfin, le premier saisissant doit recevoir la troisième, puisque la seconde saisie, contenant récolement de la première, vaut opposition sur les deniers de

---

(1) JURISPRUDENCE.

Si l'on n'a pas donné à l'huissier connaissance d'une première saisie apposée, la nouvelle saisie à laquelle il procède est valable, comme procès-verbal de récolement. — (*Limoges,* 18 *déc.* 1813, *Sirey, tom.* 17, *pag.* 216).

la vente, d'après l'art. 611, et que l'art. 609 veut que les oppositions soient signifiées au saisissant (1).

2081. *Quand on saisit des objets omis, à qui la garde en est-elle confiée?*

Il est naturel, et sur-tout moins coûteux, de les confier au même gardien, ainsi que le proposait la Cour d'Agen, dans ses observations sur le projet. — (*Voy. Prat. franç., tom. 4, pag. 200*).

ARTICLE 612.

Faute par le saisissant de faire vendre dans le délai ci-après fixé, tout opposant ayant titre exécutoire pourra, sommation préalablement faite au saisissant, et sans former aucune demande en subrogation, faire procéder au récolement des effets saisis, sur la copie du procès-verbal de saisie, que le gardien sera tenu de représenter, et de suite à la vente.

T., 29. — C. de P., art. 616, 721.

CCCCLXX. Lorsque le saisissant se refusait à faire vendre, tout créancier intéressé avait droit, sous l'empire de l'ancienne jurisprudence, de se faire subroger dans les droits du premier; mais il fallait qu'il fît prononcer cette subrogation en référé; et de là des frais et des longueurs que l'art. 612 évite aux parties intéressées à ce que la vente ne soit pas indéfiniment retardée par un saisissant qui pourrait, à cet égard, colluder avec le saisi.

2082. *Quelle est la limite de la faculté donnée à un créancier opposant de faire passer DE SUITE à la vente?*

L'exercice de cette faculté est subordonné à l'accomplissement des formalités prescrites pour la publicité de la vente par les art. 617, 618 et 619.

ARTICLE 613.

Il y aura au moins huit jours entre la signification de la saisie au débiteur et la vente.

Ordonn. de 1667, tit. 33, art. 12. — C. de P., art. 505, 602, 614.

CCCCLXXI. Le délai prescrit par cet article est donné en faveur du débiteur, afin qu'il puisse contester la saisie ou se procurer les moyens de prévenir la vente, en désintéressant le créancier.

2083. *Le délai déterminé par l'art. 613 est-il franc? La vente peut-elle avoir lieu après le délai, sans nouvelle saisie?*

Suivant tous les auteurs, le délai de huitaine, fixé par l'art. 613, est franc.

---

(1) Mais lorsqu'il n'y a que récolement, on n'a que deux copies à donner, une première au saisi, une seconde au saisissant. On sent qu'il n'est pas besoin d'en donner une troisième au gardien, puisque le récolement ne lui impose aucune obligation. (*Voy. Pigeau, ubi suprà*). Suivant M. Demiau Crouzilhac, on serait même dispensé de donner la copie du simple récolement; mais l'art. 36 du tarif nous paraît justifier l'opinion de M. Pigeau.

(*Voy., entre autres, Pigeau, tom. 2, pag.* 104; *Delaporte, tom. 2, pag.* 195, *et Hautefeuille, pag.* 338).

Ce même délai est de rigueur, en ce sens qu'il doit être *au moins* de huitaine franche ; mais il ne l'est pas en ce sens qu'il faille nécessairement faire la vente à son expiration : il peut donc aller au-delà de la huitaine, sans qu'il soit besoin de faire une nouvelle saisie. C'est d'ailleurs ce que prouvent les dispositions de l'art. 614.—(*Prat. franç., tom.* 4, *pag.* 203, *et Pigeau, tom.* 2, *pag.* 105) (1).

Aʀᴛɪᴄʟᴇ 614.

Si la vente se fait à un jour autre que celui indiqué par la signification, la partie saisie sera appelée, avec un jour d'intervalle, outre un jour pour trois myriamètres en raison de la distance du domicile du saisi, et du lieu où les effets seront rendus.

T., 29. — C. de P., art. 595, 602, 613, 1033.

2084. *Comment la partie saisie est-elle appelée à la vente, dans le cas prévu par l'art.* 614 ?

Elle est appelée par une sommation à personne ou domicile. — (*Tarif, art.* 29).

Aʀᴛɪᴄʟᴇ 615.

Les opposans ne seront point appelés (2).

CCCCLXXII. Aᴜᴛʀᴇғoɪs les opposans étaient appelés par une sommation qui constituait le saisi en frais ; ils sont avertis aujourd'hui par les placards mentionnés aux art. 617 et 618.

Aʀᴛɪᴄʟᴇ 616.

Le procès-verbal de récolement qui précédera la vente ne contiendra aucune énonciation des effets saisis, mais seulement de ceux en déficit, s'il y en a.

T., 37. — C. de P., art. 612.

CCCCLXXIII. Dᴀɴs l'ancienne pratique, on décrivait dans le procès-verbal

(1) On sent que ce délai ne peut être observé, lorsque les objets saisis sont sujets à se corrompre. En ce cas, nous pensons que l'on peut passer à la vente avant son échéance, en prenant la précaution de se faire autoriser par le juge. Il est encore à remarquer que le saisissant pourrait indiquer un délai plus long, à moins qu'il ne survînt, de la part d'un autre créancier, un récolement qui forcerait à faire la vente immédiatement après la huitaine, à dater de la notification qui en serait faite au premier.
(2) Voy. le comment. sur les art. 609 et 610.

tous les effets et l'on déclarait que tel se retrouvait, que tel manquait; on voit que l'art. 615 prévient les frais qu'entraînait cet inutile détail.

2085. *Quelles sont les formalités du récolement prescrit par l'art.* 616 ?

D'après cet article, il ne doit contenir aucune énonciation des effets saisis (1), mais seulement de ceux en déficit, s'il y en a. L'art 37 du tarif ajoute qu'il doit être fait devant témoins, et qu'il n'en sera point donné de copie, à la différence du récolement prescrit par l'art. 606, qui doit être fait sans témoins, conformément à l'art. 35 du même tarif.

ARTICLE 617.

La vente sera faite au plus prochain marché public, aux jour et heure ordinaires des marchés, ou un jour de dimanche : pourra néanmoins le tribunal permettre de vendre les effets en un autre lieu plus avantageux. Dans tous les cas, elle sera annoncée un jour auparavant par quatre placards au moins affichés, l'un au lieu où sont les effets, l'autre à la porte de la maison commune; le troisième au marché du lieu, et, s'il n'y en a pas, au marché voisin, le quatrième à la porte de l'auditoire de la justice de paix; et si la vente se fait dans un autre lieu que le marché ou lieu où sont les effets, un cinquième placard sera apposé au lieu où se fera la vente. La vente sera en outre annoncée par la voie des journaux, dans les villes où il y en a.

T., 38 et 76. — Ordonn. de 1667, tit. 33, art. 11. — C. de P., art. 618, 631, 662, 945, 946.

CCCCLXXIV. L'OBLIGATION d'annoncer la vente par la voie des journaux, dans les villes où il y en a, est prescrite pour faire augmenter le prix des ventes; elle signale d'ailleurs le débiteur insolvable, et le législateur a conçu l'espoir que cette mesure pourrait devenir un frein salutaire pour celui qui consulte moins ses moyens de payer, que son goût pour les dépenses.

2086. *La saisie-exécution serait-elle nulle, si l'huissier avait indiqué, pour la vente, un marché qui ne serait pas le plus voisin du lieu de la saisie ?*

Par application de l'art. 11 du tit. 33 de l'ordonnance, dont les dispositions devaient être observées, à peine de nullité, conformément à l'art. 19, la Cour de Bruxelles a jugé, le 12 floréal an 12 (*voy. Sirey, tom.* 7, *pag.* 190), que l'omission dont il s'agit ici ne viciait pas toute l'exécution, mais seulement l'acte dans lequel l'huissier avait enfreint la loi, et les subséquens.

La question, dit M. Coffinières, en rapportant cet arrêt (*voy. Jurisp. des Cours souveraines, tom.* 5, *pag.* 242), peut présenter aujourd'hui plus de difficultés, attendu que la peine de nullité n'est pas formellement prononcée

(1) Si le procès-verbal contenait le détail des objets saisis, il ne serait pas nul; mais on ne le passerait en taxe qu'en raison de ce que prescrit l'art. 616.

par l'art. 617. Il pense cependant que l'on pourrait invoquer l'autorité de l'arrêt qu'il rapporte, d'autant, ajoute-t-il, que la peine de nullité ne se trouvant pas prononcée une seule fois au titre des saisies-exécutions, on doit nécessairement l'y suppléer, ou consacrer en principe que toutes les dispositions de ce titre peuvent être impunément enfreintes. Nous croyons, en effet, que le législateur n'a pas entendu interdire aux juges la faculté de prononcer la nullité dans un cas semblable à celui qui nous occupe; car l'indication du plus prochain marché tient à la substance des actes qui doivent la contenir, et qui sont les placards dont parle l'art. 618. — (*Voy.*, *au surplus*, *nos questions sur l'article* 1030).

2087. *Comment doit-on demander la permission de vendre en un autre lieu que le plus prochain marché?*

Cette permission est demandée par requête (*voy. tarif, art.* 76), présentée non pas au président seul, comme le croit M. Hautefeuille, pag. 339, mais au tribunal, qui y fait droit par une ordonnance. — (*Voy. Pigeau, tom.* 2, pag. 109).

2088. *Le gardien est-il obligé de faire la représentation des effets sur le lieu où ils doivent être vendus?*

On peut ici donner la réponse que Duparc-Poullain, tom. 10, pag. 603, faisait à la même question. « La loi, disait-il, n'impose point cette obligation au gardien. Son devoir est borné à la garde et à la conservation des choses saisies, sans être obligé à aucun transport, et encore moins à chercher des voitures, et à répondre des fautes que peuvent faire les voituriers, par la perte ou la détérioration des choses saisies. Enfin, la charge du gardien consiste uniquement dans le dépôt, soit chez lui, soit dans la maison du saisi, lorsque le gardien consent que les meubles ne soient pas déplacés. Ce dépôt cesse au moment où l'huissier exige le transport des meubles pour être vendus; c'est à lui de les faire voiturer au marché, et le gardien doit en être déchargé, par la remise qu'il en a faite à l'huissier avant ce transport, et qui est constatée dans le procès-verbal. »

L'art. 38 du tarif, qui règle les frais du transport des meubles saisis, ne permet pas de douter que cette opinion de Duparc-Poullain doit être suivie, puisqu'il dispose que l'huissier sera remboursé de ses frais sur les quittances qu'il en représentera, ou sur sa simple déclaration, si les voituriers et gens de peine ne savent écrire : ce qu'il doit constater par son procès-verbal de vente.

2089. *L'huissier doit-il donner copie de l'exploit par lequel il constate l'apposition des placards?*

Non, d'après la disposition formelle de l'art. 39 du tarif.

2090. *Si l'huissier ne peut vendre tous les effets dans le jour où tient le marché, peut-il continuer le lendemain qui n'est pas jour de marché?*

Nous croyons qu'il est dans le vœu de la loi qu'il renvoie au plus prochain jour de marché. En effet, quel que soit le petit nombre ou le peu de valeur des objets compris dans une saisie, c'est nécessairement à jour de marché que la vente doit être faite; or, si la saisie est considérable, le même motif existe pour partie des effets compris dans cette saisie, comme il existe pour le cas où la saisie serait de moindre importance en totalité.

ARTICLE 618.

Les placards indiqueront les lieu, jour et heure de la vente, et la nature des objets sans détail particulier.

C. de P., art. 630.

ARTICLE 619.

L'apposition sera constatée par exploit, auquel sera annexé un exemplaire du placard.

CCCCLXXV. D'APRÈS ces deux articles, il n'y a plus, comme autrefois, double emploi dans les placards imprimés et dans le procès-verbal d'affiches. L'apposition des premiers doit être, comme on le voit, constatée par un exploit auquel un exemplaire du placard est annexé. Enfin, par cette rapidité imprimée à la poursuite, les frais de gardien sont considérablement diminués, et une plus grande partie du prix arrive à sa destination naturelle et légale, à la libération du débiteur.

ARTICLE 620.

S'il s'agit de barques, chaloupes et autres bâtimens de mer du port de dix tonneaux et au-dessous, bacs, galiotes, bateaux et autres bâtimens de rivière, moulins et autres édifices mobiles, assis sur bateaux ou autrement, il sera procédé à leur adjudication sur les ports, gares ou quais où ils se trouvent; il sera affiché quatre placards au moins, conformément à l'article précédent, et il sera fait, à trois divers jours consécutifs, trois publications au lieu où sont lesdits objets : la première publication ne sera faite que huit jours au moins après la signification de la saisie. Dans les villes où il s'imprime des journaux, il sera suppléé à ces trois publications par l'insertion qui sera faite au journal de l'annonce de ladite vente, laquelle annonce sera répétée trois fois dans le cours du mois précédant la vente.

T., 41. — Ordonn. de 1681, tit. 14, art. 9. — C. C., art. 531. — C. de C., art. 190, 191, 206 et suiv.

ARTICLE 621.

La vaisselle d'argent, les bagues et joyaux de la valeur de

300ᶠ au moins, ne pourront être vendus qu'après placards apposés en la forme ci-dessus, et trois expositions, soit au marché, soit dans l'endroit où sont lesdits effets, sans que néanmoins, dans aucun cas, lesdits objets puissent être vendus au-dessous de leur valeur réelle, s'il s'agit de vaisselle d'argent, ni au-dessous de l'estimation qui en aura été faite par les gens de l'art, s'il s'agit de bagues et joyaux.

T., 41. — C. de C., art. 554. — C. de P., art. 589.

CCCCLXXVI. La loi exige ici une plus grande publicité et de plus longs délais pour la vente des objets qui, quoique réputés meubles par le Code civil, sont, pour le propriétaire, d'une tout autre importance qu'un meuble ordinaire, comme sont tous les objets que mentionnent les deux articles ci-dessus (1).

2091. *Les dispositions de l'art.* 620 *du Code de procédure doivent-elles encore être suivies, relativement aux barques, chaloupes et autres bâtimens de mer, du port de dix tonneaux et au-dessous?*

Nous ne le pensons pas; car l'art. 207 du Code de commerce prescrit d'autres formalités. Or, le Code de commerce est postérieur au Code de procédure : c'est donc le Code de commerce que l'on doit suivre. Par suite de conséquences, l'on doit admettre que les dispositions de l'art. 620 ne subsistent qu'à l'égard des *bacs, galiotes, bateaux* et autres bâtimens de rivière, moulins et autres édifices mobiles, assis sur bateaux et autrement (2).

2092. *L'exposition des objets mentionnés en l'art.* 621 *doit-elle être faite à trois marchés différens?*

C'est, sans contredit, ce que le législateur a entendu exprimer, ainsi que l'avait fait l'art. 13 du tit. 33 de l'ordonnance, et ce qui nous paraît démontré par les dispositions de l'art. 41 du tarif, et par ce passage de l'Exposé des motifs : « Nous avons, *d'accord avec l'ordonnance de* 1667, exigé les *mêmes moyens* de publicité et les *mêmes* délais pour la vente de la vaisselle d'argent, bagues et joyaux, pourvu qu'ils fussent d'une valeur d'*au moins* 300ᶠ. » — (*Voy. édit. de F. Didot, pag.* 201 *et* 202).

---

(1) L'art. 621 abroge la déclaration du 14 décembre 1689 et les réglemens postérieurs, qui exigeaient, lorsqu'il se trouvait de la vaisselle d'argent parmi les effets saisis, qu'elle fût portée à l'hôtel des monnaies le plus voisin, où l'on sommait la partie saisie de se trouver pour voir peser cette vaisselle et en payer le prix, etc.; ce dont l'huissier dressait procès-verbal.

(2) La raison pour laquelle le Code de commerce a dérogé au Code de procédure, dérive de ce que les bâtimens de mer, soit au-dessus de dix tonneaux, soit de dix tonneaux ou au-dessous, sont susceptibles d'affectation à plusieurs dettes privilégiées. — (*Voy. Code de comm., art.* 190 *et* 191; *Code civ., art.* 2120; *le tit.* 2 *du liv.* 2 *du premier Code; Pigeau, tom.* 2, *pag.* 620; *sur-tout Dmiau Crouzilhac, pag.* 408, *et les art.* 197—215 *du Code de comm.*)

2093. *Doit-on observer les formalités prescrites par l'art. 621, pour d'autres objets que ceux qu'il énumère?*

Comme l'art. 621 du Code, l'art. 13 de l'ordonnance n'exigeait les trois expositions au marché que pour la vaisselle d'argent, les bagues et joyaux; néanmoins, des commentateurs, et par exemple Jousse, sur cet article, et Pothier, chap. 2, sect. 2, art. 7, § 1, en étendaient l'application à d'autres objets, comme les carosses et harnois, les vins, etc. Duparc-Poullain, tom. 10, pag. 608 et 609, observait au contraire que, dans le silence de la loi, on n'eût pu objecter la nullité, ni même la précipitation, faute d'avoir appliqué la disposition de l'ordonnance à des espèces de meubles dont elle ne parlait point.

On ne doutera pas, sans doute, qu'il faut suivre aujourd'hui ce que disait cet auteur, sous l'empire de cette ancienne loi. — (*Voy.* aussi Berriat Saint-Prix, *pag.* 540, *not.* 71 *et* 72, *in fine*).

2094. *Peut-on, à la troisième exposition, vendre les objets ci-dessus mentionnés?*

Oui, puisque l'art. 41 du tarif comprend cette exposition dans la vacation de vente.

2095. *Comment se fait l'estimation?*

Elle se fait, sur le procès-verbal d'exposition, par un expert, qui signe ce procès-verbal. — (*Voy.* Pigeau, tom. 2, pag. 111).

ARTICLE 622.

Lorsque la valeur des effets saisis excédera le montant des causes de la saisie et des oppositions, il ne sera procédé qu'à la vente des objets suffisans à fournir la somme nécessaire pour le paiement des créances et frais.

Ordonn. de 1667, tit. 33, art. 20.

CCCCLXXVII. Par la disposition ci-dessus, la loi a voulu donner cette garantie, qu'un créancier n'abusera jamais de la voie légale qu'elle l'autorise à employer pour recouvrer son dû, pour vexer le débiteur, en lui faisant vendre son mobilier au-delà de ce qui est précisément nécessaire pour acquitter le montant de la dette.

2096. *Comment s'entend la disposition de l'art. 622?*

Cet article exprime que l'huissier ou le commissaire-priseur (1) qui fait la vente doit l'arrêter dès l'instant où les objets vendus ont produit une somme suffisante pour payer, 1°. les causes de la saisie; 2°. les sommes dues aux créanciers opposans; 3°. les frais de la saisie et de la vente. — (*Voy.* Demiau Crouzilhac, *pag.* 411, *et Thomines-Desmasures, pag.* 231). (2)

---

(1) Les commissaires-priseurs sont des officiers publics qui ont, en certains lieux, comme à Paris, le droit exclusif de faire la prisée des meubles et les ventes publiques; ils ont ailleurs la concurrence avec les huissiers. — (*Voy.* loi du 27 vent. an 9).

(2) A la vérité, M. Pigeau, tom. 2, pag. 110, observe qu'il est prudent à l'huissier de

2097. *Si le prix de la vente est plus considérable que ce qui est dû, que doit faire la personne préposée à la vente ?*

Elle doit, après avoir satisfait sur-le-champ les créanciers, et retenu les frais légitimes et taxés, remettre l'excédant au saisi, à moins qu'il n'y ait opposition. — (*Voy. ordon. de* 1667, *tit.* 33, *art.* 20, *et Jousse et Rodier, sur ces articles*).

2098. *Comment les frais sont-ils taxés ?*

Ils le sont par le juge, sur la minute du procès-verbal de vente. — (*Voy. ordonn., art.* 21; *tarif, art.* 37 *et* 42).

ARTICLE 623.

Le procès-verbal constatera la présence ou le défaut de comparution de la partie saisie.

T., 40.

2099. *L'huissier doit-il faire représenter la partie saisie, lors de la vente ?*

En cas d'absence du saisi, dit l'art. 40 du tarif, son absence sera constatée, et il ne sera nommé aucun officier pour le représenter.

ARTICLE 624.

L'adjudication sera faite au plus offrant, en payant comptant; faute de paiement, l'effet sera revendu sur-le-champ à la *folle enchère* de l'adjudicataire.

Ordonn. de 1667, tit. 33, art. 17. — C. C., art. 1649. — C. pén., art. 412. — C. de P., art. 1031.

2100. *L'officier préposé à la vente peut-il se rendre adjudicataire ?*

Non, d'après l'art. 1596 du Code civil. Il en était ainsi sous l'empire de l'ordonnance. (*Voy. Jousse, sur l'art.* 18 *du tit.* 33). On trouve, au nouveau Répertoire, au mot *huissier*, la note d'un arrêt du 31 juillet 1775, qui condamna à une peine infamante un huissier qui s'était adjugé des meubles qu'il vendait. M. Merlin observe qu'aujourd'hui l'huissier ne pourrait être condamné qu'à des dommages et intérêts, et être suspendu de ses fonctions, sauf au Roi à le révoquer.

2101. *Pour revendre à la folle enchère, l'officier a-t-il besoin d'une ordonnance du juge ?*

---

se faire autoriser par le saisissant et les opposans; mais il n'en a pas moins le droit d'arrêter de son chef la vente, dès qu'il estime par approximation que le prix des objets vendus suffit pour acquitter et les créances et les frais; le défaut de consentement des créanciers intéressés ne l'exposerait qu'aux dommages-intérêts de ceux-ci, s'il était démontré qu'il leur eût volontairement porté préjudice.

Tom. II.   59

Non ; il est en quelque sorte juge sur ce point. — (*Voy. Pigeau, tom.* 2, *pag.* 110).

2102. *Qu'arrive-t-il si, par suite de la revente sur folle enchère, le prix est supérieur ou inférieur à celui de la première adjudication ?*

On applique les dispositions de l'art. 744, à l'exception toutefois de celle qui soumet l'adjudicataire à payer, sous peine de contrainte par corps, la différence en moins du prix de son adjudication et de celui de la folle enchère. C'est que l'art. 2063 du Code civil défend de prononcer cette contrainte hors les cas déterminés par une loi formelle. — (*Voy. Pigeau, ubi suprà*).

2103. *Peut-on, en vertu du procès-verbal de vente, contraindre l'adjudicataire à payer la différence ?*

Non ; il faut qu'il intervienne jugement, partie appelée. — (*Voy. Pigeau, ubi suprà*).

ARTICLE 625.

Les commissaires-priseurs et huissiers seront personnellement responsables du prix des adjudications, et feront mention, dans leurs procès-verbaux, des noms et domiciles des adjudicataires. Ils ne pourront recevoir d'eux aucune somme au-dessus de l'enchère, à peine de concussion (1).

Ordonn. de 1667, tit. 33, art. 18. — C. pén., art. 169 et suiv. — C. de P., art. 132, 1030.

2104. *Les officiers publics qui procèdent à toutes autres ventes de meubles sont-ils responsables du prix, comme les huissiers pour les saisies-exécutions, quand ils ont fait crédit aux adjudicataires obligés de payer comptant ?*

La responsabilité résultant de l'obligation d'exiger le paiement de suite a évidemment lieu contre les officiers qui ont fait des ventes de meubles ordonnées en justice, autrement *des ventes judiciaires*, puisque ces sortes de ventes doivent se faire dans les formes prescrites au titre des *saisies-exécutions*. — (*Art.* 945; *Pigeau, tom.* 2, *pag.* 613).

2105. *Mais en est-il de même des ventes publiques volontaires faites par les huissiers-priseurs ou par les notaires ?*

En principe, l'officier public est responsable, car il est entendu que ces ventes se font au comptant, comme celles qui sont ordonnées en justice. « Les huis-

---

(1) JURISPRUDENCE.

1.º Sous l'empire du Code de procédure civile, les greffiers des justices de paix ne peuvent faire des ventes mobilières concurremment avec les huissiers et commissaires-priseurs : à cet égard, les lois des 26 juillet 1790 et 27 septembre 1793 sont en pleine vigueur. — (*Rouen,* 20 *mars* 1807, *Sirey, tom.* 7, 2.º *part.; pag.* 1249, *et Pigeau, tom.* 2, *pag.* 109; *voy. aussi infrà, sur l'art.* 946).

2.º Les parties sont responsables des extorsions commises par les officiers ministériels qu'elles ont employés. — (*Bruxelles,* 10 *mars* 1808, *Sirey, tom.* 14, *pag.* 188).

» siers-priseurs, lit-on dans le nouveau Dénisart, v°. *huissier*, tom. 9, pag. 638,
» sont personnellement responsables du prix des choses qu'ils ont adjugées, et
» conséquemment des crédits qu'ils ont pu faire aux adjudicataires. »

On ne saurait sans doute assigner des raisons valables pour distinguer sur ce point entre les notaires et les huissiers; et, par conséquent, nous estimons que les uns et les autres sont, pour les ventes volontaires, responsables du prix des adjudications faites à crédit, comme ils le sont pour les ventes judiciaires (1), à moins toutefois qu'ils n'aient été formellement déchargés de cette responsabilité par une déclaration signée de celui à la requête duquel ils instrumentent. Telle est aussi la jurisprudence de la Cour royale de Rennes.

2106. *Les commissaires-priseurs et les huissiers sont-ils responsables* PAR CORPS *du prix des adjudications?*

Oui, d'après l'art. 2060, § 7, du Code civil. Ainsi, c'est à l'officier chargé de la vente à se faire payer comptant, sinon à procéder à la revente par folle enchère.

---

(1) Quoi qu'il en soit, en plusieurs villes, à Rennes, par exemple, *les revendeurs* (on nomme ainsi ceux qui achètent pour revendre des effets mobiliers) ne paient pas ordinairement de suite; il est d'usage de leur accorder un délai pour s'acquitter après la livraison : sans cela, ils n'achèteraient pas. D'après cet usage, il semble que les notaires ne devraient pas être jugés garans de la rentrée des deniers, et il serait en effet difficile de citer des exemples qu'on les ait astreints à la garantie. Quand les adjudicataires ne paient pas, le notaire qui a fait la vente, et qui se charge ordinairement du recouvrement, en prévient le propriétaire des objets vendus; celui-ci retire expédition du procès-verbal de vente, et poursuit, si bon lui semble, les adjudicataires en retard; car, ainsi que nous l'avons dit pag. 358, à la note; le procès-verbal n'est point un titre emportant *exécution parée*.

L'usage dont il s'agit ici a été attesté par les notaires de Saint-Malo et de Rennes, par deux actes de notoriété produits dans une affaire jugée à la Cour. Mais, quoi qu'il en soit, les notaires feraient bien de se faire autoriser à accorder délai pour le paiement; car *usage n'est pas toujours loi*.

Rodier, sur l'art. 17 du tit. 33 de l'ordonnance, dit que l'officier public qui a délivré la chose adjugée, sans avoir reçu le prix convenu, *demeure responsable*, même sans recours contre celui à qui il aurait adjugé, lequel, ajoute-t-il, prétendrait que, par la délivrance, la chose est censée payée; ce qui aurait lieu quand même l'huissier aurait marqué sur son procès-verbal que le prix est dû, parce qu'en cette partie ce serait *propria adnotatio*, à laquelle on devrait d'autant moins donner de crédit, qu'il serait à craindre que certains huissiers n'en abusassent pour exiger deux fois le paiement de la même chose. A l'appui de ce sentiment, on peut voir l'art. 2279 du Code civil.

Jousse observe aussi, sur le même article de l'ordonnance, que, quand on a laissé enlever les meubles à l'adjudicataire, ils sont censés avoir été payés; autrement, il ne dépendrait que d'un huissier de faire payer deux fois l'adjudicataire, en ne mettant pas le mot *payé* à côté de l'article qui lui a été adjugé. Duparc-Poullain, tom. 10, pag. 604, n'est pas du même avis. « Si l'huissier, dit-il, délivre le meuble sans recevoir le paiement, il en » serait personnellement responsable, et même quelques auteurs pensent (il veut parler sans » doute de Jousse et de Rodier) que l'adjudicataire serait présumé l'avoir payé *comptant*. » Cependant, nous ne croyons pas que cette présomption soit admise dans notre usage, » parce que l'adjudicataire doit, en payant, faire marquer le paiement sur le procès-verbal » de vente ».

Les passages des auteurs cités sont, comme l'art. 625, dans l'espèce d'une vente par suite de saisie-exécution; mais on peut les appliquer aux autres ventes publiques de meubles, soit judiciaires, soit volontaires.

TITRE IX.

De la Saisie des fruits pendans par racines, ou de la Saisie-Brandon.

Si l'art. 520 du Code civil déclare immeubles les fruits pendans par racines, celui de la procédure les considérant comme devant être prochainement cueillis et devenir meubles (*Code civ.*, art. 528), permet aux créanciers de leur propriétaire de les saisir par avance, quoiqu'ils ne soient pas encore détachés du sol.

Cette saisie est donc une saisie mobilière.

On peut la définir l'acte par lequel un créancier fait mettre sous la main de la justice les fruits pendans par racines, appartenant à son débiteur, afin qu'ils soient conservés jusqu'à la maturité, pour être vendus ensuite, et le prix employé à payer les créanciers.

Tels sont tout à la fois l'objet et la fin de cette voie d'exécution.

On l'appèle saisie-*brandon* par suite de l'usage où l'on était en quelques pays, de placer sur le champ des faisceaux de paille appelés *brandons*, suspendus à des pieux fichés en terre. — (*Voy. ci-après la quest.* 2108°.)

Les formalités particulières à cette troisième voie d'exécution forcée sont simples et peu nombreuses, et elles remplacent, par un mode uniforme, les procédures plus ou moins compliquées, et toutes opposées entr'elles, qui étaient observées autrefois dans les diverses parties du royaume (1).

QUESTIONS SUR L'ENSEMBLE DU TITRE.

2107. *Comment concilier les dispositions par lesquelles le Code autorise la saisie-brandon, avec les dispositions des art. 688 et suivans, d'après lesquels les fruits échus après la dénonciation de la saisie immobilière sont immobilisés?*

Il n'y a aucune contradiction entre ces dispositions, parce que les dernières supposent que les fruits pendans ont été compris dans la saisie immobilière, et qu'elles en constituent séquestre judiciaire le saisi, propriétaire du sol. —

L'opinion de Rodier et de Jousse paraît devoir obtenir la préférence dans les lieux où il n'est point d'usage de faire crédit aux adjudicataires, et où les ventes se font au comptant, comme il est de règle pour ces sortes d'adjudications; seulement, le juge pourrait prendre le serment de l'adjudicataire qui soutiendrait avoir payé. Dans les endroits, au contraire, où l'usage est de faire crédit, la présomption de paiement n'existant plus, il semble qu'on pourrait, suivant les circonstances, condamner l'adjudicataire à payer, en adoptant l'avis de Duparc-Poullain, qui pourtant est moins fondé en droit que celui de Rodier et de Jousse.

(1) A l'exception de l'art. 626, les dispositions qui prescrivent ces formalités sont tellement simples et faciles à saisir, et dans leur objet et dans leurs motifs, que la plupart d'entre elles ne nous ont fourni matière à aucun commentaire.

(*Voy. Berriat Saint-Prix, pag.* 543, *not.* 3*; Pigeau, tom.* 2*, pag.* 115*, et nos quest. sur les art.* 688 *et suiv.*)

2108. *La dénomination donnée à la saisie des fruits suppose-t-elle la nécessité de placer des* BRANDONS *sur les champs* ?

Nous avons dit, au commentaire de l'article, que cette dénomination, *saisie-brandon*, vient de l'usage où l'on était, en certains pays, de placer sur les champs des faisceaux de paille que l'on appelait *brandons*, parce qu'ils étaient suspendus à des pieux fichés en terre; mais en conservant la dénomination tirée de cet usage, il est à remarquer que le Code ne l'a pas consacré, et conséquemment que l'on n'est plus tenu à le suivre.

2109. *De ce que le titre de la saisie-brandon indique les fruits* PENDANS PAR RACINES, *s'ensuit-il que l'on ne puisse saisir les fruits détachés du sol, mais existans encore sur les terres* ?

Non sans doute : les art. 2092 et 2093 du Code civil s'y opposent; on doit seulement conclure, *à contrario*, de la rubrique du titre, que les fruits détachés, mais existans encore sur le sol, sont saisissables par voie de saisie-exécution. Mais M. Pigeau, tom. 2, pag. 115, observe, avec raison, qu'il faut en ce cas nommer, pour l'exploitation de ces fruits, et dans la forme prescrite par l'art. 594, un gérant, qui aurait pour commission de faire tout ce qu'il faudrait, suivant les circonstances, afin de rendre les fruits à leur destination naturelle et commerciale, en faisant par exemple battre les grains, presser le raisin, piler les pommes; en faisant botteler, enlever, engranger, etc.

2110. *Qu'arriverait-il si les fruits d'un colon ou fermier étant saisis pour une dette du propriétaire, l'on saisissait pour la dette personnelle des premiers les pailles qui sont sur les terres* ?

A cette question, posée par la section du Tribunat, lors de la discussion du projet, on répondit :
1°. Que le fermier peut exciper de son bail et agir en ce point comme propriétaire des fruits, et qu'il en est de même du colon pour la part qui lui revient;
2°. Que les pailles appartiennent au domicile et ne peuvent en être séparées pas plus que les engrais. — (*Voy. Code civ., art.* 524*; Locré, tom.* 3*, pag.* 82).

2111. *Comment sera-t-il fourni aux avances nécessaires pour la culture* ?

C'est à la partie saisissante à y pourvoir, sauf à comprendre les déboursés parmi les frais — (*Ibid.*)

ARTICLE 626.

La saisie-brandon ne pourra être faite que dans les six semaines qui précéderont l'époque ordinaire de la maturité des fruits; elle sera précédée d'un commandement, avec un jour d'intervalle.

T., 29. — C. C., art. 520. — C. de P., art. 688, 821.

CCCCLXXVIII. L'ÉPOQUE à laquelle cette sorte de saisie pouvait avoir lieu était diversement déterminée par des usages locaux, qui laissaient en outre beaucoup de latitude à l'arbitraire. Il en résultait des contestations qui absorbaient souvent la majeure partie du produit des fruits saisis. Le délai uniforme, fixé par l'art. 626, a fait cesser ces difficultés. La saisie ne peut être faite que dans les six semaines qui précèdent l'époque ordinaire de la maturité, parce qu'il ne fallait pas autoriser la vente avant le moment où l'on pourrait fixer, par approximation, la valeur des fruits saisis. Si, d'ailleurs, la saisie pouvait avoir lieu plus tôt, les frais de garde seraient augmentés sans avantage pour le créancier, et en pure perte pour le débiteur.

2112. *Est-il, en chaque localité, une règle fixe d'après laquelle on puisse déterminer l'époque où les fruits peuvent être saisis?*

En plusieurs provinces, il y avait à cet égard des usages consacrés par la jurisprudence. Par exemple, en Normandie, on pouvait saisir les grains la veille Saint-Jean, jour où la Coutume les réputait meubles; les pommes, la veille du 1er. septembre (*voy. Thomines, pag.* 233); à Orléans, on pouvait saisir les blés avant la Saint-Barnabé (13 *juin*); les raisins avant la Madelaine. (*voy. Jousse, sur l'art.* 1 *du tit.* 33 *de l'ordonn.*) Selon M. Camus-de-la-Lozerais (*voy. Code-Manuel de jurisp., suivant les maximes de Bretagne, pag.* 335), on pouvait, en Bretagne, saisir les fruits des prés et ceux des arbres à noyau dès la Saint-Georges; ceux des autres arbres, des terres ensemencées, des vignes, dès le lendemain de la Saint-Jean-Baptiste. Aujourd'hui, le Code a laissé aux tribunaux à décider si la saisie a été faite en tems utile, suivant les époques ordinaires des récoltes dans chaque localité.

2113. *Le délai du commandement est-il le même que pour la saisie-exécution?*

Quelques-uns ont cru remarquer que le Code avait mis une différence entre les délais du commandement qui précède, soit la saisie-brandon, soit la saisie-exécution, par la différence des expressions employées dans les art. 583 et 626; mais nous estimons qu'il est de règle générale qu'on doit donner au débiteur un jour franc entre le commandement et la saisie, afin qu'il trouve des moyens de satisfaire et d'empêcher l'exécution, s'il lui est possible. Ce délai est commun, soit qu'il s'agisse des meubles ou des récoltes.

2114. *Si l'on ne peut saisir les fruits avant les six semaines qui précèdent leur maturité, quel moyen aura le créancier pour empêcher que le débiteur ne les soustraie d'avance à la saisie?*

M. Pigeau, tom. 2, pag. 116, dit que l'on n'a point à craindre cet inconvénient, attendu que la vente des fruits pendans par racines est nulle, d'après différentes lois, et notamment d'après une déclaration du 22 juin 1694. Mais nous remarquerons que, d'après les lois des 6 et 25 messidor an 3, on peut vendre en vert toutes autres espèces de fruits que les blés. C'est ce que décide particulièrement la dernière de ces lois. — (*Voy. nouv. Répert., au mot* vente, § 1, *art.* 1, *n°.* 6, *et Berriat Saint-Prix, pag.* 544, *not.* 6).

C'est aussi ce qu'avait reconnu la Cour de Paris, par un arrêt du 5 thermidor an 12, rapporté dans le Praticien, tom. 4, pag. 249, et qui décide qu'une vente de fruits faite par acte authentique, antérieurement à la saisie-brandon, doit être exécutée par provision.

Une telle décision, qui, suivant les auteurs du Praticien, doit être suivie sous l'empire du Code, laisse subsister, relativement aux fruits autres que les grains, la question ci-dessus posée. Mais si l'on considère que le principal motif pour lequel le législateur a interdit la saisie de tous fruits indistinctement, avant les six semaines qui précèdent la maturité, a été d'empêcher l'augmentation des frais de garde (*voy. Rapp. du tribun Favard, édit. de F. Didot, pag.* 243); si, d'un autre côté, l'on fait attention que l'art. 626 ne prononce point la nullité, quelle raison valable pourrait-on donner pour ne pas autoriser la saisie avant l'époque déterminée, mais sous la condition que le saisissant payât les frais de garde jusqu'à cette même époque? Telle est aussi l'opinion de M. Locré, tom. 3, pag. 72 et 73.

ARTICLE 627.

Le procès-verbal de saisie contiendra l'indication de chaque pièce, sa contenance et sa situation, et deux au moins de ses tenans et aboutissans, et la nature des fruits.

T., 4o et 43. — C. de P., art. 675.

2115. *L'huissier doit-il être assisté de témoins, lors du procès-verbal de la saisie-brandon?*

Non, d'après l'art. 43 du tarif.

2116. *L'huissier peut-il se contenter d'indiquer approximativement la contenance de chaque pièce?*

Nous pensons qu'il le pourrait faire, encore bien que l'art. 617 exige qu'il indique la contenance; car nous ne voyons pas de raison pour que le législateur eût été plus rigoureux, relativement à la saisie-brandon, qu'il ne l'est pour la saisie immobilière. (*Voy. art.* 675). Au reste, pour prévenir toute difficulté à ce sujet, l'huissier ferait bien de se procurer un extrait de la matrice de rôle, d'après lequel il déterminerait la contenance, en mentionnant que cette indication est donnée d'après cette base. C'est le conseil que donne M. Demiau Crouzilhac, pag. 414.

ARTICLE 628.

Le garde champêtre sera établi gardien, à moins qu'il ne soit compris dans l'exclusion portée par l'art. 598; s'il n'est présent, la saisie lui sera signifiée. Il sera aussi laissé copie au maire de la commune de la situation, et l'original sera visé par lui

Si les communes sur lesquelles les biens sont situés sont contiguës ou voisines, il sera établi un seul gardien, autre néanmoins qu'un garde champêtre. Le *visa* sera donné par le maire de la commune du chef-lieu de l'exploitation; et s'il n'y en a pas, par le maire de la commune où est située la majeure partie des biens.

T., 29, 44 et 45. — C. de P., art. 597, 1039.

2117. *L'huissier pourrait-il, sur la réquisition du saisissant, commettre un autre gardien que le garde champêtre?*

La Cour de Turin proposait d'autoriser l'huissier à faire droit à cette réquisition ; mais loin d'avoir accordé cette autorisation, l'art. 628 exige que l'on commette le garde champêtre, dans les cas où la saisie se fait dans une même commune, et où les communes dans lesquelles les biens sont situés ne sont pas contiguës ou voisines. L'on doit donc s'en tenir au texte de la loi, sauf au saisissant à commettre en outre, et à ses frais, un autre gardien ; ce qui arrivera, ainsi que l'observait la Cour de Metz, toutes les fois qu'il aura des craintes sur la fidélité du garde champêtre, ou qu'il aura plus de confiance dans une autre personne. — (*Voy. Prat. franç., tom.* 4, *pag.* 240).

2118. *De ce que l'art.* 628 *porte que si le garde champêtre n'est pas présent, la saisie lui sera signifiée, résulte-t-il que l'huissier ne soit pas obligé à lui en donner copie, lorsqu'il est présent?*

Nous pensons, contre l'opinion de M. Demiau Crouzilhac, pag. 414, que l'art. 628 ne porte que la saisie sera signifiée au garde-champêtre absent, qu'afin d'avertir que son absence ne dispense pas de lui donner copie, et que conséquemment cette copie doit lui être remise de suite, lorsqu'il est présent. La Cour de Dijon l'avait demandé, et si le Code ne s'est pas expliqué, c'est que cette remise est conforme à la raison et aux principes. — (*Voy. Berriat Saint-Prix, pag.* 545, *not.* 8, *et le Prat., tom.* 4, *pag.* 241).

2119. *La partie saisie doit-elle aussi recevoir une copie du procès-verbal?*

L'art. 44 du tarif l'exige expressément.

2120. *Le garde champêtre doit-il être salarié, lorsqu'il est constitué gardien?*

Oui, conformément à l'art. 45 du tarif.

Il est évident que l'on doit, dans les cas où les fruits sont situés sur le territoire de plusieurs communes, laisser copie de la saisie au maire, comme dans le cas où ils se trouvent sur celui d'une seule commune.

ARTICLE 629.

La vente sera annoncée par placards affichés, huitaine au moins avant la vente, à la porte du saisi, à celle de la maison commune, et s'il n'y en a pas, au lieu où s'apposent les actes de l'autorité publique ; au principal marché du lieu, et s'il n'y en a pas, au marché le plus voisin, et à la porte de l'auditoire de la justice de paix.

C. de P., art. 617.

2121. *La huitaine qui doit s'écouler entre l'apposition des placards et la vente est-elle franche?*

C'est le sentiment de tous les auteurs, fondé sur ce que l'art. 629 exige qu'il s'écoule *au moins* huitaine. — (*Voy. entre autres Pigeau, tom.* 2, *pag.* 104, *Delaporte, tom.* 2, *pag.* 216, *et Hautefeuille pag.* 334).

ARTICLE 630.

Les placards désigneront les jour, heure et lieu de la vente; les noms et demeures du saisi et du saisissant ; la quantité d'hectares, et la nature de chaque espèce de fruits, la commune où ils sont situés, sans autre désignation.

C. de P., art. 618.

ARTICLE 631.

L'apposition des placards sera constatée ainsi qu'il est dit au titre *des saisies-exécutions.*

C. de P., art. 619.

ARTICLE 632.

La vente sera faite un jour de dimanche ou de marché.

C. de P., art. 613, 617.

2122. *Le choix des lieux et des jours indiqués aux art.* 632 *et* 633 *est-il laissé à l'arbitraire du saisissant?*

Cela résulte de ce que les deux articles sont conçus en termes facultatifs. — (*Voy. Delaporte, tom.* 2, *pag.* 217, *et Hautefeuille, pag.* 346).

2123. *Si des grains saisis se trouvent en état d'être coupés avant qu'on puisse en faire la vente, quel est en ce cas le parti à prendre?*

Le saisi peut faire signifier au saisissant que, pour empêcher la perte de ses grains, il entend les faire couper tel jour et les engranger dans tel bâtiment; sauf au saisissant à surveiller, s'il le juge convenable, et même à proposer un gardien au grain coupé, comme dans le cas de saisie-exécution.

Si le saisi ne fait pas cette déclaration, le saisissant peut le traduire en référé devant le président du tribunal civil, pour être autorisé à faire récolter lui-même et à engranger par compte et nombre, en présence du saisi ou lui dûment appelé.

ARTICLE 633.

Elle pourra être faite sur les lieux, ou sur la place de la commune où est située la majeure partie des objets saisis.

La vente pourra aussi être faite sur le marché du lieu; et, s'il n'y en a pas, sur le marché le plus voisin.

C. de P., art. 617.

ARTICLE 634.

Seront, au surplus, observées les formalités prescrites au titre *des saisies-exécutions*.

C. de P., art. 583 et suiv.

2124. *Le renvoi que fait l'art. 634 ne se rapporte-t-il qu'aux formalités de la vente?*

Cet article étant placé après eeux où l'on détermine les formes de la vente, semblerait, au premier aperçu, ne se rapporter qu'aux formalités prescrites pour la vente des meubles saisis par voie de saisie-exécution; et c'est aussi ce qu'a pensé M. Hautefeuille : il dit positivement, pag. 343, que l'observation des formalités prescrites par l'art. 634 n'est relative qu'à la vente; et en cela il a pour appui l'explication donnée sur cet article par M. le tribun Favart, qui s'est expliqué en ces termes (*voy. édit. de F. Didot, pag.* 243) : *Au surplus, les formalités pour la* VENTE *de ces fruits sont les mêmes que celles relatives à la vente des effets mobiliers.*

Mais M. Berriat Saint-Prix, pag. 544, not. 3, remarque qu'en y faisant attention, on voit que cet article se rapporte à toutes les dispositions du titre, parce qu'autrement il faudrait décider qu'on ne serait assujéti à aucune forme dans la plupart des points à l'égard desquels on n'en prescrit pas; que, par exemple, il ne serait pas nécessaire de donner une copie au saisi, d'observer les règles ordinaires des exploits, etc., etc., quoiqu'assurément cela soit indispensable dans tout acte d'exécution.

Nous ne balancerons pas à adopter cette opinion, qui est aussi celle de tous les autres commentateurs (*voy. sur-tout Pigeau*), et nous appliquerons en conséquence à la saisie-brandon toutes les formalités des saisies-exécutions relatives au commandement, au procès-verbal, à la dénonciation au saisi, à la vente, à l'opposition des créanciers, à la revendication des propriétaires, sauf les exceptions que nous avons eu occasion de remarquer, et celles qui résulteraient de la nature même de chaque saisie. — (*Voy. nos quest. sur le titre précédent*).

---

(1) JURISPRUDENCE.

Lorsqu'un receveur de l'enregistrement a fait saisir les fruits d'un redevable, la vente de ces fruits ne peut être arrêtée par une opposition du redevable signifiée *au directeur*; il faut que l'opposition soit signifiée au domicile élu par le receveur dans le commandement qui a précédé. Juger ainsi, ce n'est pas contrevenir à l'art. 64 de la loi du 22 frimaire an 7. — (*Cassat.*, 10 *déc.* 1821, *Sirey, tom.* 22, *pag.* 290).

ARTICLE 635.

Il sera procédé à la distribution du prix de la vente, ainsi qu'il sera dit au titre *de la distribution par contribution.*

C. de P., art. 656 et suiv.

2125. *S'il ne se présente pas d'enchérisseurs qu'est-ce que le saisissant aurait à faire pour tirer avantage de la saisie?*

Nous croyons avec les auteurs du Praticien , tom. 4, pag. 248, que le saisissant peut présenter requête au tribunal du lieu, pour se faire autoriser, contradictoirement avec le saisi, à faire la récolte lui-même, et à la faire vendre, après l'avoir rendue à sa destination naturelle et commerciale : bien entendu qu'il restera comptable envers le saisi et les créanciers opposans , s'il en existe, de ce qui excéderait les causes de la saisie

TITRE X.

De la saisie des rentes constituées sur particuliers.

UNE rente constituée est la créance d'une somme non exigible; mais pour laquelle le débiteur paie annuellement des intérêts convenus. La somme non exigible forme le *principal* ou le corps de la rente; les intérêts qu'elle produit sont ce qu'on appèle les *arrérages.*

Les arrérages ne peuvent être saisis que par la voie de la saisie-arrêt ou opposition ; le principal ne peut l'être que suivant les formes prescrites par le présent titre, mais la saisie qui en est faite vaut *arrêt* pour les intérêts échus et pour ceux à échoir jusqu'à distribution du prix de la vente.

De sa nature, la saisie des rentes est une saisie mobilière, puisque l'art. 529 du Code civil les a déclarées *meubles*, comme l'avaient déjà fait les lois des 11 frimaire et 29 brumaire an 7 (1). C'est pourquoi le prix de la vente doit être distribué entre les créanciers, comme celui de tout autre meuble saisi.

D'une part, la circonstance que les rentes sont une portion trop considérable de la fortune des citoyens pour qu'on dût permettre de les leur enlever avec la même facilité que d'autres biens meubles d'une moindre importance; de l'autre , cette différence essentielle entre les biens corporels et incorporels , d'où résulte que la dépossession des premiers est évidente, tandis qu'il devient nécessaire que la propriété des autres a changé de main : telles sont les considérations majeures d'après lesquelles le Code a soumis les rentes à des formalités spéciales qui en forment un quatrième mode d'exécution.

Et comme dans cette saisie il s'agit d'une créance sur un tiers, comme aussi

---

(1) En ce point, ces lois ramenèrent à l'uniformité les dispositions coutumières suivant lesquelles les rentes étaient considérées comme *meubles*, en certaines provinces, et comme immeubles , en plusieurs autres , par exemple, en Bretagne et en Normandie.

la rente peut présenter souvent un principal équivalant au prix d'un immeuble, ces formalités offrent, dans leur ensemble, une combinaison des règles prescrites pour les saisies-arrêts et la saisie immobilière, mais rendues plus simples, moins dispendieuses et mieux proportionnées avec la valeur ordinaire de leur objet (1).

2126. *Les dispositions du tit.* 10 *s'appliquent-elles à toutes espèces de rentes ?*

Elles ne s'appliquent ni aux rentes sur l'État, que la loi du 8 nivôse an 6 (*art.* 4) a déclarées insaisissables, ni aux rentes constituées sur les communes. — (*Voy.*, sur ces rentes, la loi du 24 mars 1806, et l'avis du Conseil d'état, du 11 janvier 1809).

Mais parmi les rentes constituées sur particuliers, on distingue les rentes perpétuelles et les rentes viagères. (*Voy. art.* 1909 *et suiv. du Code civ.*). Toutes sans exception peuvent être saisies, et elles le sont suivant les formalités prescrites par le présent titre. On ne peut, en effet, en excepter aucune, puisque le Code civil (*art.* 1910) déclare qu'une rente peut être constituée en *perpétuel* et en *viager*, et que le Code de procédure établit les formalités de la saisie des rentes *constituées*, sans faire aucune distinction entre les unes et les autres ; mais nous pensons que, dans les cas où la rente viagère constitue une pension alimentaire, on doit lui appliquer la dernière disposition de l'art. 581. — (*Voy. Prat.*, tom. 4, pag. 259).

M. Delaporte, tom. 2, pag. 219, estime que les dispositions du Code de procédure ne se rapportent point à la saisie des rentes dont il s'agit en l'art. 530 du Code civil ; c'est-à-dire à celles qui sont établies à perpétuité pour le prix de la vente d'un immeuble. Il en donne pour raison que la loi ne parle que des rentes *constituées*; or, dit-il, les rentes qui sont le prix d'héritages ne sont point *constituées*. Elles n'ont point de capital : donc elles ne sont pas comprises dans la disposition de la loi ; donc on doit suivre, à leur égard, les règles prescrites pour la saisie.

M. Delaporte, tom. 2, pag. 221, et M. Berriat Saint-Prix, pag. 552, not. 35, croient aussi, contre l'opinion de M. Pigeau et la nôtre, que le capital d'une rente viagère ne peut être saisi.

Quoi qu'il en soit, nous sommes convaincu que les formalités établies au titre que nous expliquons s'appliquent aussi aux rentes foncières et viagères, ainsi que le dit M. Pigeau, tom. 2, pag. 122, et que le prouve, sans réplique, le passage suivant du rapport du tribun Favard (*voy. édit. de F. Didot*, pag. 243):

---

(1) Sur ce quatrième moyen d'exécution, les auteurs du Code n'avaient aucuns élémens d'une loi spéciale dans l'ancien ordre de choses. Alors, toutes les rentes foncières, et, comme nous l'avons déjà dit, quelques autres espèces de rentes étant réputées immeubles, étaient, pour la saisie et la vente, soumises aux longues et dispendieuses formalités des décrets.

Pour la saisie et la vente des rentes sur le Roi, qui étaient réputées mobilières, on avait établi des règles plus simples ; mais ces règles, posées sur des bases ou des données qui n'existent plus, étaient d'ailleurs encore éloignées du degré de simplicité dont cette matière était susceptible. Ajoutons qu'elles ne régissaient point les autres rentes constituées réputées mobilières, et qui étaient soumises, pour la saisie et la vente, à autant de formalités différentes qu'il y avait de Cours souveraines et de Coutumes générales ou particulières. L'uniformité et la simplicité établies par le présent titre sont donc un bienfait dont on ne pourrait manquer de reconnaître toute l'étendue. — (*Exposé des motifs*).

« Cette partie du projet, dit cet orateur, est nouvelle pour les pays où la ju-
» risprudence, et même les lois, variaient sur la nature des rentes. Aujour-
» d'hui elles sont toutes *mobilières* : qu'elles soient *foncières*, constituées ou *via-*
» *gères*, il n'y a de distinction *dans ce titre* que pour celles qui ont été grevées
» d'inscription antérieurement à la loi du 11 brumaire an 7, encore que cette
» distinction ne porte que sur le mode de distribution du prix de la vente. » (1)
— (*Voy.* en outre l'*Exposé des motifs*, par M. le conseiller d'état *Réal*, *pag.* 242,
nos quest. sur l'art. 655, *et arrêt de la Cour de Caen, du* 21 *juin* 1814, *Sirey*,
tom. 14, *pag.* 397).

2127. *Si l'on n'entendait saisir que les arrérages de la rente, devrait-on suivre
les formalités du présent titre ?*

Ces formalités ne sont nécessaires que dans le cas où l'on veut saisir et faire
vendre le corps même de la rente, c'est-à-dire le droit de la percevoir à
l'avenir à la place du débiteur; si l'on veut seulement saisir les intérêts ou
arrérages qu'elle produit, on peut se borner à une saisie-arrêt. — (*Voy.* le
comment., pag. 475).

ARTICLE 636.

La saisie d'une rente constituée ne peut avoir lieu qu'en
vertu d'un titre authentique et exécutoire.

Elle sera précédée d'un commandement fait à la personne ou
au domicile de la partie obligée ou condamnée, au moins un jour
avant la saisie, et contenant notification du titre, si elle n'a déjà
été faite.

T., 29 et 128. — C. C., art. 1317. — C. de P., art. 545, 523.

2128. *Le saisissant doit-il faire élection de domicile dans le commandement?*

Non, puisque l'art. 636 n'en parle pas, et que l'art. 637 l'exige dans le
procès-verbal de saisie; ce qui eût été inutile, si cete élection de domicile
devait être faite dans le commandement.

ARTICLE 637.

La rente sera saisie entre les mains de celui qui la doit, par
exploit contenant, outre les formalités ordinaires, l'énonciation
du titre constitutif de la rente, de sa *quotité* (2) et de son capital,
et du titre de la créance du saisissant; les noms, profession et

---

(1) Mais il est évident que ces formalités n'ont aucune application à une rente rembour-
sable dans un terme rapproché, et qui ne constituerait qu'une simple créance à terme avec
intérêts : dans ce cas, il suffirait au créancier de former saisie-arrêt ou opposition. — (*Locré*,
tom. 3, *pag.* 102).

(2) *La quotité* est la somme de la rente, c'est-à-dire les arrérages ou intérêts qu'elle
produit chaque année, soit en argent, soit en nature.

demeure de la partie saisie, élection de domicile chez un avoué
près le tribunal devant lequel la vente sera poursuivie, et assignation au tiers saisi en déclaration devant le même tribunal : le
tout à peine de nullité.

T., 46. — C. de P., art. 49, n.° 7, 559, 570, 640.

CCCCLXXIX. La loi ne pouvait ici prescrire un procès-verbal comme elle l'a
fait pour la saisie-exécution (*art.* 588), et pour la saisie-brandon (*art.* 627),
parce qu'une rente constituée est une chose mobilière incorporelle. Du reste,
dans la saisie des rentes comme dans la saisie-opposition, le créancier saisit
entre les mains du tiers les sommes appartenant à son débiteur : dans ce
cas, comme dans l'autre, la loi devait donc, comme elle l'a fait par l'article
ci-dessus, prescrire la dénonciation de la saisie au débiteur créancier de la
rente, et imposer au tiers saisi l'obligation de faire sa déclaration, afin de déterminer l'objet saisi et d'en fixer le montant.

2129. *Si le saisissant ne connaît ni le titre, ni le capital de la rente, que devra-t-il faire?*

Les Cours de Rouen et de Douai réclamaient contre la disposition qui exige
l'énonciation du titre et du capital de la rente, attendu qu'il peut arriver
souvent que le saisissant ne connaisse ni l'un ni l'autre. Mais la Cour de Douai
pensait qu'en cette circonstance on pourrait saisir provisoirement, avec interpellation au saisi de faire, sur le titre et le capital, une déclaration à laquelle
il serait tenu comme pour la saisie-arrêt.

Les auteurs du Praticien, tom. 4, pag. 260, aux notes, estiment qu'il n'y
a aucun inconvénient à agir de la sorte, la loi ne paraissant pas s'y opposer.

Cette opinion se rapproche de celle de M. Pigeau, tom. 2, pag. 126, qui
propose de faire, dans ce cas, une saisie-arrêt entre les mains du débiteur de
la rente, afin d'obtenir, par la déclaration que prescrit l'art. 573, les renseignemens nécessaires pour faire l'énonciation exigée par l'art. 637.

On fera bien sans doute de suivre cet avis, qui offre le seul moyen légal
d'obtenir les renseignemens nécessaires. Saisir provisoirement, comme le proposait la Cour de Douai, ce serait agir d'une manière moins conforme à la
loi, qui n'a point consacré l'opinion de cette Cour (1).

2130. *L'élection de domicile chez un avoué près le tribunal devant lequel la
la vente sera poursuivie, vaut-elle constitution d'avoué?*

Oui, quoique l'art. 637 ne le dise pas (*voy. Pigeau, tom. 2, pag.* 127) :
c'est ce qui résulte de l'art. 643, qui veut que le cahier des charges contienne
les noms et demeure de l'avoué du poursuivant. Cette opinion nous semble
aussi être celle de M. Thomines Desmasures, pag. 126, et de M. Demiau Crou-

---

(1) Mais nous observerons, avec les auteurs du Praticien, *ubi suprà*, et M. Berriat Saint-
Prix, pag. 547, not. 9, que ce mot *énonciation*, employé dans l'art. 637, étant assez vague
pour qu'on ne puisse rigoureusement exiger que le titre soit indiqué par *sa date* ou par
le lieu où il aurait été passé, il semblerait qu'il n'y aurait pas de nullité, si le saisissant
le désignait de toute autre manière, qui fût d'ailleurs suffisante pour le faire connaître.

zilhac, pag. 428. Mais M. Berriat Saint-Prix, pag. 548, not. 11, est d'un sentiment contraire : il se fonde sur ce que l'art. 637 ne s'exprime pas de la sorte,
et sur ce qu'il est certain, pour les exploits d'ajournement, que si la constitution d'avoué suppose l'élection de domicile, celle-ci n'y suppose point la
constitution.

Nous croyons l'opinion de M. Pigeau très-soutenable, parce que l'art. 637
n'eût point exigé une élection de domicile *chez un avoué*, si le législateur n'avait
pas entendu que cette élection supposât constitution pour les poursuites (1).

2131. *Quel est le tribunal devant lequel la vente de la rente est poursuivie,
et l'assignation donnée au tiers-saisi?*

Ce doit être, ainsi que le prouve l'art. 643, le tribunal du domicile du
propriétaire de la rente, c'est-à-dire de la partie saisie.

2132. *L'assistance de deux témoins ou recors est-elle nécessaire au procès-verbal
de saisie?*

Non, puisque l'art. 637 n'exige pas que la saisie se fasse hors la présence
du saisi, et que, d'un autre côté, le tarif ne passe point cette assistance en
taxe.

2133. *Les mots* A PEINE DE NULLITÉ, *qui terminent l'art.* 637, *s'appliquent-ils
aux dispositions de l'art.* 636?

Non, suivant les auteurs du Praticien, tom. 4, pag. 261. Mais nous sommes
porté à penser le contraire; autrement, il faudrait dire qu'une saisie de rente
ne serait pas nulle pour avoir été faite sans titre exécutoire ou sans commandement préalable; ce qui nous paraît difficile à soutenir (2).

ARTICLE 638.

Les dispositions contenues aux art. 570, 571, 572, 573, 574,
575 et 576, relatives aux formalités que doit remplir le tiers saisi,
seront observées par le débiteur de la rente (3).

Et si ce débiteur ne fait pas sa déclaration, ou s'il la fait tardivement, ou s'il ne fait pas les justifications ordonnées, il pourra,
selon les cas, être condamné à servir la rente faute d'avoir justifié

---

(1) Néanmoins, comme les formalités du procès-verbal de saisie sont prescrites *à peine
de nullité*, nous conseillons de se conformer au sentiment de M. Berriat Saint-Prix, c'est-
à-dire de déclarer que le saisissant constitue pour son avoué, aux fins des poursuites, celui
chez lequel il élit domicile; constitution qu'il ferait bien encore de renouveler dans l'assignation en déclaration que l'on donne au tiers saisi à la fin du procès-verbal. (*Voy. Hautefeuille, pag.* 348). Mais, nous le répétons, nous ne croirions pas qu'il y eût nullité d'une
saisie dans laquelle on aurait suivi l'avis de M. Pigeau.

(2) Au reste, indépendamment de l'art. 637, le commandement étant exigé comme une
condition préalable de la saisie, la nullité de cette saisie nous paraîtrait résulter de ce que
cette condition n'aurait pas été remplie.

(3) Voy. nos questions sur ces articles.

de sa libération, ou à des dommages-intérêts résultant soit de son silence, soit du retard apporté à faire sa déclaration, soit de la procédure à laquelle il aura donné lieu.

CCCCLXXX. La rente étant, comme la créance ordinaire, un capital dans les mains d'un tiers, le créancier qui veut la saisir doit remplir toutes les formalités prescrites au titre des saisies-arrêts, et le tiers saisi, débiteur de la rente, n'est soumis à d'autres formalités que celles établies pour la déclaration affirmative.

Mais quand il s'agit d'une rente, le silence du tiers saisi, sa déclaration tardive pouvant causer des préjudices plus graves que ceux occasionnés, dans une circonstance analogue, par le tiers saisi, débiteur d'une simple créance, ce silence pouvant occasionner des frais d'affiches, d'enchères et d'adjudications, etc., la loi devait punir plus sévèrement le silence du tiers saisi, débiteur de la rente, que le silence du tiers saisi, débiteur d'une créance ordinaire. Tels sont les motifs de la seconde disposition de l'article ci-dessus.

2134. *Si le débiteur de la rente peut suffisamment justifier par des quittances sous seing privé, et sans date certaine, du paiement des arrérages fait au terme échu, peut-il justifier de la même manière du remboursement du capital?*

Nous ne le pensons pas, par la raison qu'en donne M. Demiau Crouzilhac, pag. 419, et qu'il fonde sur ce qu'il n'est pas d'usage qu'on se libère par des quittances privées, qui peuvent facilement s'égarer, d'une obligation à laquelle on est assujéti par un acte public et permanent. Il faudrait donc que ces quittances eussent une date certaine par enregistrement ou décès, pour qu'on ne fût pas fondé à soupçonner la collusion et à demander à en faire preuve par les voies de droit.

ARTICLE 639.

La saisie entre les mains de personnes non demeurant en France sur le continent, sera signifiée à personne ou domicile (1), et seront observés, pour la citation (2), les délais prescrits par l'art. 73.

C. de P., art. 73, 560, 642.

CCCCLXXXI. Cet article est fondé sur les considérations exposées au commentaire de l'art. 560, pag. 385. — (*Voy. aussi quest.* 2134).

ARTICLE 640.

L'exploit de saisie vaudra toujours saisie-arrêt des arrérages échus et à échoir jusqu'à la distribution.

C. de P., art. 637.

CCCCLXXXII. Par cela même que l'on saisit le corps de la rente, on en saisit

---

(1) Et non pas au procureur du Roi. (560).
(2) C'est-à-dire pour l'assignation ou déclaration affirmative.

nécessairement les arrérages. Cette conséquence est incontestable ; mais le législateur a dû en exprimer la déclaration, afin que, dans le cas même où l'on
eût oublié d'énoncer, dans l'exploit dont parle l'art. 637, qu'on saisit-arrête les
arrérages échus ou à échoir jusqu'à la distribution, ils n'en fussent pas moins
réputés saisis.

2135. *A partir de quelle époque les paiemens d'arrérages faits par le débiteur
de la rente, nonobstant la saisie, seraient-ils réputés non avenus?*

Pour résoudre cette question, nous devons remarquer que, d'après l'art. 641,
le saisissant est tenu, *sous peine de nullité,* de dénoncer la saisie à la partie
saisie, de même que l'art. 563 l'exige à l'égard de la saisie-arrêt, si ce n'est
qu'en ce cas, la dénonciation est accompagnée d'assignation en validité ; ce
qui n'a pas lieu pour la saisie des rentes, attendu qu'elle ne peut être faite
qu'en vertu d'un titre exécutoire. Mais l'art. 564 veut que la demande en validité, qui suppose nécessairement la dénonciation de la saisie au saisi, soit ensuite dénoncée au tiers saisi, et l'art. 565 dispose que, faute de cette dernière
dénonciation, les paiemens faits par ce tiers, jusqu'à ce qu'elle ait lieu, seront
valables. — (*Voy. nos quest. sur l'art.* 565).

Il faut observer maintenant que le Code, au titre de *la saisie des rentes,*
n'exige point que la dénonciation de cette saisie au débiteur saisi soit à son
tour dénoncée au tiers saisi : d'où l'on peut conclure que, soit que la première dénonciation ait eu lieu, soit qu'elle ait été omise, les paiemens d'arrérages qu'aurait faits le tiers saisi, débiteur de la rente, depuis le moment où
la saisie a été faite entre ses mains, seraient réputés non avenus.

Mais, suivant M. Pigeau, tom. 2, pag. 129, on n'en devrait pas moins décider, malgré le silence du Code au titre que nous expliquons, que l'on doit
dénoncer au débiteur de la rente la dénonciation de la saisie au propriétaire.
Il y a en effet le même motif, ainsi que le remarque cet auteur ; car si la saisie
n'a pas été dénoncée au débiteur saisi, elle est *nulle,* et par conséquent le tiers
peut payer. Si elle a été dénoncée, elle est valable, et, par suite, le tiers ne
peut payer : le tiers saisi a donc intérêt, comme dans la saisie-arrêt, de savoir
s'il peut ou non se libérer.

Nous sommes loin de contester que cette opinion ne soit fondée sur une
juste analogie des dispositions relatives à la saisie-arrêt. Pourquoi, lorsque la
saisie des arrérages est la suite nécessaire de la saisie du corps de la rente,
déciderait-on autrement que dans le cas où ces mêmes arrérages seraient saisis
séparément? Or, très-certainement, on se conformerait, dans ce cas, aux dispositions des art. 564 et 565..... Cependant, comme le silence du Code peut
donner lieu à élever des difficultés sur cette question, le tiers saisi agirait prudemment, en ne faisant aucun paiement (*voy. Delaporte, tom.* 2, *pag.* 224);
mais nous n'en tenons pas moins à l'opinion de M. Pigeau.

ARTICLE 641.

Dans les trois jours de la saisie, outre un jour pour trois
myriamètres de distance entre le domicile du débiteur de la
rente et celui du saisissant, et pareil délai en raison de la dis-

tance entre le domicile de ce dernier et celui de la partie saisie (1), le saisissant sera tenu, à peine de nullité de la saisie, de la dénoncer à la partie saisie, et de lui notifier le jour de la première publication.

T., 29. — C. de P., art. 643, 653, 691, 692, 1033.

CCCCLXXXIII. La dénonciation dont parle l'article ci-dessus est ordonnée pour empêcher le saisi créancier de la rente d'en faire la vente, au préjudice du saisissant. (*Art.* 692). Elle produit, en outre, l'effet de déterminer entre plusieurs saisissans auquel d'entre eux appartiendra la poursuite. — (*Art.* 653).

2136. *La peine de nullité, prononcée par l'art.* 641, *s'applique-t-elle non seulement au défaut de dénonciation, mais encore au faux calcul du délai légal?*

C'est notre opinion, fondée sur ce que tous les termes qui précèdent, dans l'art. 641, ces mots, *à peine de nullité,* ne sauraient, d'après la contexture de la phrase, être susceptibles d'être divisés; en un mot, ces expressions, *à peine de nullité,* régissent toutes celles qui les précèdent. Ainsi nous dirons, avec les auteurs du Praticien, tom. 4, pag. 266, qu'une dénonciation faite en forme, mais après le délai de l'article, serait absolument nulle.

ARTICLE 642.

Lorsque le débiteur de la rente sera domicilié hors du continent de la France, le délai pour la dénonciation ne courra que du jour de l'échéance de la citation au saisi.

C. de P., art. 73, 639.

2137. *Comment appliquerait-on la disposition de l'art.* 642, *en ce qu'elle porte que, lorsque le débiteur de la rente sera domicilié hors du continent du royaume, le délai pour la dénonciation ne courra que du jour de l'échéance de la citation au saisi?*

Il suffit de poser cette question, pour qu'on reconnaisse qu'il est impossible que le délai, pour faire au saisi la dénonciation prescrite par l'art. 641, coure, dans l'espèce de l'art. 642, du jour de l'échéance de *la citation à ce même saisi,* auquel on n'a aucune citation à donner. Cependant plusieurs commentateurs du Code, sans réfléchir sur cette contradiction, ont ainsi rendu compte de la disposition de l'art. 642; et l'un d'eux s'est trompé au point de dire que ces mots, *du jour de l'échéance de la citation au saisi,* signifiaient *du jour de l'échéance de la citation donnée au saisi* POUR FAIRE SA DÉCLARATION AFFIRMATIVE; tandis qu'il n'y a que le tiers saisi, c'est-à-dire le débiteur, et non le propriétaire, qui doive une semblable déclaration. (*Voy. art.* 637). Aussi M. Berriat Saint-Prix, pag. 548, not. 16, dit-il que certains commentateurs, qui n'ont

_____

(1) Sur la manière de calculer ce délai, voy. Pigeau, tom. 2, pag. 55, VI, 1.°

pas remarqué que le mot *tiers* a été omis dans l'art. 642, ont expliqué cet article d'une façon assez singulière : c'est qu'il est évident, en effet, comme l'a démontré M. Pigeau, tom. 2, pag. 128, aux notes, que ce mot *tiers* a été omis dans l'art. 641, et qu'on doit lire comme s'il y avait *citation au tiers saisi,* auquel on donne assignation, comme nous venons de le dire, d'après l'art. 637, tandis qu'on n'en donne aucune au saisi, auquel il suffit de dénoncer la saisie, aux termes de l'art. 641, mais sans l'assigner, parce qu'on peut procéder à la vente sans jugement sur la saisie, le titre en vertu duquel elle a lieu étant exécutoire. — (*Voy.* la quest. résolue sur l'art. 640).

Il faut donc tenir pour certain, comme le dit M. Demiau Crouzilhac, pag. 420, que si le débiteur de la rente ne demeure pas sur le continent de la France, la loi fixe les trois jours pour la dénonciation de la saisie à la partie saisie, à compter du jour de l'échéance de l'assignation en déclaration donnée au débiteur de la rente.

ARTICLE 643.

Quinzaine après la dénonciation à la partie saisie, le saisissant sera tenu de mettre au greffe du tribunal du domicile de la partie saisie, le cahier des charges contenant les noms, professions et demeures du saisissant, de la partie saisie et du débiteur de la rente; la nature de la rente, sa quotité, celle du capital, la date et l'énonciation du titre en vertu duquel elle est constituée; l'énonciation de l'inscription, si le titre contient hypothèque, et si aucune a été prise pour sûreté de la rente; les noms et demeure de l'avoué du poursuivant, les conditions de l'adjudication, et la mise à prix : la première publication se fera à l'audience.

Cout. de Paris, art. 348 et 349. — C. de P., art. 697.

ARTICLE 644.

Extrait du cahier des charges contenant les renseignemens ci-dessus, sera remis au greffier huitaine avant la remise du cahier des charges au greffe, et par lui inséré dans un tableau placé à cet effet dans l'auditoire du tribunal devant lequel se poursuit la vente.

C. de P., art. 697 et 698.

ARTICLE 645.

Huitaine avant la remise du cahier des charges au greffe, pareil extrait sera placardé, 1.º à la porte de la maison de la partie saisie; 2.º à celle du débiteur de la rente; 3.º à la principale porte du tribunal; 4.º et à la principale place du lieu où se poursuit la vente.

C. de P., art. 617, 683.

ARTICLE 646.

Pareil extrait sera inséré dans l'un des journaux imprimés dans la ville où se poursuit la vente; et, s'il n'y en a pas, dans l'un de ceux imprimés dans le département, s'il y en a.

C. de P., art. 620, 683.

ARTICLE 647.

Sera observé, relativement auxdits placards et annonces, ce qui est prescrit au titre *de la saisie immobilière*.

C. de P., art. 682, 683, 684, 685, 686, 687, 695, 696, 703, 704 et 705.

ARTICLE 648.

La seconde publication se fera huitaine après la première; et la rente saisie pourra, lors de ladite publication, être adjugée, sauf le délai qui sera prescrit par le tribunal.

C. de P., art. 704.

ARTICLE 649.

Il sera fait une troisième publication, lors de laquelle l'adjudication définitive sera faite au plus offrant et dernier enchérisseur.

C. de P., art. 705 et suiv.

ARTICLE 650.

Il sera affiché nouveaux placards et inséré nouvelles annonces dans les journaux, trois jours avant l'adjudication définitive.

C. de P., art. 704 et suiv.

ARTICLE 651.

Les enchères seront reçues par le ministère d'avoués.

C. de P., art. 707, 709 et 713.

ARTICLE 652.

Les formalités prescrites au titre *de la saisie immobilière*, pour la rédaction du jugement d'adjudication, l'acquit des conditions et du prix, et la revente sur folle enchère, seront observées lors de l'adjudication des rentes.

C. de P., art. 714, 715, 737 et suiv., jusques et compris 745. — Voy. nos quest. sur les art. 707, 708, 714, 715, 737 et suiv.

CCCCLXXXIV. Tous les articles qui précèdent ont pour objet de régler le mode de vente de la rente saisie; il ne pouvait être celui que la loi a adopté pour la saisie-exécution. Il est facile de sentir qu'on ne peut pas vendre sur la place publique une rente comme on y vend un meuble corporel. Le meuble, ainsi exposé, offre toutes les connaissances nécessaires pour l'acheteur, et la simple livraison suffit pour en transmettre la propriété.

La rente, au contraire, ne peut passer dans les mains d'un tiers, que par un acte translatif de la propriété, qui le mette aux droits du créancier, et en vertu duquel il puisse exiger du débiteur le service de la rente. Il faut donc, pour dépouiller le créancier de la rente, une adjudication, comme s'il s'agissait d'un immeuble.

D'ailleurs ne faut-il pas que celui qui veut acheter une rente prenne des renseignemens sur sa nature, sa quotité, celle du capital, la date et l'énonciation du titre en vertu duquel elle est constituée? Ne faut-il pas qu'il sache si le titre contient hypothèque, et si aucune inscription n'a été prise pour la sûreté de la rente. Enfin, ne doit-il pas savoir quelles sont les conditions de l'adjudication et de la mise à prix?

C'est pour donner aux enchérisseurs tous ces renseignemens, que l'art. 643 ordonne le dépôt au greffe d'un cahier des charges dont l'extrait doit être placardé, aux termes de l'art. 645. Du reste on observe à cet égard, comme pour les publications de la vente et pour plusieurs autres formalités, ce qui est prescrit pour les saisies immobilières. — (*Voy.* art. 646, 652).

2138. *Le délai de quinzaine dans lequel, après la dénonciation à la partie saisie, le saisissant doit remettre le cahier des charges, admet-il l'augmentation d'un jour par trois myriamètres?*

Cette question est résolue pour l'affirmative, par un des commentateurs du Code, attendu, dit-il, que la dénonciation faite à la partie saisie est regardée comme une assignation. Nous sommes loin de partager cette opinion. La dénonciation doit contenir la notification du jour fixe de la première publication (*art.* 641); quinzaine après la dénonciation, le saisissant est tenu, par l'art. 643, de mettre le cahier des charges au greffe; si, en ajoutant à cette quinzaine un jour par trois myriamètres, on la porte, par exemple, à *vingtaine*, et que la remise du cahier des charges au greffe n'ait lieu qu'après la quinzaine ainsi augmentée, le saisissant ne le fera pas *quinzaine après la dénonciation*, et la loi sera violée, puisqu'elle oblige à effectuer cette remise dans ce délai.

M. Delaporte dit plus que nous encore, tom. 2, pag. 225: il remarque qu'on a demandé si l'on pouvait anticiper le délai de quinzaine, et il répond qu'il n'y voit aucune difficulté, attendu que si la loi veut que la formalité soit remplie quinze jours après la dénonciation de la saisie, elle ne défend pas de l'observer avant l'échéance de ce délai.

2139. *Comment le saisissant fait-il constater la remise au greffe du cahier des charges ?*

Il la fait constater au bas de la copie qui reste aux mains de l'avoué.

2140. *Le cahier des charges doit-il contenir autre chose que les énonciations mentionnées en l'art. 643?*

Comme le jugement d'adjudication de la rente ne doit être, de même que le jugement d'adjudication d'un immeuble saisi (*art.* 652 *et* 714), que la copie du cahier des charges, il faut qu'il renferme du moins cette partie essentielle qui constitue un jugement; savoir : le sommaire de toute la procédure. — (*Voy. Demiau Crouzilhac, et le modèle qu'il donne, pag.* 421).

2141. *L'extrait du cahier des charges doit-il indiquer le jour de la première publication? Quel doit être ce jour ?*

Suivant tous les commentateurs, l'extrait dont il s'agit doit indiquer le jour de la première publication. — (*Voy. Delaporte, tom.* 2, *pag.* 226 *et* 227; *Pigeau, tom.* 2, *pag.* 130, *et Demiau Crouzilhac, pag.* 423).

Et comme l'art. 643, qui parle de la remise au greffe du cahier des charges, indique que cette publication se fera à l'audience, sans ajouter aucune disposition d'où il puisse résulter que ces deux opérations doivent être séparées par un intervalle, M. Pigeau, *ubi suprà*, pag. 134, et M. Berriat Saint-Prix, pag. 551, not. 31, estiment qu'il est permis de faire la première publication le jour même de la remise. Nous ne contestons point que cela puisse être ainsi; mais nous préférons l'opinion de M. Delaporte (*voy. ubi suprà*), qui indique le lendemain; c'est qu'en effet il convient d'éviter que la publication ait lieu avant la remise, ce qui pourrait arriver si on la faisait le jour même.

2142. *L'obligation d'apposer des placards à la porte du débiteur de la rente, s'applique-t-elle au cas où il serait domicilié à une longue distance de l'arrondissement du tribunal où se poursuivrait la vente?*

Nous ne le pensons pas, par le motif que l'apposition ne pourrait avoir lieu dans le court délai que la loi détermine ; or, la loi n'a jamais entendu prescrire l'impossible.

C'est aussi l'opinion des auteurs du Commentaire inséré aux Annales du notariat, tom. 4, pag. 187.

2143. *La disposition de l'art.* 646 *ne s'applique-t-elle qu'au cas où il s'imprimerait un journal* PÉRIODIQUE, *et dans quel délai doit être faite l'insertion que cet article prescrit?*

Il est de toute évidence que l'article suppose l'existence d'un journal périodique, paraissant à jour fixe et de quelque nature qu'il soit, et non pas d'un journal qui ne paraît qu'à des époques non déterminées. L'annonce doit, au reste, être insérées dans une des feuilles antérieures de trois jours, au moins, à celui de la publication, et l'avoué doit annexer à son dossier l'exemplaire de cette feuille, avec certificat de l'imprimeur, ainsi qu'il se pratique en saisie immobilière.

2144. *Toutes les formalités prescrites au titre de la saisie immobilière, relativement aux placards et annonces, doivent-elles être observées dans la saisie des rentes ?*

Il est certain, d'après l'art. 647, que l'on doit, dans la saisie des rentes, se conformer aux art. 683, 685, 686 et 687 (*voy. nos questions sur ces articles*); mais nous ne croyons pas, contre l'opinion de M. Pigeau, tom. 2, pag. 131, aux notes, qu'il faille également, et sur-tout à peine de nullité, observer les formalités prescrites par l'art. 703, en ce qu'il exige que l'adjudication préparatoire soit précédée de nouveaux placards, qui contiendraient en manuscrit la mise à prix et l'indication du jour où se ferait cette adjudication.

Si l'on suivait cette opinion de M. Pigeau, l'on devrait faire imprimer des placards en quantité suffisante pour apposer aux trois époques que supposent les art. 646, 703 et 704; c'est-à-dire avant la première publication, *avant l'adjudication préparatoire* et *avant l'adjudication définitive :* à la première, on ne remplirait que le jour de la première publication, et on laisserait les deux autres en blanc; à la seconde, on ne remplirait que le jour de l'adjudication préparatoire (*art.* 648), et à la troisième on remplirait celui de l'adjudication définitive et le prix de l'adjudication préparatoire.

Nous l'avons déjà dit, nous ne pensons pas qu'il résulte de la disposition de l'art. 647 que l'on doive apposer de nouvelles affiches entre la première publication et la seconde. Telle est aussi l'opinion de M. Delaporte, tom. 2, pag. 229, et de M. Demiau Crouzilhac, pag. 424, fondée sur ce que l'art. 650 n'exige d'apposition de nouveaux placards que pour l'adjudication définitive. Or, ne doit-on pas conclure de là que si le législateur avait voulu qu'on réitérât aussi les placards pour l'adjudication préparatoire, il s'en fût également expliqué? Il suffit donc qu'il l'ait fait dans un cas, et qu'il ait gardé le silence dans l'autre, pour qu'on ne doive renouveler les placards que dans le premier seulement. Ici la règle *inclusio unius, exclusio alterius,* doit recevoir son application; et l'enfreindre, c'est donner lieu à des frais frustratoires (1).

2145. *Que signifient ces mots de l'art.* 648, pourra, lors de cette publication, être adjugée, sauf LE DÉLAI qui sera prescrit par le tribunal?

---

(1) Telle aussi paraît être, quoiqu'il ne s'en soit pas formellement expliqué, l'opinion de M. Berriat Saint-Prix, pag. 550, not. 30. Mais nous ajouterons que si l'on croyait, vu la généralité des termes de l'art. 647, devoir préférer le sentiment de M. Pigeau, et apposer les affiches exigées par l'art. 703, on ne devrait pas du moins décider que cette apposition dût être faite sous les peines de nullité prononcées par l'art. 717. M. Berriat Saint-Prix en donne pour raison, 1.º que ce dernier article attache la nullité à des inobservations de formes prescrites pour la saisie immobilière, quoique la loi ne la prononce pas pour des formes semblables prescrites pour la saisie des rentes, telles que l'insertion au tableau de l'auditoire, etc. : d'où il résulterait qu'on n'aurait pas jugé ces formes aussi importantes dans une saisie que dans l'autre; 2.º que l'art. 647 dit bien qu'on observera ce qui est prescrit au titre de la saisie immobilière, etc.; mais qu'il n'ajoute pas que ce sera *sous peine de nullité.* On remarquera, d'après ce que nous avons dit sur l'art. 586 (*voy. quest.* 2018.ᵉ), que nous ne saurions balancer à adopter cette opinion.

Ils signifient qu'en adjugeant la rente, le tribunal fixera un délai pendant lequel des tiers seront admis à surenchérir sur le prix de cette adjudication, qui, par conséquent, n'est que *préparatoire ;* c'est d'ailleurs ce que prouve l'art. 649, en disposant, immédiatement après, qu'à la troisième publication, l'adjudication *définitive* sera faite au plus offrant et dernier enchérisseur.

2146. *Si le tribunal ne jugeait pas à propos d'adjuger la rente lors de la publication, l'adjudication qu'il en ferait, lors d'une troisième, serait-elle nécessairement définitive?*

Voici comment M. Pigeau, tom. 2, pag. 137, s'exprime sur cette question : « L'art. 649 dit que l'adjudication *sera faite* lors de la troisième publication. Mais il n'en faut pas conclure que l'adjudication préparatoire sera nécessairement faite à la seconde, et la définitive à la troisième ; au contraire, l'art. 648 disant que l'adjudication préparatoire *pourra* être faite lors de la seconde, donne bien à entendre que ce n'est que facultatif, et non impératif : si donc on a adjugé préparatoirement à la seconde, comme le permet cet art. 648, on *devra* adjuger définitivement à la troisième, comme le dit l'art. 649; *mais si on a adjugé préparatoirement à une troisième, quatrième ou ultérieure publication, l'adjudication définitive n'aura lieu qu'à la publication qui suivra l'adjudication préparatoire.* »

Ainsi, M. Pigeau pense que la faculté que l'art. 648 donne au tribunal de faire ou de ne pas faire l'adjudication préparatoire, lors de la seconde publication, ne porte pas dispense de faire une adjudication de cette espèce, mais seulement dispense de la faire à l'époque mentionnée dans cet art. 648; d'où résulterait que les publications pourraient indéfiniment se succéder jusqu'au moment où le tribunal jugerait enfin à propos de fixer le délai pour l'adjudication définitive.

M. Delaporte, tom. 2, pag. 229, dit au contraire que, soit qu'il y ait eu ou non une adjudication préparatoire, les trois publications sont nécessaires, mais que cette adjudication ne l'est pas; qu'ainsi, lors de la troisième publication, l'adjudication est toujours définitive. Telle est aussi notre opinion, parce que nous ne pouvons croire qu'il soit entré dans l'esprit du législateur d'autoriser un nombre indéfini de publications, d'autant qu'il est reconnu que d'ordinaire peu d'enchérisseurs (ou, pour dire vrai, aucun enchérisseur) ne se présentent aux adjudications préparatoires; formalités qu'on regrette de voir exigées par la loi, et qui font perdre aux tribunaux un tems précieux, sans qu'il résulte de leur observation aucune utilité réelle.

Nous croyons donc que la faculté donnée par l'art. 648 consiste seulement en ce que les tribunaux peuvent adjuger ou non, suivant qu'il se présente des enchérisseurs ou qu'il ne s'en présente pas; qu'ainsi l'adjudication préparatoire n'est point, comme il résulterait de l'opinion M. Pigeau, *indispensable,* pour que l'on puisse procéder à l'adjudication définitive (*voy. Berriat Saint-Prix, pag.* 551, *not.* 32); que, par conséquent, le tribunal doit, dans tous les cas, indiquer le délai à l'expiration duquel la rente doit être définitivement adjugée, suivant l'art. 649.

2147. *Les placards prescrits par l'art.* 650 *doivent-ils indiquer le prix de l'adjudication préparatoire, si elle avait été faite?*

Oui, d'après l'art. 647, combiné avec l'art. 704, qui l'exige pour la saisie immobilière; mais cette indication doit être faite à la main, suivant l'art. 703 du Code et l'art. 106 du tarif. (*Voy. Pigeau, tom. 2, pag.* 131; *Thomines Desmasures, pag.* 238, *et Demiau Crouzilhac, pag.* 425). Il n'est pas besoin d'observer que ces placards doivent sur-tout indiquer, *également en manuscrit,* le jour de l'adjudication définitive.

2148. *L'expropriation serait-elle annulée parce que les nouveaux placards n'auraient pas été notifiés au saisi ?*

Nous ne le pensons pas, attendu que, si la loi prescrit, pour la vente forcée d'un immeuble, plusieurs annonces ou placards, elle n'a néanmoins exigé qu'une seule fois leur notification au saisi. C'est ce que prouvent, pour les rentes, les art. 647 et 650, et pour les immeubles, les art. 683, 687 et 733. Ces divers articles n'exigent nullement de nouvelles notifications au saisi, et certes le législateur n'eût pas manqué de prescrire cette formalité, s'il l'eût jugée nécessaire : loin de là, il a considéré que tant de nouvelles notifications seraient inutiles, et ne tendraient qu'à grever le saisi; qu'il lui suffisait d'avoir un placard, et non plusieurs, pour reconnaître que les affiches comportaient les indications exigées par la loi (1).

(1) Cependant, contre cette opinion, on peut argumenter de l'art. 676 du Code, et d'un arrêt d'Aix, du 5 janvier 1809.

M. Thomines Desmasures, dans une consultation imprimée, répond comme suit aux inductions que l'on voudrait tirer et de cet article et de cette décision.

« Quant à l'art. 687, il contient deux dispositions, l'une que le procès-verbal d'apposition d'affiches sera visé par les maires des communes, et cette disposition a pour but de bien assurer la date de l'apposition; elle devient alors complète dans la forme, quand elle a obtenu ce visa; l'autre disposition est que le procès-verbal sera notifié au saisi, mais cette disposition n'est relative qu'à la première apposition d'affiches; et cela est si vrai et si évident, que les art. 700 et 701, qui reparlent de cette notification, exigent qu'elle soit faite au moins un mois et non plus de six semaines avant la première publication. L'apposition d'affiche et la notification au saisi sont évidemment deux formalités différentes; elles le sont tellement, que le tarif fixe dans l'art. 60 le droit de l'huissier pour les procès-verbaux d'apposition de placards sans notification, et dans l'art. 29, le droit particulier de la notification.

» Toutefois donc que la loi ne parle que d'apposition d'affiches, il est impossible d'étendre sa disposition, et de prétendre qu'il faille, en outre, une notification. Quant à l'arrêt d'Aix, c'est un arrêt isolé, contraire à ce qui se pratique, et qui n'a pour base que des raisonnemens d'induction évidemment erronés. Pour prononcer une nullité, il faut qu'elle soit formellement exprimée par la loi. (*Art.* 1030). Or, on ne peut pas dire que les art. 550, 703, 704 et 732, en se bornant à dire qu'il y aura nouvelles affiches, et que leur apposition serait constatée aux yeux du juge, aient exigé de plus et formellement que les nouvelles affiches soient notifiées au saisi. Cet arrêt suppose que la notification du procès-verbal d'apposition d'affiches et de remise du placard, exigée par l'art. 687, a eu pour but d'avertir le saisi du jour de la première publication qui avait déjà été annoncée par la dénonciation, et la Cour demande ensuite comment, après avoir averti deux fois le saisi de ce jour, on ne l'avertirait pas du jour de l'adjudication préparatoire ou définitive? Mais c'est précisément parce que le saisi était averti du jour de la première publication par la dénonciation, que la Cour d'Aix aurait dû penser que le but de la notification du placard n'était pas de lui donner un second avertissement absolument inutile; la loi veut au contraire économiser les frais et épargner au saisi tous ceux qui ne sont pas inévitables.

» Mais le but de la dénonciation de la saisie était de constituer ses biens en séquestre, de le traduire en jugement, de le rendre partie dans l'expropriation, et de l'avertir du jour où commenceraient les publications; le but de la notification de la première apposi-

2149. *L'adjudication serait-elle nulle, si elle n'était pas faite à extinction de feux?*

L'adjudication doit sans doute être faite à extinction de feux; c'est ce que disent tous les auteurs; mais nous serions porté à croire qu'il n'y aurait pas nullité, si l'on avait procédé d'une autre manière, attendu que le Code ne renvoie pas ici au titre de la saisie immobilière, qui prescrit cette formalité dans l'art. 708. — (*Voy. Pigeau, tom. 2, pag.* 135, 137 *et* 138, *et Demiau Crouzilhac, pag.* 425).

2150. *Le jugement d'adjudication de la rente doit-il, comme celui d'adjudication des immeubles, contenir injonction au saisi de délaisser la possession, ainsi que l'exige l'art.* 714?

Non, sans doute, car la saisie a dépossédé le propriétaire de la rente, et l'adjudicataire se met en possession par la signification du jugement au tiers saisi débiteur de la rente. — (*Voy. Pigeau, pag.* 141 *et* 142).

2151. *Les formalités prescrites au titre de la saisie immobilière, et auxquelles les art.* 647 *et* 652 *renvoient pour la saisie des rentes, sont-elles les seules que l'on doive observer dans cette saisie?*

On voit, par les dispositions du titre de la saisie des rentes, que le mode de cette saisie se compose, partie des formes prescrites pour la saisie-opposition, partie des formes prescrites pour la saisie immobilière. C'est qu'en effet la rente, ainsi que le remarque l'orateur du Gouvernement, étant déclarée meuble par nos lois, touche à l'immeuble par son importance, et se trouve placée dans une classe moyenne entre le meuble et l'immeuble : de là il est naturel de conclure que toutes les fois qu'il se présente, dans des cas sur lesquels il y a nécessité de prononcer, l'on doit suppléer au silence des dispositions du titre relatif aux rentes, en appliquant celles concernant la saisie immobilière. C'est aussi ce qu'ont fait tous les commentateurs, et particulièrement M. Pigeau, qui s'est tellement attaché à cette application, qu'il se trouve avoir traité d'avance, à l'occasion des rentes, une grande partie des difficultés résultant des dispositions relatives aux immeubles (1).

---

tion des affiches n'a été ensuite que de lui faire connaître que, jusque là, tout s'est fait régulièrement, et que les affiches contiennent l'indication suffisante des biens à vendre, comme la loi le prescrit en l'art. 684; mais une fois que le saisi est partie dans l'instance, qu'il a pu constituer avoué, qu'il est d'ailleurs suffisamment instruit comme le public, par les nouvelles annonces et affiches, il n'a plus droit d'exiger des notifications à domicile ».

(1) Le plan de notre ouvrage s'opposait à ce que nous eussions anticipé de la sorte sur l'explication des articles du titre de la saisie immobilière : ce sera donc sur chacun de ces articles que l'on devra chercher les questions dont la solution peut être de quelque utilité, par rapport à la saisie des rentes. Ces questions sont particulièrement celles qui concernent,

Premièrement, les objets indiqués aux art. 647 et 652, sur lesquels nous avons déjà renvoyé au titre de la saisie immobilière.

Secondement, les obligations imposées aux avoués par les art. 709 et 713;

Troisièmement, la subrogation dont il est question aux art. 722, 723 et 724, et que nous croyons, malgré le silence du Code, au titre de la saisie des rentes, devoir être accordée en cette matière, parce qu'elle est un droit incontestable fondé sur la justice et la nécessité de hâter la fin des poursuites. — (*Voy. Demiau Crouzilhac, pag.* 425, *et Pigeau, pag.* 150)

Quatrièmement, les incidens qui peuvent arriver dans le cours de la saisie immobilière,

2152. *Mais dans le cas d'une saisie de rente, appliquerait-on les art. 710 et 711, qui, en matière de saisie immobilière, accordent à toute personne la faculté de surenchérir le prix de l'adjudication?*

M. Demiau Crouzilhac, pag. 426, se prononce pour l'affirmative, parce que, selon lui, il n'y a pas de raison pour rejeter cette surenchère dans un cas plutôt que dans un autre. Et en effet, comme elle est autorisée pour la saisie immobilière, soit afin de déjouer les manœuvres pratiquées lors de l'adjudication, afin d'écarter ou de faire taire les enchérisseurs, soit afin de prévenir des surprises, de quelque nature qu'elles soient, il paraîtrait assez naturel d'appliquer à la saisie des rentes les dispositions des art. 710 et 711.

Mais M. Pigeau, tom. 2, pag. 143, observe *que la surenchère étant un droit rigoureux et nouveau, ne doit pas être étendue à d'autres objets, et que d'ailleurs les rentes étant mobilières et moins précieuses que des immeubles, le législateur a pu, par cette raison, ne pas leur étendre la surenchère.*

Ces remarques nous paraissent péremptoires contre l'opinion de M. Demiau Crouzilhac. L'on peut bien raisonner par analogie d'un cas à un autre, lorsqu'il s'agit de formalités, et qu'il y a nécessité d'agir et de prononcer : tel est le motif pour lequel nous avons dit, sur la précédente question, à la note, que plusieurs articles des titres de la saisie immobilière pouvaient être appliqués à la saisie des rentes; mais lorsqu'il s'agit d'accorder, en faveur d'une partie ou à un tiers, l'exercice d'un droit, et sur-tout d'un droit qui porte atteinte aux intérêts d'une autre partie, on ne peut plus raisonner par induction sans contrarier le vœu du législateur, qui, en accordant ce droit dans un cas, doit être présumé avoir eu des raisons pour le refuser dans un autre. Au surplus, M. Pigeau fait connaître qu'il ne serait pas absolument exact de dire qu'il y ait, par rapport à la surenchère, identité de motifs et d'intérêts dans les deux espèces de saisies dont nous venons de parler.

Article 653.

Si la rente a été saisie par deux créanciers, la poursuite appartiendra à celui qui le premier aura dénoncé; en cas de concurrence, au porteur du titre le plus ancien; et si les titres sont de même date, à l'avoué le plus ancien.

Cout. de Paris, art. 178. — C. de P., art. 719.

CCCCLXXXV. Il s'agit ici de la dénonciation prescrite par l'art. 641; mais il est entendu qu'il faut que cette dénonciation ait été régulièrement faite; au-

et qui peuvent également survenir pendant une saisie de rentes. — (*Voy. Pigeau, tom. 2, pag. 148, et le tit.* 13 ; *mais remarquez l'exception indiquée ci-après sur l'art.* 654).

Il nous reste à faire une observation générale sur l'application à la saisie des rentes de ces diverses dispositions des tit. 12 et 13, relatifs à la saisie des immeubles ; c'est que la peine de nullité, qui serait attachée à leur inobservation, ne devrait pas être prononcée dans les cas où il s'agirait d'une rente, attendu que les nullités ne peuvent jamais s'étendre d'un cas à un autre. — (*Voy. quest,* 2018.ᵉ).

trement, ce serait au second saisissant qu'appartiendrait la poursuite; car, à raison de cette irrégularité, il se trouverait avoir dénoncé le premier (1).

2153. *En cas de contestation sur la préférence, à qui appartient-il d'en décider?*

Au président, qui statue sans forme de procès et sans frais, parce que c'est une matière qui appartient à la discipline. On se conforme à la disposition de l'art. 63 du réglement du 30 mars 1808. — (*Voy. Demiau Crouzilhac, pag.* 426).

ARTICLE 654.

La partie saisie sera tenue de proposer ses moyens de nullité, si aucuns elle a, avant l'adjudication préparatoire, après laquelle elle ne pourra proposer que les moyens de nullité contre les procédures postérieures.

Loi du 11 brum. an 7, art. 23. — C. de P., art. 717, 733.

2154. *L'art.* 634, *qui veut que les moyens de nullité soient proposés* AVANT L'AD-JUDICATION PRÉPARATOIRE, *n'est-il pas en opposition avec l'opinion de ceux qui pensent* (voy. quest. 2146°.) *que cette adjudication n'est pas indispensable?*

L'opinion dont il s'agit se concilie parfaitement avec la disposition de l'article 654, qui, comme le dit M. Delaporte, tom. 2, pag. 231, s'entend en ce sens, que les moyens de nullité soient proposés avant la seconde publication, lors de laquelle cette adjudication pourrait être faite. Ainsi, quand même, lors de cette publication, il n'y aurait point eu d'adjudication, la partie saisie ne serait plus recevable à proposer les nullités antérieures.

2155. *Quand doit-on proposer les nullités de l'adjudication préparatoire et des actes postérieurs ?*

La Cour de Turin observait, sur l'article du projet correspondant à celui que nous expliquons, qu'il était à désirer qu'on se prononçât sur le point de savoir si les nullités postérieures à l'adjudication préparatoire devaient nécessairement être proposées avant l'adjudication définitive, et en cas de négative, pendant quel délai elles pouvaient l'être, ainsi que celles qui se trouveraient dans l'adjudication même.

Le Code ne contenant aucune disposition à ce sujet, les auteurs du Praticien, tom. 2, pag. 278 et 279, et M. Demiau Crouzilhac, pag. 426, pensent qu'il n'y a aucune limitation, et qu'on rentre dans les règles ordinaires.

Nous remarquerons qu'on ne peut recourir ici aux règles de la saisie immobilière (*voy. nos questions sur l'art.* 735), attendu que l'art. 648 laisse au juge à fixer le délai entre l'adjudication préparatoire et l'adjudication définitive; mais nous croyons qu'il faut au moins que les nullités dont il s'agit soient proposées

---

(1) Il est encore entendu que s'il y avait, d'un côté, saisie du corps de la rente, de l'autre, une simple saisie d'arrérages, il n'y aurait pas lieu à l'application de l'art. 653, cette dernière saisie ne pouvant avoir que l'effet d'une opposition. — (*Voy. Delaporte, tom.* 2, *pag.* 230).

avant cette dernière adjudication; car autrement ce serait y renoncer tacitement. — (*Voy. Pigeau*, tom. 2, pag. 161.)

ARTICLE 655.

La distribution du prix sera faite ainsi qu'il sera prescrit au
titre *de la distribution par contribution*, sans préjudice néanmoins
des hypothèques établies antérieurement à la loi du 11 brumaire
an 7 (1er. novembre 1798).

C. de P., art. 655. — Ordonn. du 3 juill. 1816, art. 2, n.° 8.

CCCCLXXXVI. A la règle générale qu'établit l'article ci-dessus, relativement
à la distribution du prix de la rente, la loi fait immédiatement une exception
pour les hypothèques établies antérieurement à la loi qui a déclaré que les rentes
n'en étaient pas susceptibles. Dans ce cas, le prix doit en être distribué par
ordre d'hypothèques entre les créanciers hypothécaires. Cette disposition, purement transitoire, ne s'applique qu'au petit nombre de rentes qui, autrefois
immobilières, n'ont conservé ce caractère qu'à l'égard des hypothèques établies
avant la loi du 11 brumaire an 7. L'extinction journalière de ces rentes fait présumer que, dans peu, il n'en restera plus, et qu'alors on ne connaîtra qu'un
seul mode de distribution par contribution.

2156. *Le prix doit-il être distribué par contribution ou par ordre, s'il s'agit
d'une rente dont les hypothèques acquises avant la loi du 11 brumaire, n'auraient
pas été inscrites ?*

Il importe de remarquer que l'art. 42 de la loi du 11 brumaire ne maintient
les hypothèques acquises antérieurement à sa publication, que sous la condition qu'il serait pris inscription dans un délai déterminé. C'est donc seulement
à ces rentes, sur lesquelles ont conservé leurs hypothèques au
moyen de l'inscription, que s'applique la disposition *transitoire* de l'art. 635,
d'après lequel la distribution du prix se fait *par ordre* entre ces créanciers, parce
qu'elles ont, à leur égard, retenu leur caractère d'immeubles (*voy. nos questions
sur le tit.* 14), et *par contribution* entre les autres créanciers. — (*Voy. le titre
suivant*). (1)

TITRE XI.

De la Distribution par contribution.

Le but de toute saisie mobilière est de faire payer les créanciers, et la loi
veut, par conséquent, que les sommes provenant des différentes ventes qui
en sont la suite, soient distribuées entre eux.

Cette distribution se fait au *marc le franc*, c'est-à-dire en proportion de la

---

(1) Mais cela n'empêche pas que la saisie et la vente de ces mêmes rentes ne se fassent
suivant les formalités du titre que nous venons d'expliquer. — (*Voy. quest.* 2126.°, *in fine*).

créance de chacun, en sorte que si les deniers sont insuffisans pour acquitter en entier toutes les créances, chaque créancier *contribue* à la perte proportionnellement au montant de la sienne (1).

Mais il est à observer que les créanciers privilégiés ne contribuent pas à cette perte commune ; ils doivent, conformément aux art. 2073, 2101 et 2102 du Code civil, toucher la totalité de ce qui leur est dû, avant que tout autre puisse concourir à la distribution.

L'ordonnance de 1667 était muette sur cette importante procédure, qui complète l'exécution mobilière des jugemens et des actes. Avant la publication du Code, elle était régie par autant de réglemens particuliers qu'il y avait de Cours souveraines, et pour ainsi dire de jurisdictions. Aussi l'orateur du Gouvernement remarquait-il qu'on ne suivait point au Châtelet de Paris la même marche qu'au Parlement, et qu'il fallait encore d'autres règles pour les pays où les meubles étaient susceptibles d'hypothèques.

En Bretagne, l'huissier, incontinent après la vente, remettait le prix au saisissant, à moins qu'il n'y eût sur le denier une ou plusieurs oppositions, auquel cas il fallait jugement, dont la poursuite n'étant soumise à aucune procédure particulière, autorisait des assignations à tous les opposans, et des dénonciations d'où résultaient une foule d'écritures et de jugemens, dont le seul effet était de retarder la distribution en multipliant les frais

Dans les dispositions du Code qui régissent aujourd'hui cette matière, le législateur a emprunté à l'ancienne procédure du Châtelet, tout ce qu'elle offrait de propre à diminuer les frais et à hâter les distributions. Il a de plus amélioré le système qui lui a servi de modèle, en établissant une procédure rapide pour régler le sort des créanciers privilégiés, en la débarrassant des assignations nombreuses qu'elle autorisait à donner à tous les opposans, et des inutiles et dispendieuses dénonciations, qui enfantaient une foule d'écritures et de frais (1).

ARTICLE 656.

Si les deniers arrêtés ou le prix des ventes ne suffisent pas pour payer les créanciers, le saisi et le créancier seront tenus, dans le mois, de convenir de la distribution par contribution.

C. de P., art. 579, 635, 659, 749 et 990.

CCCCLXXXVII. MALGRÉ la simplicité du système organisé par le Code, le législateur, toujours dans le vœu de prévenir les frais et les sentences, n'a dû

---

(1) Par exemple, si le montant des deniers arrêtés, ou le produit des meubles vendus, ne formait que la moitié de la somme totale des créances, chaque créancier ne recevrait que la moitié de la sienne : c'est de là que la répartition du denier prend le nom de *distribution par contribution*.

(2) Ces observations générales sur l'ensemble du titre suffisent pour l'explication des motifs de la presque totalité des articles qui le composent ; elles nous dispensent de tout commentaire particulier, qui ne pourrait consister qu'à appliquer ces observations à chacune de leurs dispositions.

permettre d'avoir recours aux formalités de la distribution par autorité de justice, qu'après que tout espoir d'une nouvelle distribution amiable serait perdu. Tel est le motif du délai qui doit s'écouler conformément à l'article ci-dessus, entre la vente et la demande judiciaire tendante à cette distribution des deniers qu'elle a produits.

2157. *La distribution par contribution a-t-elle lieu en toute espèce de saisie?*

Le prix résultant, soit d'une poursuite par saisie-arrêt, soit de la vente par saisie-exécution ou par saisie-brandon, soit enfin de la vente d'une rente, étant chose mobilière, doit, s'il ne suffit pas pour payer tous les créanciers, être, comme nous l'avons dit, distribué entre eux au marc le franc et par contribution. — (*Voy. Exposé des motifs du titre de la saisie des rentes, par M. le conseiller d'état Réal, pag.* 206). (1)

Mais la distribution par contribution n'a pas seulement lieu pour le prix d'une saisie mobilière; elle devient encore nécessaire par suite d'une vente d'immeubles saisis, soit lorsque les créances hypothécaires étant payées, il existe des créanciers chirographaires, soit lorsque le produit de la vente est inférieur à des privilèges ou hypothèques qui se trouvent en concours. — (*Voy. Code civ., art.* 2097 *et* 2147, *et Demiau Crouzilhac, ubi suprà, pag.* 428).

2158. *L'art.* 656 *disant que le saisi et les créanciers* SERONT TENUS, *dans le mois, de convenir de la distribution, en résulte-t-il qu'ils doivent justifier d'en avoir fait la tentative?*

Non seulement on n'a pas besoin, pour être admis à poursuivre la distribution en justice, de justifier que l'on a essayé de convenir de la distribution à l'amiable; mais encore il n'est pas de nécessité absolue de faire cet essai, puisque la loi n'indique aucun mode pour tenter cette conciliation, et que le tarif ne passe en taxe aucun acte qui ait le moindre rapport à cet objet : la disposition de l'art. 656 est donc absolument facultative, et si elle est conçue en termes impératifs, ce n'est, comme le dit M. le conseiller d'état Réal (*voy. édit. de F. Didot, pag.* 208), qu'afin que les juges et les créanciers soient bien pénétrés du vœu du législateur qu'il se fasse une distribution à l'amiable. Il suit de là que le silence des parties pendant un mois suffit pour établir un refus tacite de s'accorder, d'après lequel l'art. 657 et les suivans peuvent recevoir leur exécution; mais il ne suit pas de ce que nous disons ici, que le saisi ou l'un des créanciers ne puisse sommer les parties intéressées de se régler à l'amiable, et il est même très-prudent de le faire, pour mettre les frais de la distribution en justice à la charge de celui qui, sans motifs, l'aurait occasionnée. — (*Voy. Demiau Crouzilhac, pag.* 430).

2159. *De ce que la loi porte que le saisi et les créanciers seront tenus de con-*

---

(1) Ainsi, il y aurait lieu à cette distribution, alors même qu'il n'y aurait qu'une somme suffisante pour acquitter la créance du *saisissant*, attendu que cette qualité ne lui donne aucun privilège, comme paraîtrait le supposer M. Commaille, tom. 2, pag. 230, et que la saisie n'empêche pas que, selon le vœu des art. 2093 et 2094 du Code civil, les objets saisis ne continuent d'être le gage commun de tous les créanciers. — (*Bruxelles, 11 déc.* 1806, *Jurisp. des Cours souv., tom.* 5, *pag.* 249, *et Demiau Crouzilhac, pag.* 427).

venir de la distribution par contribution, s'ensuit-il qu'ils ne puissent convenir de tout autre emploi des deniers?

Non sans doute : leur concordat est susceptible de toute espèce de modifications, et ils ont toute liberté sur la destination des deniers, pourvu qu'ils s'accordent avec la partie saisie (*Locré, tom. 3, pag.* 127), et que leurs conventions n'aient rien de contraire à l'ordre public et aux bonnes mœurs. — (*Code civ., art.* 6.)

2160. *Dépend-il d'un créancier de mettre obstacle à la distribution à l'amiable, sans justifier de justes motifs?*

Le vœu du législateur, exprimé en termes impératifs, que la distribution se fasse à l'amiable, nous paraît exposer aux frais qu'il aurait occasionnés tout créancier qui, sans bonne et valable raison, mettrait obstacle à une distribution à l'amiable. — (*Voy.* 2158ᵉ. *quest.*)

2161. *De quel jour commence à courir le délai d'un mois, donné par l'art.* 656?

C'est du jour de la vente, dit M. le conseiller d'état Réal (*ubi suprà*), c'est-à-dire du jour de la clôture du procès-verbal de vente ; mais lorsqu'il s'agit de distribuer des deniers saisis-arrêtés, ce délai courrait à compter de la signification du jugement qui déclarerait la saisie valable, fixerait ce que doit le tiers saisi, et ordonnerait qu'il en viderait ses mains pour la distribution avoir lieu, ainsi que le veut l'art. 579. — (*Voy. Pigeau, tom.* 2, *pag.* 165 ; *Delaporte, tom.* 2, *pag.* 233, *et Hautefeuille, pag.* 356).

A cet égard, l'art. 8 de l'ordonnance du 3 juillet 1814 tranche toute difficulté, en disposant « que ce délai comptera, pour les sommes saisies-arrêtées, du jour » de la signification au tiers saisi du jugement qui fixe ce qu'il doit rapporter.

» S'il s'agit de deniers provenant de ventes ordonnées par justice, ou résul- » tant de saisies-exécutions, saisies foraines, saisies-brandons, ou même de » ventes volontaires auxquelles il y aurait eu des oppositions, du jour de la der- » nière séance du procès-verbal de vente.

» Enfin, s'il s'agit de deniers provenant de saisies de rentes ou d'immeubles, » du jour du jugement d'adjudication. »

ARTICLE 657.

Faute par le saisi et les créanciers de s'accorder dans ledit délai, l'officier qui aura fait la vente sera tenu de consigner, dans la huitaine suivante, et à la charge de toutes les oppositions, le montant de la vente, déduction faite de ses frais, d'après la taxe qui aura été faite par le juge sur la minute du procès-verbal ; il sera fait mention de cette taxe dans les expéditions.

T., 42. — Ordonn. de 1667, tit. 38, art. 21. — C. C.,art. 1259. — C. de P., art. 659, 814. — Ordonn. du Roi, du 3 juillet 1816.

2162. *Le tiers saisi et l'adjudicataire d'une rente sont-ils tenus de consigner, l'un ce dont il a été jugé débiteur, l'autre le prix de son adjudication?*

Les auteurs distinguaient à cet égard, et l'opinion la plus générale était, comme nous le disions n.° 1973 de notre Analyse, que le tiers saisi pouvait être contraint à consigner, lorsque le jugement ne portait pas que les fonds resteraient entre ses mains jusqu'à l'adjudication; mais que l'adjudicataire d'une rente n'était tenu à cette obligation qu'autant que cette condition avait été insérée dans le cahier des charges. L'ordonnance du 3 juillet 1816 n'admet aucune distinction. L'art. 2, § 7, exige en effet la consignation « de toutes sommes sai-
» sies et arrêtées entre les mains de dépositaires ou débiteurs à quelque titre
» que ce soit, de celles qui proviendraient des ventes de biens-meubles de toute
» espèce, par suite, de toute sorte de saisies, ou même de ventes volontaires,
» lorsqu'il y aura des oppositions, dans les cas prévus par les art. 656 et 657
» du Code de procédure. » (1)

2163. *Appliquerait-on l'art. 657 au curateur à une succession vacante ?*

Non, ce serait l'art. 813 du Code civil, qui règle en ce cas ce qu'on doit faire du produit des ventes; mais aujourd'hui, la consignation doit avoir lieu. — (*Voy. la note*). (2)

2164. *Qu'entend-on par ces mots de l'art. 657,* a la charge de toutes les oppositions *?*

Ces mots expriment que la consignation se fait sous la condition, première-ment, que le préposé de la caisse d'amortissement, qui en reçoit le montant, ne remettra le prix ni au saisi ni à ses créanciers, tant que subsisteront les oppositions faites sur ce prix entre les mains du saisissant ou de l'officier qui aura procédé à la vente (*art.* 660)*; secondement, qu'il ne le remettra qu'aux per-sonnes désignées par le jugement ou par l'ordonnance du juge qui aura statué sur les oppositions. — (*Voy. Jousse, sur l'art. 20 du tit. 33 de l'ordonnance de* 1667). (3)

2165. *L'officier qui a fait la vente peut-il retenir par ses mains le montant des frais qui lui sont dus ?*

Oui, puisque l'art. 657 porte qu'il consignera le montant de la vente, *dé-duction faite de ses frais,* d'après la taxe. C'était aussi ce qui se pratiquait sous l'empire de l'ordonnance. (*Voy. Jousse, sur l'art. 21 du tit.* 33). Ainsi l'on ne doit pas suivre l'opinion des auteurs du Praticien, tom 4, pag. 285, en ce qu'ils

_____

(1) Cette consignation doit être faite dans la huitaine, à compter de l'expiration du délai fixé par l'art. 656, *suprà,* pour procéder à la distribution à l'amiable. — (*Ordonn. du* 3 *juill.* 1816, *art.* 8).

(2) Par arrêt du 30 novembre 1812, la Cour de Rennes avait aussi jugé que l'huissier-priseur n'était pas tenu à la consignation du prix de vente de meubles faite à requête du curateur. L'ordonnance du 3 juillet dispose autrement au § 13 de l'art. 2, portant que les sommes de deniers trouvés dans une succession vacante, *ou provenant du prix des biens d'icelle,* seront consignées.

(3) Nous trouvons ici l'occasion de rappeler que, d'après une circulaire de S. Exc. le ministre de la justice, en date du 1.er septembre 1812, tout jugement qui ordonne le rem-boursement de sommes consignées doit être rendu, non sur simple requête, mais à l'au-dience, et contradictoirement avec toutes les parties intéressées; il ne peut être exécuté qu'en observant les formes prescrites par l'art. 548.

Au surplus, l'ordonnance du 3 juillet a réglé tout ce qui est relatif à cet objet et au délivrement des fonds consignés. — (*Voy. la sect.* 3, *art.* 12—17).

pensent que l'officier qui a fait la vente doit consigner, sauf à lui à réclamer le paiement de ses frais (1).

2166. *Entre les mains de qui la minute du procès-verbal de vente doit-elle rester ?*

Il résulte clairement des dispositions de l'art. 657, combinées avec celles des art. 41 et 42 du tarif, qu'aujourd'hui comme sous l'empire de l'ordonnance (*voy. Jousse et Rodier, sur l'art.* 21), la minute reste entre les mains de l'officier qui a fait la vente, pour qu'il en délivre des expéditions sur le réquisitoire des parties.

ARTICLE 658.

Il sera tenu au greffe un registre des contributions, sur lequel un juge sera commis par le président, sur la réquisition du saisissant, ou, à son défaut, de la partie la plus diligente; cette réquisition sera faite par simple note portée sur le registre.

T., 95. — C. de P., art. 750, 777. — Ordonn. du 3 juill. 1816, art. 4.

2167. *A qui appartient la poursuite de la distribution ?*

Elle appartient à celle des parties intéressées qui, la première, a requis la nomination du commissaire.

2168. *Comment se fait cette réquisition ?*

Elle se fait par un acte que l'avoué inscrit sur le registre destiné aux contributions (2). Si plusieurs avoués se présentent en même tems, le président du tribunal décide sur-le-champ, sans procès-verbal, sans frais et sans appel ou opposition, quel sera celui dont la réquisition sera reçue. (*Voy. tarif, art.* 95). Mais ce magistrat a toujours soin de prononcer en faveur de celui auquel l'intérêt commun des parties assigne la préférence. — (*Voy. Pigeau, tom.* 2, pag. 167).

2169. *Qu'arriverait-il, si le poursuivant négligeait de faire les actes nécessaires à la distribution ?*

En cette circonstance, disait Jousse, sur l'art. 20 du tit. 33 de l'ordonnance, un des opposans peut demander à l'audience à être subrogé à la poursuite; ce qui lui est accordé, dès qu'il justifie que le poursuivant a négligé ou abandonné la procédure. Nous pensons qu'il doit en être de même aujourd'hui, d'autant que le même mode est expressément autorisé pour l'ordre par l'art. 779. — (*Voy. Pigeau, tom.* 2, pag. 189 et suiv.).

2170. *Quel est le tribunal qui doit connaître de la distribution? Qu'arriverait-*

----

(1) On sent qu'avant de consigner, le tiers saisi, qui n'aurait pas été autorisé à conserver les deniers, retiendrait également le montant de ses frais suivant la taxe. Du moins l'ordonnance du 3 juillet ne contient aucune disposition contraire à cette opinion, qui était certaine sous l'empire de l'ordonnance.

(2) Cet acte doit contenir mention de la date et du numéro de la consignation qui a été faite des deniers à distribuer; autrement, on ne pourrait procéder à la distribution, à peine de tous dommages contre les avoués. — (*Ordonn. du 3 juill., art.* 4).

il si *plusieurs saisies, exercées contre le même débiteur par les mêmes créanciers, avaient donné lieu à des distributions de deniers devant deux tribunaux ?*

Le tribunal compétent pour connaître de la distribution, est celui auquel il appartenait de connaître de la saisie. (*Voy. Berriat Saint-Prix, pag.* 556, *not.* 15). Mais si deux saisies, faites contre le même débiteur, donnaient lieu à une distribution dans deux tribunaux différens, il deviendrait nécessaire de réunir les deux procédures, et de les continuer devant le tribunal qui aurait été le premier saisi de l'une de ces poursuites. — (*Cassat.,* 23 août 1809, *Sirey, tom.* 10, *pag.* 36).

ARTICLE 659.

Après l'expiration des délais portés aux art. 656 et 657, et en vertu de l'ordonnance du juge commis, les créanciers seront sommés de produire, et la partie saisie de prendre communication des pièces produites, et de contredire, s'il y échet.

T., 29, 96 et 132. — C. de P., art. 752 et 753.

2171. *Comment se demande, s'accorde et s'exécute l'ordonnance en vertu de laquelle les créanciers sont sommés de produire?*

Elle est demandée par requête. (*Voy. tarif, art.* 96). Le juge-commissaire ouvre son procès-verbal par la mention qu'il en fait (*arg. de l'art.* 735); c'est ensuite au poursuivant à la signifier à chaque opposant par acte d'avoué, sinon à partie, à défaut d'avoué. — (*Arg., tarif, art.* 29 *et* 132; *Code de procéd., art.* 753).

ARTICLE 660.

Dans le mois de la sommation, les créanciers opposans, soit entre les mains du saisissant, soit en celles de l'officier qui aura procédé à la vente, produiront, à peine de forclusion, leurs titres ès mains du juge commis, avec acte contenant demande en collocation et constitution d'avoué.

T., 29 et 97. — C. de P., art. 664 et 754.

2172. *L'acte de demande en collocation doit-il être signé de l'avoué constitué, et signifié aux autres parties?*

Cet acte de conclusions, par lequel chaque créancier fixe sa demande en collocation, doit être signé de l'avoué dont il contient la constitution; c'est du moins ce qui paraît résulter par analogie de l'art. 754 (*voy. Pigeau, tom.* 2, *pag.* 169); mais l'art. 97 du tarif porte qu'il ne sera pas signifié : ainsi, chaque avoué présente les titres et l'acte de conclusions de sa partie au juge-commissaire, qui en fait mention sur son procès-verbal. — (*Arg. de l'art.* 754).

2173. *Les créanciers opposans sont-ils forclos par la seule expiration du délai fixé par l'art.* 660?

Oui, selon M. Thomines Desmasures, pag. 241, et M. Pigeau, tom. 2,

pag. 181. On dit, pour l'opinion contraire, que l'art. 660 ne porte pas expressément que la forclusion aura lieu de plein droit; qu'il faut donc qu'elle soit
prononcée par le juge, et que jusque là on peut utilement produire. A la
vérité, deux arrêts de la Cour de Paris, l'un du 1ᵉʳ. juin 1807 (*Sirey, tom.* 15,
pag. 175), l'autre du 13 août 1811 (*Sirey, tom.* 00, *pag.* 000), ont décidé
que le créancier opposant ne peut être relevé de la forclusion en produisant
ses titres après le réglement provisoire. Mais on répond que ces deux arrêts ne
sauraient fournir d'objection contre cette opinion, puisque le juge-commissaire, en dressant provisoirement l'état de contribution, avait prononcé la
forclusion contre les créanciers (1).

Nous ne saurions admettre cette solution, contre laquelle l'art. 1029 nous
paraît fournir un argument invincible, puisqu'il dispose qu'aucune des nullités,
amendes et *déchéances* prononcées par le Code, n'est *comminatoire*. Or, une
forclusion n'est autre chose qu'une *déchéance :* on ne peut donc dire, sans
donner à cette peine le caractère de *comminatoire,* qu'elle n'est pas encourue
au moment où le délai fixé pour les productions est expiré. A la vérité, le
législateur n'a point, en semblable circonstance, prononcé la forclusion pour
l'ordre. (*Art.* 757). M. Pigeau a donné les motifs de cette différence ; mais
quand il n'en existerait aucun, ne serait-il pas déraisonnable de conclure de
ce que le législateur n'a pas prononcé une peine dans un cas, que l'on ne doit
pas appliquer celle qu'il a prononcée dans un autre ?......

2174. *Quand la forclusion est acquise contre les créanciers opposans qui n'ont pas
produit, ces créanciers ne pourraient-ils pas du moins être relevés de la déchéance, si
la masse des deniers à distribuer avait été augmentée depuis cette forclusion?*

L'arrêt du 27 juin, cité ci-dessous, à la note, prouve que la circonstance

---

(1) On ajoute, au reste, comme une raison péremptoire, que, dans l'art. 664, le législateur, en prononçant aussi contre les créanciers et la partie saisie, la forclusion de prendre
communication de l'état de distribution, a eu soin de dire qu'elle aurait lieu sans nouvelle
sommation ni jugement. Or, si son intention avait été d'être aussi rigoureux pour le cas
prévu par l'art. 660, il se fût prononcé de la même manière.

C'est en ce sens aussi que le tribunal civil de Sens expliquait cet article, dans un jugement du 11 avril 1811, rapporté au Journal des avoués, tom. 4, pag. 79 ; et il est à remarquer que si ce jugement a été réformé par un arrêt de la Cour de Paris, du 27 juin
de la même année (*voy. même Journ.*, *pag.* 77), ce n'a été qu'à raison d'une circonstance
particulière, qui exigeait évidemment que l'on prononçât dans un autre sens.

Cette circonstance consistait en ce que le créancier contre lequel la forclusion avait été
acquise ne s'était pas rendu opposant. La Cour a considéré que la règle posée dans l'art. 660
ne concernait que *les créanciers opposans*, et en conséquence, elle a réformé le jugement
de première instance qui, en s'appuyant sur cette règle, avait dégagé de la forclusion un
créancier non opposant, qui, bien que sommé de produire, ne l'avait pas fait dans le délai.

Et en effet, un tel créancier, qui ne s'est pas mis en mesure de figurer dans l'instance
de distribution, ne saurait en retarder la clôture. Si, en le sommant de produire, on le
fait participer aux avantages des créanciers opposans, c'est sous la condition qu'il pro-
duira dans le délai qui lui est fixé ; autrement, il encourt une déchéance irrévocable, et
il n'a pas droit de s'en plaindre, puisqu'on pouvait se dispenser de l'appeler dans l'instance.

Telles sont, dans toute leur force, les raisons d'après lesquelles on soutient que la forclusion dont il s'agit dans l'art. 660 n'est point acquise de plein droit, et que, conséquemment, les créanciers peuvent produire (*voy. Delaporte, tom.* 2, *pag.* 241) aussi long-tems
que le commissaire n'a pas encore procédé à l'état de distribution.

que les deniers à distribuer ont été augmentés, est tout à fait indifférente, relativement à la forclusion, puisqu'il a prononcé cette forclusion sans considérer cette circonstance, qui était présentée comme moyen principal. Nous croyons aussi qu'elle ne saurait rien changer à l'état des choses au moment où la forclusion aurait été prononcée; mais, d'un autre côté, les non produisans auraient à venir en concours sur les fonds qui resteraient en excédant, après l'entier paiement des créanciers qui auraient produit; c'est-à-dire qu'il en serait ici comme du cas où, à raison de la forclusion qui aurait écarté quelques créanciers, la somme à distribuer ne serait pas absolument absorbée par le paiement des créances des produisans et par les frais : alors les non produisans viennent en concurrence sur cet excédant. — (*Voy. Berriat Saint-Prix,* *pag.* 557, *not.* 18).

ARTICLE 661.

Le même acte contiendra la demande afin de privilége. Néanmoins, le propriétaire pourra appeler la partie saisie et l'avoué plus ancien, en référé, devant le juge-commissaire, pour faire statuer préliminairement sur son privilége pour raison de loyers à lui dus.

T., 29, 98 et 97. — C. C., art. 2102. — C. de P., art. 806 et suiv.

2175. *Comment s'exécute la disposition de l'art.* 661, *relative à la demande* *que ferait le propriétaire, afin de faire statuer préliminairement sur son privilége,* *pour raison des loyers qui lui seraient dus?*

Cette disposition s'exécute ainsi qu'il suit : le propriétaire appèle le saisi en référé devant le juge-commissaire, par sommation à l'avoué constitué par celui-ci, sinon à personne ou domicile (*voy. tarif,* art. 98); il appèle également l'avoué le plus ancien, qui est celui qui se trouve, lors de la demande, le plus ancien des opposans fondés en titre authentique, lequel est chargé de l'intérêt commun. — (*Voy. Pigeau, tom.* 2, *pag.* 167, 1°., 2°., *et pag.* 170, 3°.)

Ces sommations sont données au jour indiqué verbalement par le juge-commissaire, attendu qu'aucune disposition ne prescrit d'obtenir une ordonnance. Ce magistrat prononce, *même en défaut,* ainsi qu'il y est autorisé par l'art. 98 du tarif, et s'il admet la demande du propriétaire, les sommes dues à celui-ci sont extraites de la masse à distribuer, pour lui être payées de suite. — (*Pigeau, ubi suprà, pag.* 171).

ARTICLE 662.

Les frais de poursuite seront prélevés par privilgée, avant toute créance autre que celle pour loyers dus au propriétaire.

C. C., art. 2101, n.° 1, et 2102. — C. de P., art. 716.

2176. *Quels sont les frais qui doivent,* COMME FRAIS DE POURSUITES, *être préle-*

vés par privilége, avant toute créance AUTRE QUE CELLE POUR LOYERS *dus au propriétaire ?*

Parmi les jurisconsultes qui ont écrit, soit sur le Code civil, soit sur le
Code de procédure, les uns (*voy. Delaporte, tom. 2, pag.* 238 ; *Praticien, tom.* 4,
pag. 289) ont pensé qu'il suivait de la disposition de l'art. 662, que le privilége du locateur primait même les frais de justice, et confondant ainsi ces
frais avec ceux de poursuites, l'on a cru qu'il existait en cela une opposition
entre cette disposition et l'art. 2101 du Code civil, qui met les frais de justice
avant tous autres priviléges; d'autres (*voy. Delvincourt, Institut. du droit civil,
pag.* 240, *et Pigeau, tom.* 2, *pag.* 177 *et* 178) estiment que les frais de poursuites sont ceux d'entre les frais de justice qui ont pour objet seulement la poursuite en contribution.

C'est, à notre avis, cette dernière opinion qui doit être suivie (1).

---

(1) Pour le prouver, il faut se fixer sur ce qu'on doit entendre en général par frais de
justice. M. Tarrible (*voy. nouv. Répert., v.°* privilége, *sect.* 3, § 1, *pag.* 804) les définit
très-bien ceux qui sont faits pour scellés, inventaire, poursuites et ventes des objets affectés
aux créances, ordre et distribution de deniers, et, en un mot, tous ceux qui ont pour
objet la conservation du gage, et sa conversion en une somme liquide susceptible de distribution.

Ainsi, tous les frais qui ont été faits par une partie, afin de se procurer un titre qu'elle
n'avait pas, de faire juger une contestation, et d'obtenir une condamnation, ne sont point
des frais de justice, mais des frais que la loi qualifie *frais et dépens*, et qui ne jouissent que
des priviléges attachés à la nature de la créance pour laquelle ils ont été faits.

Cherchons maintenant quels sont, parmi les frais de justice, ceux que l'on doit considérer comme frais de poursuites. Faire des frais de poursuites, c'est, dira-t-on, employer
les voies de droit pour faire exécuter un titre. Ainsi, saisir, vendre, provoquer la distribution du prix des objets vendus, c'est faire des poursuites : les frais de poursuites seraient,
en ce sens, tous ceux des frais de justice ci-devant indiqués, qui ont pour objet la saisie,
la vente et la distribution du denier.

Mais l'art. 557 autorisant l'officier qui a fait la vente à retenir ses frais par mains, il
importe peu de considérer si les frais de vente sont frais de justice ou frais de poursuites,
puisqu'ils priment évidemment toute créance, la distribution n'ayant lieu que sur les fonds
restant après qu'ils ont été déduits : il ne resterait donc, parmi les frais de poursuites,
que ceux de saisie, qui comprennent ceux de commandement et ceux de distribution de
deniers.

Cela posé, il s'agit d'examiner si, d'après l'art. 662, le propriétaire, pour raison de
fermages à lui dus, peut avoir la préférence sur tous ces frais indistinctement, attendu
qu'ils seraient des frais de poursuites.

Nous ne le croyons pas, parce que les frais de commandement et de saisie ont été nécessaires pour procurer au propriétaire lui-même le paiement de ses loyers. Si un autre
créancier ne les eût pas faits, il eût été obligé de les faire (*art.* 819 *et suiv.*) : ces frais
restent donc au nombre des frais de justice, et, comme tels, ils sont préférables aux loyers,
parce qu'il n'y a aucune raison pour que le législateur en eût autrement disposé, et fait
ainsi une sorte d'exception à l'art. 2102, § 3, qui accorde un privilége à tous frais faits
pour la conservation de la chose. Il en est des frais dont il s'agit comme de ceux de vente,
que l'officier instrumentaire prélève avant de consigner, parce qu'ils sont préférables à toutes
créances, attendu qu'ils ont été faits pour en assurer le paiement. (*Voy. n°.* 2165). Vainement
objecterait-on que *saisir* c'est *poursuivre* : nous répondons que les motifs qui ont dicté l'article 662 prouvent à suffire que le législateur n'a pas entendu employer ces mots, *frais de
poursuites*, dans une acception si générale, et que d'ailleurs le texte, loin de répugner à
notre interprétation, viendrait au contraire l'appuyer ; car, en ne fixant point quelle sera
l'espèce des frais de poursuites qui seront primés par la créance du propriétaire, il est

2177. *De ce que l'art.* 662 *veut que les frais des poursuites soient prélevés par privilége avant* TOUTE *créance* AUTRE *que celle pour loyers dus au propriétaire, doit-on conclure que cette dernière créance doive nécessairement primer tous les autres priviléges?*

L'art. 656 du projet était ainsi conçu : *Les frais de poursuites seront prélevés, par privilége, avant toute autre créance.* On a ajouté, dans le Code, les mots suivans : *Autre que celle pour loyers dus au propriétaire.* Ainsi, avant cette addition, on n'avait point l'intention de donner aux loyers un privilége sur toute espèce de créance ; et il serait difficile de penser que le législateur, en la faisant, eût entendu autoriser une semblable conséquence, qui détruirait tous les principes établis sur l'ordre des priviléges, par les art. 2101 et 2102 du Code civil. Nous croyons donc que l'on doit décider avec M. Berriat Saint-Prix, pag. 559 et 560, not. 34, observ. 1re. que l'addition dont il s'agit n'a été insérée dans le Code que par forme d'exception, et pour montrer que si l'on fait, par suite de saisies, une distribution de prix de meubles, la créance du propriétaire est préférable aux frais de poursuites (1), parce qu'il a le droit de saisir les meubles soumis à son privilége (*art.* 819), sans attendre une distribution (2).

ARTICLE 663.

Le délai ci-dessus fixé expiré, et même auparavant, si les créanciers ont produit, le commissaire dressera, en suite de son procès-verbal, l'état de distribution sur les pièces produites ; le poursuivant dénoncera, par acte d'avoué, la clôture du procès-verbal aux créanciers produisans et à la partie saisie, avec sommation d'en prendre communication, et de contredire sur le procès-verbal du commissaire dans la quinzaine.

T., 29, 99, 100. — C. de P., art. 666 et 755.

2178. *Est-on obligé de requérir le juge-commissaire à l'effet qu'il dresse l'état de collocation?*

---

naturel de penser que le législateur n'a entendu parler que de ceux qui résultent de l'objet du titre où se trouve l'article, et qui est *la poursuite de la distribution.*

Bien différens des frais de commandement, de saisie et de vente, ces frais de distribution ne sont faits, sous aucun rapport, dans l'intérêt du propriétaire, puisqu'il passe avant tous ceux qui y sont colloqués, et qu'il peut même (*art.* 661) faire statuer préliminairement sur son privilége : de là résultait la nécessité de déclarer que ce privilége primerait celui des frais. Ceci démontre, selon nous, que l'art. 662 ne s'entend que des frais de distribution, et qu'en conséquence tous autres frais de justice continuent d'être préférés, conformément à l'art. 2101, à toutes autres créances. D'après ces observations, il devient peu intéressant d'examiner s'il se trouve en cela quelque opposition entre les deux articles. M. Lepage nous paraît avoir démontré le contraire dans ses Questions, pag. 429.

(1) Le créancier poursuivant ne doit pas pour cela être préféré aux créanciers opposans ; il vient à contribution dans la même proportion que les autres créanciers. — (*Bruxelles,* 11 *déc.* 1806, *Sirey, tom.* 7, *pag.* 243).

(2) Sur les difficultés que peut présenter la rédaction d'un état de distribution, lorsque plusieurs priviléges concourent, nous conseillons de lire l'article *privilége,* au nouveau

Non; le juge doit y procéder d'office après l'expiration du délai. — *(Voy. Delaporte, tom. 2 , pag. 240).*

2179. *Le procès-verbal doit-il être levé et signifié?*

Non, d'après l'art. 99 du tarif, qui dispose en outre que ce procès-verbal ne sera enregistré que lors de la délivrance des mandats aux créanciers.

ARTICLE 664.

Faute par les créanciers et la partie de prendre communica-tion ès mains du juge-commissaire dans ledit délai, ils demeu-reront forclos, sans nouvelle sommation ni jugement; il ne sera fait aucun diré, s'il n'y a lieu à contester.

C. de P., art. 756 et 757.

2180. *Le juge-commissaire pourrait-il, jusqu'à la clôture du procès-verbal, recevoir les contredits qui surviendraient après la quinzaine fixée par l'art. 664?*

M. Delaporte, tom. 2, pag. 241, estime que ce délai n'est établi que pour fixer un terme au-delà duquel on ne soit plus obligé d'attendre les parties né-gligentes, mais qu'elles peuvent faire valoir leurs droits, tant que le procès-verbal est encore ouvert. Nous rejetions cette opinion, n°. 1991 de notre Analyse, par le motif que l'art. 664 prononce que la forclusion a lieu de plein droit. (*Voy. quest.* 2182). Mais le mérite de cette observation a été contesté par arrêt de la Cour de Rennes, du 31 mai 1813. Cette Cour a déclaré que le délai n'était pas péremptoire, et qu'ainsi tant que le procès-verbal n'avait pas été clos définitivement et irrévocablement, les créanciers en retard pouvaient fournir leurs contredits, mais à leurs frais, suivant l'art. 757, dont on ne peut contester l'analogie avec la disposition de l'art. 664.

Nous n'en persistons pas moins à croire que le texte formel de l'art. 664 ne permettait pas de décider de la sorte. Si l'art. 757 dispose autrement, en ma-tière d'ordre, ce n'est pas une raison lorsque les termes sont précis, en matière de distribution, pour décider par induction le contraire de ce qu'ils expriment.

ARTICLE 665.

S'il n'y a point de contestation, le juge-commissaire *clorra* son procès-verbal (1), arrêtera la distribution des deniers, et ordonnera que le greffier délivrera mandement aux créanciers, en affirmant par eux la sincérité de leurs créances.

T., 101. — C. de P., art. 548, 670, 711 et 759.

2181 *Comment doit être faite l'affirmation exigée par l'art. 665?*

Répertoire, tom. 9, pag. 791, et particulièrement la sect. 2, § 1, n.° 8, où le savant jurisconsulte, auteur de cet article (M. Tarrible), propose un projet de distribution.

(1) *Clorra,* c'est-à-dire déclarera *définitif* son état ou réglement *provisoire* de distribu-tion. — (*Paris, 3 août* 1812, *Journ. des avoués, tom.* 6, *pag.* 96).

Elle doit être faite entre les mains du greffier, par le créancier *en personne*, assisté de son avoué, mais sans qu'il soit besoin de donner assignation aux autres parties. Il en est dressé procès-verbal séparé, que l'avoué doit signer, ainsi que la partie, si elle sait ou peut signer.

Dans le cas où la partie ne pourrait se rendre au greffe, nous croyons, comme M. Demiau Crouzilhac, pag. 432, qu'il faut présenter une requête au juge-commissaire, afin qu'il commette, pour recevoir l'affirmation, le juge de paix, ou tel autre juge du lieu où réside le créancier.

Mais M. Delaporte, tom. 2, pag. 242, dit que cette affirmation se fait avec les solennités du serment. Nous ne saurions admettre cette opinion, d'après les raisons que nous avons exposées sur les quest. 566°. et 1867°. Aussi nul autre commentateur n'a-t-il dit que l'affirmation de créances dût être asser-mentée, et M. Pigeau, tom. 2, pag. 187, dans la formule qu'il donne, ne fait-il pas mention de cette formalité; ce qui prouve qu'il ne pense pas qu'elle doive être observée.

2182. *Doit-on, indépendamment des mandemens, délivrer une expédition du procès-verbal?*

Non; car ce serait un double emploi, les mandemens contenant *collective-ment* la totalité du procès-verbal. — (*Voy. tarif, art.* 101, *et la formule donnée par M. Pigeau, tom.* 2, *pag.* 187).

2183. *Le mandement est-il exécutoire?*

Oui sans doute, puisqu'il est délivré en vertu d'un acte émané du juge. — (*Arg. de l'art.* 771).

2184. *Lorsque les deniers à distribuer ont été consignés, le porteur du mande-ment peut-il, sur la simple représentation qu'il en fait, toucher le montant de sa collocation?*

Non; il faut qu'il représente en outre au receveur des consignations les certificats exigés par l'art. 548 (*voy. la circ. du ministre, citée sur la quest.* 2164°., *et Demiau Crouzilhac, pag.* 432); et en outre, d'après l'art. 17 de l'ordon-nance du 3 juillet, il faut que l'état de collocation prescrit par cet article ait été remis à la caisse des consignations par le greffier du tribunal.

ARTICLE 666.

S'il s'élève des difficultés, le juge-commissaire renverra à l'audience; elle sera poursuivie par la partie la plus diligente, sur un simple acte d'avoué à avoué, sans autre procédure.

C. de P., art. 82, 405, 758 et 761.

2185. *Si les contestations ne concernent que des créanciers contribuables et non les privilégiés, ou si elles ne sont élevées que relativement à des créanciers privi-légiés d'une classe inférieure, le commissaire pourrait-il, en renvoyant à l'au-dience, arrêter la distribution pour ces créances privilégiées qui ne seraient pas contestées?*

C'est notre opinion, fondée sur ce que le jugement à rendre sur les créances

Tom. II.   64

contestées, ne peut ici avoir la moindre influence touchant celles qui ne le sont pas, et sur une juste induction de l'art. 758, qui décide ainsi pour l'ordre à l'égard des créances antérieures à celles qui seraient contestées. — (*Voy. Pigeau, tom. 2, pag.* i83).

ARTICLE. 667.

Le créancier contestant, celui contesté, la partie saisie, et l'avoué le plus ancien des opposans, seront seuls en cause ; le poursuivant ne pourra être appelé en cette qualité.

C. de P., art. 669 et 760, *in fine.*

CCCCLXXXVIII. Cette disposition a pour motif que le concours des parties autres que celles qu'elle désigne est inutile ; ces dernières suffisent pour veiller aux intérêts de toutes. — (*Voy. Jousse, sur l'art.* 12, *tit.* 33 *de l'ordonn.*)

2186. *Si l'une des parties que l'on doit mettre en cause, d'après l'art.* 667, *n'avait pas d'avoué, comment l'appellerait-on à l'audience?*

On l'appellerait par exploit à personne ou domicile, puisqu'en cette circonstance il est impossible d'exécuter l'art. 666, qui veut que l'audience soit poursuivie sur un simple acte d'avoué à avoué.

2187. *Est-il des cas où, pour défendre à la contestation, on doive appeler un autre avoué que l'avoué le plus ancien?*

M. Pigeau, *ubi suprà,* pag. i84, en indique deux : premièrement, celui où le client de l'avoué le plus ancien a le même intérêt que le créancier contesté; secondement, celui où ce client est sans intérêt, comme lorsqu'il est privilégié, et devant conséquemment venir en ordre utile. L'auteur donne cette décision, en argumentant de l'art. 760, qui, en matière d'ordre, n'admet pas les créanciers utilement colloqués au nombre de ceux qui peuvent choisir un avoué pour défendre la masse, attendu qu'ils sont sans intérêt. Mais il a soin d'ajouter qu'on ne doit pas suivre, pour la distribution par contribution, cette disposition du même article, qui veut que dans la huitaine du délai accordé pour contredire, les créanciers postérieurs en hypothèque aux collocations contestées soient tenus de s'accorder entre eux sur le choix d'un avoué, sinon qu'ils seront remplacés par l'avoué du dernier colloqué. En effet, il n'y a point de créancier dernier colloqué dans le cas d'une distribution par contribution : tous sont sur la même ligne, puisqu'ils sont colloqués pour toucher au marc le franc. Ainsi, comme le dit M. Pigeau, le plus simple est de laisser le soin de la défense à l'avoué le plus ancien après celui qui en est exclu.

2188. *Qu'entend-on par ces mots de l'art.* 667, LE POURSUIVANT NE POURRA ÊTRE APPELÉ EN CETTE QUALITÉ?

On entend que le poursuivant ne doit être mis en cause qu'autant qu'il serait créancier *contestant* ou *contesté.* C'est qu'il serait fort inutile de l'appeler en sa seule qualité de poursuivant, l'avoué le plus ancien suffisant pour défendre la masse (1).

ARTICLE 668.

Le jugement sera rendu sur le rapport du juge-commissaire et les conclusions du ministère public.

C. de P., art. 83, 93, 111, 761 et 762.

2189. *Faut-il signifier copie du procès-verbal contenant le dire d'après lequel la contestation est élevée, et peut-on répondre par écrit à cette contestation?*

D'après l'art. 663, la contestation doit être portée sur le procès-verbal du juge-commissaire. Mais il est évident que l'on n'a pas besoin de donner copie de ce procès-verbal, puisque l'art. 666 veut que l'audience soit poursuivie *sur un simple acte;* et comme ce même article ajoute immédiatement que ce sera *sans autre procédure,* il est également certain que l'on ne peut répondre par écrit à cet acte.

2190. *Les parties peuvent-elles plaider avant ou après le rapport du juge-commissaire?*

Il est bien certain qu'aucune plaidoirie ne peut avoir lieu avant le rapport du juge-commissaire; car c'est une règle générale que tout rapport se fait sans plaidoiries précédentes; ainsi, la cause appelée, le juge fait immédiatement le rapport. — (*Voy. Pigeau, tom.* 2, *pag.* 184, *et Demiau Crouzilhac, pag.* 433). Mais M. Delaporte, tom. 2, pag. 243, dit que rien n'empêche les parties de plaider après le rapport, parce qu'il s'agit ici d'une cause d'audience, et non d'une instruction par écrit. M. Demiau Crouzilhac, *ubi suprà,* dit au contraire que les avoués font, après le rapport, les observations que la loi autorise, en remettant une simple note sur les faits seulement. Il en donne pour raison que dans ce cas, comme dans un procès par écrit, les parties ont développé leurs moyens dans leurs contredits sur le procès-verbal; ce qui suffit, selon lui, pour exclure toute plaidoirie ultérieure. Nous n'admettons pas cette opinion, par conséquence de ce que nous croyons avoir prouvé, sur la quest. 478°., que l'on ne pouvait répondre par écrit à la contestation; d'où suit la nécessité de permettre les plaidoiries après le rapport. — (*Voy. Pigeau, sur l'art.* 761, *tom.* 2, *pag.* 260).

ARTICLE 669.

L'appel de ce jugement sera interjeté dans les dix jours de la signification à avoué (2) : l'acte d'appel sera signifié au do-

___

(1) Un créancier direct qui interjette appel d'un jugement, ne peut intimer sur l'appel que les parties qui ont contesté sa demande en préférence, et qui ont obtenu la collocation dont il croit avoir droit de se plaindre. — (*Arg. des art.* 667, 669, 753, 754, 778 *du Code de procéd. ; Bull. de cassat.,* tom. 12, *pag.* 69).

(2) Le jour *à quo,* c'est-à-dire celui de la signification, ne compte point. — (*Rennes,* 3 *mai* 1813).

micile de l'avoué; il contiendra citation et énonciation des griefs : il y sera statué comme en matière sommaire.

Ne pourront être intimées sur ledit appel que les parties indiquées par l'art. 667.

T., 101. — C. de P., art. 404, 443, 456, 667, 763 et 764.

2191. *Les dépens adjugés sur l'appel d'un jugement rendu sur les contestations survenues dans une distribution, ne doivent-ils l'être que comme en matière sommaire?*

Ils doivent l'être comme ceux des autres causes, suivant leur nature sommaire ou ordinaire. — (*Tarif, art.* 101, *in fine*).

2192. *Le jugement rendu sur contestation, n'est-il susceptible d'appel qu'autant que l'objet de la contestation serait au-dessus de* 1,000ᶠ?

Nous avions répondu affirmativement sur cette question, n°. 2002 de notre Analyse, en nous fondant sur ce que l'art. 669 ne fait aucune exception aux règles générales, relatives aux cas où les jugemens doivent être rendus en premier ou en dernier ressort. M. Lepage a émis la même opinion dans ses Questions, pag. 432 et 433; mais l'opinion contraire a prévalu, relativement au jugement d'ordre. (*Paris, 21 août 1810, Journ. des avoués, tom.* 3, *pag.* 165, *et Demiau Crouzilhac, pag.* 471). Ainsi, nous dirons aujourd'hui de la distribution par contribution, comme nous dirons de l'ordre sur l'art. 765, que l'objet du jugement est fixé, relativement à chaque créancier, par la totalité des sommes à distribuer : de sorte que l'appel est recevable de sa part, quoique la somme pour laquelle on lui a refusé la collocation ne s'élève pas à 1,000ᶠ.

2193. *Le délai de dix jours fixé par l'art.* 669 *doit-il être augmenté à raison des distances?*

Nous avions résolu négativement cette question, n°. 2002 de notre Analyse; mais, d'après ce que nous avons dit tom. 1, pag. 443, not. 1, nous sommes conduit à nous ranger à l'opinion contraire.

2194. *Lorsque les sommes dont un jugement ordonne la distribution entre les créanciers, proviennent en partie de la vente des immeubles du débiteur, et en partie de la vente du mobilier, doit-on appliquer les dispositions de l'art.* 669, *ou plutôt celles de l'art.* 763 *?*

Quant au délai de l'appel, il est, pour un jugement d'ordre, le même que pour un jugement de distribution; ainsi, point de difficulté à ce sujet : l'appel, dans l'espèce de la question que nous venons de poser, devra nécessairement être interjeté dans les dix jours de la signification du jugement à avoué. C'est ce que décide un arrêt de la Cour de Lyon, du 2 janvier 1811. — (*Sirey, tom.* 15, *pag.* 185).

Il déclare en outre que la loi n'ayant fait aucune distinction pour le délai entre les créanciers colloqués directement et ceux colloqués en sous-ordre, ces derniers sont également assujettis à s'y conformer. Il ne serait pas juste, d'ailleurs, que les créanciers qui figurent dans l'ordre souffrissent d'une prorogation de délai qui serait accordée à un tiers substitué à un autre créancier : ce serait porter atteinte au principe d'après lequel le représentant ne peut avoir plus de droits que le représenté.

Mais *quid juris*, dans l'espèce de notre question principale, relativement à la signification de l'appel au domicile réel ou au domicile de l'avoué, et à l'augmentation de délai? Suivra-t-on les dispositions de l'art. 669, ou celles de l'article 763? Nous pensons que, dans le doute, l'on suivra celles de l'art. 763, attendu qu'elles présentent plus d'avantages à l'appelant, et qu'elles sont établies pour des contestations plus importantes, qui sont celles de l'ordre.

2195. *Y aurait-il nullité, si l'acte d'appel ne contenait pas assignation et griefs?*

Nous ne le croyons pas, d'après les raisons qui seront développées et les arrêts qui seront cités sur l'art. 763.

2196. *Si le débiteur saisi n'avait pas constitué d'avoué, faudrait-il lui signifier, à personne ou domicile, et le jugement et l'acte d'appel?*

M. Lepage, dans ses Questions, pag. 431 et 432, dit qu'en cette circonstance il n'est nécessaire ni de signifier le jugement au saisi, ni de l'intimer sous l'appel de ce jugement. Il en donne pour raison qu'il est impossible d'exécuter les dispositions de l'art. 669, qui veulent tout à la fois et que le jugement et que l'acte d'appel soient signifiés au domicile de l'avoué.

« De là, ajoute cet auteur, il faut conclure que, suivant l'intention de la loi, le débiteur ne doit pas être considéré comme partie, lorsqu'il ne s'est pas présenté sous l'instance de contribution. On a fait à son égard tout ce qui était nécessaire, en lui signifiant l'ordonnance qui ouvre le procès-verbal de distribution, conformément à l'art. 659. Son silence est regardé comme une adhésion à tout ce qui sera fait sans lui : *voilà pourquoi la dénonciation de l'état de distribution ne lui est pas faite lorsqu'il n'a pas d'avoué; car cette dénonciation, suivant l'art. 663, ne peut être signifiée que par acte d'avoué à avoué.* »

Nous remarquerons, premièrement, que M. Lepage a donné ses Questions en 1807, année dans laquelle le tarif des frais de justice a été publié, et qu'il est fort possible qu'à l'époque où il écrivait, il n'en connût pas les dispositions; autrement, il n'eût pas dit que la dénonciation de l'état de distribution ne doit pas être faite au saisi qui n'a pas d'avoué, car l'art. 29 passe en taxe cette dénonciation *à la partie saisie qui n'a point d'avoué constitué.*

On ne saurait donc admettre, avec M. Lepage, que le saisi ne doit plus être partie dans l'instance de distribution, dès qu'il n'a pas constitué d'avoué sur la signification de l'ordonnance par laquelle le juge-commissaire ouvre son procès-verbal, conformément à l'art. 659.

Puisqu'il doit être sommé, dans ce cas même, de prendre communication de l'état et de contredire sur le procès-verbal, il s'ensuit évidemment qu'encore bien qu'il persiste à ne pas constituer avoué, il doit être partie au jugement à intervenir sur les contestations des créanciers; et c'est pourquoi M. Pigeau, tom. 2, pag. 183, dit expressément que l'acte par lequel l'audience est poursuivie, conformément à l'art. 666, doit lui être signifié *par exploit,* s'il n'a pas constitué d'avoué.

Par suite de conséquences, on doit évidemment l'intimer sur l'appel, et, nonobstant son défaut, lui signifier le jugement rendu, parce que nulle disposition de la loi ne fait exception à son sujet, et que l'art. 669 dit qu'on ne pourra intimer que les parties indiquées par l'art. 667, qui désigne le saisi, sans distinction des cas où il aurait ou n'aurait pas constitué d'avoué.

Mais comme dans ce dernier cas le jugement ne pourrait lui être signifié qu'à personne ou domicile, nous admettrions à son égard une exception à la solution donnée sur la quest. 2193e. ; c'est-à-dire que nous croirions qu'on devrait lui accorder, pour interjeter son appel, l'augmentation de délai déterminée par l'art. 1033. On objectera que c'est par trop favoriser la mauvaise foi d'un débiteur qui pourrait laisser défaut dans la seule intention de retarder la distribution ; mais si cet inconvénient peut se réaliser quelquefois, ce n'est pas un motif pour supposer que le législateur ait entendu attacher au simple défaut de constitution d'avoué de la part du saisi, la privation de faire valoir, jusqu'à la clôture définitive de la distribution, des moyens qui pourraient être fondés.

ARTICLE 670.

Après l'expiration du délai fixé pour l'appel, et en cas d'appel, après la signification de l'arrêt au domicile de l'avoué, le juge-commissaire clorra son procès-verbal, ainsi qu'il est prescrit par l'art. 665.

C. de P., art. 665, 671 et 767.

CCCCLXXXIX. La loi prescrit ici un délai fort court, afin que l'incident ne retarde que le moins possible le paiement des créanciers non colloqués.

2197. En quoi consiste la clôture du procès-verbal ?

Elle consiste dans un réglement à faire conformément à l'art. 665, mais nous ferons deux observations.

1°. Le juge-commissaire ne peut plus, comme dans le cas de cet art. 665, prendre son réglement provisoire pour base unique du réglement définitif; il doit se conformer aux rectifications que le juge d'appel aurait ordonnées ;

2°. L'avoué le plus ancien des opposans, ayant été appelé en cause dans les contestations qui auront été élevées, et cet avoué ayant nécessairement dû faire des frais à ce sujet, il est nécessaire de le colloquer par préférence et en son nom personnel, pour raison de ces mêmes frais.

ARTICLE 671.

Huitaine après la clôture du procès-verbal, le greffier délivrera les mandemens aux créanciers(1), en affirmant par eux la sincérité de leur créance pardevant lui.

T., 101. — C. de P., art. 665 et 771. — Ordonn. du 3 juill. 1816, art. 4.

ARTICLE 672.

Les intérêts des sommes admises en distribution cesseront du

---

(1) Il est défendu aux greffiers de déliver les mandemens énoncés en cet article, sur autres que sur les préposés de la caisse des dépôts et consignations. — (*Ordonn. du 3 juill. 1816, art. 4*).

jour de la clôture du procès-verbal de distribution, s'il ne s'élève pas de contestation; en cas de contestation, du jour de la signification du jugement qui aura statué; en cas d'appel, quinzaine après la signification du jugement sur appel (1).

C. de P., art. 665, 568, 767. — Ordonn. du 3 juill. 1816, art. 14.

CCCCXC. LA disposition de cet article, disait M. Favard (*Rapport au Corps législatif*), ôte toute incertitude sur l'étendue précise de chaque créance, et empêche que le débiteur ne soit lésé par les créanciers qui négligeraient de retirer les sommes pour lesquelles ils sont colloqués.

DISTINCTION DEUXIÈME.

De l'Exécution forcée sur les immeubles et de ses suites. (2)

On a vu aux titres précédens comment l'exécution forcée des jugemens et des actes s'opère sur les meubles du débiteur; elle a lieu sur ses immeubles au moyen de la saisie *immobilière*, dont la forme et les suites sont réglées par les dispositions des titres 12, 13 et 14.

Le premier a particulièrement pour objet de tracer la procédure à observer, lorsqu'aucun incident ne vient entraver la poursuite; le second établit celle que chaque incident rend nécessaire; le troisième enfin, celle qui doit conduire à la distribution, entre les créanciers, du prix de l'immeuble vendu.

TITRE XII.

De la Saisie immobilière.

La saisie immobilière (3) est un acte (4) par lequel un créancier fait mettre

---

(1) La caisse des dépôts et consignations paie l'intérêt de la somme consignée, à raison de 3 pour 100, à compter du soixante-unième jour, à partir de la date de la consignation, jusques et non compris celui du remboursement. Mais lorsque les sommes consignées sont retirées partiellement, l'intérêt des portions restantes continue de courir sans interruption. (*Ordonn. du 3 juill., art.* 14). D'où nous semble résulter que tout créancier qui se présente après le soixante-unième jour, doit recevoir, à ce taux de 3 pour 100, en sus du montant de son mandat, l'intérêt de la somme y portée.

(2) Voy. ordonnance des criées de 1551; ordonnance de 1539; édit de 1771; loi du 11 brumaire an 7; Code civil, liv. 2, tit. 1, chap. 1, et liv. 1, tit. 9.

(3) On l'appelait autrefois *saisie réelle*, dénomination moins exacte, puisque les meubles ayant une existence aussi *réelle* que les immeubles, elle convenait également à la saisie des uns et des autres.

(4) Nous disons *un acte*, parce que la saisie existe dès qu'un huissier a dressé le procès-

sous la main de la justice l'immeuble corporel ou incorporel (1) de son débiteur, à l'effet de l'en *exproprier* par une vente judiciaire dont le prix doit être
employé à payer la dette, ou distribué entre le saisissant et les autres créanciers.

L'EXPROPRIATION (2) est *l'éviction* que ce débiteur éprouve par suite de l'adjudication qui termine la poursuite de la saisie; elle est la *fin* que le créancier
se propose, et la saisie *le moyen* que la loi lui donne pour y parvenir.

Le Code civil, au titre de *la distinction des biens*, détermine les caractères qui
les soumettent à cette voie d'exécution. Le même Code, au titre *de l'expropriation forcée*, indique les personnes qui peuvent ou contre lesquelles on peut
l'employer.

Ainsi, le Code de procédure ne règle, comme nous l'avons dit, que les formalités des poursuites, depuis l'apposition de la saisie jusqu'à la distribution du
prix.

L'ordonnance de 1667 ne contenait aucune disposition concernant cette
saisie : un édit de François 1, de 1536; un autre de Henri 11, de 1551, connu
sous le nom d'*édit des criés*, des déclarations générales ou particulières, des
dispositions de coutumes, des usages, des réglemens de Cours souveraines;
telles étaient les sources des règles compliquées, incohérentes et contradictoires
que l'on suivait en chaque ressort (3).

La loi du 11 brumaire an 7 fit cesser cette diversité de législation et de jurisprudence; mais on lui reprochait d'avoir simplifié la procédure à un tel excès que, d'un côté, le propriétaire pouvait être aussi facilement dépouillé d'un
domaine que d'un meuble, tandis que, de l'autre, les droits des tiers sur l'héritage saisi n'étaient point suffisamment conservés.

De là, le nouveau système que le Code de procédure établit, et qui lui-même
n'a pas été à l'abri de la critique; du moins plusieurs Cours souveraines avaient
émis, dans leurs observations sur le projet, le vœu de conserver la loi de brumaire, avec quelques modifications qu'elles indiquaient.

Il n'entre pas dans le plan d'un ouvrage dont l'objet est d'expliquer la doctrine et le texte de la loi, telle qu'elle existe, d'insister sur les avantages et les

verbal prescrit par l'art. 675; et c'est par cette raison que la loi désigne souvent, et que
nous désignerons aussi ce procès-verbal par le mot saisie. — (*Voy. par exemple l'art.* 581).

(1) Nous disons *incorporel*, parce que les droits réels qu'un débiteur peut avoir sur un
héritage sont saisissables comme l'immeuble auquel ils sont attachés.—(*Code civ., art.* 2204).

(2) *Expropriation* (autrefois *vente par décret*), expression nouvelle, introduite par la loi
du 9 messidor an 3, et consacrée successivement par la loi du 11 brumaire an 7 et le Code
civil; elle signifie la même chose que le mot *éviction*, que l'on a toujours employé pour
exprimer l'action de *déposséder*, de *dépouiller juridiquement quelqu'un;* mais ce mot s'applique généralement à toute espèce de privation d'un droit de propriété prononcée par justice, tandis que celui d'*expropriation* restreint cette signification générale au cas d'une vente
par suite de saisie.

(3) En Bretagne, on observait exactement l'édit des criés, sauf les modifications données
à l'occasion des offices des commissaires aux saisies réelles. (*Voy. Principes du droit de
Duparc-Poullain, tom.* 10, *pag.* 621 *et suiv.*) Sur l'historique des procédures en expropriation et les difficultés que présentait la confection d'une loi sur cette importante matière,
voy. l'Exposé des motifs, et principalement le rapport au Corps législatif, par M. Grenier,
édition de F. Didot, pag. 209 et suiv., 249 et suiv.

inconvéniens de deux systêmes de législation, dont l'une a cessé d'exister : il nous suffira donc de dire, d'après l'esprit qui a présidé à la rédaction des dispositions du Code, que ses auteurs ont voulu tenir un juste milieu entre les formalités compliquées et dispendieuses de l'ancienne saisie réelle, et la forme trop rapide qui avait été tracée par la loi de brumaire.

En un mot, ils ont voulu, pour nous servir des expressions de M. Grenier, créer un mode qui ne fût ni trop dur, pour ne pas avoir établi des formes suffisantes, ni trop dispendieux, pour les avoir trop multipliées (1).

---

(1) Pour faire plus facilement concevoir le système adopté par le tit. 12 du Code, relativement à la forme et à la poursuite de la saisie, nous croyons utile de réunir ici dans leur ordre naturel les sommaires de ses dispositions.

§ I.er

Formalités préliminaires.

Avant de saisir un immeuble, il faut nécessairement que le débiteur ait été constitué en demeure de payer ; c'est l'objet d'un *commandement*, dont les formalités sont prescrites à peine de nullité. — (673 et 717).

Mais on doit lui donner ensuite le tems nécessaire pour trouver des fonds, et prévenir la saisie en se libérant envers le créancier ; et, par conséquent, l'on ne peut saisir que trente jours après le commandement, qui lui-même est périmé, si on laisse écouler trois mois avant d'apposer la saisie. — (674).

§ II.

Forme de la saisie.

Le *procès-verbal* qui constate *la saisie* est soumis à des formalités particulières, dont l'objet est la désignation la plus exacte de l'immeuble ; mais il doit en outre présenter l'application de toutes celles qui concernent les exploits en général.

Une copie doit être remise aux greffiers des juges de paix et aux adjoints des lieux de la situation des biens (676) ; et dès lors tous les autres actes de la poursuite se succèdent, et doivent pour la plupart être consommés dans des délais rigoureux. — (*Voy.* les paragraphes suiv.)

§ III.

Formalités depuis la saisie jusqu'au dépôt du cahier des charges.

La *saisie* est transcrite au bureau des hypothèques de la situation des biens (677, 678 et 679) ; dans la quinzaine suivante, la même formalité est remplie au greffe du tribunal où se fera la vente (680) ; et enfin, dans une autre quinzaine du jour de cette dernière transcription, elle est *dénoncée* au débiteur. — (681).

C'est à partir de cette *dénonciation* qu'elle produit contre lui l'effet de ne le faire considérer que comme séquestre judiciaire de son propre bien ; en sorte qu'il cesse de faire les fruits siens ; que le bail qui n'a pas de date certaine peut être annulé ; que, dans le cas contraire, les créanciers peuvent saisir et arrêter les loyers et fermages, et qu'enfin, le saisi ne peut aliéner l'immeuble sans leur consentement, à moins qu'avant l'adjudication, l'acquéreur ne consigne une somme suffisante pour acquitter les créances inscrites. — (688 — 694).

D'autres formalités ont pour objet de donner à l'adjudication toute la publicité nécessaire, afin de procurer un grand concours d'enchérisseurs. Elles consistent, 1.° dans l'insertion d'un extrait de la saisie, tant au tableau de l'auditoire qu'aux journaux ; 2.° dans l'apposition aux lieux indiqués d'un placard imprimé du même extrait. — (683, 687).

Un exemplaire de ce placard est notifié aux créanciers inscrits, huit jours avant la première publication, ou lecture à l'audience du cahier des charges (695 et 696), déposé au greffe quinzaine au moins avant cette première publication. — (697).

§ I.ᵉʳ

Du Commandement.

ARTICLE 673. (N).

La saisie immobilière sera précédée d'un commandement à personne ou domicile, en tête duquel sera donnée copie en-

---

§ IV.
Cahier des charges.

Le cahier des charges est un acte qui contient l'énonciation de toutes les clauses et conditions de la vente, et une mise à prix de l'immeuble saisi. Il est ainsi appelé, parce qu'il détaille toutes les charges que l'on impose ou qui sont déjà imposées sur cet immeuble; c'est lui qui sert de *qualités* au jugement d'adjudication, et par conséquent, on inscrit sur la grosse les dires des parties, les publications et les enchères. — (697—699).

§ V.
Adjudication préparatoire.

La saisie immobilière donne lieu à deux adjudications, l'une *préparatoire*, l'autre *définitive.*

L'adjudication préparatoire est un jugement par lequel le tribunal déclare le dernier enchérisseur acquéreur de l'immeuble au prix de son enchère, mais *provisoirement,* et sous la condition que cette enchère ne sera pas couverte au jour fixé pour l'adjudication définitive.

Elle est prescrite, afin de réunir tous ceux qui auraient pour eux-mêmes ou pour d'autres l'intention d'enchérir, et de leur faire connaître positivement le jour auquel la dernière adjudication sera faite. — (706).

Huit jours avant qu'on y procède, on insère dans les journaux et l'on affiche de nouvelles annonces, auxquelles on a ajouté *la mise à prix* et l'indication du jour où les enchères seront reçues.

Trois publications au moins, autrement trois lectures du cahier des charges faites à l'audience, de quinzaine en quinzaine, doivent la précéder, et elle a lieu dans les formes prescrites pour l'adjudication définitive. — (700—702).

§ VI.
Adjudication définitive.

Deux mois doivent s'écouler entre l'adjudication préparatoire et l'adjudication définitive (*art.* 706, *modifié par l'art.* 1.ᵉʳ *du décret du 27 fév.* 1811); mais dans la première quinzaine de ce délai, on fait de nouvelles annonces, auxquelles on a ajouté le prix de l'adjudication préparatoire et le jour de l'adjudication définitive. — (703—705).

Ce jour arrivé, les biens sont adjugés à l'audience, sur des enchères faites par le ministère d'un avoué, et pendant la durée de trois feux au moins. Chaque avoué est obligé de tenir son enchère tant qu'elle n'a pas été couverte, et, si elle ne l'est pas, il doit, dans les trois jours, déclarer le nom et fournir l'acceptation de celui pour lequel il l'a mise; autrement, il serait réputé lui-même adjudicataire en son propre nom. — (707 à 709).

Tel est, en résumé, tout le système de la procédure en expropriation forcée; il en résulte que, dans un intervalle de cinq mois et quelques jours, le créancier peut mettre fin à une poursuite qu'aucun incident n'aurait arrêtée, en même tems que le saisi, sans avoir besoin de susciter des difficultés pour obtenir du tems, jouit d'un délai suffisant pour se procurer les moyens d'opérer sa libération, autrement que par la vente de sa propriété.

tière du titre en vertu duquel elle est faite. Ce commandement contiendra élection de domicile dans le lieu où siège le
tribunal qui devra connaître de la saisie, si le créancier n'y
demeure pas; il énoncera que, faute de paiement, il sera procédé à la saisie des immeubles du débiteur. L'huissier ne se
fera point assister de témoins; il fera, dans le jour, viser l'original par le maire ou l'adjoint du domicile du débiteur, et il
laissera une seconde copie à celui qui donnera le *visa* (1).

T., 29. — Loi du 11 brumaire an 11, art. 1 et 2. — C. C., art. 2204, 2211, 2217. — C. de P.,
art. 545 , 583, 584, 634, 636 et 717.

CCCCXCI. Un commandement doit précéder toute procédure en expropriation, quelle que soit la nature des biens qu'elle a pour objet; mais à raison

---

§ VII.

Jugement d'adjudication.

Le jugement d'adjudication n'est autre chose que la copie du cahier des charges, revêtue
de l'intitulé des jugemens et du commandement qui les termine, et accompagnée d'une
injonction au saisi de délaisser les biens, sous peine d'y être contraint par corps. — (714).

Ce jugement, qui forme le titre de l'adjudicataire, ne lui est délivré qu'autant qu'il justifie du paiement des frais *ordinaires* de poursuite, et qu'il prouve avoir rempli *les conditions urgentes* de la vente. — (715).

À l'égard des frais *extraordinaires*, qui sont particulièrement ceux des incidens dont nous
parlerons au titre suivant, ils sont payés par privilége sur le prix de l'adjudication, lorsque
le jugement l'a décidé ainsi. — (716).

§ VIII.

Droits de l'adjudicataire.

L'adjudication ne transmet à l'adjudicataire que les seuls droits du saisi à la propriété
des biens (731); et il ne devient, au reste, propriétaire de l'immeuble, que sous la condition qu'une autre personne ne fera pas surenchère. *Toute personne*, dans la huitaine de
l'adjudication, peut en effet surenchérir du quart le prix principal, et, dès qu'elle en a fait
la dénonciation, elle est admise à concourir avec l'adjudicataire, qui ne peut plus conserver
l'immeuble qu'autant qu'il le porte à un prix plus élevé que celui dont le surenchérisseur
a fait offre. — (710—712). (*)

(*) Ces préliminaires posés, nous passons à l'examen des questions particulières que fournissent les dispositions du Code, et attendu qu'elles sont en très-grand nombre, nous diviserons le titre en paragraphes,
sans nous assujétir à l'ordre suivi dans les préliminaires ci-dessus, lequel est établi d'après la nature de
la matière; ce qui nous exposerait à intervertir celui du Code, mais en suivant la classification du Code
lui-même. Pour abréger, nous marquerons d'un N tous les articles qui, d'après l'art. 717, emportent
nullité.

(1) JURISPRUDENCE.

1.° Il n'est pas nécessaire, *à peine de nullité*, que le créancier d'une rente viagère qui
a obtenu jugement de condamnation pour arrérages échus, fasse signifier au débiteur son
certificat de vie avant de passer à l'expropriation forcée. — (*Paris*, 4 juin 1817, *Sirey*,
tom. 17, 2.ᵉ part., pag. 951).

Nota. Mais nous pensons que le créancier d'une rente viagère, constituée par acte notarié, ne pourrait, *en vertu de cet acte*, et pour obtenir le paiement des mêmes arrérages échus, saisir sans justifier de
son existence, conformément à l'art. 1983 du Code civil. L'arrêt ci-dessus n'est en effet fondé que sur
la circonstance particulière de l'existence d'un jugement qui présupposait l'accomplissement de l'obligation
imposée par cet article.

2.ᵉ La transcription de la vente n'étant pas nécessaire pour transférer à l'acheteur la pro-

de l'importance de la saisie immobilière, le législateur a exigé, pour celui qui est notifié, dans la vue d'excuser cette voie d'exécution, des formalités plus étendues que celles qu'il a prescrites à l'égard des saisies mobilières. Par exemple, la copie du titre doit être donnée en tête du commandement, quand même elle l'aurait déjà été, tandis que, pour la saisie-exécution, l'on n'est pas tenu de cette notification si elle a déjà eu lieu. On a considéré qu'une première copie a pu s'égarer ou s'oublier. Ainsi, encore, le commandement doit énoncer que, faute de paiement, il sera procédé à la saisie des immeubles du débiteur, énon-

priété de la chose vendue, il est évident que des créanciers peuvent faire saisir, sur leur débiteur, des biens par lui vendus, encore que la vente n'ait pas été transcrite. — (*Poitiers,* 18 *janv.* 1810, *Sirey, tom.* 10, *pag.* 374).

3.° Quand un acte, rédigé par un avoué et signé par un huissier, se trouve infecté de nullités donnant ouverture à responsabilité, l'huissier signataire est seul responsable de la nullité; l'avoué n'en peut être déclaré garant, encore bien que les poursuites lui aient été confiées, et qu'un *commandement,* par exemple, ait été arrêté dans son étude.

NOTA. La raison de cette décision, c'est que si l'art. 1031 ordonne que les procédures et les actes nuls soient à la charge des officiers ministériels qui les *ont faits,* il n'a entendu parler que des actes qui sont dans les attributions de l'officier, auteur de l'acte, et dans lequel son ministère est nécessaire; ce qui, à l'égard de l'avoué, n'a pas lieu dans l'exploit du commandement qui précède la saisie immobilière, cet acte devant être réputé le fait de l'huissier qui l'a signé, et l'avoué devant être, à l'égard de l'exploit dont il s'agit, réputé n'avoir agi que comme conseil : rapport sous lequel l'art. 1031 lui est étranger. -- (*Cassat.,* 21 *fév.* 1821, *Sirey, tom.* 11, *pag.* 54).

4.° L'erreur dans le prénom du saisi n'emporte point nullité du commandement en saisie immobilière, lorsque d'ailleurs le saisi est désigné par des qualifications tellement précises, qu'il est impossible de ne pas le reconnaître. — (*Nîmes,* 17 *nov.* 1819, *Sirey, tom.* 20, *pag.* 291).

5.° Les poursuites en saisie immobilière de l'immeuble d'un failli, doivent être dirigées conjointement contre le failli et contre les syndics provisoires. Ainsi, la saisie est nulle, si le commandement préalable a été signifié seulement aux syndics; il devait l'être également au failli. — (*Metz,* 14 *mars* 1820, *Sirey, tom.* 21, *pag.* 319).

6.° Mais, d'après un arrêt de la Cour de Bruxelles, du 2 mai 1810 (*Denevers,* 1810, *supp., pag.* 9), les syndics d'une faillite représentent le débiteur failli, tant activement que passivement, et par conséquent, ce serait contre eux que toutes les actions à charge du failli devraient se diriger, comme c'est à eux à exercer toutes celles qui lui appartiennent, et s'il peut quelquefois être mis en cause, cette faculté n'ôte rien à la force du principe général : ainsi donc, en cas de faillite du débiteur, le commandement est valablement fait aux syndics.

NOTA. C'est cette dernière décision que nous croyons devoir adopter.

7.° Bien plus : le commandement est valable, même dans le cas où il eût été notifié à un agent provisoire tombé lui-même en faillite, et dont les pouvoirs seraient expirés, si d'ailleurs cet agent n'avait pas cessé ses fonctions par un remplacement légal. — (*Rouen,* 19 *mars* 1815, *Sirey, tom.* 15, *pag.* 224).

8.° Il n'est pas nécessaire, à peine de nullité, que le commandement en saisie immobilière contienne copie de la procuration en vertu de laquelle a été consenti l'obligation dont l'exécution est poursuivie : la procuration ne fait pas partie du titre, dans le sens de l'art. 673. — (*Bourges,* 11 *janv.* 1822, *Sirey, tom.* 22, *pag.* 222).

9.° En matière de saisie immobilière, le défaut de qualité de l'huissier, ministre d'un des actes de la procédure, ne peut être opposé que par la partie à qui l'acte avait été signifié. — (*Riom,* 28 *déc.* 1808, *Biblioth. du barr.*, 2.e *part.*, *tom.* 5, *pag.* 86).

NOTA. Cette décision est conforme aux principes, qui ne permettent pas que, dans les matières qui ne tiennent point à l'ordre public, une nullité soit opposée par une partie à requête de laquelle auraient été signifiés les actes qui en seraient infectés.

10.° L'erreur dans les prénoms du saisissant ne vicie ni le commandement ni les actes ultérieurs. — (*Paris,* 31 *mai* 1806, *Sirey, tom.* 6, *pag.* 241, *et* 20 *août* 1814, *ibid.*, *tom.* 14, *pag.* 214).

ciation qui n'est point exigée pour les meubles, parce que leur conservation est moins importante. Enfin, l'huissier doit faire viser l'original du commandement par le maire ou l'adjoint du domicile du débiteur, et laisser une deuxième copie à celui de ces deux fonctionnaires qui appose le visa ; précaution que la loi n'a pas prise pour les saisies mobilières, parce qu'elles l'intéressent moins, et qui évite toute surprise au débiteur, en donnant la certitude que le maire ou adjoint lui donnera avis de la sommation qui lui est faite.

2198. *Quelles sont les personnes qui peuvent poursuivre par voie de saisie immobilière ? Contre qui et sur quels biens cette poursuite peut-elle être dirigée ?*

Ces questions se décident par les principes que le Code civil renferme aux titres de l'expropriation forcée et de la distinction des biens : nous serions donc dispensé de nous en occuper, s'il n'était pas nécessaire, pour l'intelligence des dispositions du Code de procédure concernant la saisie immobilière, de poser quelques notions générales auxquelles ces dispositions se rattachent d'une manière plus ou moins directe.

Nous réduirons cet exposé aux propositions suivantes, dont on trouvera le développement au nouveau Répertoire, *v.° saisie immobilière,* tom. 11, §§ 1, 2 et 3, pag. 635 (1).

1°. Les biens immeubles d'un débiteur et leurs accessoires sont obligés au paiement de ses dettes, de même que ses meubles, pourvu seulement que l'on ait traité avec une personne capable d'aliéner ; (2)

2°. En conséquence, toute personne qui a un titre exécutoire à elle consenti, ou dans lequel elle est subrogée légalement ou conventionnellement, peut, à défaut de paiement, et lors même qu'elle n'aurait pas d'hypothèque, poursuivre la saisie immobilière, afin de parvenir à l'expropriation forcée des immeubles de son débiteur. — (*Voy. Code civ., liv.* 3, *tit.* 18*; arrêt de la Cour de Liège, du* 28 *nov.* 1808*, Denevers,* 1809*, supp., pag.* 108).

3°. Celui qui n'a point d'hypothèque peut les faire saisir et vendre indistinctement à son choix, à la différence du créancier qui, ayant hypothèque spéciale sur un d'eux, ne peut saisir les autres que pour insuffisance de celui-ci ;

4°. Mais les créanciers hypothécaires ont seuls le droit de suite, c'est-à-dire celui de faire saisir et vendre, sur le tiers possesseur, l'immeuble qui a été hypothéqué à leur créance, et que leur débiteur aurait depuis aliéné ;

5°. Les mêmes créanciers sont en outre préférés sur le produit de la vente aux simples créanciers cédulaires ; ils viennent entre eux, non par contribution ou concurrence, mais suivant leur ordre et la priorité de leurs inscriptions ;

6°. Pour que l'expropriation puisse avoir lieu, il faut que la personne contre

(1) L'article *saisie immobilière,* inséré au nouveau Répertoire, a été rédigé par M. Tarrible ; c'est encore à lui qu'appartiennent les articles du même ouvrage ayant pour titres *inscription, expropriation, priviléges, tiers détenteur* et *transcription.*

(2) Ainsi, les bestiaux donnés à cheptel, les porcs, semences, fourrages, pailles et engrais, seraient réputés compris dans l'adjudication du domicile saisi dont ils dépendent, encore que le procès-verbal de saisie, le cahier des charges et même le jugement, n'en fassent nulle mention. — (*Riom,* 30 *août* 1820*, Sirey, tom.* 23*, pag.* 20).

laquelle on la provoque ait, soit l'entière propriété, soit l'usufruit de la chose, soit la nue propriété.

Dans le premier cas, l'expropriation est entière ; dans le second., elle ne frappe que sur l'usufruit, et dans le troisième, elle n'atteint que la nue propriété ;

7°. L'action en expropriation est, pour le créancier, un droit propre en vertu duquel il la poursuit, soit que les biens fassent partie d'une succession vacante ou acceptée sous bénéfice d'inventaire : il a exercé son droit en cette circonstance, comme si le débiteur était vivant, de même qu'il l'exerce contre le mineur, l'interdit ou le failli, et la femme mariée. La loi n'admet aucune exception, et si, pour la vente des biens de mineurs, interdits, succession vacante ou bénéficiaire, elle prescrit des formalités particulières, c'est pour le cas où la vente est requise et se fait au nom du propriétaire lui-même, tant pour son propre intérêt, que pour celui des autres personnes qui viennent réclamer des droits. Ainsi, l'on suit dans les autres cas toutes les formalités prescrites pour la saisie immobilière, qui, en tout état de cause, peut être formée sur les biens ; savoir : contre le tuteur ou le curateur, s'il s'agit d'immeubles appartenant au mineur ou à l'interdit (*art.* 450 *et* 812, 813); contre les agens ou syndics, en cas de faillite (*Code de com.*, *art.* 494); contre l'héritier bénéficiaire (*arg. du Code civ.*, *art.* 797, 798; *Code de procéd.*, *art.* 996); contre un curateur nommé *ad hoc*, à requête du président, s'il y a eu lésion de biens; contre le curateur à une succession vacante; contre le mari, s'il s'agit des propres de sa femme. (*Voy. nouv. Répert.*, v°. saisie immobilière, § 2). Quant aux militaires en activité de service, ils ne peuvent être expropriés. — (*Loi du 6 brum. an* 5, *art.* 4 ; *cassat.*, 29 *janv. et* 30 *avril* 1811, *Denevers*, 1811, *pag.* 151 *et* 234, *et* 1812, *pag.* 101).

8°. L'expropriation forcée est une voie d'exécution des plus rigoureuses, puisqu'elle dépouille le débiteur de ses biens les plus précieux, de ceux qui étaient pour lui une ressource perpétuelle.

De là la défense de l'employer contre les biens que possèdent divisément des mineurs ou des interdits pour démence ou fureur, sinon pour insuffisance et après discussion de leur mobilier. — (*Voy. nos quest. sur l'art.* 675).

De là la faculté donnée au juge de suspendre les poursuites commencées, si le débiteur offre à son créancier une délégation sur biens libres, pour payer dans l'espace d'une année.

De là, enfin, les formalités et les délais, presque toujours de rigueur, auxquels le législateur a soumis la saisie immobilière, soit afin de ménager au débiteur quelque tems pour trouver des ressources, soit afin de donner à la vente assez de publicité pour qu'elle lui procure du moins la plus grande libération possible.

2199. *Peut-on stipuler qu'à défaut de paiement à l'échéance, le créancier hypothécaire pourra faire vendre l'immeuble de son débiteur devant notaire, sans prendre la voie de la saisie immobilière, et sans autres formalités que celles dont les parties conviendraient ?*

Toute la difficulté que cette question peut présenter, naît de l'application qu'on entendrait faire à son espèce, des art. 2078 et 2088 du Code civil. A notre avis, il a été victorieusement répondu aux objections résultant de ces deux articles, et de deux arrêts (1), l'un de Bourges (*Sirey, tom.* 12, *pag.* 20), l'autre de Liège (*tom.* 7, *pag.* 8), dans une consultation insérée au recueil de M. Sirey, tom. 13, pag. 89. Mais en adhérant aux moyens qu'elle contient, pour justifier la validité de la stipulation dont il s'agit, nous ajouterons, premièrement, que cette opinion a été consacrée par un arrêt de la Cour de Trèves, du 15 avril 1813. (*Sirey, tom.* 14, *pag.* 11). Il décide formellement qu'on peut stipuler qu'à défaut de paiement le créancier pourra, sans recourir à la saisie immobilière, faire vendre devant notaire et aux enchères.

Secondement, qu'en outre de l'argument que l'on tire en faveur de cette doctrine de l'art. 747 du Code de procédure civile, on peut encore raisonner par induction de l'art. 955 du même Code, en ce qu'il permet de vendre les biens d'un mineur devant notaire, pourvu que ce soit publiquement et aux enchères. Or, il suit de là que ce mode a inspiré au législateur au moins autant de confiance que la vente en justice, puisqu'il l'autorise à l'égard du mineur, qu'il environne de toute sa sollicitude.

Troisièmement, qu'il soit juste que l'on ne puisse pas stipuler que le créancier, à défaut de paiement, disposera de l'immeuble à son gré, on en convient, parce qu'il pourrait abuser de la position du débiteur au moment de la stipulation; mais cet inconvénient ne peut exister, dans le cas où la stipulation établit un mode légal qui fournit au débiteur toutes les garanties qu'il trouve dans les formalités de la saisie.

D'un autre côté, les tiers qui auraient hypothèque sur l'immeuble ne peuvent se plaindre de cette convention, puisque la constitution d'hypothèque n'empêche pas le débiteur d'aliéner l'immeuble de gré à gré, et à plus forte raison peut-il consentir à ce qu'il soit vendu publiquement. Enfin, l'hypothèque suit l'immeuble dans quelques mains qu'il passe; l'acquéreur est tenu de notifier son contrat aux créanciers inscrits, et d'offrir d'acquitter leur créance; ceux-ci peuvent requérir la mise aux enchères, si l'héritage leur semble vendu à vil prix, et par conséquent il n'est, sous tous les rapports, aucune raison plausible pour résoudre négativement la question que nous avons posée.

2200. *L'art.* 111 *du Code civil, qui permet de faire au domicile élu pour l'exécution d'un acte, les significations, demandes et poursuites relatives à cet acte, s'applique-t-il au cas de saisie immobilière?*

Par arrêt du 12 juin 1809 (*voy. Sirey, tom.* 10, *DD., pag.* 79), la Cour de Paris avait décidé que tous les actes à signifier à personne ou à domicile, dans le cours d'une saisie immobilière, pouvaient l'être au domicile élu, conformément à l'art. 111, pour l'exécution du contrat en vertu duquel l'expropriation doit être poursuivie; la Cour de Bordeaux a également jugé, le 11 avril 1810, et la Cour de cassation, le 5 février 1811 (*Sirey, tom.* 11, *pag.* 98), que le commandement pouvait être fait à ce domicile élu, et être visé par

(1) Un arrêt de Turin, rapporté par Sirey, tom. 13, pag. 223, semble aussi consacrer en principe qu'on ne peut déroger aux règles sur l'expropriation forcée; mais il ne faut pas perdre de vue que, dans l'espèce, comme dans celle de l'arrêt de Bourges, le créancier était autorisé à vendre arbitrairement, et qu'il avait vendu par acte sous seing privé.

le maire du lieu. Il n'y a donc plus de doute sur la solution affirmative de la question ci-dessus posée (1).

2201. *De ce que l'art. 673 veut que le commandement soit fait à personne ou domicile, résulte-t-il que celui qui serait signifié au tiers détenteur seulement doive être considéré comme non avenu?*

Le commandement doit être fait à la personne ou au domicile du *débiteur;* c'est ce que la Cour de cassation a décidé, par arrêt du 6 messidor an 13, en déclarant nul un commandement fait au détenteur des biens par un créancier hypothécaire. — (*Voy. Prat.*, tom. 4, pag. 328, et la *Jurisp. des Cours souv.*, tom. 5, pag. 281).

Ainsi, lorsque l'immeuble qui a été affecté par hypothèque au paiement d'une créance, est passé dans les mains d'un tiers, cela ne dispense pas de faire, à peine de nullité, le commandement au débiteur; mais nous remarquerons qu'il faut ensuite le reporter à ce tiers détenteur, en lui donnant copie de l'inscription, et même en lui faisant sommation de payer ou de délaisser l'héritage. — (*Voy. Code civ.*, art. 2169, et un arrêt de la Cour d'Angers, du 23 avril 1809, *Biblioth. du barr.*, 2ᵉ part., 1810, pag. 279).

S'il ne délaisse pas, aucune condamnation personnelle ne peut, à la vérité, être prononcée contre lui (27 avril 1812, *Sirey,* tom. 12, pag. 300;) mais les suites ultérieures de la saisie se feront contre lui, parce que l'expropriation ne peut être dirigée que contre le propriétaire actuel. — (*Voy. Jurisp. des Cours souv.*, *ubi suprà*, pag. 284).

Si, au contraire, le tiers détenteur délaisse, on agit conformément à l'article 2174 du Code civil.

2202. *Le commandement peut-il être signifié à la personne du débiteur trouvée hors de son domicile?*

Puisque la loi dit que le commandement doit être fait à personne ou domicile, il en résulte bien qu'il peut être fait à la personne du débiteur trouvée hors de son domicile. Néanmoins, dit M. Tarrible (*voy. nouv. Répert.*, pag. 647), cette faculté doit se combiner avec l'injonction que le même article fait à l'huissier de faire viser l'original de son exploit, dans le jour, par le maire ou l'adjoint de la commune où est établi le domicile du débiteur. Il est sensible que si la personne du débiteur était trouvée à une distance de son domicile telle que l'huissier ne pût faire viser son original dans le jour, par le maire ou l'adjoint de la commune de ce domicile, l'huissier devrait renoncer à profiter de cette circonstance pour notifier à la personne, et se transporter au domicile du débiteur pour y faire la notification, et se ménager ainsi le moyen de pouvoir remplir dans le jour la formalité du visa, dont l'observation est exigée avec la même rigueur que celle de toutes les autres.

2203. *Le commandement fait à l'héritier du débiteur, sans lui avoir fait signifier le titre huit jours auparavant, est-il nul?*

Aux termes de l'art. 877 du Code civil, les titres exécutoires contre un

---

(1) Voy., en faveur de cette opinion, d'autres arrêts cités par M. Berriat Saint-Prix, pag. 568, not. 14, n.° 2.

défunt ne peuvent être mis à exécution contre ses héritiers que *huit jours après qu'ils leur ont été signifiés à personne ou à domicile*. Or, si le commandement est un acte d'exécution, il est évident qu'il est nul, lorsque le titre n'a pas encore été signifié aux héritiers dans le délai fixé par la loi; autrement, il faudrait admettre, ce qui serait absurde, que l'on pourrait exécuter un acte avant qu'il fût exécutoire.

Il s'agit donc d'examiner si le commandement est véritablement un acte d'exécution. L'affirmative a été prononcée par un arrêt de la Cour de Bruxelles, du 10 mai 1810 (*Sirey, tom.* 15*, pag.* 170), qui a déclaré nuls un commandement et les suites ultérieures en expropriation, attendu que cet exploit étant le premier acte de l'exécution, ne pouvait être fait que huit jours après la signification du titre, seule époque à laquelle ce titre pouvait être exécutoire.

L'on disait, pour déterminer cette décision, que le commandement est tellement un acte d'exécution, qu'il ne peut avoir lieu qu'en vertu d'actes exécutoires, et qu'il fait tellement corps avec la saisie, que toute la saisie est nulle, si l'exécution n'avait pas commencé par là.

On répondait que le commandement ne peut être considéré comme un acte d'exécution, puisqu'il ne fait que mettre le débiteur *en demeure* de payer; que, d'ailleurs, le texte de la loi prouve que non seulement le commandement ne fait pas partie de la saisie immobilière, puisque l'art. 673 porte qu'*il précèdera*, mais encore qu'il ne *commence pas*, puisque le même article ajoute que le commandement doit contenir déclaration que, faute de paiement, il *sera procédé* à la saisie.

Mais ce qu'on pourrait ajouter de plus décisif en faveur de cette dernière opinion, serait l'arrêt de la Cour de cassation, du 5 février 1811 (*voy. Denevers,* 1811*, pag.* 114), lequel déclare formellement que l'art. 673 disant que la saisie immobilière sera précédée d'un commandement, il en résulte que ce commandement ne fait pas partie de la poursuite en expropriation forcée, dont il n'est, au contraire, qu'un acte préparatoire. Par cette considération, nous sommes porté à croire que le titre étant notifié aux héritiers dans le commandement même, le vœu de l'art. 877 du Code civil serait suffisamment rempli, puisque l'exécution qui, d'après l'arrêt que nous venons de citer, ne commence que par le procès-verbal de saisie, ne peut avoir lieu que trente jours après le commandement, et conséquemment long-tems après le délai auquel le titre devient exécutoire pour l'héritier, conformément à ce même art. 877 (1).

2204. *Si déjà le titre en vertu duquel la saisie est faite avait été notifié, serait-on dispensé d'en donner copie dans le commandement ?*

Non, puisque l'art. 673 ne contient pas de dispense à ce sujet, à la différence de l'art. 583, qui déclare expressément, pour la saisie-exécution, que la copie dont il s'agit ne sera donnée qu'autant que le titre n'aurait pas été préalablement notifié. — (*Voy. Pigeau, tom.* 2*, pag.* 193).

2205. *Si la saisie est faite en vertu de jugement, doit-on donner copie des titres sur lesquels il est intervenu ?*

___

(1) Le créancier n'a pas besoin d'insérer au commandement la copie des pièces justificatives de la qualité d'héritier, et en conséquence, le délai d'un mois exigé entre le commandement et la saisie court avant que l'héritier n'ait justifié de sa qualité. — (*Paris,* 31 *mars* 1806*, tom.* 6*, pag.* 241).

Puisque l'art. 675 porte seulement qu'il sera donné *copie entière du titre en vertu duquel la saisie est faite*, il est évident que l'on ne doit donner que la copie du jugement, puisqu'il est réellement le titre en vertu duquel on poursuit. — (*Voy. rapport de M. le tribun Grenier, édit. de F. Didot, pag. 256 et 257, et Rennes, 19 mars 1815, Sirey, tom. 15, pag. 224*).

2206. *Le cessionnaire d'un titre exécutoire doit-il donner copie entière nonseulement du titre originaire de la créance, mais encore de l'acte de cession et de la signification de cet acte au débiteur?*

M. Tarrible (*voy. nouveau Répertoire, v°. saisie immobilière, pag.* 647), observe que le titre se composant de tous les actes nécessaires pour le rendre exécutoire, le cessionnaire d'une créance doit donner copie entière et du titre originaire, et de l'acte de cession, et de celui de signification du transport au débiteur; ce qui suppose, dit-il, que le transport doit être signifié avant le commandement. Ce jurisconsulte ajoute que si le cessionnaire omettait d'insérer dans sa copie quelqu'un de ces actes, il n'aurait pas donné copie entière du titre, et que conséquemment le commandement serait frappé d'une nullité qui entraînerait celle de tous les actes ultérieurs.

Il n'est pas douteux que le cessionnaire ne peut poursuivre, comme le cédant lui-même (*voy. Code civil art.* 2214), qu'autant qu'il fait connaître au débiteur tous les actes qui lui donnent qualité; mais nous ne pensons pas, comme M. Tarrible, qu'il soit nécessaire de signifier l'acte de cession avant le commandement : c'est ce qui résulte de ce que nous avons dit sur la question 2203°. que cet acte ne fait point partie de la saisie, et c'est aussi ce qui a été jugé le 2 juillet 1808, par la Cour de Nîmes. — (*Voy. Jurisp. des Cours souv., tom.* 5, *pag.* 520).

Ainsi, nous estimons qu'il suffit, pour qu'un commandement fait à requête d'un cessionnaire soit valable, qu'il contienne copie du titre originaire et de l'acte de transport, sans qu'il soit besoin que ce dernier acte ait été préalablement notifié.

En cela nous ne voyons rien qui ne soit parfaitement conforme à l'art. 2214 du Code civil; et en effet, cet article n'admet le cessionnaire d'un titre exécutoire à poursuivre l'expropriation, qu'après que la signification du transport a été faite au débiteur. Mais aussi l'expropriation n'est poursuivie qu'après le commandement, qui en est le préliminaire indispensable : l'art. 2214 a donc reçu son application, si l'acte de transport a été notifié en tête du commandement; vouloir qu'il le soit préalablement, c'est exiger ce que la loi n'a pas prescrit (1).

2207. *De ce que l'art.* 673 *exige que la copie du titre soit entière, en résulte-t-il, par exemple, que l'omission de la formule exécutoire qui termine le titre opère la nullité du commandement?*

---

(1) On est même allé plus loin : on a soutenu que dès qu'il était reçu que le commandement ne fait pas partie de la saisie, il suffisait, pour la validité de celle-ci, que la signification prescrite par l'art. 2214 fût faite après le commandement, mais avant le procès-verbal de saisie. Nous croirions qu'il serait prudent de ne pas suivre cette opinion, parce que le commandement devenant illusoire, s'il ne fait pas connaître que celui à requête duquel il est fait se trouve aux droits du créancier originaire, on ne saurait raisonnablement attacher à un tel acte les effets qu'il eût produits en toute autre circonstance.

Il paraît que ce mot *entière* suppose que l'omission d'une seule partie du titre doit opérer la nullité du commandement; c'est pourquoi la Cour de Besançon, par arrêt du 9 mai 1808 (*voy. Jurisp. sur la procéd., tom. 3, pag.* 314), a décidé pour l'affirmative la question que nous venons de poser; décision d'autant plus certaine, que la formule exécutoire est une partie tellement essentielle du titre, qu'il ne peut être exécuté sans elle.

2208 . *Quels sont les effets de l'élection de domicile que le saisissant doit faire dans le commandement ?*

Suivant un arrêt de la Cour de cassation, du 22 janvier 1806, cette élection de domicile s'étendrait à toutes les procédures auxquelles l'expropriation doit donner lieu jusqu'au jugement d'ordre inclusivement, et la consommation de la distribution. Il faut remarquer que cet arrêt a été rendu avant la mise en activité du Code; mais il nous semble que l'on doit décider aujourd'hui de la même manière, l'élection de domicile n'étant évidemment exigée qu'afin que le débiteur trouve, dans l'endroit même où siège le tribunal qui connaît de la saisie, un lieu où il puisse régulièrement notifier ses oppositions et les actes quelconques relatifs à sa défense.

Telle est aussi l'opinion de M. Tarrible, pag. 647; mais il ne pense pas, et nous croyons aussi, d'après l'art. 1260 du Code civil, que le débiteur ne pourrait valablement faire des offres au domicile élu par un créancier qui aurait ailleurs son domicile réel. Nous serions également porté à croire, d'après les raisons données sur la quest. 2010°., que l'on ne pourrait notifier un appel à ce domicile élu.

2209. *Quel est le tribunal qui doit connaître de la saisie ?*

Ce tribunal est toujours celui de la situation des biens, attendu que l'action en expropriation est réelle, tant par sa nature, puisqu'elle a pour objet des biens, que par sa combinaison nécessaire avec la purgation des hypothèques, qui est un droit purement réel. Au reste, cette compétence est textuellement déterminée par l'art. 2210 du Code civil; mais non seulement le tribunal que nous venons d'indiquer peut connaître de tout ce qui est relatif à la poursuite; il peut en outre prononcer même sur la validité d'offres faites par le débiteur à un domicile situé dans le ressort d'un autre tribunal; en un mot, ce tribunal est investi de plein droit de tout ce qui est relatif au commandement, à la continuation des poursuites, et à tous les incidens qui peuvent en naître. — (*Voy. arrêt de la Cour de cassat., section des requêtes, du* 10 *décembre* 1807, *Jurisp. sur la procéd., tom.* 1, *pag.* 384 *et suiv.*).

2210. *Le commandement doit-il contenir la désignation des immeubles dont le créancier entend provoquer la vente ?*

L'art. 673 n'exige pas cette désignation, que l'on était obligé de donner sous l'empire de la loi du 11 brumaire an 7, relative aux expropriations forcées. Il veut seulement qu'il soit déclaré dans le commandement que, *faute de paiement, il sera procédé à la saisie des immeubles du débiteur* : il suffit donc d'employer dans le commandement les seules expressions dont se sert cet article. — (*Voy. Tarrible, v°. saisie immobilière, pag.* 647 *et* 648).

2211. *Quel est le fonctionnaire qui doit viser l'original du commandement, si le maire ou l'adjoint est absent ?*

D'après une circulaire du ministre de la justice, en date du 26 juillet 1810, c'est le plus ancien membre du Conseil municipal qui doit donner, en cas d'absence ou d'empêchement du maire ou de l'adjoint, le visa exigé par l'article 673 (1).

2212. *Le commandement est-il assujetti aux formalités ordinaires des exploits ?*

Oui, et par conséquent il doit contenir, à peine de nullité, la mention de la personne à laquelle la copie a été laissée, celle du visa du maire ou adjoint, etc. Si le débiteur n'avait aucun domicile connu, ou s'il n'habitait pas en France, sur le continent, l'on devrait suivre, pour la signification du commandement, ce qui est prescrit par les n°s. 8 et 9 de l'art. 69. — (*Voy.* art. 68, 69 et 70 ; *Demiau Crouzilhac*, pag. 436, et *Tarrible*, v°. saisie immobilière, pag. 648) (2).

2213. *S'il s'agissait de poursuivre l'expropriation d'un immeuble commun entre plusieurs débiteurs non solidaires et domiciliés dans des lieux différens, à qui devrait-on faire le commandement ?*

Il devrait être fait à chacun des débiteurs, avec toutes les formalités prescrites pour le cas où il n'y en a qu'un seul. (3) — (*Voy. Tarrible, ubi suprà*).

2214. *Le codébiteur solidaire, propriétaire indivis de l'immeuble, peut-il opposer la nullité du commandement fait aux enfans de son codébiteur solidaire, ses copropriétaires ?*

Nous ne le pensons pas, attendu que l'art. 2249 du Code civil ne répute point solidaires, envers le codébiteur solidaire de leur auteur, les enfans de ce dernier : d'où suit que la nullité est absolument relative et ne peut être opposée que par les héritiers.

2215. *Celui qui se prétend propriétaire des immeubles menacés de saisie par un commandement fait à un précédent propriétaire, peut-il former opposition à ce commandement ?*

Non : il doit attendre que la saisie soit faite afin de procéder par demande

_____

(1) Mais on peut faire viser par l'adjoint sans qu'il soit besoin de constater l'absence ou l'empêchement du maire. — (*Besançon*, 18 *juill.* 1811, *et cassat.*, 1.er *sept.* 1809, *Sirey*, tom. 15, pag. 181, et tom. 16, pag. 230).

Si le commandement est fait au débiteur trouvé hors du domicile, à une distance trop éloignée pour que l'huissier revienne dans le jour prendre le visa du maire du domicile, ce visa est aussi valablement donné par le maire du lieu où le commandement est fait. — (*Cassat.*, 12 *janv.* 1815, *Sirey, tom.* 15, *pag.* 175).

(2) Cependant l'art. 69 n'y est pas applicable, en ce qui concerne l'affiche à la porte du tribunal où la demande est portée, lorsque le domicile n'est pas connu. La raison en est que le commandement ne renferme pas de demande, puisqu'il précède la saisie dont il ne fait pas partie : il peut donc être signifié par affiche à la porte du tribunal du dernier domicile du saisi. — (*Paris*, 3 *fév.* 1812, *Sirey, tom.* 14, *pag.* 23).

Ce principe, que le commandement n'est qu'un acte préparatoire des poursuites, a été consacré par arrêt de la Cour de cassation, du 5 février 1811 (*Sirey, tom.* 11, *pag.* 98); mais cela n'empêche pas de le considérer comme le premier acte de la procédure.

(3) Mais si l'on peut cumuler dans la même vente les biens particuliers et propres à chaque débiteur solidaire, néanmoins, chacun d'eux peut demander la séparation des ventes et la distinction des dettes et charges. — (*Riom*, 24 *fév.* 1813, *Sirey, tom.* 14, *pag.* 174).

en distraction. — (*Voy. arrêt de la Cour de Besançon, du 19 février 1811, Sirey, tom.* 15, *pag.* 177) (1).

2216. *Le commandement fait au débiteur et reporté au tiers détenteur, avec sommation de payer, si mieux n'aime celui-ci, soit remplir, dans le délai de la loi, les formalités prescrites pour purger, soit délaisser l'héritage, suffit-il, pour donner au créancier le droit de saisir l'immeuble sur ce tiers détenteur à l'expiration du délai de trente jours fixé par l'art.* 2169 *du Code civil?*

En d'autres termes : *L'art.* 2183 *du Code civil exige-t-il une sommation distincte de celle prescrite par l'art.* 2169, *en sorte qu'il faille, pour saisir l'immeuble sur le tiers détenteur, d'abord une sommation afin qu'il ait à payer;* 2°. *une autre sommation afin de payer ou de délaisser?*

Nous pensons que le tiers détenteur, qui veut purger d'hypothèque le bien qu'il a acquis, est suffisamment averti par la loi qu'il doit user de cette faculté avant les poursuites du créancier hypothécaire, soit au plus tard dans le mois du premier acte que ce créancier lui signifie, et que le premier acte qui forme la première poursuite du créancier est le commandement fait au débiteur originaire, reporté au tiers détenteur avec sommation de payer la dette exigible ou de délaisser l'héritage (2).

_____

(1) Le tiers qui revendiquerait ne pourrait donc assigner le saisissant au domicile élu dans le commandement, conformément à l'art. 584, qui d'ailleurs n'a trait qu'à la saisie-exécution : il doit se conformer à l'art. 727. — (*Cassat.*, 3 *juin* 1812, *Sirey, tom.* 12, *pag.* 362).

(2) Par deux arrêts, l'un du 4 juin 1807, l'autre du 6 juillet 1812, rapportés au Journal du palais, 2.º semestre 1807, pag. 296, et tom. 5, pag. 309, la Cour de Nîmes a décidé la question d'une manière absolument opposée; mais l'arrêtiste critique cette décision; et, d'un autre côté, les éditeurs de la Jurisprudence du Code civil, tom. 19, pag. 425, en rapportant le dernier de ces arrêts, en ajoutent un troisième de la même Cour de Nîmes, rendu le 28 août 1812, qui prononce formellement le contraire dans les termes suivans (*voy.* pag. 438) : « *Attendu que la sommation qu'exige l'art.* 2183 *du Code ne peut être autre que celle prescrite par l'art.* 2169, *auquel l'art.* 2183 *se réfère* ». Cet arrêt prouve que la Cour de Nîmes est revenue contre la jurisprudence qu'elle avait consacrée. Mais il y a plus : les éditeurs de la Jurisprudence du Code, à la suite de l'arrêt du 6 juillet 1812, rapportent une note insérée dans le Mémorial de Jurisprudence de M. Bazille, conseiller à Nîmes (Mémorial contenant les arrêts de cette ville), dans laquelle ce magistrat fait remarquer que l'arrêt dont il s'agit n'est motivé que de cette manière, *adoptant en entier les motifs énoncés au jugement dont est appel.* Or, M. Bazille atteste que ce jugement, qui rejetait des poursuites faites contre un tiers détenteur, fut confirmé, en ce qu'il décidait que la sommation de payer ou de délaisser devait être précédée d'un commandement régulier fait au débiteur originaire; que le commandement n'était pas régulier dans l'espèce, et que le tiers détenteur avait pu faire valoir toutes les nullités qui se trouvaient dans ce commandement. Il est vrai que les premiers juges avaient aussi motivé leur jugement sur ce que la Cour de Nîmes, par le premier arrêt, du 4 juin 1807, avait décidé que la sommation exigée par l'art. 2183 était différente de celle dont il s'agit en l'art. 2169; et c'est parce que la Cour de Nîmes, dans son arrêt du 6 juillet 1812, avait adopté *en entier* les motifs des premiers juges, que l'on a conclu qu'elle avait deux fois prononcé de la même manière. Ce mot *en entier*, dit M. Bazille, est une erreur de *plume* qui doit d'autant moins tirer à conséquence, que l'opinion bien connue de la Cour a été manifestée par le troisième arrêt, du 28 août 1812. Nous sommes positivement assuré, ajoute-t-il, que la question ne fut pas discutée par la Cour, et l'on sent que toute discussion à cet égard eût été superflue et sans objet, du moment que la Cour reconnaissait qu'il n'y avait pas de commandement valable fait au débiteur originaire.

Il faut donc tenir pour certain qu'il n'existe, contre l'opinion que nous venons d'émettre,

En effet, d'après les art. 2167 et 2168, les poursuites en expropriation forcée ne peuvent être dirigées contre le tiers détenteur, que lorsqu'il n'a pas rempli les formalités prescrites pour purger la propriété ; et ce n'est qu'alors que, demeurant obligé à toutes les dettes hypothécaires, il doit payer tous les intérêts et capitaux exigibles ou délaisser l'immeuble.

Mais on ne saurait conclure de là qu'il faille préalablement sommer ce tiers acquéreur de purger.

La loi ne contient aucune disposition qui impose cette obligation au créancier, et l'on sait qu'il est contraire aux principes de suppléer une obligation à la charge d'une partie, et, à plus forte raison, d'attacher au défaut d'accomplissement de cette obligation supposée une nullité de poursuites.

Nous avons parcouru avec soin les meilleurs ouvrages écrits sur cette matière, et nous n'avons trouvé, dans aucun, rien qui puisse autoriser à dire que leurs auteurs aient adopté, ou semblé adopter la nécessité de deux sommations différentes, l'une pour purger, l'autre pour délaisser.

Au contraire, M. Tarrible, dans son Commentaire sur le titre des hypothèques, cité par les éditeurs de la Jurisprudence du Code civil, dit formellement que le droit de purger est purement facultatif ; que l'acquéreur est libre de l'employer ou de le négliger. Il n'est donc pas nécessaire d'une sommation préalable ; car il serait absurde de sommer quelqu'un de faire ce qu'il a la liberté de faire ou de ne pas faire, si cela lui convient. (2)

Au reste, il existe sur cette difficulté une raison qui paraît tranchante ; c'est que le droit du créancier contre l'acquéreur ne peut évidemment prendre naissance qu'aumoment où il n'a pas purgé ; jusque là, on ne peut exercer l'action personnelle résultant de la dette, que contre la personne du débiteur.

Aussi la loi veut-elle que, préalablement à toutes suites contre le débiteur, on fasse commandement à ce débiteur, et ce n'est qu'autant qu'il ne paie pas qu'elle autorise à agir contre le détenteur par l'action hypothécaire.

Or, il serait contraire aux principes consacrés par la loi elle-même d'exiger, afin de purger, une sommation qui précéderait le commandement au débiteur, et il serait contradictoire, si cette sommation était exigée, de prescrire ensuite un commandement à celui-ci. Un tel système serait absurde et conduirait à multiplier les frais, à étendre les délais sans nécessité. En effet, à quoi bon

---

que le premier arrêt de la Cour de Nîmes ; et qu'au contraire, on peut s'appuyer du troisième, qui a formellement et très-explicitement résolu la question d'une manière conforme à cette opinion.

(1) Ajoutons que M. Delvincourt, dans sa dernière édition, tom. 3, pag. 597, admet formellement notre opinion. « Quant à ces mots, *première sommation*, qui se trouvent dans » l'art. 2183, ils doivent être entendus, dit-il, dans le sens que s'il y a plusieurs créan- » ciers qui aient fait chacun la sommation de l'art. 2169, le délai court de la première. » Quel intérêt le créancier a-t-il que l'acquéreur paie ou ne paie pas ? Cela lui est abso- » lument indifférent. Son intérêt est d'être payé, soit sur le prix de l'acquisition, soit sur » celui de l'expropriation : l'on conçoit donc bien l'utilité d'une sommation de payer ou » de délaisser ; mais l'on ne conçoit pas celle d'une sommation de purger ».

Par cette explication, on voit que le savant professeur de Paris répond parfaitement à l'objection tirée des termes de l'art. 2169, et qui n'était fondée que sur une erreur née de la difficulté que quelques-uns trouvaient à donner un sens à ces termes, *première sommation*.

s'adresser au tiers détenteur pour l'obliger à purger sans avoir avant tout constitué vainement en demeure de payer. L'action personnelle résultant de la dette doit précéder toujours l'action résultant de l'hypothèque, ou au moins s'exercer en même tems; en un mot, comme le dit M. Tarrible, le premier mouvement de l'action résultant de l'art. 2169 est le commandement de payer fait au débiteur : ce n'est donc pas une sommation à faire au détenteur; celui-ci est assez averti d'user de ses droits par les poursuites autorisées par l'art. 2169; et l'article 2183 n'a pour objet que de lui faire connaître le moment où il cessera de pouvoir les exercer, par suite de la sommation prescrite par l'art. 2169.

ARTICLE 674 (N).

La saisie immobilière ne pourra être faite que trente jours après le commandement. Si le créancier laisse écouler plus de trois mois entre le commandement et la saisie, il sera tenu de le réitérer dans les formes et avec le délai ci-dessus (1).

Loi du 11 brum. an 7, art. 1. — *Suprà*, art. 156. — *Infrà*, art. 717, 1033. — Cod. civ., art. 2216.

CCCCXCII. LE commandement, comme nous l'avons dit, étant un avertissement donné au débiteur de payer sa dette, la loi qui, par ce motif, avait déjà fixé entre cet avertissement et les saisies mobilières dont nous avons précédemment parlé, un délai qui donne au débiteur un tems convenable pour qu'il puisse essayer de se procurer des fonds et éviter des frais, devait, à plus forte raison, fixer également un délai, et en augmenter la durée en considération de l'intérêt qu'un propriétaire d'immeubles d'en empêcher l'expropriation ; il fallait en outre déterminer la durée de l'effet de ce délai, c'est-à-dire déterminer le laps de tems à l'expiration duquel il ne serait plus permis de saisir après l'expiration du premier délai. C'est ce que le législateur a fait, par l'article qui précède, duquel il résulte que, si l'on ne peut saisir avant les trente jours, à partir du commandement, on le peut après, pourvu qu'on ne laisse pas passer trois mois, également à partir de ce commandement.—(*Voy.* Tarrible, *nouv. Répert.*, *pag.* 648).

2217. *Le délai de trente jours, à l'expiration duquel on peut procéder à la saisie, est-il franc?*

Oui, suivant M. Lepage, dans ses Questions, pag. 436 (2), et M. Pigeau,

---

(1) JURISPRUDENCE.

Le commandement est périmé de plein droit par le laps de trois mois. — (*Cassat.*, 1.er *prair. an* 3; *voy. Prat., tom.* 4, *pag.* 330).

NOTA. C'est aussi ce qui résulte évidemment des dernières expressions de l'art. 674.

(2) Nous observerons que M. Lepage est auteur du Traité des saisies, où il examine les mêmes difficultés que dans ses Questions. Ceux qui ont le Traité des saisies y trouveront, en conséquence, tout ce que l'on trouve dans les Questions : il nous suffit donc de citer ce dernier ouvrage.

pag. 195, attendu, disent-ils, que c'est un acte fait à personne ou domicile; mais on pourrait croire que l'on dût appliquer au commandement qui précède la saisie immobilière, ce que nous avons dit sur la quest. 1996, relativement au délai qui doit être donné avant la saisie-exécution. Nous remarquerons qu'il n'y aurait pas absolument même raison de décider, attendu que nous avons dit, sur la quest. 2208°., que nous ne pensions pas que l'on pût faire des offres réelles ou notifier un appel au domicile élu par le commandement qui précède la saisie réelle, ainsi qu'on le peut lorsqu'il ne s'agit que d'une simple saisie-exécution : nous croyons donc que l'on doit ici se conformer à l'opinion de M. Lepage et de M. Pigeau; c'est au moins le plus sûr parti.

2218. *Si le commandement doit être reporté à un tiers, le délai pour procéder à la saisie ne commence-t-il qu'à compter du jour de ce report?*

Il faut, dit M. Thomines, pag. 250, attendre trente jours au moins après le commandement, et même après sa dénonciation, s'il est reporté à un tiers. Telle est aussi notre opinion, fondée sur ce que le délai dont il s'agit est un délai de faveur que la loi accorde, afin que le débiteur ait un tems suffisant pour se procurer les moyens de payer. Or, le tiers détenteur se trouve intéressé, comme le débiteur lui-même, à prévenir l'expropriation; il faut lui accorder aussi un délai pendant lequel il avisera aux moyens de payer, ou réfléchira s'il doit délaisser l'immeuble (1).

2219. *Est-il nécessaire de renouveler le commandement, dans le cas même où le retard a été occasionné par le fait du débiteur?*

On peut dire, pour l'affirmative, que l'art. 674 ne fait aucune distinction pour le cas dont il s'agit, et qu'il n'est pas permis d'admettre une exception que la loi n'a pas faite. Nous croyons néanmoins, avec les auteurs du Praticien, tom. 4, pag. 329, que si la question se présentait, l'on devrait décider autrement, attendu que l'art. 674 établit en quelque sorte une prescription contre le commandement, et qu'il est incontestable que la prescription ne peut courir contre ceux qui exercent leurs droits, qui font toutes les diligences pour agir, mais qui en sont empêchés par le fait de leur adversaire.— (*Voy. l'arrêt de la Cour de cassat. cité sur la quest. 65°., tom. 1, pag. 29, et le nouv. Répert., au mot* péremption, § 63) (2).

(1) Cette opinion a été adoptée par arrêt de la Cour de Limoges, du 24 août 1821. (*Sirey, tom.* 21, *pag.* 298). Il décide en effet que si la saisie immobilière est faite sur la tête d'un tiers détenteur, c'est sur le commandement fait à celui-ci, et non du commandement fait au débiteur originaire, que courent les trois mois dans lesquels la saisie doit avoir lieu.

(2) Cette opinion, émise dans notre Analyse, quest. 2029°., est consacrée en termes exprès par un arrêt de la Cour de cassation, du 7 juillet 1818. (*Sirey, tom.* 19, *pag.* 233). Ainsi, par exemple, si le saisi forme opposition au commandement, le délai de trois mois est suspendu, comme le décide cet arrêt, pendant la durée de l'instance sur l'opposition. Il faut convenir qu'il arrivera rarement que le créancier qui a droit de saisir soit arrêté par le fait de son débiteur, et que la solution que nous venons de donner ne peut guère recevoir son application que dans le cas de l'arrêt que nous venons de citer, ou lorsque le créancier aurait volontairement retardé ses poursuites sur la demande de celui-ci. Alors, en effet, il ne serait pas juste d'opposer au créancier une péremption qui ne serait acquise contre lui que par le fait du débiteur.

2220. *La péremption du commandement est-elle si absolue qu'elle détruise tous les effets que cet acte peut produire?*

Non, dit M. Merlin. (*Voy. nouv. Répert., au mot* commandement, *tom.* 2, *pag.* 481). Le commandement subsiste, sinon comme préliminaire essentiel de la saisie, du moins comme acte conservatoire et interruptif de la prescription, conformément à l'art. 2244 du Code civil. Ainsi, l'on ne peut dire que le commandement soit *périmé*, dans la véritable acception de ce mot.

2221. *Le délai de trois mois se compte-t-il par mois de trente jours seulement?*

Nous croyons, avec M. Lepage, dans ses Questions, pag. 437, que tout délai fixé par mois s'entend nécessairement de tout le tems qui s'écoule depuis telle date donnée d'un mois, jusqu'à semblable date d'un autre mois, sans distinguer si l'un des mois compris dans le délai a plus ou moins ds trente jours. Ainsi, par exemple, il y a trois mois dans le sens de l'art. 674, du 15 février au 15 mai, encore bien que le mois de février n'ait que vingt-huit jours.

Au reste, cette solution, conforme à celle que nous avons déjà donnée sur la quest. 1555e., trouve un appui dans un arrêt de la Cour de cassation, section criminelle, du 27 décembre 1811, rapporté par Sirey, tom. 12, pag. 199.

2222. *Les actes ultérieurs de poursuites seraient-ils sujets à péremption comme le commandement, si on laissait passer trois mois sans continuer la procédure?*

La loi ne s'est point expliquée à cet égard, peut-être parce que l'on a pensé que cette question ne pouvait se présenter, tous les actes de la poursuite devant être faits dans le cours de délais prescrits à peine de nullité. Mais cette opinion est erronée. En effet, comme il n'y aura souvent d'annulé que l'acte qui n'aurait pas eu lieu dans le délai fixé et ceux qui l'auront suivi, on demandera si les actes antérieurs et valables seront sujets à péremption, et par quel laps de tems?

Cette question s'est présentée sous l'empire de la loi du 11 brumaire, dont l'art. 4, § 8, déclarait le commandement périmé par le laps de six mois. La Cour de cassation déclara la poursuite périmée de plein droit par le même laps de tems (1er. prairial an 13, et Sirey, tom. 7, 2.e part., pag. 1193), et se fonda précisément sur la disposition de l'art. 4, qui était absolument la même que celle de l'art. 674, à la seule différence que le délai était de six mois au lieu de trois. Nous croyons donc que l'on devrait décider aujourd'hui de la même manière, puisqu'il y a identité de disposition et de raison. On ne peut d'ailleurs supposer que le législateur ait entendu prolonger indéfiniment les poursuites d'une expropriation qu'il a voulu qui fût terminée dans des délais précis, et il serait contraire à son vœu que la péremption n'eût lieu qu'à l'expiration des trois années prescrites par l'art. 397, lorsqu'il a expressément déclaré que le commandement était périmé de plein droit par le laps de trois mois. Il n'est pas besoin d'observer que la péremption serait suspendue par l'un des incidens prévus par le titre suivant, ou par le décès des parties ou de l'une d'elles.

2223. *Résulte-t-il de l'art. 474 que le procès-verbal de saisie doive être terminé dans les trois mois?*

Nous ne le pensons pas, attendu que l'article n'établit que le terme *à quo*. Au surplus, s'il pouvait exister quelques doutes à ce sujet, ils nous paraîtraient levés par un arrêt de la Cour de cassation, rapporté au recueil de Denevers, an 13, pag. 114, et dont l'analogie avec l'espèce du même article est parfaite. Cet arrêt décide que l'apposition des affiches qui, sous l'empire de la loi du 11 brumaire an 7, tenait lieu de saisie était valable, même après les six mois, lorsqu'elle avait été commencée auparavant et continuée sans interruption. Le délai de l'art. 674 remplace celui de la loi de brumaire, et nous ne voyons pas de raisons pour décider, sur-tout lorsque les biens sont éloignés et morcelés, autrement que l'arrêt cité a statué relativement à l'apposition des affiches.

§ II.

Du Procès-Verbal de saisie.

ARTICLE 675. (N.)

Le procès-verbal de saisie contiendra, outre les formalités communes à tous les exploits, l'énonciation du jugement ou du titre exécutoire, le transport de l'huissier sur les biens saisis, la désignation de l'extérieur des objets saisis, si c'est une maison, et énoncera l'arrondissement, la commune et la rue où elle est située, et les tenans et aboutissans; si ce sont des biens ruraux, la désignation des bâtimens, s'il y en a, la nature et la contenance au moins *approximative* (1) de chaque pièce, deux au moins de ses tenans et aboutissans, le nom du fermier ou colon, s'il y en a, l'arrondissement et la commune où elle est située. Quelle que soit la nature du bien, le procès-verbal contiendra en outre l'extrait de la matrice de rôle de contribution foncière pour tous les articles saisis, l'indication du tribunal où la saisie sera portée, et constitution d'avoué chez lequel le domicile du saisissant sera élu de droit. (2)

T., 47. — Ordonn. de Henri II, du 15 sept. 1551, art. 1. — Loi du 11 brum. an 7, art. 5, tit. 47. — C. de P., art. 689 et 717.

CCCCXCIII. Sous l'empire de la loi du 11 brumaire an 7, une simple *apposition d'affiches valait saisie de la propriété des biens qui y étaient détaillés* (art. 5).

_____

(1) Contenance approximative, c'est-à-dire le nombre d'ares ou d'hectares que l'huissier, *à la simple vue*, peut présumer que chaque pièce contient réellement.

(2) JURISPRUDENCE.

1.º L'indication de la profession du saisissant n'est pas essentielle, lorsqu'il a été désigné de la même manière, dans les actes de la procédure sur laquelle est intervenu le jugement qui sert de base à la saisie. — (*Cassat.*, 29 août 1814, *Sirey*, tom. 15, pag. 43).

NOTA. Mais il n'en est pas moins prudent, puisque le procès-verbal de saisie est un exploit, de ne pas omettre cette indication, s'il est possible.

Les affiches étaient imprimées ; elles indiquaient le jour où l'adjudication devait être faite.

Il est aisé de sentir que les auteurs de cette loi, en réglant ainsi un point de départ, avaient pour objet d'éviter les formes d'un procès-verbal de saisie qui, ne donnant par lui-même aucune publicité, ne pouvait dispenser d'en venir à des affiches. Ils visèrent encore à régulariser une procédure plus simple, plus active et moins dispendieuse que celle qui avait été suivie jusqu'alors.

L'art. 675 établit d'autres règles. On a pensé qu'il devait y avoir, comme avant la loi de brumaire, un procès-verbal de saisie (1), et on ne s'est point arrêté à la considération des frais qu'il occasionne, parce qu'en effet, ils se trouvent recouvrés par la dépense moindre des annonces prescrites par le Code, comparativement aux frais des affiches exigées par la loi de brumaire.

2224. *Peut-on procéder à la saisie des immeubles d'un mineur avant la discussion de son mobilier, et à celle de la portion d'un copropriétaire avant le partage ?*

2.⁶ On ne peut prouver que par acte authentique l'inexactitude des tenans et aboutissans. — (*Paris*, 8 juin 1812, *Jurisp. du Code civ.*, tom. 19, pag. 161).

3.° Si un procès-verbal de saisie énonce que tous les corps d'héritages saisis sont jouis par le débiteur, lorsque, dans le fait, certains sont jouis par des fermiers, en vertu de baux authentiques, la saisie est nulle, mais seulement pour les héritages affermés.

En ce cas, la fausse énonciation du procès-verbal ne peut être utilement rectifiée dans les placards, postérieurement à la demande en nullité. — (*Riom*, 30 mai 1819, *Sirey*, tom. 20, pag. 5).

4.° Il suffit que tous les articles de la matrice du rôle relatifs à l'immeuble saisi, soient *fidèlement* copiés dans le procès-verbal, et il n'importe que le percepteur n'ait pas signé, puisque la loi n'exige pas cette signature, et que celle de l'huissier garantit la vérité de l'extrait. — (*Angers*, 23 août 1809, *Biblioth. du barr.*, 2.ᵉ part., tom. 4, pag. 284).

5.° L'extrait de la matrice de rôle peut être remplacé par une simple mention du montant de la contribution, dans les pays où il n'y aurait pas de matrice de rôle. — (*Turin*, 6 déc. 1809, *Sirey*, *DD.*, 1810, pag. 240, et *Denevers*, suppl., même année, pag. 90).

6.° Il suffit, au reste, pour l'exécution de la loi, qu'on trouve l'extrait dans le procès-verbal ; elle ne prescrit aucune forme particulière ; il suffit qu'il n'y ait pas de contestation sur la conformité de cet extrait avec le rôle public dont il est la copie. — (*Rennes*, 4 janv. 1813).

(1) Voici les avantages de cette mesure, suivant le Rapport au Corps législatif :

1.° Il est dans l'ordre que les objets soient saisis de l'autorité de la justice, et qu'ils soient mis sous sa main. Il semble contraire aux principes conservateurs de la propriété, que des immeubles soient réputés saisis, uniquement parce qu'un créancier déclare sur des placards qu'ils le sont ;

2.° L'éclat de ce premier acte de procédure, la publicité qu'il donne à la saisie, à l'instant même qu'on la fait, si encore on peut dire qu'elle existe, l'indication subite du jour d'une adjudication, toutes ces formes ont paru renfermer de graves inconvéniens.

Lorsqu'il y a un procès-verbal de saisie, les suites peuvent en être arrêtées, ou par l'effet d'une radiation qui rédimerait la partie saisie d'une vexation, ou par des ressources promptes qu'elle se procurerait pour sa libération : le mal aurait été fait dans l'ombre, et il serait réparé dans l'ombre.

Mais lorsque la procédure commence par des affiches imprimées, quelque parti que prenne, dans la suite, une partie saisie, elle ne détruira jamais, ou au moins qu'imparfaitement, les préventions fâcheuses qui seront résultées, relativement à son crédit et à sa considération, de l'espèce d'accusation d'insolvabilité ou d'inconduite, qui, tracée sur les murs, quelquefois même avec profusion, aura été presque toujours l'aliment d'une curiosité maligne.

L'art. 2206 du Code civil dit que les immeubles du mineur ne peuvent être *mis en vente* avant la discussion du mobilier. Ainsi, dit M. Pigeau, pag. 201, l'on peut saisir, sauf à ne mettre en vente qu'après cette discussion. Mais M. Berriat Saint-Prix, pag. 503, aux notes, 1re. observation, remarque avec raison que les expressions de l'art. 2206, d'où M. Pigeau tire cette induction, ne paraissent avoir été employées que parce qu'à l'époque où le Code civil fut décrété, et jusqu'à la publication du Code de procédure, la saisie était en même tems une *mise en vente*, puisqu'elle résultait de la simple apposition des affiches où l'on annoncait la vente. (*Voy. loi du 11 brumaire an 7, art.* 5). Ce qui le prouve, ajoute-t-il, c'est que l'art. 2205 les emploie aussi pour défendre d'exécuter avant le partage des biens possédés par indivis ; et néanmoins, M. Pigeau lui-même, pag. 122, n°. 4, et 200, n°. 6, décide que ces biens ne peuvent être saisis tant qu'ils ne sont pas partagés : or, il y aurait même raison de décider dans les deux cas, puisque la loi se sert des mêmes termes, en disposant relativement à l'un et à l'autre.

Nous pensons donc que la discussion du mobilier d'un mineur doit, ainsi que le partage des biens indivis, précéder et la saisie immobilière et le commandement dont elle est la suite. C'est aussi ce que dit, en termes formels, M. le tribun Grenier, dans son rapport sur le titre que nous expliquons. — (*Voy. édit. de F. Didot. pag.* 270).

2225. *L'huissier doit-il être assisté de témoins, lorsqu'il dresse le procès-verbal de saisie ?*

L'art. 47 du tarif dit expressément que l'huissier ne se fera point assister de témoins.

2226. *Est-il nécessaire de donner, dans le procès-verbal, une assignation au saisi, à l'effet de comparattre devant le tribunal ?*

Non, puisque l'art. 675, qui prescrit tout ce que doit contenir le procès-verbal de saisie, n'impose pas cette obligation (*Bordeaux, 25 février 1809, Sirey, tom.* 15, *pag.* 181), et que, s'il dispose que ce procès-verbal contiendra les formalités communes à tous les exploits, on ne peut en conclure qu'il soit nécessaire de donner un ajournement qui n'aurait aucun objet au moment où le procès-verbal est rédigé. Au reste, si la loi avait entendu exiger une assignation, elle se fût exprimée à ce sujet, de même qu'elle l'a fait à l'égard de la constitution d'avoué. — (*Voy. le comment. de l'art.* 586).

2227. *Comment énonce-t-on, dans le procès-verbal, le jugement ou le titre exécutoire ?*

On énonce le jugement en indiquant sa date et le tribunal qui l'a rendu, et sommairement l'objet de la condamnation ; on énonce le titre par sa date et sa nature.

2228. *De ce que la loi exige le transport de l'huissier sur les biens saisis, s'ensuit-il qu'il doive nécessairement rédiger son procès-verbal sur les lieux ?*

Si l'huissier, dit M. Thomines Desmasures, pag. 250, prépare le travail par avance, ce n'est pas moins sur les lieux qu'il doit réellement le faire. Nous croyons aussi qu'il est bon que l'huissier rédige sur les lieux mêmes, afin d'être plus en état de remplir le but de la loi, qui ordonne son transport comme un moyen de plus d'obtenir une désignation précise des objets qu'il est question de saisir, et d'éviter des erreurs de confins qui donneraient lieu à des englobemens de propriétés appartenant à d'autres qu'à la partie saisie. Cependant nous n'irions pas jusqu'à dire que l'on dût annuler un procès-verbal qui aurait été rédigé ailleurs, mais sur des notes que l'huissier aurait prises sur les lieux ; ce serait suppléer une nullité que la loi n'établit point, puisqu'elle se borne à exiger le transport de l'huissier, sans prescrire qu'il rédigera sur les lieux.

2229. *Qu'est-ce que l'huissier doit faire pour remplir l'obligation que la loi lui impose de désigner l'extérieur des objets saisis, si c'est une maison?*

Il doit désigner le nombre d'étages, de croisées, de balcons, de portes d'entrées, la manière dont la maison est couverte, et autres circonstances semblables, qui se remarquent à la seule vue. (*Voy. Thomines Desmasures, pag.* 251, *et un arrêt de la Cour de Besançon, du* 17 *décembre* 1808*, Sirey, tom.* 15*, pag.* 180). Mais nous ne pensons pas que l'on puisse, avec fondement, arguer de nullité une saisie où l'on n'aurait pas énoncé que la maison fût en bois, en moëllon ou en pierres de taille : on ne peut pas dire, en effet, que ce soit là une partie de l'extérieur de la maison. C'est plutôt, ainsi que le dit M. Persil, dans ses Questions sur les priviléges et hypothèques, tom. 2, pag. 180, une chose qui constitue la maison, ou une qualité qui, pouvant à la vérité être utile à connaître, n'est cependant pas nommément exigée. Ainsi, ajoute cet auteur, la prudence et l'intérêt bien entendu du poursuivant exigent cette désignation ; mais la loi ne paraît pas en faire un devoir (1).

2230. *Si la commune de la situation de l'immeuble était un chef-lieu d'arrondissement, l'omission du nom de cet arrondissement serait-elle valablement suppléée par l'indication de ce chef-lieu?*

La Cour d'Aix a résolu négativement cette question, par arrêt du 25 février 1808 (*voy. Sirey, tom.* 8*, DD., pag.* 279) ; sur quoi, M. Berriat Saint-Prix observe qu'il est bien fâcheux que la loi ait induit à donner de semblables décisions. En effet, son but, en prescrivant les désignations indiquées par l'art. 675, est d'empêcher qu'il y ait de l'incertitude sur la maison saisie ; mais si l'on obtient ce résultat par quelques-unes de ces désignations, pourquoi les autres seraient-elles indispensables ? Une maison est-elle moins *certaine* quand on la dit située *dans le territoire de Marseille,* que quand on dit *dans le territoire ou arrondissement de Marseille,* dès que cette ville est le chef-lieu de cet arrondissement?....

C'est par des considérations de cette nature que, nonobstant l'arrêt que nous venons de citer, le tribunal de Rennes a rendu une décision tout à fait contraire, le 17 mai 1809. Quoi qu'il en soit, nous estimons que l'on doit s'en tenir à l'arrêt d'Aix, puisque la loi n'a point distingué, et qu'en prescrivant de désigner et l'arrondissement et la commune, elle exige nécessairement deux énonciations. Qu'un huissier, par exemple, saisisse une maison à Rennes,

---

(1) Nous ajouterons que le législateur n'a point entendu exiger une désignation minutieuse, et que, par conséquent, les juges peuvent se refuser à annuler, suivant qu'ils estiment que l'extérieur des objets est désigné suffisamment pour qu'on ne puisse les méconnaître.

et qu'il ne désigne pas l'arrondissement, il ne suit pas nécessairement de l'indication de la ville que Rennes soit un chef-lieu d'arrondissement : donc l'énonciation de l'arrondissement n'est pas suppléée par l'indication de la ville. Mais, dira-t-on, il n'est pas douteux que Rennes est le chef-lieu de l'arrondissement auquel il donne son nom. Qu'importe? La loi veut une énonciation expresse : or, ce ne serait que par induction que l'on supposerait que l'indication de la ville renferme celle de l'arrondissement. — (*Voy. arrêts de la Cour de Trèves, des 7 et 12 avril 1809, Sirey, tom. 14, pag. 270*).

2231. *L'omission du nom de la rue peut-elle être suppléée par l'indication du nom du faubourg dont elle fait partie?*

Non, encore bien que le faubourg n'eût que deux rues. — (*Voy. arrêt de la Cour de Besançon, déjà cité sur la quest. 2229*).

2232. *Doit-on indiquer le numéro de la maison?*

Il convient de le faire, sur-tout dans les grandes villes; mais nous ne pensons pas que ce soit à peine de nullité (1). — (*Voy. Prat., tom. 4, aux notes, pag. 332*).

2233. *Qu'entend-on par* TENANS OU ABOUTISSANS? *Quel est leur nombre? Peut-on se borner à n'en désigner que deux ou trois dans le procès-verbal de saisie?*

Les tenans et aboutissans ou *confins* sont les maisons, rues, fonds, etc., qui touchent à la maison saisie du côté de chacun des quatre points cardinaux; du moins on est depuis long-tems dans l'usage, ainsi que l'observe M. Berriat Saint-Prix, pag. 504, aux notes, de désigner *les confins* relativement à ces quatre points.

Comme l'art. 675 veut que l'on désigne les *tenans et aboutissans*, l'omission de l'un d'eux vicierait nécessairement la saisie; c'est au moins dit, M. Persil, tom. 2, pag. 180, ce qu'il faut conclure d'une autre disposition de ce même article, qui, pour les biens ruraux, n'exige que deux des tenans et aboutissans (2). — (*Ainsi jugé par l'arrêt de la Cour de Besançon cité sur les questions précédentes; voy. aussi Thomines Desmasures, pag. 251*).

Mais une simple erreur dans l'un des tenans indiqués ne nous paraîtrait pas opérer nullité; telle serait, par exemple, celle résultant, soit de ce que l'un des tenans serait désigné comme appartenant au voisin, tandis qu'il serait la propriété de son épouse; soit de ce qu'on aurait désigné le propriétaire non par son nom propre, mais par un sobriquet ou qualification sous lequel il serait connu. — (*Voy. Persil, tom. 2, pag. 180 et 181*).

---

(1) Mais la fausse indication de la rue donnerait lieu à l'annulation, par exemple si l'on indiquait une rue pour une autre. — (*Paris, 8 juin 1812, Jurisp. du Code civ., tom. 19, pag. 161*).

(2) Cependant la Cour de Paris a décidé, par arrêt du 20 août 1814 (*Sirey, tom. 16, pag. 214*), qu'il n'est pas indispensable d'indiquer tous les tenans et aboutissans, puisqu'il suffirait que les biens fussent désignés de manière à n'être pas méconnus; mais cette décision nous paraît trop opposée au texte de la loi pour être suivie, et la Cour de Rennes, par arrêt du 4 janvier 1813, a jugé que l'huissier n'est pas obligé d'énoncer en détail les débornemens de différentes portions d'un même immeuble, lorsqu'elles sont *contiguës*; il suffit de les désigner toutes dans l'ordre de leur position, en mentionnant qu'elles se joignent, et de donner les débornemens de l'ensemble.

2254. *L'erreur dans l'indication des tenans et aboutissans d'une pièce de terre rend-elle la saisie nulle en son entier ?*

Il paraît aux rédacteurs de la Jurisprudence du Code civil qu'il résulterait de l'arrêt de Paris, cité sur la précédente question, à la note, que la saisie ne doit être annulée qu'à l'égard de cette pièce de terre : c'est du moins ce qu'ils expriment dans l'énoncé de la question jugée. Mais le jugement de première instance, dont les motifs ont été adoptés par l'arrêt, ne nous semble pas conduire directement à cette conséquence. On y lit : « Attendu que le procès-verbal de
» saisie énonce que l'héritage compris dans l'art. 4 tient d'une part au sieur
» Bezanger, de l'autre à Jean Jubin, de deux autres bouts aux aboutissans,
» sans indiquer le nombre des propriétaires, tandis qu'il tient d'une part à
» Jean Matras, d'autre au sieur Gourlardine : d'où il suit que, contrairement
» à l'art. 675, ledit héritage n'est pas désigné par deux au moins de ses tenans
» et aboutissans. » Or, le dispositif n'est point rapporté, et certes, rien n'autorise à conclure de ce considérant que le tribunal n'eût annulé la saisie qu'à l'égard de l'héritage incomplètement désigné. Il nous paraît au contraire probable, disions-nous, n°. 3148 de notre Traité, que la saisie aura été annulée dans son entier, car l'art. 675 prononce la nullité du procès-verbal pour l'insuffisance des tenans et aboutissans d'une pièce. On connaît d'ailleurs l'inconvénient de n'annuler la saisie qu'en partie, ce qui obligerait d'apposer une nouvelle saisie pour une pièce isolée, et multiplierait les frais en rendant nécessaire de dénoncer, d'afficher, etc., les deux procès-verbaux, et d'obtenir une jonction de ces deux saisies (1).

2255. *Faut-il indiquer la contenance des domaines urbains ?*

Non, puisque la loi ne l'exige que pour les domaines ruraux. Le législateur s'est contenté de prescrire que l'étendue des maisons serait indiquée par les tenans et aboutissans (*voy. Prat.*, tom. 4, *pag.* 332) ; mais M. Tarrible observe, v°. *saisie immobilière,* pag. 649, que si la maison saisie avait un jardin attenant, et qui serait par conséquent un accessoire de cette maison, il faudrait le désigner, ainsi que ses tenans et aboutissans, et même *sa contenance, du moins approximative ;* car, dit-il, quoique la loi n'exige pas la désignation de la contenance pour les domaines urbains, et que cette désignation ne soit nécessaire qu'à l'égard des domaines ruraux, néanmoins, un jardin attaché à cette maison a tant d'affinité avec les domaines ruraux, que la désignation de la contenance prescrite à l'égard de ceux-ci, ne paraît pas pouvoir être né-

---

(1) Mais sans rétracter notre opinion, adoptée par arrêt de la Cour de Toulouse, nous devons avertir que la Cour de Paris a décidé dans un sens opposé, en jugeant, par arrêt du 6 juillet 1821 (*Sirey, tom.* 22, *pag.* 179), que lorsque, dans un procès-verbal de saisie, certains objets sont faussement désignés, la saisie n'est point nulle pour le tout, et ne l'est seulement qu'à l'égard de ces objets.

La même décision a été rendue par arrêt de la Cour d'Agen, du 26 janvier 1822, et par d'autres Cours. (*Sirey, tom.* 22, *pag.* 263).

Au contraire, un procès-verbal dans lequel certains articles sont désignés d'une manière incomplète, ou qui, à l'égard de certains articles, ne contient pas l'extrait de la matrice de rôle des contributions, doit être annulé pour le tout, et ne peut être maintenu quant aux articles à l'égard desquels la saisie est régulière, et annulé seulement quant aux autres. — (*Toulouse,* 19 *août* 1814 *et* 10 *mai* 1822, *Sirey, tom.* 22, *pag.* 163 *et* 164).

gligée à l'égard du jardin attaché à une maison urbaine. Nous croyons aussi qu'il est prudent de faire cette désignation ; mais nous balancerions à nous décider pour la nullité, attendu que l'on ne peut raisonner par induction d'un cas à un autre, quand il s'agit de prononcer une peine.....

2236. *Comment se fait la désignation des bâtimens, lorsqu'il s'agit de fonds ruraux ?*

Cette désignation, dit M. Persil, *ubi suprà*, pag. 182, se fait, non plus par leur extérieur, comme lorsqu'il s'agit de maisons urbaines, mais par leur destination; ainsi l'on doit dire qu'une partie des bâtimens est destinée au logement du maître; que les autres parties consistent en écuries, granges, etc., de manière enfin à faire connaître par là la consistance de ces bâtimens. Mais s'il peut suffire, en ce cas, pour qu'il n'y ait pas nullité du procès-verbal, que les bâtimens soient désignés de la sorte, nous croyons néanmoins qu'il est prudent de les désigner en outre par leur extérieur. — (*Voy. Delaporte, tom. 2, pag.* 281).

2237. *Devrait-on prononcer la nullité d'un procès-verbal de saisie qui contiendrait la désignation du principal corps de logis, mais dans lequel on aurait omis des objets qui en sont, par leur nature, des dépendances ou des accessoires ?*

Nous croyons qu'il n'est pas nécessaire, à peine de nullité, de mentionner dans la saisie des objets dépendans par leur nature du corps de logis auquel ils sont attachés. Ainsi, par exemple, la Cour de Nîmes, arrêt du 22 juin 1808 (*Sirey, tom.* 15, *pag.* 182), a jugé, 1°. que la désignation du principal corps de logis comprenait tacitement un petit bâtiment qui en était une dépendance; 2°. qu'il en était ainsi de tous autres objets qui, comme un droit d'arrosage ou de prise d'eau, ne sont que des accessoires inhérens à la propriété pour l'utilité de laquelle ils existent. Il en serait de même de toute espèce de servitude.

2238. *Qu'est-ce que la loi entend exprimer par ce mot* PIÈCE, *et comment désigne-t-on les* PIÈCES *par leur nature ?*

M. Tarrible, v°. *saisie*, pag. 649, pense que l'on ne doit entendre par ce mot que les diverses parties d'une propriété qui auraient pour tenans et aboutissans des portions de propriétés étrangères, et non diverses parties contiguës qui appartiendraient au même propriétaire. Ainsi, dans son opinion, lorsque plusieurs portions sont ainsi réunies, il ne serait pas besoin de les détailler; il suffirait d'énoncer que la pièce qui les comprendrait toutes aurait, dans ses diverses parties, des bois, des prés, des terres labourables, des vignes, etc. Il ne serait pas, par exemple, nécessaire de désigner chacune de ces parties par ses tenans et aboutissans, et par sa contenance. Tel est aussi le sentiment de M. Persil, tom. 2, pag. 182.

Le texte de l'art. 675 nous paraît répugner à cette interprétation, et appliquer la dénomination de pièce à chaque portion des terres du saisi qui se trouve séparée des autres, soit par des haies, soit par des fossés ou autrement.

C'est par cette considération que M. Demiau Crouzilhac, pag. 442, dit que l'huissier doit parcourir les champs et prendre note, *pièce à pièce*, de leur nature; si ce sont *des terres labourables; si elles sont en récolte, en gueret ou en jachère*; si ce sont *des prés, des bois, des vignes, etc.*; qu'il doit également prendre note du local où est située *chaque pièce*, et de ses *tenans et aboutis-sans*, afin d'en désigner au moins deux, ainsi que l'exige l'art. 675.

Ce n'est pas que nous croyions que ces détails soient nécessaires dans le cas où une même pièce de terre sans clôture offrirait néanmoins plusieurs genres de culture, ainsi qu'on le voit communément dans les pays de plaine ; mais dans tous ceux où, comme en Bretagne, chaque pièce de terre est distincte et séparée des autres, où chacune a ses propres bornes, il devient indispensable d'observer les dispositions de l'art. 675, quelque rigoureuses qu'elles puissent paraître, d'après l'explication que nous en avons donnée (1).

2239. *Peut-on désigner la contenance approximative par le mot* environ?

Ce mot, fréquemment employé dans les contrats de vente, à la suite de l'indication de la contenance ou mesure des choses vendues, nous paraît suffisant. — (*Mais voyez, sur le sens de ce mot, Pothier, contrat de vente, n°. 253.*)

2240. *Y aurait-il nullité d'un procès-verbal de saisie qui donnerait aux biens une contenance beaucoup inférieure à leur contenance réelle?*

La Cour d'Agen, par arrêt du 12 mars 1810 (*voy. Sirey, tom.* 14, *pag.* 214), a décidé cette question pour la négative, en se fondant, entre autres motifs, sur ce que l'huissier n'est point obligé de se faire accompagner d'un arpenteur pour dresser le procès-verbal de saisie, et que, conséquemment, l'erreur qu'il commettrait dans la contenance doit être excusable. Mais nous devons observer que la raison principale qui paraît avoir déterminé cette décision, était que l'huissier avait indiqué la contenance portée dans la matrice de rôle.

Nous pensons aussi que, quelque inférieure que soit à la contenance réelle celle qui est mentionnée dans la saisie, on ne doit pas prononcer la nullité, si la matrice de rôle porte la même contenance ; car l'huissier est certainement excusable de n'avoir pas reconnu à vue d'œil la différence qui existerait entre l'une ou l'autre contenance.

Mais, lorsque l'on donne une contenance beaucoup inférieure à la contenance réelle, et qui n'est pas la même que celle indiquée dans la matrice, nous croyons qu'il faudrait des circonstances bien fortes pour que le juge pût se dispenser de prononcer la nullité de la saisie, puisque la loi exige que la contenance soit *au moins approximative*. Or, il y a bien loin d'une désignation approximative à celle qui n'indiquerait, par exemple, que le tiers ou la moitié de l'étendue des pièces mentionnées dans le procès-verbal. — (*Voy. Persil, tom.* 2, *pag.* 182.)

Au reste, il est difficile qu'un huissier se trompe à un tel point qu'il se trouve une telle infériorité de contenance qu'il puisse y avoir lieu à prononcer la nullité de la saisie. Si la Cour d'Agen a eu à prononcer sur une difficulté de cette nature, c'est dans une espèce toute particulière, et qui pourrait bien ne pas se représenter.

2241. *Faut-il désigner l'arrondissement et la commune au fur et à mesure que l'on indique chaque pièce de terre?*

---

(1) On ne peut, à notre avis, entendre par le mot *pièce* les sinuosités d'une forêt, et, par conséquent, nous pensons qu'il suffirait de désigner sur chaque ligne orientale, méridionale, etc., un tenant et un aboutissant.

Non sans doute; et, par exemple, si toute les pièces étaient situées dans la même commune, il est évident que l'on pourrait donner cette indication générale, sans qu'il fût besoin de répéter à chaque désignation particulière le nom de la commune et de l'arrondissement.

Nous remarquerons en outre que l'obligation d'indiquer la commune et l'arrondissement ne suppose pas celle de mentionner le canton et le département (1).

2242. *De ce que l'art.* 675 *porte que* LA SAISIE CONTIENDRA L'EXTRAIT DE LA MATRICE DE RÔLE, *doit-on conclure qu'il faille une transcription* LITTÉRALE *de tous les articles de la matrice foncière où les pièces saisies sont désignées?*

Les expressions que nous venons de rappeler ont été interprétées de différentes manières. Premièrement, un arrêt de la Cour de Rouen, du 9 mai 1808 (*voy. Sirey, tom.* 8, *pag.* 219), a décidé qu'il fallait transcrire littéralement dans la saisie tous les articles de la matrice foncière; secondement, d'après trois arrêts, l'un de la Cour de Besançon, du 18 mars 1808 (*voy. Sirey, tom.* 15, *pag.* 178), l'autre de la Cour de Riom, du 12 mai suivant (*voy. Sirey, tom.* 15, *pag.* 180), le troisième de la Cour d'Angers, cité sur la question suivante, il suffirait d'une simple indication de la somme à laquelle chacune des pièces est évaluée dans la matrice, ou même de la somme formant l'évaluation totale; troisièmement, un arrêt de la Cour de Nîmes, rapporté au même recueil, tom. 2, pag. 270, a jugé qu'il suffisait de désigner les objets comme ils le sont dans la matrice de rôle, sans qu'il soit besoin que cette désignation en soit une transcription rigoureuse.

Cette dernière décision paraît aux arrêtistes qui la rapportent (*voy. tom.* 2, *pag.* 278), et à M. Berriat Saint-Prix, pag. 576, not. 28, la plus conforme à l'esprit de la loi, attendu, disent-ils, que le mot *extrait* exclut l'idée d'une copie littérale, et que, d'un autre côté, le but de la loi, qui a voulu procurer une désignation exacte des objets, et donner aux propriétaires voisins un moyen d'empêcher que leurs biens ne soient compris dans la saisie, se trouve atteint à l'aide d'un simple extrait, mais d'un extrait exact.

Nonobstant ces raisons, nous croyons que les huissiers feront bien de faire une transcription littérale des articles de la matrice; car on pourrait dire, et avec quelque fondement, que le mot *extrait*, employé dans l'article, n'exprime pas qu'il sera donné dans la saisie un *extrait* des articles de la matrice, mais qu'il désigne les articles mêmes qui sont l'*extrait* de cette matrice, lequel doit être contenu dans la saisie. Aussi M. Denevers, 1809, suppl., pag. 74 et 75, en rapportant les arrêts de la Cour de Rouen et de celle de Nîmes, dit-il que le premier de ces arrêts lui paraît plus conforme que l'autre au texte et à l'esprit de la loi (2).

<hr/>

(1) Voy., sur la première partie de cette réponse, arrêt de la Cour de Rennes, du 2 janvier 1809, Jurisprudence de cette Cour antérieure à 1810, tom. 2, pag. 23, et sur la seconde, arrêt de la Cour de cassation, du 15 messidor an 12, Praticien français, tom. 4, pag. 332, not. 3.

(2) Aux arrêts qui ont décidé d'une manière moins rigoureuse, on peut ajouter celui de la Cour de Besançon, du 18 mars 1808 (*Sirey, tom.* 15, *pag.* 178). Il décide qu'un extrait en forme n'étant pas nécessaire, il suffisait de faire, à la fin de chaque article des héritages

2243. *Le revenu à mentionner dans la saisie, est-il celui que porte la matrice actuelle?*

Par arrêt du 6 frimaire an 13, rendu sous l'empire de la loi de brumaire, qui n'exigeait que l'évaluation des revenus dans la matrice de rôle, c'est-à-dire une simple mention de l'évaluation du revenu, la Cour de cassation a jugé qu'il n'était pas nécessaire que le revenu mentionné fût celui qu'indiquait la dernière matrice. Sous l'empire du Code, qui exige une copie exacte, nous pensons que le législateur a entendu parler de la matrice actuelle, c'est-à-dire de celle qui a servi à la confection des derniers rôles, et non pas de toute autre antérieure, réformée par elle. Nous puisons cette observation au Traité de la saisie immobilière, par M. Huet. (1)

2244. *La saisie serait-elle nulle, si les extraits de la matrice du rôle avaient une date postérieure à celle qui serait énoncée en tête du procès-verbal de saisie, si d'ailleurs cette date était antérieure à la dénonciation?*

Nous ne le pensons pas, et la raison en est qu'il suffit que les extraits de la matrice de rôle aient été délivrés avant la notification du procès-verbal de saisie, aucune disposition de la loi n'imposant à l'huissier l'obligation de constater, dans le rapport de ses opérations, l'ordre et le nombre de jours qu'il y a employés : d'où suit que l'on ne peut dire que la transcription d'extraits d'une date postérieure à celle de la saisie fournisse une preuve qu'elle n'eût pas réellement fait partie intégrante du procès-verbal. — (*Rennes*, 4 *avril* 1810, *Journ. des avoués*, tom. 2, pag. 383).

2245. *Quel est le tribunal qui connaît de la saisie?*

C'est le tribunal de la situation des biens qui connaît de la saisie, et si différens biens compris dans plusieurs saisies font partie d'une seule et même exploitation, c'est le tribunal du chef-lieu de l'exploitation qui en connaît. — (*Voy.* infrà, note sur la 2255ᵉ. quest., pag. 544).

2246. *La constitution d'avoué une fois faite dans le procès-verbal de saisie, détruit-elle les effets de l'élection de domicile faite par le commandement chez toute autre personne que cet avoué constitué?*

Nous ne pensons pas que cette élection de domicile soit révoquée par la constitution d'avoué dans le procès-verbal, encore bien que l'art. 675 porte que le domicile du saisissant sera élu de droit chez cet avoué. Ce n'est en effet qu'à partir de la dénonciation de la saisie qu'il semble que le domicile élu par le

---

compris dans la saisie, mention de la somme à laquelle ils étaient évalués dans la matrice de rôle; mais nous persistons dans les raisons ci-dessus, et nous ne voudrions admettre d'autres modifications, à la rigueur du texte de la loi, que le cas d'impossibilité de se procurer un extrait de la matrice, comme dans l'espèce de l'arrêt de Turin, du 6 décembre 1809, cité pag. 351, à la note 5.° Et de deux arrêts de la Cour de cassation, l'un du 2, l'autre du 24 mars 1819 (*Sirey*, tom. 19, pag. 330 *et* 385), d'où résulte que s'il n'existe pas de matrice de rôle des contributions de l'immeuble saisi, l'art. 675 cesse d'être obligatoire; que même le saisissant n'est tenu à aucune formalité supplétive, et que le vœu de cet article est rempli par l'énonciation au procès-verbal de saisie de l'extrait du rôle de la contribution.

(1) Peu importe d'ailleurs la forme de cet extrait, pourvu qu'il soit en parfaite concordance avec le rôle dont il est la copie. — (*Rennes*, 4 *janv.* 1813).

commandement doive être réputé non avenu, puisque ce n'est que par cette énonciation que le débiteur peut être réputé avoir connaissance de la nouvelle élection. — (*Voy. Pigeau, tom. 2, pag.* 193, *n°.* 3, 2°, *et pag.* 205, *n°.* 2, 7°.)

2247. *Le procès-verbal de saisie doit-il contenir la date de la première publication ?*

Voyez nos questions sur l'art. 681.

2248. *Une saisie serait-elle nulle, si elle comprenait des objets qui n'appartiendraient point au saisi ?*

Aucune disposition du Code de procédure ne prononce la nullité d'une telle saisie ; il prévoit, au contraire, le cas qui fait l'objet de notre question, en autorisant les demandes en revendication ou distraction (1).

2249. *Des pièces qui ne sont expressément désignées ni dans le procès-verbal de saisie ni dans le cahier des charges, feraient-elles néanmoins partie de l'immeuble adjugé ?*

L'obligation de désigner toutes les pièces dont se compose l'immeuble est rigoureusement imposée au saisissant (*art.* 675, 682, *et suprà n^{os}.* 2238 *et suiv.*) ; l'adjudication est une vente que le saisi est censé faire par le ministère de la justice ; les clauses du contrat sont le cahier des charges. (*Art.* 714). Or, quand on exprime dans un contrat de vente tous les objets en détail dont se compose l'immeuble que l'on veut aliéner, tout ce qui n'est pas compris dans ce détail ne fait point partie de la vente. Si, dans une estimation volontaire, les expressions plus ou moins générales de l'acte, et la faculté de chercher quelle a été l'intention des parties, permettent de donner au contrat, quant aux objets qui doivent y être compris, une étendue que son texte peut rendre douteuse, il en est autrement lorsqu'il s'agit d'une vente sur saisie qui se réfère pour la désignation des objets à vendre au procès-verbal et au cahier des charges. Tout ce qui n'est pas détaillé dans ces deux pièces doit être considéré comme exclu. — (*Voy. Pigeau, tom. 2, pag.* 224).

Ces mots mêmes, *circonstances et dépendances*, ne remplissent pas le vœu de l'art. 675, et l'on ne peut prétendre que le défaut de désignation soit suffisamment *explicite*, et ne soit, aux termes de l'art. 717, qu'une nullité susceptible de se couvrir suivant l'art. 733, si elle n'est pas proposée avant l'adjudication préparatoire. En effet, le saisi n'arguerait pas de nullité pour défaut de désignation suffisante ; loin de là, il ne trouve sans doute la saisie que trop étendue ; il ne cote point non plus grief contre l'adjudication, en ce qu'elle aurait adjugé expressément des objets non désignés dans le procès-verbal ; mais en convenant de la régularité et de la saisie et de l'adjudication,

---

(1) En conséquence, et attendu que les nullités ne peuvent être arbitrairement créées, la Cour de Nîmes a résolu cette question négativement, par arrêts des 22 juin 1808 et 17 novembre 1819, déjà cités sur la quest. 2242.e — (*Voy. Sirey, tom.* 20, *pag.* 291).

Elle ne le serait pas non plus, si l'on avait omis de mentionner quelques portions des biens du saisi. — (*Bordeaux,* 21 *mai* 1816, *Sirey, tom.* 17, *pag.* 208).

Mais il en serait autrement, s'il n'y était pas fait mention de tous les biens que le créancier aurait compris ultérieurement dans les affiches. — (*Denevers,* 5 *août* 1812, *tom.* 13, *pag.* 103).

il soutient qu'on n'a mis en vente que ce qui a été désigné dans le procès-verbal ; que c'est là seulement ce qui a été adjugé ; que tout ce qui n'a pas été désigné est exclu nécessairement ; qu'en un mot, l'adjudication n'est pas translative de la propriété de ces objets.

Prétendre le contraire, ce serait admettre une saisie immobilière tacite, ou du moins par équipollence, ce qui répugne autant à l'esprit qu'à la lettre de la loi (1).

2250. *La nullité résultant de l'omission de quelques formalités prescrites par 'art. 675, serait-elle couverte par la signature du saisi apposée au procès-verbal?*

Nous ne pensons pas que le débiteur, en apposant sa signature sur le procès-verbal, puisse être censé renoncer à l'observation des formalités prescrites dans son intérêt ; la loi ne le suppose à portée de juger de la régularité du procès-verbal, que lorsque cet acte est terminé et qu'il a été signifié. Alors seulement le saisi peut le parcourir et y découvrir des nullités ; jusque là il lui a été impossible de le lire avec réflexion : les moyens de nullité qu'il opposerait ne peuvent donc être écartés, sous prétexte que sa signature opérerait acquiescement (2).

ARTICLE 676 (N).

Copie entière du procès-verbal de saisie sera, avant l'enregistrement, laissée aux greffiers des juges de paix, et aux maires ou adjoints des communes de la situation de l'immeuble saisi ; si c'est une maison ; si ce sont des biens ruraux, à ceux de la situation des bâtimens, s'il y en a, et s'il n'y en a pas, à ceux de la situation de la partie des biens à laquelle la matrice de rôle de la contribution foncière attribue le plus de revenus : les maires ou adjoints et greffiers viseront l'original du procès-verbal, lequel fera mention des copies qui auront été laissées (3).

T., 48. — Loi du 11 brum. an 7, art. 2 et 6. — C. de P., art. 673 et 717.

2251. *Quel est l'enregistrement que désigne l'art. 676?*

---

(1) La saisie d'une manufacture avec ses circonstances et dépendances, s'étend au mobilier immobilisé par destination, conformément à l'art. 524 du Code civil ; par exemple aux ustensiles scellés à chaux et à plâtre, mais non pas aux meubles proprement dits. — (Cassat., 1.er flor. an 10, et 10 janv. 1814, Sirey, tom. 2, 2.e part., pag. 310, et 1814, pag. 64).

(2) Nous rappelons ici qu'il n'est pas nécessaire que l'huissier fasse mention, dans le procès-verbal, du pouvoir spécial dont il doit être porteur, conformément à l'art. 556. — (Voy. nos quest. sur cet article, pag. 374).

(3) JURISPRUDENCE.

1.° Les greffiers de justices de paix peuvent, en cas d'empêchement, être remplacés par les commis-greffiers préposés à cet égard par le juge de paix ; par exemple, dans le cas de l'art. 676 du Code de procédure civile, la procédure ne peut être annulée, par le seul motif que la copie du procès-verbal a été remise à un commis-greffier, et que le visa a

C'est l'enregistrement ordinaire auquel tout exploit est assujetti ; en d'autres termes, l'art. 676 entend par enregistrement, non pas, comme le dit M. Tarrible, v°. *saisie immobilière*, pag. 650, la transcription de la saisie prescrite par l'art. 677, mais bien cette formalité que l'on appelait autrefois *contrôle*, et qui doit être remplie dans les quatre jours donnés à l'huissier par l'art. 10 de la loi du 22 frimaire an 7. — (*Voy. Pigeau*, tom. 2, pag. 205 ; *Delaporte*, tom. 2, pag. 282, et *Berriat Saint-Prix*, pag. 505, not. 30, etc.)

2252. *Dans les villes où il y a plusieurs mairies et plusieurs justices de paix, la copie du procès-verbal doit-elle être remise à chacun des maires ou des greffiers des justices de paix, ou seulement au maire ou au greffier de l'arrondissement où sont situés les biens ?*

Cette question, qui résulte de ce que l'art. 676 contient ces expressions, *aux greffiers des juges de paix, et aux maires et adjoints*, avait été résolue pour la négative par M. Delaporte, tom. 2, pag. 282, et son opinion a été consacrée par un arrêt de la Cour de Bruxelles, du 23 juin 1809 (*Sirey*, tom. 10, pag. 562), qui décide expressément que l'art. 676 ne doit s'entendre que des greffiers et maires compétens, chacun respectivement dans le ressort de sa jurisdiction ou administration ; de sorte qu'il suffit que l'original du procès-verbal de saisie soit revêtu du visa de ces deux fonctionnaires ; formalités qui remplacent celle des recors, pour prouver le transport de l'huissier sur les lieux (1).

2253. *Peut-on notifier le procès-verbal de saisie immobilière à l'adjoint du maire, sans constater l'absence, l'empêchement ou la suspicion de celui-ci ?*

Deux arrêts, l'un de la Cour de Riom, du 12 mai 1808 (*Jurisp. des Cours souv.*, tom. 5, pag. 180), l'autre de la Cour de Besançon, du 18 juillet 1811 (*Sirey*, tom. 15, pag. 181), ont prononcé sur cette question d'une manière affirmative, attendu, 1°. que le législateur, en ordonnant, par l'art. 676, qu'on laisse une copie du procès-verbal de saisie aux *maires* ou *adjoints*, a suffisamment manifesté le vœu que cette copie fût laissée *ou* au maire *ou* à l'adjoint, et *vice versâ*, puisque, lorsqu'il a voulu, comme dans les art. 681 et 687, que l'on ne pût s'adresser d'abord à l'adjoint, il a eu soin de n'indiquer que le *maire* ; cas auquel il serait évident que l'adjoint ne pourrait le remplacer qu'autant qu'il serait fait mention de l'absence, empêchement ou suspicion du premier de ces deux fonctionnaires ; 2°. que, dans le cas d'une obligation alternative, on a satisfait à la loi, en faisant l'une des deux choses comprises dans l'obligation, etc.

été apposé par lui sur l'original, lorsqu'il est constant d'ailleurs qu'il avait été commis à cet effet par le juge de paix. — (*Cassat.*, 6 *nov.* 1817, *Sirey*, tom. 18, *pag.* 147).

2.° Il n'est pas indispensable que la délivrance des copies du procès-verbal de saisie et les visas prescrits par l'article aient lieu le jour même, pourvu toutefois que la formalité remplie postérieurement le soit avant l'enregistrement de la saisie. — (*Rouen*, 19 *mars* 1815, *Sirey*, tom. 15, *pag.* 221).

Nota. Cette Cour a considéré que la remise et le visa étant la suite nécessaire du procès-verbal de saisie, l'acte qui constatait cette formalité accessoire ne faisait qu'un seul et même acte avec ce procès-verbal.

(1) On ne peut argumenter de cet article, qui n'exige le visa du maire que sur l'original, pour éluder la disposition rigoureuse, mais très-expresse, de l'art. 68, qui en exige la mention sur la copie comme sur l'original, sous peine de la nullité prononcée par l'art. 70. — (*Rennes*, 25 *juin* 1818).

2254. *Si l'un des fonctionnaires désignés dans l'art. 676 était parent du saisissant à un degré qui le rendît suspect, pourrait-il viser le procès-verbal et en recevoir la copie?*

Le même arrêt de la Cour de Besançon, cité sur la question précédente, a jugé pour la négative celle que nous venons de poser. Cette décision est fondée sur ce que personne ne peut *esse auctor in rem suam,* sur-tout lorsque, dans l'espèce, il s'agit de constater l'observation de formalités exigées à peine de nullité; en conséquence, elle a déclaré nulle une saisie immobilière qui avait été visée par un greffier qui se trouvait être le beau-fils du saisissant, et qui, à raison de cette qualité, lui a paru évidemment suspect.

On pourrait ajouter aux motifs de cet arrêt que la formalité de la remise de la copie et du visa remplace, pour la saisie immobilière, celle de l'assistance des recors, exigée pour la saisie-exécution *(voy. l'Exposé des motifs, édit. de F. Didot, pag.* 211) *;* et comme les recors ne peuvent être pris, d'après l'article 585, parmi les parens ou alliés des parties jusqu'au degré de cousin issu de germain inclusivement, on pourrait en conclure que les fonctionnaires désignés dans l'art. 676 cessent d'être compétens pour recevoir la copie et viser l'original du procès-verbal de saisie, s'ils sont parens ou alliés au degré dont il s'agit.

Toutes ces raisons ne nous paraissent point suffisantes pour autoriser à prononcer la nullité de la saisie dans l'espèce de la question qui nous occupe, 1°. parce que la loi n'a point prononcé cette nullité; 2°. parce qu'il n'est pas présumable que le saisi ait à souffrir de ce que la copie eût été remise à un parent ou allié du saisissant, puisqu'elle doit l'être en même tems à un autre fonctionnaire. Au surplus, si le maire peut être remplacé par l'adjoint, ou l'adjoint par le maire, ou l'un ou l'autre par le plus ancien membre du conseil municipal, on ne saurait dire par qui serait remplacé le greffier, qui très-souvent, et sur-tout dans les cantons ruraux, n'a pas de commis juré; mais si l'on veut qu'en cette circonstance la saisie soit nulle pour avoir été remise à un greffier parent du saisissant, il faudra bien admettre qu'elle sera valable, quoiqu'elle n'ait pas été remise à une personne remplaçant ce greffier. Or, ne répugnerait-il pas au bon sens que l'on validât ainsi la saisie qui ne présenterait pas même l'apparence de l'exécution de la loi, pour annuler celle qui offrirait l'accomplissement de formalités qu'elle exige? On répond, avec la Cour de Besançon, qu'en cette circonstance on doit requérir le juge de paix de nommer un commis juré; mais où trouvera-t-on la loi qui autorise ce réquisitoire, etc.? Quant à l'argument tiré de l'art. 585, il suffit, pour l'écarter, de dire que si la formalité du visa remplace celle des recors, les recors ne sont pas remplacés par les fonctionnaires désignés dans l'art. 676.

Par toutes ces raisons, nous estimons qu'on ne pourrait annuler la saisie, dans l'espèce de l'arrêt de la Cour de Besançon; qu'on ne pourrait pas même l'annuler, si, au lieu du greffier, il s'agissait du maire ou adjoint. Néanmoins, lorsqu'il sera possible, l'huissier fera bien de remplacer le fonctionnaire qui serait parent par la personne qui aurait qualité à cet effet, et s'il n'en existait pas, il ferait mieux encore de remettre la copie à ce fonctionnaire, quoique parent, que de s'en dispenser sous ce prétexte.

C'est pour cette omission que nous croirions que la saisie pourrait être justement annulée, attendu qu'aucune disposition de la loi n'autorise l'huissier à ne pas remplir une formalité qu'elle prescrit au contraire à peine de nullité.

2255. *Si la saisie comprenait plusieurs corps de biens formant autant d'exploitations, et situés chacun dans une commune différente, suffirait-il, dans le cas où une seule de ces exploitations aurait des bâtimens, de remplir, dans la commune où ils seraient situés, la formalité de la remise de la copie et du visa?*

Il est sensible que la disposition de l'art. 676, relative aux biens ruraux, fait allusion, quoiqu'elle ne l'exprime pas nominativement, au cas prévu par l'article 2210 du Code civil (1), où les biens saisis sont dépendans d'une seule et même exploitation, et se trouvent situés dans deux communes différentes; alors le législateur a considéré les différens immeubles dépendans d'une même exploitation, comme ne formant qu'un seul corps de biens, et il lui a paru suffisant que la formalité fût remplie envers les fonctionnaires de la commune où est située la partie principale de l'exploitation, c'est-à-dire les bâtimens, lorsqu'il y en a, et, à défaut de bâtimens, la partie offrant le plus grand revenu d'après la matrice de rôle.

Mais nous supposons ici que la saisie comprenne plusieurs corps de biens formant autant d'exploitations, et situés chacun dans une commune différente : en ce cas, il ne suffirait pas de délivrer copie au greffier du juge de paix, au maire ou à l'adjoint de la commune où se trouveraient les bâtimens de l'une de ces exploitations, sous prétexte que les biens formant une exploitation différente, et situés dans une autre commune, n'auraient pas de bâtimens; il faut que la double formalité de la délivrance de la copie et du visa soit remplie envers le greffier du juge de paix et envers le maire ou l'adjoint de chacune des communes où se trouve le chef-lieu d'une exploitation distincte. — (*Voy. Tarrible, pag.* 650).

2256. *Lorsque la saisie comprend des biens situés dans plusieurs communes ou cantons, ne doit-on donner aux greffiers, maires ou adjoints, qu'une copie de la partie du procès-verbal qui concernait les immeubles situés dans l'arrondissement de chacun d'eux?*

Quelques raisons que l'on puisse apporter pour démontrer l'inutilité de

(1) Puisque nous parlons ici de l'art. 2210 du Code civil, nous devons rappeler que la loi du 14 novembre 1808 a limité la règle générale qu'il établit, en disposant que l'on peut, moyennant permission du tribunal du domicile du débiteur, saisis simultanément plusieurs domaines, toutes les fois que leur valeur totale est inférieure au montant réuni des sommes dues, tant au saisissant qu'aux autres créanciers inscrits. (*Voy. cette loi, et l'exposé de ses motifs, au Recueil de M. Sirey, tom.* 9, 2.ᵉ *part., pag.* 1). Mais il faut remarquer, 1.º que cette loi du 14 novembre 1818, ne se rapportant qu'au cas de l'art. 2210, on peut, sans permission du juge, et en se conformant à l'art. 2211, saisir une ferme située dans un arrondissement et des champs dans un autre. Ces mots de l'art. 2211, *s'il le requiert,* n'empêchent pas de saisir le tout (*Nouv. Répert., v.º* saisie immobilière, *pag.* 642, n.º 3, 3.ᵉ édit.); 2.º que les dispositions de cette même loi n'autorisent pas les huissiers à saisir hors l'arrondissement du tribunal auquel ils sont attachés, et que la saisie de chaque immeuble n'en est pas moins portée devant le tribunal de l'arrondissement où il est situé, à moins que différens biens compris dans plusieurs saisies ne fassent partie d'une seule et même exploitation, auquel cas le tribunal du chef-lieu de l'exploitation connaît de la saisie. — (*Voy. Demiau Crouzilhac, pag.* 443).

donner à ces fonctionnaires la *copie entière* de la saisie, néanmoins, le texte de la loi l'exige en termes si formels, que nous ne doutons pas qu'on dût prononcer la nullité d'une saisie dont il n'aurait été remis qu'une copie par extrait aux fonctionnaires désignés en l'art. 676 (1).

2257. *Le procès-verbal de saisie immobilière est-il nul, lorsque la mention que les copies ont été laissées aux fonctionnaires désignés dans l'art. 676 a été faite non par l'huissier exploitant, mais par ces fonctionnaires eux-mêmes?*

Cette question a été agitée devant la Cour de Bruxelles, dans une espèce où l'huissier avait terminé son procès-verbal par ces mots : *Et sera laissé, par moi huissier, copie du présent à, etc., lesquels viseront l'original.* Le procès-verbal était ensuite signé par l'huissier, et on trouvait au-dessous de la signature : *Visé par moi greffier de la justice de paix le présent original, dont copie nous a été laissée.*

On trouve au Journal de M. Denevers, 1811, supp., pag. 190, 2°. part., un exposé des moyens que les parties faisaient valoir, l'une pour maintenir la validité, l'autre pour soutenir la nullité de la saisie.

Cette dernière opinion fut adoptée par la Cour, attendu, premièrement, que l'art. 676 exige que l'original du procès-verbal de saisie fasse mention des copies qui auront été laissées aux maires et greffiers des juges de paix, et que, d'après l'art. 717, cette formalité est exigée à peine de nullité; secondement, que l'original du procès-verbal est et doit être l'ouvrage de l'huissier seul, et que ni le maire, ni le greffier du juge de paix, ne sont qualifiés pour attester que les copies leur ont été remises; troisièmement, qu'il résulte de là que les déclarations faites dans l'espèce, par ces fonctionnaires publics, ne remplissant pas le prescrit de la loi, la nullité se trouvait encourue par le défaut de mention de la part de l'huissier lui-même, lequel ne devait pas se contenter d'exprimer qu'il donnerait les copies dont il s'agit, mais devait attester qu'il les avait données.

Cette doctrine, que nous avions adoptée sur la quest. 2063°. de notre Analyse, a été proscrite par arrêt de la Cour de cassation du 12 janvier 1815. — (*Voy. Sirey, tom. 15, pag. 175.*)

On fondait, en effet, un moyen de cassation contre un arrêt qui avait déclaré la saisie valable, sur ce que le procès-verbal, au lieu de contenir la mention des copies *laissées* aux maires ou adjoints et greffiers, renfermait cette mention, que l'huissier leur *laisserait* copies; mention vague, disait-on, qui n'attestait rien de positif, et qui se trouvait ne pas remplir le prescrit formel de l'art. 676. Mais la Cour de cassation a rejeté ce moyen, attendu que les *visa* avaient été donnés avant l'enregistrement; que le maire et le greffier avaient déclaré, dans ces *visa,* que les copies d'exploit leur avaient été remises au jour indiqué, et dans le délai de la loi, ce qui confirmait la déclaration de l'huissier, qu'il allait de suite faire viser son procès-verbal, et en remettre copie aux personnes indiquées par la loi.

Ce ne serait donc que dans le cas où il ne serait pas prouvé par les actes et les faits que le *visa* n'eût pas été apposé et les copies remises en tems utile, qu'il y aurait lieu à annulation de la saisie; ce qui est conforme à l'opinion de M. Lepage, dans son nouveau Style et dans son Traité de la saisie.

---

(1) C'est aussi ce que la Cour de Rennes a jugé, par arrêt du 2 juillet 1809. Les motifs de cet arrêt sont que l'art. 556 veut expressément qu'on laisse *copie entière*

2258. *Mais annulerait-on, pour défaut d'accomplissement de la formalité dont il s'agit, si le procès-verbal constatait qu'elle eût été remplie au moment de la clôture du procès-verbal de saisie, quoiqu'en effet le visa n'eût été donné que postérieurement, le lendemain, par exemple?*

Par une conséquence de la décision de l'arrêt de la Cour de Rouen, cité pag. 542, note jurisprudence, la mention erronée du procès-verbal deviendrait insignifiante, puisque la formalité est utilement remplie après la clôture du procès-verbal. D'ailleurs, on pourrait considérer comme erreur, soit la date du procès-verbal, soit celle du visa; or, on sait que l'erreur de date n'opère point nullité, toutes les fois que le vœu de la loi a d'ailleurs été rempli. — (*Voy.* Toullier, tom. 8, pag. 152).

ARTICLE 677 (N).

La saisie immobilière (1) sera transcrite dans un registre à ce destiné, au bureau des hypothèques de la situation des biens, pour la partie des objets saisis qui se trouve dans l'arrondissement (2).

T.,12. — Loi du 11 brum. an 7, art. 6. — C. de P., art. 678,681, 717 et 719. — Avis du Conseil d'état, du 18 juin 1809.

2259. *En quoi consiste la transcription prescrite par l'art. 677?*

La transcription de la saisie consiste dans *la copie entière* du procès-verbal, pour la partie des objets saisis qui se trouve dans l'arrondissement, et non pas dans une simple énonciation, telle que celle de l'enregistrement des exploits ordinaires. — (*Voy.* Tarrible, pag. 651, et Quest. de Lepage, pag. 435, etc.) (3).

---

du procès-verbal; que si, par conséquent, l'huissier n'a remis à chaque maire et greffier de deux communes qu'une copie de la partie de son procès-verbal relative aux biens situés sur leur territoire respectif, il y a évidemment contravention à l'article; qu'enfin, le procès-verbal n'étant qu'un, l'huissier ne peut se permettre de le scinder ainsi, en ne laissant aux uns que le commencement, et aux autres que la fin.

Il nous reste à remarquer, à l'occasion de la question qui vient de nous occuper, 1.° que M. Demiau Crouzilhac, pag. 443, dit que le procès-verbal doit faire mention de la remise de la copie, qui, au surplus, est attestée par les *visa* et *reçu* que doivent apposer à l'original les greffiers et les maires ou adjoints; mais nous croyons que ce serait aller au-delà de la disposition de la loi que d'exiger ce reçu, et que la mention de l'huissier suffit, ainsi que l'a supposé M. Pigeau en rédigeant sa formule.

(1) Cet article, et le plus grand nombre de ceux qui composent ce titre, ne contenant que des dispositions de pure forme, et pour ainsi dire arbitraires, on ne sera pas surpris qu'ils ne soient pas suivis d'un exposé de leurs motifs.

(2) JURISPRUDENCE.

Le conservateur peut transcrire la saisie qui se ferait à sa requête, comme receveur de l'enregistrement, attendu que la loi du 22 frimaire an 7 n'a point interdit à un receveur d'enregistrer les actes faits à sa requête, et que d'ailleurs il n'est pas dans les attributions du juge de suppléer une peine qui n'a pas été prononcée par la loi. — (*Riom*, 12 *mai* 1808, *Sirey*, tom. 15, pag. 180).

(3) Cette formalité est confiée aux soins de l'avoué constitué dans ce procès-verbal, puisque l'art. 102 du tarif lui accorde à cet effet une vacation.

2260. *La transcription doit-elle être faite dans chaque bureau de la situation, encore que la saisie soit portée en un seul tribunal, dans les cas prévus par les art. 2210 et 2211 du Code civil?*

Oui, puisque l'art. 677 ne fait aucune distinction, et ne pouvait en faire en effet, puisqu'il eût été possible, comme le remarque M. Pigeau, tom. 2, pag. 208, qu'un créancier qui ignorerait la saisie des biens situés hors le ressort du tribunal, frappât lui-même ces biens d'une saisie qu'il ferait transcrire au bureau de leur situation, et que, par suite, il en poursuivît la vente. —(*Voy. Tarrible, pag.* 651 *et* 652).

2261. *Est-il un délai dans lequel la saisie doive être transcrite au bureau des hypothèques?*

La transcription ordonnée par l'art. 677 rappèle l'enregistrement qui se faisait autrefois au bureau du commissaire aux saisies réelles, *dans les six mois de la date de la saisie,* conformément à l'édit du mois de mars 1691. (*Voy. d'Héricourt, Traité de la vente des immeubles par décret, chap.* 5, n°. 4). Mais tous les jurisconsultes qui ont écrit sur le Code de procédure, estiment qu'aucune de ces dispositions n'indiquant un délai dans lequel la transcription doive être effectuée, elle est valablement faite, à quelque époque que ce soit, pourvu toutefois que l'acte n'ait pas été anéanti par la péremption. — (*Voy. Tarrible, pag.* 651; *Prat., tom.* 4, *pag.* 356, *et d'Héricourt*).

ARTICLE 678.

Si le conservateur ne peut procéder à la transcription de la saisie à l'instant où elle lui est présentée, il fera mention sur l'original qui lui sera laissé des heure, jour, mois et an auxquels il lui aura été remis; et, en cas de concurrence, le premier présenté sera transcrit.

C. C., art. 2200. — C. de P., art. 679.

2262. *L'art.* 678 *ne prononçant point la peine de nullité, quelle garantie le saisissant aura-t-il de son exécution?*

Il est bien certain, puisque l'observation de l'art. 678 n'est pas ordonnée à peine de nullité, que l'omission de la note indicative de l'heure de la remise, l'interversion de l'ordre des transcriptions, et d'autres irrégularités de ce genre, ne vicieraient pas la saisie, pourvu que la transcription sur le registre se trouvât faite. (*Voy. Tarrible, pag.* 252). Mais les parties n'en ont pas moins une garantie de l'exécution de la loi, dans l'action en dommages-intérêts que pourrait former contre le conservateur celle d'entre elles qui aurait souffert de la violation de ces dispositions. — (*Voy Delaporte, tom.* 2, *pag.* 284).

ARTICLE 679.

S'il y a eu précédente saisie, le conservateur constatera son refus en marge de la seconde; il énoncera la date de la précé-

dente saisie, les noms, demeures et professions du saisissant
et du saisi, l'indication du tribunal où la saisie est portée, le
nom de l'avoué du saisissant, et la date de la transcription.

C. de P., art. 719 et 720.

2263. *Si le conservateur savait qu'une première saisie eût été faite, devrait-il
refuser la seconde, quoique l'autre ne lui eût pas encore été présentée?*

Non sans doute; il devrait enregistrer la seconde et refuser la première;
c'est-à-dire que l'on doit lire l'art. 679 comme si le législateur s'était exprimé
ainsi : S'il y a eu *précédente saisie transcrite* ou *présentée à la transcription*.
— (*Voy.* Delaporte, *tom.* 2, *pag.* 285).

2264. *Quoique l'art.* 679 *ne porte point la peine de nullité, devrait-on néanmoins déclarer non avenue la seconde saisie qui aurait été transcrite?*

Oui; mais ce ne serait pas à cause de l'inadvertance ou de la contravention
commise par le conservateur; ce serait parce que deux saisies du même immeuble ne peuvent coexister et être poursuivies en même tems, et que, dans
le concours des deux, la première ayant pris sa consistance par l'accomplissement des formalités prescrites, doit seule être maintenue.— (*Voy.* Tarrible,
pag. 652).

ARTICLE 680.

La saisie immobilière sera en outre transcrite au greffe du
tribunal où doit se faire la vente, et ce, dans la quinzaine du
jour de la transcription au bureau des hypothèques, outre un
jour pour trois myriamètres de distance entre le lieu de la situation des biens et le tribunal (1).

T., 102. — C. de P., art. 681, 682, 717 et 1033. — Avis du Conseil d'état, du 18 juin 1809.

2265. *La transcription au greffe doit-elle,* À PEINE DE NULLITÉ, *être faite dans*

---

(1) JURISPRUDENCE.

1.º L'art. 680 n'est pas applicable au cas où il s'agit d'une seconde saisie plus ample,
et qui, conformément à l'art. 720, a été dénoncée au premier saisissant pour poursuivre
sur les deux. Il suffit que le premier saisissant ait fait transcrire la seconde saisie dans la
quinzaine de la dénonciation à lui faite. — (*Cassat.*, 14 déc. 1819, *Sirey, tom.* 20, *pag.* 203,
§ 2).

2.º La transcription d'une saisie, au greffe du tribunal, est valablement faite le 2 juillet,
lorsque la transcription au bureau des hypothèques a eu lieu le 17 juin. En ce cas, le jour
à quo n'est pas compris dans le délai de quinzaine. — (*Cassat.*, 16 janv. 1822, *Sirey,
tom.* 22, *pag.* 262).

3.º La saisie ne pourrait être déclarée nulle, pour avoir été transcrite au greffe un jour
de dimanche. — (*Riom*, 12 mai 1808, *Sirey, tom.* 15, *pag.* 180).

NOTA. La raison en est que l'art. 1037, qui est le seul que l'on puisse invoquer en pareille circonstance,
parle simplement des significations et exécutions, et qu'une transcription ne peut être rangée dans cette
classe. Mais M. Huet, dans son Traité, pag. 111--115, critique fortement cette décision. Nous nous
réservons d'entrer dans de nouveaux développemens à son égard, en examinant, sur l'art. 1037, la question
générale de savoir si la disposition qu'il renferme s'applique indistinctement à tout acte judiciaire ou extrajudiciaire.

la quinzaine de la transcription au bureau des hypothèques, sauf le délai des distances?

Suivant M. Pigeau, tom. 2, pag. 209, la nullité attachée par l'art. 717 à l'infraction de l'art 680, ne s'appliquerait qu'à la première partie de ce dernier article, c'est-à-dire à la disposition qui exige la transcription, et non à celle qui détermine le délai. Cet auteur, sans dissimuler que l'art. 717 ne distingue point, se fonde sur ce que ni le saisi, ni les créanciers, n'auraient intérêt à faire prononcer cette nullité.

Nous croyons, avec M. Berriat Saint-Prix, pag. 578, not. 34, et M. Persil, tom. 2, pag. 312, qu'il est fort difficile de concilier cette opinion avec le texte des art. 680 et 717.

En effet, si l'art. 717 eût voulu ne comprendre que la première partie de l'art. 680, il l'eût dit, comme il l'a fait à l'égard des art. 703 et 704. Qu'il soit vrai que ni le saisi, ni les créanciers, n'aient intérêt à cette nullité, cela peut être; mais le soin que le législateur a mis à ne faire aucune distinction entre les dispositions de l'art. 680, prouve qu'il a voulu qu'elles fussent toutes exécutées sous les mêmes peines, et puisque sa volonté est exprimée, on ne saurait s'en écarter, sous prétexte qu'elle serait mal fondée. Nous disons ici, comme M. Tarrible, pag. 653, sur une question analogue, *stat pro ratione voluntas.*

ARTICLE 681 (N).

La saisie immobilière, enregistrée comme il est dit aux articles 677 et 680, sera dénoncée au saisi dans la quinzaine du jour du dernier enregistrement, outre un jour pour trois myriamètres de distance entre le domicile du saisi et la situation des biens : elle contiendra la date de la première publication. L'original de cette dénonciation sera visé dans les vingt-quatre heures par le maire du domicile du saisi, et enregistré dans la huitaine, outre un jour pour trois myriamètres, au bureau de la conservation des hypothèques de la situation des biens; et mention en sera faite en marge de l'enregistrement de la saisie réelle (1).

T., 49 et 103. — Avis du Conseil d'état, du 10 juin 1809. — C. de P., art. 675, 689, 692, 696, 697, 717, 726 et 1033.

2266. *La dénonciation peut-elle être faite après la quinzaine du jour du dernier enregistrement, sauf le délai des distances?*

---

(1) JURISPRUDENCE.

1.° La force majeure dispense de l'exécution de l'art. 681, qui ordonne, à peine de nullité, selon l'art. 717, de signifier dans la quinzaine le procès-verbal de saisie immobilière.

L'occupation militaire et hostile des lieux à parcourir est réputée *force majeure*, empêchant une signification : à cet égard, la décision des juges du fond ne saurait être un moyen de cassation. — (*Cassat.*, 14 *nov.* 1816, *Sirey, tom.* 14, *pag.* 55).

M. Pigeau, tom. 2, pag. 210, résout affirmativement cette question, par le motif que ce retard, loin d'avoir porté préjudice au saisi, lui a été utile, puisqu'il a prorogé en lui la faculté de vendre à l'amiable, et de se libérer sans frais, etc. Mais nous opposons à cette opinion les raisons d'après lesquelles nous avons résolu la quest. 2265ᵉ. et nous ajoutons que le délai dont il s'agit n'est pas franc, encore bien que le contraire ait été décidé par arrêt de la Cour de Paris, du 27 août 1811. — (*Sirey, tom.* 15, *pag.* 190).

En effet, la règle générale renfermée dans la première partie de l'art. 1033, ne peut s'appliquer à ce délai, non seulement par la raison que la loi dit *dans la quinzaine* (voy. ici quest. 652ᵉ., *tom.* 1, *pag.* 390), mais parce qu'il est de principe qu'on ne doit donner aucune extension au délai dans lequel la loi a circonscrit la confection ou la signification d'un acte. Or, c'est ce qu'a fait l'art. 681, en indiquant le délai dans lequel la dénonciation doit être faite, et en déclarant qu'il serait soumis à une augmentation proportionnée à la distance du domicile des parties; ce qui eût été inutile, si l'art. 1033 eût été applicable à ce délai (1). — (*Voy. observ. de M. Coffinières, Journ. des avoués, ubi suprà*)

2267. *Quand la dénonciation est faite en parlant à la personne, est-elle valable, si elle est notifiée passé le délai de quinzaine, mais dans ce délai, augmenté à raison de la distance de son domicile?*

Telle est notre opinion, parce que l'augmentation a été établie en faveur du créancier, afin qu'il eût tout le tems nécessaire pour signifier la dénonciation au domicile de la partie, quelqu'éloigné qu'il en soit; s'il trouve occasion de lui signifier dans un autre lieu plus rapproché après la quinzaine, mais dans le laps de tems que comporte l'augmentation, il paraît incontestable qu'il agit en tems utile, et conséquemment on ne peut lui opposer de nullité, puisqu'il était toujours fondé à signifier à domicile le jour où il a signifié à personne.

2.° On n'est pas tenu de réitérer, dans la dénonciation, la constitution d'avoué déjà portée au procès-verbal de saisie. — (*Rennes*, 4 *avril* 1810, *Sirey, tom.* 15, *pag.* 10).

3.° La nullité résultant de ce que l'exploit d'énonciation de la saisie notifiée à l'un des saisis, n'eût pas été visé par le maire du lieu du domicile de ce dernier, ne peut profiter aux autres débiteurs. — (*Rennes*, 6 *juin* 1814).

4.° Le délai ne court point pendant toute la durée de l'instance élevée sur l'opposition du saisi au commandement. — (*Riom*, 7 *mai* 1818, *Sirey, tom.* 19, *pag.* 329).

5.° La dénonciation doit, à peine de nullité, contenir copie entière de la saisie; car, aux termes de l'art. 681, c'est la saisie et non un extrait de la saisie qui doit être dénoncée. — (*Cassat.*, 5 *août* 1812, *Sirey, tom.* 13, *pag.* 88).

(1) Par arrêt du 27 août 1811 (*Sirey, tom.* 15, *pag.* 190), la Cour de Paris a jugé le contraire en appliquant la disposition de l'art. 1033; décision absolument inconciliable avec celle d'une foule d'autres arrêts que nous rapporterons sur les art. 703, 710, 711, 723, 730, dont les dispositions sont parfaitement analogues à celles de l'art. 681. M. Huet, pag. 119, observe avec raison « qu'il ne s'agit point d'appliquer ici les dispositions de l'ar-» ticle 1033. Quand la loi dit *quinzaine*, c'est une quinzaine qu'il faut entendre, et non » dix-sept jours; ainsi, la dernière transcription ayant eu lieu, par exemple, le 19 novembre, » ce jour ne compte pas: c'est donc le 4 décembre qui est le dernier jour utile pour la » dénonciation, puisqu'elle doit avoir lieu dans la quinzaine ».

2268. *Suffit-il, pour remplir le vœu de l'art. 681, de mentionner, dans la dénonciation de la saisie, que les transcriptions prescrites par les art. 677 et 680 ont été faites?*

De ces termes de l'art. 681, *la saisie immobilière* AINSI ENREGISTRÉE...... *sera dénoncée,* on pourrait conclure qu'il est nécessaire que les deux transcriptions faites conformément aux art. 677 et 680, fussent rapportées en entier dans la dénonciation; mais, par arrêt du 12 mai 1810 (*voy. Denevers, 1811, suppl., pag.* 9), la Cour de Bruxelles a décidé que l'art. 681 ne soumettant point le saisissant à donner copie des actes de transcription, il suffisait qu'il fût fait mention que ces transcriptions ont eu lieu. Nous ajouterons qu'il convient d'en justifier par certificat du conservateur et du greffier. — (*Voy. Pigeau, tom.* 2, *pag.* 211).

2269. *Est-ce la saisie, est-ce la dénonciation, qui doit contenir la date de la première publication?*

Par arrêt du 17 juin 1812, rendu sur les conclusions de M. Merlin, il a été décidé, après une discussion approfondie, que l'on ne peut exiger que le procès-verbal énonce la date de la première publication, et que c'est la dénonciation qui doit la contenir, parce que c'est à elle seule, et non à la saisie, que l'on doit appliquer ces mots, *elle contiendra,* qui se trouvent employés dans l'article 681 (1).

2270. *De ce que nous avons dit supràᵣ n°. 2200, que le commandement pouvait être notifié à domicile élu, s'ensuit-il que la dénonciation puisse l'être également?*

Telle est l'opinion de M. Delvincourt, tom. 1, pag. 338, nonobstant les argumens contraires que l'on pourrait tirer de l'arrêt du 5 février 1811, cité pag. 524, not. 2, 2212ᵉ. quest. Ce savant professeur se fonde sur ce que le domicile élu remplace en tout point, pour l'exécution de l'acte, le domicile réel; mais il remarque, avec raison, que la loi donnant attribution spéciale pour la poursuite au tribunal de la situation des biens saisis, la possibilité de signifier à domicile élu n'opère aucun changement relativement à la compétence de ce tribunal. — (*Voy. supràᵣ n°.* 2209) (2).

_____

(1) Cette première décision de la Cour suprême, et une foule d'autres qui l'ont suivie (*voy. notamment arrêt du* 1.ᵉʳ *déc.* 1813, *Sirey, tom.* 14, *pag.* 19), rendent superflue toute discussion de notre part sur cette question, qui divisait et les jurisconsultes et les tribunaux. (*Voy. Berriat Saint-Prix, pag.* 578, *not.* 36). On trouvera, d'ailleurs, au Recueil de M. Sirey pour 1812, pag. 314 et suiv., l'exposé des moyens qui ont été développés de part et d'autre, et les conclusions par lesquelles M. Merlin a concouru à fixer l'opinion de la Cour. — (*Voy. nos quest. sur l'art.* 682).

(2) L'opinion de M. Delvincourt trouve encore un appui dans un arrêt de la Cour de cassation, du 2 mars 1819 (*Sirey, tom.* 19, *pag.* 385), qui décide que la dénonciation au saisi du procès-verbal de saisie, est valable, si elle est faite au domicile qu'il a indiqué comme le sien, dans des actes judiciaires de l'instance sur laquelle est intervenu le jugement en vertu duquel procède le saisissant; bien que ce ne soit pas en effet le domicile réel du saisi.

2271. *Y aurait-il nullité de la saisie, ou seulement de la dénonciation, si l'original de cette dernière n'était pas visé par le maire du domicile du saisi, et enregistré au bureau de la conservation dans les délais fixés par l'art. 681?*

M. Pigeau dit que le visa du maire doit être donné dans les vingt-quatre heures, à peine de nullité (*art.* 717); qu'ainsi, *donné après*, il n'empêcherait pas la nullité, parce que rien n'assurerait, aux yeux de la loi, que la dénonciation eût été faite le jour indiqué par l'exploit. — (*Voy.* tom. 2, *pag.* 211).

Plus bas, cet auteur ajoute que, faute d'enregistrement dans la huitaine, il y a nullité, non pas de la saisie, mais de la dénonciation seulement et de ses suites.

En rapprochant ces deux passages du Traité de M. Pigeau, on reste dans l'incertitude sur le point de savoir s'il a entendu admettre la nullité de la saisie, en cas de défaut de *visa*, tandis qu'il n'admet que la nullité de la dénonciation, en cas de défaut *d'enregistrement*.

Nous croyons qu'il y a nullité de la saisie dans les deux cas, et nous nous fondons sur le raisonnement suivant : *La dénonciation doit être faite*, A PEINE DE NULLITÉ, *dans la quinzaine de la transcription au greffe* (art. 681 et 717); *autrement, la saisie est considérée comme non avenue, puisqu'elle ne peut plus être dénoncée dans ce délai* (voy. quest. 2266°.); *mais la dénonciation n'est valable qu'autant qu'elle a été et* VISÉE *et* ENREGISTRÉE, *ainsi qu'il est dit en l'article* 681 : *donc, si ces deux formalités n'ont pas été remplies dans le délai fixé pour chacune d'elles par cet article, la dénonciation est considérée comme non avenue ; donc, par suite de conséquences, on doit regarder la saisie comme nulle, puisque la condition sous laquelle elle pouvait subsister, et qui est celle de la dénonciation, n'a pas été accomplie* (1).

2272. *L'original de la dénonciation doit-il être visé par le maire, soit qu'on ait trouvé la personne du saisi, soit qu'on ne l'ait pas trouvée ?*

Oui, puisque l'article ne distingue point, et que ce visa est exigé pour fournir une garantie que la dénonciation a été faite dans le délai; mais il n'est pas nécessaire qu'on laisse au maire la copie de la dénonciation, puisque, d'un côté,

_____

(1) Au surplus, l'art. 717 ne fait point de distinction entre la saisie et la dénonciation, et il nous semble qu'en général les nullités qu'il prononce se rapportent à la saisie, et non pas seulement aux actes particuliers qui seraient l'objet des articles qu'il énonce. Mais une preuve qui démontre à notre avis, et contre celui de M. Pigeau, que le défaut d'enregistrement opère la nullité de la saisie même, c'est que cette formalité a été exigée dans l'intérêt des tiers, attendu que le saisi (voy. *M. Pigeau lui-même, pag.* 211), perd la faculté d'aliéner aussitôt que la saisie lui est dénoncée. (*Art.* 692). Or, pourrait-on dire, lorsque la dénonciation n'aurait pas été enregistrée, que la vente faite par le saisi serait nulle? Non sans doute; et si elle est valable, la saisie ne tombe-t-elle pas jusqu'à ce que le tiers détenteur ait été sommé de payer lui-même ou de délaisser? (*Voy.* quest. 2201.°) Oui sans contredit........ On ne saurait donc soutenir avec fondement que le défaut d'enregistrement de la dénonciation de la saisie dans la huitaine n'entraîne que la nullité de cette dénonciation, et non celle de la saisie.

Nous soumettons ces réflexions au lecteur, en l'invitant à réfléchir avec d'autant plus de soin sur notre opinion, qu'elle a contre elle le sentiment d'un jurisconsulte que nous n'avons jamais combattu qu'avec une juste défiance de nos forces.

l'art 681 ne l'exige pas, ainsi que l'art. 673 le prescrit pour le commandement, et que, de l'autre, l'art. 49 du tarif ne taxe qu'une copie *pour le saisie* (1).

2273. *Si la copie a été remise au saisi, parlant à sa personne, dans un autre lieu que celui de son domicile, le visa du maire de ce lieu est-il suffisant pour remplir le vœu de la loi?*

Il serait absurde de supposer que la dénonciation ne pût être notifiée à la personne du saisi partout où l'huissier le rencontre. Ceci admis, on ne peut pas exiger que, dans les vingt-quatre heures de la signification faite à personne, dans un lieu souvent éloigné de celui du domicile, on fasse viser l'original par le maire de ce domicile; ce serait vouloir l'impossible. Le visa du maire du lieu où la signification est faite à personne doit donc valablement remplacer le visa du maire du domicile Si la loi n'a parlé que du visa à donner par le maire du domicile, c'est parce qu'elle n'a statué que sur le cas qui doit se présenter et qui se présentera en effet le plus souvent, celui de la remise de la copie à la personne trouvée à domicile, et elle n'a pas dû prévoir les cas très-peu fréquens où la personne serait trouvée dans un autre lieu et y recevrait la copie. — (*Voy. suprà pag. 724, not. 2*).

2274. *La copie de la dénonciation de la saisie doit-elle, à peine de nullité, contenir la mention que l'original a été visé dans les vingt-quatre heures par le maire du domicile du saisi ?*

Nous ne le pensons pas, parce que la loi ne dit pas que la dénonciation sera visée, mais que l'original seulement le sera. D'où suit qu'on ne peut invoquer ici le principe que la copie tient lieu d'original au défendeur, principe qui ne s'applique qu'aux actes à l'égard desquels la loi ne fait aucune distinction entre les formalités de l'original et celles de la copie.

Il suffit donc que l'on justifie du visa sur l'original, pour que la dénonciation soit valable; et il est d'autant moins nécessaire de référer ce visa sur la copie, que la loi ne dit point, ainsi qu'elle l'a fait en plusieurs articles, que la copie contiendra mention du visa.

Ainsi donc, et sous aucun rapport, on ne peut, sans ajouter à la loi, exiger, à peine de nullité, que cette mention soit faite.

2275. *L'original de la dénonciation doit-il être transcrit comme le procès-verbal de saisie ?*

Nous croyons, avec M. Delaporte, tom. 2, pag. 289, que par ces mots de l'art. 681, *et enregistré dans la huitaine*, le législateur a entendu exiger une transcription; car s'il n'eût été question que d'un simple enregistrement par extrait, il eût suffi de la mention prescrite à la fin de l'article. — (*Voy., sur le mode de cette mention, nos quest. sur l'art. 696*).

2276. *Est-il nécessaire que la dénonciation soit faite, et que les formalités qui y sont relatives soient observées avant l'insertion de l'extrait au tableau prescrit par l'art. 682 ?*

_____

(1) Mais si le saisi n'était pas présent à son domicile; qu'on n'y trouvât personne qui eût qualité pour recevoir la copie, et qu'aucun voisin ne voulût la recevoir et signer l'original; si, en un mot, l'huissier se trouvait placé dans le cas prévu par l'art. 68, il deviendrait nécessaire de se conformer à cet article, et conséquemment de laisser au maire la copie destinée au saisi.

On peut faire cette dénonciation, et remplir ces formalités après cet extrait, puisqu'il doit être inséré dans les trois jours de la transcription de la saisie au greffe, et que l'art. 681 donne quinzaine du jour de cet enregistrement pour la dénonciation ; or, la loi n'a pas dit que l'une de ces deux formalités, la dénonciation et l'extrait, serait faite avant l'autre : on peut donc faire l'extrait avant la dénonciation, ou la dénonciation avant l'extrait; mais il est bon de faire la première avant celui-ci, afin d'opérer les effets qu'elle produit, d'après les article 688 et suivans.

2277. *Par qui doit être faite la mention de l'enregistrement de la dénonciation ?*

La mention ordonnée par l'art. 681 doit être faite en marge de la transcription de la saisie au bureau de la conservation ; car les mentions de ce genre sont faites d'office par le fonctionnaire chargé de l'acte principal. Le conservateur des hypothèques, chargé d'enregistrer la dénonciation, est le même qui a déjà transcrit la saisie sur ses registres : c'est donc lui seul qui peut et doit mentionner en marge de cette transcription celle de la dénonciation. — (*Tarrible, pag.* 655).

ARTICLE 682 (N).

Le greffier du tribunal sera tenu, dans les trois jours de l'enregistrement mentionné en l'art. 680, d'insérer dans un tableau placé à cet effet dans l'auditoire, un extrait contenant,

1º. La date de la saisie et des enregistremens;

2º. Les noms, professions et demeures du saisi et du saisissant et de l'avoué de ce dernier;

3º. Les noms de l'arrondissement, de la commune, de la rue des maisons saisies;

4º. L'indication sommaire des biens ruraux, en autant d'articles qu'il y a de communes, lesquelles seront indiquées, ainsi que les arrondissemens; chaque article contiendra seulement la nature et la quantité des objets, et les noms des fermiers ou colons, s'il y en a; si néanmoins les biens situés dans la même commune sont exploités par plusieurs personnes, ils seront divisés en autant d'articles qu'il y aura d'exploitans;

5º. L'indication du jour de la première publication;

6º. Les noms des maires et greffiers des juges de paix auxquels copies de la saisie auront été laissées (1).

T., 104. — Loi du 11 brum. an 7, art. 4. — C. de P., art. 647, 675, 695, 697 et 717.

2278. *Qu'entend-on par enregistrement dans le premier alinéa, et au § 1 de l'article?*

(1) JURISPRUDENCE.

Il faut, à peine de nullité, que l'extrait de la saisie contienne les noms des maire et greffier du juge de paix. C'est ce qui résulte de l'application littérale de l'art. 682, § 4, rapproché de l'art. 717. — (*Riom,* 23 *déc.* 1809, *Denevers,* 1811, *suppl., pag.* 11).

Le mot enregistrement signifie transcription dans le premier alinéa (*voy.. suprà, art.* 680); le même mot, au pluriel, signifie en même tems, au § 1, la transcription tant au bureau des hypothèques, qu'au greffe du tribunal, et la formalité ordinaire de l'enregistrement de l'acte dans le bureau où il en doit être revêtu.

2279. *Le greffier est-il tenu d'insérer d'office, au tableau de l'auditoire, l'extrait exigé par l'art.* 682?

M. Tarrible, pag. 655, dit que la loi impose au greffier le devoir d'insérer l'extrait dans les trois jours de la transcription qu'il a faite de la saisie, et qu'il doit conséquemment le remplir de son propre mouvement, et sans attendre une impulsion étrangère.

Mais nous serions porté à croire que ce devoir n'est point prescrit au greffier d'une manière si absolue, que l'on puisse le rendre responsable du défaut d'insertion, si l'on n'était pas en état de justifier que l'avoué du saisissant lui eût fait en tems utile la remise de l'extrait. Nous fondons notre opinion sur ce que l'art. 104 du tarif accorde à cet avoué un droit pour la dresse de cet extrait ; d'où suit que la loi a mis à la charge du saisissant de provoquer l'insertion dont il s'agit : le greffier ne nous paraît donc tenu de la faire qu'autant que le saisissant lui a remis l'extrait. Tel est aussi le sentiment de M. Pigeau, tom. 2, pag. 220, et de M. Persil, tom. 2, pag. 189 (1).

2280. *Comment peut-on constater que l'insertion au tableau de l'auditoire a été faite dans le délai de la loi?*

Par une déclaration du greffier, insérée soit dans le tableau lui-même, soit dans un registre, et qui porte que le tableau a été placé dans l'auditoire tel jour. — (*Voy. Tarrible,* pag. 655; *cassat.*, 31 *mars* 1822, *Sirey, tom.* 23, *pag.* 41).

2281. *La saisie doit-elle être déclarée nulle, si l'extrait prescrit par l'art.* 682 *n'a pas été inséré au tableau* DANS LES TROIS JOURS *de l'enregistrement au greffe*?

Nous avons dit, dans notre Analyse, n°. 2084, avec M. Persil, tom. 2, pag. 315, que l'affirmative nous semblait incontestable, l'art. 682 exigeant impérative-

---

(1) S'il en était autrement, on demanderait comment le greffier indiquerait le jour de la première publication, ainsi que le veut l'art. 682, § 5. En effet, ce n'est pas le procès-verbal de saisie qui peut le lui faire connaître (*voy. quest.* 2269.°); souvent ce ne sera pas la dénonciation, puisque la loi accorde au saisissant un délai de quinze jours, à dater de la transcription au greffe. Or, on ne peut supposer que la loi ait entendu charger le greffier de fixer le jour de la première publication : il devient donc nécessaire que l'avoué du saisissant le lui indique, et c'est ce qui résulte de l'extrait qu'il doit lui fournir.

Ajoutons que la remise de cet extrait est tellement nécessaire, que s'il était permis au saisissant de s'en dispenser, on ne pourrait s'empêcher de décider que la saisie dût contenir le jour de la première publication, afin que le greffier en ait connaissance. Aussi est-ce par la considération qu'il lui est indiqué par l'extrait qu'il reçoit, conformément à l'art. 104 du tarif, que la Cour de cassation a décidé que la dénonciation de la saisie, et non le procès-verbal, devait contenir le jour de cette première publication. — (*Voy. Pigeau, tom.* 2, *pag.* 207, *et le réquisitoire de M. Merlin, Sirey, tom.* 12, 1.°° col., *dernier alinéa, pag.* 317).

ment que l'extrait soit inséré au tableau *dans les trois jours* de l'enregistrement, et ensuite l'art. 17 prononçant la nullité en cas d'inobservation. Prétendre, ajoutions-nous, comme l'a fait M. Pigeau, tom. 2, pag. 219, que ce dernier article ne s'applique qu'au défaut absolu d'enregistrement, c'est admettre des distinctions que la loi rejette. — (*Voy. au surplus, les solutions données sur les quest.* 2265ᵉ. *et* 2266ᵉ.).

Néanmoins, le contraire a été décidé par arrêt de la Cour de cassation, du 4 octobre 1814 (*Sirey, tom.* 16, *pag.* 78, § 8), portant que la nullité de l'extrait prescrit par l'art. 682, comme du placard dont parle l'art. 695, n'entraîne point celle de la saisie, et que ces actes seuls sont nuls.

2282. *Est-ce l'arrondissement du juge de paix, est-ce au contraire l'arrondissement communal, que l'extrait de la saisie doit indiquer, conformément à l'article* 682, § 3?

C'est l'arrondissement du juge de paix, dit M. Pigeau, tom. 2, pag. 219; mais on pourrait, avec quelque fondement, soutenir que la loi a entendu désigner l'arrondissement communal qui forme le ressort du tribunal, puisque nos lois appèlent *canton* le ressort du juge de paix, et n'emploient le mot *arrondissement* que pour désigner l'arrondissement formé par les communes qui dépendent de la même sous-préfecture, ou qui ressortissent au même tribunal.

Nous pensons, en conséquence, qu'en attendant que la jurisprudence soit fixée sur ce doute, il est prudent de désigner et l'arrondissement communal et le canton du juge de paix.

2283. *Comment s'applique la disposition de l'art.* 682, *qui prescrit de désigner les colons ou fermiers qui exploitent les immeubles saisis?*

Cette obligation ne s'applique qu'aux colons attachés à l'exploitation d'une manière permanente et telle qu'en les indiquant, les biens soient mieux désignés.

L'obligation de désigner les fermiers ne s'applique qu'à un fermier connu exploitant publiquement les biens saisis; si le fermier n'a jamais pris possession des biens affermés, et que le propriétaire en ait continué l'exploitation, il n'est pas nécessaire de désigner ce fermier.

2284. *Résulte-t-il du* § 4 *de l'art.* 682, *qui exige que les biens situés dans la même commune, et exploités par plusieurs personnes, soient divisés en autant d'articles qu'il y a d'exploitans, que l'on ne puisse vendre ces biens en même tems?*

Les placards et annonces doivent indiquer les biens à vendre, par articles séparés, non parce qu'ils devront être vendus par articles, la loi ne l'exige point, mais seulement afin que le public ne se trompe point sur la désignation, et que l'on puisse s'adresser au maire de la commune ou bien à chaque fermier, pour voir les biens et les mieux connaître. — (*Consult. de M. Thomines*).

ARTICLE 683 (1).

L'extrait prescrit par l'article précédent sera inséré, sur la poursuite du saisissant, dans un des journaux imprimés dans le lieu où siège le tribunal devant lequel la saisie se poursuit; et s'il n'y en a pas, dans l'un de ceux imprimés dans le département, s'il y en a : il sera justifié de cette insertion par la feuille contenant ledit extrait, avec la signature de l'imprimeur, légalisée par le maire (2).

T., 105. — Avis du Conseil d'état, du 1.er juin 1807. — Décret du 2 août 1807. — C. de P., art. 646, 703, 717, 868, 962. — C. de C., art. 457, 512, 569, 592 et 599.

2285. *Dans quel délai doit être faite l'insertion prescrite par l'art. 683?*

Elle doit l'être, dit M. Pigeau, tom. 2, pag. 220, avant l'apposition du placard ordonnée par l'art. 684, et pour laquelle la loi ne prescrit pas de délai. Mais M. Persil, tom. 2, pag. 193, estime que toutes les formalités relatives à la publicité de la saisie, hors l'insertion au tableau (*art.* 682), qui doit avoir lieu dans les trois jours de la transcription au greffe, peuvent être faites à toute époque, puisque la loi ne détermine aucun délai. Ainsi, ajoute cet auteur, l'insertion au journal peut avoir lieu quinze jours ou un mois après la dénonciation de la saisie au débiteur, sans que personne puisse s'en plaindre : il suffit, en un mot, qu'elle ait eu lieu avant la première publication, pour que la procédure ne soit pas vicieuse.

Nous ne voyons, contre cette opinion, qu'une objection, qui se tirerait de l'ordre numérique des articles du Code, suivant lequel la formalité de l'insertion paraîtrait devoir précéder l'apposition des placards. Mais on répondrait qu'aucune disposition ne défendant d'intervertir cet ordre, en ne faisant insérer au journal qu'après l'apposition des placards, ce serait agir arbitrairement que de prononcer la nullité des poursuites. Telle est aussi notre opinion; mais nous n'en croyons pas moins qu'il convient de suivre, dans l'exécution des formalités dont nous venons de parler, l'ordre dans lequel elles sont indiquées par le Code : c'est, selon nous, le vœu de la loi, bien qu'elle n'ait pas prononcé de nullité, et qu'on ne puisse conséquemment appliquer cette peine.

2286. *Le propriétaire ou rédacteur du journal pourrait-il signer l'extrait?*

Non, s'il n'était pas en même tems l'imprimeur de ce journal. — (*Voy. Delaporte, tom.* 2, *pag.* 290).

---

(1) Nous remarquerons en passant que l'application de l'art. 683 a été étendue par avis du Conseil d'état, du 1.er juin 1807 (*voy. Bull. des lois,* 4.e *série, tom.* 6, *pag.* 253), au cas où il s'agit d'exécuter la disposition de l'art. 2194 du Code civil.

(2) JURISPRUDENCE.

1.° C'est à l'avoué du saisissant qu'il appartient de faire exécuter la formalité de l'insertion, puisque l'art. 105 du tarif lui alloue à cet effet des vacations, et attendu d'ailleurs que le Code, en consignant ces deux formalités dans deux articles distincts et immédiate-

ARTICLE 684.

Extrait pareil à celui prescrit par l'article précédent, imprimé en forme de placard, sera affiché,

1.º A la porte du domicile du saisi ;
2.º A la principale porte des édifices saisis ;
3.º A la principale place de la commune où le saisi est domicilié, de celle de la situation des biens, et de celle du tribunal où la vente se poursuit ;
4.º Au principal marché desdites communes; et lorsqu'il n'y en a pas, aux deux marchés les plus voisins;
5.º A la porte de l'auditoire du juge de paix de la situation des bâtimens; et s'il n'y a pas de bâtimens, à la porte de l'auditoire de la justice de paix où se trouve la majeure partie des biens saisis;
6.º Aux portes extérieures des tribunaux du domicile du saisi, de la situation des biens et de la vente (1).

T., 106. — Édit. de 1751. — Loi du 11 brum. an 7, art. 5. — Avis du Conseil d'état, du 18 juin 1809. — C. de P., art. 645, 695, 703 et 717.

2287. *Les placards de la saisie immobilière doivent-ils, à peine de nullité, non seulement être imprimés, mais encore l'être sur du papier du timbre de dimension?*

Par arrêt du 16 janvier 1822 (*voy. Sirey, tom. 22, pag.* 262), il a été décidé que l'impression n'est pas exigée *à peine de nullité,* de telle sorte que des énonciations faites à la main pussent rendre le placard irrégulier et nul ;

---

ment subséquens, n'a pas entendu pour cela assujétir le créancier à le remplir exactement dans l'ordre des articles. — (*Cassat.,* 5 oct. 1812, *Sirey, tom.* 16, *pag.* 163).

2.º La formalité de l'insertion au journal peut être justifiée par un imprimeur non patenté, lorsqu'il est notoire qu'il exerce sa profession, et que sa signature est légalisée à ce titre par le maire. — (*Arrêt du 5 oct.* 1812, *cité suprà*).

3.º La date de l'insertion dans un journal de l'extrait dont parle l'art. 683, est suffisamment assurée par la publicité de ce journal au jour indiqué sur chaque feuille. Il n'est pas besoin de la justifier par la formalité de l'enregistrement, dont l'art. 683 ne fait aucune mention. — (*Rennes,* 4 janv. 1813).

4.º Le père, adjoint d'une commune, peut légaliser la signature de son fils, imprimeur, quoiqu'associé à son commerce. — (*Rennes,* 6 juin 1814).

(1) JURISPRUDENCE.

Lorsque des placards indicatifs d'une vente par expropriation forcée ont été apposés aux marchés voisins de la commune où se trouvent situés les biens expropriés, et que d'ailleurs il est constant que ces marchés sont plus fréquentés que ceux qui se trouvent plus voisins du lieu de la situation des biens, le débiteur exproprié n'est pas recevable à provoquer la nullité de l'expropriation, sous prétexte que l'art. 684 du Code de procédure n'a pas été rigoureusement observé, en ce qu'il prescrivait l'apposition d'affiches aux deux marchés les plus voisins. — (*Cassat.,* 29 nov. 1816, *Sirey, tom.* 17, *pag.* 238).

à plus forte raison, comme nous le disions, n°. 2090 de notre Analyse, il n'y aurait pas de nullité si le placard avait été imprimé sur papier du timbre de dimension indiqué par une lettre du ministre des finances, du 18 juillet 1809, puisque le Code de procédure ne contient aucune disposition touchant la valeur du timbre du papier qui doit servir aux différens actes de procédure. C'est d'ailleurs ce qui avait été jugé par arrêt de la Cour de Turin, du 2 juillet 1810. — (*Voy. Journ. des avoués, tom. 2, pag.* 335).

Nous avions maintenu dans notre Analyse, n°. 2091, que le placard devait être imprimé.

Nul doute, disions-nous, que le défaut de placard ou de quelqu'une des formalités qu'il doit contenir n'entraîne nullité, en conformité de la disposition générale de l'art. 717, et par conséquent l'art. 684 exigeant que le placard soit imprimé, nous estimons qu'il y aurait nullité, s'il était manuscrit.

On opposerait en vain qu'il importe peu, pourvu que le placard soit affiché, qu'il soit imprimé ou manuscrit. Nous répondons que la disposition de la loi est expresse, et qu'elle a prescrit l'impression, parce que personne ne lisait les affiches manuscrites, qui souvent, en effet, étaient illisibles. — (*Voy. Rapp. du tribun Grenier*, édit. de F. Didot, *pag.* 258 et 259).

Nous ajoutions aussi qu'il y aurait nullité d'un placard qui serait en partie manuscrit. Mais nous observions en même tems qu'on ne pousserait pas le rigorisme jusqu'à annuler celui qui présenterait quelques mots écrits à la main qui auraient été omis, ou qu'il eût fallu changer ou rectifier dans l'imprimé ; par exemple, si l'on eût écrit à la main, non seulement le jour de l'une des publications, mais ces mots, *la seconde publication aura lieu........* L'arrêt ci-dessus cité a tranché toute difficulté (1).

2288. *Le placard doit-il être affiché non seulement à la place où le marché se tient, mais encore le jour même auquel il a lieu?*

La Cour de Caen a décidé cette question pour l'affirmative (*Voy.* arrêt du 2 *juillet* 1811, *Sirey, tom.* 11, *pag.* 383). Elle a considéré, 1°. que les affiches et insertions prescrites par les art. 682 et 684 ont pour but de donner la plus grande publicité aux ventes par expropriation forcée ; 2°. que l'art. 684 est divisé en six sections, dont chacune indique *le lieu* où l'affiche doit être posée ; que la sect. 3 indique la principale *place* de la commune, et que la sect. 4 indique le principal *marché*, et non pas *la place* du principal *marché* : d'où il faut induire que le législateur a voulu que cette affiche fût faite au marché même, c'est-à-dire à jour de marché, et non pas seulement à la place où le marché se tient ; 3°. que le motif du législateur est d'autant plus facile à saisir, qu'il est de notoriété que, sur-tout dans les campagnes, il existe beaucoup de places de marchés qui sont absolument désertes, hors les jours de la tenue des marchés : d'où il faut conclure que ce n'est pas avoir rempli le vœu de la loi, ni

---

(1) Cependant un tribunal de première instance a eu à prononcer sur ce pitoyable moyen de nullité, que l'on fondait sur ce que la loi n'autorisait à écrire à la main que *la date* de la publication. Il a été rejeté, par le motif que, d'après les art. 703 et 704, il est nécessaire de laisser en blanc les jours de publication, puisqu'on n'a passé en taxe qu'un seul tirage d'affiches. — (*Voy. Pigeau, tom.* 2, *pag.* 131, *aux notes*).

satisfait à sa lettre, que d'avoir affiché l'extrait de la saisie dont il s'agit sur la place du principal marché, dès là que cette affiche n'a pas été apposée au jour même du marché.

On pourrait opposer à cette décision que le législateur, en prescrivant d'afficher les placards *au principal marché* de la commune, n'a eu dans la pensée que le lieu du marché, et non le jour auquel il se tient, puisque l'art. 684 n'a pour objet que la désignation des lieux où les affiches doivent être apposées; que c'est ce qui résulte, premièrement, de cet article lui-même, qui, en disant au § 4, que s'il n'y a pas de marché, l'apposition du placard doit être faite *au marché le plus voisin*, prouve évidemment qu'il ne s'agit que du lieu et non du jour de marché; secondement, que si le législateur avait voulu que l'apposition eût lieu le jour même du marché, il eût exigé qu'elle fût faite le matin, moment où le public est rassemblé, et n'eût pas rendu tout le jour *utile*, de manière que, le marché étant terminé, l'apposition n'en fût pas moins valable, quoiqu'elle ne donnât pas une plus grande publicité que si elle avait été faite le lendemain; que l'art. 685 prouve, au contraire, que le législateur a eu toute autre intention, puisqu'il n'a pas ordonné que le procès-verbal constatât l'heure de l'apposition.

On conclurait de là que ce n'est pas le jour de l'apposition qu'il faut considérer, mais seulement le lieu où elle est faite, et que si les placards ont été apposés dans le lieu où se tient le marché, le vœu de la loi est rempli. Telle est aussi l'opinion à laquelle nous croyons pouvoir nous ranger, parce que nous pensons, comme la Cour de Caen elle-même, que l'art. 684 n'a eu pour objet, dans ses six paragraphes, que d'indiquer les lieux d'apposition des affiches, sans considération de jours. La raison principale que cette Cour a tirée de ce que le § 4 de cet article n'indique pas *la place* du marché, mais *le marché*, ne saurait, à notre avis, être d'aucune considération, puisqu'il est incontestable que ce mot *marché* s'emploie seul pour désigner la place ou le lieu public où l'on étale et où l'on vend des marchandises, des choses nécessaires à la subsistance et à la commodité : c'est même la première définition que donnent de ce mot le Dictionnaire de l'Académie et les Dictionnaires de droit. — (*Voy. nouv. Répert.*, et le *Dictionn. de Ferrières*, *au mot* marché) (1).

2289. *Quelle est, généralement parlant, la place d'une commune que l'on peut qualifier principale? Quel est le marché auquel appartient cette qualification?*

M. Delaporte, tom. 2, pag. 292, observe qu'il est à désirer qu'il y ait un réglement particulier pour Paris et les grandes villes, où il n'y a ni principale place, ni principaux marchés, et que jusque là il faut se conformer aux anciens usages, attendu que les dispositions du Code ne peuvent y être exécutées à la

---

(1) On oppose, à la vérité, que la place du marché est déserte hors les jours des réunions; mais nous répondons qu'elle l'est également après les heures de ces réunions. Il faudrait donc admettre qu'il faille apposer les affiches à heure de marché; mais la loi n'a ni dit, ni supposé que ce serait à jour et heure de marché que cette apposition devrait avoir lieu, et si telle avait été sa volonté, elle s'en fût expliquée, comme elle l'a fait dans l'art. 617. Ainsi jugé par arrêt de la Cour de Montpellier, du 10 mars 1812. — (*Voy. Journ. des avoués*, tom. 6, pag. 255).

lettre. Nous croyons bien aussi que partout où l'on peut justifier d'anciens usages, le placard sera valablement apposé aux lieux que l'on a coutume de considérer comme place ou marché principal, quelles que fussent d'ailleurs les raisons que l'on pût apporter pour leur contester cette prééminence. Mais si aucun usage à cet égard n'était constant, ce qui pourrait être, car autrefois on n'affichait presque partout les saisies réelles qu'aux portes des églises paroissiales (*voy. d'Héricourt, chap.* 6, *n°.* 15), alors on considérera nécessairement comme place principale celle à laquelle aboutit le plus grand nombre de rues où se trouvent les principaux édifices destinés aux autorités administratives et judiciaires; celle, en un mot, où l'on suppose que la circulation est plus nombreuse; de même le marché principal est celui qui est le plus fréquenté, parce que les objets qu'on y vend attirent un plus grand concours d'acheteurs ou de vendeurs.

2290. *Les placards doivent-ils être appliqués au lieu du principal marché de chacune des trois communes désignées en l'art.* 684? *Ne doivent-ils l'être, au contraire, qu'au lieu du principal marché de ces trois communes réunies?*

Cette question est très-importante, quoique l'huissier, d'après l'art. 685, ne soit pas obligé d'indiquer, dans son procès-verbal, les lieux auxquels les affiches ont été apposées. En effet, cet acte doit être visé par le maire de chacune des communes dans lesquelles l'apposition a été faite, et par conséquent le défaut du visa par le maire d'une commune où l'on prétendrait qu'elle eût dû avoir lieu, fournirait un moyen de nullité contre la procédure.

Il résulte de l'énoncé de la question, que deux opinions divisent les praticiens, relativement à l'apposition des affiches au marché principal. Les uns veulent qu'elle soit faite au principal marché de chacune des trois communes désignées en l'art. 684, § 3; les autres estiment que la loi ne l'a prescrite qu'au principal marché qui existerait pour ces trois communes réunies (1).

_____

(1) On dit, pour la première opinion, qui nous paraît avoir été consacrée par un arrêt de la Cour de Poitiers, du 9 juin 1809 (*voy. Sirey, tom.* 15, *pag.* 205), que l'art. 684, § 4, doit s'expliquer dans le sens que présente la disposition du § 3, qui déclare expressément que les placards seront affichés à la principale place des trois communes qu'elle désigne; celle du § 4 veut la même chose à l'égard du principal marché qu'elle indique, parce qu'il y a même raison de décider, et que ce n'est que pour éviter la répétition de la désignation individuelle de chaque commune qu'elle se sert de ces expressions, *au principal marché desdites communes* : on ne saurait donc en conclure que le législateur ait entendu parler du principal marché des trois communes réunies.

On dit, pour la seconde opinion, qui est celle que M. Coffinières développe au Journal des avoués, tom. 4, pag. 301, que les différens termes dont les rédacteurs se sont servis en l'art. 684, §§ 3 et 4, ne semblent pas permettre de donner le même sens à leurs dispositions. S'il est évident qu'ils ont voulu qu'une affiche fût apposée à la principale place de chacune des trois communes désignées, ils n'ont pas entendu dire la même chose par ces expressions, *au principal marché DESDITES COMMUNES*; expressions qui, selon les règles de la grammaire, n'indiquent que le principal marché qui existe non seulement dans chaque commune prise séparément, mais dans les trois communes réunies. En effet, si l'on eût voulu exprimer le contraire, on eût dit nécessairement *le principal marché de CHACUNE des trois communes.*

On ajoute, au surplus, que si l'intention du législateur avait été que les placards fussent affichés au marché de chaque commune, il l'eût manifestée au § 4, comme il venait de

Nous convenons que la rédaction de la disposition du § 4 favorise cette dernière opinion ; mais s'il est un cas où l'on doive interpréter, en consultant plutôt l'esprit du législateur que les mots dont il s'est servi, c'est dans cette circonstance, où une foule de raisons se présentent pour éloigner l'idée qu'il ait entendu disposer de la manière que cette opinion suppose.

En effet, on ne peut guère présumer que le législateur ait entendu prescrire l'affiche au marché principal de trois communes réunies ; car il y aurait quelquefois un grand embarras à déterminer quel serait, comparativement les uns aux autres, le plus considérable d'entre les différens marchés qui seraient tenus, chacun dans une des trois communes désignées.

D'un autre côté, il arriverait souvent, même presque toujours, sinon que chacune des trois communes n'aurait pas de marchés (car celle où siège le tribunal en aura nécessairement un), du moins que deux en manqueront ; en ce cas le marché principal étant nécessairement celui de la ville où siège le tribunal, il suffirait d'afficher à la place de ce marché, et il résulterait de là que l'on n'appellerait point à l'adjudication les habitans des deux autres communes ; ce qui nous paraît évidemment contraire aux dispositions de la loi, qui tend à donner à la saisie la plus grande publicité possible.

C'est un principe incontestable que *les lois sont toujours présumées disposer non sur des cas rares et singuliers, mais sur ce qui se passe dans le cours ordinaire des choses. (Voy. liv. prélim. du projet du Code civ., tit. 1, art. 7).* Or, s'il est vrai que le cas le plus rare soit celui où les trois communes désignées par la loi auraient un marché principal, on est forcé d'admettre que le législateur n'a pas entendu dire que l'on apposerait les placards à un semblable marché.

Mais il y a plus : ces expressions du paragraphe dont il s'agit, *et s'il n'y en a pas, aux deux marchés les plus voisins,* deviendraient inutiles, puisqu'il n'est pas de ville, siège d'un tribunal, où il n'y ait un marché, qui nécessairement sera *marché principal,* si aucune des deux communes de la situation des biens ou du domicile du saisi n'a de marché. Or, peut-on présumer que le législateur ait fait une disposition pour un cas qui ne se peut présenter ?

On doit donc reconnaître, malgré la rédaction vicieuse du § 4, que le législateur a voulu que l'on apposât des placards dans chaque commune désignée au § 3, au lieu du principal marché, et s'il n'y en a pas, au lieu du marché de cette commune, ainsi que nous l'expliquerons sur la question suivante.

Quant à l'objection que si le législateur avait voulu décider de la sorte, il l'eût fait, en ajoutant un seul mot au § 3, nous répondons qu'il a divisé, parce qu'il a voulu faire autant de dispositions ou paragraphes qu'il entendait désigner de *lieux différens* où l'apposition devrait avoir lieu. C'est ce qui est manifeste, d'après la rédaction des six paragraphes.

2291. *Qu'est-ce que la loi entend par ces mots,* LORSQU'IL N'Y EN A PAS, AUX MARCHÉS LES PLUS VOISINS ?

Si l'on voulait encore s'en tenir à la rigueur de la construction grammaticale,

---

le faire au § 3, relativement aux *places,* ou plutôt il eût ajouté un seul mot à ce paragraphe, en le rédigeant ainsi : *A la principale place et au principal marché de la commune,* etc.

ou paraphraserait ces expressions comme suit : *Et lorsqu'il n'y a pas de marché principal, aux deux marchés les plus voisins.* Remarquons que ces deux marchés voisins sont ou peuvent être des marchés ordinaires. Or, nous demandons s'il est raisonnable de supposer que le législateur eût voulu, attendu qu'une commune n'aurait qu'un seul marché, et par conséquent point de marché principal, substituer deux autres communes qui auraient un marché, mais point de marché principal? Il faut donc lire le paragraphe comme s'il y avait, *et s'il n'y a aucun marché dans l'une desdites communes, aux deux marchés les plus voisins.*

C'est aussi ce qu'a décidé la Cour d'appel de Poitiers, par l'arrêt du 9 juin 1809, déjà cité sur notre précédente question (*Sirey, tom.* 15, *pag.* 205), en déclarant qu'il ne suffisait pas, lorsqu'une des communes désignées n'aurait *aucun marché,* d'avoir affiché aux deux marchés les plus voisins des trois communes réunies, mais qu'il fallait afficher aux deux marchés les plus voisins de celle qui n'en avait pas. Ainsi la Cour de Poitiers avait consacré d'avance et la solution que nous avons donnée sur la précédente question, et celle que nous donnons sur celle-ci. Il est vrai que l'on a cité cet arrêt (*voy. Berriat Saint-Prix, pag.* 585, *n°,* 63), comme ayant décidé que les deux marchés que la loi indique par ces mots, *les plus voisins,* sont les deux plus voisins de la commune de la situation des biens : c'est une erreur dont il est facile de se convaincre en lisant le texte.

Concluons qu'une des communes manquant de marché, on doit afficher aux deux marchés les plus voisins; que l'on peut ainsi apposer jusqu'à cinq affiches; qu'on pourrait en apposer six, s'il était possible de supposer que le lieu où siège le tribunal n'eût pas de marché, et qu'au reste il n'y a rien en cela qui ne soit très-conforme à l'esprit de la loi, qui, comme nous l'avons dit, tend à donner la plus grande publicité. On sentira d'ailleurs que nous conseillons ici le parti le plus prudent.

2292. *Est-il nécessaire que des placards soient affichés aux portes extérieures des tribunaux de commerce?*

M. Coffinières, tom. 2, pag. 301, examine cette question, et il la résout pour la négative, 1°. parce qu'il peut ne pas y avoir de tribunal de commerce aux lieux indiqués par l'art. 684, § 6, et que cependant le Code ne dit pas ce qu'il faudrait faire dans ce cas: 2°. parce que le tribunal de commerce de Paris ne se trouve pas compris dans l'état des lieux où doivent être apposées les affiches relatives aux ventes judiciaires.

La première raison nous paraît insignifiante; car le législateur n'avait rien à statuer pour le cas où il n'y aurait pas de tribunal de commerce; la seconde nous paraît peu décisive, parce qu'un réglement de police administrative ne nous semble pas devoir faire autorité en jurisprudence. Nous croyons donc, attendu que la loi s'exprime sans faire de distinction, qu'il est prudent d'afficher des placards aux portes extérieures de tous les tribunaux ordinaires ou d'exception qui siègent aux lieux qu'elle indique. Cette opinion nous paraît d'ailleurs conforme à l'esprit du législateur, qui a voulu donner une grande publicité à la saisie, afin de procurer un plus grand concours d'enchérisseurs, et qui, conséquemment, a ordonné l'affiche aux portes de tous les tribunaux, attendu que les audiences publiques attirent un grand nombre de citoyens.

2293. *Par qui doit être dressé l'original du placard?*

Par l'avoué, conformément à l'art. 106 du tarif.

2294. *Comment se forme l'original du placard?*

Lorsque l'avoué du saisissant, dit M. Huet, pag. 137, fait imprimer le placard, il doit avoir soin d'en faire tirer un premier exemplaire au pied duquel il appose la date et sa signature, et qu'il fait revêtir de la formalité de l'enregistrement; c'est là, ajoute-t-il, l'original du placard. Nous croyons aussi que cette piéce peut être imprimée; mais, d'après l'art. 686, qui défend de *la grossoyer,* il semble qu'il est plus conforme au vœu de la loi qu'elle soit manuscrite.

2295. *Peut-on apposer un plus grand nombre d'affiches que celui qu'exige l'art.* 684?

Oui, sans doute; mais on ne passerait en taxe que celles exigées par cet article; le coût des autres serait à la charge du poursuivant, qui ne pourrait pas même le comprendre au nombre des frais extraordinaires; en un mot, il le supporterait seul, à moins que les autres créanciers n'eussent consenti à l'apposition. — (*Voy. Delaporte, tom. 2, pag. 292*).

ARTICLE 685 (N).

L'apposition des placards sera constatée par un acte, auquel sera annexé un exemplaire du placard : par cet acte, l'huissier attestera que l'apposition a été faite aux lieux désignés par la loi, sans les détailler.

T., 50. — C. de P., art. 717.

2296. *L'acte qui constate l'opposition des affiches peut-il être dressé au bas de l'original des placards?*

Les rédacteurs du projet, art. 706, avaient proposé que cette apposition fût constatée au bas de l'original des placards; mais l'art. 685 suppose évidemment qu'il faut un acte séparé, puisqu'il veut qu'il y soit *annexé* un exemplaire du placard. C'est pourquoi, d'après une décision rendue par S. Exc. le ministre des finances, le 30 janvier, et une circulaire de S. Exc. le grand-juge, il a été recommandé, sous les peines d'amendes prononcées par l'art. 26 de la loi du 13 brumaire an 7, de rédiger le procès-verbal d'apposition sur du papier du timbre de dimension, séparé de l'exemplaire du placard qui y demeure annexé. — (*Voy. instruction de M. le conseiller-d'état directeur général de l'enregistrement, en date du 12 mars 1810, Journal des avoués, tom. 2, pag. 300*) (1).

2297. *L'huissier commettrait-il une nullité en détaillant les lieux où il aurait apposé des placards?*

(1) Nous observerons que l'huissier doit avoir grand soin de mentionner, dans le procès-verbal, *l'annexe* du placard; autrement, il n'existerait pas de preuve légale qu'elle eût été faite, et l'on pourrait prononcer la nullité. — (*Voy. Delaporte, pag. 293*).

M. Pigeau, pag. 221, s'exprime ainsi : *Par cet acte* (le procès-verbal) *l'huissier atteste que l'apposition a été faite aux lieux désignés par la loi, sans les détailler* (art. 685), *à peine de nullité* (art. 717). — (*Voy. aussi Praticien, tom.* 4, *pag.* 342).

De ces expressions, qui ne sont, au reste, que la répétition de celles de l'art. 685, auxquelles M. Pigeau ajoute la sanction résultant de l'art. 717, nous ne croyons pas qu'on doive conclure que cet auteur ait entendu qu'il y eût nullité du procès-verbal qui *détaillerait* les lieux où les placards auraient été affichés.

Il nous paraît évident que la peine prononcée par l'art. 717 ne porte que sur la nécessité de rapporter le procès-verbal, et d'y attester en termes généraux, c'est-à-dire dans ceux dont l'article se sert lui-même, que *l'apposition a été faite aux lieux désignés par la loi*, et nous pensons, avec M. Huet, dans son Traité, pag. 145, qu'il y aurait au contraire de puissans motifs pour qu'il fît ce détail (1).

Nous pensons encore avec M. Huet, pag. 146, que nonobstant le silence de la loi, l'huissier doit signer chaque exemplaire qu'il affiche, et qui n'est autre chose que la copie de l'original dont il est question art. 686 (*voy. supra*, n°. 2241); il convient en outre qu'il rédige au pied un extrait de son procès-verbal d'apposition, avec indication sur chaque copie du lieu où l'affiche a été apposée.

2298. *L'apposition des placards peut-elle être faite par le même huissier dans tous les lieux désignés par la loi, encore qu'il n'ait pas droit d'instrumenter dans le territoire de certains d'entre eux?*

Il faut, dit avec raison M. Delaporte, tom. 2, pag. 293, que l'huissier qui fait apposer les affiches ait le droit d'exploiter dans tous les lieux où il en met; autrement il y aurait nullité. Cette décision est conforme aux principes généraux de la compétence, et nous ne voyons aucun motif qui puisse autoriser une exception pour le cas présent : il pourra donc arriver souvent qu'on soit obligé d'employer plusieurs huissiers, et alors chacun d'eux devra rédiger son procès-verbal, et le faire viser ainsi qu'il est prescrit par l'art. 687.

2299. *Mais les appositions faites par différens huissiers seraient-elles régulières, si l'un d'eux avait droit d'instrumenter dans tous les lieux désignés par la loi?*

Oui, dit M. Tarrible, pag. 657 ; et quand bien même le domicile du saisi serait dans les mêmes lieux où se trouvent placés les biens et le siège du tribunal, rien n'empêcherait que l'apposition ne fût faite par différens huissiers par des actes séparés, pourvu que chacun de ces actes contînt l'attestation que l'apposition a été faite aux lieux désignés par la loi, et le visa du maire.

_____

(1) Si l'on opposait que l'art. 717 ne distingue point, et que nous devons raisonner et décider ici comme nous avons fait sur les quest. 2265 et 2266.°, nous répondrions que les espèces de ces questions n'ont aucun rapport avec celle-ci, puisqu'il s'agit, dans ces espèces, d'une omission de faire, dans un délai fixé par la loi, ce qu'elle a prescrit à peine de nullité, tandis que l'art. 685 ne paraît énoncer qu'un avertissement de ne pas faire une chose qui est jugée inutile. Or, on sait que, d'après la maxime triviale *quod abundat non vitiat*, un acte n'a jamais été vicié de nullité, par cela seulement qu'il contiendrait quelque chose d'inutile; il en résulte seulement qu'il peut, suivant les circonstances, être considéré comme frustratoire en cette partie, et réduit lors de la taxe.

Nous croyons aussi que ces procès-verbaux seraient valables, mais comme le saisissant, en employant ainsi plusieurs huissiers sans nécessité, aurait évidemment fait des frais frustratoires, nous pensons qu'on devrait rejeter de la taxe le coût de procès-verbaux dont on eût pu se dispenser.

ARTICLE 686.

Les originaux du placard, et le procès-verbal d'apposition, ne pourront être grossoyés sous aucun prétexte.

T., 5o et 106.

2300. *Qu'arriverait-il, si l'original du placard et le procès-verbal avaient été grossoyés?*

Ils ne seraient pas nuls, puisque l'art. 717 ne comprend pas l'art. 686 parmi ceux dont l'inobservation emporte nullité; mais il n'entrerait en taxe que les frais de minute, conformément à l'art. 106 du tarif.

ARTICLE 687. (N)

L'original du procès-verbal sera visé par le maire de chacune des communes dans lesquelles l'apposition aura été faite, et il sera notifié à la partie saisie, avec copie du placard (1).

T., 29. — C. de P., art. 673, 696, 700, 706 et 717.

2301. *Le visa peut-il être donné par l'adjoint?*

Nous avons cité, sur la quest. 2253ᵉ., un arrêt de la Cour de Riom, du 12 mai 1808, dont les motifs seulement s'appliquent à la décision de cette question, cet arrêt ayant été rendu, non dans l'espèce de la notification du procès-verbal de saisie, mais dans l'espèce qui fait l'objet de la question actuelle,

---

(1). JURISPRUDENCE.

1°. Un certificat du maire constatant l'apposition du placard, apposé au pied du procès-verbal de l'huissier, qui constate aussi l'apposition, peut tenir lieu du visa exigé par l'art. 687; car un tel certificat remplit d'autant mieux le but de la loi, qu'il sert de visa, et assure en même tems que l'apposition ordonnée a été réellement faite aux lieux désignés par la loi. — (*Grenoble, 19 juillet 1808, Jurisp. sur la procéd., tom. 3, pag. 108 et suiv.*)

2°. On ne remplirait pas suffisamment le vœu de l'art. 687, en annexant une copie du placard à un exploit de notification du procès-verbal. — (*Angers, 5 mai 1809, Sirey, tom. 15, pag. 205*).

NOTA. Mais il faut remarquer que, dans l'espèce, l'huissier, dans la notification du placard, avait mentionné la remise d'une copie imprimée; et il ne paraissait pas que cette copie eût été attestée par la signature de l'huissier. De cette circonstance peut naître la question de savoir si l'on devrait également prononcer la nullité, dans le cas où l'huissier aurait constaté, dans l'exploit de notification, qu'il a remis une copie de lui signée. Nous tiendrions pour l'affirmative, par les motifs énoncés sur la question 533ᵉ.

et qui est le visa que doit apposer le maire de chacune des communes où les placards ont été affichés. Or, cet arrêt a décidé que l'adjoint du maire pouvait le remplacer pour donner le visa; mais nous remarquerons, d'après les motifs de l'arrêt de la Cour de Besançon, également cité sur la quest. 2253°., que l'art. 687 n'ayant point indiqué, comme l'art. 676, soit le maire, soit l'adjoint, mais seulement le maire, il est prudent de ne s'adresser à l'adjoint qu'en cas d'absence ou d'empêchement de l'administrateur principal que la loi désigne seul dans l'art. 687 (1).

2302. *Doit-on laisser aux maires ou adjoints une copie du procès-verbal d'apposition? Doit-on la faire transcrire au bureau de la conservation?*

Non, puisque l'art. 687 ne l'exige point, ainsi que le prescrivent les art. 676 et 677, à l'égard du procès-verbal de saisie. — (*Voy.* Tarrible, *pag.* 657).

2303. *Les notifications à faire dans le cas de l'art. 687, doivent-elles contenir les formalités prescrites par l'art. 68?*

Oui, à peine de nullité, conformément à l'art. 70, puisqu'il s'agit d'un exploit à faire à personne ou domicile; il en est de même de la dénonciation de la saisie prescrite par l'art. 681.

ARTICLE 688.

Si les immeubles saisis ne sont pas loués ou affermés, le saisi en restera en possession jusqu'à la vente, comme séquestre judiciaire, à moins qu'il ne soit autrement ordonné par le juge, sur la réclamation d'un ou plusieurs créanciers. Les créanciers pourront néanmoins faire faire la coupe et la vente, en tout ou en partie, des fruits pendans par les racines. (2)

Ordonn. du Roi, du 3 juill. 1816, n°. 9, art. 2. — C. C., art. 1956, 1961. — C. de P., art. 680, 690, 691. — Loi du 11 brum. an 7, art. 98.

2304. *Lorsque le saisi reste en possession, est-il contraignable par corps, non seulement à la représentation de la chose, mais encore à la restitution des fruits?*

Si le saisi possède par lui-même, dit M. Pigeau, tom. 2, pag. 212, c'est-

---

[1] (1) Au surplus, il est décidé, par arrêt de la Cour de cassation, du 25 février 1808 (*Sirey,* tom. 19, *pag.* 134), que le procès-verbal d'apposition des placards d'une saisie immobilière peut être visé, en cas d'absence ou d'empêchement du maire, non seulement par l'adjoint, faisant les fonctions de maire par *intérim,* mais par chaque adjoint indistinctement, à moins cependant que l'un d'eux ne fût exclusivement chargé de cette attribution.

      . (2) JURISPRUDENCE.

Le séquestre dont il s'agit en l'art. 688, n'est point une saisie mobilière proprement dite, mais uniquement une administration des fruits des immeubles saisis.

Il peut être exercé sur des tiers détenteurs comme sur les débiteurs originaires. — (*Cassat.,* 4 octobre 1814; *Sirey,* tom. 14, *pag.* 78).

à-dire si les immeubles saisis ne sont pas loués ou affermés, il reste en possession jusqu'à la vente, comme *séquestre judiciaire* : ainsi, il est contraignable par corps (*voy. Code civ.*, art. 2060, § 4), à la représentation de la chose, même des fruits, puisque l'art. 1963 du Code civil dit que ce séquestre est soumis aux obligations du séquestre conventionnel ; que l'art. 1958 dit que le séquestre conventionnel est soumis au règles du dépôt, et qu'enfin l'art. 1956 soumet le dépositaire à la restitution des fruits. Cette décision ne saurait souffrir aucune difficulté ; mais nous avons à examiner quelle est l'époque à laquelle ces obligations du séquestre judiciaire pèsent sur le saisi.

2305. *Le saisi est-il réputé séquestre judiciaire à partir de la dénonciation seulement, en sorte qu'il fasse siens les fruits échus auparavant, si d'ailleurs ils n'ont pas été saisis par voie de saisie-arrêt ou de saisie-brandon?*

Si tous les commentateurs du Code ne se sont pas expliqués sur cette question d'une manière bien positive, la plupart paraissent la résoudre pour l'affirmative, particulièrement M. Pigeau, tom. 2, pag. 212, et M. Berriat Saint-Prix, pag. 579, puisqu'ils placent la possession à titre de *séquestre* au nombre des effets que produit *la dénonciation de la saisie;* M. Persil, tom. 2, pag. 201, et M. Tarrible, pag. 629, puisqu'ils disent que le saisi est *comptable* des fruits perçus *depuis cette dénonciation.* D'autres, comme M. Delaporte, tom. 2, pag. 297, et M. Lepage, dans son Traité des saisies, tom. 2, pag. 58, disent, en termes exprès, que le saisi fait les fruits siens jusqu'à la vente, s'il n'a pas été dépossédé sur la demande des créanciers ; en sorte que ces deux auteurs paraissent supposer que la saisie immobilière, même lorsqu'elle a été dénoncée, ne frappe que sur la propriété, et non sur la jouissance.

Il est certain, dans notre opinion, que le saisi ne possède à titre *de séquestre,* et sous les obligations attachées à cette qualité, qu'à partir de la dénonciation. On ne peut, en effet, admettre qu'une personne puisse être assujétie à des obligations aussi rigoureuses, sans en être instruite. Or, c'est ce qui arriverait si l'on devait considérer le saisi comme séquestre, avant même que la saisie lui ait été dénoncée, puisque ce n'est qu'à ce moment qu'il existe une présomption légale qu'il a connaissance de la saisie et du changement arrivé dans le titre de sa possession. Jusque là il perçoit donc les fruits et les fait siens, si toutefois les créanciers hypothécaires ou cédulaires ne les ont pas frappés du genre de saisie que leur nature comporte (1).

2306. *Quelles sont les mesures qu'il convient de prendre, lorsque les créanciers demandent que le saisi ne reste pas en possession?*

L'art. 688 suppose que le tribunal peut prendre telle mesure que sa prudence lui suggère, et remettre la possession soit aux créanciers, soit à toute autre personne à titre de gérant-séquestre. M. Pigeau, tom. 2, pag. 215, indique en outre le bail judiciaire, pour le cas où il y aurait de graves inconvéniens à établir un gérant ; mais nous remarquerons que ces cas doivent se présenter rarement, et que les formalités qu'il faudrait suivre d'après cet auteur, et dont

_____

(1) Mais est-il également certain que le saisi, après la dénonciation, continue de faire les fruits siens? Cette question sera traitée sous l'art. 689.

l'accomplissement exigerait beaucoup de tems et de frais, feront nécessairement préférer l'établissement d'un gérant-séquestre.

2307. *La demande que formeraient les créanciers, afin d'ôter la possession au
saisi, doit-elle être motivée?*

La loi, dit M. Pigeau, pag. 212, n'exige pas que les créanciers motivent
cette demande ; dès qu'ils la forment c'est qu'ils ont des raisons de craindre
que le saisi ne mésuse de cette possession, et on doit les écouter, sans attendre
qu'il ait fait de dégradations.

Mais plusieurs auteurs (*voy. entre autres Thomines*, pag. 263, *et Demiau*,
pag. 458) estiment que, pour déposséder ainsi le propriétaire, il faut qu'il
y ait de grandes raisons, qu'il y ait quelques abus commis ; par exemple
abandon de culture, actes de dégradations, refus du saisi de posséder comme
séquestre. Nous croyons aussi que l'on ne doit pas, sans motifs graves, prononcer contre le saisi une dépossession qui serait une injure gratuite, et que
conséquemment les créanciers doivent motiver leur demande et la justifier. La
loi ne s'exprime pas à ce sujet, dit M. Pigeau, mais nous observerons qu'elle
n'en avait pas besoin, car il est de principe qu'aucune demande ne peut être
accueillie en justice, si elle n'est pas justifiée. Or, nous ne voyons aucune exception à ce principe, relativement à la demande en dépossession du saisi. Aussi
M. Hautefeuille, pag. 374, dit-il que si cette demande *se trouve fondée*, le tribunal doit y faire droit : cet auteur ne pense donc pas que les créanciers soient
en droit de la former sans motifs, et il cite un arrêt de la Cour d'Orléans, du
19 avril 1809, qui déclare que les tribunaux sont autorisés à nommer un séquestre aux biens saisis, et ce, dans l'intérêt des créanciers, sur la demande
faite par l'un d'eux, *en appréciant le mérite des moyens sur lesquels elle est fondée.*

2308. *Comment se forme la demande en dépossession du saisi?*

Si le saisi a constitué avoué, cette demande est formée par requête signifiée
d'avoué à avoué, avec avenir à l'audience pour y être statué ; dans le cas contraire, elle doit être formée par requête répondue par ordonnance du président,
avec assignation à personne ou domicile. — (*Voy. Hautefeuille*, pag. 374) (1).

2309. *Quelle est la nature de l'incident formé par la demande en dépossession?*

Par arrêt de la Cour d'Orléans, du 19 avril 1809 (*voy. Hautefeuille, ubi
suprà*), il a été jugé,
Premièrement, que la demande dont il s'agit n'était pas de la nature des
incidens prévus par l'art. 718, et dont l'appel du jugement doit être fait dans
la quinzaine de la signification ;
Secondement, que cette demande était bien un incident *dans le cours de
la poursuite en saisie*, puisqu'il était distinct et séparé de la poursuite principale ;
Troisièmement, que le délai fixé par l'art. 723 du Code n'était relatif qu'à
l'appel des jugemens qui avaient statué sur les demandes en subrogation de

_____

(1) Les créanciers peuvent user de la faculté de déposséder le saisi, ou de faire faire
la coupe des fruits sans être obligés de les saisir immobilièrement; mais la vente doit
s'en faire conformément aux dispositions de la saisie-brandon.

poursuites dans les cas prévus par les art. 721 et 722, et non à ceux en dépossession du saisi, qui peuvent être attaqués par la voie d'appel dans les
délais ordinaires.

ARTICLE 689.

Les fruits échus depuis la dénonciation au saisi seront immobilisés pour être distribués avec le prix de l'immeuble par ordre
d'hypotèques.

Ordonn. du Roi, du 3 juill. 1816, art. 2, n°. 9. — C. C., art 526. — C. de P., art. 681, 691.

2310. *De ce que les fruits sont immobilisés après la dénonciation de la saisie,
s'ensuit-il que le propriétaire cesse de plein droit de faire les fruits siens?*

Nous avons dit, sur la quest. 2305ᵉ., que si les fruits n'ont pas été saisis mobilièrement avant la dénonciation, nous regardions comme certain que le
propréitaire les faisait siens ; mais nous avons remis à traiter ici la question
de savoir s'il en est de même après la dénonciation de la saisie, lorsque ces
mêmes fruits n'ont point encore été saisis, suivant le mode particulier que
comporte leur nature. Or, l'art. 689 porte que *les fruits échus depuis la dénonciation au saisi seront immobilisés, pour être distribués avec le prix de l'immeuble
par ordre d'hypothèque.*

De ce texte, on peut conclure que s'il est vrai, comme le dit M. Pigeau,
tom. 2, pag. 115 et 195, et comme nous l'avons supposé nous-même sur
la question précitée, que les fruits pendans par racines ne peuvent, quoiqu'immeubles, être saisis immobilièrement, même avec le fonds, mais seulement
par la saisie-brandon, qui est mobilière, cela n'empêche pas qu'après la dénonciation, la saisie du fonds n'emporte la saisie des fruits. En effet, ils sont
immobilisés par la seule force de la loi, et alors, ainsi que le dit M. Tarrible,
pag. 660, le débiteur doit compter de ces fruits comme séquestre judiciaire.

Nous avons observé cependant, en traitant la quest. 2305ᵉ., que MM. Delaporte et Lepage, semblent admettre que le saisi, lorsqu'il n'est pas dépossédé
sur la demande des créanciers, continue de faire les fruits siens jusqu'à la
vente du fonds, et l'on serait tenté de croire que M. Pigeau, tom. 2, pag. 115,
partageât cette opinion, puisqu'il suppose que les fruits ne sont immobilisés,
après la dénonciation, qu'autant qu'ils ont été saisis. En effet, s'il était nécessaire de saisir les fruits, pour qu'ils fussent immobilisés, il s'ensuivrait que
le saisi continuerait de les percevoir pour son propre compte, lorsque cette
saisie particulière n'aurait pas eu lieu.

Une première objection contre cette décision, c'est que, d'après l'art. 688,
le saisi ne peut, à partir de la dénonciation, conserver la possession que
comme séquestre judiciaire ; or, un séquestre judiciaire n'a jamais fait les
fruits siens, et il implique que ceux dans l'intérêt desquels il possède soient
obligés de faire une saisie pour l'en empêcher.

On répond (*voy. sur-tout Lepage, au Traité des saisies, tom. 2, pag. 58*),
que la loi n'a entendu donner à la saisie immobilière d'autre effet que de
frapper sur la propriété et non sur la jouissance, et que, par une suite nécessaire, le débiteur, depuis le jour de la saisie jusqu'à la vente, perçoit les
fruits et en dispose, si les créanciers ne les ont pas saisis.

Nous observerons que le principe dont on argumente a cessé d'exister depuis l'abrogation de la loi du 11 brumaire an 7, par nos Codes actuels. Cette loi portait, art. 8 « Pendant toute la durée des poursuites, le débiteur reste en » possession comme séquestre et dépositaire de justice, *sans préjudice néan-* » *moins du droit qu'ont les créanciers de faire procéder* A LA SAISIE MOBILIÈRE » DES FRUITS, *conformément aux lois* ». Sans contredit, ces dernières expressions supposaient que la possession n'était, à titre de séquestre, que relativement à la propriété ; et c'est ce que les auteurs du projet du Code de procédure avaient établi en ces termes, dans l'art. 708 : « Si les immeubles saisis ne sont pas loués ou affermés, *le saisi en restera en possession jusqu'à la vente*, *comme séquestre judiciaire de la* PROPRIÉTÉ ; les créanciers pourront toujours faire saisir *les fruits* ».

Pour peu qu'on réfléchisse à la grande différence qui existe entre les termes de la loi de brumaire et du projet, et ceux de l'art. 688, qui ne suppose en aucune manière de distinction entre la propriété et la jouissance, n'est-on pas forcé de convenir que le saisi cesse de faire les fruits siens dès que la saisie lui est dénoncée, et que, conséquemment, ceux échus depuis cette dénonciation sont *immobilisés*, sans que les créanciers hypothécaires aient eu besoin de les saisir mobilièrement ? — (*Voy. Berriat Saint-Prix, not.* 3, *et notre question* 2107°.)

2311. *La disposition de l'art.* 689 *suppose-t-elle que l'adjudicataire de l'immeuble le soit, tant du fonds que des fruits échus, c'est-à-dire coupés depuis la dénonciation de la saisie, encore bien que ces fruits n'aient pas été désignés dans le procès-verbal de saisie?*

Nous ne le pensons pas ; l'immobilisation ne suppose point que l'adjudicataire aura les récoltes, du moins celles échues avant sa mise en jouissance ; elle n'a pour objet que d'ôter au saisi une jouissance qu'il ne peut avoir dès qu'il n'est que séquestre après la dénonciation (1).

---

(1) On ne pourrait, à notre avis, soutenir le contraire que par une fausse interprétation de l'art. 520 du Code civil, car, en déclarant que les récoltes sont immeubles, il ne dit point qu'elles seront saisies par cela seul que le fonds le sera, et sans qu'il soit besoin de les désigner dans le procès-verbal. C'est ce que M. Maleville remarque sur cet article, et c'est aussi ce qui résulte d'un arrêt de cassation, du 19 ventôse an 14. — (*Sirey, an 14 et 1806, pag.* 70).

On opposerait vainement encore l'art. 2204 ; il ne dit point davantage que la saisie du fonds emporte celle de l'accessoire qui, conséquemment, appartiendrait à l'adjudicataire : il faut donc, pour saisir les accessoires, les faire connaître dans la saisie ; et l'on doit, à cet effet, comme le disent M. Malleville, tom. 2, pag. 8, et tom. 4, pag. 346, et les art. 2217 et 2218, se conformer au Code de procédure.

Ainsi donc, ou l'héritage est affermé, ou il ne l'est pas.

S'il ne l'est pas, il faut que la saisie apprenne au débiteur que les fruits sont saisis. Il en est alors séquestré ; le saisi en tient compte aux créanciers, si ceux-ci ne les ont pas fait couper, et le prix en est distribué conformément à l'art. 689. Cette disposition prouve évidemment que l'on ne suppose pas que la saisie du fonds emporte la saisie des fruits ; et, si les créanciers ne se conforment pas aux art. 688 et 689, il en résulte qu'ils annoncent ne vouloir pas disposer des fruits, mais non que l'adjudicataire en sera propriétaire. Il serait absurde que des fruits non cueillis lors de la saisie, et qui le sont avant l'adjudication, appartinssent à l'adjudicataire : l'art. 675 exige des indications par détail.

2312. *Le bétail donné à cheptel, qui n'a point été saisi ni désigné dans le cahier des charges, fait-il néanmoins, pour la portion qui en appartenait au saisi, partie de la métairie désignée ?*

On a vu dans la note sur la question précédente, que ce qui n'était désigné ni dans le procès-verbal de saisie ni dans le cahier des charges, devait être considéré comme équivalemment exclu de l'adjudication à faire. — Si cette règle n'a pas été appliquée aux fruits pendans par racine, au moment de l'adjudication, c'est que la chose est due telle qu'elle existe à ce moment, à moins de convention contraire, et qu'ainsi les fruits pendans par racine continuent de faire partie intégrante du fonds, à moins de disposition expressément contraire.

L'art. 522 du Code civil répute immeubles, tant qu'ils sont attachés au fonds, les animaux, etc.

Bien qu'immeubles fictifs, ils sont, comme les fruits pendans par racines, susceptibles d'une saisie mobilière. (*Art.* 594). M. Pigeau, pag. 195, enseigne qu'ils peuvent être saisis *immobilièrement*, mais avec leurs fonds, pour être vendus ensemble.

Mais s'il n'est pas fait mention des bestiaux dans le procès-verbal de saisie du fonds, ne répugne-t-il pas au système de la procédure, en matière de saisie, qu'ils y soient tacitement compris ? S'ils n'y sont ni expressément ni tacitement désignés, et que le cahier des charges soit réputé les exclure dès qu'il ne les comprend pas, comment feront-ils partie de la vente ?

S'il s'agissait d'une vente volontaire, on pourrait dire : La chose vendue doit être livrée avec ses accessoires, au moment de la vente, et tout ce qui a été destiné à son usage : ces accessoires font donc partie intégrante de la chose vendue, s'ils ne sont pas formellement exceptés de la vente. Tout pacte obscur ou ambigu s'interprète contre le vendeur. (*Art.* 1602).

Mais quand il est question de fixer le plus ou moins d'étendue d'une adjudication, le cahier des charges doit être conforme au procès-verbal de saisie : donc, ce qui n'est ni expressément saisi, ni expressément mis en vente, ne fait point partie de l'adjudication (1).

On ne peut croire que le législateur, s'il avait entendu que la saisie du fonds emportât celle des fruits, n'eût pas exigé qu'on en fît connaître la quantité et la nature; et si on le supposait, on admettrait, ce qui est encore déraisonnable, que l'adjudication aurait un effet rétroactif. Cela serait encore plus dénué de raison dans le cas où le fonds serait affermé, car les fermiers auraient recueilli pour l'adjudicataire, quoique tous ces fruits fussent détachés du fonds et devenus meubles lors de son adjudication. Ce n'est pas ce que décide l'art. 691, qui ne donne que le droit de faire annuler le bail, savoir : par les créanciers avant l'adjudication; par l'adjudicataire, après l'adjudication, si ce bail n'a pas date certaine, et qui le maintient s'il en a une. Les créanciers ne peuvent alors que saisir-arrêter les fermages; seulement l'adjudicataire a droit aux fruits existant au moment de l'adjudication ou de son entrée en jouissance, si l'époque en a été fixée, parce qu'il les trouve sur le fonds. — (*Code civ.*, art. 1614, 1615; *Pigeau, pag.* 224 *et* 238).

(1) Dira-t-on que nous avons cependant décidé que les fruits pendans par racines font partie de l'adjudication ? Mais l'adjudicataire a vu les terres ensemencées; on savait, d'après l'usage du pays, qu'elles devaient l'être à telle époque.

Les fruits pendans par racines sont *pars fundi*.

2313. *Des fruits pendans par racines seraient-ils immobilisés, pour être distribués par ordre d'hypothèque avec le prix de l'immeuble, si, avant qu'ils fussent échus (coupés), un créancier les avait saisis immobilièrement?*

Il est certain, dans notre opinion, que les fruits échus depuis la dénonciation étant immobilisés par la seule force de la loi, nul créancier ne peut les saisir, afin de les faire vendre et d'en faire distribuer le prix par contribution. Mais nous supposons ici qu'un créancier chirographaire, ou même un créancier hypothécaire qui craindrait de ne pas venir en ordre utile sur le prix de l'immeuble, ait saisi les fruits avant qu'ils fussent échus, et nous demandons si cette saisie les empêche d'être immobilisés à leur échéance, en sorte que le prix doive en être distribué par contribution et non par ordre d'hypothèque?

Telle est aussi notre opinion, fondée sur ce que la saisie des fruits, faite avant qu'ils soient échus, les distrait du fonds et leur confère la nature de meubles. C'est aussi celle que les auteurs du Praticien ont adoptée, d'après les observations de la Cour d'Orléans sur l'art. 709 du projet, qui, comme notre art. 689, disposait indéfiniment que les fruits échus depuis la dénonciation seraient immobilisés. (*Voy. Prat., tom.* 4, *pag.* 346). Mais nous ne dirons pas, avec ces auteurs, que ces fruits, lorsqu'ils ont été saisis avant leur échéance, n'appartiennent qu'à ceux qui en ont fait la saisie; les saisissans n'ont point ce privilège, et par conséquent le prix de la vente est distribué entre eux et les créanciers opposans, suivant les formalités prescrites au titre de la distribution par contribution.

ARTICLE 690.

Le saisi ne pourra faire aucune coupe de bois ni dégradation, à peine de dommages et intérêts, auxquels il sera condamné par corps; il pourra même être poursuivi par la voie criminelle, suivant la gravité des circonstances (1).

Loi du 17 brum. an 7, art. 8, 2e. disposit. — C. C., art. 2061.

1111. *Lorsque le saisi a commis des dégradations dans les biens à exproprier,*

C'est comme productifs que les terrains saisis et vendus ont le revenu estimé par la cote d'imposition, dont le montant sert au moins de base pour la mise à prix.

Quant au bétail, au contraire, l'adjudicataire a pu penser qu'il appartenait au fermier; et lorsqu'on ne l'a point averti par le cahier des charges que ce bétail avait été attaché à la ferme par le propriétaire, le donner à l'adjudicataire aux fins de l'art. 522 seulement, ce serait le gratifier d'un accessoire de beaucoup de prix, dont il ne songeait pas à faire l'acquisition, et que rien ne lui annonçait qu'on eût mis en vente. — (*Sur les effets mobiliers qui sont censés faire partie du fonds, relativement aux saisies réelles, voy. d'Héricourt, Traité de la vente, édit. de 1752, pag.* 23, *n°.* 3).

(1) JURISPRUDENCE.

La mutation, au cas d'adjudication confirmée sur appel, a eu lieu dès le jour de l'adjudication; car il est de principe que c'est le jugement qui a fixé les droits des parties,

l'adjudicataire n'a-t-il d'action que contre lui seul, en dédommagement de ces dégradations?

Par arrêt du 2 janvier 1808, la Cour de Paris, dans une espèce qui avait pris naissance sous l'empire de la loi du 11 brumaire an 7, résolut cette question pour l'affirmative, en déboutant un adjudicataire qui demandait à être colloqué par privilége, sur le prix de l'adjudication, pour une somme de 2,000 fr., valeur des dégradations commises par le saisi durant sa possession comme séquestre. — (*Voy. Sirey, tom. 7, pag. 950*).

Il n'existe sans doute aucune raison pour décider autrement sous l'empire du Code ; c'est pourquoi la Cour de Bruxelles, par arrêt du 12 septembre 1807 (*voy. Jurisp. sur la procédure, tom. 2, pag. 23*), a jugé que, dans les adjudications sur saisies immobilières, les créanciers n'étant point vendeurs, mais la justice, qui vend au nom du débiteur, il ne peut résulter d'action contre eux relativement aux soustractions qui auraient été faites par celui-ci. — (*Voy. nos quest. sur l'art. 692*).

ARTICLE 691.

Si les immeubles sont loués par le bail, dont la date ne soit pas certaine, avant le commandement, la nullité pourra en être prononcée, si les créanciers ou l'adjudicataire le demandent.

Si le bail a une date certaine, les créanciers pourront saisir et arrêter les loyers ou fermages; et, dans ce cas, il en sera des loyers ou fermages échus depuis la dénonciation faite au saisi, comme des fruits mentionnés en l'art. 689.

C. C., art. 1328, 1743. — C. de P., art. 689.

2315. *De quel adjudicataire l'art. 691 entend-il parler?*

L'art. 711 du projet de Code était conçu dans les mêmes termes que l'art. 691, et ces termes, disait la Cour d'Agen, dans ses observations, supposaient qu'il y aurait un adjudicataire des fruits. Sans doute cette Cour faisait naître cette supposition de ce que la disposition se trouvait placée dans le projet, ainsi qu'elle l'est dans le Code, avant celles qui traitent de l'adjudication de l'immeuble même. Mais nous remarquerons qu'il est libre aux créanciers de laisser

---

et que l'arrêt n'a fait que lever l'obstacle qui s'opposait à son exécution. Si donc il survient durant l'appel des accidens, des dégradations, ces événemens n'autorisent pas l'adjudicataire à demander une diminution de prix. — (*Cassat.*, 18 *août* 1808, *Sirey, tom. 8, pag.* 541).

Nous remarquerons qu'un autre arrêt, du 9 octobre 1806 (*Sirey, 1806, pag.* 467), conséquemment postérieur à la mise en activité du Code de procédure, semble contraire à celui-ci, en ce qu'il déclare qu'en cas d'appel du jugement d'adjudication, la vente n'est consommée et définitivement consentie que par l'arrêt confirmatif; mais il faut faire attention que cet arrêt a toujours un effet rétroactif au moment du jugement qu'il confirme; seulement ce qui est fait dans l'intervalle n'est que provisoire, n'a d'effet définitif qu'après sa prononciation.

subsister ou de faire annuler le bail qui n'a pas de date certaine, sauf à saisir et arrêter les fermages, conformément à la seconde disposition de l'art. 691 : il peut donc arriver qu'au moment de l'adjudication le bail subsiste ; et c'est pour ce cas que l'adjudicataire a le droit d'en demander l'annulation. Il ne s'agit, par conséquent, que de l'acquéreur de l'immeuble même, et c'est aussi ce que tous les commentateurs ont pensé. — (*Voy., entre autres, Prat., tom.* 4, *pag.* 347, *aux notes, et l'art.* 1743 *du Cod. civ.*)

Mais il est à remarquer que si le bail est désavantageux, il est de l'intérêt des créanciers d'en faire prononcer la nullité le plus promptement possible, au lieu d'exposer l'adjudicataire à avoir, avec le preneur, un procès qui pourrait empêcher les enchérisseurs de porter le prix de l'immeuble à sa valeur réelle. — (*Voy. Pigeau, tom.* 2, *pag.* 213, *et Demiau Crouzilhac, pag.* 451) (1).

2316. *Quelles mesures les créanciers peuvent-ils provoquer quand le bail est annulé?*

Voyez quest. 2306°.

2317. *Si le bail a une date certaine, le saisi percevra-t-il à son profit les loyers et fermages, dans le cas où les créanciers ne les auraient pas saisis-arrêtés?*

Les termes de l'art. 691 nous paraissent exiger l'affirmative de cette question, encore bien qu'elle paraisse en opposition avec l'opinion que nous avons émise sur la quest. 2310°., en disant que le saisi qui possède par lui-même cesse de faire les fruits siens.

Mais on remarquera que nous avons fondé notre opinion sur ce que l'art. 688 ne répute *séquestre* que le saisi qui possède par lui-même, tandis que celui qui possède par un fermier ou locataire n'est point réputé tel par l'art. 691.

On sent bien qu'il a fallu que le législateur obligeât les créanciers à saisir-arrêter les loyers ou fermages entre les mains du locataire ou du fermier, parce que ce dernier n'ayant aucune connaissance légale de la saisie, ne peut payer qu'au propriétaire, et se libère par ce paiement, s'il n'a été saisi-arrêté. Mais la loi n'a point voulu agir si rigoureusement envers le saisi, qu'elle l'obligeât à refuser le paiement que lui ferait son fermier ou locataire ; elle a laissé aux créanciers le soin d'agir dans leur intérêt ; c'est à eux à s'imputer la faute de n'avoir pas fait leurs diligences, et par ce motif, elle ne leur accorde aucun recours vers le saisi (2).

_____

(1) Il n'y a que les créanciers hypothécaires qui peuvent demander la nullité du bail, et non les créanciers chirographaires, qui ne sont point partie dans la saisie.

(2) Telle est aussi la doctrine que M. Demiau Crouzilhac, pag. 450, a cru pouvoir professer, encore bien qu'il eût maintenu, pag. 449, ce qui est contraire à l'opinion que nous avons manifestée sur la quest. 2305.°, que le saisi est séquestré à l'instant même de la saisie.

On pourrait, au reste, assigner des raisons pour lesquelles le législateur, relativement aux loyers et fermages, qui sont des meubles distincts et toujours indépendans du fonds, aurait pu, sans se contredire, décider autrement que nous n'avons dit qu'il l'a fait (*voy.* quest. 2305.°), par rapport aux fruits naturels et industriels ; mais nous ne croyons pas avoir besoin, pour justifier la solution que nous venons de donner sur la présente question, d'entrer dans le détail de ces raisons.

Ceci n'est point en opposition avec ce que nous avons dit ci-dessus, n°. 2310, attendu que, dans ce numéro, il s'agit du saisi qui possède par lui-même, et ici du cas où l'immeuble est affermé.

2318. *L'art. 691, qui maintient les baux antérieurs au commandement, lorsqu'ils sont authentiques, ou qu'étant sous seing privé, ils ont date certaine, s'applique-t-il à toute espèce de baux, quelle qu'en soit la durée, et alors même qu'il en eût été fait plusieurs par anticipation, pour avoir effet les uns à la suite des autres?* (1).

De nombreuses controverses se sont élevées sur cette question, parce que chacun a cru pouvoir étayer son opinion de considérations plus ou moins imposantes (2). Dans ce conflit de conjectures et de sentimens divers, il demeure

---

(1) Cette question remplace la 3269.ᵉ de notre Traité et Questions de procédure.

(2) Nous croyons utile, pour l'intelligence de la discussion dans laquelle nous entrons sur cette question, de mettre sous les yeux de nos lecteurs les diverses opinions qu'elle a fait naître. Ils seront, à ce moyen, plus à portée d'apprécier celle que nous avons adoptée.

M. Pigeau, tom. 2, pag. 226, regarde les baux à longues années comme susceptibles d'être réduits, sur la demande des créanciers, à la période de neuf ans dans laquelle on se trouverait, et il en donne pour motifs que ces baux forment une sorte d'aliénation (*arg. des art.* 481, 595 *et* 1429 *du Code civil*), et que d'ailleurs le preneur à bail ne diffère point du preneur à antichrèse, qui, d'après l'art. 2191 du Code civil, n'acquiert aucun privilége sur les droits de l'immeuble lui remis à ce titre.

Cette opinion a pour elle le sentiment de Pothier, qui considérait aussi les baux à longues années comme des aliénations, lorsque ce prix consistait dans une somme unique. — (*Voy. contrat de louage*, tom. 1, *pag.* 5).

Ce sont aussi ces raisons qui font pencher M. Delvincourt pour la nullité du bail à longues années, en restreignant néanmoins la faculté de le faire rescinder aux créanciers hypothécaires, inscrits avant qu'il eût acquis date certaine. Il applique ensuite cette décision, *à fortiori*, aux baux à courts termes, dont le prix a été payé par anticipation. — (*Voy. dernière édition*, tom. 5, *pag.* 97, n.° 10).

M. Tarrible, après de longs développemens sur la question (*voy. nouv. Répert., v.°* tiers détenteur), finit par reconnaître qu'aucune loi n'appuierait la prétention des créanciers, de faire résilier ou réduire, *de plano*, le bail à longues années, consenti par leur débiteur.

Ce n'est qu'à l'égard des paiemens par anticipation, qu'assimilant le bail à l'usufruit, dans le cas où le bail en a été ainsi acquitté d'avance, il paraît croire qu'on ne pourrait les opposer au créancier hypothécaire.

On cite deux arrêts, entre autres, rendus, l'un par la Cour de Nîmes, le 28 janvier 1810, et le second par la Cour ds cassation, le 5 novembre 1813 (*Sirey, tom.* 10, *pag.* 98, *et tom.* 14, *pag.* 6), et qui annulent, dans l'intérêt des créanciers, des paiemens anticipés et des cessions de jouissance consenties par le débiteur.

Mais dans l'espèce d'aucun de ces arrêts, la nullité du bail n'a été prononcée: ils ne préjugent donc rien sur la question ci-dessus posée.

Quant à l'opinion de M. Tarrible, elle n'est favorable aux créanciers que par rapport *aux paiemens faits par anticipation*, et l'on a vu que, malgré son désir de trouver quelque texte qui autorisât l'annulation ou réduction des baux à longues années, il déclare n'en point connaître.

MM. Pigeau et Delvincourt sont donc les seuls qui aient cru trouver assez d'analogie dans d'autres dispositions de la loi, pour se prononcer contre les baux de cette espèce; mais s'ils les regardent comme pouvant être annulés ou réduits sur la demande des créanciers, M. Locré, et nous ensuite, dans notre Traité et Questions de procédure, nous avons pensé, au contraire, que ceux-ci n'ont point un semblable droit; et cette opinion, nous la fondons sur ce que, lors de la discussion de l'art. 591, on n'avait point admis

pour certain, suivant nous, que depuis la loi du 6 octobre 1791, la durée des baux à ferme était purement conventionnelle, lorsque parut le Code de procédure; que l'art. 691 ne distingue point; que les modifications qu'on voudrait apporter à ses dispositions, existaient dans le projet et en ont été retranchées; enfin, qu'aucune loi n'autorise ces modifications, au moins d'une manière directe : c'est déjà un fort préjugé en faveur des baux à longues années antérieurs au commandement.

Pour les prétendre nuls, ou du moins réductibles, on a eu recours à des raisons d'analogie; mais il serait difficile de faire admettre qu'elles puissent autoriser des distinctions qui n'existent pas dans la loi; et d'ailleurs, en examinant des raisons d'analogie, on doit reconnaître, ce semble, qu'elles sont loin d'offrir l'exactitude et la parité nécessaires pour qu'il fût permis de s'y arrêter. — (*Voy. la note sur la présente question*).

Les partisans de la nullité des baux à longues années, respectivement aux créanciers, s'appuient principalement sur ce que, d'après les art. 481, 595 et 1429 du Code civil, on doit les envisager comme *une association*. Mais cette assertion nous paraît une erreur. Que la loi interdise à certaines administrations la faculté de consentir des baux de plus de neuf ans, c'est une précaution sage, dictée par l'intérêt de ceux dont ils sont chargés de gérer les biens; mais il n'en résulte point que des baux d'une plus longue durée leur soit défendus, sur le motif que *ce serait une aliénation*. Quelque longue que soit la jouissance concédée à un fermier, son droit, même sous l'empire du Code civil, n'est qu'un simple *jus ad rem* (*Toullier, tom.* 3, *n°.* 388, *et Delvincourt, de la propriété*), et si le moindre doute restait encore à cet égard, il suffirait, pour le faire cesser, de voir les développemens donnés par M. Merlin, au nouveau Répertoire, v°. *bail*, § 4, n°. 2.

L'usufruit est un droit *réel;* il confère le *jus in re :* voilà pourquoi la cession qui en serait faite ne pourrait nuire aux créanciers antérieurs inscrits, et qui ont droit de s'opposer à ce qu'il soit aliéné aucune partie de leur gage; mais précisément parce que le bail n'a point un semblable caractère, les créanciers ne peuvent en demander *l'annulation* ou *réduction*.

---

deux articles que la section du Tribunat avait proposés, et qui avaient précisément pour objet les baux à longues années et les paiemens par anticipation. Ces articles étaient ainsi conçus :

« Pour quelque tems qu'aient été faits les baux à ferme ou à loyer, ils seront exécutés » pour tout le tems qui aura été convenu, si, à l'époque où ils ont été faits, il n'y avait » pas d'inscription hypothécaire sur les immeubles.

» Dans le cas où il y aurait une ou plusieurs inscriptions à ladite époque, leur durée » sera toujours restreinte, relativement à l'adjudicataire, au tems de la plus longue durée » des baux, suivant l'usage des lieux, à partir de l'adjudication, sauf tout recours des fer- » miers ou locataires contre le saisi.

» .... Dans le cas où, lors des baux à ferme ou à loyer, il y aurait eu des ins- » criptions hypothécaires sur les immeubles, les paiemens faits par anticipation par les fer- » miers ou locataires ne vaudront, contre les créanciers et l'adjudicataire, que pour l'année » dans laquelle l'adjudication est faite ».

Ces dispositions, qui, comme on le voit, contenaient positivement la solution de la question ci-dessus traitée, ont été écartées, et la raison en fut, dit M. Locré, « qu'elles » auraient trop gêné les transactions et l'usage de la propriété » ; d'où il conclut « qu'on

Ce n'est pas avec plus de fondement que l'on argumente de l'art. 2091, relatif à l'antichrèse.

D'abord, en ce qui concerne les créanciers, les effets de l'antichrèse et ceux du bail sont absolument différens. Dans le premier cas, les fruits ont été donnés *in solutum* à un créancier, et s'il avait droit de les percevoir par préférence, pendant tout le tems convenu avec le débiteur, les tiers en seraient totalement privés, ce qui leur causerait un préjudice notable.

Dans le cas du bail, au contraire, le fermier paie le prix de sa jouissance; peu importe dès lors au créancier qu'il la continue ou qu'on le congédie pour le remplacer par un autre : on ne peut donc appliquer à ce cas les règles de l'antichrèse.

En second lieu, s'il fallait appliquer ici la première disposition de l'art. 2091, il en résulterait que la jouissance du fermier devrait cesser *incontinent*; c'est-à-dire que le bail à longues années serait entièrement annulé et non seulement *réduit*, comme le veut M. Pigeau, à la période de neuf ans, dans laquelle on se trouve. Or, l'art. 691 du Code de procédure repousse formellement un pareil système, puisqu'il refuse la faculté d'expulser celui dont le bail a une date certaine, *antérieure au commandement,* et ne permet en ce cas aux créanciers que de saisir-arrêter les fermages.

Nous croyons donc pouvoir conclure de toutes ces observations, que les baux à longues années ne sont point nuls *de plano,* même en matière d'expropriation, et que les créanciers, comme nous le disions sur la 3269ᵉ. quest. de notre Traité, ont simplement droit de les attaquer, conformément à l'art. 1167 du Code civil, s'ils sont à lieu de faire preuve de la fraude. — (*Voy.* Locré, *Esprit du Code de procédure,* tom. 3, *pag.* 194).

Nous ne dissimulons pas que cette solution peut bien entraîner quelques inconvéniens; mais en général ils ne seraient pas graves. Le plus ordinairement les biens ne sont pas exploités par le propriétaire lui-même; il n'éprouve point réellement de préjudice si le fermier, quel qu'il soit, paie le prix de sa jouissance et exploite convenablement. Ce préjudice n'existerait que dans le cas où le bail eût été passé à vil prix par l'ancien propriétaire, contre lequel l'expropriation serait poursuivie; mais alors la vilité du prix deviendrait un nouvel indice de fraude, qui, s'il était confirmé par d'autres présomptions, autoriserait d'autant plus à demander la rescision du bail.

2319. *Les loyers et fermages saisis-arrêtés ne sont-ils immobilisés que pour la portion du terme qui a couru depuis la dénonciation?*

» a persisté à regarder comme suspects les baux faits depuis le commandement ». — (*Voy.* Esprit *du Code de procéd.,* tom. 3, pag. 194).

M. Tarrible, qui rapporte aussi ces articles, attribue leur suppression à une autre cause. « Ils ne furent pas adoptés, dit-il; mais leurs dispositions, sur-tout pour ce qui concerne » l'anticipation, étaient si sages, que leur rejet ne peut guère être attribué qu'à l'opinion » où devait être le Conseil d'état que les autres dispositions de nos Codes suffiraient pour » atteindre le même but ». — (*Nouv. Répert., v.*° tiers détenteur, n.° 4).

Telles sont les raisons diverses qui ont été examinées et pesées pour résoudre cette question, dans une consultation délibérée avec M. Toullier, et rédigée par notre estimable confrère M. *Richelot,* auquel conséquemment appartient en grande partie la rédaction du présent numéro. Si nous nous étions trompé dans la solution que nous en avons donnée, du

Si les fruits sont naturels ou industriels, on les regarde comme entièrement échus depuis la dénonciation, et par conséquent comme immobiliers, s'ils ont été coupés depuis, *quoiqu'ils eussent pris croissance auparavant,* et même qu'ils fussent à la veille d'être cueillis. Ainsi on ne peut, pour le tems qui a précédé la coupe, les considérer comme meubles. — (*Arg. des art.* 520 *et* 585 *du Code civ.*).

Mais il en est autrement des fruits civils, comme le prix des fermages ou loyers; ils sont réputés s'acquérir jour par jour (*voy. Code civ., art.* 586): ils ne sont donc immobilisés qu'au prorata de ce qui est échu depuis la dénonciation. (*Voy. Pigeau, tom.* 2, *pag.* 215). Il est évident que c'est sous cette distinction que l'on doit entendre la disposition de l'art. 691, en ce qu'il porte qu'en cas de saisie-arrêt, il en sera des *loyers ou fermages* échus depuis la dénonciation comme des fruits mentionnés en l'art. 689. Ainsi, le montant des loyers ou fermages antérieurs à cette époque doit être distribué par contribution, et il importe conséquemment aux créanciers chirographaires de former leur opposition, s'ils veulent prendre part à cette distribution.

2320. *Les loyers ou fermages échus après la dénonciation ne sont-ils immobilisés qu'autant qu'un créancier* HYPOTHÉCAIRE *les a frappés de saisie-arrêt?*

L'immobilisation des fruits avait lieu autrefois à dater du bail judiciaire qui dépossédait le saisi, comme le fait à présent la dénonciation. Elle était fondée sur ce que les créanciers hypothécaires ayant seuls le droit de saisir le fonds, les effets de la saisie devaient leur profiter et les désintéresser, avant que les créanciers chirographaires pussent y prendre part. Aujourd'hui, dit M. Pigeau, tom. 2, pag. 215, quoique les non hypothécaires puissent aussi faire saisir, néanmoins on a conservé cette disposition de l'ancien droit, afin qu'ils ne fussent pas tentés d'élever des incidens pour faire durer la saisie et partager également avec les hypothécaires, et comme objets mobiliers, les fruits qui seraient échus (1).

ARTICLE 692.

La partie saisie ne peut, à compter du jour de la dénoncia-

---

moins trouvera-t-on, dans cette note, les motifs sur lesquels on pourrait appuyer l'opinion contraire, que nous n'avons rejetée qu'après mûres réflexions.

(1) Mais nous ne pensons pas que cet avantage, accordé aux créanciers hypothécaires, s'étende jusqu'à priver les chirographaires de la participation à la distribution du prix des loyers ou fermages, lorsqu'ils ont précédé les autres, en faisant eux-mêmes la saisie-arrêt. Ce n'est, en effet, que depuis une saisie de cette nature que les loyers ou fermages peuvent être immobilisés. Or, ils sont immobilisés au profit des hypothécaires: donc il n'y a qu'une saisie faite par ces créanciers qui puisse donner lieu à cette immobilisation; car il répugnerait au bon sens que celle qui aurait lieu de la part d'un chirographaire tournât au profit de l'hypothécaire. En un mot, point d'immobilisation des loyers et fermages échus depuis la dénonciation, s'il n'y a saisie-arrêt: donc, jusque là, distribution par contribution du montant de ces fruits civils, et conséquemment obligation aux hypothécaires de saisir-arrêter avant tout chirographaire, s'ils veulent empêcher la distribution par contribution. Voilà ce qui résulte, suivant nous, du texte de la seconde disposition de l'article 691, et ce qui est d'ailleurs conforme à la justice.

tion à elle faite de la saisie, aliéner les immeubles, à peine de
nullité, et sans qu'il soit besoin de la faire prononcer (1).

Loi du 11 brum. an 7, art. 8, § 3, 1.ʳᵉ part.—C. C., art. 1594, 1599.—C. de P., art. 681, 689.

2321. *La nullité des aliénations faites après la dénonciation de la saisie, s'étend-*
elle jusqu'aux hypothèques que la partie saisie consentirait?

En d'autres termes, *le mot* ALIÉNER *est-il employé, dans l'art.* 692, *en un sens*
si étendu qu'il suppose la prohibition de consentir des hypothèques nouvelles?

« Le mot *aliéner*, dit M. Delaporte, tom. 2, pag. 299, est pris ici dans sa signification propre, c'est-à-dire qu'il n'exprime que le transport de la propriété. »
Ainsi, d'après cet auteur, rien n'empêche que le saisi ne puisse établir de nouvelles hypothèques.

Nous convenons que ces nouvelles hypothèques importent peu aux créanciers inscrits, puisqu'ils seraient toujours payés de préférence sur le prix de
l'adjudication. — (*Voy. Pigeau, tom.* 2, *pag.* 219).

Mais si la partie saisie a des créanciers chirographaires, ceux-ci ne seront-ils
pas du moins fondés à critiquer et à faire rejeter ces nouvelles hypothèques, si
elles tendaient à les frustrer de la distribution par contribution de ce qui resterait du prix de l'adjudication, après le paiement des créanciers antérieurs en
hypothèques?

On pourrait dire, pour la négative, ce que M. Tarrible dit à l'occasion d'une
autre question (*voy. nouv. Répert., pag.* 658), savoir : que la saisie n'ayant été
faite ni par les créanciers chirographaires ni pour eux, elle ne peut ni améliorer
ni empirer leur condition ; que, par conséquent, ils n'ont pas plus de droit de
se plaindre d'une constitution d'hypothèques après la dénonciation de la saisie,
qu'ils n'ont celui de critiquer, s'ils n'allèguent pas des faits de dol ou de fraude,
celle qui aurait été consentie avant que cette saisie ait eu lieu.

Quoi qu'il en soit, nous pensons que le saisi ne peut consentir hypothèque
après la dénonciation de la saisie, et nous nous fondons sur ce que l'art. 2124
du Code civil assimile entièrement l'hypothèque conventionnelle à la vente vo-

---

(1) JURISPRUDENCE.

1.º La saisie immobilière, après sa dénonciation au saisi, et du jour de la notification
des placards aux créanciers inscrits, fixe le sort de ceux-ci, et conserve les inscriptions
alors existantes, sans qu'il soit besoin de les renouveler pendant l'instance en expropriation. — (*Rouen,* 29 *mars* 1817, *Sirey, tom.* 17, *pag.* 238).

2.º L'aliénation de l'immeuble faite depuis la dénonciation de la saisie est nulle, sans
qu'il soit besoin de la prononcer, cette dénonciation mettant le saisi dans un tel état
d'interdiction, par rapport à l'immeuble, qu'il ne peut plus en disposer au préjudice du
saisissant.

Vainement qualifierait-on *délaissement* une cession faite par le saisi à celui qui lui aurait
vendu l'immeuble. Le saisi ne peut pas plus *délaisser* que transmettre ce qui n'est plus
à sa disposition. Un tel changement de mains a tous les caractères de l'aliénation prohibée par la loi; car celui qui DÉLAISSE, *aliène*, comme celui qui vend, et il n'y a aucune
raison plausible d'écarter, en ce cas, l'application de l'art. 692, par le motif que c'est
un vendeur qui est rentré dans la propriété de la chose, comme s'il ne l'avait pas vendue.
— (*Rennes,* 12 *mars* 1818).

lontaire. D'après cet article, celui qui ne peut vendre ses immeubles ne peut les hypothéquer par convention. C'est dans ce sens qu'on doit prendre, selon nous, le mot *aliéner*, employé dans l'art. 692 du Code de procédure; autrement, il dépendrait d'un débiteur de mauvaise foi, qui verrait ses immeubles saisis, de frauder et de frustrer la plupart de ses créanciers chirographaires par des hypothèques consenties depuis la dénonciation de la saisie; ce qui serait contraire à la justice et à l'esprit des art. 2124 et 2146 du Code civil.

2322. *L'aliénation de l'immeuble serait-elle nulle, dans le cas même où les poursuites de la saisie ayant été interrompues par une instance en partage et licitation, la propriété commune serait vendue par le saisi et ses copropriétaires?*

Oui, d'après un arrêt de la Cour de Lyon, du 28 décembre 1810. (*Sirey, tom. 15, pag. 154*). La raison que l'on peut donner de cette décision, c'est que la question, comme le dit M. Coffinières, se réduit à savoir si l'effet de la saisie subsiste toujours à l'égard du débiteur, malgré la demande en distraction ou la poursuite en licitation, formée par un tiers propriétaire d'une partie de l'immeuble. Or, l'affirmative paraît une conséquence nécessaire de ce que le poursuivant conserve tous ses droits, soit sur la portion appartenant au saisi, si la demande en distraction produit son effet, soit sur le prix qui représente cette portion, dans le cas où la vente par licitation est effectuée. Il n'y aurait en effet aucune raison, les droits du saisissant restant toujours les mêmes sur l'immeuble, pour que le saisi fût dégagé des obligations corrélatives.

2323. *Si des objets, réputés immeubles par destination, saisis et vendus avec le fonds, ont été soustraits par le saisi, quelle est l'action qui résultera de cette soustraction en faveur de l'adjudicataire?*

Nous avons déjà dit, sur la quest. 2314e., que l'adjudicataire n'aura pas d'action contre le saisissant, attendu qu'il ne fait que solliciter de la justice l'exécution de son contrat, et que c'est celle-ci qui vend au nom du saisi : ce ne sera donc point au saisissant que l'adjudicataire pourra s'adresser pour obtenir, soit la délivrance des objets vendus, soit le paiement d'une indemnité; il ne peut donc résulter de la soustraction de ces objets qu'une action en rescision de la vente ou en réduction du prix, proportionnellement au déficit qu'il éprouverait. — (*Voy. l'arrêt de la Cour de Bruxelles, déjà cité sur la quest. 2314e., et nos questions sur l'art. 731*).

2324. *L'aliénation de l'immeuble n'étant nulle qu'autant qu'elle a lieu après la dénonciation, s'ensuit-il qu'en aucun cas on ne puisse critiquer celle qui aurait été faite auparavant?*

On compte quatre cas dans lesquels les créanciers peuvent attaquer l'aliénation faite avant la dénonciation : 1°. si elle est faite en fraude de leurs droits (*voy. Code civ., art. 1167*); 2°. si elle est faite à titre gratuit, dans les dix jours qui précèdent l'ouverture de la faillite (*voy. Code de comm., art. 444*); 3°. si elle est faite à titre onéreux et paraît aux juges porter les caractères de fraude; 4°. si elle est faite depuis l'ouverture de la faillite, puisque dès lors le failli est dessaisi de l'administration de tous ses biens. — (*Art. 442*).

Hors ces quatre cas, les créanciers ne peuvent attaquer l'aliénation faite avant la dénonciation, sauf aux créanciers hypothécaires à poursuivre leurs droits contre l'acquéreur, ainsi qu'il est dit aux chap. 6, 7 et 8, du tit. 18, liv. 3 du Code civil, et aux art. 832 et suivans du Code de procédure.

2325. *Les intéressés peuvent-ils poursuivre la saisie sans appeler l'acquéreur de l'immeuble vendu après la dénonciation ?*

La nullité de l'aliénation faite après la dénonciation étant tellement absolue que ceux qui ont intérêt à s'en prévaloir n'ont pas même besoin de la faire prononcer, M. Tarrible, pag. 657, en conclut avec raison que les créanciers saisissans peuvent continuer la procédure et passer à l'adjudication définitive sans appeler l'acquéreur, et que cette adjudication a son effet comme si l'aliénation n'eût pas été faite, et que l'immeuble eût continué de rester dans les mains du débiteur saisi.

ARTICLE 693.

Néanmoins, l'aliénation ainsi faite aura son exécution, si, avant l'adjudication, l'acquéreur consigne somme suffisante pour acquitter, en principal, intérêts et frais, les créances inscrites, et signifie l'acte de consignation aux créanciers inscrits.

Si les deniers ainsi déposés ont été empruntés, les prêteurs n'auront d'hypothèque que postérieurement aux créanciers inscrits lors de l'aliénation(1).

T., 29. — C. C., art. 1257 et suiv., 1599, 2103, n°. 2. — C. de P., art. 594, 817 et suiv.

2326. *La consignation exigée par l'art. 693 peut-elle être faite et signifiée après l'adjudication préparatoire, et même après l'adjudication définitive, s'il y a revente par suite de surenchère ou de folle enchère ?*

Tous les auteurs (*voy. sur-tout Pigeau, tom.* 2, *pag.* 217, *et Lepage dans ses Questions, pag.* 442), sont d'avis qu'il suffit, pour que l'aliénation soit validée, que la consignation ait été faite et signifiée avant l'adjudication définitive. M. Pigeau prouve cette proposition, en argumentant de la disposition de l'article 743, portant que si un adjudicataire, poursuivi par folle enchère, paie après l'adjudication préparatoire, mais avant l'adjudication définitive, il ne sera pas procédé à cette dernière adjudication, et que l'adjudicataire *éventuel* sera déchargé.

Mais M. Lepage va plus loin : il pense que, dans le cas même où l'adjudication définitive aurait eu lieu, l'aliénation faite par le saisi produirait ses effets, si, dans le cas de remise en vente par suite de surenchère ou de folle enchère, les deux conditions de la consignation et de la signification étaient accomplies avant la vente. Cette opinion nous paraît fondée sur ce que le but

---

(1) JURISPRUDENCE.

Au cas prévu par l'art. 693, la vente devient volontaire, et est sujette à la transcription et aux formalités légales prescrites pour purger des hypothèques non inscrites. — (*Déc. du ministre des finances, du* 7 juin 1808, *Sirey, tom* 8, *pag.* 33).

principal de la saisie est de procurer le paiement des créanciers, et que personne n'ayant encore un droit irrévocable sur l'immeuble, il n'existe point de raisons suffisantes pour interdire au débiteur le droit d'en disposer. A plus forte raison pourrait-il, en consignant le montant des créances, conserver sa propriété : la faveur due à la libération de tout débiteur ne permet aucun doute à cet égard.

Tel est l'effet de la consignation faite et signifiée, qu'il faut dès lors cesser toutes poursuites, quand bien même on prétendrait qu'elle ne fût pas suffisante, car il faut que le tribunal prononce à cet égard. S'il n'y a pas de contestation sur ce point, il faut poursuivre un jugement contradictoirement avec le débiteur et l'acquéreur, pour le réglement des sommes dues, et pour que le tribunal autorise chaque créancier à retirer les sommes consignées. — (*Voy. Demiau Crouzilhac, pag.* 451).

2527. *Doit-on consigner non seulement une somme suffisante pour acquitter les créances inscrites, mais encore celle qui serait nécessaire pour acquitter la créance du poursuivant, s'il n'était pas hypothécaire ou inscrit; celles des personnes qui auraient hypothèque légale indépendante de l'inscription; celles enfin des créanciers hypothécaires qui pourraient s'inscrire, conformément à l'art.* 834 *du Code?*

A s'en tenir au texte de l'art. 693, on ne balancerait pas à répondre que l'acquéreur n'est tenu de consigner que la somme nécessaire pour acquitter les créanciers inscrits; la répétition de ces mots, *créances inscrites, créanciers inscrits,* ne permet pas de lui donner un autre sens. Mais M. Tarrible, pag. 658 et 659, maintient que si tel est le sens que présente l'art. 693, le législateur n'en a pas moins voulu disposer autrement; et par les raisons que ce jurisconsulte développe, il termine en prononçant l'affirmative de la question que nous venons de poser.

M. Persil, tom. 2, pag. 529 et suiv., partage en partie l'opinion de M. Tarrible. Suivant lui, l'acquéreur ne peut jouir de la vente faite par le saisi qu'en consignant ce qui est dû aux créanciers inscrits et au *poursuivant*. Il professe la même doctrine à l'égard de ceux qui ont une hypothèque indépendante de l'inscription, tels que les mineurs et les femmes mariées. Mais il décide autrement à l'égard, 1°. des créanciers qui ont une hypothèque non inscrite au moment de l'aliénation faite par le saisi; 2°. de ceux qui n'ont point d'hypothèque, soit que leur créance fût fondée sur un titre authentique, soit qu'elle ne fût établie que par un acte sous seing privé.

M. Pigeau, pag. 218, s'exprime ainsi :

« L'acquéreur n'est obligé de consigner que les créances inscrites lors de l'aliénation, et non celles inscrites depuis, avant la consignation : la raison est que l'aliénation n'est point déclarée nulle absolument, mais seulement relativement aux inscrits.

» Le saisi n'est dépossédé, avant la vente, qu'à l'égard du *saisissant* et des *inscrits;* à l'égard de tous les autres, le saisi ayant lors droit de vendre, sa vente est valable, sauf à eux leurs hypothèques sur l'immeuble, pour forcer l'acquéreur à les payer, s'il ne purge pas, ou pour surenchérir, s'il ne se met pas en état de purger.

» D'ailleurs, ajoute M. Pigeau, l'art. 693, qui ne parle, dans le premier alinéa, que des créanciers inscrits, sans distinguer entre ceux qui le sont avant l'aliénation d'avec ceux qui le sont depuis, donne bien à entendre, dans le second alinéa, que l'on n'a voulu parler que des premiers, puisqu'en conservant aux créanciers inscrits la priorité sur ceux qui ont prêté à l'acquéreur, il dit *les créanciers inscrits lors de l'aliénation.* Ainsi, les créanciers inscrits depuis, et à plus forte raison les *non inscrits,* ne peuvent exiger la consignation; ils ne peuvent attaquer la vente qu'en cas de fraude ou de faillite. »

C'est cette opinion de M. Pigeau qui nous paraît la plus conforme au texte et à l'esprit de la loi. Nous croyons avec lui, avec M. Tarrible et M. Persil, que l'acquéreur doit consigner une somme nécessaire pour désintéresser le saisissant, encore bien qu'il ne soit ni hypothécaire ni inscrit. Cela résulte du principe général d'après lequel un demandeur ne peut être empêché de continuer ses poursuites, tant qu'il n'est pas désintéressé ou déclaré sans qualité pour agir. Or, le saisissant créancier chirographaire a droit de saisir, et il ne peut dépendre de la volonté du débiteur d'arrêter ses poursuites par une aliénation volontaire, sans lui assurer son paiement. C'est parce que cette proposition est évidente par elle-même, que le législateur n'a parlé, dans l'art. 693, que de la consignation des sommes dues aux créanciers inscrits.

Mais à l'égard de tous autres que le saisissant et ses créanciers, c'est-à-dire ceux inscrits lors de l'aliénation, nous ne pensons pas que les expressions de l'article permettent de décider que l'acquéreur doive consigner le montant de leurs créances : ce sera à lui de se mettre en règle, en employant les moyens indiqués par la loi pour purger leurs hypothèques.

2328. *La consignation doit-elle être précédée d'offres au saisi et aux créanciers?*

Non, puisqu'elles seraient inutiles, le saisi ne pouvant pas toucher à cause des inscriptions, ni l'acquéreur se libérer valablement entre les mains des créanciers sans le consentement du saisi, qui peut contester leurs prétentions; mais les offres deviendraient nécessaires, si, dans le contrat d'aliénation, celui-ci avait reconnu leurs créances et leur avait délégué le prix. — (*Voy. Pigeau, ubi suprà*).

2329. *La signification de l'acte de consignation doit-elle être faite à chacun des créanciers individuellement?*

M. Delaporte, tom. 2, pag. 300, dit qu'il suffit de signifier au poursuivant et à l'avoué le plus ancien des inscrits. Nous croyons qu'il faut s'en tenir à la lettre de l'article, et décider que l'acte de consignation doit être signifié *aux créanciers inscrits,* sans en excepter aucun. Si, en effet, le législateur avait entendu permettre, dans l'art. 693, de restreindre le nombre de significations à faire, on doit présumer que, pour ne rien laisser à l'arbitraire, il l'aurait déclaré, et il eût fixé ce nombre, ainsi qu'il l'a fait pour d'autres significations dans les art. 711 et 727.

2330. *La partie saisie pourrait-elle, à l'audience fixée pour l'adjudication définitive, demander qu'il y fût sursis, par le motif qu'elle aurait désintéressé le poursuivant, et qu'elle offrirait de désintéresser les créanciers?*

Nous ne le pensons pas, attendu que l'art. 693 ne permet de surseoir à l'adjudication qu'autant que la consignation aurait été faite; or, des offres ne sont pas une consignation (1).

ARTICLE 694.

Faute d'avoir fait la consignation avant l'adjudication, il ne pourra y être sursis sous aucun prétexte.

C. C., art. 2212. — C. de P., art. 720, 729, 732.

2331. *La consignation serait-elle suffisante pour arrêter les poursuites, si elle était inférieure au montant des créances inscrites, mais égale au prix de l'aliénation?*

Non sans contredit, puisque la loi exige que la consignation soit d'une somme suffisante pour acquitter les créances inscrites. Ainsi, l'acquéreur qui veut valider son acquisition doit consigner même au-delà de son prix, sauf son recours contre son vendeur. — (*Voy. Pigeau, tom.* 2, *pag.* 218).

2332. *Les art.* 692, 693 *et* 694, *n'étant point prescrits à peine de nullité, quel effet produirait leur inobservation?*

Elle ne produirait d'autres effets que ceux que ces articles règlent eux-mêmes. — (*Voy. Tarrible, pag.* 660).

ARTICLE 695. (N.)

Un exemplaire du placard imprimé, prescrit par l'art. 684, sera notifié aux créanciers inscrits, au domicile élu par leurs inscriptions, huit jours avant la première publication de l'enchère, outre un jour pour trois myriamètres de distance entre la commune du bureau de la conservation et celle où se fait la vente (2).

T., 29 et 107. — C. de P., art. 682, 692, 717, 1033. — Avis du Cons. d'état, du 18 juin 1809.

2333. *La notification du placard doit-elle être faite à chaque créancier, au fur et à mesure qu'il prend inscription?*

Nous croyons, comme M. Pigeau, tom. 2, pag. 222, que la notification ne doit être faite qu'aux créanciers qui se trouvent inscrits à l'époque où le placard doit être notifié; c'est aux autres à se présenter. —(*Voy. la not.* 2 *ci-dessous,* 1°.)

---

(1) Voy. arrêt de la Cour de Paris, du 7 août 1811, cité au Manuel du Droit français, par M. Pailliet, aux notes sur l'art. 695 du Code de procédure.

(2) JURISPRUDENCE.

1.° La notification du placard ne doit être faite qu'aux créanciers qui se trouvent inscrits à l'époque où le placard doit être notifié.

2.° Une saisie immobilière, dont les placards ont été notifiés, est un titre commun à

2334. *Mais doit-on notifier aux créanciers qui ont hypothèque légale, et qui n'ont pas pris d'inscription?*

Malgré le silence du Code, M. Pigeau, tom. 2, pag. 223, et M. Tarrible, pag. 662 et suivantes, estiment que le poursuivant, en même tems qu'il notifie le placard aux créanciers inscrits, doit aussi notifier aux personnes connues, auxquelles l'art. 2194 du Code civil exige qu'on signifie l'extrait du contrat translatif de la propriété des immeubles sur lesquels elles ont hypothèque légale.

Mais si ces personnes ne sont pas connues, il faut, suivant ces auteurs, leur appliquer l'avis du Conseil d'état, du 9 mai 1807, déjà cité sur l'art. 683, à la note, pag. 557, qui, bien qu'il ait été porté pour le cas d'une aliénation volontaire, leur paraît s'adapter parfaitement à celui de l'expropriation forcée, et être indispensable à suivre pour éviter toute difficulté sur le défaut de notification.

Cette opinion peut être appuyée par de puissantes raisons, qui ont été développées, tant par les jurisconsultes que nous venons de citer, que par M. Persil, tom. 2, pag. 319 et suivantes. Mais cet auteur a eu soin de faire connaître que la Cour de cassation a rejeté deux pourvois contre des arrêts

tous les créanciers inscrits. Il ne suffirait pas que le poursuivant s'en désistât pour qu'elle devînt sans effet; elle ne peut être radiée hors de la présence de tous les créanciers inscrits. Tout cela est vrai, même à l'égard du créancier dont le titre ne serait inscrit qu'après la notification des placards. Ainsi ce créancier peut, comme tous les autres, demander la subrogation au cas prévu par l'art. 722. — (*Nanci, 2 mars* 1818, *Sirey, tom.* 18, *pag.* 289).

3.º En matière de saisie immobilière, il doit y avoir unité de poursuites. Tout créancier inscrit, à qui a été faite la notification prescrite par l'art. 695 du Code de procédure civile, est réputé partie aux actes de la procédure ultérieure, comme représenté par le saisissant ou créancier poursuivant. Ainsi, il ne peut *ni intervenir contre* en appel, ni se rendre *tiers apposant* aux jugemens rendus avec le poursuivant, ni, d'aucune manière, présenter de son chef des moyens *de nullité*. Il n'a que la faculté de se faire subroger au cas de fraude et de négligence.

La signification aux créanciers inscrits, des jugemens rendus avec le poursuivant, n'est pas soumise à la règle *d'huissier commis*. De tels jugemens, s'ils sont contradictoires avec le poursuivant, ne sont point *par défaut* avec les créanciers inscrits, que le poursuivant représente. — (*Cassat.,* 22 *fév.* 1819, *Sirey,* 1819, *pag.* 103, § 3).

4.º Les moyens de nullité contre une saisie immobilière n'appartiennent pas, d'une manière indivisible, au saisi et aux créanciers. Le saisi et les créanciers ne sont recevables à les faire valoir, qu'autant qu'il a été porté atteinte à leurs propres droits par l'irrégularité querellée.

Ainsi, le saisi ne peut exciper, contre une transaction par laquelle il a renoncé au bénéfice du jugement qui déclarait la procédure nulle, de ce que la transaction a eu lieu postérieurement à la notification prescrite par l'art. 695 du Code de procédure, et prétendre qu'il n'a pu, à cette époque, transiger sur la validité de la saisie, seul et sans le concours des créanciers.

Ainsi encore, un créancier n'a pas qualité pour proposer une nullité commise au préjudice de la partie saisie, et pour quereller la transaction par laquelle le saisi a couvert le moyen de nullité, sur-tout si la transaction est favorable à la masse des créanciers.

Si les poursuites en saisie immobilière sont interrompues postérieurement à la notification prescrite par l'art. 695, le saisissant n'est pas tenu de renouveler cette notification lors de la reprise des poursuites. — (*Cassat.,* 23 *juill.* 1817, *Sirey, tom.* 19, *pag.* 6).

qui avaient prononcé d'une manière opposée. Ces arrêts sont fondés, 1.° sur ce que l'art. 695 ne prescrit la signification du placard imprimé qu'*aux créanciers inscrits, et aux domiciles élus par leurs inscriptions;* — 2°. sur ce que, dans l'espèce, l'hypothèque légale n'avait pas reçu cette formalité; — 3°. sur ce que les art. 2193, 2194 et suivans du Code civil, et l'avis du Conseil d'état, du 15 juin 1807, ne sont applicables qu'aux ventes volontaires; que les formalités qu'ils prescrivent, pour purger les hypothèques légales existantes sur un immeuble vendu volontairement, sont *remplacées,* dans le cas d'une expropriation forcée, par d'autres formalités, dont l'exécution donne aux poursuites la publicité nécessaire pour éveiller l'attention des créanciers qui ont une hypothèque légale indépendante de toute inscription; — 4°. sur ce que, dans le système contraire, la loi serait imparfaite à l'égard des créanciers compris dans l'art. 2101 du Code civil, et dont le privilège est également excepté de la formalité de l'inscription. (*Voy. Denevers,* 1812, *pag.* 195). Il suit de ces arrêts que l'on serait fondé à résoudre négativement la question ci-dessus posée, quelque fortes que soient les raisons que l'on ait données en faveur de l'opinion contraire.

2335. *Doit-on, à peine de nullité, notifier un exemplaire du placard, non seulement aux créanciers du débiteur principal, inscrits sur les immeubles saisis, mais encore aux créanciers du tiers détenteur contre lequel l'expropriation se poursuivrait?*

- *Autrement, la notification doit-elle être faite indistinctement à tout créancier inscrit sur l'immeuble?*

Pour soutenir que le placard doit être notifié aux créanciers des tiers détenteurs, on peut argumenter du premier alinéa de l'art. 2177 du Code civil, qui appèle les créanciers des tiers détenteurs, comme ceux du débiteur personnel, à exercer leur hypothèque : d'où l'on pourrait conclure que ces créanciers sont assimilés les uns aux autres.

D'un autre côté, l'art. 695 est général et n'est point restreint aux créanciers inscrits sur le débiteur personnel; cette restriction serait d'ailleurs directement contraire à l'intention du législateur, puisqu'il a voulu avertir des poursuites *tous* les créanciers inscrits *sur le fonds,* afin qu'il conservent leurs intérêts, soit en surenchérissant, soit de toute autre manière. Telle est aussi notre opinion, et nous l'appuyons sur l'arrêt de la Cour de cassation, du 27 novembre 1811, rapporté par Sirey, tom. 12, pag. 171 (1).

2336. *Si le poursuivant n'avait pas notifié à un créancier inscrit, cette omission empêcherait-elle que l'hypothèque de ce créancier ne fût prorogée par l'adjudication?*

Il faut distinguer sur cette question :

1°. Le défaut de notification provient-il de la faute du conservateur, qui

_____

(1) En effet, cet arrêt décide implicitement la question, en déclarant que l'on doit faire la notification aux créanciers inscrits sur les précédens propriétaires de l'immeuble saisi. Or, la même raison de décider s'applique évidemment aux créanciers du tiers détenteur contre lequel on poursuivrait l'expropriation. Ainsi, pour parler plus généralement, nous dirons que l'on doit notifier le placard à tout créancier indistinctement qui se trouve inscrit sur l'immeuble.

aurait omis d'insérer dans le certificat l'inscription d'un créancier ? Alors on pourrait dire, par un argument tiré de l'art. 2198 du Code civil, que le conservateur est seul responsable, et que l'immeuble passerait dans les mains de l'adjudicataire affranchi de l'hypothèque inscrite.

Secondement, le défaut provient-il de la faute du poursuivant? Alors nous pensons que cette omission ne peut nuire au créancier, parce qu'il doit être partie essentielle dans la procédure; que, conséquemment, tous les actes qui peuvent avoir été faits sans qu'il y ait été appelé sont nuls à son égard, et ne peuvent porter aucune atteinte à son hypothèque, qui est sous la sauvegarde de la loi, et qui continue de se conserver intacte sur l'immeuble dans la main de l'adjudicataire, et dans toute autre où il pourrait passer. — (*Voy. un arrêt de la Cour de Besançon, du 25 nivôse an 13, Sirey, tom. 5, pag. 572; un autre de la Cour de Colmar, du 14 janvier 1806, rapporté au Prat. franç., tom. 4, pag. 355, aux notes; Tarrible, pag. 662; Persil, tom. 2, pag. 327, et la Jurisp. du Code civ., tom. 3, pag. 413*).

2337. *Si des créanciers inscrits habitent en pays étranger, doit-on, pour la notification du placard, se conformer à la disposition de l'art. 69, § 9?*

Le Code ne prescrivant aucune formalité à cet égard, disent les auteurs du Praticien, tom. 4, pag. 355, il faut appliquer l'art. 69, n°. 9, comme la Cour de cassation, par arrêt du 11 fructidor an 11, avait auparavant prescrit d'appliquer l'art. 7 du tit. 2 de l'ordonnance. Mais nous remarquerons que l'art. 695 porte que l'exemplaire du placard sera notifié aux créanciers inscrits, aux domiciles élus par leurs inscriptions, et que conséquemment il n'y a pas lieu, dans le cas présent, à l'application de l'art. 69.

2338. *La nullité résultant du défaut de notification du placard ou des irrégularités de cette notification, peut-elle être invoquée par le saisi?*

On pourrait fonder la négative sur ce que les créanciers sont seuls intéressés, non seulement à ce que cette notification soit faite, mais encore à ce qu'elle soit faite régulièrement. Cette opinion aurait pour appui un arrêt de la Cour de Paris, du 13 prairial an 11, cité par les auteurs du Praticien, tom. 4, pag. 355, et un autre arrêt de la même Cour, du 13 avril 1810. (*Voy. Journ. des avoués, tom. 2, pag. 83*). Mais M. Coffinières observe, sur ce dernier arrêt, que l'art. 695 étant du nombre de ceux dont l'observation est prescrite à peine de nullité, d'après l'art. 717, et les créanciers n'ayant jamais intérêt à faire déclarer nulles les poursuites en saisie immobilière, la disposition de ces deux articles deviendrait inutile, s'il n'était pas permis à la partie saisie de l'invoquer, pour faire annuler la procédure postérieure à cette notification.

Nous répondons que les créanciers inscrits ont seuls droit de critiquer les actes par lesquels ils sont appelés sur une poursuite d'expropriation; que si ces actes sont nuls à leur égard, cette nullité ne peut profiter au saisi, suivant le principe qu'on ne peut exciper du droit d'autrui; que d'ailleurs ce n'est qu'afin d'obliger le poursuivant à notifier aux autres créanciers, et nullement dans l'intérêt du saisi, que la nullité a été prononcée. Ainsi, nous tenons à l'opinion consacrée par les arrêts que nous venons de citer (1).

---

(1) Nous remarquerons qu'un arrêt de la Cour de Paris, du 10 mai 1810 (*Sirey, tom. 13,*

ARTICLE 696 (N).

La notification prescrite par l'article précédent sera enregistrée en marge de la saisie, au bureau de la conservation : du jour de cet enregistrement, la saisie ne pourra plus être rayée que du consentement des créanciers ou en vertu de jugemens rendus contre eux (1).

T., 108. — Avis du Cons. d'état, du 18 juin 1809. — C. de P., art. 707, 717 et 721.

2339. *La notification du placard doit-elle être nécessairement enregistrée en marge de la saisie? Suffit-il, au contraire, que mention d'un enregistrement de cette notification sur un registre particulier soit faite en marge de ladite saisie?*

Par avis du Conseil d'état, du 30 mai 1809, approuvé le 18 juin (*voy. Bull. des lois, 4°. série, tom.* 10, *pag.* 255), il a été décidé, pour l'entière exécution de l'art. 696, qu'il suffisait qu'en marge de l'enregistrement des saisies, mention fût faite de l'enregistrement qui aurait été fait des dénonciations de notification sur un autre registre, avec l'indication de la page et du numéro de cet enregistrement.

---

pag 146), a jugé de la sorte, mais dans l'hypothèse où *les créanciers* comparaissaient, et, loin de se plaindre, déclaraient adhérer aux suites.

M. Huet, pag. 157, en conclut que, dans les cas où les créanciers ne se présentent pas, le saisi peut opposer la nullité ; sa principale raison est qu'en prononçant la nullité, la loi ne lui a pas défendu de s'en prévaloir. Il s'appuie, à cet égard, d'un des considérans de l'arrêt de la Cour de cassation, du 29 novembre 1811 (*Sirey, tom.* 12, *pag.* 171) où il est déclaré qu'en *thèse générale*, le débiteur saisi est *recevable à exciper du moyen de nullité* résultant de la contravention à l'art. 695 (c'est-à-dire du défaut de notification du placard).

Nous convenons que cet arrêt peut fournir un prétexte d'apporter une modification à la solution ci-dessus ; mais nous n'en persistons pas moins dans notre opinion, parce qu'il est de principe que le saisi argumenterait ici du droit d'autrui ; ce qui est reconnu par l'arrêt du 10 mai 1810 lui-même, en ce qu'il rejette la demande en nullité formée par le saisi, lorsque les créanciers adhèrent à la saisie, nonobstant le défaut de notification. Au reste, admettrait-on que le saisi pût se prévaloir de la nullité prononcée par l'art. 695, du moins il ne saurait y être admis, si le défaut de notification lui était imputable, comme procédant de son propre fait ; par exemple, s'il avait fait une fausse déclaration sur les hypothèques existantes.

(1) JURISPRUDENCE.

1.° L'enregistrement d'une saisie immobilière, prescrit par l'art. 696 du Code de procédure, n'est pas essentiel à la validité de la notification de la saisie. La nullité portée en l'art. 717 s'applique à l'acte de notification avec toutes ses formes constitutives. Elle ne s'étend pas à l'enregistrement, qui n'est pas un élément constitutif et substantiel de la notification.

2.° L'enregistrement de la notification d'une saisie immobilière, ordonnée par l'art. 696 du Code de procédure, et par l'avis du Conseil d'état, du 30 mai 1809, a pour but, à l'égard des créanciers, d'empêcher que la saisie ne puisse être rayée sans leur consentement, ou sans jugemens rendus contre eux. Ils sont donc sans intérêt et non recevables à se plaindre du défaut d'enregistrement, lorsque, de fait, il n'y a pas eu radiation de la saisie. — (*Cassat.*, 22 *fév.* 1819, *Sirey*, 1819, *pag.* 103, §§ 1.er et 2).

2340. *Quels sont les créanciers dont le consentement est nécessaire pour que la saisie puisse être rayée?*

Ce sont ceux auxquels la notification a été faite. Ils deviennent, au moment de l'enregistrement, parties dans l'instance de la saisie; en sorte que chacun d'eux est considéré comme étant pour ainsi dire *cosaisissant,* et que le conservateur ne peut rayer que de leur consentement. Au contraire. le saisissant, avant l'enregistrement, est seul maître de la saisie; il peut en donner main-levée, et s'il le fait, le conservateur, qui ne voit point à la marge la note d'autres créanciers, peut rayer la saisie. Il faut néanmoins excepter le cas où quelqu'un des créanciers aurait fait lui-même une saisie ou tout autre acte qui le rendît, avant l'enregistrement, partie dans l'instance. — (*Voy. Pigeau,* tom. 2, pag. 225, *et Persil,* tom. 2, pag. 200).

2341. *Lorsque le saisissant est contraint de cesser ses poursuites, l'un des créanciers ou l'adjudicataire peut-il s'opposer à ce que la saisie soit rayée?*

Cette question s'est présentée dans une espèce où le saisissant poursuivait l'expropriation des biens affectés à sa créance entre les mains de son débiteur, encore bien que des tiers eussent, avant la saisie, acquis diverses portions de ces biens. Il était évident que ces portions revendiquées ne pouvaient faire partie de la saisie, sauf au saisissant à se conformer aux dispositions de l'article 2169 du Code civil. Cependant la demande en distraction avait été rejetée, et les biens adjugés à un des créanciers, qui prétendit que la saisie devait tenir malgré cette demande, attendu que l'art. 696 défend de rayer la saisie, dès que la notification du placard a eu lieu.

Mais la Cour de Montpellier, par arrêt du 18 février 1811 (*Sirey,* tom. 16, *pag.* 112), a jugé que l'art. 696 n'était applicable qu'au cas où la saisie serait rayée volontairement par le créancier poursuivant. Il paraît évident, en effet, que l'intention du législateur, en rédigeant cet article, a été d'empêcher que le poursuivant ne fît la loi aux autres créanciers, en arrêtant des poursuites de l'issue desquelles ils attendent un prompt remboursement : on ne saurait donc appliquer la disposition dont il s'agit au cas où la discontinuation des poursuites est forcée.

Quoi qu'il en soit, nous sommes porté à croire qu'en tous cas la saisie ne doit pas être rayée, car la poursuite devenant commune à tous les créanciers au moment où la notification du placard a été enregistrée aux hypothèques, chacun d'eux a droit de se faire subroger aux poursuites, afin d'agir de son chef et selon ses intérêts. Tel est aussi l'avis de M. Thomines, dans ses cahiers de dictée, à l'appui duquel nous citerons l'arrêt de la Cour de Grenoble, rapporté dans la note ci-dessous (1).

---

(1) Lorsqu'une adjudication définitive est au moment d'être terminée, s'il arrive que le créancier poursuivant se désiste, comme ayant été désintéressé par le saisi, ce désistement ne produit pas l'effet de rendre nécessaire la remise de l'adjudication définitive à un autre jour. Il donne, au contraire, lieu à la subrogation immédiate de tout créancier inscrit qui requiert de procéder de suite à l'adjudication définitive............., sans même qu'il soit besoin d'appeler le saisi, qui suit la foi de son traité avec le poursuivant. Là règle est vraie, au moins pour le cas où le créancier qui requiert l'adjudication définitive à l'instant même, a obtenu, par jugement, une subrogation éventuelle et indéfinie. — (*Grenoble,* 19 *fév.* 1818, *Sirey,* 1819, *pag.* 157).

2342. *Le créancier porteur de plusieurs titres de créances, mais qui n'a saisi que pour une seule, peut-il, après avoir été payé de cette créance, continuer les poursuites à raison de celles qui n'ont pas été acquittées ?*

La Cour de Grenoble, par arrêt du 14 juillet 1809 (*voy. Sirey, tom.* 10, *supp.*, *pag.* 366), a jugé cette question pour l'affirmative. Et, en effet, il résulte des différens articles du Code de procédure (*voy. entre autres l'art.* 696) et du Code civil, que tout créancier inscrit peut être subrogé aux poursuites du créancier saisissant, soit que celui-ci néglige de les continuer, soit qu'il les abandonne, ou parce qu'il a été payé, ou parce qu'il a pris des arrangemens avec le débiteur saisi.

D'un autre côté, la même faculté, attribuée au tiers créancier inscrit, doit compéter au créancier poursuivant, dès qu'il lui reste d'autres créances inscrites et exigibles ; que le débiteur saisi a d'autant moins de raison de se plaindre d'une telle subrogation, que par là il est exempt des frais des nouvelles poursuites et formalités que le créancier serait obligé de faire.

ARTICLE 697.

Quinzaine au moins avant la première publication, le poursuivant déposera au greffe le cahier des charges, contenant, 1°. l'énonciation du titre en vertu duquel la saisie a été faite, du commandement, de l'exploit de saisie, et des actes et jugemens qui auront pu être faits ou rendus; 2°. la désignation des objets saisis, telle qu'elle a été insérée dans le procès-verbal; 3°. les conditions de la vente; 4° et une mise à prix par le poursuivant (1).

T., 109. — Loi du 11 brum. an 7, art. 5, dernier paragraphe. — C. de P., art. 643, 699, 714, 717.

2343. *Doit-on signifier au saisi et aux créanciers inscrits une copie du cahier des charges, et en remettre une à l'huissier qui doit faire la publication à l'audience ?*

La grosse du cahier des charges, contenant vingt-cinq lignes à la page et douze syllabes à la ligne (*voy. tarif, art.* 108), est déposée au greffe, où chaque partie intéressée a la faculté d'en prendre connaissance pour demander les additions, restrictions, modifications ou explications convenables. Il est conséquemment inutile d'en signifier copie au saisi et aux créanciers, et en conséquence, d'après l'art. 109 du tarif, une telle signification ne passerait pas en taxe.

---

(1) JURISPRUDENCE.

L'adjudicataire peut être autorisé à retenir sur son prix le montant des loyers payés d'avance, lorsque les clauses du cahier des charges portent qu'il entrera en possession de l'immeuble à compter d'une époque déterminée, et lorsqu'il est chargé d'ailleurs de l'entretien des baux. — (*Paris, 23 nov.* 1812 ; *voy. les observ. de M. Coffinières, en tête de cet arrêt, Journ. des avoués, tom.* 7, *pag.* 149).

On ne dépose qu'une seule grosse, et il n'en est point donné à l'huissier, qui, conformément à l'art. 110 du tarif, publie sur la note que lui remet le greffier.

2344. *Le cahier des charges serait-il nul, s'il n'énonçait que le titre, le commandement et l'exploit de saisie, sans parler de l'acte de dénonciation au débiteur, de l'insertion du placard dans les journaux, etc.; en un mot, de tous les actes, sans exception, qui ont précédé le dépôt de ce cahier au greffe?*

La solution de cette question dépend de savoir quelle est l'étendue de ces dernières expressions de l'art. 697, *et des actes et jugemens qui auront pu être faits ou rendus.* Or, il suffit de rapprocher cet article des dispositions de l'article 714, pour reconnaître que le cahier des charges est destiné à servir de qualités au jugement d'adjudication; qu'il doit conséquemment présenter, sans exception, le sommaire de tout ce qui a été fait avant sa remise au greffe. C'est ce qui a été jugé par deux arrêts, l'un de la Cour de Nîmes, du 28 juin 1809 (*voy. Sirey, supp. à 1808 et 1809, pag.* 565), l'autre de la Cour de Besançon, du 18 mars 1809. — (*Voy. Jurisp. sur la procédure, tom.* 3, *pag.* 314) (1).

2345. *Quels sont les jugemens qui peuvent avoir été rendus avant la remise du cahier des charges, et dont il faut faire mention dans ce cahier?*

Ces jugemens sont, par exemple, ceux qui interviendraient sur l'appel de celui en vertu duquel la saisie a été faite sur la demande en nullité de la saisie; enfin, sur toute autre contestation ou incident qui s'y rapporte.

2346. *Le cahier des charges serait-il nul, si on se bornait à une désignation générale des objets saisis?*

Oui, puisque l'article exige la désignation telle qu'elle a été insérée dans le procès-verbal de saisie. Ainsi, par exemple, un cahier des charges serait nul, si, au lieu de détailler les objets saisis, on se contentait de dire telle ferme, telle maison, etc. (2)

2347. *Quelles sont les conditions de la vente que l'on doit insérer dans le cahier des charges?*

Ce sont non seulement celles que la loi seule prescrit à l'adjudicataire,

---

(1) Le premier arrêt nous paraît contenir, dans ses considérans, le développement de toutes les raisons sur lesquelles on peut fonder sa décision, en même tems que l'arrêtiste n'a laissé échapper, dans l'exposé des faits, aucun des moyens qui avaient été présentés à l'appui de l'opinion contraire.

(2) Nous ne dissimulerons pas qu'on ne puisse opposer qu'il résulterait d'un arrêt de la Cour de cassation, du 12 janvier 1815 (*Sirey,* 1815, *pag.* 75), qu'un cahier de charges n'est pas nul, mais seulement sujet à réduction, quant à la taxe, lorsqu'au lieu de contenir une *indication sommaire* des biens saisis, aux termes des art. 682 et 697, il en contient une désignation entière et détaillée : d'où suivrait qu'une désignation générale et sommaire serait suffisante. Nous répondons que, d'un côté, l'art. 682, qui ne parle que de l'extrait de la saisie à insérer au tableau de l'auditoire, ne dispose rien sur le cahier des charges, et de l'autre l'art. 697, qui seul, comme l'observe M. Huet, pag. 162, prescrit les formes de ce cahier, exige formellement la désignation des objets, telle qu'elle a été insérée dans le procès-verbal : ce n'est donc pas une désignation générale ou sommaire que doit contenir le cahier des charges, mais, comme nous l'avons dit ci-dessus, une désignation entière et conforme à celle du procès-verbal.

mais encore toutes autres que le poursuivant a droit d'y ajouter, pourvu toutefois qu'elles ne soient pas préjudiciables au saisi. (*Voy. Thomines Desmasures, pag.* 260). Ces conditions variant à l'infini, nous n'entrerons dans aucun détail sur la question que nous venons de poser; mais M. Pigeau ayant fait connaître celles que l'on insère le plus ordinairement au cahier des charges, nous ne pouvons que renvoyer aux observations que cet auteur a faites à ce sujet (1). — (*Voy. tom.* 2, *pag.* 224 *et suiv.*)

2348. *Est-il libre au poursuivant de fixer comme il lui plaît le montant de la mise à prix que doit contenir le cahier des charges?*

La Cour d'Aix avait proposé de fixer une base pour cette mise à prix, que la loi du 11 brumaire portait à quinze fois le revenu net désigné dans la matrice de rôle. Cette Cour observait qu'il eût fallu peut-être la porter plus haut, puisqu'il était reconnu que cette base n'égale jamais la valeur foncière de l'immeuble. Malgré cette observation, le Code n'a point déterminé la quotité de la mise à prix; en sorte qu'elle est absolument laissée à l'arbitraire du poursuivant, qui doit être attentif, s'il ne veut pas demeurer adjudicataire, conformément à l'art. 698, à ne pas la porter à un prix assez élevé pour qu'il ait à craindre qu'elle ne soit pas couverte.

ARTICLE 698.

Le poursuivant demeurera adjudicataire pour la mise à prix, s'il ne se présente pas de surenchérisseur (2).

Édit de Henri II, du 3 septembre 1551, art. 6. — *Infrà,* sur l'art. 713.

2349. *Résulte-t-il de l'art.* 698 *que le poursuivant demeure* DÉFINITIVEMENT *adjudicataire pour sa mise à prix, lorsqu'il ne se présente pas de surenchérisseur?*

Non sans doute, le poursuivant ne demeure d'abord qu'adjudicataire *eventuel;* on n'en publie pas moins l'adjudication définitive, et ce n'est qu'autant qu'il ne se présenterait aucun enchérisseur lors de cette adjudication, que le poursuivant serait définitivement acquéreur.

ARTICLE 699. (N).

Les dires, publications et adjudications, seront mis sur le cahier des charges, à la suite de la mise à prix.

T., 111. — C. de P., art. 717.

2350. *En quoi consistent les dires, et par qui peuvent-ils se faire?*

---

(1) Telles seraient, par exemple, des conditions nouvelles qui, par leur importance, pourraient influer sensiblement sur le sort et le prix de l'adjudication. — (*Rouen,* 7 *août* 1813, *Sirey, tom* 15, *pag.* 113).

(2) JURISPRUDENCE.

Les lois qui assujétissent les établissemens publics à ne pouvoir se rendre propriétaires

Les dires sont des observations faites, ou par le saisi, ou par le saisissant lui-même, et les autres créanciers, pour restreindre, étendre ou expliquer; ou par des tiers, pour réclamer des objets compris dans la saisie; ou enfin par d'autres personnes, qui, se proposant d'enchérir, demandent des explications, etc. — (*Voy., pour les développemens de cette réponse, l'ouvrage de M. Pigeau, tom. 2, pag. 134*).

2351. *Que doit faire le créancier qui a fait, au bas du cahier des charges, un dire tendant à la réformation de telles ou telles clauses, charges ou conditions?*

Suivant un arrêt de la Cour d'Orléans, du 26 mai 1809, rapporté par M. Hautefeuille, pag. 377, ce créancier doit signifier par acte d'avoué à avoué, tant à celui du poursuivant qu'à l'avoué le plus ancien des opposans, que, conformément au dire qu'il a fait, et dont ils peuvent prendre connaissance au greffe, il demande la réformation de la clause, charge ou condition qui est l'objet de ce dire; et, pour le faire ainsi ordonner il doit faire sommation de venir, pour plaider sur cet incident, à l'audience de tel jour, auquel la première publication devra être faite : c'est l'esprit de l'art. 735.

ARTICLE 700. (N)

Le cahier des charges sera publié, pour la première fois, un mois au moins après la notification du procès-verbal d'affiches à la partie saisie.

T., 111. — C. de P., art. 702 et 717.

2352. *Qu'entend-on par publication, et comment se calcule le délai dans lequel la première doit avoir lieu?*

On appèle ainsi la lecture du cahier des charges faite à haute voix, à l'audience, par l'huissier de service. La première publication doit avoir lieu, d'après les art. 700 et 701, entre un mois et six semaines au plus après la notification de l'affiche faite au saisi, conformément à l'art. 687.

Si donc l'art. 700 suppose que l'on peut faire la première publication après ce mois, puisqu'il porte un mois après la notification du procès-verbal d'affiches, l'art. 701 veut, à peine de nullité, qu'on ne laisse pas s'écouler plus de six semaines; en sorte que si, par suite de quelque incident, ce délai de six semaines était expiré sans que la première publication eût été faite, il faudrait recommencer la formalité des annonces et placards, afin que l'intervalle entre la notification du procès-verbal d'affiches et cette publication ne fût ni moindre d'un mois ni plus long que six semaines.

Il faut observer que le délai d'un mois dont il est parlé en l'art. 700, ne s'entend pas d'une révolution uniforme de trente jours francs, mais bien du tems

---

sans une autorisation préalable du Gouvernement, ne sont point applicables au cas où ces établissemens deviendraient propriétaires sur des poursuites en expropriation forcée, faites à leur requête contre leurs débiteurs. — (*Décret du 11 sept. 1811, Bull. des lois, 4.e série, tom. 15, pag. 257*).

variable qui s'écoule entre le quantième d'un mois et le quantième correspondant du mois suivant, conformément au calendrier grégorien.

C'est pourquoi, dans une espèce où la notification du procès-verbal d'affiches avait été faite le 13 février, et la première publication le 15 mars suivant, la Cour de Paris, par arrêt du 9 août 1811 (*voy. Sirey, 1811, DD., pag.* 444), rejeta la demande en nullité que le saisi avait formée, par la raison, disait-il, que, depuis la notification jusqu'au 15 mars, il n'y avait pas trente jours francs, déduction faite du jour de la signification et de celui de l'échéance.

Ainsi, la Cour de Paris a fondé cette décision, en consacrant en principe général que toutes les fois que la loi détermine un délai par mois, on doit entendre l'espace de tems du quantième d'un mois au quantième correspondant du mois suivant. Nous avons déjà fait l'application de ce principe sur la quest. 1555°., et nous rappelons ici qu'il a été formellement consacré par les deux arrêts de la Cour de cassation, cités sur cette question.

Aʀᴛɪᴄʟᴇ 701. (N).

Il ne pourra y avoir moins d'un mois, ni plus de six semaines de délai, entre ladite notification et la première publication (1).

C. de P., art. 727 et 965. — Loi du 11 brum. an 7, art. 7.

2353. *Le délai fixé par cet article est-il franc?*

Il résulte clairement du texte de cet article, *ni moins d'un mois ni plus de six semaines,* que dès lors le mois est franc, mais le délai de six semaines ne l'est pas. — (*Voy. l'introd. génér.*).

Aʀᴛɪᴄʟᴇ 702. (N).

Le cahier des charges sera publié à l'audience, successivement de quinzaine en quinzaine, trois fois au moins avant l'adjudication préparatoire.

T., 112. — C. de P., art. 717.

2354. *Peut-on faire plus de trois publications? Est-il nécessaire qu'il s'écoule quinze jours francs entre chacune d'elles, et seraient-elles nulles, s'il y avait entre elles un plus long intervalle que celui que la loi détermine?*

Puisque l'art. 702 porte que le cahier des charges sera publié trois fois au moins avant l'adjudication préparatoire, il est évident que, suivant les circons-

---

(1) JURISPRUDENCE.

· Le défaut d'une publication du cahier des charges au jour indiqué (ce jour étant férié), ne vicie pas de nullité les publications précédentes, et ne peut entraîner la nullité de la saisie. — (*Cassat.*, 4 oct. 1814, *Sirey, pag.* 78).

tances, ou peut faire plus de trois publications. Mais, sous aucun prétexte, ce nombre ne peut être diminué.

Chaque publication, dit l'art. 702, doit être faite *successivement, de quinzaine en quinzaine;* mais M. le conseiller d'état Réal (*voy. édit. de F. Didot, pag.* 213) a eu soin d'avertir qu'on entendait par ces expressions, *de quinzaine en quinzaine,* ce qui se pratique journellement, c'est-à-dire que la publication faite, par exemple, un des jours de la première semaine du mois, doit être renouvelée à pareil jour de la troisième semaine; ainsi, par exemple, du lundi de la première semaine au lundi de la troisième.

C'est aussi ce qui a été jugé par deux arrêts de la Cour de cassation, l'un du 18 mars, l'autre du 10 septembre 1812 (*voy. Sirey, tom.* 12, *pag.* 335, *et tom.* 13, *pag.* 228), portant que cette locution, *successivement, de quinzaine en quinzaine,* indique évidemment qu'il s'agit d'un délai ordinaire, c'est-à-dire d'un délai qui expire à la quinzaine ou le quinzième jour, à partir de celui où la précédente publication a été faite, et qu'il doit en être ainsi, quel que soit, d'après son réglement particulier, l'ordre des audiences ordinaires du tribunal devant lequel la saisie est poursuivie : d'où suit qu'en ce cas, le tribunal doit nécessairement donner audience extraordinaire, afin que les publications aient lieu *successivement* dans le délai fixé par l'art. 702.

Concluons, d'après cet arrêt, et avec M. Pigeau, tom. 2, pag. 229, qu'il y aurait nullité des publications qui seraient faites avant ou après les délais *ainsi déterminés;* en sorte qu'il faudrait les recommencer et les suivre sans interruption, après avoir fait faire de nouveaux placards, de nouvelles insertions aux journaux, etc. — (*Argum. de l'art.* 732 *du Code et de l'art.* 111 *du tarif*).

2355. *L'adjudication préparatoire peut-elle avoir lieu à l'audience où se fait la troisième publication?*

Pour la négative de cette question, l'on pourrait dire que si, après la première publication, on passe immédiatement à l'adjudication, l'on prive le débiteur d'un délai durant lequel un changement de situation peut lui fournir des moyens de se libérer; que l'on fait ainsi marcher *simultanément* deux actes d'expropriation, tandis que le législateur a partout manifesté l'intention qu'ils fussent successifs et faits à certains intervalles l'un de l'autre; qu'enfin, en annonçant tout à la fois, par la même insertion dans les journaux, et la troisième publication et l'adjudication préparoire, on remplit les formalités prescrites par l'art. 703, avant l'accomplissement parfait de celles exigées par l'article 702.

Nous répondons que si le Code de procédure (*art.* 706) établit un intervalle nécessaire entre l'adjudication préparatoire et l'adjudication définitive, il ne contient aucune disposition qui prescrive un intervalle quelconque entre la troisième publication et l'adjudication préparatoire; que conséquemment on peut immédiatement procéder à cette adjudication, pourvu toutefois que les formalités prescrites par l'art. 703 aient été préalablement observées; qu'enfin, les nullités ne doivent pas s'étendre au-delà des bornes de la loi, qui les a prévues pour chaque acte (1).

_____

(1) C'est pourquoi M. Pigeau, tom. 2, pag. 230, n.° 13, et M. Lepage, dans ses Questions, pag. 456, disent formellement que l'on ne viole aucune disposition de la loi, en

Article 703. (N, 1er alinéa).

Huit jours au moins avant cette adjudication, outre un jour pour trois myriamètres de distance entre le lieu de la situation de la majeure partie des biens saisis et celui où siège le tribunal, il sera inséré dans un journal, ainsi qu'il est dit en l'art. 683, de nouvelles annonces ; les mêmes placards seront apposés aux endroits désignés en l'art. 684 ; ils contiendront, en outre, la mise à prix et l'indication du jour où se fera l'adjudication préparatoire.

Cette addition sera manuscrite; si elle donnait lieu à une réimpression de placard, les frais n'entreront pas en taxe (1).

C. de P., art. 783 et suiv., 705, 717, 732, 1033.

CCCCXCIV. Sous l'empire de la loi du 11 brumaire, qui, autant pour éviter les frais de copie que pour faciliter la lecture, avait prescrit l'impression des affiches, il s'était élevé la singulière question de savoir s'il ne résultait pas une irrégularité du mélange de lettres manuscrites avec des lettres imprimées. L'article ci-dessus prévient toute difficulté à cet égard, en permettant d'écrire à la main la mise à prix, et le jour de l'adjudication préparatoire, sur les placards qui auraient été imprimés en nombre plus considérable que celui qui eût été nécessaire pour la première apposition.

2356. *Si l'addition que l'on doit faire aux placards était imprimée, y aurait-il nullité?*

Non, puisque l'art. 717 n'attache cette peine qu'à l'inobservation de la première disposition de l'article.

---

procédant à l'adjudication préparatoire incontinent après la troisième publication, si d'ailleurs les deux formalités prescrites par l'article suivant ont été préalablement observées. C'est aussi ce qui a été jugé par la Cour de Rennes, le 4 janvier 1813.

(1) JURISPRUDENCE.

1.º Le jour de l'insertion au journal doit être compté dans le délai de huit jours. Ainsi jugé par arrêt de la Cour de Paris, du 6 juillet 1812 (*Sirey, tom 15, pag. 152*), dans une espèce où l'insertion au journal avait été faite le 20, et l'adjudication préparatoire indiquée pour le 28. On a considéré que le jour de l'insertion devait être compté, attendu que le journal paraissait le 20 au matin, et qu'on ne devait pas appliquer au délai fixé par l'art. 703 les dispositions de l'art. 1033 du Code de procédure, puisque cet article ne parle que des délais fixés pour les actes extrajudiciaires faits à personne ou à domicile.

2.º Les mots *au moins*, employés, tant dans l'art. 703 que dans le décret du 2 février 1811, laissent aux tribunaux la faculté d'accorder un délai plus long. Cette prolongation peut être demandée par les créanciers comme par le débiteur. On ne doit pas argumenter de l'art. 1244 du Code civil, pour en conclure que la prolongation ne peut être demandée que par le débiteur. — (*Rennes, 13 juin 1817*).

2357. *Devrait-on, dans tous les cas, rejeter les frais de réimpression de placard?*

Si différens incidens, impossibles à prévoir, intervenaient dans la procédure et nécessitaient un plus grand nombre d'appositions de placards que la loi ne le prescrit en général, il nous semble qu'on devrait passer en taxe les frais de réimpression ; sans cela, comme le remarque M. Desevaux, Traité de la procédure en saisie immobilière, pag. 53, on tomberait dans l'inconvénient que le législateur a voulu éviter, celui de multiplier les frais. L'avoué qui poursuivrait une saisie réelle pourrait, en effet, pour ne pas courir le danger de voir des déboursés rester à sa charge, faire imprimer beaucoup plus de placards qu'il ne lui en faudrait effectivement, et le tribunal serait forcé d'allouer ces frais, qui auraient été faits en pure perte.

ARTICLE 704. (N).

Dans les quinze jours de cette adjudication, nouvelles annonces seront insérées dans les journaux, et nouveaux placards affichés dans la forme ci-dessus, contenant en outre la mention de l'adjudication préparatoire, du prix moyennant lequel elle a été faite, et indication du jour de l'adjudication définitive.

C. de P., art. 683 et suiv., 717, 732, 1033.

2358. *Faut-il nécessairement que les annonces et placards prescrits par l'art. 704 aient lieu dans la quinzaine de l'adjudication préparatoire?*

Oui sans doute, puisque l'observation de l'art. 704 est prescrite à peine de nullité. Ainsi, à quelque époque que l'adjudication définitive ait été remise, les annonces doivent être insérées dans les journaux, et les placards être affichés dans les quinze jours de l'adjudication préparatoire : si donc le journal du lieu où siégerait le tribunal ne paraissait qu'à des époques si reculées qu'on ne pût faire l'insertion dans ce délai, il faudrait la faire dans l'un de ceux imprimés dans le département où il serait possible de la placer dans ce même délai. — (*Voy. Delaporte, tom. 2, pag. 309*).

ARTICLE 705. (N):

L'insertion aux journaux, des seconde et troisième annonces, et les seconde et troisième appositions de placards, seront justifiées dans la même forme que les premières.

C. de P., art. 683, 685, 687, 717, 732.

2359. *Les second et troisième procès-verbaux d'affiches doivent-ils, comme le premier, être notifiés au saisi?*

Cette question est encore très-controversée.

Elle a été jugée pour la négative par deux arrêts, l'un de la Cour royale de Grenoble, du 19 juillet 1808 (*voy. la Jurisp. sur la procéd. civ., tom. 5, pag. 108*);

l'autre de la Cour royale de Nîmes, du 4 avril 1810 (*voy. le Recueil de Sirey,* tom. 14, *pag.* 86).

Mais elle a été jugée pour l'affirmative, par arrêts de la Cour d'Aix, du 5 janvier 1809 (*Sirey, tom.* 9, *pag.* 251), et de la Cour de Toulouse, du 20 novembre de la même année. — (*Sirey, tom.* 14, *pàg.* 80).

M. Persil, tom. 2, pag. 315, traite cette importante question, et adopte, ainsi que nous, l'opinion consacrée par les Cours de Grenoble et de Nîmes, et comme cet estimable auteur a parfaitement exposé les raisons qui militent en faveur de l'une et l'autre opinion, nous croyons utile d'insérer ici le passage qui contient cet exposé :

« On dit pour l'affirmative de la question ci-dessus posée, que la notification du premier procès-verbal d'affiches n'appèle le saisi que pour être présent aux publications que la loi exige ; mais qu'ayant le plus grand intérêt à connaître le jour de l'adjudication préparatoire, elle se fera néanmoins à son insu, si l'on ordonne que les nouveaux placards lui seront notifiés Il en sera de même de toute la procédure postérieure, et même de l'adjudication définitive ; adjudication qu'il importe d'autant plus de faire connaître au saisi, que c'est de l'époque où elle a eu lieu qu'il commence à être dépouillé.

» Il est de principe, en procédure, qu'un jugement ne peut pas être rendu sans qu'on ait appelé la partie contre laquelle ou le sollicite, et ce principe doit surtout recevoir son application en matière d'expropriation. Cependant, si les second et troisième procès-verbaux d'affiches ne sont pas notifiés au saisi, le jugement d'adjudication sera rendu sans qu'on l'ait appelé.

» Le législateur lui-même ne paraît pas supposer qu'on puisse se dispenser de faire au saisi cette notification ; car, parlant dans l'art. 705 de la manière de justifier les seconde et troisième annonces, ainsi que l'apposition des nouveaux placards, il décide qu'ils devront l'être dans la même forme que les premiers. Or, l'apposition des premiers placards est constatée par un acte d'huissier, auquel est annexé un exemplaire ; par le *visa* délivré par le maire, et enfin par la notification faite au saisi : on ne constaterait donc pas de la même manière l'apposition de ces placards, si l'on n'en faisait pas la notification à la partie saisie. (C'est ainsi, peut-on ajouter, que les Cours d'Aix et de Toulouse l'ont jugé).

» On dit, pour la négative, que la loi n'impose nulle part au poursuivant l'obligation de notifier au saisi les second et troisième procès-verbaux d'affiches ; elle n'exige de notification qu'à l'égard des premiers placards ; elle dispense par là de la notification des subséquens ; car ne serait-ce pas ajouter à la loi, que de créer une formalité qu'elle n'a pas prescrite ? Ne serait-ce pas méconnaître son vœu, que de faire dépendre de là la validité d'une procédure ?

» On oppose l'art. 705, pour en conclure que la notification des second et troisième procès-verbaux d'affiches était nécessaire ; mais on se méprend sur le sens de cet article, et sur l'étendue qu'il est possible de lui accorder. L'art. 705 détermine, à la vérité, la manière de constater les annonces et l'apposition des placards : il renvoie aux art. 685 et 687 ; mais il faut distinguer, dans le dernier de ces articles, deux dispositions entièrement indépendantes ; l'une, qui est relative à la manière de constater l'apposition des placards, c'est le visa délivré par le maire ; l'autre, qui n'a d'autre objet que de faire connaître au débiteur qu'on donne suite à la saisie déjà pratiquée contre lui, mais qui est étrangère à la manière de constater l'apposition ; car ce n'est pas la notification qu'on aurait faite de ce placard qui servirait à établir qu'en effet l'apposition a été faite, conformément à la loi. Ainsi, cet art. 705 n'a aucun rapport avec la notification des placards, et aucune de ses dispositions ne peut faire conclure que les second et troisième doivent être notifiés au saisi comme le premier.

» L'objection tirée de ce que le jugement d'adjudication serait rendu à l'insu du saisi, et sans l'avoir appelé, paraîtrait plus forte au premier coup-d'œil; mais elle est bientôt écartée par la réflexion. En effet, la notification du premier procès-verbal d'apposition d'affiches, forme une instance commune à toutes les parties, et dans laquelle le saisi peut intervenir, constituer un avoué, et faire surveiller toute la procédure. Appelé pour être présent aux premières poursuites il est censé appelé pour tout ce qui suit, parce que toute la procédure n'est que *unus et individuus actus*. Le saisi, qui n'a point connu la procédure subséquente, l'apposition des nouveaux placards, l'adjudication préparatoire ou définitive, ne doit l'imputer qu'à lui seul; il en est à son égard comme à celui des créanciers, qui, appelés par la notification des placards, ne doivent plus être avertis. »

De ces dernières réflexions nous concluons, avec M. Persil, que l'esprit et la lettre de la loi montrent que les second et troisième procès-verbaux d'affiches ne doivent pas être notifiés au saisi, et nous appuyons cette opinion non seulement sur ce que nous avons dit n°. 2344, mais encore sur deux arrêts de la Cour de cassation, l'un du 12 octobre 1814, l'autre du 10 mars 1819. — (*Voy. Sirey, tom.* 15, *pag.* 111, *et tom.* 19, *pag.* 337).

ARTICLE 706. (N).

Il sera procédé à l'adjudication définitive, au jour indiqué lors de l'adjudication préparatoire (1). Le délai entre les deux adjudications ne pourra être moindre de six semaines (2).

T., 113. — Décret du 2 fév. 1811, art. 1.er — C. de P., art. 714, 717, 732, 742 — C. C., art. 2212, 2213, 2215.

CCCCXCV. La disposition ci-dessus est empruntée de la distinction que l'on faisait autrefois entre l'adjudication *sauf quinzaine*, qui n'était qu'une adjudication incertaine, laquelle ne donnait aucun droit de propriété actuelle à l'adju-

----

(1) Nous traiterons, sur l'art. 731, des effets des adjudications préparatoire et définitive, par rapport aux droits qu'elles confèrent, ou aux obligations qu'elles prescrivent à l'acquéreur.

(2) JURISPRUDENCE.

1.° Le délai fixé en matière d'expropriation forcée, entre l'adjudication préparatoire et l'adjudication définitive, d'après l'art. 706 du Code de procédure civile, ou l'art. 1.er du décret du 2 février 1811, ne doit pas être augmenté à raison des distances. L'art. 1033 du Code de procédure civile n'est pas applicable dans ce cas. — (*Cassat.*, 21 *août* 1817, *Sirey, tom.* 18, *pag.* 17).

2.° L'art. 706 et le décret du 2 février 1811, qui fixent l'intervalle qu'on doit laisser entre l'adjudication préparatoire et l'adjudication définitive, doivent s'entendre en ce sens, que le juge ne peut diminuer cet intervalle, mais qu'il peut, en usant de ce pouvoir avec

dicataire, puisqu'il pouvait être déchu par un plus haut enchérisseur ; au lieu que l'adjudication définitive rendait le dernier enchérisseur propriétaire incommutable. — (*Voy. nouv. Répert.*, *v°*. adjudicataire, § 4).

La formalité de l'adjudication préparatoire a eu, lors de la discussion du projet de Code de procédure, de nombreux adversaires. On pensait, et la plupart des jurisconsultes pensent encore aujourd'hui, qu'on aurait pu se dispenser de l'admettre, sur-tout d'après la faculté de la surenchère du quart. Voici les motifs qui prévalurent pour la faire adopter : « Outre qu'elle est en elle-même, disait M. Grenier, dans son rapport au Corps législatif, un essai qui tend à ce que le prix de la vente soit, le plus qu'il est possible, approximatif de la valeur des objets, c'est que l'expérience apprend qu'il est à propos qu'il arrive un instant où tous ceux qui ont des vues pour eux ou pour d'autres sur les fonds saisis, apprennent positivement le jour où ces fonds seront adjugés définitivement. C'est principalement alors que tous les préparatifs se font, que toutes les résolutions se prennent pour cette opération décisive, mais de la part des personnes qui n'ont pu se montrer auparavant. La brièveté du délai établi par la loi de brumaire avait permis d'indiquer, par le premier acte de procédure, le jour de l'adjudication. On ne pouvait prendre ce parti avec un délai plus long sans s'exposer à de nouveaux frais, en cas d'un changement forcé ; il n'était permis que de laisser annoncer d'abord le jour de la première publication, et c'est lors de l'adjudication préparatoire qu'en conformité de l'article ci-dessus le jour de l'adjudication définitive est irrévocablement indiqué ».

Quoi qu'il en soit, nous persistons à croire que cette formalité est absolument inutile, comme nous l'avons dit pag. 488, à l'égard de la saisie des rentes, attendu que l'expérience prouve que personne ne se présente ordinairement à l'adjudication préparatoire.

2360. *Y a-t-il eu dérogation à la disposition de l'art. 706, portant que le délai entre les deux adjudications ne pourra être moindre de six semaines ?*

Oui, par l'art. 1ᵉʳ. du décret du 2 février 1811, qui dispose qu'en cas de saisie immobilière, le délai entre l'adjudication préparatoire et l'adjudication définitive sera au moins de deux mois.

Il faut observer que ce changement, dans la disposition de l'art. 706, a fait cesser, quant à la saisie immobilière, une difficulté que présentait cette disposition, et qui était celle de savoir s'il devait s'écouler six semaines franches entre les deux adjudications, en sorte qu'il fallût compter quarante-deux jours d'intervalle. Cette question, que M. Delaporte, tom. 2, pag. 310, avait résolue pour l'affirmative, avait été jugée dans le sens contraire par arrêt de la Cour de Paris, le 23 août 1808, qui décidait que si la première adjudication avait lieu un jeudi, la seconde pouvait être faite le quarante-deuxième jour, qui se

---

discrétion, l'augmenter, si un plus long délai lui paraît avantageux au saisi et aux créanciers. — (*Metz, 28 janv.* 1818, *Sirey, tom* 18, *pag.* 337, *et Rennes, 13 juin* 1817).
3.° D'après l'art. 342, l'adjudication définitive ne peut être suspendue, lorsque tous les actes ont été faits avant le décès survenu ou même notifié de la partie saisie. — (*Cassat., 23 vent. an* 11, *et Paris, 4 juill.* 1812, *Sirey, tom.* 3, *pag.* 223, *et tom.* 13, *pag.* 197).

trouvait aussi un jeudi, quoique, dans la réalité, il ne se fût écoulé que quarante-un jours francs entre les deux adjudications (1).

2361. *Si divers incidens ne permettaient pas que l'adjudication définitive eût lieu au jour fixé lors de l'adjudication préparatoire, peut-il, par suite d'un renvoi, AFFICHES TENANT, être procédé à l'adjudication à une autre audience, sans nouvelles affiches?*

Cette question a été présentée à la Cour de cassation, sous l'empire de la loi du 11 brumaire, et, par arrêt du 28 ventôse an 13, elle a été jugée pour l'affirmative (*voy. Denevers, an 13, suppl., pag.* 110), encore bien que les art. 4 et 30 de cette loi exigeassent, le premier une mention dans l'affiche *des jour et heure* où l'adjudication serait faite; le second, qu'en cas de retard dans l'adjudication, de nouvelles affiches fussent apposées. D'après les termes impératifs de l'art. 706, la même difficulté pourrait se présenter; mais nous pensons, contre l'opinion de M. Lepage, dans ses Questions, pag. 457, qu'elle serait résolue de la même manière, par ce motif principal, énoncé dans les considérans de l'arrêt précité, savoir : que si, dans le cas où l'adjudication ne serait pas faite au jour indiqué, elle ne pouvait être remise à un autre jour sans nouvelles affiches, et qu'il dépendrait en quelque sorte du saisi d'empêcher son expropriation, en multipliant tellement les incidens qu'il y eût impossibilité d'adjuger le même jour, et nécessité, par conséquent, de renvoyer l'adjudication.

Si l'art. 706 porte que l'adjudication *sera faite* au jour indiqué lors de l'adjudication préparatoire, ces termes ne peuvent donc s'entendre, d'après la considération que nous venons de rappeler, que des cas ordinaires, c'est-à-dire de ceux dans lesquels aucun obstacle ne s'y oppose. Mais on sent que toutes les fois qu'il devient nécessaire de renvoyer, il faut absolument que le tribunal prononce à l'audience, en avertissant que la remise aura lieu *affiche tenant*. Alors nul prétexte, soit pour le saisi, soit pour les créanciers, de se plaindre de cette remise, puisque les enchérisseurs emportent avis de se présenter au jour fixé.

2362. *Lorsqu'il y a eu appel d'un jugement qui, avant de passer outre à l'adjudication préparatoire, a débouté le saisi de nullités par lui proposées, que le jugement est confirmé, qu'un second jugement fixe de nouveau l'adjudication, faut-il que ce nouveau jugement accorde le délai de deux mois, conformément au décret du 2 février 1811?*

La Cour de Rennes a résolu cette question pour l'affirmative, par arrêt du 12 janvier 1817; mais nous nous croyons fondé à maintenir, au contraire, d'après les raisons développées à l'appui de la solution donnée au numéro qui précède, que si, depuis le premier jugement jusqu'à l'arrêt confirmatif, les deux

---

(1) Mais cette question pourrait-elle se reproduire dans la vente d'immeubles faite conformément aux dispositions du tit. 6 du liv. 2 de la seconde partie du Code? C'est ce que nous examinerons sur l'art. 965.

Il nous reste à remarquer ici que le délai de deux mois doit se calculer ainsi qu'il a été dit sur la quest. 2221.ᵉ, et que puisque le décret du 2 février porte au moins deux mois, rien n'empêche le tribunal d'accorder un délai plus long, si les circonstances l'exigeaient.

mois se sont écoulés, le juge est autorisé à renvoyer à moins de deux mois, puisqu'à partir du premier jugement, il s'en est déjà écoulé plus de deux entre les deux adjudications. Au surplus, M. Thomines a parfaitement réfuté les objections que l'on peut faire contre cette opinion, dans une consultation imprimée, du 1er. décembre 1813, et que nous transcrivons en entier dans la note ci-dessous (1).

ARTICLE 707. (N).

Les enchères seront faites par le ministère d'avoués et à l'audience. Aussitôt que les enchères seront ouvertes, il sera allumé successivement des bougies préparées de manière que chacune ait une durée d'environ une minute.

L'enchérisseur cesse d'être obligé, si son enchère est couverte par une autre, lors même que cette dernière serait déclarée nulle (2).

T., 114. — Édit de Henri II, du 3 sept. 1551, art. 10 et 11. — Loi du 11 brum. an 7, art. 13 et 19. — C. de P., art. 713, 717, 729, 742.

2363. *Le défaut de mention que l'enchère a été faite à éteinte de feux entrainerait-il nullité?*

Un arrêt de la Cour de cassation, du 10 pluviôse an 13 (*Sirey, tom. 5, pag.* 90), a décidé la négative, par le motif que la loi du 11 brumaire an 7

(1) Vainement prétendrait-on, dit ce savant professeur, que c'est à partir du second jugement qui, après lecture de l'arrêt, déclare l'instance reprise, que l'on doit fixer le délai de deux mois; que ce délai a été suspendu par l'appel, et n'a repris son cours qu'après ce second jugement; qu'autrement il en résulterait les plus graves inconvéniens, en ce que le saisi n'aurait plus le tems de présenter de nouvelles nullités, ou que peut-être il ne resterait plus un tems suffisant pour faire de nouvelles annonces au public, ou qu'enfin le poursuivant ne pourrait les opposer que le jour même de l'adjudication.

A ces moyens, il suffit de répondre qu'on ne peut ériger en loi un système plus ou moins plausible, et que l'art. 706 n'autorise nullement les distinctions ci-dessus. Cet article fixe un délai entre *les adjudications*, et non pas un délai entre les jugemens postérieurs à l'adjudication préparatoire et l'adjudication définitive.

On ajoute que, loin de donner au saisi la faculté de proroger le délai par des incidens, loin de suspendre ce délai par l'appel qu'interjeterait le saisi, le législateur a pris, au contraire, des mesures pour que ces sortes d'incidens ne différassent point l'adjudication définitive, et que c'est à cette fin, par exemple, qu'il prescrit (*art.* 734 *et* 735), de ne pas recevoir l'appel, s'il n'est interjeté dans la quinzaine de la signification du jugement d'adjudication préparatoire, et d'y statuer, autant qu'il sera possible, dix jours au moins avant l'adjudication définitive.

Il est déraisonnable d'admettre qu'il dépende d'un saisi de suspendre, par des chicanes, les délais de l'adjudication et d'en éloigner le terme, en sorte que, si elle se trouve retardée par son fait, il puisse exiger un nouveau délai de deux mois.

(2) JURISPRUDENCE.

Lorsqu'une adjudication définitive a été renvoyée à un jour certain, et qu'après des enchères reçues elle est renvoyée à un autre jour, celui qui a fait la dernière enchère peut

ne prescrivait point cette mention. Or, l'art. 13 de cette loi s'exprimait dans les mêmes termes que le Code, si ce n'est qu'il fixait la durée à cinq minutes : il paraît donc certain qu'on rendrait aujourd'hui la même décision (1).

2364. *Si l'enchérisseur cesse d'être obligé dès que son enchère a été couverte par une autre, lors même que cette dernière serait nulle, cet enchérisseur pourrait-il néanmoins faire revivre son enchère et se faire adjuger l'immeuble, en faisant annuler celle par laquelle la sienne aurait été couverte?*

On dit, pour l'affirmative, que l'art. 707 n'attache d'autre effet au cas où une enchère a été couverte, que de dégager l'enchérisseur de l'obligation qu'il avait contractée envers la justice, de prendre l'immeuble au prix de son enchère; qu'en conséquence son enchère doit, s'il le veut, produire tous ses effets, lorsque celle qui l'a couverte est déclarée nulle; qu'il en est alors comme du cas où son enchère aurait été la dernière, et qu'il suit de-là qu'il peut demander à être déclaré adjudicataire.

Nous ne croyons pas que l'on puisse admettre cette opinion. La loi déclare que l'enchérisseur cesserait d'être obligé, lorsque son enchère serait couverte par une autre. Elle nous paraît par là considérer la première comme non avenue, et comme on peut présumer, soit que l'enchérisseur dont l'enchère eût été déclarée nulle en fît une nouvelle en évitant les vices de la première, soit que d'autres avoués couvrissent la première enchère, nous estimons qu'il serait nécessaire, dans le cas proposé, d'allumer de nouvelles bougies. Supposons, par exemple, qu'une enchère ait été couverte par un simple particulier : elle est annulée, parce qu'elle ne pouvait être faite que par un avoué. Ne serait-il pas injuste, et contraire au vœu de la loi, que l'enchérisseur précédent pût se faire adjuger l'immeuble au prix qu'il avait offert, lorsqu'il est à croire que le particulier dont nous venons de parler va s'empresser de renouveler ses offres par l'organe de l'officier ministériel que la loi lui indique?

2365. *S'il se trouvait un plus grand nombre d'enchérisseurs qu'il n'y aurait d'avoués près le tribunal qui procède à l'adjudication, que faudrait-il faire pour que personne ne fût privé du droit d'enchérir?*

La Cour d'Amiens avait prévu cette difficulté, dans ses observations sur le projet; elle proposait, en conséquence, d'ajouter qu'en ce cas la partie pût faire enchère avec l'assistance d'un avoué, qui ne pourrait refuser son ministère.

Malgré cette observation, disent les auteurs du Praticien, tom. 4, pag. 365, on a laissé directement aux avoués le droit d'enchérir, par la raison sans doute que le tribunal ne connaissant pas les individus, il fallait que les enchères fussent faites par des personnes qui en attestassent pour ainsi dire la sincérité. Cette remarque laisse subsister la difficulté.

Faudra-t-il cependant que l'on prive une partie du droit d'enchérir, et le saisi et les créanciers du grand avantage d'un plus grand concours d'enchérisseurs? Ce n'est pas, selon nous, l'intention du législateur.....

___

s'en désister. Son silence, au moment du renvoi, n'est point un acquiescement à la remise. — (*Riom*, 17 *août* 1806, *Sirey, tom.* 6, 2.ᵉ *part., pag.* 403).

(1) A plus forte raison, n'est-il pas indispensable de mentionner la durée des bougies. — (*Lyon*, 2 *août* 1811, *Sirey, tom.* 12, *pag* 20).

Mais l'on sera donc obligé d'autoriser un seul avoué à enchérir pour plusieurs personnes ?

Cela nous paraît impossible, si l'avoué, à chaque enchère qu'il portera, ne déclare pas dans l'intérêt de quelle personne il la porte; car on laisserait à l'arbitraire de cet officier ministériel de déclarer qu'il est resté adjudicataire pour tel au lieu de tel. Dans cet état, nous croyons que le tribunal pourrait autoriser l'avoué à faire enchère, en déclarant qu'il la porte pour telle personne. En indiquant cette mesure, nous ne saurions nous dissimuler les objections dont elle est susceptible, celle sur-tout résultant de l'inconvénient de faire connaître les enchérisseurs; mais la nécessité nous paraît ici justifier une exception aux règles ordinaires.

On ne saurait dire en effet que, dans la circonstance présente, l'on dût renvoyer l'adjudication devant un autre tribunal, puisqu'il faudrait alors renouveler la plupart des actes de la saisie.

2366. *Un enchérisseur pourrait-il rétracter son enchère, sous le prétexte que celle qu'il aurait couverte serait nulle?*

Nous ne le pensons pas, par la raison que tout enchérisseur contracte directement avec la justice l'obligation absolue et parfaite de porter jusqu'à telle somme le prix de l'adjudication ; il ne contracte pas par l'intermédiaire du précédent enchérisseur, et sous la condition que la précédente enchère ne sera pas nulle. Si une enchère, qui a porté le prix du bien saisi, par exemple, à 6,000^f, est nulle, en sera-t-il moins vrai que l'enchérisseur suivant offrant, par exemple, 1,000^f de plus, s'est obligé à payer 7,000^f, si personne ne couvre son offre? Or, qu'importe à un enchérisseur, dès que la précédente enchère est couverte, qu'elle soit nulle, ou que l'art. 707 la répute non obligatoire? — (*Voy., à l'appui de cette opinion, Tarrible; nouv. Répert., au mot* transcription, § 5, *tom.* 13, *pag.* 94).

ARTICLE 708. (N).

Aucune adjudication ne pourra être faite qu'après l'extinction de trois bougies allumées successivement.

S'il y a eu enchérisseur lors de l'adjudication préparatoire, l'adjudication ne deviendra définitive qu'après l'extinction de trois feux, sans nouvelle enchère.

Si, pendant la durée d'une des trois premières bougies, il survient des enchères, l'adjudication ne pourra être faite qu'après l'extinction de deux feux, sans enchère survenue pendant leur durée.

Loi du 11 brum. an 7, art. 14, 15 et 17. — C. de P., art. 6g8, 717 et 742. — C. P., art. 412.

2367. *Les trois dispositions de l'art. 708 s'appliquent-elles à l'adjudication préparatoire?*

Il n'est pas douteux que la première disposition de cet article s'applique à l'adjudication préparatoire comme à l'adjudication définitive, puisqu'elle est ainsi conçue, *aucune adjudication, etc. :* il y aurait donc nullité de l'adjudication préparatoire qui ne serait pas faite à l'audience, et après l'extinction de trois bougies allumées successivement.

Mais, comme le dit M. Pigeau, tom. 2, pag. 230, la suite de cet article, qui exige, suivant les cas, trois ou deux feux sans enchères avant l'adjudication, ne s'applique qu'à l'adjudication définitive.

D'après ces termes de la seconde disposition, *s'il y a eu enchérisseur lors de l'adjudication préparatoire,* M. Delaporte, tom. 2, pag. 312, demande ce qu'il faudrait faire, s'il n'y avait pas eu d'enchérisseurs lors de cette adjudication. Le poursuivant reste-t-il acquéreur pour sa mise à prix, sans qu'il soit besoin d'allumer aucune bougie ? On pourrait, dit ce commentateur, conclure pour l'affirmative, suivant la maxime *qui dicit de uno negat de altero.* Néanmoins, il estime qu'il faut en ce cas même allumer les trois bougies.

Cette décision est incontestable : aucune adjudication ne peut être faite définitivement à qui que ce soit, sans qu'il y ait eu au moins trois bougies allumées ; voilà la règle générale posée dans la première disposition de l'art. 708 ; la seconde disposition dit que s'il y a eu enchérisseur lors de l'adjudication préparatoire, l'adjudication faite à cet enchérisseur ne pourra devenir définitive qu'après l'extinction de trois feux sans nouvelle enchère. Cette disposition n'est pas limitative, mais démonstrative. Il y a parité, et même majorité de raison, de l'appliquer au poursuivant qui a obtenu l'adjudication préparatoire pour sa mise à prix ; adjudication qui ne peut devenir définitive pour lui qu'après l'extinction de trois feux sans enchère ; autrement, l'adjudication définitive serait faite en contravention à la première disposition de l'art. 708.

Au reste, le poursuivant ne demeure adjudicataire pour sa mise à prix que sous la condition qu'il n'y aura pas d'enchères plus fortes. Or, on ne peut être sûr qu'il n'y en aura pas qu'autant que le public aura été mis à portée de faire ses efforts, et si l'on ne devait pas allumer les trois bougies, il en résulterait que la disposition de la loi, qui exige une adjudication définitive, eût été inutile ; autant eût valu déclarer que si, lors de l'adjudication préparatoire, la mise à prix n'était pas couverte, le poursuivant demeurerait définitivement adjudicataire pour sa mise à prix. Ce n'est donc qu'autant qu'il ne se présente aucun enchérisseur pendant la durée de trois bougies, qu'il peut être déclaré adjudicataire définitif. — (*Voy. art.* 698).

ARTICLE 709.

L'avoué dernier enchérisseur sera tenu, dans les trois jours de l'adjudication, de déclarer l'adjudicataire, et de fournir son acceptation ; sinon, de représenter son pouvoir, lequel demeurera annexé à la minute de sa déclaration : faute de ce faire, il sera réputé adjudicataire en son nom.

Loi du 11 brum, an 7, art. 19. — Régl. du 29 août 1678. — C. de P., art. 708, 713, 742. — C. C., art. 1596.

CCCCXCVI. On remarquera que le législateur n'a point attaché la peine de nullité à l'inobservation des dispositions de cet article. La raison en est que les dispositions qu'il renferme trouvent leur sanction dans celle qui déclare adjudicataire en son nom l'avoué qui ne s'acquitte pas des obligations qu'elles lui imposent.

2368. *Les trois jours dans lesquels l'avoué doit faire la déclaration exigée par l'art. 709 sont-ils francs ?*

On ne compte pas le jour de l'adjudication, mais la déclaration doit être faite dans l'un des trois jours qui suivent. Ainsi le délai n'est pas franc : cela résulte de ce que la loi veut que cette déclaration soit faite *dans* les trois jours. — (*Voy.* Pigeau, *pag.* 141).

2369. *Où, et dans quelle forme, doit-on faire la déclaration ?*

Elle se fait au greffe, et on l'écrit sur le cahier des charges à la suite de l'adjudication ; l'avoué la signe ; si son commettant est présent, il fait immédiatement son acceptation, qu'il souscrit ; sinon, il est fait mention des causes qui l'empêchent de signer. En cas d'absence, elle peut être faite en vertu d'un pouvoir donné par acte authentique ou sous signature privée ; mais dans ce dernier cas, le pouvoir ne peut être annexé à la minute de la déclaration qu'autant qu'il est timbré et enregistré. — (*Voy. Pigeau, tom.* 2, *pag.* 141; *Demiau Crouzilhac, pag.* 452, *et Prat., tom.* 4, *pag.* 567).

2370. *La déclaration prescrite par l'art. 709 est-elle, comme déclaration de command, soumise aux dispositions de la loi du 22 frimaire an 7 ?*

Une instruction de M. le directeur général de l'administration de l'enregistrement et des domaines, sous la date du 27 août 1811, et une décision de S. Exc. le ministre des finances, ont fixé les opinions sur cette question, que l'administration avait pensé devoir être résolue pour l'affirmative, mais que la Cour de cassation a décidée négativement, par arrêts des 5 septembre, 9 et 24 avril 1811.

L'on doit maintenant, d'après toutes ces décisions, tenir pour certain, 1°. que l'avoué n'est point obligé de notifier au receveur de l'enregistrement la déclaration prescrite par l'art. 709 ; 2°. qu'elle n'est passible que du droit fixe d'un franc, lorsqu'elle remplit les conditions voulues par cet article ; 3°. que *l'adjudicataire* déclaré peut passer une *déclaration de command*, sans donner lieu au droit proportionnel, lorsque l'avoué en a fait *la réserve dans l'adjudication* (1). — (*Voy.* Sirey, *tom.* 11, *pag.* 26).

2371. *Les dispositions de l'art. 709 s'appliquent-elles à l'adjudication préparatoire, de même qu'à l'adjudication définitive ?*

M. Lepage, dans son Traité des saisies, tom. 2, pag. 98 et 106, et dans ses Questions, pag. 458, applique ces dispositions aux deux adjudications, mais il

---

(1) Nous ajouterons que, par une instruction générale du 16 juillet 1813, la régie annonce que la déclaration de command, faite par l'adjudicataire déclaré par l'avoué, ne doit profiter de l'exemption qu'autant que celui-ci en a fait la réserve *dans l'adjudication*, et que le droit proportionnel est exigible, si la réserve a été faite seulement par l'adjudicataire dans l'acceptation de la déclaration de l'avoué. — (*Ann. du not., tom.* 13, *pag.* 296; *voy.* Sirey, *tom.* 16, *pag.* 285).

ne le fait que par un motif de prudence. Les auteurs du Praticien, tom. 4, pag. 368, estiment qu'elles ne se rapportent qu'à l'adjudication définitive.

Nous remarquerons que la Cour d'appel de Turin, en disant, dans ses observations sur le projet, qu'il paraissait que les rédacteurs n'avaient entendu parler que de l'adjudication définitive, demandait que la rédaction fût plus précise, afin de lever le doute sur l'application de l'article à l'adjudication préparatoire. Mais l'art. 709 du Code n'en est pas moins conçu dans les mêmes termes que l'art. 729 du projet, et l'on en conclut que le premier ne peut s'appliquer à l'adjudication préparatoire.

On ajoute, en faveur de cette opinion, que le législateur n'a pu vouloir étendre les dispositions de l'art. 709 à l'adjudication préparatoire, puisque l'adjudication définitive est la seule qui confère à la partie pour laquelle l'avoué est demeuré *adjudicataire éventuel* un véritable titre, qui donne à celle-ci un droit sur l'immeuble ; que, conséquemment, ce n'est qu'après l'adjudication définitive qu'il devient utile de faire connaître celui auquel ce titre appartiendra.

On répond qu'il est nécessaire que l'avoué fasse connaître, même après l'adjudication préparatoire, la personne pour laquelle il a porté l'enchère. En effet, la loi veut que si nul enchérisseur ne couvre le prix auquel l'adjudication préparatoire a été faite, ce soit l'adjudicataire éventuel qui demeure adjudicataire définitif. Or, dans l'intervalle de la première adjudication à celle-ci, il peut arriver, premièrement, que l'avoué décède, et alors on ne pourra connaître celui pour lequel il avait fait enchère, et il faudra renouveler les annonces, affiches et publications ; inconvénient qui n'aurait pas lieu, si l'avoué avait déclaré l'adjudicataire ; secondement, que l'adjudicataire éventuel, que l'avoué déclarerait après l'adjudication définitive, fût dans un état d'insolvabilité existant au moment même de la première adjudication ou survenu depuis ; ce qui obligerait encore à recommencer les poursuites.

C'est sur-tout dans cette dernière circonstance qu'il devient fort important, dans l'intérêt de l'avoué, de se fixer sur la solution de la question qui nous occupe. Le saisissant, craignant que l'immeuble ne fût pas, lors d'une nouvelle adjudication, porté à un prix aussi élevé que celui de l'adjudication préparatoire, pourrait, en effet, demander que l'avoué fût déclaré adjudicataire en son nom, faute de s'être conformé aux dispositions de l'art. 709, lors de cette adjudication préparatoire.

Nous croyons que l'on ne pourrait, à la rigueur, exiger que l'avoué remplît, lors de l'adjudication préparatoire, les obligations prescrites par l'art. 710, qui nous paraît, en effet, n'avoir en vue que l'adjudication définitive. Quant aux objections tirées du décès de l'avoué, et de ce que l'adjudicataire éventuel pourrait être insolvable au moment de la première adjudication ou le devenir depuis, elles ne sauraient avoir aucune influence sur notre question, puisque ces circonstances pourraient également arriver dans le délai de trois jours, donné pour faire la déclaration après l'adjudication définitive. Au surplus, si l'avoué décède, ses héritiers seront tenus de représenter son pouvoir ; car il est évidemment dans le vœu de la loi qu'il en soit muni au moment où il fait l'enchère. Si l'adjudicataire était insolvable, l'avoué est tenu des dommages-intérêts, conformément à l'art. 713.

Nous dirons donc, comme M. Lepage, que l'accomplissement des obligations prescrites par l'art. 709 n'est qu'un acte de prudence de la part de l'avoué, et non pas un devoir rigoureux lors de l'adjudication préparatoire.

Il nous reste à observer qu'il est d'autant plus important pour cet officier ministériel de se faire donner un pouvoir avant de surenchérir, qu'il aurait à craindre qu'une partie de mauvaise foi, regrettant d'être adjudicataire au prix de l'enchère qu'il aurait portée pour elle, vînt à contester un pouvoir qu'elle n'aurait donné que verbalement.

ARTICLE 710.

Toute personne pourra, dans la huitaine du jour où l'adjudication aura été prononcée, faire au greffe du tribunal, par elle-même ou par un fondé de procuration spéciale, une surenchère, pourvu qu'elle soit du quart (1) au moins du prix principal de la vente (2).

T., 115. — C. de P., art. 412, 681, 703, 713 et 965. — C. C., art. 1596.

CCCCXCVII. Les trois articles qui précèdent tendent à procurer la garantie que les tribunaux ne seront pas obligés d'adjuger les objets saisis à un prix qui serait de beaucoup trop inférieur à leur véritable valeur.

La loi de brumaire, art. 14, avait placé cette garantie dans la nécessité d'une remise de l'adjudication, et d'une nouvelle apposition et notification d'affiches, si deux bougies s'étaient éteintes sans qu'il fût survenu d'enchère qui eût porté le prix à plus de quinze fois le revenu auquel le bien était évalué par la matrice des rôles de la contribution foncière; et l'art. 17 portait qu'au jour indiqué pour la remise, le tribunal devait prononcer l'adjudication définitive à celui qui faisait l'offre la plus avantageuse, quoiqu'inférieure au taux prévu par l'art. 14.

Le Code n'a point admis cette base, parce que l'expérience avait appris qu'elle était peu sûre et embarrassante. Si les matrices des rôles sont défectueuses, elles ne peuvent servir de boussole; il y a ensuite des maisons ou autres bâtimens dont la valeur est principalement relative à leur solidité, abstraction même faite des produits actuels.

Il a paru plus sage de se débarrasser de ces entraves et de prendre d'autres moyens. On a cru que sans qu'il fût besoin d'arrêter le cours de la procédure,

---

(1) Voy., sur l'art. 965, l'examen de la question de savoir si la surenchère doit être du quart ou du dixième dans les ventes faites judiciairement, mais non par suite d'expropriation forcée ou saisie immobilière.

(2) JURISPRUDENCE.

Les art. 710 et 711, en admettant toute personne à surenchérir, soumettent les adjudications à une clause résolutoire, inhérente à ces adjudications, et qui coexiste avec elles. Cette condition s'accomplit par la surenchère faite dans le délai et dans la forme prescrite par la loi : dès lors, les choses sont remises au même état que si l'adjudication surenchérie n'avait pas existé, conformément à la disposition générale de l'art. 1683 du Code civil.

Il suit de là que la régie ne peut exiger les droits de mutation pour l'adjudication surenchérie. — (Cassat., 23 fév. 1820, Sirey, tom. 22, pag. 195).

on pouvait avec plus de confiance poser la garantie à laquelle on visait dans la faculté d'une surenchère qui peut être faite dans la huitaine de l'adjudication, pourvu qu'elle soit du quart au moins du prix principal de la vente.

Certains exemples de ce qui se pratiquait dans l'ancienne saisie réelle ont pu donner l'idée de cette mesure, mais elle a reçu une modification qui la rend plus efficace, et elle a dû être d'autant plus accueillie, qu'elle procure un nouvel avantage.

En effet, en s'occupant de cette matière, il était difficile de ne pas prévoir le cas où il n'y aurait pas d'enchérisseurs, puisqu'enfin cela est possible. On avait donc admis que le poursuivant ferait une mise à prix; mais il y avait lieu de douter qu'il fût prudent de prononcer, ainsi que cela est dit dans l'art. 698, que le poursuivant demeurerait adjudicataire, s'il ne se présentait pas de surenchérisseurs. On sent aisément les raisons qui pouvaient motiver une répugnance à le vouloir ainsi; mais cette répugnance cesse d'après la faculté de la surenchère, dans la huitaine de l'adjudication : en sorte qu'il résulte de là un nouveau moyen de s'assurer, sans que la prévoyance du législateur soit en défaut, que, dans tous les cas, il y aura une adjudication, et que des frais de poursuites n'auront pas été faits en vain. — (*Rapp. au Corps législ.*).

2572. *L'art. 710 du Code de procédure portant que la surenchère doit être d'un quart, s'applique-t-il aux adjudications volontaires ?*

Cette question s'est présentée devant la Cour de Paris, dans une espèce où le curateur à une succession vacante s'était fait autoriser à mettre en vente un immeuble de cette succession. Après l'adjudication définitive, l'acquéreur ayant, conformément à l'art. 832 du Code de procédure, fait signifier par un huissier commis les notifications prescrites par l'art. 2183 du Code civil, un créancier lui notifia, ainsi qu'au curateur à la succession vacante, une déclaration qu'il entendait surenchérir d'un dixième; l'acquéreur soutint que cette déclaration était nulle, attendu que la surenchère devait être d'un quart, aux termes de l'art. 710. Mais, par arrêt du 2 mars 1809 (*voy. Sirey, tom.* 9, *DD.,* *pag.* 238), cette nullité fut rejetée, par le motif que l'adjudication dont il s'agissait ayant tous les caractères d'une vente volontaire, l'article que l'on opposait était sans application à l'espèce. — (*Voy. Pigeau, tom.* 2, *pag.* 411 *et* 412). (1)

2573. *Ces mots, TOUTE PERSONNE, employés dans l'art. 710, supposent-ils, par leur généralité, que le poursuivant puisse former une surenchère?*

Nous croyons devoir résoudre cette question pour l'affirmative. Mais voici les objections que l'on peut faire contre cette solution :

On dit, à l'égard du poursuivant, 1°. qu'il est de principe que les conventions légalement formées tiennent lieu de loi à ceux qui les ont faites, et qu'elles ne peuvent être révoquées que de leur consentement mutuel, ou pour les causes que la loi autorise (*voy. Code civ., art.* 1134) : or, le créancier qui a poursuivi la saisie, qui a demandé lui-même que l'adjudication en fût faite à l'avoué

---

(1) Nous traiterons de rechef, sur l'art. 965, la question dont l'examen, dans l'Analyse, a donné lieu à cette proposition.

dernier enchérisseur, qui a souscrit cette adjudication, se trouve avoir contracté avec l'acquéreur un engagement qu'il ne peut rendre sans effet sans le consentement de celui-ci ; 2°. que le poursuivant ne faisant qu'une seule et même personne avec le saisi, il est évident que la loi lui refuse, comme à celui-ci, la faculté de surenchérir ; car la généralité des termes de l'art. 710 ne peut s'étendre à la partie saisie, ainsi qu'il résulte de l'art. 713 ; 3°. qu'enfin l'art. 711 prouve que le saisissant ne peut pas se rendre surenchérisseur, puisque cet article veut que la surenchère lui soit dénoncée.

Ces moyens ont été plaidés, à notre connaissance, devant le tribunal de Saint-Malo, qui n'en déclara pas moins que le saisissant avait pu surenchérir, et telle est aussi notre opinion. Nous la fondons, en premier lieu, sur ce qu'il est reconnu, ainsi qu'il résulte de ce que nous avons dit sur la quest. 1111e., que ce n'est point avec le saisissant que l'acquéreur contracte, mais avec le saisi, sous l'autorité de la justice ; en second lieu, parce que la surenchère est un droit introduit en faveur du saisi lui-même, du saisissant et des créanciers, afin de rendre sans effet les manœuvres qui pourraient être pratiquées pour qu'un enchérisseur devînt acquéreur à vil prix (voy. l'Exposé des motifs, par M. Réal, et le rap. de M. Grenier, édit. de F. Didot, pag. 214 et 264) ; en troisième lieu, parce que l'on ne peut pas dire que la vente soit parfaite, puisque le législateur l'a subordonnée à l'exercice du droit de surenchère ; enfin, parce que la loi s'exprime en termes généraux, et qu'il n'est pas permis, soit de distinguer, quand elle ne distingue point, soit de prononcer des exclusions qu'elle n'a point ordonnées (1).

2374. Lorsque la surenchère est nulle à raison de l'incapacité d'un surenchérisseur, n'en subsiste-t-elle pas moins pour son coenchérisseur ?

Cette question a été résolue pour l'affirmative, par un arrêt de la Cour de Bruxelles, du 15 avril 1809 (voy. Journ. des avoués, tom. 1, pag. 35). On conçoit, en effet, qu'il n'existe aucun motif pour que l'incapacité d'une personne, qui surenchérit conjointement avec une autre, puisse opérer la nullité contre celle-ci, qui est obligée de remplir toutes les obligations auxquelles la surenchère donne lieu, comme si elle avait été faite à sa seule requête. — (voy. Code civ., art. 1218).

2375. Peut-on faire une surenchère sans assistance d'avoué ?

Si l'on s'attache, dit M. Berriat Saint-Prix, pag. 596, not. 95, au sens grammatical qui naît du lieu où est la disposition, il semble qu'elle veuille dispenser de l'entremise des avoués pour la surenchère, parce qu'on a placé le premier article (710), qui l'autorise, à la suite de celui où l'on décide que les enchères sont faites par les avoués. Il faut d'ailleurs, ajoute cet auteur, observer, au sujet de cette interprétation, 1°. qu'elle n'est pas contredite par l'art. 115 du tarif, quoiqu'il passe une vacation aux avoués pour la surenchère, parce que cet article n'est point limitatif ; 2°. qu'on ne devrait pas annuler un surenchère, par cela seul qu'elle serait faite sans avoué, puisque la loi ne prononce point de nullité, et que le surenchérisseur pourrait s'autoriser de la latitude que

_____

(1) Nous examinerons, sur l'art. 712, si les personnes incapables de se rendre adjudicataires peuvent être admises à surenchérir.

semble donner les mots *toute personne;* 3°. que l'art. 965 donne une semblable explication des mots *toute personne.*

Peut-être doit-on décider, comme M. Berriat Saint-Prix et M. Delaporte, tom. 2, pag. 313, que l'on ne peut annuler une surenchère faite sans assistance d'avoué, parce que, dirait-on, la loi ne prononçant point la nullité, le défaut d'une simple assistance d'un officier ministériel ne vicie pas l'acte dans sa substance. Mais nous n'en croyons pas moins, avec tous les autres commentateurs, que, dans le vœu de la loi, le ministère d'un avoué ne saurait être étranger à l'acte de surenchère. L'art. 115 du tarif le prouve, et bien loin que l'on puisse tirer un argument contre cette opinion de l'art. 965, cet article, au contraire, nous paraît la justifier complétement. En effet, c'est par exception aux dispositions relatives à la saisie immobilière, qu'il dispense de recourir au ministère de l'avoué, pour le cas où la vente se fait chez un notaire; ce qui suppose que, dans le cas où la vente est faite en justice, et sur-tout par expropriation, on doit employer le ministère des avoués. Ici nous appliquons la maxime *l'exception confirme la règle pour les cas non exceptés.*

C'est par ces considérations, sans doute, que M. Pigeau, pag. 233, dit, en termes exprès, que soit que l'on surenchérisse par soi-même, soit qu'on le fasse par un mandataire, *on doit être assisté d'un avoué,* parce que c'est *un acte judiciaire;* raison pour laquelle l'art. 115 du tarif alloue une vacation. — (*Voy. Demiau Crouzilhac, pag.* 452).

2376. *Le pouvoir de surenchérir doit-il être donné par acte authentique?*

L'art. 710 n'exige autre chose, si ce n'est que la procuration soit spéciale : rien ne s'oppose donc à ce qu'elle soit donnée par acte sous seing privé. Mais si elle est donnée en cette forme, le premier adjudicataire qui a intérêt qu'on ne le dépouille pas en faveur de quelqu'un qui puisse dénier l'acte sous seing privé, a droit d'exiger qu'il soit, avant tout, reconnu en justice ou devant notaire : pour prévenir cet incident, il vaut donc mieux le donner par acte authentique. — (*Voy. Pigeau, tom.* 2, *pag.* 233; *Hautefeuille, pag.* 385, *et notre quest.* 44°.)

2376. *Quelle est la forme de l'acte de surenchère?*

Cet acte consiste dans une déclaration faite au greffe par le surenchérisseur ou par son fondé de pouvoir, assisté d'un avoué, ainsi que nous l'avons dit sur la question 2377°. Il en est dressé, par le greffier, un procès-verbal qui est signé par l'avoué et par la partie, et qui, à défaut de signature, contient mention des causes de ce défaut. Ce procès-verbal est écrit au pied du jugement d'adjudication auquel il fait suite. — (*Voy. Pigeau, tom.* 2, *pag.* 235, *et Demiau Crouzilhac, pag.* 452).

2378. *Le délai de huitaine, fixé par l'art.* 710, *est-il franc, et les jours fériés sont-ils comptés dans ce délai?*

L'art. 710 dit que la surenchère *sera faite dans la huitaine* du jour où l'adjudication aura été prononcée; ainsi, ce jour n'est pas compté, mais celui de l'échéance doit l'être nécessairement. — (*Voy. Pigeau, pag.* 233).

Quant aux jours fériés, ils ne sont pas comptés dans ce délai. Ainsi nulle distinction n'est à faire entre le cas où le jour férié sera, par exemple, un des sept premiers jours de la huitaine, et celui où il se trouverait le dernier.

Ne pas le compter dans ce dernier cas, ce serait ajouter un neuvième jour au délai, établir une distinction que la loi n'a point faite, commettre un excès de pouvoir et une contravention expresse à l'art. 710. — (*Cassat.*, 27 *fév.* 1821, *Sirey*, *tom.* 21, *pag.* 235) (1).

2379. *Le greffier peut-il, pendant le délai de huitaine, recevoir plusieurs suren-chères, et s'il le peut, tous les surenchérisseurs seront-ils admis à concourir, encore bien que l'un d'eux ait porté sa surenchère au-dessus du quart du prix principal de l'adjudication?*

La Cour d'appel de Turin, par arrêt du 30 janvier 1810 (*Sirey*, *tom.* 15, *pag.* 148), a décidé qu'il pouvait y avoir lieu à de nouvelles surenchères, tant qu'il ne s'était pas écoulé plus de huit jours depuis l'adjudication, lors même qu'un premier surenchérisseur aurait déjà fait son acte au greffe, dénoncé sa surenchère, et poursuivi l'audience.

Cette décision, qui consacre l'opinion émise par M. Lepage, dans son Traité des saisies, tom. 2, pag. 118 et 222, et dans ses Questions, pag. 461, nous paraît conforme à l'esprit et au texte de la loi.

A l'esprit de la loi, puisqu'elle a permis la surenchère dans l'intérêt de la partie saisie et de ses créanciers, et qu'aucune disposition ne défend expressé-ment de recevoir plusieurs surenchères sur une seule adjudication.

Au texte de la loi, puisque l'art. 710 admet *toute personne* à surenchérir, et donne à cet effet un délai qui court également pour tous ceux qui vou-draient aussi faire une surenchère : on ne peut donc admettre, tant que ce délai de huitaine n'est pas expiré, qu'une première surenchère ait l'effet d'en empêcher une seconde, etc. — (*Voy.*, *au surplus*, *les développemens donnés par M. Coffinières, ubi suprà, et Pigeau, tom. 2, pag. 236).*

La conséquence de cette décision est, ainsi que M. Lepage, *ubi suprà*, l'a pensé, d'admettre tous les surenchérisseurs, qui se seraient d'ailleurs con-formés aux dispositions de l'art. 711, à concourir lors de la mise en revente, conformément à l'art. 712.

Il est vrai que les termes de cet article semblent, au premier aperçu, supposer que le concours ne sera établi qu'entre l'adjudicataire et le suren-chériseur; mais dans les considérans de l'arrêt précité, la Cour de Bruxelles a répondu à cette objection, en déclarant que ces mots, *celui qui*, employés dans l'art. 712, sont évidemment synonymes du mot *quiconque*, puisqu'autre-ment cet article serait en opposition avec l'art. 710, qui, en accordant *à toute personne* le droit de surenchérir, admet nécessairement, ainsi que nous ve-nons de le dire, tout enchérisseur qui se présente dans le délai.

Mais, dira-t-on, ce concours de plusieurs surenchérisseurs ne peut du moins avoir lieu qu'autant que chacun d'eux se serait borné à surenchérir du quart. En effet, il est naturel que celui qui porte le prix à un taux supérieur soit seul admis à ce concours.

---

(1) Mais lorsque le huitième jour est ainsi un jour férié, le surenchérisseur aurait la faculté de surenchérir, en obtenant la permission du juge de notifier ce jour même son acte de surenchère. — (*Rouen*, 14 *janv.* 1815, *Sirey*, *tom.* 15, *pag.* 220; *voy. nos quest. sur l'art.* 681).

Ce n'est pas notre opinion. Il nous semble que, d'après l'art. 710, toute personne qui a surenchéri du quart ayant rempli la condition sous laquelle la loi l'admet à concourir à l'adjudication, ne peut en être écartée par un autre surenchérisseur qui aurait excédé ce taux.

S'il en était autrement, on suppléerait une distinction que la loi n'a pas faite ; l'on contraindrait toute personne qui aurait enchéri à porter le montant de la surenchère au-delà du quart, ce qui n'est pas évidemment dans l'intention de la loi, puisqu'elle s'est bornée à le fixer à ce taux. Si, au contraire, elle avait entendu que le plus fort surenchérisseur fût seul admis à concourir avec l'adjudicataire, conformément à l'art. 712, il est évident que le législateur se fût exprimé de toute autre manière, en disant, par exemple, que toute personne pourrait enchérir au-dessus du quart, et que celle qui aurait offert le prix le plus élevé serait admise à concourir avec l'adjudicataire. Telle est aussi l'opinion de M. Pigeau, tom. 2, pag. 236.

2380. *Doit-on entendre, par* LE QUART *que la loi exige, celui du prix de la vente, en y comprenant les frais auxquels l'adjudicataire est tenu ?*

Nous ne le pensons pas, attendu que la loi se sert de ces mots, *prix principal,* qui sont exclusifs de tout ce qui n'est payé qu'*accessoirement :* il suffit donc de surenchérir du quart du prix auquel l'immeuble a été adjugé sur l'enchère du dernier enchérisseur.

Mais nous remarquerons que l'art. 710 est en cela bien plus favorable que l'art. 2185, n°. 2, du Code civil, relatif à la surenchère sur aliénation volontaire, qui, en exigeant une soumission de porter *le prix* à un dixième au-dessus de celui qui aura été stipulé dans le contrat, paraît considérer, comme faisant partie du prix, toute somme que l'acquéreur est obligé de payer accessoirement par une clause du contrat. C'est du moins ce qui a été jugé par arrêt de la Cour de cassation, section civile, du 15 mai 1811, dans une espèce où il s'agissait d'une adjudication faite en justice, mais non pas par suite d'expropriation. — (*Voy. Journ. des avoués, tom. 4, pag.* 70 *et* 71).

2381. *Une surenchère serait-elle nulle, si la déclaration ne contenait pas soumission de porter le prix au quart en sus du prix principal de la vente?*

Nous ne pensons pas que l'on puisse argumenter, pour la négative, de ce que l'art. 710 ne porte pas la peine de nullité; car il suffit, pour décider que la surenchère, dans l'espèce de la question proposée, doit être regardée comme non avenue, de considérer qu'elle ne peut être admise que sous la condition de la soumission dont il s'agit. Or, quand une faculté est accordée sous condition, elle cesse, si cette condition n'a pas été remplie.

2382. *Si, dans la huitaine pendant laquelle le droit de surenchérir peut être exercé, et avant qu'il y ait surenchère, le bien périt ou se dégrade, pour qui sera la perte? Sera-ce pour le saisi vendeur ou pour l'adjudicataire? Pour qui sera-t-elle, si le cas arrive après la surenchère?*

Ces questions seront traitées sur l'art. 731.

2383. *Si l'on se borne à notifier une déclaration de surenchérir sans mentionner que l'acte de surenchère a été fait au greffe, la surenchère doit-elle être rejetée?*

Sans contredit il y a nullité de la surenchère, si l'acte prescrit par l'art. 710

n'a pas été passé au greffe, car l'art. 711 exige, *à peine de nullité*, la dénonciation de cet acte. Or, un exploit qui ne contient qu'une déclaration de surenchérir n'étant point la dénonciation de l'acte préexistant que la loi exige, il s'ensuit qu'il y a violation de l'art. 711. Mais si l'acte avait été réellement passé au greffe, on pourrait dire que la déclaration équivaut à la dénonciation, parce que le surenchérisseur a rempli le vœu de la loi; mais on répondrait avec raison qu'indépendamment de l'acte fait au greffe, la loi veut, à peine de nullité, que cet acte soit dénoncé, et qu'il le soit dans les vingt-quatre heures; que cette dénonciation n'existe pas, et que par conséquent la surenchère doit être annulée. Supposons que la loi exigeât, à peine de nullité, qu'un avenir donné pour procéder sur l'enchère, contînt mention que l'acte a été passé au greffe; sans contredit, il y aurait nullité si la mention n'existait pas, à plus forte raison, lorsqu'on ne fait pas l'acte exigé par la loi.

ARTICLE 711. (1) (N).

La surenchère permise par l'article précédent ne sera reçue qu'à la charge, par le surenchérisseur, d'en faire, à peine de nullité, la dénonciation, dans les vingt-quatre heures, aux avoués de l'adjudicataire, du poursuivant et de la partie saisie, si elle a avoué constitué, sans néanmoins qu'il soit nécessaire de faire cette dénonciation à la personne ou au domicile de la partie saisie qui n'aurait pas d'avoué.

La dénonciation sera faite par un simple acte contenant avenir à la prochaine audience, sans autre procédure (2).

T., 116. — C. de P., art. 82, 681, 703, 710, 965.

2384. *Une surenchère, faite la veille d'une fête légale, serait-elle valablement dénoncée après les vingt-quatre heures ?*

Oui, parce que, d'après les art. 63 et 1037, aucune signification ne peut

(1) La surenchère après adjudication sur expropriation forcée, diffère de la surenchère après vente ordinaire, en ce que, si le surenchérisseur se désiste, sans que les créanciers se fassent subroger, l'adjudicataire peut écarter toutes enchères pour conserver effet à son adjudication, en élevant le prix au taux où la surenchère l'a porté.

(2) JURISPRUDENCE.

1.° Le créancier surenchérisseur n'est pas réputé acquiescer au jugement qui annule sa surenchère, et se rendre non recevable à attaquer ce jugement, par cela seul qu'il aurait produit à l'ordre, si la production a été faite *sous toutes réserves*. — (Cassat. , 28 oct. 1809, Journ. des avoués, tom. 1, pag. 5).

Nous pensons que cet acquiescement ne pourrait lui être opposé dans le cas où la production aurait été faite sans réserve, attendu qu'elle se fait par l'avoué, et que celui-ci ne peut acquiescer pour la partie, s'il n'a pouvoir spécial.

2.° L'enchérisseur, devenant adjudicataire définitif, doit, suivant l'art. 2188 du Code civil, restituer au précédent adjudicataire les frais et loyaux coûts de son adjudication.

être faite un jour de fête légale : d'où suit, par exemple, que celui qui surenchérit au greffe un samedi ne fait que se conformer au droit commun, en remettant au lundi la dénonciation de sa surenchère. — (*Voy. arrêt de la Cour de cassation, section des requêtes, du 28 novembre 1809, rapporté par Sirey, tom. 80, pag. 83).* (1)

2385. *Ce même délai de vingt-quatre heures doit-il s'entendre du jour entier qui suit le jour auquel la surenchère a été reçue au greffe?*

Le tribunal civil de Liége avait décidé que le délai dont il s'agit devait être calculé *de horâ ad horam ;* en sorte, par exemple, qu'une surenchère reçue au greffe à dix heures du matin, devrait être dénoncée le lendemain avant dix heures. Mais cette décision fut infirmée le 5 janvier 1809, par la Cour d'appel de la même ville, attendu que ce délai doit être entendu d'un jour utile, puisque la loi n'a ordonné de constater ni l'heure de la surenchère ni celle de la dénonciation. — (*Sirey, tom.* 12, *pag.* 207).

C'est ainsi que l'on entend généralement l'art. 711. Aucun auteur n'a établi le système que le tribunal de Liége avait adopté; mais on verra, par la note ci-dessous, que nous faisons une distinction qui, suivant nous, concilie toutes les opinions (2).

---

(1) M. Huet, pag. 191, critique cette décision, qui, en effet, semble en opposition avec plusieurs décisions, et notamment avec l'arrêt cité sur l'article précédent, pag. 613, à la note. On peut opposer, dit-il, dans l'espèce de l'art. 711, comme dans le cas de l'art. 710, que le surenchérisseur qui a fait sa déclaration au greffe le samedi, peut obtenir autorisation du président pour dénoncer la surenchère le dimanche; mais la jurisprudence est fixée, et il ne serait pas sûr de soutenir l'opinion contraire à celle qu'elle consacre.

(2) L'arrêt de la Cour de Liége peut être justifié, sauf la distinction que nous admettons ci-après, par celui de la Cour de cassation, section criminelle, du 5 janvier 1809 (*voy. Denevers,* 1809, *suppl., pag.* 18), qui pose en principe que si, toutes les fois que la loi fixe un délai à un nombre de jours déterminé, la computation s'en fait *de die ad diem,* il n'en est pas ainsi d'un délai préfix d'un nombre d'heures, par exemple de vingt-quatre heures, lequel se calcule *de horâ ad horam.*

Par une conséquence de ce principe, la Cour déclara nul un procès-verbal de gardes-forestiers, qui avait été affirmé le lendemain de sa rédaction, mais après l'expiration de vingt-quatre heures depuis sa date, fixée, soit par la mention de l'heure que le garde-forestier avait indiquée dans le procès-verbal, soit par la mention de l'heure de l'affirmation faite par l'officier public qui avait reçu cette affirmation.

Ainsi l'on soutint vainement, dans cette espèce, comme on l'a fait devant la Cour de Liége, que les vingt-quatre heures dans lesquelles, d'après l'art. 7 du tit. 4 de la loi du 29 septembre 1791, le procès-verbal devait être affirmé, ne devaient s'entendre que du jour naturel; que, conséquemment, le lendemain du jour de la rédaction était un jour utile, et que ce procès-verbal avait pu être affirmé le lendemain de sa rédaction, et pendant toute la journée.

Nous croyons le principe consacré par la Cour de cassation parfaitement applicable à l'espèce de l'art. 711. Mais il faut bien remarquer que l'heure de la rédaction et celle de l'affirmation du procès-verbal déclaré nul avaient été fixées, dans l'espèce sur laquelle elle a prononcé.

Or, supposons que ni l'heure de la réception de la surenchère, ni celle de la dénonciation ne l'aient été; en ce cas, l'art. 711 n'exigeant pas que l'on constate cette heure, la présomption doit être que la dénonciation a été faite en tems utile : d'où suit que la surenchère ne serait nulle qu'autant que l'heure de la réception de la surenchère et celle de la dénonciation seraient constatées.

2386. *Celui qui mettrait une surenchère après un ou plusieurs autres surenché-*
risseurs, doit-il la leur dénoncer?

Oui, parce que ces précédens surenchérisseurs ont intérêt à connaître les
surenchères postérieures, afin de les combattre et de les écarter, si elles étaient
nulles. — (*Voy.* Pigeau, *tom. 2, pag.* 236).

2387. *La surenchère doit-elle être notifiée à un avoué qui n'aurait été constitué*
que sur un incident?

La poursuite en saisie immobilière, dit M. Coffinières, d'après les considérans d'un arrêt de la Cour de Paris, du 23 août 1810 (*Sirey, tom.* 15,
pag. 157), n'est qu'une voie d'exécution. Le saisi n'est pas accessoirement
partie dans cette poursuite; il ne peut le devenir que par une demande particulière, qui, établissant un point de contestation entre lui et le poursuivant,
constitue essentiellement une instance proprement dite. Mais lorsque cette
contestation est terminée par un jugement, et que les poursuites en saisie
immobilière sont reprises, le saisi cesse d'être partie en cause; et, par une
conséquence toute naturelle, l'avoué qu'il avait constitué pour sa demande
incidente, reste de même sans mandat; dès lors, comme l'a décidé la Cour
de Paris, il ne serait pas nécessaire de lui faire la signification prescrite par
l'art. 711.

Nous rétractons cette opinion, que nous avions adoptée dans notre Analyse, par cette raison, donnée par M. Huet, pag. 194, que la loi veut que la
surenchère soit donnée à l'avoué et à la partie saisie, si elle en a constitué
un; or, le saisi n'a eu besoin de constituer avoué qu'afin d'élever un incident :
donc on peut, on doit même dénoncer la surenchère.

2388. *L'audience à laquelle on doit assigner les parties désignées dans l'ar-*
ticle 711, est-elle celle qui suit la dénonciation?

Suivant M. Tarrible, pag. 386, l'avenir devrait être donné à la prochaine
audience qui suit la dénonciation. Nous croyons, au contraire, que ces mots
prochaine audience, dont il est fait mention en l'art. 711, ne peuvent avoir
d'autre application qu'à la prochaine audience après le délai de rigueur durant
lequel toute personne peut surenchérir, conformément à l'art. 710; s'il en
était autrement, il faudrait décider qu'il dépendrait de celui qui aurait surenchéri le premier, d'écarter ceux qui auraient l'intention de surenchérir aussi;
ce que l'on ne peut admettre, ainsi que nous croyons l'avoir prouvé sur nos
quest. 2379°. et 2386°.

2389. *Mais du moins l'assignation ne doit-elle pas être nécessairement donnée*
à la plus prochaine audience qui suit l'expiration du délai?

Suivant la Cour de Turin, dans l'arrêt cité sur la quest. 2379°., ces mots
s'entendent de la prochaine audience des criées, que le tribunal indique *après*
le délai fixé par l'art. 710. Suivant celui de la Cour de Paris, cité sur la ques-

C'est, en effet, à celui qui allègue la nullité à prouver que la dénonciation a été faite
après le délai. Cette considération a été subsidiairement une de celles qui ont déterminé
l'arrêt de la Cour de Liége, et l'on peut remarquer que, loin de la rejeter, celui de la Cour
de cassation la suppose, puisqu'il est motivé sur ce que *l'heure de la rédaction et de l'af-*
firmation du procès-verbal avait été fixée.

tion 2387e., ils s'entendraient seulement d'une audience qui laisse aux parties un intervalle suffisant pour comparaître.

Nous estimons qu'il n'est pas nécessaire, comme le suppose la Cour de Turin, que l'on fasse indiquer l'audience par le tribunal, et qu'il n'est pas dans le vœu de la loi de laisser au surenchérisseur le choix d'une audience qu'il pourrait indiquer à un jour trop éloigné.

Il faut observer néanmoins que la loi n'imposant pas au surenchérisseur, *à peine de nullité*, l'obligation d'assigner à *l'audience la plus prochaine*, on ne saurait décider qu'il soit rigoureusement tenu de le faire pour celle qui aurait lieu le même jour ou le lendemain : il suffirait donc, pour que l'assignation fût jugée valable, qu'il n'y eût pas d'affectation dans le retard, et que les parties n'en eussent d'ailleurs éprouvé aucun préjudice.

Mais on peut opposer que cette opinion est inadmissible, pour le cas du moins où il y a plusieurs surenchérisseurs ; car l'un pourrait avoir indiqué la prochaine audience, l'autre une audience plus éloignée ; ce qui rendrait impossible le concours de tous les surenchérisseurs, puisqu'il pourrait arriver que le tribunal passât à la revente à la plus prochaine audience, qu'un seul de ces surenchérisseurs aurait fixée. Or, dirait-on, c'est pour prévenir cet inconvénient que la loi a indiqué une audience à laquelle tous les surenchérisseurs se trouvent obligés d'assigner.

Nous répondons que chaque surenchérisseur devant (*voy. quest.* 2386e.) dénoncer sa surenchère à celui ou à ceux qui ont surenchéri avant lui, ce serait nécessairement à l'audience fixée par celui qui aurait fait sa déclaration le dernier, que tous les autres se trouveraient obligés de comparaître.

Au reste, le plus sûr parti est, en s'en tenant au texte de la loi, de donner assignation *à la prochaine audience* qui suit l'expiration du délai, sauf à demander un renvoi au tribunal, si, par de justes causes, la remise en vente, ou les plaidoiries sur des contestations relatives à la validité de la surenchère, ne pouvaient avoir lieu à cette audience.

ARTICLE 712.

Au jour indiqué, ne pourront être admis à concourir que l'adjudicataire et celui qui aura enchéri du quart, lequel, en cas de folle enchère, sera tenu par corps de la différence de son prix d'avec celui de la vente (1).

C. de P., art. 710, 711, 737 et suiv., 744, 780 et suiv.

2390. *Si le surenchérisseur ne se présentait pas au jour indiqué, serait-il condamné au paiement du montant de sa surenchère ?*

Puisque l'art. 712 porte qu'en cas de folle enchère le surenchérisseur est

---

(1) JURISPRUDENCE.

1.° L'appel du jugement qui statue sur un moyen de nullité proposé contre une surenchère est recevable pendant trois mois. Ce n'est pas le cas d'appliquer les délais plus courts fixés, pour l'appel des jugemens qui statuent, soit sur les incidens en matière de saisie

tenu au paiement de la différence de son prix d'avec celui de la vente, nous croyons que le surenchérisseur qui ne se présente pas au jour fixé doit être condamné au paiement du prix de la surenchère, qui, par induction de l'article 744, serait versé aux créanciers, ou à la partie saisie, s'ils étaient désintéressés. — (*Voy. Thomines Desmasures, pag.* 276).

2391. *Une personne qui ne serait pas contraignable par corps, ou qui serait notoirement insolvable, peut-elle surenchérir ?*

L'art. 712 veut que le surenchérisseur soit tenu par corps, *en cas de folle enchère,* de la différence de son prix d'avec celui de la vente.

Or, disent les auteurs du Praticien, tom. 4, pag. 358, on pourrait induire de là que les septuagénaires et les femmes, qui, aux termes de l'art. 2066 du Code civil, ne sont sujets à la contrainte par corps que pour *stellionat,* ne pourraient surenchérir.

Et pour soutenir que cette induction a été dans la pensée du législateur, on dirait qu'en s'attachant rigoureusement à ces expressions générales de l'article 710, *toute personne,* afin d'admettre à surenchérir même celles qui ne seraient pas susceptibles d'être contraintes par corps, il arriverait souvent que le saisi, pour obtenir de nouveaux délais, ferait faire une surenchère sous le nom d'une femme ou d'un septuagénaire insolvables.

Quoi qu'il en soit, les auteurs que nous venons de citer estiment que ceux-là même qui ne sont pas sujets à la contrainte peuvent surenchérir, parce que, s'ils ne paient pas, l'adjudication définitive obtient son effet, et l'on se venge sur leurs biens pour le paiement des frais. Mais ces mêmes auteurs ajoutent qu'on peut refuser la surenchère de ces personnes, si, d'ailleurs, elles n'offrent pas sûreté ou caution suffisante.

Nous avions, dans notre Analys, quest. 2192°., adopté cette opinion, que l'on ne pouvait induire une exclusion de la disposition de l'art. 712, qu'il fallait concilier avec l'art. 710, et nous sommes allé jusqu'à dire, nonobstant un arrêt de la Cour de Rennes, du 29 juin 1814, que ce serait juger arbitrairement que d'exiger une caution d'un surenchérisseur non contraignable par corps, puisque l'on suppléerait ainsi une disposition rigoureuse qui n'est point écrite dans la loi. Ou le surenchérisseur est insolvable, ajoutions-nous, et dans

immobilière, soit sur les moyens de nullité proposés contre la procédure. — (*Colmar,* 30 *avril* 1821, *Sirey, tom.* 21, *pag.* 244).

En effet, le principe posé dans l'art. 743 ne souffre d'autres exceptions que celles qui sont tracées par le Code, et dont aucune n'est applicable aux incidens qui surviennent après l'adjudication définitive.

2.° S'il arrive que la nouvelle adjudication faite au profit du surenchérisseur soit inefficace par inexécution des charges qu'elle impose à ce dernier, il n'y a pas lieu de procéder à l'adjudication par folle enchère. La nullité ou inefficacité de cette adjudication et de la surenchère qui y aura donné lieu, rend un plein effet à la première adjudication définitive. — (*Turin,* 13 *juin* 1812, *Sirey, tom.* 14, *pag.* 283).

M. Huet, pag. 198, pense que cette décision est en opposition, soit avec l'art. 707, portant que l'enchérisseur cesse d'être obligé, si son enchère est couverte par une autre, lors même que cette dernière serait déclarée nulle, soit encore avec les art. 739 et suivans, qui veulent qu'en cas de vente sur folle enchère, il y ait de nouvelles adjudications, tant préparatoire que définitive. — (*Voy. nos quest. sur l'art.* 731).

ce cas il est exclu par l'art. 713; ou il ne l'est pas, et alors on ne peut l'assujétir à une condition que la loi ne prescrit ni n'autorise.

Mais est-il bien vrai que l'on puisse exclure de la faculté de surenchérir les personnes que l'art. 713 désigne?

C'est l'opinion de M. Berriat Saint-Prix, pag. 596, not. 95. Il est impossible, dit-il, que le législateur ait voulu accorder à ces personnes une pareille faculté, puisqu'elle rendrait tout à fait inutile l'institution de la surenchère, dont il se promettait les effets les plus avantageux. (*Voy. le comm. de l'art.* 710). C'est aussi celle de M. Pigeau, tom. 2, pag. 233, et de M. Demiau Crouzilhac, pag. 452.

Un arrêt de la Cour de cassation, du 6 février 1816 (*Sirey*, 1816, *pag.* 365), cité au n°. 3367 de notre Traité et Questions, justifie complètement cette opinion, en décidant que les personnes notoirement insolvables peuvent être empêchées d'enchérir, même au cas de surenchère, et malgré la responsabilité établie contre les avoués, et que l'insolvabilité de ces personnes peut être discutée préalablement, et avant qu'il soit procédé à la nouvelle adjudication des biens.

Néanmoins, la Cour de Colmar, par arrêt du 30 avril 1821 (*Sirey, tom.* 21, *pag.* 244), a jugé que la loi n'établissant aucune condition pour être admis à la surenchère, les juges ne pouvaient y suppléer, en exigeant la preuve de la solvabilité du surenchérisseur, et jeter par là les parties dans une discussion qui occasionnerait un surcroît de frais frustratoires, l'art. 712 ayant prévu le cas d'insolvabilité du débiteur, en accordant contre lui la contrainte par corps, pour la différence de son prix d'avec celui de la vente.

Il faut, suivant nous, s'en tenir à la première opinion, conforme à la jurisprudence de la Cour de cassation, 1°. parce qu'on ne peut supposer que le législateur ait voulu fournir aux personnes qu'il écarte du droit d'enchérir, un moyen d'éluder la disposition, en devenant, par l'effet de la surenchère, adjudicataires d'un immeuble qu'elles ne pouvaient acquérir en enchérissant, lors de la vente par expropriation; 2°. parce que l'on ne peut conclure de la disposition relative à la contrainte par corps, qu'il ait entendu admettre les insolvables à surenchérir; car autrement il eût prononcé, pour le paiement du prix de la vente, cette même contrainte, qu'il n'attache qu'à la différence de celui de la surenchère avec le premier (1).

ARTICLE 713. (N).

Les avoués ne pourront se rendre adjudicataires pour le saisi, les personnes notoirement insolvables, les juges, juges suppléans, procureurs généraux, avocats généraux, procureurs du Roi, substituts des procureurs généraux et du Roi, et greffiers du

(1) Nous ajouterons que l'art. 713 se trouve placé immédiatement à la suite des articles précédens qui traitent de la surenchère; ce qui semble indiquer que l'adjudicataire a eu en vue de les exclure de toute adjudication, ainsi que nous l'avions remarqué sur la question 2175.ᵉ de notre Analyse.

tribunal où se poursuit et se fait la vente, à peine de nullité de l'adjudication, et de tous dommages et intérêts.

Loi du 11 brum. an 7, art. 20 — Régl. de 1663, art. 13. — Ordonn. de 1629, art. 17. — Arrêté de régl. de 1583, 1611 et 1615. — C. de P., art. 707, 710, 712, 964. — C. C., art. 1596 et suiv.

CCCCXCVIII. Les motifs de cet article, conforme d'ailleurs à l'ancienne pratique, sont faciles à concevoir :

Premièrement, le saisi ne peut devenir adjudicataire, parce qu'il pourrait ne pas payer son prix, tirer en longueur, comme dit M. Pigeau, et il faudrait renouveler contre lui de nouvelles poursuites. Mais supposons qu'il ait des fonds : ou ces fonds suffiraient, ou ils ne suffiraient pas pour payer les créanciers. Dans la première hypothèse, il n'a pas besoin de laisser vendre ; dans la seconde, l'argent qu'il donnerait ne lui appartient pas, mais à ses créanciers. Il les paierait, dit encore M. Pigeau, avec leur propre chose; ajoutons que l'adjudication lui serait inutile, puisqu'on pourrait de nouveau saisir l'immeuble pour ce dont il pourrait rester débiteur.

Secondement, les personnes notoirement insolvables ne peuvent aussi se rendre adjudicataires. Tels sont les faillis non réhabilités, et tous ceux, généralement parlant, qui sont reconnus se trouver dans un état tel, que la connaissance de cet état suffise pour décider qu'ils ne pourraient payer. Les admettre à enchérir, ce serait s'exposer aux lenteurs et aux frais d'une folle enchère.

Troisièmement, enfin, les juges suppléans, magistrats du ministère public, les greffiers du tribunal où se poursuit la vente, devaient être exclus, dans la crainte qu'ils ne tentassent d'écarter les enchérisseurs pour acquérir l'immeuble à vil prix.

2392. *La prohibition portée en l'art. 713 peut-elle être étendue à d'autres personnes que celles qui sont indiquées dans cet article?*

Cette question naît des art. 1596 et 1597 du Code civil.

Le premier déclare que les tuteurs ne peuvent, ni par eux mêmes, ni par personnes interposées, se rendre adjudicataires des biens de ceux dont ils ont la tutelle ; les mandataires, des biens qu'ils sont chargés de vendre; les administrateurs, de ceux des communes ou des établissemens publics confiés à leurs soins.....

Le second défend aux juges, à leurs suppléans, aux magistrats remplissant le ministère public, aux greffiers, huissiers, avoués, défenseurs et notaires, de devenir cessionnaires des procès, droits et actions litigieux qui sont de la compétence du tribunal dans le ressort duquel ils exercent leurs fonctions, et ce, à peine de nullité et des dépens, dommages et intérêts.

Or, dans le cas de vente par expropriation forcée, la loi se borne à déclarer incapables de se rendre adjudicataires le saisi, les personnes notoirement insolvables, les juges, juges suppléans, procureurs généraux et du Roi, les substituts et les greffiers du tribunal où se poursuit la vente.

Ainsi, l'on pourrait conclure de ce dernier article que toute personne indiquée dans les articles précités du Code civil, et qui ne l'est pas dans celui-ci, peut devenir adjudicataire d'un immeuble vendu par expropriation.

Nous distinguerons entre les deux articles du Code civil : le premier (l'article 1596) nous paraît applicable tant aux ventes par expropriation qu'aux autres adjudications et aux ventes volontaires, attendu qu'il renferme un principe de droit commun auquel on ne peut dire que l'art. 713 du Code de procédure ait dérogé, ce dernier article n'ayant fait au contraire qu'ajouter à l'art. 1596, en ce sens qu'il a déclaré incapables d'enchérir, dans le cas particulier d'expropriation, d'autres personnes que celles qui sont comprises dans la disposition générale du Code civil.

Mais on ne saurait, en vertu de l'art. 1597, maintenir que celles des personnes auxquelles il défend d'acquérir les droits litigieux, ne puissent faire enchère; car ces mots *procès*, *droits* et *actions litigieux*, qu'on trouve en cet article, ne désignent point un immeuble saisi, mais seulement des objets qui font la matière d'un procès, et qui présentent à courir les chances ou les risques d'un jugement à intervenir, tandis que la saisie n'est au contraire que l'exécution d'un jugement ou d'un acte exécutoire comme un jugement; en sorte que la question de savoir s'il y a ou s'il n'y a pas lieu à l'expropriation n'est point litigieuse. — (*Voy. Pigeau, tom.* 2, *pag.* 140).

Concluons de là que l'art. 1596 du Code civil est applicable à la vente par expropriation, comme posant une règle de droit commun, tandis que l'art. 1597 n'y est aucunement applicable, puisque celle qu'il renferme est faite pour un cas particulier. — (*Voy. au surplus Pigeau, tom.* 2, *pag.* 138).

2393. *Un avoué peut-il enchérir pour son propre compte, lors même qu'il occupe sur les poursuites de la saisie?*

Cette question était fortement controversée lorsque nous avons publié notre Analyse. Toutefois nous l'avions résolue pour l'affirmative, n°. 2194, et nous citions à l'appui de cette solution un arrêt de la Cour de Rennes, du 9 janvier 1809, et l'opinion de M. Persil, tom. 2, pag. 356; mais en même tems nous argumentions d'un autre arrêt de la Cour de Paris, rendu le 7 janvier 1812, dans une espèce où il s'agissait d'une vente de biens de mineurs, faite autrement que par suite d'expropriation forcée.

On eût pu conclure, et des raisons que nous donnions, sans distinguer la vente par expropriation des autres ventes faites en justice, et de la citation de ce dernier arrêt, qu'en toute circonstance, un avoué peut devenir adjudicataire d'un bien dont il est chargé de poursuivre la vente.

Mais l'arrêt de Paris a été cassé, et la cause, renvoyée à la Cour de Rouen, y a reçu une décision conforme à celle de la Cour suprême (*voy. Sirey, tom.* 15, *pag.* 223), de laquelle il résulte que l'avoué ne peut enchérir dans les cas de ventes judiciaires, autres que celles qui sont la suite d'une saisie, parce qu'alors il est mandataire du propriétaire, et comme tel chargé de vendre : d'où suit que la prohibition portée dans l'art. 1596 du Code civil (*voy. la quest. précédente*), lui est applicable.

Mais, par deux autres arrêts des 10 et 26 mars 1817 (*Sirey, tom.* 17, *pag.* 205 et 267), la Cour de cassation écartant, comme nous l'avions fait dans notre Analyse, l'application de cet art. 1596 à l'avoué chargé des poursuites d'une saisie, a formellement décidé qu'il pouvait enchérir, parce qu'en ce cas, il n'est chargé que de *provoquer la vente*, et ne représente que le créancier du propriétaire et non pas le propriétaire lui-même. Or, de même que le créancier poursuivant peut acquérir (art. 698), de même le mandataire de ce créancier peut devenir personnellement adjudicataire. — (*Voy. nos quest. sur l'article* 964).

2394. *Un avoué pourrait-il se rendre adjudicataire pour le saisi, lorsque celui-ci n'est pas tenu personnellement de la dette, mais seulement à cause des biens qu'il détient?*

On pourrait dire pour la négative que la loi, dans la défense qu'elle fait aux avoués, par l'art. 713, n'admet aucune distinction, et qu'elle a conséquemment entendu établir une incapacité dans la personne du saisi, soit qu'il doive personnellement, soit qu'il ne soit obligé que comme tiers détenteur.

Mais on répond que si l'art. 713 interdit au saisi le droit de se rendre adjudicataire, c'est qu'on ne peut supposer d'autres vues à celui qui ne désintéresse pas ses créanciers, que celles de rendre illusoires les poursuites de ces derniers. Comment croire, en effet, qu'un débiteur qui se laisse exproprier pourra acquitter le prix de l'adjudication qui lui serait faite? Par cette raison, la loi lui interdit la faculté de se porter adjudicataire, parce qu'elle veut prévenir une folle enchère qu'elle regarde comme inévitable.

Au contraire, dit M. Persil, tom. 2, pag. 353, aucun de ces inconvéniens n'existe lorsque c'est un tiers détenteur qui se rend adjudicataire : comme il n'est pas obligé personnellement, il ne doit acquitter la dette que parce que l'immeuble hypothéqué est entre ses mains, et seulement jusqu'à concurrence de sa valeur ; mais dès que cet immeuble est adjugé sur expropriation, le tiers détenteur est habile à se rendre adjudicataire, parce que, d'une part, il n'a aucun intérêt personnel à retarder l'expropriation, et que, de l'autre, en n'acquittant pas les charges de l'adjudication, en n'en payant pas le prix, il s'obligerait personnellement, et pourrait être poursuivi comme fol enchérisseur.

A l'appui de cette opinion, on cite un arrêt de la Cour de Colmar, du 21 janvier 1811 (*voy. Journ. du Palais*, 1812, *tom.* 1, *pag.* 47), duquel il résulte qu'en défendant aux avoués de se rendre adjudicataires pour *le saisi*, l'art. 713 n'aurait entendu établir cette prohibition qu'à l'égard du débiteur personnel, qui serait la seule partie saisie.

Le tiers détenteur serait ainsi considéré, dans le cas de la saisie immobilière, comme le tiers entre les mains duquel on ferait une saisie-arrêt, et qui pour cela n'est point considéré comme saisi.

Pour l'opinion contraire, on invoque l'arrêt de la Cour de Bruxelles, déjà cité sur la quest. 2374°., et qui a décidé qu'il n'est pas permis à un tiers détenteur de surenchérir, attendu qu'il doit être considéré comme partie, encore bien qu'il ne soit pas personnellement obligé. — (*Voy Journ. des avoués*, *tom.* 1, *pag.* 55).

Nous croyons cette dernière opinion préférable, et nous nous fondons sur les art. 2183 et suivans du Code civil. En effet, ces articles indiquent au tiers détenteur le moyen de prévenir les poursuites des créanciers, et s'il néglige d'en faire usage, il devient obligé à toutes les dettes hypothécaires, en même tems qu'il jouit des termes et délais accordés au débiteur : il lui est donc absolument assimilé, puisque sa position devient la même que s'il eût été dans l'origine personnellement obligé (1).

_____

(1) Mais il y a plus : c'est contre lui, lorsqu'il ne délaisse pas l'immeuble, que se font

2395. *La femme créancière de son mari peut-elle, avec son autorisation, se rendre adjudicataire des biens de celui-ci, mis en vente par suite d'expropriation forcée?*

Pour la négative de cette question, on disait, devant la Cour d'Aix, que les femmes étaient exclues même en ce cas, 1°. parce que l'art. 911, § 2, du Code civil, répute personnes interposées les pères et mères, les enfans et descendans et *l'époux* de la personne incapable : or, le saisi étant déclaré incapable par l'art. 713, sa femme doit être considérée comme personne interposée et censée n'agir que pour lui; 2°. parce que, dans l'espèce, les biens de la femme ne consistant que dans le montant de sa dot, qui était aliénable, les créanciers n'auraient aucune sûreté, en cas de revente à la folle enchère; que conséquemment cette femme devait, d'après l'art. 713, être réputée notoirement insolvable.

Mais, par arrêt du 23 février 1807 (*Sirey, tom.* 15, *pag.* 158), la Cour d'Aix rejeta ces moyens, attendu, 1°. que le motif d'exclusion fondé sur la qualité d'épouse du débiteur saisi, non seulement n'était pas justifié par les dispositions de la loi du 11 brumaire an 7 (*nous dirions aujourd'hui par l'art.* 713), mais se trouvait au contraire expressément démenti par les dispositions de cette loi, puisqu'elles autorisent *tout citoyen*, et n'exceptent que le saisi lui-même (*ainsi dispose l'art.* 713): d'où suit que, hors le saisi, toute personne est admise à faire des offres; 2°. que la femme, dans l'espèce, étant créancière du mari, ne pouvait être considérée comme personne *notoirement insolvable*, et que l'aliénabilité de sa dot ne pouvait être un motif de l'écarter; qu'au surplus, la crainte d'une revente sur folle enchère ne doit pas être un motif suffisant pour écarter un surenchérisseur, puisque le gage des créanciers ne cesserait pas de rester sous leur main, et que leur position ne serait pas rendue plus désavantageuse par la folle enchère, qui aurait lieu aux frais de l'adjudicataire déchu, etc. — (*Voy.* Jurisp. *sur la procéd., tom.* 2, *pag.* 77) (1).

les suites de la saisie (*voy. quest.* 2209.e) : on peut donc dire qu'il est *saisi*, et puisque l'art. 713 ne fait aucune distinction entre le saisi *débiteur personnel* et le saisi *tiers détenteur*, il nous semble évident qu'il ne peut devenir adjudicataire. Toutes les raisons qui militeraient contre le débiteur personnel militent contre lui; propriétaire de l'immeuble qu'il n'a pas délaissé, il annonce qu'il est dans l'impuissance de s'acquitter envers les créanciers, puisqu'il souffre qu'on poursuive contre lui l'expropriation. On ne peut dire, de même que M. Persil, qu'il n'a aucun intérêt à la retarder : cet intérêt est présumé par cela même qu'il n'a pas délaissé; on ne peut dire encore, avec le même auteur, qu'il y ait sûreté pour les créanciers dans l'obligation personnelle qu'il contracterait, en s'exposant à une folle enchère; car il pourrait n'avoir pas d'autres immeubles que celui qui serait saisi; en un mot, il est hypothécairement débiteur des sommes pour lesquelles on poursuit l'expropriation; il est, sous ce rapport, à la place du débiteur, qui est personnellement obligé; il est saisi lui-même, et comme tel, il ne peut se rendre adjudicataire.

(1) Cependant, par arrêt du 26 mars 1812 (*Sirey, tom.* 14, *pag.* 78), la Cour de Bruxelles a jugé qu'une femme mariée sous le régime de la communauté ne pouvait pas se rendre adjudicataire des biens vendus sur son mari, parce qu'elle acquérait pour compte de la communauté, et que, dans le fait, c'était le saisi lui-même qui devenait adjudicataire, puisque l'immeuble rentrait dans sa main.

De même la Cour de Lyon, par arrêt du 27 août 1813 (*Sirey, tom.* 13, *pag.* 367), a jugé que la surenchère faite sur les immeubles du mari par une femme qui ne possède que des biens dotaux et immeubles, est nulle (*voy. Code civ., art.* 1554), cette femme se

2396. *Peut-on regarder comme licite la convention par laquelle un tiers s'engage à surenchérir l'immeuble dans l'intérêt du saisi ? Le premier adjudicataire pourrait-il, à raison d'une telle convention, demander la nullité de la surenchère ?*

Voici l'espèce qui a donné lieu à cette question : La partie saisie espérant se procurer les moyens de remplir ses engagemens, avait souscrit, avec un tiers, un traité par lequel celui-ci s'obligeait à surenchérir l'immeuble vendu par expropriation. Il était convenu, 1°. que le saisi se substituerait à toutes les obligations résultant de la surenchère, et que, de son côté, le surenchérisseur le subrogerait dans ses droits ; 2°. que le surenchérisseur deviendrait propriétaire incommutable, et ne serait tenu que du prix de la première adjudication, en cas de faute ou de retard de la part du saisi dans l'accomplissement de ses engagemens.

Le surenchérisseur reste adjudicataire, somme le saisi exproprié d'exécuter le traité qu'il avait souscrit ; mais, loin de déférer à cette sommation, ce dernier se présente à l'ordre pour demander sa collocation par privilége sur la portion du prix restant libre entre les mains de l'adjudicataire.

Il prétendait, en conséquence, que la convention était illicite, et c'est ce qu'avait jugé le tribunal de Provins ; mais la Cour de Paris réforma cette décision, en déclarant qu'une telle convention n'avait rien de contraire aux lois ni aux bonnes mœurs. — (*Voy. arrêt du 10 mars 1812, Journ. des avoués, tom. 5, pag. 221*) (1).

---

trouvant comprise dans la prohibition prononcée par l'art. 713, contre les personnes insolvables.

Ces arrêts, qui semblent en contradiction avec celui de la Cour d'Aix, que nous venons de citer, peuvent facilement se concilier avec lui. Et, en effet, dans l'espèce de l'arrêt de Bruxelles, la femme n'était pas créancière, et n'ayant aucun droit personnel, elle se trouvait véritablement agir dans l'intérêt du saisi. Dans celle de l'arrêt d'Aix, la femme avait dans cette qualité de créancière un intérêt personnel, et ne pouvait être réputée acquérir pour la communauté. Enfin, dans l'espèce de l'arrêt de Lyon, la femme n'ayant que des biens dotaux *inaliénables*, était véritablement en état d'insolvabilité. — (*Voy. les développemens donnés par M. Huet,* pag. 199).

Ajoutons que la saisie d'un immeuble *extradotal* de la femme mariée (*sous une constitution de dot particulière*), poursuivie contre elle et contre son mari, en autorité seulement, ne rend pas ce dernier partie saisie ; il n'est en cause que pour la régularité de la procédure, et dès lors, il peut se présenter aux enchères et y faire ses offres.— (*Aix, 27 avril 1809, Sirey, tom. 9, pag. 237*).

En général, nous remarquerons que toutes ces décisions, souvent contradictoires, concernant les époux, dont l'un se rendrait adjudicataire des biens saisis sur l'autre, ne sauraient être considérées comme établissant des points de jurisprudence auxquels on puisse absolument se rapporter. Quand la loi défend à un époux qui exerce un droit interdit à l'autre époux, lequel peut profiter des avantages résultant de cet exercice, le premier est facilement présumé personne interposée. — (*Voy. Code civ., art.* 911).

(1) Cet arrêt fait naître une autre question, qui est celle de savoir si le premier adjudicataire serait fondé à demander la nullité de la surenchère, portée en vertu d'une convention de la nature de celle dont il s'agit, par la raison qu'elle serait faite par l'intermédiaire d'un tiers, dans l'intérêt du saisi, que la loi déclare incapable.

Ce serait, à notre avis, rendre la prohibition de l'art. 713 plus rigoureuse qu'elle ne l'est en effet. Cet article veut que la partie saisie ne puisse se rendre adjudicataire. Or, ce serait ajouter à la lettre de cet article, que d'étendre sa disposition à un tiers qui se rendrait personnellement adjudicataire pour retourner ensuite l'immeuble au saisi. Nous

2397. *Les membres des Cours royales peuvent-ils acquérir un immeuble vendu par expropriation devant un tribunal du ressort ?*

M. Pigeau, tom. 2, pag. 140, remarque que la prohibition prononcée par l'art. 713 ne comprenant pas les membres de la Cour royale, elle ne doit pas leur être étendue. D'ailleurs, dit-il, quoique juges des difficultés sur la saisie et la vente, ils ne peuvent, éloignés du tribunal, exercer sur la vente une influence aussi redoutable que celle des membres mêmes de ce tribunal : il n'y a donc pas parité de raison pour leur appliquer cette prohibition.—(*Voy. la question suivante*).

2398. *Mais du moins les procureurs généraux et avocats généraux ne sont-ils pas formellement exclus par le propre texte de la loi ?*

C'est par inadvertance, dit M. Pigeau, *ubi suprà*, qu'au lieu de ces mots, *commissaire du gouvernement,* qui étaient dans l'art. 730 du projet, on a mis ceux-ci, *procureurs généraux;* en conséquence, cet auteur estime qu'il faut restreindre la prohibition aux *procureurs du roi,* puisqu'il n'y a de procureurs généraux qu'auprès des Cours.

Nous répondions dans notre Analyse, quest. 2200e. : La loi exclut, en termes formels, *les procureurs généraux,* et l'on ne doit pas facilement supposer que ce soit par inadvertance qu'elle a prononcé cette exclusion. Nous croyons, au contraire, que le législateur a considéré ces premiers magistrats exerçant le ministère public comme pouvant exercer une grande influence sur les procureurs du roi, qui sont *leurs substituts* (*voy. loi du 20 avril 1810, art. 6);* qu'elle a réputé ces derniers comme ne faisant avec eux qu'une seule et même personne, et que par ce motif elle a entendu les exclure.

Nous pourrions ajouter que la nouvelle édition publiée par les ordres du Roi, fournirait un motif de plus en faveur de cette opinion, puisqu'aux procureurs généraux, elle ajoute les avocats généraux et les substituts des procureurs généraux. Mais M. Locré, dans une lettre insérée au recueil de M. Sirey, tom. 19, 2e. part., pag. 168, a fait connaître que, chargé par Sa Grandeur le chancelier de France de revoir les cinq Codes, conformément à l'ordonnance royale du 17 juillet 1816, et d'en faire une édition nouvelle purgée de toutes les dénominations qui rappelaient l'ancien gouvernement ou des institutions abolies, il dut respecter scrupuleusement toutes les dispositions du fond; qu'il se trouva conséquemment dans l'impuissance de rétablir la véritable leçon de l'art. 713, en retranchant les mots *procureurs généraux* et *leurs substituts,* et se vit forcé, la loi de 1810 ayant converti en avocats généraux les substituts des procureurs généraux, chargés du service de l'audience, de leur donner ce titre. Il explique, au reste, qu'il n'entra point dans l'intention des rédacteurs

---

avons dit, sur la 2194.e quest., que le motif pour lequel le législateur a exclu le saisi du droit d'enchérir était son insolvabilité justement présumée ; mais cette considération ne peut être invoquée dans l'espèce qui nous occupe, puisque la convention ne concerne que le saisi et le tiers qui se rend surenchérisseur, et non les créanciers, auxquels le jugement d'adjudication, rendu par suite de la surenchère, fournit un titre direct contre ce tiers : les créanciers sont donc sans intérêt à l'empêcher d'enchérir. Il en est de lui comme de toute personne qui, devenue adjudicataire sur expropriation, est libre de conserver l'immeuble ou de le céder à qui bon lui semble.

du Code d'exclure les magistrats du ministère public près la Cour; il signale la même inadvertance dont parle M. Pigeau, et pense comme lui et comme M. Merlin, que les procureurs du roi et leurs substituts sont seuls exclus, ce que l'art. 713 fait toucher au doigt, en restreignant la disposition aux magistrats des tribunaux où se poursuit et se fait la vente. Or, jamais une vente n'est faite devant une Cour royale; l'art. 643 attribue exclusivement jurisdiction au tribunal du domicile du saisi.

Cette explication nous commande de rétracter l'opinion que nous avions émise, par suite de l'erreur de rédaction qui se trouve dans les deux éditions du Code.

2399. *Les commis-greffiers sont-ils compris dans la prohibition de l'art. 713?*

La Cour de Turin observait, sur l'art. 730 du projet, qu'il fallait comprendre dans la prohibition les commis-greffiers et les huissiers reçus près le tribunal où se poursuit la vente. On n'a pas eu d'égard à cette observation, disent les auteurs du Praticien, tom. 4, pag. 371, et ils estiment, en conséquence, que ces officiers ministériels ne sont pas exclus. L'on pourrait cependant, à l'égard des *commis jurés,* argumenter de ce que l'art. 713 dit *les greffiers du tribunal,* et non pas *le greffier* : or, dans chaque tribunal il y a plusieurs greffiers, le greffier en chef et les *commis jurés,* qui tiennent de leur serment un caractère public, qui remplacent le greffier en chef dans tous les actes de son ministère, et qui sont, à vrai dire, *des greffiers du tribunal.* Il nous paraît évident que si le législateur n'avait voulu parler que du *greffier en chef,* il ne se fût pas servi des expressions qu'il emploie. Quant aux huissiers, il n'y a aucune raison de les exclure, puisque l'art. 713 ne contient aucune disposition de laquelle on puisse induire cette exclusion, même indirectement.

2400. *La nullité attachée à la violation de la disposition prohibitive de l'art. 713 a-t-elle lieu de plein droit?*

Non, puisque la loi ne l'a pas dit, ainsi qu'elle l'a fait, par exemple, dans l'art. 692, relativement à la vente faite par le saisi après la dénonciation. Il suit de là qu'il faut la faire prononcer contre l'adjudicataire et aussi contre l'avoué, si l'on veut obtenir des dommages-intérêts. — (*Voy. Pigeau, tom. 2, pag.* 141).

2401. *L'adjudicataire incapable, et l'avoué qui a surenchéri pour lui, sont-ils tous les deux, et solidairement, assujétis aux dommages-intérêts?*

Oui, dit M. Pigeau, tom. 2, pag. 141. Il en donne pour raison (*voy. tom.* 1, *pag.* 505, *n°.* 4) que si l'art. 1202 du Code civil porte que la solidarité ne se présume point, et qu'il faut qu'elle soit expressément stipulée, cet article se trouvant sous le titre *des contrats,* ne s'applique point aux délits et aux quasi-délits, dont la réparation est nécessairement solidaire entre tous ceux qui ont commis le dommage, puisque, sans leur réunion, il n'aurait pas existé. Mais en supposant que cette proposition fût incontestable, ne pourrait-on pas soutenir qu'elle ne saurait être appliquée au cas prévu par l'art. 713, attendu que le législateur, imposant à l'avoué l'obligation de ne pas enchérir pour ceux qu'il déclare incapables d'être adjudicataires, la violation de l'article n'est imputable qu'à lui seul?

Nous partageons l'opinion de M. Pigeau, par le motif que si la personne incapable n'avait pas donné pouvoir à l'avoué, celui-ci n'eût point enchéri pour elle : d'où suit que tous les deux ont concouru au préjudice que le saisissant ou les créanciers éprouveraient de la nullité de l'adjudication (1).

ARTICLE 714.

Le jugement d'adjudication ne sera autre que la copie du cahier des charges, rédigée ainsi qu'il est dit dans l'art. 697; il sera revêtu de l'intitulé des jugemens et du mandement qui les termine, avec injonction à la partie saisie de délaisser la possession aussitôt la signification du jugement, sous peine d'y être contrainte, même par corps (2).

Loi du 11 brum. an 7, art. 8, *in fine.* — C. de P., art. 83, 652, 697, 723, 731, 735 et suiv. — C. C., art. 2061, 2215.

CCCCXCIX. C'est dans les mêmes vues d'économie, suivant lesquelles plusieurs dispositions du présent titre ont été rédigées, qu'ici la loi veut que la rédaction du jugement d'adjudication consiste dans la copie du cahier des

---

(1) Nous ne croyons pas, d'ailleurs, que l'on puisse argumenter de ce que l'art. 713 n'impose d'obligation qu'à l'avoué. Le législateur n'a parlé que de l'avoué, parce que les enchères ne pouvant être mises que par lui, c'est à lui que la défense devait être intimée; mais en faisant cette défense à peine de dommages-intérêts, il n'a point dit qu'ils seraient poursuivis contre l'avoué seulement. On ne saurait contester sans doute, et c'est aussi ce que dit M. Pigeau, tom. 2, pag. 141, que l'adjudicataire les devrait au moins pour son avoué, conformément à l'art. 1384 du Code civil, qui rend les commettans responsables du dommage causé par leurs *préposés.* Or, l'avoué est bien, dans l'espèce de l'art. 713, le préposé de l'incapable pour lequel il enchérirait : l'action subsidiaire que l'on intenterait contre celui-ci conduirait donc aux mêmes résultats qu'une action solidaire contre l'un et l'autre. Ainsi tout démontre, à notre avis, que l'opinion de M. Pigeau doit obtenir la préférence.

(2) JURISPRUDENCE.

1.° La saisie immobilière peut être poursuivie et l'expropriation consommée en vacations, parce que c'est une affaire urgente et sommaire. — (*Art.* 49, *argum. de l'art.* 718; *cassat.,* 18 *prair. an* 11, *et* 16 *flor. an* 13, *Sirey, tom.* 3, *pag.* 444, *suppl., et Denevers, an* 13, *pag.* 41).

2.° La signification du jugement, faite au nom des adjudicataires, fait courir le délai de l'appel envers et contre toutes les autres parties. — (*Riom,* 27 *juin* 1810, *sur lequel est intervenu l'arrêt du* 14 *juin; voy. Denevers,* 1813, *pag.* 394, *à la note, et arrêt de cassat.,* 28 *déc.* 1808, *même Recueil,* 1819, *pag.* 34).

3.° Lorsque l'appel émis par le saisi est nul, relativement au créancier poursuivant, il peut, par cela même et attendu l'indivisibilité, être déclaré nul à l'égard de l'adjudicataire. — (*Cassat., même arrêt,* 14 *juin* 1813).

4.° Si de plusieurs créanciers inscrits sur un immeuble saisi réellement et vendu, l'un interjette appel du jugement d'adjudication et succombe, les autres créanciers peuvent interjeter un second appel, s'ils sont encore dans les délais, et s'ils n'ont pas été parties dans le premier. Il n'y a pas contre eux *chose jugée,* parce qu'ils n'ont pas été représentés par le premier appelant, s'il n'a agi que dans son intérêt privé. — (*Paris,* 26 *août* 1814, *Sirey, tom.* 15, *pag.* 245).

charges, etc. Il eût été frustratoire de dresser, comme dans les cas ordinaires, une minute de jugement qui n'eût contenu que la répétition d'actes déjà existans et déposés au greffe du tribunal.

2402. *Suffit-il que le jugement d'adjudication contienne la copie du cahier des charges ?*

Nous avions dit, quest. 2204e. de notre Analyse, qu'encore bien que l'article ne parlât que de la copie du cahier des charges, il nous paraissait néanmoins qu'il avait été dans l'intention du législateur que le jugement contînt tout ce qui est inséré à la suite de la minute de ce cahier, conformément à l'art. 699, comme les formalités des publications, enchères et adjudications. Notre opinion était celle de tous les auteurs, fondée d'ailleurs sur les observations des Cours royales, et consacrée par plusieurs décisions judiciaires, ainsi qu'on peut le voir dans la discussion qui a précédé un arrêt de la Cour de cassation du 20 février 1816. — (*Voy. Sirey., tom.* 18, *pag.* 137).

Quoi qu'il en soit, cet arrêt a décidé qu'il suffisait, à la rigueur, de la copie du cahier des charges; que la mention de l'adjudication préparatoire des nouveaux placards et insertions est suffisamment énoncée par une assertion générale contenue au jugement, et par la lecture et publication, etc.

Il n'en est pas moins prudent de se conformer à l'opinion que nous avions émise, et nous ajouterons, conformément aux observations de la Cour d'Agen, de signifier, avec le jugement, l'acceptation de la personne pour laquelle l'avoué est devenu adjudicataire, ou, à défaut, le pouvoir de cet avoué. — (*Voy. art.* 709, *et le Prat., tom.* 4, *pag.* 573).

2403. *Le jugement d'adjudication doit-il contenir toutes les formalités ordinaires prescrites pour la rédaction des jugemens ?*

Non, parce qu'en droit, ainsi que l'observe M. Merlin, dans ses Questions de droit, au mot *expropriation*, § 3, tom. 2, pag. 497, une adjudication n'est pas un jugement proprement dit, puisqu'elle ne prononce sur aucune contestation, et ne fait que déclarer la personne qui demeure adjudicataire comme ayant porté la plus haute enchère : de là suit qu'il n'est pas nécessaire d'observer les règles relatives à la rédaction et aux qualités des jugemens proprement dits, aux défauts, etc. — (*Voy. aussi Prat., tom.* 4, *pag.* 574).

2404. *Le jugement d'adjudication est-il sujet à l'appel, et dans quel délai cet appel doit-il être notifié ?*

Il n'est pas douteux que ce jugement soit sujet à l'appel, même dans le cas où le saisi ne se serait pas opposé à la vente, et n'eût proposé aucuns moyens de nullité contre la procédure. (*Pau,* 28 *nov.* 1813, *Sirey, tom.* 16, *pag.* 81). Le délai doit être de trois mois, conformément à l'art. 443, puisque la loi n'a point fixé de terme plus abrégé. (*Nouv. Répert., v°.* saisie, *art.* 2). Mais il faut observer que ce délai ne courrait pas dans le cas particulier où le jugement aurait été signifié par un huissier qui se serait rendu adjudicataire. — (*Art.* 66; *Pau, 7 juill.* 1813, *Sirey, tom.* 16, *pag.* 105) (1).

_____

(1) Il est très-important de noter ici un arrêt de la Cour de cassation, du 26 février 1818, rapporté par Sirey, tom. 19, pag. 142.

2405. *L'appel de ce jugement peut-il être notifié à domicile élu?*

La Cour de Turin, par arrêt du 9 février 1810 (*Sirey, tom.* 10, *pag.* 325), avait jugé que l'appel pouvait être signifié soit au domicile de l'avoué qui avait occupé, soit au domicile élu par le poursuivant. Mais la Cour de Paris a décidé le contraire par arrêt du 21 octobre 1813 (*Sirey, tom.* 14, *pag.* 267), en se conformant à la jurisprudence de la Cour de cassation, qui, par arrêt du 14 juin 1813 (*ibid., tom.* 13, *pag.* 410), avait déclaré qu'il fallait observer la règle établie dans l'art. 456, auquel le Code de procédure, par les art. 673, 675 et 584, n'avait fait aucune exception pour cet appel.

2406. *Pourrait-on exercer la contrainte par corps contre un saisi qui ne délaisserait pas la possession, si d'ailleurs il n'y était pas sujet à raison de son âge ou de son sexe?*

Nous ne le pensons pas, par le motif qu'il faudrait une disposition formelle pour qu'on appliquât cette contrainte aux personnes que les art. 2064 et 2066 du Code civil déclarent n'y être pas sujettes. Au surplus, puisque ces personnes y sont évidemment soustraites, même dans le cas de l'art. 2061 du même Code, elles doivent l'être, par parité de raison, dans le cas de l'art. 714.

ARTICLE 715.

Le jugement d'adjudication ne sera délivré à l'adjudicataire, qu'en rapportant par lui au greffier quittances des frais ordinaires de poursuite, et la preuve qu'il a satisfait aux conditions de l'enchère, qui doivent être exécutées avant ladite délivrance;

Il s'agissait de l'appel d'un jugement d'adjudication, interjeté avant l'expiration de trois mois.

L'appelant laisse défaut. L'intimé conclut au rejet de l'appel, comme n'ayant pas été interjeté dans le délai de la loi.

La Cour de Rouen, « attendu qu'il n'était pas contesté que l'appel eût été interjeté après » le délai de la loi, *faute par l'appelant de conclure*, donne défaut contre l'appelant, et par » le profit, le déclare non recevable en son appel. »

Pourvoi en cassation. Le demandeur soutient qu'en prononçant ainsi, la Cour a violé l'art. 443, en décidant virtuellement qu'il n'était pas applicable à l'espèce, mais bien l'article 736, qui n'est relatif qu'à l'appel des jugemens qui ont statué sur des moyens de nullité proposés contre la procédure postérieure à l'adjudication préparatoire, et qui, par conséquent, ne pouvait être invoqué à l'égard de l'appel du jugement d'adjudication définitive.

Néanmoins, la Cour de cassation rejeta le pourvoi, « attendu que l'arrêt attaqué a pour » base *le fait* que l'appel du demandeur a été émis après les délais voulus par la loi, et » que ce dernier n'a rien *produit* qui détruise la conséquence nécessaire que la Cour royale » en a tirée ».

Certes, on ne saurait conclure de cette décision rien de contraire à l'opinion que nous avons émise sur la question ci-dessus, qui est celle de tous les auteurs. (*Voy. Pigeau, tom.* 2, *pag.* 241; *Berriat Saint-Prix, pag.* 593, *not.* 86, *n.*° 4; *cassat.*, 22 *fév.* 1819). La Cour suprême n'a rien prononcé à cet égard; elle n'a fait, par son arrêt, qu'appliquer le principe qu'en appel, le juge ne peut suppléer les moyens de l'appelant contre l'intimé; ce que la Cour de Rouen eût fait, si elle avait rejeté la fin de non-recevoir proposée par ce dernier, et qui n'était pas contestée, puisque l'appelant laissait défaut.

lesquelles quittances demeureront annexées à la minute du jugement, et seront copiées en suite de l'adjudication. Faute par
l'adjudicataire de faire lesdites justifications dans les vingt jours
de l'adjudication, il y sera contraint par la voie de la folle
enchère, ainsi qu'il sera dit ci-après, sans préjudice des autres
voies de droit.

Loi du 11 brum. an 7, art. 21 et 24. — Edit de fév. 1689, art. 30. — C. de P., art. 652,
697, 737 et suiv. — C. C., art. 1634, 1649.

2407. *Quels sont les frais que le législateur appèle* FRAIS ORDINAIRES *et* EXTRAOR-
DINAIRES?

Les frais *ordinaires*, du paiement desquels l'adjudicataire doit justifier, conformément à l'art. 715, sont ceux qui ont été faits directement pour parvenir
à la vente, depuis le procès-verbal de saisie jusqu'à l'adjudication définitive
inclusivement.

Les frais *extraordinaires* sont tous ceux qui n'auraient pas eu lieu sans des
circonstances particulières.

Ainsi, par exemple, les frais du procès-verbal de saisie, ceux des enregistremens, de la dénonciation, des affiches, etc., sont *des frais ordinaires;* ceux,
au contraire, qui sont occasionnés par des incidens, par des contestations
quelconques, par l'appel des jugemens intervenus sur des incidens, sont *des
frais extraordinaires.* — (*Voy. Delaporte, tom.* 2, *pag.* 316, *Pigeau, tom.* 2,
pag. 173 *et* 252, *et Berriat Saint-Prix, pag.* 517, *not.* 92).

2408. *Qu'est-ce que la loi entend exiger, en ordonnant que le jugement d'adjudication ne sera délivré à l'adjudicataire qu'en fournissant la preuve qu'il a
satisfait* AUX CONDITIONS DE L'ENCHÈRE, *etc.?*

Elle veut que l'adjudicataire ait satisfait à toutes les conditions exigibles
de l'adjudication. Pour l'ordinaire, ces conditions consistent, par exemple,
en ce qu'il a été stipulé dans le cahier des charges, ou que le prix de l'adjudication serait consigné, ou que l'acquéreur paierait par ses mains divers
créanciers. Alors le jugement d'adjudication ne peut être délivré qu'autant
qu'il est justifié de ce dépôt ou de ce paiement, et les pièces qui fournissent
cette preuve demeurent annexées à la minute de ce jugement, et sont copiées
à la suite de l'adjudication comme les quittances des frais ordinaires. —
(*Voy. Pigeau, tom.* 2, *pag.* 134 *et* 144; *Lepage, Traité des saisies, tom.* 2,
pag. 103, *et Berriat Saint-Prix, pag.* 595, *not.* 91).

2409. *Que résulte-t-il de ce que l'art.* 715 *porte que l'adjudicataire qui ne
fait pas les justifications qu'il a prescrites, y sera contraint par voie de folle
enchère, sans préjudice des* AUTRES VOIES DE DROIT?

Il résulte de cette disposition que, sans faire procéder à la revente par
folle enchère, on peut poursuivre l'adjudicataire comme on poursuivrait tout
débiteur contre lequel on a un titre exécutoire, c'est-à-dire par toutes les
voies d'exécution autorisées par la loi, par exemple, par saisie-arrêt, saisie-
exécution, ce qu'on ne pouvait faire d'après un arrêt de la Cour de cassation,
du 20 juillet 1808 (*Sirey, tom.* 8, *pag.* 402), sous l'empire de la loi du 11

brumaire an 7, qui ne contenait à ce sujet aucune disposition semblable à celle de l'art. 715. — (*Voy. Berriat Saint-Prix, pag.* 595, *not.* 91).

Cette solution résulte non seulement de cet art. 715, qui, en accordant aux créanciers contre l'adjudicataire la voie de la revente sur folle enchère, ajoute que *c'est sans préjudice*, etc.; mais de l'art. 771, qui déclare exécutoire contre l'acquéreur le bordereau de collocation délivré par le greffier à chaque créancier utilement colloqué.

ARTICLE 716.

Les frais extraordinaires de poursuite seront payés par privilége sur le prix, lorsqu'il en aura été ainsi ordonné par jugement.

C. de P., art. 663, 715, 724. — C. C., art. 2101, n.º 1.

2410. *En quel cas y a-t-il lieu de permettre le paiement par privilége des frais extraordinaires?*

Ou les frais sont occasionnés par des contestations élevées durant la procédure, et alors ils sont à la charge des parties qui succombent;

Ou ils ont été ordonnés pour des causes qui ne peuvent être imputées à aucune des parties; ou enfin la partie saisie les a occasionnés et a succombé.

C'est dans ces deux derniers cas qu'il devient nécessaire d'ordonner qu'ils seront prélevés par privilége sur le prix de l'adjudication. — (*Voy. Lepage, Traité des saisies, tom.* 2, *pag.* 102).

2411. *Peut-on allouer par privilége les frais extraordinaires de poursuites, s'il n'en a pas été ainsi ordonné par le jugement même qui a statué sur les contestations qui leur ont donné lieu?*

Par inadvertance, ou par oubli de la disposition de l'art. 716, il est arrivé souvent de négliger de conclure à ce qu'un jugement à rendre sur un incident allouât par privilége les frais de la contestation, et l'on croyait pouvoir suffisamment remplir le vœu de l'article en s'adressant de nouveau au tribunal qui avait statué sur l'incident, ou à celui devant lequel se poursuivrait l'ordre. Les auteurs des Annales du notariat, tom. 4, pag. 453 de leur commentaire, et M. Pigeau, tom. 2, pag. 174, disent formellement que l'article parle du jugement qui a prononcé sur les contestations qui ont donné lieu aux frais, et cela paraît évident. La partie, avertie par la loi, doit donc avoir soin, dans la poursuite des incidens, de demander qu'il soit ordonné que les frais seront payés par privilége; et si elle omet cette précaution, elle ne peut imputer qu'à elle-même la perte de ce privilége qu'elle pouvait réclamer, chose essentielle que les avoués ne doivent pas perdre de vue.

ARTICLE 717.

Les formalités prescrites par les art. 673, 674, 675, 676, 677, 680, 681, 682, 683, 684, 685, 687, 695, 696, 697, 699, 700,

701, 702, premier alinéa de 703, 704, 705, 706, 707, 708, seront observés à peine de nullité.

C. de P., art. 681, 733 et suiv.

D. Par l'article ci-dessus, qui est en quelque sorte la sanction pénale du titre de la saisie immobilière, le législateur, au moyen de ce qu'il énonce avec précision quelles sont les formalités qui doivent être observées à peine de nullité, a eu pour but d'empêcher une foule de contestations. Mais les formalités prescrites par les articles énumérés dans celui qui précède ne sont pas les seules qui doivent être observées à peine de nullité; on a omis de comprendre les art. 711 et 713.

TITRE XIII.

Des Incidens sur la poursuite de saisie immobilière.

Les poursuites de la saisie immobilière forment entre le saisissant, les créanciers inscrits et la partie saisie, une véritable instance qui, comme toute autre, peut être entravée par des incidens, c'est-à-dire par des contestations qui surviendraient durant son cours. — (*Voy. tom.* 1, *pag.* 267 et 459).

Le législateur, afin de prévenir les difficultés, d'en diminuer le nombre, d'en accélérer la décision, règle le tems et la manière d'élever ces incidens, la forme suivant laquelle ils seront instruits et jugés, et enfin comment et dans quel délai l'appel du jugement devra être interjeté. Tel est en général l'objet des dispositions du tit. 13.

Elles forment autant de dérogations aux règles générales des incidens ordinaires, et doivent être interprétées et appliquées dans l'esprit qui les a dictées, de manière à faire cesser, le plus promptement possible, tout obstacle qui s'opposerait à la continuation des poursuites.

Ces dispositions contiennent deux règles générales communes à tous les incidens : 1°. ils doivent être instruits et jugés sommairement, et sans essai préalable de conciliation (718); 2°. il y a sursis à l'adjudication définitive jusqu'à ce qu'ils soient terminés par décision en dernier ressort, ou passée en force de chose jugée — (732).

Les autres dispositions concernent en particulier les incidens suivans :

1°. JONCTION *de plusieurs saisies en une seule,* afin de vendre, conjointement et sur les mêmes poursuites, soit des biens différens saisis sur le même propriétaire et dans un même arrondissement, soit des biens ajoutés à une première saisie par un second saisissant — (719 et 720).

2°. SUBROGATION *aux poursuites de la saisie,* en faveur d'un second saisissant, lorsque le premier, par collusion, fraude ou négligence, ne continue pas celles qu'il a commencées. — (721 — 724).

3°. L'APPEL *du jugement qui sert de titre à la saisie,* autrement, pour l'exécution duquel elle a été apposée. — (726).

4°. DEMANDES *afin de distraction,* qui comprennent, malgré le silence du Code, non seulement les demandes en distraction *proprement dites,* c'est-à-dire les révendications de la part des tiers de la totalité ou de quelques parties de l'immeuble saisi, mais encore celles *afin de charge* ou en réclamations de droits réels que des tiers auraient à exercer sur ce même immeuble. —(727— 730).

5°. DEMANDES *en nullité des poursuites,* sur lesquelles on doit distinguer entre les nullités des actes antérieurs ou postérieurs à l'adjudication provisoire, les dernières ne pouvant être proposées, d'après l'art. 735, modifié par décret du 2 février 1811, que quarante jours au moins avant l'adjudication définitive, et doivent être jugées trente au plus tard avant qu'on y procède. — (733—736).

6°. FOLLE ENCHÈRE, autrement nouvelle adjudication de l'immeuble, aux risques de l'*adjudicataire* qui n'a pas satisfait aux obligations que ce titre lui impose, et qui par conséquent devient responsable de la différence entre le prix de son adjudication et celui de la nouvelle vente. — (737—745).

7°. CONVERSION *de la saisie en vente volontaire,* lorsque les intéressés sont tous majeurs et maîtres de leurs droits, ou qu'il y a pour le mineur autorisation du conseil de famille. — (747—748).

ARTICLE 718.

Toute contestation incidente à une poursuite de saisie immobilière sera jugée sommairement dans les Cours et dans les tribunaux : les demandes ne seront pas précédées de citation au bureau de conciliation (1).

Loi du 11 brum. an 7, art. 27. — C. de P., art. 337, 405, 718, 733 et 735.

DI. LA loi commence par établir comme règle commune à tous les incidens qu'ils doivent être jugés *sommairement,* ce qui ne signifie autre chose, si ce n'est qu'on ne peut ordonner d'instruction par écrit, et non pas que ces contestations seront instruites comme *matières sommaires,* sans écritures avant les plaidoiries. En effet, les art. 117, 119, 122, 123, 124 et 125 du tarif, après avoir dit que plusieurs de ces incidens seront formés par requête, permettent d'y défendre par des écritures.

2412. *Cette forme d'élever et de juger les incidens n'est-elle applicable qu'à ceux qui sont prévus par le tit. 13?*

Elle est, comme nous l'avons dit au commentaire ci-dessus, commune à

---

(1) JURISPRUDENCE.

1.° Lors même qu'il n'existe encore que le commandement préalable à la saisie, le tribunal de la situation des biens hypothéqués peut seul connaître de la validité des offres réelles faites par le débiteur, au domicile élu par le commandement : dès lors, on ne doit considérer ni le domicile du créancier, ni celui du débiteur. — (*Cassat.,* 10 déc. 1807, *Sirey, tom.* 8*, pag.* 94).

2.° L'art. 250 reçoit son application en saisie immobilière, et par conséquent, une inscription en faux incident n'oblige pas de surseoir à l'adjudication. — (*Cassat.,* 1.er déc. 1813*, Sirey, tom.* 14*, pag.* 80*; tom.* 1*, pag.* 612*, jurisp.,* 2°.)

toute contestation incidente à une poursuite de saisie immobilière, puisque l'art. 718 ne borne point l'application de sa disposition à celles qui sont prévues par les articles suivans. — (*Voy.* arrêt de la *Cour de Bruxelles*, *du* 18 *janvier* 1808, *Jurisp.* sur la procédure, tom. 2, pag. 373) (1).

2413. *Les demandes en nullité de saisie immobilière sont-elles exceptées des dispositions d'après lesquelles les incidens doivent être signifiés à avoué?*

On disait pour l'affirmative, devant la Cour de Bruxelles, que l'instance ne s'engage, en matière de saisie réelle, qu'à l'audience où doit se faire l'adjudication provisoire; qu'en conséquence, une demande en nullité formée auparavant est introductive d'une instance sur cette nullité, et pouvait être, par cette raison, formée à personne ou domicile.

Mais on citait, pour la négative, les art. 337 et 718 du Code, et ceux du tarif ci-dessus notés (*voy. le comment.*), qui, tant en matière ordinaire qu'en saisie réelle, reconnaissent que les incidens doivent être signifiés à avoués. On citait sur-tout l'art. 124 du tarif, qui taxe la requête d'avoué à avoué pour les demandes dont il s'agit.

Ces moyens ont prévalu, et par l'arrêt déjà cité sur la question précédente, la Cour de Bruxelles a pensé que dès qu'il y avait constitution d'avoué juridiquement connue (art. 675), la loi n'ayant fait aucune exception pour les demandes en nullité de saisie, c'était au domicile de l'avoué du saisissant que les significations de ces demandes devaient être faites. — (*Voy.* les questions 1266, 1268, *et le comment. de l'art.* 337, *celles traitées sur l'art.* 755).

ARTICLE 719.

Si deux saisissans ont fait enregistrer deux saisies des biens différens, poursuivies dans le même tribunal, elles seront réunies sur la requête de la partie la plus diligente, et seront continuées par le premier saisissant : la jonction sera ordonnée, encore que l'une des saisies soit plus ample que l'autre; mais elle ne

---

(1) Néanmoins nous observerons, avec M. Demiau Crouzilhac, pag. 453, qu'il est certaines contestations que l'on pourrait se dispenser d'introduire par requête; telles sont celles qui peuvent s'élever entre le saisissant et le saisi, ou quelqu'un des créanciers, sur la rédaction des charges et conditions de la vente; il suffirait alors que l'avoué de la partie qui contesterait inscrivît son dire sur le cahier des charges. L'avoué adverse consentirait ou contesterait par un dire qu'il écrirait et signerait également, et le tribunal prononcerait lors de la publication à l'audience.

À l'appui de cette proposition, nous rappèlerons l'explication donnée sur l'art. 718, par l'orateur du Gouvernement : « La théorie de la vente forcée, dit-il (*édit. de F. Didot*, » pag. 215), serait incomplète, si l'on n'avait pas prévu les incidens que cette poursuite » voit naître *ordinairement*, et si l'on n'avait pas établi des règles particulières pour faire » prononcer promptement sur ces incidens. Il ajoute plus bas : On commence par établir » une *règle commune* à tous les incidens ».

Ces mots, *ordinairement* et *règle commune*, prouvent que l'on a prévu non tous les incidens, mais les plus fréquens, et que la règle générale, posée par l'art. 718, s'applique à tous ceux qui peuvent survenir.

pourra, en aucun cas, être demandée après la mise de l'enchère au greffe. En cas de concurrence, la poursuite appartiendra à l'avoué porteur du titre le plus ancien; et si les titres sont de même date, à l'avoué le plus ancien.

T., 117.—Édit. de 1680, art. 11. — C. de P., art. 673, 677, 680, 697.

DII. Cet article et ceux qui le suivent, jusqu'à l'art. 724, règlent tout ce qui concerne les contestations qui peuvent s'élever entre deux saisissans qui se disputent une poursuite ou qui demandent une subrogation. Ces contestations engendraient autrefois des frais immenses et faisaient perdre un tems considérable; les intéressés finissaient le plus ordinairement par s'accorder, et les frais de l'incident étaient presque toujours payés par privilége. On verra, par les articles qui concernent ces contestations, qu'elles ont été appréciées à leur juste importance; que de simples actes remplacent de longues procédures, et qu'un prompt jugement termine tous les débats.

2414. *La demande en jonction de deux saisies est-elle facultative?*

Il est évident que cette demande n'est pas indispensable, puisque l'article fixe une époque après laquelle cette réunion de saisies ne peut plus être demandée. (*Voy. Thomines Desmasures, pag.* 266; *Hautefeuille, pag.* 388 *et* 389, *et Demiau Crouzilhac, pag.* 454). Mais il ne faut pas conclure de ce que la demande dont nous parlons est facultative, que le tribunal, à l'effet d'éviter les frais, ne puisse ordonner d'office la jonction des saisies. — (*Voy. Lepage, Traité des saisies, tom.* 2, *pag.* 165).

2415. *A qui appartient la faculté de former la demande en jonction?*

Elle appartient à toute partie intéressée; conséquemment au saisi, aux saisissans, aux créanciers même cédulaires, dit M. Demiau Crouzilhac, *ubi suprà*, parce qu'ils ont intérêt à diminuer les frais de saisie, attendu qu'ils viendraient en distribution des sommes excédant celles dues aux hypothécaires, et qu'ils peuvent d'ailleurs exercer tous les droits de leur débiteur. — (*Voy. Code civil, art.* 1166).

Pour cela, ils n'auraient qu'à former opposition au prix de la vente; ce qui leur donne le droit de surveiller la saisie, et, par une suite nécessaire, la faculté de demander la jonction.

2416. *Comment se forme la demande en jonction? Comment est-elle répondue et jugée?*

Cette demande se forme, en conformité de l'art. 117 du tarif, par requête grossoyée, signifiée d'avoué à avoué; on y répond de même, et l'incident se juge sur plaidoirie à la suite d'un simple avenir.

2417. *Qu'entend-on par* LA MISE DE L'ENCHÈRE AU GREFFE, *après laquelle la demande en jonction ne peut plus être formée?*

La mise de l'enchère au greffe signifie la même chose que *la mise ou dépôt au greffe du cahier des charges.* On a dit *mise de l'enchère*, parce que, suivant l'art. 697, le cahier des charges doit contenir une mise à prix, qui est l'enchère

pour laquelle le saisissant demeure adjudicataire, s'il ne se présente pas d'autre
enchérisseur.

2418. *Est-il indifférent, pour que l'on ne puisse former la demande en jonction,
que ce soit l'enchère concernant la première ou la seconde saisie qui ait été mise
au greffe?*

*Autrement, pour qu'il ne soit plus permis de demander la jonction, faut-il
que, soit le cahier des charges de la première saisie, soit celui de la seconde,
ait été déposé au greffe?*

M. Lepage, dans ses Questions, pag. 478, et dans son Traité des saisies,
pag. 165, paraîtrait penser qu'il ne s'agit, dans l'art. 719, que du dépôt au greffe
du cahier des charges de l'immeuble saisi le premier; mais, à notre avis,
il est évident que la loi entend parler tant de la première que de la seconde
saisie, puisqu'elle ne fait aucune distinction : d'où il suit que si l'un des saisissans a fait le dépôt de son cahier des charges, personne ne peut demander
la jonction des saisies contre celui qui a fait ce dépôt ; chacun des deux
saisissans poursuit alors séparément sur la saisie qu'il a faite. — (*Voy. Pigeau,
tom. 2, pag.* 153 ; *Delaporte, tom. 2, pag.* 320 , *et Hautefeuille, pag.* 389).

2419. *Si l'une des saisies comportait une quantité suffisante de biens pour acquitter toutes les créances en principaux, intérêts et frais, le tribunal pourrait-il
surseoir à l'une des poursuites?*

Cette question est décidée pour l'affirmative par M. Hautefeuille, *ubi suprà.*
La justice, dit-il, exige ce sursis, afin de ne point consommer inutilement
en frais la partie saisie. Nous sommes d'autant plus porté à adopter cette
opinion, qu'elle nous parait fondée par une juste analogie, sur les dispositions
de l'art. 622, relative à la revente par suite de saisie immobilière.

2420. *Quel est celui des saisissans auquel appartient, comme* PREMIER SAISISSANT*,
la poursuite des saisies jointes, et que doit faire le poursuivant si les deux saisies
réunies ne sont pas au même état?*

C'est à celui dont la saisie a été la première transcrite au bureau des hypothèques, ou, en cas de concurrence, c'est-à-dire, *si les saisies avaient été
transcrites le même jour*, celui dont le titre est le plus ancien, etc.
Dans le cas où les deux saisies réunies ne seraient pas au même état, le
poursuivant surseoirait les poursuites de la plus avancée pour amener l'autre
au même point, et ensuite les conduire par une seule procédure. — (*Voy.*
Questions *de Lepage, ubi suprà*).

ARTICLE 720.

Si une seconde saisie présentée à l'enregistrement est plus
ample que la première, elle sera enregistrée pour les objets non
compris en la première saisie, et le second saisissant sera tenu
de dénoncer sa saisie au premier saisissant, qui poursuivra
sur les deux, si elles sont au même état, sinon, surseoira à

la première, et suivra sur la deuxième jusqu'à ce qu'elle soit au même degré, et alors elles seront réunies en une seule poursuite, qui sera portée devant le tribunal de la première saisie (1).

T., 118. — C. de P., art. 677, 680, 694, 721 et suiv.

2421. *Dans l'espèce de l'art. 720, la jonction est-elle* NÉCESSAIRE, *autrement forcée, de telle sorte qu'elle ne doive pas être demandée?*

Oui, car les termes de l'article sont impératifs, à la différence de ceux de l'art. 719. (*Voy. Thomines Desmasures, pag.* 267). Aussi n'a-t-on pas besoin de faire ordonner cette jonction ; il suffit que la seconde saisie ait été dénoncée, pour constituer le premier saisissant en demeure de poursuivre sur le tout.

Cependant M. Hautefeuille, pag. 390, dit que si les avoués portaient l'incident au tribunal, il interviendrait un jugement de jonction. Mais nous regarderions comme frustratoires les frais auxquels donnerait lieu la poursuite de ce jugement, et nous pensons que le tribunal déclarerait non recevable celui qui aurait poursuivi l'audience.

Ce n'est que dans le cas où, sur la dénonciation de la seconde saisie, l'avoué du premier saisissant se refuserait à faire les poursuites auxquelles la loi l'assujétit, qu'il deviendrait nécessaire de poursuivre l'audience ; mais ce ne serait pas pour faire ordonner la jonction, puisqu'elle est *de droit;* ce serait pour faire prononcer la subrogation, conformément à l'art. 721. — (*Voy. Demiau Crouzilhac, pag.* 455).

1422. *La jonction des saisies a-t-elle lieu sans distinction, dans tous les cas où il existe deux saisies dont l'une est plus ample que l'autre?*

Elle ne peut avoir lieu, d'après la loi du 14 novembre 1808, et l'art. 2210 du Code civil, qu'autant que les biens compris dans chaque saisie sont situés dans le même arrondissement, ou que l'étant dans un arrondissement différent, ils forment une dépendance de l'immeuble principal sur lequel frappe la première saisie. — (*Voy. Tarrible, au mot* saisie immobilière, *pag.* 667).

1423. *Y aurait-il lieu à la réunion, dans l'espèce du même art. 720, si la seconde saisie était faite après la mise de l'enchère au greffe?*

M. Pigeau, tom. 2, pag. 151, argumentant de l'art. 719. résout négativement cette question, attendu qu'en cette circonstance presque tous les frais de la poursuite sur la première saisie étant faits, et les mêmes frais devant avoir lieu sur la seconde, le motif d'économie qui a fait établir la réunion des saisies ne subsisterait plus.

M. Lepage, dans ses Questions, pag. 480, et au Traité des saisies, tom. 2, pag. 168, et M. Delaporte, tom. 2, pag. 321, sont d'un avis contraire. Le premier se fonde sur ce que les deux articles disposent relativement à deux cas différens, d'où il conclut qu'il n'est pas permis d'argumenter de l'un à l'autre; le second dit formellement que si la dénonciation d'une seconde saisie est faite au premier saisissant après la mise au greffe du cahier des charges

_____

(2) Voy. comment. de l'art. 719.

de sa saisie, il doit en rester là relativement à elle, pour amener la seconde saisie au même état.

Cette dernière opinion nous paraît la plus sûre, parce qu'en effet la loi statuant sur deux cas différens, et l'art. 720 ne s'expliquant point sur la circonstance de la mise au greffe de l'enchère, on aurait à craindre de contrarier l'intention du législateur, en argumentant de l'espèce de l'art. 719 à celle de l'article suivant. — (*Voy. les distinctions que fait M. Lepage, ubi supra, entre les cas prévus par ces articles*).

Mais nous ne tenons pas à cette solution, par les raisons que M. Thomines apporte pour la combattre, et que nous transcrivons dans la note suivante (1).

2424. *Comment se fait la dénonciation de la seconde saisie au premier saisissant?*

M. Delaporte, tom. 2, pag. 321, estime, attendu que la loi ne s'explique pas à cet égard, qu'elle doit être faite au domicile du poursuivant. Suivant M. Hautefeuille, pag. 389, elle pourrait lui être faite au domicile élu par sa saisie, soit par exploit, soit d'avoué à avoué. Telle est aussi l'opinion de M. Demiau Crouzilhac, pag. 455.

Nous croyons comme eux que la dénonciation faite dans l'une ou dans l'autre forme est valable. D'un côté, il n'y aurait aucun motif pour la déclarer nulle, si elle était faite par exploit, puisque c'est la forme ordinaire des significations, lorsque la loi n'exige pas expressément qu'elles soient faites d'avoué à avoué; de l'autre, on ne pourrait la considérer comme irrégulière, si elle était faite par acte d'avoué à avoué, puisque le vœu de la loi, qui est d'arrêter les poursuites, serait éminemment rempli par une notification adressée directement à celui qui est chargé de les faire.

Il y a plus : c'est que l'art. 118 du tarif, qui fixe le coût de cette dénonciation, se trouvant placé sous le tit. 2, qui taxe les droits dus aux avoués, il paraît conforme à l'intention du législateur de la signifier à l'avoué constitué par le premier saisissant dans le procès-verbal de sa saisie.

2425. *En quel cas les poursuites d'une seconde saisie seraient-elles valables, nonobstant le défaut de dénonciation au premier saisissant?*

Ce ne pourrait être que dans le cas où il y aurait une présomption légale que le second saisissant eût ignoré la première saisie; mais cette présomption cesserait du moment où l'extrait de celle-ci aurait été inséré au tableau de l'auditoire; dès lors, il doit cesser de poursuivre sur sa saisie et demander la réu-

---

(1) L'unique but de la jonction des saisies, dit ce savant professeur dans ses cahiers de dictée, est évidemment de diminuer les frais en ne faisant qu'une seule poursuite : d'où il suit qu'on doit regarder comme une règle générale la disposition de l'art. 719, qui porte qu'en aucun cas, la jonction ne peut être demandée après la mise de l'enchère au greffe. Alors, l'une des saisies étant très-avancée, et la presque totalité des frais de la poursuite étant faite, on augmenterait encore les frais, si on provoquait la réunion des saisies. Quand donc l'art. 720 veut que celui qui, en présentant sa saisie aux hypothèques pour y être transcrite, trouve une saisie préexistante sur partie des mêmes immeubles, soit tenu de dénoncer cette obligation, cet article suppose que la première poursuite est peu avancée; car, si déjà le cahier des charges avait été mis au greffe, la dénonciation serait inutile, parce que la jonction serait impossible.

nion ; autrement, ses poursuites ultérieures seraient annulées comme frustratoires.

Tel est l'avis de M. Pigeau, tom. 2, pag. 151; mais M. Thomines, dans ses
cahiers de dictée, estime qu'il n'y aurait pas de nullité des poursuites, puisque
la loi ne la prononce pas; seulement, ajoute-t-il, le second saisissant devrait
supporter l'augmentation des frais qu'il aurait mal à propos occasionnés au débiteur.

Nous croyons néanmoins devoir persister dans l'opinion de M. Pigeau, parce
qu'il ne s'agit point ici de formalités ni d'actes de procédure, mais d'une marche
impérieusement tracée par la loi, et à l'occasion de laquelle l'art. 1030 ne nous
paraît pas rigoureusement applicable.

2426. *Si, après la jonction de deux saisies, et dans le cours de la poursuite ultérieure, l'une de ces saisies réunies est attaquée par voie de nullité, et jugée être
nulle, cette nullité frappe-t-elle sur les deux saisies?*

Dans l'espèce de cette question, il a été jugé, par arrêt de la Cour d'Orléans,
du 9 février 1810 (*voy. Hautefeuille, pag.* 390), que toutes les poursuites qui
ont été faites postérieurement à la jonction sont également nulles, parce que,
à compter de cette époque, les deux saisies n'en ont plus formé qu'une, et
que la partie à laquelle cette saisie annulée appartient doit supporter tous les
dépens.

Mais le même arrêt a jugé que la nullité de cette poursuite n'entraînerait
pas la nullité de celle à laquelle elle avait été jointe, parce qu'avant la jonction
il y avait deux poursuites, des intérêts distincts et séparés; en sorte que la
partie dont la saisie était valable devait reprendre ses poursuites à partir de
l'état dans lequel elles étaient au moment de la jonction.

On pensera sans doute que cet arrêt concilie les conséquences qui résultent
de la jonction des saisies avec les principes de la justice, qui ne permettent pas
qu'une partie souffre préjudice d'une faute imputable à un tiers.

ARTICLE 721.

Faute par le premier saisissant d'avoir poursuivi sur la seconde
saisie à lui dénoncée, conformément à l'article ci-dessus, le second saisissant pourra, par un simple acte, demander la subrogation (1).

T., 119. — C. de P., art. 723, 724 et suiv.

2427. *En quelles circonstances le premier saisissant peut-il être constitué en
faute de n'avoir pas poursuivi sur la seconde saisie, de manière que le droit de demander la subrogation soit acquis au second saisissant?*

Le droit de faire prononcer la subrogation est acquis au second saisissant,
si, depuis la dénonciation faite de la seconde saisie au premier saisissant,

(1) Voy. comment. de l'art. 719.

celui-ci fait un nouvel acte sur la sienne, sans commencer les poursuites sur la seconde. — (*Voy. Delaporte, tom.* 2, *pag.* 521, *et Demiau Crouzilhac, pag.* 455).

2428. *Comment se forme la demande en subrogation? Comment est-elle instruite et jugée, et quels sont les effets du jugement?*

Cette demande se forme non par requête, mais par un simple acte d'avoué à avoué, contenant seulement des conclusions auxquelles l'avoué adverse a droit de faire une réponse; l'incident se juge à l'audience, et, en vertu du jugement qui intervient, le second saisissant est chargé de poursuivre, tant sur la saisie qu'il a faite que sur la première, et, par conséquent, si elles ne sont pas toutes deux au même état, il sursoit aux procédures de la première, jusqu'à ce qu'il ait conduit l'autre au même degré, afin de continuer les poursuites comme si les deux saisies ne formaient qu'une seule et même saisie.

2429. *La subrogation doit-elle être prononcée contradictoirement avec la partie saisie?*

Il n'en est pas question dans l'art. 721, mais M. Desevaux, dans son Traité sur la procédure en saisie immobilière, pag. 45, pense qu'on doit notifier au saisi cette demande à personne ou domicile, s'il n'a pas d'avoué; telle est aussi notre opinion, fondée sur ce que le saisi est véritablement la partie principale, et que par conséquent rien ne doit être fait à son insu.

2430. *De la disposition de l'art.* 721, *résulte-t-il que le tribunal soit toujours tenu d'accorder la subrogation?*

On peut dire, pour la négative, que cet article, loin d'exprimer que le second saisissant acquiert de plein droit la subrogation, porte au contraire qu'elle doit être demandée : d'où suivrait, premièrement, que, dans le cas où l'avoué du premier saisissant se serait mis en règle depuis la demande en subrogation, mais avant le jugement de l'incident, le tribunal pourrait, en condamnant l'avoué aux dépens, le dispenser de la subrogation; secondement, qu'il pourrait même, lorsque l'avoué n'aurait pas fait ses diligences depuis la demande, ne l'accorder que conditionnellement, et dans le cas seulement où cet avoué ne se mettrait pas en règle dans un délai donné.

M. Demiau Crouzilhac, pag. 436, s'élève avec force contre cette opinion, qui, suivant lui, consacrerait un abus et une injustice. Le droit de subrogation, dit-il, est pour les parties et non pour les avoués; il est absolu; il est acquis dès l'instant où il y a eu du retard dans l'exécution des formalités requises par la loi. D'un autre côté, dès que la demande en subrogation a été formée, le droit des parties, quant aux poursuites, est tout au moins en suspens; aucune d'elles n'a qualité pour les faire, jusqu'à ce que le tribunal en ait décidé; toutes poursuites faites pendant la litispendance sont un attentat à l'autorité de la justice : elles ne peuvent donc être validées............. A plus forte raison, ne pourrait-on prononcer la subrogation que sous condition, puisque ce serait modifier la loi, dont la disposition est absolue.

Nonobstant ces observations, nous estimons que l'on doit décider négativement la question ci-dessus posée, parce que l'art. 721 se borne à déclarer que le second saisissant *pourra* demander la subrogation, et ne dit pas qu'il sera de plein droit subrogé, par cela seul qu'il aura fait la dénonciation de sa saisie. Si les juges étaient rigoureusement obligés à prononcer cette subrogation en sa faveur, il eût été inutile d'exiger qu'il obtînt jugement. Au reste, ce qui nous confirme dans cette opinion, c'est qu'autrefois ils avaient le pouvoir d'accorder des délais. (*Voy. d'Héricourt, chap.* 6, n°. 24). Or, nous ne trouvons dans le Code de procédure aucune disposition qui défende au juge d'en agir ainsi, et de là nous nous croyons fondé à conclure qu'il le peut, et que telle est l'intention du législateur.

ARTICLE 722.

Elle pourra être également demandée en cas de collusion, fraude ou négligence de la part du poursuivant.

Il y a négligence lorsque le poursuivant n'a pas rempli une formalité ou n'a pas fait un acte de procédure dans les délais prescrits, sauf, dans le cas de collusion ou fraude, les dommages-intérêts (1) envers qui il appartiendra (2).

T., 119. — C. de P., art. 695.

2431. *En quelles circonstances la subrogation peut-elle être ordonnée pour collusion, fraude ou négligence?*

La subrogation peut être demandée *en cas de collusion;* par exemple, quand le poursuivant s'entend avec le saisi pour ne pas poursuivre; qu'il n'a entamé

---

(1) Voy. comment. de l'art. 719.

(2) JURISPRUDENCE.

1.° Hors le cas prévu par les art. 721 et 722, les créanciers du saisi sont représentés dans l'instance en expropriation par le poursuivant, qui est seul mandataire légal; et par suite, la demande en intervention formée par l'un d'eux, sur l'appel d'un jugement rendu contradictoirement avec le poursuivant, serait non recevable. — (*Toulouse,* 7 mai 1818, *Sirey, tom.* 18, *pag.* 232.)

Cette décision nous paraît en opposition formelle avec un arrêt de la Cour de cassation, du 13 octobre 1812. (*Sirey,* 1812, *pag.* 42). Cet arrêt déclare, en termes exprès, que l'essence du mandat étant d'être volontaire, on ne connaît de mandat légal que celui qui résulte de la disposition expresse de la loi, et qu'aucun article de celle du 11 brumaire an 7, sous laquelle ce même arrêt a été rendu, n'établit mandataire des créanciers du débiteur saisi que celui d'entre eux qui poursuit l'expropriation; que, loin de là, l'art. 6 de cette loi charge expressément le créancier poursuivant de notifier la saisie réelle et les affiches *individuellement* aux créanciers inscrits, et que l'art. 23 les autorise à proposer les nullités contre la procédure; ce qui est incompatible avec l'idée d'un *mandat légal* dans la personne du créancier poursuivant.

Or, les motifs de cette décision sont les mêmes sous l'empire du Code de procédure. En effet, comme le remarque M. Coffinières (*Journ. des avoués, tom.* 7, *pag.* 83), on ne peut soutenir que le poursuivant soit le mandataire de tous les créanciers, par cela seul qu'ils profitent comme lui de la vente de l'immeuble. Il en est, à cet égard, comme des obligations dont parle l'art. 1121 du Code civil, et le poursuivant n'agit dans l'intérêt des autres créanciers que parce que telle est la nature des poursuites qu'il dirige, qu'elles doivent profiter à tous ceux qui ont un droit réel sur l'immeuble.

Si on attribuait au poursuivant la qualité de mandataire, les créanciers inscrits ne de-

la saisie immobilière que pour empêcher les autres créanciers d'agir plus vivement; qu'il procède irrégulièrement, afin qu'en définitive la saisie soit déclarée nulle, et que le saisi conserve plus long-tems l'immeuble entre ses mains, etc.

En cas de fraude, quand ce n'est que par dol ou par ruse que le poursuivant se trouve le premier au lieu de n'être que le second saisissant; par exemple, s'il a fait antidater son procès-verbal de saisie; ce qui serait un faux de la part de l'huissier; mais ce qui n'en constituerait pas moins en apparence premier saisissant celui qui ne devrait pas l'être, etc.

En cas de négligence, comme le dit l'art. 722, lorsque le poursuivant n'a pas rempli une formalité, ou n'a pas fait un acte de procédure dans les délais prescrits. Ainsi, par exemple, si on n'appose pas les placards, si on ne fait pas

vraient pas figurer dans les poursuites, puisqu'ils y seraient représentés; et cependant l'article 695 du Code de procédure, aussi bien que l'art. 6 de la loi du 11 brumaire an 7, sur les expropriations, renferme une disposition manifestement contraire.

D'ailleurs, dans la même hypothèse, les créanciers ne pourraient jamais exciper des nullités dans les poursuites, puisqu'ils devraient être réputés avoir commis eux-mêmes ces nullités, et l'on sait que l'art. 733 du Code de procédure dispose dans l'intérêt de la partie saisie : il est donc certain que le poursuivant n'est pas le mandataire des créanciers.

2.º Si la demande en subrogation est portée à l'audience indiquée pour l'adjudication préparatoire, et si la subrogation est accordée, il peut être passé outre de suite à l'adjudication, nonobstant la faculté d'appel accordée par l'art. 723. — (*Argum. de l'art.* 733; *arrêt de Riom, du 21 mars 1816, rapporté par M. Huet, pag.* 234 et 235).

3.º On ne peut demander la subrogation, sous l'appel d'un jugement qui a prononcé sur des nullités de la saisie. Cette demande, comme toute autre, doit nécessairement subir les deux degrés de jurisdiction. — (*Turin, 24 juill. 1812, Jurisp. des Cours souv., tom.* 5, *pag.* 398).

4.º La nullité du jugement en vertu duquel il a été procédé à la saisie, entraîne la nullité des poursuites, de telle sorte que la subrogation ne peut plus être prononcée en faveur d'un autre créancier second ou ultérieur saisissant (*Paris, 29 avril 1809; voy. Jurisp. des Cours souv., tom.* 5, *pag.* 357), attendu que la décision souveraine, qui déclare nul le jugement en vertu duquel il a été procédé à la saisie, la rend sans effet, et par conséquent toutes ses suites, dont la demande en subrogation fait partie. — (*Voy. nos quest. sur l'art.* 734).

5.º De même que le paiement du créancier poursuivant n'empêche pas la continuation des poursuites de saisie immobilière, s'il plaît à un autre créancier non payé de se faire subroger à la poursuite, ainsi, le créancier qui est porteur de plusieurs créances, et qui poursuit à défaut de paiement de l'une d'elles, peut, s'il vient à être payé du montant de cette créance, continuer sa poursuite à raison des autres créances non payées, pourvu qu'elles soient inscrites sur les biens saisis. — (*Grenoble, 14 juill.* 1809, *Sirey,* 1810, *pag.* 366).

6.º Lorsque la demande en subrogation est fondée sur ce que le poursuivant n'a pas *rempli une formalité,* ou n'a pas fait *un acte de procédure dans les délais de la loi,* elle ne peut être accordée que dans le cas où la nullité, résultant de ces contraventions, n'a pas été opposée; et si elle l'a été, la subrogation ne peut être accordée que pour les poursuites antérieures aux actes nuls, si toutefois le vice de ces actes n'annule pas ces poursuites elles-mêmes.

7.º Lorsque l'appel d'un jugement rendu sur une question de validité d'une saisie immobilière, a empêché les premiers juges de prononcer sur une demande en subrogation aux poursuites de cette saisie, formée par un créancier inscrit et intervenant, il appartient à la Cour saisie de l'appel de statuer sur le mérite de l'intervention et sur la subrogation. — (*Cassat., 26 déc.* 1820, *Sirey, tom.* 22, *pag.* 36).

644 Iʳᵉ. PART. LIV. V. — DE L'EXÉCUTION DES JUGEMENS.

les annonces, si la publication n'a pas lieu au jour qu'elles ont indiqué, si la saisie n'est pas dénoncée dans le délai fixé par l'art. 680, etc., il y a incontestablement négligence, et conséquemment ouverture à la demande en subrogation.

2432. *Le saisi pourrait-il se prévaloir de l'inobservation des délais pour empêcher la subrogation?*

C'est principalement en faveur des créanciers, dont l'action est paralysée par une saisie transcrite, que le poursuivant est tenu d'agir dans des délais rigoureux : le saisi, dit M. Thomines Desmasures, pag. 268, ne peut donc se prévaloir de la seule inobservation de ces délais pour empêcher la subrogation.

2433. *Le droit de demander la subrogation appartient-il indifféremment à tout créancier inscrit, ou seulement à un créancier second ou ultérieur saisissant?*

Des deux art. 721 et 722 réunis, et notamment du dernier, M. Tarrible (*voy. nouv. Répert.*, vᵒ. saisie immobilière, *pag.* 667), conclut que le droit de demander la subrogation ne peut appartenir qu'à un créancier qui a déjà fait une saisie.

Il se fonde, 1ᵒ. sur ce que l'expropriation est une mesure si rigoureuse, qu'on ne doit être admis à en user que pour une cause bien déterminée, et après avoir mis le débiteur en mesure de l'empêcher ; ce qui ne peut avoir lieu que de la part d'un créancier saisissant ; 2ᵒ. sur ce que le mot *également*, employé dans l'art. 722, lie cet article au précédent, qui n'accorde le droit de demander la subrogation qu'au *second saisissant* ; 3ᵒ. enfin, sur ce que l'art. 725 paraît exiger une saisie pour titre à la poursuite, puisqu'après la radiation d'une saisie, il autorise le plus diligent *des saisissans postérieurs* à poursuivre sur sa propre saisie, sans accorder la même faculté à un simple créancier inscrit qui n'aurait pas fait de saisie postérieure.

Tel est aussi l'avis de M. Merlin. (*Voy. nouv. Répert.*, vᵒ. subrogation de personnes, *sect.* 1, nᵒ. 7, tom. 12, *pag.* 246). Il a été adopté par un arrêt de la Cour d'Orléans, du 19 janvier 1811 (*Sirey, tom.* 15, *pag.* 159), qui a jugé en point de droit que, pour qu'il y ait lieu à subrogation en matière de saisie immobilière, il faut que celui qui forme cette demande soit saisissant, le créancier seulement inscrit n'ayant que l'action ordinaire contre le débiteur, afin de paiement de sa créance. — (*Voy. Hautefeuille, pag.* 390).

Pour l'opinion contraire, on peut citer deux arrêts de rejet, rendus par la Cour de cassation, sous l'empire de la loi du 11 brumaire an 7, et qui seront bientôt rapportés ; un arrêt de la Cour d'Aix, rendu le 7 avril 1808 (*Sirey, tom.* 15, *pag.* 159), par application des dispositions du Code ; le sentiment de M. Pigeau, tom. 2, pag. 155 ; de M. Lepage (*voy. Traité des saisies, pag.* 170) ; de M. Demiau Crouzilhac, pag. 455, et enfin de M. Persil, tom. 2, pag. 346.

C'est cette dernière opinion que nous croyons devoir adopter par les motifs détaillés dans la note suivante (1).

_____

(1) **Nous convenons** que si la saisie n'a pas été notifiée aux créanciers, nul autre qu'un saisissant n'a le droit de se faire subroger. Le poursuivant peut abandonner la saisie; il peut consentir à sa radiation, sans qu'aucun créancier puisse s'y opposer.

Mais lorsque le placard d'affiches a été notifié aux créanciers inscrits (*art.* 695); que

2434. *La demande en subrogation est-elle autorisée dans l'espèce de l'art.* 721, *comme nous venons de dire qu'elle l'était dans l'espèce de l'art.* 722?

Parmi les auteurs que novous ans cités à l'appui de la solution que nous venons de donner sur la précédente question, plusieurs pensent qu'on ne doit pas l'étendre à l'espèce prévue par l'art. 721. Ainsi, M. Demiau Crouzilhac, pag. 455, dit que le droit de subrogatien n'est pas, dans l'hypothèse de l'art. 722, exclusivement propre à une seule partie, comme dans celle de l'art. 721, où il n'appartient qu'à *un second saisissant.* M. Persil, après avoir discuté la même question, conclut que les créanciers ont droit à la subrogation, *mais lorsqu'il n'y a point de seconde ou précédente saisie.*

Ces auteurs n'ont sans doute adopté cette distinction que par suite des mots

---

par cet acte la saisie leur est devenue commune, ils ont des droits acquis dont le poursuivant ne peut les priver, soit par négligence, soit par son consentement à la radiation de la saisie. — (*Art.* 696. *Voy. Pigeau, ubi suprà; les quatre premiers considérans de l'arrêt de la Cour d'Aix, et notre quest.* 2340.°)

Or, dans le cas où il n'y a qu'une seule saisie, dans celui où il y en a deux, mais où le second saisissant ne demande pas lui-même la subrogation, si un créancier inscrit ne pouvait pas se faire subroger dans la poursuite, la négligence du poursuivant, la collusion ou la fraude dont il se rendrait coupable équivaudraient à la radiation de la saisie, puisqu'il n'y aurait aucun moyen de la conduire à sa fin. — (*Voy. cinquième considérant de l'arrêt de la Cour d'Aix*).

Nous pourrions répondre à plusieurs objections que l'on puiserait au nouveau Répertoire, v°. *saisie immobilière.* M. Persil les a détruites, et il est inutile de s'y arrêter.

Il nous suffira de faire remarquer que, sous la loi du 11 brumaire an 7, qui ne renfermait aucune disposition sur la question qui nous occupe, la Cour de cassation, par arrêts du 29 et du 15 germinal an 11, et 10 pluviôse an 12, a décidé qu'il suffisait d'être créancier direct du saisi pour obtenir la subrogation. (*Voy. jurisp. des Cours souv., tom.* 5, *pag.* 214). A plus forte raison, peut-on dire aujourd'hui que si les créanciers avaient ce droit, sous l'empire de cette loi, qui ne contient aucune disposition sur la subrogation, on ne peut le contester aujourd'hui, qu'il existe des dispositions formelles sur la subrogation. — (*Voy. le* 9°. *considér. de l'arrêt d'Aix*).

Au surplus, nous croyons que toute difficulté doit cesser par le motif suivant, qui, en effet, nous semble décisif :

C'est que, pour décider que le législateur, par les art. 721 et 722, n'a entendu accorder l'avantage de la subrogation qu'à un créancier saisissant, il faut nécessairement admettre que le créancier non saisissant puisse lui-même faire une saisie, lorsque le premier ou le second saisissant ne poursuit pas, ou se rend coupable de collusion, de fraude ou de négligence; autrement, il serait libre à un saisissant unique d'arrêter les poursuites des créanciers, en arrêtant les siennes; il serait également libre à un second saisissant, qui aurait obtenu la subrogation contre le premier, d'agir de la même manière.

Or, les créanciers seront-ils réduits à le laisser faire ou à lui laisser substituer le premier saisissant qui se serait déjà rendu suspect? Non sans doute, il y aurait en cela une extrême injustice.

Dira-t-on que le créancier le plus diligent doit saisir?

Mais il en est empêché par le principe que *saisie sur saisie ne vaut;* principe qui se trouve évidemment consacré par l'art. 679, puisqu'il ordonne au conservateur de refuser d'inscrire une seconde saisie : on doit donc décider, dans le cas de l'art. 722, que l'intention du législateur a été d'accorder aux créanciers inscrits, lorsqu'il n'y a point de seconde ou subséquente saisie, le droit de se faire subroger dans les poursuites.

second saisissant, qui se trouvent dans l'art. 721, et que le législateur n'a pas répétés dans l'art. 722. Mais pour peu qu'on réfléchisse sur les raisons ci-devant exposées, on reconnaîtra que la plupart d'entre elles, et sur-tout les dernières, s'appliquent aux deux hypothèses. Si l'on admet que l'art. 722 autorise la subrogation en faveur d'un créancier, dans tous les cas de collusion, fraude ou négligence, les mêmes motifs de justice, les mêmes raisons de droit exigent qu'on l'autorise dans le cas de suspension des poursuites, qui est celui de l'article 721.

Il reste donc à répondre à l'argument tiré de ce que ce dernier article désigne nommément le second saisissant. Or, il nous paraît certain que cet article ne le désigne qu'afin de lui accorder la préférence; ce qui est juste, puisque, s'étant mis en devoir de poursuivre, il a nécessairement acquis un titre de plus que les autres créanciers à devenir poursuivant.

Mais s'il ne demandait pas à jouir de cette prérogative, s'il n'usait pas de cette faculté de se faire subroger, qui ne lui est donnée, selon nous, que pour faire une chose utile à la masse des créanciers, nous estimons qu'il serait injuste de refuser au plus diligent d'entre eux de faire cette demande à sa place (1).

2435. *Le droit de subrogation, accordé conformément aux solutions données sur les questions précédentes, aux créanciers inscrits, mais non saisissans, ne peut-il être réclamé que par un créancier qui se soit fait connaître?*

Les solutions données sur les deux questions précédentes supposent que cette condition ne serait pas exigée. Mais M. Pigeau n'accorde le droit de subrogation à un créancier que dans les cas où il s'est fait connaître, soit par les poursuites, c'est-à-dire en saisissant, soit par une sommation de poursuivre, soit

---

(1) Aux arrêts d'Aix et de la Cour de cassation, contraires à celui d'Orléans, tous cités sur la question précédente, nous ajoutons, en faveur de la solution de celle-ci, les arrêts de Rouen, du 16 germinal an 11 (*Sirey, tom. 3, pag.* 224), celui de Riom, du 20 mars 1816, rapporté par M. Huet, pag. 232, un arrêt de Rennes, du 24 avril 1817, qui a formellement résolu la question, et l'art. 119 du tarif, qui rappèle les art. 721 et 722 du Code, sans les distinguer : d'où suit évidemment que la demande en subrogation est autorisée dans l'espèce de l'art. 721, comme dans celle de l'art. 722.

L'arrêt de Rennes que nous venons de citer n'est point motivé, attendu que la Cour déclare adopter les motifs des premiers juges. Comme ils présentent de fortes raisons à l'appui de notre opinion, nous les transcrirons ici :

« 1.° Dans l'ancienne pratique, les exposans pouvaient demander la subrogation, et de-
» puis la notification prescrite par l'art. 696, les créanciers auxquels on l'a faite sont parties
» dans l'instance de saisie, et doivent être assimilés aux créanciers opposans

» 2.° Depuis cette notification, la saisie ne peut être rayée que du consentement de tous
» les créanciers : elle est donc, depuis cette époque, la poursuite de tous et chacun; elle
» profite à tous et conserve pour tous : chaque créancier, comme cosaisissant, peut donc
» demander la subrogation sur le désistement du premier poursuivant.

» 3.° L'art. 721 et ceux qui le précèdent ne s'appliquent qu'au cas où il existe plusieurs
» saisissans; mais l'art. 722, qui autorise la subrogation, si la poursuite du saisissant est
» abandonnée, n'exige point que la saisie, s'il n'en existe qu'une, soit suivie d'une nou-
» velle. On ne concevrait pas cette nécessité, puisque la première subsiste depuis la noti-
» fication prescrite par l'art. 696, tant que les créanciers veulent la conserver, et que
» les poursuites à continuer aux fins de subrogation s'y rattachent ».

Le jugement dont ces motifs sont extraits a été rendu par le tribunal civil de Fougères, le 12 décembre 1815.

par une intervention dans la saisie. (*Voy. tom. 2, pag.* 153 *et* 154). Ainsi, dit-il, pag. 153, si le saisissant est seul, qu'il n'y ait aucun autre créancier qui se soit fait connaître, le saisissant est maître de sa saisie, il peut ne pas poursuivre ; un créancier qui surviendrait ne pourrait se plaindre des lenteurs antérieures, parce que le poursuivant ne lui a pas nui, et conséquemment ce créancier ne pourrait obtenir la subrogation. Plus loin, cet auteur ajoute que si le saisissant donnait main-levée de la saisie, le créancier qui ne s'est pas fait connaître avant la main-levée ne peut demander la subrogation, sauf à lui à faire saisir ; qu'au contraire, celui qui s'est fait connaître peut la demander ; car dès lors la saisie devient commune au poursuivant et au créancier, lequel ne peut saisir, puisqu'il y a déjà une saisie.

M. Pigeau argumente ici de l'art. 696, qui dit que la saisie étant notifiée aux créanciers inscrits, et la notification enregistrée, elle ne peut plus être rayée que de leur consentement, etc., parce que, dès ce moment, comme nous l'avons dit sur la quest. 2340e., la saisie leur appartient, attendu que, si le saisissant n'avait pas fait saisir, ils auraient pu le faire, et que s'il pouvait donner main-levée, ces créanciers seraient obligés de recommencer la saisie, et leur paiement serait retardé : d'où suit qu'en ce cas, un autre créancier peut demander la subrogation.

On voit que M. Pigeau ne diffère de l'opinion que nous avons manifestée ci-devant qu'en ce qu'il exige que le créancier se soit fait connaître. Nous ne voyons pas que la loi lui ait formellement imposé cette obligation, et que son accomplissement soit par conséquent une condition rigoureuse, sans laquelle la subrogation ne pourrait être accordée. Il suffit, suivant nous, que les créanciers soient parties dans la saisie pour qu'ils puissent demander la subrogation ; or, ils le deviennent dès que la notification des placards leur a été faite. (*Voy. quest.* 2340e.). Néanmoins, comme on peut dire que le créancier qui n'a point encore paru dans la poursuite, qui n'a point constitué le saisissant négligent en demeure d'agir, etc., ne peut se plaindre de cette négligence, nous croyons prudent de suivre l'opinion de M. Pigeau, en faisant, avant de former la demande en subrogation, un acte quelconque, par lequel e créancier se ferait connaître.

2436. *Un créancier non inscrit pourrait-il obtenir la subrogation?*

On peut argumenter en sa faveur, premièrement, de ce qu'il est de principe aujourd'hui, ainsi que nous l'avons dit *suprà,* sur la quest. 2198, que tout créancier porteur d'un titre exécutoire peut poursuivre son paiement par voie de saisie immobilière, encore qu'il ne soit ni hypothécaire ni inscrit ; secondement, de ce que nous avons dit sur la quest. 2216e., qu'un créancier, même chirographaire, pouvait se rendre partie, en s'opposant au denier, et demander la réunion des saisies dans le cas de l'art. 719 ; troisièmement, de ce que, sous l'empire des anciennes lois, d'après lesquelles les créanciers chirographaires n'avaient pas droit de saisir, et qui ne prescrivaient point l'inscription, tout créancier opposant pouvait obtenir la subrogation. — (*Voy. d'Héricourt, chap.* 6, *n°.* 24).

Nous croyons que ces raisons sont assez fortes pour faire décider affirmativement la question ci-dessus posée. L'autorité respectable de l'ancienne jurisprudence, le principe certain que tout créancier fondé en titre exécutoire peut saisir immobilièrement, nous paraissent déterminans. — (*Voy. nouv. Répert.,* *au mot* expropriation, *tom.* 5*, pag.* 39).

2437. *Un créancier en sous-ordre peut-il être subrogé?*

D'Héricourt, chap. 11, sect. 4, n°. 2, tenait l'affirmative. Il suffit, dit-il, pour l'autoriser à demander cette subrogation, qu'il ait intérêt à faire vendre le bien saisi et à en faire faire l'ordre, afin d'être payé de ce qui lui est dû sur ce qui reviendra à son débiteur du prix du bien décrété.

Duparc-Poullain, tom. 10, pag. 645, s'exprimait de la même manière. L'opposant en sous-ordre, dit-il, ne doit pas être exclu du droit de se faire subroger comme exerçant les droits de son débiteur, auquel cette faculté ne pourrait être contestée; car c'est, dit le même auteur, pag. 652, une maxime certaine, que le créancier peut exercer tous les droits de son débiteur.

Cette question s'est présentée sous l'empire de la loi du 11 brumaire an 7, et la Cour de cassation, par arrêt du 10 pluviôse an 12, l'a résolue pour la négative, attendu que, pour avoir le droit de se faire subroger au poursuivant l'expropriation forcée, il fallait être créancier direct du saisi, et avoir une hypothèque sur l'immeuble saisi, par la raison que, d'après l'art. 14 de la loi du 11 brumaire an 7, ceux-là seuls peuvent poursuivre l'immeuble, qui ont un hypothèque ou un privilége.

Nous remarquerons que cette disposition de l'article de la loi de brumaire an 7, qui semblait restreindre la faculté de poursuivre l'immeuble au créancier hypothécaire ou privilégié, n'existe plus dans nos lois actuelles, et qu'au contraire l'art. 1166 du Code civil a consacré d'une manière formelle le principe que les créanciers peuvent exercer les droits et actions de leur débiteur, à la seule exception de ceux qui sont exclusivement attachés à la personne; principe sur lequel Duparc-Poullain s'appuie pour accorder la subrogation au créancier en sous-ordre. Or, la demande en subrogation est évidemment une action du créancier direct du débiteur saisi : donc le créancier en sous-ordre peut l'exercer (1).

2438. *Les avoués doivent-ils, pour demander la subrogation, se munir d'un pouvoir spécial?*

Suivant d'Héricourt, chap. 6, n°. 24, et Pothier, Traité de la procéd., 4e. part., chap. 2, art. 8, § 2, le procureur ne pouvait demander une subrogation pour sa partie sans être muni d'un pouvoir spécial, à peine de désaveu. Ils en donnent pour raison qu'il peut arriver souvent qu'un créancier ne veuille pas s'engager dans les embarras de la poursuite, avancer les frais nécessaires,

_____

(1) Au reste, la solution que nous donnons sur cette question est, comme les précédentes, une conséquence immédiate de celle de la quest. 2433.^e

Mais nos lecteurs se rappèleront que notre objet principal est de leur soumettre les raisons que l'on peut fournir *pour* ou *contre,* toutes les fois que nous examinons une question douteuse, et que nous n'induirons personne en erreur, lorsque nous les aurons exposées. Cette observation trouve sa place ici principalement, où nous discutons des questions très-controversées, et sur lesquelles des jurisconsultes du premier rang (*voy. question* 2433.e), ont un sentiment contraire au nôtre. Sur ces questions, il faudra toujours se reporter à celle que nous venons de citer; mais si l'on adopte la solution que nous en avons donnée, nous pensons que l'on doit admettre celle des questions qui la suivent.

et s'exposer à la responsabilité de la validité de ces poursuites. — (*Voy. nouv. Répert., au mot* subrogation de personnes, *sect.* 1, *n°.* 1, *tom.* 12, *pag.* 245).

M. Commaille, tom. 2, pag. 308, estime aussi que l'avoué s'expose au désaveu, en demandant la subrogation sans se mettre en mesure de justifier d'un semblable pouvoir.

Nous ne saurions partager cette opinion, relativement à la demande qui serait faite par un second saisissant, puisqu'il a suffisamment manifesté son intention de poursuivre, en faisant apposer une saisie; mais comme ce motif n'existe point à l'égard d'un créancier non saisissant, nous croyons prudent de se conformer, en ce cas, au sentiment des auteurs précités.

2439. *Lorsque le saisi est autorisé à poursuivre lui-même l'adjudication à l'audience des criées en présence de ses créanciers, ceux-ci peuvent-ils se faire subroger, en se plaignant du retard qu'éprouve la vente?*

La négative, dit M. Coffinières (*voy. Journ. des avoués, tom.* 5, *pag.* 49), paraîtrait résulter, 1°. de ce que le Code est muet à cet égard; 2°. de ce que les art. 957 et suivans ne fixant pas des délais de rigueur pour les poursuites de cette espèce, il ne peut y avoir de négligence de la part du poursuivant, dans le sens de l'art. 722. Cependant ce jurisconsulte rapporte un jugement du tribunal de première instance de la Seine, qui, malgré ces considérations, résout affirmativement la question que nous venons de poser, attendu la négligence reconnue du *saisi poursuivant,* et l'intérêt qu'ont les créanciers à ce que la vente se fasse promptement.

Nous croyons aussi qu'en ce cas les créanciers ne doivent pas souffrir préjudice du consentement qu'ils ont donné à ce que le saisi poursuive lui-même la vente de ses immeubles; qu'en tout état de cause ils peuvent exercer le droit que chacun d'eux avait d'être poursuivant lui-même; qu'il importe peu que la loi ne se soit pas expliquée à cet égard, ou que l'on se trouve dans le cas prévu par l'art. 722, puisqu'on ne saurait supposer, de la part des créanciers, l'abandon de leur droit, sans la condition qu'ils n'éprouveront pas le dommage résultant de la négligence ou de la mauvaise volonté du saisi qu'ils ont favorisé.

ARTICLE 723.

L'appel d'un jugement qui aura statué sur cette contestation incidente, ne sera recevable que dans la quinzaine du jour de la signification à avoué (1).

C. de P., art. 681, 710 et 711.

DIII. L'article ci-dessus fait une exception notable aux dispositions de l'article 443.

2440. *Peut-on se pourvoir par opposition contre un jugement rendu par défaut sur une demande en subrogation?*

(1) Voy. comment. de l'art. 719.

La solution de cette question est d'autant plus importante qu'elle devrait être la même dans tous les cas où un tribunal aurait prononcé par défaut sur un incident de saisie immobilière. C'est pourquoi nous réunirons ici tous les arrêts qui ont décidé, soit relativement à la subrogation, soit relativement à un autre incident, que le jugement par défaut est ou n'est pas susceptible d'opposition. — (*Voy. comment. de l'art.* 719).

Trois Cours, celle de Paris, par arrêt du 27 septembre 1809, rendu en matière de subrogation, celle de Turin, par arrêts des 6 juin 1810, et 19 avril 1812, celle de Bruxelles, par arrêt du 20 décembre 1809, ont prononcé la négative. (*Voy. Sirey, tom.* 10, *pag.* 255, 260 *et* 281, *et tom.* 12, *pag.* 190). Leurs motifs de décision ont été que les dispositions concernant la saisie immobilière forment une loi spéciale à laquelle on doit s'attacher uniquement, et que cette loi n'ayant point admis la voie de l'opposition contre un jugement par défaut, on ne peut recourir aux moyens généraux d'attaquer les jugemens.

Pour l'affirmative, il existe deux arrêts, l'un de la Cour de Liége, du 19 février 1810, l'autre de la seconde chambre de la Cour de Turin, du 26 mai 1810. (*Voy. Sirey, ubi suprà, pag.* 272 *et* 281). On a considéré, dans ces arrêts, qu'il était de principe généralement établi par le Code de procédure (*art.* 157), que tout jugement par défaut était susceptible d'opposition, et que l'on ne peut admettre contre ce principe d'autres exceptions que celles que la loi elle-même autorise.

Nous croyons la première opinion plus sûre, parce qu'elle est la plus conforme à l'esprit dans lequel le législateur a porté les dispositions relatives au délai de l'appel des incidens sur la poursuite de la saisie immobilière. On sentira facilement qu'en le réduisant tantôt à quinzaine, tantôt à huitaine (*article* 723, 730 *et* 734), la loi a voulu procurer la rapidité des poursuites. Or, s'il fallait admettre la voie d'opposition, comme d'après l'art. 443, le délai d'appel ne court que du jour où l'opposition n'est plus recevable ; comme d'après l'art. 455, l'appel ne peut être reçu pendant la durée du délai de l'opposition : il n'est pas présumable que la loi ait entendu accorder cette dernière voie, qui augmenterait de huitaine le délai d'appel fixé pour les jugemens rendus sur incidens.

C'est aussi ce qui a été formellement décidé par l'art. 3 du décret du 2 février 1811, portant que si le jugement rendu sur des nullités de procédures postérieures à l'adjudication préparatoire est par défaut, la partie condamnée ne pourra l'attaquer que par la voie d'appel.

Il est vrai que M. Coffinières (*voy. Jurisp. des Cours souv., tom.* 4, *pag.* 431), dit que ce décret n'interdisant la voie de l'opposition que contre le jugement rendu sur la demande en nullité, paraît indiquer que cette voie est ouverte dans tous les autres cas. On peut, avec autant de raison, suivant nous, dire qu'il y a même motif de décider, par rapport aux autres incidens; que si le législateur s'est expliqué sur celui de la demande en nullité, c'est parce que l'occasion s'en est présentée relativement à cet incident, et qu'il eût dit la même chose concernant les autres.

Au surplus, il suffit, sur une question aussi controversée, d'avoir fait connaître les différentes solutions qu'elle a reçues ; c'est au lecteur éclairé à peser les raisons pour et contre qu'il trouvera exposées avec plus de détails dans les deux arrêts contraires de la Cour de Turin (1).

ARTICLE 724.

Le poursuivant contre qui la subrogation aura été prononcée sera tenu de remettre les pièces de la poursuite au subrogé, sur son récépissé; et il ne sera payé de ses frais qu'après l'adjudication, soit sur le prix, soit par l'adjudicataire.

Si le poursuivant a contesté la subrogation, les frais de la contestation seront à sa charge, et ne pourront, en aucun cas, être employés en frais de poursuite et payés sur le prix. (2).

C. de P., art. 716.

2441. *Suffit-il que le poursuivant ait contesté la subrogation, pour que les frais de cette contestation soient à sa charge?*

Non sans contredit; il faut que la contestation ait été jugée mal fondée; ce n'est qu'en ce cas qu'il ne peut pas employer ces frais. — (*Voy. Delaporte,* tom. 2, pag. 324).

ARTICLE 725.

Lorsqu'une saisie immobilière aura été rayée, le plus diligent des saisissans postérieurs pourra poursuivre sur sa saisie, encore qu'il ne se soit pas présenté le premier à l'enregistrement (3).

C. de P., art. 724.

2442. *Pour qu'un saisissant postérieur puisse poursuivre sur sa saisie, faut-il qu'il l'ait fait transcrire?*

---

(1) La proposition qui résulte de cette discussion, savoir : « *Qu'on ne peut se pourvoir* » *par opposition contre un jugement rendu par défaut sur une demande en subrogation* », s'applique à tout jugement rendu sur un incident en matière de saisie immobilière, à moins toutefois que l'opposition ne fût fondée sur des moyens par lesquels on attaquerait le titre et la substance même de la saisie; circonstance qui n'admet pas l'application du décret du 2 février 1811, cité ci-dessus. — (*Bruxelles*, 30 *janv.* 1813, *Sirey, tom.* 14, *pag.* 17; *mais voy. nos quest. sur l'art.* 734).

(2) JURISPRUDENCE.

Le poursuivant doit joindre aux pièces qu'il remet le titre qui sert de base à la saisie, à moins qu'il n'en ait besoin pour d'autres poursuites; auquel cas il le dépose au greffe, où il en est fait expédition qu'on remet au subrogé. — (*Riom*, 21 *mai* 1813; *M. Huet,* pag. 267).

(3) JURISPRUDENCE.

Un saisissant qui a provoqué le désistement du premier, et qui l'a accepté, peut être subrogé aux poursuites, nonobstant la disposition de l'art. 715, qui ne peut ici recevoir aucune application. — (*Cassat.*, 12 *mai* 1813, *Sirey, tom.* 14, *pag.* 277).

Oui ; car la loi ne reconnaît pour saisissant, ayant droit de poursuivre, que celui qui a rempli cette formalité. Elle accorde bien ce droit dans l'art. 725, au plus diligent des saisissans postérieurs à une saisie rayée, mais ce n'est que sous la condition sous - entendue de la transcription (*voy. Pigeau, tom.* 2, *pag.* 208, *et Demiau Crouzilhac, pag.* 457), et sauf à réunir les autres saisies, s'il en existe, en se conformant aux règles établies par les art. 719 et 720. — (*Voy. Tarrible, nouv. Répert.*, pag. 668).

2443. *Un créancier qui n'aurait pas saisi pourrait-il poursuivre sur la saisie rayée?*

Non, dit M. Delaporte, tom. 2, pag. 324, si la notification du procès-verbal d'affiches ne lui avait pas été faite; mais après cette notification et son enregistrement, le plus diligent pourrait se faire subroger au créancier saisissant, qui consentirait la radiation de sa saisie. — (*Voy. Demiau Crouzilhac, pag.* 457) (1).

ARTICLE 726.

Si le débiteur interjète appel du jugement en vertu duquel on procède à la saisie, il sera tenu d'intimer sur cet appel, et de dénoncer et faire viser l'intimation au greffier du tribunal devant lequel se poursuit la vente; et ce, trois jours au moins avant la mise du cahier des charges au greffe : sinon l'appel ne sera pas reçu, et il sera passé outre à l'adjudication (2).

T., 120. — C. de P., art. 456, 697 et 734.

2444. *S'agit-il, dans l'art. 726, du jugement qui condamne le saisi à payer, et en vertu duquel on poursuit la saisie?*

Selon tous les auteurs, il s'agit du jugement qui sert de titre à la saisie, et conséquemment de celui qui prononce les condamnations dont elle a l'exécution pour objet.

Mais M. Tarrible, *ubi suprà,* pense que ce n'est pas de ce jugement que l'art. 726 entend parler, parce qu'encore qu'il soit suffisant pour autoriser la saisie, l'effet en est suspendu par l'appel; que l'article a en vue le jugement qui, sur une demande formée par le débiteur en radiation de la saisie, a rejeté cette demande, et ordonné la continuation des poursuites.

On peut répondre, dit M. Berriat Saint-Prix, pag. 599, not. 103, que la disposition de la loi est générale; qu'elle a pu déroger aux règles relatives à l'émission et à l'instruction de l'appel, lorsqu'on ne l'interjète qu'au moment de la

---

(1) Cette opinion s'accorde avec celle de M. Pigeau, rappelée sur la quest. 2435.e, et avec la solution que nous avons donnée sur cette même question.

(1) JURISPRUDENCE.

L'adjudication définitive peut avoir lieu en vertu d'un jugement de première instance, susceptible d'appel, si, à l'époque de l'adjudication, il n'y a pas d'appel valablement interjeté. — (*Agen,* 10 *juill.* 1806, *Sirey,* 1807, 2.e *part.*, pag. 290).

saisie ou après la saisie, ou plutôt exiger quelques formes particulières dans de telles circonstances, parce que le débiteur ayant été averti depuis trente jours au moins par le commandement, est censé n'avoir pas beaucoup de confiance en son appel, puisqu'il a attendu l'exécution pour le notifier.

Le texte même de l'art. 726 nous paraît justifier cette opinion; car ces mots, *jugement en vertu duquel on procède à la saisie*, ne peuvent évidemment s'entendre que d'un jugement qui sert de titre ou de base aux poursuites. — (*Voy. l'Exposé des motifs, par M. le conseiller d'état Réal, édit. de F. Didot, pag.* 217).

2445. *Le saisi doit-il intimer, sous l'appel du jugement, d'autres personnes que le saisissant?*

Il doit, s'il y a des créanciers qui se soient rendus parties dans la saisie (*voy. quest.* 2435°.), intimer, outre le saisissant, l'avoué le plus ancien de ces créanciers. — (*Voy. Pigeau, tom.* 2, *pag.* 150).

2446. *Si le saisi n'interjète pas appel du jugement qui sert de base à la saisie dans un tems rapproché du procès-verbal de saisie, pourra-t-il dépendre du saisissant de rendre sans effet l'appel à intervenir, en déposant le cahier des charges, par exemple, dès le lendemain de la dénonciation, ainsi qu'il en a la faculté, conformément à l'art.* 697?

En prenant à la rigueur les termes de l'art. 726, il arriverait, puisqu'il est vrai que le poursuivant peut déposer le cahier des charges quand il lui plaît (*art.* 697), sans qu'il soit obligé de dénoncer d'avance au saisi le jour où il effectuera ce dépôt, qu'il dépendrait de lui, soit d'apposer à son gré un certain terme à ce laps de tems qu'aurait le saisi, soit de rendre l'appel de celui-ci sans effet, en déposant le cahier, et lui rendant par suite impossible d'intimer et de faire viser dans les trois jours fixés par l'article. Le saisi pourrait donc, au gré du saisissant, n'avoir pour appeler que les trente jours d'intervalle entre le commandement et la saisie.

Nous pensons, avec M. Desevaux, dans sa Procédure en saisie immobilière, pag. 61 et suiv., qu'on ne peut attribuer au législateur cette intention de mettre, sous ce rapport, le saisi à la merci du poursuivant; c'est bien assez qu'il ait limité, en cette circonstance, le délai ordinaire de l'appel. Nous estimons en conséquence qu'encore bien que le poursuivant ait déposé le cahier des charges, le saisi peut encore appeler du jugement qui sert de base à la saisie jusqu'aux trente jours qui précèdent le délai fatal donné au poursuivant par l'art. 697, afin de déposer ce cahier. Ainsi, par exemple, si la dénonciation de la saisie a été faite le 1er. janvier, et qu'elle indique au 8 février le jour de la première publication, le délai fatal pour déposer le cahier aura expiré le 23 janvier, et le saisi, qui doit émettre son appel trois jours avant, l'aura valablement interjeté le 19 de ce même mois, quoique le saisissant eût effectué son dépôt avant le 23. — (*Voy. les développemens donnés par M. Desevaux.*) (1).

_____

(1) Les dispositions de l'art. 726 du Code de procédure, « portant que le débiteur qui » interjète appel du jugement en vertu duquel on procède à la saisie est tenu d'intimer » sur cet appel, et de dénoncer et faire viser l'intimation au greffier, etc. », sont tellement impératives, que son inobservation rend l'appel non recevable. — (*Cour de Metz,* 13 *mai* 1817, *Sirey,* 1819, *pag.* 106, *et Cour de Nîmes,* 2 *juin* 1819, *Sirey,* 1819, *pag.* 281).

2447. *L'appel du jugement rendu sur une demande en subrogation, peut-il être interjeté à domicile élu par le poursuivant?*

La solution de cette question que nous posons, relativement à la demande en subrogation, doit s'appliquer à tout jugement rendu sur les incidens dont il sera question ci-après (*voy. art.* 726, 734, 736, 745), à la seule exception de celui qui interviendrait sur une demande en distraction. L'art. 730 disposant que ce jugement doit être signifié à personne ou domicile, et accordant pour l'appel la prorogation du délai, à raison des distances, il s'ensuit en effet que, dans ce cas particulier, l'appel doit être signifié à personne ou domicile.

Quant aux jugemens rendus sur les autres incidens, il est aujourd'hui de principe incontestable, fondé sur la jurisprudence des arrêts, que l'appel peut être interjeté au domicile élu par le poursuivant, ou s'il n'y en a pas, au domicile de l'avoué. Cela résulte, 1°. du mode particulier de la signification du jugement, laquelle doit avoir lieu à domicile d'*avoué,* et non à domicile réel; 2°. de la dispense de toute signification dans le cas de l'art. 738; 3°. de la briéveté du délai fixé pour l'appel; 4°. de la nécessité qu'il soit promptement fait droit sur cet appel, afin que la marche de la procédure soit aussi rapide que le législateur l'a voulu. — (*Voy. particulièrement les arrêts de la Cour de cassation des 8 août 1809 et 23 mai 1815, Sirey, tom.* 9, *pag.* 406, *et* 1815, *pag.* 359).

2448. *Le délai d'appel est-il susceptible de l'augmentation à raison des distances?*

Oui, s'il s'agit d'une demande en distraction, puisque la disposition de l'art. 730 est formelle à cet égard; non, s'il s'agit de l'incident en subrogation, ou de tout 'autre. En effet, ces appels doivent être interjetés non à domicile réel, mais à domicile élu, et dans les délais extrêmement brefs que la loi détermine. Il est évident que ces délais sont de rigueur et ne peuvent admettre d'extension. — (*Voy. l'arrêt du 8 août 1809, cité au numéro précédent*).

2449. *L'appel est-il suspensif?*

Il n'est pas douteux, suivant l'opinion de M. Pigeau, tom. 2, pag. 162, consacrée par la jurisprudence des arrêts, que tout appel de jugement rendu sur incident de saisie est *suspensif,* d'après la règle générale posée par l'article 457. — (*Voy., entre autres, les arrêts de Bordeaux,* 25 août 1810; *de Paris,* 26 août 1814; *de cassation,* 7 août 1811; *Sirey,* 1811, 2°. *part., pag.* 185, *et* 1ʳᵉ. *part., pag.* 342; *et* 1815, *pag.* 243). (1).

Et dans ce cas, la déchéance a lieu même contre le mineur, encore que le jugement ait été notifié au tuteur seul et non au subrogé tuteur. Il n'y a pas lieu d'appliquer l'article 444 du Code de procédure, qui, en règle générale, ne fait courir les délais de l'appel contre le mineur que du jour de la notification au subrogé tuteur. — (*Même arrêt*).

(1) M. Huet, pag. 253, remarque que deux arrêts de Bordeaux, l'un du 30 août 1814, l'autre du 13 janvier 1816, ont jugé le contraire de ce que nous établissons ici. (*Voy. Sirey, tom.* 16, *pag.* 118 *et* 620). Nous disons, avec lui, que ces décisions d'une Cour isolée ne peuvent prévaloir sur les principes consacrés par l'arrêt de la Cour suprême, du 8 août 1809.

2450. *De ce que le saisi qui ne fait pas viser son appel dans le délai fixé par l'art. 726 doit être déclaré non recevable, s'ensuit-il que le tribunal puisse passer outre à l'adjudication?*

Comme il suffit de voir l'exploit pour reconnaître s'il a été visé ou non, on pourrait croire que le tribunal, dans le cas où ce visa n'aurait pas eu lieu, pourrait, nonobstant l'appel, passer outre à l'adjudication. Mais, dit M. Pigeau, *ubi suprà*, pag. 151, la contexture de l'art. 726 résiste à cette décision, puisque ce n'est qu'après avoir dit que l'appel ne sera pas reçu, que cet article ajoute *qu'il sera passé outre.*

2451. *Lorsque l'appel d'un jugement en vertu duquel on procède à la saisie, a été interjeté antérieurement à la date du procès-verbal de saisie, mais après le commandement, cet appel est-il assujéti aux formalités prescrites par l'art. 726?*

Non, parce que cet appel ne peut être considéré comme incident à la poursuite de la saisie immobilière, puisque cette saisie n'a pas encore eu lieu. — (*Voy. l'arrêt de la Cour de Paris, du 29 avril 1809, déjà cité pag. 643, not. 4°.*)

ARTICLE 727.

La demande en distraction de tout ou de partie de l'objet saisi sera formée par réquête d'avoué, tant contre le saisissant que contre la partie saisie, le créancier premier inscrit et l'avoué adjudicataire provisoire. Cette action sera formée par exploit contre celle des parties qui n'aura pas avoué en cause, et, dans ce cas, contre le créancier au domicile élu par l'inscription.

T., 29 et 122. — Loi du 11 brum. an 7, art. 26 et 27, *in principio.* — C. C., art. 880. — C. de P., art. 668, 826 et suiv.

DIV. Cet article et ceux qui le suivent jusqu'au 731°., ont pour objet de pourvoir aux intérêts des tiers qui se diraient propriétaires, en tout ou en partie, des objets saisis, ou qui y prétendraient des droits inhérens à la propriété. On remarquera que le législateur a bien conservé la plupart des anciennes règles relatives aux demandes en distraction ou à fin de charge, mais en simplifiant la procédure, sur-tout par l'abréviation des délais accordés pour l'appel. On remarquera que ces articles ne disent point à quelle hauteur de la procédure les demandes dont on vient de parler doivent être formées; ils n'opposent à cet égard aucune fin de non-recevoir; et l'art. 731 rappelant, dans les mêmes termes, la disposition consacrée par l'art. 25 de la loi du 11 brumaire an 7, décide que *l'adjudication définitive ne transmet* à l'acquéreur d'autres droits à la propriété que ceux qu'avait le saisi. C'est avec grande connaissance de cause que cette disposition a été insérée dans le Code, et qu'il a été, par conséquent, décidé que *l'adjudication sur saisie immobilière* ne purgeait point la propriété.

On ne s'est pas dissimulé que le système opposé, lequel avait été admis par les art. 731 et 748 du projet de Code, procurait quelques avantages; mais on a été obligé de reconnaître qu'ils étaient balancés par de plus graves incon-

véniens. Un respect profond pour la propriété a dû l'emporter sur toute autre
considération, et lorsque l'art. 1599 du Code civil prononce que *la vente de la
chose d'autrui est nulle,* il était impossible que le Code de procédure consacrât
une maxime qui eût produit un résultat contraire.

Concluons donc de ces observations, puisées dans l'Exposé des motifs de la
loi, que les articles que nous allons expliquer n'ont d'autre objet que de régler
la procédure pour les cas où les demandes en *distraction* ou *à fin de charges*
sont formées *incidemment* à la poursuite de la saisie, mais qu'il ne résulte pas
de ce que la loi ne les considère comme indirectes à cette poursuite, que l'on
doive nécessairement les former avant l'adjudication, sous peine de se rendre
non recevable à réclamer ensuite un droit quelconque dans la propriété. —
(*Voy. art.* 731).

C'est d'après cette proposition, à l'abri de toute controverse, que nous donnerons la solution de plusieurs des questions que nous avons à traiter sur l'article ci-dessus.

2452. *Les dispositions du Code, relatives à la demande en distraction, s'appliquent-elles au cas où un tiers aurait à révendiquer des droits réels dont il prétendrait que l'immeuble serait chargé à son profit?*

Le projet (*art.* 749 *et* 753), établissait, pour la révendication des droits
réels tels qu'un usufruit, des servitudes, une procédure particulière sur laquelle le Code ne contient aucune disposition. Mais il ne faut pas en conclure
qu'un tiers qui aurait des droits réels attachés à l'objet saisi ne puisse pas
intervenir dans la procédure, pour se les faire assurer, en demandant qu'on
charge de nouveau les biens à vendre des droits dont ils étaient grevés à son
profit. C'est ce qu'exprime d'une manière formelle M. le conseiller d'état Réal,
dans l'Exposé des motifs (*édit. de F. Didot, pag.* 217), en disant que le Code
de procédure comprend les demandes *à fin de charges* ou de distraction. Or,
ce qu'on appelait autrefois *demande à fin de charges* n'était autre chose que
la réclamation des droits réels qu'une partie prétendait avoir sur les objets
saisis. — (*Voy. d'Héricourt,* chap. 9, n°. 4; *Duparc Poullain, tom.* 10, *pag.* 639;
Tarrible, pag. 521, *not.* 105, *et pag.* 522, *et Thomines Desmasures, pag.* 269,
not. 108).

C'est qu'en effet, la saisie d'un immeuble ne saurait porter aucune atteinte
aux droits des tiers. — (*Voy. art.* 731, *et Tarrible,* § 6, *art.* 2, *pag.* 669).

Pour former une demande de cette nature, on doit donc se pourvoir conformément aux dispositions des art. 727 et 728, et si le tribunal accueille la
demande, il ordonne que l'on ajoutera au cahier des charges une clause con-
servatrice des droits du demandeur. (*Voy. Tarrible, ubi suprà*). C'est ainsi que
la Cour de Paris, par arrêt du 18 juin 1811 (*Sirey, tom.* 15, *pag.* 166), en a
agi relativement au vendeur d'un immeuble saisi sur un acquéreur qui avait
acheté à la charge d'une rente viagère, mais sous la condition formelle qu'il
rentrerait dans sa propriété à défaut de deux termes du paiement de cette
rente. — (*Voy. Journ. des avoués, tom.* 3, *pag.* 14 *et* 15).

2453. *Mais celui qui aurait vendu l'immeuble sous une telle condition n'aurait-
il pas été fondé à demander la distraction, après avoir obtenu du juge, postérieurement au procès-verbal de saisie, une ordonnance qui le rétablit en possession?*

L'arrêt que nous venons de citer a jugé négativement cette question, attendu qu'il faut, pour former une demande en distraction, être propriétaire au moment où la saisie immobilière est apposée.

2454. *Celui qui aurait des droits de servitudes naturelles et patentes, a-t-il besoin de former une demande à fin de charges?*

Conformément à l'ancienne jurisprudence (*voy. d'Héricourt, chap.* 8, *n°.* 13), l'art. 749 du projet disposait que, pour ces servitudes, qui sont *visiblement,* soit pour le poursuivant, soit pour l'adjudicataire, une charge inhérente au fonds saisi, il n'était pas besoin de prendre l'inscription prescrite par ce projet, relativement aux autres droits réels. Aujourd'hui, on doit, par les mêmes motifs, décider négativement la question ci-dessus.—(*Voy. Tarrible, ubi suprà*).

2455. *Mais celui qui ne formerait pas une demande à fins de distraction ou de charge, pourrait-il néanmoins revendiquer son droit après l'adjudication?*

Oui, dit M. Tarrible, *ubi suprà,* tant qu'il n'est pas éteint par prescription (art. 731); mais si la réclamation n'en est faite qu'après l'adjudication, elle est dirigée, dans les formes ordinaires, contre l'adjudicataire seul, à cause de sa qualité de possesseur, tandis que, si elle est intentée pendant les poursuites, elle est soumise aux formalités particulières qui sont expliquées dans les art. 727 et suiv. — (*Voy. Sirey, tom.* 15, *pag.* 167).

2456. *Suit-il de la solution donnée sur la précédente question, qu'un acquéreur de l'immeuble saisi, qui ne s'est pas fait connaître avant la saisie, soit admis a former une tierce-opposition à l'adjudication consommée?*

M. Thomines Desmasures, pag. 269, dit, comme M. Tarrible, qu'une tierce personne peut même après la poursuite fournie, et tant que la prescription n'y met pas d'obstacle, se porter tiers opposant contre l'adjudication, et à plus forte raison, ajoute-t-il, un tiers peut intervenir dans la poursuite et s'opposer, *soit à fins de charges, soit afin de distraire;* mais il estime que cela ne paraît pas indistinctement applicable à une personne qui aurait acquis, soit durant, soit avant même la poursuite, l'immeuble hypothéqué au poursuivant, et il décide que cet acquéreur, s'il ne s'est pas fait connaître avant la saisie, soit par l'insertion de son nom sur la matrice du rôle, soit autrement, serait bien admis à intervenir, mais non pas à former une tierce opposition à l'adjudication consommée.

Il se fonde, 1°. sur ce que la loi (*voy. Code civ., art.* 2169, *et Code de proc., art.* 673) exigeant que l'on poursuive le tiers détenteur, et que l'on copie l'extrait de la matrice du rôle dans la saisie, celui-ci ne peut se plaindre qu'autant qu'il se serait déjà fait connaître; 2°. sur ce que l'on imposerait au poursuivant une condition impossible à remplir, si on l'obligeait à agir contre un détenteur qui ne se serait pas fait connaître.

On peut répondre avec M. Berriat Saint-Prix, pag. 600, not. 106, *in fine,* premièrement, que la copie du rôle n'est exigée que comme une mesure de précaution, et non pour donner ou enlever des droits, parce que les rôles, excepté pour les droits d'enregistrement (*Cassat.,* 2 août 1809, *et* 13 avril 1814), n'ont jamais été considérés même comme établissant des présomptions légales de propriété; 2°. que si la loi prescrit de poursuivre le tiers détenteur, elle entend parler, sans contredit, du tiers détenteur véritable. C'est au poursuivant à s'en informer, d'après la maxime *qui agit certus esse debet;* et cette information n'est ni impossible, ni même difficile, à moins d'un concert frauduleux bien extraordinaire, et dans ce cas, il recouvrerait tous ses frais; 3°. que si l'on admettait le système de M. Thomines Desmasures, il faudrait aussi décider, car il y aurait mêmes raisons, qu'un propriétaire, par cela seul qu'il ne se serait pas inscrit au rôle, ne pourrait s'opposer au jugement qui donnerait son domaine à un étranger, quoique celui-ci n'eût poursuivi et fait condamner, même par défaut, qu'un particulier qui n'en serait pas le véritable possesseur.

2457. *Les demandes à fins de charges ou afin de distraire peuvent-elles être formées dans le cours de l'action en folle enchère intentée après l'adjudication?*

Il faut alors se pourvoir par action principale; car le tiers réclamant n'a aucune qualité pour figurer dans les poursuites faites contre l'adjudicataire, pour parvenir à la revente par folle enchère; et cette nouvelle poursuite lui est absolument étrangère, puisque les saisis, ses véritables contradicteurs, ne sont pas dans le cas d'y être appelés. — (*Voy.* arrêt de *Colmar, du* 17 *juin* 1807; *Jurisp. du Code civ., tom.* 12, *pag.* 18).

2458. *L'action en rescision pour cause de lésion de la vente d'un immeuble formée contre l'acquéreur sur lequel cet immeuble est saisi, autorise-t-elle le vendeur à former une demande en distraction?*

D'après les motifs sur lesquels nous avons fondé la solution de la 2455ᵉ. question, celle-ci doit se résoudre pour la négative, attendu qu'une action en rescision ne peut avoir l'effet de dépouiller l'acquéreur des droits qu'il avait sur les immeubles acquis; que ces droits, quels qu'ils fussent, appartiennent à ses créanciers, aux termes des art. 2093 et 2204 du Code civil, et qu'enfin la vente de l'immeuble ne porterait aucun préjudice au vendeur, puisqu'il resterait libre de suivre son action en rescision contre l'adjudicataire.

C'est aussi ce qui a été jugé par arrêt de Colmar du 18 janvier 1810.—(*Sirey, tom.* 10, *pag.* 374).

2459. *La demande en distraction est-elle sujette au préliminaire de conciliation?*

Non, 1°. parce qu'elle est incidente; 2°. parce que c'est une demande sur saisie; 3°. parce qu'elle est pour l'ordinaire formée contre plus de deux parties. — (*Voy. art.* 48, 49 *et* 759).

2460. *Comment se forme la demande en distraction?*

L'art. 727 veut qu'elle se forme par requête contre toutes les parties qui ont avoué, et par exploit contre celles qui n'en ont pas.

La requête peut être grossoyée, et les parties peuvent répondre par un acte semblable (*voy. tarif, art.* 122) : d'où suit qu'elle peut contenir plus que de simples conclusions motivées (*voy. Lepage, dans ses Quest., pag.* 488, *et Traité des saisies, tom.* 2, *pag.* 181 *et* 182). Elle n'a pas besoin d'être répondue par le président. — (*Voy. Hautefeuille, pag.* 573).

A défaut d'avoué, l'exploit est donné contre le créancier, au domicile élu dans l'inscription, et contre le saisi, à son domicile réel. — (*Voy. art.* 727; *tarif, art.* 29 *et* 122).

2461. *Doit-on, dans la requête ou dans l'exploit, désigner et décrire les objets revendiqués?*

L'art. 727 ne s'exprime pas à ce sujet comme l'avait fait l'art. 27 de la loi du 11 brumaire an 7; mais nous n'en croyons pas moins qu'il convient de faire la désignation et la description des objets revendiqués, ainsi que l'exige l'article 64, pour les exploits de demande en matière réelle.—(*Voy. Prat.*, tom. 4, pag. 416, *aux notes, et Thomines Desmasures, pag.* 262).

2462. *Si le demandeur en distraction n'avait pour objet que de conserver la possession, et non la propriété, serait-il non recevable dans sa demande?*

On pourrait dire, pour l'affirmative, que les art. 727, 728 et 729 supposent que les demandes en distraction ne peuvent avoir pour objet qu'un droit de propriété. Déjà nous avons dit, quest. 2452°., qu'elles ont aussi pour objet des droits réels; ce qui constitue la demande à fins de charges. Ainsi, par exemple, un usufruitier peut intervenir pour faire déclarer, dans le cahier des charges, que l'immeuble ne passera à l'adjudicataire que sous la condition de cet usufruit. — (*Voy. Pigeau*, tom. 2, pag. 157, *et le Prat.*, tom. 4, pag. 417).

Mais nous supposons que le tiers réclamant se prétende en possession de la chose, comme dans l'espèce de l'art. 25 du Code de procédure, et de là naît la question de savoir si le tribunal devant lequel la saisie se poursuit peut connaître de la question possessoire. Nous ne le pensons pas, attendu que la loi attribue en cette matière jurisdiction au juge de paix : il faudrait donc, dans notre opinion, renvoyer devant lui, et nous ne pensons pas que l'on doive surseoir à la vente, parce que la question possessoire jugée ne porte aucune atteinte aux droits de propriété, qui peuvent toujours être revendiqués au pétitoire.

ARTICLE 728.

La demande en distraction contiendra l'énonciation des titres justificatifs, qui seront déposés au greffe, et la copie de l'acte de ce dépôt.

T., 121. — Loi du 11 brum. an 7, art. 27, § 1.er — Édit de Henri 11, du 3 sept. 1551; art. 14.

ARTICLE 729.

Si la distraction demandée n'est que d'une partie des objets saisis, il sera passé outre, nonobstant cette demande, à la vente du surplus des objets saisis : pourront néanmoins les juges, sur la demande des parties intéressées, ordonner le sursis pour le tout. L'adjudicataire provisoire peut, dans ce cas, demander la décharge de son adjudication.

T., 123. — Loi du 11 brum. an 7, art. 29. — Ordonn. de François 1.er, du mois d'août 1539, art. 81. — C. de P., art. 694, 732.

2463. *Doit-on nécessairement surseoir à la vente, lorsque la demande en distraction porte sur tous les objets saisis?*

Oui sans doute, puisque l'art. 729 ne permet de passer outre que dans le cas où la demande en distraction n'est que de partie des objets.

2464. *Faut-il, pour que le tribunal puisse ordonner le sursis, dans le cas où la demande en distraction n'est que d'une partie des objets saisis, que ce sursis soit demandé par toutes les parties intéressées?*

Les auteurs du Praticien, tom. 4, pag. 418, et M. Delaporte, tom. 2, pag. 437, estiment, et nous pensons comme eux, qu'il n'est pas nécessaire que les parties s'accordent toutes pour demander le sursis ou pour y consentir : le tribunal peut donc le prononcer sur la demande d'une seule d'entre elles, et il le fera toutes les fois qu'il y aurait à présumer que, si la contestation était jugée et la demande en distraction écartée, le prix de l'immeuble monterait plus haut en le vendant en totalité qu'en le vendant par parties. — (*Voy. Pigeau, tom. 2, pag.* 157) (1).

2465. *Le tribunal peut-il d'office ordonner le sursis? Est-il tenu de l'ordonner, si toutes les parties le demandent?*

Il le peut, il le doit même, lorsque la demande en distraction frappe sur tous les objets saisis; mais dans le cas contraire, il n'en a pas la faculté, puisque la loi exige une demande (2).

2466. *Peut-il être passé outre à l'adjudication d'un bien revendiqué en totalité, avant que le jugement qui rejette la revendication soit passé en force de chose jugée ou confirmé sur l'appel?*

La négative a été très-formellement jugée par deux arrêts de la Cour de cassation, du 8 ventôse an 13 (voy. *Prat., tom.* 4, *pag.* 419), rendu en application de l'art. 29 de la loi du 11 brumaire an 7, attendu que cet article voulait, en termes exprès, généraux et sans exception, que toutes les fois qu'il y a une demande en revendication (c'est-à-dire à fins de charges ou de distraire; *voy. quest.* 2452ᵉ.), il fût sursis à l'adjudication des objets revendiqués; que cette volonté serait illusoire, si, de suite, après le rejet de revendication par un tribunal de première instance, ce tribunal pouvait procéder à l'adjudication, au mépris de la faculté d'appeler, etc. Conformément à cette opinion, un autre arrêt du 21 juillet 1806 (*Sirey, tom.* 6, *pag.* 359), a de rechef consacré cette décision, en faisant une exception pour le cas de revendication, faite en vertu d'un acte de vente consentie par le saisi; et par suite la Cour de Pau, 20 novembre 1813 (*Sirey, tom.* 16, *pag.* 81), a jugé que hors ce cas, et en principe général, l'adjudication définitive ne peut avoir lieu, tant que le jugement rendu sur la demande en revendication n'a pas acquis force de chose jugée, et que les prétentions des tiers ne sont pas définitivement écartés.

Cette décision, disent les auteurs du Praticien, s'appliquerait à plus forte

(1) Il en serait de même, si la demande en distraction ne portait que sur un immeuble indivis; car il est évident qu'on ne pourrait vendre, par suite de la saisie, avant le partage qui détermine la portion revenant au débiteur saisi. — (*Voy. Prat., ubi suprà*).
(2) Il faut remarquer, avec M. Delaporte, *ubi suprà*, que si toutes les parties se réunissaient pour demander le sursis, le juge ne pourrait le refuser. Ce mot *pourront* ne nous semble, en effet, s'appliquer qu'au cas où la demande en sursis, formée par l'une des parties seulement, est contestée par les autres, auquel cas les juges, suivant les circonstances, peuvent accéder à cette demande ou la rejeter.

raison aujourd'hui, puisque l'art. 729 présuppose un sursis dans la vente des immeubles distraits, et que, d'autre part, l'art. 730 restreint à quinzaine le délai accordé pour interjeter appel, afin que l'adjudication ne soit pas retardée, soit qu'il y ait ou qu'il n'y ait pas d'appel. Nous convenons que l'appel est suspensif de l'adjudication ; nous pensons, comme nous l'avions dit sur la 2242e. quest. de l'Analyse, par rapport à la subrogation, que l'on peut, après le jugement sur la revendication, procéder à toute instruction ultérieure, même à l'adjudication, tant que les poursuites et la vente n'ont pas été arrêtées par la notification de l'appel (1).

2467. *L'adjudicataire provisoire ne peut-il demander sa décharge que dans le cas seulement où il y aurait sursis accordé, sur la demande des parties, à la vente de la totalité des objets saisis dont une portion serait revendiquée?*

Autrement, *quel est le sens qu'il faut donner à ces mots*, DANS CE CAS, *employés dans la dernière disposition de l'art.* 729?

Il n'est pas douteux (*voy. quest.* 2463e.) qu'il y a sursis à la vente, toutes les fois qu'il existe une demande en revendication de la totalité des objets saisis, et qu'en ce cas l'adjudicataire provisoire peut demander la décharge de son adjudication. Mais si la demande en distraction ne frappe que sur une partie de ces objets, il semblerait, d'après la dernière disposition de l'art. 729, que cet adjudicataire ne pourrait demander sa décharge que dans le cas où le tribunal, sur la demande des parties intéressées, aurait ordonné un sursis à la vente du tout. En effet, ces mots, *dans ce cas*, paraissent se rapporter exclusivement *à ce sursis;* en sorte que si l'on passait outre la vente des objets qui ne seraient pas revendiqués, l'adjudicataire provisoire ne pourrait requérir sa décharge.

Mais M. Lepage, dans ses Questions, pag. 488, et dans son Traité des saisies, tom. 2, pag. 182, estime qu'il est plus raisonnable de dire que la faculté accordée à cet adjudicataire, par la disposition finale de l'art. 729, concerne le cas prévu par le surplus de l'article. Ce cas, dit-il, est celui où la revendication ne frappe que sur une portion des objets saisis; il arrive alors ou qu'on passe outre à la vente du surplus, ou qu'il est sursis sur le tout; mais quelque chose que le tribunal ordonne, il n'en est pas moins certain que, dans ce cas d'une revendication partielle, l'adjudicataire provisoire peut demander sa décharge (2).

Les autres jurisconsultes qui ont écrit sur le Code professent une opinion

_____

(1) Cette proposition est, à plus forte raison, applicable au cas où la révendication ne porte que sur partie des objets. Le tribunal, après avoir prononcé le sursis, peut ordonner, par jugement séparé, qu'il sera passé outre à la vente du surplus. — (*Paris, 18 nivôse an 12, Sirey, tom.* 5, 2.° *part., pag.* 675).

(2) En effet, ajoute cet auteur, le prix qu'il a offert est relatif à la totalité des objets saisis; or, si on en distrait une partie, l'engagement judiciaire qu'il a contracté est rompu.

Il est vrai que la demande en distraction ne porte pas atteinte au marché fait par l'adjudicataire, tant qu'elle n'est pas accueillie : d'où suit qu'on pourrait attendre l'issue de l'incident, et n'écouter la demande en décharge de l'enchère qu'au cas où la distraction aurait été ordonnée.

Mais M. Lepage répond à cette objection, qu'il se fait lui-même, que c'est précisément pour ne laisser aucun doute sur ce point qu'est faite la dernière disposition de l'art. 729. L'adjudicataire, sans contredit (*voy. la quest. suiv.*), doit être déchargé de son enchère, quand la distraction est prononcée; et, de plus, il est décidé qu'il peut requérir sa décharge

contraire. (*Voy. Delaporte, tom.* 2, *pag.* 327; *Pigeau, tom.* 2, *pag.* 156, *n°.* 5; *Hautefeuille, pag.* 394, *et aussi l'arrêt de Poitiers, cité sur la quest.* 2469°.)
Mais ils se bornent à dire, M. Delaporte, par exemple, qu'il suit des derniers termes de l'art. 729, que l'adjudicataire provisoire ne peut pas requérir sa décharge; M. Pigeau, que, *dans le cas de sursis,* l'adjudicataire peut former cette demande; M. Hautefeuille, que, si le sursis aux poursuites est ordonné, cet adjudicataire peut ne pas vouloir demeurer chargé indéfiniment d'une adjudication dont il ne peut prévoir le résultat, et que, dans ce cas, il a la faculté de demander à être déchargé de son adjudication provisoire; ce qui ne peut lui être refusé, et doit être prononcé par le jugement qui ordonne le sursis aux poursuites.

Nous avons à examiner si l'opinion de M. Lepage, qui admet la demande en décharge, indépendamment de sursis, doit l'emporter sur celle des auteurs que nous venons de citer. Cette question est fort importante, et c'est le motif pour lequel nous avons rapporté toutes les raisons que cet auteur fait valoir : c'en est un aussi pour excuser la longueur des détails dans lesquels nous allons entrer.

Nous estimons que les raisons données par M. Lepage suffiraient, quels que fussent les doutes que pourrait faire naître la rédaction de l'art. 729, pour faire décider que l'adjudicataire préparatoire peut demander sa décharge, encore bien que le tribunal n'ait pas sursis à la vente pour le tout; mais nous en ajouterons qui nous semblent devoir trancher toute difficulté :

C'est que l'art. 729 ne prévoit, à vrai dire, qu'un seul cas, qui est celui d'une revendication partielle des objets saisis, dans lequel le tribunal peut ou passer outre à la vente des objets non revendiqués, ou ordonner le sursis sur le tout, et *dans lequel* aussi la loi autorise la demande en décharge de la part de l'adjudicataire.

Nous prouvons cette proposition, en faisant remarquer que l'art. 729 contient trois dispositions, dont l'une est principale, et dont les deux autres ne présentent que des exceptions à la première, suivant les intérêts divers des personnes qui sont parties sur la demande en distraction.

La première disposition, qui est la principale, prévoit le cas d'une demande en distraction partielle, et porte qu'il sera passé outre à la vente du surplus des objets. Dans ce cas, qui est l'objet unique de l'article, la seconde disposition veut que les parties intéressées (ce sont celles désignées dans l'article 727) puissent demander le sursis sur le tout, parce que chacune d'elles peut avoir intérêt à ce sursis; savoir : le saisi, le saisissant et le premier créancier inscrit, parce qu'ils peuvent espérer un plus grand nombre d'enchérisseurs, si l'on ne morcèle pas les héritages (*voy. quest.* 2465°.); l'adjudicataire provisoire, soit parce qu'il peut voir un avantage à conserver les droits que lui confère son adjudication, soit parce qu'il peut avoir à craindre qu'une vente partielle ne l'empêche de devenir acquéreur définitif de la totalité.

---

aussitôt qu'est formée la demande en distraction d'une partie des objets saisis. La loi n'a pas voulu qu'il fût tenu d'attendre la décision de l'incident; la seule chance qu'il avait consenti de courir était celle d'une enchère plus forte que la sienne, lors de l'adjudication définitive. Il survient une revendication qu'il n'a pas dû prévoir : il n'est pas juste qu'il soit forcé d'attendre les suites de cet événement.

Mais, d'un autre côté, il peut aussi craindre que le jugement à rendre sur la demande en distraction n'emporte un trop long espace de tems pendant lequel, comme le disent les auteurs du Praticien, tom. 4, pag. 518 et 519, il peut trouver à placer ses fonds plus avantageusement : il serait donc injuste de le tenir obligé plus long-tems qu'il n'avait dû compter l'être, et de le laisser dans l'incertitude sur le résultat de l'adjudication..

Par ces motifs, la troisième disposition de l'art. 719 veut qu'il puisse demander sa décharge. Il nous paraît déraisonnable de maintenir que les mots *en ce cas* se rapportent à celui où il y aurait un sursis prononcé pour le tout. En effet, si les autres parties intéressées ne demandaient pas ce sursis, il en résulterait que, pour demander sa décharge, l'adjudicataire préparatoire serait contraint de requérir lui-même ce sursis. Or, il y aurait en cela une contradiction frappante ; car cette réquisition suppose nécessairement, de la part de l'adjudicataire, l'intention d'user du bénéfice de l'adjudication préparatoire qui lui a été faite pour la totalité, afin d'en devenir adjudicataire définitif, et si cette supposition est bien fondée, on ne peut, sans contredit, admettre qu'il sera forcé de réclamer le sursis, précisément pour acquérir le droit de demander sa décharge.

A l'appui de ces raisonnemens, nous citerons le passage suivant du nouveau Répertoire, v°. *saisie immobilière,* pag. 670 : « Lorsque la demande n'atteint » qu'une partie des objets saisis, elle ne peut, en règle générale, retarder la » vente du surplus des immeubles saisis. Cependant, si les parties intéressées » jugeaient qu'il leur est plus avantageux d'attendre l'événement de la demande, » elles pourraient demander et obtenir le sursis pour le tout. *L'adjudicataire* » *provisoire peut,* DANS LE MÊME CAS, demander la décharge de son adjudication ».

Il nous semble que M. Tarrible explique l'art. 729 dans le même sens que nous, c'est-à-dire que, *dans le même cas* où les parties intéressées peuvent demander le sursis (et ce cas est celui de la disposition principale, *la revendication partielle*), l'adjudicataire peut demander sa décharge.

Au reste, si le savant jurisconsulte dont nous invoquons le témoignage n'a pas entendu exprimer ce que nous croyons qu'il a voulu dire, le passage ci-dessus rapporté présenterait la même obscurité que l'on a cru trouver dans la loi, et nous n'en tiendrions pas moins aux raisons que nous venons d'ajouter à celles de M. Lepage.

Enfin, nous terminerons en disant que si notre opinion n'était pas adoptée, l'art. 729 serait destructif de toutes les règles admises en matière d'adjudication, puisqu'il en résulterait que l'adjudicataire provisoire, lorsqu'il n'y aurait pas de sursis demandé et accordé, ou lorsqu'il serait refusé, se trouverait lié à devenir adjudicataire définitif pour une seule partie, au prix qu'il aurait offert pour la totalité des objets saisis. En effet, son enchère, faite pour le tout, deviendrait celle que le public serait appelé à couvrir pour une partie seulement, lors de l'adjudication définitive. On ne peut admettre que le législateur se soit exposé à de pareilles contradictions.......

2468. *L'adjudicataire qui n'aurait pas demandé sa décharge avant le jugement sur la distraction peut-il la demander après ?*

M. Pigeau, tom. 1, pag. 157, n°. 6, dit que si la distraction est prononcée, que l'adjudicataire provisoire ait demandé sa décharge *avant le jugement,* et qu'elle n'ait pas encore été jugée, on l'accorde par ce jugement, parce que cet adjudicataire a entendu acquérir tout, et non une partie. Cette décision ne souffre aucune difficulté.

Mais si l'adjudicataire n'avait pas formé sa demande avant le jugement de distraction, M. Pigeau pose la question de savoir s'il le pourrait après.

L'on serait porté sans doute à décider cette question pour la négative, si l'on admettait que les mots *en ce cas,* qu'on lit dans l'art. 729, se rapportent au sursis; car le sursis n'étant ordonné que pour instruire et juger sur la demande en distraction, supposerait nécessairement que l'adjudicataire doit requérir sa décharge avant que le jugement ait été rendu.

Aussi M. Pigeau, *ubi suprà,* qui admet cette interprétation de l'art. 729 (*voy. la précéd. quest.*), est-il obligé, pour décider, nonobstant cet article, que l'adjudicataire peut demander sa décharge *après le jugement de distraction,* de recourir à la disposition de l'art. 1636 du Code civil, portant que si l'acquéreur n'est évincé que d'une partie de la chose, et qu'elle soit de telle conséquence, relativement au tout, que l'acquéreur n'eût point acheté sans la partie dont il a été évincé, il peut faire résilier la vente.

C'est parce qu'en effet cet article du Code civil serait en opposition formelle avec l'art. 729, entendu dans le sens que lui prête M. Pigeau, que cet auteur décide affirmativement la question que nous avons posée.

On n'éprouvera point cet embarras, et l'on ne trouvera aucune opposition entre les deux articles, si l'on admet, comme nous l'avons fait sur la précédente question, que l'art. 729 accorde à l'adjudicataire le droit de requérir sa décharge dans le cas d'une revendication partielle, soit qu'il y ait sursis pour le tout, soit qu'il n'y en ait pas : en effet, l'art. 729, interprété de la sorte, n'ayant fixé aucune époque à laquelle l'adjudicataire doive demander sa décharge, il s'ensuit évidemment qu'il suffit qu'une demande en distraction partielle ait été formée pour que celle en décharge soit recevable avant comme après le jugement sur la distraction (1).

2469. *Mais si l'adjudicataire provisoire n'ayant pas demandé sa décharge avant l'adjudication définitive des objets non revendiqués, demeurait adjudicataire définitif de ces objets pour le prix qu'il aurait offert pour le tout, lors de l'adjudication préparatoire, pourrait-il encore demander sa décharge ?*

La précédente question suppose seulement le cas où, dans l'intervalle de l'adjudication préparatoire à l'adjudication définitive, le jugement de distraction intervient et ordonne que les objets revendiqués seront distraits.

Ici nous supposons que le tribunal n'ayant point sursis à la vente du tout, et l'adjudicataire provisoire n'ayant point demandé sa décharge, il est passé outre à la vente des objets non distraits avant que le jugement sur la distraction ait été rendu.

Nous pensons qu'en cette circonstance l'adjudicataire provisoire appelé à l'adjudication définitive, et qui, sans demander sa décharge, laisse, contra-

_____

(1) On sent ici combien les raisons que nous venons d'exposer pour la solution de la présente question appuient fortement celle qui a été donnée sur la précédente, puisque cette dernière a l'avantage de concilier parfaitement les dispositions de l'art. 729 du Code de procédure et de l'art. 1636 du Code civil.

dictoirement avec lui, allumer les feux et procéder à cette adjudication partielle, sur une enchère qu'il n'avait mise que pour le tout, annonce, par son silence, qu'il consent à devenir adjudicataire de cette partie pour la somme à laquelle il avait provisoirement porté la totalité.

Vainement objecterait-il qu'il n'était demeuré adjudicataire provisoirement que dans l'intention d'avoir le tout; on lui répondrait qu'il a eu tout le tems nécessaire pour demander sa décharge, ou au moins pour faire des offres en diminution du prix de son adjudication, et qu'il ne pouvait ignorer quels étaient, par rapport à lui, les effets nécessaires de la vente définitive qu'il aurait laissé faire sans opposition.

Insistera-t-il, en disant qu'il n'a laissé passer outre à cette adjudication que dans l'espoir de devenir, par la suite, adjudicataire de la partie des objets dont la distraction aurait été demandée, en cas que cette demande vînt à être rejetée?

On lui répondrait encore qu'il ne peut plus argumenter de sa première qualité d'adjudicataire provisoire, pour se faire décharger d'une adjudication définitive qui lui a donné une autre qualité; qu'il s'est mis à la place d'un tiers qui serait devenu adjudicataire définitif de la partie des objets non revendiqués, en couvrant l'enchère pour laquelle il serait resté adjudicataire provisoire de la totalité; que de même que ce tiers ne pourrait se faire décharger, sous le prétexte de l'espoir qu'il aurait conçu d'acquérir, par la suite, le surplus des immeubles, de même aussi l'adjudicataire provisoire de la totalité ne peut, sous le même prétexte, se dégager de la vente qui lui a été faite définitivement de la portion non revendiquée (1).

2470. *Si l'adjudicataire provisoire de la totalité d'un immeuble saisi n'a pas demandé sa décharge, et qu'un jugement ordonne la distraction d'une partie de cet immeuble, peut-il être procédé à l'adjudication de l'autre partie, sans une nouvelle adjudication préparatoire?*

Cette question a été jugée pour l'affirmative, par arrêt de la Cour de Trèves, du 6 novembre 1810. (*Sirey, tom. 15, pag. 172*). Mais cette décision est seulement motivée sur ce que, dans l'espèce, ni les parties intéressées, ni l'adjudicataire, n'avaient réclamé la faculté que l'art. 729 leur accordait; savoir : aux unes, de demander le sursis pour le tout; à l'autre, de demander sa décharge.

On pourra sans doute tirer de cet arrêt un argument en faveur de la solution donnée sur la question précédente, puisqu'elle suppose que l'adjudication préparatoire, faite pour le tout, tient pour une portion, lorsque l'adjudicataire provisoire ne réclame pas sa décharge.

Il est vrai que ce n'était pas cet adjudicataire qui réclamait, dans l'espèce de l'arrêt de Poitiers, c'était le saisi qui se plaignait de ce que la vente définitive de la portion de biens non distraits avait été faite sans qu'il y eût eu à leur égard une adjudication préparatoire. Mais qu'importe? Il n'en reste pas moins vrai que l'on considère l'adjudication préparatoire de la totalité, comme tenant lieu d'adjudication préparatoire pour la portion.

---

(1) Cette conséquence pourra paraître sévère. On dira qu'elle n'est point écrite dans la loi; mais nous la croyons fondée sur les principes reçus en matière de vente par expropriation et sur la nature des choses. Ceci avertit, au surplus, que, dans les circonstances

2471. *Comment se forme la demande en décharge antérieure ou postérieure au jugement sur la distraction?*

Elle se forme comme la demande en distraction, et contre les mêmes parties; mais il faut remarquer que la requête, dans le cas où il en est besoin, et la réponse, ne peuvent excéder trois rôles. — (*Voy. tarif, art.* 123, *et Pigeau, tom.* 2, *pag.* 157, *n°°.* 4 *et* 6).

ARTICLE 730.

L'appel du jugement rendu sur la demande en distraction sera interjeté avec assignation dans la quinzaine du jour de la signification à personne ou domicile, outre un jour par trois myriamètres en raison de la distance du domicile réel des parties : ce délai passé, l'appel ne sera plus reçu (1).

C. de P., art. 723.

2472. *Le délai de quinzaine prescrit pour l'appel du jugement sur la distraction est-il franc?*

En d'autres termes, *la maxime* DIES TERMINI, *etc., consacrée par l'art.* 1033, *est-elle applicable à cet appel?*

Nous avons dit plusieurs fois que, dans le cas où le Code de procédure fixe un délai, en se servant de ces mots, *dans les trois jours, dans la huitaine,* et,

---

auxquelles se rapporte notre question, il est au moins très-prudent à l'adjudicataire provisoire de ne pas laisser passer outre à l'adjudication définitive sur son enchère, sans requérir sa décharge.

(1) JURISPRUDENCE.

1.° Le saisi est partie essentiellement intéressée aux demandes en distraction formées par des tiers. Le jugement de distraction est nul, s'il n'y a point été partie. La preuve qu'il n'a pas été partie résulte suffisamment du défaut de mention sur l'expédition en forme du jugement. — (*Pau,* 7 juill. 1813, *Sirey, tom.* 16, *pag.* 105, *et suprà, art.* 727).

2.° Le fermier d'un immeuble saisi qui forme une demande incidente tendante à faire insérer au cahier des charges une clause relative à l'entretien de son bail et aux loyers payés d'avance, n'est point tenu d'interjeter appel dans la quinzaine, puisqu'une semblable demande n'est point une demande en distraction. — (*Amiens,* 17 déc. 1812, *Sirey, tom.* 18, *pag.* 12).

Cet arrêt résout, dans l'espèce particulière où il a été rendu, une question fort importante, en ce qu'elle peut se présenter pour tous les cas où un tiers demanderait, dans son intérêt, une rectification du cahier des charges, ou élèverait tout autre incident non prévu par le Code. L'on peut dire que la même raison qui a porté le législateur à abréger les délais d'appel, à l'égard des incidens qu'il a prévus, et qui sont sans contredit les plus importans, militent à l'égard de tous autres incidens, quels qu'ils soient; et, comme le remarque M. Coffinières, en rapportant l'arrêt d'Amiens, la partie qui élèverait un tel incident n'a point à se plaindre si on lui accorde, comme cet arrêt, le plus long des délais que fixe le tit. 13. A ce moyen, on concilie l'intérêt de cette partie avec l'intention formellement manifestée par la loi de hâter la marche de l'instruction. Quoi qu'il en soit, nous pensons que ces considérations, quelqu'imposantes qu'elles soient, doivent céder à l'application du principe que les dispositions rigoureuses ne s'étendent point d'un cas à un autre.

comme il le fait par l'art. 730, *dans la quinzaine*, le jour *à quo* était le seul qui ne devait pas être compris dans le délai. La Cour de Besançon, par arrêt du 27 décembre 1807 (*Sirey, tom.* 15, *pag.* 190), a jugé de la sorte, dans l'espèce de l'art. 730.

Elle a considéré que cet article contient une disposition particulière pour la saisie immobilière; que dès lors c'est à cette disposition, et non à l'art. 1033, qui est une disposition générale, qu'il faut se conformer.

Cette décision trouve un appui dans un arrêt de la Cour de cassation du 8 août 1809, qui sera rapporté sur l'art. 734, et qui consacre le principe que l'art. 1033 statuant sur des cas généraux, n'est point applicable aux appels des jugemens sur incidens de saisie immobilière; appels qui sont régis par des règles particulières.

2473. *Comment doit-on calculer les distances, afin d'augmenter la quinzaine accordée pour l'appel, d'autant de jours qu'il sera convenable pour que toutes les parties puissent comparaître?*

Comme les parties qu'on doit intimer sous l'appel peuvent avoir leur domicile à des distances différentes, on doit donner à chacune le tems nécessaire pour qu'elle comparaisse dans un délai fixé à raison de celle qui la sépare du lieu de la comparution, sauf à ne poursuivre l'audience qu'à l'expiration du plus long délai donné à la partie la plus éloignée. — (*Arg. de l'art.* 175).

ARTICLE 731.

L'adjudication définitive ne transmet à l'adjudicataire d'autres droits à la propriété (1) que ceux qu'avait le saisi (2).

C. C., art. 2182. — Loi du 11 brum. an 7, art. 25. — C. de P., art. 683, 684, 695, 715, 719 et 748.

2474. *Quels sont les droits et les charges de l'adjudicataire provisoire, relativement à la propriété de l'immeuble?*

L'adjudication préparatoire ne peut être considérée que comme une vente faite sous une condition suspensive, puisqu'elle confère à l'adjudicataire le droit de rester définitivement adjudicataire, si son enchère n'est pas couverte au jour fixé pour la vente définitive. — (*Voy. art.* 708, *second alinéa*).

---

(1) Les motifs de cet article se trouvent au commentaire sur l'art. 727. — (*Voy. aussi le rapp. au Corps législ.*, *sur le titre de la saisie immobilière*, *édit. de F. Didot, pag.* 766).

(2) JURISPRUDENCE.

1.° Lorsqu'une saisie immobilière a été faite *super non domino*, elle est radicalement nulle au respect du légitime propriétaire. Cette nullité peut être demandée même postérieurement à l'adjudication définitive.

Peu importe que ce véritable propriétaire de l'objet indûment vendu ait connu la saisie, et n'en ait pas de suite relevé l'irrégularité; peu importe encore que la saisie eût pu être faite sur lui-même, comme caution du débiteur principal, partie saisie. — (*Paris, 9 mars* 1811, *Sirey, tom.* 15, 2.° *part., pag.* 167).

Il résulte, en effet, de l'art. 731, que l'adjudication d'un héritage qui n'appartient pas

Il s'ensuit que, s'il reste, à raison de cette circonstance, adjudicataire définitif, il doit être considéré comme propriétaire du jour de l'adjudication provisoire, puisque la condition accomplie a un effet rétroactif au jour auquel l'engagement a été contracté, et que, par conséquent, l'obligation a son effet de
ce jour-là. — (*Voy. Code civ., art.* 1179 *et* 1181; *Pigeau, tom. 2, pag.* 143, *et
Persil, tom. 2, pag.* 357).

Mais il n'est pas tenu de la perte ou de la détérioration arrivée dans l'intervalle de l'adjudication préparatoire à l'adjudication définitive, parce que, suivant l'art. 1182 du Code civil, lorsque l'obligation a été contractée sous une
condition suspensive, la chose qui fait la matière de la convention demeure
aux risques du débiteur, qui ne s'est obligé de la livrer que dans le cas de l'événement de la condition.

Si la chose n'a subi qu'une détérioration, alors l'adjudicataire provisoire peut
demander sa décharge. — (*Voy. Code civ., art.* 1182).

Quant aux charges de l'adjudicataire provisoire, nous ne voyons pas que la
loi lui en impose d'autres, si ce n'est qu'il demeure obligé par son enchère
jusqu'à l'adjudication définitive; en sorte que, si elle n'est pas couverte par un
tiers, il demeure définitivement adjudicataire.

Il faut remarquer ici que, dans le cas où le prix de l'adjudication préparatoire a été couvert, la condition sous laquelle l'adjudicataire avait un droit à la
propriété s'évanouit, et avec elle ce droit, qu'il ne conserve qu'autant qu'elle
subsiste : ainsi donc, s'il couvrait à son tour l'enchère par laquelle la sienne
avait été couverte, il reste dernier enchérisseur, et par conséquent adjudicataire définitif. C'est en vertu de cette dernière enchère qu'il est propriétaire, et
sa qualité d'adjudicataire provisoire n'est plus d'aucune considération pour régler ses droits. — (*Voy. Pigeau, tom. 2, pag.* 1543, *et Persil, tom. 2, pag.* 357).

2475. *De quel jour l'adjudicataire définitif est-il propriétaire? L'est-il du jour
de l'adjudication, ou seulement du jour de l'arrêt confirmatif, s'il y a eu appel du
jugement d'adjudication?*

---

au saisi, laisse l'adjudicataire dans la position commune à tout détenteur du bien d'autrui.
— (*Cassat.*, 28 *juin* 1819, *Bull. offic.*, *pag.* 171).

2.° Lorsqu'une adjudication est déclarée nulle pour irrégularités commises au préjudice
d'une partie des créanciers, la nullité de l'adjudication doit être prononcée dans l'intérêt
de tous, parce qu'il s'agit d'une matière indivisible. — (*Cassat.*, 13 *oct.* 1812, *Sirey, tom.* 13,
pag. 42).

3.° La condition résolutoire d'une vente a pu être utilement exercée par le vendeur après
l'adjudication de l'immeuble et pendant le cours de l'instance d'ordre, ouverte pour la distribution du prix; instance à laquelle ce vendeur avait été appelé comme créancier inscrit.

Cette résolution ainsi adjugée, à défaut de paiement, fait rentrer l'immeuble dans la
main du vendeur, franc et libre des hypothèques imposées par l'acquéreur; mais les créanciers de ce dernier ont la faculté de désintéresser le vendeur avant que la résolution ne
soit prononcée. — (*Rouen,* 13 *juill.* 1815, *Sirey, tom.* 16, 2.° *part.*, *pag.* 45).

4.° L'adjudicataire d'une maison vendue sur expropriation forcée ne peut exiger des locataires, dont le bail avait acquis une date certaine avant l'adjudication, les termes échus
depuis le jour où il est devenu propriétaire, s'il résulte du bail que le loyer a été payé
au saisi par anticipation. Cette décision a lieu, encore que le bail ait été fait par acte sous
seing privé, et que le paiement n'ait pas été énoncé dans le cahier des charges. — (*Turin,*
4 *déc.* 1810, *Sirey, tom.* 11, *pag.* 232).

L'adjudicataire autre que celui qui le devient par suite d'une adjudication préparatoire qui n'a pas été couverte, est propriétaire du jour de l'adjudication définitive, dans le cas même où il y aurait eu appel du jugement qui a prononcé cette adjudication.

En effet, l'appel ne fait que suspendre l'exécution du jugement attaqué; l'arrêt confirmatif lève cette suspension, et ne fait que rendre au premier jugement toute la force qui lui appartient.

Ce n'est pas du jour de l'arrêt confirmatif, mais du jour où l'adjudication lui a été faite, que l'adjudicataire est propriétaire, et il en résulte que si, pendant l'instance d'appel et la suspension des effets du jugement d'adjudication, il arrive des dommages dans les biens adjugés, ils sont à sa charge, sauf son recours contre qui de droit. — (*Avis du Conseil d'état, du 18 octobre 1808, Sirey, tom. 9, pag. 17*).

2476. *L'adjudication définitive purge-t-elle, en faveur de l'adjudicataire, tous les droits de propriété que des étrangers pourraient avoir sur l'immeuble vendu?*

On ne peut révoquer en doute que l'intention du législateur n'ait été de conserver intacts les droits des tiers sur l'immeuble, tels que ceux de propriété, d'usufruit et de servitudes, et de les comprendre dans la disposition générale par laquelle l'art. 731 déclare que l'adjudication définitive ne transmet à l'adjudicataire d'autres droits à la propriété que ceux qu'avait le saisi. — (*Voy. Tarrible, nouv. Répert., au mot* expropriation, *n°. 5, tom. 5, pag. 41; Pigeau, tom. 1, pag. 145, et sur-tout l'Exposé des motifs, par M. le conseiller d'état Réal, édit. de F. Didot, pag. 216*).

Mais il faut remarquer que l'art. 1638 du Code civil porte que si un héritage vendu se trouve grevé, sans qu'il en ait été fait de déclaration, de servitudes *non apparentes*, et qu'elles soient de telle importance qu'il y ait lieu de présumer que l'acquéreur n'aurait pas acheté, s'il en avait été instruit, il peut demander la résiliation du contrat, si mieux il n'aime se contenter d'une indemnité.

Cet article est sans doute applicable au cas de vente par expropriation. (*Voy. Pigeau, tom. 2, pag. 226*). C'est une raison pour que le saisissant et les créanciers aient soin d'énoncer dans le cahier des charges tous les droits dont l'immeuble saisi pourrait être grevé.

2477. *Si, après l'adjudication définitive, l'adjudicataire est évincé en totalité ou partie de la propriété de l'immeuble, que fera-t-il pour se rédimer du prix qu'il aurait payé?*

Suivant M. Persil, tom. 2, pag. 217, l'adjudicataire aurait nécessairement une action en garantie, 1°. contre le créancier qui a poursuivi la saisie, parce que c'est en quelque sorte lui qu'on peut regarder comme vendeur; 2°. contre chaque créancier qui aurait reçu le prix ou une partie, parce qu'il lui a réellement payé ce qu'il ne devait pas; 3°. contre le saisi, parce qu'en payant ses propres créanciers, et n'ayant pas ensuite agi contre eux, il est subrogé de plein droit dans toutes leurs actions. En choisissant celle de ces trois actions qui lui paraîtrait la plus avantageuse, il est difficile, dit cet auteur, que l'adjudicataire ne s'indemnise pas de tout ce qu'il a déboursé. (*Voy. nouv. Répert., v°.* saisie immobilière, *§ 7, pag. 673*). Il dit que l'adjudicataire peut exiger le remboursement du prix, soit de la part des créanciers payés de ses deniers, soit de la part du débiteur saisi, suivant la distinction établie par l'art. 1377 du Code civil.

M. Delaporte, tom. 2, pag. 329, dit qu'il n'est pas douteux que l'adjudicataire ne puisse exercer l'action en garantie contre le saisi sur lequel la vente a été faite; car c'est lui qui est véritablement vendeur. Mais si ce recours était infructueux, le même auteur penche à croire que l'adjudicataire peut répéter des créanciers les sommmes qu'ils ont touchées.

On pourrait, pour exclure l'action contre les créanciers, s'appuyer des arrêts des Cours de Paris et de Bruxelles, cités sur les quest. 1111e. et 2323e., et dire que, d'après ces arrêts, conformes aux anciens principes (*voy. Berriat Saint-Prix, pag.* 595, *not.* 94), la garantie n'est due que par le débiteur, parce que, dans une expropriation, ce ne sont point les créanciers qui vendent, mais bien la justice, au nom de leur débiteur.

Nous observerons que ces arrêts ont pu reconnaître en principe que les créanciers ne sont pas vendeurs, et conséquemment décider, dans les espèces où ils ont été rendus, et qui ne présentaient que des soustractions et dégradations du fait personnel du saisi, que les créanciers n'en étaient pas responsables. Mais de ce même principe que les créanciers ne sont pas vendeurs, il ne serait pas exact de conclure qu'ils ne doivent pas rembourser en totalité ou en partie, par suite de l'action *condictio indebiti*, le prix qu'ils ont reçu d'un immeuble dont l'adjudicataire se trouve évincé, soit pour le tout, soit pour une portion. Ce remboursement est la conséquence d'un autre principe énoncé dans la première disposition de l'art. 1377 du Code civil; savoir : *qu'une personne qui, par erreur, se croyant débitrice, a acquitté une dette,* a droit de répétition contre le créancier. Or, c'est aux créanciers du saisi que l'acquéreur doit le prix de l'adjudication; il acquitte cette dette, dans l'opinion qu'il a que l'immeuble deviendra sa propriété; s'il est évincé, il a fait ce paiement par erreur, et, conséquemment, ceux qui l'ont touché lui doivent remboursement (1).

2478. *Si l'adjudicataire n'est évincé qae d'une partie des objets qui lui ont été vendus, peut-il non seulement demander une diminution proportionnelle du prix, mais encore la résolution de l'adjudication?*

C'est demander, en d'autres termes, si l'art. 1636 du Code civil s'applique à l'adjudication sur saisie immobilière.

On sait que cet article porte que si l'acquéreur n'est évincé que d'une partie de la chose, et qu'elle soit de telle conséquence. relativement au tout, qu'il n'eût point acheté sans la partie dont il a été évincé, il peut faire résilier la vente.

La négative de la question que nous posons semble à M. Persil, tom. 2, pag. 219, résulter de l'art. 731 du Code de procédure.

« Cet article, dit-il, suppose évidemment le cas où l'adjudication comprendrait des biens qui n'appartiendraient pas au saisi; et alors, loin d'accorder

---

(1) Au surplus, l'art. 1377 doit recevoir son application, comme le dit M. Tarrible, dans le cas où le créancier aurait supprimé son titre par suite du paiement, sauf le recours de l'adjudicataire contre le saisi.

à l'adjudicataire la faculté de faire résilier la vente, il limite ses droits à ceux du débiteur, et les restreint aux biens qui ont réellement pu être saisis; mais aussi cet article lui donne sur es biens des droits qu'il ne peut perdre; et de cela, que dans le Code de procédure on ne parle pas de lui accorder d'action résolutoire; de cela, qu'on n'applique point à l'adjudicataire les dispositions du Code civil, relatives à la vente, on doit penser que l'adjudication doit se résoudre moins facilement qu'une vente ordinaire, et que la sanction accordée par la justice doit lui donner une stabilité que n'a pas une vente ordinaire ».

Par ces motifs, M. Persil conclut que l'adjudicataire pourra demander, contre le poursuivant et les autres créanciers, une diminution proportionnelle du prix, mais jamais la résolution de l'adjudication.

Nous pensons non seulement que l'adjudicataire peut demander une diminution proportionnelle du prix, et dans ce cas il doit la former contre les créanciers derniers colloqués ou contre le débiteur saisi, mais encore qu'il peut demander la résolution de l'adjudication, toutes les fois qu'il se trouve dans le cas prévu par l'art. 1636 du Code civil. Il importe peu, selon nous, que le Code de procédure ne lui ait point accordé cette demande. Son silence doit être expliqué par la disposition du droit commun que nous venons de citer, et avec d'autant plus de raison, que ce Code n'avait point à porter des dispositions de détail sur les droits des adjudicataires, et que, s'il s'est écarté de son objet principal, qui est la forme des actes judiciaires, ce n'a été qu'afin de prévenir toute difficulté, attendu qu'autrefois le décret purgeait tous les droits des tiers, ainsi que nous l'avons dit sur la quest. 2476 (1).

2479. *L'adjudicataire qui veut affranchir l'immeuble par lui acquis, des priviléges et hypothèques, est-il obligé de faire transcrire le jugement d'adjudication, et de le déposer au greffe, conformément aux art. 2181 et 2194 du Code civil?*

M. Tarrible (*voy. nouv. Répert.*, v°. saisie immobilière, § 7, n°. 3, pag. 673) et M. Persil, tom. 2, pag. 54, ont prouvé que l'adjudication définitive consomme l'expropriation du débiteur et le transport de la propriété à l'adjudicataire, et que celui-ci n'a plus qu'à payer le prix de son adjudication, selon l'ordre déterminé pour affranchir son immeuble de toutes les hypothèques, quelle que soit leur nature, sans qu'il ait besoin ni de trancrire son titre, conformément à l'art. 2181 du Code civil, ni de le déposer au greffe du tribunal, dans le cas prévu par l'art. 2194, ni de remplir aucune formalité ultérieure.

Si donc l'adjudication ne purge pas les droits à la propriété ou les droits réels, tels que l'usufruit et les servitudes, elle purge l'immeuble des droits hypothécaires dont il pouvait être grevé. C'est ce que ces auteurs nous paraissent avoir démontré par des argumens sans réplique, auxquels nous n'aurions rien à ajouter (2).

---

(1) Au surplus, l'art. 2182 du Code civil, dans sa dernière disposition, dit, relativement au vendeur, la même chose que l'art. 731 du Code de procédure, relativement à la saisie, et l'on ne trouve point en cela de contradiction avec l'art. 1636. Pourquoi donc tireraiton des mêmes expressions consignées dans cet art. 731, la conséquence que l'art. 1636 du Code civil ne serait pas applicable dans le cas d'une vente faite par suite d'expropriation?......

(2) Telle est notre opinion; mais M. Pigeau regarde la transcription comme utile par

2480. *L'adjudicataire qui veut se libérer définitivement peut-il consigner le prix de son adjudication?*

Cette question sera traitée sur l'art. 750.

2481. *Les solutions données précédemment sur les questions de savoir, 1°. au compte de qui est la perte ou la détérioration de la chose, survenue dans l'intervalle de l'adjudication préparatoire à l'adjudication définitive; 2°. de quel jour l'adjudicataire préparatoire est réputé adjudicataire définitif, s'appliquent-elles à l'adjudicataire définitif, lorsqu'il y a surenchère?*

M. Pigeau, tom. 2, pag. 236, traite cette double question. Si, dit-il, le bien périt ou se détériore depuis la surenchère, c'est pour le compte de l'adjudicataire, et non pour l'enchérisseur. Il applique ici ce qu'il a dit pag. 136, relativement à l'adjudicataire provisoire, qui ne doit point supporter la perte ou détérioration de la chose dans l'intervalle des deux adjudications, et lui assimile le surenchérisseur, qui, en effet, ne contracte par sa surenchère qu'une obligation sous condition suspensive. — (*Voy. notre quest.* 2474).

M. Pigeau demande ensuite de quel jour le premier adjudicataire, qui reste second adjudicataire lors de la revente faite à raison d'une surenchère, est propriétaire de l'immeuble. Cet auteur prouve, sur cette question, qu'à la différence de l'adjudicataire préparatoire (*voy.* quest. 2474°), qui n'est qu'acquéreur sous condition *suspensive,* l'adjudicataire définitif est acquéreur sous condition *résolutoire,* et qu'en conséquence, s'il reste adjudicataire lors de la revente, au moyen d'une augmentation de prix, l'intention de la loi a été, non pas que le premier contrat fût anéanti, mais au contraire qu'il subsistât et qu'il fût confirmé avec augmentation. — (*Arg. de l'art.* 2189).

Si, au contraire, la seconde adjudication est faite à un autre que le premier adjudicataire, la première adjudication est résolue; la seconde remet les choses au même état que si la première n'avait pas existé. De là M. Pigeau tire la conséquence que le premier adjudicataire est entièrement déchargé, même lorsque le nouvel adjudicataire ne paierait pas (*arg. des art.* 707 et 712); que celui-ci doit restituer les frais et loyaux coûts de la première adjudication (*arg. de l'art.* 2188 *du Code civ.*); qu'il doit payer les droits de mutation pour la portion dont son prix excède celui de la première adjudication, et qu'enfin ce premier adjudicataire étant, par la résolution, censé n'avoir jamais été propriétaire, les hypothèques qu'il aurait conférées sur l'immeuble se résolvent avec son titre (*voy. Code civ., art.* 2125), et le second n'est point obligé de faire transcrire ni purger sur lui (1).

2482. *L'adjudicataire doit-il obtenir restitution des droits perçus pour l'enregistrement du jugement d'adjudication, lorsque cette adjudication est annulée sur appel?*

---

rapport aux créanciers inscrits avant l'adjudication, parce que le conservateur pourrait en avoir omis quelques-uns dans son extrait. La loi du 11 brumaire, art. 22, exigeait la transcription, et nous estimons qu'il est prudent de la faire. — (*Voy. Berriat Saint-Prix, pag.* 594).

(1) Voy. les preuves et les développemens de ces propositions, dans l'ouvrage de M. Pigeau, tom. 2, pag. 237 et 238).

Par avis du Conseil d'état, du 18 octobre 1808, approuvé le 22, il a été décidé que si le jugement d'adjudication devait être nécessairement enregistré, même lorsqu'il est attaqué par appel, le droit n'en est pas moins restituable, lorsque l'adjudication est annulée par les voies légales (1).

ARTICLE 732.

Lorsque l'une des publications de l'enchère aura été retardée par un incident, il ne pourra y être procédé qu'après une nouvelle apposition de placards et insertion de nouvelles annonces, en la forme ci-dessus prescrite (2).

Loi du 11 brum. an 7, art. 30. — C. de P., art. 656, 683, 684, 685, 695, 702, 719 et suiv.

2483. *L'expiration des délais prescrits pour l'accomplissement d'une formalité de la poursuite en saisie immobilière annule-t-elle la procédure ?*

La négative résulte évidemment de la disposition de l'art. 732. Il fait comprendre en effet que l'expiration des délais prescrits pour l'accomplissement d'une formalité, sans qu'elle ait été remplie, n'annule pas la procédure, lorsque cette suspension a eu pour cause quelqu'un des incidens dont il est parlé au titre que nous expliquons. — (*Voy.* Tarrible, nouv. Répert., v°. saisie immobilière, *pag.* 670, et un arrêt de la Cour de Paris, du 9 février 1811, Journ. des avoués, tom. 4, pag. 95).

ARTICLE 733.

Les moyens de nullité contre la procédure qui précède l'adjudication préparatoire, ne pourront être proposés après

---

(1) Au sujet des droits et des charges de l'adjudicataire, voyez, outre des questions précédentes, celles qui sont traitées sur les art. 715, 737, 743 et 750.

(2) JURISPRUDENCE.

1.° Le procès-verbal d'apposition des placards, exigé par l'art. 732, ne doit pas nécessairement être signifié à la partie saisie. Ces placards doivent faire mention, pour les biens de ville, des noms des locataires. — (*Rennes*, 10 déc. 1817).

Mais ils ne doivent pas être notifiés aux créanciers inscrits (*voy.* n.° 2148), et doivent, à notre avis, contenir l'énoncé sommaire des jugemens et arrêts intervenus.

2.° Lorsque de nouveaux placards sont exposés, par suite d'un incident qui a retardé la première publication de l'enchère, ils doivent l'être dans la forme prescrite par les art. 682, 683, 684, 685 et 686, sans qu'il soit nécessaire d'observer de nouveau les délais des articles 700 et 701, avant la publication de l'enchère. — (*Cassat.*, 12 janv. 1820, *Sirey*, tom. 20, pag. 199).

3.° Si, au jour fixé pour l'adjudication préparatoire, les plaidoiries des parties absorbent tout le tems de l'audience et forcent le tribunal à renvoyer l'adjudication au lendemain, il n'est pas nécessaire de faire une nouvelle apposition d'affiches. Ce n'est pas le cas d'appliquer l'art. 732 du Code de procédure, portant que, lorsqu'une publication de l'enchère est retardée par un incident, il ne peut y être procédé que par une nouvelle apposition d'affiches. — (*Cassat.*, 10 juill. 1817, *Sirey*, tom. 18, pag. 385, § 3).

ladite adjudication. Ils seront jugés avant ladite adjudication;
et si les moyens de nullité sont rejetés, l'adjudication préparatoire sera prononcée par le même jugement (1).

T., 124. — Décret du 2 fév. 1811. — Loi du 11 brum. an 7, art. 23. — C. de P., art. 654,
714, 717, 722, 735, 736.

2484. *La demande en nullité n'est-elle recevable qu'autant qu'elle est formée par
requête d'avoué à avoué ?*

Nous avons vu, sur la quest. 2413°., que la Cour de Bruxelles a jugé, le
28 novembre 1811 (*Sirey, tom.* 12, *pag.* 283), qu'il résultait des art. 124 du
tarif et 733 du Code, que les moyens de nullité doivent être proposés par
requête signifiée au domicile du poursuivant, et que conséquemment on ne
pouvait exiger qu'ils le fussent par exploit à personne ou domicile. La même
chose a été jugée par arrêt de la Cour de Turin, du 6 décembre 1809.—(*Sirey,
tom.* 10, *pag.* 240).

Nous ne croyons pas que ces décisions soient susceptibles de contestation;
mais la question que nous venons de poser est bien différente de la première;
elle suppose que la demande en nullité a été faite, soit par exploit, au lieu
de l'être par requête, soit verbalement et à l'audience, et présente à décider
si cette demande est recevable.

Cette question est extrêmement controversée. Elle a été jugée affirmativement, 1°. par la Cour de Bruxelles, les 23 août 1810 (*Sirey, tom.*15, *pag.* 165),
et 31 janvier 1812 (*Sirey, tom.* 15, *pag.* 165); 2°. par la Cour de Bordeaux,
le 21 janvier 1811. — (*Sirey, tom.* 11, *pag.* 166).

---

(1) JURISPRUDENCE.

1.° Les nullités contre la procédure en expropriation forcée ne peuvent être proposées
après avoir défendu au fond, l'art. 173 n'étant pas applicable à la procédure en saisie immobilière. — (*Metz, 12 fév.* 1817, *Sirey, tom.* 18, *pag.* 345).

2.° Le créancier qui n'a pas figuré en première instance, ou qui y a été appelé irrégulièrement, peut opposer les nullités qui n'ont pas été proposées devant le premier tribunal.
— (*Cassat.*, 13 oct. 1812, *Sirey, tom.* 13, *pag.* 42).

3.° Il en est de même du saisi auquel les actes de la procédure n'auraient pas été notifiés, ou qui aurait été irrégulièrement averti (*Merlin, Quest. de droit*); par exemple, par
des placards nuls. — (*Nîmes, 4 avril* 1810, *Sirey, tom.* 14, *pag.* 73).

4.° Le jugement qui intervient sur des nullités est indivisible. — (*Même arrêt, du* 13
oct. 1812, *déjà cité supra*).

5.° Ce principe d'indivisibilité s'applique au cas où l'adjudication aurait été faite par lots,
et il s'ensuit que, dans cette circonstance, on n'est plus recevable, du moment où le lot
a été adjugé, à proposer des nullités contre la procédure qui a précédé. — (*Caen, mai*
1814, *Sirey, tom.* 14, *pag.* 403).

6.° Les créanciers n'ont pas qualité pour demander la nullité de la saisie, puisqu'elle
n'est que *relative*, et ne profite qu'au saisi. Ayant intérêt que l'immeuble soit vendu, ils
sont sans droit pour empêcher la vente. — (*Turin, 24 juill.* 1810, *Sirey, tom.* 11, *pag.* 51).

7.° Lorsque la femme du saisi a figuré comme créancière, et qu'il n'est intervenu aucune condamnation à son préjudice, le mari ne peut, dans son intérêt personnel, attaquer
la procédure pour défaut d'autorisation de sa femme. La faculté que la loi lui confère est,
en effet, relative aux intérêts de celle-ci, et non à ceux du mari. — (*Besançon, 29 germ,
an* 12, *Sirey, tom.* 4, *pag.* 672).

Elle a au contraire été jugée négativement, par deux arrêts de la Cour de Riom, l'un du 26 mars 1810, l'autre du 21 mars 1816, rapportés par M. Huet, pag. 288.

On dit, pour la première opinion, qu'en prescrivant la nécessité de proposer, avant l'adjudication préparatoire, les moyens de nullité contre la procédure qui l'a précédée, la loi n'a déterminé ni le mode d'après lequel ces moyens doivent être proposés, ni le tems dans lequel ils doivent l'être; qu'elle a voulu seulement qu'ils ne pussent l'être après l'adjudication préparatoire, puisqu'elle l'a dit nommément, et qu'elle ajoute qu'ils seront jugés avant l'adjudication; que de cette disposition il résulte que la loi a laissé la faculté de proposer ces moyens de nullité, soit verbalement, soit par écrit, à l'audience même indiquée pour l'adjudication, pourvu que cela soit fait avant le jugement qui la prononce; que la loi n'ayant ordonné que cela seulement, on ajouterait visiblement à sa disposition, en exigeant quelque chose de plus; que l'on peut d'autant moins douter que ce ne soient là le véritable sens, le véritable esprit de la loi, que, par l'art. 735, elle a bien expressément déterminé le mode et le tems pour la proposition des moyens de nullité, contre les procédures postérieures à l'adjudication préparatoire, puisqu'elle exige qu'ils soient proposés par requête, avec avenir à jour indiqué. — (*Voy. les motifs de l'arrêt de la Cour de Bordeaux*).

On dit, pour l'opinion contraire, adoptée par M. Huet, *ubi suprà*, et qui peut être appuyée d'un arrêt de la Cour de cassation, du 21 vendémiaire an 4 (*Sirey, tom.* 3, *additions, pag.* 503), que, des dispositions de l'art. 733 du Code de procédure, combinées avec celles de l'art. 735, il résulte que la de-

---

8.° Le saisi est recevable à faire statuer, même après l'adjudication préparatoire, sur les moyens de nullités par lui proposés contre la procédure antérieure, si toutefois il les avait proposés avant l'adjudication, ne fût-ce que par une simple requête signifiée à l'avoué du saisissant, et quand bien même il n'eût pas poursuivi à l'audience les fins de sa requête. — (*Cassat.*, 25 *avril* 1814, *Sirey, tom.* 14, *pag.* 259).

9.° Le jugement qui rejète les moyens de nullité et celui qui prononce l'adjudication préparatoire, sont soumis aux mêmes formalités que les autres jugemens. — (*Rennes,* 4 *janv.* 1813).

10.° Il n'est pas indispensable, pour la validité du jugement qui rejète les moyens de nullité, qu'il prononce en même tems l'adjudication préparatoire, la disposition finale de l'art. 733 n'étant pas prescrite à peine de nullité. — (*Paris,* 1.ᵉʳ *juill.* 1813, *Sirey, tom.* 14, *pag.* 259).

Bien plus : M. Huet observe que cette disposition n'est pas *exécutable,* et qu'il faut deux jugemens séparés. Celui qui rejète les moyens, parce qu'il s'inscrit sur la feuille d'audience, comme jugement ordinaire, et celui d'adjudication, qui se porte sur le cahier des charges. En admettant la décision de Paris, nous ne croirions pas devoir suivre l'opinion de cet auteur, sur la nécessité de deux jugemens. Nous croyons, au contraire, avec la Cour de Rennes, 4 janvier 1813, que, suivant l'art. 733 (*voy. ci-dessus,* 9.°), le déboutement des moyens de nullité et l'adjudication préparatoire doivent former un seul et même jugement, dont la délivrance et l'expédition doivent être dans la même forme que pour les jugemens intervenus à l'audience, sur toute autre matière, indépendamment de ce qui doit être mis sur le cahier des charges, conformément à l'art. 699.

11.° Le créancier dont les poursuites sont annulées peut être condamné en des dommages-intérêts envers l'adjudicataire, mais non envers le débiteur saisi (*Besançon,* 21 *juin* 1810, *Sirey, tom.* 12, *pag.* 8), à moins, comme l'observe encore M. Huet, qu'il n'y ait fraude ou dol de la part de ce créancier.

mande en nullité de la procédure antérieure à l'adjudication préparatoire,
comme de la procédure postérieure, doit être formée par requête; qu'il y a,
en effet, parité de raisons pour exiger une requête signifiée, dans les deux cas
prévus par les art. 733 et 735; que s'il pouvait s'élever quelques doutes sur
l'interprétation de ces articles, ils seraient levés par les dispositions de l'article 124 de réglement, contenant le tarif des frais et dépens, et qui rappèle
expressément cet art. 733 et se rattache à lui; qu'il ne peut prescrire et taxer
un acte inutile; qu'au contraire, ordonnant une requête, il doit la croire
indispensable dans l'esprit du Code de procédure; qu'il est juste que le poursuivant, devenant défendeur à la demande en nullité, soit averti aussitôt de
cette demande, pour pouvoir se défendre à l'audience même indiquée pour
l'adjudication préparatoire, puisque, d'après l'art. 733, cette adjudication ne
peut être remise, et doit être faite au jour fixé, en cas que les moyens de
nullité soient rejetés. — (*Voy. motifs de la Cour de Riom*).

Nous croyons que l'on doit suivre la première opinion, parce qu'elle a du
moins pour elle le plus grand nombre d'arrêts, parce qu'elle est, si nous ne
sommes dans l'erreur, fondée sur les principes d'après lesquels on doit interpréter les dispositions du Code de procédure.

Nous admettons que les art. 733 du Code et 124 du tarif indiquent *la requête*
comme l'acte par lequel *il convient* de proposer les moyens de nullité dont
il s'agit ici. Mais, ainsi que le dit M. Coffinières (*voy. Journ. des avoués, tom. 3,
pag.* 100), on ne peut raisonnablement en conclure que cette manière de procéder doive être suivie *à peine de nullité,* puisque l'art. 733 ne s'exprime pas
à cet égard.

Ce serait vainement que l'on argumenterait des dispositions de l'art. 735, en
disant qu'il y a même raison de décider dans l'espèce de l'art. 733. Nous
croyons, au contraire, que l'art. 735, en exigeant formellement une requête
pour les nullités postérieures à l'adjudication, prouve que le législateur, relativement aux nullités antérieures, a gardé sur cette formalité un silence volontaire, et qu'il a eu l'intention de ne pas exiger à la rigueur qu'elle fût accomplie. L'article du tarif suppose bien que la demande dont il s'agit sera
faite par requête, mais il n'impose pas obligation à peine de nullité. — (*Voy.
considérans de l'arrêt de la Cour de Bruxelles, du* 31 *janvier* 1812).

Vainement encore argumenterait-on des dispositions des art. 406 et 718 du
même Code, pour dire que les incidens sur saisie devant être jugés *sommairement,* d'après ce dernier article, et que tous les incidens en matière sommaire
devant être proposés par requête, d'après le premier, il s'ensuit, sans qu'il
ait été besoin que le législateur s'expliquât en l'art. 733, qu'il est nécessaire
de former la demande en nullité par requête.

On répondrait qu'il est de principe que, *in toto jure, generi per speciem
derogatur;* qu'ainsi, les formes contestations prescrites pour les contestations incidentes *in
genere* doivent fléchir devant celles auxquelles le même Code a assorti l'espèce
de contestation incidente qui s'élève dans les saisies immobilières. — (*Voy.
considérans de l'arrêt de Bruxelles précité*).

2485. *Si des causes de nullité de la saisie prenaient leur source dans le fond
du droit du créancier poursuivant, pourrait-on opposer les nullités après l'adjudication préparatoire?*

Par ces mots de l'art. 733, *contre la procédure*, il paraît, disions-nous dans notre Analyse, quest. 2285, que le législateur a excepté les nullités qui résultent de semblables causes; par exemple, dit M. Tarrible, pag. 670, si le débiteur poursuivi par le créancier découvrait une quittance qui établît que la créance qui sert de base à la saisie était éteinte, il n'est pas douteux que le débiteur ne pût réclamer la nullité de la saisie, quel que fût le point auquel la procédure se trouvât parvenue, et qu'il ne pût même la réclamer par appel du jugement d'adjudication, si ce jugement avait injustement méconnu la légitimité de sa demande.

La jurisprudence n'a pas confirmé cette décision du savant jurisconsulte que nous venons de citer; déjà un arrêt de la Cour de cassation, du 13 avril 1812, à la vérité rendu sous l'empire de la loi du 11 brumaire, formait contre elle un préjugé qui a été converti en principe de jurisprudence par arrêts de la Cour de Paris, des 6 octobre et 23 novembre 1808, et de la Cour de cassation, des 2 juillet 1816 et 29 novembre 1819. — (*Sirey, tom.* 16, *pag.* 420, *et tom.* 20, *pag.* 129).

Ces arrêts rejètent, en effet, toute distinction entre les moyens tirés des vices du titre ou du fond, et ceux relatifs aux actes de procédure, attendu qu'elle ne se trouve écrite dans aucun article du Code (1).

Ainsi, les fins de non-recevoir introduites par les art. 733, 735 et 736 s'appliquent aux deux cas (2).

2486. *De ce que les nullités antérieures à l'adjudication préparatoire ne peuvent être opposées après l'adjudication, s'ensuit-il qu'elles ne puissent, pour la première fois, être proposées en appel?*

M. Delaporte, tom. 2, pag. 332, pense qu'elles peuvent être pour la première fois proposées en appel, et se fonde sur ce que les art. 733 et 734 ne contiennent point de disposition semblable à celle de l'art. 736; mais nous répondrons qu'il impliquerait que le juge d'appel pût écouter des moyens de nullité dont le premier juge n'eût pu connaître après l'adjudication. D'un autre côté, l'art. 734 prouve la vérité de cette décision, en énonçant que *l'appel du jugement qui aura statué sur* CES NULLITÉS *ne sera reçu, etc.* En effet, il s'agit ici de nullités sur lesquelles le juge a statué, c'est-à-dire qui lui ont été proposées: d'où suit néces-

_____

(1) Mais il est fort important de remarquer, d'après l'arrêt du 29 novembre, que la fin de non-recevoir établie par ces articles contrele saisi qui laisse procéder à l'adjudication, sans proposer ses moyens de nullité contre *le titre*, ne fait que mettre la procédure en expropriation à l'abri de toute attaque; elle n'enlève point au saisi la faculté de se pourvoir séparément, par voie d'action principale, en nullité du titre fondamental, contre le créancier ou le poursuivant, s'il y a lieu, sans néanmoins que cette action puisse, en aucun cas, porter atteinte à l'expropriation.

Il est vrai qu'il pourra souvent arriver que le saisi n'obtiendra pas de cette action réparation du préjudice qu'il aurait souffert par l'expropriation; mais il ne peut l'imputer qu'à sa négligence et non aux adjudicataires, qui ont contracté de bonne foi avec la justice.

(2) On ne pourrait aussi proposer, après l'adjudication préparatoire, des moyens de nullité pris dans des *irrégularités* antérieures à la procédure en expropriation, attendu que l'art. 733 ne distingue point entre les différens moyens de nullité, et qu'il exige impérativement que tous ceux allégués *contre la procédure* qui précède l'adjudication préparatoire, soient proposés avant l'adjudication. — (*Paris,* 25 *nov.* 1808, *Sirey, tom.* 9, *pag.* 26; *Turin,* 9 *fév.* 1810, *tom.* 10, *pag.* 325 ; *Colmar,* 11 *mai* 1816, *tom.* 18, *pag.* 24).

sairement que les juges d'appel ne peuvent prononcer sur des nullités qui n'ont pas été produites et discutées en première instance. — (*Voy. arrêts de la Cour de Nîmes, des* 11 *mai et* 22 *juin* 1808, *Sirey, tom.* 15, *pag.* 119 *et* 138) (1).

2487. *Mais peut-on opposer, après l'adjudication, l'exception de discussion du mobilier du mineur?*

C'est notre opinion, conforme à celle de M. Thomines, dans une consultation du 28 février 1811. Nous en donnons pour motifs que cette exception n'opère pas nullité de la saisie, puisque, d'un côté, la proposition tendante à ce qu'elle produisît cet effet fut rejetée lors de la discussion du projet de Code civil, et que, de l'autre, l'art. 2206 de ce Code ne défend pas de saisir avant discussion, et dispose seulement qu'on ne pourra vendre auparavant. Ainsi donc, tant que l'expropriation n'est pas consommée par l'adjudication définitive, l'exception peut être opposée afin d'y faire surseoir jusqu'à discussion légale du mobilier. C'est aussi ce qui avait été jugé sous l'empire de la loi du 11 brumaire an 7, par l'arrêt de la Cour de cassation du 13 avril 1812, déjà cité n°. 2484.

2488. *La demande en nullité du titre sur lequel repose la saisie constitue-t-elle un incident nécessaire de cette saisie, en sorte que l'on ne puisse en arrêter les suites en formant cette demande par action distincte et principale?*

Telle est notre opinion. D'une part, l'orateur du Gouvernement, édition de F. Didot, pag. 215, le dit expressément; il explique que les incidens sont antérieurs ou postérieurs à l'adjudication définitive; et parmi les premiers, il place *l'attaque contre le titre en vertu duquel se fait la saisie;* incident qui est véritablement compris dans la disposition de l'art. 733, puisque l'annulation du titre est le moyen d'annulation de la saisie et des suites.

Nous concluons de là que l'on ne peut former la demande en nullité du titre qu'incidemment à la saisie; que cet incident reçoit l'application des art. 733 et 734, et qu'un tribunal ne peut surseoir à l'adjudication sur le motif qu'une semblable demande aurait été formée par action principale et distincte.

2489. *La disposition de l'art.* 733, *qui exige que, si les moyens de nullité sont rejetés, il soit procédé de suite à l'adjudication, s'applique-t-elle au cas où l'adjudication a été retardée par un incident? La même disposition oblige-t-elle à ne proposer les nullités que le jour indiqué pour l'adjudication préparatoire?*

La Cour de Nîmes, par l'arrêt précité du 22 juin 1808, a décidé que l'article 733 ne s'appliquait qu'au cas où les moyens de nullité étant proposés à la même audience annoncée par les placards pour l'adjudication préparatoire, on peut, en les rejetant, procéder de suite à cette adjudication, sans contrarier l'avis donné au public au moyen des placards; mais que, lorsque cette adjudication a été retardée par l'effet d'un incident, et que le jour indiqué pour l'adjudication préparatoire est passé sans qu'elle ait eu lieu, on doit alors appliquer l'art. 732, qui veut qu'on n'y puisse procéder qu'après une nouvelle apposition de placards et une insertion de nouvelles annonces.

---

(1) Cette décision s'applique même au cas où la partie saisie a fait défaut en première instance. — (*Arrêt d'Aix,* 5 *nov.* 1806, *Sirey, tom.* 6, 2.ᵉ *part., pag.* 570; *mais voy. supra, pag.* 674, *not.* 1).

Non seulement un tribunal, en adoptant cette mesure, se conforme au texte de la loi, mais encore il ne fait rien que d'utile aux intérêts du saisi.

Nous ajouterons que c'est une erreur de croire qu'attendu que l'art. 733 porte que *l'adjudication préparatoire sera prononcée par le jugement qui rejète les nullités,* on ne puisse proposer celles-ci qu'à l'audience fixée pour cette adjudication. Il est évident qu'on peut les proposer auparavant, et qu'en ce cas l'adjudication a lieu au jour indiqué par les affiches. Les termes de l'article, comme le dit M. Delaporte, tom. 2, pag. 331, s'entendent du cas où les poursuites sont en état. C'est aussi ce que suppose l'arrêt de la Cour de Nîmes que nous venons de rapporter. — (*Voy., sur l'art. 736, plusieurs questions qui pourraient se présenter aussi dans l'espèce de l'art. 733*).

ARTICLE 734.

L'appel du jugement qui aura statué sur ces nullités ne sera pas reçu, s'il n'a été interjeté avec intimation dans la quinzaine de la signification du jugement à avoué. L'appel sera notifié au greffier (1), et visé par lui (2).

T., 29.

2490. *L'appel du jugement doit-il être signifié à personne ou à domicile réel? Le délai doit-il être augmenté à raison des distances?*

Un arrêt de la Cour d'Angers, du 20 janvier 1809 (*Sirey, tom. 15, pag. 185*), a décidé que l'appel dont il s'agit doit être signifié à personne ou domicile. Un

---

(1) Voy. nos quest. sur les art. 153 et 735.

(2) JURISPRUDENCE.

1.° En matière de saisie immobilière, l'appel du jugement d'adjudication est tellement indivisible que, s'il est non recevable à l'égard des créanciers poursuivans, cette fin de non-recevoir profite aux adjudicataires, lors même que l'appel, relativement à ceux-ci, serait valable en soi. — (*Cassat., 14 juin 1813, Denevers, 1813, pag. 394, et suprà, pag. 674, not. 4.°, 5.°*).

2.° Le débiteur qui interjète appel du jugement d'adjudication contre le poursuivant, ne peut pas assigner l'adjudicataire en déclaration de jugement; il doit aussi se rendre appelant contre cet adjudicataire. — (*Paris, 20 vent. an 11, Sirey, tom. 3, pag. 219*).

3.° Si le jugement qui prononce sur les nullités *antérieures* à l'adjudication préparatoire, intervient postérieurement à cette adjudication, néanmoins le délai d'appel est celui que fixe l'art. 734, et non pas celui qu'indique l'art. 736, qui ne s'applique qu'aux moyens proposés contre la procédure postérieure à la même adjudication. — (*Cassat., 25 avril 1814, Sirey, tom. 14, pag. 257*).

4.° Le jugement d'adjudication provisoire, ou l'arrêt confirmatif intervenu sur l'appel, ne peut plus être attaqué par la voie de la cassation après l'adjudication définitive, si, lors de cette dernière adjudication, le saisi n'a pas manifesté l'intention de l'attaquer. — (*Cassat., 4 fév. 1811, Sirey, tom. 11, pag. 224*).

5.° Il doit donc faire une réserve formelle du pourvoi; autrement il est réputé, par cela seul, y avoir renoncé en acquiesçant au jugement rendu, et il est non recevable à se pourvoir. — (*Cassat., 1.er déc. 1813, Sirey, tom. 14, pag. 80*).

autre arrêt de la Cour d'Agen, du 4 avril 1810 (*voy. Journ. des avoués, tom. 2, pag.* 158), a prononcé de la même manière.

Les motifs de ces deux décisions sont que tout acte d'appel doit, à peine de nullité, être signifié à personne ou domicile; que tel est le vœu bien formel de l'art. 456; que si, dans certains cas, le législateur prescrit une formalité particulière, comme la notification et le visa du greffier, dans l'art. 734, on doit la considérer comme une addition, et non comme une dérogation à la règle générale établie par le premier article. — (*Voy. aussi Delaporte, tom. 2, pag.* 332, *et Hautefeuille, pag.* 306).

Ces motifs nous paraissent d'un grand poids; mais nous croyons que, d'après un arrêt de la Cour de cassation, du 8 août 1809, confirmatif d'un arrêt de la Cour de Grenoble, on doit décider, au contraire, que l'appel est valablement signifié au domicile de l'avoué, et que conséquemment le délai de quinzaine donné pour l'interjeter, par l'art. 734, n'est point susceptible de l'augmentation à raison des distances, accordée par l'art. 1033. — (*Voy. Sirey, tom.* 9, *pag.* 406).

La Cour de Turin, par un arrêt du 9 février 1810 (*voy. Sirey, tom.* 10, *pag.* 325), et celle de Bruxelles, par arrêt du 25 juillet 1810, ont prononcé dans le même sens. On dit, pour cette opinion, que le Code de procédure contient des règles particulières sur les contestations incidentes aux saisies immobilières, et notamment sur le délai de l'appel; que, suivant l'art. 734, ce délai est réduit au terme de quinzaine, et court à dater de la signification du jugement à avoué; que ce bref délai, joint à la constitution spéciale de domicile, prouve que l'intention du législateur a été que tout ce qui tient aux formes *et à l'appel pour nullité de forme*, se fît au domicile de l'avoué; que ce vœu de la loi se manifeste encore plus clairement, en comparant les art. 730 et 734, où, lorsqu'il s'agit d'une demande en distraction, et *non de formes*, elle ne fait courir le délai que du jour de la signification à personne ou domicile, avec l'addition des myriamètres à raison de la distance du domicile réel : d'où il suit que ni l'art. 456 ni l'art. 1033 ne sont applicables, et que l'appel est valablement signifié au domicile de l'avoué, et à délai suffisant. — (*Voy. Biblioth. du barr., tom.* 5, *pag.* 261).

2491. *Si la saisie frappe sur plusieurs débiteurs copropriétaires, l'un d'eux, qui seul interjète appel, peut-il faire valoir un moyen qui n'a été présenté en première instance que par un de ses consorts non appelant?*

On peut opposer que ce consort n'oppose point un *nouveau* moyen. Nous répondons qu'un semblable moyen, uniquement présenté par un consort, et auquel celui qui appèle n'a point adhéré devant les premiers juges, ne peut être de quelque considération en appel, qu'autant qu'il y serait reproduit par la partie qui en a été déboutée; que celle-ci ayant acquiescé au jugement, les moyens qu'elle avait fait valoir doivent, par cela même, être considérés comme non avenus, en sorte que le consort, seule partie en appel, propose réellement et quant à lui, un moyen nouveau, en s'emparant de celui qu'aurait fait valoir son consort (1).

_____

(1) En effet, l'appelant ne peut que reproduire les moyens qu'il avait proposés; car ses

2492. *Est-ce au greffier du tribunal de première instance, ou au greffier de la Cour royale, que l'appel doit être notifié?*

M. Desevaux examine cette question, pag. 79 du Traité précité, et pense que la notification doit être faite au greffier du tribunal de première instance. La raison en est, dit-il, que l'appel étant suspensif, selon le prescrit de l'art. 457 du Code de procédure, le but du législateur n'a pu être, en prescrivant le visa de l'acte d'appel par le greffier, que de donner connaissance au tribunal de première instance de l'existence de cet acte, afin qu'il ne soit pas donné suite à la saisie immobilière avant qu'il n'y ait été statué. Cette opinion nous paraît devoir être adoptée comme étant en harmonie avec l'art. 476.

2493. *Mais la notification faite au greffier ne suffit-elle pas, sans qu'il soit besoin de notifier l'appel à l'avoué?*

L'appel, dit M. Hautefeuille, pag. 396, ne doit point être notifié au domicile de la partie, *mais au greffier du tribunal qui a rendu le jugement attaqué.*

Sans doute on peut décider, d'après l'arrêt de la Cour de cassation cité sur la quest. 2490, qu'il n'est pas besoin de notifier l'appel au domicile de la partie; mais on ne saurait, à notre avis, donner aucun motif raisonnable pour maintenir que la notification faite au greffier tient lieu de celle faite à l'intimé, au domicile de son avoué. C'est ce que la Cour d'Angers a formellement décidé par le même arrêt, que nous avons également cité sur la quest. 2490; c'est enfin ce que la Cour de cassation a décidé par arrêt du 7 mai 1818. (*Sirey, tom. 19, pag. 124*). Il est évident, en effet, que la notification au greffier, et le visa de ce fonctionnaire, sont des formalités que la loi exige, outre celle de la notification au domicile de l'avoué, et qu'elles ne sont point exclusives de celle-ci, d'autant plus que la notification au greffier a son objet particulier, qui est d'empêcher de passer outre à l'adjudication définitive.

2494. *La notification au greffier doit-elle être faite, et son visa doit-il être apposé dans le délai de quinzaine fixé pour interjeter l'appel?*

Nous pensons avec M. Pigeau, tom. 2, pag. 159, que cette question doit être résolue négativement, non seulement parce que la loi, qui veut que l'appel ait lieu dans la quinzaine, n'a pas exigé que la notification fût faite et le visa donné dans ce délai, mais encore parce que cette formalité n'étant prescrite, ainsi que nous l'avons dit ci-dessus, qu'afin d'empêcher l'adjudication définitive, il suffit qu'elle ait été remplie avant cette adjudication.

2495. *Le défaut de notification et de visa rendrait-il l'appel non recevable?*

griefs ne peuvent valablement reposer que sur le rejet de ces mêmes moyens. S'il est obligé, pour faire réformer le jugement, d'aller chercher d'autres moyens dans la procédure des consorts qui ont acquiescé au jugement, ces moyens ne peuvent être envisagés que comme produits nouvellement, puisqu'il ne s'agit de prononcer sur l'appel que dans son intérêt unique et sur ses poursuites.

Au reste, il est bien certain que l'appelant n'eût pu, devant le premier juge et après l'adjudication préparatoire, s'emparer du moyen dont son consort eût été débouté, et s'en étayer pour faire rendre, par ce juge, une décision contraire à celle qui aurait déclaré valables la saisie et la procédure antérieure. Or, ce qu'il ne pouvait faire en première instance ne lui est-il pas nécessairement interdit en appel?

Cette question a été résolue en sens diamétralement opposés par deux arrêts que les rédacteurs des Annales du notariat ont rapporté, dans leur Commentaire sur le Code de procédure, tom. 4, pag. 523.

Le premier, rendu par la Cour de Bruxelles, le 18 janvier 1808, a décidé que l'observation de la formalité n'était que pour empêcher les progrès de la poursuite d'expropriation, jusqu'à ce qu'il eût été statué sur l'appel.

Le second, rendu par la Cour de Trèves, le 25 novembre 1812, a jugé que l'inobservation de cette formalité dépouillait l'appel de tout son effet, et devait le faire regarder comme non avenu. La raison en serait, suivant cette Cour, que l'art. 734, en prescrivant en même tems, et que l'appel ne sera pas reçu s'il est interjeté dans la quinzaine de la signification du jugement à avoué, et qu'il sera notifié au greffier et visé par lui, a voulu que ces formalités fussent le complément les unes des autres; et que, de même que l'appel ne serait pas recevable s'il était interjeté après la quinzaine de la signification, de même aussi il fût inadmissible, s'il n'avait pas été notifié au greffier et visé par lui.

Dans cette contrariété de décision, nous estimons, avec les auteurs du Commentaire précité, que la construction grammaticale de l'art. 734 indique que le législateur n'a pas attaché la même peine au défaut de notification de l'appel au greffier, qu'au retard de pourvoi dans la quinzaine. En effet, la nullité qui résulte de ce retard provient de ce que la loi prononce formellement la déchéance; mais les dispositions relatives à la notification et au visa ne sont point liés à celles qui les précèdent; elles en sont au contraire séparées par le sens et la ponctuation, et forment une demie-phrase où l'on ne trouve ni déchéance ni nullité prononcée : or, d'après l'art. 1030, il n'est pas permis de suppléer semblables peines.

D'un autre côté, comme nous l'avons remarqué ci-dessus, quest. 2493, le but évident de la notification de l'appel au greffier étant d'instruire le tribunal de l'existence de l'appel, et par conséquent de l'obstacle à ce qu'il soit procédé à l'adjudication, jusqu'à ce qu'il ait été statué sur cet appel, il n'y a point de motifs pour ranger cette formalité sur la même ligne que la signification de l'appel dans le délai de quinzaine; la seule peine qui puisse résulter de son inobservation serait de rendre l'appelant responsable des adjudications qui seraient faites au préjudice de l'appel.

2496. *La disposition de l'art. 734, relative au délai dans lequel l'appel doit être interjeté, ne s'entend-elle que ou jugement qui statue sur des irrégularités de la procédure, et non du cas où l'on voudrait faire valoir des moyens du fond ?*

La Cour de Grenoble, par arrêt du 28 mars 1809 (*voy. Jurisp. sur la procéd., tom. 2, pag. 341*), a déclaré que la déchéance qui résulte de l'art. 734 ne doit s'appliquer qu'au cas où il s'agit d'une irrégularité dans la forme de la procédure, ou à des nullités qu'on oppose contre les actes à raison de formalités qui tiennent à l'instruction, comme le fait assez entendre l'art. 733. — (*Voy. quest. 2485°.*)

Ainsi, dans l'espèce de cet arrêt, où les appelans fondaient leurs moyens de nullité sur l'invalidité du titre, et sur d'autres motifs puisés dans le fond de la cause, il a été décidé que l'art. 734 n'était pas applicable. — (*Voy. ici l'observation faite à la suite de la quest. 2485°.*)

Mais cette décision, qui est aussi celle d'un arrêt de Paris du 23 mai 1808

(*Sirey, tom. 8, pag.* 12), n'est pas exacte sous tous les rapports, d'après ce que nous avons dit, n°. 2485, relativement à la demande en annulation du titre. En effet, dès que la loi ne distingue point les moyens du fond des moyens de nullité de la procédure, parce que les premiers se confondent avec ceux-ci, en ce qu'ils entraînent nécessairement l'annulation de cette procédure, il est de conséquence rigoureuse que l'art. 734 est applicable aux uns comme aux autres. — (*Voy.* l'arrêt de cassat., *du* 29 *novembre* 1819, *rapporté au numéro précité* 2485).

2497. *Ne peut-on appeler du jugement d'adjudication préparatoire que lorsqu'il a été rendu sans qu'il ait été préalablement proposé des moyens de nullité devant les premiers juges ?*

M. Hautefeuille, pag. 396, cite un arrêt de la Cour d'Orléans, par lequel il a été jugé, 1°. que l'appel autorisé par l'art. 734 ne s'applique qu'au jugement qui a statué sur les nullités proposées avant le jugement d'adjudication préparatoire, qui, en cette seule qualité, n'est jamais susceptible d'être attaqué par la voie de l'appel, parce que ce jugement est plutôt un acte d'exécution qu'un jugement proprement dit, etc.; 2°. que si un tel appel est interjeté, il ne peut arrêter les poursuites pour parvenir à l'adjudication définitive, ni autoriser les juges à surseoir à cette adjudication.

M. Pigeau fait la distinction suivante, tom. 2, pag. 160 : « On peut, dit-il, appeler du jugement d'adjudication préparatoire lorsqu'on a proposé la nullité de procédures antérieures à cette adjudication, et qu'elle est rejetée. Alors, en effet, le même jugement qui rejète la nullité adjugeant préparatoirement (*art.* 733), on appèle non seulement de la disposition qui prononce ce rejet, mais encore de celle qui adjuge, et dont on demande l'infirmation, comme étant la conséquence de l'autre.

» Mais il faut remarquer que, soit que des nullités aient été proposées et rejetées, soit qu'aucune ne l'ait été, on peut néanmoins appeler du jugement d'adjudication, lorsque les formes prescrites n'ont pas été observées ; par exemple, si cette adjudication avait été faite avant la huitaine de la première ou de la seconde publication, ou à un autre jour que celui indiqué, si l'enchère n'avait pas été portée par un avoué, etc. »

Il nous paraît qu'on doit s'en tenir à cette opinion, malgré l'arrêt d'Orléans.

2498. *Lorsque le jugement d'adjudication n'a point été rendu par suite d'une demande en nullité, et que l'on appèle de ce jugement dans l'un des cas énoncés sur la précédente question, cet appel doit-il être interjeté dans la quinzaine ?*

Nous avions cru, n°. 2295 de notre Analyse, qu'en ce cas, où le jugement n'a fait que prononcer l'adjudication, le délai d'appeler courait du moment de la signification, et durait jusqu'à l'adjudication définitive, après laquelle, disions-nous, on ne serait pas reçu à interjeter appel, parce qu'on aurait acquiescé à ce jugement, en laissant consommer l'adjudication définitive, qui en est l'exécution, et à l'appui de cette opinion, nous pourrions citer un arrêt de Paris du 26 août 1814 (*Sirey, tom.* 15, 2°. *part., pag.* 245), qui décide que l'appel ne doit pas être émis dans la quinzaine, parce que le jugement d'adjudication n'est pas rendu sur un incident, et qu'il peut être interjeté dans le délai ordinaire fixé par l'art. 443.

Mais M. Huet, pag. 259 et suiv., combat avec force cette décision, et les raisons qu'il développe nous portent à rétracter l'opinion que nous avions précédemment admise. Il serait contradictoire, en effet, que l'appel d'un jugement d'adjudication devant être interjeté dans quinzaine, lorsqu'il est la suite du rejet de moyens de nullité, pût l'être après ce délai, lorsqu'aucun de ces moyens n'eût été opposé. Il est évident qu'afin d'entraver la poursuite on garderait le silence sur ces moyens, que l'on viendrait ensuite plaider en appel, contre le vœu bien prononcé de la loi, etc. etc. — (*Voy. le Traité de M. Huet*).

2499. *Quelles sont les personnes qui peuvent appeler, ou contre lesquelles on peut appeler du jugement qui prononce sur les nullités, ou seulement sur l'adjudication?*

M. Pigeau, tom. 2, pag. 160, dit que toutes les personnes qui ont été parties à l'adjudication peuvent *appeler* du jugement qui la prononce, et que l'on doit regarder comme *parties* tous les créanciers, lorsqu'il y a eu extrait inséré au tableau, placards et annonces, parce que ces actes valent interpellation; que l'on doit regarder le saisi comme partie, lorsque, outre ces actes, la saisie lui a été dénoncée et le placard notifié; que si ces actes n'avaient pas été faits, ou, ce qui serait la même chose, s'ils étaient nuls, n'ayant pas été appelés, ce serait la tierce opposition qu'ils devraient prendre.

Nous partageons cette opinion de M. Pigeau, non seulement à l'égard du jugement d'adjudication, abstraction faite d'une demande en nullité, mais encore à l'égard du jugement qui aurait prononcé sur des nullités que des créanciers auraient proposées dans leur intérêt, ou qui l'auraient été par le saisi dans cet intérêt des créanciers.

On doit, ajoute cet auteur, sur cet appel, intimer le saisissant qui a fait rendre le jugement, et l'adjudicataire préparatoire.

Ici M. Pigeau argumente de l'art. 727, pour décider que l'adjudicataire préparatoire doit être intimé sur l'appel. Cet article, qui veut que la demande en distraction, formée après l'adjudication préparatoire, soit aussi dirigée contre l'adjudicataire, nous paraît en effet appuyer l'opinion de cet auteur, d'autant plus que l'appel du jugement qui a prononcé l'adjudication tend à dépouiller l'adjudicataire du bénéfice de ce jugement; ce qui ne peut avoir lieu que contradictoirement avec lui.

Mais on peut demander s'il faut intimer tous les créanciers sur l'appel du jugement dont il s'agit; s'il ne faut pas, par argument de l'art. 727, intimer le premier inscrit seulement, ou enfin si l'on ne doit appeler aucun créancier.

Nous pensons que l'on ne doit intimer aucun des créanciers autre que le saisissant, lorsqu'il s'agit de l'appel du jugement qui prononce sur les nullités, parce que la contestation ne s'est élevée qu'entre le saisi et le saisissant, auquel seul il incombe de maintenir la validité des actes de poursuites, puisque seul il en est responsable; mais les créanciers auraient le droit d'intervenir, s'ils le jugeaient utile à leurs intérêts. (*Voy. Pigeau, ubi suprà*). Nous devons dire cependant qu'on est assez dans l'usage d'intimer tous les créanciers.

Quant à l'appel du jugement d'adjudication, isolé de la décision rendue sur les nullités, nous estimons qu'il doit être interjeté contre tous les créanciers, parce qu'il constitue un titre qui produit, relativement à eux, des effets qu'ils ont intérêt de maintenir.

2500. *L'appel des jugemens de nullité ou d'adjudication préparatoire donne-t-il à l'adjudicataire provisoire le droit de demander sa décharge?*

C'est notre opinion, fondée sur ce que cet appel suspendant l'adjudication définitive, l'adjudicataire provisoire a intérêt à ne pas rester dans l'incertitude. (*Voy. quest.* 2467°.). Alors, comme le dit M. Pigeau, tom. 2, pag. 161, le tribunal accorde sur-le-champ la décharge ou fixe un délai pendant lequel les parties seront tenues de faire juger l'appel, déclarant en même tems qu'à son expiration l'adjudicataire sera déchargé.

2501. *Quels sont les effets de l'arrêt confirmatif ou infirmatif du jugement rendu sur des nullités, ou qui a prononcé l'adjudication sans qu'il y ait eu de nullités opposées?*

Si les nullités sont accueillies en appel, on recommence les poursuites, et conséquemment l'adjudication préparatoire est considérée comme non avenue. Si l'adjudication préparatoire est annulée en elle-même, c'est-à-dire autrement que par une conséquence des nullités de procédure, on fait procéder à une nouvelle, après nouveaux placards et annonces.

Si, au contraire, les nullités sont rejetées, l'adjudication préparatoire est maintenue, à moins que l'adjudicataire n'ait obtenu sa décharge, auquel cas une seconde adjudication a lieu après une nouvelle apposition de placards et insertion de nouvelles annonces. — (*Voy. art.* 732, *et Pigeau, ubi suprà*).

ARTICLE 735.

La partie saisie sera tenue de proposer par requête, avec avenir à jour indiqué, ses moyens de nullité, si aucuns elle a, contre les procédures postérieures à l'adjudication provisoire, vingt jours au moins avant celui indiqué pour l'adjudication définitive : les juges seront tenus de statuer sur les moyens de nullité, dix jours au moins avant ladite adjudication (1) définitive (2).

T., 125. — Édit de 1551, art. 15. — Décret du 2 fév. 1811, art. 2 et 3. — C. de P., art. 6, 70 et 125.

2502. *Les dispositions de l'art. 735 n'ont-elles pas été modifiées depuis la publication du Code?*

Oui, elles l'ont été par un décret du 2 février 1811, des dispositions duquel il résulte que l'on doit lire l'art. 735 comme s'il était conçu en ces termes :

(1) Voy., sur l'art. 733, plusieurs questions dont les solutions peuvent s'appliquer à l'espèce de l'art. 735. — (*Voy. aussi Pigeau, tom.* 2, *pag.* 161).

(2) JURISPRUDENCE.

1.° Une demande en sursis d'adjudication définitive, fondée sur ce que, par erreur, l'adjudication a été indiquée dans les affiches à une date différente que celle désignée par le tribunal, peut être formée le jour même de l'adjudication. Ce n'est pas le cas d'appliquer l'art. 735 du Code de procédure, et le décret du 2 février 1811, relatifs à l'intervalle qui doit être observé entre les demandes en nullité et l'adjudication définitive.

L'appel du jugement qui, en prononçant l'adjudication définitive, rejète une demande en sursis, formée par le saisi, est recevable pendant trois mois. On ne peut appliquer en

« La partie saisie sera tenue de proposer par requête, avec avenir à jour in-
» diqué, ses moyens de nullité, si aucuns elle a contre les procédures posté-
» rieures à l'adjudication provisoire, *quarante jours au moins avant celui indiqué*
» *pour l'adjudication définitive* (voy. *décret du 2 février, art.* 2) ; *les juges seront*
» *tenus de statuer sur ladite demande trente jours au plus tard avant l'adjudication*
» *définitive;* si leur jugement est par défaut, la partie condamnée ne pourra l'at-
» taquer que par la voie de l'appel. — (*Ibidem*).

» Aucune demande en nullité de procédure postérieure à l'adjudication pro-
» visoire ne sera reçue, si le demandeur ne donne caution suffisante pour le
» paiement des frais résultant de l'incident. — (*Ibidem*). »

C'est sur ces dispositions ainsi rédigées, que nous allons traiter les questions suivantes. On doit se rappeler ici (voy. quest. 2360e.) que ce même décret,
du 2 février 1811, a porté à deux mois au moins, au lieu de six semaines, le
délai qui doit s'écouler entre l'adjudication préparatoire et l'adjudication définitive.

2503. *La requête prescrite par l'art.* 735 *peut-elle être signifiée d'avoué à*
avoué?

Oui sans doute. — (*Voy. tarif, art.* 125; *la quest.* 2434e., et un arrêt de la
Cour de Turin, du 6 décembre 1809, Sirey, tom. 10, DD., pag. 240).

2504. *Cette requête doit-elle être signifiée à l'adjudicataire provisoire?*

M. Desevaux, pag. 93, pense que cela doit avoir lieu, quoique la loi ne le

---

ce cas l'art. 736 du Code de procédure, qui fixe le délai de l'appel pour les jugemens qui
ont statué sur les demandes en nullités. — (*Dijon*, 28 *fév.* 1811, *Sirey, tom.* 18, *pag.* 304;
mais voy. suprà, n.° 2498).

2.° En cas d'urgence, notamment lorsque l'adjudication définitive a été indiquée au lendemain du jour où la Cour prononce sur l'appel de jugemens relatifs à des incidens, cette
Cour peut ordonner que son arrêt sera exécuté sur minute, et, à cet effet, c'est au greffier
à le présenter au tribunal qui doit procéder à l'adjudication définitive. — (*Cassat.*, 10 *janv.*
1814, *Sirey, tom.* 14, *pag.* 64).

3°. Lorsque la partie saisie allègue une compensation, il y a nécessité de statuer sur cette
compensation, avant de procéder à l'adjudication — (*Cassat.*, 23 *juill.* 1812, *Sirey, tom.* 12,
pag. 23).

Mais, comme le remarque M. Huet, il est nécessaire que la compensation alléguée soit
dans le cas d'éteindre toute la créance. Si la compensation, comme le paiement, n'en étei-
gnait qu'une partie, les poursuites du créancier ne sauraient être suspendues.

S'il arrive que le tribunal, après avoir fixé le jour de l'adjudication définitive, par
exemple au 5 octobre, renvoie au 5 novembre à statuer sur la compensation, ce jugement de renvoi, quoique acquiescé, n'autorise pas à procéder à l'adjudication avant qu'il
ait été statué sur la compensation.

Si donc, après l'adjudication ainsi faite illégalement, la compensation est rejetée, cette
circonstance, postérieure à celle de l'adjudication, ne peut couvrir la nullité résultant de
ce qu'il y a été procédé avant qu'il ait été statué sur la compensation. — (*Même arrêt*,
du 23 *juill.* 1811).

4.° Le saisi qui n'a point présenté ses moyens de nullité dans le délai des art. 735 et 736
du Code de procédure, ne peut être relevé de la déchéance prononcée par ces articles,
sous prétexte qu'il n'a pu connaître à tems ces nullités, résultant du défaut de notification
de certains actes, lorsque d'ailleurs les dénonciations et notifications prescrites par les art. 681
et 687 lui ont été faites, et l'ont mis à portée de surveiller toutes les opérations de la poursuite. — (*Cassat.*, 10 *mars* 1813, *Sirey*, 1819, *pag.* 337).

dise pas. Ce qui porte à le croire c'est, 1°. que l'adjudicataire provisoire, qui peut devenir adjudicataire définitif, si son enchère n'est pas couverte, a un intérêt réel que la procédure soit valable : il a donc, par conséquent, le droit de combattre lui-même toutes les nullités ; et, pour qu'il puisse le faire, il faut absolument qu'il soit appelé à l'audience.

2°. Que si, d'après l'art. 727 du Code de procédure, la demande en distraction doit être formée contre l'avoué adjudicataire, à plus forte raison doit-on former contre lui celle en nullité de la procédure.

2505. *Le délai donné à la partie saisie pour proposer ses moyens est-il fatal? Si elle est déclarée non recevable à les proposer après ce délai, peut-elle appeler du jugement qui prononce cette déchéance?*

Par arrêt du 27 février 1808 (*voy. Biblioth. du barr., tom. 1, pag. 161*), la Cour de Bruxelles a jugé que la partie n'est pas recevable à proposer les moyens de nullité après le délai, parce qu'elle agit trop tard ; mais que cette fin de non-recevoir ne peut être prononcée que par un jugement ; que si la partie saisie appèle de ce jugement, cet appel doit être reçu, parce qu'aucune loi ne l'exclut ; qu'enfin, cet appel suspend même l'adjudication définitive ; car, en règle générale, tout appel est suspensif, et le Code de procédure ne contient aucune dérogation à ce principe pour le cas particulier dont il s'agit.

2506. *Si le saisi a négligé de proposer ses moyens, quarante jours avant l'adjudication définitive, peut-il, sur l'appel, demander la nullité de cette adjudication?*

La négative a été jugée par arrêt de la Cour de Trèves, du 6 novembre 1810, avant le décret du 12 février 1811. (*Sirey, tom. 15, pag. 172*). Mais ce décret n'ayant fait autre chose que substituer un autre délai à celui fixé par l'art. 735, il y a même raison de décider depuis ce décret ; et puisqu'il exige que les moyens de nullité soient proposés quarante jours au moins avant l'adjudication définitive, on doit inférer du défaut de proposition des moyens dans ce délai, qu'on ne peut les présenter en appel.

2507. *De ce que le décret du 2 février 1811 porte que les juges seront* tenus *de statuer sur la demande en nullité, dans les trente jours au plus tard avant l'adjudication définitive, s'ensuit-il qu'ils ne puissent statuer après ce délai?*

« L'observation de ce délai, dit M. Delaporte, tom. 2, pag. 333, dépend du tribunal. Si le jugement n'est pas rendu dans le tems prescrit, la partie saisie ne peut pas en souffrir : en conséquence, si elle croit devoir interjeter appel, elle peut s'opposer à ce qu'il soit procédé à l'adjudication définitive ».

Il paraît que M. Delaporte a entendu exprimer, dans ce passage, que si la loi impose au tribunal l'obligation de juger dans le délai de trente jours, ce n'est qu'autant qu'il est mis en état de le faire par la réquisition d'une des parties, et l'instruction des moyens de nullité ; qu'il peut ainsi prononcer après ce délai ; mais qu'en ce cas, s'il arrivait qu'il le fît à une époque tellement rapprochée du jour de l'adjudication définitive que le saisi n'eût pas, avant ce jour, le délai entier de huitaine pour interjeter son appel, et opérer à ce moyen la suspension de cette adjudication, alors il pourrait s'opposer à ce qu'elle eût lieu. Tel est aussi notre sentiment.

Si, nonobstant cette opposition, on passait outre à l'adjudication, le saisi nous paraîtrait fondé à joindre à l'appel du jugement sur les nullités celui du jugement d'adjudication. Il obtiendrait la réforme de ce dernier jugement, par cela même qu'il réussirait dans son pourvoi contre le premier, et indépendamment de ce qu'il n'aurait à opposer contre le jugement d'adjudication en particulier aucun autre grief, si ce n'est qu'il aurait été, malgré son opposition, rendu dans le délai que l'art. 736 accordait pour appeler de la décision sur les nullités. — (*Voy. Pigeau, tom. 2, pag. 162, n°. 8*).

2508. *Le saisi serait-il recevable à proposer ses moyens de nullité, s'il se bornait à offrir la caution exigée par le décret du 2 février 1811, mais sans la désigner?*

Il a été jugé, par deux arrêts qui seront rapportés sur l'art. 832, qui porte que l'acte de réquisition de mise aux enchères, en cas de surenchère sur aliénation volontaire, contiendra *l'offre de la caution,* que ces mots s'entendent de la présentation même de la caution. À plus forte raison doit-on décider ainsi, par application du décret précité, qui se sert de termes plus précis, en disant que *la demande en nullité ne sera pas reçue, si le demandeur* NE DONNE *caution suffisante etc.*?

ARTICLE 736.

L'appel de ce jugement ne sera pas recevable après la huitaine de la prononciation; il sera notifié au greffier et visé par lui. La partie saisie ne pourra, sur l'appel, proposer d'autres moyens de nullité que ceux proposés en première instance (1).

T., 29. — C. de P., art. 464, 734 et 735.

2509. *Le décret du 2 février a-t-il ajouté quelque chose aux dispositions de l'article 736?*

Oui, en ce qu'il dispose, par l'art. 4, qu'il sera statué sur l'appel dans la quinzaine, au plus tard, à dater de la notification qui en aura été faite, aux

---

(1) JURISPRUDENCE.

1.° La fin de non-recevoir, établie par l'art. 736 du Code de procédure contre tout moyen de nullité proposé en appel, s'il ne l'a été avant l'adjudication définitive, n'est pas toujours subordonnée pour le délai à l'exécution de l'art. 735, de manière que la partie saisie ait connu le moyen de nullité quarante jours avant l'adjudication, notamment lorsqu'il s'agit d'une adjudication définitive, indiquée par jugement postérieur à l'adjudication préparatoire. Le délai de deux mois, qui doit avoir lieu entre l'adjudication préparatoire et l'adjudication définitive, à peine de nullité, n'est pas également nécessaire pour le cas où l'adjudication définitive n'ayant pas eu lieu au jour fixé, doit être faite ultérieurement, à un délai fixé par le tribunal. — (*Cassat.,* 22 *fév.* 1819, *Sirey,* 1819, *pag.* 103, § 4).

2.° La voie de l'opposition ne peut être employée contre un arrêt par défaut, rendu sur l'appel d'un jugement qui a statué sur une demande en nullité de procédures postérieures à l'adjudication préparatoire. — (*Paris,* 28 *déc.* 1816, *Sirey, tom.* 17, *pag.* 396, *et suprà, n.°* 2440).

3.° La partie saisie ne peut pas proposer, pour la première fois, sur appel, la nullité de l'inscription hypothécaire. (*Rouen,* 28 *fév.* 1810, *Sirey, tom.* 11, *pag.* 243). Cette nullité n'influerait d'ailleurs aucunement sur la validité des poursuites, puisqu'un créancier non hypothécaire peut saisir réellement. — (*Voy. quest.* 2198.°).

termes de l'art. 736, et que si l'arrêt est par défaut, la voie d'opposition est interdite à la partie condamnée. — (*Voy. quest.* 2440°.).

Mais ici, comme sur l'art. 2 de ce décret (*voy. quest.* 2502°.), qui enjoint aux juges de première instance de statuer sur la demande en nullité trente jours au plus tard avant l'adjudication définitive, nous appliquerons ce que nous avons dit au livre des justices de paix. — (*Voy. quest.* 65, *tom.* 1, *pag.* 29).

2510. *Faut-il que le jugement dont est appel soit notifié au greffier?*

On lit, au Manuel de M. Paillet, pag. 552, que la Cour de Colmar, par arrêt du 22 juin 1810, a décidé que le visa de l'appel donné par le greffier est valable, quoique le jugement ne lui ait pas été *signifié.* Cette décision ne saurait, à notre avis, trouver de contradicteurs ; car il n'est pas un mot dans l'article 736 qui puisse fournir le plus léger prétexte de supposer que cette signification doive être faite au greffier.

2511. *La notification faite au greffier, dans l'espèce de l'art.* 736, *dispense-t-elle d'intimer le poursuivant?*

Les motifs de décider négativement cette question sont les mêmes que ceux que nous avons exposés sur la quest. 2493°., relativement à l'appel du jugement rendu sur les nullités de la procédure antérieure à l'adjudication préparatoire. C'est aussi ce qui a été jugé par un arrêt de la Cour de Paris, du 16 janvier 1811. — (*Sirey, tom.* 16, *pag.* 17).

Mais il est à remarquer que cet arrêt, qui a déclaré nul l'appel qui n'avait été notifié qu'au greffier seulement, est motivé sur ce que, d'après l'art. 456, tout appel doit être signifié à personne ou domicile ; en sorte que la Cour de Paris aurait prononcé, sous ce dernier rapport, comme l'ont fait les Cours d'Angers et d'Agen, par les arrêts cités sur la quest. 2490°.

Par les motifs énoncés sur cette question, nous estimons qu'il doit en être de l'appel du jugement rendu sur des nullités postérieures à l'adjudication préparatoire, comme de celui du jugement qui aurait prononcé sur des nullités antérieures ; qu'à la vérité il ne suffit pas de notifier l'un ou l'autre au greffier ; qu'il faut en outre intimer la partie ; mais qu'elle peut être intimée au domicile de son avoué.

2512. *Peut-on exciper sur l'appel d'un moyen de nullité qui n'aurait pas été proposé avant l'adjudication, si ce moyen a quelque rapport avec un autre moyen proposé et rejeté en première instance?*

La négative a été résolue, d'après l'art. 23 de la loi du 11 brumaire an 7, par arrêt de la Cour de cassation, du 11 octobre 1808 (*voy. Denevers,* 1808, *pag.* 477), qui a jugé que l'on ne pouvait, sur l'appel d'un jugement d'adjudication, se plaindre de ce que la situation d'une partie des immeubles vendus a été faussement indiquée, quoiqu'en première instance on eût allégué un défaut absolu d'indication. La Cour a considéré que ces deux moyens ne pouvaient être identifiés ni confondus, et qu'en admettant le premier proposé sous l'appel, il y avait eu violation de l'art. 13 de la loi du 11 brumaire an 7.

M. Denevers remarque avec raison qu'on retrouve dans le Code de procédure, art. 733, 735 et 736, la disposition de cet article de la loi du 11 brumaire, et qu'ainsi, quoique rendu après cette loi, l'arrêt que nous venons de citer peut servir de règle dans l'application de ces articles.

2513. *L'appelant qui a été condamné par défaut en première instance n'en est-il pas moins non recevable à proposer en appel ses moyens de nullité?*

Il a été jugé sous l'empire de la loi du 11 brumaire an 7, par arrêts des 11 fructidor an 11, 16 fructidor an 13, et 5 novembre 1806, que l'appelant était non recevable. Ce dernier arrêt est fondé, 1°. sur ce qu'il résultait textuellement de l'art. 23 de la loi de brumaire, qu'une partie saisie ne pouvait, en cause d'appel, attaquer une adjudication par des moyens de nullité qu'elle n'avait pas proposés en première instance; 2°. sur ce que cet article devait recevoir son application alors même que la partie saisie n'avait pas comparu devant les premiers juges, parce que la loi était conçue en termes généraux, et ne distinguait pas entre le cas de la comparution et du défaut; parce qu'elle était faite dans l'intérêt de l'adjudicataire, et qu'il ne pouvait être au pouvoir de la partie saisie de lui en enlever le bénéfice; parce qu'enfin cette disposition était fondée sur des considérations d'ordre public, et ne devait, par conséquent, être éludée sous aucun prétexte.

Cette décision est rapportée par M. Sirey, 1808, pag. 548, et par les auteurs du Praticien, tom. 4, pag. 436. Ils observent avec raison que, si la même difficulté se reproduisait aujourd'hui, il est évident que la Cour de cassation rendrait la même décision, l'art. 736 du Code de procédure contenant la même disposition que l'art. 23 de la loi de brumaire. Telle est également l'opinion de M. Hautefeuille, pag. 398, et nous la croyons aujourd'hui à l'abri de toute controverse, d'après ce que nous avons dit, n°. 2486.

2514. *Mais si la partie avait fait défaut sur une assignation irrégulière, devrait-on suivre la solution donnée sur la précédente question?*

M. Merlin a examiné cette difficulté dans ses Questions de droit, au mot *expropriation forcée*, § 3, et il décide que la partie défaillante est, en cette circonstance, autorisée à présenter en appel ses moyens de nullité, parce qu'on ne peut lui imputer la faute de n'avoir pas comparu. — (*Voy. aussi Sirey, ubi suprà, pag.* 549).

2515. *La défense de proposer en appel des nullités non proposées avant l'adjudication, est-elle en faveur du créancier poursuivant comme de l'adjudicataire?* (1)

Nous remarquerons que l'art. 23 de la loi du 11 brumaire an 7 portait que ni le saisi, ni les créanciers, ne pouvaient exciper *contre l'adjudicataire* d'aucun moyen de nullité, etc., et qu'en s'attachant à ces termes, la Cour de cassation, par arrêt du 1ᵉʳ. janvier 1807, a décidé que l'article disposant en faveur de l'adjudicataire *taxativement*, il s'ensuivait que le saisi et les créanciers, entre eux, demeuraient à cet égard dans les dispositions du droit commun.

Mais on remarquera que l'art. 736 dispose en termes généraux, et sans exprimer, comme la loi de brumaire, que ce ne serait que dans le cas où les nullités seraient opposées contre l'adjudicataire, que le saisi serait non recevable à les faire valoir : de là on conclura sans doute que la question ci-dessus posée doit être décidée pour l'affirmative, nonobstant l'arrêt ci-dessus rapporté.

----

(1) Nous ne rapporterons point les arrêts qui n'ont fait qu'appliquer le principe que des moyens de nullité, non proposés en première instance, ne peuvent l'être en appel. — (*Voy. Sirey, tom.* 15, 2.ᵉ *part., pag.* 138 *et* 182).

ARTICLE 737.

Faute par l'adjudicataire d'exécuter les clauses de l'adjudication, le bien sera vendu à sa folle enchère. (1)

Loi du 11 brum. an 7, art. 24. — C. de P., art. 715, 743, 744 et suiv.

DV. Tous les incidens auxquels se rapportent les articles précédens sont antérieurs à l'adjudication. La loi s'occupe ensuite de ceux ou plutôt de l'unique qui peut la suivre, c'est-à-dire de celui qui s'élève, lorsque l'adjudicataire n'exécutant pas les clauses de son adjudication, l'immeuble adjugé doit être vendu à sa folle enchère. Les art. 737 et suiv. règlent la procédure pour parvenir à cette revente.

2516. *La revente sur folle enchère n'a-t-elle lieu qu'en cas d'inexécution des conditions de l'enchère, qui doivent être remplies avant la délivrance du jugement, et qui sont exigibles dans les vingt jours de l'adjudication ?*

La Cour de Bruxelles, par arrêt du 14 juillet 1810, avait décidé que l'affirmative de cette question résultait de la combinaison des art. 715, 737 et 738. En effet, l'art. 738 enjoint au poursuivant de se faire délivrer, par le greffier, un certificat constatant que l'adjudicataire n'a point justifié de l'acquit des conditions exigibles de l'adjudication. Or, aucune de ces dispositions ne serait applicable au défaut de paiement du prix d'adjudication, puisque d'abord ce prix ne peut être exigé qu'après le jugement d'ordre, et que, d'un autre côté, l'acquit des bordereaux de collocation est absolument étranger au greffier, qui ne pourrait rien certifier à cet égard : il faut donc, disions-nous dans notre Analyse, n°. 2312, décider que ces mots de l'art. 737, *faute par l'adjudicataire d'exécuter les clauses d'adjudication,* ne s'entendent que dans le sens de l'article 715, et qu'en conséquence l'adjudicataire, qui, après avoir obtenu la délivrance du jugement d'adjudication, n'acquitte pas les bordereaux de col-

---

(1) JURISPRUDENCE.

1.° La folle enchère n'est que la continuation de la poursuite sur laquelle la première adjudication a eu lieu : elle doit donc être portée devant le tribunal qui a rendu le jugement d'adjudication. Peu importe que les clauses dont l'inexécution a donné lieu à la folle enchère, ne dussent être exécutées qu'après le jugement. — (*Paris, 16 fév.* 1816, *Sirey, tom.* 17, *pag.* 47).

2.° La folle enchère ne peut être poursuivie par un cessionnaire à qui le vendeur aurait transporté son prix ou portion du prix. La cession n'a conféré que le privilége hypothécaire; elle n'a pu conférer un droit inhérent à la personne du cédant, relativement à une vente précédemment faite. — (*Paris, 31 juill.* 1816, *Sirey, tom.* 17, *pag.* 169).

3.° Le cohéritier adjudicataire d'un immeuble de la succession est soumis, comme tout autre adjudicataire, à la clause de revente sur folle enchère, en cas d'inexécution des conditions de la vente. — (*Paris, 21 mai* 1816, *Sirey, tom.* 18, *pag.* 10).

4.° Accorder un délai à un adjudicataire qui, pour défaut de paiement, a encouru la folle enchère, ce n'est pas renoncer à la folle enchère encourue, c'est seulement y surseoir; et s'il n'y a pas paiement après l'expiration du délai, sa folle enchère peut être poursuivie : il n'y a point là de novation. — (*Paris, 20 sept.* 1815, *Sirey, tom.* 18, *pag.* 105)

location, doit être poursuivi par la voie de la saisie immobilière, et non par celle de la folle enchère. — (*Voy. Pigeau, tom. 2, pag.* 146).

M. Huet, pag. 30, a combattu fortement cette opinion. Il cite en faveur de la sienne celle de M. Pigeau, tom. 2, pag. 146, et trois arrêts, le premier de la Cour de cassation, du 20 juillet 1808, les deux autres de la Cour de Paris, des 20 mars et 1ᵉʳ. mai 1810 (*voy. Sirey, tom.* 8, *pag* 402, *et tom.* 15, *pag.* 172 *et* 168), qui ont décidé qu'un créancier, porteur d'un bordereau de collocation, n'avait, à défaut de paiement, que la seule action de revente sur folle enchère. Nous ne persisterons pas, en conséquence, dans la doctrine que contenait notre Analyse, et que nous avions déjà rétractée dans notre Traité et Questions.

2517. *Le fol enchérisseur peut-il être poursuivi sur ses biens personnels avant ou pendant les poursuites de folle enchère ?*

On cite pour l'affirmative, 1°. l'art. 2092 du Code civil, d'après lequel quiconque s'est obligé personnellement est tenu de remplir ses engagemens *sur tous ses biens;* 2°. l'art. 715 du Code de procédure, qui autorise la folle enchère *sans préjudice des autres voies de droit;* 3°. l'avis de M. Pigeau, tom. 2, pag.146, qui estime que le créancier peut contraindre l'adjudicataire, tant par voie de folle enchère que par toute voie d'exécution, sur ses biens personnels; 4°. l'arrêt de Paris du 20 mars 1810 (*Sirey, tom.* 15, *pag.* 172), lequel consacre cette opinion.

Pour la négative, on dit que l'art. 715 contenant une disposition impérative, *l'adjudicataire sera contraint,* les termes suivans, *sans préjudice des autres voies de droit,* ne s'entendent que des poursuites ultérieures à faire en cas d'insuffisance du résultat de la folle enchère; on tire induction de l'art. 2209 du Code civil, etc. etc.; enfin, on cite un arrêt de la Cour de cassation, du 20 juillet 1808 (*Sirey, tom.* 8, *pag.* 402), qui, sous l'empire de la loi du 11 brumaire, dont les dispositions étaient semblables à celles du Code, a décidé que l'adjudicataire n'avait pu être poursuivi par voie de saisie-exécution avant la revente sur folle enchère, et tel est aussi l'avis que développe M. Huet, pag. 305 et suiv.

Les auteurs du Commentaire des Annales du notariat professent la doctrine contraire, tom. 4, pag. 445, et c'est celle que nous adoptons, par la raison que le jugement d'adjudication rendu contre l'adjudicataire un titre qui, comme tout autre, est susceptible de toutes les contraintes ordinaires et de droit, qui peuvent être exercées simultanément. Or, l'art. 715 ne nous paraît point contenir une exception à ce principe en faveur du fol enchérisseur : loin de là, ces mots *sans préjudice* nous sembleraient avoir été insérés dans l'article pour énoncer le contraire; autrement ils seraient inutiles, car il est évident que le créancier qui éprouverait une perte aurait droit d'exercer son recours sur les biens personnels de l'adjudicataire, sans qu'il fût besoin de l'énoncer. L'art. 2209 contient une disposition spéciale pour un cas qui n'est pas le nôtre, et hors ce cas, reste le principe ci-dessus. Enfin, l'arrêt de la Cour de cassation ne peut trancher la difficulté, car il ne serait pas exact de dire que la loi du 11 brumaire renfermât sur ce point une disposition semblable à celle de l'art. 715, puisque l'art. 24 cité dans l'arrêt ne contient pas ces mots, *sans préjudice des autres voies de droit.*

ARTICLE 738.

Le poursuivant la vente sur folle enchère se fera délivrer, par le greffier, un certificat constatant que l'adjudicataire n'a point justifié de l'acquit des conditions exigibles de l'adjudication.

T., 26. — C. de P., art. 715.

2518. *Tout créancier peut-il provoquer la vente sur folle enchère?*

C'est notre opinion, conforme à celle de M. Pigeau, *ubi suprà*, et de M. Demiau Crouzilhac, pag. 461. Il est évident que si le législateur avait entendu n'accorder qu'au poursuivant le droit de provoquer la revente par folle enchère, il eût été fort inutile qu'il exigeât un certificat du greffier ; car l'avoué du poursuivant sait bien, sans l'intervention du greffier, si l'adjudicataire a payé les frais, puisque c'est précisément entre les mains de cet avoué qu'il doit en compter le montant. — (*Voy. les Questions de Lepage, pag.* 500).

ARTICLE 739.

Sur ce certificat, et sans autre procédure ni jugement, il sera apposé nouveaux placards et inséré nouvelles annonces dans la forme ci-dessus prescrite, lesquels porteront que l'enchère sera publiée de nouveau au jour indiqué : cette publication ne pourra avoir lieu que quinzaine au moins après l'apposition des placards (1).

C. de P, art. 683, 684, 685, 702, 707, 708 et 709.

2519. *Doit-on passer en taxe des frais d'impression pour les nouveaux placards prescrits par l'art.* 739, *et destinés à annoncer la première publication de la vente sur folle enchère?*

Oui sans doute; car le créancier qui a poursuivi la saisie n'a pas dû prévoir le cas de folle enchère. Mais il faut faire imprimer en une seule fois tous les exemplaires que cet incident rend nécessaires. — (*Voy. Quest. de Lepage, pag.* 500).

---

(1) JURISPRUDENCE.

La clause par laquelle l'adjudicataire consent à ce que, dans le cas où il n'exécutât pas les conditions de l'adjudication dans le délai fixé, il fût procédé, sans sommation préalable, à la réadjudication, donne seulement le droit de poursuivre, dès l'expiration du délai, la réadjudication, mais ne dispense point d'observer, pour y parvenir, les formalités et les délais prescrits par la loi, et durant lesquels l'adjudicataire est toujours recevable à exécuter les conditions de l'adjudication. — (*Amiens,* 5 *août* 1816, *Sirey, tom.* 18, *pag.* 28).

ARTICLE 740.

Le placard sera signifié à l'avoué de l'adjudicataire, et à la partie saisie, au domicile de son avoué, et, si elle n'en a pas, à son domicile, au moins huit jours avant la publication (1).

Suprà sur l'art. 723.

ARTICLE 741.

L'adjudication préparatoire pourra être faite à la seconde publication, qui aura lieu quinzaine après la première (2).

C. de P., art. 702.

ARTICLE 742.

A la quinzaine suivante, ou au jour plus éloigné qui aura été fixé par le tribunal, il sera procédé à une troisième publication, lors de laquelle les objets saisis pourront être vendus définitivement : chacune desdites publications sera précédée de placards et annonces, ainsi qu'il est dit ci-dessus, et seront observées, lors de l'adjudication, les formalités prescrites par les art. 707, 708 et 709.

C. de P., art. 683, 684 et 685.

2520. *Quel intervalle doit-on observer entre l'apposition des placards prescrite par l'art. 742, et les deux dernières publications de la folle enchère?*

M. Lepage, dans ses Questions, pag. 501, conseille, attendu que le Code de procédure n'a point fixé ce délai, de laisser, entre l'apposition des placards et chaque publication, une huitaine de jours. C'est, dit-il, le moindre délai de ce genre prescrit en poursuite principale, comme on le voit par l'art. 703; en sorte que ceux qui en agiraient ainsi lui sembleraient se conformer davantage à l'esprit de la loi.

Nous croyons que l'on doit observer les délais déterminés au titre de la saisie immobilière, autant qu'ils se concilient avec ceux fixés pour les publications; autrement, la fixation de ces délais serait arbitraire. C'est aussi l'opinion que MM. Demiau Crouzilhac, pag. 461, et Berriat Saint-Prix, pag. 606, not. 121, paraissent avoir adoptée. Au surplus, ces mots, *dans la forme ci-dessus,* qu'on trouve dans l'art. 739, quoiqu'il ne soit point question de formes dans les ar-

---

(1) Les créanciers inscrits ne sont point appelés à la poursuite; mais ils peuvent y paraître à leurs frais et sans répétition.

(2) L'adjudication préparatoire peut avoir lieu, quelle que soit la modicité de l'offre.

ticles précédens, ces expressions, qui sont répétées dans l'art. 742, nous paraissent fournir un fort argument en faveur de cette opinion.

2521. *Le tribunal, en prononçant l'adjudication préparatoire, doit-il renvoyer non pas à quinzaine, mais à deux mois, conformément au décret du 2 février 1811, pour être procédé à l'adjudication définitive?*

Oui, suivant M. Hautefeuille, pag. 400. Mais nous ne saurions partager cette opinion, attendu que le décret prononce taxativement, à l'égard de l'art. 706, une modification qui ne peut être étendue à l'art. 742, qui laisse au tribunal la fixation du délai entre l'adjudication préparatoire et l'adjudication définitive. On ne doit pas facilement supposer une dérogation : il faut, pour qu'elle soit admise, que la loi postérieure l'ait prononcée d'une manière formelle (1).

ARTICLE 743.

Si néanmoins l'adjudicataire justifiait de l'acquit des conditions de l'adjudication, et consignait la somme réglée par le tribunal pour le paiement des frais de folle enchère, il ne serait pas procédé à l'adjudication définitive, et l'adjudicataire éventuel serait déchargé (2).

C. de P., art. 693, 737.

2522. *Le tribunal peut-il ordonner la consignation des frais au greffe ou dans les mains de l'avoué?*

C'est l'opinion des auteurs du Commentaire des Annales du notariat, tom. 4, pag. 340, fondée sur le peu d'importance de la somme; mais il nous semble que l'art. 1, § 14 de l'ordonnance du 5 juillet 1816, s'y oppose.

ARTICLE 744.

Le fol enchérisseur est tenu par corps de la différence de son

---

(1) M. Desevaux, pag. 109, donne de fortes raisons pour l'opinion contraire; mais nous pensons, quelque justes que soient les considérations sur lesquelles il s'appuie, que le texte de l'article et du décret même du 2 février ne permettent pas d'admettre son opinion.

(2) JURISPRUDENCE.

Le fol enchérisseur qui veut jouir du bénéfice que lui accorde cet article, d'empêcher la revente sur folle enchère, en justifiant de l'acquit des charges de son adjudication, en consignant la somme réglée pour frais de la procédure extraordinaire à laquelle il a donné lieu, ne peut, s'il n'a rempli ces deux conditions avant le jour indiqué pour l'adjudication définitive, faire suspendre cette adjudication, en interjetant appel du jugement qui a réglé les frais de la procédure sur folle enchère.

Le créancier poursuivant qui a esté purement et simplement dans l'instance en réglement de la folle enchère, n'est pas pour cela présumé avoir renoncé à exciper, contre le fol enchérisseur, de son défaut d'accomplissement des deux conditions sans lesquelles seules il pouvait empêcher la revente. A défaut d'accomplissement de ces deux conditions, le créancier poursuivant peut requérir qu'il soit passé outre à l'adjudication définitive. — (*Cassat.*, 8 mai 1810, *Sirey, tom. 20, pag.* 309).

prix d'avec celui de la revente sur folle enchère, sans pouvoir réclamer l'excédant, s'il y en a; cet excédant sera payé aux créanciers, ou, si les créanciers sont désintéressés, à la partie saisie (1).

C. de P., art. 712.

DVI. Ici, la loi, par la disposition rigoureuse qu'elle renferme, a eu pour
but de mettre un terme à la scandaleuse multiplicité des folles enchères, et de
bannir des audiences les agioteurs, qui, dans l'espoir de revendre avec profit,
se rendraient adjudicataires, sans courir, si cet espoir était déçu, aucun risque
d'être contraints à effectuer le prix de la vente.

2523. *La contrainte par corps, prononcée par l'art.* 744, *a-t-elle lieu de plein
droit?*

On sait que, d'après l'art. 2067 du Code civil, la contrainte par corps ne
peut être exercée qu'en vertu d'un jugement : il faut donc que le fol enchérisseur soit condamné par le jugement d'adjudication ou par jugement postérieur. — (*Voy. Pigeau, tom.* 2, *pag.* 148).

2524. *Quels sont les remboursemens que le fol enchérisseur peut prétendre?*

Il a été jugé, par arrêt de la Cour de Paris, du 1ᵉʳ. mai 1810 (*Sirey, tom.* 15,
pag. 168), que le fol enchérisseur, lorsque le prix de la revente est suffisant,
doit être remboursé non seulement de ce qu'il a payé sur le prix de son adjudication, mais encore des frais de poursuites que le cahier des charges l'obligeait de payer au créancier poursuivant.

Les motifs de cette décision sont que l'art. 754, en statuant que le fol enchérisseur n'a aucun droit à l'excédant du prix de la revente, ne peut avoir
pour conséquence, lorsqu'il n'y a pas de différence, et à plus forte raison, lorsqu'il y a excédant, de lui faire perdre ce qu'il a payé sur ce prix, et à la décharge,
soit des créanciers inscrits, soit de la partie saisie, soit de l'adjudicataire définitif, etc.

Mais, par un arrêt du 6 juin 1811 (*Sirey, tom.* 12, *pag.* 264), la Cour de
cassation a décidé que l'adjudicataire sur folle enchère est tenu de rembourser
au fol enchérisseur les droits d'enregistrement et autres de cette nature qu'il
aurait payés, attendu qu'il résulte de la disposition de l'art. 69 de la loi du

---

(1) JURISPRUDENCE.

1.° Les frais faits sur la première vente ne sont pas à la charge du fol enchérisseur; il
n'est tenu que de la différence en moins de son prix avec celui de la revente. — (*Paris,*
29 *nov.* 1816, *Sirey, tom.* 17, *pag.* 368).

2.° Si le fol enchérisseur a donné congé au fermier ou locataire, celui-ci ne peut, en
cas de revente sur folle enchère, faire imposer au futur adjudicataire l'obligation de payer
l'indemnité qui lui est accordée par le jugement qui a déclaré le congé valable. (*Cassat.,*
27 *nov.* 1807, *Sirey, tom.* 8, *pag.* 100).

3.° Lorsque des immeubles adjugés en plusieurs articles et par adjudications séparées, à
un même adjudicataire, sont revendus par folle enchère, la différence en plus qui se
trouve pour des lots, ne doit pas se comparer avec la différence en moins qui a lieu pour
un autre. Le fol enchérisseur doit supporter la différence en moins, sans profiter de la différence en plus. — (*Rouen,* 31 *mai* 1820, *Sirey, tom.* 21, *pag.* 219).

22 frimaire an 7, § 8, n°. 1, qu'aux yeux du législateur, l'adjudication sur folle enchère et celle qui l'a précédée n'opèrent qu'une seule mutation, puisque le prix énoncé dans les deux contrats n'est passible que d'un seul droit proportionnel; qu'il est également évident que ce droit ne peut être qu'à la charge du second adjudicataire, qui seul recueille l'avantage de cette mutation de propriété. — (*Voy. la loi précitée et les arrêts de la Cour de Paris*).

ARTICLE 745.

Les articles relatifs aux nullités et aux délais et formalités de l'appel, sont communs à la poursuite de la folle enchère.

C. de P., art. 717, 723, 726, 730, 734, 736.

2525. *L'art. 745 suppose-t-il que les formalités de la folle enchère doivent être observées à peine de nullité, en ce qu'elles ont de semblable aux formalités prescrites sous la même peine pour la saisie?*

C'est, dit M. Delaporte, pag. 337, ce qui résulte des premiers termes de l'article 735. Mais on objecte que ce mot *nullité* n'est point séparé par une virgule des mots *délais et formalités de l'appel;* d'où l'on peut conclure que le mot *nullité* ne se rapporte qu'à l'appel. On peut dire, en outre, que le législateur a pu se montrer moins sévère à l'égard des formalités de l'enchère, qu'à l'égard de celles de la saisie.

On répondrait que ces mots ne se rapportent point exclusivement à l'appel, puisqu'on a mis entre eux et ceux qui le suivent la conjonction *et;* que si le législateur a prescrit des formalités à peine de nullité dans l'intérêt du saisi, il a le même motif pour le faire dans l'intérêt de l'adjudicataire, qu'il s'agit aussi de dépouiller.

Quoi qu'il en soit, nous adoptons le sentiment de M. Delaporte, attendu que le législateur, en disant que les articles relatifs aux délais et formalités de l'appel seraient communs à *la poursuite* de la folle enchère, n'aurait pas eu besoin de parler des nullités que ces mêmes articles prononcent, puisque, si les délais et les formalités qu'ils prescrivent n'étaient pas observés, ces nullités seraient de plein droit : on peut donc, avec fondement, soutenir l'affirmative de la question que nous venons de poser.

Au reste, cette question est une de celles où il s'agit, pour ainsi dire, de découvrir la pensée du législateur, voilée sous des expressions obscures. On sent qu'en ce cas le parti le plus prudent est de se conformer à l'interprétation la plus rigoureuse, afin d'éviter les nullités qui pourraient être prononcées, si cette interprétation était admise par le juge.

2526. *L'appel du jugement sur folle enchère peut-il être interjeté dans les délais ordinaires?*

Un arrêt de Turin du 19 avril 1811 (*Sirey, tom.* 11, *pag.* 190) applique à cet appel la disposition de l'art. 734, auquel renvoie l'art. 745, mais à notre avis, il consacre une erreur palpable, suite de ce que la Cour, au lieu de procéder à la poursuite de la folle enchère par adjudication préparatoire, avait fait revivre, en contravention à l'art. 707, l'enchère que le premier adjudicataire avait couverte ; ce qui fit considérer la seconde adjudication comme un incident. — (*Voy. sur cet arrêt les observ. de M. Huet, pag.* 314).

ARTICLE 746.

Les immeubles appartenant à des majeurs, maîtres de disposer de leurs droits, ne pourront, à peine de nullité, être mis aux enchères en justice, lorsqu'il ne s'agira que de ventes volontaires.

T., 127. — C. de P., art. 953, 985. — C. C., art. 819.

2527. *Si une partie s'était adressée au juge, et en avait obtenu autorisation de vendre devant notaires, la vente serait-elle nulle, parce qu'elle aurait eu lieu par suite de cette autorisation?*

Non sans contredit ; car si une partie, à tort ou raison, croit devoir prendre la précaution de demander pour vendre une autorisation à justice, elle ne peut être réputée avoir contrevenu aux dispositions de l'art. 746, dès que les enchères ne sont point reçues en justice, et suivant les formes prescrites pour les ventes forcées, mais devant un notaire, et suivant les formes des ventes volontaires. — (*Voy. arrêt de la Cour de Nîmes, du* 30 *décembre* 1808).

ARTICLE 747.

Néanmoins, lorsqu'un immeuble aura été saisi réellement, il sera libre aux intéressés, s'ils sont tous majeurs et maîtres de leurs droits, de demander que l'adjudication soit faite aux enchères, devant notaires ou en justice, sans autres formalités que celles prescrites aux art. 957, 958, 959, 960, 961, 962, 964, sur la *vente des biens immeubles* (1).

C. et P., art. 953, 985. — C. C., art. 819.

2528. *Quelles sont les personnes qui peuvent demander la conversion de la saisie en vente volontaire, et quelles sont les conditions sous lesquelles elle peut être ordonnée?*

L'art. 747 porte que cette demande peut être formée par tous les intéressés ; or, les intéressés sont le saisi, le saisissant et les autres créanciers parties dans la saisie.

Pour que cette demande soit accueillie, il faut sans doute le concours de ces deux conditions ; savoir : 1°. que l'immeuble ait été saisi ; 2°. que tous les intéressés soient majeurs et maîtres de leurs droits.

---

(1) Nous examinerons, sur l'art. 965, la question de savoir si la vente faite après conversion de saisie en aliénation volontaire admet, quant à ses suites, les principes particuliers à ces aliénations, faites dans les cas ordinaires.

Mais l'art. 747 portant qu'il faut que ces derniers fassent la demande dont il est question, on peut demander s'il s'ensuit qu'il faille qu'ils soient tous d'accord, en sorte que le refus d'un seul empêchât la conversion. M. Delaporte, tom. 1, pag. 338, tient la négative. « L'une des parties, dit-il, peut former la demande, et le juge l'accueillir ou la rejeter, suivant les circonstances. Il ne doit pas dépendre de la mauvaise humeur d'un créancier dernier inscrit de faire consommer en frais l'héritage saisi. »

M. Demiau Crouzilhac, pag. 462, pense, au contraire, qu'il faut que toutes les parties soient d'accord.

Nous remarquerons que M. Delaporte a écrit avant la publication du tarif, qui tranche toute difficulté, puisqu'il porte, art. 127, que la requête pour demander la conversion de la saisie en vente volontaire est donnée *sur le consentement* de toutes les parties intéressées. C'est aussi ce qui a été jugé par un arrêt de la Cour de Paris, du 20 septembre 1809 (*voy. Biblioth. du barr.*, 1810, *pag.* 380) : il convient donc aux parties, puisque cette demande est purement facultative, d'examiner s'il est de leur intérêt de donner à cet égard un consentement auquel on ne pourrait les forcer.

2529. *Comment se forme la demande en conversion?*

Toutes les parties présentent une requête non grossoyée, qui est répondue par une ordonnance du président portant communication au procureur du Roi et nomination d'un rapporteur. Sur les conclusions du procureur du Roi et le rapport du juge, le tribunal autorise à faire la vente à l'audience des criées ou devant notaire. — (*Voy. Pigeau, tom.* 2, *pag.* 242 *et* 243, *et l'art.* 127 *du tarif*).

2530. *Est-il une époque après laquelle on ne puisse former la demande en conversion?*

La loi n'a fixé aucune époque pour cette demande; il paraît, en conséquence, dit M. Delaporte, tom. 2, pag. 339, qu'elle peut être formée en tout état de cause; c'est aussi notre opinion. Si cependant, ajoute cet auteur, la poursuite touchait presqu'à sa fin, il serait assez inutile d'accorder cette demande. Nous convenons qu'il arrivera rarement que les parties s'adressent au tribunal pour arrêter les poursuites de la saisie, lorsqu'elles seront très-avancées; mais enfin, si le cas se présentait, nous ne pensons pas, d'après la maxime *volenti non fit injuria*, que le tribunal fît bien de rejeter une demande qu'elles n'auraient peut-être formée que par égard pour le saisi, qui répugnerait à voir effectuer une expropriation forcée.

Au reste, on sait qu'encore bien que les enchères soient reçues par le ministère d'avoués, les frais des poursuites judiciaires que l'adjudicataire doit payer tiennent toujours les enchérisseurs en garde; que l'on ne peut, à l'audience, où ils ne paraissent que par le ministère des avoués, entrer dans des *pourparlers* qui peuvent faire obtenir un prix plus avantageux; qu'il est enfin une foule de raisons qui, à quelque degré que soient parvenues les poursuites de la saisie, feront toujours préférer la vente *pardevant notaires* à celle qui se fait en justice, et sur-tout par suite de saisie.

2531. *Le créancier saisissant, à lui joint le débiteur saisi, peuvent-ils seuls et sans le concours des autres créanciers, provoquer l'application de l'art.* 747, *lors même que la saisie n'a pas été suivie d'autres poursuites?*

M. Huet, pag. 319 et 321, cite un arrêt du tribunal civil de Moulins, du 12 mars 1817, qui a jugé cette question pour la négative; et nous croyons cette décision fondée, attendu que l'art. 747 ne distinguant point, et exigeant le concours de tous les intéressés, il y aurait violation de cet article, si le saisissant qui ne se désiste pas de sa poursuite pouvait obtenir la conversion en vente volontaire.

2532. *Le créancier poursuivant la saisie immobilière est-il fondé à appeler du jugement qui admet le saisi à poursuivre lui-même la vente de ses biens à l'audience des criées, soit parce que la conversion de la saisie en vente volontaire aurait été ordonnée, soit parce qu'on aurait accordé au saisi un délai trop long pour parvenir à cette vente?*

M. Coffinières observe avec raison, dans son Journal des avoués, tom. 2, pag. 214, qu'il paraît résulter de la disposition de l'art. 747 que le jugement qui accorde au débiteur la faculté de vendre à l'audience des criées ou devant notaires, n'est pas susceptible d'être critiqué par les créanciers, puisqu'il doit être rendu de leur consentement, ainsi que nous l'avons dit sur la quest. 2529. Il n'est pas douteux sans doute que l'on peut se pourvoir par *les voies légales* contre le jugement qui aurait accordé cette faculté sans le consentement d'une partie intéressée.

Mais lorsque tous les intéressés ont donné leur consentement et requis la conversion, on peut demander s'ils seraient fondés dans l'appel qu'ils inter- jetteraient du jugement qui aurait accordé au débiteur saisi un délai plus long que celui qui lui serait rigoureusement nécessaire pour effectuer la vente volon- taire de ses biens.

Cette question a été jugée pour l'affirmative, par un arrêt de la Cour de Paris, du 15 août 1810 (*Sirey, tom. 15, pag. 166*). Il paraît résulter de cet arrêt que la fixation du délai qu'un tribunal accorderait pour la vente volon- taire, doit être basée sur le tems qui serait nécessaire pour parvenir à la vente forcée.

2533. *Si la vente volontaire a eu lieu avant qu'il ait pu être statué sur l'appel interjeté dans l'espèce de la précédence question, doit-on réformer le jugement qui l'a autorisée?*

Non, parce que l'appelant se trouve alors sans intérêt à suivre sur son appel. — (*Voy. l'arrêt précité*).

2534. *Dans ce cas, le créancier poursuivant doit-il supporter personnellement les frais par lui faits sur la saisie immobilière postérieurement au jugement qui a autorisé la vente sur publications volontaires, et à l'appel qu'il aurait inter- jeté de ce jugement?*

L'arrêt que nous venons de citer n'a pas résolu cette question d'une ma- nière formelle; mais en prononçant la compensation de tous les dépens entre les parties, il semble avoir condamné le créancier à supporter tous les frais qu'il avait faits personnellement, soit sur l'appel, soit sur les poursuites en saisie immobilière. Cependant une telle condamnation se trouve en opposition avec le point de droit jugé par l'arrêt cité sur la quest. 2532°., que l'appel avait été dans son principe bien et valablement interjeté. Nous serions porté à croire, comme M. Coffinières, que la Cour de Paris n'a entendu parler dans son arrêt que des frais faits en appel; et en effet, il y aurait une évidente contradiction à reconnaître, d'un côté, qu'un saisissant a eu de justes griefs à opposer à un jugement qui convertit la saisie qu'il a faite en vente volontaire, et à le condamner, de l'autre, à supporter les frais des suites qu'il a continuées sur sa saisie, dans l'espoir fondé d'obtenir la réformation du jugement dont il s'agit, jugement qui, d'ailleurs, avait été, dans l'espèce de l'arrêt de la Cour de Paris, rendu à l'insu de ce créancier saisissant.

2535. *Quoique l'art. 747 mette l'art. 957 au nombre de ceux dont il faut suivre les formalités, lorsqu'une saisie est convertie en vente volontaire, ne doit-on pas décider qu'il n'y a pas lieu, dans ce cas, à observer les dispositions de cet article?*

L'art. 957 suppose que l'immeuble a été précédemment estimé par les experts, et porte qu'ils remettront la minute de leur rapport, ou au greffe, ou chez le notaire, suivant qu'un tribunal ou un notaire aura été commis pour recevoir les enchères.

Mais cela ne peut s'appliquer, dit avec raison M. Pigeau, tom. 2, pag. 243, qu'au cas où le bien appartient à un mineur ou à un interdit, et non à celui où le saisi est majeur non interdit; autrement, le législateur, qui voulait, pour ce dernier cas, permettre une forme plus simple que celle de la saisie immobilière, se trouverait en avoir établi une plus longue et plus coûteuse, puisque l'estimation par experts n'est pas nécessaire pour les ventes sur saisie immobilière.

D'après cette remarque, pleine de justesse, l'on est fondé sans doute à penser qu'il n'est pas besoin de faire estimer l'immeuble, lorsque les parties sont majeures. Mais comme l'art. 747 mentionne expressément l'art. 957, il conviendrait, afin de prévenir toute difficulté ultérieure, que les intéressés, en formant leur demande en conversion de la saisie en vente volontaire, déclarassent renoncer à l'expertise ordonnée par l'article dont il s'agit.

De ce que nous venons d'admettre qu'il n'y a pas lieu à l'application de l'article 957, dans le cas de conversion de la saisie, il s'ensuit nécessairement qu'il en est ainsi de l'art. 964, auquel l'art. 747 renvoie également. Et en effet, lorsque la saisie ne concerne que des parties majeures, non seulement elles peuvent vendre au-dessous de l'estimation; mais, comme nous venons de le dire, il n'est pas besoin de faire faire cette estimation; le consentement des parties suffit pour l'aliénation de l'immeuble. — (*Voy. Pigeau, ubi suprà, pag. 244, et Persil, tom. 2, pag. 228*). (1)

2536. *L'art. 747 a-t-il entendu prescrire l'observation des formalités ordonnées par les art. 958, 959, 960 et 961 comme une condition essentielle de la conversion de la saisie en vente volontaire?*

M. Pigeau, tom. 2, pag. 245, estime que si l'on veut faire vendre l'immeuble

_____

(2) Nous examinons, sur la question suivante, si les deux articles que nous disons *inapplicables* dans le cas où les parties sont majeures, le sont également lorsque le saisi est mineur.

à l'audience des criées, il faut suivre strictement les dispositions de ces articles, attendu que, s'il était permis d'adopter une forme plus simple, on pourrait facilement porter préjudice aux attributions des notaires, que le législateur a entendu maintenir, en défendant, à peine de nullité, par l'art. 746, de faire des ventes en justice.

Mais lorsque la vente est renvoyée devant un notaire, ce motif ne subsiste plus, et il n'en est aucun qui puisse empêcher les intéressés de vendre d'un commun accord dans une forme plus simple que celle qui est prescrite par les articles ci-dessus indiqués.

ARTICLE 748.

Dans tous les cas de l'article précédent, si un mineur ou interdit est créancier, le tuteur pourra, sur un avis de parens, se joindre aux autres parties intéressées pour la même demande.

Si le mineur ou interdit est débiteur, les autres parties intéressées ne pourront faire cette demande qu'en se soumettant à observer toutes les formalités pour la vente des biens des mineurs.

C. C., art. 457, 458, 459, 824 et 2206. — C. de P., art. 955 et suiv., 969 et suiv.

2537. *Si le saisi est mineur ou interdit, et que la saisie soit convertie en vente volontaire, ne faudra-t-il pas du moins appliquer les dispositions des art.* 957 *et* 964?

On pourrait argumenter, pour la négative, d'un arrêt de la Cour de Paris, du 7 août 1811, qui a décidé que les formalités prescrites au tit. 6, liv. 2, du Code, et particulièrement celles exigées par l'art. 964, ne doivent point être observées, lorsque la vente des biens des mineurs est poursuivie par voie de saisie immobilière, attendu que les dispositions relatives à ces formalités ne concernent que les ventes des biens des mineurs, *purement volontaires,* et qui ont lieu *dans leur seul intérêt.*

Or, dirait-on, la vente qui se fait par suite de la conversion de la saisie n'est pas *purement volontaire,* et elle a lieu *dans l'intérêt* du saisi et de ses créanciers.

Mais on répond que l'art. 748 repousse cette conséquence, puisqu'il veut, en termes exprès, que si le le débiteur saisi est mineur ou interdit, les autres parties intéressées à la vente ne puissent former la demande en conversion qu'en se soumettant à observer toutes les formalités pour la vente des biens des mineurs; ce qui comprend, comme le dit M. Tarrible, non seulement les formalités prescrites par le Code de procédure, mais encore celles qu'établit le Code civil aux art. 457 et suiv. — (*Voy. Pigeau et Persil, ubi suprà*).

2538. *L'avis de parens exigé par l'art.* 748 *doit-il être homologué, dans le cas où le mineur ou l'interdit est créancier et non débiteur?*

L'avis de parens, dit M. Pigeau, pag. 241, doit être homologué sur les conclusions du ministère public (*arg. de l'art.* 458 *du Code civ.*) ; car, quoiqu'il ne s'agisse pas d'immeubles du mineur, mais de ceux de son débiteur, la conversion tend à diminuer les ressources du premier sur les biens de son débiteur, qui pourraient être vendus moins haut.

Il est prudent sans doute de prendre ce parti. Cependant nous croyons que l'homologation n'est pas rigoureusement nécessaire, attendu que le tribunal ayant à prononcer sur la demande en conversion, est toujours à tems de la rejeter, s'il le croit convenable aux intérêts du mineur ou de l'interdit.

2539. *Lorsqu'une femme mariée ou une personne pourvue de conseil judiciaire se trouve créancière ou débitrice, la conversion peut-elle avoir lieu?*

L'art. 748 n'établit aucune exception à leur égard, et il nous paraît, en conséquence, que la femme, lorsqu'elle est autorisée par son mari ou par le juge, et la personne pourvue d'un conseil, lorsqu'elle est assistée de lui, peuvent demander la conversion comme toute autre partie intéressée.

FIN DU SECOND VOLUME.

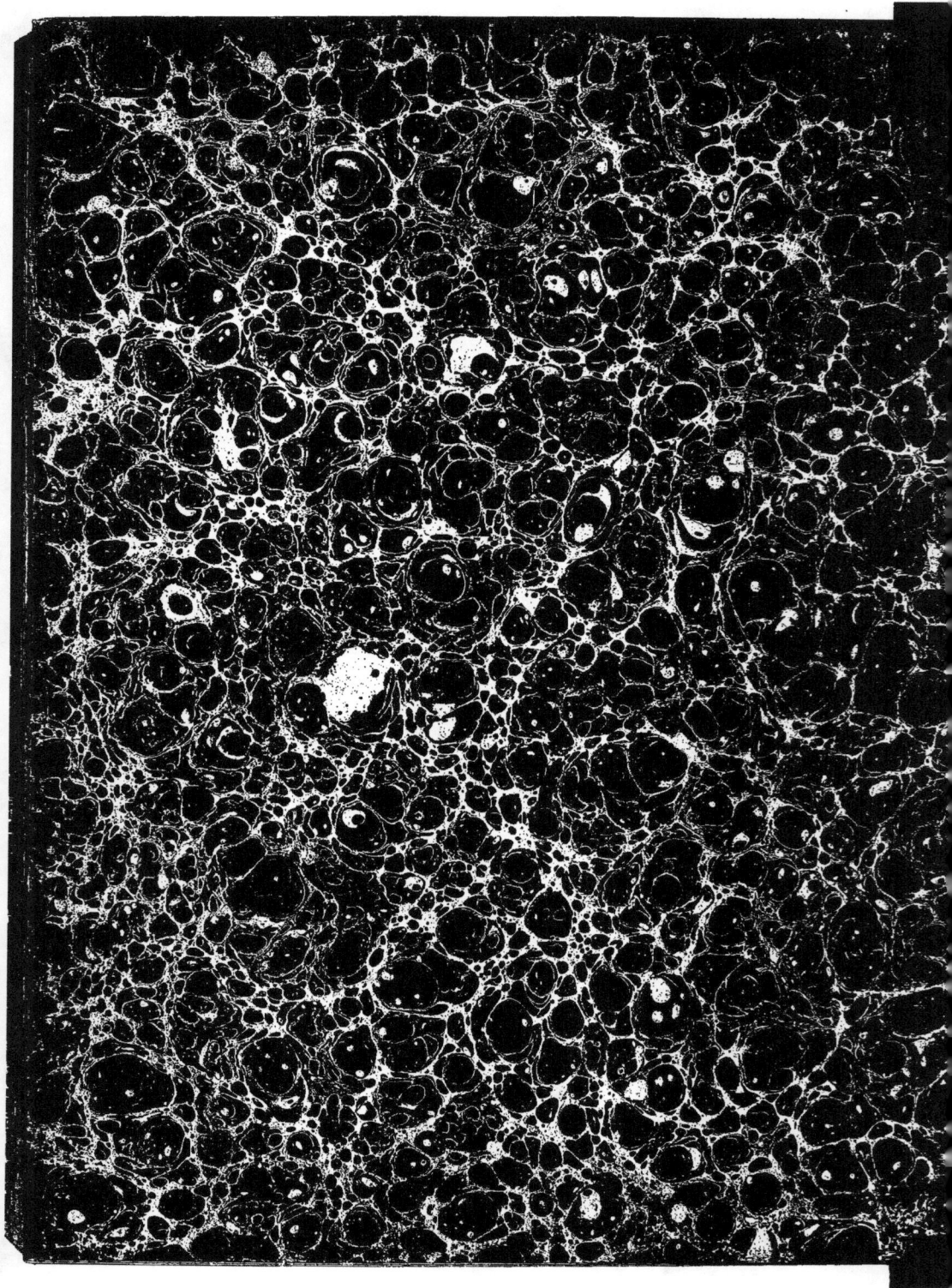

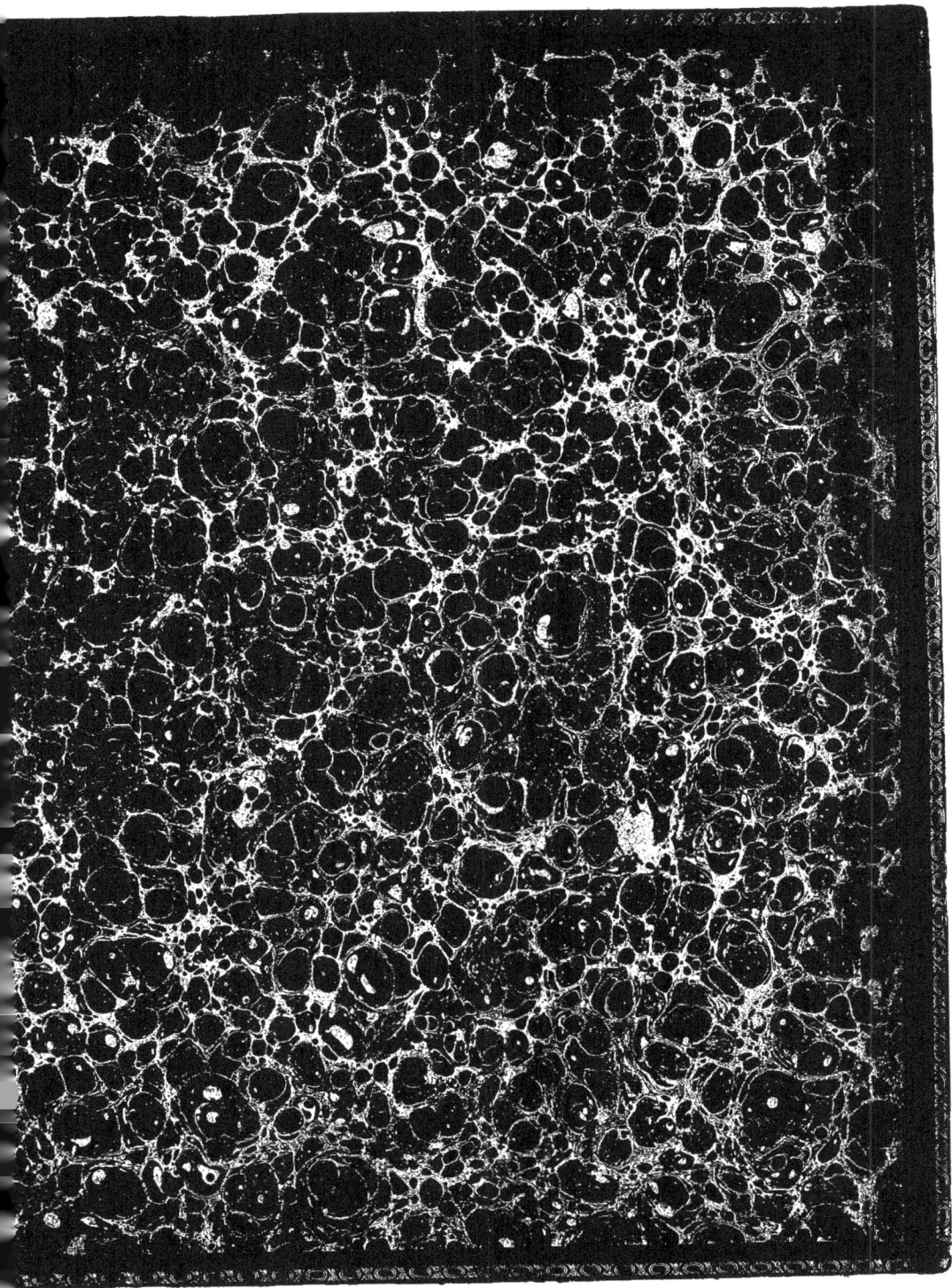

www.ingramcontent.com/pod-product-compliance
Lightning Source LLC
Chambersburg PA
CBHW031542210326
41599CB00015B/1985